1132/09

NACHBARSCHAFTSHAUS WIESBADEN e.V
Psychologische Beratungsstelle
Rathausstr. 10 65203 Wiesbaden
Postfach 12 05 08 65083 Wiesbaden
Tel. 0611 / 967 21 26 FAX 0611 / 967 21 50

Das Familienverfahrensrecht – FamFG

Das Familienverfahrensrecht – FamFG

Praxiskommentar mit Einführung, Erläuterungen, Arbeitshilfen

Herausgeber:

Dr. Thomas Meysen,
Fachlicher Leiter des Deutschen Instituts
für Jugendhilfe und Familienrecht (DIJuF) e.V.

Bearbeitet von:

Dr. Rainer Balloff,
Dipl.-Psych., Wiss. Angestellter an der FU Berlin, Geschäftsführer des Weiterbildungs- und Gerichtsgutachteninstituts Gericht & Familie Berlin/Brandenburg

Fritz Finke,
Vorsitzender Richter am OLG Hamm, Familiensenat

Edith Kindermann,
Rechtsanwältin und Notarin, Fachanwältin für Familienrecht

Dr. Thomas Meysen

Birgit Niepmann,
Direktorin des Amtsgerichts Siegburg, Familienrichterin

Ingeborg Rakete-Dombek,
Rechtsanwältin und Notarin, Fachanwältin
für Familienrecht

Dr. Manuela Stötzel,
Dipl.-Psych., Fachpsychologin für Rechtspsychologie,
Referentin im BMFSFJ, Vorsitzende der BAG Verfahrenspflegschaft

Bundesanzeiger Verlag

Bibliografische Informationen Der Deutschen Nationalbibliothek

Die Deutsche Nationalbibliothek verzeichnet diese Publikation in der Deutschen Nationalbibliografie; detaillierte bibliografische Daten sind im Internet über <http://dnb.d-nb.de> abrufbar.

Ihre Meinung ist uns wichtig!
Sie wollen zu diesem Produkt Anregungen oder Hinweise geben?
Schicken Sie uns Ihre Anregungen über unser Online-Formular unter www.bundesanzeiger-verlag.de/service. Als Dankeschön verlosen wir unter allen Teilnehmern monatlich einen Sachpreis.

© 2009 Bundesanzeiger Verlagsges.m.b.H., Köln

Alle Rechte vorbehalten. Das Werk einschließlich seiner Teile ist urheberrechtlich geschützt. Jede Verwertung außerhalb der Grenzen des Urheberrechtsgesetzes bedarf der vorherigen Zustimmung des Verlags. Dies gilt auch für die fotomechanische Vervielfältigung (Fotokopie/Mikrokopie) und die Einspeicherung und Verarbeitung in elektronischen Systemen.

ISBN 978-3-89817-644-6
© 2009 Bundesanzeiger Verlagsges.m.b.H
Postfach 10 05 34, 50445 Köln
www.bundesanzeiger-verlag.de
vertrieb@bundesanzeiger.de
Telefon: (0221) 9 76 68-200
Telefax: (0221) 9 76 68-115

Herstellung: Günter Fabritius
Satz: Cicero Computer GmbH, Bonn
Druck und buchbinderische Verarbeitung: Appel & Klinger Druck und Medien GmbH, Kronach
Printed in Germany

Inhaltsübersicht

Einleitung 1

A. Akteure im familiengerichtlichen Verfahren 3
 I. Familiengericht 3
 II. Beteiligte 5
 III. Verfahrensbevollmächtigte und Beistände 7
 IV. Jugendamt 10
 V. Verfahrensbeistand 20
 VI. Psychologische Sachverständige 26
 VII. Beratungsstellen, Mediatoren 34

B. Allgemeiner Teil 43
Abschnitt 1
Allgemeine Vorschriften 43
Vorbemerkung § 1 43
§ 1 Anwendungsbereich 44
§ 2 Örtliche Zuständigkeit 46
§ 3 Verweisung bei Unzuständigkeit 48
§ 4 Abgabe an ein anderes Gericht 49
§ 5 Gerichtliche Bestimmung der Zuständigkeit 51
§ 6 Ausschließung und Ablehnung von Gerichtspersonen 53
§ 7 Beteiligte 56
§ 8 Beteiligtenfähigkeit 61
§ 9 Verfahrensfähigkeit 62
§ 10 Bevollmächtigte 65
§ 11 Verfahrensvollmacht 68
§ 12 Beistand 69
§ 13 Akteneinsicht 70
§ 14 Elektronische Akte; elektronisches Dokument 74
§ 15 Bekanntgabe; formlose Mitteilung 76
§ 16 Fristen 77
§ 17 Wiedereinsetzung in den vorigen Stand 78
§ 18 Antrag auf Wiedereinsetzung 82
§ 19 Entscheidung über die Wiedereinsetzung 83
§ 20 Verfahrensverbindung und -trennung 84
§ 21 Aussetzung des Verfahrens 84
§ 22 Antragsrücknahme; Beendigungserklärung 85
§ 22a Mitteilungen an die Familien- und Betreuungsgerichte 87

Abschnitt 2
Verfahren im ersten Rechtszug 89
Vorbemerkung § 23 89
§ 23 Verfahrenseinleitender Antrag 90

Inhaltsübersicht

§ 24 Anregung des Verfahrens 92
§ 25 Anträge und Erklärungen zur Niederschrift der Geschäftsstelle 93
§ 26 Ermittlung von Amts wegen 95
§ 27 Mitwirkung der Beteiligten 96
§ 28 Verfahrensleitung 97
§ 29 Beweiserhebung 100
§ 30 Förmliche Beweisaufnahme 104
§ 31 Glaubhaftmachung 107
§ 32 Termin 108
§ 33 Persönliches Erscheinen der Beteiligten 110
§ 34 Persönliche Anhörung 113
§ 35 Zwangsmittel 114
§ 36 Vergleich 117
§ 37 Grundlage der Entscheidung 119
Vorbemerkung § 38 121

Abschnitt 3
Beschluss 122
§ 38 Entscheidung durch Beschluss 122
§ 39 Rechtsbehelfsbelehrung 126
§ 40 Wirksamwerden 127
§ 41 Bekanntgabe des Beschlusses 129
§ 42 Berichtigung des Beschlusses 131
§ 43 Ergänzung des Beschlusses 132
§ 44 Abhilfe bei Verletzung des Anspruchs auf rechtliches Gehör 133
§ 45 Formelle Rechtskraft 135
§ 46 Rechtskraftzeugnis 135
§ 47 Wirksam bleibende Rechtsgeschäfte 136
§ 48 Abänderung und Wiederaufnahme 137

Abschnitt 4
Einstweilige Anordnung 140
Vorbemerkung § 49 140
§ 49 Einstweilige Anordnung 144
§ 50 Zuständigkeit 155
§ 51 Verfahren 159
§ 52 Einleitung des Hauptsacheverfahrens 165
§ 53 Vollstreckung 168
§ 54 Aufhebung oder Änderung der Entscheidung 169
§ 55 Aussetzung der Vollstreckung 173
§ 56 Außerkrafttreten 174
§ 57 Rechtsmittel 178

Abschnitt 5
Rechtsmittel 180

Unterabschnitt 1
Beschwerde 180
Vorbemerkung § 58 180
§ 58 Statthaftigkeit der Beschwerde 189

§ 59 Beschwerdeberechtigte	194
§ 60 Beschwerderecht Minderjähriger	200
§ 61 Beschwerdewert; Zulassungsbeschwerde	201
§ 62 Statthaftigkeit der Beschwerde nach Erledigung der Hauptsache	206
§ 63 Beschwerdefrist	208
§ 64 Einlegung der Beschwerde	210
§ 65 Beschwerdebegründung	215
§ 66 Anschlussbeschwerde	217
§ 67 Verzicht auf die Beschwerde; Rücknahme der Beschwerde	218
§ 68 Gang des Beschwerdeverfahrens	220
§ 69 Beschwerdeentscheidung	224

Unterabschnitt 2
Rechtsbeschwerde ... 227

§ 70 Statthaftigkeit der Rechtsbeschwerde	227
§ 71 Frist und Form der Rechtsbeschwerde	230
§ 72 Gründe der Rechtsbeschwerde	233
§ 73 Anschlussrechtsbeschwerde	234
§ 74 Entscheidung über die Rechtsbeschwerde	236
§ 74a Zurückweisungsbeschluss	239
§ 75 Sprungrechtsbeschwerde	241

Abschnitt 6
Verfahrenskostenhilfe ... 242

Vorbemerkung § 76	242
§ 76 Voraussetzungen	243
§ 77 Bewilligung	248
§ 78 Beiordnung eines Rechtsanwalts	251
§ 79 (entfallen)	258

Abschnitt 7
Kosten ... 259

Vorbemerkung § 80	259
§ 80 Umfang der Kostenpflicht	260
§ 81 Grundsatz der Kostenpflicht	261
§ 82 Zeitpunkt der Kostenentscheidung	266
§ 83 Kostenpflicht bei Vergleich, Erledigung und Rücknahme	268
§ 84 Rechtsmittelkosten	269
§ 85 Kostenfestsetzung	269

Abschnitt 8
Vollstreckung ... 270

Vorbemerkung § 86 ... 270

Unterabschnitt 1
Allgemeine Vorschriften ... 271

§ 86 Vollstreckungstitel	271
§ 87 Verfahren; Beschwerde	275

Unterabschnitt 2
Vollstreckung von Entscheidungen über die Herausgabe von Personen und die Regelung des Umgangs 279
§ 88 Grundsätze 279
§ 89 Ordnungsmittel 281
§ 90 Anwendung unmittelbaren Zwangs 288
§ 91 Richterlicher Durchsuchungsbeschluss 290
§ 92 Vollstreckungsverfahren 293
§ 93 Einstellung der Vollstreckung 295
§ 94 Eidesstattliche Versicherung 298

Unterabschnitt 3
Vollstreckung nach der Zivilprozessordnung 299
§ 95 Anwendung der Zivilprozessordnung 299
§ 96 Vollstreckung in Verfahren nach dem Gewaltschutzgesetz und in Ehewohnungssachen 303
§ 96a Vollstreckung in Abstammungssachen 304

Abschnitt 9
Verfahren mit Auslandsbezug 306
Vorbemerkung § 97 306

Unterabschnitt 1
Verhältnis zu völkerrechtlichen Vereinbarungen und Rechtsakten der Europäischen Gemeinschaft 306
§ 97 Vorrang und Unberührtheit 306

Unterabschnitt 2
Internationale Zuständigkeit 311
§ 98 Ehesachen; Verbund von Scheidungs- und Folgesachen 311
§ 99 Kindschaftssachen 314
§ 100 Abstammungssachen 317
§ 101 Adoptionssachen 317
§ 102 Versorgungsausgleichssachen 318
§ 103 Lebenspartnerschaftssachen 319
§ 104 Betreuungs- und Unterbringungssachen; Pflegschaft für Erwachsene 321
§ 105 Andere Verfahren 321
§ 106 Keine ausschließliche Zuständigkeit 322

Unterabschnitt 3
Anerkennung und Vollstreckung ausländischer Entscheidungen 323
§ 107 Anerkennung ausländischer Entscheidungen in Ehesachen 323
§ 108 Anerkennung anderer ausländischer Entscheidungen 325
§ 109 Anerkennungshindernisse 328
§ 110 Vollstreckbarkeit ausländischer Entscheidungen 333

C. Verfahren über Familiensachen 335

Abschnitt 1
Allgemeine Vorschriften 335
Vorbemerkung § 111 335

§ 111 Familiensachen 336
§ 112 Familienstreitsachen 339
§ 113 Anwendung von Vorschriften der Zivilprozessordnung 340
§ 114 Vertretung durch einen Rechtsanwalt; Vollmacht 345
§ 115 Zurückweisung von Angriffs- und Verteidigungsmitteln 348
§ 116 Entscheidung durch Beschluss; Wirksamkeit 350
§ 117 Rechtsmittel in Ehe- und Familienstreitsachen 351
§ 118 Wiederaufnahme 356
§ 119 Einstweilige Anordnung und Arrest 357
§ 120 Vollstreckung 358

Abschnitt 2
Verfahren in Ehesachen; Verfahren in Scheidungssachen und Folgesachen 361

Unterabschnitt 1
Verfahren in Ehesachen 361
§ 121 Ehesachen 361
§ 122 Örtliche Zuständigkeit 362
§ 123 Abgabe bei Anhängigkeit mehrerer Ehesachen 367
§ 124 Antrag 369
§ 125 Verfahrensfähigkeit 370
§ 126 Mehrere Ehesachen; Ehesachen und andere Verfahren 373
§ 127 Eingeschränkte Amtsermittlung 374
§ 128 Persönliches Erscheinen der Ehegatten 377
§ 129 Mitwirkung der Verwaltungsbehörde oder dritter Personen 383
§ 130 Säumnis der Beteiligten 387
§ 131 Tod eines Ehegatten 389
§ 132 Kosten bei Aufhebung der Ehe 393

Unterabschnitt 2
Verfahren in Scheidungssachen und Folgesachen 394
§ 133 Inhalt der Antragsschrift 394
§ 134 Zustimmung zur Scheidung und zur Rücknahme, Widerruf 398
§ 135 Außergerichtliche Streitbeilegung über Folgesachen 400
§ 136 Aussetzung des Verfahrens 402
§ 137 Verbund von Scheidungs- und Folgesachen 404
§ 138 Beiordnung eines Rechtsanwalts 409
§ 139 Einbeziehung weiterer Beteiligter und dritter Personen 412
§ 140 Abtrennung 414
§ 141 Rücknahme des Scheidungsantrags 419
§ 142 Einheitliche Endentscheidung; Abweisung des Scheidungsantrags 423
§ 143 Einspruch 424
§ 144 Verzicht auf Anschlussrechtsmittel 425
§ 145 Befristung von Rechtsmittelerweiterung und Anschlussrechtsmittel 426
§ 146 Zurückverweisung 428
§ 147 Erweiterte Aufhebung 430
§ 148 Wirksamwerden von Entscheidungen in Folgesachen 433
§ 149 Erstreckung der Bewilligung von Verfahrenskostenhilfe 434

Inhaltsübersicht

§ 150 Kosten in Scheidungssachen und Folgesachen 435

Abschnitt 3
Verfahren in Kindschaftssachen 439
Vorbemerkung § 151 439
§ 151 Kindschaftssachen 444
§ 152 Örtliche Zuständigkeit 448
§ 153 Abgabe an das Gericht der Ehesache 450
§ 154 Verweisung bei einseitiger Änderung des Aufenthalts des Kindes 451
§ 155 Vorrang- und Beschleunigungsgebot 452
§ 156 Hinwirken auf Einvernehmen 459
§ 157 Erörterung der Kindeswohlgefährdung; einstweilige Anordnung 468
§ 158 Verfahrensbeistand 473
§ 159 Persönliche Anhörung des Kindes 484
§ 160 Anhörung der Eltern 488
§ 161 Mitwirkung der Pflegeperson 491
§ 162 Mitwirkung des Jugendamts 493
§ 163 Fristsetzung bei schriftlicher Begutachtung; Inhalt des Gutachtenauftrags; Vernehmung des Kindes 496
§ 164 Bekanntgabe der Entscheidung an das Kind 501
§ 165 Vermittlungsverfahren 502
§ 166 Abänderung und Überprüfung von Entscheidungen und gerichtlich gebilligten Vergleichen 506
§ 167 Anwendbare Vorschriften bei Unterbringung Minderjähriger 509
§ 168 Beschluss über Zahlungen des Mündels 526
§ 168a Mitteilungspflichten des Standesamts 529

Abschnitt 4
Verfahren in Abstammungssachen 530
Vorbemerkung § 169 530
§ 169 Abstammungssachen 533
§ 170 Örtliche Zuständigkeit 535
§ 171 Antrag 536
§ 172 Beteiligte 539
§ 173 Vertretung eines Kindes durch einen Beistand 540
§ 174 Verfahrensbeistand 541
§ 175 Erörterungstermin; persönliche Anhörung 542
§ 176 Anhörung des Jugendamts 544
§ 177 Eingeschränkte Amtsermittlung; förmliche Beweisaufnahme 547
§ 178 Untersuchungen zur Feststellung der Abstammung 549
§ 179 Mehrheit von Verfahren 552
§ 180 Erklärungen zur Niederschrift des Gerichts 552
§ 181 Tod eines Beteiligten 554
§ 182 Inhalt des Beschlusses 554
§ 183 Kosten bei Anfechtung der Vaterschaft 555
§ 184 Wirksamkeit des Beschlusses, Ausschluss der Abänderung, ergänzende Vorschriften über die Beschwerde 556
§ 185 Wiederaufnahme des Verfahrens 558

Abschnitt 5
Verfahren in Adoptionssachen 561
Vorbemerkung § 186 561
§ 186 Adoptionssachen 562
§ 187 Örtliche Zuständigkeit 563
§ 188 Beteiligte 566
§ 189 Fachliche Äußerung einer Adoptionsvermittlungsstelle 568
§ 190 Bescheinigung über den Eintritt der Vormundschaft 569
§ 191 Verfahrensbeistand 569
§ 192 Anhörung der Beteiligten 570
§ 193 Anhörung weiterer Personen 572
§ 194 Anhörung des Jugendamts 572
§ 195 Anhörung des Landesjugendamts 573
§ 196 Unzulässigkeit der Verbindung 574
§ 197 Beschluss über die Annahme als Kind 574
§ 198 Beschluss in weiteren Verfahren 577
§ 199 Anwendung des Adoptionswirkungsgesetzes 579

Abschnitt 6
Ehewohnungssachen und Haushaltssachen 580
Vorbemerkung § 200 580
§ 200 Ehewohnungssachen; Haushaltssachen 583
§ 201 Örtliche Zuständigkeit 584
§ 202 Abgabe an das Gericht der Ehesache 585
§ 203 Antrag 586
§ 204 Beteiligte 588
§ 205 Anhörung des Jugendamts in Ehewohnungssachen 589
§ 206 Besondere Vorschriften in Haushaltssachen 590
§ 207 Erörterungstermin 592
§ 208 Tod eines Ehegatten 592
§ 209 Durchführung der Entscheidung, Wirksamkeit 593

Abschnitt 7
Verfahren in Gewaltschutzsachen 595
Vorbemerkung § 210 595
§ 210 Gewaltschutzsachen 597
§ 211 Örtliche Zuständigkeit 598
§ 212 Beteiligte 598
§ 213 Anhörung des Jugendamts 599
§ 214 Einstweilige Anordnung 600
§ 215 Durchführung der Endentscheidung 601
§ 216 Wirksamkeit; Vollstreckung vor Zustellung 601
§ 216a Mitteilung von Entscheidungen 602

Abschnitt 8
Verfahren in Versorgungsausgleichssachen 603
Vorbemerkung § 217 603
§ 217 Versorgungsausgleichssachen 604
§ 218 Örtliche Zuständigkeit 605

Inhaltsübersicht

§ 219 Beteiligte 606
§ 220 Verfahrensrechtliche Auskunftspflicht 607
§ 221 Erörterung, Aussetzung 610
§ 222 Durchführung der externen Teilung 612
§ 223 Antragserfordernis für Ausgleichsansprüche nach der Scheidung 613
§ 224 Entscheidung über den Versorgungsausgleich 614
§ 225 Zulässigkeit einer Abänderung des Wertausgleichs bei der Scheidung 615
§ 226 Durchführung einer Abänderung des Wertausgleichs bei der Scheidung 618
§ 227 Sonstige Abänderungen 620
§ 228 Zulässigkeit der Beschwerde 620
§ 229 Rechtsverkehr zwischen den Familiengerichten und den Versorgungsträgern 621
§ 230 (weggefallen) 622

Abschnitt 9
Verfahren in Unterhaltssachen 622

Unterabschnitt 1
Besondere Verfahrensvorschriften) 622
Vorbemerkung § 231 622
§ 231 Unterhaltssachen 624
§ 232 Örtliche Zuständigkeit 626
§ 233 Abgabe an das Gericht der Ehesache 632
§ 234 Vertretung eines Kindes durch einen Beistand 633
§ 235 Verfahrensrechtliche Auskunftspflicht der Beteiligten 633
§ 236 Verfahrensrechtliche Auskunftspflicht Dritter 638
§ 237 Unterhalt bei Feststellung der Vaterschaft 642
Vorbemerkung § 238 643
§ 238 Abänderung gerichtlicher Entscheidungen 645
§ 239 Abänderung von Vergleichen und Urkunden 654
§ 240 Abänderung von Entscheidungen nach den §§ 237 und 253 657
§ 241 Verschärfte Haftung 659
§ 242 Einstweilige Einstellung der Vollstreckung 660
§ 243 Kostenentscheidung 662
§ 244 Unzulässiger Einwand der Volljährigkeit 664
§ 245 Bezifferung dynamisierter Unterhaltstitel zur Zwangsvollstreckung im Ausland 665

Unterabschnitt 2
Einstweilige Anordnung 666
§ 246 Besondere Vorschriften für die einstweilige Anordnung 666
§ 247 Einstweilige Anordnung vor Geburt des Kindes 668
§ 248 Einstweilige Anordnung bei Feststellung der Vaterschaft 670

Unterabschnitt 3
Vereinfachtes Verfahren über den Unterhalt Minderjähriger 673
Vorbemerkung § 249 673
§ 249 Statthaftigkeit des vereinfachten Verfahrens 675
§ 250 Antrag 677
§ 251 Maßnahmen des Gerichts 680

§ 252 Einwendungen des Antragsgegners	681
§ 253 Festsetzungsbeschluss	683
§ 254 Mitteilungen über Einwendungen	684
§ 255 Streitiges Verfahren	685
§ 256 Beschwerde	687
§ 257 Besondere Verfahrensvorschriften	688
§ 258 Sonderregelung für maschinelle Bearbeitung	689
§ 259 Formulare	689
§ 260 Bestimmung des Amtsgerichts	690

Abschnitt 10
Verfahren in Güterrechtssachen ... 691

Vorbemerkung § 261	691
§ 261 Güterrechtssachen	692
§ 262 Örtliche Zuständigkeit	693
§ 263 Abgabe an das Gericht der Ehesache	694
§ 264 Verfahren nach den §§ 1382 und 1383 des Bürgerlichen Gesetzbuchs	695
§ 265 Einheitliche Entscheidung	696

Abschnitt 11
Verfahren in sonstigen Familiensachen ... 697

Vorbemerkung § 266	697
§ 266 Sonstige Familiensachen	698
§ 267 Örtliche Zuständigkeit	702
§ 268 Abgabe an das Gericht der Ehesache	703

Abschnitt 12
Verfahren in Lebenspartnerschaftssachen ... 703

§ 269 Lebenspartnerschaftssachen	703
§ 270 Anwendbare Vorschriften	706

Schluss- und Übergangsvorschriften ... 706

Art. 111 Übergangsvorschrift	706
Art. 112 Inkrafttreten, Außerkrafttreten	709

Abkürzungsverzeichnis ... 711

Literaturverzeichnis ... 717

Stichwörter ... 723

Inhaltsverzeichnis

Einleitung ... 1

A. Akteure im familiengerichtlichen Verfahren ... 3
   I. Familiengericht ... 3
      1. Rolle und Funktion ... 3
      2. Erweiterung der Aufgabenstellung ... 5
   II. Beteiligte ... 5
   III. Verfahrensbevollmächtigte und Beistände ... 7
      1. Verfahrensbevollmächtigte ... 7
      2. Beistandschaft ... 9
   IV. Jugendamt ... 10
      1. Vier Rollen im familiengerichtlichen Verfahren ... 10
      2. Als Amtsvormund bzw. Amtspfleger ... 11
         a) Allgemein ... 11
         b) Beteiligter ... 12
         c) Gesetzlicher Vertreter ... 12
         d) Beaufsichtigung ... 12
      3. Als Beistand ... 13
      4. Als Mitwirkung im Verfahren ... 13
         a) Mitwirkung als Aufgabe nach SGB VIII ... 13
         b) Unterstützungsaufgaben ... 14
         c) Mitwirkung als Hilfeaufgabe ... 16
         d) Mitwirkung als Beteiligter ... 17
         e) Mitwirkung bei der Vollstreckung (§ 88 Abs. 2, § 167 Abs. 5) ... 18
         f) Mitwirkung bei Einzel- oder Vereinsvormundschaft ... 18
         g) Übertragung der Mitwirkung auf Träger der freien Jugendhilfe (§ 76 Abs. 1 SGB VIII) ... 19
      5. Als Sozialleistungsträger ... 19
   V. Verfahrensbeistand ... 20
      1. Der Vorläufer ... 20
         a) Der Verfahrenspfleger im FGG ... 20
         b) Ausmaß der Bestellungen des Verfahrenspflegers ... 21
      2. Vom Verfahrenspfleger zum Verfahrensbeistand ... 24
         a) Der Weg durch das Gesetzgebungsverfahren ... 24
         b) Die neue Vergütung ... 24
   VI. Psychologische Sachverständige ... 26
      1. Rolle und Funktion ... 26
      2. Die Sachverständigentätigkeit ... 29
         a) Theorie und Methoden ... 29
         b) Aufgabenstellung, Methodik und Ziel ... 29
         c) Der Begutachtungsprozess ... 30
      3. Fazit ... 33

VII. Beratungsstellen, Mediatoren 34
   1. Hinwirken auf Einvernehmen als Grundsatz 34
   2. Außergerichtliche Interventionsmodelle 36
      a) Psychologische und sozialpädagogische Beratung 36
      b) Psychotherapie, Familien- und Paartherapie 36
      c) Mediation 36
   3. Beratung und Mediation als Leistung nach SGB VIII 40
   4. Initiierung von Beratung und Mediation 41
   5. Ausblick 42

B. Allgemeiner Teil 43

Abschnitt 1
Allgemeine Vorschriften 43

Vorbemerkung § 1 43

§ 1 Anwendungsbereich 44
  I. Inhalt und Bedeutung der Norm 44
    1. Gesetzessystematischer Bezugsrahmen 44
    2. Bisherige Rechtslage 45
  II. Anwendungsbereich des FamFG 45
    1. Verfahren in Familiensachen 45
    2. Verfahren in Angelegenheiten der freiwilligen Gerichtsbarkeit 45

§ 2 Örtliche Zuständigkeit 46
  I. Inhalt und Bedeutung der Norm 46
  II. Die örtliche Zuständigkeit 47

§ 3 Verweisung bei Unzuständigkeit 48
  I. Inhalt und Bedeutung der Norm 48
  II. Die Verweisung bei Unzuständigkeit 48

§ 4 Abgabe an ein anderes Gericht 49
  I. Inhalt und Bedeutung der Norm 50
  II. Die Abgabe an ein anderes Gericht 50

§ 5 Gerichtliche Bestimmung der Zuständigkeit 51
  I. Inhalt und Bedeutung der Norm 51
  II. Die Bestimmung der örtlichen Zuständigkeit 52

§ 6 Ausschließung und Ablehnung von Gerichtspersonen 53
  I. Inhalt und Bedeutung der Norm 53
  II. Ausschließung und Ablehnung von Gerichtspersonen 54

§ 7 Beteiligte 56
  I. Inhalt und Bedeutung der Norm 57
    1. Gesetzessystematischer Zusammenhang 57
    2. Bisherige Rechtslage 57
  II. Begriff der Beteiligten 57

§ 8 Beteiligtenfähigkeit ... 61
I. Inhalt und Bedeutung der Norm ... 61
  1. Gesetzessystematischer Bezugsrahmen ... 61
  2. Bisherige Rechtslage ... 61
II. Beteiligtenfähigkeit ... 61

§ 9 Verfahrensfähigkeit ... 62
I. Inhalt und Bedeutung der Norm ... 62
  1. Gesetzessystematischer Bezugsrahmen ... 62
  2. Bisherige Rechtslage ... 62
II. Verfahrensfähigkeit ... 63

§ 10 Bevollmächtigte ... 65

§ 11 Verfahrensvollmacht ... 68

§ 12 Beistand ... 69

§ 13 Akteneinsicht ... 70
I. Inhalt und Bedeutung der Norm ... 71
II. Recht zur Akteneinsicht ... 71
  1. Voraussetzungen und Gegenstand der Akteneinsicht ... 71
  2. Modalitäten der Akteneinsicht ... 72

§ 14 Elektronische Akte; elektronisches Dokument ... 74

§ 15 Bekanntgabe; formlose Mitteilung ... 76

§ 16 Fristen ... 77

§ 17 Wiedereinsetzung in den vorigen Stand ... 78
I. Bisherige Rechtslage ... 79
II. Inhalt der Norm, Voraussetzungen für die Wiedereinsetzung ... 79
  1. Grundsatz ... 79
  2. Formelle Voraussetzungen ... 79
  3. Materielle Voraussetzungen ... 80

§ 18 Antrag auf Wiedereinsetzung ... 82

§ 19 Entscheidung über die Wiedereinsetzung ... 83

§ 20 Verfahrensverbindung und -trennung ... 84

§ 21 Aussetzung des Verfahrens ... 84

§ 22 Antragsrücknahme; Beendigungserklärung ... 85

§ 22a Mitteilungen an die Familien- und Betreuungsgerichte ... 87

Abschnitt 2
Verfahren im ersten Rechtszug ... 89

Vorbemerkung § 23 ... 89

§ 23 Verfahrenseinleitender Antrag ... 90
I. Inhalt und Bedeutung der Norm ... 90
II. Verfahrenseinleitender Antrag ... 91

§ 24 Anregung des Verfahrens ... 92

§ 25 Anträge und Erklärungen zur Niederschrift der Geschäftsstelle ... 93
I. Inhalt und Bedeutung der Norm ... 93
II. Abgabe von Erklärungen zu Protokoll der Geschäftsstelle ... 94

§ 26 Ermittlung von Amts wegen ... 95
I. Inhalt und Bedeutung der Norm ... 95
II. Amtsermittlungsgrundsatz ... 95

§ 27 Mitwirkung der Beteiligten ... 96
I. Inhalt und Bedeutung der Norm ... 96
II. Mitwirkungspflicht der Beteiligten ... 96

§ 28 Verfahrensleitung ... 97
I. Inhalt und Bedeutung der Norm ... 98
II. Gerichtliche Verfahrenslenkung ... 98
   1. Hinweispflichten ... 98
   2. Dokumentationspflicht ... 99

§ 29 Beweiserhebung ... 100
I. Inhalt und Bedeutung der Norm ... 101
   1. Gesetzessystematischer Zusammenhang ... 101
   2. Bisherige Rechtslage ... 101
II. Beweiserhebung ... 101
   1. Freibeweisverfahren ... 101
   2. Einschränkungen der freien Beweiserhebung ... 102

§ 30 Förmliche Beweisaufnahme ... 104
I. Inhalt und Bedeutung der Norm ... 105
II. Förmliche Beweisaufnahme ... 105
   1. Ermessen des Gerichts ... 105
   2. Verpflichtung des Gerichts zur förmlichen Beweisaufnahme ... 106

§ 31 Glaubhaftmachung ... 107
I. Inhalt und Bedeutung der Norm ... 107
II. Glaubhaftmachung ... 108

§ 32 Termin ... 108
I. Inhalt und Bedeutung der Norm ... 109
II. Termin ... 109

§ 33 Persönliches Erscheinen der Beteiligten ... 110
I. Inhalt und Bedeutung der Norm ... 111
II. Persönliches Erscheinen der Beteiligten ... 111
   1. Voraussetzungen einer Anordnung ... 111
   2. Formalien der persönlichen Anhörung ... 112

§ 34 Persönliche Anhörung ... 113
I. Inhalt und Bedeutung der Norm ... 113
II. Persönliche Anhörung eines Beteiligten ... 113

§ 35 Zwangsmittel ... 114
I. Inhalt und Bedeutung der Norm ... 115
II. Festsetzung von Zwangsmitteln ... 115

§ 36 Vergleich 117
   I. Inhalt und Bedeutung der Norm 117
   II. Verfahrensbeendigung durch Vergleich 117
      1. Voraussetzungen eines Vergleichsschlusses 117
      2. Förmlichkeiten des Vergleichsschlusses 118

§ 37 Grundlage der Entscheidung 119
   I. Inhalt und Bedeutung der Norm 119
   II. Grundlagen der Entscheidung 119

Vorbemerkung § 38 121

Abschnitt 3
Beschluss 122

§ 38 Entscheidung durch Beschluss 122
   I. Inhalt und Bedeutung der Norm 123
   II. Entscheidung durch Beschluss 124
      1. Anwendungsbereich (Abs. 1) 124
      2. Inhalt des Beschlusses (Abs. 2) 124
      3. Begründung, Unterschrift, Erlass (Abs. 3 und 4) 125

§ 39 Rechtsbehelfsbelehrung 126
   I. Inhalt und Bedeutung der Norm 126
   II. Rechtsmittelbelehrung 126
      1. Notwendiger Inhalt 126
      2. Beispiel einer Rechtsmittelbelehrung 127
      3. Fehlerhafte Rechtsmittelbelehrung 127

§ 40 Wirksamwerden 127
   I. Inhalt und Bedeutung der Norm 127
   II. Wirksamwerden einer Entscheidung 128

§ 41 Bekanntgabe des Beschlusses 129
   I. Inhalt und Bedeutung der Norm 129
   II. Bekanntgabe der Entscheidung 130

§ 42 Berichtigung des Beschlusses 131

§ 43 Ergänzung des Beschlusses 132

§ 44 Abhilfe bei Verletzung des Anspruchs auf rechtliches Gehör 133

§ 45 Formelle Rechtskraft 135

§ 46 Rechtskraftzeugnis 135

§ 47 Wirksam bleibende Rechtsgeschäfte 136

§ 48 Abänderung und Wiederaufnahme 137
   I. Inhalt und Bedeutung der Norm 137
      1. Gesetzessystematischer Zusammenhang 137
      2. Bisherige Rechtslage 138
   II. Die Abänderung von Entscheidungen 138

Abschnitt 4
Einstweilige Anordnung 140

Vorbemerkung § 49 140
   I. Bedeutung des Eilrechtsschutzes in Familiensachen 140
   II. Funktionen des Eilrechtsschutzes 141
      1. Sicherungsfunktion 141
      2. Interimistische Befriedungsfunktion 141
         a) Rechtsschutzaufgabe: abschließende Zwischenregelung 141
         b) Rechtsschutzziel: Austarieren des Fehlentscheidungsrisikos 141
   III. System des vorläufigen Rechtsschutzes in Familiensachen 142
      1. Systemwechsel: Selbstständigkeit statt Hauptsacheakzessorietät 142
      2. Ablauf 142

§ 49 Einstweilige Anordnung 144
   I. Inhalt und Bedeutung der Norm 144
      1. Gesetzessystematischer Bezugsrahmen 144
      2. Bisherige Rechtslage 145
   II. Einstweilige Anordnung (Abs. 1) 146
      1. Anordnungsanspruch/materiell-rechtlicher Anordnungsbedarf 146
         a) Materiell-akzessorische Prüfung 146
         b) Summarische Prüfung 146
         c) Kein Vorwegnahmeverbot der Hauptsache 146
      2. Anordnungsgrund: Regelungs-/Sicherungsbedürfnis 148
         a) Allgemein 148
         b) Einzelne Familiensachen 148
         c) Regelungsbedürfnis trotz Titulierung 151
      3. Rechtsfolge 151
         a) Familiengerichtliches Ermessen („kann")? 151
         b) Vorläufigkeit der Maßnahme 151
   III. Regelungsinhalt (Abs. 2) 152
      1. Sicherungs- und Regelungsanordnung (Satz 1) 152
         a) Anordnungsinhalt allgemein 152
         b) Sicherungsanordnung 152
         c) Regelungsanordnung 152
      2. Gebote oder Verbote (Satz 2) 153
      3. Zur Durchführung erforderliche Anordnungen (Satz 3) 153

§ 50 Zuständigkeit 155
   I. Inhalt und Bedeutung der Norm 156
      1. Gesetzessystematischer Bezugsrahmen 156
      2. Bisherige Rechtslage 157
   II. Zuständigkeit beim Hauptsachegericht (Abs. 1) 157
      1. Hypothetische Hauptsachezuständigkeit (Satz 1) 157
      2. Zuständigkeit bei Hauptsacheanhängigkeit (Satz 2) 157
   III. Besondere Eilzuständigkeit „vor Ort" (Abs. 2) 158
      1. Ort des Bekanntwerdens, der Person oder Sache (Satz 1) 158
      2. Abgabe nach Entscheidung (Satz 2) 159

§ 51 Verfahren ... 159
    I. Inhalt und Bedeutung der Norm ... 160
       1. Gesetzessystematischer Bezugsrahmen ... 160
       2. Bisherige Rechtslage ... 160
    II. Einleitung des Verfahrens (Abs. 1) ... 160
       1. Verfahrensgegenstand und Anhängigkeit ... 160
       2. Einleitung von Amts wegen oder auf Antrag (Abs. 1) ... 161
       3. Antragsinhalt (Satz 2) ... 162
          a) Begründung ... 162
          b) Glaubhaftmachung ... 162
    III. Anwendbare Vorschriften, Anhörung, Versäumnisentscheidung (Abs. 2) ... 162
    IV. Selbstständiges Verfahren (Abs. 3) ... 163
    V. Kosten (Abs. 4) ... 164

§ 52 Einleitung des Hauptsacheverfahrens ... 165
    I. Inhalt und Bedeutung der Norm ... 165
    II. Einleitung des Hauptsacheverfahrens von Amts wegen (Abs. 1) ... 166
    III. Beantragung des Hauptsacheverfahrens (Abs. 2) ... 167

§ 53 Vollstreckung ... 168
    I. Inhalt und Bedeutung der Norm ... 168
    II. Keine Vollstreckungsklausel (Abs. 1) ... 168
    III. Vollstreckbarkeit vor Zustellung (Abs. 2) ... 169

§ 54 Aufhebung oder Änderung der Entscheidung ... 169
    I. Inhalt und Bedeutung der Norm ... 170
    II. Aufhebung oder Änderung (Abs. 1) ... 171
       1. In amtswegigen Verfahren (Satz 1) ... 171
       2. In Antragsverfahren (Sätze 2 und 3) ... 171
    III. Erneute Entscheidung aufgrund mündlicher Verhandlung (Abs. 2) ... 172
    IV. Zuständiges Gericht (Abs. 3 und 4) ... 173

§ 55 Aussetzung der Vollstreckung ... 173
    I. Inhalt und Bedeutung der Norm ... 173
    II. Aussetzung und Beschränkung der Vollstreckung ... 174

§ 56 Außerkrafttreten ... 174
    I. Inhalt und Bedeutung der Norm ... 175
    II. Außerkrafttreten bei Wirksamwerden anderweitiger Regelung (Abs. 1) ... 175
       1. Anderweitige Regelung ... 175
       2. Wirksamwerden ... 176
    III. Weiteres Außerkrafttreten in Antragsverfahren (Abs. 2) ... 177
    IV. Beschluss über Außerkrafttreten (Abs. 3) ... 177

§ 57 Rechtsmittel ... 178
    I. Inhalt und Bedeutung der Norm ... 178
    II. Unanfechtbarkeit und ihre Ausnahmen ... 178

Abschnitt 5
Rechtsmittel 180

Unterabschnitt 1
Beschwerde 180

Vorbemerkung § 58 180
   I. Neues System der Rechtsmittel 180
      1. Befristete Beschwerde, sofortige Beschwerde und Rechtsbeschwerde . 180
      2. Sonstige Rechtsmittel und Rechtsbehelfe 181
         a) Außerordentliche Beschwerde, Gegenvorstellung 181
         b) Untätigkeitsbeschwerde 182
         c) Erinnerung 183
   II. Übersicht über das Rechtsmittelsystem 184
   III. Übersicht über den Gang des Beschwerde- und des Rechtsbeschwerdeverfahrens 186

§ 58 Statthaftigkeit der Beschwerde 189
   I. Inhalt und Bedeutung der Norm 189
      1. Gesetzessystematischer Bezugsrahmen 189
      2. Bisherige Rechtslage 189
   II. Anfechtung von Endentscheidungen (Abs. 1) 190
   III. Anfechtung von Zwischenentscheidungen 191
      1. Begriff der Zwischenentscheidung 191
      2. Überprüfung zusammen mit der Anfechtung der Endentscheidung (Abs. 2) 192
      3. Isolierte Anfechtung mit der sofortigen Beschwerde (§§ 567 bis 572 ZPO entsprechend) 192

§ 59 Beschwerdeberechtigte 194
   I. Inhalt und Bedeutung der Norm 194
      1. Gesetzessystematischer Bezugsrahmen 194
      2. Bisherige Rechtslage 195
   II. Beschwerdeberechtigung bei Beeinträchtigung von Rechten (Abs. 1) 195
      1. Kindschaftssachen 196
      2. Abstammungssachen 197
      3. Adoptionssachen 198
      4. Haushalts- und Ehewohnungssachen 198
      5. Gewaltschutzsachen 199
      6. Versorgungsausgleichssachen 199
   III. Beschwerdeberechtigung bei Zurückweisung eines Antrags (Abs. 2) 199
   IV. Beschwerdeberechtigung von Behörden (Abs. 3) 200

§ 60 Beschwerderecht Minderjähriger 200
   I. Inhalt und Bedeutung der Norm 201
   II. Beschwerderecht für Minderjährige mit Vollendung des 14. Lebensjahrs 201

§ 61 Beschwerdewert; Zulassungsbeschwerde 201
   I. Inhalt und Bedeutung der Norm 202
      1. Gesetzessystematischer Bezugsrahmen 202
      2. Bisherige Rechtslage 202

II. Erforderlichkeit einer Beschwer des Beschwerdeführers 203
III. Mindestbeschwer für die Zulässigkeit von Beschwerden in vermögens-
rechtlichen Angelegenheiten (Abs. 1) 203
IV. Zulassung der Beschwerde (Abs. 2 u. 3) 205

§ 62 Statthaftigkeit der Beschwerde nach Erledigung der Hauptsache 206
I. Inhalt und Bedeutung der Norm 206
   1. Gesetzessystematischer Bezugsrahmen 206
   2. Bisherige Rechtslage 206
II. Statthaftigkeit der Beschwerde trotz Erledigung der Hauptsache 206

§ 63 Beschwerdefrist 208
I. Inhalt und Bedeutung der Norm 208
II. Beschwerdefrist: 1 Monat (Abs. 1) 209
III. Beschwerdefrist: 2 Wochen (Abs. 2) 209
IV. Beginn und Ende der Frist (Abs. 3) 209

§ 64 Einlegung der Beschwerde 210
I. Inhalt und Bedeutung der Norm 210
II. Zuständiges Gericht (Abs. 1) 211
III. Form und Inhalt der Beschwerdeschrift (Abs. 2) 211
IV. Einstweilige Anordnung – Aussetzung der Vollziehung der angefochte-
nen Entscheidung (Abs. 3) 214

§ 65 Beschwerdebegründung 215
I. Inhalt und Bedeutung der Norm 215
II. Notwendigkeit einer Begründung (Abs. 1) 215
III. Fristsetzung (Abs. 2) 216
IV. Neue Tatsachen und Beweismittel (Abs. 3) 216
V. Keine Berufung auf Unzuständigkeit des Erstgerichts (Abs. 4) 217

§ 66 Anschlussbeschwerde 217
I. Inhalt und Bedeutung der Norm 217
II. Einlegung der Anschlussbeschwerde 217
III. Abhängigkeit von der Hauptbeschwerde 218

§ 67 Verzicht auf die Beschwerde; Rücknahme der Beschwerde 218
I. Inhalt und Bedeutung der Norm 218
II. Beschwerdeverzicht (Abs. 1 – 3) 219
III. Rücknahme der Beschwerde (Abs. 4) 219

§ 68 Gang des Beschwerdeverfahrens 220
I. Inhalt und Bedeutung der Norm 220
II. Abhilfeprüfung durch das Ausgangsgericht (Abs. 1) 221
III. Prüfung der Zulässigkeit durch das Beschwerdegericht (Abs. 2) 221
IV. Verfahren bei der Ermittlung des entscheidungserheblichen Sachverhalts
(Abs. 3) 221
V. Übertragung auf den Einzelrichter (Abs. 4) 223

§ 69 Beschwerdeentscheidung 224
I. Inhalt und Bedeutung der Norm 224
II. Entscheidung des Beschwerdegerichts 224
III. Aufhebung und Zurückverweisung (Abs. 1) 225

- IV. Begründungspflicht (Abs. 2) 226
- V. Entsprechende Geltung der für den erstinstanzlichen Beschluss maßgeblichen Vorschriften (Abs. 3) 226

Unterabschnitt 2
Rechtsbeschwerde 227

§ 70 Statthaftigkeit der Rechtsbeschwerde 227
- I. Inhalt und Bedeutung der Norm 227
- II. Zulassungserfordernis (Abs. 1) 228
- III. Voraussetzungen der Zulassung (Abs. 2 Satz 1) 228
- IV. Bindung des Rechtsbeschwerdegerichts an die Zulassung (Abs. 3 Satz 2) 229
- V. Statthaftigkeit ohne Zulassung (Abs. 3) 229
- VI. Ausschluss bei einstweiliger Anordnung und Arrest (Abs. 4) 230

§ 71 Frist und Form der Rechtsbeschwerde 230
- I. Inhalt und Bedeutung der Norm 231
- II. Frist, Form und Inhalt der Beschwerdeeinlegung (Abs. 1) 231
- III. Frist und Inhalt der Begründung (Abs. 2, 3) 232
- IV. Bekanntgabe an Verfahrensbeteiligte (Abs. 4) 232

§ 72 Gründe der Rechtsbeschwerde 233
- I. Inhalt und Bedeutung der Norm 233
- II. Rechtsbeschwerdegründe 233

§ 73 Anschlussrechtsbeschwerde 234
- I. Inhalt und Bedeutung der Norm 235
- II. Einlegung der Anschlussrechtsbeschwerde 235
- III. Abhängigkeit von dem Hauptrechtsmittel 235

§ 74 Entscheidung über die Rechtsbeschwerde 236
- I. Inhalt und Bedeutung der Norm 237
- II. Prüfung der Zulässigkeit (Abs. 1) 237
- III. Umfang der Prüfung der Begründetheit (Abs. 3) 237
- IV. Anwendbare Verfahrensvorschriften (Abs. 4) 238
- V. Begründetheit der Rechtsbeschwerde 238

§ 74a Zurückweisungsbeschluss 239
- I. Inhalt und Bedeutung der Norm 240
- II. Zurückweisung der Rechtsbeschwerde 240

§ 75 Sprungrechtsbeschwerde 241
- I. Inhalt und Bedeutung der Norm 241
- II. Statthaftigkeit der Sprungrechtsbeschwerde (Abs. 1) 241
- II. Entsprechende Anwendung der Vorschriften über die Sprungrevision (Abs. 2) 242

Abschnitt 6
Verfahrenskostenhilfe 242
Vorbemerkung § 76 242
§ 76 Voraussetzungen 243
    I. Inhalt und Bedeutung der Norm 243
    II. Verweisungsnorm (Abs. 1) 243
    III. Rechtsmittel (Abs. 2) 245
§ 77 Bewilligung 248
    I. Inhalt und Bedeutung der Norm 249
    II. Einbeziehung übriger Beteiligter im Bewilligungsverfahren (Abs. 1) 249
    III. Umfang der Bewilligung (Abs. 2) 251
§ 78 Beiordnung eines Rechtsanwalts 251
    I. Inhalt und Bedeutung der Norm 252
    II. Verfahren mit Anwaltszwang 252
    III. Verfahren ohne Anwaltszwang 253
    IV. Beiordnung eines auswärtigen Rechtsanwalts 256
    V. Verkehrsanwalt/Beweisanwalt 257
    VI. Notanwalt 258
§ 79 (entfallen) 258

Abschnitt 7
Kosten 259
Vorbemerkung § 80 259
§ 80 Umfang der Kostenpflicht 260
§ 81 Grundsatz der Kostenpflicht 261
    I. Inhalt und Bedeutung der Norm 262
    II. Das „Ob" der Kostenentscheidung 263
    III. Inhalt der Kostenentscheidung 264
    IV. Personelle Ausnahmen von der Kostenpflicht 265
    V. Sondervorschriften 266
§ 82 Zeitpunkt der Kostenentscheidung 266
    I. Entscheidung in der Endentscheidung 266
    II. Maßnahmen gegen eine fehlende Kostenscheidung 267
§ 83 Kostenpflicht bei Vergleich, Erledigung und Rücknahme 268
    I. Vergleich 268
    II. Erledigung und Rücknahme 268
§ 84 Rechtsmittelkosten 269
§ 85 Kostenfestsetzung 269

Abschnitt 8
Vollstreckung ... 270
Vorbemerkung § 86 ... 270

Unterabschnitt 1
Allgemeine Vorschriften ... 271

§ 86 Vollstreckungstitel ... 271
  I. Inhalt und Bedeutung der Norm ... 271
  II. Vollstreckungstitel (Abs. 1) ... 272
   1. Beschlüsse (Nr. 1) ... 272
   2. Gerichtlich gebilligte Vergleiche (Nr. 2) ... 272
   3. Sonstige Vergleiche und Urkunden (Nr. 3) ... 273
  III. Vollstreckbarkeit mit Wirksamwerden (Abs. 2) ... 274
  IV. Eingeschränktes Erfordernis einer Vollstreckungsklausel (Abs. 3) ... 274

§ 87 Verfahren; Beschwerde ... 275
  I. Inhalt und Bedeutung der Norm ... 275
  II. Einleitung der Vollstreckung (Abs. 1) ... 276
  III. Zustellung vor oder bei Vollstreckung (Abs. 2) ... 276
  IV. Gewaltanwendung und Durchsuchung (Abs. 3) ... 277
   1. Hinzuziehung polizeilicher Vollzugsorgane (Satz 1) ... 277
   2. Modalitäten der Vollstreckung (Satz 2) ... 277
  V. Sofortige Beschwerde (Abs. 4) ... 278
  VI. Kosten (Abs. 5) ... 278

Unterabschnitt 2
Vollstreckung von Entscheidungen über die Herausgabe von Personen und die Regelung des Umgangs ... 279

§ 88 Grundsätze ... 279
  I. Inhalt und Bedeutung der Norm ... 279
  II. Örtliche Zuständigkeit (Abs. 1) ... 279
  III. Unterstützung des Jugendamts (Abs. 2) ... 280

§ 89 Ordnungsmittel ... 281
  I. Inhalt und Bedeutung der Norm ... 282
  II. Anordnung von Ordnungsmitteln ... 283
   1. Zuwiderhandlung (Abs. 1 Satz 1) ... 283
   2. Verschulden (Abs. 4) ... 283
   3. Hinweispflicht (Abs. 2) ... 284
   4. Ermessen (Abs. 1 Satz 1) ... 285
   5. Ordnungsgeld (Abs. 1 Satz 1, Abs. 3 Satz 1) ... 286
   6. Ordnungshaft (Abs. 1 Sätze 1 und 2, Abs. 3 Satz 2) ... 286
   7. Anordnung durch Beschluss (Abs. 1 Satz 3) ... 287

§ 90 Anwendung unmittelbaren Zwangs ... 288
  I. Inhalt und Bedeutung der Norm ... 288
  II. Unmittelbarer Zwang statt Ordnungsmittel (Abs. 1) ... 288
  III. Unmittelbarer Zwang gegen das Kind (Abs. 2) ... 289

§ 91 Richterlicher Durchsuchungsbeschluss 290
    I. Inhalt und Bedeutung der Norm 291
    II. Durchsuchungsbeschluss (Abs. 1 Satz 1, Abs. 4) 291
    III. Entbehrlichkeit des Durchsuchungsbeschlusses (Abs. 1 und 2) 292
    III. Duldungspflicht (Abs. 3) 293

§ 92 Vollstreckungsverfahren 293
    I. Inhalt und Bedeutung der Norm 294
    II. Pflicht zur Anhörung (Abs. 1) 294
    III. Gleichzeitige Auferlegung der Kosten (Abs. 2) 294
    IV. Verhältnis zum Vermittlungsverfahren (Abs. 3) 295

§ 93 Einstellung der Vollstreckung 295
    I. Inhalt und Bedeutung der Norm 295
    II. Voraussetzungen und Ermessen bei der Einstellung, Beschränkung, Aufhebung (Abs. 1 Satz 1) 296
    IV. Modalitäten (Abs. 1 Satz 3, Abs. 2) 297

§ 94 Eidesstattliche Versicherung 298

Unterabschnitt 3
Vollstreckung nach der Zivilprozessordnung 299

§ 95 Anwendung der Zivilprozessordnung 299
    I. Inhalt und Bedeutung der Norm 300
    II. Anwendungsbereich (Abs. 1) 300
    III. Beschluss (Abs. 2) 301
    IV. Ausschluss der Vollstreckung von Geldforderungen (Abs. 3) 302
    V. Erweiterte Möglichkeit der Vollstreckung zur Herausgabe oder Vorlage von Sachen oder vertretbaren Handlungen (Abs. 4) 302

§ 96 Vollstreckung in Verfahren nach dem Gewaltschutzgesetz und in Ehewohnungssachen 303
    I. Inhalt und Bedeutung der Norm 303
    II. Unterstützungspflicht des Gerichtsvollziehers (Abs. 1) 303
    III. Wiederholte Besitzeinweisung (Abs. 2) 304

§ 96a Vollstreckung in Abstammungssachen 304

Abschnitt 9
Verfahren mit Auslandsbezug 306

Vorbemerkung § 97 306

Unterabschnitt 1
Verhältnis zu völkerrechtlichen Vereinbarungen und Rechtsakten der Europäischen Gemeinschaft 306

§ 97 Vorrang und Unberührtheit 306
    I. Inhalt und Bedeutung der Norm 307
    II. Vorrang internationaler Regelungen (Abs. 1) 307
        1. Völkerrechtliche Vereinbarungen (Abs. 1 Satz 1) 307
        2. Rechtsakte der Europäischen Gemeinschaft (Abs. 1 Satz 2) 307

    3. Vorrangige Regelungen 308
  III. Vorrangige nationale Ausführungsgesetze 310

Unterabschnitt 2
Internationale Zuständigkeit 311

§ 98 Ehesachen; Verbund von Scheidungs- und Folgesachen 311
  I. Inhalt und Bedeutung der Norm 311
  II. Zuständigkeit für Ehesachen (Abs. 1) 312
  III. Erstreckung der internationalen Zuständigkeit auf Folgesachen im Verbund (Abs. 2) 313

§ 99 Kindschaftssachen 314
  I. Inhalt und Bedeutung der Norm 314
  II. Zuständigkeit für Kindschaftssachen (Abs. 1) 315
  III. Zuständigkeit der Gerichte mehrerer Staaten (Abs. 2 bis 4) 316

§ 100 Abstammungssachen 317
§ 101 Adoptionssachen 317
§ 102 Versorgungsausgleichssachen 318
§ 103 Lebenspartnerschaftssachen 319
§ 104 Betreuungs- und Unterbringungssachen; Pflegschaft für Erwachsene 321
§ 105 Andere Verfahren 321
§ 106 Keine ausschließliche Zuständigkeit 322

Unterabschnitt 3
Anerkennung und Vollstreckung ausländischer Entscheidungen 323

§ 107 Anerkennung ausländischer Entscheidungen in Ehesachen 323
§ 108 Anerkennung anderer ausländischer Entscheidungen 325
  I. Inhalt und Bedeutung der Norm 326
  II. Anerkennungs- und Anerkennungsfeststellungsverfahren 327

§ 109 Anerkennungshindernisse 328
  I. Inhalt und Bedeutung der Norm 329
  II. Allgemeine Anerkennungsfähigkeit 330
  III. Anerkennungshindernisse (Abs. 1) 331
  IV. Internationale Anerkennungszuständigkeit (Abs. 2 u. 3) 332
  V. Verbürgung der Gegenseitigkeit (Abs. 4) 333
  VI. Keine Gesetzmäßigkeitsüberprüfung (Abs. 5) 333

§ 110 Vollstreckbarkeit ausländischer Entscheidungen 333

C. Verfahren über Familiensachen 335

Abschnitt 1
Allgemeine Vorschriften 335

Vorbemerkung § 111 335

§ 111 Familiensachen 336
    I. Anwendungsbereich 336
    II. Bisherige Rechtslage 337

§ 112 Familienstreitsachen 339
    I. Anwendungsbereich 339
    II. Vergleich mit der bisherigen Rechtslage 340

§ 113 Anwendung von Vorschriften der Zivilprozessordnung 340
    I. Gesetzessystematik und Anwendungsbereich 342
    II. Inhalt der Norm und bisherige Rechtslage 342
        1. Ausgenommene Vorschriften (Abs. 1) 342
        2. Urkunden-, Wechselprozess, Mahnverfahren (Abs. 2) 342
        3. Beschleunigung (Abs. 3) 343
        4. Verfahren in Ehesachen (Abs. 4) 343
            a) Eingeschränkte Beteiligtenherrschaft in Ehesachen (Nr. 1 und 5 bis 8) 343
            b) Antragsänderung (Nr. 2) 343
            c) Ausnahme einzelner Verfahrensvorschriften (Nr. 3) 343
            d) Keine Güteverhandlung (Nr. 4) 344
        5. Neue Begrifflichkeiten (Abs. 5) 344

§ 114 Vertretung durch einen Rechtsanwalt; Vollmacht 345
    I. Anwaltszwang (Abs. 1 bis 4) 346
        1. Anwendungsbereich 346
        2. Stellung der anwaltlich nicht vertretenen Beteiligten 346
            a) Allgemeine Folgen 346
            b) Modifizierung für Antragsgegner in Ehesachen 346
    II. Vollmacht (Abs. 5) 348

§ 115 Zurückweisung von Angriffs- und Verteidigungsmitteln 348

§ 116 Entscheidung durch Beschluss; Wirksamkeit 350

§ 117 Rechtsmittel in Ehe- und Familienstreitsachen 351
    I. Inhalt und Bedeutung der Norm 352
        1. Anwendungsbereich 352
        2. Rechtsgeschichtlicher Hintergrund 352
    II. Inhalt der Regelung 353
        1. Begründungszwang (Abs. 1 Sätze 1 und 2) 353
        2. Begründungsfrist (Abs. 1 Sätze 3 und 4) 353
        3. Entsprechende Anwendung einzelner Regelungen des zivilprozessrechtlichen Berufungsrechts (Abs. 2 Satz 1) 353
        5. Hinweispflicht des Gerichts (Abs. 3) 355
        6. Formerleichterung (Abs. 4) 355
        7. Wiedereinsetzung in den vorigen Stand (Abs. 5) 355

III. Weiterer Verfahrensgang 355
§ 118 Wiederaufnahme 356
§ 119 Einstweilige Anordnung und Arrest 357
§ 120 Vollstreckung 358
I. Vollstreckung nach der ZPO (Abs. 1) 359
II. Wirksamwerden (Abs. 2 Satz 1) 359
III. Antrag auf Einstellung oder Beschränkung der Vollstreckung (Abs. 2 Sätze 2 u. 3) 359
IV. Keine Vollstreckung der Verpflichtung zur Eingehung der Ehe und zur Herstellung des ehelichen Lebens (Abs. 3) 360

Abschnitt 2
Verfahren in Ehesachen; Verfahren in Scheidungssachen und Folgesachen 361

Unterabschnitt 1
Verfahren in Ehesachen 361

§ 121 Ehesachen 361
§ 122 Örtliche Zuständigkeit 362
I. Bedeutung und Inhalt der Norm 362
 1. Gesetzessystematischer Bezugsrahmen 362
 2. Bisherige Rechtslage 362
II. Örtliche Zuständigkeit 363
 1. Gewöhnlicher Aufenthalt 363
 2. Rangfolge der Gerichtstände, Ausschließlichkeit 366
    a) Katalog Nr. 1: gewöhnlicher Aufenthalt eines Ehegatten mit allen gemeinschaftlichen minderjährigen Kindern 366
 3. Veränderung von zuständigkeitsbegründenden Tatsachen im Laufe des Verfahrens 367

§ 123 Abgabe bei Anhängigkeit mehrerer Ehesachen 367
I. Inhalt und Bedeutung der Norm 368
II. Abgabe bei mehrfacher Anhängigkeit 368

§ 124 Antrag 369
§ 125 Verfahrensfähigkeit 370
I. Inhalt und Bedeutung der Norm 370
 1. Gesetzessystematischer Bezugsrahmen 370
 2. Bisherige Rechtslage 371
II. Verfahrensfähigkeit 371
 1. Verfahrensfähigkeit beschränkt Geschäftsfähiger (Abs. 1) 371
 2. Gesetzliche Vertretung Geschäftsunfähiger (Abs. 2) 371
 3. Genehmigung durch das FamG (Abs. 2 Satz 2) 372
 4. Rechtsfolge 372
 5. Rechtsmittel/Nichtigkeitsklage 373

§ 126 Mehrere Ehesachen; Ehesachen und andere Verfahren 373

§ 127 Eingeschränkte Amtsermittlung ... 374
  I. Bedeutung und Inhalt der Norm ... 374
    1. Gesetzessystematischer Bezugsrahmen ... 374
    2. Bisherige Rechtslage ... 375
  II. Eingeschränkte Amtsermittlung ... 375
    1. Amtsermittlungsgrundsatz ... 375
    2. Einschränkung (Abs. 2) ... 375
    3. Einschränkungen (Abs. 3) ... 376
    4. Verfahren ... 376

§ 128 Persönliches Erscheinen der Ehegatten ... 377
  I. Inhalt und Bedeutung der Norm ... 378
    1. Gesetzessystematischer Bezugsrahmen ... 378
    2. Bisherige Rechtslage ... 378
  II. Inhalt der Norm ... 379
    1. Anhörung der Ehegatten (Abs. 1 Satz 1 und Abs. 2) ... 379
       a) Anhörungsthemen ... 379
       b) Art der Anhörung ... 380
       c) Ausnahmen von der Anhörungspflicht ... 381
       d) Rechtsfolgen der Anhörung ... 382
    2. Vernehmung der Ehegatten als Beteiligte (Abs. 1 Satz 2) ... 382
    3. Anhörung oder Vernehmung durch einen ersuchten Richter (Abs. 3) ... 382
    4. Zwangsmittel (Abs. 4) ... 382

§ 129 Mitwirkung der Verwaltungsbehörde oder dritter Personen ... 383
  I. Inhalt und Bedeutung der Norm ... 384
    1. Gesetzessystematischer Bezugsrahmen ... 384
    2. Bisherige Rechtslage ... 384
  II. Mitwirkung von Verwaltungsbehörde und Dritten ... 384
    1. Aufhebungsgründe ... 384
    2. Antragsbefugnis ... 385
    3. Anwaltszwang ... 386
    4. Passivlegitimation ... 386
    5. Verfahren ... 386

§ 130 Säumnis der Beteiligten ... 387
  I. Bedeutung und Inhalt der Norm ... 387
  II. Säumnis ... 387
    1. Säumnis des Antragstellers in der ersten Instanz ... 387
    2. Säumnis des Antragsgegners in der ersten Instanz ... 388
    3. Säumnis in der zweiten Instanz ... 388

§ 131 Tod eines Ehegatten ... 389
  I. Inhalt und Bedeutung der Norm ... 389
  II. Folgen bei Tod eines Ehegatten ... 389
    1. Tod vor Rechtshängigkeit ... 389
    2. Tod nach Rechtshängigkeit ... 390
    3. Erledigung der Hauptsache kraft Gesetzes ... 390
    4. Kosten ... 391
    5. Rechtsmittel gegen Hauptsacheentscheidung nach Erledigung ... 391

    6. Auswirkung der Erledigung auf einstweilige Anordnungen 392
    7. Auswirkung der Erledigung auf anhängige Folgesachen 392
    8. Wiederaufnahme, Wiedereinsetzung in den vorigen Stand 392
§ 132 Kosten bei Aufhebung der Ehe 393

Unterabschnitt 2
Verfahren in Scheidungssachen und Folgesachen 394

§ 133 Inhalt der Antragsschrift 394
  I. Bedeutung und Inhalt der Norm 394
    1. Gesetzessystematischer Bezugsrahmen 394
    2. Bisherige Rechtslage 395
  II. Inhalt der Norm 396
    1. Daten der gemeinsamen Kinder 396
    2. Erklärung zu bestimmten Folgesachen 396
    3. Anderweitig anhängige Familiensachen 396
    4. Beizubringende Unterlagen 397

§ 134 Zustimmung zur Scheidung und zur Rücknahme, Widerruf 398
  I. Bedeutung und Inhalt der Norm 398
    1. Gesetzessystematischer Bezugsrahmen 398
    2. Bisherige Rechtslage 398
  II. Inhalt der Norm 399
    1. Zustimmung zur Scheidung; Widerruf der Zustimmung; kein Anwaltszwang 399
    2. Zustimmung zur Rücknahme des Scheidungsantrags; kein Anwaltszwang 400

§ 135 Außergerichtliche Streitbeilegung über Folgesachen 400
  I. Bedeutung und Inhalt der Norm 400
    1. Gesetzessystematischer Bezugsrahmen 400
    2. Bisherige Rechtslage 401
  II. Förderung außergerichtlicher Streitbeilegung 401

§ 136 Aussetzung des Verfahrens 402
  I. Bedeutung und Inhalt der Norm 402
  II. Aussetzung des Verfahrens 403
    1. Aussetzung von Amts wegen (Abs. 1) 403
    2. Aussetzung nach Antrag des Antragstellers (Abs. 2) 403
    3. Verfahren (Abs. 3 und 4) 403
    4. Wirkung der Aussetzung 404
    5. Rechtsmittel gegen die Aussetzung 404
    6. Beendigung der Aussetzung 404

§ 137 Verbund von Scheidungs- und Folgesachen 404
  I. Bedeutung und Inhalt der Norm 405
    1. Gesetzessystematischer Bezugsrahmen 405
    2. Bisherige Rechtslage 406
  II. Scheidungsverbund 407
    1. Verbund (Abs. 1) 407

| | 2. Folgesachen (Abs. 2 u. 3) .... | 408 |

§ 138 Beiordnung eines Rechtsanwalts 409
   I. Bedeutung und Inhalt der Norm 409
   II. Beiordnung 410
      1. Beiordnung eines Rechtsanwalts (Abs. 1 Satz 1) 410
      2. Verfahren, Anhörung (Abs. 1 Satz 2) 410
      3. Umfang der Beiordnung 411
      4. Stellung des beigeordneten Rechtsanwalts (Abs. 2) 411
      5. Rechtsmittel gegen die Beiordnung 411
      5. Gebühren 412

§ 139 Einbeziehung weiterer Beteiligter und dritter Personen 412
   I. Bedeutung und Inhalt der Norm 412
   II. Einbeziehung weiterer Beteiligter oder Dritter 413
      1. Begriff der weiteren Beteiligten 413
      2. Verfahren 413

§ 140 Abtrennung 414
   I. Inhalt und Bedeutung der Norm 415
   II. Abtrennung 415
      1. Bei Beteiligung Dritter in einer Unterhaltsfolgesache oder Güterrechtsfolgesache (Abs. 1) 415
      2. Abtrennung von Folgesachen (Abs. 2) 415

§ 141 Rücknahme des Scheidungsantrags 419
   I. Gesetzessystematischer Bezugsrahmen und bisherige Rechtslage 420
   II. Verfahren 420
   III. Fortführung von Folgesachen nach der Rücknahme des Scheidungsantrags 422
      1. Kindschaftssachen bei Kindeswohlgefährdung 422
      2. Fortführung anderer Folgesachen 422
      3. Rechtsmittel 423

§ 142 Einheitliche Endentscheidung; Abweisung des Scheidungsantrags 423

§ 143 Einspruch 424

§ 144 Verzicht auf Anschlussrechtsmittel 425

§ 145 Befristung von Rechtsmittelerweiterung und Anschlussrechtsmittel 426
   I. Gesetzessystematischer Bezugsrahmen 427
      1. Bisheriges Recht 427
      2. Grundlagen 427
   II. Inhalt der Norm 428
      1. Sachlicher Anwendungsbereich: andere Familiensache 428
      2. Monatsfrist nach Abs. 1 428
      3. Folgen der Fristversäumung 428

§ 146 Zurückverweisung 428
   I. Vergleich zur bisherigen Rechtslage 429

Inhaltsverzeichnis

   II. Inhalt der Norm 429
      1. Zurückverweisung (Abs. 1 Satz 1) 429
      2. Bindung an die Entscheidung des Rechtsmittelgerichts (Abs. 1 Satz 2) . 430
      3. Verhandlung über die Folgesache bei Rechtsbeschwerde (Abs. 2) 430

§ 147 Erweiterte Aufhebung 430
   I. Gesetzessystematischer Bezugsrahmen und bisherige Rechtslage 431
   II. Voraussetzungen 431
      1. Teilweise Aufhebung einer OLG-Entscheidung 431
      2. Zusammenhang 432
      3. Antrag 432
      4. Antragsfrist (Satz 2) 433
      5. Verhältnis zur befristeten Anschließung 433
   III. Rechtsfolgen 433

§ 148 Wirksamwerden von Entscheidungen in Folgesachen 433

§ 149 Erstreckung der Bewilligung von Verfahrenskostenhilfe 434

§ 150 Kosten in Scheidungssachen und Folgesachen 435
   I. Inhalt und Bedeutung der Norm 435
      1. Gesetzessystematischer Bezugsrahmen 435
      2. Bisherige Rechtslage 436
   II. Inhalt der Norm 437
      1. Grundsatz: Aufhebung der Kosten (Abs. 1) 437
      2. Kosten bei Aufhebung oder Abweisung des Scheidungsantrags (Abs. 2) 437
      3. Kosten von weiteren Beteiligten (Abs. 3) 437
      4. Kostenverteilung nach Billigkeit (Abs. 4 Sätze 1 und 2) 437
      5. Kostenverteilung bei Vereinbarung der Beteiligten über die Kosten (Abs. 4 Satz 3) 438
      6. Kostenverteilung bei abgetrennten Folgesachen (Abs. 5 Satz 1) 438
      7. Kostenverteilung bei selbstständig fortgeführten Folgesachen (Abs. 5 Satz 2) 438

Abschnitt 3
Verfahren in Kindschaftssachen 439

Vorbemerkung § 151 439

§ 151 Kindschaftssachen 444
   I. Inhalt und Bedeutung der Norm 444
      1. Gesetzessystematischer Bezugsrahmen 444
      2. Bisherige Rechtslage 445
   II. Einzelne Familiensachen 445
      1. Elterliche Sorge (Nr. 1) 445
      2. Umgangsrecht (Nr. 2) 446
      3. Kindesherausgabe (Nr. 3) 446
      4. Vormundschaft und Pflegschaft (Nr. 4 und 5) 446
      5. Freiheitsentziehende Unterbringung (Nr. 6 und 7) 447
      6. Familiengerichtliche Tätigkeit nach JGG (Nr. 8) 447

7. Konkurrenzen	448
§ 152 Örtliche Zuständigkeit	448
I. Inhalt und Bedeutung der Norm	448
II. Einzelne Zuständigkeiten	449
§ 153 Abgabe an das Gericht der Ehesache	450
§ 154 Verweisung bei einseitiger Änderung des Aufenthalts des Kindes	451
§ 155 Vorrang- und Beschleunigungsgebot	452
I. Inhalt und Bedeutung der Norm	452
II. Vorrang und Beschleunigung: Verhältnis zu anderen Verfahren (Abs. 1)	453
III. Früher Erörterungstermin (Abs. 2 und 3)	455
1. Erörterung binnen eines Monats (Abs. 2 Sätze 1 und 2)	455
2. Anhörung des Jugendamts (Abs. 2 Satz 3)	456
3. Terminsverlegung aus zwingenden Gründen (Abs. 2 Sätze 4 und 5)	458
4. Persönliches Erscheinen der Beteiligten (Abs. 3)	458
§ 156 Hinwirken auf Einvernehmen	459
I. Inhalt und Bedeutung der Norm	460
1. Gesetzessystematischer Bezugsrahmen	460
2. Bisherige Rechtslage	462
II. Hinwirken auf Einvernehmen (Abs. 1)	462
1. Familiengerichtliches Hinwirken (Satz 1)	462
2. Hinweis auf Beratung (Satz 2)	463
3. Hinweis auf Mediation und andere außergerichtliche Streitbeilegung (Satz 3)	464
4. Anordnung von Beratung (Sätze 4 und 5)	465
III. Gerichtlich gebilligter Vergleich (Abs. 2)	466
IV. Erörterung und Erlass einer einstweiligen Anordnung (Abs. 3)	467
1. Erörterung im frühen Termin (Satz 1)	467
2. Einstweilige Regelung des Umgangs bei Begutachtung oder Beratung (Satz 2)	467
3. Anhörung des Kindes (Satz 3)	468
§ 157 Erörterung der Kindeswohlgefährdung; einstweilige Anordnung	468
I. Inhalt und Bedeutung der Norm	469
II. Erörterung der Kindeswohlgefährdung (Abs. 1)	469
1. Ausgangslage und Zielsetzung	469
2. Inhalt und Anwendungsbereich	470
3. Funktionen	471
4. Chancen und Risiken	471
III. Verfahrensfragen	472
1. Verhältnis zum frühen Termin (§ 155 Abs. 2) und zu Anhörungen (§§ 159, 160)	472
2. Ladung des Jugendamts (Abs. 1 Satz 2)	472
3. Persönliches Erscheinen der Eltern (Abs. 2)	472
IV. Einstweilige Anordnung (Abs. 3)	473
§ 158 Verfahrensbeistand	473
I. Inhalt und Bedeutung der Norm	475

Inhaltsverzeichnis

    1. Gesetzessystematischer Bezugsrahmen 475
    2. Bisherige Rechtslage 475
 II. Voraussetzungen der Bestellung eines Verfahrensbeistands 476
    1. Geeigneter Verfahrensbeistand 476
    2. Grundsätzliche Verpflichtung der Bestellung (Abs. 1) 476
    3. Regelbeispiele für die Bestellung (Abs. 2) 477
 III. Bestellung des Verfahrensbeistands (Abs. 3) 478
    1. Zeitpunkt der Bestellung (Satz 1) 478
    2. Hinzuziehung als Beteiligter (Satz 2) 478
    3. Absehen von der Bestellung (Satz 3) und Anfechtbarkeit der (Nicht-)Bestellung (Satz 4) 478
 IV. Aufgaben (Abs. 4) 479
    1. Interessenfeststellung und Wahrnehmung (Satz 1) 479
    2. Aufklärung des Kindes (Satz 2) 480
    3. Gespräche mit weiteren Bezugspersonen und Mitwirken an einvernehmlichen Regelungen (Sätze 3 und 4) 480
    4. Rechtsmittelfähigkeit (Satz 5) 481
    5. Keine gesetzliche Vertretung (Satz 6) 482
 V. Anderer geeigneter Verfahrensbevollmächtigter (Abs. 5) 482
 VI. Ende der Bestellung (Abs. 6) 482
 VII. Aufwendungsersatz und Vergütung (Abs. 7) 483
    1. Nicht berufsmäßige Verfahrensbeistände (Satz 1) 483
    2. Berufsmäßige Verfahrensbeistände (Sätze 2 und 3) 483
    3. Zahlungsmodalitäten (Sätze 4 und 5) 483
 VIII. Kostenfreiheit (Abs. 8) 484

§ 159 Persönliche Anhörung des Kindes 484
 I. Inhalt und Bedeutung der Norm 484
 II. Pflicht zur Anhörung Jugendlicher (Abs. 1) 485
 III. Erforderlichkeit der Anhörung von Kindern (Abs. 2) 486
 IV. Absehen von der Anhörung (Abs. 3) 486
 V. Inhalt und Gestaltung der Anhörung (Abs. 4) 487
    1. Aufklärung und Gelegenheit zur Äußerung (Sätze 1 und 2) 487
    2. Anwesenheit des Verfahrensbeistands (Satz 3) 488
    3. Gestaltung der Anhörung (Satz 4) 488

§ 160 Anhörung der Eltern 488
 I. Inhalt und Bedeutung der Norm 489
 II. Persönliche Anhörung (Abs. 1) 489
 III. Einfache Anhörungspflicht (Abs. 2) 490
 IV. Absehen aus schwerwiegenden Gründen (Abs. 3 und 4) 491

§ 161 Mitwirkung der Pflegeperson 491
 I. Inhalt und Bedeutung der Norm 492
 II. Möglichkeit der Beteiligung (Abs. 1) 492
 III. Anhörungspflicht (Abs. 3) 493

§ 162 Mitwirkung des Jugendamts 493
 I. Inhalt und Bedeutung der Norm 494
 II. Anhörung (Abs. 1) 494

III. Verfahrensrechte des JA (Abs. 2 und 3) 495

§ 163 Fristsetzung bei schriftlicher Begutachtung; Inhalt des Gutachtenauftrags; Vernehmung des Kindes 496
    I. Inhalt und Bedeutung der Norm 496
        1. Gesetzessystematischer Bezugsrahmen 496
        2. Bisherige Rechtslage 497
    II. Fristsetzung (Abs. 1) 497
    III. Hinwirken auf die Herstellung von Einvernehmen (Abs. 2) 498
        1. Ziel und Zweck 498
        2. Ermessen („kann") 498
        3. Hinwirken ohne gerichtliche Aufforderung 499
        4. Anwendungsbereich und Kontraindikation 499
        5. Erst Datenerhebung, dann evtl. Beratung/Mediation 500
    IV. Keine Zeugenvernehmung des Kindes (Abs. 3) 501

§ 164 Bekanntgabe der Entscheidung an das Kind 501

§ 165 Vermittlungsverfahren 502
    I. Inhalt und Bedeutung der Norm 503
    II. Einleitung auf Antrag (Abs. 1) 503
    III. Vermittlungstermin (Abs. 2) 504
    IV. Erörterung drohender Konsequenzen (Abs. 3) 504
    V. Hinwirken auf Einvernehmen (Abs. 4) 505
    VI. Beschluss bei Erfolglosigkeit (Abs. 5) 505

§ 166 Abänderung und Überprüfung von Entscheidungen und gerichtlich gebilligten Vergleichen 506
    I. Inhalt und Bedeutung der Norm 506
    II. Änderungspflicht (Abs. 1) 506
    III. Überprüfungspflichten (Abs. 2 und 3) 507

§ 167 Anwendbare Vorschriften bei Unterbringung Minderjähriger 509
    I. Inhalt und Bedeutung der Norm 510
    II. Spezielle Regelungen für freiheitsentziehende Unterbringung 510
        1. Anwendbare Vorschriften (Abs. 1 Satz 1, § 312 Nr. 1 und 3) 510
        2. Örtliche Zuständigkeit (§ 313) 511
        3. Mitteilungspflicht (Abs. 2, § 313 Abs. 4) 512
        4. Beteiligte (§ 315) 513
        5. Verfahrensfähigkeit (Abs. 3, § 316) 514
        6. Verfahrensbeistand/-pfleger (Abs. 1 Satz 2, §§ 317, 318) 514
        7. Persönliche Anhörung (Abs. 4, §§ 319, 320) 515
        8. Einholung eines Gutachtens (Abs. 6, §§ 321, 322) 516
        9. Beschlussformel (§ 323) 517
        10. Wirksamwerden und Bekanntgabe des Beschlusses (§§ 324, 325) 518
        11. Zuführung zur Unterbringung (Abs. 5, § 326) 519
        12. Regelung von Angelegenheiten im Vollzug (§ 327) 520
        13. Aussetzung des Vollzugs (§ 328) 520
        14. Dauer, Verlängerung, Aufhebung (§§ 329, 330) 521
        15. Einstweilige Anordnung (§§ 331 bis 334) 522
        16. Beschwerde (§§ 335, 336) 523

Inhaltsverzeichnis

17. Kosten (§ 337) 524
18. Mitteilung der Entscheidung und Benachrichtigung (§§ 338, 339) 525

§ 168 Beschluss über Zahlungen des Mündels 526
    I. Inhalt und Bedeutung der Norm 527
    II. Gegenstand der Festsetzung 527
    III. Festsetzung von Ansprüchen gegen die Staatskasse 527
    IV. Rückgriff beim Mündel oder Erben 528

§ 168a Mitteilungspflichten des Standesamts 529

Abschnitt 4
Verfahren in Abstammungssachen 530

Vorbemerkung § 169 530
    I. Abstammungssachen in Bewegung 530
    II. Formalisiertes Antragsverfahren 531
        1. Auf Antrag Klärung von Amts wegen 531
        2. Beteiligtenschutz im Verfahren 531
        3. Wirkungen und Bestand 532

§ 169 Abstammungssachen 533
    I. Inhalt und Bedeutung der Norm 533
    II. Verfahrensgegenstände 533
        1. Feststellung zum Ob eines Eltern-Kind-Verhältnisses (Nr. 1) ... 533
        2. Klärung der Abstammung unabhängig vom Statusverfahren (Nr. 2 und 3) 534
        3. Anfechtung der Vaterschaft (Nr. 4) 535

§ 170 Örtliche Zuständigkeit 535

§ 171 Antrag 536
    I. Inhalt und Bedeutung der Norm 536
    II. Antragserfordernis (Abs. 1) 536
    III. Inhalt und Begründung (Abs. 2) 537
        1. Antragsinhalt: Verfahrensziel und betroffene Personen (Satz 1) 537
        2. Begründungserfordernisse bei Vaterschaftsanfechtung (Sätze 2 und 3) 538

§ 172 Beteiligte 539

§ 173 Vertretung eines Kindes durch einen Beistand 540

§ 174 Verfahrensbeistand 541

§ 175 Erörterungstermin; persönliche Anhörung 542
    I. Inhalt und Bedeutung der Norm 542
    II. Erörterungstermin vor Beweisaufnahme (Abs. 1) 543
    III. Anhörung vor Ersetzung nach § 1598a Abs. 2 BGB (Abs. 2) 544

§ 176 Anhörung des Jugendamts 544
    I. Inhalt und Bedeutung der Norm 545
    II. Anhörung des Jugendamts (Abs. 1) 545
    III. Mitteilung und Beschwerderecht (Abs. 2) 546

§ 177 Eingeschränkte Amtsermittlung; förmliche Beweisaufnahme 547
I. Inhalt und Bedeutung der Norm 547
II. Eingeschränkte Amtsermittlung (Abs. 1) 548
III. Förmliche Beweisaufnahme (Abs. 2) 548

§ 178 Untersuchungen zur Feststellung der Abstammung 549
I. Inhalt und Bedeutung der Norm 549
II. Duldung der Blutentnahme (Abs. 1) 549
III. Durchsetzung der Duldung (Abs. 2) 550

§ 179 Mehrheit von Verfahren 552

§ 180 Erklärungen zur Niederschrift des Gerichts 552

§ 181 Tod eines Beteiligten 554

§ 182 Inhalt des Beschlusses 554

§ 183 Kosten bei Anfechtung der Vaterschaft 555

§ 184 Wirksamkeit des Beschlusses, Ausschluss der Abänderung, ergänzende Vorschriften über die Beschwerde 556
I. Inhalt und Bedeutung der Norm 556
  1. Gesetzessystematischer Bezugsrahmen 556
  2. Bisherige Rechtslage 557
II. Rechtskraft: Wirksamkeit und Abänderbarkeit (Abs. 1) 557
III. Wirkung für und gegen alle (Abs. 2) 557
IV. Beschwerderecht aller Beteiligten (Abs. 3) 558

§ 185 Wiederaufnahme des Verfahrens 558
I. Inhalt und Bedeutung der Norm 559
II. Neues Gutachten (Abs. 1) 559
III. Antragsberechtigung (Abs. 2) 560
IV. Ausschließliche Zuständigkeit, Frist (Abs. 3 und 4) 561

Abschnitt 5
Verfahren in Adoptionssachen 561

Vorbemerkung § 186 561

§ 186 Adoptionssachen 562
I. Inhalt und Bedeutung der Norm 562
II. Einzelne Adoptionssachen 562

§ 187 Örtliche Zuständigkeit 563
I. Inhalt und Bedeutung der Norm 564
II. Örtliche Zuständigkeit 564

§ 188 Beteiligte 566
I. Inhalt und Bedeutung der Norm 566
II. Beteiligung 567
  1. Natürliche Personen (Abs. 1) 567
    a) In Verfahren nach § 186 Nr. 1 (Nr. 1) 567
    b) In Verfahren nach § 186 Nr. 2 (Nr. 2) 567
    c) In Verfahren nach § 186 Nr. 3 (Nr. 3) 567

Inhaltsverzeichnis

d) In Verfahren nach § 186 Nr. 4 (Nr. 4) 567
2. Behörden (Abs. 2) 567
§ 189 Fachliche Äußerung einer Adoptionsvermittlungsstelle 568
§ 190 Bescheinigung über den Eintritt der Vormundschaft 569
§ 191 Verfahrensbeistand 569
§ 192 Anhörung der Beteiligten 570
§ 193 Anhörung weiterer Personen 572
§ 194 Anhörung des Jugendamts 572
§ 195 Anhörung des Landesjugendamts 573
§ 196 Unzulässigkeit der Verbindung 574
§ 197 Beschluss über die Annahme als Kind 574
I. Inhalt und Bedeutung der Norm 575
II. Angabe der Rechtsgrundlage (Abs. 1) 575
III. Wirksamkeit des Annahmebeschlusses (Abs. 2) 576
IV. Unanfechtbarkeit; Ausschluss der Abänderung und Wiederaufnahme (Abs. 3) 576
§ 198 Beschluss in weiteren Verfahren 577
I. Inhalt und Bedeutung der Norm 578
II. Ersetzung der Einwilligung bzw. Zustimmung (Abs. 1) 578
III. Aufhebung des Annahmeverhältnisses (Abs. 2) 579
IV. Befreiung vom Eheverbot (Abs. 3) 579
§ 199 Anwendung des Adoptionswirkungsgesetzes 579

Abschnitt 6
Ehewohnungssachen und Haushaltssachen 580

Vorbemerkung § 200 580
§ 200 Ehewohnungssachen; Haushaltssachen 583
§ 201 Örtliche Zuständigkeit 584
§ 202 Abgabe an das Gericht der Ehesache 585
§ 203 Antrag 586
I. Antragserfordernis (Abs. 1) 586
II. Inhalt des Antrags (Abs. 2 u. 3) 587
§ 204 Beteiligte 588
§ 205 Anhörung des Jugendamts in Ehewohnungssachen 589
§ 206 Besondere Vorschriften in Haushaltssachen 590
I. Einschränkung des Amtsermittlungsgrundsatzes 590
II. Auflagen für die Eheleute (Abs. 1) 591
III. Folgen der Nichterfüllung der Auflagen (Abs. 2 u. 3) 591
§ 207 Erörterungstermin 592
§ 208 Tod eines Ehegatten 592

§ 209 Durchführung der Entscheidung, Wirksamkeit 593
   I. Anordnungen zur Durchführung der Entscheidung (Abs. 1) 593
   II. Wirksamkeit der Entscheidung (Abs. 2) und ihre Vollstreckung vor der Zustellung (Abs. 3) 594

Abschnitt 7
Verfahren in Gewaltschutzsachen 595

Vorbemerkung § 210 595

§ 210 Gewaltschutzsachen 597

§ 211 Örtliche Zuständigkeit 598

§ 212 Beteiligte 598

§ 213 Anhörung des Jugendamts 599

§ 214 Einstweilige Anordnung 600

§ 215 Durchführung der Endentscheidung 601

§ 216 Wirksamkeit; Vollstreckung vor Zustellung 601

§ 216a Mitteilung von Entscheidungen 602

Abschnitt 8
Verfahren in Versorgungsausgleichssachen 603

Vorbemerkung § 217 603

§ 217 Versorgungsausgleichssachen 604

§ 218 Örtliche Zuständigkeit 605
   I. Inhalt und Bedeutung der Norm 605
   II. Verbundverfahren 605
   III. Isoliertes Verfahren 605

§ 219 Beteiligte 606
   I. Inhalt und Bedeutung der Norm 606
   II. Verfahrensbeteiligte 606

§ 220 Verfahrensrechtliche Auskunftspflicht 607
   I. Inhalt und Bedeutung der Norm 607
   II. Auskunftsbefugnis des Gerichts – Auskunftspflichtige (Abs. 1 und 5) 608
   III. Form der Auskunftserteilung (Abs. 2) 608
   IV. Mitwirkungspflichten (Abs.3) 609
   V. Umfang der Auskunftspflicht des Versorgungsträgers (Abs.4) 609
   VI. Durchsetzung der Auskunftspflicht 610

§ 221 Erörterung, Aussetzung 610
   I. Inhalt und Bedeutung der Norm 610
   II. Erörterungstermin (Abs. 1) 611
   III. Aussetzung des Verfahrens (Abs. 2 u. Abs. 3) 611

§ 222 Durchführung der externen Teilung 612
   I. Inhalt und Bedeutung der Norm 612
   II. Fristsetzung und Ausübung des Wahlrechts 612

Inhaltsverzeichnis

§ 223 Antragserfordernis für Ausgleichsansprüche nach der Scheidung .. 613
§ 224 Entscheidung über den Versorgungsausgleich 614
    I. Inhalt und Bedeutung der Norm 614
    II. Wirksamwerden der Entscheidung (Abs. 1) 614
    III. Notwendiger Inhalt der Entscheidung 614
§ 225 Zulässigkeit einer Abänderung des Wertausgleichs bei der Scheidung 615
    I. Inhalt und Bedeutung der Norm 616
    II. Beschränkung der Abänderung auf Versorgungsanrechte in den Regelsicherungssystemen (Abs. 1) 616
    III. Abänderungsvoraussetzungen (Abs. 2 bis Abs. 5) 617
§ 226 Durchführung einer Abänderung des Wertausgleichs bei der Scheidung 618
    I. Inhalt und Bedeutung der Norm 618
    II. Abänderungsverfahren 619
§ 227 Sonstige Abänderungen 620
§ 228 Zulässigkeit der Beschwerde 620
§ 229 Rechtsverkehr zwischen den Familiengerichten und den Versorgungsträgern 621
    I. Inhalt und Bedeutung der Norm 621
§ 230 (weggefallen) 622

Abschnitt 9
Verfahren in Unterhaltssachen 622

Unterabschnitt 1
Besondere Verfahrensvorschriften) 622

Vorbemerkung § 231 622
§ 231 Unterhaltssachen 624
    I. Inhalt und Bedeutung der Norm 624
    II. Unterhaltssachen im engeren Sinn (Abs. 1) 624
    III. Unterhaltssachen im weiteren Sinn (Abs. 2) 626
§ 232 Örtliche Zuständigkeit 626
    I. Inhalt und Bedeutung der Norm 627
    II. Ausschließliche Zuständigkeit (Abs. 1) 628
    III. Zusammentreffen verschiedener ausschließlicher Zuständigkeiten (Abs. 2) .. 630
    IV. Zuständigkeit nach allgemeinen Bestimmungen (Abs. 3) 631
§ 233 Abgabe an das Gericht der Ehesache 632
§ 234 Vertretung eines Kindes durch einen Beistand 633
§ 235 Verfahrensrechtliche Auskunftspflicht der Beteiligten 633
    I. Inhalt und Bedeutung der Norm 634
    II. Anordnungsberechtigung (Abs. 1) 635
    III. Anordnungspflicht (Abs. 2) 636

IV. Pflicht zur ungefragten Ergänzung der erteilten Auskunft (Abs. 3) 637
  V. Keine selbstständige Beschwerde oder zwangsweise Durchsetzung
      (Abs. 4) 637
§ 236 Verfahrensrechtliche Auskunftspflicht Dritter 638
  I. Inhalt und Bedeutung der Norm 639
  II. Anordnungsberechtigung (Abs. 1) 639
  III. Anordnungsverpflichtung (Abs. 2) 640
  IV. Mitteilung der Anordnung an Beteiligte und ihre Durchsetzung (Abs. 3
      und 4) 641
  V. Unanfechtbarkeit (Abs. 5) 641
§ 237 Unterhalt bei Feststellung der Vaterschaft 642
  I. Inhalt und Bedeutung der Norm 642
  II. Unterhaltsverfahren ohne vorherige Feststellung der Vaterschaft 642
Vorbemerkung § 238 643
§ 238 Abänderung gerichtlicher Entscheidungen 645
  I. Inhalt und Bedeutung der Norm 646
  II. Zulässigkeit der Abänderung (Abs. 1) 647
  III. Tatsachenpräklusion für den Antragsteller (Abs. 2) 649
  IV. Zeitgrenze für eine rückwirkende Abänderung (Abs. 3) 650
  V. Begründetheit des Abänderungsantrags (Abs. 4) 652
  VI. Beweislast 653
§ 239 Abänderung von Vergleichen und Urkunden 654
  I. Inhalt und Bedeutung der Norm 654
  II. Zulässigkeit der Abänderung (Abs. 1) 654
  III. Begründetheit des Abänderungsbegehrens (Abs. 2) 655
§ 240 Abänderung von Entscheidungen nach den §§ 237 und 253 657
  I. Inhalt und Bedeutung der Norm 657
  II. Zulässigkeit der Abänderung (Abs. 1) 657
  III. Rückwirkung der Abänderung (Abs. 2) 658
§ 241 Verschärfte Haftung 659
§ 242 Einstweilige Einstellung der Vollstreckung 660
  I. Inhalt und Bedeutung der Norm 660
  II. Zulässigkeit und Voraussetzungen einer einstweiligen Anordnung 661
  III. Abänderung und Unanfechtbarkeit der gerichtlichen Entscheidung 661
§ 243 Kostenentscheidung 662
  I. Inhalt und Bedeutung der Norm 662
  II. Kriterien der Kostenentscheidung 663
§ 244 Unzulässiger Einwand der Volljährigkeit 664
**§ 245 Bezifferung dynamisierter Unterhaltstitel zur Zwangsvollstreckung
      im Ausland** 665

Unterabschnitt 2
Einstweilige Anordnung ... 666

§ 246 Besondere Vorschriften für die einstweilige Anordnung ... 666
  I. Inhalt und Bedeutung der Norm ... 666
  II. Voraussetzungen und Inhalt der einstweiligen Anordnung ... 667

§ 247 Einstweilige Anordnung vor Geburt des Kindes ... 668
  I. Inhalt und Bedeutung der Norm ... 668
  II. Voraussetzungen und Inhalt der einstweiligen Anordnung ... 669

§ 248 Einstweilige Anordnung bei Feststellung der Vaterschaft ... 670
  I. Inhalt und Bedeutung der Norm ... 671
  II. Voraussetzungen der Unterhaltsanordnung ... 671
  III. Außerkrafttreten der Anordnung, Schadensersatzpflicht (Abs. 5) ... 672

Unterabschnitt 3
Vereinfachtes Verfahren über den Unterhalt Minderjähriger ... 673

Vorbemerkung § 249 ... 673

§ 249 Statthaftigkeit des vereinfachten Verfahrens ... 675

§ 250 Antrag ... 677

§ 251 Maßnahmen des Gerichts ... 680

§ 252 Einwendungen des Antragsgegners ... 681

§ 253 Festsetzungsbeschluss ... 683

§ 254 Mitteilungen über Einwendungen ... 684

§ 255 Streitiges Verfahren ... 685

§ 256 Beschwerde ... 687
  I. Inhalt und Bedeutung der Norm ... 687
  II. Beschwerdeberechtigung ... 687
  III. Beschwerdegründe ... 688
  IV. Beschwerdeverfahren ... 688

§ 257 Besondere Verfahrensvorschriften ... 688

§ 258 Sonderregelung für maschinelle Bearbeitung ... 689

§ 259 Formulare ... 689

§ 260 Bestimmung des Amtsgerichts ... 690

Abschnitt 10
Verfahren in Güterrechtssachen ... 691

Vorbemerkung § 261 ... 691

§ 261 Güterrechtssachen ... 692

§ 262 Örtliche Zuständigkeit ... 693

§ 263 Abgabe an das Gericht der Ehesache ... 694

§ 264 Verfahren nach den §§ 1382 und 1383 des Bürgerlichen Gesetzbuchs 695

§ 265 Einheitliche Entscheidung 696

Abschnitt 11
Verfahren in sonstigen Familiensachen 697

Vorbemerkung § 266 697

§ 266 Sonstige Familiensachen 698
    I. Inhalt und Bedeutung der Norm 699
    II. Aufbau und Inhalt der Norm 699

§ 267 Örtliche Zuständigkeit 702

§ 268 Abgabe an das Gericht der Ehesache 703

Abschnitt 12
Verfahren in Lebenspartnerschaftssachen 703

§ 269 Lebenspartnerschaftssachen 703
§ 270 Anwendbare Vorschriften 706

Schluss- und Übergangsvorschriften 706

Art. 111 Übergangsvorschrift 706
Art. 112 Inkrafttreten, Außerkrafttreten 709

Abkürzungsverzeichnis 711

Literaturverzeichnis 717

Stichwörter 723

Vorwort

Im September 2006 sind wir, das Autor/inn/enteam und der Verlag zum ersten Mal zusammengekommen, um die Konzeption eines Kommentars zum familiengerichtlichen Verfahren zu erarbeiten. Zu diesem Zeitpunkt hat keine und keiner annähernd erahnt, was noch alles auf uns zukommt. Mit geradezu sprichwörtlich jugendlichem Elan haben wir Gefallen an dem Gedanken gefunden, uns das neue Gesetz über das Verfahren in Familiensachen und in Angelegenheiten der freiwilligen Gerichtsbarkeit (FamFG) interdisziplinär und interinstitutionell aus den unterschiedlichen Blickwinkeln zweier Rechtsanwältinnen, eines OLG-Richters, einer Amtsgerichtsdirektorin und Familienrichterin, zweier familienpsychologischer Sachverständigen und eines Juristen aus einem Institut für Jugendhilfe und Familienrecht zu erschließen.

Das Gesetz hat sich mit seiner Entstehung Zeit gelassen und kann drei turbulente Jahre später bei seinem Inkrafttreten bereits als durchaus dynamisch bezeichnet werden. Als der Regierungsentwurf im September 2007 im Bundestag eingebracht wurde, hatte er in vielen Abschnitten eine völlig neue Gestalt im Vergleich zum Referentenentwurf (BT-Drs. 16/6308). In der Beschlussfassung des Rechtsausschusses im Juni 2008 (BT-Drs. 16/9733) hat das Gesetz wiederum in über 100 Vorschriften der für das Familienverfahren relevanten §§ 1 bis 270 FamFG Änderungen erfahren. Doch damit nicht genug, der Versorgungsausgleich wurde reformiert und mit ihm das zugehörige Verfahrensrecht (BT-Drs. 16/10144, 16/11903) und im Gesetz zur Änderung des Zugewinnausgleichs- und Vormundschaftsrechts wurden u.a. aus den Wohnungszuweisungs- und Hausratssachen die Ehewohnungs- und Haushaltssachen (BT-Drs. 16/10798, 16/13207). Und angehängt an das Gesetz zur Modernisierung von Verfahren im anwaltlichen und notariellen Berufsrecht wurde in der Beschlussfassung des Rechtsausschusses ein erstes FGG-Reform Reparaturgesetz beschlossen, das weitere 58 Korrekturen und inhaltliche Änderungen auf den Weg gebracht hat (BT-Drs. 16/12717).

Im Team der Autor/inn/en haben wir diese Dynamik aufgegriffen und uns gemeinsam erschlossen, was das neue Recht wohl von der Praxis will und welche Antworten und Hilfestellungen wir geben können, damit sich die professionellen Akteure im familiengerichtlichen Verfahren gut zurechtfinden. Jede Kommentierung ist mindestens von einem/einer Autor/in aktiv gegengelesen, etliche Vorschriften und Abschnitte sind von mehreren gemeinsam erarbeitet. Den Einzelkommentierungen ist ein Teil A mit Kapiteln zu den verschiedenen Akteuren im familiengerichtlichen Verfahren vorangestellt, und zwar

- zum Familiengericht,
- zu den Beteiligten,
- zu den Verfahrensbevollmächtigten und Beiständen,
- zum Jugendamt,
- zum Verfahrensbeistand,
- zum psychologischen Sachverständigen und
- zu den Beratungsstellen und Mediatoren.

Vorwort

Aus dem Kreis der zahlreichen Mitwirkenden und Diskussionspartner/innen im Entstehungsprozess sind wir zweien zu ganz besonderem Dank verpflichtet. Rechtsanwältin Sima Kretzschmar hat Frau Rakete-Dombek bei ihren Kommentierungen unterstützt und gehörte am Ende fast schon zum „Team". Dr. Nina Trunk, Referentin für Internationales Familien- und Jugendhilferecht im DIJuF, habe ich für ihre Vorarbeiten zur Kommentierung des Abschnitts zu den Verfahren mit Auslandsbezug zu danken.

Und nun liegt das Buch vor, Sie haben es gerade in der Hand und lesen darin. Nach drei Jahren internen Diskurses sind wir gespannt auf Ihre Rückmeldungen, auf Ihre Einschätzungen zu Rechtsfragen und unseren Rechtsauffassungen, aber auch zur Verständlichkeit, Vollständigkeit und Praxistauglichkeit der Darstellung. Auf einen guten gemeinsamen Start in die FamFG-Ära.

Heidelberg, im Juni 2009

Thomas Meysen
für das Autor/inn/enteam

A. Akteure im familiengerichtlichen Verfahren

I. Familiengericht

1. Rolle und Funktion

Das FamG steht aufgrund der ihm zugewiesenen Prüfungs- und Entscheidungsbefugnis neben den von seiner Entscheidung unmittelbar betroffenen Beteiligten im Mittelpunkt des familiengerichtlichen Verfahrens. Dies wird besonders deutlich in den Amtsverfahren, in denen es wie bei Fragen der Pflege und Erziehung von Kindern in **Ausübung des staatlichen Wächteramtes** nach Art. 6 Abs. 2 Satz 2 GG tätig wird. Eine besondere Stellung kommt dem FamG aber auch in Antragsverfahren zu, in denen es aufgrund des Amtsermittlungsgrundsatzes (§ 26) den Sachverhalt von Amts wegen feststellt und die Befugnis der Beteiligten, über den Verfahrensgegenstand ggf. einvernehmlich in verbindlicher Form zu disponieren, nur teilweise oder gar nicht gegeben ist. Aufgrund dieser **Überprüfungs- und Überwachungsfunktion** erscheint es zweifelhaft, dem FamG eine Rolle in einem „Netzwerk" der an dem Verfahren beteiligten Professionen zuzuweisen, da dies dazu führen kann, dass die im Interesse der Unabhängigkeit und Unvoreingenommenheit des FamG erforderliche Distanz zu einem Teil der Beteiligten verloren geht. Dies hindert es nicht, dass zwischen den beteiligten Professionen regelmäßig ein allgemeiner Erfahrungsaustausch stattfindet, der dem besseren gegenseitigen Verständnis und Zusammenwirken dient.

Auf der anderen Seite stellt das vom Gesetz in **Kindschaftssachen** geforderte Hinwirken auf ein Einvernehmen (§ 156), das über das generelle Gebot, auf eine gütliche Einigung hinzuwirken, hinausgeht, an das FamG wesentlich höhere Anforderungen als bei Vergleichsverhandlungen in sonstigen Verfahren. Ein solcher Ausgleich erfordert besondere Kenntnis von der Struktur des Konflikts und den Möglichkeiten seiner Lösung. Dies wird in aller Regel nicht ohne ein intensives Eingehen auf die Interessen und Argumente der Beteiligten und eine Auseinandersetzung hiermit unter Berücksichtigung des Fachverstands des JA und des evtl. hinzugezogenen Sachverständigen sowie bestellten Verfahrensbeistands möglich sein. Dies wiederum setzt nicht nur eine gewisse Erfahrung, sondern auch ein besonderes Verständnis des Gerichts voraus, welches am besten durch einen **allgemeinen Austausch mit den regelmäßig am Verfahren beteiligten Akteuren** wie Rechtsanwälten, Verfahrensbeiständen, Sachverständigen und JÄ erreicht werden kann. Hinzukommen muss eine regelmäßige Fortbildung, wobei mit Rücksicht auf die richterliche Unabhängigkeit (Art. 97 GG) deren Art und Weise von der Dienstaufsicht (anders als bei Fachanwälten nach der FAO) nicht verbindlich vorgeschrieben werden kann. Ziel der Fortbildung kann es indes nur sein, das Problembewusstsein des Familienrichters zu schärfen und vorhandene Lösungsmöglichkeiten aufzuzeigen, nicht jedoch ein Fachwissen zu vermitteln, mit dem er in die Lage versetzt wird, Fachfragen, die besonderen Sachverstand erfordern, ohne Hinzuziehung eines Sachverständigen zu beurteilen.

Nach dem hier vertretenen Verständnis von der Funktion des FamG beschränkt sich diese auch in Kindschaftssachen **nicht auf eine bloße Moderation der Interessen der Beteiligten** mit dem Ziel einer Konfliktlösung ohne gerichtliche Entscheidung,

A. Akteure im familiengerichtlichen Verfahren

wie dies von den Initiatoren des „Cochemer Modells"[1] vertreten wird. Die gerichtliche Praxis zeigt, dass es Sachverhalte gibt, in denen ohne eine gerichtliche Entscheidung eine dem Kindeswohl entsprechende praktikable Regelung nicht möglich ist. Es handelt sich hierbei keineswegs um wenige Einzelfälle. In den übrigen Fällen haben bereits bisher die meisten FamG, die das Kindschaftsverfahren in herkömmlicher Weise betreiben, in der Regel die zur Verfügung stehenden Möglichkeiten genutzt, um zu einer einvernehmlichen Lösung zu gelangen. Sie verschließen sich keineswegs der Erkenntnis, dass eine von dem Willen der Eltern getragene Regelung besser ist als eine vom FamG angeordnete. Es ist im Übrigen nicht zu beanstanden, wenn der Druck des Verfahrens genutzt wird, ein Mitwirken der Beteiligten an einer einverständlichen Lösung zu erreichen. Dabei kann es jedoch nur darum gehen, einen etwaigen Anfangswiderstand bei einem Beteiligten gegen eine solche Einbeziehung in den Lösungsprozess zu überwinden. Keineswegs kann es dagegen die Aufgabe des FamG sein, einen Beteiligten, der seine Ablehnungshaltung nicht zu überwinden vermag, zu einer einverständlichen Regelung zu bewegen, indem ihm eine Entscheidung verweigert wird. Das Gesetz hat in dieser Frage der Funktion des FamG nicht ausdrücklich Stellung bezogen, sondern es bei dem Hinweis belassen, dass mit der Beschleunigung des Verfahrens in Kindschaftssachen (§ 155) Elemente des „Cochemer Modells" eingeführt worden seien.[2] Von einigen Landesjustizverwaltungen[3] wird dieses Modell empfohlen, wobei dahinter offensichtlich auch die Erwartung einer erheblichen Entlastung der FamG steht.

4 Bei den bisherigen ZPO-Familiensachen, für die jetzt als Familienstreitsachen zwar weiterhin weitgehend ZPO-Vorschriften gelten, war bereits bislang eine Tendenz zur **„Amtsermittlung" in Unterhaltssachen** zu beobachten. Nicht selten wurde von Anwälten beklagt, dass erst die ausführlichen Hinweise des Gerichts dazu geführt hätten, eine unschlüssige Unterhaltsklage schlüssig bzw. die Erwiderung hierauf erheblich zu machen. Ursache hierfür mag neben der Unsicherheit bei der Grenzziehung hinsichtlich Hinweispflichten nach § 139 ZPO und dem unzureichenden Verständnis der amtswegigen Einholung von Auskünften nach § 643 ZPO (jetzt in erweitertem Umfang geregelt in §§ 235, 236)[4] die Absicht gewesen sein, eine sachlich unrichtige Entscheidung wegen ihrer Dauerwirkung (in der Regel keine Korrektur durch die Abänderungsklage) zu vermeiden. Hinzu kommt, dass in diesen Verfahren durch die mitunter weitgehende rechtliche Prüfung der Sache im Rahmen des Prozess- bzw. Verfahrenskostenhilfeverfahrens wichtige Hinweise für die Beteiligten erfolgen, die sie in die Lage versetzen, ihren Vortrag und ihre Anträge ggf. entsprechend anzupassen. Die durch das FamFG erfolgte formale Unterstellung der bisherigen ZPO-Familiensachen könnte diese Tendenz noch weiter verstärken. Die FamG sollten versuchen, dem entgegenzuwirken und eine „betreute" Verfahrensführung in diesem Bereich zu vermeiden, da ansonsten unweigerlich Konflikte mit der gebotenen Unparteilichkeit auftreten.

---

1 Krit. hierzu Kölner Arbeitskreis Familie FF 2006, 215.
2 BT-Drs. 16/6308, S. 356.
3 So z.B. das Justizministerium Baden-Württemberg mit der Förderung regionaler Arbeitskreise nach dem Cochemer Modell. Vgl. auch die Empfehlungen des AG Kiel unter www.schleswig-holstein.de/AGKIEL/DE/Aufgaben/ Rechtspflege/Abteilungen/EmpfehlungenFamiliengericht.html.
4 Gegen das Verständnis dieser Vorschriften im Sinne einer Amtsermittlung → § 235 Rn. 1.

2. Erweiterung der Aufgabenstellung

Nachdem bereits das KindRG und das KindUG 1998, das LPartG 2001 und das GewSchG 2002 eine deutliche Ausweitung der Zuständigkeiten des FamG mit einer Verlagerung der Kompetenzen vom Zivil- und Vormundschaftsgericht gebracht hatte, sind nunmehr mit geringen Ausnahmen alle Sachverhalte, die in Zusammenhang mit Ehe und Familie stehen, dem **„großen Familiengericht"** zugeordnet worden. Dies ist geschehen durch die weitgehende Übertragung der Aufgaben des komplett abgeschafften VormG (insbesondere die Zuständigkeit für Adoptionssachen, aber auch die Einbeziehung von bisherigen Vormundschaftssachen in die Kindschaftssachen)[5] und den Zuständigkeitswechsel von bisher zivilrechtlichen Streitigkeiten der Amts- und Landgerichte auf das FamG als sonstige Familiensachen (§§ 266 ff.).[6] Besonders die letztgenannten Verfahren, die zwar überwiegend juristisch anspruchsvoll, aber auch arbeitsintensiv sind, werden zu einer deutlichen Mehrbelastung der FamG führen. Da dies einhergeht mit einer **Mehrbelastung** in Kindschaftssachen aufgrund des besonderen zeitlichen Aufwands für die vorrangige Bearbeitung und frühe Terminierung dieser Sachen (§ 155), kann die Bewältigung dieser Aufgaben von den FamG ohne Qualitätseinbußen nur bewältigt werden, wenn ein personeller Ausgleich erfolgt.[7] Zusätzliche Fortbildungsmaßnahmen für Familienrichter im Hinblick auf die neuen Aufgaben erscheinen nicht erforderlich, da die sonstigen Familiensachen nach §§ 266 ff. von ihrem rechtlichen Gehalt den Kernbereich des Zivilrechts betreffen, der den Familienrichtern nicht unbekannt sein und sich ihnen mit seinen familienrechtlichen Besonderheiten bei der Beschäftigung hiermit relativ schnell erschließen dürfte. Die typischen Verfahrenskonstellationen sollten aber in der allgemeinen Fortbildung – wie bei der Fachanwaltsausbildung – behandelt und rechtlich vertieft werden.

II. Beteiligte

Das FamFG kennt ebenso wenig wie das FGG den Begriff der Parteien. Diejenigen, die als in ihren Rechten mittelbar oder unmittelbar Betroffene an dem Verfahren mitwirken, bezeichnet das Gesetz als **Beteiligte**. Diese sind die Subjekte des Verfahrens, ausgestattet mit Rechten und Pflichten, z.B. mit dem Recht auf Akteneinsicht (§ 13), dem Recht, Beweisanträge zu stellen (§ 33 Abs. 2) oder der Mitwirkungspflicht des § 27. Ihnen ist rechtliches Gehör zu gewähren, Entscheidungen sind ihnen bekannt zugeben (§ 41).[8] Da eine Verfahrensordnung festlegen muss, wer Beteiligter eines Verfahrens ist,[9] ist **Kernstück der Reform** der freiwilligen Gerichtsbarkeit nun eine **gesetzliche Regelung des Beteiligtenbegriffs**.[10]

Das **bisherige Recht** kannte eine solche allgemeine Definition nicht, sondern nahm lediglich in einzelnen Vorschriften auf ihn Bezug, wie z.B. in § 6 Abs. 1 Nr. 1, §§ 13, 13a, 15 Abs. 2 FGG. Die herrschende Auffassung unterschied zwischen **formell und materiell Beteiligten** und sah als materiell Beteiligten denjenigen an, dessen Rechte

---
5 Zu Kindschaftssachen mit vormaliger Zuständigkeit des VormG → § 151 Rn. 2, 9 ff.
6 Hierzu → Vorb § 266; → § 266 Rn. 1; → § 210 Rn. 2.
7 → § 266 Rn. 17.
8 Jacoby FamRZ 2007, 1703 (1704).
9 Jacoby FamRZ 2007, 1703 (1704).
10 BT-Drs. 16/6308, S. 177.

A. Akteure im familiengerichtlichen Verfahren

durch das Verfahren und die in ihm zu treffende Entscheidung unmittelbar betroffen sein konnten.[11] Formell beteiligt war derjenige, der nicht notwendigerweise zur Wahrung eigener Interessen auf seinen Antrag am Verfahren teilnahm oder – in amtswegigen Verfahren – durch das Gericht hinzugezogen wurde.[12] Jeder materiell Beteiligte hatte einen Anspruch auf rechtliches Gehör[13] und wurde damit zum formell Beteiligten.

8 Diese Rechtslage wurde allgemein als wenig befriedigend angesehen, führte sie doch dazu, dass materiell Beteiligte wegen der fehlenden förmlichen Beteiligung zu spät in das Verfahren einbezogen wurden, ihr Anspruch auf rechtliches Gehör verletzt wurde.[14] Oftmals trat die Beteiligteneigenschaft erst im Rahmen des Rechtsmittelverfahrens zu Tage.[15] Dementsprechend schlug bereits die 1964 eingesetzte Kommission für das Recht der freiwilligen Gerichtsbarkeit einschließlich des Beurkundungsrechts in ihrem Schlussbericht vom Dezember 1977 eine gesetzliche Definition mit einer Unterscheidung zwischen Beteiligten kraft Gesetzes und kraft Hinzuziehung vor. Dieser allgemeine Beteiligtenbegriff wurde dann für die einzelnen Verfahrensarten eingeschränkt oder erweitert.[16]

9 Das neue Recht knüpft nun den Begriff der Beteiligten stärker als bisher an das formelle Recht an. Die Mitwirkungsfunktionen der Beteiligten werden an **formellen Akten** festgemacht, die entweder durch sie selbst oder durch das Gericht vorgenommen werden. Durch diese Anknüpfung an formelles Recht, wird frühzeitig im Verfahren klargestellt, wer zur Mitwirkung hinzuzuziehen, wem rechtliches Gehör zu gewähren ist. Gleichzeitig wird für eine vollständige Sachverhaltsaufklärung bereits in der ersten Instanz Sorge getragen.[17]

10 Die gesetzliche Definition des Beteiligtenbegriffs erfolgt nun zunächst durch eine Generalklausel im Allgemeinen Teil des FamFG. § 7 benennt in Abs. 1 den Antragsteller als geborenen Verfahrensbeteiligten und bestimmt in Abs. 2 diejenigen, die das Gericht **von Amts wegen** als Beteiligte hinzuzuziehen hat. Da die Hinzuziehung an die Betroffenheit gebunden ist, sind dies die **nach materiellem Recht Beteiligten**.[18] Abs. 3 erfasst dann diejenigen, die das Gericht von Amts wegen oder auf Antrag hinzuziehen kann.

11 Diese allgemeine Definition der Beteiligten wird der Systematik des FamFG entsprechend für die **einzelnen Verfahrensarten konkretisiert**: Entsprechende Regelungen finden sich in:

- § 161: Kann-Beteiligung der Pflegeperson in Kindschaftssachen
- § 162: Muss-Beteiligung des JA auf Antrag in Kindschaftssachen
- § 172: Muss-Beteilung Kind, Mutter und Vater in Abstammungssachen
- § 188 Abs. 1: Muss-Beteiligung von Annehmendem, Anzunehmendem sowie Eltern und Ehegatten

---

11 Keidel u.a./Zimmermann § 6 FGG Rn. 18; Bumiller/Winkler vor § 13 FGG Rn. 2.
12 Keidel u.a./Zimmermann § 6 FGG Rn. 18; Bumiller/Winkler vor § 13 FGG Rn. 3.
13 Zuletzt BVerfG 20.10.2008 – 1 BvR 291/06 = FamRZ 2009, 106.
14 So in BVerfG 20.10.2008 – 1 BvR 291/06 = FamRZ 2009, 106.
15 BT-Drs. 16/6308, S. 177
16 Nachweise bei BT-Drs. 16/6308, S. 177.
17 BT-Drs. 16/6308, S. 166.
18 BT-Drs. 16/6308, S. 165.

- § 188 Abs. 2: Muss-Beteiligung des JA und LJA auf Antrag in Adoptionsverfahren
- § 204 Abs. 1: Muss-Beteiligung des Vermieters
- § 204 Abs. 2: Muss-Beteiligung des JA auf Antrag in Ehewohnungsverfahren
- § 212: Muss-Beteiligung des JA auf Antrag in Gewaltschutzsachen
- § 219: Muss-Beteiligung u.a. der Versorgungsträger in Versorgungsausgleichsverfahren.

Durch diese Beteiligtenkataloge besteht für die Betroffenen und das Gericht von Anfang an Rechtsklarheit darüber, wer unter welchen Bedingungen an einem Verfahren zu beteiligen ist.[19]

Nicht an die förmliche Beteiligtenstellung gebunden ist die Befugnis, Rechtsmittel einzulegen. Beschwerdeberechtigt ist nach § 59 Abs. 1 nur der **materiell Betroffene**, also derjenige, der durch die Entscheidung in subjektiven Rechten verletzt ist. Behörden haben eine Beschwerdeberechtigung, wenn ihnen diese durch Gesetz ausdrücklich eingeräumt ist (§ 59 Abs. 2).

12

III. Verfahrensbevollmächtigte und Beistände

1. Verfahrensbevollmächtigte

Grundsätzlich wird sich die **Stellung der Rechtsanwältinnen und Rechtsanwälte** im Familienverfahren nicht ändern. Auch wenn der Gesetzgeber eine Harmonisierung familienrechtlicher Rechtsstreitigkeiten erreichen will, bleiben Rechtsanwälte vor allem eines: Interessenvertreter ihrer Mandanten. Dabei war und bleibt es ihre Aufgabe, eine Einigung zwischen den Beteiligten zu fördern. Anwaltliche Bemühungen um eine Einigung wurden bereits in der Vergangenheit oft lange vor Einleitung eines Gerichtsverfahrens unternommen. Erst wenn diese Bemühungen scheitern, werden die Gerichte angerufen. So erstrebenswert **gütliche Einigungen** sind, haben Familienanwälte vorrangig darauf zu achten, dass die Interessen ihrer Mandanten gewahrt bleiben. Diese Schutzwirkung ist nicht vorhanden, wo die Beteiligten anwaltlich nicht vertreten sind. Das kann in Scheidungsverfahren nun häufiger vorkommen, da die Scheidung nicht mehr voraussetzt, dass sich die Ehegatten über die wesentlichen Folgen geeinigt haben (wie bisher nach § 630 Abs. 1 ZPO a.F.), und der Antragsgegner seine Zustimmung zur Scheidung nun immer ohne Anwalt erklären kann.[20] Bisher war das nur bei einverständlichen Scheidungen möglich (§ 630 Abs. 2 Satz 2 ZPO a.F.). Dagegen hat der Gesetzgeber den Schutz der Beteiligten für Familienstreitsachen erhöht und den Anwaltszwang auf alle isolierten Familienstreitsachen ausgeweitet.[21]

13

Grundsätzlich können die Beteiligten das Verfahren selbst betreiben, sofern **kein Anwaltszwang** besteht (§ 10 Abs. 1). In diesen Fällen können sie sich durch die in § 10 Abs. 2 Nr. 1 bis 3 bestimmten Personen vertreten lassen. Bevollmächtigte, die danach nicht zugelassen sind, werden durch unanfechtbaren Beschluss zurückgewiesen (§ 10 Abs. 3 Satz 1). Bevollmächtigten, die das Sach- und Streitverhältnis nicht sachgerecht

14

---

19 Jacoby FamRZ 2007, 1703 (1705).
20 → §§ 133, 134.
21 → § 114 Abs. 1.

A. Akteure im familiengerichtlichen Verfahren

darstellen können, kann das Gericht durch unanfechtbaren Beschluss die weitere Vertretung untersagen (§ 10 Abs. 3 Satz 3). Verfahrenshandlungen, die der Bevollmächtigte bis zu seiner Zurückweisung vorgenommen hat, sowie Zustellungen und Mitteilungen an diesen Bevollmächtigten sind wirksam (§ 10 Abs. 3 Satz 2). Richter dürfen nicht als Bevollmächtigte vor dem Gericht auftreten, dem sie angehören (§ 10 Abs. 5). Diese Regelungen entsprechen § 13 Abs. 1 bis 4 FGG in der Fassung des Entwurfs eines Gesetzes zur Neuregelung des Rechtsberatungsgesetzes.[22]

15 **Anwaltszwang** besteht bei **allen Verfahren vor dem Bundesgerichtshof** (§ 10 Abs. 4, vgl. auch Sondervorschriften wie § 114 Abs. 2). Die Vertretung muss durch einen beim BGH zugelassenen Rechtsanwalt erfolgen. Die Vorschrift ist § 11 Abs. 4 ArbGG-E, § 73 Abs. 4 SGG-E, § 67 Abs. 4 VwGO-E, § 62 Abs. 4 FGO-E in der Fassung des Entwurfs eines Gesetzes zur Neuregelung des Rechtsberatungsgesetzes[23] nachgebildet. Die Beiordnung eines Notanwalts ist entsprechend §§ 78b und 78c ZPO statthaft. Behörden und Personen des öffentlichen Rechts können sich durch eigene Beschäftigte vertreten lassen, sofern diese die Befähigung zum Richteramt haben.

16 **Anwaltszwang in Ehesachen, Folgesachen und selbstständigen Familienstreitsachen** besteht auch vor dem FamG und dem OLG (§ 114 Abs. 1). Damit erstreckt sich der Anwaltszwang entgegen der bisherigen Rechtslage auch auf erstinstanzliche isolierte Unterhaltsverfahren. Ein Unterhaltsverfahren kann nun nicht mehr von den Beteiligten allein geführt werden. Damit will der Gesetzgeber erreichen, dass die Beteiligten wegen der erheblichen Auswirkungen und häufig existenziellen Folgen eines Unterhaltsverfahrens und wegen der zunehmenden Komplexität des materiellen Unterhaltsrechts besser geschützt sind.[24] Behörden und Personen des öffentlichen Rechts können sich durch eigene Beschäftigte vertreten lassen, sofern diese die Befähigung zum Richteramt haben (§ 114 Abs. 3).

17 Die durch § 114 Abs. 4 ausgenommenen Verfahren und Verfahrenshandlungen können die Beteiligten jedoch allein vornehmen. Das sind:

- **das Verfahren auf Erlass einer einstweiligen Anordnung:** Das entspricht der bisherigen Regelung des § 620a Abs. 2 Satz 2 i.V.m. § 78 Abs. 5 ZPO a.F;
- Beteiligte, die durch das **Jugendamt als Beistand** (§ 1712 BGB) vertreten sind;
- die **Zustimmung zur Scheidung**, die **Zurücknahme des Scheidungsantrags**, der **Widerruf der Zustimmung zur Scheidung:** Diese Vorschrift korrespondiert mit § 134[25];
- der **Antrag auf Abtrennung einer Folgesache**: Ein Abtrennungsantrag soll auch ohne Anwalt möglich und nicht ausschließlicher Grund für die Beauftragung eines Anwalts sein;[26] Praxisrelevant wird diese Ausnahme nur für die Folgesache Versorgungsausgleich sein, da der Antragsgegner im Scheidungsverfahren für die Zustimmung zur Ehescheidung und für den von Amts wegen durchzuführenden Versorgungsausgleich auch nach Inkrafttreten des FamFG nicht anwaltlich vertreten sein muss. In allen anderen Folgesachen besteht ohnehin Anwaltszwang;

---

22 BT-Drs. 16/3655.
23 BT-Drs. 16/3655.
24 BT-Drs. 16/6308, S. 223 f.
25 BT-Drs. 16/6308, S. 224.
26 BT-Drs. 16/6308, S. 224.

- das **Verfahren über die Verfahrenskostenhilfe** sowie
- die **Fälle des § 78 Abs. 3 ZPO:** § 78 Abs. 3 ZPO entspricht § 78 Abs. 5 ZPO a.F. Betroffen sind die Verfahren vor einem beauftragten oder ersuchten Richter sowie Verfahrenshandlungen, die vor dem Urkundsbeamten der Geschäftsstelle vorgenommen werden können. Für das vereinfachte Verfahren über den Unterhalt Minderjähriger ist § 257 Satz 1 zu beachten.[27]

Die **Verfahrensvollmacht** ist schriftlich zu den Gerichtsakten einzureichen (§ 11). Sie kann nachgereicht werden. Ein Mangel der Vollmacht ist von Amts wegen zu berücksichtigen. Die §§ 81 bis 87 und 89 ZPO gelten entsprechend (§ 11 Satz 5).

18

Der Verfahrensbevollmächtigte bedarf in Ehe-, Folge- und Familienstreitsachen einer besonderen Verfahrensvollmacht (§ 114 Abs. 5 Satz 1; bisher § 609 ZPO a.F.). Die Vollmacht für die Scheidungssache erstreckt sich auf die Folgesachen (§ 114 Abs. 5 Satz 2; bisher § 624 Abs. 1 ZPO a.F.).

19

2. Beistandschaft

Die Beistandschaft ist in § 12 geregelt. Die Vorschrift entspricht § 13 Abs. 6 FGG in der Fassung des Entwurfs eines Gesetzes zur Neuregelung des Rechtsberatungsgesetzes[28] und ist **nicht zu verwechseln** mit der Beistandschaft des JA als gesetzlicher Vertreter des Kindes bei der Klärung der Abstammung und Geltendmachung von Unterhaltsansprüchen nach §§ 1712 ff. BGB. Während der Bevollmächtigte an Stelle des Beteiligten handelt, tritt der Beistand neben dem Beteiligten auf. Die **Legitimation des Beistands** beruht auf der Anwesenheit des Beteiligten und erlischt, sobald dieser sich entfernt.[29] Beistand kann jede Person sein, die in Verfahren, in denen kein Anwaltszwang besteht, als Bevollmächtigte zur Vertretung befugt ist (§ 12 Satz 2). Diese Befugnis ergibt sich aus § 10 Abs. 2 und 5. Das Gericht kann andere Personen als Beistand zulassen, wenn dies sachdienlich ist und nach den Umständen des Einzelfalls ein Bedürfnis besteht (§ 12 Satz 3). Beistände, die danach nicht zugelassen sind, werden durch unanfechtbaren Beschluss zurückgewiesen (§ 12 Satz 2 i.V.m. § 10 Abs. 3 Satz 1). Beiständen, die das Sach- und Streitverhältnis nicht sachgerecht darstellen können, kann das Gericht durch unanfechtbaren Beschluss die Fortführung der Beistandschaft untersagen (§ 12 Satz 2 i.V.m. § 10 Abs. 3 Satz 3).

Umstritten ist, ob die Anwesenheit eines Beistands auch bei einer **Untersuchung des Beteiligten durch den Sachverständigen** zuzulassen ist. Die gesetzlich geregelte Beistandschaft betrifft das Gerichtsverfahren, grundsätzlich also nur die Anwesenheit des Beistands bei der mündlichen Verhandlung vor Gericht. In der Rechtsprechung wird die Ansicht vertreten, dass der Beistand bei der Untersuchung anwesend sein darf, da der Sachverständige Gehilfe des Gerichts sei.[30] Dagegen stellt eine Literaturmeinung darauf ab, dass in der Regel kein Recht auf Anwesenheit eines Beistands während der Untersuchung bestehe, da der Betroffene dabei „das Beweismittel" selbst sei, auch sei die Anwesenheit eines Beteiligten unzweckmäßig, da der Sachverständige den betroffenen unbeeinflusst erleben wolle.[31]

20

---

27 BT-Drs. 16/6308, S. 224.
28 BT-Drs. 16/3655.
29 Keidel u.a./Zimmermann § 13 FGG Rn. 2.
30 OLG Zweibrücken 02.03.2000 – 3 W 35/00 = FGPrax 2000, 109.
31 Keidel u.a./Zimmermann § 13 FGG Rn. 2b.

A. Akteure im familiengerichtlichen Verfahren

21 Die §§ 158 und 191 regeln Sonderfälle der Beistandschaft, die Verfahrensbeistande für Kinder in Kindschaftssachen und Adoptionssachen (→ § 158, → § 191).

22 Der **beigeordnete Rechtsanwalt** (§ 138; früher § 625 ZPO a.F.) hat die Stellung eines Beistands (§ 138 Abs. 2).

IV. Jugendamt

1. Vier Rollen im familiengerichtlichen Verfahren

23 Jugendämter sind zentrale Akteure im familiengerichtlichen Verfahren. Sie treten in nahezu allen Familiensachen auf:

- In **Scheidungssachen** hat das FamG das JA zu informieren, wenn gemeinschaftliche Kinder vorhanden sind (§ 17 Abs. 3 SGB VIII),
- In **Kindschaftssachen**
  - wirkt das JA mit (§ 50 SGB VIII i.V.m. § 162),
  - ist als Amtsvormund/-pfleger involviert (§ 55 SGB VIII, § 151 Nr. 4, 5) oder
  - stellt als Sozialleistungsbehörde Leistungen zur Verfügung und bietet deren Inanspruchnahme an (§ 156 Abs. 1 Sätze 2 bis 4, § 157 Abs. 1, § 167).
- In **Abstammungssachen**
  - vertritt das JA als Beistand das Kind bei der Feststellung der Vaterschaft (§ 1712 Abs. 1 Nr. 1 BGB, § 173) oder
  - als Ergänzungspfleger in Verfahren zur Klärung der Vaterschaft oder Anfechtung derselben (§ 1629 Abs. 2a bzw. § 1629 Abs. 2 Satz 1, § 1795 Abs. 2, § 181 BGB)[32] oder
  - wirkt am Verfahren mit (§ 50 Abs. 1 Satz 2 Nr. 2 SGB VIII, § 176).
- In **Adoptionssachen**
  - wirkt das JA mit (§ 50 Abs. 1 Satz 2 Nr. 3, § 51 SGB VIII, § 188 Abs. 2, §§ 189, 194, 195) und
  - gibt als Adoptionsvermittlungsstelle fachliche Äußerungen ab (§ 189).
- In **Ehewohnungssachen** wirkt das JA, wenn Kinder mitbetroffen sind, ebenso mit (§ 50 Abs. 1 Satz 2 Nr. 4 SGB VIII, § 204 Abs. 2, § 205) wie
- in **Gewaltschutzsachen** (§ 50 Abs. 1 Satz 2 Nr. 5 SGB VIII, §§ 212, 213).
- In **Unterhaltssachen** vertritt das JA als Beistand das Kind bei Verfahren über den Kindesunterhalt (§ 1712 Abs. 1 Nr. 2 BGB, § 234).
- In **Lebenspartnerschaftssachen** wirkt das JA mit, wenn die Verfahren solchen mit Mitwirkung des JA entsprechen.

---

32 Hierzu → § 174 Rn. 2.

Beim FamG tritt das JA dabei in **vier verschiedenen Rollen** auf: 24

Rollen des Jugendamts im familiengerichtlichen Verfahren

Amtsvormund/-pfleger (§ 55 SGB VIII)	Mitwirkung im familiengerichtlichen Verfahren (§§ 50, 51 SGB VIII)	Sozialleistungsträger (§ 79 SGB VIII)
• als Beteiligter nach § 7 Abs. 1, Abs. 2 Nr. 1 FamFG (Aufenthaltsbestimmung, Umgang) • als gesetzlicher Vertreter des beteiligten Kindes • als Umgangspfleger (§ 1684 Abs. 3 Sätze 3 bis 5 BGB)	• Anrufung des FamG bei Gefährdung des Kindeswohls (§ 8a Abs. 3 Satz 1 SGB VIII) • Mitwirkung im familiengerichtlichen Verfahren – in Kindschaftssachen – in Abstammungssachen – in Adoptionssachen – in Ehewohnungssachen – in Gewaltschutzsachen – in Lebenspartnerschaftssachen • Beteiligung auf Antrag – in Kindschaftssachen (§ 162 Abs. 2 FamFG) – in Abstammungssachen (§ 172 Abs. 2 FamFG) – in Adoptionssachen (§ 188 Abs. 2 FamFG) – in Ehewohnungssachen (§ 204 FamFG) – in Gewaltschutzsachen (§ 212 FamFG) – Unterstützung bei der Vollstreckung von Regelungen zur Kindesherausgabe und zum Umgang (§ 88 Abs. 2 FamFG)	• Bereitstellung von Angeboten – der Partnerschafts-, Trennungs- und Scheidungsberatung (§ 17 SGB VIII) – der Beratung und Unterstützung bei Fragen des Umgangs (§ 18 Abs. 3 SGB VIII) – der Erziehungsberatung (§ 28 SGB VIII) • Anbieten und Gewährung geeigneter und erforderlicher Leistungen nach SGB VIII – im Zuge der Erörterung einer möglichen Kindeswohlgefährdung (§ 157 Abs. 1; § 1666 Abs. 3 Nr. 1 BGB, § 8a Abs. 1 Satz 3 SGB VIII) – bei Bekanntwerden von Hilfebedarfen im Rahmen der sonstigen Mitwirkung im Verfahren

Beistand (§ 55 SGB VIII)
• als gesetzlicher Vertreter des beteiligten Kindes bei der Feststellung der Vaterschaft (vgl. § 173 FamFG) • als gesetzlicher Vertreter des beteiligten Kindes in Verfahren betreffend den Kindesunterhalt (vgl. § 234 FamFG)

2. Als Amtsvormund bzw. Amtspfleger

a) Allgemein

Das Jugendamt wird **kraft Gesetzes** (§ 1791c BGB) oder aufgrund **Bestellung** 25
(§ 1791b [i.V.m. § 1909 Abs. 1, § 1915 Abs. 1 Satz 1] BGB) zur Ausübung der Personen- und/oder Vermögenssorge bestimmt. Es überträgt die Ausübung der Aufgaben der Amtsvormund- oder Amtspflegschaft einzelnen seiner Bediensteten (§ 55 Abs. 2 Satz 1 SGB VIII). Diese sind für die ihnen durch **Übertragung** zugewiesenen Aufgabenbereiche der Personen- und/oder Vermögenssorge gesetzliche Vertreter des Kindes oder Jugendlichen (§ 55 Abs. 2 Satz 3 SGB VIII). Sie genießen gegenüber ihrem Dienstherrn bei der Interessenwahrnehmung „ihrer" Kinder und Jugendlichen eine partielle **fachliche Weisungsunabhängigkeit**.[33]

In der **Organisation des Jugendamts** sind die Wahrnehmung der Aufgaben des 26
Amtsvormunds bzw. -pflegers und die Aufgaben des JA als Sozialleistungsträger strikt personell zu trennen.[34] Als gesetzlicher Vertreter darf die Fachkraft, der die Aufgaben

---
[33] Wiesner/Wiesner § 55 SGB VIII Rn. 84; Kunkel/Mollik/Opitz § 55 SGB VIII Rn. 10.
[34] Opitz JAmt 2001, 315.

des Amtsvormunds oder -pflegers übertragen wurden, nicht gleichzeitig zuständig sein z.B. für die Gewährung von Leistungen, für die Mitwirkung im familiengerichtlichen Verfahren oder die wirtschaftliche Jugendhilfe (§ 16 Abs. 1 Satz 1 Nr. 3 SGB X, § 181 BGB).[35] Die **Fallzahlen** pro Vollzeitstelle müssen eine Aufgabenwahrnehmung im persönlichen Kontakt mit dem Kind oder Jugendlichen ermöglichen, zu der u.a. die Teilnahme an familiengerichtlichen Verfahren, an Hilfeplanverfahren (§ 36 SGB VIII) und das Besprechen der Angelegenheiten der Personen- und/oder Vermögenssorge gehört (§ 1793 Abs. 1 Satz 2 i.V.m. § 1626 Abs. 2 Satz 2 BGB).[36]

b) Beteiligter

27 Der Amtsvormund bzw. -pfleger ist selbst Beteiligter des Verfahrens (§ 7 Abs. 1, Abs. 2 Nr. 1), wenn in einem Verfahren ein übertragener Aufgabenkreis der Personen- oder Vermögenssorge betroffen ist. Dies ist insbesondere der Fall bei Verfahren zum

- **Umgangsrecht** (§ 151 Nr. 2), soweit dem Vormund/Pfleger die Bestimmung des Umgangs zusteht (§ 1800 i.V.m. § 1632 Abs. 2 BGB);
- **Aufenthaltsbestimmungsrecht** (§ 151 Nr. 3, 4 oder 5), soweit dieses dem Vormund bzw. Pfleger zusteht.

Beteiligter ist das JA als Amtsvormund bzw. -pfleger auch, wenn es die Genehmigung von vermögensrechtlichen Geschäften oder Angelegenheiten beantragt (§§ 1802 ff. BGB) oder wenn seine Bestellung oder Entlassung Gegenstand ist (§§ 1791b, 1887, 1889 Abs. 2 BGB). Ist das JA nach § 1684 Abs. 3 Sätze 3 bis 5 BGB zum **Umgangspfleger** bestellt, ist es in den betreffenden Kindschaftssachen zum Umgangsrecht zu beteiligen (§ 7 Abs. 2 Nr. 1).

28 Das FamG hat die Pflicht zur **Anhörung** der Fachkraft im JA, der die Aufgaben des Amtsvormunds bzw. -pflegers übertragen sind. Wenn dies zur Gewährleistung rechtlichen Gehörs erforderlich ist, hat es den Amtsvormund bzw. -pfleger persönlich anzuhören (§ 34 Abs. 1 Nr. 1). Ein **persönliches Erscheinen** im Termin kann angeordnet (§ 33 Abs. 1 Satz 1) und ggf. mit Ordnungsgeld durchgesetzt werden (§ 33 Abs. 3 Satz 1).

c) Gesetzlicher Vertreter

29 Ist das Kind Beteiligter im Verfahren und ist die Vertretung im konkreten familiengerichtlichen Verfahren vom Aufgabenkreis des Amtsvormunds bzw. -pflegers umfasst, so handelt dieser für das Kind oder den Jugendlichen (§ 9 Abs. 2). Das JA stellt als **gesetzlicher Vertreter** Anträge, nimmt an den Terminen und Anhörungen teil, legt für das Kind Beschwerde oder sonstige Rechtsmittel ein, nimmt Verfahrenshandlungen für das Kind vor und vertritt die Interessen des Kindes.[37]

d) Beaufsichtigung

30 Das JA als Amtsvormund bzw. -pfleger steht unter der **Aufsicht des FamG** (§§ 1837 ff. BGB). Es erstattet mindestens einmal jährlich Bericht über die persönlichen Verhältnisse des Kindes oder Jugendlichen (§ 1840 Abs. 1 BGB) und hat über die Vermögensverwaltung Rechnung zu legen (§ 1840 Abs. 2 BGB). Das FamG prüft die ord-

---

35 Hauser JAmt 2002, 6; Meysen 2002, 57 ff.; Kaufmann DAVorm 1998, 481.
36 Dresdner Erklärung DAVorm 2000, 437; Kohler JAmt 2002, 8.
37 Zur Interessenwahrnehmung durch den Verfahrensbeistand → Teil A Rn. 55 ff. und → § 158 Rn. 18.

nungsgemäße Aufgabenwahrnehmung (§ 1837 Abs. 2 Satz 1 BGB), zu der die personelle Trennung von den Aufgaben des JA als Sozialleistungsträger und die Angemessenheit der Fallzahl (Rn. 4) gehört.

3. Als Beistand

Beantragt ein allein sorgeberechtigter oder gemeinsam sorgeberechtigter, betreuender Elternteil eine **Beistandschaft**, wird das JA kraft Gesetzes zum Beistand für das Kind (§ 1713 Abs. 1 BGB). Es überträgt die Aufgabenwahrnehmung einem seiner Bediensteten (§ 55 Abs. 2 SGB VIII; Rn. 3). Soweit die Beantragung diesen Aufgabenkreis umfasst, tritt das JA als gesetzlicher Vertreter auf in Verfahren

- zur Feststellung der Vaterschaft (§ 1712 Abs. 1 Nr. 1 BGB, § 169 Nr. 1),
- betreffend die Unterhaltsansprüche des Kindes, einschließlich der Herabsetzungsverlangen und der Vollstreckung (§ 1712 Abs. 1 Nr. 2 BGB).

31

Tritt das JA als Beistand in einer Abstammungs- oder Unterhaltssache als gesetzlicher Vertreter des Kindes auf, so ist der Elternteil, der die Beistandschaft beantragt hat, **von der Vertretung ausgeschlossen** (§§ 172, 234). Ein zunächst vom Sorgeberechtigten eingeleitetes Verfahren ist nach Eintritt des JA als Beistand in das Verfahren von diesem allein fortzusetzen.[38]

32

4. Als Mitwirkung im Verfahren

a) Mitwirkung als Aufgabe nach SGB VIII

Die Mitwirkung des JA im familiengerichtlichen Verfahren ist eine „andere Aufgabe" des Trägers der öffentlichen Jugendhilfe (§ 2 Abs. 3 Nr. 6 SGB VIII). Sie ist geregelt in § 50 SGB VIII:

33

> **§ 50 Mitwirkung in Verfahren vor den Familiengerichten**
>
> (1) Das Jugendamt unterstützt das Familiengericht bei allen Maßnahmen, die die Sorge für die Person von Kindern und Jugendlichen betreffen. Es hat in folgenden Verfahren nach dem Gesetz über das Verfahren in Familiensachen und in den Angelegenheiten der freiwilligen Gerichtsbarkeit mitzuwirken:
>
> - Kindschaftssachen (§ 162 des Gesetzes über das Verfahren in Familiensachen und in den Angelegenheiten der freiwilligen Gerichtsbarkeit),
> - Abstammungssachen (§ 176 des Gesetzes über das Verfahren in Familiensachen und in den Angelegenheiten der freiwilligen Gerichtsbarkeit),
> - Adoptionssachen (§ 188 Abs. 2, §§ 189, 194, 195 des Gesetzes über das Verfahren in Familiensachen und in den Angelegenheiten der freiwilligen Gerichtsbarkeit),
> - Ehewohnungssachen (§ 204 Abs. 2, § 205 des Gesetzes über das Verfahren in Familiensachen und in den Angelegenheiten der freiwilligen Gerichtsbarkeit) und
> - Gewaltschutzsachen (§§ 212, 213 des Gesetzes über das Verfahren in Familiensachen und in den Angelegenheiten der freiwilligen Gerichtsbarkeit).

---

38 → § 234 Rn. 2.

A. Akteure im familiengerichtlichen Verfahren

> (2) Das Jugendamt unterrichtet insbesondere über angebotene und erbrachte Leistungen, bringt erzieherische und soziale Gesichtspunkte zur Entwicklung des Kindes oder des Jugendlichen ein und weist auf weitere Möglichkeiten der Hilfe hin. In Kindschaftssachen informiert das Jugendamt das Familiengericht in dem Termin nach § 155 Abs. 2 des Gesetzes über das Verfahren in Familiensachen und in den Angelegenheiten der freiwilligen Gerichtsbarkeit über den Stand des Beratungsprozesses.

34 Zur Mitwirkung nach § 50 SGB VIII gehört außerdem die **Anrufung des FamG** im Kontext einer **Kindeswohlgefährdung**. Hierzu ist das JA verpflichtet, wenn

- es im Rahmen des **Schutzauftrags bei Kindeswohlgefährdung** das Tätigwerden des FamG
  - wegen einer Kindeswohlgefährdung für erforderlich hält (§ 8a Abs. 3 Satz 1 Halbs. 1 SGB VIII),
  - zur Gefährdungseinschätzung für erforderlich hält, weil die Personensorge- oder Erziehungsberechtigten nicht ausreichend bereit oder in der Lage sind, an derselben mitzuwirken (§ 8a Abs. 3 Satz 1 Halbs. 2 SGB VIII);
- die Personensorge- oder Erziehungsberechtigten einer **Inobhutnahme** widersprechen und familiengerichtliche Maßnahmen zum Wohl des Kindes oder Jugendlichen erforderlich sind (§ 42 Abs. 3 Satz 2 SGB VIII).

35 Auch wenn dies gesetzlich nicht erwähnt ist, kann eine Anregung des Verfahrens durch das JA bspw. auch bei Konflikten über das **Umgangsrecht**, die **Kindesherausgabe** oder den **Aufenthalt eines Kindes** angezeigt sein. Die Anrufung des FamG durch das JA ist in Verfahren, die das Kindeswohl betreffen und vom Gericht von Amts wegen eingeleitet werden können (§ 24), generell zulässig.

36 Die **örtliche Zuständigkeit des Trägers der öffentlichen Jugendhilfe** ergibt sich für die Mitwirkung im familiengerichtlichen Verfahren aus § 87b i.V.m. § 86 Abs. 1 bis 4 SGB VIII. Da sie grundsätzlich an den gewöhnlichen Aufenthalt der Eltern und deren Personensorgeberechtigung anknüpft, kann sie von der örtlichen Zuständigkeit des Gerichts differieren, die sich teilweise am gewöhnlichen Aufenthalt des Kindes orientiert (z.B. § 152 Abs. 2).

b) Unterstützungsaufgaben

37 Wirkt das JA im familiengerichtlichen Verfahren mit, bringt es dort die **psychosozialen Aspekte** ein, die zur familiengerichtlichen Perspektiventwicklung für die künftigen Familienbeziehungen hilfreich sein können. Insbesondere unterrichtet es über die **angebotenen und erbrachten Leistungen** und deren Inanspruchnahme (§ 50 Abs. 2 Satz 1 Alt. 1 SGB VIII). Es bringt erzieherische und soziale Gesichtspunkte zur **Entwicklung des Kindes oder Jugendlichen** ein, die für das FamG bei seiner Verfahrensgestaltung und ggf. Entscheidungsfindung von Bedeutung sein können (§ 50 Abs. 2 Satz 1 Alt. 2 SGB VIII). Die Dichte der Informationen sowie die Inhalte differieren je nach Verfahrensgegenstand.[39]

---

[39] Hierzu ausführlich Trenczek ZKJ 2009, 97.

IV. Jugendamt

38 Das **Sondieren und Sortieren** der Situation im frühen Termin nach § 155 Abs. 2[40] sowie die **Perspektiventwicklung** im weiteren Verfahren ist eine gemeinsame Aufgabe von FamG und JA. Dem JA kommt dabei der Part zu, die Beteiligten in der Familie (und das FamG) auf weitere **Möglichkeiten der Hilfe** hinzuweisen und Ansatzpunkte für Inhalte einer Beratung oder anderweitigen Bearbeitung von Belastungen aufzuzeigen (§ 50 Abs. 2 Satz 1 Alt. 3 SGB VIII). Das FamG kann in Trennungs- und Scheidungskonflikten, aber auch in Abstammungs-, Adoptions-, Ehewohnungs- und Gewaltschutzsachen für die Inanspruchnahme von Hilfen werben und im Kontext von Trennung und Scheidung eine Beratung sogar anordnen (vgl. § 156 Abs. 1 Sätze 2 bis 5).[41] In Verfahren wegen einer Gefährdung des Kindeswohls kann in geeigneten Fällen die Notwendigkeit öffentlicher Hilfen erörtert (§ 157 Abs. 1) und ggf. auch verbindlich gegenüber den Eltern eine Zusammenarbeit mit dem JA sowie die Inanspruchnahme angebotener Hilfen angeordnet werden (§ 1666 Abs. 3 Nr. 1 BGB).[42]

39 Zur Wahrnehmung der Unterstützungsaufgaben bei der Mitwirkung nimmt das JA zu allen Beteiligten im Familiensystem Kontakt auf, berät sie und bringt die **im Hilfekontakt gewonnenen Erkenntnisse** auch in das familiengerichtliche Verfahren ein. Den Mitwirkungsauftrag nach § 50 SGB VIII legt das JA gegenüber den Beteiligten offen und klärt sie über eine mögliche **Weitergabe der Informationen an das FamG** auf bzw. bespricht deren Umfang mit den Beteiligten (§ 62 Abs. 2 Satz 2 SGB VIII).[43]

40 Das Gesetz macht keine ausdrücklichen Angaben zur **Form**, wie das JA die Informationen in das Verfahren einbringen soll. Im frühen Termin in Kindschaftssachen soll es – **mündlich** – über den Stand des Beratungsprozesses berichten (§ 50 Abs. 2 Satz 2 SGB VIII). Aus dem Umkehrschluss hieraus geht das Gesetz im Übrigen davon aus, dass das JA seine Wahrnehmungen und Einschätzungen auch **schriftlich** einbringt.[44] Außerdem hat das JA im Rahmen der Mitwirkung regelmäßig die Pflicht, an den Anhörungsterminen beim FamG durch eine mit dem Fall vertraute Fachkraft teilzunehmen. Eine konkrete **mündliche Anhörungspflicht** im Termin ist für den frühen Termin in Kindschaftssachen normiert (§ 155 Abs. 2 Satz 2),[45] eine **Ladungspflicht** für den Termin zur Erörterung der Kindeswohlgefährdung (§ 157 Abs. 1 Satz 2)[46] und eine **Erörterung** einer einstweiligen Anordnung beim Hinwirken auf Einvernehmen (§ 156 Abs. 3 Satz 1).[47]

41 Die **allgemeine Pflicht zur – mündlichen oder schriftlichen – Anhörung** ist weiter vorgesehen für alle übrigen Kindschaftssachen, die die Person des Kindes oder Jugendlichen betreffen (§ 162 Abs. 1), bestimmte Verfahren zur Anfechtung der Vaterschaft (§ 176 Abs. 1), Verfahren wegen einer Minderjährigenadoption (§ 194 Abs. 1), in Ehewohnungssachen und Gewaltschutzsachen, wenn Kinder im Haushalt leben (§ 205 Abs. 1, § 213 Abs. 1). Eine **fakultative Ladung** in geeigneten Fällen ist im Vermittlungsverfahren vorgesehen (§ 165 Abs. 2 Satz 3).[48] In Kindschaftssachen wegen frei-

---

40 Näher hierzu → § 155 Rn. 8.
41 Hierzu → Teil A Rn. 126 ff.; → § 156 Rn. 14 ff.
42 Hierzu → § 157 Rn. 7, 11.
43 Wiesner/Mörsberger Vorb § 50 SGB VIII Rn. 35 ff.
44 Zu Funktion, Inhalt und Aufbau jugendamtlicher Stellungnahmen im familiengerichtlichen Verfahren Oberloskamp u.a. 2009.
45 → § 155 Rn. 14 ff.
46 → § 157 Rn. 17.
47 → § 156 Rn. 21 ff.
48 → § 165 Rn. 4.

A. Akteure im familiengerichtlichen Verfahren

heitsentziehender Unterbringung ist die Pflicht zur Anhörung des JA nicht geregelt, da der Verweis des § 167 Abs. 1 Satz 1 auf § 320 Satz 2 ins Leere geht; das JA ist nicht „zuständige Behörde" für freiheitsentziehende Unterbringungen von Kindern und Jugendlichen.[49] Um der Pflicht zur Anhörung ausreichend Genüge zu tun, hat das FamG dem JA eine **rechtzeitige Terminsnachricht** von allen Terminen in den betreffenden Verfahren zu erteilen.

c) Mitwirkung als Hilfeaufgabe

42 Die Aufgaben des JA, auch bei der Mitwirkung im familiengerichtlichen Verfahren, stehen unter der Ägide der **Zielbestimmung in § 1 SGB VIII**. Nach dessen Abs. 3 soll Kinder- und Jugendhilfe u.a.

- junge Menschen in ihrer individuellen und sozialen Entwicklung fördern und dazu beitragen, Benachteiligungen zu vermeiden oder abzubauen,
- Eltern und andere Erziehungsberechtigte bei der Erziehung beraten und unterstützen,
- Kinder und Jugendliche vor Gefahren für ihr Wohl schützen.

43 Der Hilfeauftrag nach SGB VIII kann im Einzelfall mit der Unterstützung des FamG in Konflikt geraten und geht in diesem Fall vor. Die Mitwirkung im familiengerichtlichen Verfahren ist **keine „Gerichtshilfe"**, sondern Kinder- und Jugendhilfe im familiengerichtlichen Verfahren.[50] Eine ermittlungsbehördliche Tätigkeit im fremden Auftrag des FamG würde regelmäßig das grundsätzlich auf Freiwilligkeit basierende Vertrauensverhältnis zwischen den Beteiligten im Familiensystem und dem JA als Fachbehörde konterkarieren.

44 Die Aufgabe, das FamG bei allen Maßnahmen, die die Sorge für die Person eines Kindes oder Jugendlichen betreffen, zu unterstützen (§ 50 Abs. 1 Satz 1 SGB VIII), steht somit unter dem **Vorbehalt des Hilfeauftrags**. Damit die Unterstützung die Sorge um das Kind nicht zugunsten der reibungslosen Arbeit des FamG aus den Augen verliert, darf durch sie der Erfolg der Hilfe oder gar des Schutzes eines Kindes oder Jugendlichen nicht in Frage gestellt sein.[51] Andererseits ist die Unterstützungsaufgabe des JA gegenüber dem Gericht in die Hilfebeziehung zu den Klienten zu integrieren.

> **Beispiele**
>
> 1. Das FamG hat in einer Umgangsstreitigkeit einen frühen Termin anberaumt. Das JA kennt die Beteiligten in der Familie und ihre Konflikte noch nicht. Stellt es nun zur Vorbereitung des frühen Termins Umfelderkundungen an, indem es etwa Erkundigungen in der Kita, Schule oder Nachbarschaft einholt, wird dadurch der Aufbau einer Beratungs- und Unterstützungsbeziehung zu den Beteiligten im Familiensystem empfindlich gestört bis dauerhaft versperrt. Die Möglichkeiten zur Konfliktvermittlung und Perspektiverarbeitung im Trennungs- und Scheidungskonflikt sind deutlich reduziert.
> 2. Getrennt lebende Eltern streiten über den Aufenthalt des Kindes beim einen oder anderen. Das JA berät die Beteiligten in der Familie im Nachgang zu einem frühen

---

49 Näher → § 167 Rn. 16.
50 Wiesner/Mörsberger § 50 SGB VIII Rn. 20 ff.; Stürtz/Meysen FPR 2007, 282 (286 ff.); a.A. Kunkel/Kunkel § 50 SGB VIII Rn. 1.
51 Dies übersehend OLG Stuttgart 28.08.2006 – 17 UF 151/06 = JAmt 2007, 47 mit Anm. Rüting S. 49 f.

Termin. Es kommt zu keiner einvernehmlichen Regelung. Würde das JA dem FamG nun intime Details aus der Beratung berichten, kann dies eine Entscheidungsfindung für das Gericht möglicherweise erleichtern, aber die notwendige Inanspruchnahme von Hilfe durch die Eltern in der Zukunft gefährden.

3. Ein betreuender Elternteil lehnt Umgangskontakte seines Kindes mit dem anderen Elternteil strikt ab. Unterstützt das JA die Vollstreckung einer Umgangsentscheidung aktiv (§ 88 Abs. 2), besteht ein hohes Risiko, dass der umgangsverweigernde Elternteil zukünftig die weitere Zusammenarbeit mit dem JA und dessen Hilfe ablehnt. Mit Beratung an seinen Vorbehalten und den Wirkungen für das Kind zu arbeiten, wird dadurch – zum Nachteil aller Beteiligten im Familiensystem, insbesondere auch des Kindes oder Jugendlichen – erheblich erschwert.

d) Mitwirkung als Beteiligter

Im FamFG ist nunmehr geregelt, dass das JA auch als Beteiligter in den Verfahren mitwirken kann, in denen eine Mitwirkung vorgesehen ist. Das Gesetz geht den Weg einer „Zugriffslösung",[52] nach der das JA die Beteiligtenstellung beantragen kann und auch nur auf seinen Antrag hin zum Beteiligten wird. Dies betrifft

- Kindschaftssachen (§ 162 Abs. 2),
- Abstammungssachen (§ 172 Abs. 2),
- Adoptionssachen (§ 188 Abs. 2),
- Ehewohnungssachen (§ 204 Abs. 2),
- Gewaltschutzsachen (§ 212).

Die Stellung als Beteiligter dürfte für das JA nur ausnahmsweise attraktiv sein. Es soll auch nach einem familiengerichtlichen Verfahren **allen Beteiligten aus dem Familiensystem als Hilfeinstitution** zur Verfügung stehen, insbesondere bedürfen auch Eltern nach dem Entzug der elterlichen Sorge wegen Gefährdung des Kindeswohls der Beratung und Unterstützung und können diese beanspruchen (vgl. § 36 Abs. 2, § 37 Abs. 1 SGB VIII). Deshalb ergreift das JA nicht für das Kind „Partei", sondern bringt dessen Belange und Bedürfnisse in das Verfahren ein, ohne dabei die Situation und den Hilfebedarf der Eltern und anderen Personen in der Familie aus dem Blick zu verlieren. Die Mitwirkung des JA ersetzt daher auch gerade nicht die **Bestellung eines Verfahrensbeistands**, dessen Aufgabe die parteiliche und alleinige Vertretung der Interessen des Kindes oder Jugendlichen ist. Folglich erzeugen **Entscheidungsvorschläge** durch das JA Rollenunklarheit im Verhältnis zu den Beteiligten in der Familie und dem FamG und fördern die Unabhängigkeit der Entscheidungsfindung des FamG gerade nicht.[53]

Die Mitwirkung des JA ist nur in Verfahren vorgesehen, in denen der **Amtsermittlungsgrundsatz** gilt (§ 26). JÄ sind hinsichtlich der Verfahrensgegenstände materiellrechtlich nicht antragsberechtigt. Stellen sie Anträge in der Sache, sind diese daher stets als **Anregungen**, etwa zur Einleitung eines Verfahrens nach § 24 Abs. 1, aufzufassen.[54] Als Beteiligter kann das JA formell Beweisanträge stellen und nicht „lediglich" eine bestimmte Beweiserhebung anregen. Es erhält allen Schriftverkehr und alle

---
52 Trenczek ZKJ 2009, 97 (100).
53 Zur Rollenklärung Stürtz/Meysen FPR 2007, 272 (286 f.).
54 → § 24 Rn. 1.

A. Akteure im familiengerichtlichen Verfahren

Schriftstücke (§ 15 Abs. 1) sowie Akteneinsicht (§ 13). Dem JA können als Beteiligtem die Kosten des Verfahrens nach billigem Ermessen auferlegt werden (§ 81 Abs. 1); nur in Stadtstaaten (Berlin, Hamburg) sind die JÄ gemäß § 2 Abs. 1 Satz 1 GKG generell von den Kosten befreit.

48 **Unabhängig von der Beteiligtenstellung** ist

- die Pflicht des FamG zur **Bekanntmachung bzw. Mitteilung der Entscheidung** (§ 162 Abs. 3 Satz 1, § 176 Abs. 2 Satz 1, § 194 Abs. 2 Satz 1, § 205 Abs. 2 Satz 1, § 213 Abs. 2 Satz 1) und

- die **Beschwerdebefugnis** des JA (§ 162 Abs. 3 Satz 2, § 176 Abs. 2 Satz 2, § 194 Abs. 2 Satz 2, § 205 Abs. 2 Satz 2, § 213 Abs. 2 Satz 2).

e) Mitwirkung bei der Vollstreckung (§ 88 Abs. 2, § 167 Abs. 5)

49 Das JA hat die Aufgabe, das FamG auch bei der Vollstreckung bestimmter familiengerichtlicher Entscheidungen zu unterstützen. Dies betrifft

- Entscheidungen über die **Herausgabe eines Kindes** oder das **Umgangsrecht** (§ 88 Abs. 2; § 9 Abs. 1 Satz 2 Nr. 4 IntFamRVG),[55]

- die Zuführung zu einer gerichtlich genehmigten oder angeordneten **freiheitsentziehenden Unterbringung** (§ 167 Abs. 5).[56]

50 Da das JA auch nach einer Vollstreckung gegenüber denjenigen, gegen die vollstreckt wird, als Hilfeinstanz zur Verfügung stehen soll, steht die Unterstützung unter dem **Vorbehalt der Geeignetheit**.[57] Die Vollstreckung ist in jedem Fall mit besonderen Belastungen für die Beteiligten im Familiensystem verbunden. Wird eine solche angenommen, ist daher in jedem Fall Beratung im Nachgang zu einer Vollstreckung, aber auch die Vorbereitung auf eine Vollstreckung – wenn dadurch keine Vereitelung droht – geeignet. Bei der Frage einer Anwesenheit beim Vollstreckungsvorgang sind die Wirkungen auf die Beteiligten zu reflektieren. Wird das JA als Vollstreckungshelfer wahrgenommen, ist regelmäßig von einer Ungeeignetheit auszugehen (Rn. 21).

f) Mitwirkung bei Einzel- oder Vereinsvormundschaft

51 Das materielle Recht sieht an zahlreichen Stellen eine Mitwirkung des JA in Verfahren wegen der **Bestellung oder Entlassung** von Einzel- oder Vereinsvormündern bzw. -pflegern sowie bei der **Begleitung** der Einzel- und Vereinsvormundschaften bzw. -pflegschaften vor. Dies betrifft

- die Pflicht, im Einzelfall geeignete Einzel- oder Vereinsvormünder vorzuschlagen (§ 53 Abs. 1 SGB VIII),

- die Mitteilungs- oder Anzeigepflicht bei Kenntnis von Mängeln bei der Führung der Vormund- bzw. Pflegschaft oder der Gefährdung des Mündelvermögens (§ 53 Abs. 3 Sätze 3 bis 5 SGB VIII),

- die Pflicht zur jährlichen Prüfung der Entlassung des JA als Amtsvormund oder -pfleger (§ 56 Abs. 4 SGB VIII),

---

[55] → § 88 Rn. 5 ff.
[56] → § 167 Rn. 24.
[57] → § 88 Rn. 6 f.

- die Mitteilungspflicht über den Eintritt einer gesetzlichen Amtsvormundschaft (§ 57 SGB VIII),
- die Anhörung des JA vor der Auswahl eines Vormunds oder Pflegers (§ 1779 Abs. 1 BGB),
- die Mitteilungspflicht des FamG an das JA über die Bestellung eines Vormunds eines Pflegers (§ 1851 BGB).

g) Übertragung der Mitwirkung auf Träger der freien Jugendhilfe (§ 76 Abs. 1 SGB VIII)

Dem JA ist die Befugnis eingeräumt, Träger der freien Jugendhilfe entweder an der Wahrnehmung der Mitwirkungsaufgaben nach § 50 SGB VIII zu beteiligen oder diese Aufgabe zur Ausführung (teilweise) zu übertragen (§ 76 Abs. 1 SGB VIII).[58] Dies kann sich insbesondere anbieten bei der Mitwirkung im Rahmen von **Verfahren wegen Trennung und Scheidung**, an denen Fachkräfte aus einer Beratungsstelle im Termin vor dem FamG teilnehmen, um einen sinnvollen Übergang in Beratung oder Mediation gewährleisten sowie im Termin bereits erste Vereinbarungen über die Inhalte und Modalitäten der Beratung treffen zu können.[59]

5. Als Sozialleistungsträger

Das JA ist im Kontext familiengerichtlicher Verfahren mittelbar auch als Sozialleistungsträger gefragt. Die **Beratungs- und Unterstützungsangebote** der Kinder- und Jugendhilfe, auf die das FamG bspw. in Kindschaftssachen wegen **Trennung und Scheidung** hinweisen soll (§ 156 Abs. 1 Satz 2), sind Leistungen nach SGB VIII.[60] Die Möglichkeit zur niedrigschwelligen Inanspruchnahme, also ohne vorherige Entscheidung des JA über die Gewährung der Leistung, ist vom JA sicherzustellen (§ 36a Abs. 2 SGB VIII). Das forcierte Paradigma des Hinwirkens auf eine einvernehmliche Regelung im FamFG lässt eine gesteigerte Nachfrage nach Beratungs- und Unterstützungsleistungen bei Trennungs- und Scheidungskonflikten erwarten. Die zusätzliche Allokation von Ressourcen und deren Zurverfügungstellung durch die Träger der öffentlichen Jugendhilfe wird in der Anfangszeit nach Inkrafttreten eine besondere Herausforderung darstellen.[61] Auch die **Begleitung von Umgangskontakten** ist eine Sozialleistung nach § 18 Abs. 3 SGB VIII. Die Gewährung der Leistung ist davon abhängig, dass – auch – das JA (und der Leistungserbringer) die Durchführung begleiteten Umgangs als geeignet ansieht (§ 18 Abs. 3 Satz 3 SGB VIII).

Im Kontext von **Kindeswohlgefährdung** ist das JA aufgefordert, den Berechtigten in der Familie Leistungen zur Abwendung der Gefährdung anzubieten (§ 8a Abs. 1 Satz 3 SGB VIII). Will das FamG die Personensorgeberechtigten verpflichten, Leistungen nach dem SGB VIII in Anspruch zu nehmen, ist das JA zu deren Gewährung nur verpflichtet, wenn es diese für geeignet hält (vgl. auch § 36a Abs. 1 SGB VIII). Das JA hat den Hilfeprozess, die Aussicht auf Wirksamkeit und Sicherstellung des Schutzes durch die Hilfe zu verantworten. Eine Anordnung nach § 1666 Abs. 3 Nr. 1 BGB bezieht sich daher sinnvollerweise nur auf **angebotene Leistungen**. Kann das JA im Termin noch keine

---

58 Ausführlich Münder u.a. 2006, § 50 SGB VIII Rn. 33 ff.; siehe auch Stürtz/Meysen FPR 2007, 282 (287) m.w. Nachw.
59 → § 155 Rn. 16; → § 156 Rn. 16.
60 Ausführlich → Teil A Rn. 126 ff.; → § 156 Rn. 14 ff.
61 Eingehender Meysen JAmt 2008, 233 (241 f.); ders. NJW 2008, 2673 (2676, 2678).

A. Akteure im familiengerichtlichen Verfahren

konkreten Leistungen anbieten, etwa weil eine vorherige differenzierte Hilfeplanung im Zusammenwirken mehrerer Fachkräfte erforderlich ist (§ 36 SGB VIII), kommt eine Verpflichtung der Personensorgeberechtigten zur Zusammenarbeit mit dem JA und zur Inanspruchnahme angebotener – aber noch unbenannter – Leistungen in Betracht.[62]

V. Verfahrensbeistand

1. Der Vorläufer

a) Der Verfahrenspfleger im FGG

55 Als am 01.07.1998 die umfassende Kindschaftsrechtsreform in Kraft trat, war **erstmals** mit **§ 50 FGG** der Verfahrenspfleger in familien- und vormundschaftsgerichtlichen Verfahren eingeführt. Die Bundesregierung hat in ihrer Begründung zum Gesetzentwurf ausgeführt, dass – und dies im Sinne der Zielsetzung der gesamten Reform – insbesondere mit dieser Regelung sichergestellt werden sollte, „dass die **eigenständigen Interessen des Kindes in das Verfahren eingebracht** werden und das Kind damit nicht zu einem bloßen Verfahrensobjekt wird".[63] Schnell nach Inkrafttreten der neuen Vorschrift stellte das BVerfG noch einmal klar, dass **wesentliches Ziel** der Verfahrenspflegschaft die Sicherung der Grundrechte des Kindes – insbesondere auf rechtliches Gehör gem. Art. 103 Abs. 1 GG – ist und der Verfahrenspfleger allein den kindlichen Interessen und deren Wahrnehmung und Vertretung im familiengerichtlichen Verfahren verpflichtet ist. Bereits wenn die Besorgnis besteht, dass die Eltern, deren Aufgabe es in diesen Verfahren als gesetzliche Vertreter eigentlich ist, auch die Interessen ihrer Kinder wahrzunehmen, aufgrund der eigenen Situation und Bedürfnislage dazu nicht in der Lage sind, ist ein Verfahrenspfleger zu bestellen.[64]

56 Schnell nach Inkrafttreten wurde jedoch deutlich, dass sich die Praxis mit vielen offenen, **durch das Gesetz in § 50 FGG nicht geregelten Fragen**, auseinanderzusetzen hatte. Dies zeigt nicht nur allein der Umfang, sondern auch der zu einigen Aspekten sehr uneinheitliche Inhalt der schnell und umfangreich ergangenen Rechtsprechung zum Thema.[65] Offensichtlich war die Verfahrenspflegschaft für Kinder und Jugendliche nicht zuletzt im Ergebnis der harten Auseinandersetzungen mit den Ländern im Rahmen des Gesetzgebungsverfahren nur ausgestattet worden mit den notwendigsten Mitteln – dies entgegen den deutlichen Empfehlungen der für die Implementation des § 50 FGG maßgeblichen rechtsvergleichenden Untersuchung im Auftrag des Bundesministeriums der Justiz von Salgo.[66]

57 Ein besonders intensiv diskutierter Aspekt war von Beginn an die Frage nach der **Aufgabenstellung des Verfahrenspflegers**, auf die der Gesetzgeber die Praxis wenig

---

62 Ausführlich zum Wechselspiel bei der Leistungsgewährung durch das JA und dem (Nicht-)Entzug der elterlichen Sorge durch das FamG Meysen FamRZ 2008, 562 m.w.Nachw.
63 BT-Drs. 13/4899, S. 76.
64 BVerfG 29.10.1998 – 2 BvR 1206/98 = FamRZ 1999, 85 = FPR 1999, 353 = IPRax 2000, 216; BVerfG 21.03.1999 – 2 BvR 599/99 = FamRZ 1999, 777 = FPR 1999, 355.
65 Vgl. dazu folgende Übersichten: Carl/Schweppe FPR 2002, 251; Kiesewetter/Schröder FPR 2006, 20; Krille Kind-Prax 2003, 12; Menne FamRZ 2005, 1035; Menne JAmt 2005, 274; Söpper FamRZ 2002, 1535; Söpper FamRZ 2005, 1787; Stötzel 2005, Anhang C/Rechtsprechungsübersicht; Willutzki Kind-Prax 2004, 83.
66 Salgo 1996.

V. Verfahrensbeistand

vorbereitet hat, der aber besonders bedeutend für die Tätigkeit ist. Zentral für die Auseinandersetzung zum Aufgabenkreis des Verfahrenspflegers waren von Beginn an die Kategorien **„Kindeswille" und „Kindeswohl"**. Während sich einzelne Positionen eher ausschließlich der Ermittlung des Kindeswillens verpflichtet sahen,[67] hat sich im Verlauf der Diskussion wohl als gemeinsame fachliche Grundlage herausgebildet, dass die Vertretung der Interessen des Kindes in jedem Fall die Ermittlung und differenzierte Darstellung der subjektiven Interessen des Kindes erfordert, diese aber stets in dessen Lebenszusammenhang einzuordnen und vor diesem Hintergrund auch im Hinblick auf die objektiven Interessen zu bewerten sind.[68]

Für diese Entwicklung haben Dettenborn[69] und Zitelmann[70] mit ihren Betrachtungen zu den beiden Aspekten Kindeswille und Kindeswohl und ihres Verhältnisses zueinander wesentliche Hilfestellung geleistet. Denn insbesondere für die Verfahren, die sich mit Kindeswohlgefährdungen befassen, kann der Streit um die angemessene Art der Interessenvertretung für das Kind riskant werden, wenn die Nichtbeachtung des Kindeswohls zu einer Gefährdung des Kindes führen würde. Hier muss die **Vertretung des Kindeswillens** in jedem Fall ihre **Grenzen** haben, **wenn er das Kind gefährdet** (z.B. wenn das Kind trotz einer akuten Gefährdung durch die alkoholkranken oder anders psychiatrisch betroffenen Eltern bei diesen bleiben möchte, wenn das Kind vernachlässigt, misshandelt oder sexuell missbraucht wird und dieses Geschehen nicht als Kindeswohlgefährdung begreifen und einschätzen kann).

58

So kommt auch Zitelmann zu dem abschließenden „Ergebnis, dass es einer eigenständigen Vertretung von Kindeswille und Kindeswohl bedarf, um die Wahrnehmung der Kindesinteressen in den einschlägigen Kindesschutzverfahren zu sichern".[71] Bei Dettenborn[72] sowie Dettenborn und Walter[73] finden sich dazu wertvolle Kriterien für die Beurteilung eines geäußerten Kindeswillens, den die Autoren in den Kontext des Kindeswohls stellen und vor diesem Hintergrund diskutieren. Dennoch bleibt festzuhalten, dass der Verfahrenspfleger bzw. **Verfahrensbeistand nicht einfach eine weitere Institution zur Bestimmung des Kindeswohls** ist, denn für das im Ergebnis als „objektiv" richtig verstandene Kindeswohl sind weiterhin Jugendamt, Sachverständiger[74] sowie für die Gesamtbewertung das FamG zuständig.

59

b) Ausmaß der Bestellungen des Verfahrenspflegers

Jährlich hat das Statistische Bundesamt in seiner Rechtspflegestatistik der FamG[75] auch Daten zur Bestellung eines Verfahrenspflegers nach § 50 FGG veröffentlicht. Dabei ist zu beachten, dass sich die Angaben stets auf die Verfahren beziehen, die im jeweiligen Geschäftsjahr abgeschlossen wurden. Die folgende Tabelle zeigt die **Entwicklung der**

60

---

67 Vgl. z.B. von Bracken Kind-Prax 1999, 183; Peters/Schimke Kind-Prax 1999, 143; Stadler/Salzgeber FPR 1999, 329.
68 In diesem Sinne auch die Standards der Bundesarbeitsgemeinschaft Verfahrenspflegschaft für Kinder und Jugendliche e.V.
69 Dettenborn 2007.
70 Zitelmann 2001.
71 Zitelmann 2001, S. 393.
72 Dettenborn 2007.
73 Dettenborn/Walter 2002.
74 → Teil A Rn. 74 ff.
75 Statistisches Bundesamt (2000–2008), Rechtspflege, Familiengerichte, Fachserie 10/Reihe 2.2.

A. Akteure im familiengerichtlichen Verfahren

Anzahl der Verfahren, in denen ein Verfahrenspfleger bestellt war – vom erstmaligen Erhebungszeitpunkt 1999 bis zum Jahr 2007.[76]

61 Anzahl der abgeschlossenen Verfahren mit Verfahrenspfleger

	Deutschland	Früheres Bundesgebiet	Neue Länder
1999	2.544	1.977	567
2000	3.757	2.921	836
2001	5.483	4.409	1.074
2002	6.418	5.132	1.286
2003	7.121	5.577	1.544
2004	7.868	6.174	1.721
2005	8.765	6.917	1.848
2006	12.525	9.855	2.670
2007	13.657	11.600	2.057

62   Die Übersicht macht deutlich, dass sich die **Anzahl der Verfahren**, die mit Bestellung eines Verfahrenspflegers abgeschlossen wurden, in den Jahren 1999 bis 2007 **kontinuierlich erhöht** hat. Eine offensichtliche Ausnahme bildet hier lediglich die Entwicklung in den Neuen Ländern von 2006 bis 2007, die aber zumindest teilweise dadurch erklärt werden kann, dass im Jahr 2007 die Werte für Sachsen (noch) fehlen. Dennoch bleibt selbst die Zahl für das gesamte Bundesgebiet für das Jahr 2007 deutlich hinter den Schätzungen zurück, die auf der Basis von für den Einsatz eines Verfahrenspflegers angezeigten Verfahren mittlerweile bei etwa 30.000 Bestellungen pro Jahr liegen.[77]

63   Betrachtet man die Entwicklung der Verfahren mit Verfahrenspfleger zwischen den einzelnen Jahren, so liegt die **jährliche Steigerung** in etwa bei einem **durchschnittlichen Umfang von 1.000 hinzukommenden Bestellungen pro Jahr.** Eine deutliche Ausnahme bildet jedoch der Zuwachs im Jahr 2006, der im Vergleich zum Jahr 2005 fast 50 Prozent beträgt. Auch wenn grundsätzlich möglich wäre, dass diese Steigerung durch Faktoren wie beispielsweise eine gestiegene Akzeptanz der Verfahrenspflegschaft bedingt ist, kommen auch schlicht **Veränderungen in der statistischen Erhebung** in Betracht. Und auf diese wird tatsächlich, wenn auch in allgemeiner Form, in den Vorbemerkungen zur Geschäftsstatistik für das Jahr 2006 hingewiesen So wird dort formuliert, dass „einzelne Tabellen ... nicht mit den Ergebnisnachweisen der Vorjahre vergleichbar" seien. Entscheidend für die Erhebung der Anzahl der Verfahrenspflegschaften nach § 50 FGG ist die Anmerkung, dass sich „der Berichtskreis der Verfahrenserhebung in Familiensachen ... vergrößert" habe.[78]

---

[76] Regelmäßige Zusammenstellungen bei Salgo Kind-Prax 2002, 187; ders. Kind-Prax 2003, 22; ders. Kind-Prax 2005, 23; Salgo/Stötzel ZKJ 2006,42; dies. ZKJ 2007, 243; dies. ZKJ, 2008 417.
[77] Balloff ZfJ 1998, 441 (442); Balloff FPR 1999, 221 (222); Balloff/Koritz 2006, S. 92; Salgo Kind-Prax 2002, 187 (189); Salgo FPR 2006, 7(9 f.).
[78] Statistisches Bundesamt 2006, Rechtspflege Familiengerichte, Fachserie 10/Reihe 2.2, Vorbemerkungen, S. 8 f.

V. Verfahrensbeistand

Auf eine Anfrage an das Statistische Bundesamt, worin genau die **Veränderung in der Erhebung** bestehe, hat dieses folgende Antwort gegeben[79]:

64

> „Gegenüber den Berichtsjahren bis 2005 wird in der Familiengerichtsstatistik seit 2006 ein größerer Berichtskreis abgebildet. Seit 2006 sind in die Verfahrenserhebung auch Verfahren nach dem Lebenspartnerschaftsgesetz, nach dem Gewaltschutzgesetz sowie Verfahren nach § 1631b BGB einbezogen. Bis einschließlich 2005 wurden die genannten Geschäfte nur summarisch als ‚sonstiger Geschäftsanfall' erfasst. Erst seit 2006 liegen zu den genannten Geschäften Informationen zu Einzelaspekten des Verfahrens, wie etwa zur Verfahrenspflegerbestellung, vor.
> Die höhere Zahl 2006 bei Verfahrenspflegerbestellungen gemäß § 50 FGG gegenüber den Vorjahren ist maßgeblich darauf zurückzuführen, dass in den Vorjahren Verfahrenspflegerbestellungen in Verfahren gemäß § 1631b BGB sowie in Verfahren nach dem Gewaltschutzgesetz noch nicht zur Statistik erfasst wurden. Anders ausgedrückt: 2006 ist die Grundgesamtheit der in der Verfahrenserhebung erfassten Geschäfte – und damit die Grundgesamtheit der Verfahren, in denen ein Verfahrenspfleger bestellt werden kann – größer als in den Vorjahren. Im Ergebnis sind die Zahlen über Verfahrenspflegerbestellungen sowie zu anderen Einzelaspekten des Verfahrens in ihrer absoluten wie in ihrer relativen Bedeutung nicht mit denen der Vorjahre vergleichbar."

Auch wenn die entscheidende Kategorie in Tabelle 2.4 der Statistik nach wie vor die Bezeichnung „Ein Verfahrenspfleger nach § 50 FGG war bestellt" trägt, muss davon ausgegangen werden, dass durch die Aufnahme der Verfahren auf Genehmigung freiheitsentziehender Unterbringung gem. § 1631b BGB damit auch Verfahrenspfleger nach § 70b FGG (zukünftig direkte Inbezugnahme in § 167 Abs. 1 Satz 2),[80] die in diesen Verfahren zu bestellen sind, in der Statistik enthalten sind. Zwar ist grundsätzlich zu begrüßen, dass nun auch Verfahren nach § 1631b BGB in die Statistik zur Verfahrenspflegschaft Eingang gefunden haben, doch geschieht dies durch die erfolgte Zusammenfassung leider so, dass **im Ergebnis keine separierten Zahlen – weder für die eine noch die andere Art –** vorliegen. Dass dadurch auch die Interpretierbarkeit der Entwicklung der Bestellungen nach § 50 FGG empfindlich eingeschränkt wird, ist sehr bedauerlich, waren doch die Zahlen des Statistischen Bundesamts stets eine vertraute Größe, um die Entwicklung der Interessenvertretung von Kindern und Jugendlichen auch empirisch zu beobachten.

65

Auch im Rahmen des **Gesetzgebungsverfahrens zum FamFG** und der intensiven Diskussion um die pauschale Vergütung des zukünftigen Verfahrensbeistandes in § 158[81] wurde von den Ländern stets auch das **Argument der erheblichen Mehrausgaben aufgrund der zu erwartenden deutlichen Steigerungen der Bestellung** ins Feld geführt.[82] Da davon auszugehen ist, dass den Landesjustizverwaltungen die entscheidenden Steigerungen für das Jahr 2006 bereits vorlagen, wird deutlich, welch gravierende Folgen solche Veränderungen haben können, wenn sie unreflektiert angenommen und bewertet werden.

66

---

79 Salgo/Stötzel ZKJ 2008, 417.
80 → § 167 Rn. 11 ff.
81 → § 158 Rn. 31 ff.
82 BR-Drs. 309/07 (Beschluss), S. 43 f.= BT-Drs. 16/6308, S. 377.

A. Akteure im familiengerichtlichen Verfahren

2. Vom Verfahrenspfleger zum Verfahrensbeistand

a) Der Weg durch das Gesetzgebungsverfahren

67 Die Regelung des Verfahrensbeistands hat mit dem Gesetzentwurf der Bundesregierung vom 07.09.2007[83] im Vergleich zur Vorlage des ersten Referentenentwurfs des Bundesministeriums der Justiz im Sommer 2005 einige Änderungen durchlaufen, die – sofern sie nicht eher redaktionelle Überarbeitungen und Korrekturen betreffen – im Folgenden kurz genannt werden:

- Aufnahme der Formulierung *geeigneter* Verfahrensbeistand in Abs. 1.
- Ergänzung der Regelbeispiele der Bestellung in Abs. 2 um die *teilweise* Entziehung der Personensorge (Nr. 3) und die *Beschränkung* des Umgangsrechts (Nr. 6).
- Eindeutige Bestimmung des Verfahrensbeistands als *Beteiligter des Verfahrens* in Abs. 3.

68 Aus der Beschlussempfehlung der Sitzung des Rechtsausschusses des Deutschen Bundestags vom 18.06.2008[84] resultierten die folgenden weiteren Veränderungen:

- *Kein Antragsrecht des 14-jährigen Kindes* mehr in Abs. 2 (alte Nr. 1).
- Bestellung als Regelbeispiel in Abs. 2 nur bei *wesentlicher* Beschränkung des Umgangsrechts (neue Nr. 5).
- Sah der Regierungsentwurf in Abs. 4 noch vor, die Gespräche mit den Eltern und weiteren Bezugspersonen sowie das Mitwirken am Zustandekommen einer einvernehmlichen Regelung in die Entscheidung des Verfahrensbeistands zu legen, beinhaltet die nun verabschiedete Regelung, dass das Gericht dies dem Verfahrensbeistand als *zusätzliche Aufgabe im Einzelfall übertragen* kann und dabei Art und Umfang der Beauftragung konkret festzulegen und die Beauftragung zu begründen ist.
- Die Entsprechung dieser zusätzlichen Aufgaben in Abs. 4 findet sich schließlich in der neuen Regelung der Vergütung in Abs. 7, die *zwei Stufen einer Vergütungspauschale* vorsieht (350 EUR bzw. 550 EUR bei Übertragung der weiteren Aufgaben nach Abs. 4 Satz 3).

b) Die neue Vergütung

69 Die **dramatischste Veränderung** liegt wohl in der Umstellung von einer auf den Einzelfall bezogenen Vergütung nach tatsächlichem Zeitaufwand hin zu einer pauschalen Vergütung.[85] Nachdem diese im Gesetzentwurf der Bundesregierung weiterhin über die Vergütung des Verfahrenspflegers in Betreuungssachen (zukünftig § 277[86] mit Verweisen zu §§ 1835 f. BGB) gestaltet werden sollte, wurde die Vergütung durch die **Änderung des § 158 Abs. 7 mit der Beschlussempfehlung des Rechtsausschusses auf eine zweistufige Fallpauschale umgestellt:** „Der Ausschuss hält eine fallbezogene Vergütung in Höhe von 350 Euro inklusive Aufwendungsersatz und Umsatz-

---

[83] BT-Drs. 16/6308; weitere Anpassung durch Beschlussempfehlung vom 22.04.2009, BT-Drs. 16/12717, Art. 8 Nr. 1 Buchst. p, S. 58, vom Bundestag am 22.04.2009 verabschiedet.
[84] BT-Drs. 16/9733.
[85] Salgo ZKJ 2009, 49 (53 ff.), Menne ZKJ 2009, 68 (72 ff.); Trenzcek ZKJ 2009, 196 (199 f.).
[86] Vergütung und Aufwendungsersatz des Verfahrenspflegers.

V. Verfahrensbeistand

steuer für angemessen. Ordnet das Gericht einen erweiterten Aufgabenkreis nach Absatz 4 Satz 3 an, erhöht sich die fallbezogene Vergütung auf 550 Euro".[87]

Der Begründung zur Beschlussempfehlung des Rechtsausschusses ist zwar weiter zu entnehmen, dass die Fallpauschale „sowohl dem Verfahrensbeistand als auch der Justiz erhebliche Abrechnungs- und Kontrollaufwand"[88] erspare – was im Hinblick auf die hohe Aktivität der Rechtsprechung zum vergütungsfähigen Aufgabenkreis (Rn. 56 ff.) sicher zutreffend ist. Entscheidend für den grundsätzlichen Sinneswandel hin zu einer Vergütungspauschale und die Festlegung ihrer Höhe waren jedoch die **Einwände der Länder,** die insbesondere nicht einsehen wollten, dass einem Verfahrensbeistand eine höhere Vergütung als einem Rechtsanwalt bewilligt wird. Gewünscht war, dass sich auch die **Vergütung des Verfahrensbeistands an den Gebührentatbeständen des RVG orientiert**. Die sich „danach ergebende Gebühr von 2,5 ist allerdings maßvoll auf 2,0 Gebühren zu reduzieren, da der Rechtsanwalt als Verfahrensbevollmächtigter für diese Aufgabe besonders qualifiziert ist".[89]

70

> **Beispiel für Grenzen der Neuen Vergütungsregelung**
>
> Das Amtsgericht bestellt einen berufsmäßig tätigen Verfahrensbeistand nach § 158 Abs. 2 Nr. 2 für die Kinder Maria (3 Jahre) und Mario (6 Jahre). Im Beschluss ist formuliert, dass der Verfahrensbeistand Gespräche mit den Eltern und weiteren Bezugspersonen der Kinder führen solle.
>
> Gegenstand des gerichtlichen Verfahrens ist der Antrag des Jugendamts auf Entzug des Aufenthaltsbestimmungsrechts und die Rechte zur Beantragung erzieherischer Hilfen der Eltern, da das körperliche, geistige und seelische Wohl der Kinder durch einen Aufenthalt bei den Eltern gefährdet ist. In der Vergangenheit sind die Kinder mehrfach über lange Zeit alleine gelassen worden, während die Eltern mit Freunden um die Häuser gezogen sind. Da Mario an einer schwerwiegenden hyperkinetischen Störung des Sozialverhaltens leidet, ist es in den Zeiten der Abwesenheit der Eltern – auch bedingt durch die nicht erfolgte Einnahme seiner Medikamente – zu heftigen Reaktionen von Mario in der Wohnung gekommen, die Maria sehr geängstigt haben. Einmal hat sie auch einen gebrochenen Arm davongetragen. Mit Einverständnis der Eltern leben Maria und Mario bereits in Pflegefamilien, sind jedoch aufgrund der schwierigen Geschwisterbeziehung an unterschiedlichen Orten untergebracht.
>
> **Was würde ein verantwortungsvoll handelnder Verfahrensbeistand in diesem (eher typischen) Fall (mindestens) planen zu tun?**
> - 250 Seiten Akte studieren, Kontakt zu Eltern und Pflegeeltern aufnehmen: **4 Stunden**
> - Maria in ihrer Pflegefamilie besuchen, dabei auch ein Gespräch mit den Pflegeeltern führen (Fahrtzeit 2 Stunden hin und zurück): **3 Stunden**
> - Mario in seiner Pflegefamilie besuchen, dabei auch ein Gespräch mit den Pflegeeltern führen (Fahrtzeit 4 Stunden hin und zurück): **6 Stunden**
> - Gespräch mit den Eltern im Büro des Verfahrensbeistands führen: **2 Stunden**
> - Hausbesuch bei den Eltern während eines Aufenthalts der Kinder dort: **2 Stunden**; im Anschluss daran kurze Einzelgespräche mit den Kindern im Büro des Verfahrensbeistands: **1 Stunde**

71

---
87 BT-Drs. 16/9733, S. 294.
88 BT-Drs. 16/9733, S. 294.
89 BR-Drs. 309/07 (Beschluss), 61 f. = BT-Drs. 16/6308, S. 385 f.

> - Telefonat mit den Erzieherinnen der Kinder und dem Jugendamt: **1 Stunde**
> - Anfertigen einer Stellungnahme: **3 Stunden**
> - Teilnahme an der Anhörung des Gerichts: **2 Stunden**
>
> Es ergibt sich ein **Gesamtzeitaufwand von 24 Stunden.**
> Bei einer Vergütung nach § 50 Abs. 5 FGG (ausgehend von einem Stundensatz von 33,50 EUR) wird **mit 804 EUR** vergütet, **zzgl. evtl. anfallender Umsatzsteuer und Aufwendungen** (insb. Fahrtkosten, Telefonkosten, Porto).
> Bei Anwendung der neuen Vergütungsregelung nach § 158 Abs. 7 erfolgt eine pauschale Vergütung in Höhe von **550 EUR, inkl. evtl. anfallender Umsatzsteuer und Aufwendungen.**

72 Dass – so der weitere Wortlaut des Beschlusses des Bundesrats – „für die berufsmäßige Tätigkeit von Verfahrensbeiständen oder -pflegern ... eine entsprechend hohe Qualifikation jedoch weder Voraussetzung" sei, noch „sie regelmäßig für das Verfahren nutzbar gemacht werden" könne, widerspricht nicht nur der Regelung in § 158 Abs. 1, nach der das Gericht zukünftig einen „geeigneten" Verfahrensbeistand zu bestellen hat,[90] sondern auch empirischen Befunden. So empfanden im Ergebnis eines Forschungsprojekts an der Technischen Universität Berlin 90 % der insgesamt 447 befragten **Familienrichter den Verfahrenspfleger als hilfreich für ihre Entscheidungsfindung.** Während 56 % keine Auswirkungen auf die Dauer der Verfahren wahrgenommen haben, gaben 27 % der Befragten an, dass die Arbeit des Verfahrenspflegers sogar beschleunigende Wirkung auf das familiengerichtliche Verfahren gehabt habe. 78 % bewerteten die Verfahrenspflegschaft als konfliktverringernd.[91] Eine Untersuchung an der Universität Ulm, in deren Rahmen von einem Verfahrenspfleger vertretene Kinder befragt wurden, kam zu dem Ergebnis, dass **Kinder und Jugendliche die Vertretung durch einen Verfahrenspfleger als sehr unterstützend wahrnehmen.**[92]

73 Auch wenn der Gesetzgeber mit der zweistufigen Regelung dem Grunde nach bedacht hat, dass es **verschiedene Intensitäten** gibt, **die eine Interessenvertretung von Kindern erfordert**, so liegen die festgelegten Pauschalen doch in einem Bereich, der eine fallabhängige und an notwendigen Qualitätsmaßstäben orientierte Interessenvertretung – trotz Mischkalkulation – in einigen Fällen unmöglich machen wird.[93] Hier bleibt abzuwarten, wie die Praxis mit dieser Herausforderung umgeht.

VI. Psychologische Sachverständige

1. Rolle und Funktion

74 Der Sachverständige hat aufgrund seiner **berufsspezifischen Sachkunde** die Pflicht, die vom Gericht gestellten Fragen mit zeitgemäßen, wissenschaftlichen und metho-

---

90 → § 158 Rn. 4.
91 Rabe ZKJ 2007, 437 (441); Hannemann/Stötzel ZKJ 2009, 58 (63).
92 Stötzel 2005, Stötzel FPR 2006, 17; Stötzel/Fegert Kind-Prax 2005, 53; Stötzel/Fegert ZKJ 2005, 175.
93 Vgl. dazu insbesondere die Bundesarbeitsgemeinschaft Verfahrenspflegschaft für Kinder und Jugendliche e.V. unter www.verfahrenspflegschaft-bag.de und ZKJ 2007, 269 (Pressemitteilungen vom 07.06.2008 und 27.06.2008), 322 f. (Stellungnahme), 343 ff. (Nachrichtenteil) sowie auch Verband Anwalt des Kindes – Bundesverband, Kinderrechtekommission des Deutschen Familiengerichtstags, Aktivverbund Berlin e.V. und PFAD Bundesverband der Pflege- und Adoptivfamilien e.V.

VI. Psychologische Sachverständige

disch anerkannten Strategien zu beantworten. Das umfasst meist auch die Form des schriftlichen Gutachtens. Will der Gutachter ein anderes als durch die **Beweisfrage** vorgegebenes Vorgehen wählen oder bestehen fachliche oder ethische Zweifel, muss er sich mit dem Gericht in Verbindung setzen und für etwaige Änderungen der Beweisfrage eintreten,[94] bis diese zweifelsfrei und eindeutig bearbeitbar ist.[95]

Auch wenn im Gesetz nicht ausdrücklich formuliert ist, welche **Qualifikation** ein psychologischer Sachverständiger haben muss – in § 404 Abs. 3 ZPO ist lediglich von der Geeignetheit eines Sachverständigen die Rede –, so erfordert ein psychologisches Gutachten über allgemeine Kenntnisse hinaus, die im Studium der Psychologie erworben werden, sehr spezifisches psychologisches Fachwissen (bspw. in der psychologischen Diagnostik und der Entwicklungspsychologie) sowie auch Kenntnisse im rechtlichen Bereich. Alles dies können Diplom-Psychologen in der Weiterbildung zum **Fachpsychologen für Rechtspsychologie**[96] erwerben, die als Qualitätsrichtlinie von den Gerichten herangezogen werden sollte.[97]

75

Typische Beweisfragen im Rahmen von Begutachtungen in **Kindschaftssachen**, für die ein psychologischer Sachverständiger bestellt wird, lauten[98]:

76

- Welche Sorgerechts- bzw. Aufenthaltsbestimmungsrechtsregelung dient dem Wohl des Kindes am besten?
- Welche Regelung des persönlichen Umgangs dient dem Wohl des Kindes am besten?
- Welcher Elternteil ist unter Berücksichtigung der gefühlsmäßigen Bindungen des Kindes, der eigenen Erziehungsfähigkeit und der jeweils angestrebten Perspektiven für das eigene Leben und das Leben des Kindes zur alleinigen Ausübung der elterlichen Sorge besser geeignet?
- Ist das körperliche, geistige oder seelische Wohl des Kindes (bspw. angesichts eines sexuellen Missbrauchs, einer körperlichen oder seelischen Misshandlung, einer Vernachlässigung seiner Bedürfnisse, der seelischen Erkrankung der Eltern, des Alkoholmissbrauchs der Mutter oder des Vaters etc.) gefährdet?
- Ist das Kindeswohl gefährdet und ist die Herausnahme des Kindes aus dem elterlichen Haushalt (oder der Verbleib bei Pflegeeltern) zur Abwendung einer Gefahr erforderlich?

Auch in **Adoptions- oder Abstammungssachen** können psychologische Sachverständigengutachten in Auftrag gegeben werden, bspw. zu folgenden Fragen:

77

- Dient die Adoption dem Kindeswohl und ist zu erwarten, dass ein Eltern-Kind-Verhältnis entsteht?
- Stellt die Klärung der leiblichen Abstammung eine erhebliche Beeinträchtigung des Kindeswohls dar?[99]

---

94 Westhoff u.a. 1998, S. 15 ff.
95 Westhoff u.a. 2000, S. 25 ff.
96 Zertifikat des Berufsverbands Deutscher Psychologinnen und Psychologen e.V. (BDP), Curriculum einsehbar unter http://www.dpa-bdp.de/curricula.html.
97 Dettenborn/Walter 2002, S. 323.
98 Vgl. zu den einzelnen Fragestellungen ausführlich Salzgeber 2005
   wie die diversen Beiträge zur familienpsychologischen Begutachtung in Volbert/Steller 2008, S. 521 ff.
99 Klosinski FPR 2007, 385 (388 f.).

A. Akteure im familiengerichtlichen Verfahren

78 Mangels solider empirischer Befunde kann bisher nur geschätzt werden, dass in circa 3 bis maximal 10 % aller Familienrechtssachen vor den FamG Gerichtsgutachten angefertigt werden.[100]

79 Schon jahrelang ist es regelmäßig praktizierte Vorgehensweise vieler Sachverständigen, neben dem vorangeschalteten diagnostischen Erkenntnisprozess auch auf Veränderungen abzielende **modifikations-, lösungs- oder prozessorientierte Strategien** anzuwenden. Sie stellen eine spezifische familienpsychologische Einheit dar, die dem betreffenden Personenkreis bzw. dem zur Debatte stehenden Familiensystem neue Handlungsalternativen eröffnet, die mit dem Sachverständigen besprochen, festgelegt und ggf. sogar unter seiner „Aufsicht" und Anleitung eingeübt werden (z.B. Probewohnen des Kindes bei einem Elternteil oder Durchführung neuer Umgangskontakte). Dieses entwicklungsorientierte Vorgehen vermittelt Bedingungswissen (den Eltern beispielsweise die Reaktionen des Kindes auf eine Elterntrennung erklären), Veränderungswissen (den Eltern Strategien einer besseren Kommunikation vermitteln) und strebt Verhaltens- und Einstellungsänderungen an.[101]

80 Gegen diese zeitgemäße **Aufgabenstellung der Sachverständigen unter Nutzung modifikationsorientierter Strategien,** die über die traditionelle Arbeitsweise eines „ZPO-Gutachters" – Diagnose (Darstellen des Ist-Zustands) und Prognose – hinausgehen, werden allerdings seit Jahren vor allem **aus juristischer Sicht immer wieder Bedenken** angemeldet. Unzweifelhaft ist, dass dem Sachverständigen in Auslegung der gesetzlichen Möglichkeiten (Verweis in § 15 Abs. 1 FGG a.F. auf die ZPO-Vorschriften – für den Sachverständigen §§ 402 ff. ZPO, die nach wie vor Geltung haben) die Rolle eines **Hilfsorgans des Gerichts** oder des **Entscheidungshelfers** zukommt. Es ist seine Aufgabe, dem Gericht Entscheidungsgrundlagen zu liefern, wobei die juristische Entscheidung selbst allein dem Gericht und nicht dem Sachverständigen zusteht. Nach sehr restriktiver Auffassung könne der psychologische Sachverständige aus Gründen der Besorgnis der Befangenheit nur im begrenzten Maße die Rolle eines „Schlichtungshelfers" einnehmen, und es sei nicht seine Aufgabe im streitigen Gerichtsverfahren, von sich aus eine Verständigung zwischen den Beteiligten zu suchen.[102]

81 So wurde **im Zuge des Gesetzgebungsverfahrens** bspw. gefordert, § 163 Abs. 2 zu streichen, da diese Aufgabe mit der Pflicht des Sachverständigen zu einer objektiven Beurteilung schwer zu vereinbaren sei.[103] Nach der Gegenposition wurde die Möglichkeit des Sachverständigen, auf die Herstellung des Einvernehmens zwischen den Beteiligten hinzuwirken, jedoch grundsätzlich als vernünftig angesehen, da sie einer bereits weit verbreiteten familiengerichtlichen Praxis folgt, die sich bisher in einer Art Grauzone bewegt hat.[104]

82 Offenbar sind gerade bei Juristen **terminologische Missverständnisse** nicht auszuschließen, wenn beispielsweise immer wieder – zum Teil auch in Anwaltsschreiben – unter typischen gerichtsbezogenen Lösungsstrategien (Interventionen) des Gutachters irrtümlicherweise von einer (unerlaubten) Mediation, Familientherapie oder psycholo-

---

100 Oberloskamp u.a. 2001.
101 Rohmann/Stadler/Salzgeber PdR 2001, 5 (15); Salzgeber FamRZ 2008, 656 (657).
102 Finger FPR 1998, 224; Finke FF 2003 (Sonderheft 1), 78 (82 f.).
103 Stellungnahme von Bohnert zur Anhörung im BT-Rechtsausschuss 16/86, S. 9.
104 Stellungnahme von Nake zur Anhörung im BT-Rechtsausschuss 16/86, S. 15.

gischen Beratung gesprochen wird und dieses Vorgehen des Sachverständigen dann beanstandet wird, obwohl bspw. im diagnostischen Interview nur auf diese Methodik zurückgegriffen wird.

Es bleibt festzuhalten, dass bereits nach den Vorgaben und Grundannahmen des (alten) FGG und SGB VIII auch die **Rolle des Richters** in Kindschaftssachen einem **erheblichen Bedeutungswandel** unterworfen ist. Der Familienrichter hat sich nicht mehr damit zu begnügen, lediglich den Sachverhalt im Familiengerichtsverfahren zur Kenntnis zu nehmen und danach zu entscheiden. Vielmehr hat er zum Wohl des Kindes tätig zu werden. Um dieses Ziel zu erreichen, muss auch das Gericht versuchen, soviel Streit wie möglich abzubauen und auf Einvernehmen hinzuwirken (§§ 52, 52a FGG a.F., § 156)[105]. Diese gesetzliche Verpflichtung – wo immer möglich, deeskalierend zu wirken – hat nun **auch der Gerichtsgutachter** nach § 163 Abs. 2 einzulösen.

83

2. Die Sachverständigentätigkeit

a) Theorie und Methoden

Die **theoretischen Grundlagen typischer psychologisch-gutachtlicher Tätigkeit** finden sich in der Entwicklungspsychologie (z.B. Bindungstheorie), Angewandten Psychologie und Sozialpsychologie (Trennungs- und Scheidungsforschung), Familienpsychologie (z.B. Methoden der Familiendiagnostik; Wandel der Familie; Lebenspartnerschaften), Klinischen Psychologie (z.B. die Lehre von den psychischen Störungen; Klassifikation und Diagnostik; Methoden zur Untersuchung gestörten Verhaltens; psychische Störungen; Störungen im Zusammenhang mit Entwicklung und Alter), Diagnostik (z.B. Methoden des diagnostischen Erkenntnisprozesses im Rahmen der Exploration oder Verhaltens- und Interaktionsbeobachtung), Testpsychologie (z.B. Testtheorie; die Lehre von den Gütekriterien der Tests) und der Rechtspsychologie (z.B. die Lehre von der Interaktion der Psychologie mit dem Recht), wobei die Rechtspsychologie das zentrale Sammelbecken aller relevanten Aspekte dieser Psychologien für die Gutachtentätigkeit darstellt.

84

Methoden im Kernbereich des familienrechtspsychologischen Erkenntnisprozesses:[106]

85

1. die Analyse und Wiedergabe der Vorgeschichte in Bezug auf psychologisch relevante Sachverhalte (in der Regel die Aktenanalyse),
2. das Interview (auch Anamnese oder Exploration genannt),
3. die Interaktions- und Verhaltensbeobachtung (meist Hausbesuche und gegebenenfalls Besuche von kindesrelevanten Einrichtungen),
4. bei Vorliegen einer Indikation auch testpsychologische Untersuchungen.

b) Aufgabenstellung, Methodik und Ziel

Während sich die Ernennung des Sachverständigen und die Formulierung der Beweisfragen nach den einschlägigen Vorschriften in den Gesetzen und der richterlichen Überzeugung und damit nach den **juristischen Diktionen** richtet, ist das konkrete gutachtliche Vorgehen des Sachverständigen eine Tätigkeit, die sich an methodisch-

86

---

105 → § 156 Rn. 4 ff.
106 Vgl. für viele andere diagnostische Lehrbücher das Standardwerk von Amelang u.a. 2002, S. 423.

diagnostischen, wissenschaftlich ausgewiesenen und allgemein anerkannten **Grundsätzen der psychologischen Erkenntnistheorie** orientiert.[107]

87 Insofern ist irrig und eine Einmischung in eine genuin methodisch angelegte und ausgewiesene Tätigkeit des familienpsychologischen Sachverständigen, wenn ein Jurist meint, dass es einem Sachverständigen nicht zustehe, die **juristische Frage in handhabbare psychologische Fragestellungen umzuformulieren**, „die dem gutachterlichen Tun gleichsam etwas Geheimnisvolles verleihen".[108] Wie sollte beispielsweise ein Sachverständiger Fragen nach dem Kindeswohl, der Erziehungsfähigkeit oder einer Sorgerechts- oder Umgangsregelung beantworten können, ohne diese juristische Ausgangsfrage psychologisch bearbeitbar zu machen? Hier hat der Gutachter die juristischen Ausgangsfragen umzuformulieren, die Kindeswohl- und Sorgerechtskriterien anzuwenden und dementsprechend u.a. nach den Beziehungen, Bindungen oder dem Willen des Kindes zu fragen. Dieses Vorgehen ist weder „geheimnisvoll" noch willkürlich.

c) Der Begutachtungsprozess

88 Auch nach der Reform steht die wissenschaftliche Begutachtung in der Familiengerichtsbarkeit auf rechtlich und psychologisch nicht sicheren und eindeutigen Standbeinen. Das Recht in der ZPO und der Verweis in § 15 FGG a.F. auf die einschlägigen Vorschriften in der ZPO gaben eher Hinweise, wie eine Sache zu begutachten ist.[109] Daran hat auch § 163 nicht viel geändert, da das Wie einer Begutachtung nicht angesprochen worden ist und der **Bezug zu den §§ 402 ff. ZPO erhalten** bleibt.

89 Ein **kind- und elternorientierteres Vorgehen** im Rahmen der familienpsychologischen Begutachtung, bspw. mit der Zielsetzung, Eltern zu befähigen, ihrer Elternverantwortung wieder nachzukommen – gleichgültig, ob es sich um eine Sorgerechts- oder Umgangsstreitigkeit nach einer Trennung oder Scheidung (§§ 1671, 1684, 1685 BGB) handelt, um einen Sorgerechtsentzug nach § 1666 BGB oder einen Verbleib des Kindes in Familienpflege (§ 1632 Abs. 4 BGB) –, ist nach dem Gesetzeswortlaut nun eher möglich, weil § 163 **Abs. 2** festlegt, dass in Verfahren, die die Person eines Kindes betreffen, der Sachverständige bei der Erstellung des Gutachtenauftrags auf Anordnung des Gerichts auch **auf die Herstellung des Einvernehmens zwischen den Beteiligten hinwirken** soll.

90 Ein **psychodiagnostisches Gutachten** beinhaltet jene methodisch und wissenschaftlich begründete **Entscheidungshilfe**, die aufgrund eigener Datenerhebung einem Auftraggeber – im vorliegenden Fall dem FamG – zur Lösung eines Problems übermittelt wird. Es dient der Vorbereitung und Unterstützung von Entscheidungen.[110] Die eigenständige (primäre) Datenerhebung ist im Gegensatz zu einer gutachtlichen Bewertung bereits vorliegender Gutachten ein zentraler Bestandteil jeder Begutachtung.

91 Bereits nach Inkrafttreten der **Kindschaftsrechtsreform** am 01.07.1998 änderten sich offenbar angesichts der veränderten Gesetzeslage vor allem in Bezug auf Sorgerechts- und Umgangsregelungen (§§ 1671, 1684, 1685 BGB) die **Erwartungen der Familiengerichte** vordringlich in erster Instanz an das Vorgehen familienpsychologi-

---

107 Gehrmann R & P 2008, 89; Metzger FPR 2008, 273; Rohmann FPR 2008, 268.
108 Bergmann u.a./Cuvenhaus 2002, S. 225, 230.
109 Dettenborn/Walter 2002, S. 322 ff.
110 Westhoff u.a. 1998, S. 5.

VI. Psychologische Sachverständige

scher Begutachtungen.[111] Damals konnte noch nicht abgesehen werden, inwieweit die umfassenden Änderungen im Kindschaftsrecht Auswirkungen auf die gerichtsgebundene Sachverständigentätigkeit haben würden, zumal auch im Zuge der Kindschaftsrechtsreform keine Änderungen einschlägiger Regelungen in der ZPO erfolgten und auch im FGG die Sachverständigentätigkeit – bis auf § 15 Abs. 1 FGG a.F. – keine Erwähnung fand.[112] Allerdings wird bereits seit längerer Zeit gefordert, dass der diagnostische Prozess die **methodischen Grundlagen des Verstehens und Veränderns** zu beherzigen hat, wenngleich es nach wie vor an maßgeschneiderten und effektiven Interventionskonzepten, die nicht Mediation, Beratung oder Familientherapie sind, im Rahmen dieser speziellen Art der Gerichtsbegutachtung fehlt.[113]

Folgende diagnostische Vorgehensweisen können unterschieden werden: **92**

- **Statusdiagnostik** (Beschreibung eines Ist-Zustands von Personen und Beziehungen als Momentaufnahme, meist mit prognostischer Ausrichtung),
- **Selektionsorientierte Diagnostik** (z.B. geeignete Personen für bestimmte Anforderungen herausfinden),
- **Verlaufsdiagnostik** (Beschreibung von Veränderungen)
- **Modifikationsorientierte Diagnostik** (vorangeschalteter diagnostische Erkenntnisprozess, also die Datenerhebung beinhaltet die Zielvorstellung, Verhalten und Beziehungen untereinander zu beeinflussen, familiäre Konflikte zu entschärfen und Bedingungen zu schaffen, die zu eigenständigen Lösungen führen bzw. zu einer Optimierung gerichtlicher Entscheidungen).

Das **Vorgehen** im Rahmen einer sachgerechten familienpsychologischen Begutachtung – gleichgültig ob sie nun als entscheidungs- oder auch als lösungsorientiert angesehen wird – hängt vom **Grad der Zerstrittenheit** der Parteien und/oder dem **Grad der Kindeswohlgefährdung** ab: **93**

- das eine Mal wird eher die Status- und Selektionsdiagnostik zum Tragen kommen,
- das andere Mal eine Kombination von Status-, Selektions-, Verlaufs- und Modifikationsdiagnostik,
- das dritte Mal nur die Modifikationsdiagnostik.

Kritisch festzuhalten bleibt, dass es nach wie vor übliche und weit verbreitete familienpsychologische Gutachtenpraxis ist, Eltern oder andere Betreuungspersonen des Kindes sowie das Kind selbst zu diagnostizieren, um sodann über den betreffenden Personenkreis als Entscheidungshelfer des FamG eine Prognose abzugeben. Mit Inkrafttreten des FamFG ist jedoch spätestens zu fordern, dass eine eher **kombinierte Tätigkeit** zum Tragen kommt, nämlich die Befunderhebung im Rahmen des diagnostischen Erkenntnisprozesses, um sodann mit Hilfe der relevanten Daten ein modifikations-, lösungs-, prozessorientiertes und konfliktmilderndes Vorgehen zu praktizieren, also ein **Hinwirken auf Einvernehmen durch den Sachverständigen** erfolgt.[114] **94**

Dennoch ist neben der Auslegung bestehender rechtlicher Normen nach wie vor die **psychologische Wissenschaft** gefragt, ein zeitgemäßes, am Kind und am Wohlerge- **95**

---
111 Salzgeber/Fichtner ZKJ 2008, 287.
112 Balloff FPR 1998, 207.
113 Bergmann u.a./Rexilius 2002, S. 37.
114 Vgl. für viele Salzgeber FamRZ 2008, 656 (659).

hen des Kindes, an den Eltern und damit auch an der gesamten Familie orientiertes **Konzept psychologischer Sachverständigentätigkeit mit Intervention** zu entwickeln. Hierzu können wiederum § 52 FGG a.F. bzw. § 156[115] und nun auch § 163 Abs. 2[116] bemüht werden sowie das im BGB und SGB VIII verankerte und grundlegende Prinzip „Hilfe vor staatlichem Eingriff" (vgl. § 1666a BGB, § 8a Abs. 1, 3, §§ 17, 18 Abs. 3, §§ 27, 28 SGB VIII). Mit anderen Worten: Bevor das Gericht durch richterlichen Beschluss in ein Familiensystem eingreift, ist den Eltern und Kindern nach den einschlägigen Vorschriften des SGB VIII oder auf anderer Grundlage ein Leistungsangebot in Form einer außergerichtlichen Beratung, Therapie oder Mediation anzubieten.

96 Das **Gericht** kann für die **Wahrnehmung des Vermittlungsauftrags** einen **Sachverständigen hinzuziehen**, der dann auf Einvernehmen hinwirkt, indem er mit fachlich angemessenen Mitteln Interventionen und Veränderungen mit der Familie erörtert. Vermittlung im Sinne eines Hinwirkens auf Einvernehmen bedeutet den Aufbau, die Stärkung oder Wiederherstellung der Fähigkeit der Eltern zur kompetenten Wahrnehmung ihrer elterlichen Verantwortung.

97 Allerdings erfordert eine fachlich versierte Vermittlungstätigkeit des Sachverständigen einen fundierten Kenntnisstand von der jeweiligen familialen Problem- und Konfliktlage und den jeweiligen Interventionstechniken (angelehnt an die Mediation, Psychologische Beratung, Psychotherapie, Paar- und Familientherapie). Die familialen Problem- und Konfliktlagen sollten nach wie vor im Rahmen eines vorangestellten umfassenden diagnostischen Erkenntnisprozesses in Erfahrung gebracht werden (ähnlich wie vor der Aufnahme einer Mediation, Psychologischen Beratung, Paar-, Familientherapie und Psychotherapie). Eine **vorausgehende differenzierte Diagnostik** des familiären Konflikts und der besonderen Situation der Beteiligten kann sodann **durch entsprechende Intervention ergänzt** werden.[117]

98 Wenn bei **Scheitern der Vermittlungsbemühungen** ein **Sachverständigengutachten dem Gericht vorgelegt** werden soll, setzt dieses Vorgehen einen umfassenden diagnostischen Erkenntnisprozess voraus. **Am Anfang** stehen nach dieser Annahme der **diagnostische Erkenntnisprozess** (Diagnostik) und **erst dann die Intervention**. **Kritisch** zu sehen ist daher eine familiengerichtliche Praxis, bei der zunächst die Intervention versucht werden soll und erst dann die Diagnostik im Rahmen der Begutachtung (z.B. Interview, Anamnese, Exploration, Verhaltens- und Interaktionsbeobachtung und gegebenenfalls testpsychologische Untersuchungen) durchgeführt werden soll. Denn bei Scheitern der Vermittlung muss der Sachverständige auf seine Erhebungen, die er vorher gemacht hat, zurückgreifen können, um das Gutachten mit Beantwortung der juristischen Beweisfragen zu erstellen (dazu **nachfolgendes problematisches Beispiel zum Kind Melanie**).

99 **Problematisches Beispiel**
Aus einem richterlichen Beschluss zur Regelung des Umgangs nach § 1684 BGB:
1. Der Gutachter ist berechtigt, mit den Eltern lösungsorientiert zu arbeiten und Gefährdungen/Beeinträchtigungen des Kindeswohls im Haushalt der Mutter zu

---

115 → § 156 Rn. 3.
116 → § 163 Rn. 6 ff.
117 Salzgeber FamRZ 2008, 656 (657).

beseitigen, sofern sie bestehen und er eine entsprechende Tätigkeit als Erfolg versprechend und zweckmäßig erachtet.
2. Sollten die Bemühungen des Sachverständigen erfolglos bleiben, sind folgende Fragen zu beantworten:
   a) Ist das geistige, körperliche oder seelische Wohl von Melanie im Haushalt der Mutter gefährdet?
   b) Worin besteht die Gefährdung?
   c) Ist zur Abwehr der Gefahr, sofern eine solche besteht, die Trennung zwischen Mutter und Kind bzw. ein Wechsel des Kindes in den Haushalt des Vaters erforderlich oder sind andere Maßnahmen, wie z.B. Familienhilfe, die Einrichtung einer Umgangspflegschaft ausreichend?
   d) Wie wahrscheinlich ist es, dass sich die Mutter dauerhaft auf solche Hilfen einlassen kann?

3. Fazit

Eine **richterliche Entscheidung** gerade in hochstrittigen, problem- und konfliktbeladenen Familiensachen **ohne vorherige Nutzung intervenierender Hilfen** für die betroffene Familie stellt mit Ausnahme der besonders eilbedürftigen und dann meist auch akut kindeswohlgefährdenden Konstellationen häufig einen Eingriff dar, der dem Kind mehr Schaden als Nutzen bringt. Nicht selten werden durch zu frühe Entscheidungen der Gerichte innerfamiliale Konflikte unnötig festgeschrieben.[118] Wird das **elterliche Sorgerecht** konsequent **als pflichtengebundenes Recht** begriffen, stellt bspw. eine gerichtliche Anordnung zur Aufnahme einer psychologischen Beratung nach § 156 Abs. 1 Satz 4[119] oder im Rahmen des Verfahrens wegen Kindeswohlgefährdung nach §§ 155, 157 einen weitaus geringeren Eingriff in das Sorgerecht dar als die Entziehung des Aufenthaltsbestimmungsrechts oder Sorgerechts. Dem Gedanken, Eltern bei der Herausbildung einer gemeinsamen Lösung zu unterstützen, hat der Gesetzgeber auch dadurch Rechnung getragen, dass das FamG auf die Möglichkeiten der Beratung und Mediation hinweist (§ 156 Abs. 1 Satz 2, 3)[120] oder die (potenzielle) Gefährdung mit den Beteiligten erörtert (§ 157 Abs. 1).[121]

100

Zwar klärt der **Wortlaut des § 163 Abs. 2** nicht, worauf der vom Gericht bestellte Sachverständige zuerst hinarbeiten soll – auf Einvernehmen oder auf die Erstellung eines Gutachtens – doch aus **methodischer Sicht** hat ein Gutachtenauftrag **zunächst die diagnostischen Erhebungen** zu erfassen, um **dann** im Zuge dieser Erkenntnisse **intervenierend** in das Familiensystem einzuwirken. Entscheidend für eine eltern- und kindzentrierte psychologische Sachverständigentätigkeit ist, dass

101

- alle Beteiligten im Rahmen des Begutachtungsprozesses nach Möglichkeit eine neue, verbesserte Perspektive zum Wohl des Kindes erkennen und entwickeln,
- die diagnostische Ermittlung den jeweiligen familialen Ressourcen, Bedingungen und Handlungsalternativen förderlich ist,
- eine Stärkung der Subjektstellung des Kindes erfolgt und
- eine Stärkung der elterlichen Kompetenz angestrebt wird.

---

118 Menne u.a./Scheuerer-Englisch 1993, S. 213.
119 → § 156 Rn. 14 ff.
120 → § 156 Rn. 9 ff.
121 → § 157 Rn. 4 ff.

A. Akteure im familiengerichtlichen Verfahren

102 Ein **schriftliches Sachverständigengutachten,** das regelmäßig auf einem diagnostischen Erkenntnisprozess zu beruhen hat, muss **für den Leser überprüfbar** sein, gleichgültig, welche Methodik und welches Vorgehen gewählt wurden.

103 **Hinweis**

Diesen Prüfvorgang ermöglichen bspw. die **„Richtlinien für die Erstellung Psychologischer Gutachten"**,[122] die eine Richtschnur für die Bewertung vorliegender Gutachten beinhalten. Sie wurden auf dem Deutschen Familiengerichtstag 2007 in einer Arbeitsgruppe als so genannte Mindeststandards bei der Begutachtung verabschiedet (Auszug):
1. Präzise Wiedergabe der Fragestellung, von der das Gutachten ausgeht
2. Nennung des Auftraggebers
3. Nennung der Untersucher
4. Nennung der Untersuchungstermine, Untersuchungsdauer und Untersuchungsorte
5. Nennung und knappe Charakterisierung der Untersuchungsmethoden
6. Kurzbeschreibung der angewandten psychodiagnostischen Instrumente
7. Das Vorgehen und die Auswahl der Untersuchungsverfahren soll aus der Vorgeschichte und der richterlichen Fragestellung herleitbar und nachvollziehbar sein
8. Das psychologische Gutachten soll nach Möglichkeit nicht auf einer einzigen, sondern auf mehreren voneinander unabhängigen Datenquellen beruhen (z.B. Akteninhalt, Interview, Beobachtung, Testung)
9. Aussagen von Dritten sind deutlich von den eigenen Aussagen abzuheben
10. Interpretation der Ergebnisse erfolgt nach wissenschaftlichen psychologischen Regeln und, soweit erforderlich, werden auch Hinweise auf Grenzen der Interpretierbarkeit der Daten angeführt
11. Darstellung der für die Fragestellung relevanten Untersuchungsergebnisse, soweit nicht rechtliche oder ethische Bedenken entgegenstehen
12. Explizite Stellungnahme zur juristischen Ausgangsfrage
13. Unterschrift des verantwortlich zeichnenden Untersuchers.

Sollte ein anwaltlicher Prüfvorgang zu einem Gutachten ergeben, dass nur geringfügige Fehler vorliegen, die bspw. schriftlich oder in der mündlichen Anhörung leicht nachgebessert werden können, sollte nicht von einer Unverwertbarkeit des Gutachtens ausgegangen werden. Allenfalls schwerwiegende methodische Fehler sollten zu einer Unverwertbarkeitsvermutung des Gutachtens führen (z.B. psychologische Bewertungen oder vorläufige Schlussfolgerungen, die bereits im Teil der Aktenanalyse, Datenerfassung oder Datenerhebung enthalten sind).

VII. Beratungsstellen, Mediatoren

1. Hinwirken auf Einvernehmen als Grundsatz

104 Die Rechte und das Wohlergehen des Kindes in einem familiengerichtlichen Verfahren zu stärken und zu verwirklichen ist am besten erreichbar, wenn sich die Erwachsenen (Eltern und Professionelle) einfühlsam der Bedürfnisse, Wünsche und Vorstellungen

---

[122] Berufsverband Deutscher Psychologinnen und Psychologen e.V. 1994.

des Kindes annehmen, dessen Willen zur Kenntnis nehmen und eine am Wohl des Kindes orientierte Lösung anstreben. Dieses grundlegende **Konzept der „Intersubjektivität"** entspricht heute in der psychologischen Wissenschaft mehr denn je dem Grundverständnis im professionellen Umgang mit Menschen, über diese nach Möglichkeit nicht zu befinden und zu entscheiden, sondern mit ihnen selbst Lösungen zu diskutieren und anzustreben.[123]

Diese Überzeugung, **mit den Beteiligten eine Lösung anzustreben** und nach Möglichkeit nicht über diese eine Entscheidung zu treffen und hierbei auch ein besonderes Augenmerk auf die Belange des Kindes zu richten, ist seit der Kindschaftsrechtsreform eine fachliche Evidenz. So war **seit dem 01.07.1998** in § 52 Abs. 1 Satz 1 FGG festgelegt, dass in einem die Person eines Kindes betreffenden Verfahren das Gericht so früh wie möglich und in jeder Lage des Verfahrens auf ein Einvernehmen der Beteiligten hinwirken soll. Es soll die Beteiligten anhören und auf bestehende Möglichkeiten der Beratung durch Beratungsstellen und -dienste der Träger der Jugendhilfe insbesondere zur Entwicklung eines einvernehmlichen Konzepts für die Wahrnehmung der elterlichen Sorge und der elterlichen Verantwortung hinweisen. Nach § 52 Abs. 2 FGG a.F. konnte das Familiengericht sogar das Gerichtsverfahren aussetzen, wenn dies nicht zu einer für das Kindeswohl nachteiligen Verzögerung führte und wenn die Beteiligten bereit waren, außergerichtliche Beratung in Anspruch zu nehmen, oder nach freier Überzeugung des Gerichts Aussicht auf Einvernehmen der Beteiligten bestand. Vom FamG wurde somit dezidiert zunächst eine vermittelnde, also im Kernbereich auch mediative Vorgehensweise mit den betreffenden Personen erwartet, bevor eine gerichtliche Entscheidung gefällt wird (§ 52a Abs. 5 FGG).

105

Diese Grundgedanken sind auch in das FamFG eingegangen, haben dort weitere Betonung und Konturierung erfahren. Sie finden sich in § 36 Abs. 1 Satz 2, § 158 Abs. 4[124] und § 163 Abs. 2,[125] insbesondere aber in § 156. So lauten § 156 Abs. 1 Sätze 2 bis 4:[126] „Es weist auf Möglichkeiten der Beratung durch die Beratungsstellen und -dienste der Träger der Kinder- und Jugendhilfe insbesondere zur Entwicklung eines einvernehmlichen Konzepts für die Wahrnehmung der elterlichen Sorge und der elterlichen Verantwortung hin. Das Gericht soll in geeigneten Fällen auf die Möglichkeit der Mediation oder der sonstigen außergerichtlichen Streitbeilegung hinweisen. Es kann anordnen, dass die Eltern an einer Beratung nach Satz 2 teilnehmen."

106

Diese schwierige Aufgabe einer **Konfliktregulierung unter Beteiligung aller Familienangehörigen** – und gegebenenfalls auch der Pflegefamilie – wird nur gelingen, wenn sich Eltern, Rechtsanwälte, Fachkräfte in den JÄ und Beratungsstellen, Verfahrensbeistände und ggf. psychiatrische oder psychologische Sachverständige und die Gerichte bemühen, auch mit dem Kind zusammenzuarbeiten und wenn möglich, eine Klärung aller schwierigen Fragen herbeizuführen.[127] Aus der Erkenntnis, dass ungelöste Familienkonflikte hoch bedeutsame Risikofaktoren für Kinder und Eltern beinhal-

107

---

123 Balloff FPR 2002, 240.
124 → § 158 Rn. 22.
125 → § 163 Rn. 6 ff.
126 → § 156 Rn. 9 ff.
127 Weber/Schilling 2006, S. 93 ff.

ten, wurden in den letzten Jahren spezielle Beratungs- und Interventionsmodelle entwickelt.[128]

2. Außergerichtliche Interventionsmodelle

108 Eine psychologische oder sozialpädagogische Beratung, Familien-, Paartherapie mit der Familie oder dem Elternpaar, eine Psychotherapie oder Mediation mit einzelnen Personengruppen, die Subsysteme der Familie darstellen, oder mit der gesamten Familie kommen häufig erst dann zustande, wenn dysfunktionale Abläufe in der Interaktion und Kommunikation ein weiteres sinngebendes Beieinanderbleiben und Zusammensein im Paar- oder Familienverband erschweren oder unmöglich machen. Dabei umfassen diese Interventionsmodelle auch Informationen und Klärungshilfe.

a) Psychologische und sozialpädagogische Beratung

109 Bei der psychologischen und sozialpädagogischen Beratung wird zunächst zwischen einer inhaltsbezogenen und personenbezogenen Beratung unterschieden, die sich fokussierend in dem einen Fall schwerpunktmäßig auf die Sachebene bezieht und im anderen Fall auch die Gefühls- und Kränkungsebene miterfasst. Beratung sollte ressourcenorientiert sein und infolgedessen auch als entwicklungsoptimierende und präventive Intervention angesehen werden.

b) Psychotherapie, Familien- und Paartherapie

110 Dagegen kann eine Psychotherapie unter Einschluss auch der Familien- und Paartherapie als diejenige Interventionsmaßnahme angesehen werden, die auf der Grundlage einer Diagnose und unter Beachtung eines remedialen (wörtlich: zurück zur Mitte hin) sowie präventiven Ansatzes eine akute **Symptombehandlung, Symptomreduzierung** und **Wiederherstellung von Funktionalität** (versus Dysfunktionalität) beinhaltet.

111 Eine Familientherapie umfasst, dysfunktionale Interaktionen und Kommunikationen zu verändern und zu beheben. Nicht erfasst ist also, einen Patienten „gesund machen", obwohl bspw. beim Vorliegen einer Schizophrenie oder Borderline-Störung auch die „Behandlung" einer Störung mit Krankheitswert im Rahmen einer Familientherapie erfolgen kann. Im Rahmen einer Familientherapie wird das gesamte Familiensystem erfasst, jedoch wird keine Behandlung – wie etwa im Rahmen einer psychoanalytischen Therapie – mit dem so genannten Indexpatienten durchgeführt.[129]

c) Mediation

112 Bei der Mediation (Vermittlung) handelt es sich um ein außergerichtliches Verfahren zur Konfliktregulierung, die nun mit dem FamFG eine gesetzliche Grundlage in der Familiengerichtsbarkeit erhalten hat (§ 156 Abs. 1 Satz 3).[130] Mediation ist eine wissenschaftliche Methode, die **Konflikte durch Verhandeln** (Vermitteln), nicht aber durch Behandeln oder im Rahmen eines Schiedsverfahrens **löst**.

---

128 Vgl. für viele Wallerstein/Lewis/Blakeslee 2002; Largo/Czernin 2003; Hetherington/Kelly 2003. Walper/Langmeyer ZKJ 2008, 94 (96) halten fest, dass die Auswirkungen einer elterlichen Scheidung auf mitbetroffene Kinder in hohem Maße von der Gestaltung der Beziehung zwischen beiden Eltern und zwischen Eltern und Kind abhängig sind. Als besonders markante Risikofaktoren gelten fortgesetzte Elternkonflikte und Antagonismen.
129 Brandl-Nebehay/Rauscher-Gföhler/Kleibel-Arbeithuber 1998.
130 → § 156 Rn. 12 ff.

113 Dabei unterscheidet sich die Mediation von allen anderen beratenden und therapeutischen Interventionen durch einen spezifischen Umgang mit den Ratsuchenden, der trotz Aufklärung und Wissensvermittlung nicht Beratung, das Erteilen von Ratschlägen oder eine Heilung beinhaltet, sondern lediglich eine **Vermittlung zwischen den Ratsuchenden anstrebt.**[131]

> **Vermittlung** in diesem Sinne umfasst somit zunächst:
> - Vermittlung durch unparteiische Dritte
> - Einbeziehung und direkte Kommunikation mit den Konfliktparteien
> - außergerichtliche Konfliktbearbeitung
> - Nichtöffentlichkeit und Vertraulichkeit
> - Autonomie der Konfliktparteien
> - Ergebnisoffenheit und Konsensorientierung.[132]
>
> Die **Mediation** beinhaltet:
> - Sammlung von Informationen
> - Sortieren und Ordnen dieser Informationen
> - Definition der Problemfelder
> - Erarbeiten sowie Ausprobieren von Alternativen
>
> Die wichtigsten **Prinzipien der Mediation** sind:
> - Freiwilligkeit der Teilnahme
> - Neutralität des Vermittlers
> - Informiertheit der Klientel
> - Vertraulichkeit
> - Selbstbestimmung
> - Fairness
> - Flexibilität
> - Chancengleichheit
> - Zukunftsorientierung
> - Einvernehmlichkeit
> - Achtung unterschiedlicher Interessen und Verantwortlichkeiten.

114 In der Literatur werden unterschiedliche **Phasenmodelle** diskutiert,[133] die nach Trenzcek[134] in Anlehnung an ein typisches US-amerikanisches Vorgehen folgende Merkmale aufweisen:

---

[131] Balloff DAVorm 1995, 814; Haynes u.a. 1993.
[132] Trenzcek u.a./Trenzcek 2008, 162 (171).
[133] Balloff 2004, S. 44 f.
[134] Trenzcek u.a./Trenzcek 2008, 162 (175).

A. Akteure im familiengerichtlichen Verfahren

I. Vorbereitungsphase
1. Fallzuweisung – Beauftragung (intake)
2. Informationssammlung und Vorprüfung (screening)
3. Kontaktaufnahme mit den Beteiligten – ggf. vorbereitendes Treffen mit den (einzelnen) Beteiligten
4. Auftragsklärung
5. Mediationsvereinbarung

II. Vermittlungsphase – Mediationsgespräch
1. Einführung
2. Standpunkte klären/Problemdefinition/Agenda
3. Exploration: Konflikterhellung und Interessenklärung
4. Entwicklung von Optionen/Verhandlungen
5. Problemlösung/Vereinbarung

III. Post-Mediations-Phase – Umsetzungsphase
1. Überprüfung der Vereinbarung durch Dritte (z.B. Rechtsanwälte der Parteien)
2. ggf. offizielle Anerkennung und Ratifikation (z.B. gerichtlich gebilligter Vergleich i.S.d. § 156 Abs. 2, notarielle Beurkundung)
3. Überprüfung der Einhaltung der Vereinbarung (monitoring)
4. Reflexion der Mediatoren (debriefing)
5. ggf. Follow-up.

115 Die Mediation umfasst bei diesem Vorgehen gleichermaßen eine zielorientierte und zeitlich begrenzte Intervention von wenigen Stunden **innerhalb eines überschaubaren Zeitraums** von meist wenigen Wochen oder Monaten bei Konflikten und Krisen aller Art. Sie bezieht nach Möglichkeit jeden vom Konflikt Betroffenen mit ein und umfasst sinnvollerweise ferner eine durch den Mediationsprozess begleitete Probephase. So gesehen ähnelt die Mediation am ehesten einer streng fokussierten Beratung. Familienmediation in diesem Sinn ist somit ein konkret auf die Konflikt- und Problemlage bezogener **strukturierter und zielorientierter Interventions- und Entscheidungsprozess**, der zur einvernehmlichen und eigenverantwortlichen Konfliktminderung, zur Konfliktregelung bzw. Konfliktlösung zwischen den Konfliktparteien führt.

116 Besondere **Verbreitung** fand die Familienmediation in Deutschland mit jährlich 10.000 geschätzten Verfahren.[135] Verlässliche Zahlen zur Frage des Einsatzes von Mediationsverfahren bei Kindeswohlgefährdung liegen nicht vor. Die Mediation ersetzt nicht anderweitig indizierte Beratungs-, Therapie- und Unterstützungsangebote, zumal die Mediation keine „Gefühlsarbeit" leistet wie in der Psychotherapie. Mediation ist nach überwiegender Auffassung mit dem Schiedsgerichtsverfahren nicht vergleichbar, wenngleich Mediation einen bedeutsamen Ansatz zur Streitbeilegung beinhal-

---

135 Trenzcek u.a./Trenzcek 2008, 162 (173).

tet.¹³⁶ Im Mediationsprozess sind vielmehr die Personen, die die Mediation durchführen, von den betreffenden Personen nicht autorisiert, Entscheidungen für oder gegen sie zu treffen.

Vor und während des Mediationsprozesses werden somit trotz der Überprüfung der Indikation, ob also eine Mediation im vorfindlichen Familiensystem eine positive Wirkung entfalten kann, **keine Diagnosen** gestellt. Den betreffenden Konfliktparteien (in der Familienmediation meist die Eltern) wird nicht aufgegeben, ihr zurückliegendes Verhalten zu analysieren, kritisch zu reflektieren, um möglicherweise aus Fehlern zu lernen. Mediation bewegt sich weitgehend im Hier und Jetzt, weist in die Zukunft und hat das **Ziel**, die Streitpersonen darin zu unterstützen, die **Kommunikation und Interaktion** so zu **verbessern**, dass das Wohlergehen aller Personen im jeweiligen Familien- oder sonstigen System sichergestellt wird. Dies gelingt durch umfassende Informationen und verbindliche Absprachen der Eltern, um **gegenwartsbezogene und in die Zukunft reichende Vereinbarungen** zu treffen. Das setzt eine zukunftsbezogene Herstellung bzw. Wiederherstellung der durch den Streit unterbrochenen Kooperation, Kommunikation und möglicherweise auch Interaktion im gemeinsamen Interesse der Eltern und Kinder voraus.

117

Ausgangspunkt einer Familienmediation im oben genannten Sinne ist die **umfassende Information** des Personenkreises über die konkrete Konfliktlage und die Auswirkungen auf diesen Personenkreis und die Kinder. Hierzu gehört auch, im konkreten Mediationsablauf anschaulich werden zu lassen, welche negativen Folgen anhaltende Unvereinbarkeiten für Eltern und Kind haben können. Der Vermittler versucht jedoch nicht, seine Vorstellungen durchzusetzen oder dem teilnehmenden Personenkreis aufzuzwingen. Deshalb sollte in der Regel diese Intervention von der Planung und Durchführung an auf Freiwilligkeit beruhen. Eine familiengerichtliche Anordnung einer Teilnahme an einer Mediation ist daher – anders als bei Beratung – nicht zulässig (vgl. § 156 Abs. 1 Sätze 3 u. 4).¹³⁷

118

Die **methodischen Grundlagen der Mediation** finden sich in unterschiedlichen psychologischen Schulen (z.B. Kommunikationstheorie, Lerntheorie, Entwicklungspsychologie, Familienpsychologie, Systemtheorie, Psychoanalyse, Gruppendynamik), wobei die Mediation selbst keine genuin psychologische, beratende oder therapeutische Methode ist, sondern ein Verfahren spezieller psychologischer Hilfe und Ressourcenoptimierung. Aus Gründen der Praktikabilität und der Interdisziplinarität wird die Mediation häufig unter **Einbeziehung verschiedener Berufsgruppen** (Rechtsanwalt, Psychologin, Sozialarbeiter) durchgeführt.

119

Besonders **geeignet** ist die Mediation, wenn

120

- die Kommunikation zwischen den Beteiligten durch Emotionen belastet ist,
- der Konflikt so vielschichtig ist, dass er von den Beteiligten nicht mehr selbst analysiert und bearbeitet werden kann,
- die Beteiligten keine gemeinsame Form oder Sprache finden, wie sie miteinander verhandeln könnten,

---

136 Breidenbach 1995.
137 → § 156 Rn. 12 ff.

- Stereotypen und Fehlinterpretationen die Beziehungen und den Kontakt miteinander bestimmen,
- Verhandlungen stocken und zu keinem für beide Seiten akzeptablen Ergebnis führen.

121 Kritisch muss nach der derzeitigen Entwicklung festgehalten werden, dass die Arbeitsweise der Mediatoren trotz der Gründung von Bundesarbeitsgemeinschaften (z.B. Bundesarbeitsgemeinschaft für Familienmediation e.V.[138]) und der dort erfolgenden Zertifizierungen nicht einheitlich und deren **Qualifikation immer noch unkontrollierbar** ist. Nach wie vor kann jeder, der sich berufen fühlt, als Vermittler (Mediator) auftreten.

3. Beratung und Mediation als Leistung nach SGB VIII

122 Wenn § 156 Abs. 1 Satz 2 das FamG auffordert, die Beteiligten auf Möglichkeiten der Beratung durch Beratungsstellen und -dienste der Träger der Kinder- und Jugendhilfe hinzuweisen, stehen dahinter korrelierende **Rechtsansprüche auf Beratungsleistungen nach dem SGB VIII**:[139]

- Beratung für Mütter und Väter in Fragen der Partnerschaft (§ 17 Abs. 1 Satz 1 SGB VIII);
- Unterstützung von Eltern bei der Entwicklung eines einvernehmlichen Konzepts für die Wahrnehmung der elterlichen Sorge (§ 17 Abs. 2 SGB VIII);
- Beratung und Unterstützung aller Umgangsberechtigten bei der Ausübung des Umgangs (§ 18 Abs. 3 SGB VIII);
- Beratende Unterstützung von Kindern, Jugendlichen, Eltern und anderen Erziehungsberechtigten bei Trennung und Scheidung (§ 28 SGB VIII).

123 Ob die Beratungs- und Unterstützungsansprüche nach SGB VIII auch die **Methode der Mediation** erfassen, ist gesetzlich nicht eindeutig geklärt, wird jedoch allgemein als möglich angesehen.[140] Bieten die Beratungsstellen und -dienste der Kinder- und Jugendhilfe jedoch keine spezifischen Angebote der Mediation an, sondern nur beraterische und therapeutische, können die Beteiligten zur Erfüllung ihres Rechtsanspruchs auf diese verwiesen werden.

124 Beratungsdienste werden in vielen Gerichtsbezirken (auch) durch das JA selbst angeboten, teilweise durch die Fachkräfte im Allgemeinen Sozialen Dienst insgesamt oder durch spezialisierte Fachkräfte in den sozialen Diensten. Beratungsstellen können in kommunaler oder freier Trägerschaft stehen. Die Beteiligten können zwischen mehreren Beratungs- und Unterstützungsangeboten wählen, soweit die gewählte außergerichtliche Beratung und Unterstützung zur Vermittlung im Familienkonflikt geeignet ist und im Vergleich zu den angebotenen Leistungen keine unverhältnismäßigen Mehrkosten verursachen (§ 5 Abs. 2 SGB VIII). Ihr **Wunsch- und Wahlrecht** betrifft die Auswahl zwischen verschiedenen Beratungsangeboten, etwa zwischen unterschiedlichen Beratungsstellen oder der Beratung durch das JA und einer Beratungsstelle. Private, nicht in die Jugendhilfeplanung aufgenommene Angebote sind dann vom JA zu ge-

---

138 http://www.bafm-mediation.de.
139 → § 156 Rn. 10.
140 Münder u.a./Proksch 2009, § 17 SGB VIII Rn. 43 ff.

währen, wenn der Hilfebedarf zuvor ans JA herangetragen wurde, das Angebot inhaltlich und fachlich die Anforderungen an eine Leistungserbringung nach SGB VIII erfüllt (§ 36a Abs. 3 SGB VIII) und der Mehrkostenvorbehalt nicht entgegensteht.

Der Träger der öffentlichen Jugendhilfe ist gehalten, Beratungsleistungen nach § 28 SGB VIII **niedrigschwellig**, d.h. ohne vorherige Entscheidung des JA über die Leistungsgewährung, anzubieten (§ 36a Abs. 2 Satz 1 SGB VIII). Dies umfasst insbesondere die Sicherstellung einer **Möglichkeit jugendamtsferner Inanspruchnahme**; in Vereinbarungen mit den Leistungserbringern sollen die Voraussetzungen und die Ausgestaltung der Leistungserbringung sowie die Übernahme der Kosten geregelt werden.[141]

125

4. Initiierung von Beratung und Mediation

Die Inanspruchnahme von Beratung, Unterstützung oder Mediation bei Familienkonflikten kann unabhängig von einem familiengerichtlichen Verfahren erfolgen. Wird sie familiengerichtlich initiiert, etwa in einem frühen Termin nach § 155 Abs. 2, stellt sich die Frage, wie die Überleitung sinnvoll gelingen kann. Für den familiengerichtlichen Hinweis bedarf es zunächst der Kenntnis über die Angebote im jeweiligen Gerichts- bzw. JA-Bezirk. Für die Übergänge aus dem gerichtlichen Verfahren ist Grundvoraussetzung eine gute **Koordination zwischen FamG, JÄ und Beratungsstellen**. Fragen der Indikation und Kontraindikation bedürfen der fallübergreifenden Klärung, mögliche familiengerichtliche Aufträge für die Beratung sind vorab sinnvollerweise abzustimmen, damit eine Bearbeitung der Konflikte, die eine einvernehmliche Regelung behindern (Beziehungsebene), erfolgen kann und nicht der Auftrag, etwa eine Umgangsvereinbarung zu treffen (Sachebene), den Beratungsprozess erschwert.[142]

126

Die Notwendigkeit einer Koordination gilt in besonderem Maße bei einer **gerichtlichen Anordnung von Beratung** nach § 156 Abs. 1 Satz 4.[143] Eine solche kommt insbesondere in Betracht in Kindschaftssachen wegen Streitigkeiten über

127

- die alleinige oder gemeinsame elterliche Sorge,
- den Aufenthalt eines Kindes,
- das Umgangsrecht,
- die Herausgabe des Kindes.[144]

Der Herstellung eines förderlichen und zumindest sich entwickelnden motivierten Arbeitsbündnisses wird hier besondere Aufmerksamkeit zu widmen sein.[145] Im Kontext von **Trennung und Scheidung** sind die Beteiligten insbesondere bei hoch konflikthaften Auseinandersetzungen oft bestrebt, die professionellen Akteure im familiengerichtlichen Verfahren auf ihre Seite zu ziehen und zu Koalitionspartnern zu machen. Mit der **Beratung im Zwangskontext** kann eine unabhängige Stelle ins Spiel gebracht und so die Voraussetzung für eine wirksame Bearbeitung der Konflikte geschaffen werden.[146]

128

---

141 Bundeskonferenz für Erziehungsberatung ZKJ 2009, 121 (122); Münder u.a./Meysen 2009, § 36a SGB VIII Rn. 32.
142 Hierzu → § 156 Rn. 15 f.
143 Zur Beratung im Zwangskontext Weber 2006, S. 217 ff.; → § 156 Rn. 14 ff.
144 Bundeskonferenz für Erziehungsberatung ZKJ 2009, 121 (123).
145 Bundeskonferenz für Erziehungsberatung ZKJ 2009, 121 (122 f.).
146 Bundeskonferenz für Erziehungsberatung ZKJ 2009, 121 (123).

A. Akteure im familiengerichtlichen Verfahren

129 Bei gerichtlich initiierter Beratung im Rahmen einer Erörterung der **Kindeswohlgefährdung** (§ 157 Abs. 1) oder einer Verpflichtung der Eltern zur Inanspruchnahme (§ 1666 Abs. 3 Nr. 1 BGB) werden die JÄ beim Eingehen der Arbeitskontrakte in geeigneter Weise einzubeziehen sein. Die JÄ haben in Hilfeprozessen, in denen eine (mögliche) Kindeswohlgefährdung eine Rolle spielt, ein ganz anderes Bedürfnis, entsprechend ihren gesetzlichen Aufgaben die Entwicklungen zu begleiten. Dies bedarf der **Koordination** mit der Arbeit in der Beratung.

5. Ausblick

130 Das Paradigma des Vorrangs einvernehmlicher Regelungen im FamFG (insb. § 36 Abs. 1 Satz 2, § 156) und der frühen Terminierung zur Sondierung der Potenziale für eine Rückgewinnung der Selbststeuerungskompetenzen (§ 155 Abs. 2)[147] lassen eine **Zunahme der Nachfrage** nach Angeboten der Beratung und Mediation erwarten. Der Ausbau des Beratungs- und Mediationsangebots und deren Sicherung durch entsprechende Jugendhilfeplanung werden sicherlich häufig nicht zeitgleich mit der gestiegenen Nachfrage erfolgen können. In den ersten Jahren nach Inkrafttreten des FamFG wird die Geschwindigkeit der Umsetzung der Grundgedanken für das familiengerichtliche Verfahren auch durch die zur Verfügung stehenden Ressourcen (mit)bestimmt werden.

131 Die Beratungsdienste stehen vor der **Herausforderung**, sich der verpflichtenden Beratung zu öffnen, Konzepte für die Herstellung von zielführenden Arbeitsbündnissen im gerichtlich veranlassten Zwangskontext zu entwickeln, Formen der Rückkoppelung mit dem und Rückmeldung an das Gericht zu finden, wenn Beratung scheitert oder einvernehmliche Regelungen einem gerichtlich gebilligten Vergleich zugeführt werden können (§ 156 Abs. 2). Die Verhältnisse **im Dreieck zwischen FamG, JA und Beratungsstelle** bedürfen neuer Austarierung.

132 Dieser – im Verhältnis zwischen FamG, JÄ und Beratungsstellen sicher nicht immer konfliktfreie – Prozess des Ausbaus der Angebote und eines funktionalen auf- und miteinander abgestimmten Wechselspiels kann als Chance für eine **gemeinsame Entwicklung** unter Reflexion der jeweiligen Anforderungen und Bedürfnisse gestaltet werden. **Fallübergreifende Arbeitskreise** unter Beteiligung der Akteure im familiengerichtlichen Verfahren sind hierfür der prädestinierte Ort.

---

147 → § 155 Rn. 10 ff.

B. Allgemeiner Teil

Abschnitt 1
Allgemeine Vorschriften
(§ 1 – § 22a)

Vorbemerkung § 1

Das FGG-Reformgesetz sieht das Recht der freiwilligen Gerichtsbarkeit erstmals gemeinsam mit der Straf- und Zivilrechtspflege als **Teil der ordentlichen Gerichtsbarkeit** an. Die Vorschriften des GVG über die Öffentlichkeit des Verfahrens und z.B. die Entscheidung von Zuständigkeitsstreitigkeiten zwischen den allgemeinen Zivil- und den Familienabteilungen der Amtsgerichte sind unmittelbar anzuwenden.[1]

1

Das FamFG regelt in den §§ 1 bis 110 die allgemeinen **Vorschriften**, die dem Grundsatz nach für alle Verfahren der freiwilligen Gerichtsbarkeit gelten sollen. Geschaffen werden einheitliche Verfahrensvorschriften, einheitliche Regelungen für den einstweiligen Rechtsschutz, die Rechtsmittel, die Entscheidungsformen. In dem besonderen Teil wird auf diese allgemeinen Verfahrensvorschriften Bezug genommen.

2

Das Buch 1 enthält **9 Abschnitte**:

3

Abschnitt 1: Allgemeine Vorschriften §§ 1 bis 22;

Abschnitt 2: Verfahren im ersten Rechtszug §§ 23 bis 37;

Abschnitt 3: Beschluss §§ 38 bis 48;

Abschnitt 4: Einstweilige Anordnungen §§ 49 bis 57;

Abschnitt 5: Rechtsmittel §§ 58 bis 75;

Abschnitt 6: Verfahrenskostenhilfe §§ 76 bis 78;

Abschnitt 7: Kosten §§ 80 bis 85;

Abschnitt 8: Vollstreckung §§ 86 bis 96;

Abschnitt 9: Verfahren mit Auslandsbezug §§ 97 bis 110.

Der in diesen Vorschriften zum Ausdruck kommende Grundgedanke eines einheitlichen Verfahrensrechts für alle Familiensachen und die sonstigen Angelegenheiten der freiwilligen Gerichtsbarkeit konnte das Gesetz nicht durchgängig einhalten:

Auf die in § 112 definierten **Familienstreitverfahren** sowie auf die **Ehesachen** findet nach § 113 nur ein Teil der Vorschriften des Allgemeinen Teils Anwendung. Nicht anwendbar sind die §§ 2 bis 37, 40 bis 48 und 76 bis 96. Insoweit gelten die Vorschriften des allgemeinen Teils der ZPO und die Vorschriften der ZPO über das Verfahren vor den Landgerichten entsprechend. Damit ist die **Zweiteilung des Verfahrensrecht in Familiensachen** faktisch aufrechterhalten worden. Die Ehesachen und die Familien-

4

---

[1] BT-Drs. 16/6308, S. 165 ff.; Fölsch 2009, § 1 Rn. 31.

streitsachen wie Unterhalt, Zugewinnausgleich und sonstigen Familiensachen des § 266 nebst den entsprechenden Lebenspartnerschaftssachen unterliegen nach wie vor in der wesentlichen verfahrensrechtlichen Ausgestaltung dem Recht der Zivilprozessordnung. **Einheitlich** ist der Beschluss als Form der Entscheidung der einstweilige Rechtsschutz in Form der einstweiligen Anordnung und der Instanzenzug mit der Beschwerde als einheitlicher Rechtsbehelf gegen erstinstanzliche Endentscheidungen.

5 Der Allgemeine Teil des FamFG wird im Besonderen Teil für die jeweiligen Verfahrensarten konkretisiert und den Bedürfnissen des jeweiligen Verfahrensgegenstands angepasst. Fehlen besondere Regelungen etwa zur Person der Beteiligten oder z.B. zur Ausgestaltung des Verfahrens gelten **gesetzessystematisch** die Regelungen des Allgemeinen Teils.

§ 1 Anwendungsbereich

Dieses Gesetz gilt für das Verfahren in Familiensachen sowie in den Angelegenheiten der freiwilligen Gerichtsbarkeit, soweit sie durch Bundesgesetz den Gerichten zugewiesen sind.

Übersicht
I. Inhalt und Bedeutung der Norm 1
  1. Gesetzessystematischer Bezugsrahmen 1
  2. Bisherige Rechtslage 3
II. Anwendungsbereich des FamFG 4
  1. Verfahren in Familiensachen 4
  2. Verfahren in Angelegenheiten der freiwilligen Gerichtsbarkeit 5

I. Inhalt und Bedeutung der Norm

1. Gesetzessystematischer Bezugsrahmen

1 Mit § 1 beginnt der Allgemeine Teil (Buch 1) des Gesetzes über das Verfahren in Familiensachen und in den Angelegenheiten der freiwilligen Gerichtsbarkeit (FamFG). Die Vorschrift regelt – wie die Vorgängernorm des § 1 FGG – den **Anwendungsbereich des Gesetzes**. Es umfasst mit den Familiensachen und den Angelegenheiten der freiwilligen Gerichtsbarkeit alle Verfahren mit einem gesteigerten öffentlichen Interesse, das eine erhöhte gerichtliche Verantwortung für den Gang des Verfahrens begründet.[1]

2 Die freiwillige Gerichtsbarkeit ist **Teil der ordentlichen Gerichtsbarkeit**. Dies entsprach in Anwendung des FGG bereits allgemeiner Meinung[2] und ist für das FamFG durch die Neufassung des § 2 EGGVG, die das GVG auf alle Verfahren und nicht nur alle streitigen Verfahren der ordentlichen Gerichtsbarkeit für anwendbar erklärt, verdeutlicht worden.

---
1 BT-Drs. 16/6308, S. 163.
2 Keidel u.a./Schmidt § 1 FGG Rn. 1.

2. Bisherige Rechtslage

§ 1 FGG beschränkte den Anwendungsbereich des Gesetzes über die Angelegenheiten der freiwilligen Gerichtsbarkeit (**FGG**) auf diejenigen, die durch „Reichsgesetz" – jetzt Bundesgesetz – den Gerichten übertragen worden sind. Eine begriffliche Abgrenzung war weder vorhanden noch möglich.[3] Angelegenheiten der freiwilligen Gerichtsbarkeit waren solche, die dem Verfahren der freiwilligen Gerichtsbarkeit unterstellt waren.[4]

II. Anwendungsbereich des FamFG

1. Verfahren in Familiensachen

Das Familienverfahrensgesetz findet nach § 1 zunächst auf das Verfahren in sämtlichen Familiensachen Anwendung. Diese sind definiert in § 111 als

- Ehesachen
- Kindschaftssachen
- Abstammungssachen
- Adoptionssachen
- Ehewohnungssachen und Haushaltssachen
- Gewaltschutzsachen
- Versorgungsausgleichssachen
- Unterhaltssachen
- Güterrechtssachen
- Sonstige Familiensachen
- Lebenspartnerschaftssachen.

Damit erfasst das FamFG mit den Ehesachen, den Abstammungssachen, den Unterhaltssachen, Güterrechtssachen und Lebenspartnerschaftssachen auch die bislang in der ZPO geregelten Familiensachen. Durch das FamFG wird damit das **sechste Buch der ZPO** entbehrlich. Die in ihm enthaltenen Vorschriften der §§ 606 bis 661 ZPO werden folglich in Art. 29 des FGG-Reformgesetzes aufgehoben.

2. Verfahren in Angelegenheiten der freiwilligen Gerichtsbarkeit

Auch die Neufassung verzichtet auf eine Definition der Angelegenheiten der freiwilligen Gerichtsbarkeit. Es verbleibt bei einer Zuweisung durch Bundesgesetz oder auch durch ein Landesgesetz, das das FamFG für anwendbar erklärt.[5] **Angelegenheiten der freiwilligen Gerichtsbarkeit** sind damit auch freiheitsentziehende Unterbringungen nach den Landesgesetzen über die Unterbringung psychisch Kranker, da die Zuweisung durch § 151 Nr. 7, § 312 Nr. 3, also durch ein Bundesgesetz erfolgt.

---

3 Bumiller/Winkler § 1 FGG Rn. 3.
4 Keidel u.a./Schmidt § 1 FGG Rn. 3.
5 BT-Drs. 16/6308, S. 165.

Abschnitt 1 Allgemeine Vorschriften

6 Die Zuweisung geschieht wie nach bisheriger Rechtslage dadurch, dass[6]:

- ein Gesetz das Gericht für zuständig erklärt, eine bestimmte Aufgabe wahrzunehmen (z.B. § 8 HGB: Das Handelsregister wird von den Gerichten geführt);
- ein Verfahren ausdrücklich als Angelegenheit der freiwilligen Gerichtsbarkeit bezeichnet wird;
- der Gesetzgeber ausdrücklich festlegt, dass eine Angelegenheit im Verfahren der freiwilligen Gerichtsbarkeit zu behandeln ist.

§ 2 Örtliche Zuständigkeit

(1) Unter mehreren örtlich zuständigen Gerichten ist das Gericht zuständig, das zuerst mit der Angelegenheit befasst ist

(2) Die örtliche Zuständigkeit des Gerichts bleibt bei Veränderung der sie begründenden Umstände erhalten.

(3) Gerichtliche Handlungen sind nicht deswegen unwirksam, weil sie von einem örtlich unzuständigen Gericht vorgenommen worden sind.

I. Inhalt und Bedeutung der Norm

1 § 2 enthält **gesetzessystematisch** allgemeine und damit für alle Verfahren der freiwilligen Gerichtsbarkeit mit Ausnahme der Familienstreitsachen (§ 113) anwendbare Regelungen der örtlichen Zuständigkeit. Die **konkrete Bestimmung** der jeweiligen örtlichen Zuständigkeit findet sich in den besonderen Vorschriften für die einzelnen Angelegenheiten, und zwar in

- §§ 122 für Ehesachen,
- §§ 152 bis 154 für Kindschaftssachen,
- § 170 für Abstammungssachen,
- § 187 für Adoptionssachen,
- §§ 201, 202 für Ehewohnungs- und Haushaltssachen,
- § 211 für Gewaltschutzsachen,
- § 218 für Versorgungsausgleichssachen,
- §§ 232, 233 für Unterhaltssachen,
- §§ 262, 263 für Güterrechtssachen,
- §§ 267, 268 für sonstige Familiensachen,
- § 270 i.V.m. § 122 für Lebenspartnerschaftssachen.

2 § 4 FGG regelte nach **bisher geltendem Recht** die Fälle der mehrfachen örtlichen Zuständigkeit zugunsten des Gerichts, das als erstes in der Sache tätig geworden war,

---

6 Keidel u.a./Winkler § 1 FGG Rn. 3.

also eine Verfügung erlassen oder auch Erklärungen entgegengenommen hatte.[1] Bislang nicht ausdrücklich geregelt, wiewohl auch in Anwendung des FGG allgemein anerkannt,[2] war der nunmehr in Abs. 2 ausdrücklich normierte Grundsatz der perpetuatio fori. § 2 Abs. 3 entspricht hinsichtlich der örtlichen Unzuständigkeit der bisherigen Regelung des § 7 FGG.

II. Die örtliche Zuständigkeit

§ 2 Abs. 1 räumt bei mehreren örtlich zuständigen Gerichten nun demjenigen den Vorrang ein, das zuerst mit der Angelegenheit befasst war. Zuständigkeitsbestimmend ist somit bei Antragsverfahren der dokumentierte und nach außen deutlich erkennbare **Zeitpunkt des Eingangs bei Gericht**. Die gegenüber der Vorgängerregelung größere Transparenz gilt auch für amtswegige Verfahren. Hier kommt es auf den Zeitpunkt an, zu dem ein Gericht erstmals **Kenntnis von Umständen** erhalten hat, die es zur Durchführung eines Amtsverfahrens verpflichten. Dies wird zum Beispiel in Verfahren zur Entziehung der elterlichen Sorge der Eingang eines Jugendamtsberichts sein oder auch ein Aktenvermerk über ein geführtes Telefonat, eine Mitteilung der Staatsanwaltschaft nach Nr. 31 der Mistra.[3]

§ 2 Abs. 2 enthält den allgemeinen Grundsatz der **perpetuatio fori**: Nach dem in Absatz 1 genannten Zeitpunkt des erstmaligen Befasstseins mit der Sache bleibt die örtliche Zuständigkeit während der gesamten Dauer des Verfahrens unverändert, auch wenn sich die Umstände, die die Zuständigkeit begründet haben, ändern. Es bleibt also bei der Zuständigkeit des zunächst angerufenen Gerichts, wenn in Kindschaftssachen der gewöhnliche Aufenthalt des Kindes wechselt (§ 152 Abs. 2) oder in Adoptionsverfahren derjenige des Annehmenden (§ 187 Abs. 1) usw.

Eine **Abgabe an ein anderes Gericht** ist nur unter den Voraussetzungen des § 4 möglich, setzt also dessen Zustimmung voraus.

Nach § 2 Abs. 3 sind gerichtliche Handlungen nicht deshalb unwirksam, weil sie von einem örtlich unzuständigen Gericht vorgenommen wurden. Die Vorschrift definiert den Begriff der gerichtlichen Handlungen nicht. Wegen der Wortgleichheit mit der Vorgängernorm ist unter **gerichtlichen Handlungen** die Erledigung aller dem Gericht nach diesem Gesetz obliegenden Aufgaben zu verstehen.[4] Die bislang streitige Frage, ob wirksam auch diejenigen Erklärungen sind, die nicht das Gericht selbst vornimmt, sondern die ihm gegenüber abzugeben sind, klärt die Neufassung nicht. Sie wird praktisch z.B. in den Fällen einer Ausschlagung der Erbschaft nach § 1945 BGB. In familiengerichtlichen Verfahren hat sie keine Bedeutung, da sich die Tätigkeit des FamG anders als die des Nachlassgerichts nicht in der Entgegennahme von Erklärungen – z.B. Zustimmungserklärungen zur Annahme als Kind nach §§ 1747 ff. BGB – erschöpft. Das FamG wird stets positiv tätig – die Annahme als Kind wird z.B. durch einen Beschluss ausgesprochen –, so dass § 2 Abs. 3 direkt zur Anwendung kommt.[5]

---

[1] Keidel u.a./Sternal § 4 FGG Rn. 13.
[2] Bumiller/Winkler Einl Vorb § 3 FGG Rn. 2.
[3] Anordnung über Mitteilungen in Strafsachen vom 29.04.1998, BAnz Nr 99a.
[4] Bumiller/Winkler § 7 FGG Rn. 3; Keidel u.a./Zimmermann § 7 FGG Rn. 3.
[5] Zur Auslegung des bisherigen § 7 FGG siehe z.B. Bumiller/Winkler § 7 FGG Rn. 3; Keidel u.a./Zimmermann § 7 FGG Rn. 4 bis 7.

§ 3 Verweisung bei Unzuständigkeit

(1) Ist das angerufene Gericht örtlich oder sachlich unzuständig, hat es sich, sofern das zuständige Gericht bestimmt werden kann, durch Beschluss für unzuständig zu erklären und die Sache an das zuständige Gericht zu verweisen. Vor der Verweisung sind die Beteiligten zu hören.

(2) Sind mehrere Gerichte zuständig, ist die Sache an das vom Antragsteller gewählte Gericht zu verweisen. Unterbleibt die Wahl oder ist das Verfahren von Amts wegen eingeleitet worden, ist die Sache an das vom angerufenen Gericht bestimmte Gericht zu verweisen.

(3) Der Beschluss ist nicht anfechtbar. Er ist für das als zuständig bezeichnete Gericht bindend.

(4) Die im Verfahren vor dem angerufenen Gericht entstehenden Kosten sind als Teil der Kosten zu behandeln, die bei dem im Beschluss bezeichneten Gericht anfallen.

I. Inhalt und Bedeutung der Norm

1   Die Norm regelt das gerichtliche Verfahren in den Fällen der örtlichen und sachlichen Unzuständigkeit. Rechtsfolge der Anrufung eines unzuständigen Gerichts ist **gesetzessystematisch** naturgemäß die Unzulässigkeit des Antrags. Zur Vermeidung unnötiger Kosten und zur Verfahrensbeschleunigung sieht das FamFG wie die übrigen Verfahrensordnungen (z.B. § 281 ZPO; § 48 ArbGG) ein Verfahren zur Abgabe an das zuständige Gericht vor.

2   Das FGG enthielt keine dem § 3 entsprechende Vorschrift, sondern regelte in § 5 FGG allein die Bestimmung des zuständigen Gerichts bei Streit um die örtliche Zuständigkeit. Bei Zuständigkeitsstreitigkeiten aus anderem Grund wurde § 36 Nr. 6 ZPO für entsprechend anwendbar gehalten,[1] der wegen des Ausschlusses des § 5 FGG durch § 621a Abs. 1 Satz 2 ZPO in Familiensachen unmittelbar anzuwenden war. Die den Zuständigkeitsstreit auslösende Unzuständigkeitserklärung konnte ebenso wie die Abgabe an das für zuständig erachtete Gericht formlos erfolgen.[2]

II. Die Verweisung bei Unzuständigkeit

3   **Abs. 1 Satz 1** räumt dem angerufenen Gericht die Befugnis ein, sich durch Beschluss für unzuständig zu erklären und den Rechtsstreit an das für zuständig erachtete Gericht zu **verweisen**. Die Vorschrift entspricht dem § 17a GVG. Vergleichbare Regelungen finden sich in § 281 Abs. 1 ZPO, § 48 Abs. 1 ArbGG oder § 83 Satz 1 VwGO. § 3 gilt seinem ausdrücklichen Wortlaut nach nur für Fälle der örtlichen und sachlichen Unzuständigkeit. Für die Fälle der Unzulässigkeit des beschrittenen Rechtswegs – funktio-

---
1 BGH 08.06.1988 – I ARZ 388/88 = NJW 1988, 2739; OLG Köln 16.02.1995 – 21 WF 17/95 = FamRZ 1995, 1509.
2 Keidel u.a./Sternal § 5 FGG Rn. 15.

Nach **Abs. 1 Satz 2** ist vor einer Verweisung den Beteiligten **rechtliches Gehör** zu gewähren. Anzuhören sind allerdings nur die Beteiligten, die dem Gericht zum Zeitpunkt seiner Entscheidung bekannt sind.[4] Die Anhörung kann – wie es für § 17a GVG allgemeiner Auffassung entspricht[5] – schriftlich erfolgen.

Abs. 2 verpflichtet das Gericht in den Antragsverfahren, an das vom Antragsteller gewählte Gericht zu verweisen. Unterbleibt die **Wahl** oder handelt es sich – insoweit war der Besonderheit der freiwilligen Gerichtsbarkeit Rechnung zu tragen – um ein amtswegiges Verfahren, bestimmt das angegangene Gericht dasjenige, an das es verweist.

Aus Gründen der **Verfahrensbeschleunigung** sieht **Abs. 3** die Unanfechtbarkeit des verweisenden Beschlusses und seine Bindungswirkung für das als zuständig bezeichnete Gericht vor. Allerdings wird man dem Verweisungsbeschluss seine bindende Wirkung dann absprechen müssen, wenn der Verweisung jede rechtliche Grundlage fehlt, sie als objektiv willkürlich erscheint.[6] Nicht ausreichend ist – wie es allgemeiner Ansicht zu § 17a GVG[7] oder § 281 ZPO[8] entspricht – die nur fehlerhafte Verweisung. Diese muss vielmehr unter Beachtung des Art. 101 Abs. 1 Satz 2 GG nicht hinnehmbar sein.[9] Die Rechtsprechung verneint eine Bindungswirkung bei groben Rechtsfehlern, z.B. bei Verweisung an ein Gericht, das sich bereits für unzuständig erklärt hatte,[10] wenn sich das Gericht mit einer einhellig vertretenen gegenteiligen Ansicht nicht auseinandergesetzt hat[11] oder bei einer Häufung von Rechtsirrtümern.[12] Die Einzelheiten sind streitig.[13]

Abs. 4 bestimmt, dass der abgebende Beschluss keine **Kostenentscheidung** enthält. Die durch die Anrufung des unzuständigen Gerichts entstandenen Kosten können im Rahmen des § 81 durch die Endentscheidung der Partei auferlegt werden, die das unzuständige Gericht angerufen hat oder durch fehlerhafte Angabe eine Verfahrenseinleitung bei einem unzuständigen Gericht verursacht hat.

§ 4 Abgabe an ein anderes Gericht

Das Gericht kann die Sache aus wichtigem Grund an ein anderes Gericht abgeben, wenn sich dieses zur Übernahme der Sache bereit erklärt hat. Vor der Abgabe sollen die Beteiligten angehört werden.

---

3 BT-Drs. 16/6308, S. 165; → § 1 Rn. 1.
4 BT-Drs. 16/6308, S. 175.
5 Zöller/Gummer § 17a GVG Rn. 10.
6 BT-Drs. 16/6308, S. 175.
7 Zöller/Gummer § 17a GVG Rn. 13.
8 Zöller/Greger § 281 ZPO Rn. 17.
9 BGH 04.12.1991 – XII ARZ 29/91 = NJW-RR 1992, 383.
10 BGH 13.11.1996 – XII ARZ 17/96 = NJW 1997, 869.
11 KG 24.03.1999 – 28 AR 28/99 = KGR 2000, 68/6.
12 BGH 04.12.1991 – XII ARZ 29/91 = NJW-RR 1992, 383.
13 Vgl. Zöller/Greger § 282 ZPO Rn. 17 f.

I. Inhalt und Bedeutung der Norm

1 Die Vorschrift ist das Korrelat zu der in § 2 Abs. 2 geregelten perpetuatio fori. Sie trägt dem Umstand Rechnung, dass ein anderes als das ursprünglich angerufene Gericht infolge nachträglicher Veränderungen die größere räumliche Nähe zu den Beteiligten haben kann und daher eher in der Lage ist, den Sachverhalt aufzuklären und zu entscheiden.

2 **Vorbild der Neuregelung** ist § 46 FGG, der für Vormundschaftssachen und – über § 64 Abs. 3 FGG, § 621a Abs. 1 ZPO – für isolierte Familiensachen der freiwilligen Gerichtsbarkeit die Möglichkeit der nichtbindenden Abgabe an ein anderes als das ursprüngliche angerufene und zuständige Gericht vorsah. Voraussetzung war dabei das Vorliegen eines wichtigen Grundes, der regelmäßig z.B. in einem Aufenthaltswechsel der beteiligten Personen gesehen wurde.[1]

II. Die Abgabe an ein anderes Gericht

3 § 4 regelt nunmehr für alle Verfahren der freiwilligen Gerichtsbarkeit die Möglichkeit einer Abgabe an ein anderes Gericht trotz fortbestehender Zuständigkeit des Eingangs angerufenen Gerichts. Die Vorschrift unterscheidet sich von § 3, indem sie keine förmliche und bindende Verweisung, sondern eine formlose und damit gleichsam unverbindliche Abgabe vorsieht. Diese führt nach **Satz 1** zur Zuständigkeit des anderen Gerichts, wenn es sich zur **Übernahme der Sache** bereit erklärt, wenn also Einvernehmen zwischen den beteiligten Gerichten besteht. Voraussetzung für eine Abgabe ist das **Vorliegen eines wichtigen Grundes**. Dieser ist für Betreuungssachen in § 273 ausdrücklich geregelt und liegt regelmäßig vor, wenn sich der Aufenthaltsort des Betreuten geändert hat und die Aufgaben des Betreuers im Wesentlichen von dem neuen Aufenthaltsort aus zu erfüllen sind. Für die übrigen Verfahren der freiwilligen Gerichtsbarkeit und damit auch für die familiengerichtlichen Verfahren fehlt es an einer gesetzlichen Konkretisierung, so dass auf die zu § 46 FGG entwickelten Kriterien zurückzugreifen ist.[2] Danach haben in erster Linie die beteiligten Gerichte zu überprüfen, ob ein wichtiger Grund für eine Abgabe vorliegt. Er wird zu bejahen sein, wenn – z.B. in Kindschaftssachen – zum Wohle des Kindes eine leichtere und zweckmäßigere Führung des gerichtlichen Verfahrens bzw. der Vormundschaft oder Pflegschaft ermöglicht werden soll. Wenn das Interesse des Kindes nicht entgegensteht, sind auch die Interessen der übrigen beteiligten Personen und auch des JA als Amtsvormund zu berücksichtigen. Ohne Bedeutung bleibt dagegen das Interesse des abgebenden Gerichts, sich zu entlasten, oder des angerufenen Gerichts, eine Sache nicht übernehmen zu müssen.[3] Als **wichtiger Grund** angesehen worden ist daher ein Aufenthaltswechsel des Mündels und des Vormunds,[4] in Sorgerechtsverfahren ein Wohnsitzwechsel des das Kind betreuenden Elternteils mit dem Kind,[5] in Adoptionsverfahren, wenn der An-

---

[1] Bumiller/Winkler § 46 FGG Rn. 4; Keidel u.a./Engelhardt § 46 FGG Rn. 7.
[2] BT-Drs. 16/6308, S. 175.
[3] Bumiller/Winkler § 46 FGG Rn. 4; Keidel u.a./Engelhardt § 46 FGG Rn. 3.
[4] Keidel u.a./Engelhardt § 46 FGG Rn. 6; BayObLG 18.01.1993 – 1Z AR 1/93 = FamRZ 1994, 1187.
[5] Keidel u.a./Engelhardt § 46 FGG Rn. 6; BT-Drs. 16/6308, S. 176.

nehmende und das Kind ihren Wohnort in den Bezirk eines anderen Gerichts verlegen.[6]

Nach **Satz 2** sollen die Beteiligten vor der Abgabe gehört werden. Eine **Anhörung** ist daher weder zwingend erforderlich noch müssen – wie nach § 46 Abs. 1 Satz 1 letzter Halbs. – FGG-Betreuer, Vormund oder sonstige Beteiligte zustimmen. Damit soll die Abgabe möglichst wenig förmlich gestaltet werden. Dem Gericht soll es zudem ermöglicht werden, in besonders eiligen Fällen oder wenn die Anhörung zu einer erheblichen Verfahrensverzögerung führen würde, von dieser abzusehen. Gleiches gilt, wenn die Beteiligten, z.B. in Unterbringungssachen, nicht in der Lage sind, sich zu äußern.[7] Führt das Gericht eine Anhörung durch, haben die Beteiligten Gelegenheit, sich zum Vorliegen eines wichtigen Grundes zu äußern. Die Beteiligten haben darüber hinaus die Möglichkeit, im Beschwerdeverfahren auch die Rechtmäßigkeit der Abgabe prüfen zu lassen (§ 58 Abs. 2).[8]

4

§ 5 Gerichtliche Bestimmung der Zuständigkeit

(1) Das zuständige Gericht wird durch das nächsthöhere gemeinsame Gericht bestimmt:
1. wenn das an sich zuständige Gericht in einem einzelnen Fall an der Ausübung der Gerichtsbarkeit rechtlich oder tatsächlich gehindert ist,
2. wenn es mit Rücksicht auf die Grenzen verschiedener Gerichtsbezirke oder aus sonstigen tatsächlichen Gründen ungewiss ist, welches Gericht für das Verfahren zuständig ist,
3. wenn verschiedene Gerichte sich rechtskräftig für zuständig erklärt haben,
4. wenn verschiedene Gericht, von denen eines für das Verfahren zuständig ist, sich rechtskräftig für unzuständig erklärt haben,
5. wenn eine Abgabe aus wichtigem Grund (§ 4) erfolgen soll, die Gerichte sich jedoch nicht einigen können.

(2) Ist das nächsthöhere gemeinsame Gericht der Bundesgerichtshof, wird das zuständige Gericht durch das Oberlandesgericht bestimmt, zu dessen Bezirk das zunächst mit der Sache befasste Gericht gehört.

(3) Der Beschluss, der das zuständige Gericht bestimmt, ist nicht anfechtbar.

I. Inhalt und Bedeutung der Norm

§ 5 ergänzt die Vorschriften über die örtliche Zuständigkeit um Regelungen zur Bestimmung des örtlich zuständigen Gerichts. Dieser bedarf es, wenn aus tatsächlichen oder

1

---

6 BT-Drs. 16/6308, S. 176.
7 BT-Drs. 16/6308, S. 176.
8 BT-Drs. 16/6308, S. 176.

rechtlichen Gründen unklar ist, ob das angerufene oder ein anderes Gericht örtlich zuständig ist.

2 § 5 entspricht der **Vorgängernorm des § 5 FGG**, soweit er regelt, welches Gericht das örtlich zuständige Gericht bestimmt. Die Neuregelung geht allerdings über § 5 FGG hinaus und benennt – in Anlehnung an § 36 ZPO – enumerativ die Fälle, in denen eine Zuständigkeitsbestimmung erforderlich ist. § 5 findet Anwendung – ebenso wie zuvor § 5 FGG –, wenn Streit über die **örtliche Zuständigkeit** herrscht. Die §§ 17 bis 17b GVG, die auf die Fälle streitiger Rechtswegzuständigkeit oder funktioneller Zuständigkeit Anwendung finden, enthalten kein Bestimmungsverfahren. Die h.M. hat bislang § 36 Nr. 5 und 6 ZPO entsprechend angewendet, und zwar darüber hinausgehend auch in den Fällen, in denen unterschiedliche Gerichte der freiwilligen Gerichtsbarkeit um die Zuständigkeit streiten, wenn also unklar ist, ob eine Angelegenheit vor dem FamG oder dem VormG zu verhandeln ist.[1] Da § 5 Abs. 1 Nr. 3 und 4 den Vorschriften des § 36 Nr. 5 und 6 ZPO entsprechen, erscheint die Frage, welche Regelungen zur Anwendung kommen sollen, akademisch. Allerdings ist das FamFG das sachnähere Gesetz, so dass ihm der Vorrang gebühren sollte.

II. Die Bestimmung der örtlichen Zuständigkeit

3 Abs. 1 Nr. 1 regelt zunächst, dass das zuständige Gericht durch das gemeinsame nächsthöhere Gericht bestimmt wird. Ist das nächsthöhere gemeinsame Gericht der BGH, so erfolgt die Bestimmung nach Abs. 2 entsprechend der bisherigen Regelung des § 5 Abs. 1 Satz 1 Halbs. 2 FGG durch das OLG, zu dessen Bezirk das zunächst angerufene Gericht gehört. Das nächsthöhere ist nicht das gerichtsorganisatorisch, sondern das im Instanzenzug der jeweiligen Verfahrensart höhere Gericht, so dass für **Zuständigkeitsstreitigkeiten** in Familiensachen das OLG zuständigkeitsbestimmend ist. Der Begriff der erstmaligen Befassung entspricht dem des § 2 Abs. 1 und stellt damit auf den Eingang des Antrags oder die Kenntnisnahme der Umstände ab, die das Gericht verpflichten, ein Verfahren einzuleiten.[2] Die Zuständigkeitsbestimmung erfolgt nach Abs. 3 aus Gründen der Rechtssicherheit und der Verfahrensbeschleunigung durch einen unanfechtbaren Beschluss. Ebenso wie nach bisher geltendem Recht ist sowohl die bestimmende Entscheidung als auch diejenige, die eine Zuständigkeitsregelung ablehnt, nicht beschwerdefähig.[3]

4 Abs. 1 Nr. 1 bis 5 benennt die Fälle, in denen eine Bestimmung der Zuständigkeit erfolgt. Nach Abs. 1 Nr. 1 besteht Ungewissheit über die örtliche **Zuständigkeit bei tatsächlicher oder rechtlicher Verhinderung** des eigentlich zuständigen Gerichts. Rechtlich verhindert ist das zuständige Gericht, wenn sein einziger bzw. alle Familienrichter als befangen abgelehnt oder von der Ausübung des Richteramts ausgeschlossen sind. Eine tatsächliche Verhinderung ist gegeben in den Fällen des Ausscheidens, der Erkrankung oder auch einer urlaubsbedingten Abwesenheit. Erfasst ist auch ein Stillstand der Rechtspflege durch Krieg oder Naturereignisse.[4]

---

1 Keidel u.a./Sternal § 5 FGG Rn. 15.
2 BT-Drs. 16/6308, S. 176; → § 2 Rn. 3.
3 Keidel u.a./Sternal § 5 FGG Rn. 58; Bumiller/Winkler § 5 FGG Rn. 13 f.
4 Keidel u.a./Sternal § 5 FGG Rn. 32 und 33.

Abs. 1 Nr. 2 benennt konkrete Voraussetzungen für das Bestehen einer Ungewissheit über die örtliche Zuständigkeit.[5] Abs. 1 Nr. 2 Alt. 1 –wortgleich mit § 36 Abs. 1 Nr. 2 ZPO – erfasst die Fälle in denen zweifelhaft ist, in welchem Gerichtsbezirk der die Zuständigkeit begründende Ort liegt oder in denen die Grenzen der Gerichtsbezirke selbst unklar sind.[6] Sonstige tatsächliche Gründe i.S.d. Abs. 1 Nr. 2 Alt. 2 liegen vor, wenn die die Zuständigkeit bestimmenden Umstände unklar oder nicht aufklärbar sind. Die amtliche Begründung nennt ein außerhalb des Familienrechts liegendes Beispiel, nämlich die Unkenntnis über den Sterbeort des wohnsitzlosen Erblassers.[7]

Abs. 1 Nr. 3 sieht eine gerichtliche Bestimmung für den Fall des **positiven Kompetenzkonflikts**, Abs. 1 Nr. 4 für den Fall des **negativen Kompetenzkonflikts** vor. Beide waren als Anwendungsfälle des § 5 FGG anerkannt.[8] Sie setzen eine förmliche gerichtliche Entscheidung über die Zuständigkeit bzw. Unzuständigkeit nicht voraus. Es ist ausreichend, wenn die Gerichte ihre Rechtsauffassung in einer formlosen Stellungnahme äußern. Ein Antrag auf Bestimmung des zuständigen Gerichts ist ebenfalls nicht erforderlich.[9]

Abs. 1 Nr. 5 entspricht der bisherigen Regelung des § 46 Abs. 2 Satz 1 FGG und ermöglicht eine Bestimmung der Zuständigkeit, wenn das Gericht, an das ein anderes aus wichtigem Grund abgeben will (§ 4), die **Übernahme verweigert**. Das zur Bestimmung der Zuständigkeit angerufene Gericht hat abschließend die Frage zu klären, ob ein wichtiger Grund für eine Abgabe nach § 4 vorliegt. Zur Vorbereitung dieser Entscheidung ist das abgebende Gericht verpflichtet, den Sachverhalt aufzuklären und zu diesem Zweck das Gericht, an das abgegeben werden soll und – soweit erforderlich – die Beteiligten anzuhören.[10]

§ 6 Ausschließung und Ablehnung von Gerichtspersonen

(1) Für die Ausschließung und Ablehnung der Gerichtspersonen gelten die §§ 41 bis 49 der Zivilprozessordnung entsprechend. Ausgeschlossen ist auch, wer bei einem vorausgegangenen Verwaltungsverfahren mitgewirkt hat.

(2) Der Beschluss, durch den das Ablehnungsgesuch für unbegründet erklärt wird, ist mit der sofortigen Beschwerde in entsprechender Anwendung der §§ 567 bis 572 der Zivilprozessordnung anfechtbar.

I. Inhalt und Bedeutung der Norm

§ 6 verweist für den Ausschluss und die Ablehnung von Gerichtspersonen auf die ZPO. **Ähnliche Regelungen** finden sich in § 54 VwGO und auch in § 51 FGO, so dass das Gesetz auch hier zu einer Vereinheitlichung der Prozessordnungen beiträgt.[1]

---

5 BT-Drs. 16/6308, S. 176.
6 Zöller/Vollkommer § 36 ZPO Rn. 13.
7 BT-Drs. 16/6308, S. 176.
8 Keidel u.a./Sternal § 5 FGG Rn. 22 und 23.
9 Keidel u.a./Sternal § 5 FGG Rn. 23.
10 Keidel u.a./Engelhardt § 46 FGG Rn. 27; Bumiller/Winkler § 46 FGG Rn. 8.
1 BT-Drs. 16/6308, S. 176.

Abschnitt 1 Allgemeine Vorschriften

2 § 6 FGG regelte den Ausschluss eines Richters von der Ausübung des Richteramtes und – in Absatz 2 – das Recht des Richters, sich der Ausübung des Amts wegen Befangenheit zu enthalten. Die Möglichkeit der Beteiligten, einen Richter als befangen abzulehnen, war im FGG nicht geregelt, die Praxis hat die Gesetzeslücke durch eine entsprechende Anwendung der §§ 42 bis 48 ZPO geschlossen.[2] Insoweit ist daher durch die Neuregelung inhaltlich keine Änderung eingetreten, zumal die ZPO-Vorschriften aufgrund der Ersetzungsbestimmung des § 621a Abs. 1 Satz 2 ZPO für fG-Familiensachen bereits bisher galten.

II. Ausschließung und Ablehnung von Gerichtspersonen

3 § 6 spricht ausdrücklich von **Gerichtspersonen** und erfasst damit neben dem Richter auch ehrenamtliche Richter, Urkundsbeamte der Geschäftsstelle (§ 49 ZPO) und über § 10 RPflG auch Rechtspfleger.

4 Für deren **Ausschluss und Ablehnung** gelten durch die Verweisung **§§ 41 und 42 ZPO**. Diese erfassen die Fälle, in denen dem Richter (und den übrigen beteiligten Gerichtspersonen) entweder aufgrund bestimmter objektiver Tatsachen (§§ 41, 42 Abs. 1 ZPO) oder aufgrund seines Verhaltens (§ 42 Abs. 2 ZPO) die notwendige Neutralität und Distanz zu den übrigen Verfahrensbeteiligten oder dem Gegenstand des Verfahrens fehlt.[3]

5 § 41 ZPO geht über § 6 hinaus, in dem es einen Ausschluss auch in Fällen vorsieht, in denen der Richter mit einem Beteiligten in der Seitenlinie bis zum dritten Grad verwandt ist. Dabei wird der Grad der Verwandtschaft nach § 1589 Satz 2 BGB bestimmt durch die Anzahl der sie vermittelnden Geburten. Dementsprechend ist man mit seinen Eltern in gerader Linie im ersten Grad verwandt, mit den Großeltern im zweiten Grad usw. **Verwandtschaft** in der Seitenlinie besteht zu den Geschwistern (2. Grad) und den Eltern der Geschwister, also Onkeln oder Tanten (3. Grad). Schwägerschaft im zweiten Grad besteht zu den Geschwistern des Ehegatten und den Ehegatten der Geschwister.

6 § 41 Nr. 5 ZPO erfasst die Fälle, in denen der Richter über **privates Wissen** verfügt und beruht auf der Unvereinbarkeit von Richteramt und Zeugen/Sachverständigenstellung.[4] Ausgeschlossen ist darüber hinaus der Richter, der an einer früheren Entscheidung mitgewirkt und zwar auch dann, wenn die Mitwirkung an einem Verfahren der Verwaltung, auch Justizverwaltung, erfolgte und der Richter nun die Rechtmäßigkeit dieses Verwaltungshandelns überprüfen soll (Abs. 1 Satz 2). Hier verlangt der Grundsatz der Gewaltenteilung den Ausschluss des Richters."[5]

7 Der Ausschluss des Richters tritt **kraft Gesetzes** ein; eines besonderen Verfahrens bedarf es nicht. Wirkt er ungeachtet eines Ausschlussgrunds an einer Entscheidung mit, ist diese wirksam, aber anfechtbar. Dies war in § 7 FGG ausdrücklich geregelt und gilt nach allgemeiner Auffassung auch für die nun für anwendbar erklärten Regelungen

---

[2] Bumiller/Winkler § 6 FGG Rn. 17; Keidel u.a./Zimmermann § 6 FGG Rn. 39.
[3] BVerfG 08.02.1967 – 2 BvR 235/64 – BVerfGE 21, 139.
[4] Zöller/Vollkommer § 41 ZPO Rn. 11.
[5] BT-Drs. 16/6308, S. 177.

§ 6 Ausschließung und Ablehnung von Gerichtspersonen

der ZPO.[6] § 42 ZPO gibt den Verfahrensbeteiligten das Recht, einen Richter (oder eine sonstige Gerichtsperson) als befangen abzulehnen und zwar nach § 42 Abs. 1 ZPO einmal dann, wenn der Richter nach § 41 ZPO **von der Ausübung des Richteramtes ausgeschlossen** ist.

Darüber hinaus besteht nach § 42 Abs. 2 ZPO ein Ablehnungsrecht, wenn die **Besorgnis der Befangenheit** besteht. Befangenheit ist dabei Parteilichkeit und Voreingenommenheit. Sie ist definiert in § 1036 Abs. 2 ZPO: Die Besorgnis der Befangenheit besteht, „wenn Umstände vorliegen, die berechtigte Zweifel an der Unparteilichkeit und Unabhängigkeit aufkommen lassen". Solche Umstände können sich ergeben aus persönlichen Beziehungen des Richters zu einem Verfahrensbeteiligten, die – noch – nicht die Voraussetzungen des § 41 ZPO erfüllen. Diese persönlichen Beziehungen können auch zu einem Prozessvertreter einer Partei bestehen. Denkbar sind zudem Fälle der **Vorbefassung**. Die Besorgnis der Befangenheit kann sich schließlich – dies dürfte der häufigste Fall sein – aus dem **Verhalten des Richters** im Verfahren ergeben. Unsachliches und unangemessenes Verhalten gegen eine Partei, Behinderung der Rechte einer Partei oder auch unsachgemäße Verfahrensleitung sind einige Gründe, die bei den Verfahrensbeteiligten den Eindruck aufkommen lassen können, der Richter sei nicht unvoreingenommen. Zu Einzelheiten und zur umfänglichen Rechtsprechung und Literatur siehe die einschlägigen Kommentierungen zu § 42 ZPO. **8**

Das **Verfahren der Richterablehnung** ist in den §§ 43 bis 48 ZPO geregelt. Ein Verfahrensbeteiligter muss den Ablehnungsgrund **unmittelbar nach Kenntniserlangung geltend machen** (§ 43 ZPO). Lässt er sich dagegen auf den Richter ein, ist dessen Fehlverhalten geheilt. Als Einlassung wird man dabei im Verfahren der freiwilligen Gerichtsbarkeit, für das der Mündlichkeitsgrundsatz nicht gilt, neben Beiträgen in der mündlichen Verhandlung jeden zu den Akten gereichten Schriftsatz ansehen müssen.[7] **9**

§ 45 Abs. 1 ZPO hat wegen der grundsätzlich gegebenen erstinstanzlichen Zuständigkeit des AG in Familiensachen Bedeutung für **im Rechtsmittelverfahren** gestellte Befangenheitsanträge. Gericht i.S.d. § 45 Abs. 1 ZPO ist dabei der Spruchkörper, dem der abgelehnte Richter angehört.[8] Der abgelehnte Richter selbst bzw. der Spruchkörper unter seiner Beteiligung entscheidet über unzulässige Ablehnungsgesuche. Dies sind solche, durch die ein ganzes Gericht abgelehnt wird, die erkennbar grundlos oder rechtsmissbräuchlich, weil nur der Prozessverschleppung dienend sind.[9] **10**

Der Verweis auf § 46 Abs. 2 ZPO hat wegen der Fassung des § 6 Abs. 2 Bedeutung nur für § 46 Abs. 2 Halbs. 1 ZPO. Der Beschluss, durch den der Richter für befangen erklärt wird, bewirkt seinen **unmittelbaren Ausschluss**. Dieser gilt für das Verfahren, in dem er gestellt wurde, selbst wenn sich der Ablehnungsgrund auch für andere Verfahren bezieht.[10] **11**

§ 47 erlaubt dem abgelehnten Richter nur **unaufschiebbare Amtshandlungen,** also solche, die wegen ihrer Dringlichkeit nicht zurückgestellt werden können. Dies sind **12**

---

6 Zöller/Vollkommer § 41 ZPO Rn. 15 f.
7 Keidel u.a./Zimmermann § 6 FGG Rn. 61.
8 Zöller/Vollkommer § 45 ZPO Rn. 2.
9 Keidel u.a./Zimmermann § 6 FGG Rn. 67; Zöller/Vollkommer § 45 ZPO Rn. 4.
10 Zöller/Vollkommer § 56 ZPO Rn. 10.

z.B. Terminsaufhebung, u.U. auch einstweilige Anordnungen oder z.B. Zeugenvernehmungen, wenn der Zeuge z.B. auswandern möchte oder schwerkrank ist.[11]

13 Abs. 2 entspricht der Regelung des § 46 Abs. 2 Halbs. 2 ZPO. Das Befangenheitsgesuch ablehnende Entscheidungen sind mit der **sofortigen Beschwerde** der §§ 567 bis 572 ZPO angreifbar. Dieses Rechtsmittelverfahren ist besonders geeignet für die Anfechtung von Zwischen- und Nebenentscheidungen. Zur sofortigen Beschwerde → § 58 Rn. 13 ff.

§ 7 Beteiligte

(1) In Antragsverfahren ist der Antragsteller Beteiligter.

(2) Als Beteiligte sind heranzuziehen:

1. **Diejenigen, deren Recht durch das Verfahren unmittelbar betroffen wird;**
2. **Diejenigen, die aufgrund dieses oder eines anderen Gesetzes von Amts wegen oder auf Antrag zu beteiligen sind.**

(3) Das Gericht kann von Amts wegen oder auf Antrag weitere Personen als Beteiligte heranziehen, soweit dies in diesem oder einem anderen Gesetz vorgesehen ist.

(4) Diejenigen, die auf ihren Antrag als Beteiligte zu dem Verfahren heranzuziehen sind oder hinzugezogen werden können, sind von der Einleitung des Verfahrens zu benachrichtigen, soweit sie dem Gericht bekannt sind. Sie sind über ihr Antragsrecht zu belehren.

(5) Das Gericht entscheidet durch Beschluss, wenn es einem Antrag auf Hinzuziehung gemäß Absatz 2 oder Absatz 3 nicht entspricht. Der Beschluss ist mit der sofortigen Beschwerde in entsprechender Anwendung der §§ 567 bis 572 der Zivilprozessordnung anfechtbar.

(6) Wer anzuhören ist oder eine Auskunft zu erteilen hat, ohne dass die Voraussetzungen des Absatzes 2 oder Absatzes 3 vorliegen, wird dadurch nicht Beteiligter.

Übersicht

I. Inhalt und Bedeutung der Norm 1
   1. Gesetzessystematischer Zusammenhang 1
   2. Bisherige Rechtslage 3
II. Begriff der Beteiligten 4

---

11 Keidel u.a./Zimmermann § 6 FGG Rn. 66; Zöller/Vollkommer § 47 ZPO Rn. 3.

I. Inhalt und Bedeutung der Norm

1. Gesetzessystematischer Zusammenhang

§ 7 enthält eine der wesentlichen Neuerungen des Gesetzes und ein **Kernstück der Reform**, nämlich die Definition des Beteiligtenbegriffs.[1] Dieser ist durch die Neuregelung weitgehend von materiell-rechtlichen Anknüpfungspunkten befreit worden und stellt in erster Linie auf das formelle Recht ab.[2] Dementsprechend unterscheidet das Gesetz zwischen den Beteiligten kraft Gesetzes (§ 7 Abs. 1) und den Beteiligten kraft Heranziehung (§ 7 Abs. 2), wobei die Heranziehung obligatorisch oder fakultativ ist.

Die **Verfahrensrechte der Beteiligten** sind teilweise in § 7, teilweise in weiteren Vorschriften des FamFG geregelt. Beteiligte sind z.B. zu unterrichten (§ 7 Abs. 4), sie haben ein Recht zur Akteneinsicht (§ 13), Dokumente und Entscheidungen sind ihnen bekannt zu geben (§ 15). Sie haben Anhörungsrechte (§ 34) und z.T. die Befugnis, Rechtsmittel einzulegen (§§ 59, 60).

2. Bisherige Rechtslage

Das **FGG** verwendete zwar in verschiedenen Vorschriften (z.B. §§ 6, 9, 13, 13a, 41, 86 bis 89, 91 bis 97 FGG) den Begriff des Beteiligten, um, da das Gesetz den Parteibegriff nicht kannte, einen Mitwirkenden an einer Angelegenheit der freiwilligen Gerichtsbarkeit zu bezeichnen. Eine allgemeine Definition der an einem Verfahren Beteiligten oder zu Beteiligenden fehlte dagegen. Rechtsprechung und Literatur unterschieden zwischen Beteiligten im materiellen Sinne und im formellen oder prozessualen Sinne. Als erstere wurde diejenigen angesehen, deren Rechte und Pflichten durch die Regelung der jeweiligen Angelegenheit betroffen waren. Beispiele materiell-rechtlicher Beteiligung fanden sich in §§ 41, 86 bis 89 oder 91 bis 97 FGG. Beteiligt im formellen Sinn war jede Person, die aus einem sachlichen Grund an einem Verfahren teilnahm oder zu ihm hinzugezogen wurde.[3] An die formelle Beteiligung knüpften die Regelungen der §§ 9, 13 13a und 15 FGG an.[4]

II. Begriff der Beteiligten

Abs. 1 regelt die **Beteiligung des Antragsstellers** kraft Gesetzes. In Antragsverfahren ist derjenige beteiligt, der eine der Vorschrift des § 23 entsprechende Antragsschrift einreicht. Damit knüpft das Gesetz zunächst an einen formellen Akt. Der Antragsteller wird in der Regel aber durch die zu treffende Entscheidung in materiellen Rechten betroffen sein, so dass die Vorschrift Elemente des formellen und materiellen Beteiligtenbegriffs enthält.[5] Beteiligt ist der Antragsteller allerdings auch dann, wenn er ausnahmsweise nicht Inhaber eines materiellen Rechts ist, denn sein Antrag muss jedenfalls beschieden werden.[6]

---

1 So auch Borth FamRZ 2007, 1928; zur Entstehungsgeschichte und rechtspolitischen Bedeutung der Norm → Kap. Beteiligte Rn. 6 ff.
2 BT-Drucks. 16/6308, S. 178.
3 Keidel u.a./Zimmermann § 6 FGG Rn. 8; Bumiller/Winkler Vorb § 13 FGG Rn. 2, 3.
4 Keidel u.a./Zimmermann § 6 FGG Rn. 18; Bumiller/Winkler Vorb § 13 FGG Rn. 2, 3.
5 BT-Drs. 16/6308, S. 178.
6 BT-Drs. 16/6308, S. 178.

Abschnitt 1 Allgemeine Vorschriften

5 Abs. 2 und 3 umschreiben die **Beteiligten kraft Hinzuziehung**, also diejenigen, die durch eine Handlung des Gerichts zu Beteiligten werden. Abs. 2 regelt dabei diejenigen, die das Gericht hinzuziehen muss, Abs. 3 diejenigen, deren Hinzuziehung in das Ermessen des Gerichts gestellt ist. Entscheidend für die Frage, ob eine Person **Mussbeteiligter** oder **Kannbeteiligter** ist, ist der Grad der materiell-rechtlichen Betroffenheit. Diese Unterscheidung soll nach der Vorstellung des Gesetzgebers den Kreis der materiell Betroffenen möglichst umfassend einbeziehen, ohne das Gericht übermäßig zu belasten.[7]

6 Abs. 2 Nr. 1 definiert als Mussbeteiligten zunächst denjenigen, dessen Recht **durch das Verfahren unmittelbar betroffen** ist. Ausreichend, aber auch erforderlich ist dabei die abstrakte Möglichkeit einer Rechtsbeeinträchtigung.[8] Ob es tatsächlich zu einer rechtsbeeinträchtigenden Entscheidung kommt, ist ohne Bedeutung.[9] Durch das Merkmal der Unmittelbarkeit wird sichergestellt, dass nur derjenige zu beteiligen ist, dessen eigene subjektive Rechte, öffentlicher oder privatrechtlicher Art, betroffen sind. Die Beeinträchtigung ideeller, sozialer oder wirtschaftlicher Interessen ist nicht ausreichend.[10]

7 Abs. 2 Nr. 2 bezeichnet als zu Beteiligende diejenigen Personen, die **aufgrund einer ausdrücklichen gesetzlichen Regelung** hinzuziehen sind, und zwar von Amts wegen oder nur auf Antrag.

8 In den familiengerichtlichen Verfahren sind **von Amts wegen zu beteiligen**:
- Das Kind, die Mutter und der Vater in Abstammungsverfahren (§ 172);
- In Adoptionsverfahren z.B. der Annehmende und der Anzunehmende, derjenige, dessen Entscheidung durch das FamG ersetzt werden soll, teilweise auch die Eltern der Genannten (§ 188);
- In Ehewohnungssachen der Vermieter und derjenige, der hinsichtlich der Wohnung mit dem oder den Ehegatten in einer Rechtsgemeinschaft steht, also der Mitmieter (§ 204);
- In Versorgungsausgleichsverfahren die Versorgungsträger (§ 219).

9 **Behörden**, in familiengerichtlichen Verfahren also das JA, sind auf ihren Antrag zu beteiligen, z.B. § 162 Abs. 2, § 172 Abs. 2, § 188 Abs. 2, § 204 Abs. 2, § 212. Sie haben also ein Wahlrecht, ob sie lediglich von ihrem Mitwirkungsrecht Gebrauch machen oder als formell Beteiligte am Verfahren mitwirken wollen. Auf ihren Antrag hat das Gericht sie zu beteiligen, ein Ermessensspielraum besteht nicht. In Kindschaftssachen hat das JA allerdings ein uneingeschränktes Beschwerderecht, um zu verhindern, dass eine Verfahrensbeteiligung allein wegen der Möglichkeit, Beschwerde einzulegen, beantragt wird.[11]

10 Abs. 3 erfasst die sog. **„Kann-Beteiligten"**. Dieser Personenkreis wird nicht allgemein definiert. Hinzugezogen werden können vielmehr nur diejenigen, die das FamFG oder ein anderes Gesetz mit Bezug zur freiwilligen Gerichtsbarkeit ausdrücklich benennt. In familiengerichtlichen Verfahren ist hier allein die Gruppe der ideell Betroffenen ange-

---

7 BT-Drs. 16/6308, S. 178.
8 Kemper FamRB 2008, 347.
9 BT-Drs. 16/6308, S. 178.
10 Kemper FamRB 2008, 347, BT-Drs. 16/6308, S. 178.
11 BT-Drs. 16/6308, S. 179.

sprochen. Zu nennen sind die dem Betroffenen nahe stehenden Personen in Unterbringungsverfahren (§ 315 Abs. 4 [i.V.m. § 167 Abs. 1 Satz 1]). Diese sind nicht in eigenen Interessen berührt, haben aber aufgrund ihrer Beziehung zu dem Betroffenen ein ideelles Interesse an einer für diesen günstigen Entscheidung.[12] Das Gericht entscheidet – entweder von Amts wegen oder auf Antrag –, ob die förmliche Beteiligung der nahe stehenden Person sachgerecht und verfahrensfördernd ist. Die Verfahrensbeteiligung erfolgt ausschließlich im Interesse des unmittelbar Betroffenen, so dass dieses auch Maßstab für die gerichtliche Entscheidung ist. Ist fraglich, ob dieser die Beteiligung wünscht, hat das Gericht den Betroffenen hierzu ggf. anzuhören.[13]

Abs. 4 gewährt denjenigen, die auf ihren Antrag zu beteiligen sind oder beteiligt werden können, einen **Anspruch auf rechtliches Gehör**: Das Gericht hat sie von der Einleitung des Verfahrens zu unterrichten, was zweckmäßigerweise durch die Übersendung der Antragsschrift oder des verfahrenseinleitenden Schriftsatzes geschehen sollte. Es hat sie über ihr Antragsrecht zu belehren. Voraussetzung ist allerdings, dass die möglichen Beteiligten dem Gericht bekannt sind. Das Gericht ist also nicht gehalten, den Namen und die Anschrift unbekannter Rechtsinhaber zu ermitteln. Wünscht der Antragsteller ihre Beteiligung, hat er sie also zur Vermeidung eigener Nachteile mit Namen und ladungsfähiger Anschrift zu benennen. Ist die Person unter der genannten Anschrift nicht erreichbar, steht es dem Gericht frei, selbst Ermittlungen anzustellen oder diese dem Antragsteller aufzugeben.[14]

11

Abs. 5 sieht einen **gerichtlichen Beschluss** nur für den Fall vor, dass einem Antrag auf Hinzuziehung als Beteiligter nicht entsprochen wird. Die positive Entscheidung bedarf keiner Form, sondern kann konkludent z.B. dadurch erfolgen, dass der Beteiligte geladen wird, dass ihm Schriftstücke zugeleitet werden oder Ähnliches. Der die Hinzuziehung ablehnende Beschluss ist mit der sofortigen Beschwerde der §§ 567 bis 572 ZPO anzufechten,[15] die das FamFG allgemein für Zwischen- und Nebenentscheidungen heranzieht.[16]

12

Um den Kreis der Beteiligten nicht zu weit auszudehnen, stellt Abs. 6 klar, dass derjenige, der anzuhören ist oder eine **Auskunft** zu erteilen hat, nur heranzuziehen ist, wenn die Voraussetzungen des Abs. 2 oder 3 vorliegen. So haben bspw. Arbeitgeber oder Sozialleistungsträger in Unterhaltsverfahren nach § 236 Abs. 1 dem FamG Auskunft über die Einkünfte des Schuldners zu erteilen, ohne dass sie dadurch zu Beteiligten werden. Das **Jugendamt** wird Beteiligter nicht durch die in § 162 Abs. 1 geregelte Anhörungspflicht, sondern erst, wenn es einen Antrag nach § 162 Abs. 2 stellt.

13

---

12 Kemper FamRB 2008, 347.
13 BT-Drs. 16/6308, S. 179.
14 BT-Drs. 16/6308, S. 179.
15 Zur sofortigen Beschwerde → § 58 Rn. 13 ff.
16 BT-Drs. 16/6308, S. 179.

Abschnitt 1 Allgemeine Vorschriften

Übersicht

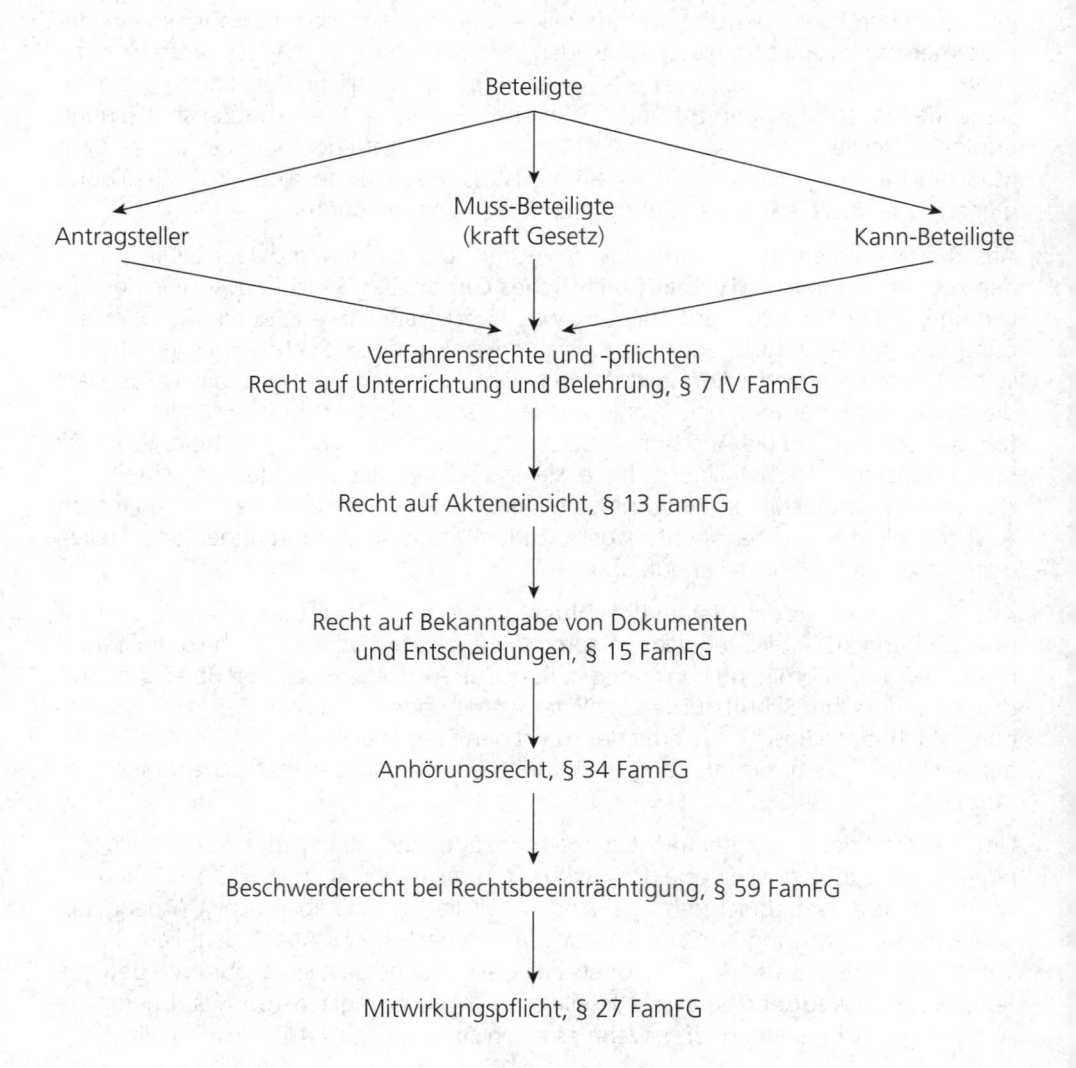

Beteiligte
- Antragsteller
- Muss-Beteiligte (kraft Gesetz)
- Kann-Beteiligte

↓

Verfahrensrechte und -pflichten
Recht auf Unterrichtung und Belehrung, § 7 IV FamFG

↓

Recht auf Akteneinsicht, § 13 FamFG

↓

Recht auf Bekanntgabe von Dokumenten und Entscheidungen, § 15 FamFG

↓

Anhörungsrecht, § 34 FamFG

↓

Beschwerderecht bei Rechtsbeeinträchtigung, § 59 FamFG

↓

Mitwirkungspflicht, § 27 FamFG

§ 8 Beteiligtenfähigkeit

Beteiligtenfähig sind

1. Natürliche und juristische Personen,
2. Vereinigungen, Personengruppen und Einrichtungen, soweit ihnen ein Recht zustehen kann,
3. Behörden.

Übersicht

I.	Inhalt und Bedeutung der Norm	1
	1. Gesetzessystematischer Bezugsrahmen	1
	2. Bisherige Rechtslage	2
II.	Beteiligtenfähigkeit	3

I. Inhalt und Bedeutung der Norm

1. Gesetzessystematischer Bezugsrahmen

Die Beteiligtenfähigkeit beschreibt die Fähigkeit, in Verfahren der freiwilligen Gerichtsbarkeit als Mitwirkender i.S.d. § 7 tätig zu werden. Sie entspricht der Parteifähigkeit des § 50 ZPO und ist angelehnt an die bürgerlich-rechtliche Rechtsfähigkeit, über die sie allerdings hinausgeht, in dem sie z.B. nicht rechtsfähige Vereine erfasst, denen das Gesetz die Beteiligtenfähigkeit zuspricht, sowie Behörden.

1

2. Bisherige Rechtslage

Die Beteiligtenfähigkeit ist im **FGG** nicht geregelt, gleichwohl entsprach es allgemeiner Ansicht, dass die Fähigkeit, sich an einem Verfahren der freiwilligen Gerichtsbarkeit zu beteiligen, von Amts wegen in Anlehnung an § 50 ZPO zu prüfen war.[1] Dabei wurde auch nicht rechtsfähigen Vereinen die Beteiligtenfähigkeit zuerkannt, wenn eine entsprechende gesetzliche Regelung vorhanden war. Gleiches galt für Behörden, die ein eigenes Antrags- oder Beschwerderecht hatten.[2]

2

II. Beteiligtenfähigkeit

§ 8 lehnt sich an § 61 VwGO an und regelt in Abs. 1 die Beteiligtenfähigkeit natürlicher und juristischer Personen. Abs. 2 eröffnet **Vereinigungen, Personengruppen und Einrichtungen** die Fähigkeit, sich an einem Verfahren der freiwilligen Gerichtsbarkeit zu beteiligen, soweit ihnen die Rechtsordnung Rechte zuspricht.[3] Sie sind also ebenso wie in Anwendung des FGG nicht grundsätzlich beteiligtenfähig, sondern nur dann, wenn eine ausdrückliche gesetzliche Regelung sie hierzu erklärt.

3

Behörden sind nach Nr. 3 unbeschränkt beteiligtenfähig.

4

---
1 Keidel u.a./Schmidt § 12 FGG Rn. 143.
2 Keidel u.a./Schmidt § 12 FGG Rn. 143.
3 BT-Drs. 16/6308, S. 180.

§ 9 Verfahrensfähigkeit

(1) Verfahrensfähig sind

1. die nach bürgerlichen Geschäftsfähigen,
2. die nach bürgerlichen Recht beschränkt Geschäftsfähigen, soweit sie für den Gegenstand des Verfahrens nach bürgerlichem Recht als geschäftsfähig anerkannt sind,
3. die nach bürgerlichem Recht beschränkt Geschäftsfähigen, soweit sie das 14. Lebensjahr vollendet haben und sie in einem Verfahren, das ihre Person betrifft, ein ihnen nach bürgerlichem Recht zustehendes Recht geltend machen,
4. diejenigen, die aufgrund dieses oder eines anderen Gesetzes dazu bestimmt werden.

(2) Soweit ein Geschäftsunfähiger oder in der Geschäftsfähigkeit Beschränkter nicht verfahrensfähig ist, handeln für ihn die nach bürgerlichem Recht dazu befugten Personen.

(3) Für Vereinigungen sowie für Behörden handeln ihre gesetzlichen Vertreter und Vorstände.

(4) Das Verschulden eines gesetzlichen Vertreters steht dem Verschulden eines Beteiligten gleich.

(5) Die §§ 53 bis 58 der Zivilprozessordnung gelten entsprechend.

Übersicht

I. Inhalt und Bedeutung der Norm 1
  1. Gesetzessystematischer Bezugsrahmen 1
  2. Bisherige Rechtslage 2
II. Verfahrensfähigkeit 3

I. Inhalt und Bedeutung der Norm

1. Gesetzessystematischer Bezugsrahmen

1 § 9 regelt die Fähigkeit der an einem Verfahren der freiwilligen Gerichtsbarkeit Beteiligten, persönlich oder durch einen von ihm gewählten Vertreter wirksam prozessuale Erklärungen abzugeben. Die Verfahrensfähigkeit setzt die Beteiligtenfähigkeit voraus. Ist der Handelnde nicht verfahrensfähig, so sind die von ihm abgegebenen Erklärungen, seine Prozesshandlungen unwirksam.

2. Bisherige Rechtslage

2 Das **FGG** kannte in seinem allgemeinen Teil keine Regelungen die Verfahrensfähigkeit betreffend. Nach allgemeiner Auffassung fanden die Regelungen des BGB über die Geschäftsfähigkeit, also die §§ 2 und 104 ff. BGB entsprechende Anwendung.[1] Son-

---

[1] Keidel u.a./Zimmermann § 13 FGG Rn. 32; Bumiller/Winkler Vorb § 13 FGG Rn. 13 f.

dervorschriften wie z.B. §§ 59, 63 oder 66 FGG sahen darüber hinaus die Verfahrensfähigkeit beschränkt Geschäftsfähiger oder Geschäftsunfähiger vor in Verfahren, die ihre Person betreffen.

II. Verfahrensfähigkeit

Abs. 1 Nr. 1 erklärt die **nach bürgerlichem Recht Geschäftsfähigen** für verfahrensfähig. Dies sind nach § 2 BGB Volljährige, die nicht nach § 104 Nr. 2 BGB geschäftsunfähig sind, die sich also nicht in einem die freie Willensbildung ausschließenden, der Natur nach nicht vorübergehenden Zustand krankhafter Störung der Geistestätigkeit befinden. Ob diejenigen, die unter Betreuung stehen, verfahrensunfähig sind, ist nach den Umständen des Einzelfalls zu entscheiden. Der **Abwesenheitspfleger** nach § 1911 BGB und der Pfleger für unbekannte Beteiligte nach § 1913 BGB sind für ihren Wirkungskreis gesetzliche Vertreter des oder der Betroffenen.[2] Dieser ist insoweit ebenso wie in den Fällen der Prozesspflegschaft nach § 57 ZPO als verfahrensunfähig anzusehen.[3]

3

Abs. 1 Nr. 2, der ebenso wie Abs. 1 Nr. 1 dem § 62 VwGO nachgebildet ist, regelt die Verfahrensfähigkeit beschränkt Geschäftsfähiger. Dies sind nach § 106 BGB Minderjährige, die das siebte Lebensjahr vollendet haben. Das bürgerliche Recht erkennt sie als geschäftsfähig an, soweit ihnen nach § 112 BGB der selbstständige Betrieb eines Erwerbsgeschäfts gestattet ist, für alle mit diesem Betrieb verbundenen Rechtsgeschäfte, und soweit sie nach § 113 BGB in einem Dienst- oder Arbeitsverhältnis stehen. Sie sind geschäftsfähig für alle Rechtsgeschäfte dieses Dienst- oder Arbeitsverhältnis betreffend. Im gleichen Umfang sind sie in Verfahren der freiwilligen Gerichtsbarkeit verfahrensfähig.

4

Das **über 14 Jahre alte Kind** ist in Kindschaftssachen anzuhören (§ 159). Es hat nach § 60 insoweit ein eigenes Beschwerderecht, Entscheidungen sind ihm bekannt zu machen (§ 164). Dieser verfahrensrechtlichen Stellung des über 14 Jahre alten Kindes trägt **Abs. 1 Nr. 3** Rechnung und erklärt es für verfahrensfähig in Angelegenheiten, die seine Person betreffen, soweit es ein ihm nach bürgerlichem Recht zustehendes Recht geltend macht. Voraussetzung für die Verfahrensfähigkeit des beschränkt geschäftsfähigen Minderjährigen ist also zunächst, dass das Verfahren **seine Person** betrifft. In Verfahren, die ganz oder überwiegend das Vermögen des Minderjährigen zum Gegenstand haben, kommt seine Verfahrensfähigkeit nicht in Betracht.[4] Darüber hinaus muss das Kind ein **konkretes subjektives Recht** geltend machen, z.B. das Widerspruchsrecht nach § 1671 Abs. 2 Nr. 1 BGB oder das Umgangsrecht des § 1684 BGB.[5] Letztlich muss das Recht **geltend gemacht** werden. Das Kind muss also aktiv am Verfahren teilnehmen, es muss ggf. auf eine gerichtliche Nachfrage hin deutlich machen, dass es umfänglich mitwirken will, etwa durch einen Antrag oder die Anregung, ein bestimmtes Verfahren von Amts wegen einzuleiten.[6]

5

---

2 BAG 13.04.1967 – 5 AZR 426/66 = NJW 1967, 1437.
3 BT-Drs. 16/6308, S. 180.
4 Heiter FamRZ 2009, 85 (87).
5 BT-Drs. 16/6308 und 16/9733, S. 352.
6 Heiter FamRZ 2009, 85 (87).

Abschnitt 1 Allgemeine Vorschriften

6 **Abs. 1 Nr. 4** erklärt diejenigen für verfahrensfähig, die dieses oder ein anderes Gesetz dazu bestimmt. Die Vorschrift erfasst z.B. die unter Betreuung Stehenden oder Untergebrachten, die die §§ 275, 316 (i.V.m. § 167 Abs. 1 Satz 1) für Betreuungs- und Unterbringungsverfahren für uneingeschränkt geschäftsfähig erklären.

7 Für Geschäftsunfähige und in ihrer Geschäftsfähigkeit Beschränkte, die gleichzeitig verfahrensunfähig sind, handelt nach **Abs. 2** der gesetzliche Vertreter, der durch die Vorschriften des bürgerlichen Rechts bestimmt wird. Für Kinder sind dies die Inhaber der elterlichen Sorge nach § 1629 BGB; für unter Betreuung stehende Geschäftsunfähige handelt der Betreuer (§ 1902 BGB).

8 Nach **Abs. 3** handeln für Behörden und Vereinigungen diejenigen, die kraft ihres Amtes mit der Vertretung betraut sind. Der Begriff der Vereinigung ist dabei wie in § 8 Nr. 2 weit zu verstehen und umfasst juristische Personen des privaten und öffentlichen Rechts, aber auch nicht rechtsfähige Vereinigungen.[7]

9 § 22 Abs. 2 Satz 2 FGG rechnete für die Fälle der Fristversäumung in Beschwerdeverfahren das Verschulden des gesetzlichen Vertreters dem Vertretenen zu. Diese Regelung generalisiert **Abs. 4** nun wie § 51 Abs. 2 ZPO und stellt für jegliche Verfahrenshandlung das Verschulden des Vertreters demjenigen des Vertretenen gleich. Die Vorschrift bezieht sich nicht auf den gewillkürten Vertreter. Für diesen gelten § 11 Satz 3; § 85 Abs. 2 ZPO.[8]

10 **Abs. 5** erklärt wie § 62 Abs. 4 VwGO die Vorschriften der §§ 53 bis 58 ZPO für entsprechend anwendbar:

11 § 53 ZPO trägt der betreuungsrechtlichen Besonderheit Rechnung, dass die Bestellung eines Betreuers nicht ohne weiteres Einfluss auf die Geschäftsfähigkeit des Betreuten hat. Tritt aber in einem Rechtsstreit der Betreuer für den Betreuten auf, verliert Letzterer seine Verfahrensfähigkeit.[9]

12 Nach Abs. 5 i.V.m. **§ 56 Abs. 1 ZPO** sind Mängel der Beteiligten- oder Verfahrensfähigkeit in jeder Lage des Verfahrens und in jeder Instanz **von Amts wegen zu prüfen**. Hegt das Gericht Zweifel am Vorliegen dieser Verfahrensvoraussetzungen, hat es auf sie hinzuweisen und ihnen nachzugehen. Ist eine Beweiserhebung erforderlich, gilt unabhängig von § 29 wegen der Verweisung auf § 56 ZPO der Grundsatz des Freibeweises. Das Gericht hat zur Ermittlung der Beteiligten- und Verfahrensfähigkeit alle ihm zur Verfügung stehenden Erkenntnisquellen heranzuziehen.[10] Ist eine Klärung nicht möglich, gelten ebenfalls über § 56 ZPO die Grundsätze der objektiven Beweislast. Derjenige, der aus den jeweiligen Verfahrensvoraussetzungen Rechte herleiten will, trägt die Beweislast für ihr Vorhandensein.[11] Dies gilt jedenfalls in den Familienstreitsachen des § 112, aber wohl auch in den übrigen Antragsverfahren. Die **Durchführung amtsweger Verfahren** kann das Gericht nicht von einer Klärung der Beteiligten- und Verfahrensfähigkeit abhängig machen, sondern hat volljährige Personen bis zum Nachweis des Gegenteils als verfahrensfähig zu behandeln.[12] Ist die Verfahrensfähigkeit selbst Gegenstand des Verfahrens, ist der Betroffene bis zur Klärung dieser Frage

---

7 BT-Drs. 16/6308, S. 180.
8 BT-Drs. 16/6308, S. 180.
9 Zöller/Vollkommer § 53 ZPO Rn. 5.
10 Zöller/Vollkommer § 56 ZPO Rn. 8; BGH 09.01.1996 – VI ZR 94/95 = NJW 1996, 1059 (1060).
11 Zöller/Vollkommer § 56 ZPO Rn. 9.
12 Bumiller/Winkler § 13 FGG Rn. 19.

als verfahrensfähig zu behandeln mit der Folge, dass er auch Rechtsmittel einlegen kann mit der Behauptung, er sei entgegen der Annahme des Gerichts verfahrensfähig.[13]

Abs. 5 i.V.m. **§ 56 Abs. 2 ZPO** ermöglichen auch für Verfahren der freiwilligen Gerichtsbarkeit die Möglichkeit der **Zulassung eines Beteiligten unter Vorbehalt**. 13

§ 57 ZPO war bereits unter Geltung des FGG anzuwenden und verpflichtet das Gericht, auf die Bestellung eines Vertreters für den nicht verfahrensfähigen Antragsgegner hinzuwirken oder die Bestellung selbst vorzunehmen,[14] weil nur so in ausreichendem Maße rechtliches Gehör gewährt werden kann. Die Vorschrift des **§ 58 ZPO** über die Bestellung eines Pflegers für ein herrenloses Grundstück oder Schiff ist in familiengerichtlichen Verfahren ohne Bedeutung. 14

§ 10 Bevollmächtigte

(1) Soweit eine Vertretung durch Rechtsanwälte nicht geboten ist, können die Beteiligten das Verfahren selbst betreiben.

(2) Die Beteiligten können sich durch einen Rechtsanwalt als Bevollmächtigten vertreten lassen. Darüber hinaus sind als Bevollmächtigte, soweit eine Vertretung durch Rechtsanwälte nicht geboten ist, vertretungsbefugt nur

1. Beschäftigte des Beteiligten oder eines mit ihm verbundenen Unternehmens (§ 15 des Aktiengesetzes); Behörden und juristische Personen des öffentlichen Rechts einschließlich der von ihnen zur Erfüllung ihrer öffentlichen Aufgaben gebildeten Zusammenschlüsse können sich auch durch Beschäftigte anderer Behörden oder juristischer Personen des öffentlichen Rechts einschließlich der von ihnen zur Erfüllung ihrer öffentlichen Aufgaben gebildeten Zusammenschlüsse, vertreten lassen;

2. volljährige Familienangehörige (§ 15 der Abgabenordnung, § 11 des Lebenspartnerschaftsgesetzes), Personen mit Befähigung zum Richteramt und die Beteiligten, wenn die Vertretung nicht im Zusammenhang mit einer entgeltlichen Tätigkeit steht;

3. Notare.

(3) Das Gericht weist Bevollmächtigte, die nicht nach Maßgabe des Absatzes 2 vertretungsbefugt sind, durch unanfechtbaren Beschluss zurück. Verfahrenshandlungen, die ein nicht vertretungsbefugter Bevollmächtigter bis zu seiner Zurückweisung vorgenommen hat, und Zustellungen oder Mitteilungen an diesen Bevollmächtigten sind wirksam. Das Gericht kann den in Absatz 2 Satz 2 Nr. 1 und 2 bezeichneten Bevollmächtigten durch unanfechtbaren Beschluss die weitere Vertretung untersagen, wenn sie nicht in der Lage sind, das Sach- und Streitverhältnis sachgerecht darzustellen.

---

13 Bumiller/Winkler § 13 FGG Rn. 19; Keidel u.a./Zimmermann § 13 FGG Rn. 44.
14 BGH 30.11.1988 – IVa ZB 26/88 = NJW 1989, 985.

Abschnitt 1 Allgemeine Vorschriften

(4) Vor dem Bundesgerichtshof müssen sich die Beteiligten, außer im Verfahren über die Ausschließung und Ablehnung von Gerichtspersonen und im Verfahren über die Verfahrenskostenhilfe, durch einen beim Bundesgerichtshof zugelassenen Rechtsanwalt vertreten lassen. Behörden und juristische Personen des öffentlichen Rechts einschließlich der von ihnen zur Erfüllung ihrer öffentlichen Aufgaben gebildeten Zusammenschlüsse können sich durch eigene Beschäftigte mit Befähigung zum Richteramt oder durch Beschäftigte mit Befähigung zum Richteramt anderer Behörden oder juristischer Personen des öffentlichen Rechts einschließlich der von ihnen zur Erfüllung ihrer öffentlichen Aufgaben gebildeten Zusammenschlüsse, vertreten lassen. Für die Beiordnung eines Notanwaltes gelten die §§ 78b und 78c der Zivilprozessordnung entsprechend.

(5) Richter dürfen nicht als Bevollmächtigte vor dem Gericht auftreten, dem sie angehören.

1 § 10 regelt, in welchem Umfang sich ein am Verfahren Beteiligter durch einen Verfahrensbevollmächtigten vertreten lassen kann, für welche Verfahren eine Vertretung durch Bevollmächtigte zu erfolgen hat und wer als solcher in Betracht kommt. Die Abs. 1 bis 3 und 5 entsprechen § 13 Abs. 1 bis 3 und 5 FGG in der Fassung des Gesetzes zur Neuregelung des Rechtsberatungsrechts vom 12.12.2007.[1] Eine Regelung der Vertretung vor dem BGH (Abs. 4) enthielt das FGG nicht.

2 Abs. 1 gibt den Verfahrensbeteiligten die Befugnis, das **Verfahren selbst zu betreiben**, wenn nicht – durch das FamFG oder ein anderes anwendbares Gesetz – die Vertretung durch Rechtsanwälte geboten ist. Die Verfahren der freiwilligen Gerichtsbarkeit unterliegen daher grundsätzlich nicht dem Anwaltszwang; jeder Verfahrensbeteiligte kann ohne Vertretung durch einen Rechtsanwalt Anträge stellen, schriftlich oder mündlich verhandeln und Beschwerde einlegen.

3 Dieser Grundsatz gilt allerdings in Familiensachen nur eingeschränkt: Nach **§ 114 Abs. 1** ist – von den Ausnahmen des § 114 Abs. 4 abgesehen – die Vertretung durch Rechtsanwälte geboten vor dem AG und dem OLG

- für die Ehegatten in Ehesachen und Folgesachen,
- für die Beteiligten in selbstständigen Familienstreitsachen, also in den Verfahren des § 112 (Unterhalts- und Güterrechtssachen sowie sonstige Familiensachen i.S.d. § 266 Abs. 1).[2]

Gleiches gilt nach §§ 270, 112 Nr. 2 und 3 für die entsprechenden Lebenspartnerschaftssachen.

4 Abs. 2 gibt den Beteiligten zunächst das – selbstverständliche – Recht, sich durch einen **Rechtsanwalt als Bevollmächtigten** vertreten zu lassen. Eine Vertretung durch die übrigen aufgezählten Personen kommt nur in Betracht, wenn eine Vertretung durch Rechtsanwälte nicht geboten ist, also kein Anwaltszwang besteht. Die Beteiligten können sich nach **Abs. 2 Nr. 1** durch eigene Beschäftigte oder Beschäftigte eines verbundenen Unternehmens, Behörden oder juristische Personen des öffentlichen Rechts, darüber hinaus durch Beschäftigte anderer Behörden, anderer juristischer Personen des

---

1 BGBl 2007 I, S. 2840 ff.
2 Wegen der Einzelheiten → § 114.

öffentlichen Rechts ihrer zur Erfüllung ihrer öffentlichen Aufgaben gebildeten Zusammenschlüsse vertreten lassen.

Abs. 2 Nr. 2 regelt die Fälle der sog. **unentgeltlichen Verfahrensvertretung** und definiert diese entsprechend § 6 RechtsdienstleistungsG als Vertretung, die nicht im Zusammenhang mit einer entgeltlichen Tätigkeit steht. Dabei ist unerheblich, ob die Vertretung einmalig oder wiederholt erfolgt.[3] Entscheidend ist vielmehr, ob der Vertreter für seine Tätigkeit einen Vermögensvorteil erhält, die Vertretung in Zusammenhang mit einer anderen beruflichen Tätigkeit des Vertreters anfällt oder die Mitgliedschaft in einer Vereinigung voraussetzt.[4] Die unentgeltliche Vertretung ist zulässig durch volljährige Familienangehörige und Personen mit der Befähigung zum Richteramt. Ein Richter als Bevollmächtigter eines Beteiligten darf allerdings nach Abs. 5 nicht vor dem Gericht auftreten, dem er angehört, damit die Unabhängigkeit und Unvoreingenommenheit des zuständigen Richters gewahrt und Interessenkollisionen vermieden werden.[5]

5

Zulässig ist darüber hinaus die **Vertretung eines Beteiligten durch einen anderen**, sofern sie nicht im Zusammenhang mit einer entgeltlichen Tätigkeit erfolgt. Eine möglicherweise gegebene Interessenkollision steht einer wirksamen Vertretung nicht ohne weiteres entgegen.[6] Allerdings findet die Vorschrift nach § 113 Abs. 1 keine Anwendung auf Ehesachen und Familienstreitsachen. Für diese gilt § 79 Abs. 2 Nr. 2 ZPO, der eine Vertretung nur durch Streitgenossen ermöglicht.

6

Nach Abs. 2 Nr. 3 sind **Notare** schlechthin zur Prozessvertretung befugt. Zu berücksichtigen sind aber die Einschränkungen, die sich aus der Bundesnotarordnung ergeben und dem Notar eine Vertretung vor Gericht nur innerhalb seiner Amtstätigkeit erlauben (§ 24 Abs. 1 BNotO).

7

Das Gericht hat nach Abs. 3 die **Voraussetzungen der Vertretungsbefugnis von Amts wegen zu prüfen**. Liegen sie nicht vor oder verbleiben Zweifel,[7] ist der Bevollmächtigte durch einen unanfechtbaren Beschluss zurückzuweisen. Der Beschluss ist konstitutiv, d.h., die bis dato entfaltete Tätigkeit bleibt wirksam. Auf gleiche Weise zurückgewiesen werden können auch die Vertreter, die zu einer sachgerechten Darstellung des Sach- und Streitstands nicht in der Lage sind.

8

Abs. 4 regelt, angeglichen an die Verfahrensordnungen des ArbGG, SGG, der VwGO und FGO, die Vertretung der Beteiligten vor dem BGH. Für diesen herrscht **Anwaltszwang**: Erforderlich ist eine Vertretung der Beteiligten durch einen beim BGH zugelassenen Rechtsanwalt. Eine Ausnahme gilt nur für **Behörden** und juristische Personen des öffentlichen Rechts und deren Zusammenschlüsse. Diese können sich durch eigene Beschäftigte, Beschäftigte der Aufsichtsbehörden oder des jeweiligen kommunalen Spitzenverbands **mit Befähigung zum Richteramt** vertreten lassen (§ 114 Abs. 3).[8] Findet ein Beteiligter keinen zu seiner Vertretung bereiten, beim BGH zugelassenen Rechtsanwalt, ist ihm auf seinen Antrag ein Notanwalt beizuordnen, wenn die Rechtsverfolgung nicht mutwillig oder aussichtslos erscheint. Insoweit gelten die §§ 78b und 78c ZPO entsprechend.

9

---

3 Zöller/Vollkommer § 79 ZPO Rn. 7.
4 Amtliche Begründung zu § 6 RDLG, BT-Drs. 16/3655, S. 57.
5 Zöller/Vollkommer § 79 ZPO Rn. 12.
6 Keidel u.a./Zimmermann § 13 FGG Rn. 12.
7 Zöller/Vollkommer § 79 ZPO Rn. 11.
8 Hierzu → § 114 Rn. 8.

§ 11 Verfahrensvollmacht

Die Vollmacht ist schriftlich zu den Gerichtsakten einzureichen. Sie kann nachgereicht werden; hierfür kann das Gericht eine Frist bestimmen. Der Mangel der Vollmacht kann in jeder Lage des Verfahrens geltend gemacht werden. Das Gericht hat den Mangel der Vollmacht von Amts wegen zu berücksichtigen, wenn nicht als Bevollmächtigter ein Rechtsanwalt oder Notar auftritt. Im Übrigen gelten die §§ 81 bis 87 und 89 der Zivilprozessordnung entsprechend.

1 § 11, der im Wesentlichen § 13 Abs. 5 FGG entspricht, verlangt von jedem Bevollmächtigten den schriftlichen Nachweis seiner Vollmacht. Sie kann zwar grundsätzlich auch mündlich erteilt werden, vorzulegen ist allerdings eine in deutscher Sprache abgefasste Originalurkunde bzw. eine öffentliche Beglaubigung derselben.[1] Eine Bezugnahme auf eine zu anderen Akten gereichte Vollmacht ist nicht genügend.[2] Die Vollmacht ist nicht zwingend zu Beginn des Verfahrens vorzulegen, sondern kann nachgereicht werden, ggf. innerhalb einer vom Gericht zu bestimmenden Frist. Der **Gegner** kann den Mangel der Vollmacht bis zum Ende des Verfahrens rügen; von Amts wegen ist er nur zu beachten, wenn als Vertreter kein Rechtsanwalt oder Notar auftritt.

2 Für **Umfang, Wirkung und Fortbestand der Vollmacht** verweist die Vorschrift auf die Regelungen der ZPO. Danach berechtigt die Vollmacht zur Vornahme aller in Betracht kommenden Verfahrenshandlungen (§ 81 ZPO) sowie zur Vertretung in Nebenverfahren, bspw. in Verfahren auf Erlass einer einstweiligen Anordnung (§ 82 ZPO). § 83 ZPO regelt die Beschränkungen der Verfahrensvollmacht. In den familiengerichtlichen Verfahren gilt über § 11 nur Abs. 2, der in Verfahren, die nicht dem Anwaltszwang unterliegen, eine Vollmacht für einzelne Verfahrenshandlungen für zulässig erklärt. § 83 Abs. 1 betrifft den Anwaltsprozess. Die Vorschrift gilt in Ehesachen und Familienstreitsachen über § 113 unmittelbar. Zulässig ist die Vertretung durch mehrere Bevollmächtigte (§ 84 ZPO). Die Verfahrenshandlungen des Bevollmächtigten wirken in gleicher Weise, als seien sie von dem Beteiligten selbst abgegeben worden. (§ 85 Abs. 1 ZPO). § 85 Abs. 2 ZPO stellt das Verschulden des Bevollmächtigten dem des Beteiligten gleich. Umfasst ist dabei – auch leicht – fahrlässiges und vorsätzliches Verhalten des Verfahrensbevollmächtigten. Dem Beteiligten nicht zugerechnet wird allerdings eine vorsätzliche sittenwidrige Schädigung durch den Verfahrensbevollmächtigten, der eine besonders leichtfertige Außerachtlassung der anwaltlichen Sorgfalt gleichsteht.[3] Maßstab für die Verschuldenszurechnung ist dabei die übliche, von einem ordentlichen Rechtsanwalt zu verlangende Sorgfalt. Die an ihn zu richtenden Anforderungen dürfen dabei nicht überspannt werden; erforderlich ist auch eine Differenzierung nach den verschiedenen Gruppen der in Betracht kommenden Bevollmächtigten.[4]

3 Zu den **Sorgfaltspflichten** der Verfahrensbevollmächtigten und ihrem **Verschulden**, das bei plötzlichen Erkrankungen und in physischen oder psychischen Ausnahmesituationen entfallen kann[5], hat sich eine umfangreiche Kasuistik insbesondere zur Behandlung von Fristen entwickelt, die erhebliche Anforderungen an die anwaltlichen Pflich-

---

1 Zöller/Vollkommer § 80 ZPO Rn. 8.
2 Zöller/Vollkommer § 80 ZPO, Rn. 8.
3 Zöller/Vollkommer § 85 ZPO Rn. 13.
4 Zöller/Vollkommer § 85 ZPO Rn. 13.
5 Zöller/Vollkommer § 85 ZPO Rn. 13a.

ten stellt.⁶ Die Verfahrensvollmacht wirkt nach § 86 ZPO über den Tod hinaus. Ihre Kündigung wirkt gegenüber den sonstigen Beteiligten erst, wenn das Erlöschen angezeigt worden ist (§ 87 Abs. 1 ZPO). Kündigt der Bevollmächtigte, kann er nach § 87 Abs. 2 ZPO für den Vollmachtgeber weiter handeln, bis dieser in anderer Weise für die Wahrnehmung seiner Rechte Sorge getragen hat.

§ 89 ZPO regelt schließlich die **Folgen vollmachtloser Vertretung** mit der Möglichkeit einstweiliger Zulassung zur Verfahrensführung. Nach Abs. 2 muss der Beteiligte die Verfahrensführung durch den Bevollmächtigten gegen sich gelten lassen, wenn er die Vollmacht mündlich erteilt oder die Führung des Verfahrens genehmigt hat.

4

§ 12 Beistand

Im Termin können die Beteiligten mit Beiständen erscheinen. Beistand kann sein, wer in Verfahren, in denen die Beteiligten das Verfahren selbst betreiben können, als Bevollmächtigter zur Vertretung befugt ist. Das Gericht kann andere Personen als Beistand zulassen, wenn dies sachdienlich ist und hierfür nach den Umständen des Einzelfalls ein Bedürfnis besteht. § 10 Abs. 3 Satz 1 und 3 und Abs. 5 gilt entsprechend. Das von dem Beistand Vorgetragene gilt als von dem Beteiligten vorgebracht, soweit es nicht von diesem sofort widerrufen oder berichtigt wird.

Die Vorschrift regelt die **Befugnis** der Beteiligten, sich zur Unterstützung eines Beistands zu bedienen. Sie entspricht nahezu wortgleich der Vorgängernorm des § 13 Abs. 6 FGG, präzisiert diese aber dadurch, dass sie ausdrücklich von einem Erscheinen im Termin spricht. Durch diese Formulierung wird die in der Sache unverändert gebliebene verfahrensrechtliche Stellung des Beistands verdeutlicht: Dieser unterstützt den Beteiligten (§ 7) bei der Terminswahrnehmung. Er tritt nicht wie ein Bevollmächtigter an seine Stelle, sondern neben ihn.¹ Die Anwesenheit des Beteiligten bleibt also erforderlich, ohne sie verliert der Beistand seine Legitimation.²

1

Als Beistand auftreten können alle diejenigen, die nach § 10 Abs. 2 Satz 2 in den nicht dem Anwaltszwang unterliegenden Verfahren als Bevollmächtigter handeln können. Personen, die nicht unter die genannte Vorschrift fallen, kann das Gericht als Beistand zulassen, wenn es sachdienlich ist und im Einzelfall ein Bedürfnis besteht. Zu denken ist hier z.B. an Personen, die einen Beteiligten aus freundschaftlicher Verbundenheit unterstützen wollen oder weil sie mit ihm verwandt sind, ohne dass sie die Eigenschaft eines Familienangehörigen erfüllen.³ Über die Zulassung eines Beistands entscheidet das Gericht **durch unanfechtbaren Beschluss** (§ 10 Abs.1 Satz 1). Beistände, die nicht in der Lage sind, das Sach- und Streitverhältnis sachgerecht darzustellen, kann das Gericht zurückweisen (§ 10 Abs. 3 Satz 3). Ein Richter kann als Beistand nicht vor dem Gericht auftreten, dem er angehört (§ 10 Abs. 5).

2

---

6 Im Einzelnen Zöller/Vollkommer § 85 ZPO Rn. 14 f.
1 Bumiller/Winkler § 13 FGG Rn. 2; Keidel u.a./Zimmermann § 13 FGG Rn. 2.
2 Keidel u.a./Zimmermann § 13 FGG Rn. 2.
3 Zöller/Vollkommer § 90 ZPO Rn. 4.

3 Satz 3 regelt die **Rechtsfolgen einer zulässigen Beistandschaft**: Der Beistand kann die Prozesshandlungen vornehmen und Erklärungen abgeben, zu denen die mündliche Verhandlung Veranlassung gibt.[4] Sie haben dieselbe Wirkung wie bei Abgabe durch den Beteiligten selbst. Dieser bleibt aber Herr des Verfahrens: Widerruft oder berichtigt er die Erklärungen seines Beistands, verlieren sie ihre Wirksamkeit. Es gilt das vom Beteiligten Vorgebrachte.

§ 13 Akteneinsicht

(1) Die Beteiligten können die Gerichtsakten auf der Geschäftsstelle einsehen, soweit nicht schwerwiegende Interessen eines Beteiligten oder eines Dritten entgegenstehen.

(2) Personen, die an dem Verfahren nicht beteiligt sind, kann Einsicht nur gestattet werden, soweit sie ein berechtigtes Interesse glaubhaft machen und schutzwürdige Interessen eines Beteiligten oder eines Dritten nicht entgegenstehen. Die Einsicht ist zu versagen, wenn ein Fall des § 1758 des Bürgerlichen Gesetzbuchs vorliegt.

(3) Soweit Akteneinsicht gewährt wird, können die Berechtigten sich auf ihre Kosten durch die Geschäftsstelle Ausfertigungen, Auszüge und Abschriften erteilen lassen. Die Abschrift ist auf Verlangen zu beglaubigen.

(4) Einem Rechtsanwalt, einem Notar oder einer beteiligten Behörde kann das Gericht die Akten in die Amts- oder Geschäftsräume überlassen. Ein Recht auf Überlassung von Beweisstücken in die Amts- oder Geschäftsräume besteht nicht. Die Entscheidung nach Satz 1 ist nicht anfechtbar.

(5) Werden die Gerichtsakten elektronisch geführt, gilt § 299 Abs. 3 der Zivilprozessordnung entsprechend. Der elektronische Zugriff nach § 299 Abs. 3 Satz 2 und 3 der Zivilprozessordnung kann auch dem Notar oder der beteiligten Behörde gestattet werden.

(6) Die Entwürfe zu Beschlüssen und Verfügungen, die zu ihrer Vorbereitung gelieferten Arbeiten sowie die Dokumente, die Abstimmungen betreffen, werden weder vorgelegt noch abschriftlich mitgeteilt.

(7) Über die Akteneinsicht entscheidet das Gericht, bei Kollegialgerichten der Vorsitzende.

Übersicht

I. Inhalt und Bedeutung der Norm	1
II. Recht zur Akteneinsicht	2
1. Voraussetzungen und Gegenstand der Akteneinsicht	2
2. Modalitäten der Akteneinsicht	8

---

[4] Keidel u.a./Zimmermann § 13 FGG Rn. 2; Zöller/Vollkommer § 90 ZPO Rn. 4.

§ 13 Akteneinsicht

I. Inhalt und Bedeutung der Norm

Die Vorschrift regelt für alle Verfahren der freiwilligen Gerichtsbarkeit, die nicht den Regelungen der ZPO unterliegen (§ 113), einheitlich das Recht eines am Verfahren Beteiligten und jedes Dritten zur Einsichtnahme in die Gerichtsakten. Sie ersetzt den bisherigen § 34 FGG, geht aber über diesen hinaus, in dem sie das sich bereits aus Art. 103 Abs. 1 GG ergebende Recht der Beteiligten auf Einsichtnahme in die Verfahrensakten kodifiziert. In den Abs. 4 bis 7 wird die Durchführung der Akteneinsicht, auch bei Führung elektronischer Gerichtsakten, im Einzelnen neu geregelt.

1

II. Recht zur Akteneinsicht

1. Voraussetzungen und Gegenstand der Akteneinsicht

Abs. 1 räumt zunächst den Verfahrensbeteiligten (§ 7) das **selbstverständliche Recht auf Einsicht in ihre Verfahrensakten** ein. Dieses entspricht ihrem Anspruch auf rechtliches Gehör und ist wie nach bisheriger Rechtslage[1] nicht von der Glaubhaftmachung eines berechtigten Interesses abhängig. Das Recht zur Akteneinsicht gilt allerdings **nicht uneingeschränkt**. Es kann ausgeschlossen oder eingeschränkt werden, wenn schwerwiegende Interessen eines Beteiligten oder eines Dritten entgegenstehen. Diese Interessen müssen so schwerwiegend sein, dass das Recht auf uneingeschränkte Akteneinsicht demgegenüber zurückzutreten hat.[2] Zu denken ist dabei an psychiatrische Gutachten, deren Kenntnis den betroffenen Beteiligten gefährden könnte. In Fällen häuslicher Gewalt kann die Notwendigkeit bestehen, die aktuelle Wohnanschrift des Opfers geheim zu halten.[3] Wird die Akteneinsicht wegen vorrangiger Drittinteressen eingeschränkt oder verweigert, hat der Betroffene einen Anspruch darauf, dass ihm der Akteninhalt in geeigneter Form bekanntgegeben wird. Lässt der Zweck der Versagung auch dies nicht in einer dem Anspruch auf rechtliches Gehör genügenden Weise zu, dürfen die Erkenntnisse aus den entsprechenden Unterlagen nicht zur Entscheidungsfindung verwertet werden.[4]

2

Das Recht zur Akteneinsicht erstreckt sich auf die vom Gericht **selbst geführten Akten** sowie auf die von ihm in Zusammenhang mit dem betreffenden Rechtsstreit **beigezogenen Akten und Unterlagen**.[5] Zu beachten ist allerdings, dass über die Einsicht in beigezogene Akten die aktenführende Stelle nach den maßgebenden Vorschriften zu entscheiden hat.[6] Das Gericht hat also, wenn Einsichtnahme auch in die beigezogene Akte verlangt wird, das auswärtige Gericht oder die Verwaltungsbehörde um Genehmigung nachzusuchen. Wird sie verweigert, darf Akteneinsicht nicht gewährt, die beigezogene Akte allerdings auch nicht für die Entscheidung herangezogen werden.[7] Das Recht zur Akteneinsicht umfasst nach **Abs. 6** ausdrücklich nicht Ent-

3

---
1 Keidel u.a./Kahl § 34 FGG Rn. 1.
2 BT-Drs. 16/6308, S. 181.
3 BT-Drs. 16/6308, S. 181.
4 BT-Drs. 16/6308, S. 181.
5 BT-Drs. 16/6308, S. 181.
6 Keidel u.a./Kahl § 34 FGG Rn. 11; Zöller/Greger § 299 ZPO Rn. 3.
7 BVerfG 14.12.1982 – 2 BvR 434/82 = E 62, 392 (396); Keidel u.a./Kahl § 34 FGG Rn. 11.

würfe zu Beschlüssen und Verfügungen sowie vorbereitende und die Abstimmung in einem Kollegialgericht betreffende Dokumente.

4 **Ort der Akteneinsicht** ist die Geschäftsstelle.

5 Abs. 2 regelt das Recht nicht am Verfahren beteiligter Dritter auf Akteneinsicht und gewährt es entsprechend der bisherigen Rechtslage nur, wenn sie ein **berechtigtes Interesse** glaubhaft machen. Der Begriff geht weiter als das für eine Akteneinsicht nach § 299 Abs. 2 ZPO erforderlich rechtliche Interesse. Für seine Annahme genügt jedes vernünftige, durch die Sachlage gerechtfertigte Interesse, auch wenn es nur tatsächlicher Art ist und nicht auf bereits vorhandenen Rechten beruht. Es muss sich nicht auf den Gegenstand des Verfahrens beziehen, das Inhalt der Akten ist. Ausreichend ist, wenn ein künftiges Verhalten des die Einsicht Begehrenden durch die Kenntnis des Akteninhalts beeinflusst werden kann.[8] Nicht berechtigt ist ein Interesse, das lediglich darauf gerichtet ist, einzelne in den Akten möglicherweise enthaltene Fakten zu erfahren.[9] Dementsprechend ist das Recht eines gewerblichen Erbensuchers auf Einsicht in die Nachlassakte verneint worden.[10] Den Eltern, denen die elterliche Sorge entzogen wurde, ist dagegen Akteneinsicht in die Vormundschaftsakten gewährt worden, um Kenntnis über die Lebensumstände ihres Kindes zu erlangen.[11]

6 Voraussetzung für die Akteneinsicht durch einen Dritten ist des Weiteren, dass **schutzwürdige Interessen eines Beteiligten oder Dritten** nicht entgegenstehen. Da der antragstellende Dritte anders als der am Verfahren Beteiligte kein grundgesetzlich geschütztes Recht auf Akteneinsicht hat, kann nicht nur ein schwerwiegendes, sondern jedes schutzwürdige Interesse der Akteneinsicht entgegenstehen. Es hat also eine Abwägung stattzufinden zwischen den Belangen des Antragstellers und des durch die Akteneinsicht Betroffenen.

7 Der Akteneinsicht entgegen steht nach Abs. 2 Satz 2 der in § 1758 BGB festgeschriebene **Schutz des Adoptionsgeheimnisses.**

2. Modalitäten der Akteneinsicht

8 Nach Abs. 3 umfasst das Recht auf Akteneinsicht die Verpflichtung des Gerichts, den Berechtigten **kostenpflichtig Ausfertigungen, Auszüge und Abschriften** zu erstellen. Diese sind nach Satz 2 auf Verlangen zu beglaubigen. Die dem bisherigen § 78 Abs. 2 FGG entsprechende Regelung macht damit eine gesonderte Vorschrift für die Beglaubigung von Abschriften bei der Einsichtnahme in Nachlassakten entbehrlich.[12]

9 Rechtsanwälte, Notare und beteiligte Behörden werden nach Abs. 4 regelmäßig als zuverlässig angesehen. Ihnen kann das Gericht daher die Akten zur Einsicht in die **Amts- oder Geschäftsräume** überlassen. Zurückweisen wird es den Überlassungsantrag, wenn es durch konkrete Tatsachen begründete Bedenken gegen die Zuverlässigkeit des Antragstellers hat oder die Akte auch kurzfristig nicht entbehren kann.[13] Ein Anspruch auf Überlassung von Beweisstücken besteht wegen der mit einem Verlust ver-

---

[8] BGH 21.09.1993 – X ZB 31/92 = NJW-RR 1994, 381 (382); BayObLG 30.10.1997 – 1Z BR 166/97 = FamRZ 1998, 638 f.; Keidel u.a./Kahl § 34 FGG Rn. 13; Bumiller/Winkler § 34 FGG Rn. 5.
[9] OLG Hamm 22.11.1996 – 30 U 55/96 = NJW-RR 1997, 1489; LG Berlin 14.05.2004 – 87 T 105/04 = FamRZ 2005, 634 f.
[10] LG Berlin 14.05.2004 – 87 T 105/04 = FamRZ 2005, 634 f.
[11] OLG Köln 17.07.1997 – 16 Wx 127/97 = RPfleger 1998, 21.
[12] BT-Drs. 16/6308, S. 182.
[13] BT-Drs. 16/6308, S. 182.

bundenen schwerwiegenden Folgen nicht. Zur Verfahrensbeschleunigung und zur Vermeidung von Zwischenstreitigkeiten entscheidet das Gericht nach Abs. 4 Satz 3 über den Antrag auf Überlassung der Akten durch einen **unanfechtbaren Beschluss.**

Abs. 5 verweist für den Fall der **elektronischen Aktenführung** auf § 299 Abs. 3 ZPO. Danach erfolgt die Akteneinsicht durch die Geschäftsstelle im Wege der Erteilung eines Aktenausdrucks, durch Wiedergabe auf einem Bildschirm oder durch Übermittlung eines elektronischen Dokuments. Rechtsanwälten kann darüber hinaus durch den Richter der elektronische Zugriff auf den Akteninhalt gestattet werden. In Erweiterung dieser Vorschrift ist dieser elektronische Zugriff auch einem Notar oder einer beteiligten Behörde zu gewähren, da diese (siehe Abs. 4) in gleicher Weise wie ein Rechtsanwalt als besonders zuverlässig gelten, die Gefahr eines Missbrauchs also als zu vernachlässigend erscheint.

Über den Antrag auf Akteneinsicht entscheidet nach Abs. 7 das Gericht, bei dem das jeweilige Verfahren geführt wird. Die funktionelle **Zuständigkeit** richtet sich nach den für das jeweilige Geschäft geltenden Vorschriften, z.B. nach § 3 RPflG.[14]

Rechtsmittel gegen ablehnende Entscheidungen erwähnt die Vorschrift nicht. Entscheidet der Richter über einen Antrag auf Akteneinsicht durch einen Verfahrensbeteiligten, ist ein Rechtsmittel abweichend von der bisherigen Rechtslage[15] nicht statthaft. Es handelt sich um eine der Endentscheidung vorausgehende Zwischenentscheidung, die wegen § 58 Abs. 2 nur dann selbstständig anfechtbar ist, wenn das Gesetz eine Anfechtung ausdrücklich zulässt.[16] Hieran fehlt es, sodass der Verfahrensbeteiligte nur mit einer Beschwerde gegen die Endentscheidung eine rechtsfehlerhafte Gewährung oder Verweigerung der Akteneinsicht rügen kann. Voraussetzung wird allerdings regelmäßig sein, dass die angegriffene Entscheidung auf der fehlerhaften Behandlung des Akteneinsichtsgesuchs beruht.[17] Liegt ein Verstoß gegen den Grundsatz rechtlichen Gehörs vor, wird also die Akteneinsicht zu Unrecht abgelehnt, ist davon auszugehen, dass die nachteilige Entscheidung auf der Verweigerung beruht.[18]

Entscheidet der Rechtspfleger, ist die Erinnerung nach § 11 Abs. 2 RPflG gegeben, da eine entsprechende richterliche Entscheidung nicht rechtsmittelfähig ist.

Die Entscheidung über das Akteneinsichtsgesuch eines am Verfahren nicht beteiligten **Dritten** ist als Justizverwaltungsakt i. S. d. § 23 EGGVG zu qualifizieren.[19] Der Richter entscheidet zwar im Rahmen seiner richterlichen Unabhängigkeit, die Entscheidung gehört aber nicht zur Rechtsprechung im materiellen Sinne. Denn sie ist weder traditionell rechtsprechende Tätigkeit noch durch die Verfassung dem Richter vorbehalten,[20] was sich bereits daraus ergibt, dass § 299 Abs. 2 ZPO die entsprechende Aufgabe dem Vorstand des Gerichts überträgt und damit ausdrücklich der Justizverwaltung zuweist. Zulässiger Rechtsbehelf ist daher der an das OLG zu richtende Antrag auf gerichtliche Entscheidung nach § 23 Abs. 2 EGGVG. Dieser ist nach § 11 Abs. 1 RPflG auch statt-

---

14 BT-Drs. 16/6308, S. 182.
15 Als statthaft wurde die Beschwerde nach § 19 FGG angesehen: Bumiller/Winkler § 34 FGG Rn. 15; Keidel u.a./Kahl § 34 FGG Rn. 24.
16 Schürmann FamRZ 2009, 25.
17 Keidel u.a./Kahl § 34 FGG Rn. 25.
18 BGH 20.02.2008 – XII ZB 116/07 = MDR 2008, 706 f.; Zöller/Greger § 299 ZPO Rn. 5.
19 Hiervon geht wohl die Entwurfsbegründung aus, BT-Drs. 16/6308, S. 182.
20 Vgl. BVerfG 03.08.2008 – 1 BvR 135/00 und 1 BvR 1086/01 = NJW 2004, 2725 f.

haft, wenn die Entscheidung über das Akteneinsichtsgesuch durch den Rechtspfleger erfolgte.

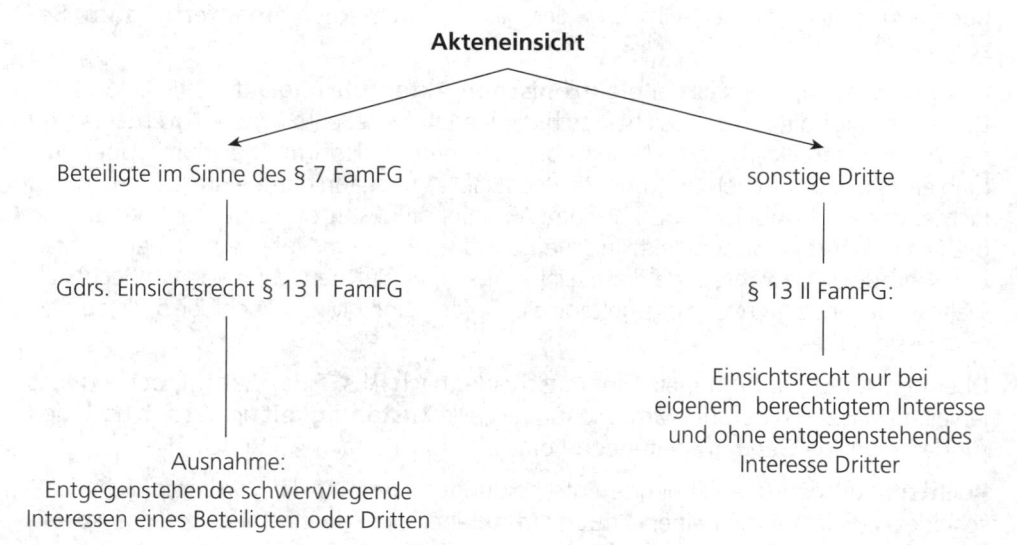

```
                        Akteneinsicht
                       ╱            ╲
                      ╱              ╲
     Beteiligte im Sinne des § 7 FamFG      sonstige Dritte
                │                                │
     Gdrs. Einsichtsrecht § 13 I FamFG      § 13 II FamFG:
                │
                │                        Einsichtsrecht nur bei
                │                    eigenem berechtigtem Interesse
                │                      und ohne entgegenstehendes
            Ausnahme:                        Interesse Dritter
   Entgegenstehende schwerwiegende
   Interessen eines Beteiligten oder Dritten
```

§ 14 Elektronische Akte; elektronisches Dokument

(1) Die Gerichtsakten können elektronisch geführt werden. § 298a Abs. 2 und 3 der Zivilprozessordnung gilt entsprechend.

(2) Die Beteiligten können Anträge und Erklärungen als elektronisches Dokument übermitteln. Für das elektronische Dokument gelten § 130a Abs. 1 und 3 sowie § 298 der Zivilprozessordnung entsprechend.

(3) Für das gerichtliche elektronische Dokument gelten die §§ 130b und 298 der Zivilprozessordnung entsprechend.

(4) Die Bundesregierung und die Landesregierungen bestimmen für ihren Bereich durch Rechtsverordnung den Zeitpunkt, von dem an elektronische Akten geführt und elektronische Dokumente bei Gericht eingereicht werden können. Die Bundesregierung und die Landesregierungen bestimmen für ihren Bereich durch Rechtsverordnung die geltenden organisatorisch-technischen Rahmenbedingungen für die Bildung, Führung und Aufbewahrung der elektronischen Akten und die für die Bearbeitung der Dokumente geeignete Form. Die Landesregierungen können die Ermächtigung durch Rechtsverordnung auf die jeweils zuständige oberste Landesbehörde übertragen. Die Zulassung der elektronischen Akte und der elektronischen Form kann auf einzelne Gerichte oder Verfahren beschränkt werden.

(5) Sind die Gerichtsakten nach ordnungsgemäßen Grundsätzen zur Ersetzung der Urschrift auf einen Bild- oder anderen Datenträger übertragen worden und liegt der schriftliche Nachweis darüber vor, dass die Wiedergabe mit der Urschrift übereinstimmt, so können Ausfertigungen, Auszüge und Ab-

§ 14 Elektronische Akte; elektronisches Dokument

schriften von dem Bild- oder dem Datenträger erteilt werden. Auf der Urschrift anzubringende Vermerke werden in diesem Fall bei dem Nachweis angebracht.

Die Vorschrift gilt nicht für Ehesachen und Familienstreitsachen (§ 113 Abs. 1 Satz 1), für die jedoch auf Grund des Verweises in § 113 Abs. 1 Satz 2 die entsprechenden Bestimmungen der ZPO unmittelbar gelten. 1

Das **Justizkommunikationsgesetz**[1] vom 22.03.2005 ermöglicht die Führung elektronischer Akten (vgl. § 298a ZPO). § 14 eröffnet die elektronische Aktenführung auch für den Geltungsbereich des FamFG. Abs. 1 Satz 1 entspricht der Regelung in § 298a Abs. 1 Satz 1 ZPO. Er enthält nur den allgemeinen Grundsatz, dass die Gerichtsakten elektronisch geführt werden können. Für die Ausgestaltung der elektronischen Akte verweist Abs. 1 Satz 2 auf die entsprechende Anwendung des § 298a Abs. 2 und 3 ZPO. Darin ist vorgeschrieben, auf welche Weise in Papierform zur Akte gereichte Schriftstücke während des laufenden Verfahrens in die elektronische Akte transferiert werden können. In Papierform eingereichte Schriftstücke und sonstige Unterlagen sollen zur Ersetzung der Urschrift in ein elektronisches Dokument übertragen werden; sofern sie in Papierform weiter benötigt werden, sind sie mindestens bis zum rechtskräftigen Abschluss des Verfahrens aufzubewahren (§ 298a Abs. 2 ZPO). Das elektronische Dokument muss den Vermerk enthalten, wann und durch wen die Unterlagen in ein elektronisches Dokument übertragen worden sind (§ 298a Abs. 3 ZPO). 2

Nach **Abs. 2** können die Beteiligten Anträge und Erklärungen als elektronisches Dokument übermitteln. Dies entspricht dem bisherigen § 21 Abs. 2 Satz 2 FGG. Die Vorschrift ist lediglich redaktionell neu gefasst. Für das elektronische Dokument gelten § 130a Abs. 1 und 3 und § 298 ZPO entsprechend. § 298 ZPO regelt den Transfer von Daten, die in einer elektronischen Akte gespeichert sind, in einen Ausdruck. Der Ausdruck muss den Vermerk enthalten, welches Ergebnis die Integritätsprüfung des Dokuments ausweist, wen die Signaturprüfung als Inhaber der Signatur ausweist, welchen Zeitpunkt die Signaturprüfung für die Anbringung der Signatur ausweist (§ 298 Abs. 2 ZPO). Das elektronische Dokument ist mindestens bis zum rechtskräftigen Abschluss des Verfahrens zu speichern (§ 298 Abs. 3 ZPO). Demgegenüber enthält § 130a ZPO Rahmenbedingungen in Bezug auf die notwendigen technischen Voraussetzungen zur Einreichung elektronischer Dokumente. Soweit für einzureichende Dokumente die Schriftform vorgesehen ist, genügt die Aufzeichnung als elektronisches Dokument, wenn dieses für die Bearbeitung durch das Gericht technisch geeignet ist (§ 130a Abs. 1 Satz 1 ZPO). Ist das nicht der Fall, hat das Gericht dies dem Absender unter Angabe der geltenden technischen Rahmenbedingungen unverzüglich mitzuteilen (§ 130a Abs. 1 Satz 3 ZPO). Ein elektronisches Dokument ist eingereicht, sobald es bei Gericht aufgezeichnet wurde (§ 130a Abs. 3 ZPO). 3

Abs. 3: Für das gerichtliche elektronische Dokument gelten die §§ 130b und 298 ZPO entsprechend. Sie regeln, auf welche Weise die für den Rechtsverkehr notwendige technische Sicherheit in all den Fällen herbeigeführt werden kann, in denen das Gesetz eine handschriftliche Unterzeichnung vorschreibt. Dieser Form genügt das elektronische Dokument, wenn der Absender an dessen Ende seinen Namen hinzufügt und das Dokument mit einer qualifizierten elektronischen Signatur versieht (§ 130b ZPO). 4

---

1 BGBl. I 2005, S. 837.

5 **Abs. 4** ermächtigt die Bundesregierung und die Landesregierungen, den Zeitpunkt und die organisatorisch-technischen Rahmenbedingungen der Einführung der elektronischen Akte und des elektronischen Dokuments durch Rechtsverordnung zu regeln. Dies entspricht § 298a Abs. 1 Sätze 2 bis 4 und § 130a Abs. 2 ZPO.

6 **Abs. 5** entspricht § 299a ZPO und erfasst damit die Vorschriften für die Archivierung elektronischer Akten nach Abschluss des Verfahrens.

§ 15 Bekanntgabe; formlose Mitteilung

(1) Dokumente, deren Inhalt eine Termins- oder Fristbestimmung enthält oder den Lauf einer Frist auslöst, sind den Beteiligten bekannt zu geben.

(2) Die Bekanntgabe kann durch Zustellung nach den §§ 166 bis 195 der Zivilprozessordnung oder dadurch bewirkt werden, dass das Schriftstück unter der Anschrift des Adressaten zur Post gegeben wird. Soll die Bekanntgabe im Inland bewirkt werden, gilt das Schriftstück drei Tage nach Aufgabe zur Post als bekannt gegeben, wenn nicht der Beteiligte glaubhaft macht, dass ihm das Schriftstück nicht oder erst zu einem späteren Zeitpunkt zugegangen ist.

(3) Ist eine Bekanntgabe nicht geboten, können Dokumente den Beteiligten formlos mitgeteilt werden.

1 Eine allgemeine Vorschrift zur Bekanntgabe von Schriftstücken gab es im FGG nicht. Die Bekanntmachung von Verfügungen war bisher in § 16 FGG geregelt. Die Vorschrift gilt nicht für Ehesachen und Familienstreitsachen (§ 113 Abs 1).

2 **Abs. 1** bestimmt, welche Dokumente bekannt zu geben sind. Die Regelung orientiert sich an den allgemeinen Bestimmungen über die Zustellungsbedürftigkeit in anderen Prozessordnungen. **Spezialnormen:** Die Zustellung von Ladungen bei der Anordnung des persönlichen Erscheinens ist in § 33 Abs. 2 Satz 2,[1] die Zustellung von Beschlüssen in § 41 Abs. 1 geregelt.[2]

3 **Form der Bekanntgabe (Abs. 2):** Die Vorschrift sieht zwei Alternativen vor, wodurch dem Bedürfnis nach einer möglichst zuverlässigen Übermittlung einerseits sowie einer möglichst effizienten und unbürokratischen Bekanntgabemöglichkeit andererseits Rechnung getragen werden soll:[3]

1. die Aufgabe zur Post,
2. die förmliche Zustellung nach der ZPO.

Welche der beiden Bekanntgabemöglichkeiten gewählt wird, liegt im pflichtgemäßen Ermessen des Gerichts. Dieses hat unter Berücksichtigung der Umstände des Einzelfalls zu beurteilen, ob die Bekanntgabe bereits durch die Aufgabe zur Post hinreichend zuverlässig bewirkt werden kann oder es hierfür der förmlichen Zustellung nach den Vorschriften der ZPO bedarf. Die Bekanntgabe durch Aufgabe zur Post ist § 8 der Insol-

---

1 → § 33 Rn. 4.
2 → § 41 Rn. 2.
3 BT-Drs. 16/6308, S. 182.

venzordnung nachgebildet. Sie ist unbürokratisch und bietet sich gerade in Verfahren mit zahlreichen Beteiligten an.

Zugangsfiktion (Abs. 2 Satz 2): Zustellungen im Inland gelten nach drei Tagen als zugegangen, Auslandszustellungen entsprechend § 184 Abs. 2 Satz 1 ZPO erst nach zwei Wochen. Die Bekanntgabefiktion ist widerlegbar.[4] Der Beteiligte hat hierfür glaubhaft zu machen, dass ihm das bekannt zu gebende Schriftstück nicht oder zu einem späteren Zeitpunkt zugegangen ist. Diese Regelung ist an § 270 Satz 2 ZPO angelehnt.

4

Formlose Mitteilungen (Abs. 3): Liegt kein Fall des Abs. 1 vor, können Dokumente formlos – auch als einfache E-Mail – mitgeteilt werden.[5] Die bisher gemäß § 16 Abs. 2 Satz 2 FGG auf Verfügungen beschränkte Möglichkeit der formlosen Mitteilung wird damit auf die Übermittlung aller während des Verfahrens zu übersendenden Dokumente erweitert. Das Gericht kann auch in diesem Fall statt der formlosen Mitteilung die Bekanntgabe nach Abs. 2 wählen. Dies kann etwa aufgrund der besonderen Sensibilität der zu übersendenden Daten oder der Bedeutung des Inhalts geboten sein.[6]

5

§ 16 Fristen

(1) Der Lauf einer Frist beginnt, soweit nichts anderes bestimmt ist, mit der Bekanntgabe.

(2) Für die Fristen gelten die §§ 222 und 224 Abs. 2 und 3 sowie § 225 der Zivilprozessordnung entsprechend.

Abs. 1 ist an § 221 ZPO, § 57 Abs. 1 VwGO angelehnt. Die Frist beginnt mit der **Bekanntgabe**, also durch Zustellung bzw. bei Aufgabe zur Post in der Regel durch die Zugangsfiktion im Inland nach drei Tagen, im Ausland nach zwei Wochen (vgl. § 15). Das Gericht kann für den Beginn der Frist etwas anderes bestimmen.[1] Die Vorschrift gilt nicht für Ehesachen und Familienstreitsachen (§ 113 Abs 1).

1

Abs. 2 knüpft an den bisherigen § 17 FGG an, schließt durch die Verweisung auf die §§ 222, 224 Abs. 2 und 3 und § 225 ZPO Regelungslücken des bisher geltenden Rechts. Durch die Verweisung sind auch die Fristberechnung nach Stunden und das Verfahren für die Änderung von Fristen nun ausdrücklich gesetzlich geregelt. Die Vorschrift ist an § 57 Abs. 2 VwGO angelehnt.

2

Für die Berechnung der Fristen gelten die §§ 187 ff. BGB (§ 222 Abs. 1 ZPO).

3

- Ist für den Anfang einer Frist ein **Ereignis** oder ein **in den Lauf eines Tages fallender Zeitpunkt** maßgebend, so wird bei der Berechnung der Frist der Tag nicht mitgerechnet, in welchen das Ereignis oder der Zeitpunkt fällt (§ 187 Abs. 1 BGB).
- Ist der **Beginn eines Tages** der für den Anfang einer Frist maßgebende Zeitpunkt, so wird dieser Tag bei der Berechnung der Frist mitgerechnet, z.B. der Tag der Geburt (§ 187 Abs. 2 BGB).

---

4 BT-Drs. 16/6308, S. 182.
5 BT-Drs. 16/6308, S. 182.
6 BT-Drs. 16/6308, S. 183.
1 BT-Drs. 16/6308, S. 183.

- Eine **nach Tagen bestimmte Frist** endigt mit dem Ablauf des letzten Tages der Frist (§ 188 Abs. 1 BGB).
- Eine Frist, die nach Wochen, nach Monaten oder nach einem mehrere Monate umfassenden **Zeitraum** – Jahr, halbes Jahr, Vierteljahr – bestimmt ist, endigt
  - im Falle des § 187 Abs. 1 BGB mit dem Ablauf desjenigen Tages der letzten Woche oder des letzten Monats, welcher durch seine Benennung oder seine Zahl dem Tag entspricht, in den das Ereignis oder der Zeitpunkt fällt,
  - im Falle des § 187 Abs. 2 BGB mit dem Ablauf desjenigen Tages der letzten Woche oder des letzten Monats, welcher dem Tage vorhergeht, der durch seine Benennung oder seine Zahl dem Anfangstag der Frist entspricht (§ 188 Abs. 2 BGB).
  - Fehlt bei einer nach Monaten bestimmten Frist in dem letzten Monat der für ihren Ablauf maßgebende Tag, so endigt die Frist mit dem Ablauf des letzten Tages dieses Monats (§ 188 Abs. 3 BGB).

4 Fällt das Ende einer Frist auf einen Sonntag, einen allgemeinen Feiertag oder einen Sonnabend, so endet die Frist mit **Ablauf des nächsten Werktages** (§ 222 Abs. 2 ZPO). Unter einem halben Jahr wird eine Frist von sechs Monaten, unter einem Vierteljahr eine Frist von drei Monaten, unter einem halben Monat eine Frist von 15 Tagen verstanden (§ 189 Abs. 1 BGB). Ist eine Frist auf einen oder mehrere ganze Monate und einen halben Monat gestellt, so sind die 15 Tage zuletzt zu zählen (§ 189 Abs. 2 BGB). Unter Anfang des Monats wird der erste, unter Mitte des Monats der 15., unter Ende des Monats der letzte Tag des Monats verstanden (§ 192 BGB).

5 Für die **Berechnung der Fristen** gelten die Vorschriften des BGB (§ 222 Abs. 1 ZPO). Fällt das Ende einer Frist auf einen Sonntag, einen allgemeinen Feiertag oder einen Sonnabend, so endet die Frist mit Ablauf des nächsten Werktages (§ 222 Abs. 2 ZPO). Bei der Berechnung einer Frist, die nach Stunden bestimmt ist, werden Sonntage, allgemeine Feiertage und Sonnabende nicht mitgerechnet (§ 222 Abs. 3 ZPO). Auf Antrag können richterliche und gesetzliche Fristen abgekürzt oder verlängert werden, wenn erhebliche Gründe glaubhaft gemacht sind (§ 224 Abs. 2 und 3, § 225 ZPO).

§ 17 Wiedereinsetzung in den vorigen Stand

(1) War jemand ohne sein Verschulden verhindert, eine gesetzliche Frist einzuhalten, ist ihm auf Antrag Wiedereinsetzung in den vorigen Stand zu gewähren.

(2) Ein Fehlen des Verschuldens wird vermutet, wenn eine Rechtsbehelfsbelehrung unterblieben oder fehlerhaft ist.

§ 17 Wiedereinsetzung in den vorigen Stand

Übersicht

I. Bisherige Rechtslage	1
II. Inhalt der Norm, Voraussetzungen für die Wiedereinsetzung	3
1. Grundsatz	3
2. Formelle Voraussetzungen	4
3. Materielle Voraussetzungen	5

I. Bisherige Rechtslage

Bisher gab es keine allgemeine Regelung für die Wiedereinsetzung in den vorigen Stand im FGG. Die Wiedereinsetzung war nur für den Fall geregelt, dass die Frist der sofortigen Beschwerde versäumt wurde (§ 22 Abs. 2 FGG). Diese Regelung wurde auch nach bisheriger Rechtslage schon analog auf andere, in verschiedenen Gesetzen vorgesehene Fristen angewandt.[1] Die Neufassung schließt die bisher bestehenden Gesetzeslücken. Die Vorschrift gilt nicht für Ehesachen und Familienstreitsachen (§ 113 Abs 1). **1**

Abs. 1 ist an den bisherigen § 22 Abs. 2 Satz 1 Halbs. 1 FGG, § 60 VwGO und § 56 FGO angelehnt. Sein **Anwendungsbereich** wird auf die Säumnis aller gesetzlichen Fristen ausgeweitet. Nicht anwendbar ist die Vorschrift auf richterliche Fristen oder vereinbarte Widerrufsfristen in einem vor Gericht geschlossenen Vergleich. **2**

II. Inhalt der Norm, Voraussetzungen für die Wiedereinsetzung

1. Grundsatz

Eine Wiedereinsetzung in den vorigen Stand kommt nur in Betracht, wenn tatsächlich eine Frist versäumt wurde. Steht das nicht zweifelsfrei fest, muss das Gericht von Amts wegen zunächst die Wahrung der Frist klären.[2] Wurde die Frist gewahrt, ist ein Wiedereinsetzungsantrag gegenstandslos. **3**

2. Formelle Voraussetzungen

Die formellen Voraussetzungen für die Wiedereinsetzung in den vorigen Stand sind (hierzu im Einzelnen → § 18): **4**

1. Antrag des Beteiligten, der die Frist versäumt hat (§ 18 Abs. 1);
2. Nachholung der versäumten Rechtshandlung (§ 18 Abs. 2 Satz 2);
3. Glaubhaftmachung der die Wiedereinsetzung begründenden Tatsachen (§ 18 Abs 2 Satz 1).

---

[1] Vgl. Keidel u.a./Sternal § 22 FGG Rn. 35.
[2] OLG Frankfurt 11.08.1993 – 20 Ww 10/93 = OLGR 1993, 288.

3. Materielle Voraussetzungen

5 Die materiellen Voraussetzungen für die Wiedereinsetzung in den vorigen Stand sind:
1. verhinderte Fristwahrung;
2. ohne Verschulden;
3. Ursächlichkeit.

6 **Verhinderte Fristwahrung:** Es muss ein Umstand vorgetragen werden, auf den die Verhinderung der Fristwahrung zurückzuführen ist. Der Richter hat nach pflichtgemäßem Ermessen zu entscheiden, ob ein Hindernis vorliegt. Das kann jedes Hindernis sein, unabhängig davon, ob es in die Sphäre des Antragstellers fällt – wie eine Krankheit, auch die des Verfahrensbevollmächtigten,[3] oder ein Unfall – oder nicht –, wie die verspätete Postzustellung. Die bloße Verkürzung der Rechtsmittelfrist begründet noch keine Verhinderung.[4]

7 **Unverschuldet** ist das Hindernis, wenn der Beschwerdeführer bei Anwendung der Sorgfalt, die unter Berücksichtigung der konkreten Lage erforderlich war und die ihm vernünftigerweise zugemutet werden konnte, die Frist nicht einhalten konnte.[5] Dass der Beteiligte ohne Verschulden an der Wahrung der Frist verhindert gewesen war, ist nach pflichtgemäßem Ermessen festzustellen. Es ist auf die tatsächlichen Verhältnisse des Einzelfalls abzustellen. Deshalb sind die Anforderungen an eine rechtsunkundige Person niedriger. Der Beschwerdeführer muss jedoch mit Hindernissen rechnen, die erfahrungsgemäß häufig vorkommen.

- Er kann sich auf den **normalen Gang des Postverkehrs** im Allgemeinen verlassen.[6] Er muss aber auch damit rechnen, dass die normalen Brieflaufzeiten überschritten werden können.[7] Er muss seine Briefsendungen ausreichend frankieren.[8]

- Der Eingangsstempel des Gerichts beweist den Zeitpunkt des Eingangs der Einspruchsschrift. Der Gegenbeweis ist jedoch zulässig.[9]

- Wird die Frist dadurch versäumt, dass der Schriftsatz bei einem **unzuständigen Gericht** eingereicht wurde, ist dies in der Regel schuldhaft.[10] Geht die Rechtsmittelschrift jedoch aufgrund pflichtwidrigen Verhaltens der unzuständigen Stelle verspätet beim zuständigen Gericht ein, kann die Fristversäumung unverschuldet sein.[11]

- Wurde dem Beteiligten eine gesetzliche Form der Beschwerdeeinlegung – **zu Protokoll der Geschäftsstelle** – verwehrt, kann im Rahmen eines Wiedereinsetzungsverfahrens nicht darauf verwiesen werden, er hätte eine andere Form benut-

---

3 BGH 18.09.2008 – V ZB 32/08 = FamRZ 2008, 2271.
4 MünchKomm/Feiber § 233 ZPO Rn. 18.
5 BGH 07.12.1954 – V BLw 69/54 = JR 1955, 101, OLG Zweibrücken 14.01.2004 – 3 W 266/03 = OLGR 2004, 372.
6 BVerfG 04.05.1977 – 2 BvR 616/75 = NJW 1977, 1233.
7 OLG Hamm 25.09.1967 – 1 W 34/67 = NJW 1968, 258, BFH 02.05.1973 – VIII R 72/71 = NJW 1973, 2000.
8 BGH 26.03.2007 – II ZB 14/06 = NJW 2007, 1751.
9 BGH 30.10.1997 – VII ZB 19/97 = NJW 1998, 461.
10 BayObLG 08.10.1987 – BReg 2 Z 103/87 = NJW 1988, 714; vgl. BGH 30.10.2008 – III ZB 54/08 = FamRZ 2009, 109.
11 BGH 06.11.2008 – IX ZB 208/06 = FamRZ 2009, 320; 28.06.2007 – V ZB 187/06 = FamRZ 2007, 1640; 03.07.2006 – II ZB 24/05 = NJW 2006, 3499.

§ 17 Wiedereinsetzung in den vorigen Stand

zen können.[12] Bei für die Fristversäumung ursächlichen Fehlern, die in den Verantwortungs- und Organisationsbereich des Gerichts und seiner Hilfspersonen fallen, liegt kein Verschulden vor.[13]

- Unverschuldet kann eine Fristversäumung in der Folge der eigenen **Erkrankung** oder der Erkrankung eines Familienmitglieds sein.[14]
- Hat ein Beteiligter innerhalb der Beschwerdefrist **Verfahrenskostenhilfe** zur Einlegung und Durchführung der Beschwerde beantragt, beginnt die Wiedereinsetzungsfrist in der Regel mit der Zustellung der Bewilligung der Verfahrenskostenhilfe, jedoch schon früher, wenn der Beteiligte, etwa nach einem gerichtlichen Hinweis, nicht mehr mit der Bewilligung der beantragten Verfahrenskostenhilfe rechnen konnte.[15] Das Formular für den Antrag auf Verfahrenskostenhilfe muss ordnungsgemäß ausgefüllt rechtzeitig bei Gericht eingereicht sein.[16]
- Die Unkenntnis oder die zu spät erlangte Kenntnis von dem Inhalt der Entscheidung kann unverschuldet sein, wenn dem Beschwerdeführer die Entscheidung bei **Ersatzzustellung** von dem Zustellungsempfänger nicht oder nicht rechtzeitig übermittelt wird,[17] nicht aber, wenn der Beschwerdeführer bei Niederlegung des zugestellten Schriftstücks und Benachrichtigung hierüber die Entscheidung nicht oder nicht rechtzeitig abholt. Wiedereinsetzung ist möglich, wenn der Beteiligte die Benachrichtigung über die Ersatzzustellung nicht erhält.[18]
- Auch ein **Rechtsirrtum** oder die **Unkenntnis des Gesetzes** können einen Wiedereinsetzungsgrund bilden.[19] Nach bisheriger Rechtslage musste sich ein nicht vorgebildeter Laie über Form und Frist eines Rechtsmittels erkundigen.[20] Diese Rechtsprechung dürfte wegen Abs. 2 nun überholt sein.
- Ein **Verschulden** des gesetzlichen oder bevollmächtigten Vertreters steht einem Verschulden des Beteiligten gleich (§ 85 Abs. 2 ZPO i.V.m. § 11 Satz 4).[21]
- Wiedereinsetzung in den vorigen Stand ist zu gewähren, wenn eine nicht unterzeichnete Rechtsmittelschrift zehn Tage vor Ablauf der Rechtsmittelfristfrist beim Rechtsmittelgericht eingegangen ist und das Gericht den Prozessbevollmächtigten nicht rechtzeitig auf das **Fehlen der Unterschrift** hingewiesen hat.[22]
- Die Einzelweisung des Rechtsanwalts, einen **Schriftsatz per Telefax** an das Gericht zu senden, ersetzt nicht die ordnungsgemäße Ausgangskontrolle.[23]

Unverschuldensvermutung (Abs. 2): Diese besteht bei unterbliebener oder unrichtiger Rechtsbehelfsbelehrung. Jeder Beschluss muss eine Belehrung über das zulässige Rechtsmittel oder den ordentlichen Rechtsbehelf enthalten (→ § 39). Enthält er diese

8

---

12 BayObLG 22.09.1976 – BReg 3 Z 82/76 = BayVBl 1977, 57.
13 BGH 24.05.2006 – IV ZB 47/05 = FamRZ 2006, 1114.
14 BGH 21.11.1974 – III ZB 8/74 = NJW 1975, 593.
15 BGH 19.11.2008 – XII ZB 102/08 = FamRZ 2009, 217.
16 BGH 19.11.2008 – IV ZB 38/08 = FamRZ 2009, 318.
17 OLG Köln 07.11.2007 – 16 Wx 237/07 = OLGR 2008, 145.
18 Vgl. BGH 06.06.2001 – VIII ZB 8/01 = NJW-RR 2002, 137; 15.06.1994 – IV ZB 6/94 = NJW 1994, 2898, OLG Saarbrücken 08.07.1999 – 6 WF 58/99 = OLGR 1999, 473.
19 BGH 19.05.1978 – IV ZB 26/78 = Rpfleger 1979, 257; BFH 29.11.2006 – VI R 48/05 = BFH/NV 2007, 861.
20 BGH 19.03.1997 – XII ZB 139/96 = NJW 1997, 1989.
21 BGH 16.10.2008 – III ZB 31/08 = FamRZ 2008, 2272.
22 BGH 14.10.2008 – VI ZB 37/08 = FamRZ 2009, 321.
23 BGH 21.07.2008 – II ZA 4/08 = FamRZ 2008, 1924.

nicht, steht dies jedoch seiner Rechtskraft nicht entgegen. Die unterbliebene oder unrichtige Rechtsbehelfsbelehrung muss ursächlich für die Fristversäumung sein.[24]

9 **Ursächlichkeit:** Der als Wiedereinsetzungsgrund angegebene Umstand muss ursächlich für die Fristversäumung sein.[25] Das ist im Fall des Abs. 2 zu verneinen, wenn der Beteiligte seine Rechtsmittel kannte und einer Rechtsmittelbelehrung daher nicht bedurfte.[26] Der Gesetzgeber weist hier auf die geringere Schutzbedürftigkeit anwaltlich vertretener Beteiligter hin.[27]

10 Zum Verfahren und den Rechtsmitteln siehe → §§ 18, 19.

§ 18 Antrag auf Wiedereinsetzung

(1) Der Antrag auf Wiedereinsetzung ist binnen zwei Wochen nach Wegfall des Hindernisses zu stellen.

(2) Die Form des Antrags auf Wiedereinsetzung richtet sich nach den Vorschriften, die für die versäumte Verfahrenshandlung gelten.

(3) Die Tatsachen zur Begründung des Antrags sind bei der Antragstellung oder im Verfahren über den Antrag glaubhaft zu machen. Innerhalb der Antragsfrist ist die versäumte Rechtshandlung nachzuholen. Ist dies geschehen, kann die Wiedereinsetzung auch ohne Antrag gewährt werden.

(4) Nach Ablauf eines Jahres, von dem Ende der versäumten Frist an gerechnet, kann Wiedereinsetzung nicht mehr beantragt oder ohne Antrag bewilligt werden.

1 Der Antrag muss binnen zwei Wochen nach Wegfall des Hindernisses gestellt werden. Es bedarf keines ausdrücklichen Antrags. Es reicht, wenn die versäumte Rechtshandlung innerhalb der Antragsfrist nachgeholt wird (Abs. 2 Satz 3).

2 Die Vorschrift gilt nicht für Ehesachen und Familienstreitsachen (§ 113 Abs 1).

3 Die **Antragsfrist** beträgt zwei Wochen ab Wegfall des Hindernisses **(Abs. 1)**. Die Frist beginnt mit dem tatsächlichen Wegfall des Hindernisses, aber auch dann, wenn dessen Weiterbestehen nicht mehr als unverschuldet angesehen werden kann.[1] Sie beginnt nicht nur bei positiver Kenntnis von der Fristversäumung, sondern auch bei einer vorwerfbaren Nichtkenntnisnahme.[2]

4 **Abs. 2:** Die Form des Antrags auf Wiedereinsetzung richtet sich nach den Vorschriften, die für die versäumte Verfahrenshandlung gelten. Eine E-Mail reicht nicht aus.[3]

5 **Abs. 3** benennt die Verfahrenshandlungen, die mit dem Wiedereinsetzungsantrag vorzunehmen sind:

---

24 BT-Drs. 16/6308, S. 183.
25 BT-Drs. 16/6308, S. 183, MünchKomm/Feiber § 233 ZPO Rn. 19.
26 BT-Drs. 16/6308, S. 183; vgl. OLG Zweibrücken 25.03.2003 – 3 W 33/03 = OLGR 2003, 327.
27 BT-Drs. 16/6308, S. 183.
1 BGH 12.11.1997 – XII ZB 66/97 = FamRZ 1998, 359.
2 BGH 25.10.2006 – XII ZB 49/06 = FamRZ 2007, 373.
3 BGH 04.12.2008 – IX ZB 41/08 = FamRZ 2009, 319.

- **Satz 1:** Die Antragsgründe sind glaubhaft zu machen. Dies ist auch noch im Verfahren über die Wiedereinsetzung möglich. Dies entspricht inhaltlich im Wesentlichen der bisherigen Regelung des § 22 Abs. 2 Satz 1 letzter Halbs. FGG und lehnt sich an § 60 Abs. 2 Satz 2 VwGO an.
- Nach **Satz 2** muss die versäumte Rechtshandlung binnen der zweiwöchigen Frist nachgeholt werden. Dies entspricht der bisherigen Rechtslage.[4] Das FGG enthielt hierzu keine ausdrückliche Regelung.
- Nach **Satz 3** bedarf es für die Wiedereinsetzung keines ausdrücklichen Antrags. Das entspricht der bisherigen Rechtslage. Auch nach bisherigem Recht wurde die Wiedereinsetzung bei verspäteter Einreichung einer Rechtsmittelschrift von Amts wegen gewährt, wenn sämtliche eine Wiedereinsetzung begründenden Tatsachen aktenkundig waren und die Datenangaben in der Beschwerdeschrift erkennen ließen, dass sie verspätet eingereicht war.[5]

Abs. 3: Die Wiedereinsetzung ist ausgeschlossen, wenn seit Ende der versäumten Frist ein Jahr vergangen ist. Dies entspricht im Wesentlichen dem bisherigen § 22 Abs. 2 Satz 4 FGG. 6

§ 19 Entscheidung über die Wiedereinsetzung

(1) Über die Wiedereinsetzung entscheidet das Gericht, das über die versäumte Rechtshandlung zu befinden hat.

(2) Die Wiedereinsetzung ist nicht anfechtbar.

(3) Die Versagung der Wiedereinsetzung ist nach den Vorschriften anfechtbar, die für die versäumte Rechtshandlung gelten.

Die Vorschrift gilt nicht für Ehesachen und Familienstreitsachen (§ 113 Abs 1). 1

Nach **Abs. 1** ist für den Wiedereinsetzungsantrag das Gericht zuständig, das über die versäumte Rechtshandlung zu befinden hat. Das entspricht der bisherigen Rechtslage, die gesetzlich bisher nicht ausdrücklich geregelt war.[1] 2

Nach **Abs. 2** ist die Wiedereinsetzung nicht anfechtbar. Bisher war die Wiedereinsetzungsentscheidung anfechtbar (§ 22 Abs. 3 FGG). Durch die Beschränkung der Anfechtbarkeit auf die Versagung der Wiedereinsetzung sollen Zwischenstreitigkeiten im Verfahren vermieden und die Harmonisierung mit den Wiedereinsetzungsvorschriften anderer Prozessordnungen (§ 238 Abs. 3 ZPO, § 60 Abs. 5 VwGO) erreicht werden.[2] 3

Abs. 3: Die **Versagung der Wiedereinsetzung** bleibt dagegen grundsätzlich anfechtbar. Die Vorschrift verweist auf die Vorschriften, die für die versäumte Rechtshandlung gelten. Hierdurch wollte der Gesetzgeber entsprechend der bisherigen 4

---

4 Keidel u.a./Sternal § 22 FGG Rn. 49.
5 BGH 26.05.2008 – II ZB 19/07 = NJW-RR 2008, 1306; BVerfG 26.11.2008 – 1 BvR 1813/08 = FamRZ 2009, 191; Keidel u.a./Sternal § 22 FGG Rn. 41.
1 BT-Drs. 16/6308, S. 184 mit Verweis auf Bassenge u.a./Bassenge § 22 FGG Rn. 22.
2 BT-Drs. 16/6308, S. 184.

Rechtslage[3] regeln, dass die Versagung der Wiedereinsetzung nur dann angefochten werden kann, wenn in der Hauptsache ein Rechtsmittel noch gegeben ist.

§ 20 Verfahrensverbindung und -trennung

Das Gericht kann Verfahren verbinden oder trennen, soweit es dies für sachdienlich hält.

1 Eine entsprechende gesetzliche Regelung gab es bisher nicht. Die Verbindung von Verfahren war aber auch nach bisherigem Recht möglich. Es konnten Verfahren mit gleichen Beteiligten unter der Voraussetzung der sachlichen und örtlichen Zuständigkeit verbunden werden,[1] in entsprechender Anwendung des § 147 ZPO auch Verfahren mit gleichen oder verschiedenen Beteiligten zum Zweck der gleichzeitigen Erörterung und Entscheidung, wenn die Gegenstände der Verfahren in einem Zusammenhang standen oder in einem Verfahren hätten geltend gemacht werden können.[2] Der Gesetzgeber hat diese Grundsätze übernommen und klargestellt, dass eine Verfahrensverbindung statthaft ist, soweit sie **sachdienlich** ist. Das ist der Fall, wenn die Verbindung der Eigenart des jeweiligen Verfahrens entspricht.[3] Auch die Trennung von Verfahren ist zulässig. Das Gericht hat nach pflichtgemäßem Ermessen zu entscheiden.

2 Die Vorschrift gilt nicht für Ehesachen und Familienstreitsachen (§ 113 Abs 1).

3 **Verfahren:** Die Trennung und Verbindung von Verfahren erfolgt durch Beschluss, der als verfahrensleitende Entscheidung nicht selbstständig anfechtbar ist.[4]

§ 21 Aussetzung des Verfahrens

(1) Das Gericht kann das Verfahren aus wichtigem Grund aussetzen, insbesondere wenn die Entscheidung ganz oder zum Teil von dem Bestehen oder Nichtbestehen eines Rechtsverhältnisses abhängt, das den Gegenstand eines anderen anhängigen Verfahrens bildet oder von einer Verwaltungsbehörde festzustellen ist. § 249 der Zivilprozessordnung ist entsprechend anzuwenden.

(2) Der Beschluss ist mit der sofortigen Beschwerde in entsprechender Anwendung der §§ 567 bis 572 der Zivilprozessordnung anfechtbar.

1 Das bisherige Recht sah eine allgemeine Vorschrift über die Aussetzung des Verfahrens nicht vor. Spezialgesetzliche Aussetzungsvorschriften für das familien-, nachlass- und registergerichtliche Verfahren fanden sich in den bisherigen §§ 52, 95 und 127 FGG. Eine Aussetzung war auch nach bisheriger Rechtslage zulässig, wenn sie der Eigenart des jeweiligen Verfahrens entsprach.[1] Der Gesetzgeber hat dies nun in **Abs. 1 Satz 1**

---

3 BT-Drs. 16/6308, S. 184, BayObLG 02.11.1989 – BReg 3 Z 139/89 = NVwZ 1990, 597; Keidel u.a./Sternal § 22 FGG Rn. 83.
1 Keidel u.a./Sternal Vorb § 3 FGG Rn. 14.
2 BGH 18.11.1983 – NotZ 12/83 = MDR 1984, 399.
3 BT-Drs. 16/6308, S. 184.
4 Vgl. BT-Drs. 16/6308, S. 184.
1 BT-Drs. 16/6308, S. 184.

geregelt. Die Aussetzung ist nur bei **Vorliegen eines wichtigen Grundes** möglich. Das Gesetz nennt das Regelbeispiel den als Aussetzungsgrund in allen Verfahrensordnungen anerkannten Grund der Vorgreiflichkeit eines anderen Verfahrens (so auch § 148 ZPO, § 94 VwGO, § 74 FGO, § 114 SGG). Ein wichtiger Grund liegt auch vor, wenn die Beteiligten eines streitigen Verfahrens an einer Mediation teilnehmen.[2]

Die Entscheidung über die Aussetzung steht im **Ermessen des Gerichts**. Es hat die Eigenart des jeweiligen Verfahrens und die Interessen der Beteiligten zu berücksichtigen.[3] In einem eilbedürftigen Verfahren – wie einem Freiheitsentziehungsverfahren – wird eine Aussetzung schon aufgrund der Eigenart des Verfahrens in der Regel ausgeschlossen sein.[4] Gleiches gilt auch in Verfahren, in denen gerichtliche Maßnahmen bei Gefährdung des Kindeswohls nach § 1666 BGB zu treffen sind. In Abstammungssachen kommt eine Aussetzung entsprechend dem bisherigen § 640f ZPO in Betracht, wenn der Einholung eines Gutachtens ein vorübergehendes Hindernis entgegensteht.[5]

Die Vorschrift gilt nicht für Ehesachen und Familienstreitsachen (§ 113 Abs 1).

Nach **Abs. 1 Satz 2** ist § 249 ZPO entsprechend anwendbar. Danach bewirkt Aussetzung, dass der Lauf von Fristen aufhört, die volle Frist nach Beendigung der Aussetzung von neuem zu laufen beginnt, während der Aussetzung vorgenommene Prozesshandlungen keine Wirkung entfalten. Wird erst nach dem Schluss der mündlichen Verhandlung ausgesetzt, kann die auf Grund dieser Verhandlung zu erlassende Entscheidung noch verkündet werden (§ 249 Abs. 3 ZPO).

Abs. 2: Die Aussetzungsentscheidung unterliegt der sofortigen Beschwerde nach den Vorschriften der ZPO.[6] Der Gesetzgeber hat hier die bisher allgemein vertretene Ansicht[7] aufgegriffen, dass diese Zwischenentscheidung selbstständig angefochten werden kann.[8] Die entsprechend anwendbaren §§ 567 bis 572 ZPO enthalten das für die Anfechtung von Zwischen- und Nebenentscheidungen geeignete Verfahren, das auch bei anderen Zwischen- und Nebenentscheidungen nach diesem Gesetz zur Anwendung gelangt.

§ 22 Antragsrücknahme; Beendigungserklärung

(1) Ein Antrag kann bis zur Rechtskraft der Endentscheidung zurückgenommen werden. Die Rücknahme bedarf nach Erlass der Endentscheidung der Zustimmung der übrigen Beteiligten.

(2) Eine bereits ergangene, noch nicht rechtskräftige Endentscheidung wird durch die Antragsrücknahme wirkungslos, ohne dass es einer ausdrücklichen Aufhebung bedarf. Das Gericht stellt auf Antrag die nach Satz 1 eintretende Wirkung durch Beschluss fest. Der Beschluss ist nicht anfechtbar.

---
2 BT-Drs. 16/6308, S. 184.
3 BT-Drs. 16/6308, S. 184.
4 BT-Drs. 16/6308, S. 184.
5 BT-Drs. 16/6308, S. 184.
6 Hierzu → § 58 Rn. 13 f.
7 Keidel u.a./Kahl § 19 FGG Rn. 13.
8 BT-Drs. 16/6308, S. 184.

Abschnitt 1 Allgemeine Vorschriften

(3) Eine Entscheidung über einen Antrag ergeht nicht, soweit sämtliche Beteiligte erklären, dass sie das Verfahren beenden wollen.

(4) Die Absätze 2 und 3 gelten nicht in Verfahren, die von Amts wegen eingeleitet werden können.

1 Im FGG gab es keine entsprechende Regelung. Abs. 1 hat die bisher allgemein vertretene Ansicht aufgegriffen, dass ein Antragsteller im Antragsverfahren berechtigt ist, einen Antrag zurückzunehmen **(Dispositionsbefugnis)**.[1] Bis zu welchem Verfahrensstadium ein Antrag zurückgenommen werden kann und welche Auswirkungen dies auf eine etwa bereits ergangene Entscheidung hat, war bisher streitig.[2] Der Gesetzgeber hat nun ausdrücklich geregelt, dass die Rücknahme bis zur Rechtskraft der Entscheidung möglich ist.[3]

2 Die Vorschrift gilt nicht für Ehesachen und Familienstreitsachen (§ 113 Abs 1).

3 **Abs. 1** bestimmt, dass ein Antrag bis zur Rechtskraft der Entscheidung zurückgenommen werden kann. Weitere Beschränkungen bei Rücknahme des Antrags bestehen nicht.[4] Vor Erlass der Endentscheidung bedarf es für die Rücknahme nicht der Zustimmung der anderen Beteiligten.[5] Es bestehen keine Formerfordernisse bei der Erklärung der Rücknahme.[6] Die **erneute Antragstellung** ist durch die Rücknahme nicht ausgeschlossen. Sie bleibt uneingeschränkt möglich, soweit das Antragsrecht nicht durch Zeitablauf erloschen oder ein Antragsverzicht nicht erklärt worden ist.[7]

4 **Abs. 2 Satz 1** bestimmt, dass bereits ergangene nicht rechtskräftige Beschlüsse in Folge der Rücknahme wirkungslos werden. Die Vorschrift ist an § 269 Abs. 3 Satz 1 Halbs. 2 ZPO angelehnt. Auf Antrag eines Beteiligten ist diese Wirkung durch **Beschluss** auszusprechen (**Satz 2**). Dieser Beschluss hat rein deklaratorischen Charakter und ist daher unanfechtbar (**Satz 3**). Diese Vorschrift ist an § 92 Abs. 3 Satz 2 VwGO angelehnt.

5 **Abs. 3**: Sind sich die Beteiligten darüber einig, das Verfahren nicht fortführen zu wollen, soll eine Entscheidung des Gerichts im Regelfall nicht ergehen. Die Vorschrift trägt der Tatsache Rechnung, dass eine **Erledigung des Verfahrens** durch Gestaltungserklärung der Beteiligten nicht eintritt.[8] Das Gericht hat vielmehr von Amts wegen in jeder Verfahrenslage zu ermitteln, ob eine Erledigung des Verfahrens in der Hauptsache eingetreten ist.[9] Die Vorschrift knüpft an die bisher regelmäßig vorgenommene Auslegung einer Erledigungserklärung in Antragsverfahren als Antragsrücknahme[10] an, bringt darüber hinaus zum Ausdruck, dass neben dem Antragsteller auch die anderen Beteiligten erklären können, dass ein Interesse an der Fortführung des Verfahrens nicht besteht.[11]

---

1 OLG Köln 16.01.1995 – 16 Wx 174/94 = WuM 1995, 343; KG 16.09.2003 – 1 W 48/02 = FamRZ 2004, 836; Keidel u.a./Schmidt § 12 FGG Rn. 39; Bassenge u.a./Bassenge Einl. FGG Rn. 112.
2 Vgl. zum Sach- und Streitstand Keidel u.a./Schmidt § 12 FGG Rn. 41; Bassenge u.a./Bassenge Einl. FGG Rn. 114 f.
3 BT-Drs. 16/6308, S. 184 f.
4 BT-Drs. 16/6308, S. 185.
5 BT-Drs. 16/6308, S. 185.
6 BT-Drs. 16/6308, S. 185.
7 BT-Drs. 16/6308, S. 185.
8 OLG München 14.09.1999 – 26 UF 1414/99 = FuR 2000, 300.
9 Bassenge u.a./Bassenge Einl. FGG Rn. 121.
10 Vgl. Bassenge u.a./Bassenge Einl. FGG Rn. 126.
11 BT-Drs. 16/6308, S. 185.

Abs. 4: In Verfahren, die auch von Amts wegen eingeleitet werden können, fehlt den Antragstellern und den übrigen Beteiligten die Dispositionsbefugnis über den Verfahrensgegenstand. Aus diesem Grund treten die Rücknahmewirkungen nach Abs. 2 in solchen Verfahren nicht ein, auch eine Verfahrensbeendigung nach Abs. 3 ist nicht möglich.

6

§ 22a Mitteilungen an die Familien- und Betreuungsgerichte

(1) Wird infolge eines gerichtlichen Verfahrens eine Tätigkeit des Familien- oder Betreuungsgerichts erforderlich, hat das Gericht dem Familien- oder Betreuungsgericht Mitteilung zu machen.

(2) Im Übrigen dürfen Gerichte und Behörden dem Familien- oder Betreuungsgericht personenbezogene Daten übermitteln, wenn deren Kenntnis aus ihrer Sicht für familien- oder betreuungsgerichtliche Maßnahmen erforderlich ist, soweit nicht für die übermittelnde Stelle erkennbar ist, dass schutzwürdige Interessen des Betroffenen an dem Ausschluss der Übermittlung das Schutzbedürfnis eines Minderjährigen oder Betreuten oder das öffentliche Interesse an der Übermittlung überwiegen. Die Übermittlung unterbleibt, wenn ihr eine besondere bundes- oder entsprechende landesgesetzliche Verwendungsregelung entgegensteht.

Die Vorschrift wurde erst durch den Beschluss des 6. Rechtsausschusses im Bundestag am 23.06.2008[1] eingefügt und entspricht inhaltlich dem bisherigen § 35a FGG. Die Mitteilungsrechte und -pflichten insbesondere an die FamG dienen dem Schutz der Kinder und betroffenen Personen. **Abs. 1** ist nicht nur Ermächtigungsnorm, sondern regelt gleichzeitig zwingende Mitteilungspflichten, **Abs. 2** ist dagegen eine reine Ermächtigungsnorm.

1

Abs. 1: Die Benachrichtigungspflicht besteht für jedes Gericht, in allen Instanzen, auch für das nur mit der Vornahme von Beurkundung befasste Gericht.[2] Sie entsteht, wenn die Anordnung einer Vormundschaft (§ 1773 BGB), einer Betreuung (§§ 1896 ff. BGB), einer Pflegschaft (§§ 1909 ff. BGB), gerichtliche Maßnahmen nach § 1666 BGB oder sonstige Maßnahmen des FamG oder BetreuungsG notwendig werden, aber auch wenn sie zur ordnungsgemäßen Durchführung eines Verfahrens erforderlich ist.[3] Sie besteht nicht, wenn nur gelegentlich eines Gerichtsverfahrens Verhältnisse zu Tage treten, die das Einschreiten des FamG oder BetreuungsG geboten erscheinen lassen.[4] Dann ist das Gericht aber nach Abs. 2 ermächtigt, das FamG oder BetreuungsG zu informieren.

2

Die Mitteilungspflichten sind in der Verwaltungsvorschrift **Anordnung über Mitteilungen in Zivilsachen (MiZi)**[5] konkretisiert.

3

---
1 BT-Drs. 16/9733.
2 Keidel u.a./Engelhardt § 35a FGG Rn. 1.
3 BGH 27.02.1992 – III ZR 199/89 = FamRZ 1992, 926.
4 BGH 27.02.1992 – III ZR 199/89 = FamRZ 1992, 926.
5 http://vwvbund.juris.de/bsvwvbund_29041998_14301R57212002.htm.

Abschnitt 1 Allgemeine Vorschriften

4 Hält das informierte FamG oder BetreuungsG eine Tätigkeit für nicht erforderlich, so hat das anzeigende Gericht **kein Beschwerderecht**.[6]

5 **Beispiele für die Mitteilungspflicht:**

- Todeserklärung eines Elterteils, wenn nicht der andere Elternteil die elterliche Sorge hat oder erlangt (§§ 1677, 1681, 1773 BGB);

- Todeserklärung, Bestellung eines Betreuers, Anordnung der Insolvenzeröffnung in Bezug auf einen Vormund, Gegenvormund oder Pfleger (§§ 1780, 1781, 1785, 1886, 1792 Abs. 4 BGB);

- Anordnung oder Aufhebung einer Vormundschaft infolge eines Kindschaftsverfahrens, das die Feststellung des Rechtsverhältnisses zwischen Kind und Eltern zum Gegenstand hat.

6 **Sondervorschriften** über Mitteilungspflichten: § 292 Abs. 2, § 443 Abs. 3 StPO, §§ 53, 70 JGG.

7 **Abs. 2:** Die Vorschrift schafft eine Rechtsgrundlage dafür, dass Gerichte und Behörden dem FamG oder dem BetreuungsG personenbezogene Daten übermitteln dürfen, wenn sie deren Kenntnis für familien- oder betreuungsgerichtliche Maßnahmen für erforderlich halten. Ausnahmen hiervon bestehen alternativ, wenn

- schutzwürdige Interessen des Betroffenen an dem Ausschluss der Übermittlung das öffentliche Interesse an der Übermittlung überwiegen,

- das Schutzbedürfnis eines Minderjährigen oder Betreuten das öffentliche Interesse an der Übermittlung überwiegt

  oder

- der Übermittlung der Daten eine besondere bundes- oder entsprechende landesgesetzliche Verwendungsregelung entgegensteht.

8 Der Gesetzeswortlaut wurde aus § 35a FGG unverändert übernommen. Dieser ist jedoch unverständlich. Das „oder" vor „das öffentliche Interesse an der Übermittlung" ergibt keinen Sinn. Möglicherweise wollte der Gesetzgeber dieses „oder" vor „das Schutzbedürfnis eines Minderjährigen" setzen. Dort fehlt zumindest ein Komma. Hier dürfte ein fortgesetztes redaktionelles Versehen vorliegen.

---

[6] Keidel u.a./Engelhardt § 35a FGG Rn. 3.

Abschnitt 2
Verfahren im ersten Rechtszug
(§ 23 – § 37)

Vorbemerkung § 23

Der zweite Abschnitt des ersten Buchs regelt in den 1
- §§ 23 bis 25 die Einleitung des Verfahrens,
- §§ 26 bis 37 das Verfahren im ersten Rechtszug.

Nach § 113 Abs. 1 Satz 1 gilt der gesamte zweite Abschnitt nicht für Ehe- und Familienstreitsachen, für die sich das Verfahren nach den allgemeinen Vorschriften der ZPO und den Vorschriften der ZPO über das Verfahren vor dem Landgericht richtet. Die §§ 23 bis 37 finden somit **Anwendung** auf die Familiensachen nach § 111 Nr. 2, 3 bis 7 sowie die entsprechenden Lebenspartnerschaftsverfahren (§ 111 Nr. 11). 2

Im **Verfahrensablauf** unterscheiden sich familienrechtliche Antragsverfahren und Verfahren, die von Amts wegen eingeleitet werden: 3

Antragsverfahren

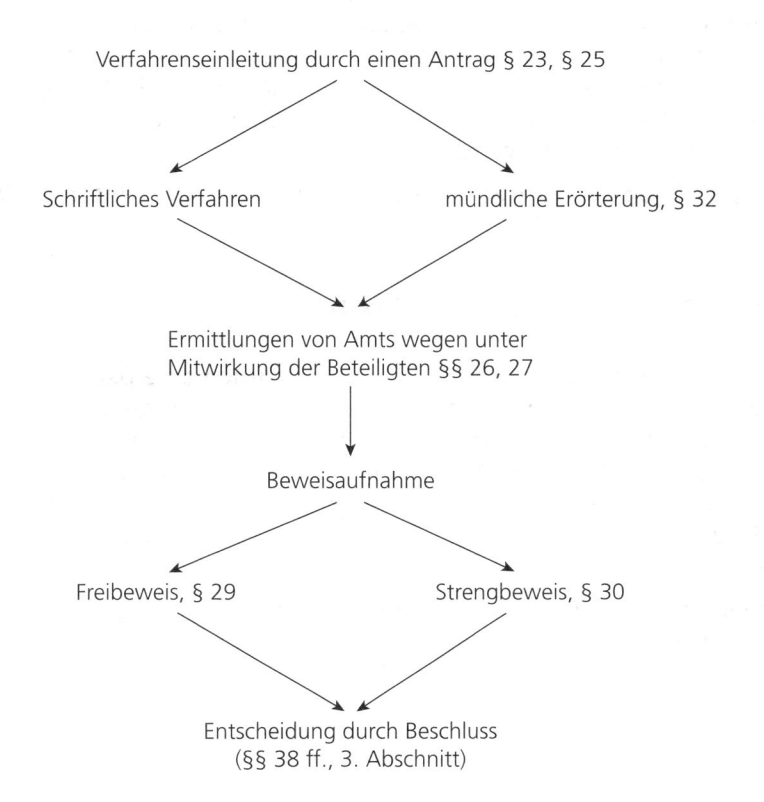

Verfahrenseinleitung durch einen Antrag § 23, § 25

Schriftliches Verfahren → mündliche Erörterung, § 32

Ermittlungen von Amts wegen unter Mitwirkung der Beteiligten §§ 26, 27

Beweisaufnahme

Freibeweis, § 29 — Strengbeweis, § 30

Entscheidung durch Beschluss
(§§ 38 ff., 3. Abschnitt)

Verfahren von Amts wegen

```
Anregung des Verfahrens § 24
       ↙                    ↘
Einleitung eines Verfahrens    Ablehnung der Einleitung
                                        ↓
                               Unterrichtung dessen, der
                               die Anregung gegeben hat,
                               § 24 Abs. 2
       ↓
(Verfahrensablauf wie bei den
Antragsverfahren)
```

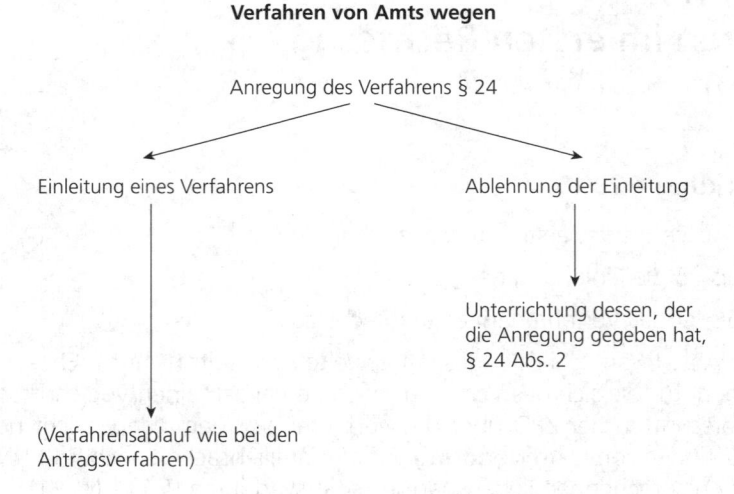

§ 23 Verfahrenseinleitender Antrag

(1) Ein verfahrenseinleitender Antrag soll begründet werden. In dem Antrag sollen die zur Begründung dienenden Tatsachen und Beweismittel angegeben sowie die Personen benannt werden, die als Beteiligte in Betracht kommen. Urkunden, auf die Bezug genommen wird, sollen in Urschrift oder Abschrift beigefügt werden. Der Antrag soll von dem Antragsteller oder seinem Bevollmächtigten unterschrieben werden.

(2) Das Gericht soll den Antrag an die übrigen Beteiligten übermitteln.

I. Inhalt und Bedeutung der Norm

1   Die Vorschrift bezeichnet die **förmlichen Anforderungen an einen verfahrenseinleitenden Antrag**. Sie schreibt nicht etwa den Antrag als zwingende Maßnahme der Verfahrenseinleitung vor, sondern gilt nur für die Fälle, in denen das maßgebende materielle Recht die Verfahrenseinleitung auf Antrag vorsieht, etwa in Erbscheinsverfahren, bei Registereintragungen oder in Betreuungssachen.[1] Keine Anwendung findet § 23 auf Ehesachen, Familienstreitsachen (§ 113) und entsprechende Lebenspartnerschaftsverfahren (§ 270).

2   Die Vorschrift ist insgesamt als **Soll-Vorschrift** gestaltet mit der Folge, dass die Nichteinhaltung der Förmlichkeiten nicht zu einer Zurückweisung als unzulässig führen kann.[2]

---
1 BT-Drs. 16/6308, S. 185.
2 BT-Drs. 16/6308, S. 185.

Das **bisherige Recht** kannte keine dem § 23 entsprechende Norm und damit keine Förmlichkeiten für einen einleitenden Antrag. Es sah in § 11 FGG lediglich die Möglichkeit vor, Anträge und Erklärungen zu Protokoll der Geschäftsstelle abzugeben, und setzte damit jedenfalls eine Schriftlichkeit voraus.[3]

II. Verfahrenseinleitender Antrag

Abs. 1 legt die **Mindestanforderungen** fest, die an einen Antrag im Antragsverfahren zu stellen sind. Weiterreichende inhaltliche Anforderungen nach bestimmten Vorschriften (z.B. § 8 GmbHG oder § 2354 BGB) bleiben unberührt.[4]

Nach **Abs. 1 Satz 1** soll der Antrag begründet werden. Durch eine – nach bisher geltendem Recht nicht vorgeschriebene – Begründung wird das Gericht in die Lage versetzt, den Antrag zu überprüfen und damit das Verfahren durch eine sachgerechte Förderung zu beschleunigen.[5] Ein ausdrücklicher **Sachantrag ist nicht erforderlich.** Man wird vom Antragsteller im Rahmen seiner Mitwirkungspflichten allerdings eine kurze Darlegung seines Rechtsschutzziels verlangen können.[6]

Abs. 1 Sätze 2 und 3 präzisieren die Begründungspflicht Der Antragsteller soll am Verfahren durch die Angaben der zur Begründung dienenden Tatsachen und Beweismittel sowie durch die Benennung der in Betracht kommenden Beteiligten mitwirken und dadurch die Amtsermittlungspflicht des Gerichts unterstützen.[7] Aus demselben Grund sollen in Bezug genommene Urkunden urschriftlich oder in Abschrift beigefügt werden. Sind nur Teile von Urkunden bedeutsam, reicht in entsprechender Anwendung des § 131 Abs. 2 ZPO[8] die Beifügung eines Auszugs, der den Eingang, die zur Sache gehörende Stelle, den Schluss, das Datum und die Unterschrift enthält.

Abs. 1 Satz 4 verlangt schließlich, dass der Antrag zu unterschreiben ist. Die Vorschrift entspricht damit dem Standard anderer Verfahrensordnungen (vgl. § 253 Abs. 4 i. V. m. § 130 Nr. 6 ZPO). An das Unterschriftserfordernis knüpfen sich im Zivilprozessrecht eine Fülle von Streitfragen betreffend in erster Linie die Art und Weise der Unterschrift, ihren Standort, ihren Zeitpunkt sowie Ausnahmen von der Notwendigkeit eigenhändiger Unterzeichnung.[9] Ausgangspunkt dieser Diskusionen ist die Tatsache, dass die Rechtsprechung bei bestimmenden Schriftsätzen die Unterschrift als **unverzichtbares Formerfordernis** ansieht.[10] Diesen Weg ist § 23 gerade nicht gegangen. Dadurch, dass die Norm als Sollvorschrift ausgestaltet ist, hat das Gericht auch im Bereich der Unterschrift, die Möglichkeit, auf Mängel hinzuweisen und Zweifel, die sich an der Ernsthaftigkeit oder Authenzität der Unterschrift ergeben könnten, zu beseitigen.

---

3 Keidel u.a./Zimmermann § 11 FGG Rn. 28.
4 BT-Drs. 16/6308, S. 185.
5 BT-Drs. 16/6308, S. 185.
6 BT-Drs. 16/6308, S. 185.
7 BT-Drs. 16/6308, S. 185.
8 BT-Drs. 16/6308, S. 186.
9 Vgl. Zöller/Greger § 130 ZPO Rn. 10 ff. m.w.N. auf die umfangreiche Rechtsprechung.
10 BGH 14.03.2001 – XII ZR 51/99 = NJW 2001, 1581 (1582); 10.05.2005 – XI ZR 128/04 = NJW 2005, 2086 (2088).

8   **Abs. 2** sieht vor, dass der Antrag den anderen Beteiligten übermittelt werden soll. Da den übrigen Beteiligten rechtliches Gehör zu gewähren ist, ist das Gericht im Regelfall zur Weiterleitung verpflichtet. Es hat allerdings die Möglichkeit, im Einzelfall von der Übersendung offensichtlich unzulässiger oder unbegründeter Anträge abzusehen; diese können unmittelbar zurückgewiesen werden.[11]

9   Die Vorschrift enthält keine Regelung dahin, dass der Antragsteller die zur Übermittlung notwendige Anzahl von Abschriften der Antragsschrift und der in Bezug genommenen Urkunden vorzulegen hat. Von einer solchen Verpflichtung hat der Gesetzgeber bewusst abgesehen, da die Zahl der Beteiligten bei Eingang der Antragsschrift häufig noch nicht feststeht.[12]

§ 24 Anregung des Verfahrens

(1) Soweit Verfahren von Amts wegen eingeleitet werden können, kann die Einleitung eines Verfahrens angeregt werden.

(2) Folgt das Gericht der Anregung nach Absatz 1 nicht, hat es denjenigen, der die Einleitung angeregt hat, darüber zu unterrichten, soweit ein berechtigtes Interesse an der Unterrichtung ersichtlich ist.

1   Die Vorschrift, die keine Entsprechung im bisher geltenden Recht hat, behandelt amtswegige Verfahren und stellt in ihrem Abs. 1 klar, dass diese auch auf Anregung eingeleitet werden können. Diese Anregungen können erfolgen durch Behörden im Rahmen ihrer Mitteilungspflichten, durch Angehörige z.B. in Betreuungsverfahren, aber auch durch jede beliebige Behörde oder Organisation und durch jeden außen stehenden Dritten.[1] Die Frage, ob ein Verfahren von Amts wegen oder nur auf Antrag einzuleiten ist, bestimmt das materielle Recht.[2] In einem von Amts wegen zu betreibenden Verfahren bleibt daher die Mitteilung eines Sachverhalts an das Gericht eine Anregung zur Einleitung eines Verfahrens, selbst wenn sie in die Form eines Antrags gekleidet ist.[3]

2   Abs. 2 statuiert abweichend von der bisherigen Rechtslage eine Mitteilungspflicht des Gerichts. Wurde das Gericht auf die von außen kommende Anregung hin nicht tätig, leitete es kein Verfahren ein, war **in Anwendung des bisherigen Rechts** im Regelfall nichts zu veranlassen. Zur Verfahrenseinleitung in Amtsverfahren bedurfte es somit einer ausdrücklichen oder konkludenten Handlung des Gerichts, die sich in irgendeiner Form dokumentiert hatte. Derjenige, der die Anregung gegeben hatte, war nicht Verfahrensbeteiligter und damit nicht zu unterrichten. Eine Ausnahme erfolgte nur für den Fall, dass der Mitteilende, wie bspw. das JA, aus eigenem Recht berechtigt oder verpflichtet war, an den Aufgaben, zu denen der Verfahrensgegenstand gehörte, mitzuwirken.[4]

---

11 BT-Drs. 16/6308, S. 186.
12 BT-Drs. 16/6308, S. 186.
1   Keidel u.a./Schmidt § 12 FGG Rn. 8.
2   → § 23 Rn. 1.
3   Keidel u.a./Schmidt § 12 FGG Rn. 8.
4   Keidel u.a./Schmidt § 12 FGG Rn. 8.

Nunmehr ist derjenige, der ein Verfahren angeregt hat, zu unterrichten, wenn das Gericht dieser Anregung nicht folgt. Damit trägt das Gesetz der Tatsache Rechnung, dass es in einer Vielzahl von Fällen erst durch die Hinweise von Bürgern Kenntnis über ein einzuleitendes Verfahren erhält,[5] auf deren Mitwirkung also zur sachgerechten Erfüllung seiner Aufgaben angewiesen ist. Die Mitteilungspflicht besteht nur, wenn **ein berechtigtes Interesse** erkennbar ist, bspw. bei demjenigen, der in einem späteren Verfahren die Stellung eines Beteiligten hätte.[6] Ein berechtigtes Interesse wird man darüber hinaus auch bei engen persönlichen Bindungen zu der von dem möglichen Verfahren betroffenen Person annehmen können.

Das Gericht ist nicht verpflichtet, umfassend unter Abwägung sämtlicher Gesichtspunkte die **Gründe** für sein Verhalten darzulegen. Es hat vielmehr in der gebotenen Kürze die Gründe für seine Entscheidung mitzuteilen und dabei auch das Recht des von der Anregung Betroffenen auf informationelle Selbstbestimmung zu achten.[7]

§ 25 Anträge und Erklärungen zur Niederschrift der Geschäftsstelle

(1) Die Beteiligten können Anträge und Erklärungen gegenüber dem zuständigen Gericht schriftlich oder zur Niederschrift der Geschäftsstelle abgeben, soweit eine Vertretung durch einen Rechtsanwalt nicht notwendig ist.

(2) Anträge und Erklärungen, deren Abgabe vor dem Urkundsbeamten der Geschäftsstelle zulässig ist, können vor der Geschäftsstelle eines jeden Amtsgerichts zur Niederschrift abgegeben werden.

(3) Die Geschäftsstelle hat die Niederschrift unverzüglich an das Gericht zu übermitteln, an das der Antrag oder die Erklärung gerichtet ist. Die Wirkung einer Verfahrenshandlung tritt nicht ein, bevor die Niederschrift dort eingeht.

I. Inhalt und Bedeutung der Norm

Die Vorschrift eröffnet wie die Vorgängernorm des § 11 FGG die Möglichkeit, Anträge und Erklärungen bei der Geschäftsstelle des zuständigen Gerichts oder jedes Amtsgerichts protokollieren zu lassen. Sie erleichtert damit den Umgang der Beteiligten mit dem Gericht[1] und vereinheitlicht die bisher vorhandenen Möglichkeiten, einzelne Verfahrenshandlungen zur Niederschrift der Geschäftsstelle vornehmen zu können. Diese Regelungen, wie z.B. § 21 Abs. 2 Satz 1, § 29 FGG, werden entbehrlich.[2] Anders als nach bisherigem Recht ist die Möglichkeit der Protokollierung nur eröffnet, wenn eine Vertretung durch Rechtsanwälte nicht geboten ist. Sie scheidet also insbesondere aus in den Ehesachen, ihren Folgesachen und den Familienstreitverfahren einschließlich der entsprechenden Lebenspartnerschaftsverfahren (§§ 114, 270)

---
5 BT-Drs. 16/6308, S. 186.
6 BT-Drs. 16/6308, S. 186.
7 BT-Drs. 16/6308, S. 186.
1 Keidel u.a./Zimmermann § 11 FGG Rn. 1.
2 BT-Drs. 16/6308, S. 186.

II. Abgabe von Erklärungen zu Protokoll der Geschäftsstelle

Abs. 1 ermöglicht es jedem Beteiligten, Anträge und Erklärungen zur Niederschrift des zuständigen Gerichts abzugeben. Die Vorschrift ersetzt nicht eine nach materiellem Recht erforderliche andere Form der Beurkundung. **Zuständig** ist das Gericht, bei dem die Angelegenheit anhängig ist oder bei dem sie anhängig zu machen wäre. Ob dieses Gericht letztendlich seine örtliche und sachliche Zuständigkeit bejaht, ist ohne Bedeutung.[3]

2 Protokolliert werden können **Anträge**, also Äußerungen, die auf eine bestimmte Tätigkeit des Gerichts abzielen. Gleichgültig ist dabei, ob es sich der Sache nach um Verfahrensanträge oder nur Anregungen an das Gericht handelt.[4] **Erklärungen** sind für das Gericht bestimmte Mitteilungen, gleich ob diese tatsächlicher, rechtsgeschäftlicher oder verfahrensrechtlicher Art sind.[5] Für die Entgegennahme der schriftlichen Anträge und Erklärungen sowie die Protokollierung zuständig ist die bei jedem Gericht nach § 153 Abs. 1 GVG einzurichtende und mit der notwendigen Anzahl von Urkundsbeamten zu besetzende Geschäftsstelle.

3 Keine Regelungen enthält die Vorschrift über Form und Inhalt der zu erstellenden Niederschrift. Als notwendig anzusehen sind wie in Anwendung des § 11 FGG die Angabe des Ortes und des Tages der Aufnahme, die Bezeichnung desjenigen, dessen Erklärung beurkundet wurde sowie den Vermerk, dass die Erklärung vorgelesen bzw. durchgelesen und genehmigt wurde.[6] Der Inhalt muss darüber hinaus von dem Urkundsbeamten der Geschäftsstelle aufgenommen und von diesem unterschrieben sein.[7]

4 **Abs. 2** regelt nunmehr ausdrücklich die bereits in Anwendung des § 11 FGG anerkannte Möglichkeit,[8] die in Abs. 1 genannten Anträge und Erklärungen vor der Geschäftsstelle **eines jeden Amtsgerichts** in Deutschland abzugeben.

5 **Abs. 3** verpflichtet die Geschäftsstelle des angerufenen Gerichts, die gefertigte Niederschrift unverzüglich an das Gericht weiterzuleiten, das als Adressat bezeichnet worden ist. Nach Satz 2 tritt die Wirkung der Verfahrenserklärung nicht ein, bevor die Niederschrift bei dem zuständigen Gericht eingeht. Ist durch die Erklärung also eine Frist zu wahren, so kann sie zwar zu Protokoll der Geschäftsstelle jedes Amtsgerichts erklärt werden. Die Frist wahrende Wirkung tritt aber erst ein, wenn sie bei dem zuständigen Gericht eingegangen ist. Der Beschwerdeführer kann z.B. – in anderen als den in §§ 114, 270 genannten Familien- und Lebenspartnerschaftssachen – die Beschwerde zu Protokoll der Geschäftsstelle eines jeden Amtsgerichts erklären. Wirksam eingelegt ist sie allerdings erst, wenn sie innerhalb der Frist des § 63 Abs. 1 bei dem Gericht eingeht, dessen Entscheidung angefochten werden soll (§ 64 Abs. 1).[9] Verzögert das pro-

---

3 Keidel u.a./Zimmermann § 11 FGG Rn. 6; Bumiller/Winkler § 11 FGG Rn. 8.
4 Keidel u.a./Zimmermann § 11 FGG Rn. 14.
5 Keidel u.a./Zimmermann § 11 FGG Rn. 13.
6 Keidel u.a./Zimmermann § 11 FGG Rn. 19; Bumiller/Winkler § 11 FGG Rn. 7.
7 Keidel u.a./Zimmermann § 11 FGG Rn. 19; Bumiller/Winkler § 11 FGG Rn. 7.
8 Keidel u.a./Zimmermann § 11 FGG Rn. 7; Bumiller/Winkler § 11 FGG Rn. 8.
9 Dies war bereits in Anwendung des § 11 FGG anerkannt: Keidel u.a./Zimmermann § 11 FGG Rn. 12.

tokollierende Gericht die Weiterleitung und wird dadurch eine Frist versäumt, kommt eine Wiedereinsetzung in den vorigen Stand nach § 17 Abs. 1 in Betracht.

§ 26 Ermittlung von Amts wegen

Das Gericht hat von Amts wegen die zur Feststellung der entscheidungserheblichen Tatsachen erforderlichen Ermittlungen durchzuführen.

I. Inhalt und Bedeutung der Norm

Die Vorschrift enthält wie die Vorgängernorm des § 12 FGG den Grundsatz der Amtsermittlung: In den Verfahren der freiwilligen Gerichtsbarkeit, gleich ob es sich um Antrags- oder amtswegige Verfahren handelt, ermittelt das Gericht den entscheidungserheblichen Sachverhalt von Amts wegen. Der Grundsatz der Amtsermittlung findet keine Anwendung auf die den Vorschriften der ZPO unterliegenden familienrechtlichen Verfahren der §§ 113, 270. Für diese gilt der Beibringungsgrundsatz des Zivilprozessrechts, soweit nicht die §§ 112 ff. Sonderregelungen enthalten.[1]

1

II. Amtsermittlungsgrundsatz

Der **Amtsermittlungs- oder Untersuchungsgrundsatz** berechtigt und verpflichtet das Gericht, den zur Entscheidungsfindung notwendigen Sachverhalt von Amts wegen zu ermitteln. Es hat nach pflichtgemäßem Ermessen die notwendigen Beweise zu erheben. Dabei ist es an das Vorbringen und die Beweisangebote der Beteiligten nicht gebunden, sondern kann darüber hinausgehen und zusätzliche Beweise erheben, wenn es dies für notwendig hält. Andererseits ist es nicht gehalten, allen angebotenen Beweisen nachzugehen, sondern kann die Beweisaufnahme beenden, wenn ihm der Sachverhalt ausreichend geklärt erscheint.[2] Es kann Beweis auch über unstreitige oder zugestandene Tatsachen erheben, wenn es Zweifel an ihrer Wahrheit hat.

2

Die **Beweiserhebung** kann erfolgen in Form des Freibeweises nach § 29 oder im förmlichen Beweisverfahren – Strengbeweis – des § 30. Die Beteiligten treffen auch in Geltung des Untersuchungsgrundsatzes **Mitwirkungspflichten**, die das Gesetz nunmehr in § 27 festlegt.

3

Ist das Gericht nicht in der Lage, den entscheidungserheblichen Sachverhalt zu ermitteln, richten sich die Folgen nach den Regeln über die **objektive Beweislast oder Feststellungslast**. Danach trägt den Nachteil der Nichtbeweisbarkeit einer Tatsache derjenige, der nach materiellem Recht eine für ihn günstige Rechtsfolge aus ihr herlei-

4

---

1 Hierzu → § 113 Rn. 1 ff.
2 Bumiller/Winkler § 12 FGG Rn. 2 und 42; Keidel u.a./Schmidt § 12 FGG Rn. 4; Zöller/Greger Vorb § 128 ZPO Rn. 12: „Stoffsammlung durch das Gericht".

tet.³ Wer ein Recht für sich in Anspruch nimmt, trägt also die Feststellungslast für diejenigen Tatsachen, die dieses Recht begründen. Macht jemand einem anderen ein Recht streitig, geht die Nichtbeweisbarkeit der rechtshindernden oder rechtsvernichtenden Tatsachen zu seinen Lasten.

§ 27 Mitwirkung der Beteiligten

(1) Die Beteiligten sollen bei der Ermittlung des Sachverhalts mitwirken.

(2) Die Beteiligten haben ihre Erklärungen über tatsächliche Umstände vollständig und der Wahrheit gemäß abzugeben.

I. Inhalt und Bedeutung der Norm

1   Die Vorschrift normiert die Verpflichtung der Beteiligten, auch in den Verfahren der freiwilligen Gerichtsbarkeit, die dem Untersuchungsgrundsatz unterliegen, an der Aufklärung des Sachverhalts mitzuwirken. Auch in Anwendung des **bisher geltenden Rechts** entsprach sie, wenn auch nicht ausdrücklich geregelt, allgemeiner Auffassung.¹ Gleiches gilt für die in Abs. 2 normierte Wahrheitspflicht der Beteiligten.²

II. Mitwirkungspflicht der Beteiligten

2   Die Beteiligten sollen nach Abs. 1 bei der Ermittlung des Sachverhalts mitwirken. Diese nicht weiter umschriebene Verpflichtung verlangt von den Beteiligten eine **umfassende und wahrheitsgemäße Darstellung** der ihnen bekannten Tatsachen. Der Antragsteller hat die ihm günstigen Tatsachen vollständig mitzuteilen und zu den wesentlichen Gesichtspunkten im Vorbringen seines Gegners Stellung zu nehmen.³ Die Mitwirkungspflicht besteht im eigenen Interesse der Beteiligten. Denn das Gericht hat im Regelfall keine Kenntnis z.B. über höchstpersönliche Umstände der Beteiligten, die in Sorge- und Umgangsrechtsverfahren, in Erbscheinangelegenheiten oder in Betreuungssachen bedeutsam sein können. Nur durch ihre Angaben kann oftmals eine ordnungsgemäße Sachaufklärung durchgeführt werden.⁴

3   Die Mitwirkungspflicht ist nur **beschränkt erzwingbar**. Das Gericht kann nach § 33 Abs. 3 Ordnungs- und Zwangsmittel gegen den nicht erschienenen Beteiligten verhängen sowie nach § 35 durch Verhängung von Zwangsgeld oder Zwangshaft die Verpflichtung zur Vornahme oder Unterlassung einer Handlung durchsetzen.

---

3 KG 07.09.1999 – 1 W 4291/98 = NJW 2001, 903 (905); BayObLG 28.05.1993 – 1 Z BR 7/93 = FamRZ 1994, 593; Bumiller/Winkler § 12 FGG Rn. 6; Keidel u.a./Schmidt § 12 FGG Rn. 213.
1 BayObLG 07.09.1992 – 1Z BR 15/92 = FamRZ 1993, 366 (367); OLG Köln 31.08.1990 – 2 Wx 35/90 = FamRZ 1991, 117 (118); Keidel u.a./Schmidt § 12 FGG Rn. 121; Bumiller/Winkler § 12 FGG Rn. 44.
2 Keidel u.a./Schmidt § 12 FGG Rn. 53.
3 BayObLG 07.09.1992 – 1Z BR 15/92 = FamRZ 1993, 366 (367); OLG Köln 20.12.1993 – 2 Wx 36/93 = FamRZ 1994, 1135 (1137); Keidel u.a./Schmidt § 12 FGG Rn. 121; Bumiller/Winkler § 12 FGG Rn. 44.
4 BT-Drs. 16/6308, S. 186.

Ein **Verstoß gegen die Mitwirkungspflicht** kann allerdings ungeachtet des Untersuchungsgrundsatzes nachteilige Folgen für die Beteiligten haben. Verweigern diese grundlos ihre Mitwirkung, beeinflusst dies den Umfang der Sachaufklärung durch das Gericht. Diese endet dort, wo die Beteiligten unschwer in der Lage sind, die notwendigen Erklärungen abzugeben und die Beweismittel vorzulegen.[5] Das Gericht hat keine Veranlassung, weitere Ermittlungen durchzuführen, wenn die Beteiligten ihre Mitwirkungspflicht verletzen.[6] So ist das Gericht z.B. nicht verpflichtet, ein Sachverständigengutachten zur Echtheit von Unterschriften unter ein Testament einzuholen, wenn sich derjenige, der ihre Echtheit anzweifelt, weigert, ein insoweit eingeholtes Privatgutachten vorzulegen.[7]

Abs. 2 verpflichtet die Beteiligten, ihre Erklärungen wahrheitsgemäß und vollständig abzugeben und entspricht damit der **Wahrheitspflicht** des § 138 Abs. 1 ZPO. Diese verpflichtet die Beteiligten zur subjektiven Wahrhaftigkeit und verbietet wissentlich falsche Angaben über tatsächliche Umstände sowie das Verschweigen bekannter Tatsachen, die erkennbar für die Entscheidungsfindung bedeutsam sind.[8] Verstößt ein Beteiligter gegen seine Wahrheitspflicht, bleibt sein unwahres Vorbringen außer acht. Darüber hinaus macht er sich unter Umständen des Betrugs oder versuchten Betrugs strafbar.[9]

§ 28 Verfahrensleitung

(1) Das Gericht hat darauf hinzuwirken, dass die Beteiligten sich rechtzeitig über alle erheblichen Tatsachen erklären und ungenügende tatsächliche Angaben ergänzen. Es hat die Beteiligten auf einen rechtlichen Gesichtspunkt hinzuweisen, wenn es ihn anders beurteilt als die Beteiligten und seine Entscheidung darauf stützen will.

(2) In Antragsverfahren hat das Gericht auch darauf hinzuwirken, dass Formfehler beseitigt und sachdienliche Anträge gestellt werden.

(3) Hinweise nach dieser Vorschrift hat das Gericht so früh wie möglich zu erteilen und aktenkundig zu machen.

(4) Über Termine und persönliche Anhörungen hat das Gericht einen Vermerk zu fertigen; für die Niederschrift des Vermerks kann ein Urkundsbeamter der Geschäftsstelle hinzugezogen werden, wenn dies auf Grund des zu erwartenden Umfangs des Vermerks, in Anbetracht der Schwierigkeit der Sache oder aus einem sonstigen wichtigen Grund erforderlich ist. In den Vermerk sind die wesentlichen Vorgänge des Termins und der persönlichen Anhörung aufzunehmen. Die Herstellung durch Aufzeichnung auf Datenträger in der Form des § 14 Abs. 3 ist möglich.

---

5 BGH 23.03.1988 – IV Zb 51/87 = NJW 1988, 1839 (1840); OLG Köln 20.12.1993 – 2 Wx 36/93 = FamRZ 1994, 1135 (1137); Keidel u.a./Schmidt § 12 FGG Rn. 122.
6 BT-Drs. 16/6308, S. 186.
7 OLG Köln 20.12.1993 – 2 Wx 36/93 = FamRZ 1994, 1135 (1137).
8 Zöller/Greger § 138 ZPO Rn. 3.
9 Keidel u.a./Schmidt § 12 FGG Rn. 53.

Abschnitt 2 Verfahren im ersten Rechtszug

Übersicht

I. Inhalt und Bedeutung der Norm	1
II. Gerichtliche Verfahrenslenkung	2
1. Hinweispflichten	2
2. Dokumentationspflicht	7

I. Inhalt und Bedeutung der Norm

1 Die Vorschrift kodifiziert im Interesse der Verfahrenstransparenz[1] einige Grundsätze der richterlichen Verfahrenslenkung. Die in Abs. 1 und 2 umschriebenen Hinwirkungs- und Hinweispflichten des Gerichts folgen unmittelbar aus dem Amtsermittlungsgrundsatz und sind auch in Anwendung des bisher geltenden Rechts allgemein anerkannt.[2] Abs. 3 begründet eine richterliche Obliegenheit zur Verfahrensbeschleunigung. Die Verpflichtung, über Anhörungen und Termine eine Niederschrift zu fertigen, ist Ausfluss des Grundsatzes rechtlichen Gehörs. Die Beteiligten haben ein Recht, Kenntnis vom Ergebnis einer Anhörung, eines Termins zu nehmen, um hierzu Stellung nehmen zu können. Auch dies entspricht der bisher geltenden Rechtslage.[3]

II. Gerichtliche Verfahrenslenkung

1. Hinweispflichten

2 Abs. 1 Satz 1 beschreibt Umfang und Grenzen der richterlichen Hinwirkungspflicht. Im Rahmen des Grundsatzes der Amtsermittlung ist das Gericht verpflichtet, auf einen **vollständigen Sachvortrag** der Beteiligten hinzuwirken, darauf, dass sich diese – insoweit knüpft die Vorschrift an die Mitwirkungspflicht des § 27 an – über alle entscheidungserheblichen Tatsachen erklären und ungenügende tatsächliche Angaben ergänzen. Der Umfang der in concreto erforderlichen gerichtlichen Verfahrenslenkung hängt dabei vom Vortrag der Beteiligten ab. Ist dieser umfassend und vollständig, nimmt er zu allen rechtlich bedeutsamen Gesichtspunkten Stellung, ist für ein richterliches Tätigwerden kein Raum.[4]

3 Hinzuwirken ist auf **rechtzeitigen Vortrag** der Beteiligten. Durch diese Formulierung erhält das Gericht die – bereits allgemein praktizierte – Möglichkeit, den Beteiligten zur Ergänzung ihres Vorbringens eine Frist zu setzen, damit der gegnerische Beteiligte sich äußern und das Gericht zeitnah zu einer Entscheidung gelangen kann.[5]

4 Die Hinweispflicht des Abs. 1 Satz 2 soll die Beteiligten vor **Überraschungsentscheidungen** schützen.[6] Beurteilt das Gericht einen entscheidungserheblichen Gesichts-

---

1 BT-Drs. 16/6308, S. 186.
2 BT-Drs. 16/6308, S. 187; BVerfG 25.10.2001 – 1 BvR 1079/96 = NJW 2002, 1334 (1335); Keidel u.a./Schmidt § 12 FGG Rn. 120; Bumiller/Winkler § 12 FGG Rn. 67.
3 Keidel u.a./Schmidt § 12 FGG Rn. 148.
4 Zöller/Greger § 139 ZPO Rn. 3.
5 BT-Drs. 16/6308, S. 186.
6 BT-Drs. 16/6308, S. 186.

punkt anders als die Beteiligten, hat es sie auf diese unterschiedliche Rechtsauffassung hinzuweisen. Die Verpflichtung kann entstehen, wenn die Beteiligten einen rechtlichen Gesichtspunkt, den das Gericht für wesentlich hält, übersehen haben, wenn das Gericht eine bislang nicht in Betracht gezogene Rechtsnorm anwenden oder von seiner bisherigen gefestigten Rechtsprechung abweichen will.[7] Das Gericht ist also ebenso wenig wie in Anwendung des § 139 Abs. 2 ZPO[8] zu einer umfassenden Darlegung seines Rechtsstandpunkts verpflichtet.[9] Der Umfang der Hinweispflicht hängt vielmehr wie in Satz 1 vom Vortrag der Beteiligten ab. Haben diese keinerlei rechtliche Position bezogen, entfällt eine Hinweispflicht,[10] jedenfalls dann, wenn ihr Sachvortrag für die vom Gericht vorgenommene rechtliche Bewertung ausreichend ist. Sie besteht auch dann nicht, wenn die Beteiligten die in Betracht kommenden Rechtsansichten kontrovers diskutiert haben. Schließt sich das Gericht einer dieser Ansichten an, entscheidet es nicht überraschend.[11]

Abs. 2 enthält eine besondere Hinwirkungspflicht für Antragsverfahren, die nicht nur der Gewährung rechtlichen Gehörs, sondern auch der Verfahrensbeschleunigung dient. Das Gericht soll auf die **Erfüllung der Formvorschriften** hinwirken, insbesondere also darauf, dass die Voraussetzungen des § 23 erfüllt werden. Darüber hinaus soll es zur Stellung sachdienlicher Anträge anhalten. Damit soll – da ein Sachantrag nicht erforderlich ist[12] – das Verfahrensziel präzisiert werden. **5**

Hinweise nach Abs. 1 und 2 hat das Gericht zunächst so **frühzeitig** wie möglich zu erteilen. Die Vorschrift entspricht dem § 139 Abs. 4 Satz 1 ZPO und verpflichtet den Richter, tätig zu werden, sobald er die Voraussetzungen für die Erteilung eines Hinweises erkennt.[13] Einer nach § 28 optimalen Prozessleitung entspräche es also, in jeder Lage des Verfahrens zu überprüfen, ob die Beteiligten ausreichend vortragen und alle rechtlichen Gesichtspunkte bedacht haben, und sie ggf. außerhalb einer Verhandlung oder Anhörung schriftlich oder mündlich[14] auf Versäumtes hinzuweisen. Allerdings hat die Evaluation der ZPO-Reform ergeben, dass ein solches Vorgehen jedenfalls im Zivilprozess der Arbeitsweise eines Richters wenig entspricht, Hinweise vielmehr häufig erst im Termin erteilt werden.[15] Erteilte Hinweise sind **aktenkundig** zu machen, über sie ist also, wenn sie nicht ohnehin schriftlich erfolgen, ein Vermerk zu fertigen und den übrigen Beteiligten zur Kenntnisnahme zuzuleiten.[16] Für Hinweise in einem Verhandlungs- oder Anhörungstermin gilt die Vorschrift des Abs. 4. **6**

2. Dokumentationspflicht

Abs. 4 begründet die Verpflichtung des Gerichts, über Termine und persönliche Anhörungen einen Vermerk zu fertigen. Um die Flexibilität des Verfahrens zu erhalten, übernimmt das Gesetz weder die Protokollierungsvorschriften der §§ 159 ff. ZPO noch benennt es Mindestanforderungen an **Form und Inhalt des Vermerks**.[17] Diese ergeben **7**

---

7 BT-Drs. 16/6308, S. 186; Keidel u.a./Schmidt § 12 FGG Rn. 162.
8 Zöller/Greger § 139 ZPO Rn. 5 f.
9 Keidel u.a./Schmidt § 12 FGG Rn. 162.
10 BT-Drs. 16/6308, S. 186.
11 BT-Drs. 16/6308, S. 186.
12 → § 23 Rn. 5.
13 Zöller/Greger § 139 ZPO Rn. 11.
14 BT-Drs. 16/6308, S. 196.
15 Zöller/Greger § 139 ZPO Rn. 1.
16 BT-Drs. 16/6308, S. 186.
17 BT-Drs. 16/6308, S. 187.

sich aus dem Sinn und Zweck eines Vermerks: Er soll die übrigen Verfahrensbeteiligten über Inhalt und Ergebnis einer Verhandlung oder Anhörung informieren, damit diese sich äußern und ihr weiteres prozessuales Verhalten auf diese einstellen können.[18] Darüber hinaus soll der Vermerk Entscheidungshilfe für das Beschwerdegericht sein, das aufgrund seines Inhalts entscheiden kann, ob es den entsprechenden Verfahrensteil wiederholen muss.[19] Dementsprechend sind die wesentlichen Umstände der Anhörung niederzulegen wie Ort und Zeit sowie die anwesenden Personen. Inhaltlich sind vor allem die Tatsachen zu dokumentieren, auf die das Gericht seine Entscheidung stützen will, die es für erheblich hält. Denn zu diesen müssen sich die übrigen Beteiligten nach § 37 Abs. 2 äußern können. Aufgenommen werden müssen darüber hinaus in der Anhörung, im Termin erteilte Hinweise. Von Bedeutung sein können – bspw. in Betreuungs-, aber auch in Umgangs- oder Sorgerechtsverfahren – äußere Umstände wie die Verfassung einer Person, der Zustand ihrer Unterkunft o. ä.[20]

8 Der Richter oder Rechtspfleger kann unter den in Abs. 4 Satz 1 genannten Voraussetzungen zur Fertigung des Vermerks einen **Urkundsbeamten der Geschäftsstelle hinzuziehen**. Die Vorschrift entspricht insoweit der Regelung des § 159 Abs. 1 Satz 2 ZPO. Die Entscheidung für einen Urkundsbeamten der Geschäftsstelle dürfte die Ausnahme sein. Sie erfolgt durch den Richter/Rechtspfleger, ohne dass eine Begründung notwendig ist.[21]

9 Abs. 4 Satz 3 ermöglicht die **Dokumentation in elektronischer Form** nach § 14 Abs. 3; §§ 130b, 298 ZPO.

§ 29 Beweiserhebung

(1) Das Gericht erhebt die erforderlichen Beweise in geeigneter Form. Es ist hierbei an das Vorbringen der Beteiligten nicht gebunden.

(2) Die Vorschriften der Zivilprozessordnung über die Vernehmung bei Amtsverschwiegenheit und das Recht zur Zeugnisverweigerung gelten für die Befragung von Auskunftspersonen entsprechend.

(3) Das Gericht hat die Ergebnisse der Beweiserhebung aktenkundig zu machen.

Übersicht
I. Inhalt und Bedeutung der Norm 1
   1. Gesetzessystematischer Zusammenhang 1
   2. Bisherige Rechtslage 2
II. Beweiserhebung 3
   1. Freibeweisverfahren 3
   2. Einschränkungen der freien Beweiserhebung 5

---

18 BT-Drs. 16/6308, S. 187.
19 BT-Drs. 16/6308, S. 187.
20 BT-Drs. 16/6308, S. 187 f.
21 Zöller/Stöber § 159 ZPO Rn. 2.

I. Inhalt und Bedeutung der Norm

1. Gesetzessystematischer Zusammenhang

Die Vorschrift gehört gemeinsam mit § 30 zu den wesentlichen Neuerungen des Gesetzes. Sie ermöglicht dem Gericht zunächst die **flexible Gestaltung des Verfahrens** durch die freie Form der Tatsachenerhebung, das Vorgehen im Wege des sog. „Freibeweises". Dieses Verfahren ermöglicht ein zügiges, effizientes und ergebnisorientiertes Vorgehen.[1] Um die Flexibilität nicht zu gefährden, sieht das Gesetz weitgehend davon ab, Regeln für die Anordnung und Durchführung einer formlosen Beweisaufnahme aufzustellen[2] und verweist lediglich wegen der Vernehmung von Auskunftspersonen auf die Vorschriften der ZPO, soweit die Amtsverschwiegenheit und das Recht zur Zeugnisverweigerung betroffen sind. Zudem wird angeordnet, dass das Ergebnis der Beweiserhebung zu dokumentieren ist.

2. Bisherige Rechtslage

Das FGG enthielt lediglich eine rudimentäre Regelung zur Beweiserhebung, nämlich die Vorschrift des **§ 15 FGG**, die auf die Vorschriften der ZPO über den Beweis durch Augenschein, den Zeugen- und Sachverständigenbeweis sowie die Beeidigung von Zeugen und Sachverständigen verwies. Es entsprach allgemeiner Auffassung, dass der Richter in Anwendung des FGG nach pflichtgemäßem Ermessen entscheiden konnte, ob er formlos in Form des Freibeweises ermitteln konnte oder ob er Beweis in der Form des § 15 FGG, also in Form des Strengbeweises erheben musste.[3] Eine Verpflichtung, im förmlichen Beweisverfahren zu ermitteln, hatte die Rechtsprechung angenommen, wenn eine ausreichende Sachverhaltsaufklärung im Verfahren des Freibeweises nicht erreicht werden konnte oder wenn die Art des Verfahrens oder die Bedeutung der Angelegenheit eine solche forderten.[4]

II. Beweiserhebung

1. Freibeweisverfahren

Abs. 1 Satz 1 ordnet für alle Verfahren der freiwilligen Gerichtsbarkeit mit Ausnahme der in §§ 113, 270 genannten Familien- und Lebenspartnerschaftsverfahren die **Geltung des Freibeweises** an: Das Gericht erhebt die erforderlichen Beweise in geeigneter, sprich in einer ihm als geeignet erscheinenden Form. Es ist dabei weder an Regeln noch an bestimmte Beweismittel, auf deren Aufzählung das Gesetz bewusst verzichtet,[5] gebunden. Das Gericht kann daher über die Beweismittel der ZPO hinaus informelle Befragungen von Auskunftspersonen durchführen, und zwar schriftlich, telefonisch oder persönlich. Es hat darüber hinaus die Möglichkeit, Auskünfte von Behörden oder Sachkundigen, eidesstattliche Versicherungen einzuholen und Akten beizuzie-

---

1 So ausdrücklich BT-Drs. 16/6308, S. 188.
2 BT-Drs. 16/6308, S. 188.
3 BayObLG 17.02.1995 – 1Z BR 50/94 = NJW-RR 1996, 583 (584); Keidel u.a./Schmidt § 15 FGG Rn. 3; Bumiller/Winkler § 12 FGG Rn. 45, § 15 FGG Rn. 1, 2, 3.
4 Keidel u.a./Schmidt § 15 FGG Rn. 4 f.
5 BT-Drs. 16/6308, S. 188.

hen.[6] Welches dieser denkbaren Beweismittel es wählt, kann das Gericht nach pflichtgemäßem Ermessen frei entscheiden. Für die Durchführung der Beweisaufnahme gilt der Grundsatz der Unmittelbarkeit nicht.[7]

4 Nach **Abs. 2** ist das Gericht an das Vorbringen der Beteiligten nicht gebunden. Damit wird – auch als **Ausfluss des Amtsermittlungsgrundsatzes**[8] – klargestellt, dass das Gericht eigenverantwortlich die Wahrheit zu ermitteln hat. Es ist weder an ein Geständnis noch nach an Nichtbestreiten gebunden, sondern kann und muss eine Beweisaufnahme durchführen, wenn es Zweifel an der Glaubhaftigkeit der entsprechenden Erklärungen hat. Allerdings wird im Regelfall ein Nichtbestreiten für den Wahrheitsgehalt einer Tatsache sprechen.[9]

2. Einschränkungen der freien Beweiserhebung

5 Die Abs. 2 und 3 stellen zum Schutz der Auskunftspersonen und zur Wahrung des Grundsatzes des rechtlichen Gehörs auch die freie Beweisaufnahme unter gewisse Regelungen. Für die Vernehmung von Beamten, Richtern und sonstigen Angehörigen des öffentlichen Dienstes gilt die Vorschrift des § 376 ZPO zur **Amtsverschwiegenheit**.

6 Die Vorschrift des § 376 ZPO beansprucht **Geltung** nur für Personen, die nach deutschem Recht in einem Amtsverhältnis stehen, nicht für Angehörige ausländischer Streitkräfte oder Bedienstete der europäischen Gemeinschaft.[10] Die für diese geltenden besonderen Regelungen sind ebenfalls zu ihrem Schutz zu berücksichtigen. Für Notare gilt der Grundsatz der Amtsverschwiegenheit nach § 18 BNotO. Erfasst sind alle Angelegenheiten, die den in § 376 ZPO genannten Personen im Rahmen ihrer amtlichen Tätigkeit bekannt geworden sind.[11] Das Gericht hat vor der Einholung der amtlichen Auskunft oder der Vernehmung der Auskunftsperson die Aussagegenehmigung des Dienstvorgesetzten einzuholen.

7 Anwendung finden nach Abs. 2 darüber hinaus die Vorschriften der §§ 383 bis 390 ZPO über das **Recht der Zeugen zur Zeugnisverweigerung**.

8 § 383 Nr. 1 bis 3 ZPO regeln das durch eine besondere persönliche Beziehung der Auskunftsperson zu einem Beteiligten begründete **Zeugnisverweigerungsrecht**, das unabhängig vom Gegenstand der Beweisaufnahme gilt und einen Interessenkonflikt auf Seiten des Zeugen verhindern soll.[12] Das Zeugnisverweigerungsrecht des § 383 Nr. 4 bis 6 ZPO beruht dagegen auf der beruflichen Funktion des Zeugen und setzt daher voraus, dass das Beweisthema zu einem Konflikt mit dem besonderen Vertrauenstatbestand führen kann, den der Zeuge gerade aufgrund seines Berufs genießt.[13] Das Aussageverweigerungsrecht besteht nicht mehr, wenn die Auskunftsperson nach § 385 Abs. 2 ZPO von ihrer Verschwiegenheitspflicht entbunden wurde.

9 § 384 ZPO berechtigt die Auskunftsperson, die **Beantwortung konkreter Fragen** zu verweigern, wenn die Voraussetzungen der § 384 Nr. 1 bis 3 ZPO erfüllt sind. Das Ge-

---

6 BT-Drs. 16/6308, S. 188.
7 BayObLG 17.02.1995 – 1Z BR 50/94 = NJW-RR 1996, 583 (584); Keidel u.a./Schmidt § 12 FGG Rn. 81.
8 → § 26 Rn. 2.
9 BT-Drs. 16/6308, S. 188.
10 Zöller/Greger § 376 ZPO Rn. 1a.
11 Zöller/Greger § 376 ZPO Rn. 5.
12 Zöller/Greger § 383 ZPO Rn. 1a.
13 Zöller/Greger § 383 ZPO Rn. 1a.

richt ist nicht verpflichtet, über das Auskunftsverweigerungsrecht zu belehren und kann aus einer Verweigerung der Auskunft Schlüsse ziehen.[14]

Das Verfahren in den Fällen der Auskunftsverweigerung regelt sich entsprechend §§ 386 ff. ZPO. Die Auskunftsperson hat die Gründe, aus denen sich ein **Auskunftsverweigerungsrecht** ergibt, selbst darzulegen und glaubhaft zu machen. Das Gericht ist ungeachtet des Amtsermittlungsgrundsatzes nicht verpflichtet, von sich aus tätig zu werden.[15] Bei einem Streit über ein Auskunftsverweigerungsrecht entscheidet das Gericht durch Beschluss, der in entsprechender Anwendung des § 569 Abs. 2 ZPO binnen zwei Wochen einzulegen ist.[16]

10

Abs. 3 enthält eine Verpflichtung des Gerichts, das Ergebnis der **Beweisaufnahme** zu dokumentieren, **aktenkundig** zu machen. Das Gericht kann im Rahmen des Freibeweises Ermittlungen in Abwesenheit der Beteiligten anstellen. Dies betrifft im Wesentlichen die Fälle telefonischer Auskünfte oder auch persönlicher Anhörungen und Augenscheinseinnahmen bspw. in Betreuungs- oder Unterbringungsverfahren. Auch die **Anhörungen von Kindern** in Sorge- und Umgangsrechtsverfahren finden häufig in Abwesenheit der sonstigen Beteiligten statt. Um diese über das Ergebnis der Beweiserhebung zu informieren und ihnen Gelegenheit zur Äußerung zu geben, hat das Gericht den Inhalt in einem Vermerk festzuhalten und zu den Akten zu nehmen.[17] Will das Gericht seine Entscheidung auf das Beweisergebnis stützen, gilt § 37 Abs. 2: Der Vermerk ist den Beteiligten zur Kenntnis zu geben, damit sie sich äußern können. Erfolgte die Anhörung in einer mündlichen Verhandlung, ergibt sich die Dokumentationspflicht aus § 28 Abs. 4.

11

Das Gesetz enthält keine Regelung für den Fall, dass sich die Auskunftsperson **weigert, auszusagen** oder dass der Sachverständige die Erteilung einer Auskunft ablehnt. Dementsprechend ist es wie in Zeiten der Geltung des FGG[18] nicht möglich, im Freibeweisverfahren die Aussage einer Auskunftsperson oder auch die schriftliche Beantwortung von Fragen, die Erteilung von Auskünften zu erzwingen. Dem Gericht bleibt nur die Möglichkeit, in das Verfahren des Strengbeweises überzugehen.[19]

12

---

14 Zöller/Greger § 384 ZPO Rn. 1a und 3.
15 BT-Drs. 16/6308, S. 189.
16 BT-Drs. 16/6308, S. 189.
17 BT-Drs. 16/6308, S. 189.
18 OLG Stuttgart 16.01.1978 – 16 WF 208/77 = NJW 1978, 547 (548): Keidel u.a./Schmidt § 12 FGG Rn. 196.
19 BT-Drs. 16/6308, S. 189.

Abschnitt 2 Verfahren im ersten Rechtszug

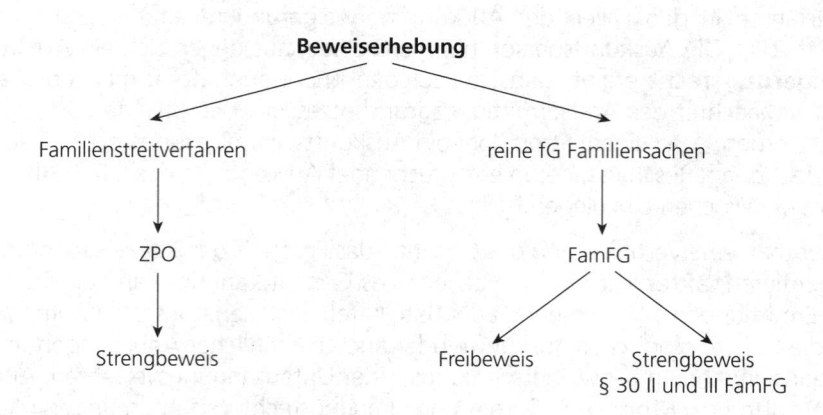

Übersicht

```
                    Beweiserhebung
                   /             \
       Familienstreitverfahren    reine fG Familiensachen
              |                          |
             ZPO                        FamFG
              |                        /      \
         Strengbeweis            Freibeweis   Strengbeweis
                                              § 30 II und III FamFG
```

§ 30 Förmliche Beweisaufnahme

(1) Das Gericht entscheidet nach pflichtgemäßem Ermessen, ob es die entscheidungserheblichen Tatsachen durch eine förmliche Beweisaufnahme entsprechend der Zivilprozessordnung feststellt.

(2) Eine förmliche Beweisaufnahme hat stattzufinden, wenn es in diesem Gesetz vorgesehen ist.

(3) Eine förmliche Beweisaufnahme über die Richtigkeit einer Tatsachenbehauptung soll stattfinden, wenn das Gericht seine Entscheidung maßgeblich auf die Feststellung dieser Tatsache stützen will und die Richtigkeit von einem Beteiligten ausdrücklich bestritten wird.

(4) Den Beteiligten ist Gelegenheit zu geben, zum Ergebnis einer förmlichen Beweisaufnahme Stellung zu nehmen, soweit dies zur Aufklärung des Sachverhalts oder zur Gewährung rechtlichen Gehörs erforderlich ist.

Übersicht

I. Inhalt und Bedeutung der Norm	1
II. Förmliche Beweisaufnahme	3
1. Ermessen des Gerichts	3
2. Verpflichtung des Gerichts zur förmlichen Beweisaufnahme	5

I. Inhalt und Bedeutung der Norm

Abs. 1 regelt nun ausdrücklich das bereits nach bisheriger Rechtslage anerkannte[1] **Wahlrecht des Gerichts** zwischen einer Tatsachenfeststellung mit den Mitteln des Freibeweises und einer förmlichen Beweisaufnahme. Kriterien, die das Ermessen des Gerichts binden könnten, legt es insoweit nicht fest. Allerdings ordnet Abs. 2 den Vorrang spezialgesetzlicher Bestimmungen an. Abs. 3 schränkt das Ermessen des Gerichts in den Fällen ein, in denen eine Tatsache nach einer formlosen Beweisaufnahme streitig geblieben ist und das Gericht seine Entscheidung auf diese stützen will. Das Strengbeweisverfahren sieht der Gesetzgeber zur Ermittlung solcher Tatsachen als geeigneter an; zudem wahrt es besser die Mitwirkungsrechte der Beteiligten.[2]

1

Die förmliche Beweisaufnahme ist nach den **Vorschriften der ZPO** durchzuführen. Es gelten die §§ 355 bis 484 ZPO mit dem Grundsatz der Unmittelbarkeit der Beweisaufnahme, der förmlichen Beweiserhebung und der Beschränkung auf den Beweis durch Zeugen, Sachverständigen, Augenschein, Urkunden sowie die eidliche und uneidliche Parteivernehmung.

2

II. Förmliche Beweisaufnahme

1. Ermessen des Gerichts

Abs. 1 stellt die Entscheidung des Gerichts über die Durchführung einer förmlichen Beweisaufnahme in das **pflichtgemäße Ermessen** des Gerichts. Dies entspricht der bisherigen Rechtslage, so dass die Kriterien, die für die Ausübung des Ermessens und das Verhältnis von Freibeweis zu Strengbeweis entwickelt wurden, fortgelten.[3] Danach ist eine förmliche Beweisaufnahme nach Abs. 1 durchzuführen, wenn eine **ausreichende Sachaufklärung** durch die Mittel des Freibeweises nicht möglich ist,[4] etwa weil Auskunftspersonen ihre Mitwirkung verweigern oder das Gericht eine Vereidigung für notwendig hält. Gleiches gilt, wenn Auskunftspersonen einander widersprechende Angaben gemacht haben. In einem solchen Fall ist es notwendig, dass sich das Gericht in einer förmlichen Beweisaufnahme einen persönlichen Eindruck von den Zeugen verschafft.[5] Dem Strengbeweis ist auch dann der Vorzug zu geben, wenn bestimmte einzelne Tatsachen streitig sind, deren Feststellung für die gerichtliche Entscheidung notwendig ist, wie z.B. der Inhalt eines Testaments oder die Testierfähigkeit des Erblassers.[6] Die **Bedeutung der Angelegenheit** kann schließlich eine förmliche Beweisaufnahme notwendig machen, wenn das Verfahren z.B. einen Eingriff in Grundrechte zum Inhalt hat oder aus sonstigen Gründen für den Betroffenen schwerwiegend ist.[7] Die Ermessensausübung führt allerdings auch in einem solchen Fall nicht

3

---

1 → § 29 Rn. 2 m.w.N.
2 BT-Drs. 16/6308, S. 189.
3 BT-Drs. 16/6308, S. 189.
4 OLG Zweibrücken 27.10.1988 – 3 W 81/87 = NJW-RR 1988, 1211 (1212); Keidel u.a./Schmidt § 15 FGG Rn. 5; Bumiller/Winkler § 15 FGG Rn. 3.
5 OLG Zweibrücken 27.10.1988 – 3 W 81/87 = NJW-RR 1988, 1211 (1212).
6 OLG Köln 30.04.1993 – 2 Wx 56-57/92 = NJW-RR 1993, 970; Bumiller/Winkler § 15 FGG Rn. 3; Keidel u.a./Schmidt § 15 FGG Rn. 5.
7 Bumiller/Winkler § 15 FGG Rn. 3; Keidel u.a./Schmidt § 15 FGG Rn. 6.

zwangsläufig zur Anwendung des Strengbeweises. So kann das Gericht ermessensfehlerfrei von einer förmlichen Beweisaufnahme absehen, wenn bestimmte Tatsachen unstreitig geblieben sind.[8]

4 Die Beteiligten haben kein Recht, die Durchführung eines förmlichen Beweisverfahrens zu beantragen. Sie können insoweit lediglich **Anregungen an das Gericht** geben.[9]

2. Verpflichtung des Gerichts zur förmlichen Beweisaufnahme

5 Abs. 2 verlangt eine Beweisaufnahme nach den Regeln des Strengbeweises, wenn dieses Gesetz sie vorsieht. Dies geschieht für das Abstammungsverfahren in § 177 Abs. 2 Satz 1, das Betreuungsverfahren in § 280 Abs. 1, das Unterbringungsverfahren in § 321 Abs. 1 (i. V. m. § 167 Abs. 1 Satz 1). Sehen Spezialgesetze, wie z.B. § 29 GBO, die Beschränkung der Beweismittel vor, gehen diese auch der Regelung des Abs. 2 vor.[10]

6 Abs. 3 verpflichtet das Gericht im Regelfall („*soll* stattfinden"), eine förmliche Beweisaufnahme durchzuführen, wenn entscheidungserhebliche Tatsachen streitig geblieben sind. Für die zu treffende Entscheidung von **maßgeblicher Bedeutung** ist eine Tatsache, wenn sie den Tatbestand einer entscheidungserheblichen Norm unmittelbar ausfüllt.[11] Sind, wie bei unbestimmten Rechtsbegriffen (z.B. Kindeswohl), mehrere Anknüpfungstatsachen vorhanden, ist eine förmliche Beweisaufnahme für diejenige durchzuführen, der im Rahmen der Abwägung ausschlaggebende Bedeutung zukommt.[12] So kann sich das Gericht z.B. in einer Sorgerechtsentscheidung über die äußeren Lebensumstände des Kindes durch einen Bericht des JA oder einen formlosen eigenen Hausbesuch kundig machen, während er für die Frage der Erziehungseignung des nicht betreuenden antragstellenden Ehegatten im förmlichen Beweisverfahren ein Sachverständigengutachten beauftragt.

7 Eine streitige Indiztatsache löst eine förmliche Beweisaufnahme aus, wenn sie den Schluss auf die Haupttatsache zulässt und diese von maßgebender Bedeutung für die gerichtliche Entscheidung ist.[13] **Voraussetzung für eine Verpflichtung zum Strengbeweis** ist schließlich, dass das Gericht die fragliche Tatsache nach seinen formlosen Ermittlungen als bewiesen ansieht. Fehlt diese Überzeugung, würde das Gericht die Tatsache nämlich nicht als entscheidungserheblich betrachten. Die Vorschrift zwingt das Gericht also, seine durch formlose Beweiserhebung gewonnene Überzeugung noch einmal im Strengbeweisverfahren auf ihre Richtigkeit zu überprüfen, während eine Verpflichtung, eine unbestätigt gebliebene Tatsache über das Strengbeweisverfahren einer Klärung zuzuführen, nicht besteht.[14] Zu beachten ist allerdings, dass Abs. 3 nur die **Verpflichtung** zur förmlichen Beweiserhebung regelt. Die **Möglichkeit**, nach formloser Ermittlung über den Strengbeweis eine größere Klarheit zu bekommen, hat das Gericht stets nach Abs. 1.

8 Schließlich muss die Tatsache nach der Durchführung des Freibeweisverfahrens weiterhin **streitig** sein. Erforderlich ist insoweit ein ausdrückliches und substanziiertes Bestreiten. Der Beteiligte, dessen Vorbringen ja bereits formlose Beweiserhebungen aus-

---

[8] BT-Drs. 16/6308, S. 189.
[9] BT-Drs. 16/6308, S. 189.
[10] BT-Drs. 16/6308, S. 189.
[11] BT-Drs. 16/6308, S. 190.
[12] BT-Drs. 16/6308, S. 190.
[13] BT-Drs. 16/6308, S. 190
[14] BT-Drs. 16/6308, S. 190.

gelöst hat, muss im Regelfall im Einzelnen darlegen, aus welchem Grund er das Ergebnis des Freibeweises für fehlerhaft hält. Erforderlich ist, sofern nicht im Einzelfall unzumutbar, ein Minimum an objektiv nachvollziehbarer Begründung.[15]

Das Vorliegen der **Verfahrensvoraussetzungen** kann das Gericht im Wege des Freibeweises feststellen. Dies ist für den Zivilprozess allgemein anerkannt[16] und hat auch für Verfahren der freiwilligen Gerichtsbarkeit zu gelten. Denn für diese können strengere Pflichten, als sie für den formalisierten Zivilprozess gelten, nicht angenommen werden.[17]

9

Abs. 4 verpflichtet das Gericht, den Beteiligten **Gelegenheit zur Stellungnahme** zu dem Ergebnis der förmlichen Beweisaufnahme zu geben. Da das Gericht der freiwilligen Gerichtsbarkeit ein höheres Maß an Flexibilität erhalten soll, besteht die Verpflichtung anders als nach § 279 Abs. 3 ZPO nur, wenn es zur Aufklärung des Sachverhalts oder zur Gewährung rechtlichen Gehörs erforderlich ist. Die Vorschrift wird ergänzt durch § 37 Abs. 2, wonach das Gericht eine einen Beteiligten in seinen Rechten beeinträchtigende Entscheidung nur auf solche Tatsachen und Beweisergebnisse stützen kann, die dem Beteiligten mitgeteilt wurden und zu denen er sich äußern konnte.

10

§ 31 Glaubhaftmachung

(1) Wer eine tatsächliche Behauptung glaubhaft zu machen hat, kann sich aller Beweismittel bedienen, auch zur Versicherung an Eides statt zugelassen werden.

(2) Eine Beweisaufnahme, die nicht sofort erfolgen kann, ist unstatthaft.

I. Inhalt und Bedeutung der Norm

Die Vorschrift entspricht in ihrem Abs. 1 der geltenden Rechtslage des **§ 15 Abs. 2 FGG** und lässt als Mittel der Glaubhaftmachung sämtliche Beweismittel sowie die eidesstattliche Versicherung zu. Abs. 2 übernimmt abweichend vom bisher geltenden Recht den Regelungsinhalt des § 294 Abs. 2 ZPO und lässt die Glaubhaftmachung nur durch **präsente Beweismittel** zu. Diesen Weg hat der Gesetzgeber gewählt, weil er die Glaubhaftmachung als Beweismittel vor allem in Zwischenverfahren und Eilverfahren zulässt (z.B. § 6 Abs. 1 i. V. m. § 44 Abs. 2 ZPO: Ablehnung von Gerichtspersonen; § 18 Abs. 3: Wiedereinsetzung in den vorherigen Stand; § 51 Abs. 1: einstweilige Anordnung). In diesen besteht die Notwendigkeit, eine langwierige Beweisaufnahme zu vermeiden, um das Hauptverfahren nicht zu verzögern bzw. wegen der Eilbedürftigkeit der Angelegenheit.[1]

1

---

15 BT-Drs. 16/6308, S. 190.
16 BGH 07.12.1999 – VI ZB 30/99 = NJW 2000, 814 m.w.N.
17 BT-Drs. 16/6308, S. 189.
1 BT-Drs. 16/6308, S. 190.

II. Glaubhaftmachung

2 Die Vorschrift entspricht wörtlich der Regelung des § 294 ZPO. Die Glaubhaftmachung verlangt vom Gericht nicht ein volles Maß an Überzeugung, es muss lediglich eine **erhebliche Wahrscheinlichkeit** für den zu beweisenden Sachverhalt bestehen.[2] Allerdings sind die Folgen der zu treffenden Entscheidung zu berücksichtigen. Sind diese schwerwiegend, kann sich das Gericht auch in Fällen der Glaubhaftmachung mit einem geringen Maß an Überzeugung zufrieden geben.[3]

3 Die Glaubhaftmachung kann durch alle Beweismittel des Freibeweisverfahrens[4] und zusätzlich durch die Versicherung an Eides statt erfolgen. Für diese sieht das Gesetz eine bestimmte **Form** nicht vor. Sie kann persönlich gegenüber dem Gericht in einem Verhandlungstermin erfolgen oder auch durch eine schriftliche Erklärung. Sie kann nicht durch einen Bevollmächtigen erfolgen, da eigenes Wissen glaubhaft gemacht wird.[5]

4 Die Glaubhaftmachung kann nach Abs. 2 nur durch **präsente Beweismittel** erfolgen. Der Beweisführer muss im Rahmen seiner Mitwirkungspflicht nach § 27 Abs. 1 die Beweismittel zur Durchführung einer auch in seinem Interesse liegenden schnellen Beweisaufnahme heranschaffen.[6] Die Benennung im Termin nicht anwesender Zeugen ist unzulässig, ebenso der Verweis auf zu beschaffende Urkunden, einzuholende Auskünfte etc. Zulassen wird man z.B. die Benennung nicht präsenter Zeugen wie im Zivilprozess, wenn das Gericht ohnehin –z.B. in einstweiligen Anordnungsverfahren – einen Termin bestimmen wollte und den benannten Zeugen vorbereitend zum Termin laden kann.[7]

§ 32 Termin

(1) Das Gericht kann die Sache mit den Beteiligten in einem Termin erörtern. Die §§ 219, 227 Abs. 1, 2 und 4 der Zivilprozessordnung gelten entsprechend.

(2) Zwischen der Ladung und dem Termin soll eine angemessene Frist liegen.

(3) In geeigneten Fällen soll das Gericht die Sache mit den Beteiligten im Wege der Bild- und Tonübertragung in entsprechender Anwendung des § 128a der Zivilprozessordnung erörtern.

---

2 BGH 20.03.1996 – VIII ZB 7/96 = NJW 1996, 1682; Keidel u.a./Schmidt § 15 FGG Rn. 69; Bumiller/Winkler § 15 FGG Rn. 31.
3 Zöller/Greger § 294 ZPO Rn. 6.
4 BT-Drs. 16/6308, S. 190.
5 Keidel u.a./Schmidt § 15 FGG Rn. 72 f.; Zöller/Greger § 294 ZPO Rn. 4.
6 BT-Drs. 16/6308, S. 190.
7 Zöller/Greger § 294 ZPO Rn. 3.

I. Inhalt und Bedeutung der Norm

Die Vorschrift eröffnet dem Gericht die bereits **in Anwendung des FGG** wenn auch nicht normierte, so doch allgemein **anerkannte Möglichkeit**,[1] in einem Termin die Angelegenheit mit den Beteiligten mündlich zu erörtern. Damit führt das Gesetz nicht den **Grundsatz der Mündlichkeit** ein.[2] Selbst wenn das Gericht mündlich verhandelt, kann es seine Entscheidung nicht nur auf das stützen, was in der mündlichen Verhandlung vorgetragen wurde; Entscheidungsgrundlage kann vielmehr der ganze Akteninhalt sein.[3] Auch muss die Entscheidung nicht notwendig von dem Richter getroffen werden, der die mündliche Verhandlung geleitet hat.[4] Eine Säumnisentscheidung gibt es nicht.[5] Die in Abschnitt 2 enthaltenen Sondervorschriften wie §§ 113, 130 oder 270 gelten nur für die dort genannten familiengerichtlichen Verfahren.

II. Termin

Das Gericht entscheidet nach Satz 1 nach **pflichtgemäßem Ermessen**, ob es allein aufgrund des schriftsätzlich Vorgetragenen entscheidet oder mit den Beteiligten einen mündlichen Erörterungstermin durchführt. Diese Entscheidung wird es z.B. davon abhängig machen, ob die Möglichkeit einer vergleichsweisen Erledigung besteht. Mit anwaltlich nicht vertretenen Parteien wird es eher mündlich verhandeln als dann, wenn der Streitstoff durch Rechtsanwälte als Prozessbevollmächtigte umfassend vorgetragen worden ist.

Die in anderen Gesetzen vorgesehene Verpflichtung, in Verfahren der freiwilligen Gerichtsbarkeit eine mündliche Verhandlung durchzuführen (zu erwähnen ist z.B. § 15 Abs. 1 LwVG), wird durch § 32 nicht beeinflusst. Diese Verpflichtung besteht immer, wenn das Gericht eine **förmliche Beweisaufnahme** durchführt. Die dann anwendbaren Vorschriften der ZPO schreiben in § 357 Abs. 1 ZPO die Parteiöffentlichkeit der Beweisaufnahme vor, d.h., es ist den Parteien auf ihr Verlangen zu gestatten, der Beweisaufnahme beizuwohnen. Darüber hinaus ist der Beweisaufnahmetermin nach § 370 Abs. 1 ZPO zugleich ein Termin zur mündlichen Verhandlung.

Nach Satz 2 finden die Vorschriften der ZPO über den Terminsort und die Verlegung des Termins entsprechende Anwendung. Es gelten § 219 und 227.

Der **Terminsort** ist nach § 219 ZPO grundsätzlich die Gerichtsstelle, wenn nicht besondere Gründe eine Verhandlung an anderer Stelle erfordern. Das Gesetz nennt als Beispiele die Notwendigkeit zur Einnahme des Augenscheins oder die Vernehmung einer am Erscheinen vor Gericht gehinderten Person. Gleiches gilt, wenn sonstige Handlungen außerhalb des Gerichtsgebäudes vorgenommen werden müssen. Dies wird in zahlreichen Verfahren der freiwilligen Gerichtsbarkeit der Fall sein. In betreuungsrechtlichen Verfahren wird der körperliche oder geistige Zustand der Betroffenen häufig einen Termin an seinem Aufenthaltsort erforderlich machen. Gleiches gilt in Unterbrin-

---
1 Keidel u.a./Meyer-Holz Vorb § 8 FGG Rn. 9; Bumiller/Winkler § 12 FGG Rn. 35.
2 BT-Drs. 16/6308, S. 191.
3 Keidel u.a./Meyer-Holz Vorb § 8 FGG Rn. 10; Bumiller/Winkler § 12 FGG Rn. 35.
4 Bumiller/Winkler § 12 FGG Rn. 35.
5 BT-Drs. 16/6308, S. 191.

gungssachen (§ 319 Abs. 1 Satz 2 [i.V.m. § 167 Abs. 1 Satz 1]). Zur Sachaufklärung kann es ebenfalls geboten sein, sich an Ort und Stelle einen persönlichen Eindruck zu verschaffen.[6]

6 Die **Voraussetzungen einer Terminsaufhebung, -verlegung oder -vertagung** werden durch die Verweisung auf § 227 ZPO gesetzlich festgeschrieben, wobei die Möglichkeit einer erleichterten Verlegung innerhalb der Zeit vom 01.07. bis 31.08. keine Anwendung findet. Ein erheblicher Grund zur Terminsverlegung liegt vor, wenn eine Partei ohne ihr Verschulden gehindert ist, den konkreten Termin wahrzunehmen.[7] Insoweit hat sich eine umfangreiche Kasuistik gebildet, auf die verwiesen wird.[8]

7 Abs. 2 setzt die **Notwendigkeit einer Terminsladung** mit Recht als selbstverständlich voraus. Die Ladung hat zu erfolgen an die Beteiligten und ihre Bevollmächtigten, soweit sich diese bestellt haben, sie dem Gericht also mit Namen und Anschrift bekannt sind. Eine Verpflichtung zu erscheinen besteht für die Beteiligten nur, wenn gleichzeitig ihr persönliches Erscheinen angeordnet ist (§ 33).[9] Allerdings verstoßen die Beteiligten unter Umständen gegen ihre Mitwirkungspflicht, wenn der Termin der Sachaufklärung dienen sollte, die auf anderem Wege nicht erreicht werden kann.

8 Eine **Ladungsfrist** schreibt das Gesetz nicht vor. Die Ladungsfrist des § 217 ZPO von drei Tagen kann sicherlich als angemessen angesehen werden, aber auch in eiligen Verfahren unterschritten werden.

9 Abs. 3 ermöglicht durch den Verweis auf § 128a ZPO die Möglichkeit, die Verhandlung an verschiedenen Orten mittels einer **Videokonferenz** durchzuführen. Diese kann von den Beteiligten nicht erzwungen werden, da nach § 128a Abs. 3 Satz 2 ZPO auch die ablehnende Entscheidung unanfechtbar ist.[10]

§ 33 Persönliches Erscheinen der Beteiligten

(1) Das Gericht kann das persönliche Erscheinen eines Beteiligten zu einem Termin anordnen und ihn anhören, wenn dies zur Aufklärung des Sachverhalts sachdienlich erscheint. Sind in einem Verfahren mehrere Beteiligte persönlich anzuhören, hat die Anhörung eines Beteiligten in Abwesenheit der anderen Beteiligten stattzufinden, falls dies zum Schutz des anzuhörenden Beteiligten oder aus anderen Gründen erforderlich ist.

(2) Der verfahrensfähige Beteiligte ist selbst zu laden, auch wenn er einen Bevollmächtigten hat; dieser ist von der Ladung zu benachrichtigen. Das Gericht soll die Zustellung der Ladung anordnen, wenn das Erscheinen eines Beteiligten ungewiss ist.

(3) Bleibt der ordnungsgemäß geladene Beteiligte unentschuldigt im Termin aus, kann gegen ihn durch Beschluss ein Ordnungsgeld verhängt werden. Die Festsetzung des Ordnungsgeldes kann wiederholt werden. Im Fall des wieder-

---

6 BT-Drs. 16/6308, S. 191.
7 Zöller/Stöber § 227 ZPO Rn. 5.
8 Zöller/Stöber § 227 ZPO Rn. 6 und 7.
9 BT-Drs. 16/6308, S. 191.
10 Zöller/Greger § 128a ZPO Rn. 6.

holten, unentschuldigten Ausbleibens kann die Vorführung des Beteiligten angeordnet werden. Erfolgt eine genügende Entschuldigung nachträglich und macht der Beteiligte glaubhaft, dass ihn an der Verspätung der Entschuldigung kein Verschulden trifft, werden die nach den Sätzen 1 bis 3 getroffenen Anordnungen aufgehoben. Der Beschluss, durch den ein Ordnungsmittel verhängt wird, ist mit der sofortigen Beschwerde in entsprechender Anwendung der §§ 567 bis 572 der Zivilprozessordnung anfechtbar.

(4) Der Beteiligte ist auf die Folgen seines Ausbleibens in der Ladung hinzuweisen.

Übersicht

I. Inhalt und Bedeutung der Norm 1
II. Persönliches Erscheinen der Beteiligten 2
   1. Voraussetzungen einer Anordnung 2
   2. Formalien der persönlichen Anhörung 3

I. Inhalt und Bedeutung der Norm

Die Vorschrift gibt dem Gericht **gesetzessystematisch** als besondere Art der Terminsvorbereitung und -gestaltung die Möglichkeit, das persönliche Erscheinen eines Beteiligten anzuordnen und regelt die Förmlichkeiten dieser Anordnung. Das **bisher geltende Recht** setzte in § 13 Satz 2 FGG die entsprechende Befugnis des Gerichts voraus. Eine ausdrückliche Regelung fehlt, hergeleitet wird sie aus dem Grundsatz der Amtsermittlung.[1]

                                                                                                                           1

II. Persönliches Erscheinen der Beteiligten

1. Voraussetzungen einer Anordnung

Nach Abs. 1 steht es im **pflichtgemäßen Ermessen des Gerichts**, ob es zur Sachverhaltsaufklärung das persönliche Erscheinen eines oder mehrerer Beteiligter anordnet. Es wird dies tun, wenn der persönliche Eindruck für die Entscheidung bedeutsam ist, wenn die schriftlichen Äußerungen unzureichend oder von vornherein nicht erfolgversprechend waren.[2] Die Vorschrift ist als Auffangtatbestand gefasst und lässt die Regelungen, die eine Verpflichtung des Gerichts zur persönlichen Anordnung vorsehen, unberührt.[3] Zu nennen sind insoweit z.B. §§ 159, 160 mit der Verpflichtung, Kinder und Eltern in Kindschaftssachen anzuhören. In Adoptionssachen sind nach §§ 192, 193 die Annehmenden, deren jeweilige Kinder und das Kind anzuhören. Der Betroffene ist in Unterbringungssachen nach § 319 Abs. 1 (i.V.m. § 167 Abs. 1 Satz 1) anzuhören.

2

---

1 Keidel u.a./Zimmermann § 13 FGG Rn. 7.
2 BT-Drs. 16/6308, S. 191.
3 BT-Drs. 16/6308, S. 191.

2. Formalien der persönlichen Anhörung

3 Abs. 1 Satz 2 verpflichtet das Gericht, mehrere Beteiligte einzeln und **in Abwesenheit der übrigen Beteiligten** anzuhören, wenn es zum Schutz des Anzuhörenden oder aus sonstigen Gründen erforderlich erscheint. Diese werden vorliegen, wenn

- die Belastung einer Begegnung wegen vorheriger Gewalt- oder Misshandlungserfahrung einem Beteiligten nicht zuzumuten ist, etwa in Gewaltschutz- oder Kindschaftssachen,
- die Gefahr besteht, dass die Beteiligten einander beeinflussen oder
- z.B. wegen ihrer besonderen persönlichen Beziehung zueinander nur bei einer Einzelanhörung mit einer wahrheitsgemäßen Aussage zu rechnen ist.

4 Abs. 2 entspricht der Vorschrift des § 141 Abs. 2 ZPO und setzt voraus, dass die Anhörung in einer mündlichen Verhandlung erfolgt. Die Ladung, in der nach Abs. 4 auf die **Folgen des Ausbleibens** hinzuweisen ist, wird dem Beteiligten auch bei anwaltlicher Vertretung persönlich mitgeteilt. Die Mitteilung erfolgt formlos und im Wege der Zustellung dann, wenn das Erscheinen eines Beteiligten ungewiss ist. Die förmliche Zustellung soll den Druck zum Erscheinen erhöhen und die Verhängung eines Ordnungsgelds nach Abs. 3 ermöglichen.

5 Das Gericht kann das persönliche Erscheinen nach Abs. 3 durch die – mehrfach mögliche – Verhängung eines **Ordnungsgelds** erzwingen. Ordnungshaft ist nicht zulässig, wohl aber in Fällen wiederholten Ausbleibens die zwangsweise **Vorführung.**

6 Voraussetzung für die Verhängung eines Ordnungsgelds und der zwangsweisen Vorführung ist neben der **Ordnungsgemäßheit der Ladung** das nicht oder nicht hinreichend entschuldigte Fernbleiben. Der Beteiligte, der zu dem Termin, in dem er persönlich angehört werden soll, nicht erscheint, muss also rechtzeitig vor dem Termin mitteilen und glaubhaft machen (Abs. 3 Satz 5), dass er ohne sein Verschulden am Erscheinen gehindert ist. Er muss Tatsachen vortragen, die sein Fernbleiben rechtfertigen, wie eine Erkrankung, der Tod eines nahen Angehörigen oder außergewöhnliche Verkehrsstörungen.[4] Gegen den unentschuldigt nicht erschienen Beteiligten kann ein Ordnungsgeld i.H.v. 5 bis 1.000 EUR (Art. 6 Abs. 1 Satz 1 EGStGB) verhängt werden. Entschuldigt er sich **nachträglich,** werden die Verhängung des Ordnungsgelds und/oder die Anordnung der zwangsweisen Vorführung aufgehoben.

7 Die Verhängung des Ordnungsgelds erfolgt durch Beschluss, der entsprechend der Systematik des Gesetzes als **Zwischenentscheidung** mit der sofortigen Beschwerde in entsprechender Anwendung der §§ 567 bis 572 ZPO angefochten werden kann.[5]

---

[4] Beispiele bei Zöller/Greger § 381 ZPO Rn. 3.
[5] Zur sofortigen Beschwerde → § 58 Rn. 13 ff.

§ 34 Persönliche Anhörung

(1) Das Gericht hat einen Beteiligten persönlich anzuhören,
1. wenn dies zur Gewährleistung des rechtlichen Gehörs des Beteiligten erforderlich ist oder
2. wenn dies in diesem oder in einem anderen Gesetz vorgeschrieben ist.

(2) Die persönliche Anhörung eines Beteiligten kann unterbleiben, wenn hiervon erhebliche Nachteile für seine Gesundheit zu besorgen sind oder der Beteiligte offensichtlich nicht in der Lage ist, seinen Willen kundzutun.

(3) Bleibt der Beteiligte im anberaumten Anhörungstermin unentschuldigt aus, kann das Verfahren ohne seine persönliche Anhörung beendet werden. Der Beteiligte ist auf die Folgen seines Ausbleibens hinzuweisen.

I. Inhalt und Bedeutung der Norm

Die Vorschrift regelt die Verpflichtung des Gerichts, zur Gewährung rechtlichen Gehörs einen Beteiligten persönlich anzuhören. Das FGG kannte eine entsprechende Regelung nicht. Die persönliche Anhörung des Betroffenen war vorgesehen in Vorschriften zu einzelnen Verfahrensgegenständen. Bspw. verpflichtete § 70c FGG das Gericht, den Betroffenen in Unterbringungsverfahren persönlich anzuhören. 1

II. Persönliche Anhörung eines Beteiligten

Abs. 1 Nr. 1 normiert die **Verpflichtung des Gerichts** zur persönlichen Anhörung eines Betroffenen, wenn dies zur Gewährleistung rechtlichen Gehörs erforderlich ist. Die Voraussetzungen, unter denen eine Anhörung zu erfolgen hat, regelt das Gesetz nicht. Zu denken ist an Verfahren, die einen Eingriff in die Persönlichkeitsrechte des Beteiligten zum Gegenstand haben.[1] Darüber hinaus sollte eine persönliche Anhörung erfolgen, wenn der Beteiligte seinen Standpunkt schriftlich nicht in gleicher Weise überzeugend vorbringen kann wie mündlich.[2] 2

Abs. 1 Nr. 2 verlangt eine persönliche Anhörung, wenn sie **im FamFG oder einem anderen Gesetz vorgeschrieben** ist. Dies ist vor allem im Familien- und Betreuungsrecht der Fall. Zu nennen sind hier die Anhörungspflichten in Kindschaftssachen (§§ 159, 160), Adoptionssachen (§ 192) sowie in Betreuungs- (§ 278) und Unterbringungssachen (§ 319 [i.V.m. § 167 Abs. 1 Satz 1]). Die dort geregelten persönlichen Anhörungen dienen allerdings nicht nur der Sicherung des rechtlichen Gehörs, sondern auch der Sachaufklärung. Abs. 1 Satz 2 erfasst sie nur insoweit, als das rechtliche Gehör gewährleistet werden soll.[3] 3

Die persönliche Anhörung hat nicht zwingend im Rahmen einer mündlichen Verhandlung vor dem erkennenden Gericht zu erfolgen. Denkbar und aus sachlichen Gründen 4

---
1 BT-Drs. 16/6308, S. 192.
2 BT-Drs. 16/6308, S. 192.
3 BT-Drs. 16/6308, S. 192.

geboten sein kann es, z.B. ein Kind in seiner gewohnten Umgebung anzuhören, also in seiner Wohnung, in Schule oder Kindergarten. Allgemein wird das Gericht den **Ort der Anhörung** von den geistigen und körperlichen Fähigkeiten des Beteiligten abhängig machen. Dient die Anhörung auch der Aufklärung des Sachverhalts, kann maßgebend sein, ob das Gericht aus den örtlichen Gegebenheiten weitere Erkenntnisse erlangen kann.[4]

5 Die Anhörung kann ausschließlich **in Anwesenheit des Beteiligten** erfolgen. Zu beachten ist allerdings § 37 Abs. 2: Das Gericht muss die übrigen Beteiligten über das Ergebnis der Anhörung unterrichten, wenn es seine Entscheidung auf die gewonnenen Erkenntnisse stützen will.

6 Abs. 2 ist der Regelung des § 69d Abs. 1 Satz 3 FGG nachgebildet und befreit das Gericht von der Verpflichtung zur persönlichen Anhörung einmal, wenn von ihr **erhebliche Nachteile für die Gesundheit** des Beteiligten zu besorgen sind. Zu denken ist dabei an irreversible oder lebensgefährliche gesundheitliche Schäden. Vorübergehende oder medikamentös zu behebende Beeinträchtigungen reichen nicht aus.[5] Eine Anhörung kann desweiteren unterbleiben, wenn der Beteiligte offensichtlich nicht in der Lage ist, seinen **Willen kundzutun**. Das Gesetz verpflichtet das Gericht nicht zum Nachweis der gesundheitlichen Gefahren, ein ärztliches Gutachten einzuholen und sich vom Zustand des Beteiligten persönlich zu überzeugen. Es kann also auf andere Erkenntnisquellen wie den sonstigen Inhalt der Akten oder auf Kenntnisse aus Vorverfahren zurückgreifen. Die Spezialvorschriften, die entsprechende gerichtliche Verpflichtungen vorsehen wie § 278 Abs. 4 und § 319 Abs. 3, gelten allerdings fort.

7 Erscheint der Beteiligte zur persönlichen Anhörung nicht, wird das **Verfahren** nach Abs. 3 ohne die Anhörung **fortgesetzt**. Da sie nur der Wahrung der Rechte des Beteiligten dient, können **keine Ordnungs- und Zwangsmittel** verhängt werden.[6] Auf die Möglichkeit, das Verfahren ohne persönliche Anhörung zu beenden, ist der Beteiligte nach Abs. 3 Satz 2 hinzuweisen.

§ 35 Zwangsmittel

(1) Ist auf Grund einer gerichtlichen Anordnung die Verpflichtung zur Vornahme oder Unterlassung einer Handlung durchzusetzen, kann das Gericht, sofern ein Gesetz nicht etwas anderes bestimmt, gegen den Verpflichteten durch Beschluss Zwangsgeld festsetzen. Das Gericht kann für den Fall, dass dieses nicht beigetrieben werden kann, Zwangshaft anordnen. Verspricht die Anordnung eines Zwangsgeldes keinen Erfolg, soll das Gericht Zwangshaft anordnen.

(2) Die gerichtliche Entscheidung, die die Verpflichtung zur Vornahme oder Unterlassung einer Handlung anordnet, hat auf die Folgen einer Zuwiderhandlung gegen die Entscheidung hinzuweisen.

---

4 BT-Drs. 16/6308, S. 192.
5 OLG Karlsruhe 16.10.1998 – 11 Wx 98/98 = FamRZ 1999, 670 (671).
6 BT-Drs. 16/6308, S. 192.

(3) Das einzelne Zwangsgeld darf den Betrag von 25 000 Euro nicht übersteigen. Mit der Festsetzung des Zwangsmittels sind dem Verpflichteten zugleich die Kosten dieses Verfahrens aufzuerlegen. Für den Vollzug der Haft gelten § 901 Satz 2, die §§ 904 bis 906, 909, 910 und 913 der Zivilprozessordnung entsprechend.

(4) Ist die Verpflichtung zur Herausgabe oder Vorlage einer Sache oder zur Vornahme einer vertretbaren Handlung zu vollstrecken, so kann das Gericht, soweit ein Gesetz nicht etwas anderes bestimmt, durch Beschluss neben oder anstelle einer Maßnahme nach den Absätzen 1, 2 die in §§ 883, 886, 887 der Zivilprozessordnung vorgesehenen Maßnahmen anordnen. Die §§ 891 und 892 gelten entsprechend.

(5) Der Beschluss, durch den Zwangsmaßnahmen angeordnet werden, ist mit der sofortigen Beschwerde in entsprechender Anwendung der §§ 567 bis 572 der Zivilprozessordnung anfechtbar.

I. Inhalt und Bedeutung der Norm

Die Vorschrift regelt **gesetzessystematisch** die zwangsweise Durchsetzung **verfahrensleitender Anordnungen des Gerichts**. Solche Anordnungen dienen der Sachaufklärung oder der Abgabe verfahrenserheblicher Erklärungen der Beteiligten und sind Ausdruck ihrer Mitwirkungspflicht. Das Gesetz kennt sie an verschiedenen Stellen, wie in § 230 für die Auskunftspflicht im Versorgungsausgleich. Verpflichten solche Anordnungen zur Vornahme oder Unterlassung einer Handlung, sind sie nach § 35 zwangsweise durchzusetzen. Die Vorschrift gilt nicht für die Vollstreckung **verfahrensbeendender Entscheidungen**, die in §§ 86 ff. geregelt ist. Unberührt bleiben zudem spezialgesetzliche Regelungen wie § 1788 BGB (Zwangsgeld zur Übernahme der Vormundschaft) oder § 1837 Abs. 3 BGB (Zwangsgeld gegen den Vormund zur Befolgung von Anordnungen des VormG).

1

Das **bisher geltende Recht** regelte die zwangsweise Durchsetzung von Anordnungen in Einzelvorschriften wie z.B. § 83 FGG (Erzwingung der Testamentsablieferung) oder § 132 FGG (Einschreiten des Registergerichts). Daneben sah **§ 33 FGG** die Festsetzung von Zwangsgeld und die Anwendung unmittelbaren Zwangs vor. Anders als § 35 diente sie der Vollstreckung sowohl von verfahrensleitenden als auch von Endentscheidungen. Diese Vermischung ist kritisiert[1] und durch die Neuregelung nun beseitigt worden.[2]

2

II. Festsetzung von Zwangsmitteln

Abs. 1 ermöglicht dem Gericht zur Durchsetzung einer Anordnung zur Vornahme einer Handlung oder Unterlassung die **Festsetzung eines Zwangsgelds**. Sie erfolgt in Antragsverfahren und solchen, die von Amts wegen eingeleitet werden, und liegen im

3

---
1 Gaul 2001, S. 87 ff.
2 BT-Drs. 16/6308, S. 192.

pflichtgemäßen Ermessen des Gerichts.³ Neben dem Zwangsgeld kann auch **Zwangshaft** angeordnet werden und zwar nach Abs. 1 Satz 2 für den Fall, dass das Zwangsgeld nicht beigetrieben werden kann und nach Satz 3 **originär**, wenn die Anordnung des Zwangsgelds von vornherein aussichtslos erscheint. Die Anordnung erfolgt durch Beschluss, wobei die Anordnung von Zwangshaft nach § 4 Abs. 2 Nr. 2 RPflG dem Richter auch dann vorbehalten ist, wenn das Verfahren durch den Rechtspfleger geführt wird.

4   Die **Androhung der Zwangsmittel entfällt.** Dafür ist nach Abs. 2 in der gerichtlichen Entscheidung, die die Verpflichtung zur Vornahme einer Handlung oder Unterlassung vorsieht, auf die Folgen der Zuwiderhandlung hinzuweisen.

5   **Abs. 3** regelt zunächst die Höhe des Zwangsgelds und entspricht § 33 Abs. 3 Satz 2 FGG. Wie bei § 33 Abs. 1 Satz 3 FGG sind dem Beteiligten mit der Festsetzung des Zwangsmittels auch die Kosten des Verfahrens aufzuerlegen. Für den Vollzug der Zwangshaft gelten die Vorschriften der § 901 Satz 2, §§ 904 bis 906, 909, 910 und 913 der ZPO entsprechend.

6   Abs. 4 eröffnet dem Gericht über die bisherige Rechtslage hinausgehend eine weitere Möglichkeit der Vollstreckung. Ist eine Sache herauszugeben oder vorzulegen und eine vertretbare Handlung vorzunehmen, kommen **neben oder anstelle einer Maßnahmen gem. Abs. 1** die zivilprozessualen Vollstreckungsmöglichkeiten der §§ 883, 886 und 887 in Betracht.

7   Das Gericht kann also anordnen

- nach § 883 ZPO die Wegnahme der Sache durch den Gerichtsvollzieher,
- nach § 886 ZPO die Überweisung des Anspruchs des Beteiligten auf Herausgabe einer im Gewahrsam eines Dritten befindlichen Sache,
- nach § 887 ZPO die Ersatzvornahme für den Fall, dass der Beteiligte die angeordnete vertretbare Handlung nicht durchführt.

Die Anordnung der Ersatzvornahme erfolgt entsprechend § 891 ZPO durch Beschluss, vor dessen Erlass der Beteiligte zu hören ist. Nach § 892 ZPO entsprechend kann der Widerstand gegen die Vornahme einer zu duldenden Handlung durch den Gerichtsvollzieher beseitigt werden.

8   **Anwendungsfälle** des Abs. 4 sind z.B. die Verpflichtungen zur Erstellung einer Inventarliste, die z.B. in § 1640 BGB für ererbtes Vermögen des minderjährigen Kindes oder in § 1802 Abs. 3 BGB für den Vormund normiert sind.⁴

9   Beschlüsse, durch die Zwangsmittel angeordnet werden, sind entsprechend §§ 567 bis 572 ZPO **mit der sofortigen Beschwerde anfechtbar**.⁵ Da diese nach § 570 Abs. 1 ZPO aufschiebende Wirkung hat, ist § 24 FGG entbehrlich geworden.⁶

---

3   BT-Drs. 16/6308, S. 193.
4   Beispiele bei BT-Drs. 16/6308, S. 193.
5   Zur sofortigen Beschwerde → § 58 Rn. 13 ff.
6   BT-Drs. 16/6308, S. 193.

§ 36 Vergleich

(1) Die Beteiligten können einen Vergleich schließen, soweit sie über den Gegenstand des Verfahrens verfügen können. Das Gericht soll außer in Gewaltschutzsachen auf eine gütliche Einigung der Beteiligten hinwirken.

(2) Kommt eine Einigung im Termin zustande, ist hierüber eine Niederschrift anzufertigen. Die Vorschriften der Zivilprozessordnung über die Niederschrift des Vergleichs sind entsprechend anzuwenden.

(3) Ein nach Absatz 1 Satz 1 zulässiger Vergleich kann auch schriftlich entsprechend § 278 Abs. 6 der Zivilprozessordnung geschlossen werden.

(4) Unrichtigkeiten in der Niederschrift oder in dem Beschluss über den Vergleich können entsprechend § 164 der Zivilprozessordnung berichtigt werden.

Übersicht

I. Inhalt und Bedeutung der Norm	1
II. Verfahrensbeendigung durch Vergleich	3
1. Voraussetzungen eines Vergleichsschlusses	3
2. Förmlichkeiten des Vergleichsschlusses	5

I. Inhalt und Bedeutung der Norm

§ 36 eröffnet den Beteiligten die Möglichkeit, ein Verfahren der freiwilligen Gerichtsbarkeit, über dessen Gegenstand sie verfügen können, durch einen Vergleich zu beenden. Geregelt werden darüber hinaus weitgehend durch Verweise auf die Vorschriften der ZPO die Förmlichkeiten eines solchen Vergleichs.   **1**

Das **bisher geltende Recht** hat die Möglichkeit einer konsensualen Streitbelegung nur in Einzelvorschriften erwähnt, so z.B. in § 53a FGG für bestimmte güterrechtliche Verfahren, in Verfahren über den Versorgungsausgleich (§ 53d FGG); nach der HausratsV (§ 13 Abs. 2, § 16 Abs. 3 HausratsV) und in Landwirtschaftssachen (§§ 19, 20 Abs. 2 LwVG). Im Übrigen waren Vereinbarungen der Beteiligten sowohl in Amts- als auch in Antragsverfahren zulässig. Verfahrensbeendende Wirkung konnte ihnen aber nur zukommen, wenn die Beteiligten nach materiellem Recht über den Gegenstand des Verfahrens verfügen konnten.[1] Die Förmlichkeiten waren in Einzelvorschriften wie § 53a Abs. 1 Satz 2 Halbs. 2, § 53b Abs. 4 Halbs. 2 FGG, § 13 Abs. 3 HausratsV geregelt. Die dort vorgesehene Verpflichtung zur Protokollierung entsprechend §§ 159 ff. ZPO galt für alle Angelegenheiten der freiwilligen Gerichtsbarkeit.[2]   **2**

II. Verfahrensbeendigung durch Vergleich

1. Voraussetzungen eines Vergleichsschlusses

Abs. 1 räumt den Beteiligten allgemein die Befugnis ein, einen Vergleich zu schließen. Voraussetzung ist wie bisher, dass sie über den Gegenstand des Verfahrens verfügen   **3**

---

[1] Bumiller/Winkler § 12 FGG Rn. 21 und 22; Keidel u.a./Meyer-Holz Vorb § 8 FGG Rn. 24.
[2] Keidel u.a./Meyer-Holz Vorb § 8 FGG Rn. 25.

können. Diese **Verfügungsbefugnis** richtet sich nach materiellem Recht. Sie fehlt regelmäßig in Amtsverfahren, allerdings auch in Antragsverfahren, die auf eine bestimmte Handlung des Gerichts abzielen. In diesen sind Verfahrensvergleiche zulässig, die mittelbar die Verfahrenserledigung zur Folge haben.[3] In den **familiengerichtlichen Verfahren** ist ein verfahrensbeendender Vergleich möglich in den echten Streitverfahren, also insbesondere in Haushaltsverfahren. In den kindschaftsrechtlichen Verfahren sind die Sondervorschriften der § 156 Abs. 2 und § 165 Abs. 4 zu beachten: die Vereinbarung der Beteiligten zum Umgangsrecht oder die Herausgabe des Kindes bedarf der gerichtlichen Billigung (§ 156 Abs. 2).[4]

4 Nach Abs. 1 Satz 2 soll das Gericht auf eine **gütliche Einigung** der Beteiligten hinwirken. Es soll in einem möglichst frühen Stadium des Verfahrens die Vorteile einer einvernehmlichen Streitbeilegung darstellen und unter Umständen einen eigenen Vergleichsvorschlag unterbreiten. Diese bereits in § 53a FGG, § 13 Abs. 2 HausratsV normierte Verpflichtung des Gerichts gilt nicht in Gewaltschutzsachen. Strafbewehrt nach § 4 GewSchG ist nur der Verstoß gegen eine vollstreckbare Anordnung, nicht dagegen das Zuwiderhandeln gegen die in einem Vergleich niedergelegte Verpflichtung. Um den Schutzzweck der Maßnahmen nach §§ 1, 2 GewSchG nicht zu gefährden, soll das Gericht daher eine vergleichsweise Einigung der Beteiligten nicht fördern.[5]

2. Förmlichkeiten des Vergleichsschlusses

5 Nach Abs. 2 ist über einen Vergleich, der in einer mündlichen Verhandlung geschlossen wird, eine **Niederschrift** anzufertigen, die den Förmlichkeiten der ZPO über die Protokollierung eines Vergleichs genüge tut. Nach § 160 Abs. 1 ZPO sind die Beteiligten im Eingang des Vergleichsprotokolls aufzuführen. Der Vergleich ist in seinem vollen Wortlaut aufzunehmen (§ 160 Abs. 2 Nr. 1 ZPO) oder als Anlage beizufügen (§ 160 Abs. 5 ZPO). Der Vergleichstext ist vorzulesen oder – in den Fällen der vorläufigen Aufnahme auf Tonträger – abzuspielen und von den Beteiligten zu genehmigen. Dies ist in der Niederschrift festzuhalten (§ 162 Abs. 1 Satz 2 ZPO). Nicht ausreichend ist, wenn die Niederschrift lediglich den Hinweis „laut diktiert und genehmigt" enthält.[6] Schließlich ist das Protokoll nach § 163 Abs. 1 ZPO durch den Vorsitzenden und den Urkundsbeamten der Geschäftsstelle zu unterzeichnen. Diese **Förmlichkeiten** sind **zwingend einzuhalten**, da nur der ordnungsgemäß protokollierte Vergleich einen wirksamen Vollstreckungstitel darstellt.[7]

6 Ein Vergleich kann nach **Abs. 3** auch außerhalb der mündlichen Verhandlung **schriftlich** geschlossen werden. Nach **§ 278 Abs. 6 ZPO**, der für entsprechend anwendbar erklärt wird, kann dies dadurch erfolgen, dass die Parteien dem Gericht einen schriftlichen Vergleichsvorschlag unterbreiten oder einen schriftlichen Vergleichsvorschlag des Gerichts schriftsätzlich annehmen. In beiden Fällen ist nach § 278 Abs. 6 Satz 2 ZPO erforderlich, dass das Gericht das Zustandekommen und den Inhalt des Vergleichs durch Beschluss feststellt.

7 Sowohl Niederschrift als auch Beschluss über den schriftlichen Vergleich können nach **Abs. 4** entsprechend § 164 ZPO berichtigt werden, was sich für den schriftlichen Ver-

---

[3] Bumiller/Winkler § 12 FGG Rn. 22; Keidel u.a./Meyer-Holz Vorb § 8 FGG Rn. 24.
[4] Zu den Einzelheiten → § 156 Rn. 18 ff. und → § 165 Rn. 8 ff.
[5] BT-Drs. 16/6308, 193.
[6] Zöller/Stöber § 160 ZPO Rn. 5.
[7] Zöller/Stöber § 160 ZPO Rn. 1.

gleich bereits aus dem Verweis auf § 278 Abs. 6 ZPO ergibt. Für die nach § 28 Abs. 4 aufgenommene Niederschrift fehlt dagegen ein förmliches Berichtigungsverfahren. Bedeutung und Tragweite eines Vergleichs für die Beteiligten verlangen aber die Möglichkeit einer **Berichtigung** des fehlerhaft in Beschluss oder Protokoll Niedergelegten. Zu beachten ist allerdings, dass der Vergleich eine Vereinbarung der Beteiligten ist. Das Gericht kann ihn berichtigen, aber nicht abändern.[8]

Die Berichtigung erfordert nach § 164 Abs. 2 ZPO die **Anhörung** der Beteiligten. Sie ist auf dem Protokoll oder Beschluss zu vermerken und von dem Richter, der das Protokoll unterzeichnet hat, sowie dem für die Protokollierung hinzugezogenen Urkundsbeamten der Geschäftsstelle zu unterzeichnen. Der Urkundsbeamte, der lediglich die vorläufige Aufzeichnung auf Tonträger übertragen hat, ist zur Berichtigung nicht hinzuzuziehen.[9] Ist der Richter, der das Protokoll unterzeichnet hat, versetzt worden, kann er die Berichtigung gleichwohl vornehmen; allerdings nicht, wenn er aus dem Richteramt ausgeschieden ist.[10]

8

§ 37 Grundlage der Entscheidung

(1) Das Gericht entscheidet nach seiner freien, aus dem gesamten Inhalt des Verfahrens gewonnenen Überzeugung.

(2) Das Gericht darf eine Entscheidung, die die Rechte eines Beteiligten beeinträchtigt, nur auf Tatsachen und Beweisergebnisse stützen, zu denen dieser Beteiligte sich äußern konnte.

I. Inhalt und Bedeutung der Norm

§ 37 legt ausdrücklich als **formelle Entscheidungsgrundlage** des Gerichts den gesamten Inhalt des Verfahrens fest. Da der Mündlichkeitsgrundsatz nicht gilt, kann das Gericht seine Entscheidung auf den gesamten Akteninhalt stützen ohne Rücksicht darauf, was Gegenstand einer mündlichen Verhandlung war. **Abs. 2** stellt eine besondere Ausprägung des Grundsatzes des rechtlichen Gehörs dar. Das **FGG** enthielt entsprechende Vorschriften nicht. Die Regelung des Abs. 2 hatte als verfassungsrechtlicher Grundsatz allgemeine Gültigkeit, aber auch die in Abs. 1 enthaltene Aussage entsprach allgemeiner Auffassung.[1]

1

II. Grundlagen der Entscheidung

Das Gericht entscheidet nach Abs. 1 aufgrund des gesamten Akteninhalts nach seiner **freien Überzeugung**. Die Vorschrift entspricht den §§ 286 ZPO und 261 StPO. Ent-

2

---

8 OLG Nürnberg 02.12.2002 – 6 W 3560/02 = MDR 2003, 652.
9 Zöller/Stöber § 164 ZPO Rn. 5.
10 Zöller/Stöber § 164 ZPO Rn. 5.
1 Keidel u.a./Meyer-Holz Vorb § 8 FGG Rn. 10; Bumiller/Winkler § 12 FGG Rn. 35.

scheidungsmaßstab ist die **subjektive Überzeugung**. Absolute Gewissheit kann nicht verlangt werden. Der Richter muss sich bei **tatsächlichen Zweifeln** „mit einem für das praktische Leben brauchbaren Grad der Gewissheit begnügen, der den Zweifeln Schweigen gebietet, ohne sie völlig auszuschließen".[2] Der notwendige Grad der Überzeugung ist unabhängig davon, ob die Beweiserhebung in Form des Streng- oder Freibeweises erfolgte. Auch in letzterem Fall muss das Gericht davon überzeugt sein, dass die getroffenen Feststellungen der Wahrheit entsprechen.[3]

3   Nach **Abs. 2** kann das Gericht – als Ausprägung des Grundsatzes rechtlichen Gehörs (Art. 103 Abs. 1 GG) – seine Entscheidung nur auf Tatsachen und Beweisergebnisse stützen, zu denen sich der Beteiligte, dessen Rechte die Entscheidung beeinträchtigt, äußern konnte. Die Vorschrift, die im Wesentlichen § 108 VwGO entspricht, war erforderlich, weil das Gesetz bewusst keine generelle Verpflichtung des Gerichts kennt, Schriftsätze der Beteiligten und Beweisergebnisse weiterzuleiten. Durch diese fehlende Übersendungspflicht soll die Flexibilität des Verfahrens erhalten bleiben und der organisatorische und finanzielle Aufwand des Gerichts auf das Notwendige beschränkt werden.[4] Voraussetzung für die förmliche Gewährung rechtlichen Gehörs ist, dass die Entscheidung für den Beteiligten eine **Rechtsbeeinträchtigung** mit sich bringt. Der Begriff ist **§ 20 FGG** entnommen. Danach ist erforderlich, aber auch ausreichend ein unmittelbar nachteiliger Eingriff in die Rechtsstellung des Beteiligten, in dem Rechte aufgehoben, beschränkt, gemindert oder deren Ausübung gestört oder erschwert wird.[5] Nicht ausreichend ist also die bloße formelle Beteiligung. Das Gericht hat vielmehr zu prüfen, ob die Entscheidung für einen der Beteiligten eine konkrete Rechtsbeeinträchtigung mit sich bringen würde. Ist dies zu bejahen, ist ihm rechtliches Gehör zu gewährleisten.[6]

4   Das Gesetz regelt nicht, **auf welche Weise** dem Beteiligten die **Möglichkeit zur Äußerung** eingeräumt werden soll. In den meisten Fällen wird dies durch Mitteilung der entscheidungserheblichen Tatsachen zu geschehen haben. Ihm sind also die schriftlichen Erklärungen der übrigen Beteiligten zu übermitteln, Vermerke über formlos durchgeführte Beweiserhebungen, Vermerke über Termine und Anhörungen, die außerhalb eines förmlichen Termins durchgeführt wurden. Erfolgte eine förmliche Beweisaufnahme, sind Sitzungsniederschriften zu übersenden oder z.B. schriftliche Sachverständigengutachten.[7] Im Einzelfall kann es auch ausreichen, das rechtliche Gehör in der mündlichen Verhandlung zu gewähren.

5   § 13 Abs. 1 beschränkt das **Akteneinsichtsrecht** eines Verfahrensbeteiligten, wenn schwerwiegende Interessen eines Beteiligten oder eines Dritten entgegenstehen. Dementsprechend kann in solchen Fällen auch von einer Übersendung der beeinträchtigenden Beweismittel abgesehen werden. Zu denken ist an psychiatrische Gutachten in Kindschaftssachen, aber auch an Vermerke über die Anhörung von Kindern in Sorge- oder Umgangsrechtsverfahren. Gleichwohl ist dem in seinen Rechten Beein-

---

2 BGH 14.01.1993 – IX ZR 238/91 = NJW 1993, 935 (937).
3 BT-Drs. 16/6308, S. 194.
4 BT-Drs. 16/6308, S. 194.
5 Bumiller/Winkler § 20 FGG Rn. 5; Keidel u.a./Kahl § 20 FGG Rn. 12; BayObLG 05.05.1988 – Breg. 1aZ 21/88 = NJW 1988, 2745 (2746); 07.09.2000 – 3Z BR 210/00 = MDR 2001, 94; OLG Dresden 30.09.1997 – 15 W 1236/97 = NJW-RR 1998, 830.
6 BT-Drs. 16/6308, S. 194.
7 BT-Drs. 16/6308, S. 194.

trächtigten rechtliches Gehör zu gewähren, dabei allerdings so wenig wie möglich in die Persönlichkeitsrechte des weiteren Beteiligten oder des Dritten einzugreifen. Denkbar ist die Wiedergabe des wesentlichen Inhalts eines Gutachtens oder Vermerks oder auch eine mündliche Zusammenfassung.[8]

Vorbemerkung § 38

Der dritte Abschnitt enthält die Regelungen zum Abschluss eines Verfahrens durch gerichtliche Entscheidung. Die Beendigung eines Verfahrens erfolgt – dies ist die augenfälligste Neuerung des Gesetzes – einheitlich, also auch für Ehesachen und Familienstreitsachen (§ 113) durch **Beschluss**, der mit einem bestimmten Mindestinhalt zu versehen (§ 38 Abs. 2), zu begründen (§ 38 Abs. 3), zu unterschreiben (§ 38 Abs. 3 Satz 2) und – in dieser Allgemeinheit ebenfalls neu – mit einer Rechtsbehelfsbelehrung zu versehen ist (§ 39). Zu dokumentieren ist darüber hinaus der Erlass des Beschlusses, also seine Übergabe an die Geschäftsstelle oder die Verlesung der Beschlussformel (§ 38 Abs. 3).

Ein solcher, den Anforderungen der §§ 38 ff. entsprechender Beschluss in einem Antragsverfahren könnte bspw. wie folgt aussehen:

> **Beispiel**
> Amtsgericht N
> AZ
> **Beschluss**
> In der Familiensache
> des …
> Prozessbevollmächtigter: …
> gegen
> …
> Prozessbevollmächtigter: …
> hat das Amtsgericht N
> auf die mündliche Verhandlung vom[1]
> durch die Richterin am AG W.
> beschlossen:
> Dem Antragsgegner wird aufgegeben[2], an die Antragstellerin als Zugewinnausgleich 7.900 EUR nebst 5 % Zinsen über dem Basiszinssatz seit dem … zu zahlen.
> Im Übrigen wird der Antrag zurückgewiesen.
> Von den Kosten des Verfahrens tragen die Antragstellerin 2/5 und der Antragsgegner 3/5.

---

[8] BT-Drs. 16/6308, S. 194, 195.
[1] Für Ehesachen und Familienstreitsachen gelten nach § 113 die Vorschriften der Zivilprozessordnung und damit der Grundsatz der Mündlichkeit. In den übrigen familienrechtlichen Verfahren ist der Passus „auf die mündliche Verhandlung vom …" zu ersetzen durch „am …", da für diese Verfahren der Grundsatz der Mündlichkeit nicht gilt.
[2] Da die Entscheidung durch Beschluss ergeht, ist die bislang übliche Formulierung „wird verurteilt" nicht mehr zu verwenden.

Der Beschluss ist sofort wirksam.[3]
Gründe[4]
Die Parteien haben am ... geheiratet. Durch Urteil des Amtsgerichts N vom ... wurde ihre Ehe geschieden. Die Zustellung des Scheidungsantrags erfolgte am ...
Mit dem vorliegenden Antrag verlangt die Antragstellerin die Zahlung von Zugewinnausgleich...
Sie beantragt,
...
Der Antragsgegner beantragt,
den Antrag zurückzuweisen.
...
Der Antrag ist teilweise begründet. Die Antragstellerin hat gegen den Antragsgegner einen Anspruch auf Zahlung von Zugewinnausgleich in Höhe von 7.900 EUR nach § 1378 BGB...
Die Kostenentscheidung folgt aus § 113 FamFG, § 92 ZPO.
Auf Antrag der Antragstellerin war die sofortige Wirksamkeit des Beschlusses anzuordnen, weil ...
Gegen diesen Beschluss ist das Rechtsmittel der Beschwerde zulässig...
Unterschrift W
Datum der Übergabe des Beschlusses an die Geschäftsstelle
oder
Datum der Bekanntgabe durch Verlesen der Beschlussformel[5]

Abschnitt 3
Beschluss

(§ 38 – § 48)

§ 38 Entscheidung durch Beschluss

(1) Das Gericht entscheidet durch Beschluss, soweit durch die Entscheidung der Verfahrensgegenstand ganz oder teilweise erledigt wird (Endentscheidung). Für Registersachen kann durch Gesetz Abweichendes bestimmt werden.

(2) Der Beschluss enthält

1. die Bezeichnung der Beteiligten, ihrer gesetzlichen Vertreter und der Bevollmächtigten;

---

[3] Nach § 116 Abs. 3 kann das Gericht die sofortige Wirksamkeit der Entscheidung anordnen. Diese tritt an die Stelle des bislang obligatorischen Ausspruchs der vorläufigen Vollstreckbarkeit. Der Pflichtige kann nach § 120 Abs. 2 die Einstellung der Zwangsvollstreckung vor Rechtskraft der Entscheidung beantragen.
[4] Naturgemäß entfällt die Unterscheidung von Tatbestand und Entscheidungsgründen. Der Sachverhalt sowie die rechtliche Begründung werden einheitlich unter der Überschrift „Gründe" mitgeteilt.
[5] § 38 Abs. 3.

2. die Bezeichnung des Gerichts und die Namen der Gerichtspersonen, die bei der Entscheidung mitgewirkt haben;
3. die Beschlussformel.

(3) Der Beschluss ist zu begründen. Er ist zu unterschreiben. Das Datum der Übergabe des Beschlusses an die Geschäftsstelle oder der Bekanntgabe durch Verlesen der Beschlussformel (Erlass) ist auf dem Beschluss zu vermerken.

(4) Einer Begründung bedarf es nicht, soweit
1. die Entscheidung auf Grund eines Anerkenntnisses oder Verzichts oder als Versäumnisentscheidung ergeht und entsprechend bezeichnet ist,
2. gleichgerichteten Anträgen der Beteiligten stattgegeben wird oder der Beschluss nicht dem erklärten Willen eines Beteiligten widerspricht oder
3. der Beschluss in Gegenwart aller Beteiligten mündlich bekannt gegeben wurde und alle Beteiligten auf Rechtsmittel verzichtet haben.

(5) Absatz 4 ist nicht anzuwenden:
1. in Ehesachen, mit Ausnahme der eine Scheidung aussprechenden Entscheidung;
2. in Abstammungssachen;
3. in Betreuungssachen;
4. wenn zu erwarten ist, dass der Beschluss im Ausland geltend gemacht werden wird.

(6) Soll ein ohne Begründung hergestellter Beschluss im Ausland geltend gemacht werden, gelten die Vorschriften über die Vervollständigung von Versäumnis- und Anerkenntnisentscheidungen entsprechend.

Übersicht

I. Inhalt und Bedeutung der Norm	1
II. Entscheidung durch Beschluss	3
1. Anwendungsbereich (Abs. 1)	3
2. Inhalt des Beschlusses (Abs. 2)	5
3. Begründung, Unterschrift, Erlass (Abs. 3 und 4)	7

I. Inhalt und Bedeutung der Norm

§ 38 sieht den **Beschluss** als alleinige Form der **Endentscheidung** für sämtliche Verfahren der freiwilligen Gerichtsbarkeit vor. Lediglich in Registersachen erfolgt die Entscheidung nach § 383 durch eine Verfügung (Abs. 1 Satz 2). Die **Familienstreitverfahren** werden ebenfalls durch Beschluss entschieden, da § 38 als eine der wenigen Vorschriften des allgemeinen Teils nach § 113 Abs. 1 auch auf diese Anwendung findet. 1

Das **bisherige Recht** kannte keine einheitliche Entscheidungsform, sondern sprach von z.B. Verrichtungen (§ 35 FGG), Verfügungen (z.B. § 20 FGG), Anordnungen (§ 13 FGG) oder Beschlüssen (§§ 56e, 84 FGG). Eine einheitliche Systematik fehlte. 2

II. Entscheidung durch Beschluss

1. Anwendungsbereich (Abs. 1)

3 Nach **Abs. 1** ist – von der Ausnahme des Registerrechts (§ 382) abgesehen – eine **Endentscheidung** in Form eines Beschlusses zu treffen. Die Vorschrift enthält eine gesetzliche Definition der Endentscheidung als die Entscheidung, durch die der Verfahrensgegenstand ganz oder teilweise erledigt wird. Die Entscheidung muss also die Instanz vollständig oder für einen Teil des Verfahrensgegenstands abschließen. Das Gesetz definiert nicht, was unter einem **Teil des Verfahrensgegenstands** zu verstehen ist. In den Familienstreitverfahren findet die Vorschrift des § 301 ZPO Anwendung. Danach kann ein Teilbeschluss ergehen, wenn der Verfahrensgegenstand teilbar und der entschiedene Teil unabhängig von dem noch zu entscheidenden Rest des Streitverhältnisses ist.[1] An diesen Voraussetzungen fehlt es in der Regel in **Unterhaltsverfahren**, soweit für einen identischen Zeitraum über einen Teil des Anspruchs der Höhe nach entschieden werden soll. Ein solcher „horizontaler Teilbeschluss" ist unzulässig, wenn eine unterschiedliche Beurteilung der beiden Anspruchsteile, bspw. wegen einer einheitlichen Vorfrage, möglich ist.[2] Dementsprechend kann in der Regel ein Teilbeschluss über einen **Mindestunterhaltsbetrag** nicht ergehen.[3] Möglich ist allerdings ein Teilbeschluss über einen zeitlich begrenzten Teil des Unterhaltsrechtsverhältnisses (vertikaler Teilbeschluss), wenn nicht der Rechtsstreit insgesamt entscheidungsreif ist.[4] In **Zugewinnausgleichsverfahren** kann ein Teilbeschluss nur ergehen, wenn die abschließende Bewertung der Vermögenspositionen keinen Einfluss auf den entschiedenen Teil haben kann.[5]

4 Für **Zwischen- und Nebenentscheidungen** ist die Beschlussform in § 38 nicht vorgeschrieben. Diese haben durch Beschluss zu erfolgen, wenn das Gesetz diese Entscheidungsform ausdrücklich vorsieht, z.B. für die Entscheidung über die Heranziehung eines Beteiligten (§ 7 Abs. 3) oder die Verhängung eines Ordnungsgelds (§ 33 Abs. 3, § 89 Abs. 1). Für Entscheidungen in Verfahrenskostenhilfesachen oder über Ablehnungsanträge folgt die Beschlussform aus der Verweisung auf die Vorschriften der ZPO.[6]

2. Inhalt des Beschlusses (Abs. 2)

5 **Abs. 2** bestimmt den formellen Mindestinhalt eines Beschlusses und entspricht im Wesentlichen den an das Urteilsrubrum zu stellenden Erfordernissen (§ 313 Abs. 1 Nr. 1 und 2 ZPO). Die Bezeichnung des Tages, an dem die mündliche Verhandlung geschlossen wurde, ist wegen des Fehlens des Mündlichkeitsgrundsatzes in den Verfahren der freiwilligen Gerichtsbarkeit weder erforderlich noch angezeigt. Etwas anderes dürfte für die **Familienstreitverfahren** gelten. Auf diese findet zwar § 38 Anwendung. Da aber gleichzeitig die Regelungen der ZPO und damit der Grundsatz der Mündlichkeit gelten, ist auch die Angabe des Tages erforderlich, an dem die mündliche Verhandlung geschlossen wurde.

---

1 Zöller/Vollkommer § 301 ZPO Rn. 2.
2 BGH 24.02.1999 – XII ZR 155/97 = NJW 1999, 1718 (1719).
3 OLG Nürnberg 16.05.1994 – 10 UF 3952/93 = FamRZ 1994, 1594.
4 OLG Nürnberg 16.05.1994 – 10 UF 3952/93 = FamRZ 1994, 1594.
5 Zöller/Vollkommer § 301 ZPO Rn. 7.
6 BT-Drs. 16/6308, S. 195.

Die Vorschrift erwähnt darüber hinaus die **Beschlussformel** (Abs. 2 Nr. 3), die wie der Urteilstenor in möglichst kurzer, aber genauer Form den Inhalt der Entscheidung wiedergeben soll.[7] In Familienstreitverfahren muss die Beschlussformel darüber hinaus die Zwangsvollstreckung ermöglichen und daher ausreichend bestimmt sein.[8]

3. Begründung, Unterschrift, Erlass (Abs. 3 und 4)

Abs. 3 Satz 1 verpflichtet das Gericht, den Beschluss zu begründen, legt aber zur Erhaltung der Flexibilität des Verfahrens keine Mindeststandards für eine Begründung fest.[9] Der Beschluss hat darüber hinaus die Unterschrift des entscheidenden Richters oder Rechtspflegers zu tragen, um ihn von einem Entwurf abzugrenzen. Entscheidet ein Kollegialgericht, ist die Unterzeichnung durch alle Mitwirkenden erforderlich. Zu vermerken auf dem Beschluss ist das Datum der Übergabe des Beschlusses auf der Geschäftsstelle oder der Bekanntgabe des Beschlusses durch Verlesen der Beschlussformel. Diese Formulierung enthält die Legaldefinition des **Erlasses** – in Abwesenheit oder Anwesenheit der Beteiligten – und löst die Rechtsmittelfrist des § 63 Abs. 3 aus.

Abs. 4 ermöglicht dem Gericht, unter bestimmten Umständen auf die **Begründung des Beschlusses zu verzichten**, und zwar allgemein dann, wenn eine Beschwer eines Beteiligten offenkundig nicht vorliegt.[10] Dies ist entsprechend § 313b ZPO nach **Abs. 4 Nr. 1** der Fall, wenn die Entscheidung aufgrund eines Anerkenntnisses, eines Verzichts oder als Versäumnisentscheidung ergeht und als solche bezeichnet ist. Diese für Verfahren der freiwilligen Gerichtsbarkeit atypischen Entscheidungsformen sind möglich in den Familienstreitverfahren des § 113, auf die § 38 ebenfalls Anwendung findet. **Abs. 4 Nr. 2** ermöglicht dem Gericht eine schnelle und einfache Entscheidung, wenn der Verfahrensgegenstand unter den Beteiligten nicht streitig ist, was entweder dadurch zum Ausdruck kommt, dass gleichgerichteten Anträgen entsprochen wird oder die Entscheidung dem erklärten Willen eines Beteiligten nicht widerspricht. **Abs. 4 Nr. 3** entspricht der Regelung des § 313a ZPO. Die Begründungspflicht entfällt, wenn der Beschluss allen Beteiligten mündlich bekannt gemacht wurde und diese auf Rechtsmittel verzichten.

Für die in **Abs. 5** genannten Verfahren besteht – konstruiert als **Rückausnahme zum Wegfall des Begründungserfordernisses** in Abs. 4 – eine zwingende **Begründungspflicht**. Dies entspricht der Regelung in § 313a Abs. 4 Nr. 1 (Ehesachen mit Ausnahme der Ehescheidung), Nr. 3 (Abstammungssachen) und Nr. 5 (Geltendmachung im Ausland) ZPO. Darüber hinaus ist aus Gründen der Rechtsfürsorglichkeit wegen der Bedeutung der Entscheidung für den Betroffenen in Betreuungssachen zwingend eine Begründung vorgeschrieben.[11]

Abs. 6 entspricht der Regelung des § 313a Abs. 5 ZPO und lässt eine nachträgliche Vervollständigung des rechtskräftigen Beschlusses zu, wenn sich gegen die erste Erwartung herausstellt, dass er im **Ausland** geltend zu machen ist.

---

7 Zöller/Vollkommer § 313 ZPO Rn. 8.
8 Zöller/Vollkommer § 313 ZPO Rn. 8.
9 BT-Drs. 16/6308, S. 195.
10 BT-Drs. 16/6308, S. 195.
11 BT-Drs. 16/6308, S. 195.

§ 39 Rechtsbehelfsbelehrung

Jeder Beschluss hat eine Belehrung über das statthafte Rechtsmittel, den Einspruch, den Widerspruch oder die Erinnerung sowie das Gericht, bei dem diese Rechtsbehelfe einzulegen sind, dessen Sitz und die einzuhaltende Form und Frist zu enthalten.

Übersicht

I. Inhalt und Bedeutung der Norm	1
II. Rechtsmittelbelehrung	2
1. Notwendiger Inhalt	2
2. Beispiel einer Rechtsmittelbelehrung	4
3. Fehlerhafte Rechtsmittelbelehrung	5

I. Inhalt und Bedeutung der Norm

1 Die Vorschrift sieht für alle Verfahren der freiwilligen Gerichtsbarkeit die Notwendigkeit einer Rechtsmittelbelehrung vor. Das BVerfG fordert sie nicht allgemein.[1] Gleichwohl hat sich der Gesetzgeber aus Gründen der **Rechtsfürsorge** für eine entsprechende Verpflichtung entschieden.[2] Das **bisherige Recht** verlangte in einzelnen Bereichen wie im Betreuungs- (§ 69 FGG) und Unterbringungsrecht (§ 70f FGG), nicht aber allgemein die Aufnahme einer Rechtsmittelbelehrung in die gerichtliche Entscheidung.

II. Rechtsmittelbelehrung

1. Notwendiger Inhalt

2 Mit einer Rechtsmittelbelehrung zu versehen ist nach dem Wortlaut des § 39 **jede in Form eines Beschlusses ergehende gerichtliche Entscheidung**. Zu belehren ist über die ordentlichen Rechtsbehelfe, über Einspruch, Widerspruch und Erinnerung. Damit besteht keine Verpflichtung, über außerordentliche Rechtsbehelfe wie die Wiedereinsetzung in den vorigen Stand, die Beschlussberichtigung und -ergänzung oder die Gehörsrüge zu belehren.[3]

3 Die Vorschrift regelt zudem den **notwendigen Inhalt** einer Rechtsmittelbelehrung. Diese hat zu enthalten:

- die Bezeichnung des statthaften Rechtsmittels;
- die Benennung des Gerichts, bei dem es einzulegen ist;
- der Ort dieses Gerichts;
- die einzuhaltende Form;
- die Frist, innerhalb derer das Rechtsmittel einzulegen ist.

---

1 BVerfG 20.06.1995 – 1 BvR 166/93 = E 93, 99.
2 BT-Drs. 16/6308, S. 196.
3 BT-Drs. 16/6308, S. 196.

2. Beispiel einer Rechtsmittelbelehrung

In Anwendung dieser Grundsätze ist ein die erste Instanz beendender Beschluss in einer Familiensache mit folgender Rechtsmittelbelehrung zu versehen:

4

> „Gegen diesen Beschluss ist das Rechtsmittel der Beschwerde zulässig, wenn der Gegenstand der Beschwerde über 600 EUR liegt. Die Beschwerde ist innerhalb eines Monats schriftlich oder zu Protokoll der Geschäftsstelle des Gerichts einzulegen, dessen Entscheidung angefochten werden soll. Die Frist beginnt mit der schriftlichen Bekanntgabe des Beschlusses. Die Beschwerde muss die Bezeichnung des angefochtenen Beschlusses sowie die Erklärung enthalten, dass gegen diesen Beschwerde eingelegt wird. Sie ist von dem Beschwerdeführer oder seinem Bevollmächtigten zu unterzeichnen."

3. Fehlerhafte Rechtsmittelbelehrung

Bei **Fehlen der Rechtsmittelbelehrung**, ist sie fehlerhaft oder unvollständig, wird der Beschluss gleichwohl rechtskräftig. Allerdings spricht für diesen Fall **§ 17 Abs. 2** die Vermutung aus, dass die Versäumung der Rechtsmittelfrist schuldlos erfolgte, so dass Wiedereinsetzung in den vorigen Stand zu gewähren ist.[4]

5

§ 40 Wirksamwerden

(1) Der Beschluss wird wirksam mit Bekanntgabe an den Beteiligten, für den er seinem wesentlichen Inhalt nach bestimmt ist.

(2) Ein Beschluss, der die Genehmigung eines Rechtsgeschäfts zum Gegenstand hat, wird erst mit Rechtskraft wirksam. Dies ist mit der Entscheidung auszusprechen.

(3) Ein Beschluss, durch den auf Antrag die Ermächtigung oder die Zustimmung eines anderen zu einem Rechtsgeschäft ersetzt oder die Beschränkung oder Ausschließung der Berechtigung des Ehegatten oder Lebenspartners, Geschäfte mit Wirkung für den anderen Ehegatten oder Lebenspartner zu besorgen (§ 1357 Abs. 2 Satz 1 des Bürgerlichen Gesetzbuchs, auch in Verbindung mit § 8 Abs. 2 des Lebenspartnerschaftsgesetzes), aufgehoben wird, wird erst mit Rechtskraft wirksam. Bei Gefahr im Verzug kann das Gericht die sofortige Wirksamkeit des Beschlusses anordnen. Der Beschluss wird mit Bekanntgabe an den Antragsteller wirksam.

I. Inhalt und Bedeutung der Norm

Die Vorschrift regelt das Wirksamwerden gerichtlicher Entscheidungen, wobei die Grundregel des Abs. 1 der **bisherigen Rechtslage** entspricht und das Wirksamwerden nicht an die Rechtskraft der Entscheidung, sondern ihre Bekanntgabe anknüpft.

1

---

4 → § 17 Rn. 8.

II. Wirksamwerden einer Entscheidung

2 **Abs. 1** knüpft die Wirksamkeit der Entscheidung an ihre **Bekanntgabe** an und entspricht daher dem in Verfahren der freiwilligen Gerichtsbarkeit regelmäßig vorhandenen Bedürfnis nach einem schnellen Wirksamwerden der Entscheidung.[1] Dieses Bedürfnis besteht insbesondere bei den rechtsfürsorgerischen Angelegenheiten (z.B. Bestellung eines Vormunds). Auf die Familienstreitverfahren findet die Vorschrift nach § 113 keine Anwendung.

3 Das Gesetz kennt – über die Abs. 2 und 3 hinaus – verschiedene **Ausnahmen** von der sofortigen Wirksamkeit, nämlich dann, wenn mit der Entscheidung gravierende Rechtsänderungen verbunden sind, die ein Abwarten der Rechtskraft angezeigt erscheinen lassen.[2] Dies betrifft für Familiensachen Entscheidungen in

- Abstammungssachen (§ 184 Abs. 1);
- Adoptionssachen (§ 198 Abs. 1);
- Ehewohnungs- und Haushaltssachen (§ 209 Abs. 2);
- Kindschaftssachen betreffend freiheitsentziehende Unterbringung (§ 167 Abs. 1 Satz 1 i.V.m. § 324 Abs. 1).

Diese **Spezialvorschriften** gehen der allgemeinen Regelung des Abs. 1 vor.[3]

4 **Abs. 2** formuliert eine Ausnahme von dem in Abs. 1 geregelten Grundsatz und lässt die Entscheidung, durch die ein Rechtsgeschäft genehmigt wird, erst mit der **Rechtskraft** wirksam werden, was nach dem ausdrücklichen Wortlaut der Vorschrift mit der Entscheidung auszusprechen ist. Abs. 2 trägt damit den Anforderungen des BVerfG Rechnung, das §§ 62 und 55 FGG für verfassungswidrig erklärt hat, soweit sie dem Betroffenen die Möglichkeit nehmen, Entscheidungen des Rechtspflegers einer Überprüfung durch den Richter zu unterziehen.[4] Die Praxis hat sich bislang mit einem sog. Zwischenbescheid beholfen, der nur eine Genehmigung in Aussicht stellte und damit anfechtbar war.[5] Dieser ist nun entbehrlich. Wünschen die Beteiligten einen zeitnahen Eintritt der Rechtskraft, haben sie die Möglichkeit, auf Rechtsmittel zu verzichten und so die Wirksamkeit der Genehmigungsentscheidung herbeizuführen.[6]

5 Darüber hinaus ist im Interesse zügiger Rechtssicherheit die **Beschwerdefrist** gem. § 63 Abs. 2 Nr. 2 auf zwei Wochen verkürzt. Zum Anwendungsbereich der Vorschrift gehören Genehmigungen von Rechtsgeschäften

- über das Vermögen als Ganzes (§ 1366 Abs. 1 BGB),
- über Haushaltsgegenstände (§ 1369 Abs. 3, § 1366 BGB),
- über zum Gesamtgut der Gütergemeinschaft gehörende Grundstücke, Schiffe und Schiffsbauwerke (§§ 1424, 1427 BGB),
- für oder durch ein Kind (§ 113 Abs. 3, §§ 1643 ff., 1806 ff. BGB).

---

1 BT-Drs. 16/6308, S. 196.
2 BT-Drs. 16/6308, S. 196.
3 BT-Drs. 16/6308, S. 196.
4 BVerfG 18.01.2000 – 1 BvR 321/96 = NJW 2000, 1709.
5 Keidel u.a./Engelhardt § 55 FGG Rn. 12.
6 BT-Drs. 16/6308, S. 196.

Abs. 3 entspricht der bisherigen Regelung des § 53 FGG und schiebt die Wirksamkeit bis zur Rechtskraft der Entscheidung hinaus, zum einen wenn die Ermächtigung oder Zustimmung eines anderen zu einem Rechtsgeschäft ersetzt werden soll. Die Vorschrift erfasst im Wesentlichen die in Rn. 5 genannten Rechtsgeschäfte, darüber hinaus z.B. die Ersetzung der Zustimmung des Personensorgeberechtigten zur Befreiung vom Eheverbot fehlender Volljährigkeit nach § 1303 Abs. 3 BGB.[7] Erst **mit Rechtskraft wirksam** werden darüber hinaus Beschlüsse nach § 1357 Abs. 2 BGB, § 8 Abs. 2 LPartG.

Anders als in Abs. 2 hat das Gericht in den Fällen des **Abs. 3** die Möglichkeit, bei Gefahr im Verzug die **sofortige Wirksamkeit** durch einen mit seiner Bekanntgabe wirksamen Beschluss auszusprechen. Zu denken ist dabei an Fälle, bei denen die sofort wirksame Ersetzung einer Einwilligung zur Abwehr wirtschaftlicher Schäden notwendig ist, wenn etwa der Partner eines wirtschaftlich vorteilhaften Rechtsgeschäfts sich nur einen gewissen Zeitraum binden will. Abzuwägen sind dabei die Interessen des Vertragsschließenden mit denjenigen des anderen, zu dessen Schutz das Einwilligungserfordernis besteht.

Für die **Dauer der Rechtsmittelinstanz** bietet § 64 Abs. 3 die Möglichkeit, den bisherigen Status dadurch zu bewahren, dass im Wege der einstweiligen Anordnung die Aussetzung der Vollziehung der mit ihrem Erlass wirksamen gerichtlichen Entscheidung durch das Beschwerdegericht angeordnet wird.[8]

§ 41 Bekanntgabe des Beschlusses

(1) Der Beschluss ist den Beteiligten bekannt zu geben. Ein anfechtbarer Beschluss ist demjenigen zuzustellen, dessen erklärtem Willen er nicht entspricht.

(2) Anwesenden kann der Beschluss auch durch Verlesen der Beschlussformel bekannt gegeben werden. Dies ist in den Akten zu vermerken. In diesem Fall ist die Begründung des Beschlusses unverzüglich nachzuholen. Der Beschluss ist im Fall des Satzes 1 auch schriftlich bekannt zu geben.

(3) Ein Beschluss, der die Genehmigung eines Rechtsgeschäfts zum Gegenstand hat, ist auch demjenigen, für den das Rechtsgeschäft genehmigt wird, bekannt zu geben.

I. Inhalt und Bedeutung der Norm

Die Vorschrift regelt die Möglichkeiten einer Bekanntgabe der Entscheidung. Während **nach bisher geltendem Recht** die Bekanntgabe gem. § 16 FGG regelmäßig durch Zustellung nach den Vorschriften der ZPO erfolgte, räumt das neue Recht dem Gericht eine höhere Flexibilität ein. Es kann – jedenfalls grundsätzlich – nach freiem Ermessen

---

[7] Weitere Beispiele bei Keidel u.a./Engelhardt § 53 FGG Rn. 6.
[8] → § 64 Rn. 8 ff.

über die Art und Weise der Bekanntgabe entscheiden.[1] Allerdings ist, anders als nach § 16 Abs. 2 Satz 2 FGG,[2] die formlose Bekanntgabe einer anfechtbaren Entscheidung nicht mehr möglich. Denn nach § 63 Abs. 3 beginnt der Lauf der Rechtsmittelfrist erst mit der **schriftlichen** Bekanntgabe des Beschlusses.

II. Bekanntgabe der Entscheidung

2 **Abs. 1 Satz 1** verweist auf § 15 Abs. 2 als allgemeine Vorschrift über die Bekanntgabe gerichtlicher Dokumente. Damit kann das Gericht zwischen der förmlichen Zustellung nach den Vorschriften der ZPO und der Aufgabe zur Post wählen, und zwar – anders als nach § 16 FGG – auch bei solchen Entscheidungen, durch die eine Frist gewahrt werden soll.

3 Nach Abs. 2 sind allerdings anfechtbare Entscheidungen demjenigen förmlich zuzustellen, dessen erklärtem Willen sie nicht entsprechen. Durch die **Zustellung** wird dem schützenswerten Interesse des Beteiligten, dessen Antrag oder Anregung mit der Entscheidung nicht genüge getan wird, gewahrt. Andererseits können alle diejenigen Entscheidungen, die dem Anliegen der Beteiligten entsprechen, formlos bekannt gemacht werden, um eine Überfrachtung mit formalen Anforderungen zu vermeiden.[3]

4 **Abs. 2** regelt die Bekanntgabe des Beschlusses **unter Anwesenden**, die entweder durch Verlesen der Beschlussformel oder durch schriftliche Bekanntgabe erfolgen kann. Die Vorschrift entspricht daher im Wesentlichen § 16 Abs. 3 FGG.

5 Erfolgt die **Bekanntgabe durch Verlesen der Beschlussformel**, so ist dies in den Akten zu vermerken. Die Begründung ist unverzüglich nachzuholen. Dementsprechend hat der Beschluss – anders als das zivilprozessuale Urteil nach § 310 Abs. 2 ZPO – im Zeitpunkt der Bekanntgabe nicht in vollständiger Form vorzuliegen. Dabei ist – da der Mündlichkeitsgrundsatz nicht gilt – gleichgültig, ob die Bekanntgabe in einer mündlichen Verhandlung oder in einem zur Bekanntgabe anberaumten Termin erfolgt. Auch das Verlesen einer – bereits abgefassten – Begründung ist nicht erforderlich.[4] Für die **Familienstreitverfahren** gilt nach § 113 die Vorschrift des § 310 Abs. 2 ZPO.

6 **Abs. 3** trägt den Anforderungen des BVerfG an die Gewährung rechtlichen Gehörs Rechnung. Dieser Anspruch steht jedem zu, demgegenüber die gerichtliche Entscheidung materiell-rechtlich wirkt und der deshalb von dem Verfahren rechtlich betroffen wird.[5] Er kann in den Fällen einer Genehmigung eines Rechtsgeschäfts nicht durch denjenigen ausgeübt werden, dessen Entscheidung gerichtlich überprüft wird.[6] Erforderlich ist vielmehr, dass der Rechtsinhaber selbst von der Entscheidung rechtzeitig erfährt, um ggf. Rechtsmittel einlegen zu können.[7]

---

1 BT-Drs. 16/6308, S. 196.
2 Diese Bestimmung war aufgrund der Verweisungsregelung in § 621a Abs. 1 Satz 2 ZPO auf fG-Familiensachen bereits bisher nicht anwendbar.
3 BT-Drs. 16/6308, S. 197.
4 BT-Drs. 16/6308, S. 197.
5 BVerfG 18.01.2000 – 1 BvR 321/96 = NJW 2000, 1709 (1710); 20.10.2008 – 1 BvR 291/06 = FamRZ 2009, 106.
6 BT-Drs. 16/6308, S. 197.
7 BT-Drs. 16/6308, S. 197.

§ 42 Berichtigung des Beschlusses

(1) Schreibfehler, Rechenfehler und ähnliche offenbare Unrichtigkeiten im Beschluss sind jederzeit vom Gericht auch von Amts wegen zu berichtigen.

(2) Der Beschluss, der die Berichtigung ausspricht, wird auf dem berichtigten Beschluss und auf den Ausfertigungen vermerkt. Erfolgt der Berichtigungsbeschluss in der Form des § 14 Abs. 3, ist er in einem gesonderten elektronischen Dokument festzuhalten. Das Dokument ist mit dem Beschluss untrennbar zu verbinden.

(3) Der Beschluss, durch den der Antrag auf Berichtigung zurückgewiesen wird, ist nicht anfechtbar. Der Beschluss, der eine Berichtigung ausspricht, ist mit der sofortigen Beschwerde in entsprechender Anwendung der §§ 567 bis 572 der Zivilprozessordnung anfechtbar.

Die Vorschrift eröffnet die Möglichkeit, offenbare Unrichtigkeiten eines Beschlusses zu ändern und entspricht damit der Regelung des § 319 ZPO, die mangels einer entsprechenden Norm im FGG **nach bisher geltendem Recht** entsprechend angewendet wurde.[1]

Nach **Abs. 1** können Schreibfehler, Rechenfehler und ähnliche offenbare Unrichtigkeiten zu jedem Zeitpunkt des Verfahrens berichtigt werden, also auch nach Einlegung eines Rechtsmittels oder nach förmlicher Rechtskraft der Entscheidung.[2] Die Berichtigung kann auf Antrag oder von Amts wegen erfolgen. Erforderlich ist stets, dass der Beschluss **unrichtig** ist. Wie sich aus dem Beispiel des Schreib- oder Rechenfehlers entnehmen lässt, muss die Unrichtigkeit in einem Auseinanderfallen von Erklärung und Willen des Gerichts liegen.[3] Die falsche Willensbildung, also der inhaltlich unrichtige Beschluss, kann nicht korrigiert werden. Voraussetzung für eine Berichtigung ist darüber hinaus die **Offenkundigkeit des Fehlers**. Dieser muss sich für jeden Außenstehenden aus dem Zusammenhang der Entscheidung oder aus den Vorgängen bei Erlass und Bekanntgabe ohne weiteres ergeben.[4] Nicht erforderlich ist, dass der Fehler – wie z.B. bei Rechenfehlern – sofort erkennbar ist.[5] Ist allerdings zur Ermittlung der Unrichtigkeit eine Beweiserhebung notwendig, fehlt es am Merkmal der Evidenz.[6]

Keine Anwendung findet die Vorschrift, wenn die Willensbildung des Gerichts fehlerhaft erfolgte, wenn also das Gesetz fehlerhaft ausgelegt oder angewendet wurde. Gleiches gilt, wenn entscheidungserheblicher Vortrag der Parteien übergangen wurde.[7]

Berichtigt werden können **rein formelle Fehler** wie das Fehlen einer Unterschrift oder Rubrumsfehler wie eine unrichtige oder unvollständige Parteibezeichnung, wenn die Identität der Partei feststeht und unverändert bleibt.[8] Berichtigt werden können auch **Fehler der Beschlussformel**, wenn sich deren Unrichtigkeit aus einem Vergleich mit

---

1 Keidel u.a./Schmidt § 18 FGG Rn. 60 f.
2 BT-Drs. 16/6308, S. 197.
3 Zöller/Vollkommer § 319 ZPO Rn. 4.
4 Zöller/Vollkommer § 319 ZPO Rn. 5.
5 Zöller/Vollkommer § 319 ZPO Rn. 5.
6 Zöller/Vollkommer § 319 ZPO Rn. 7.
7 Zöller/Vollkommer § 319 ZPO Rn. 4.
8 Zöller/Vollkommer § 319 ZPO Rn. 14.

den Beschlussgründen ergibt, etwa bei aus den Gründen erkennbaren Rechenfehlern oder bei Nichtbescheidung von Anträgen, die in den Gründen behandelt wurden.[9]

5   **Abs. 2** regelt die Förmlichkeiten der Berichtigung, auch für den in § 14 geregelten elektronischen Beschluss.

6   Der **Berichtigungsbeschluss** ist mit der sofortigen Beschwerde nach §§ 567 bis 572 ZPO anfechtbar,[10] während der einen Berichtigungsantrag zurückweisende Beschluss keinem Rechtsmittel unterliegt.

§ 43 Ergänzung des Beschlusses

(1) Wenn ein Antrag, der nach den Verfahrensakten von einem Beteiligten gestellt wurde, ganz oder teilweise übergangen oder die Kostenentscheidung unterblieben ist, ist auf Antrag der Beschluss nachträglich zu ergänzen.

(2) Die nachträgliche Entscheidung muss binnen einer zweiwöchigen Frist, die mit der schriftlichen Bekanntgabe des Beschlusses beginnt, beantragt werden.

1   Die Vorschrift regelt, den Bedürfnissen des FamFG-Verfahrens entsprechend, die Möglichkeit zur Änderung eines Beschlusses. **Im bisherigen Recht** fehlte eine Änderungsnorm, so dass § 321 ZPO entsprechend angewendet wurde.[1] Die übrigen Verfahrensordnungen enthalten mit § 120 Abs. 1 VwGO, § 109 Abs. 1 FGO und § 140 Abs. 1 SGG vergleichbare Regelungen, so dass § 43 auch zur Rechtsangleichung beiträgt.

2   **Abs. 1** eröffnet die Möglichkeit, einen wirksam gewordenen Beschluss einmal dann abzuändern, wenn ein von einem Beteiligten gestellter Antrag ganz oder teilweise übergangen wurde. Eine Abänderung kann insoweit folglich allein in **Antragsverfahren** erfolgen. Der übergangene Antrag muss sich aus den **Verfahrensakten** ergeben. Ob er darüber hinaus auch in einer mündlichen Verhandlung gestellt wurde, ist ohne Bedeutung, da der Grundsatz der Mündlichkeit im FamFG-Verfahren nicht gilt. Der Antrag muss **versehentlich übergangen** worden sein. Erfolgte die Auslassung bewusst oder rechtsirrig, kann der Beschluss nur durch das Rechtsmittel der Beschwerde des § 58 angegriffen werden.[2] Eine Ergänzung kommt ebenfalls nicht in Betracht, wenn das Gericht den Sachvortrag der Beteiligten ganz oder teilweise übergangen hat.[3]

3   § 43 lässt eine Abänderung darüber hinaus zu, wenn die **Kostenentscheidung** unterblieben ist.

4   **Abs. 2** schreibt angelehnt an § 321 Abs. 2 ZPO die Stellung des Ergänzungsantrags innerhalb von zwei Wochen vor. Die Frist beginnt mit der schriftlichen Bekanntgabe des Beschlusses an den Beteiligten.

---

9   Beispiele bei Zöller/Vollkommer § 319 ZPO Rn. 15.
10 Zur sofortigen Beschwerde → § 58 Rn. 13 ff.
1   Keidel u.a./Schmidt § 18 FGG Rn. 67.
2   Vgl. Zöller/Vollkommer § 321 ZPO Rn. 2.
3   Zöller/Vollkommer § 321 ZPO Rn. 4.

§ 44 Abhilfe bei Verletzung des Anspruchs auf rechtliches Gehör

(1) Auf die Rüge eines durch eine Entscheidung beschwerten Beteiligten ist das Verfahren fortzuführen, wenn

1. ein Rechtsmittel oder ein Rechtsbehelf gegen die Entscheidung oder eine andere Abänderungsmöglichkeit nicht gegeben ist und
2. das Gericht den Anspruch dieses Beteiligten auf rechtliches Gehör in entscheidungserheblicher Weise verletzt hat.

Gegen eine der Endentscheidung vorausgehende Entscheidung findet die Rüge nicht statt.

(2) Die Rüge ist innerhalb von zwei Wochen nach Kenntnis von der Verletzung des rechtlichen Gehörs zu erheben; der Zeitpunkt der Kenntniserlangung ist glaubhaft zu machen. Nach Ablauf eines Jahres seit der Bekanntgabe der angegriffenen Entscheidung an diesen Beteiligten kann die Rüge nicht mehr erhoben werden. Die Rüge ist schriftlich oder zur Niederschrift bei dem Gericht zu erheben, dessen Entscheidung angegriffen wird. Die Rüge muss die angegriffene Entscheidung bezeichnen und das Vorliegen der in Absatz 1 Satz 1 Nr. 2 genannten Voraussetzungen darlegen.

(3) Den übrigen Beteiligten ist, soweit erforderlich, Gelegenheit zur Stellungnahme zu geben.

(4) Ist die Rüge nicht in der gesetzlichen Form oder Frist erhoben, ist sie als unzulässig zu verwerfen. Ist die Rüge unbegründet, weist das Gericht sie zurück. Die Entscheidung ergeht durch nicht anfechtbaren Beschluss. Der Beschluss soll kurz begründet werden.

(5) Ist die Rüge begründet, hilft ihr das Gericht ab, indem es das Verfahren fortführt, soweit dies auf Grund der Rüge geboten ist.

Die Vorschrift gibt den Beteiligten einen förmlichen Rechtsbehelf bei einer entscheidungsrelevanten Verletzung des rechtlichen Gehörs und entspricht dem durch das Gesetz über die Rechtsbehelfe bei Verletzung des Anspruchs auf rechtliches Gehör (Anhörungsrügengesetz[1]) eingeführten § 29a FGG. Die Rüge hindert den Eintritt der formellen Rechtskraft nicht; diese bleibt vielmehr bestehen, bis in dem aufgrund der Rüge fortgesetzten Verfahren eine Endentscheidung ergeht.[2]

Abs. 1 eröffnet die Gehörsrüge allein gegen **Endentscheidungen, gegen die ein Rechtsmittel nicht gegeben ist.** Da die Vorschrift nach § 113 für Familienstreitverfahren, die einen eingeschränkten Beschwerdewert haben, nicht gilt, ist der Anwendungsbereich der Vorschrift für erstinstanzliche Entscheidungen eingeschränkt. Zu denken ist an Entscheidungen über Kosten und Auslagen oder im einstweiligen Anordnungsverfahren. Allerdings gilt die Vorschrift für **Beschlüsse aller Instanzen**, so dass die nicht mit der Rechtsbeschwerde angreifbaren Entscheidungen des Beschwerdegerichts und diejenigen über die Rechtsbeschwerde der Gehörsrüge unterliegen. **Nicht**

---

[1] Vom 09.12.2004 BGBl I, S. 3220.
[2] Bumiller/Winkler § 29a FGG Rn. 13.

Abschnitt 3 Beschluss

statthaft ist sie gegen **Entscheidungen des Rechtspflegers**, da Art. 103 Abs. 1 GG allein für Verfahren vor dem Richter gilt.[3]

3   **Voraussetzung** ist nach Abs. 1 Nr. 2, dass der Anspruch eines Beteiligten auf rechtliches Gehör in entscheidungserheblicher Weise verletzt worden ist. Die Verletzung kann auch **unabsichtlich** erfolgen, etwa dadurch, dass ein Schriftsatz durch die Geschäftsstelle nicht vorgelegt und daher bei der Entscheidung nicht berücksichtigt wird, oder dadurch, dass Vorbringen aus einem Schriftsatz, zu dem sich die übrigen Beteiligten nicht äußern konnten, zur Entscheidungsgrundlage gemacht wurde.[4] Eröffnet ist die Gehörsrüge auch, wenn das Gericht rechtlich gebotene Hinweise an die Beteiligten unterlässt, also eine Überraschungsentscheidung fällt[5] oder wenn das Gericht seine Verpflichtung, das Vorbringen der Parteien zur Kenntnis zu nehmen und in Grenzen in seiner Entscheidung zu verarbeiten,[6] verletzt.[7] Gedacht ist an Fälle willkürlicher Verfahrensgestaltung, wenn z.B. ein Verhandlungstermin anberaumt und dann vor diesem entschieden wird oder wenn der Vortrag der Beteiligten grob missverstanden wird.[8]

4   Die Gehörsrüge bewirkt eine Pflicht zur **Fortsetzung des Verfahrens** ungeachtet der ergangenen Entscheidung.

5   **Abs. 2** regelt die **Förmlichkeiten der Gehörsrüge**: Sie ist innerhalb von zwei Wochen nach Kenntniserlangung, die glaubhaft zu machen ist, einzulegen und ein Jahr nach Bekanntgabe der angegriffenen Entscheidung ausgeschlossen. Wiedereinsetzung ist möglich gegen die Zweiwochenfrist, nicht aber gegen die Jahresfrist, die eine materielle Ausschlussfrist ist.[9] Nach Abs. 2 Satz 3 besteht **kein Anwaltszwang**, da die Rüge auch zu Protokoll der Geschäftsstelle erhoben werden kann. Sie muss die angegriffene Entscheidung bezeichnen und das Vorliegen der Voraussetzungen des Abs. 1 Satz 1 Nr. 2, also die Verletzung des rechtlichen Gehörs, darlegen.

6   Nach **Abs. 3** ist den übrigen Beteiligten, falls erforderlich, Gelegenheit zur Stellungnahme zu geben. Nach Abs. 4 ist die unter Verstoß gegen die Formvorschrift des Abs. 2 eingelegte Rüge als unzulässig zu verwerfen, die unbegründete ist zurückzuweisen. Die Entscheidungen ergehen durch einen **nicht anfechtbaren Beschluss**, der kurz zu begründen ist.

7   Wird der Rüge **stattgegeben**, ist eine förmliche Entscheidung nicht erforderlich. Das Gericht setzt vielmehr nach Abs. 5 – soweit durch die Rüge geboten – fort. Es wird die Beteiligten formlos oder sie von der Vornahme einer fortsetzenden Verfahrenshandlung unterrichten.

---

3   BVerfG 18.01.2000 – 1 BvR 321/96 = NJW 2000, 1709.
4   Zöller/Vollkommer § 321a ZPO Rn. 9.
5   Zöller/Vollkommer § 321a ZPO Rn. 10.
6   BVerfG 18.04.1984 – 1 BvR 869/83 = NJW 1984, 2203.
7   Zöller/Vollkommer § 321a ZPO Rn. 11.
8   Beispiele nach Zöller/Vollkommer § 321a ZPO Rn. 11.
9   Bumiller/Winkler § 29a FGG Rn. 8.

§ 45 Formelle Rechtskraft

Die Rechtskraft eines Beschlusses tritt nicht ein, bevor die Frist für die Einlegung des zulässigen Rechtsmittels oder des zulässigen Einspruchs, des Widerspruchs oder der Erinnerung abgelaufen ist. Der Eintritt der Rechtskraft wird dadurch gehemmt, dass das Rechtsmittel, der Einspruch, der Widerspruch oder die Erinnerung rechtzeitig eingelegt wird.

Die Vorschrift, die § 705 ZPO entspricht, regelt die formelle Rechtskraft und stellt damit klar, dass der im FamFG-Verfahren ergangene Beschluss ihrer fähig ist. Das FGG enthielt keine entsprechende Regelung. 1

Satz 1 bestimmt den **Eintritt der formellen Rechtskraft**, wenn die Fristen, innerhalb derer ein zulässiges Rechtsmittel eingelegt werden kann, abgelaufen sind. Der Zeitpunkt des Fristablaufs richtet sich gem. § 15 nach der Bekanntgabe der Entscheidung; die Dauer hängt von dem jeweiligen Rechtsbehelf ab. Ist die Entscheidung unanfechtbar oder verzichten die Beteiligten auf Rechtsmittel, tritt sie sofort ein. Nach **Satz 2** wird der Eintritt der Rechtskraft **gehemmt** durch die rechtzeitige Einlegung eines Rechtsbehelfs. 2

Mit Eintritt der formellen Rechtskraft ist die Entscheidung durch Rechtsmittel nicht mehr angreifbar und damit gegen die Einleitung oder Erneuerung eines Rechtsmittelverfahrens gesichert.[1] 3

§ 46 Rechtskraftzeugnis

Das Zeugnis über die Rechtskraft eines Beschlusses ist auf Grund der Verfahrensakten von der Geschäftsstelle des Gerichts des ersten Rechtszugs zu erteilen. Solange das Verfahren in einem höheren Rechtszug anhängig ist, erteilt die Geschäftsstelle des Gerichts dieses Rechtszugs das Zeugnis. In Ehe- und Abstammungssachen wird den Beteiligten von Amts wegen ein Rechtskraftzeugnis auf einer Ausfertigung ohne Begründung erteilt. Die Entscheidung der Geschäftsstelle ist mit der Erinnerung in entsprechender Anwendung des § 573 der Zivilprozessordnung anfechtbar.

Die Vorschrift, die § 706 ZPO entspricht, und im FGG keine Entsprechung findet, regelt die Voraussetzungen für die Erteilung eines Rechtskraftzeugnisses. **Zuständig** ist der Urkundsbeamte der Geschäftsstelle des ersten Rechtszugs, der anhand der Verfahrensakten den Eintritt der formellen Rechtskraft überprüft. Ist ein Rechtsmittel statthaft, ist zu überprüfen, ob es eingelegt wurde oder die Frist erfolglos verstrichen ist. Ist ein Rechtsmittel nicht eröffnet, kann das Rechtskraftzeugnis sofort erteilt werden.[1] Abweichend von Satz 1 ist der Urkundsbeamte des Gerichts eines höheren Rechtszugs zuständig, wenn das Verfahren bei diesem anhängig ist (Satz 3). 1

Das Rechtskraftzeugnis wird, wie sich im Gegenschluss aus Satz 4 entnehmen lässt, **auf Antrag** erteilt. Anders in Ehe- und Abstammungssachen: Die Erteilung erfolgt von 2

---
1 Zöller/Stöber § 705 ZPO Rn. 3.
1 Zöller/Stöber § 706 ZPO Rn. 5.

Abschnitt 3 Beschluss

Amts wegen auf einer Ausfertigung ohne Begründung. Auf die Familienstreitsachen findet die Bestimmung keine Anwendung (§ 113 Abs. 1 Satz 1), so dass insoweit § 706 ZPO maßgeblich ist.

3 Satz 3 widerspricht mit der Regelung für Ehesachen der Vorschrift des § 113 Abs. 1 Satz 1, wonach § 46 auf Familienstreitsachen und auch Ehesachen gerade keine Anwendung findet. Als Spezialnorm dürfte **§ 113 vorrangig** sein, so dass sich die Erteilung des Rechtskraftzeugnisses in Ehesachen nach § 706 ZPO richtet. Für die Praxis hat dieser Widerspruch geringe Bedeutung, da § 46 und § 706 ZPO im Wesentlichen inhaltsgleich sind.

4 Gegen die Entscheidung des Urkundsbeamten der Geschäftsstelle kann binnen einer Frist von 2 Wochen die Entscheidung des Gerichts beantragt werden (§ 573 ZPO). Gegen die Entscheidung des Richters ist nach § 573 Abs. 2 ZPO die sofortige Beschwerde[2] zulässig.

§ 47 Wirksam bleibende Rechtsgeschäfte

Ist ein Beschluss ungerechtfertigt, durch den jemand die Fähigkeit oder die Befugnis erlangt, ein Rechtsgeschäft vorzunehmen oder eine Willenserklärung entgegenzunehmen, hat die Aufhebung des Beschlusses auf die Wirksamkeit der inzwischen von ihm oder ihm gegenüber vorgenommenen Rechtsgeschäfte keinen Einfluss, soweit der Beschluss nicht von Anfang an unwirksam ist.

1 Die Regelung entspricht im Wesentlichen der Vorgängernorm des **§ 32 FGG**. Nach dem Wortlaut dieser Vorschrift war nur das aufgrund einer wegen sachlicher Unzuständigkeit unwirksamen Verfügung ergangene Rechtsgeschäft unwirksam. Die h.M. hat die Unwirksamkeit des Rechtsgeschäfts darüber hinausgehend auf alle Fälle der Unwirksamkeit der Verfügung ausgedehnt.[1] Denselben Weg geht nun die Neuregelung.

2 Die Vorschrift behandelt zum einen Verfügungen, durch die jemand die **Fähigkeit** zur Vornahme eines Rechtsgeschäfts oder zur Entgegennahme einer Willenserklärung erhält. Sie erfasst damit die Fälle, in denen der Beteiligte nicht in der Lage war, **im eigenen Namen** rechtwirksam zu handeln, wie z.B. nach §§ 112, 113, 1357 Abs. 2, § 1369 Abs. 2, §§ 1426, 1430 BGB.[2]

3 Die **Befugnis** zur Vornahme eines Rechtsgeschäfts oder zur Entgegennahme von Willenserklärungen erhält der Beteiligte durch eine Verfügung, die ihn zum Handeln **als Vertreter** ermächtigt. Erfasst werden Verfügungen, durch die jemand bspw. zum Vormund, Pfleger, Betreuer, Nachlassverwalter oder Testamentsvollstrecker berufen wird.[3]

4 Tätigt nun der aufgrund einer gerichtlichen Verfügung Ermächtigte ein Rechtsgeschäft, so bleibt dieses nach § 47 wirksam, auch wenn die zugrundeliegende Verfü-

---
2 → § 58 Rn. 13 ff.
1 Keidel u.a./Zimmermann § 32 FGG Rn. 8; Bumiller/Winkler § 32 FGG Rn. 4.
2 Keidel u.a./Zimmermann § 32 FGG Rn. 4; Bumiller/Winkler § 32 FGG Rn. 2.
3 Keidel u.a./Zimmermann § 32 FGG Rn. 6; Bumiller/Winkler § 32 FGG Rn. 3.

gung unwirksam wird. Die Wirkungen der Verfügung treten damit nur ex nunc ein; zu einem früheren Zeitpunkt vorgenommene Rechtsgeschäfte bleiben wirksam, unabhängig davon, ob die Beteiligten Kenntnis von der Unwirksamkeit der Verfügung hatten oder nicht.[4]

Unwirksam sind die Rechtsgeschäfte allerdings, wenn die zugrundeliegende Verfügung **von Anfang an unwirksam** war. Entsprechend der bisher geltenden Rechtslage sind Fälle erfasst, bei denen es an der sachlichen oder funktionalen Zuständigkeit fehlte, wenn also z.B. der Rechtspfleger anstelle des Richters entschieden hatte.[5] Gleiches gilt, wenn die Verfügung aus materiellen Gründen unwirksam war, wie z.B. bei der Bestellung eines Geisteskranken zum Vormund.[6]

5

§ 48 Abänderung und Wiederaufnahme

(1) Das Gericht des ersten Rechtszugs kann eine rechtskräftige Endentscheidung mit Dauerwirkung aufheben oder ändern, wenn sich die zugrunde liegende Sach- oder Rechtslage nachträglich wesentlich geändert hat. In Verfahren, die nur auf Antrag eingeleitet werden, erfolgt die Aufhebung oder Abänderung nur auf Antrag.

(2) Ein rechtskräftig beendetes Verfahren kann in entsprechender Anwendung der Vorschriften des Buches 4 der Zivilprozessordnung wiederaufgenommen werden.

(3) Gegen einen Beschluss, durch den die Genehmigung für ein Rechtsgeschäft erteilt oder verweigert wird, findet eine Wiedereinsetzung in den vorigen Stand, eine Rüge nach § 44, eine Abänderung oder eine Wiederaufnahme nicht statt, wenn die Genehmigung oder deren Verweigerung einem Dritten gegenüber wirksam geworden ist.

Übersicht

I. Inhalt und Bedeutung der Norm	1
1. Gesetzessystematischer Zusammenhang	1
2. Bisherige Rechtslage	2
II. Die Abänderung von Entscheidungen	3

I. Inhalt und Bedeutung der Norm

1. Gesetzessystematischer Zusammenhang

Die Vorschrift gibt dem Gericht die Möglichkeit, **außerhalb des Rechtsmittelverfahrens** rechtskräftige Entscheidungen abzuändern, wenn diese **Dauerwirkung** haben und sich die der Entscheidung zugrundeliegende **Sach- und Rechtslage geändert**

1

---

4 Keidel u.a./Zimmermann § 32 FGG Rn. 11.
5 Bumiller/Winkler § 32 FGG Rn. 4.
6 Keidel u.a./Zimmermann § 32 FGG Rn. 8.

hat. § 48 findet keine Anwendung, wenn die Abänderbarkeit in Sondervorschriften geregelt ist. Zu nennen sind hier § 166 für Kindschaftssachen, § 230 bei Entscheidungen zum Versorgungsausgleich, § 238 für Unterhaltsverfahren, § 294 im Betreuungsrecht und § 330 für Unterbringungsverfahren. § 48 ist außerdem auf Ehesachen und Familienstreitsachen nicht anwendbar (§ 113 Abs. 1 Satz 1), sodass sein Anwendungsbereich für Familiensachen sehr beschränkt ist. Dagegen sind Entscheidungen über Ausgleichsansprüche gem. §§ 20 bis 26 VersAusglG nach § 48 Abs. 1 abänderbar (§ 227 Abs. 1).[1] Schließlich scheidet eine Anwendung der Vorschrift aus, soweit die Entscheidung ausdrücklich nicht abänderbar ist (§ 197 Abs. 3 Satz 2, § 198 Abs. 3).

2. Bisherige Rechtslage

2   § 18 FGG räumte dem Gericht die Möglichkeit ein, erlassene Verfügungen abzuändern. Sie gab eine **Abhilfemöglichkeit**, die bei mit der sofortigen Beschwerde angreifbaren Entscheidungen bis zur formellen Rechtskraft währte. Verfügungen, gegen die die einfache Beschwerde zulässig war, konnten bis zur Entscheidung des Beschwerdegerichts abgeändert werden.[2] Die Abänderung konnte erfolgen wegen einer Änderung der Rechtsansicht des Gerichts, wegen nachträglich bekannt gewordener Tatsachen, nach h.M. auch wegen veränderter Umstände.[3] Das neue Recht übernimmt diese freie Abhilfemöglichkeit nicht, sondern beschränkt sie auf eine Veränderung der Rechts- und Tatsachengrundlage.

II. Die Abänderung von Entscheidungen

3   **Abs. 1** beschränkt die Möglichkeit einer Abänderung auf **Entscheidungen mit Dauerwirkung**, also solche, die über den Zeitpunkt der Entscheidung hinaus Wirkungen in die Zukunft entfalten. Beispiele sind Beschlüsse, die die Zuweisung der Ehewohnung oder das Umgangsrecht des nicht betreuenden Elternteils regeln. Typische Entscheidungen mit Dauerwirkung sind darüber hinaus solche über laufenden Unterhalt, die Einrichtung einer Betreuung, die Regelung des Sorgerechts, Umgangsregelungen oder andere Kindeswohlentscheidungen, deren Abänderbarkeit allerdings durch Sondervorschriften geregelt ist.[4] Voraussetzung für eine Abänderung ist des Weiteren eine **Änderung der Sach- oder Rechtslage**. Diese kann erfolgen durch das Bekanntwerden neuer Tatsachen, eine Änderung der Rechtslage oder auch der höchstrichterlichen Rechtsprechung.[5] Diese muss nach Erlass der Entscheidung eingetreten und wesentlich, also bedeutsam[6] sein.

4   **Abs. 1 Satz 2** stellt klar, dass eine Aufhebung oder Abänderung in den Antragsverfahren nur aufgrund eines Antrags eines Beteiligten erfolgen kann. In den von Amts wegen zu betreibenden Angelegenheiten leitet das Gericht von sich aus ein Abänderungs- oder Aufhebungsverfahren ein, wenn ihm Tatsachen bekannt werden, aus denen sich eine Änderung der Sach- oder Rechtslage herleiten lässt.

---

1 → § 227 Rn. 1.
2 Bumiller/Winkler § 18 FGG Rn. 8 u. 9; Keidel u.a./Schmidt § 18 FGG Rn. 20 bis 23.
3 Keidel u.a./Schmidt § 18 FGG Rn. 2; Bumiller/Winkler § 18 FGG Rn. 1.
4 → § 48 Rn. 1.
5 BT-Drs. 16/6308, S. 198.
6 BT-Drs. 16/6308, S. 198.

Abs. 2 normiert die Wiederaufnahme rechtskräftig abgeschlossener Verfahren. Diese war im FGG nicht ausdrücklich geregelt. Die herrschende Meinung ließ gleichwohl eine Abänderung zu, wenn die im FGG-Verfahren vorgesehenen Rechtsbehelfe ausgeschöpft waren und damit auch eine Abänderung nach § 18 FGG nicht mehr erfolgen konnte. Die Wiederaufnahme erfolgte in entsprechender Anwendung der zivilprozessualen Wiederaufnahmevorschriften.[7] Diese sind nach Abs. 2 nunmehr unmittelbar anzuwenden, womit das FamFG erneut zur Harmonisierung der Verfahrensvorschriften beiträgt, da § 153 Abs. 1 VwGO, § 179 SGG und § 134 FGO ebenfalls die Wiederaufnahmevorschriften der ZPO für anwendbar erklären.

Anwendung finden somit die **Vorschriften der §§ 578 bis 591 ZPO**. Danach kann die Wiederaufnahme durch einen Nichtigkeits- oder einen Restitutionsantrag erfolgen. Ein Nichtigkeitsantrag ist nach § 48 Abs. 2 i.V.m § 579 ZPO zulässig, wenn Verfahrensvorschriften verletzt wurden. Das Gesetz nennt die Fälle der nicht vorschriftsmäßigen Besetzung des Gerichts (§ 579 Abs. 1 Nr. 1 ZPO), der Mitwirkung eines kraft Gesetzes ausgeschlossenen (§ 579 Abs. 1 Nr. 2 ZPO) oder eines wegen Besorgnis der Befangenheit erfolgreich abgelehnten Richters (§ 579 Abs. 2 Nr. 3 ZPO). § 579 Abs. 2 Nr. 4 ZPO erfasst die Fälle nicht ordnungsgemäßer Vertretung einer Partei bei fehlender Prozess- oder Parteifähigkeit. Die Fälle fehlender Postulationsfähigkeit sind nicht erfasst.[8]

Ein **Restitutionsantrag** ist nach § 48 Abs. 2 i.V.m. § 580 ZPO zulässig in Fällen, in denen die Endscheidung durch eine Straftat beeinflusst wurde (§ 580 Nr. 1 bis 5 ZPO) oder die tatsächliche Grundlage der Endscheidung entfallen ist, weil eine ältere rechtskräftige Endscheidung dieselbe Sache betreffend aufgefunden wurde (§ 580 Nr. 7a ZPO) oder die Benutzung einer anderen Urkunde zu einem günstigeren Ergebnis führen würde (§ 580 Nr. 7 b ZPO). Eine Wiederaufnahme im Wege der Restitution kann schließlich gem. § 580 Nr. 8 ZPO erfolgen, wenn der Europäische Gerichtshof für Menschenrechte eine Verletzung der EMRK festgestellt hat und auf dieser der Beschluss beruht. Der Restitutionsantrag ist nach § 582 ZPO subsidiär und nur zulässig, wenn die Restitutionsgründe mit einem ordentlichen Rechtsbehelf nicht hätten geltend gemacht werden können.

Beide **Anfechtungsanträge** können nach § 586 nur binnen eines Monats nach Kenntnis des Anfechtungsgrunds erhoben werden. Das Gericht prüft zunächst die Zulässigkeit des Antrags und tritt – sofern es sie bejaht – erneut in das Verfahren ein (§§ 589, 590 ZPO), was in den Verfahren der freiwilligen Gerichtsbarkeit nicht zwingend durch eine mündliche Verhandlung erfolgen muss.

Abs. 3 enthält eine Sonderregelung für Beschlüsse, durch die ein **Rechtsgeschäft genehmigt** oder die Genehmigung verweigert wird. Sind die Genehmigung oder ihre Verweigerung einem Dritten gegenüber wirksam geworden, sind weder eine Wiedereinsetzung in den vorigen Stand noch eine Gehörsrüge, eine Abänderung oder eine Wiederaufnahme statthaft. Mit dieser Regelung knüpft das FamFG an die bisher herrschende Ansicht an, die in den in Abs. 3 geregelten Fällen eine Wiederaufnahme des Verfahrens für unzulässig hielt.[9] Und geht über diese hinaus, indem es zum Schutz des Dritten, der auf die Wirksamkeit bzw. Unwirksamkeit des Rechtsgeschäfts vertraut, auch die außerordentlichen Rechtsbehelfe der §§ 44 und 48 für unzulässig erklärt.

---

7 Keidel u.a./Schmidt § 18 FGG Rn. 69; BayObLG 16.07.2003 – 3 Z BR 150/03 = FamRZ 2004, 137 (LS).
8 Zöller/Greger § 579 ZPO Rn. 7.
9 Keidel u.a./Schmidt § 18 FGG Rn. 69.

10 Der **Zeitpunkt**, zu dem eine Entscheidung einem Dritten gegenüber wirksam wird, bestimmt sich dabei nach den besonderen materiell-rechtlichen Vorschriften.[10] Beschlüsse, durch die eine Genehmigung erteilt oder verweigert wird, sind durch die Regelung des Abs. 3 nicht einer **richterlichen Überprüfung** entzogen. Sie werden nach § 40 Abs. 3 erst mit der Rechtskraft wirksam, so dass eine Überprüfung im Rechtsmittelverfahren erfolgen kann.[11]

Abschnitt 4
Einstweilige Anordnung
(§ 49 – § 57)

Vorbemerkung § 49

Übersicht

I. Bedeutung des Eilrechtsschutzes in Familiensachen	1
II. Funktionen des Eilrechtsschutzes	3
1. Sicherungsfunktion	3
2. Interimistische Befriedungsfunktion	4
a) Rechtsschutzaufgabe: abschließende Zwischenregelung	4
b) Rechtsschutzziel: Austarieren des Fehlentscheidungsrisikos	5
III. System des vorläufigen Rechtsschutzes in Familiensachen	6
1. Systemwechsel: Selbstständigkeit statt Hauptsacheakzessorietät	6
2. Ablauf	7

I. Bedeutung des Eilrechtsschutzes in Familiensachen

1 Familienstreitigkeiten, in denen das FamG um „Entscheidung" nachgesucht wird, liegen vielfältige und dynamische Konflikte zugrunde. Die Beteiligten an den Auseinandersetzungen können (vorübergehend) einvernehmliche Regelungen nicht erzielen. Sie streiten dabei oft um die Befriedigung elementarer Grundbedürfnisse, es geht um sich verändernde Beziehungen zwischen (ehemals) engsten Bezugspersonen. Gerichtliche Regelungen in Familiensachen haben daher häufig eine besondere **Dringlichkeit und Eilbedürftigkeit**.

2 Die Interessen der Beteiligten können eine schnellstmögliche oder zumindest einstweilige Entscheidung des FamG gebieten. Zum Beispiel:

- In **Kindschaftssachen** werden Regelungen über die Beziehungsgestaltung zwischen Kindern und ihren Eltern getroffen, die in Anbetracht der Bindungen und

---

10 BT-Drs. 16/6308, S. 199.
11 BT-Drs. 16/6308, S. 199.

des kindlichen Zeitempfindens weitreichende Auswirkungen für die Entwicklung von Kindern sowie die Identität und Persönlichkeit von Eltern haben kann.
- **Haushaltssachen** können die Nutzung dringend benötigter Gegenstände betreffen.
- Nach einer Trennung kann die Frage der Zuweisung der **Ehewohnung** von virulenter Bedeutung sein.
- Hinter **Gewaltschutzsachen** stehen regelmäßig akute und massive Gewalterfahrungen und -bedrohungen.
- In **Unterhaltssachen** geht es um die Sicherung existenzieller materieller Bedürfnisse bzw. die Sicherung eines Lebensstandards vor plötzlicher, gravierender Verschlechterung.

Der Gesetzgeber hat dies (an)erkannt und durch eine deutliche **Stärkung des Eilrechtsschutzes im FamFG** gewürdigt (siehe insb. §§ 49 ff., 156 Abs. 3, § 157 Abs. 3, §§ 214, 246 ff.).[1]

II. Funktionen des Eilrechtsschutzes

1. Sicherungsfunktion

Einstweilige Anordnungen dienen der Gewährung effektiven Rechtsschutzes (Art. 19 Abs. 4 Satz 1 GG) sowie der Wahrnehmung der Verantwortung des Staates zum Schutz von Rechtsgütern, über die ihm aufgrund öffentlichen Interesses eine Wächterfunktion anvertraut ist (Art. 6 Abs. 2 Satz 2 GG). Er soll Rechte vor **Verlust bzw. Entwertung durch Zeitablauf** sichern.

2. Interimistische Befriedungsfunktion

a) Rechtsschutzaufgabe: abschließende Zwischenregelung

Im Eilrechtsschutz nach dem FamFG werden „vorläufige Maßnahmen" getroffen (§ 49 Abs. 1). Bis zu bzw. vorbehaltlich einer endgültigen Regelung in einem Hauptsacheverfahren ist die eAO wegen des Faktors „Zeit" eine endgültige. Wegen des unaufhaltsamen, unumkehrbaren Zeitablaufs beinhaltet der durch Entscheidung oder Nichtentscheidung geschaffene (vorläufige) Zustand eine **abschließende (Zwischen-)Regelung**.[2] Eilrechtsschutz wohnt somit notwendigerweise eine (zumindest) interimistische Befriedungsfunktion inne.[3]

b) Rechtsschutzziel: Austarieren des Fehlentscheidungsrisikos

Der Eilrechtsschutz birgt aufgrund seiner rechtlichen und tatsächlichen Bedingungen (Zeitdruck, summarische Prüfung der Sach- und Rechtslage, Glaubhaftmachung etc.) systemimmanent eine **erhöhte Fehleranfälligkeit**. Doch auch bei der Interimslösung im Anordnungsverfahren geht es um eine Sicherung materiell-rechtlicher Ansprüche oder Schutzerfordernisse. Wird das Bedürfnis nach sofortiger Regelung befriedigt, ver-

---
1 Fölsch 2009, § 4 Rn. 3; dies bezweifelnd Vorwerk FPR 2009, 8 (9).
2 → § 49 Rn. 25.
3 Schoch u.a./ders. Vorb § 80 VwGO Rn. 36.

folgt die vorläufige Maßnahme der eAO daher das Rechtsschutzziel einer am materiellen Recht orientierten, gerechten **Verteilung sowie Minimierung des Risikos einer Fehlentscheidung**:

- Den FamG ist ein Gestaltungsspielraum über die konkrete Ausgestaltung der eAO, das Wie, eingeräumt (vgl. §§ 49, 53 Abs. 2, § 55 Abs. 1).[4]
- Die eAO ist in einem Hauptsacheverfahren überprüfbar (§ 52 Abs. 1 Satz 1).[5]
- Sie ist jederzeit aufhebbar bzw. abänderbar (§ 54 Abs. 1).[6]
- Bei Entscheidungen ohne mündliche Verhandlung kann erneute Entscheidung verlangt werden (§ 54 Abs. 2).[7]

Die Entscheidungsfindung erfordert vor dem Hintergrund ihrer Fehleranfälligkeit eine **Folgenbetrachtung**. Deren Dichte und Bedeutung orientiert sich an der Faustregel „je mehr Ungewissheit, desto mehr Abwägung der Folgen".[8]

III. System des vorläufigen Rechtsschutzes in Familiensachen

1. Systemwechsel: Selbstständigkeit statt Hauptsacheakzessorietät

6   Das FamFG hat eine eher als chaotisch zu bezeichnende Rechtslage zu einem homogenen, einheitlichen System zusammengeführt und in den Regelungen über die einstweilige Anordnung der §§ 49 ff. einen **wesentlichen Systemwechsel** vollzogen.[9] Die Gesetzesbegründung führt hierzu aus:

> „Die einstweilige Anordnung in Familiensachen soll – anders als nach derzeitigem Recht (§ 620 ff. ZPO) – nicht mehr von der Anhängigkeit einer Hauptsache abhängig sein. Die Einleitung eines Hauptsacheverfahrens kann aber von einem Beteiligten erzwungen werden. Sind dagegen alle Beteiligten mit dem Ergebnis des einstweiligen Anordnungsverfahrens zufrieden, bedarf es – anders als nach geltendem Recht – eines Hauptsacheverfahrens nicht mehr. Die Vollstreckung, das Außerkrafttreten und die Anfechtung einer einstweiligen Anordnung orientieren sich inhaltlich im Wesentlichen an dem bisherigen § 620 ff. ZPO. Die Neuregelung ersetzt auch die ungeschriebene ‚vorläufige Anordnung' in der freiwilligen Gerichtsbarkeit."[10]

2. Ablauf

7   Der **Ablauf des erstinstanzlichen Anordnungsverfahrens** lässt sich grafisch wie folgt skizzieren:

---

4 Hierzu → § 49 Rn. 23 f.
5 Hierzu → § 52 Rn. 3 ff.
6 Hierzu → § 54 Rn. 3 ff.
7 Hierzu → § 54 Rn. 7 f.
8 Hierzu → § 49 Rn. 4 ff.
9 Eingehend § 49 Rn. 1 ff.
10 BT-Drs. 16/6308, S. 167.

Vorbemerkung § 49

Ablauf des Anordnungsverfahrens

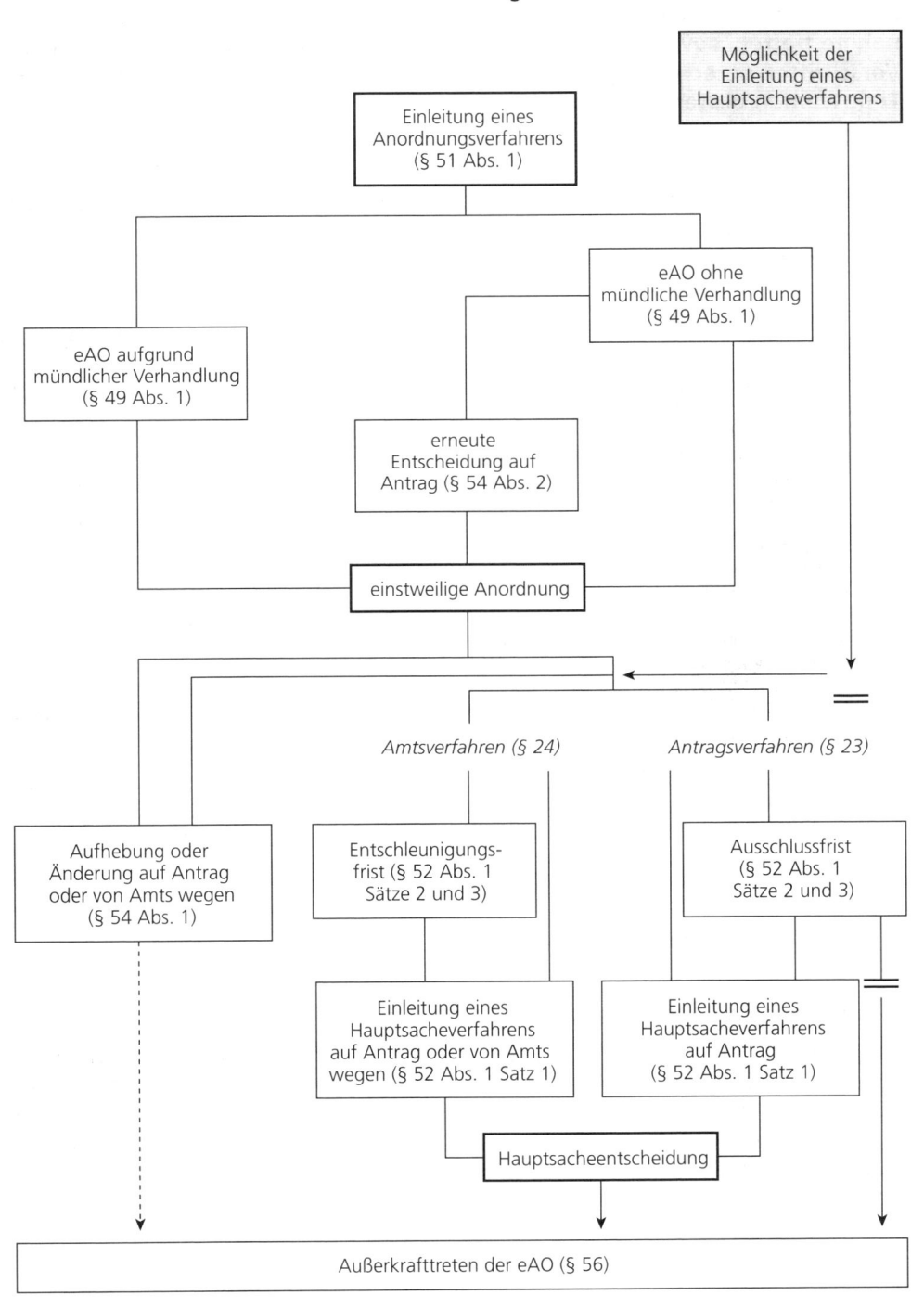

```
                              ┌─────────────────────┐
                              │  Möglichkeit der    │
                              │  Einleitung eines   │
     ┌──────────────────────┐ │  Hauptsacheverfahrens│
     │ Einleitung eines     │ └─────────────────────┘
     │ Anordnungsverfahrens │
     │    (§ 51 Abs. 1)     │
     └──────────────────────┘
        │              │
        │       ┌──────────────────┐
        │       │   eAO ohne       │
        │       │ mündliche Verhandlung │
        │       │   (§ 49 Abs. 1)  │
┌──────────────┐└──────────────────┘
│ eAO aufgrund │        │
│ mündlicher   │        │
│ Verhandlung  │ ┌──────────────┐
│ (§ 49 Abs.1) │ │   erneute    │
└──────────────┘ │ Entscheidung auf │
                 │ Antrag (§54 Abs.2)│
                 └──────────────┘
                       │
              ┌────────────────────┐
              │ einstweilige Anordnung │
              └────────────────────┘
```

Amtsverfahren (§ 24)   Antragsverfahren (§ 23)

- Aufhebung oder Änderung auf Antrag oder von Amts wegen (§ 54 Abs. 1)
- Entschleunigungsfrist (§ 52 Abs. 1 Sätze 2 und 3)
- Ausschlussfrist (§ 52 Abs. 1 Sätze 2 und 3)
- Einleitung eines Hauptsacheverfahrens auf Antrag oder von Amts wegen (§ 52 Abs. 1 Satz 1)
- Einleitung eines Hauptsacheverfahrens auf Antrag (§ 52 Abs. 1 Satz 1)

Hauptsacheentscheidung

Außerkrafttreten der eAO (§ 56)

Abschnitt 4 Einstweilige Anordnung

§ 49 Einstweilige Anordnung

(1) Das Gericht kann durch einstweilige Anordnung eine vorläufige Maßnahme treffen, soweit dies nach den für das Rechtsverhältnis maßgebenden Vorschriften gerechtfertigt ist und ein dringendes Bedürfnis für ein sofortiges Tätigwerden besteht.

(2) Die Maßnahme kann einen bestehenden Zustand sichern oder vorläufig regeln. Einem Beteiligten kann eine Handlung geboten oder verboten, insbesondere die Verfügung über einen Gegenstand untersagt werden. Das Gericht kann mit der einstweiligen Anordnung auch die zu ihrer Durchführung erforderlichen Anordnungen treffen.

Übersicht

I. Inhalt und Bedeutung der Norm	1
1. Gesetzessystematischer Bezugsrahmen	1
2. Bisherige Rechtslage	3
II. Einstweilige Anordnung (Abs. 1)	4
1. Anordnungsanspruch/materiell-rechtlicher Anordnungsbedarf	4
a) Materiell-akzessorische Prüfung	4
b) Summarische Prüfung	5
c) Kein Vorwegnahmeverbot der Hauptsache	7
2. Anordnungsgrund: Regelungs-/Sicherungsbedürfnis	10
a) Allgemein	10
b) Einzelne Familiensachen	12
c) Regelungsbedürfnis trotz Titulierung	22
3. Rechtsfolge	23
a) Familiengerichtliches Ermessen („kann")?	23
b) Vorläufigkeit der Maßnahme	25
III. Regelungsinhalt (Abs. 2)	26
1. Sicherungs- und Regelungsanordnung (Satz 1)	26
a) Anordnungsinhalt allgemein	26
b) Sicherungsanordnung	27
c) Regelungsanordnung	29
2. Gebote oder Verbote (Satz 2)	30
3. Zur Durchführung erforderliche Anordnungen (Satz 3)	31

I. Inhalt und Bedeutung der Norm

1. Gesetzessystematischer Bezugsrahmen

1 Der Eilrechtsschutz im familiengerichtlichen Verfahren erfährt über den Grundtatbestand des § 49 eine **Konzentration**.[1] Begrifflich bündelt die „einstweilige Anordnung" (eAO) die vier bisherigen Instrumente des einstweiligen Rechtsschutzes in familienrechtlichen Angelegenheiten (Arrest, einstweilige Verfügung, vorläufige Anordnung, einstweilige Anordnung).[2] Dabei wird die eAO insgesamt vom Erfordernis eines gleichzeitig anhängigen Hauptsacheverfahrens freigestellt (§ 52). Sie beschränkt sich auf eine allgemeine Beschreibung der Voraussetzungen für eine vorläufige Regelung

---

1 BT-Drs. 16/6308, S. 199.
2 Hierzu Gießler FPR 2006, 421.

(Abs. 1) und öffnet im Übrigen den richterlichen Spielraum so weit wie möglich für in Betracht kommende Anordnungsinhalte (Abs. 2).

Für einzelne familienrechtliche Verfahren gelten weiterhin modifizierende Spezialvorschriften:

- **§ 119 Abs. 1 Satz 2:** In **Familienstreitsachen** nach § 112 Nr. 2 und 3 (eheliche und lebenspartnerschaftliche Güterrechts-, sonstige Familiensachen)[3] gilt die Schadensersatzpflicht des § 945 ZPO entsprechend;[4]
- **§ 119 Abs. 2:** In allen **Familienstreitsachen** kann das FamG den Arrest anordnen, hierbei gelten §§ 916 bis 934, 943 bis 945 ZPO entsprechend;[5]
- **§ 96 Abs. 2, § 214:** In **Gewaltschutzsachen** gelten Besonderheiten bezüglich der Einweisung in den Besitz nach § 885 Abs. 1, der Anordnungsinhalte der §§ 1, 2 GewSchG sowie der Zustellung;[6]
- **§ 167 Abs. 1 Satz 1 i.V.m. §§ 331 bis 334:** Bei **freiheitsentziehender Unterbringung** von Kindern und Jugendlichen gelten die Besonderheiten der eAO in Unterbringungssachen;[7]
- **§ 246:** In **Unterhaltssachen** kann die Zahlung von Unterhalt und von Kostenvorschuss für das gerichtliche Verfahren abweichend von § 49 geregelt werden;[8]
- **§ 247:** Die Zahlung des **Unterhalts** des Kindes und der Mutter (§ 1615 l) kann bereits vorgeburtlich für die ersten drei Lebensmonate geregelt werden;[9]
- **§ 248:** Für die eAO in Bezug auf **Kindesunterhalt** gelten vor der Vaterschaftsfeststellung Besonderheiten.[10]

Die noch im Beschluss zum FGG-ReformG vorgesehene Regelung für die eAO in **Versorgungsausgleichssachen** bei der Teilhabe an der Verbliebenenversorgung vor. Diese wurde im Zuge der Reform des Versorgungsausgleichs wegen § 49 als entbehrlich angesehen.[11]

2. Bisherige Rechtslage

Durch die Zusammenfassung der einstweiligen Rechtsschutzverfahren in § 49 entfällt die vorherige **Zersplitterung des Eilrechtsschutzes** in Familiensachen. Damit haben die einstweilige Verfügung (§§ 935 ff. ZPO) und zumindest zum Teil auch der Arrest (§§ 916 ff. ZPO) ihren eigenständigen Anwendungsbereich verloren. In Kindschafts-, Ehewohnungs- und Haushaltssachen entfällt das bisherige Antragserfordernis (vgl. § 621g ZPO a.F.).[12]

---

3 → § 112 Rn. 2 f.
4 Hierzu → § 119 Rn. 3.
5 Hierzu → § 119 Rn. 4.
6 Hierzu → § 96 Rn. 6 ff., → § 214.
7 Hierzu → § 167 Rn. 30 ff.
8 Hierzu → § 246.
9 Hierzu → § 247.
10 Hierzu → § 248.
11 BT-Drs. 16/10144, S. 92.
12 Gießler FPR 2006, 421 (422); siehe auch → § 51 Rn. 7 f.

II. Einstweilige Anordnung (Abs. 1)

1. Anordnungsanspruch/materiell-rechtlicher Anordnungsbedarf

a) Materiell-akzessorische Prüfung

4   Vor Erlass einer eAO ist der Anordnungsanspruch (Antragsverfahren, § 23) bzw. der materiell-rechtliche Anordnungsbedarf (Amtsverfahren, § 24) zu prüfen. Dieser richtet sich danach, ob die Anspruchs- bzw. Regelungsvoraussetzungen nach den maßgebenden Vorschriften des Sachrechts vorliegen. Die Eilentscheidung ist somit **materiell-akzessorisch**. Sie basiert nicht auf einer reinen Folgenabwägung.[13]

b) Summarische Prüfung

5   Aufgrund der Eilbedürftigkeit kann es sich bei der einstweiligen Prüfung des materiellen Rechts nur um eine **summarische Prüfung** handeln. Dies betrifft zum einen die Dichte der Sachverhalts(auf)klärung,[14] bei der je nach Dringlichkeit Beweiserhebungen durch Glaubhaftmachung ersetzt (§ 51 Abs. 1 Satz 2) und zum Teil auf vorherige Anhörung bzw. mündliche Verhandlung verzichtet werden kann (§ 51 Abs. 2 Satz 2). Zum anderen können insbesondere bei schwierigen bzw. ungeklärten Rechtsfragen in Bezug auf die Durchdringung Abstriche gemacht werden, kann die Literatur- und Rechtsprechungsrecherche auf das direkt Zugängliche zu beschränken sein.[15]

6   Eine kursorische Prüfung kommt insbesondere in Betracht, wenn **ausländisches Recht** anwendbar ist, sich dessen Inhalt schwer ermitteln lässt, dessen Auslegung ggf. einer Rezeption der Rechtspraxis im Ausland bedarf und dies nicht in angemessener Zeit zu leisten ist; ausnahmsweise ist hier der Rückgriff auf bekannte Gründsätze des ausländischen Rechtskreises, den überwiegend wahrscheinlichen Norminhalt[16] oder bei besonderer Dringlichkeit sogar eine Entscheidung nach deutschem Recht zulässig.[17]

c) Kein Vorwegnahmeverbot der Hauptsache

7   Ergeht die eAO aufgrund einer summarischen Prüfung und kann dabei der Sachverhalt nur bedingt (auf)geklärt bzw. können die Rechtsfragen nur kursorisch geprüft werden, ist die Richtigkeit der Entscheidung mit einer gewissen mehr oder weniger großen Unsicherheit behaftet. In diesem Fall verlangt das Gebot effektiven Rechtsschutzes, die Wirkungen der Entscheidungsalternativen für die einzelnen Beteiligten (**Folgenbetrachtung**) in Relation zu setzen zu der Gewissheit, dass die Entscheidung auch bei weiterer Klärung des Sachverhalts und der Rechtsfragen Bestand haben wird (**Erfolgsprognose einer Hauptsacheentscheidung**): Je unsicherer die Korrektheit des Er-

---

[13] Anders etwa die „offene Eilentscheidung" nach § 32 Abs. 1 BverfGG; BVerfG 21.05.2008 – 1 BvR 1192/08 = FamRZ 2008, 1507.
[14] OLG Brandenburg 23.12.2006 – 9 WF 314/06 (vorläufige Übertragung Aufenthaltsbestimmungsrecht ohne Sachverständigengutachten); AG Tempelhof-Kreuzberg 07.09.2001 – 134 F 14207/99 = FamRZ 2002, 616 (Ehegatten- und Kindesunterhalt); OLG Naumburg 27.04.2000 – 8 WF 52/00 = FamRZ 2001, 1082 (Trennungsunterhalt).
[15] BVerfG 24.10.1990 – 1 BvR 1028/90 – NJW 1991, 415 (416); Gießler/Soyka 2005, Rn. 67.
[16] BGH 23.12.1981 – IVb ZR 643/80 = NJW 1982, 1215 (1216); OLG Koblenz 28.01.1993 – 5 U 1633/92 = IPRax 1995, 171 m. Bespr. Schack S. 158.
[17] BGH 23.12.1981 – IVb ZR 643/80 = NJW 1982, 1215 (1216); KG 16.11.1989 – 16 UF 6891/89 = IPRax 1991, 60; OLG Karlsruhe 06.03.1984 – 16 UF 46/84 = IPRax 1985, 106 (107); OLG Frankfurt/Main 28.08.1979 – 3 WF 104/79 = FamRZ 1980, 174; Zöller/Philippi § 620 ZPO Rn. 6; Gießler/Soyka 2005, Rn. 68 f.

gebnisses, desto ausschlaggebender wird die Gewichtung und Abwägung der je unterschiedlichen Folgen für die Beteiligten.

Bei der Abwägung des Risikos einer Fehlentscheidung sind die **Faktoren Zeit und Irreparabilität** zu berücksichtigen. Jede vorläufige Maßnahme oder jeder Nichtausspruch einer solchen stellt für die Zeit, in der sie/er Geltung beansprucht, gleichzeitig eine abschließende Interimslösung dar.[18] Für den abgelaufenen Zeitraum ist die Gestaltung der Sach- und Rechtslage irreparabel. Sie ist auch bei Geldforderungen oder Herausgabeansprüchen nur für die Zukunft reversibel, Kontakte des Kindes mit seinen Eltern können nicht nachgeholt oder ungeschehen gemacht werden, entgangene Nutzung von Haushaltsgegenständen oder der (Ehe-)Wohnung ist unwiederbringlich etc. Das familiengerichtliche Verfahren kennt daher **kein Vorwegnahmeverbot der Hauptsache**.[19] Die gegenteilige Behauptung in der Gesetzesbegründung verkennt den Unterschied zwischen – im selbstständigen Verfahren nur potenzieller – Vorläufigkeit und Vorwegnahme der Hauptsache.[20] Bejaht das FamG den Anordnungsanspruch und nimmt anschließend einen Anordnungsgrund an, ermächtigt Abs. 1 ausdrücklich, den Rechtszustand vorläufig zu regeln und damit zu ändern. Die notwendige Konnexität mit dem (potenziellen) Hauptsacheverfahren ist durch die materiell-akzessorische Prüfung gewährleistet.

8

Rechtsunsicherheit aufgrund der summarischen Prüfung kann somit kein Grund sein, eine eAO abzulehnen. Bei der **Risikoabwägung** ist je nach Familien(streit)sache zu differenzieren, z.B.:

9

- In **Kindschaftssachen** sind Kindeswohlaspekte, insbesondere das kindliche Zeitempfinden,[21] die Schutzbedürftigkeit (Kindeswohlgefährdung), die Beziehungskontinuität (Aufenthalt)[22] sowie die Beziehungspflege bzw. der Beziehungserhalt (Umgang) zu berücksichtigen.

- In **Ehewohnungs- und Haushaltssachen** kommt der jeweiligen Bedeutung einer Nutzung der Wohnung bzw. der Gegenstände für die Beteiligten besonderes Gewicht zu.

- In **Unterhaltssachen** ist das Risiko zu betrachten, dass bzw. wenn eine Rückzahlung bereits geleisteter Zahlung – trotz entsprechender Sicherungsinstrumente – scheitert.[23]

- In **Gewaltschutzsachen** ist die (potenzielle) Notwendigkeit einer Sicherstellung des vorläufigen Schutzes anhand des Grads der Gefährdung in den Blick zu nehmen.

---

18 Vgl. OLG Hamm 07.04.2004 – 11 WF 60/04 = FamRZ 2005, 532 (533); anders wohl OLG Zweibrücken 11.06.2004 – 6 WF 75/04 = FamRZ 2005, 745.
19 Zur Kritik am Verbot der Vorwegnahme der Hauptsache im eAO-Verfahren nach der VwGO siehe Schoch u.a./Schoch § 123 VwGO Rn. 88 ff.
20 BT-Drs. 16/6308, S. 199; dies übernehmend Fölsch 2009, § 4 Rn. 5; Zimmermann 2009, Rn. 120.
21 Heilmann 1998.
22 Dose 2005, Rn. 198.
23 AG Kreuzberg-Tempelhof 02.03.2000 – 134 F 14207/99 = FamRZ 2002, 616.

2. Anordnungsgrund: Regelungs-/Sicherungsbedürfnis

a) Allgemein

10 Der Erlass einer eAO setzt das – in der Rechtsprechung entwickelte – dringende Bedürfnis für ein sofortiges familiengerichtliches Tätigwerden voraus (**Anordnungsgrund**). Das Zuwarten bis zu einer Entscheidung in einem Hauptsacheverfahren muss mit erheblichen Nachteilen verbunden sein.[24] In amtswegig zu betreibenden Verfahren entfällt das Regelungs- bzw. Sicherungsbedürfnis für eine eAO „vorläufiger Maßnahmen", wenn die gewonnenen Erkenntnisse (§ 26) eine Entscheidung zur Hauptsache ermöglichen.[25] Im Übrigen ist die Eilbedürftigkeit bei den einzelnen Familiensachen und Verfahrensgegenständen je unterschiedlich zu beurteilen (Rn. 12 ff.).

11 Der **Anordnungsgrund für eine Sicherungsanordnung** liegt in der Gefährdung der Rechtsverwirklichung. Sie soll die Vereitelung oder wesentliche Erschwerung verhindern. Es handelt sich letztlich um vorbeugenden vorläufigen Rechtsschutz. Daher kommt ein Sicherungsgrund nicht in Betracht, wenn die befürchtete Handlung nur rein hypothetisch droht. Es bedarf konkreter Hinweise auf die Gefährdung der betreffenden Ansprüche. Der **Anordnungsgrund für eine Regelungsanordnung** ist gleichzusetzen mit der Dringlichkeit des Rechtsschutzes, der zu seiner effektiven Durchsetzung bereits nach summarischer Prüfung zu gewähren ist. Sowohl bei der Sicherungs- als auch der Regelungsanordnung besteht insoweit ein funktionaler Zusammenhang zwischen Anordnungsanspruch und Anordnungsgrund.

b) Einzelne Familiensachen

12 **Kindschaftssachen:** In Verfahren zum **Umgangsrecht** soll das FamG eine eAO treffen, wenn es Beratung oder Begutachtung anordnet (§ 156 Abs. 3 Satz 2). In Verfahren wegen **Kindeswohlgefährdung** soll es eine eAO unverzüglich prüfen (§ 157 Abs. 3). Damit hat der Gesetzgeber im Hinblick auf das kindliche Zeitempfinden und die Erkenntnis, dass auch ein Nichtentscheiden eine Entscheidung darstellt, eine eindeutige Wertung getroffen, indem er das Vorliegen eines Anordnungsgrunds in der Regel annimmt, wenn die Eltern ein kindeswohldienliches Einvernehmen nicht in angemessener Zeit erzielen können.[26] Gleiches gilt für die Anordnung der **Herausgabe des Kindes**, wenn eine solche freiwillig nicht zu erwarten ist und durch dieselbe keine Kindeswohlgefährdung zu erwarten ist (§ 1632 Abs. 4 BGB).[27] Nur in – allerdings ernst zu nehmenden – Ausnahmefällen kann vom Erlass einer eAO abgesehen werden.[28]

13 Entscheidungen betreffend die **alleinige oder gemeinsame elterliche Sorge** oder die Übertragung der Entscheidungsbefugnis nach **§ 1628 BGB** sind allenfalls dann regelungsbedürftig nach Abs. 1, wenn tatsächlich eine Entscheidung von erheblicher Bedeutung i.S.d. § 1687 Abs. 1 Satz 1 BGB dringend zeitnah zu treffen ist (z.B. Anmeldung zur Schule,[29] Abschluss eines Lehrvertrags, Einwilligung in eine Operation bei fehlender Gefahr im Verzug nach § 1629 Abs. 1 S. 4 BGB).[30] Wird die Übertragung des

---

24 Fölsch 2009, § 4 Rn. 5; BT-Drs. 16/6308, S. 199.
25 OLG Frankfurt/Main 17.02.2000 – 6 UF 233/99 = FamRZ 2000, 1037.
26 Hierzu eingehend → § 156 Rn. 21, → § 157 Rn. 19. Zur Ablehnung einer eAO bei Vorliegen von Einvernehmen OLG Karlsruhe 13.10.1998 – 16 WF 98/98 = FPR 1999, 247 = FamRZ 1999, 325.
27 Musielak/Borth § 620 ZPO Rn. 48; Dose 2005, Rn. 178.
28 → § 156 Rn. 21, → § 157 Rn. 19.
29 OLG Zweibrücken 11.06.2004 – 6 WF 75/04 = FamRZ 2005, 745.
30 Weitere Beispiele bei Dose 2005, Rn. 198 f.

alleinigen **Aufenthaltsbestimmungsrechts** begehrt, besteht ein Anordnungsgrund, wenn das Wohl des Kindes den Verbleib bei einem Elternteil oder den Wechsel zum anderen dringend erfordert[31] oder wenn ein Umzug zeitnah bevorsteht, der nicht betreuende Elternteil diesem nicht zustimmt, ein weiteres Zuwarten dem betreuenden Elternteil, etwa aus beruflichen Gründen, nicht zuzumuten ist und der Ortswechsel auch dem Kindeswohl am besten entspricht (§ 1671 Abs. 2 Nr. 2 BGB). Der Anordnungsgrund bei **freiheitsentziehenden Maßnahmen** gegenüber Kindern und Jugendlichen ergibt sich direkt aus § 167 Abs. 1 Satz 1 i.V.m. § 331 S. 1 Nr. 1.[32]

Abstammungssachen: Ein Regelungsbedürfnis besteht in Abstammungssachen insbesondere, wenn zur Sicherung des genetischen Beweismaterials eine Probeentnahme eilbedürftig ist, etwa zur Vermeidung einer Exhumierung nach dem Tod des Kindes bzw. des potenziellen Vaters[33] oder bei bevorstehender Ausreise und ungeklärter Rückkehr nach Deutschland. Zur eAO zwecks Regelung bzw. Sicherung eines Kindesunterhaltsanspruchs vor Feststellung der Vaterschaft siehe § 248. **14**

Ehewohnungs- und Haushaltssachen: Die vorläufige **Zuweisung einer Ehewohnung** kommt nur in Betracht, wenn der Ehegatte die Wohnung selbst nutzen möchte,[34] der andere Ehegatte dies jedoch verweigert[35] bzw. den Besitz stört.[36] Bei einer beabsichtigten Trennung oder in unmittelbarer Folge zu einer solchen liegt bei Streit über die Wohnungsnutzung in aller Regel auch ein Anordnungsgrund vor. Je länger jedoch ein Getrenntleben andauert, umso genauer ist zu prüfen, inwieweit nunmehr ein Bedürfnis nach sofortiger Regelung entstanden ist. Nach Rechtskraft einer Scheidung kommt eine eAO nur in Betracht, wenn sich das Regelungs- bzw. Sicherungsbedürfnis erst im Nachhinein ergeben hat.[37] Zu Wohnungszuweisungen nach § 2 GewSchG siehe Rn. 18. **15**

Bei der **Verteilung von Haushaltsgegenständen** besteht regelmäßig ein Anordnungsgrund, wenn es sich um unverzichtbare Gegenstände des täglichen Gebrauchs handelt. Gleiches gilt, wenn ein Gegenstand aus anderen Gründen tatsächlich dringend benötigt wird[38] – auf die Frage, ob es sich um einen „Luxusgegenstand" handelt, kommt es nicht an.[39] Sofern das dringende Herausgabebedürfnis tatsächlich besteht, hindert die eAO auch nicht, wenn dieses erst nach längerer Zeit geltend gemacht wird, etwa nach der Scheidung.[40] Ein vorläufiges Nutzungsinteresse besteht nicht (mehr), wenn sich der Antragsteller einen solchen Gegenstand besorgt hat oder ein solcher ihm anderweitig zur Verfügung steht[41] sowie dann, wenn eine Einigung der Ehegatten über die Nutzung bzw. Verteilung der Haushaltsgegenstände vorliegt.[42] Allerdings taugt die Versagung einer eAO nicht als Druckmittel, um die weitere Zerrüttung oder **16**

---

31 Hierzu OLG München 13.07.1998 – 12 WF 966/98 = FamRZ 1999, 111 = FuR 1998, 269.
32 Hierzu → § 167 Rn. 30 ff.
33 DIJuF JAmt 2005, 395.
34 OLG Hamburg 24.05.1982 – 2 UF 173/89 = FamRZ 1983, 621 (Antrag auf Nutzung durch anderen Ehegatten).
35 OLG Köln 18.12.1984 – 4 UF 334/84 = FamRZ 1985, 498.
36 Ebert 2007, § 5 Rn. 26.
37 Ähnlich Ebert 2007, § 5 Rn. 103.
38 OLG Düsseldorf 06.12.1994 – 10 WF 8/94 = FamRZ 1995, 561 = Rpfleger 1995, 304.
39 A.A. Ebert 2007, § 4 Rn. 68, 70.
40 A.A. Gießler/Soyka 2005, Rn. 789.
41 OLG Düsseldorf 06.12.1994 – 10 WF 8/94 = FamRZ 1995, 561 = Rpfleger 1995, 304.
42 Gießler/Soyka 2005, Rn. 763.

Abschnitt 4 Einstweilige Anordnung

Auflösung der Ehe zu „verhindern".[43] Für den Herausgabeanspruch wegen **verbotener Eigenmacht** (§ 861 BGB) bleibt es bei der einstweiligen Verfügung nach ZPO.

17 Ein Anordnungsgrund zur Sicherung der Ansprüche durch **Verfügungsverbote über Haushaltsgegenstände** besteht, wenn die tatsächlichen Umstände erwarten lassen, dass der andere Ehegatte bewegliche Sachen oder Immobilien zu veräußern beabsichtigt und die Gefahr des Verlusts durch gutgläubigen Erwerb oder tatsächlichen Verlust besteht.[44] Trägt ein Veräußerungsverbot dem Schutzbedürfnis nicht hinreichend Rechnung, kommt die Anordnung der Verwahrung oder Hinterlegung der Gegenstände in Betracht.[45]

18 **Gewaltschutzsachen**: Bei bereits begangenen Taten nach § 1 GewSchG oder solchen, mit deren Begehung aufgrund konkreter Umstände zu rechnen ist, wird das dringende Bedürfnis für ein sofortiges gerichtliches Tätigwerden vermutet (§ 214 Abs. 1).[46] Das Abwarten der Entscheidung in einem Hauptsacheverfahren ist allenfalls zumutbar, wenn die gewaltausübende Person dauerhaft an der Kontaktaufnahme oder Fortsetzung der Gewalt gehindert ist, etwa, wenn sie bis auf Weiteres in einer Justizvollzugsanstalt einsitzt.

19 **Güterrechtssachen**: Zum Anordnungsgrund einer eAO zwecks Sicherung durch Veräußerungsverbote, Verwahrung oder Hinterlegung gelten die gleichen Grundsätze wie bei den Haushaltssachen (Rn. 17).

20 **Sonstige Familiensachen**: Die spezifische Eilbedürftigkeit für eine **Feststellung des Getrenntlebens** nach § 1567 Abs. 1 BGB richtet sich nach dem Regelungsbedürfnis für die hieran anknüpfenden Haushaltsverteilungs-, Wohnungsüberlassungs- und Unterhaltsansprüche.[47] Für die eAO zwecks Unterlassung von **Belästigungen oder ehestörenden Verhaltens** (§ 266 Abs. 1 Nr. 2), insbesondere des Schutzes der Integrität der ehelichen Wohnung, besteht bei Wiederholungsgefahr[48] regelmäßig auch dann ein Regelungsbedürfnis, wenn die Eheleute getrennt leben[49] oder wenn bereits ein Scheidungsantrag eingereicht ist[50] und selbst dann, wenn das Verhalten über einen längeren Zeitraum widerspruchslos hingenommen wurde.[51] Ob bei Belästigungen oder ehestörendem Verhalten ein tauglicher Anordnungsgrund darin gesehen werden kann, die Ehe aufrecht zu erhalten oder eine Verfestigung der Zerrüttung zu verhindern, dürfte zu bezweifeln sein.[52]

21 Abweichend von § 49 Abs. 1 erfordert die eAO in **Unterhaltssachen** (§ 246 Abs. 1)[53] kein spezifisches Regelungs- bzw. Sicherungsbedürfnis.[54]

---

43 A.A. Ebert 2007, § 4 Rn. 67.
44 Ebert 2007, § 4 Rn. 121, § 10 Rn. 14.
45 Ebert 2007, § 4 Rn. 122.
46 Siehe auch Dose 2005, Rn. 256 a.E.
47 Ebert 2007, § 7 Rn. 19; Gießler/Soyka 2005, Rn. 981.
48 Ebert 2007, § 7 Rn. 20, 26.
49 OLG Celle 29.11.1979 – 12 UF 153/79 = NJW 1980, 711 = FamRZ 1980, 242.
50 OLG Schleswig 02.11.1988 – 13 U3/88 = FamRZ 1989, 979 = NJW-RR 1989, 262.
51 A.A. noch BGH 22.05.1963 – IV ZR 294/62 = FamRZ 1963, 553 (555).
52 A.A. Ebert 2007, § 8 Rn. 10.
53 → § 246 Rn. 3.
54 Die Sondervorschrift für die eAO bei der Teilhabe an der Hinterbliebenenversorgung in den Versorgungsausgleichssachen, wie sie § 226 in der Fassung des FGG-RG vorsah, wurde nachträglich gestrichen (BT-Drs. 16/10144).

c) Regelungsbedürfnis trotz Titulierung

Nach einer Entscheidung des Hauptsacheverfahrens ist einstweiliger Rechtsschutz mangels Regelungsbedürfnis grundsätzlich unzulässig, sobald bzw. sofern diese in **materielle Rechtskraft** erwächst (vgl. § 56 Abs. 2).[55] Eine eAO kann dann nur noch unter den – summarisch zu prüfenden – Voraussetzungen ergehen, unter denen die rechtskräftige Entscheidung nach den allgemeinen Regeln abgeändert werden kann. Kindschaftssachen erwachsen nicht in Rechtskraft (vgl. § 166; § 1696 Abs. 1 u. 2 BGB). Hat das FamG keine sofortige Wirksamkeit eines Beschlusses angeordnet (§ 40 Abs. 3 Satz 3), gelten für das **Regelungsbedürfnis im Beschwerdeverfahren** die allgemeinen Grundsätze.

3. Rechtsfolge

a) Familiengerichtliches Ermessen („kann")?

Liegen die Voraussetzungen für den Erlass einer eAO vor (Anordnungsanspruch/materiell-rechtlicher Anordnungsbedarf und Anordnungsgrund), hat das FamG eine solche zu erlassen, wenn ein entsprechendes Rechtsschutzbedürfnis besteht. Das „kann" in Abs. 1 räumt dabei **kein Handlungsermessen** ein, sondern drückt nur die gesetzliche Ermächtigung aus.[56]

Kommen mehrere gleich geeignete vorläufige Maßnahmen in Betracht, besteht ein **Gestaltungsermessen** des Gerichts.[57] Allerdings darf die Maßnahme nicht über den Inhalt des Rechts oder des Rechtsverhältnisses hinausgehen und bspw. etwas zusprechen bzw. anordnen, was vom materiellen Recht nicht gedeckt ist. Um den Zweck der Regelung oder Sicherung zu erreichen, kann aber vorläufig ein „Weniger" geregelt werden oder können Ansprüche betreffend bestimmte Vermögensgegenstände oder Forderungen durch Ge- bzw. Verbote gesichert werden (Rn. 30).

b) Vorläufigkeit der Maßnahme

Durch eAO soll „eine vorläufige Maßnahme" angeordnet werden (Abs. 1). Die **fehlende Hauptsacheakzessorietät** (§ 52 Abs. 1 Satz 1)[58] macht deutlich, dass sich die Vorläufigkeit nur auf die besondere **Möglichkeit der Aufhebung oder Änderung** bezieht (§ 54). Die Interimslösung der eAO stellt für den betreffenden Zeitraum bis zur möglichen Aufhebung oder Änderung jedoch eine abschließende, irreversible Entscheidung dar (Rn. 8). Wird im Verfahren der eAO lediglich eine befristete Anordnung getroffen[59] oder nur ein Minus zum Hauptanspruch zugesprochen, so ist dies allein dem Umstand geschuldet, dass die Entscheidung nur aufgrund summarischer Prüfung ergeht und das Regelungs- bzw. Sicherungsbedürfnis für eine Entscheidung auf dieser Grundlage nur insoweit besteht. Liegt Dringlichkeit vor, ist die Beschränkung des Entscheidungsinhalts der eAO unter Verweis auf die Vorwegnahme der Hauptsache unzulässig.

---

55 Zu Unterhaltssachen Menne FamRZ 2004, 6 (8).
56 OLG Stuttgart 14.09.1999 – 15 WF 347/99 = FamRZ 2000, 695; Baumbach u.a. Einf § 620 ZPO Rn. 5, § 620 ZPO Rn. 4; Zöller/Philippi § 620 ZPO Rn. 4; Gießler/Soyka 2005, Rn. 121.
57 Baumbach u.a. Einf § 620 ZPO Rn. 5; Gießler/Soyka 2005, Rn. 121.
58 Hierzu → § 52 Rn. 15 ff.
59 Zu Möglichkeiten der Befristung im einstweiligen Rechtsschutz van Els FamRZ 1990, 581.

III. Regelungsinhalt (Abs. 2)

1. Sicherungs- und Regelungsanordnung (Satz 1)

a) Anordnungsinhalt allgemein

26 Entscheidungsinhalt der eAO ist eine Regelungs- oder Sicherungsanordnung. Die Akzessorietät zum materiellen Recht beim Verfahren nach §§ 49 ff. (Rn. 4 ff.) fordert eine fallbezogene, die Dringlichkeit beachtende Ausfüllung der dortigen gesetzlichen Wertungen (**Zusammenhang zwischen Inhalt und Zweck**). Die vorläufige Maßnahme muss hinreichend bestimmt, geeignet, erforderlich, angemessen (verhältnismäßig) und ausreichend sein, den Zweck der eAO zu erfüllen.[60] In Antragsverfahren (§ 23) darf der Anordnungsinhalt nicht über den gestellten Antrag hinausgehen.[61] In amtswegigen Verfahren (§ 24) ist der Inhalt begrenzt durch das einschlägige materielle Recht, die dort geregelten Ansprüche sowie familiengerichtlichen Regelungskompetenzen zu den jeweiligen konkreten Rechtsverhältnissen. Die Anordnung hat sinnvollerweise, aber – anders als bei der einstweiligen Verfügung nach § 938 ZPO[62] – nicht zwingend einen vollstreckungsfähigen Inhalt.

b) Sicherungsanordnung

27 Die Sicherungsanordnung dient der Sicherung eines bestehenden Zustands (Abs. 2 Satz 1). Können im einstweiligen Anordnungs- oder Hauptsacheverfahren Individualansprüche (potenziell) durchgesetzt werden, kann die Möglichkeit ihrer Verwirklichung gesichert werden. Notwendigerweise wird dabei ein aliud zum Hauptanspruch angeordnet. **Besitz- und Eigentumsrechte** können bspw. bei einer Immobilie durch Eintragung einer Vormerkung oder eines Widerspruchs im Grundbuch gesichert werden, bei beweglichen Gegenständen durch Herausgabe an einen Sequester oder durch ein Erwerbs-, Veräußerungsverbot oder – zur Sicherung der Rückgewähr – durch eine Sicherheitsleistung.[63]

28 Der Wortlaut des Abs. 2 Satz 1 orientiert sich an der einstweiligen Verfügung nach § 938 ZPO.[64] Die Sicherung der Zwangsvollstreckung wegen einer **Geldforderung** ist hiervon bewusst nicht erfasst. Insoweit erklärt das FamFG für Familienstreitsachen bestimmte **ZPO-Vorschriften zum Arrest** für anwendbar (§ 119 Abs. 2).[65] Dies betrifft insbesondere die Sicherung von Ansprüchen wegen rückständigen und laufenden Unterhalts oder Zugewinnausgleichs sowie Ersatzansprüche wegen unberechtigter Veräußerung von Haushaltsgegenständen.[66]

c) Regelungsanordnung

29 Da sich der Inhalt auch einer Regelungsanordnung am materiellen Recht orientiert, darf das FamG in der eAO nichts regeln, was nicht auch **zulässiger Regelungsinhalt** eines Hauptsacheverfahrens wäre. Die vorläufige Maßnahme nach Abs. 1 muss unter

---

60 Baumbach u.a. § 938 ZPO Rn. 3.
61 Zöller/Vollkommer § 938 ZPO Rn. 2.
62 Zöller/Vollkommer § 938 ZPO Rn. 4.
63 Gießler/Soyka 2005, Rn. 401.
64 BT-Drs. 16/6308, S. 199.
65 Hierzu → § 119 Rn. 4.
66 Zu den möglichen Verfahrensgegenständen der Familienstreitsachen → § 112 Rn. 2 f.

Abwägung der jeweiligen (grundrechtlichen) Interessen und ggf. unter besonderer Berücksichtigung des Kindeswohls angemessen erscheinen.[67] Sowohl die Endgültigkeit der Anordnung für den Zeitraum, in dem sie Geltung beansprucht, als auch deren (potenzielle) Vorläufigkeit sind zu berücksichtigen (z.B. können in Kindschaftssachen nicht angeordnete Umgangskontakte einen Kontaktabbruch zur Folge haben oder kann eine vorschnelle Übertragung des Aufenthaltsbestimmungsrechts zu wiederholten Aufenthaltswechseln führen). Hierbei ist der Grad der Unsicherheit der rechtlichen Richtigkeit aufgrund der (nur) summarischen Prüfung ins Verhältnis zu setzen mit den **Wirkungen der Entscheidung** (auch der Versagung einer eAO) für die jeweiligen Beteiligten (Rn. 7).

2. Gebote oder Verbote (Satz 2)

Die **beispielhafte Aufzählung** möglicher Regelungs- oder Sicherungsanordnungen in Abs. 2 Satz 2 lehnt sich an § 938 Abs. 2 ZPO an.[68] Neben der allgemeinen Nennung von Ge- und Verboten sind die Verfügungsverbote nach § 49 jedoch nicht auf unbewegliche Vermögensgegenstände (und Schiffe, Schiffsbauwerke) beschränkt, sondern umfassen auch bewegliches Vermögen. Die Möglichkeit der Verwahrung (Sequestration) bleibt unbenommen, auch wenn sie keine ausdrückliche Aufnahme gefunden hat. Zulässig sind **tatsächliche und rechtliche Handlungen jeder Art**.[69] Sie beschränken sich nicht auf Erwerbs- oder Veräußerungsverbote mit ihren üblichen Instrumentarien, sondern umfassen alle auf den individuellen Einzelfall zugeschnittenen Anordnungen, die in einem Hauptsacheverfahren getroffen werden könnten, bspw. zum Schutz von Kindern (vgl. § 1666 Abs. 3 Nr. 1 bis 4 BGB) oder Erwachsenen (vgl. § 1 Abs. 1 Satz 3 GewSchG, auf den § 214 verweist). Zur mehrfachen Einweisung des Besitzes bei der Wohnungszuweisung siehe § 96 Abs. 2.

30

3. Zur Durchführung erforderliche Anordnungen (Satz 3)

In Anlehnung an den vormaligen § 15 HausratsV enthält Abs. 2 Satz 3 die Klarstellung, dass im Zuge einer eAO auch solche **flankierende Maßnahmen** angeordnet werden können, die sich auf die Vollstreckung oder sonstige Realisierung der Anordnung beziehen, diese erleichtern oder ermöglichen.[70] Indem das FamG die zur Durchsetzung der eAO erforderlichen Anordnungen trifft, trägt es damit der Dringlichkeit der Rechtsdurchsetzung im Eilrechtsschutz Rechnung, die im eAO-Verfahren Verfahrensgegenstand ist und diesen nicht nur mittelbar betrifft.[71] Beispiele für Durchführungsanordnungen nach Abs. 2 Satz 3 sind[72]

31

---

67 Gießler/Soyka 2005, Rn. 122.
68 BT-Drs. 16/6308, S. 199.
69 Baumbach u.a. § 938 ZPO Rn. 26.
70 BT-Drs. 16/6308, S. 199.
71 Siehe → § 51 Rn. 4 f; anders wohl BT-Drs. 16/6308, S. 199.
72 Siehe auch Brudermüller FamRZ 2006, 1157 (1159).

Abschnitt 4 Einstweilige Anordnung

- bei **Zuweisung der (Ehe-)Wohnung**
  - die Räumungspflicht[73] und die Bewilligung einer Räumungsfrist,[74] wobei diese – vorbehaltlich anderweitiger Regelung – erst mit Rechtskraft der Entscheidung zu laufen beginnt,[75]
  - die Festsetzung einer Nutzungsvergütung zugunsten des Verbleibenden bis zum Ablauf der Räumungsfrist[76] oder zugunsten des Auszugsverpflichteten zur Vermeidung von Härten,[77]
  - die Untersagung einer Kündigung des Mietvertrags gegenüber dem Auszugsverpflichteten und alleinigen Mieter, wenn die Wohnung zwischenzeitlich den Charakter einer Ehewohnung verloren hat,[78]
  - die Regelung der Mitbenutzung derjenigen Räume, die nicht allein einem Ehegatten zugewiesen sind (z.B. Küche, Bad),[79]
  - die Regelung des Rechts zum Austausch des Schlosses,[80]
- bei **Zuweisung von Haushaltsgegenständen**
  - die Herausgabeanordnung,[81]
  - die Festsetzung von Ausgleichszahlungen (ggf. in Raten).

---

[73] OLG Karlsruhe 06.09.1993 – 16 WF 123/93 = FamRZ 1994, 1185 = FPR 1997, 155.
[74] OLG Bamberg 01.02.2000 – 7 UF 12/00 = FamRZ 2001, 691 (692); OLG München 02.01.1995 – 12 UF 1346/94 = FamRZ 1995, 1205 (1207); OLG Karlsruhe 06.09.1993 – 16 WF 123/93 = FamRZ 1994, 1185 = FPR 1997, 155; OLG Köln 25.11.1991 – 10 UF 105/91 = FamRZ 1992, 322.
[75] OLG Oldenburg 05.11.1996 – 12 UF 114/96 = FamRZ 1998, 571 (572).
[76] OLG Frankfurt/Main 29.08.2007 – 5 UF 101/06 = FamRZ 2008, 83.
[77] OLG Frankfurt/Main 29.08.2007 – 5 UF 101/06 = FamRZ 2008, 83.
[78] OLG Dresden 06.08.1997 – 10 WF 206/96 = FamRZ 1997, 183 m. Anm. Drescher S. 184; Coester FamRZ 1993, 249 (253).
[79] OLG Brandenburg 24.04.2003 – 10 WF 49/03 = FamRZ 2004, 477.
[80] OLG Karlsruhe 06.09.1993 – 16 WF 123/93 = FamRZ 1994, 1185 = FPR 1997, 155.
[81] OLG Bamberg 04.12.1997 – 2 UF 194/97 = FPR 2000, 107; OLG Düsseldorf 01.07.1986 – 9 UF 145/85 = FamRZ 1986, 1143.

Übersicht zu Voraussetzungen und Rechtsfolgen einer einstweiligen Anordnung nach § 49: **32**

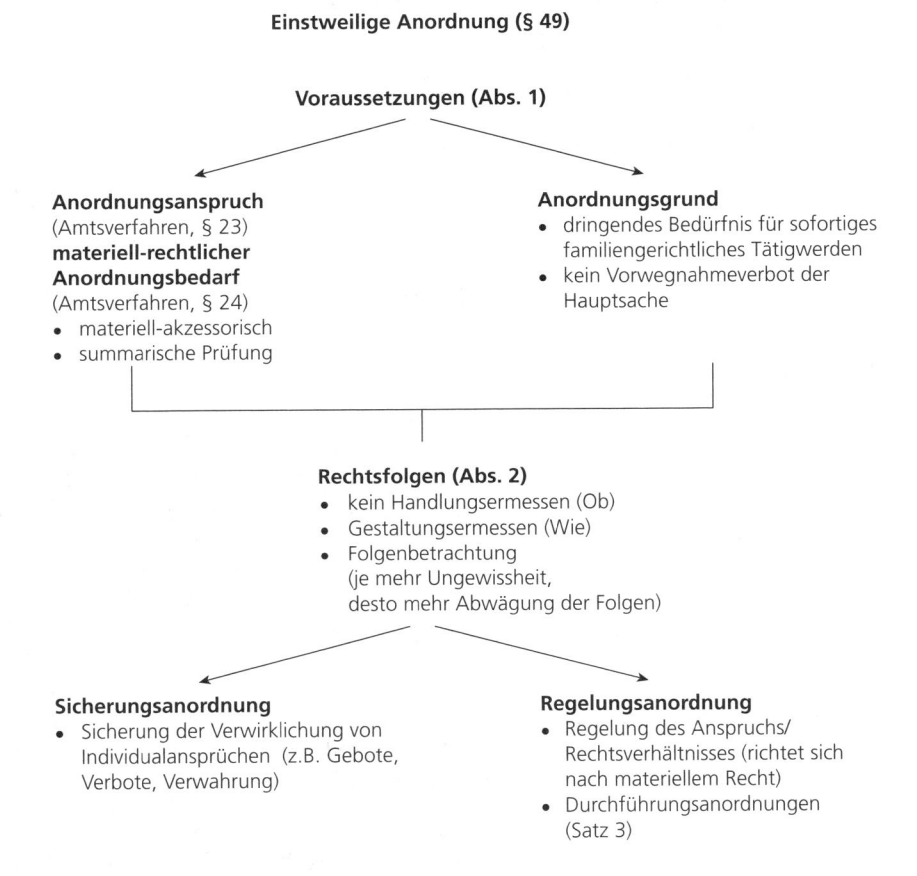

```
                    Einstweilige Anordnung (§ 49)

                        Voraussetzungen (Abs. 1)
                         ↙              ↘
    Anordnungsanspruch                 Anordnungsgrund
    (Amtsverfahren, § 23)              • dringendes Bedürfnis für sofortiges
    materiell-rechtlicher                familiengerichtliches Tätigwerden
    Anordnungsbedarf                   • kein Vorwegnahmeverbot der
    (Amtsverfahren, § 24)                Hauptsache
    • materiell-akzessorisch
    • summarische Prüfung

                         Rechtsfolgen (Abs. 2)
                         • kein Handlungsermessen (Ob)
                         • Gestaltungsermessen (Wie)
                         • Folgenbetrachtung
                           (je mehr Ungewissheit,
                           desto mehr Abwägung der Folgen)
                         ↙              ↘
    Sicherungsanordnung                Regelungsanordnung
    • Sicherung der Verwirklichung von • Regelung des Anspruchs/
      Individualansprüchen (z.B. Gebote, Rechtsverhältnisses (richtet sich
      Verbote, Verwahrung)               nach materiellem Recht)
                                       • Durchführungsanordnungen
                                         (Satz 3)
```

§ 50 Zuständigkeit

(1) Zuständig ist das Gericht, das für die Hauptsache im ersten Rechtszug zuständig wäre. Ist eine Hauptsache anhängig, ist das Gericht des ersten Rechtszugs, während der Anhängigkeit beim Beschwerdegericht das Beschwerdegericht zuständig.

(2) In besonders dringenden Fällen kann auch das Amtsgericht entscheiden, in dessen Bezirk das Bedürfnis für ein gerichtliches Tätigwerden bekannt wird oder sich die Person oder die Sache befindet, auf die sich die einstweilige Anordnung bezieht. Es hat das Verfahren unverzüglich von Amts wegen an das nach Absatz 1 zuständige Gericht abzugeben.

Abschnitt 4 Einstweilige Anordnung

Übersicht

I. Inhalt und Bedeutung der Norm	1
1. Gesetzessystematischer Bezugsrahmen	1
2. Bisherige Rechtslage	3
II. Zuständigkeit beim Hauptsachegericht (Abs. 1)	4
1. Hypothetische Hauptsachezuständigkeit (Satz 1)	4
2. Zuständigkeit bei Hauptsacheanhängigkeit (Satz 2)	7
III. Besondere Eilzuständigkeit „vor Ort" (Abs. 2)	8
1. Ort des Bekanntwerdens, der Person oder Sache (Satz 1)	8
2. Abgabe nach Entscheidung (Satz 2)	11

I. Inhalt und Bedeutung der Norm

1. Gesetzessystematischer Bezugsrahmen

1 Die Zuständigkeit für das Verfahren des einstweiligen Rechtsschutzes knüpft an die Zuständigkeit des Hauptsacheverfahrens an. Als selbstständiges Verfahren (§ 51 Abs. 3 Satz 1) kann Bezugspunkt daher eine **hypothetische Hauptsachezuständigkeit** sein (Abs. 1 Satz 1). Bei Anhängigkeit des Hauptsacheverfahrens orientiert sich die Zuständigkeit der eAO hieran (Abs. 1 Satz 2). Bei besonderer Dringlichkeit kann ausnahmsweise das **Gericht „vor Ort"** zuständig sein (Abs. 2 Satz 1), wobei die Zuständigkeit aus Gründen der Verfahrensökonomie[1] schnellstmöglich wieder mit der Hauptsachezuständigkeit abzugleichen ist (Abs. 2 Satz 2).

2 Für einzelne Verfahren gelten modifizierende Spezialvorschriften:

- **§ 119 Abs. 2:** Beim **Arrest in Familienstreitsachen** ist neben dem Gericht der Hauptsache das Gericht zuständig, in dem der mit Arrest zu belegende Gegenstand oder die in ihrer persönlichen Freiheit zu beschränkende Person sich befindet (§ 919 ZPO).

- **§ 248 Abs. 2:** Ist bei einem **vorgeburtlichen Antrag auf Zahlung von Kindesunterhalt** die Vaterschaft noch nicht festgestellt, ist das Gericht für die eAO zuständig, bei dem der zwingend vorausgesetzte Antrag auf Feststellung der Vaterschaft anhängig ist.

- **§ 167 Abs. 1 Satz 1 i.V.m. § 313 Abs. 2 bis 4:** In Verfahren wegen der **Genehmigung freiheitsentziehender Maßnahmen gegenüber Minderjährigen** nach BGB ist für die eAO zusätzlich das Gericht zuständig, in dessen Bezirk das Bedürfnis für die Unterbringungsmaßnahme bekannt wird (§ 313 Abs. 2). In Verfahren nach den Landesgesetzen über die **Unterbringung psychisch Kranker** gilt diese Zuständigkeit ausschließlich (§ 313 Abs. 3 Satz 1); lebt der Minderjährige bereits in einer Einrichtung zur freiheitsentziehenden Unterbringung, ist das Gericht am Ort der Einrichtung zuständig (§ 313 Abs. 3 Satz 2). Für die Abgabe an das Hauptsachegericht gilt § 313 Abs. 4.

Für die **internationale Zuständigkeit** gelten keine Besonderheiten.

---

[1] Fölsch 2009, § 4 Rn. 9; BT-Drs. 16/6308, S. 200.

2. Bisherige Rechtslage

Die Zuständigkeit ist derjenigen beim **Arrest** (§ 919 ZPO) und der **einstweiligen Verfügung** (§ 937 ZPO) nachgebildet[2] und konkretisiert deren Inhalte. Wegen der fehlenden Hauptsacheabhängigkeit entfällt die direkte Koppelung mit der Zuständigkeit des Gerichts der anhängigen Hauptsache (vgl. §§ 621g, 644 ZPO a.F.).

II. Zuständigkeit beim Hauptsachegericht (Abs. 1)

1. Hypothetische Hauptsachezuständigkeit (Satz 1)

Wird ein Verfahren auf eAO in einer Familiensache anhängig, ohne dass gleichzeitig ein Hauptsacheverfahren anhängig ist, richtet sich die Zuständigkeit nach der **hypothetischen Zuständigkeit des Gerichts der Hauptsache** (Abs. 1 Satz 1). Dies ist stets das – nach Maßgabe des FamFG örtlich zuständige – Amtsgericht (§ 23a Abs. 1 Nr. 1 GVG). Dies gilt auch, wenn ein Hauptsacheverfahren zwar anhängig war, zum Zeitpunkt des Antrags auf eAO aber nicht mehr ist.[3]

Wird die Hauptsache anhängig, während ihr Verfahrensgegenstand bereits Gegenstand in einem anhängigen Anordnungsverfahren ist, kann es zu einem **Auseinanderfallen von Hauptsache- und Anordnungsgericht** kommen – etwa bei mehreren örtlich zuständigen Gerichten oder bei zwischenzeitlichem Wechsel der Zuständigkeit des (hypothetischen) Gerichts der Hauptsache und gleichzeitiger perpetuatio fori im Eilverfahren (§ 2 Abs. 2). Wenn die Dringlichkeit die damit verbundene Verzögerung zulässt, empfiehlt sich eine Zusammenführung der Verfahren beim nunmehr zuständigen Hauptsachegericht (§ 4).[4]

Wird eine Ehesache anhängig, während bei einem anderen Gericht ein Anordnungsverfahren anhängig ist, so gelten die Regelungen über die Pflicht zur **Abgabe an das Gericht der Ehesache** von Amts wegen entsprechend[5] in Kindschafts- (§ 153), Ehewohnungs- und Haushalts- (§ 202), Kindesunterhalts- (§ 233), Güterrechts- (§ 263) oder sonstigen Familiensachen (§ 268). Ist die Anordnung so eilbedürftig, dass sie keine vorherige Verweisung erlaubt, ergibt sich die **Zuständigkeit aus Abs. 2 Satz 1**; das besonders dringende Bedürfnis für das Tätigwerden wurde – zumindest auch – in dessen Gerichtsbezirk bekannt. Die Pflicht zur anschließenden unverzüglichen Abgabe richtet sich nach Abs. 2 Satz 2.

2. Zuständigkeit bei Hauptsacheanhängigkeit (Satz 2)

Soll über den Verfahrensgegenstand eines **anhängigen Hauptsacheverfahrens** im Wege des einstweiligen Rechtsschutzes eine sichernde oder regelnde Anordnung getroffen werden,[6] ist entweder das mit der Hauptsache befasste erstinstanzliche Amtsgericht oder während Anhängigkeit der Beschwerde das OLG zuständig (Abs. 1 Satz 2). Bei Anhängigkeit einer **Rechtsbeschwerde** ist für die eAO wiederum das Ge-

---

2 BT-Drs. 16/6308, S. 199.
3 Gießler FPR 2006, 421 (423).
4 Gießler FPR 2006, 421(423).
5 Gießler FPR 2006, 421 (423).
6 Zum Verfahrensgegenstand bei der eAO → § 51 Rn. 4 f.

richt erster Instanz zuständig.[7] Wird während der erstinstanzlichen Anhängigkeit des Hauptsache- und Anordnungsverfahrens bei einem anderen Gericht eine **Ehesache anhängig**, so besteht auch hier die Pflicht zur amtswegigen Abgabe mit der Ausnahme bei besonderer Dringlichkeit (Rn. 6); dies gilt nicht, wenn Hauptsache und eAO beim Beschwerdegericht anhängig sind.[8]

III. Besondere Eilzuständigkeit „vor Ort" (Abs. 2)

1. Ort des Bekanntwerdens, der Person oder Sache (Satz 1)

8 Von der Zuständigkeit nach Abs. 1 kann nur in **besonders dringenden Fällen** abgewichen werden (Abs. 2 Satz 1). Eine derart qualifiziertes Bedürfnis für ein vorläufiges Tätigwerden des Gerichts liegt vor, wenn die Verzögerung, die mit der Abgabe an das zuständige Gericht verbunden wäre, im Lichte der Faktoren Zeit und Irreparabilität im Rahmen der Folgenbetrachtung[9] einem oder mehreren Beteiligten nicht zumutbar ist.[10] Die Gesetzesbegründung verweist insoweit auf die Bereitschaftsdienste der Amtsgerichte.[11] Darauf, ob das nach Abs. 1 zuständige Gericht rechtzeitig hätte angerufen werden können, kommt es – anders als bei der einstweiligen Verfügung nach § 942 ZPO[12] – nur an, wenn sich der Antragsteller oder Anrufende durch die Initiierung des Verfahrens beim nach Abs. 2 zuständigen Gericht rechtsmissbräuchlich einen Vorteil verschaffen will. Das „Kann" eröffnet hierbei **kein Ermessen**, sondern regelt die Befugnis zur Entscheidung entgegen der Zuständigkeit des Abs. 1.

9 Liegt besondere Eilbedürftigkeit i.S.d. Abs. 2 Satz 1 vor, ist das andernfalls unzuständige Gericht auch regelmäßig zuständig. Maßgeblich ist der Ort, an dem das **Bedürfnis für das gerichtliche Tätigwerden** – auch – bekannt wird. Dieses Erfordernis ist weit zu verstehen.[13] Nicht notwendig ist, dass es sich um den Ort des erstmaligen Bekanntwerdens handelt oder dass die Kenntnis im Gerichtsbezirk dem Antrag oder der Anrufung des FamG vorausgeht. Ausreichend ist, dass das jeweilige Gericht aus nachvollziehbaren, nicht missbräuchlichen Gründen mit der eiligen Sache befasst wird.

10 Die weitere mögliche Zuständigkeitsanknüpfung an den Gerichtsbezirk der **belegenen Sache**, auf die sich die eAO bezieht (z.B. Haushaltsgegenstände, Wohnung), betrifft den Ort, an dem sich die Sache tatsächlich befindet. Bezieht sich die eAO auf eine **Person** (z.B. Kind, Umgangsberechtigter, gewaltausübende Person), kann sowohl deren gewöhnlicher als auch tatsächlicher Aufenthalt als Anknüpfung für die Zuständigkeit dienen.

---

7 BT-Drs. 16/6308, S. 200.
8 Gießler FPR 2006, 421 (423).
9 Hierzu → § 49 Rn. 7 ff.
10 Vgl. Zöller/Vollkommer § 942 ZPO Rn. 1.
11 BT-Drs. 16/6308, S. 200.
12 Anders bei einstweiliger Verfügung, bei der die Unzumutbarkeit der Anrufung des ansonsten zuständigen Gerichts gefordert wird, Musielak/Huber § 942 ZPO Rn. 2; Zöller/Vollkommer § 942 ZPO Rn. 1; Baumbach u.a. § 942 ZPO Rn. 4; Hk-ZPO/Kemper § 942 ZPO Rn. 2.
13 BT-Drs. 16/6308, S. 200.

2. Abgabe nach Entscheidung (Satz 2)

Nach Erlass einer eAO durch das nur wegen besonderer Dringlichkeit zuständige Gericht fordert Abs. 2 Satz 2 in jedem Fall eine **unverzügliche Abgabe** der Sache an das nach Abs. 1 zuständige Gericht. Dies gilt unabhängig davon, ob ein Hauptsacheverfahren bereits anhängig ist, ob dessen Einleitung (§ 52) oder eine erneute Entscheidung aufgrund mündlicher Verhandlung (§ 54 Abs. 2) beantragt wird (vgl. § 54 Abs. 3) oder ob eine Aufhebung oder Änderung der eAO von Amts wegen bzw. auf Antrag ansteht (§ 54 Abs. 1).[14] Ausnahmen hiervon können wiederum nur gelten, wenn die Verzögerung aufgrund der Abgabe nicht hinnehmbare Nachteile zur Folge hätte.

11

§ 51 Verfahren

(1) Die einstweilige Anordnung wird nur auf Antrag erlassen, wenn ein entsprechendes Hauptsacheverfahren nur auf Antrag eingeleitet werden kann. Der Antragsteller hat den Antrag zu begründen und die Voraussetzungen für die Anordnung glaubhaft zu machen.

(2) Das Verfahren richtet sich nach den Vorschriften, die für eine entsprechende Hauptsache gelten, soweit sich nicht aus den Besonderheiten des einstweiligen Rechtsschutzes etwas anderes ergibt. Das Gericht kann ohne mündliche Verhandlung entscheiden. Eine Versäumnisentscheidung ist ausgeschlossen.

(3) Das Verfahren der einstweiligen Anordnung ist ein selbständiges Verfahren, auch wenn eine Hauptsache anhängig ist. Das Gericht kann von einzelnen Verfahrenshandlungen im Hauptsacheverfahren absehen, wenn diese bereits im Verfahren der einstweiligen Anordnung vorgenommen wurden und von einer erneuten Vornahme keine zusätzlichen Erkenntnisse zu erwarten sind.

(4) Für die Kosten des Verfahrens der einstweiligen Anordnung gelten die allgemeinen Vorschriften.

Übersicht

I. Inhalt und Bedeutung der Norm	1
1. Gesetzessystematischer Bezugsrahmen	1
2. Bisherige Rechtslage	3
II. Einleitung des Verfahrens (Abs. 1)	4
1. Verfahrensgegenstand und Anhängigkeit	4
2. Einleitung von Amts wegen oder auf Antrag (Abs. 1)	7
3. Antragsinhalt (Satz 2)	9
a) Begründung	9
b) Glaubhaftmachung	10
III. Anwendbare Vorschriften, Anhörung, Versäumnisentscheidung (Abs. 2)	11
IV. Selbstständiges Verfahren (Abs. 3)	15
V. Kosten (Abs. 4)	18

---

14 BT-Drs. 16/6308, S. 200.

I. Inhalt und Bedeutung der Norm

1. Gesetzessystematischer Bezugsrahmen

1 Der mit „Verfahren" überschriebene § 51 regelt ein Sammelsurium an **Charakteristika des vereinheitlichten Anordnungsverfahrens**. Inzident ordnet er die Parallelität zum Hauptsacheverfahren in Bezug auf die Einleitung von Amts wegen oder auf Antrag an (Abs. 1 Satz 1). Das Verfahren wird zu einem selbstständigen erklärt (Abs. 3 Satz 1), auch in Bezug auf die Kostenentscheidung (Abs. 4). Zur Vermeidung von Doppelungen in Anordnungs- und Hauptsacheverfahren wird der Rückgriff auf Verfahrenshandlungen und Erkenntnisse aus dem Eilverfahren im Einzelfall für zulässig erklärt (Abs. 3 Satz 2), wobei in allen Anordnungsverfahren Entscheidungen unter bestimmten Voraussetzungen ohne mündliche Verhandlung ergehen können (Abs. 2 Satz 2). Versäumnisentscheidungen werden ausgeschlossen (Abs. 2 Satz 3).

2 § 51 enthält auch **Klarstellungen**. So erklärt er die allgemeinen Verfahrensregelungen für anwendbar, wenn im 4. Abschnitt nichts Abweichendes geregelt ist (Abs. 2 Satz 1). Entsprechend deklaratorisch ist das Erfordernis der Begründung in Antragsverfahren (Abs. 1 Satz 2; siehe § 23 Abs. 1 Satz 1).

2. Bisherige Rechtslage

3 Aufgrund des besonderen Charakters der eAO nach dem FamFG ist die Regelung des § 51 zum Verfahren ein **Novum**. Einzelne Elemente haben bereits vorher in einzelnen der unterschiedlichen Verfahren des einstweiligen Rechtsschutzes Geltung beansprucht (z.B. das Absehen von der Anhörung, § 620a Abs. 2 ZPO a.F., § 937 Abs. 2 ZPO). Mit der grundsätzlichen Selbstständigkeit der FamFG-Anordnungsverfahren, auch in Kostenfragen (vgl. § 620g ZPO a.F.), wird jedoch ein eigenes System geschaffen.

II. Einleitung des Verfahrens (Abs. 1)

1. Verfahrensgegenstand und Anhängigkeit

4 **Verfahrensgegenstand** des einstweiligen Rechtsschutzes nach § 49 ist nicht der sachrechtliche Anspruch bzw. der von Amts wegen zu regelnde Verfahrensgegenstand.[1] Anhängig werden die **Voraussetzungen einer eAO** über denselben.[2] Diese ergibt sich nach § 49 Abs. 1 aus

- der **Eilbedürftigkeit** („dringendes Bedürfnis für ein sofortiges Tätigwerden") sowie

- der Annahme des Vorliegens der **gesetzlichen Voraussetzungen** zur Regelung oder Sicherung eines Anspruchs bzw. Rechtsverhältnisses nach summarischer Prüfung.

---

1 OLG Düsseldorf 22.09.1981 – 6 W 43/81 = NJW 1981, 2824.
2 OLG Frankfurt/Main 17.10.1988 – 3 WF 212/88 = FamRZ 1989, 296 (297); Gießler/Soyka 2005, Rn. 39.

Somit können **Anerkenntnis** und **Erledigterklärung** hierauf beschränkt werden.[3] Werden sie nicht auf den materiell-rechtlichen Anspruch bezogen, können Ansprüche (erneut) geltend gemacht, Anträge zum gleichen Verfahrensgegenstand (erneut) gestellt, Amtsverfahren (wieder) eingeleitet werden. Erneuter einstweiliger Rechtsschutz ist zulässig, wenn ein Wiederaufleben des Regelungsbedürfnisses oder geänderte Umstände[4] geltend gemacht werden oder wenn der Anspruch, etwa nach weiterer Sachverhalts(auf)klärung, glaubhaft gemacht werden kann. **Gerichtliche Vergleiche** gelten ohne Beschränkung,[5] es sei denn, die Vorläufigkeit wird ausdrücklich vereinbart.

Anhängigkeit des Verfahrens nach §§ 49 ff. tritt bei Einreichung des entsprechenden Antrags beim bzw. bei Einleitung des Verfahrens durch das FamG ein (§§ 23, 24) und nicht erst mit Zustellung des Antrags bzw. der Einleitungsverfügung.[6]

2. Einleitung von Amts wegen oder auf Antrag (Abs. 1)

Setzt die **Einleitung eines Hauptsacheverfahrens** einen Antrag voraus (§ 23), so kann auch das Anordnungsverfahren nur auf Antrag eingeleitet werden (Abs. 1 Satz 1). Damit wird die amtswegige Einleitung lediglich eingeschränkt (Rn. 8). In Angelegenheiten, die Verfahrensgegenstand eines antragsunabhängigen Hauptsacheverfahrens sein können, kann das FamG folglich bei Eilbedürftigkeit auch von Amts wegen ein Anordnungsverfahren einleiten.

Tatsächlich betrifft dies nur **Kindschaftssachen**, in denen das FamG von Amts wegen tätig werden kann bzw. muss:

- im Kontext von **Kindeswohlgefährdung** (§ 1632 Abs. 4, §§ 1666, 1667, 1682, 1684 Abs. 4 S. 2 BGB),
- im Kontext von Einschränkungen in der **Ausübung der elterlichen Sorge** (§ 1687 Abs. 2, §§ 1687a, 1687b Abs. 3 Satz 2, Abs. 4, § 1688 Abs. 3 Satz 2, Abs. 4 BGB),
- bei der Anordnung des **Ruhens der elterlichen Sorge** (§ 1674 BGB) und bei Verhinderung der sorgeberechtigten Eltern (§ 1693 BGB),
- bei Ausfall des bisher allein sorgeberechtigten Elternteils (§ 1678 Abs. 2, § 1680 Abs. 2 und 3, § 1681 Abs. 1 BGB),
- im Kontext **freiheitsentziehender Maßnahmen** (§ 1631b BGB),
- bei Entscheidungen zum **Umgangs- und Auskunftsrechtsrecht** (§ 1684 Abs. 3 und 4, §§ 1685, 1686 BGB)
- bei allen familiengerichtlichen Entscheidungen (auch den antragsabhängigen), wenn von Amts wegen eine **Abänderung oder Überprüfung** angezeigt ist (§ 1696 BGB),
- bei der Anordnung oder Führung der **Vormundschaft/Ergänzungspflegschaft** oder bei Bestellung bzw. Entlassung eines Vormunds/Ergänzungspflegers (§ 1629 Abs. 2 Satz 3, § 1630 Abs. 2, §§ 1697, 1774, 1779 ff., 1796 ff., 1886 ff. BGB).

---

[3] OLG Hamm 27.02.1986 – 4 U 324/85 = NJW-RR 1986, 1232 = Rpfleger 1986, 310; OLG München 17.04.1986 – 6 U 6192/85 = MDR 1986, 681; Baumbach u.a. Grundz § 916 ZPO Rn. 11.
[4] OLG München 17.04.1986 – 6 U 6192/85 = MDR 1986, 681.
[5] BGH 28.02.1991 – IX ZR 219/90 = NJW-RR 1991, 1021 = Rpfleger 1991, 260; Zöller/Vollkommer Vor § 916 ZPO Rn. 5.
[6] OLG Düsseldorf 20.03.1992 – 3 WF 7/92 = FamRZ 1992, 961; 22.09.1981 – 6 W 43/81 = NJW 1981, 2824.

Für eine eAO in antragsunabhängigen **Gewaltschutzsachen** fordert das FamFG – abweichend vom Hauptsacheverfahren – für das Eilverfahren einen Antrag (§ 214 Abs. 1 Satz 1).

3. Antragsinhalt (Satz 2)

a) Begründung

9 Die eAO ist materiell-akzessorisch (§ 49 Abs. 1).[7] Daher sind – anders als in von Amts wegen zu betreibenden Anordnungsverfahren – Anträge in antragsabhängigen Eilverfahren vom Antragsteller zu begründen (Abs. 1 Satz 2). Die **Begründung des Anordnungsanspruchs**[8] unterliegt nur dann keiner vollen **Schlüssigkeitsprüfung**, wenn die Komplexität des potenziellen Sachverhalts oder der Rechtslage im Lichte der Eilbedürftigkeit und der Folgenbetrachtung[9] nur eine summarische Prüfung zulässt.[10] Je nach Eilbedürftigkeit sind von den Begründungserfordernissen im Hauptsacheverfahren[11] Abstriche zu machen.

b) Glaubhaftmachung

10 In Antragsverfahren sind die Voraussetzungen für die eAO – Anordnungsanspruch und Anordnungsgrund – glaubhaft zu machen (Abs. 1 Satz 2). In Verfahren, für die der **Amtsermittlungsgrundsatz** gilt (§ 26), genügt die – nicht von vornherein unglaubwürdige – Behauptung, dass die Voraussetzungen der maßgeblichen materiell-rechtlichen Vorschriften für die geforderte vorläufige Maßnahme vorliegen. Die Eilbedürftigkeit ist konkret darzulegen. In Bezug auf die zugelassenen **Beweismittel** gelten die allgemeinen Regeln (§ 31 bzw. § 113 Abs. 1 i.V.m. § 294 ZPO).[12] An die Glaubhaftmachung sind im Einzelfall je nach Dringlichkeit höhere oder niedrigere Anforderungen zu stellen.

III. Anwendbare Vorschriften, Anhörung, Versäumnisentscheidung (Abs. 2)

11 Wenn **Abs. 2 Satz 1** die Verfahrensvorschriften des Allgemeinen Teils, Abschnitte 1 bis 3 und 5 bis 9 für anwendbar erklärt, soweit diese nicht von den **Spezialvorschriften** des Abschnitts 4 zur einstweiligen Anordnung verdrängt werden, hat dies rein deklaratorischen Charakter.

12 Von einer mündlichen Verhandlung kann im Anordnungsverfahren abgesehen werden (**Abs. 2 Satz 2**). Sie ist ins Ermessen des FamG gestellt.[13] Eine **fehlerfreie Ermessensausübung** setzt voraus, dass Gründe die Verkürzung des Anspruchs auf rechtliches Gehör (Art. 103 Abs. 1 GG) rechtfertigen. Das Vorrang- und Beschleunigungsgebot in § 155 ist hierdurch ebenso wenig berührt wie die Anhörungsregelungen (z.B. §§ 159

---

7 → § 49 Rn. 4.
8 Hierzu → § 49 Rn. 7 ff.
9 Hierzu → § 49 Rn. 7 ff.
10 BT-Drs. 16/6308, S. 200.
11 Hierzu → § 23 Rn. 6.
12 → § 31 Rn. 4.
13 So aber Gießler FPR 2006, 421 (424).

bis 162, 207).[14] Nach § 246 Abs. 2 ist in Unterhaltssachen eine vorherige Anhörung geboten, wenn „dies zur Aufklärung des Sachverhalts oder für eine gütliche Beilegung des Verfahrens geboten erscheint".

Abgesehen von den Fällen, in denen die Zurückweisung wegen **offensichtlicher Unzulässigkeit oder Unbegründetheit** erfolgt,[15] können solche Gründe in einer besonderen Eilbedürftigkeit liegen, die ein Abwarten der Entscheidung bis nach einer mündlichen Verhandlung nicht zulässt (**Gefahr im Verzug**).[16] Aber auch der Schutz einer Person oder eines Rechtsguts kann das Absehen von der mündlichen Verhandlung (oder auch einer Anhörung) fordern, wenn es auf den **Überraschungseffekt** ankommt, da das vorwarnende Bekanntwerden der Anhängigkeit des Verfahrens bzw. der bevorstehenden Entscheidung dem Anordnungszweck zuwiderliefe,[17] z.B. 13

- in **Gewaltschutzsachen** aus Gründen, aus denen eine Zustellung nicht vor der Vollstreckung erfolgen darf (vgl. § 214 Abs. 2 Halbs. 2),[18]
- in **Kindschaftssachen**, wenn im Kontext von Kindesschutz oder einer Kindesherausgabe andernfalls ein Untertauchen mit dem Kind oder weitere Gefahr droht (vgl. § 159 Abs. 3 Satz 1, § 160 Abs. 3: „schwerwiegende Gründe"),[19]
- bei der **Sicherung von Forderungen oder Vermögensgegenständen**, wenn andernfalls ihre Befriedigung gefährdet ist bzw. Rechtsverlust droht, weil der Schuldner das Vermögen dem Zugriff entzieht (vgl. § 92 Abs. 1 Satz 2).[20]

Zur Nachholung einer unterbliebenen mündlichen Verhandlung (oder Anhörung) auf Antrag oder von Amts wegen siehe → § 54 Rn. 7 f.

Versäumnisentscheidungen sind in allen Anordnungsverfahren ausgeschlossen (**Abs. 2 Satz 3**); auch dann, wenn im Hauptsacheverfahren eine solche grundsätzlich ergehen könnte.[21] 14

IV. Selbstständiges Verfahren (Abs. 3)

Auch bei Anhängigkeit eines Hauptsacheverfahrens ist das Anordnungsverfahren der §§ 49 ff. ein **selbstständiges Verfahren** (Abs. 3 Satz 1) und weder von der vorherigen oder späteren Einleitung eines Hauptsacheverfahrens abhängig noch von dessen weiterer Anhängigkeit. 15

Die Verfahrenshandlungen in einem Anordnungsverfahren müssen nicht notwendigerweise in einem etwaigen Hauptsacheverfahren wiederholt bzw. erneut vorgenommen werden (Abs. 3 Satz 2). Aus Gründen der **Verfahrensökonomie** kann von Verfahrensschritten abgesehen werden, wenn dadurch keine weitere Sachaufklärung zu erwarten ist. Maßnahmen der Beweiserhebung (§ 29), der förmlichen Beweisauf- 16

---

14 BT-Drs. 16/6308, S. 200.
15 OLG Hamm 21.10.1985 – 10 UF 259/85 = FamRZ 1986, 75; Ebert 2007, § 12 Rn. 44.
16 OLG Karlsruhe 15.04.1987 – 6 W 30/87 = NJW-RR 1987, 1206.
17 Zöller/Vollkommer § 922 ZPO Rn. 1, § 937 ZPO Rn. 2; Baumbach u.a. § 937 ZPO Rn. 5; Gießler/Soyka 2005, Rn. 378.
18 Hierzu → § 214 Rn. 3.
19 Hierzu → § 159 Rn. 9 ff., → § 160 Rn. 8 f.
20 Hierzu → § 92 Rn. 4.
21 BT-Drs. 16/6308, S. 200.

nahme (§ 30) oder Glaubhaftmachung (§ 31) bedürfen u.U. keiner Doppelung. Die Situation ist vergleichbar mit derjenigen im Rechtsmittelverfahren (§ 68 Abs. 3).[22]

17   Verspricht eine **weitere Anhörung** keine zusätzlichen Erkenntnisse, kann – auch in Verfahren, in denen sie zwingend vorgeschrieben ist (z.B. §§ 159 bis 162, 207)[23] – im Ausnahmefall von ihr abgesehen werden. Aufgrund des prozesshaften Familiengeschehens eines Sorge- oder Umgangsrechtskonflikts und der gesteigerten Notwendigkeit nach Transparenz der familiengerichtlichen Entscheidungsfindung kann auf die Durchführung des Termins in **Kindschaftssachen** (§ 155 Abs. 2) nur ausnahmsweise verzichtet werden.[24] Eine Ausnahme kommt in Betracht, wenn die kurze Zeitspanne seit der letzten Anhörung im Hinblick auf mögliche Veränderungen in der Familiensituation spricht und/oder die mit der Anhörung verbundenen Belastungen in keinem angemessenen Verhältnis zum möglichen Erkenntnisgewinn stehen. Letzteres kann auch für die Anhörung gewaltbetroffener Beteiligter gelten, etwa in **Gewaltschutzsachen**.

V. Kosten (Abs. 4)

18   Die Selbstständigkeit des Anordnungsverfahrens gegenüber der Anhängigkeit und Durchführung eines Hauptsacheverfahrens macht auch eine **eigene Kostenentscheidung** erforderlich (Abs. 4). § 51 trifft hierzu keine eigenen Bestimmung, sondern verweist wegen der Kosten des Verfahrens der einstweiligen Anordnung auf die diesbezüglichen allgemeinen Vorschriften und die einschlägigen Vorschriften über eine Kostenentscheidung.[25] Damit wird nicht für jede einstweilige Anordnung auf die §§ 80 ff. verwiesen. Vielmehr greift die für die Hauptsacheverfahren geltende Differenzierung zwischen den für fG-Verfahren geltenden §§ 80 ff. und den für Ehesachen und Familienstreitsachen auf Grund des Verweises in § 113 Abs. 1 geltenden §§ 91 ff. ZPO sowie der Sondervorschrift des § 243 auch im einstweiligen Anordnungsverfahren ein.[26]

19   Der vom Hauptsacheverfahren getrennten Behandlung entsprach bereits die gebührenrechtliche Wertung der durch das FGG-ReformG aufgehobenen Regelungen in § 18 Nr. 1, 2 RVG, wonach das Anordnungsverfahren als besondere Angelegenheit anzusehen war.[27] Sie ergibt sich nunmehr daraus, dass die Verfahren als selbstständige Verfahren geführt werden können. Zudem stellt jedes einstweilige Anordnungsverfahren eine selbstständige Angelegenheit dar. Der für einstweilige Anordnungen nach § 620 ZPO bisher bestehende **Gebührenverbund** der verschiedenen einstweiligen Anordnungen ist ersatzlos entfallen, nachdem die einstweilige Anordnung neben der Ehesache nicht mehr besteht. Aus diesem Grund sind auch die früheren Regelungen in § 18 Nr. 1 und 2 RVG aufgehoben worden.[28] Ausreichend ist die Regelung in **§ 17 Nr. 4 Buchst. b RVG**, wonach das Verfahren in der Hauptsache und das Verfahren

---

22 Hierzu → § 68 Rn. 4 ff.
23 BT-Drs. 16/6308, S. 200; a.A. Fölsch 2009, § 4 Rn. 19 f.
24 BT-Drs. 16/6308, S. 200.
25 BT-Drs. 16/6308, S. 200 f.
26 Fölsch 2009, § 4 Rn. 21.
27 BT-Drs. 16/6308, S. 201; Zimmermann 2009, Rn. 127.
28 BT-Drs. 16/6308, S. 339, 340.

über einen Antrag auf Erlass einer einstweiligen Anordnung **verschiedene Angelegenheiten** darstellen.

Die Selbstständigkeit der einstweiligen Anordnungen hat den Vorteil, dass die **Kosten sogleich abgerechnet** werden können. Zudem ist die Möglichkeit entfallen, durch eine auf Unterhalt gerichtete einstweilige Anordnung nach § 620 ZPO den Unterhalt in einem einzigen Verfahren sowohl für die **Trennungszeit** als auch für **Zeit nach Rechtskraft der Scheidung** vorläufig zu regeln. Erforderlich ist nunmehr ein einstweiliges Anordnungsverfahren auf vorläufige Regelung des Trennungsunterhalts und ggf. ein einstweiliges Anordnungsverfahren auf vorläufige Regelung des nachehelichen Unterhalts.

Eine **Anrechnung** zwischen den in Eil- und Hauptsacheverfahren jeweils entstehenden Verfahrensgebühren findet nicht statt.[29]

§ 52 Einleitung des Hauptsacheverfahrens

(1) Ist eine einstweilige Anordnung erlassen, hat das Gericht auf Antrag eines Beteiligten das Hauptsacheverfahren einzuleiten. Das Gericht kann mit Erlass der einstweiligen Anordnung eine Frist bestimmen, vor deren Ablauf der Antrag unzulässig ist. Die Frist darf drei Monate nicht überschreiten.

(2) In Verfahren, die nur auf Antrag eingeleitet werden, hat das Gericht auf Antrag anzuordnen, dass der Beteiligte, der die einstweilige Anordnung erwirkt hat, binnen einer zu bestimmenden Frist Antrag auf Einleitung des Hauptsacheverfahrens oder Antrag auf Bewilligung von Verfahrenskostenhilfe für das Hauptsacheverfahren stellt. Die Frist darf drei Monate nicht überschreiten. Wird dieser Anordnung nicht Folge geleistet, ist die einstweilige Anordnung aufzuheben.

I. Inhalt und Bedeutung der Norm

Die Verhältnisklärung der Entscheidung im Anordnungsverfahren zur späteren Einleitung eines Hauptsacheverfahrens ist der Selbstständigkeit des Anordnungsverfahrens geschuldet. Das Bedürfnis nach **Herstellung von Rechtsklarheit und Rechtsfrieden** kann erfordern, die spätere Einleitung eines Hauptsacheverfahrens erst nach einer Frist zuzulassen (Abs. 1). In Ergänzung zur Regelung über die Aufhebung der eAO in § 54 kann derjenige, der durch die eAO in seinen Rechten beeinträchtigt ist, die Einleitung eines Hauptsacheverfahrens erzwingen.[1] Die **Fortgeltung der eAO** kann auf Antrag davon abhängig gemacht werden, dass innerhalb einer bestimmten Frist das Hauptsacheverfahren eingeleitet wird (Abs. 2).

---

29 Fölsch 2009, § 4 Rn. 15.
1 Zur entsprechenden Kritik am Referentenentwurf, in dem eine solche Regelung fehlte, Gießler FPR 2006, 421 (423).

2 Die Mechanismen des Abs. 1 zur befristeten Sicherung der Fortgeltung der eAO (Abs. 1) folgen **keinem Vorbild**. Die Begrenzung der Geltung bei Nichteinleitung eines Hauptsacheverfahrens (Abs. 2) orientiert sich an § 926 ZPO.[2]

II. Einleitung des Hauptsacheverfahrens von Amts wegen (Abs. 1)

3 Hauptsacheverfahren, die **von Amts wegen** eingeleitet werden können (§ 24), hat das FamG nach Erlass einer eAO stets einzuleiten, wenn ein Beteiligter dies beantragt (Abs. 1 Satz 1). Über diese Möglichkeit zur Herbeiführung eines Hauptsacheverfahrens sind die Beteiligten ausdrücklich zu belehren (§ 39).[3]

4 Zur **Entschleunigung** der nicht selten hoch emotionalen, dynamischen Familienkonflikte kann das FamG verhindern, dass die Beteiligten vorschnell ins Hauptsacheverfahren drängen.[4] Es kann eine Wartefrist bestimmen (Abs. 1 Satz 2), um in der Dynamik der auf familiengerichtliche Streitigkeiten verlagerten bzw. gerichtlich ausgetragenen Familienkonflikte einen Kontrapunkt zu setzen. Ob das FamG eine **Fristbestimmung** vornimmt, unterliegt dabei seiner Einschätzungsprärogative. Lediglich die Höchstdauer ist auf drei Monate begrenzt (Abs. 1 Satz 3). Ist sie geeignet, die entschleunigende Funktion zu erfüllen, kann die Frist auch gesetzt werden, wenn das Gericht bereits bei Erlass der eAO entschlossen ist, das Hauptsacheverfahren später unabhängig davon einzuleiten, ob dies beantragt wird.[5]

5 **Faktoren bei der Entscheidung** über das Ob und die Dauer der Fristbestimmung nach Abs. 1 Sätze 2 und 3 können u.a. sein

- die Anfechtbarkeit oder Unanfechtbarkeit der Entscheidung,
- die Schwere der rechtlichen, wirtschaftlichen und ideellen Vor- bzw. Nachteile, die mit der Aufrechterhaltung der vorläufigen Maßnahme für die einzelnen Beteiligten verbunden sind,[6]
- die (Un-)Sicherheit in Bezug auf die Entscheidungsgrundlage,
- die Wirkungen des Aufschubs auf die Beziehungen und deren Kontinuität, insbesondere zwischen Eltern und ihren Kindern,
- die Wirkungen der Unsicherheit, die mit der Möglichkeit einer späteren Aufhebung oder Änderung der eAO verbunden sein können (Bedürfnis nach einer dauerhaften Perspektive),
- die Chancen einer Deeskalation des Streits, wozu je nach Einzelfall entweder eine beschleunigte Durchführung des Hauptsacheverfahrens oder eine Reduzierung des Tempos der gerichtlichen Auseinandersetzungen beitragen kann,

---

[2] BT-Drs. 16/6308, S. 201.
[3] Bezweifelnd, dass es sich bei der Einleitung eines Hauptsacheverfahrens nach § 52 um einen Rechtsbehelf handelt, Fölsch 2009, § 4 Rn. 23.
[4] BT-Drs. 16/6308, S. 201.
[5] A.A. BT-Drs. 16/6308, S. 201.
[6] Fölsch 2009, § 4 Rn. 23.

- die Chancen einer differenzierten Bewertung der Entscheidung mit ein wenig Abstand zu einem emotional aufgeladenen Anordnungsverfahren.

III. Beantragung des Hauptsacheverfahrens (Abs. 2)

In Antragsverfahren geht § 52 den umgekehrten Weg. Zunächst ist für die materiell-rechtlich Antragsberechtigten unbefristet zulässig, nach Erlass einer eAO das Hauptsacheverfahren durch einen entsprechenden Antrag einzuleiten. Diese **schwebende Aufhebbarkeit** kann derjenige zeitlich begrenzen, der als Antragsgegner des Anordnungsverfahrens in seinen Rechten beeinträchtigt ist. Er muss hierzu bei Gericht beantragen, die Fortgeltung der eAO zu befristen, falls der Antragsteller des Anordnungsverfahrens bis zu deren Ablauf kein Hauptsacheverfahren einleitet oder nach § 76 Abs. 1 einen betreffenden Antrag auf Bewilligung von Verfahrenskostenhilfe stellt (Abs. 2 Satz 1).

6

Die **Fristbestimmung** erfolgt nach den Umständen des Einzelfalls und darf die Höchstdauer von drei Monaten nicht überschreiten (Abs. 2 Satz 2). Bei der Bestimmung der Dauer ist eine Abwägung der Wirkungen der Fortgeltung für die Beteiligten vorzunehmen; hierbei sind die Faktoren Zeit und Irreparabilität zu berücksichtigen.[7] Auch Erwägungen der Entschleunigung (Rn. 4 f.) können im Einzelfall eine Rolle spielen.

7

Nach dem Ablauf der Frist des Abs. 2 Sätze 1 und 2 ist die eAO aufzuheben (Abs. 1 Satz 3). Die Aufhebung ist zwingend und durch unanfechtbaren Beschluss auszusprechen. Sie wirkt ex tunc.[8] Sie kann nach Ablauf der Frist erfolgen oder als **auflösende Bedingung** bereits mit der Fristsetzung angeordnet werden.

8

> **Beispiel**
> „Die einstweilige Anordnung vom xy wird mit Wirkung zum X aufgehoben, wenn der Beteiligte zu Y bis zum Z [X vorangehender Tag] kein Hauptsacheverfahren zur Regelung [des/der …] oder einen Antrag auf Verfahrenskostenhilfe für ein entsprechendes Hauptsacheverfahren gestellt hat."

Zur **Fristwahrung** muss der **Verfahrensgegenstand** des Hauptsacheverfahrens unmittelbar den im Anordnungsverfahren gesicherten oder geregelten materiell-rechtlichen Anspruch betreffen. Wird die Regelung eines Rechtsverhältnisses oder eines Anspruchs beantragt, so kann sich der Anspruch aufgrund des Zeitablaufs modifiziert haben (z.B. andere Zeiten für Umgangskontakte, andere Nutzungsmodalitäten für Haushaltsgegenstände, Wohnung oder Güter). Wird die Sicherung eines Anspruchs begehrt, ist – anders als die h.M. zu § 926 Abs. 1 ZPO[9] – nicht erforderlich, dass das Sicherungsmittel demjenigen entspricht, das im Anordnungsverfahren (erfolgreich) beantragt wurde.

9

Das **Rechtsschutzbedürfnis** für den Antrag auf Fristsetzung nach Abs. 2 entfällt, wenn sich die Hauptsache erledigt hat (z.B. durch Erfüllung oder Zeitablauf), das

10

---
7 Hierzu → § 49 Rn. 8.
8 Fölsch 2009, § 4 Rn. 24.
9 Vgl. OLG Celle 10.07.2003 – 16 W 33/03 = NJW-RR 2003, 1529 m.w.Nachw.

Hauptsacheverfahren daher von vornherein aussichtslos ist und die Aufhebung unmittelbar nach § 54 Abs. 1 Satz 2 beantragt werden kann; als der einfachere ist dieser Weg zu beschreiten.[10] Das Hauptsacheverfahren ist in diesem Fall ggf. als Feststellungsklage durchzuführen.[11]

§ 53 Vollstreckung

(1) Eine einstweilige Anordnung bedarf der Vollstreckungsklausel nur, wenn die Vollstreckung für oder gegen einen anderen als den in dem Beschluss bezeichneten Beteiligten erfolgen soll.

(2) Das Gericht kann in Gewaltschutzsachen sowie in sonstigen Fällen, in denen hierfür ein besonderes Bedürfnis besteht, anordnen, dass die Vollstreckung der einstweiligen Anordnung vor Zustellung an den Verpflichteten zulässig ist. In diesem Fall wird die einstweilige Anordnung mit Erlass wirksam.

I. Inhalt und Bedeutung der Norm

1   Die Entbehrlichkeit einer Vollstreckungsklausel (Abs. 1) dient der **Verfahrensbeschleunigung** und ergänzt die Regelungen zur Vollstreckung von Entscheidungen über die Herausgabe von Personen und die Regelung des Umgangs (§§ 88 ff.), deren Anwendungsbereich – auch von abweichenden Einschränkungen in Abs. 1 – nach der Intention des Gesetzgebers unangetastet bleiben soll.[1]

2   Die Anordnung der Zulässigkeit einer Vollstreckung vor Zustellung an den Verpflichteten (Abs. 2) trägt dem **Schutzbedürfnis bei drohender Misshandlung** Rechnung, wiederholt die entsprechende Regelung des § 216 Abs. 2 und erweitert den Anwendungsbereich auf andere Fälle, in denen ein entsprechendes „besonderes Bedürfnis" besteht (Rn. 5). Zur Wirksamkeit mit Erlass trifft § 216 Abs. 2 Satz 2 konkretisierende Aussagen (Rn. 6).

3   Der Dispens vom Erfordernis einer Vollstreckungsklausel (Abs. 1) übernimmt die Regelung des **§ 929 Abs. 1 ZPO** für alle Familiensachen. Die zulässige Vollstreckung vor Zustellung (Abs. 2 Satz 1) war zuvor – nur für Gewaltschutzsachen – in **§ 64b Abs. 3 Satz 3 FGG** geregelt, wobei die Wirksamkeit mit Erlass (Abs. 2 Satz 2) nicht mehr auf Verfahren ohne mündliche Verhandlung beschränkt ist (§ 64b Abs. 3 Satz 4 FGG).

II. Keine Vollstreckungsklausel (Abs. 1)

4   Aufgrund der Eilbedürftigkeit der eAO (§ 49 Abs. 1) wird bei der Vollstreckung auf den besonderen Schuldnerschutz der Erteilung einer **Vollstreckungsklausel** verzichtet

---

10 Zum Rechtsschutzbedürfnis beim Antrag auf Fristsetzung nach § 926 ZPO Zöller/Vollkommer § 926 ZPO Rn. 12.
11 Vgl. zur Kostenfrage OLG Nürnberg 25.04.2005 – 3 W 482/05 = OLGR 2005, 521.
1   BT-Drs. 16/6308, S. 201.

(Abs. 1). Eine Ausnahme gilt nur, wenn sich die Vollstreckung gegen Dritte, nicht im Beschluss bezeichnete Beteiligte (§ 38 Abs. 2 Nr. 1)[2] richten soll, etwa eine Vollstreckung der Herausgabe eines Kindes, eines Hausratsgegenstands oder einer Wohnung gegenüber nicht am Verfahren beteiligten Personen.

III. Vollstreckbarkeit vor Zustellung (Abs. 2)

Besteht ein besonderes Bedürfnis zum Schutz eines Rechtsverlusts oder vor drohender Misshandlung, kann auf ausdrückliche Anordnung die **Vollstreckung der eAO vor Zustellung** an den Verpflichteten erfolgen (Abs. 2 Satz 1). Für Gewaltschutzsachen ist dies bereits explizit geregelt (§ 216 Abs. 2 Satz 1). Ein **besonderes Bedürfnis** i.S.d. Abs. 2 Satz 1 kann auch dann bestehen, wenn andernfalls bspw. droht, dass 5

- die betreuenden Personen nach dem Beschluss auf Herausgabe eines Kindes oder Entziehung der elterlichen Sorge mit dem Kind untertauchen,[3]
- die Durchsetzung einer freiheitsentziehenden Maßnahme gefährdet wäre,[4]
- ein Kind von einem nicht (allein) sorgeberechtigten Elternteil widerrechtlich ins Ausland verbracht wird (vgl. Art. 1 Buchst. a HKÜ),
- ein besonders dringend benötigter Haushaltsgegenstand dem Nutzungsberechtigten dauerhaft entzogen wird,
- eine Person nach Bekanntwerden der eAO mit Gewalt(androhungen) unter Druck gesetzt wird, auf die Durchsetzung des Anspruchs zu verzichten.

Da die **Wirksamkeit** Voraussetzung für die Vollstreckbarkeit ist, tritt diese im Fall der Anordnung nach Abs. 2 Satz 1 mit dem Zeitpunkt des Erlasses der eAO ein (**Abs. 2 Satz 2**). Dies ist regelmäßig der Zeitpunkt der Übergabe der Entscheidung an die Geschäftsstelle des Gerichts zur Bekanntgabe; dieser Zeitpunkt ist auf der Entscheidung zu vermerken (vgl. § 216 Abs. 2 Satz 2).[5] 6

§ 54 Aufhebung oder Änderung der Entscheidung

(1) Das Gericht kann die Entscheidung in der einstweiligen Anordnungssache aufheben oder ändern. Die Aufhebung oder Änderung erfolgt nur auf Antrag, wenn ein entsprechendes Hauptsacheverfahren nur auf Antrag eingeleitet werden kann. Dies gilt nicht, wenn die Entscheidung ohne vorherige Durchführung einer nach dem Gesetz notwendigen Anhörung erlassen wurde.

(2) Ist die Entscheidung in einer Familiensache ohne mündliche Verhandlung ergangen, ist auf Antrag auf Grund mündlicher Verhandlung erneut zu entscheiden.

---

2 Hierzu → § 38 Rn. 5.
3 BT-Drs. 16/6308, S. 201.
4 BT-Drs. 16/6308, S. 201.
5 Nach bisheriger Rechtslage § 64b Abs. 3 Sätze 4 und 5 FGG.

(3) Zuständig ist das Gericht, das die einstweilige Anordnung erlassen hat. Hat es die Sache an ein anderes Gericht abgegeben oder verwiesen, ist dieses zuständig.

(4) Während eine einstweilige Anordnungssache beim Beschwerdegericht anhängig ist, ist die Aufhebung oder Änderung der angefochtenen Entscheidung durch das erstinstanzliche Gericht unzulässig.

Übersicht

I. Inhalt und Bedeutung der Norm	1
II. Aufhebung oder Änderung (Abs. 1)	3
1. In amtswegigen Verfahren (Satz 1)	3
2. In Antragsverfahren (Sätze 2 und 3)	4
III. Erneute Entscheidung aufgrund mündlicher Verhandlung (Abs. 2)	7
IV. Zuständiges Gericht (Abs. 3 und 4)	9

I. Inhalt und Bedeutung der Norm

1 Die eAO ist zwar nur beschränkt mit Rechtsmitteln anfechtbar (§ 57 Satz 1),[1] aber wegen der eingeschränkten Erkenntnismöglichkeiten und der beschleunigten rechtlichen Prüfung im Eilverfahren fehleranfällig. Zur Vermeidung fehlerhafter oder zumindest mittlerweile nicht mehr gerechtfertigter Ergebnisse wird die Möglichkeit der Aufhebung und Änderung eingeräumt (Abs. 1). Sie dient der **Kompensation** einerseits der **Rechtsschutzverkürzung**[2] und andererseits der gerichtlichen Eile bei der Entscheidungsfindung, insbesondere der **Beschneidung des rechtlichen Gehörs**, wenn die eAO ohne mündliche Verhandlung ergangen ist (Abs. 1 Satz 3, Abs. 2). Aufhebbarkeit und Änderbarkeit stehen neben den Möglichkeiten zur Einleitung bzw. Erzwingung des Hauptsacheverfahrens nach § 52 und stellen eine alternative Überprüfung der eigenen Entscheidung dar (Abs. 3 und 4). Durch sie wird eine prozesshafte Begleitung des Familienkonflikts – möglichst durch dasselbe Gericht – bewirkt.

2 Die Vorschrift lehnt sich an **§ 620b ZPO a.F.** an und gliedert diese der Systematik des FamFG entsprechend neu. Die Amtsverfahren (Abs. 1 Satz 1) werden allgemein erfasst und den Antragsverfahren vorangestellt (Abs. 1 Satz 2), wobei für letztere die Möglichkeit zur amtswegigen Aufhebung bei Fehlen einer gesetzlich vorgeschriebenen Anhörung auch in Antragsverfahren neu eingeführt wird (Abs. 1 Satz 3). Die erneute Entscheidung aufgrund ausgebliebener mündlicher Verhandlung (Abs. 2) ist übernommen (§ 620b Abs. 2 ZPO a.F.). Die Bestimmung des zuständigen Gerichts trägt – anders als § 620a Abs. 4 Satz 1 ZPO a.F. – auch in Ehesachen der Unabhängigkeit des Anordnungsverfahrens Rechnung (Abs. 3). Die Zuständigkeit des Rechtsmittelgerichts bei dortiger Anhängigkeit des Verfahrens wird beibehalten (Abs. 4, § 620a Abs. 4 Satz 2 ZPO a.F.).

---

1 Hierzu → § 57 Rn. 3.
2 BT-Drs. 16/6308, S. 201.

II. Aufhebung oder Änderung (Abs. 1)

1. In amtswegigen Verfahren (Satz 1)

Entscheidungen im Anordnungsverfahren zu Angelegenheiten, über die das FamG im Hauptsacheverfahren von Amts wegen entscheiden kann (§ 24), können bis zum Außerkrafttreten der eAO jederzeit aufgehoben oder geändert werden (Abs. 1 Satz 1). Dies gilt sowohl für Regelungs- oder Sicherungsanordnungen als auch für die Ablehnung einer solchen.[3] **Anlässe für eine Aufhebung oder Änderung** können insbesondere sein:

- geänderte Bewertung der tatsächlichen Umstände aufgrund neuer Erkenntnisse (etwa wegen unvollständiger oder unzutreffender Angaben im Anordnungsverfahren bzw. neuer Mittel der Glaubhaftmachung),
- geänderte Bewertung der Rechtslage aufgrund weiterer Prüfung oder Erkenntnisse im Nachgang der Eilentscheidung (etwa zur ausländischen Rechtslage),
- zwischenzeitliche Änderung der entscheidungserheblichen Umstände,[4] insbesondere, wenn eine Überprüfung (§ 166 Abs. 3 BGB) bzw. Abänderbar- oder Aufhebbarkeit (§ 166 Abs. 1 und 2; § 1696 Abs. 1 und 2 BGB) vorgesehen ist,
- Änderung der maßgeblichen Rechtslage (unter Beachtung der Übergangsvorschrift).[5]

2. In Antragsverfahren (Sätze 2 und 3)

In Angelegenheiten, die in einem Hauptsacheverfahren **nur auf Antrag** verfolgt werden können (§ 23), gilt der **Grundsatz**, dass das Gericht die eAO nur auf entsprechenden Antrag hin überprüfen, aufheben oder abändern darf (Abs. 1 Satz 2).

Eine **Ausnahme** hiervon gilt, wenn die antragsabhängige Entscheidung im Anordnungsverfahren **ohne notwendige Anhörung** erging. Notwendig ist sie insbesondere dann, wenn die Durchführung im Hauptsacheverfahren aufgrund einer Muss- oder Soll-Vorschrift gesetzlich vorgeschrieben wäre (Abs. 1 Satz 3). Die Aufhebung oder Änderung in Antragsangelegenheiten kann somit bei entsprechendem Anlass (Rn. 3) auch von Amts wegen erfolgen, wenn unterblieben ist

- in **antragsabhängigen Kindschaftssachen** die im Einzelfall geforderte persönliche Anhörung des Kindes (§ 159) oder der Eltern (§ 160),
- in **Abstammungssachen** bei Anfechtung durch einen Nichtvater (§ 1600 Abs. 1 Nr. 2 BGB) oder durch die zuständige Behörde wegen potenziell missbräuchlicher Anerkennung aus aufenthaltsrechtlichen Gründen (§ 1600 Abs. 1 Nr. 5 BGB) die Anhörung des JA (§ 176 Abs. 1 Satz 1),
- in **Adoptionssachen** die Anhörung des Kindes, des Annehmenden (§ 192 Abs. 1) oder anderer Beteiligter (§ 192 Abs. 2) sowie bei Annahme eines Minderjährigen, wenn keine schriftliche Stellungnahme abgegeben wurde, des JA (§ 194) oder bei

---
3 OLG Zweibrücken 15.04.1997 – 2 WF 30/97 = FamRZ 1997, 1167; BT-Drs. 16/6308, S. 201.
4 OLG Karlsruhe 16.12.1988 – 16 WF 224/88 = FamRZ 1989, 642.
5 OLG Köln 22.05.1987 – 4 UF 82/87 = FamRZ 1987, 1276.

Beteiligung einer zentralen Adoptionsstelle in einem Verfahren internationaler Adoptionsvermittlung des Landesjugendamts (§ 195 Abs. 1 Satz 1),

- in **Ehewohnungssachen** die Anhörung des JA, wenn Kinder im Haushalt des Ehegatten leben (§ 205 Abs. 1),
- in **Gewaltschutzsachen** bei Überlassung einer gemeinsam genutzten Wohnung (§ 2 GewSchG), wenn Kinder im Haushalt leben, die Anhörung des JA (§ 213 Abs. 1).

6 **Rückwirkende Änderungen** sind im materiell-akzessorischen Anordnungsverfahren möglich, wenn das materielle Recht solche zulässt. Die Titulierung von **Unterhaltsansprüchen** in einer eAO beinhaltet eine vorläufige Regelung, die bei einer Entscheidung in der Hauptsache rückwirkend geändert werden könnte. Wegen der Unabhängigkeit des Anordnungsverfahrens ist auch auf Antrag nach Abs. 1 Satz 2 – anders als noch bei § 620b Abs. 1 ZPO a.F.[6] – eine rückwirkende sowohl Herabsetzung als auch Erhöhung zulässig, wenn geänderte Erkenntnisse, rechtliche Bewertungen oder die Rechtslage dieses materiell-rechtliche Ergebnis rechtfertigen. Der Geltendmachung eines Anordnungsgrunds nach § 49 Abs. 1 bedarf es nicht. Wegen der Vorläufigkeit der eAO (§ 49 Abs. 1) können Schuldner bzw. Gläubiger keinen Vertrauensschutz geltend machen. Mangels Anordnungsgrund können Ansprüche auf Rückzahlung zu viel bezahlten Unterhalts in der Regel nicht in einem Verfahren nach § 54 erhoben werden.[7]

III. Erneute Entscheidung aufgrund mündlicher Verhandlung (Abs. 2)

7 In Familiensachen, in denen eine mündliche Verhandlung vorgesehen ist, kann auf Antrag eine **erneute Entscheidung** verlangt werden, wenn die eAO ohne mündliche Verhandlung erging (Abs. 2). Auch die Ablehnung eines Antrags auf Aufhebung oder Änderung einer eAO nach Abs. 1 kann eine Antragsbefugnis nach Abs. 2 auslösen.[8] Voraussetzung ist allerdings, dass eine entscheidungserhebliche Änderung der Verhältnisse geltend gemacht wird; andernfalls könnten erneute mündliche Verhandlungen zu jeder (Un-)Zeit und in ständiger Wiederholung verlangt werden.[9]

8 Der Antrag ist zu begründen (§ 23 Abs. 1 Satz 1). Antragsberechtigt sind alle Beteiligten des Verfahrens oder auf Antrag zu Beteiligende. Ein **Rechtsschutzbedürfnis** besteht nur, wenn mit dem Antrag gleichzeitig die Beseitigung einer Beschwer begehrt wird.[10] Auch die isolierte Aufhebung bzw. Änderung der eigenständigen Kostenentscheidung (§ 51 Abs. 4)[11] ist zulässig.[12] Bei Anwaltszwang für den Gegenstand des Anordnungsverfahrens gilt dieser auch für den Antrag nach Abs. 2.

---

6 OLG Stuttgart 27.05.1981 – 15 UF 149/81 = NJW 1981, 2476; vgl. auch OLG Köln 13.03.2003 – 14 WF 5/03 = FamRZ 2004, 39 (40) = NJW-RR 2003, 1228 (1229 f.).
7 Klauser DAVorm 1982, 125 (137 f.).
8 BVerfG 22.02.2005 – 1 BvR 294/05 = FamRZ 2005, 966.
9 OLG Karlsruhe 16.12.1988 – 16 WF 224/88 = FamRZ 1989, 642 f.
10 OLG Oldenburg 05.07.1999 – 4 WF 76/99 = FamRZ 2000, 759; Gießler/Soyka 2005, Rn. 152; Zöller/Philippi § 620b ZPO Rn. 15; Baumbach u.a. § 620b ZPO Rn. 10.
11 Hierzu → § 51 Rn. 18 ff.
12 Anders zur bisherigen Rechtslage OLG Oldenburg 05.07.1999 – 4 WF 76/99 = FamRZ 2000, 759 f.

IV. Zuständiges Gericht (Abs. 3 und 4)

Im **Grundsatz** ist das Gericht für die Aufhebung oder Änderung einer eAO **örtlich zuständig**, das die abzuändernde Entscheidung erlassen hat (Abs. 3 Satz 1). Aus Gründen der Verfahrensökonomie gilt dies auch, wenn unterdessen aufgrund geänderter Umstände ein anderes Gericht (örtlich) zuständig wäre.[13] Eine **Ausnahme** besteht nur, wenn nach Erlass (oder Ablehnung) der Entscheidung im Anordnungsverfahren dieses an ein anderes Gericht abgegeben oder verwiesen wurde (Abs. 3 Satz 2), etwa bei einer Abgabe nach § 50 Abs. 2.[14] Ist das Verfahren nach § 54 eingeleitet oder ein entsprechender Antrag gestellt, steht die Zuständigkeit nach Abs. 3 nicht mehr zur Disposition des Gerichts oder der Beteiligten. Eine Abgabe oder Verweisung wegen der geänderten zuständigkeitsbegründenden Umstände ist unzulässig.

9

Eine eAO, die in einem erstinstanzlichen Verfahren ergangen ist, kann durch das Ausgangsgericht nicht aufgehoben oder abgeändert werden, solange das Anordnungsverfahren **beim Beschwerdegericht anhängig** ist (Abs. 4). Nach Erlass oder Ablehnung einer eAO durch das Beschwerdegericht kann diese Entscheidung nach Abs. 3 Satz 1 nur noch vom Beschwerdegericht aufgehoben oder geändert werden.

10

§ 55 Aussetzung der Vollstreckung

(1) In den Fällen des § 54 kann das Gericht, im Fall des § 57 das Rechtsmittelgericht, die Vollstreckung einer einstweiligen Anordnung aussetzen oder beschränken. Der Beschluss ist nicht anfechtbar.

(2) Wenn ein hierauf gerichteter Antrag gestellt wird, ist über diesen vorab zu entscheiden.

I. Inhalt und Bedeutung der Norm

Die Möglichkeit der Aussetzung oder Beschränkung einer Vollstreckung der eAO nach Abs. 1 findet ihre Entsprechung bei der Vollstreckung von Personenherausgabe- und Umgangsregelungen (§ 93 Abs. 1 Satz 1 Nr. 3 und 4)[1] bzw. in sonstiger Vollstreckung (§ 96 Abs. 1 oder § 120 Abs. 1 i.V.m. § 719 ZPO). Er betrifft Verfahren zur Abänderung einer eAO (§ 54) sowie Rechtsmittelverfahren gegen eine eAO (§ 57). Das ursprüngliche redaktionelle Versehen eines Verweises auf § 53 wurde behoben.[2] Wegen der notwendig beschleunigten Bearbeitung im Anordnungsverfahren ist zum **Schutz des Schuldners** über einen entsprechenden Antrag vor Erlass der – dann unmittelbar vollstreckbaren – eAO zu entscheiden.

1

Die Aussetzung der Vollstreckung (Abs. 1) durch das Gericht war – für die Fälle der Aufhebung und Änderung sowie bei sofortiger Beschwerde – bereits in **§ 620e ZPO a.F.**

2

---

13 BT-Drs. 16/6308, S. 202.
14 Hierzu → § 50 Rn. 8 ff.
1 Hierzu → § 93 Rn. 6 f.
2 BT-Drs. 16/12717.

geregelt. Auch hier war vorgesehen, dass die Entscheidung vor der eAO ergeht. § 55 ergänzt zur Aussetzung nunmehr auch ausdrücklich gesetzlich geregelt die Möglichkeit der Beschränkung und räumt inzident in Abs. 2 ein entsprechendes Antragsrecht hierauf ein.

II. Aussetzung und Beschränkung der Vollstreckung

3 Ist ein Verfahren zur Aufhebung oder Abänderung (§ 54 Abs. 1) bzw. zur erneuten Entscheidung auf der Grundlage einer mündlichen Verhandlung (§ 54 Abs. 2) eingeleitet oder ist gegen eine eAO Beschwerde eingelegt (§ 57), entscheidet das Gericht von Amts wegen, ob im Einzelfall die Vollstreckung einer eAO nach Abs. 1 auszusetzen oder zu beschränken ist (zur Möglichkeit der Beantragung Rn. 5). Hierbei hat es eine **Folgenabwägung** vorzunehmen zwischen den unterschiedlichen Interessen der Berechtigten und Verpflichteten und dabei die Irreparabilität des (möglichen) Rechtsverlusts durch Zeitablauf[3] sowie das Risiko der materiell-rechtlichen Unrichtigkeit der Eilentscheidung im summarischen Verfahren[4] berücksichtigen.

4 Die Aussetzung der Vollstreckung kann befristet werden. Die Suspendierung kann mit **aufschiebenden Bedingungen** verbunden werden:

- Zur Ermöglichung der Vollstreckung kann für den **Berechtigten** bspw. die Auflage einer Sicherheitsleistung gemacht werden.
- Zur Abwendung der Vollstreckung kann dem **Verpflichteten** bspw. in Umgangsstreitigkeiten aufgegeben werden, sich auf einen Beratungsprozess einzulassen.

Die Vollstreckbarkeit kann bspw. auf eine bestimmte Höhe der Unterhaltsforderung oder auf einzelne Hausratsgegenstände beschränkt werden.

5 Die Entscheidung nach Abs. 1 ist **unanfechtbar** (Abs. 1 Satz 2). Sie kann beantragt werden. Über einen solchen **Antrag** hat das FamG zwingend vor Vollstreckbarkeit der eAO zu entscheiden (Abs. 2), also vor Eintritt der Wirkungen nach § 53.

§ 56 Außerkrafttreten

(1) Die einstweilige Anordnung tritt, sofern nicht das Gericht einen früheren Zeitpunkt bestimmt hat, bei Wirksamwerden einer anderweitigen Regelung außer Kraft. Ist dies eine Endentscheidung in einer Familienstreitsache, ist deren Rechtskraft maßgebend, soweit nicht die Wirksamkeit zu einem späteren Zeitpunkt eintritt.

(2) Die einstweilige Anordnung tritt in Verfahren, die nur auf Antrag eingeleitet werden, auch dann außer Kraft, wenn

1. der Antrag in der Hauptsache zurückgenommen wird,

2. der Antrag in der Hauptsache rechtskräftig abgewiesen ist,

---
3 Hierzu → § 49 Rn. 8.
4 Hierzu → § 49 Rn. 9.

3. die Hauptsache übereinstimmend für erledigt erklärt wird oder
4. die Erledigung der Hauptsache anderweitig eingetreten ist.

(3) Auf Antrag hat das Gericht, das in der einstweiligen Anordnungssache im ersten Rechtszug zuletzt entschieden hat, die in den Absätzen 1 und 2 genannte Wirkung durch Beschluss auszusprechen. Gegen den Beschluss findet die Beschwerde statt.

Übersicht

I. Inhalt und Bedeutung der Norm	1
II. Außerkrafttreten bei Wirksamwerden anderweitiger Regelung (Abs. 1)	3
1. Anderweitige Regelung	3
2. Wirksamwerden	6
III. Weiteres Außerkrafttreten in Antragsverfahren (Abs. 2)	9
IV. Beschluss über Außerkrafttreten (Abs. 3)	10

I. Inhalt und Bedeutung der Norm

Der Grundsatz der Vorläufigkeit einer eAO (§ 49 Abs. 1) findet aufgrund Unabhängigkeit von der Anhängigkeit eines Hauptsacheverfahrens immer dann eine Durchbrechung, wenn ein solches nicht durchgeführt wird. Daher ist notwendig die **Geltungsdauer der eAO** in Beziehung zu setzen zum Geschehen und der Entscheidung in einem etwaigen Hauptsacheverfahren (§ 56 Abs. 1 und 2).

§ 56 folgt **§ 620f ZPO a.F.** mit Modifikationen, die in der Unabhängigkeit des Anordnungsverfahrens von einer Ehe- bzw. Hauptsache begründet liegen. Das Außerkrafttreten bezieht sich auf den einzelnen Gegenstand, der durch die eAO geregelt oder gesichert ist, nicht aber auf die Rücknahme, Abweisung oder Erledigung einer Ehesache.[1] Beim Ausspruch durch Beschluss auf Antrag und dessen Beschwerdefähigkeit ist es geblieben (Abs. 3, § 620f Abs. 1 Sätze 2 und 3 ZPO a.F.).

II. Außerkrafttreten bei Wirksamwerden anderweitiger Regelung (Abs. 1)

1. Anderweitige Regelung

Die eAO tritt bei Wirksamwerden einer **anderweitigen Regelung** außer Kraft (Abs. 1 Satz 1). Es kann sich handeln um

- eine **Hauptsacheentscheidung**,[2]
- einen **gerichtlichen Vergleich** (im Anordnungs- oder Hauptsacheverfahren),[3]

---

1 BT-Drs. 16/6308, S. 202.
2 BGH 09.02.1983 – IVb ZR 343/81 = NJW 1983, 1330 (1331).
3 OLG Bamberg 07.03.1984 – 2 WF 56/84 = FamRZ 1984, 1119 (1120); OLG Hamburg 20.03.1985 – 12 WF 32/85 = FamRZ 1985, 624 (625); OLG Köln 10.02.1978 – 4 WF 24/78 = FamRZ 1978, 912 f.

- eine Aufhebung oder Änderung der **Entscheidung nach § 54** (die Wirkung ergibt sich hier bereits aus der Aufhebungs- bzw. Änderungsentscheidung selbst; zur Beschwerdefähigkeit Rn. 11),[4]
- eine Regelung, deren Wirkungen **kraft Gesetzes** eintreten (z.B. Ablehnung eines Eilantrags auf alleinige elterliche Sorge nach Tod eines Elternteils, § 1680 Abs. 1 BGB;[5] Bestellung eines Vormunds/Ergänzungspflegers nach Wegfall der Voraussetzungen, §§ 1882, 1773 BGB).

Auf gerichtliche **Vergleiche im Anordnungsverfahren** findet § 56 entsprechende Anwendung.[6]

4 Die anderweitige Regelung muss gegenüber den Verpflichteten und/oder Berechtigten der eAO **unmittelbare Wirkungen** entfalten. Zwischen ihrem Regelungsbereich und der in der eAO geregelten oder gesicherten materiell-rechtlichen Rechtsposition muss sowohl in sachlicher als auch zeitlicher Hinsicht **Deckungsgleichheit** bestehen.[7] Keine Deckungsgleichheit besteht bspw. bei einer eAO in **Unterhaltssachen**, soweit die eAO weiter geht als der anderweitig geregelte Unterhalt (z.B. Hauptsacheentscheidung über Trennungsunterhalt vor Scheidung, nicht aber nachehelichen Unterhalt)[8] oder soweit die spätere Regelung nicht den (gesamten) eAO-Zeitraum erfasst.

5 Ein Außerkrafttreten nach § 56 kommt nicht in Betracht, wenn sich die Beteiligten außergerichtlich einigen. In Antragsverfahren haben sie eine **Dispositionsbefugnis** über den Regelungsgegenstand nur unter den Voraussetzungen des Abs. 2. In Verfahren, die von Amts wegen eingeleitet werden können (§ 23), bedarf es für das Außerkrafttreten einer Aufhebung bzw. Änderung nach § 54 oder der Bestätigung der Einigung durch das Gericht.[9]

2. Wirksamwerden

6 Die eAO tritt mit Wirksamwerden der anderweitigen Regelung außer Kraft, also im Grundsatz mit **Bekanntgabe an den Beteiligten** (§ 40 Abs. 1). Erst mit deren Rechtskraft wirksam werden Endentscheidungen in Ehe- (§ 116 Abs. 2), Familienstreit- (§ 116 Abs. 3 Satz 1), Abstammungs- (§ 184 Abs. 1 Satz 1), Ehewohnungs- und Haushalts- (§ 209 Abs. 2 Satz 1),[10] Gewaltschutz- (§ 216 Abs. 1 Satz 1), Versorgungsausgleichs- (§ 227 Satz 1), Güterrechtssachen nach §§ 1382, 1383 BGB (§ 264 Abs. 1). **§ 56 Abs. 1 Satz 2** stellt dies für Familienstreitsachen noch einmal ausdrücklich klar, allerdings unter der Einschränkung, dass die Wirksamkeit nicht zu einem späteren Zeitpunkt eintritt (vgl. §§ 148, 237 Abs. 4).[11]

7 Wird in Ehewohnungs- (§ 209 Abs. 2 Satz 1, § 200 Abs. 1 Nr. 1) oder Gewaltschutzsachen (§ 216 Abs. 1 Satz 2) die **sofortige Wirksamkeit** angeordnet, wird die Entscheidung mit Bekanntgabe an den Beteiligten wirksam (§ 40 Abs. 1). Zu den Besonderhei-

---

4 Vgl. zu § 620b ZPO a.F. Gießler FamRZ 1987, 1276.
5 Dose 2005, Rn. 189.
6 Vgl. Zöller/Philippi § 620f ZPO Rn. 10.
7 OLG Karlsruhe 25.04.1988 – 2 WF 55/88 = FamRZ 1988, 855.
8 BGH 27.10.1999 – XII 239/97 = NJW 2000, 740 = FamRZ 2000, 751 = DAVorm 2000, 251; Dose 2005, Rn. 79; Gießler/Soyka 2005, Rn. 213.
9 KG 22.09.1993 – 1 W 2432/93 = FamRZ 1994, 119 (120).
10 Beispiele hierzu bei Gießler/Soyka 2005, Rn. 770, 890.
11 Die Begründung (BT-Drs. 16/6308, S. 202) verweist insoweit auf BGH 27.10.1999 – XII 239/97 = NJW 2000, 740 = FamRZ 2000, 751 = DAVorm 2000, 251.

ten bei Anordnung der sofortigen Wirksamkeit von Beschlüssen betreffend freiheitsentziehende Maßnahmen gegenüber Kindern oder Jugendlichen → § 167 Rn. 22.

Wird die formelle Rechtskraft der Entscheidung aufgrund **Wiedereinsetzung in den vorigen Stand** (§§ 17 ff.) beseitigt, lebt die außer Kraft getretene eAO wieder auf.[12]

8

III. Weiteres Außerkrafttreten in Antragsverfahren (Abs. 2)

In Abs. 2 ist für Antragsverfahren das Außerkrafttreten in bestimmten Fällen geregelt, in denen das Hauptsacheverfahren auf andere Weise als durch Endentscheidung oder Vergleich beendet wird, weil zum **Schutz des Antragsgegners** für die vom Antragsteller erwirkte eAO kein Raum mehr ist.[13] Als Anlässe nennt Abs. 2 zur Hauptsache:

9

- Nr. 1: Zurücknahme des Antrags (§ 22);
- Nr. 2: rechtskräftige Antragsabweisung (§§ 38, 45, s.a. Rn. 6 f.);
- Nr. 3: übereinstimmende Erledigterklärung;
- Nr. 4: anderweitige Erledigung.[14]

IV. Beschluss über Außerkrafttreten (Abs. 3)

Zur **Beseitigung des Rechtsscheins** der Fortgeltung der eAO kann Antrag auf Feststellung des Außerkrafttretens nach Abs. 1 und 2 gestellt werden. Die Erörterung in einem Termin (§ 32) erscheint nur bei Streit über das Vorliegen der Voraussetzungen angezeigt. **Zuständig** für die Feststellung des Außerkrafttretens ist das erstinstanzliche Gericht, das im Anordnungsverfahren zuletzt eine Entscheidung getroffen hat, auch wenn für eine neue eAO ein anderes Gericht zuständig wäre. Im Beschluss sind die betreffende eAO, Zeitpunkt und Umfang des Außerkrafttretens genau zu bezeichnen. Durch den Beschluss als einfacherer Weg ist eine Vollstreckungsgegenklage (§ 767 ZPO) entbehrlich.[15]

10

Der Beschluss über das Außerkrafttreten ist mit der **Beschwerde** anfechtbar. **Abs. 3 Satz 2** verdrängt insoweit die Einschränkungen des § 57. Da der Beschluss nur das Außerkrafttreten feststellt (oder nicht), bezieht sich die Beschwerde nur auf diese Frage, vermag aber die anderweitige Regelung selbst nicht anzugreifen.[16] Auch bei Aufhebung oder Änderung nach § 54 bleibt die Beschwerde nach Abs. 3 auf die Frage des Außerkrafttretens beschränkt; in der Sache bleibt es bei § 57. Da sich die Beschwerde nicht gegen die einstweilige Anordnung selbst richtet, gilt die Monatsfrist des § 63 Abs. 1.[17]

11

---

12 Vgl. Zöller/Philippi § 620f ZPO Rn. 6.
13 BT-Drs. 16/6308, S. 202.
14 Hierzu auch → § 62 Rn. 3 ff.
15 Musielak/Borth § 620f ZPO Rn. 13.
16 Die „anderweitige Regelung" insgesamt verneinend OLG Köln 22.05.1987 – 4 UF 82/87 = FamRZ 1987, 957 (zu einer Aufhebungsentscheidung nach § 620b ZPO a.F.); Gießler FamRZ 1987, 1276.
17 Zimmermann 2009, Rn. 139.

§ 57 Rechtsmittel

Entscheidungen in Verfahren der einstweiligen Anordnung in Familiensachen sind nicht anfechtbar. Dies gilt nicht, wenn das Gericht des ersten Rechtszugs auf Grund mündlicher Erörterung

1. über die elterliche Sorge für ein Kind,
2. über die Herausgabe des Kindes an den anderen Elternteil,
3. über einen Antrag auf Verbleiben eines Kindes bei einer Pflege- oder Bezugsperson,
4. über einen Antrag nach den §§ 1 und 2 des Gewaltschutzgesetzes oder
5. in einer Ehewohnungssache über einen Antrag auf Zuweisung der Wohnung

entschieden hat.

I. Inhalt und Bedeutung der Norm

1 Für den weiteren Rechtsschutz gegen Erstentscheidungen im Eilverfahren steht den Beteiligten im **Grundsatz** kein Rechtsmittel zu (Satz 1), sondern die Möglichkeit der Einleitung eines Hauptsacheverfahrens (§ 52) oder der Beantragung einer erneuten Entscheidung aufgrund mündlicher Verhandlung, wenn die eAO ohne eine solche ergangen ist (§ 54 Abs. 2). **Ausnahmen** hiervon gelten nur für ausdrücklich aufgezählte einzelne Kindschafts- und Ehewohnungssachen, in denen die Irreversibilität der Sach- und Rechtslage während des Zeitraums, in dem durch eAO entschieden ist, besonders gravierende Folgen haben kann und wegen durchgeführter Verhandlung nach § 54 Abs. 2 eine erneute Entscheidung nicht beantragt werden kann (Satz 2). Die Beschwerdefrist beträgt zwei Wochen (§ 63 Abs. 2 Nr. 1).

2 Die begrenzte Rechtsmittelfähigkeit von Entscheidungen im vorläufigen Rechtsschutz entspricht im Wesentlichen der **bisherigen Rechtslage**. Bei den Ausnahmen übernimmt Satz 2 die Fälle des **§ 620c Satz 1 ZPO a.F.** weitgehend, erweitert sie aber auf alle Entscheidungen, also auch ablehnende (Rn. 4), und ergänzt sie um den Fall der Verbleibensanordnung (Nr. 3).

II. Unanfechtbarkeit und ihre Ausnahmen

3 Die Unanfechtbarkeit der eAO durch Rechtsmittel gilt im Grundsatz des Satzes 1 uneingeschränkt. Verletzungen des Grundrechts auf rechtliches Gehör können im Wege der **Anhörungsrüge** geltend gemacht werden (§ 44).[1] Die Beschwerdefrist beträgt zwei Wochen (§ 63 Abs. 2 Nr. 1).

4 Ist eine eAO aufgrund mündlicher Erörterung ergangen, so ist – nur – in den in Satz 2 genannten Familiensachen eine Beschwerde statthaft (§ 58 Abs. 1). Dies gilt für alle

---

[1] BT-Drs. 16/6308, S. 202.

Entscheidungen betreffend die elterliche Sorge (Nr. 1) und die Herausgabe des Kindes an den anderen Elternteil (Nr. 2). Vor dem FamFG war die **Ablehnung eines Sorgerechtsentzugs oder der Herausgabe** nicht der Beschwerde zugänglich;[2] dies ist nun zugunsten der Anfechtbarkeit eindeutig geklärt.[3]

Nicht erfasst sind **Umgangsstreitigkeiten**;[4] im Regierungsentwurf war der Umgangsausschluss noch erfasst, wurde aber unter Hinweis auf die Rechtsschutzmöglichkeiten der § 52 Abs. 1 und § 54 Abs. 2 gestrichen.[5]

5

Anfechtbar sind nunmehr auch eAO, in denen eine **Verbleibensanordnung** angeordnet oder abgelehnt wird (Nr. 3). Dies betrifft Fälle, in denen das Kind längere Zeit in **Familienpflege** lebt (§ 1632 Abs. 4 BGB). Der daneben aufgeführte Fall der (Nicht-)Anordnung eines Verbleibens bei einer **„Bezugsperson"** hat neben Nr. 1 keinen eigenständigen Anwendungsbereich, da das Herausgabeverlangen nicht sorgeberechtigter Eltern stets als Vorfrage eine Entscheidung über die Rückübertragung der elterlichen Sorge beinhaltet (§ 1696 Abs. 2 BGB) und die Versagung der Herausgabe an Aufenthaltsbestimmungsberechtigte einen Eingriff in die elterliche Sorge voraussetzt (§ 1666 Abs. 3 Nr. 4 oder 5, §§ 1886 ff. BGB).

6

Der Rechtsweg steht auch gegen Entscheidungen zu **Schutzanordnungen** nach § 1 GewSchG, **Wohnungsüberlassungen** nach § 2 GewSchG (Nr. 4) oder in **Ehewohnungssachen** nach § 1361b BGB (Nr. 5) offen, nicht hingegen gegen eine zugesprochene oder versagte Nutzungsentschädigung[6] oder die Wiedereinräumung des Mitbesitzes.[7] Nach dem eindeutigen Wortlaut in Nr. 5 ist nur die Zuweisung (eines Teils) der Wohnung zur alleinigen Nutzung rechtsmittelfähig (vgl. § 1361b Abs. 1 Satz 1 BGB), also auch eine eAO über die Aufteilung einer Wohnung, sofern die Teile zur alleinigen Nutzung zugewiesen werden.[8]

7

---

2 OLG Frankfurt/Main 01.04.2003 – 3 WF 57/03 = MDR 2003, 1251; OLG Hamm 23.07.2004 – 11 WF 183/04 = FamRZ 2005, 814; OLG Karlsruhe 30.01.2004 – 16 WF 201/03 = FamRZ 2005, 120 = JAmt 2004, 261; OLG Köln 17.06.2008 – 4 UF 89/08; OLG Zweibrücken 25.01.2006 – 5 WF 2/06 = FamRZ 2006, 872 = ZKJ 2006, 373.
3 BT-Drs. 16/6308, S. 202 f.
4 Fölsch 2009, § 4 Rn. 34; Zimmermann 2009, Rn. 142.
5 BT-Drs. 16/9733, S. 289.
6 OLG Brandenburg 31.03.2003 – 9 WF 17/03 = FamRZ 2003, 1305 f.; Zöller/Philippi § 620c ZPO Rn. 6a; a.A. scheinbar Baumbach u.a. § 620c ZPO Rn. 5.
7 OLG Bamberg 21.02.2005 – 2 WF 22/05 = FamRZ 2006, 873 = FuR 2005, 561.
8 A.A. scheinbar OLG Naumburg 19.12.2004 – 8 WF 165/04 = FamRZ 2005, 2074 (2075).

Abschnitt 5
Rechtsmittel
(§ 58 – § 75)

Unterabschnitt 1
Beschwerde
(§ 58 – § 69)

Vorbemerkung § 58

Übersicht

I. Neues System der Rechtsmittel 1
   1. Befristete Beschwerde, sofortige Beschwerde und Rechtsbeschwerde 1
   2. Sonstige Rechtsmittel und Rechtsbehelfe 5
      a) Außerordentliche Beschwerde, Gegenvorstellung 5
      b) Untätigkeitsbeschwerde 6
      c) Erinnerung 9
II. Übersicht über das Rechtsmittelsystem 11
III. Übersicht über den Gang des Beschwerde- und des Rechtsbeschwerdeverfahrens 12

I. Neues System der Rechtsmittel

1. Befristete Beschwerde, sofortige Beschwerde und Rechtsbeschwerde

1 Die Neuregelung der Rechtsmittel in Familiensachen, die einen der Schwerpunkte der Reform darstellt,[1] ersetzt die bisherige Regelung in ZPO und FGG vollständig. Dabei ist an die Stelle des durch eine Vielzahl unterschiedlicher Rechtsmittel und durch zahlreiche, die Übersichtlichkeit stark beeinträchtigende Verweisungen geprägten bisherigen Rechts eine **einheitliche Regelung** getreten, die **nur noch befristete Rechtsmittel** kennt, nämlich die befristete Beschwerde (§§ 58 ff.), die sofortige Beschwerde (§§ 567 ff. ZPO) und die Rechtsbeschwerde (§§ 70 ff.). Die frühere Zersplitterung des Verfahrensrechts wurde allgemein beklagt.[2] Sie führte durch das Nebeneinander von Rechtsmitteln nach dem FGG und der ZPO zu erheblichen Schwierigkeiten.[3]

2 Die **befristete Beschwerde** ist bei Endentscheidungen immer statthaft, soweit das Gesetz nicht ausdrücklich etwas anderes bestimmt. Die **sofortige Beschwerde** findet dagegen nur dann statt, wenn dies im Gesetz ausdrücklich vorgesehen ist. Zur soforti-

---

1 BT-Drs. 16/6308, S.2.
2 Vgl. Keidel u.a./Kahl § 19 FGG Rn. 25.
3 Vgl. hierzu zuletzt den Streit um die Beschwerdefrist gegen PKH-Entscheidungen in FGG-Familiensachen (OLG Dresden 18.03.2004 – 22 WF 3/04 = FamRZ 2004, 1979: Zwei-Wochen-Frist; BGH 12.04.2006 – XII ZB 102/04 = FamRZ 2006, 939: Monatsfrist).

gen Beschwerde → § 58 Rn. 14. Die unbefristete Beschwerde, die Berufung und die weitere Beschwerde sind entfallen. Damit sind eine wesentliche **Vereinfachung und Übersichtlichkeit** des Rechtsmittelrechts erreicht worden.

Eine völlige Loslösung von der ZPO hat indes nicht stattgefunden. § 117 verweist für Rechtsmittel in Familienstreitsachen (§ 112), d.h. insbesondere in Unterhalts- und Güterrechtssachen, neben den grundsätzlich geltenden §§ 58 ff. auf die entsprechende Anwendung von einzeln bezeichneten **Bestimmungen des Berufungsrechts nach der ZPO**, so dass es weiterhin zumindest in Teilbereichen der Anwendung der beiden Verfahrensordnungen nebeneinander bedarf. Im Ergebnis besteht für die Familienstreitsachen kein erheblicher Unterschied zur bisherigen Rechtslage, die ohnehin durch Sonderregelungen für die der ZPO unterfallenden Familiensachen geprägt war (z.B. § 621d ZPO). Der Verfahrensablauf ist gestrafft und an das Beschwerdeverfahren im Zivilprozess angeglichen. Der Rechtsmittelzug in FamFG-Verfahren mit einem dreistufigen Instanzenzug stellt eine Harmonisierung mit anderen Verfahrensordnungen dar.

Die Möglichkeit der Überprüfung von Entscheidungen der Beschwerdegerichte und erstinstanzlicher Entscheidungen der OLG wird mit der Einführung einer zulassungsabhängigen **Rechtsbeschwerde zum BGH** in § 70 sowohl erweitert als auch eingeschränkt. Erweitert, soweit die Rechtsbeschwerde nunmehr in allen Verfahren statthaft ist; eingeschränkt, soweit in jedem Fall eine Zulassung durch die Vorinstanz erforderlich ist. Damit ist das Rechtsbeschwerderecht, welches für die ZPO bereits seit 2002 gilt, vereinheitlicht worden.

2. Sonstige Rechtsmittel und Rechtsbehelfe

a) Außerordentliche Beschwerde, Gegenvorstellung

Neben den Rechtsmitteln der befristeten Beschwerde und der sofortigen Beschwerde ist grundsätzlich **kein Raum mehr für eine übergesetzliche außerordentliche Beschwerde** wegen greifbarer Gesetzwidrigkeit.[4] Mit Einführung der Gehörsrüge in § 321a ZPO ist nach der inzwischen gefestigten Rechtsprechung des BGH[5] die frühere Rechtspraxis, in der ein solches Rechtsinstitut allgemein anerkannt war, aufgegeben worden. Danach kann mit der **Gehörsrüge** – für Ehesachen und Familienstreitsachen nach § 113 Abs. 1, § 321a ZPO und die sonstigen dem FamFG unterliegenden Verfahren nach § 44 – und der **Gegenvorstellung** dem Bedürfnis nach einer Korrektur gerichtlicher Entscheidungen außerhalb des Rechtsmittelzugs durch das betreffende Gericht hinreichend Rechnung getragen werden. Dabei ist fraglich, ob die Gegenvorstellung nur gegen Entscheidungen zur Verfügung steht, die nicht der materiellen Rechtskraft fähig sind,[6] oder ob wie bei der Gehörsrüge die materielle Rechtskraft keine Grenze darstellt.[7] Mit der Ausweitung der Gehörsrüge in § 321a ZPO bzw. in § 44 ist eine Ergebniskorrektur wegen offensichtlicher Unrichtigkeit[8] möglich, soweit nicht bereits die Korrekturmöglichkeiten nach §§ 319 bis 321 ZPO bzw. §§ 42, 43 ausreichen.[9]

---

[4] Nach BVerfG 16.01.2007 (Kammerbeschluss) – 1 BvR 2803/06 = NJW 2007, 2538 verstößt eine solche richterliche Rechtsfortbildung gegen das verfassungsrechtliche Gebot der Rechtsmittelklarheit.
[5] BGH 07.03.2002 – IX ZB 11/02 = NJW 2002, 1577; BGH 04.07.2007 – VII ZB 28/07 = NJW-RR 2007, 1654.
[6] So Zöller/Gummer § 567 ZPO Rn. 25.
[7] BFH 30.11.2005 – VIII B 181/05 = NJW 2006, 861.
[8] BT-Drs. 14/4722, S. 67.
[9] Zu Einzelfällen vgl. Zöller/Vollkommer § 321a ZPO Rn. 11.

Abschnitt 5 Rechtsmittel

b) Untätigkeitsbeschwerde

6 Das Rechtsmittelsystem sämtlicher Verfahrensordnungen enthält bislang keine Rechtsbehelfe gegenüber einer Untätigkeit des Gerichts. Auch das FamFG sieht eine **Untätigkeitsbeschwerde** nicht vor, obwohl das Bedürfnis für ein solches Rechtsinstitut gerade im familienrechtlichen Bereich,[10] und zwar insbesondere in Verfahren zur Regelung der elterlichen Sorge und des Umgangs, immer wieder deutlich geworden ist.[11]

7 Die Große Kammer des EGMR[12] hat festgestellt, dass in Deutschland kein effektiver Rechtsschutz gegen überlange Zivilprozesse besteht. Der u.a. aufgrund ähnlicher bereits in der Vergangenheit getroffener Feststellungen des EGMR erstellte Referentenentwurf eines „Gesetzes über die Rechtsbehelfe bei der Verletzung des Rechts auf ein zügiges Verfahren (**Untätigkeitsbeschwerdegesetz**)" vom 22.08.2005[13] wird derzeit nicht mehr weiter verfolgt, obwohl eine am 07.10.2007 erfolgte Expertenanhörung im Bundesjustizministerium einen Handlungsbedarf bestätigt hat. Vielmehr ist lediglich eine **Entschädigungsregelung** wegen überlanger Verfahrensdauer ins Auge gefasst worden.[14] Dies erscheint vor dem Hintergrund der vorstehend unter Rn. 6 angesprochenen Rechtsprechung des BVerfG in Kindschaftssachen nicht ausreichend. Mit dem in § 155 geschaffenen **Vorrang- und Beschleunigungsgebot**[15] zeigt der Gesetzgeber zwar, dass er die Problematik der Verfahrensverzögerung gerade für Kindschaftssachen erkannt hat. Dies ist jedoch unzureichend, solange die Einhaltung des Gebots von den Verfahrensbeteiligten nicht durchgesetzt werden kann.

8 Die aus Art. 1 i.V.m. Art. 20 Abs. 3 GG sowie Art. 6 Abs. 1 EMRK hergeleitete staatliche Verpflichtung zur Gewährung eines **effektiven Rechtsschutzes** gebietet, in Fällen eines deutlichen Verstoßes[16] gegen die allgemeine Pflicht, das Verfahren zu fördern, bzw. gegen das ausdrückliche gesetzliche Vorrang- und Beschleunigungsverbot weiterhin kraft Richterrechts die Möglichkeit einer Überprüfung durch das Beschwerdegericht zu eröffnen.[17] Es ist nicht zu verkennen, dass die Eröffnung einer außerordentlichen Beschwerde vor dem Hintergrund der höchstrichterlichen Rechtsprechung[18] nicht unproblematisch ist. Wird die Zulässigkeit einer Untätigkeitsbeschwerde anerkannt, so folgt aus der Eigenart und Besonderheit eines solchen Rechtsmittels, dass es nicht befristet sein kann. Mit der **unbefristeten Beschwerde** kann nicht eine Entscheidung des Beschwerdegerichts in der Sache anstelle des Ausgangsgerichts, sondern lediglich die Anweisung des Beschwerdegerichts an das Ausgangsgericht, in einer

---

10 BVerfG 25.11.2003 – 1 BvR 834/03 = FamRZ 2004, 689; BVerfG 11.12.2000 – 1 BvR 661/00 = FamRZ 2001, 753.
11 OLG Brandenburg 22.10.2007 – 10 WF 237/07 = FamRZ 2008, 288; OLG Frankfurt a.M. 30.01.2007 – 3 WF 232/06 = FamRZ 2007, 1030; KG 23.08.2007 – 16 WF 172/07 = FamRZ 2007, 2091; OLG Bamberg 20.02.2003 – 7 WF 35/03 = FamRZ 2003, 1310. Grundsätzlich ablehnend dagegen BSG 28.02.2008 – B7AL 109/07B; BVerwG 13.03.2008 – 7 B 4.08.
12 EGMR 08.06.2006 – 75529/01 = FamRZ 2007, 1449.
13 Vgl. http://www.bdfr.de/Untaetigkeitsbeschwerde_BMJ.pdf.
14 BT-Drs. 16/7655, S. 3 f.
15 → § 155 Rn. 1 ff. Diese Regelung war bereits für das bisherige Recht in § 50e FGG mit dem Gesetz zur Erleichterung familiengerichtlicher Maßnahmen bei Gefährdung des Kindeswohls vom 04.07.2008 (BGBl I S. 1188) im Vorgriff auf das neue Recht zum 12.07.2008 in Kraft gesetzt worden.
16 Zu eng OLG Düsseldorf 16.01.2008 – 24 W 109/07 = MDR 2008, 406, wonach dies erst dann der Fall sein soll, wenn die Verzögerung einer Rechtsverweigerung gleichkommt. Ausreichend ist vielmehr der drohende Eintritt von nur äußerst schwer behebbarer tatsächlicher oder rechtlicher Nachteile; vgl. auch OLG Brandenburg 02.10.2006 – 10 WF 203/06 = FamRZ 2007, 491.
17 Zöller/Gummer § 567 ZPO Rn. 21 m.w.N.
18 Vgl. Rn. 5.

bestimmten Weise das Verfahren zu betreiben (evtl. auch mit der Setzung eines zeitlichen Rahmens für den weiteren Fortgang), verfolgt werden.[19]

c) Erinnerung

Neben den Rechtsmitteln der Beschwerde und der sofortigen Beschwerde bleibt die Erinnerung gem. **§ 11 Abs. 2 RPflG** bestehen. Soweit gegen die Entscheidung des Rechtspflegers[20] nach den allgemeinen verfahrensrechtlichen Vorschriften ein Rechtsmittel nicht gegeben ist, findet die befristete Erinnerung statt, die in Verfahren nach dem Gesetz über das Verfahren in Familiensachen und in den Angelegenheiten der freiwilligen Gerichtsbarkeit innerhalb der für die (befristete) Beschwerde, im Übrigen innerhalb der für die sofortige Beschwerde geltenden Frist einzulegen ist. Die Erinnerung ist nicht statthaft, soweit die gerichtliche Entscheidung oder Verfügung wirksam geworden ist und nicht mehr abgeändert werden kann (§ 11 Abs. 3 Satz 1 RPflG). Unterliegt dagegen die Entscheidung des Rechtspflegers der befristeten oder der sofortigen Beschwerde, so findet dieses Rechtsmittel als sog. **Durchgriffserinnerung/-beschwerde** statt, und zwar im Fall der sofortigen Beschwerde nur dann, wenn der Rechtspfleger der Beschwer nicht abgeholfen hat.

9

Eine **Erinnerung entsprechend § 573 ZPO** findet statt gegen Entscheidungen des beauftragten oder des ersuchten Richters oder des Urkundsbeamten der Geschäftsstelle, bei denen es sich notwendigerweise um Zwischenentscheidungen handelt. Bei Nichtabhilfe des Gerichts ist die sofortige Beschwerde statthaft. Die entsprechende Anwendung ist erforderlich, da das Gesetz eine Verweisung auf § 573 ZPO unterlassen hat, jedoch das Bedürfnis eines Rechtsbehelfs/Rechtsmittels unabweisbar ist und nicht ersichtlich ist, dass diese Entscheidungen bewusst der Anfechtung entzogen werden sollten.

10

---

19 BVerfG 28.12.2004 (Kammerbeschluss) – 1 BvR 2790/04 = FamRZ 2005, 173; 10.06.2005 – 1 BvR 2790/04 = 2005, 1233.
20 Nach § 3 Nr. 2a RPflG sind dem Rechtspfleger die Verfahren in Kindschaftssachen und in Adoptionssachen übertragen, soweit sie nicht nach § 14 Abs. 1 RPflG dem Richter vorbehalten sind.

II. Übersicht über das Rechtsmittelsystem

11

Übersicht über die Rechtsmittel in Familiensachen

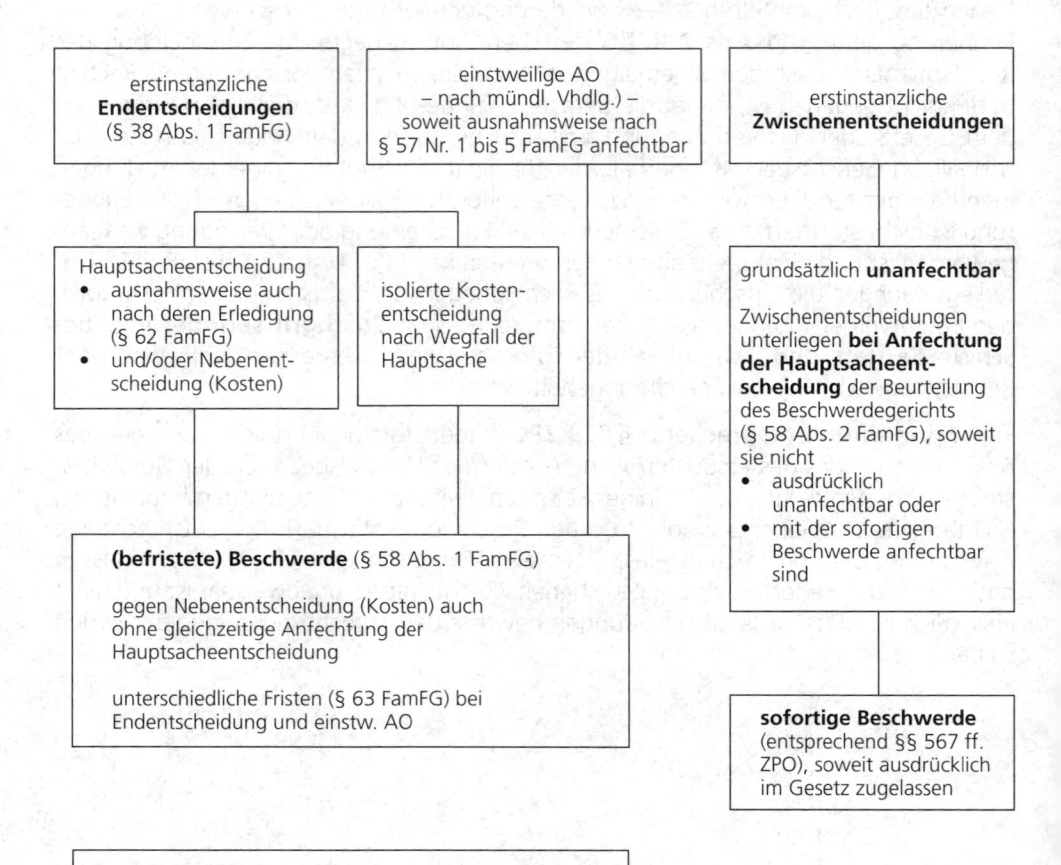

- **erstinstanzliche Endentscheidungen** (§ 38 Abs. 1 FamFG)
- **einstweilige AO** – nach mündl. Vhdlg.) – soweit ausnahmsweise nach § 57 Nr. 1 bis 5 FamFG anfechtbar
- **erstinstanzliche Zwischenentscheidungen**

Hauptsacheentscheidung
- ausnahmsweise auch nach deren Erledigung (§ 62 FamFG)
- und/oder Nebenentscheidung (Kosten)

isolierte Kostenentscheidung nach Wegfall der Hauptsache

grundsätzlich unanfechtbar

Zwischenentscheidungen unterliegen **bei Anfechtung der Hauptsacheentscheidung** der Beurteilung des Beschwerdegerichts (§ 58 Abs. 2 FamFG), soweit sie nicht
- ausdrücklich unanfechtbar oder
- mit der sofortigen Beschwerde anfechtbar sind

(befristete) Beschwerde (§ 58 Abs. 1 FamFG)

gegen Nebenentscheidung (Kosten) auch ohne gleichzeitige Anfechtung der Hauptsacheentscheidung

unterschiedliche Fristen (§ 63 FamFG) bei Endentscheidung und einstw. AO

sofortige Beschwerde (entsprechend §§ 567 ff. ZPO), soweit ausdrücklich im Gesetz zugelassen

---

Rechtsbeschwerde (§ 70 Abs. 1 FamFG)
Zulassung (§ 70 Abs. 2 FamFG)
- bei grundsätzlicher Bedeutung der Sache
- zur Fortbildung des Rechts
- zur Sicherung einer einheitlichen Rechtsprechung

ausgeschlossen (§ 70 Abs. 4 FamFG):
- in einstweiligen AO-Verfahren
- in Arrest-Verfahren

Vorbemerkung § 58

Sofortige Beschwerde

Ehe- und Familienstreitsachen

§ 113 FamFG i.V.m.
§§ 567 bis 574 ZPO

statthaft nur:
- soweit ausdrücklich in ZPO bestimmt (§ 567 Abs. 1 Nr. 1 ZPO)
  - § 46 Abs. 2 ZPO: Zurückweisung eines Ablehnungsgesuchs
  - § 127 Abs.2 ZPO: Zurückweisung eines Ablehnungsgesuchs
  - § 269 Abs. 5 ZPO: Entscheidung nach Antragsrücknahme, ausgenommen die Kostenentscheidung, die der Beschwerde nach § 58 FamFG unterliegt
  - § 336 Abs. 1 ZPO: Zurückweisung eines Antrags auf Erlass einer Versäumnisentscheidung
  - § 793 ZPO: im Zwangsvollstreckungsverfahren
- § 567 Abs. 1 Nr. 2 ZPO: Zurückweisung eines das Verfahren betreffenden Gesuchs

übrige Familiensachen

§§ 567 bis 572 ZPO entsprechend

kraft ausdrücklicher Regelung

- § 6 Abs. 2 FamFG: Zurückweisung eines Ablehnungsgesuchs
- § 7 Abs. 3 FamFG : Zurückweisung eines Antrags auf Hinzuziehung eines weiteren Beteiligten
- § 21 Abs. 2 FamFG: Anordnung der Aussetzung des Verfahrens
- § 33 Abs. 2 FamFG: Ordnungsmittel gegen geladenen Beteiligten wegen Ausbleibens im Termin
- § 35 Abs. 5 FamFG: Anordnung von Zwangsmaßnahmen
- § 42 Ab. 3 Satz 2 FamFG: Zurückweisung eines Berichtigungsantrags
- § 76 Abs. 2 FamFG i.V.m. § 127 Abs. 2 ZPO: Verfahrenskostenhilfe
- § 85 FamFG i.V.m. § 104 Abs. 3 ZPO: Kostenfestsetzung
- § 87 Abs. 4 FamFG: Beschlüsse im Vollstreckungsverfahren

Finke

Abschnitt 5 Rechtsmittel

III. Übersicht über den Gang des Beschwerde- und des Rechtsbeschwerdeverfahrens

Gang des Beschwerdeverfahrens gem. §§ 58 ff.

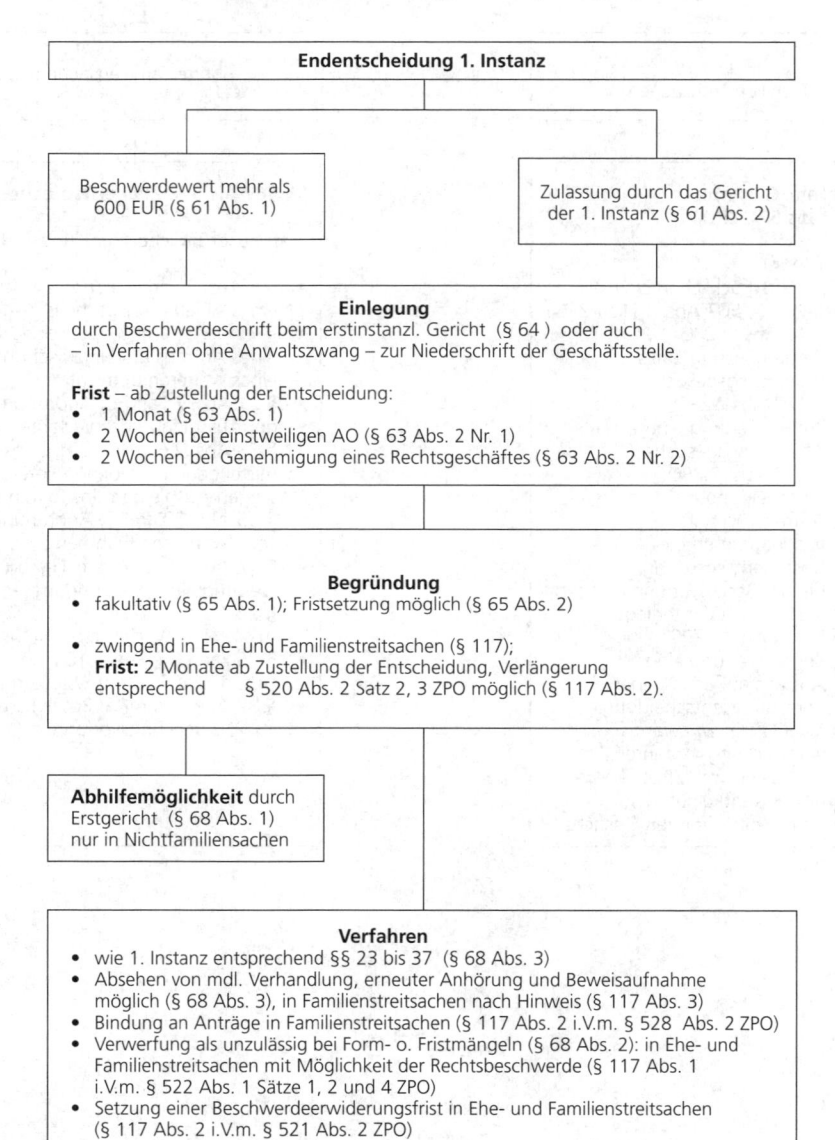

Endentscheidung 1. Instanz

- Beschwerdewert mehr als 600 EUR (§ 61 Abs. 1)
- Zulassung durch das Gericht der 1. Instanz (§ 61 Abs. 2)

Einlegung
durch Beschwerdeschrift beim erstinstanzl. Gericht (§ 64) oder auch
– in Verfahren ohne Anwaltszwang – zur Niederschrift der Geschäftsstelle.

Frist – ab Zustellung der Entscheidung:
- 1 Monat (§ 63 Abs. 1)
- 2 Wochen bei einstweiligen AO (§ 63 Abs. 2 Nr. 1)
- 2 Wochen bei Genehmigung eines Rechtsgeschäftes (§ 63 Abs. 2 Nr. 2)

Begründung
- fakultativ (§ 65 Abs. 1); Fristsetzung möglich (§ 65 Abs. 2)
- zwingend in Ehe- und Familienstreitsachen (§ 117);
  Frist: 2 Monate ab Zustellung der Entscheidung, Verlängerung entsprechend § 520 Abs. 2 Satz 2, 3 ZPO möglich (§ 117 Abs. 2).

Abhilfemöglichkeit durch Erstgericht (§ 68 Abs. 1) nur in Nichtfamiliensachen

Verfahren
- wie 1. Instanz entsprechend §§ 23 bis 37 (§ 68 Abs. 3)
- Absehen von mdl. Verhandlung, erneuter Anhörung und Beweisaufnahme möglich (§ 68 Abs. 3), in Familienstreitsachen nach Hinweis (§ 117 Abs. 3)
- Bindung an Anträge in Familienstreitsachen (§ 117 Abs. 2 i.V.m. § 528 Abs. 2 ZPO)
- Verwerfung als unzulässig bei Form- o. Fristmängeln (§ 68 Abs. 2): in Ehe- und Familienstreitsachen mit Möglichkeit der Rechtsbeschwerde (§ 117 Abs. 1 i.V.m. § 522 Abs. 1 Sätze 1, 2 und 4 ZPO)
- Setzung einer Beschwerdeerwiderungsfrist in Ehe- und Familienstreitsachen (§ 117 Abs. 2 i.V.m. § 521 Abs. 2 ZPO)
- Rücknahme, Verzicht (§ 67)
- Kosten- und Verlustigkeitsentscheidung bei Rücknahme in Ehe- und Familienstreitsachen (§ 117 Abs. 2 i.V.m. § 516 Abs. 3 ZPO)
- Zurückverweisung nur bei Antrag (§ 69)

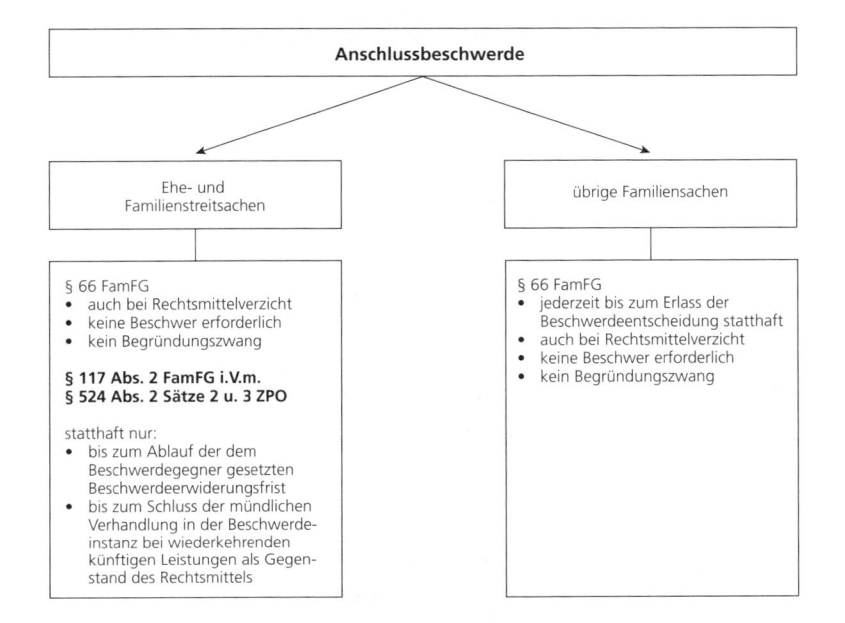

Anschlussbeschwerde

Ehe- und Familienstreitsachen

§ 66 FamFG
- auch bei Rechtsmittelverzicht
- keine Beschwer erforderlich
- kein Begründungszwang

**§ 117 Abs. 2 FamFG i.V.m.
§ 524 Abs. 2 Sätze 2 u. 3 ZPO**

statthaft nur:
- bis zum Ablauf der dem Beschwerdegegner gesetzten Beschwerdeerwiderungsfrist
- bis zum Schluss der mündlichen Verhandlung in der Beschwerdeinstanz bei wiederkehrenden künftigen Leistungen als Gegenstand des Rechtsmittels

übrige Familiensachen

§ 66 FamFG
- jederzeit bis zum Erlass der Beschwerdeentscheidung statthaft
- auch bei Rechtsmittelverzicht
- keine Beschwer erforderlich
- kein Begründungszwang

Abschnitt 5 Rechtsmittel

Gang des Rechtsbeschwerdeverfahrens gem. §§ 70 ff. FamFG

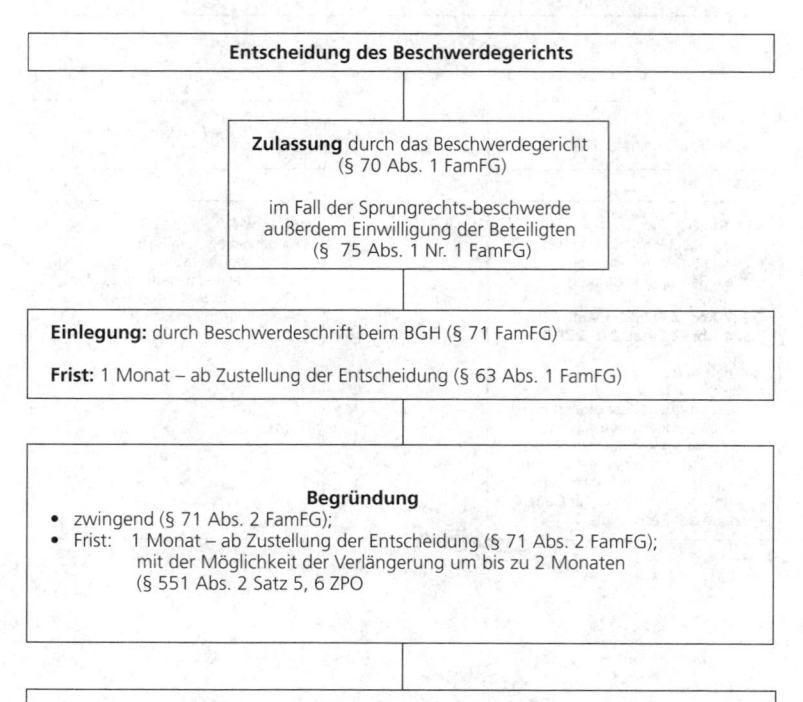

```
┌─────────────────────────────────────────────────────────────┐
│             Entscheidung des Beschwerdegerichts             │
└─────────────────────────────────────────────────────────────┘
                              │
           ┌──────────────────┴──────────────────┐
           │  **Zulassung** durch das Beschwerdegericht │
           │        (§ 70 Abs. 1 FamFG)          │
           │                                     │
           │  im Fall der Sprungrechts-beschwerde│
           │  außerdem Einwilligung der Beteiligten│
           │       (§ 75 Abs. 1 Nr. 1 FamFG)     │
           └─────────────────────────────────────┘
                              │
```

Einlegung: durch Beschwerdeschrift beim BGH (§ 71 FamFG)

Frist: 1 Monat – ab Zustellung der Entscheidung (§ 63 Abs. 1 FamFG)

Begründung
- zwingend (§ 71 Abs. 2 FamFG);
- Frist: 1 Monat – ab Zustellung der Entscheidung (§ 71 Abs. 2 FamFG);
         mit der Möglichkeit der Verlängerung um bis zu 2 Monaten
         (§ 551 Abs. 2 Satz 5, 6 ZPO

Verfahren
- wie 1. Instanz entsprechend §§ 23 bis 37 FamFG (§ 74 Abs. 4 FamFG)
- Bindung an die Zulassung durch das Beschwerdegericht
  (§ 70 Abs. 2 Satz 2 FamFG),
  jedoch Möglichkeit der Zurückweisung durch einstimmigen Beschluss
  (§ 74a FamFG)
- Verwerfung als unzulässig bei Form- o. Fristmängeln (§ 74 Abs. 1 FamFG)
- Zurückweisung, soweit Entscheidung trotz Rechtsverletzung aus anderem
  Grund zutreffend ist (§ 74 Abs. 2 FamFG)
- Aufhebung der angefochtenen Entscheidung (§ 74 Abs. 5 FamFG)
- eigene Entscheidung bei Entscheidungsreife (§ 74 Abs. 6 FamFG)
- Zurückverweisung (§ 74 Abs.6 FamFG)

§ 58 Statthaftigkeit der Beschwerde

(1) Die Beschwerde findet gegen die im ersten Rechtszug ergangenen Endentscheidungen der Amtsgerichte und Landgerichte in Angelegenheiten nach diesem Gesetz statt, sofern durch Gesetz nichts Anderes bestimmt ist.

(2) Der Beurteilung des Beschwerdegerichts unterliegen auch die nicht selbstständig anfechtbaren Entscheidungen, die der Endentscheidung vorausgegangen sind.

Übersicht

I. Inhalt und Bedeutung der Norm	1
1. Gesetzessystematischer Bezugsrahmen	1
2. Bisherige Rechtslage	3
II. Anfechtung von Endentscheidungen (Abs. 1)	5
III. Anfechtung von Zwischenentscheidungen	8
1. Begriff der Zwischenentscheidung	8
2. Überprüfung zusammen mit der Anfechtung der Endentscheidung (Abs. 2)	10
3. Isolierte Anfechtung mit der sofortigen Beschwerde (§§ 567 bis 572 ZPO entsprechend)	13

I. Inhalt und Bedeutung der Norm

1. Gesetzessystematischer Bezugsrahmen

Die Beschwerde nach § 58 gibt ein einheitliches Rechtsmittel gegen alle **Endentscheidungen**, die auf der Grundlage des FamFG im ersten Rechtszug ergangen sind (Abs. 1). **Zwischenentscheidungen** sind dagegen grundsätzlich nicht selbstständig anfechtbar. Sie unterliegen der Überprüfung durch das Rechtsmittelgericht nur zusammen mit der Beschwerde gegen die Endentscheidung (Abs. 2), soweit nicht das Gesetz ausdrücklich eine isolierte Anfechtung mit der **sofortigen Beschwerde** zulässt oder die Unanfechtbarkeit der Zwischenentscheidung bestimmt. Es gibt damit nur noch befristete Rechtsmittel. Zur Unterscheidung gegenüber der sofortigen Beschwerde empfiehlt sich die Bezeichnung **befristete Beschwerde** für die Beschwerde nach § 58.[1]

1

Soweit die Gesetzesbegründung von **Nebenentscheidungen** spricht,[2] die wie Zwischenentscheidungen überhaupt nicht oder nur mit der Hauptsacheentscheidung anfechtbar seien, ist dies unzutreffend. Vgl. hierzu im Einzelnen unter Rn. 9.

2

2. Bisherige Rechtslage

Die Neuregelung tritt an die Stelle der **befristeten Beschwerde** (§ 621e ZPO a.F). und ersetzt außerdem die **bisherige Berufung** (§§ 511 ff. ZPO) in Familiensachen nach der ZPO (Ehesachen, Unterhalt und Güterrecht) sowie in den früheren Zivilsachen, die nunmehr der erweiterten Zuständigkeit des Familiengerichts unterliegen. Da die Beschwerde befristet ist (§ 63) und Zwischenentscheidungen isoliert nur mit der sofortigen Beschwerde angefochten werden können, ist die **unbefristete Beschwerde**

3

---

[1] Die im Referentenentwurf vorgesehene einheitliche Bezeichnung sämtlicher Rechtsmittel als sofortige Beschwerden (mit unterschiedlichen Beschwerdefristen) ist dahin geändert worden, dass die Beschwerde gegen Endentscheidungen nur noch als Beschwerde bezeichnet wird.
[2] BT-Drs. 16/6308, S. 162, 203.

(§ 19 FGG) ersatzlos entfallen. Neben der Vereinheitlichung der Rechtsmittel ist eine weitere Verbesserung für die Verfahrensbeteiligten darin zu sehen, dass jeder Beschluss eine Belehrung über das statthafte Rechtsmittel enthalten muss (§ 39).

4   Hinsichtlich der Anfechtbarkeit von **Zwischenentscheidungen** bringt die Neuregelung eine Einschränkung gegenüber dem alten Rechtszustand, nach dem eine unbefristete Beschwerde eines Beteiligten auch ohne ausdrückliche gesetzliche Regelung möglich war, wenn eine gerichtliche Maßnahme unmittelbar in ein Recht dieses Beteiligten eingriff. Dies kam in Betracht bei der Anordnung der Anhörung eines Kindes,[3] der Anhörung eines Kindes in Abwesenheit der Eltern oder sonstiger Verfahrensbeteiligter,[4] der Beiordnung eines Verfahrenspflegers gem. § 50 FGG,[5] nicht dagegen bei der Anordnung der Einholung eines Sachverständigengutachtens.[6] Auch gegen die Untätigkeit des Gerichts wurde kraft Richterrechts die unbefristete Beschwerde nach § 19 FGG a.F. als statthaft angesehen.[7]

II. Anfechtung von Endentscheidungen (Abs. 1)

5   Nach der Legaldefinition in § 38 liegt eine Endentscheidung vor, wenn über den **Verfahrensgegenstand in der Instanz ganz oder teilweise abschließend entschieden** worden ist. Eine abschließende Entscheidung in diesem Sinne ist nicht nur die Hauptsacheentscheidung, sondern kann auch die **Kostenentscheidung** sein, wenn die Hauptsache erledigt ist (z.B. durch Antragsrücknahme oder Wegfall des Regelungsbedürfnisses). Ist dagegen über die Hauptsache entschieden worden, so stellt die Kostenentscheidung eine Nebenentscheidung dar, die im Gegensatz zu der bisherigen Rechtslage wie eine selbstständige Endentscheidung behandelt wird, indem sie auch ohne gleichzeitige Anfechtung der Hauptsacheentscheidung der Beschwerde unterliegt. Dies folgt aus dem Fehlen einer § 20a Abs. 1 Satz 1 FGG a.F. bzw. § 99 ZPO vergleichbaren Regelung.[8]

6   Tritt die **Erledigung der Hauptsache zwischen den Instanzen**, d.h. nach der erstinstanzlichen Entscheidung, noch vor Einlegung der Beschwerde ein, so ist die Beschwerde nur hinsichtlich der Hauptsache, jedoch nicht hinsichtlich der Kostenentscheidung unzulässig. Bei einer **Erledigung der Hauptsache nach Einlegung der Beschwerde** kann die Beschwerde, die hinsichtlich der Hauptsache – ausgenommen im Falle des § 62 – unzulässig geworden ist, auf eine Beschwerde gegen die Kostenentscheidung beschränkt werden.

---

3 KG 19.07.2006 – 18 WF 127/06 = FamRZ 2007, 227; OLG Köln 13.05.1997 – 25 WF 58/97 = FamRZ 1997, 1549; a.A. OLG Karlsruhe 08.07.2003 – 2 WF 110/03 = FamRZ 2004, 712.
4 OLG Köln 13.05.1997 – 25 WF 58/97 = FamRZ 1997, 1549.
5 Str.; nach überwiegender Auffassung keine selbstständige Anfechtung: KG 14.06.2004 – 17 UF 121/04 = FamRZ 2004, 1592 (1593); Bumiller/Winkler § 19 FGG Rn. 6; Keidel u.a./Engelhardt § 50 FGG Rn. 48; a.A. KG 30.09.2002 – 13 UF 271/02 = FamRZ 2003, 392; OLG Dresden 14.01.2000 – 20 WF 608/99 = FamRZ 2000, 1296 und für einen Ausnahmefall OLG Hamm 16.07.2007 – 4 UF 9/07 = FamRZ 2007, 2002.
6 BGH 23.01.2008 – XII ZB 209/06 = FamRZ 2008, 774 (im Betreuungsverfahren); OLG Brandenburg 05.02.2004 – 9 WF 23/04 = FamRZ 2005, 917; 18.07.1996 – 9 Wx 19/96 = FamRZ 1997, 1019; a.A. OLG Zweibrücken 22.09.1998 – 2 WF 54/98 = FamRZ 1999, 521; OLG Köln 25.09.1979 – 21 WF 117/79 = FamRZ 1980, 401.
7 Zur Untätigkeitsbeschwerde → Vorb § 58 Rn. 6 ff.
8 Vgl. weiter unten Rn. 9.

Aufgrund der Selbstständigkeit des **einstweiligen Anordnungsverfahrens** verliert die abschließende Entscheidung in diesem Verfahren den bisherigen Charakter einer Zwischenentscheidung. Als Endentscheidung unterstellt sie das Gesetz für den Fall, dass abweichend von ihrer grundsätzlichen Unanfechtbarkeit ein Rechtsmittel überhaupt statthaft ist (§ 57 Nr. 1-5), der befristeten Beschwerde mit der Maßgabe, dass nicht die regelmäßig geltende Monatsfrist (§ 63 Abs. 1), sondern eine Beschwerdefrist von 2 Wochen Anwendung findet. Damit besteht in diesem Bereich im Ergebnis eine ähnliche Rechtsmittelmöglichkeit wie nach bisherigem Recht (sofortige Beschwerde gem. §§ 620c, 567 ff. ZPO).

III. Anfechtung von Zwischenentscheidungen

1. Begriff der Zwischenentscheidung

Im Umkehrschluss aus der Legaldefinition der Endentscheidung in § 38 ergibt sich, dass Zwischenentscheidungen die **Endentscheidung lediglich vorbereiten** (Beweisbeschlüsse, prozessleitende Anordnungen) bzw. ergehen, ohne dass gleichzeitig über den Verfahrensgegenstand ganz oder teilweise zu entscheiden ist (z.B. Verbindungs-, Trennungs- und Aussetzungsbeschlüsse oder die Fristbestimmung gem. § 52 Abs. 2 zur Einleitung des Hauptsacheverfahrens nach dem Erlass einer einstweiligen Anordnung).

Soweit die Gesetzesbegründung **Nebenentscheidungen** mit Zwischenentscheidungen gleichsetzt,[9] ist dies unzutreffend. Nebenentscheidungen (Kosten und Vollstreckbarkeit) ergehen in der Regel zusammen mit der Hauptsacheentscheidung, keinesfalls gehen sie ihr jedoch voraus, wie dies § 58 Abs. 2 voraussetzt. Der Behandlung als Zwischenentscheidung steht auch die Gesetzesbegründung an anderer Stelle entgegen, wo darauf hingewiesen wird, dass im Hinblick auf die durch § 81 Abs. 2 eröffnete Orientierung der Kostenentscheidung am Verfahrensverhalten der Beteiligten, bewusst auf den Ausschluss der isolierten Anfechtung der Kostenentscheidung wie in § 20a Abs. 1 Satz 1 FGG a.F. verzichtet worden ist.[10] Die Anfechtung von Entscheidungen nur zusammen mit der Hauptsacheentscheidung bleibt somit auf **Zwischenentscheidungen** beschränkt, während **Kostenentscheidungen** als selbstständig anfechtbare Endentscheidungen nach § 58 Abs. 1 zu behandeln sind, und zwar unabhängig davon, ob sie zusammen mit der Hauptsacheentscheidung oder selbstständig ergangen sind.[11] Für die hier vertretene Auffassung spricht auch die Gesetzesbegründung zu § 61 Abs. 1 (vgl. § 61 Rn. 1), wobei allerdings nicht zu verkennen ist, dass die undifferenzierte Verwendung des Begriffs „Zwischen- und Nebenentscheidungen" die notwendige Klarheit vermissen lässt.

---

9 BT-Drs. 16/6308, S. 203: „Zwischen- und Nebenentscheidungen sind dagegen grundsätzlich nicht selbständig anfechtbar".
10 BT-Drs. 16/6308, S. 216.
11 A.A. Schael FPR 2009, 11 (13), der die Gesetzesbegründung ebenfalls dahin versteht, dass zumindest gegen die isolierte Kostenentscheidung die Beschwerde nach § 58 gegeben sein soll, dies jedoch für unzutreffend hält, weil es sich nicht um eine Endentscheidung i.S.d. § 38 handele. Dies entspricht indes nicht der gesetzlichen Definition der Endentscheidung.

2. Überprüfung zusammen mit der Anfechtung der Endentscheidung (Abs. 2)

10 Bereits für das bisherige Recht wurde die Auffassung vertreten, die **Fehlerhaftigkeit von Zwischenentscheidungen** könne noch mit der Endentscheidung gerügt werden.[12] Sie hat nunmehr ebenso wie zuvor schon in § 512 ZPO ausdrücklich Eingang in das Gesetz gefunden. Das Beschwerdegericht hat danach im Rahmen der Beschwerde gegen die Hauptsacheentscheidung auch die nicht selbstständig anfechtbaren Entscheidungen, die der Endentscheidung vorausgegangen sind, zu beurteilen, ohne dass es einer entsprechenden Rüge bedarf.[13] Einer solchen Überprüfung unterliegen Beweis-, Verbindungs- und Trennungsbeschlüsse[14] sowie die Entscheidung über einen Zwischenstreit gem. § 113 Abs. 1 i.V.m. § 303 ZPO.

11 Der Grundsatz der Überprüfung von Zwischenentscheidungen im Rahmen der Beschwerde gegen die Endentscheidung erfährt **Ausnahmen**,[15] soweit das Gesetz ausdrücklich die Nichtanfechtbarkeit anordnet oder aber die isolierte Anfechtbarkeit im Wege der sofortigen Beschwerde vorsieht.[16]

12 **Unanfechtbar** kraft ausdrücklicher gesetzlicher Bestimmung und damit auch einer eventuellen Anfechtung zusammen mit der Endentscheidung entzogen sind:

- § 5 Abs. 3: die Bestimmung der gerichtlichen Zuständigkeit,
- § 6 Abs. 2: die einem Ablehnungsgesuch stattgebende Entscheidung,
- § 10 Abs. 3: die Zurückweisung von Bevollmächtigten,
- § 13 Abs. 4: die Entscheidung über die Gewährung von Akteneinsicht in Amts- oder Geschäftsräumen,
- § 22 Abs. 2: die Wirkungslosigkeitserklärung einer noch nicht rechtskräftigen Entscheidung nach Antragsrücknahme,
- § 55 Abs. 2: die Aussetzung oder Beschränkung der Vollstreckung,
- § 242: Beschlüsse über die einstweilige Einstellung der Zwangsvollstreckung bei einem Abänderungsverfahren zur Herabsetzung eines Unterhaltstitels,
- § 250 Abs. 2: die Zurückweisung eines Antrags im vereinfachten Verfahren nach § 249 wegen formeller Mängel.

3. Isolierte Anfechtung mit der sofortigen Beschwerde (§§ 567 bis 572 ZPO entsprechend)

13 Einer isolierten Anfechtung durch die **sofortige Beschwerde**, die sich nach §§ 567 bis 572 ZPO richtet, unterliegen aufgrund besonderer gesetzlicher Bestimmung:

- § 6 Abs. 2: die Zurückweisung eines Ablehnungsgesuchs,

---

12 Bassenge u.a./Bassenge § 19 FGG Rn. 3.
13 BGH 13.11.1951 – I ZR 106/511 = BGHZ 4 (5).
14 Für die Entscheidung über die Abtrennung einer Folgesache bestimmt § 140 Abs. 6, dass eine selbstständige Anfechtung nicht stattfindet, was impliziert, dass eine Anfechtung zusammen mit der Hauptsacheentscheidung möglich ist.
15 A.A. Fölsch 2009, § 5 Rn. 6.
16 Abweichend von dieser Systematik weist § 158 Abs. 3 Satz 4 darauf hin, dass die Bestellung eines Verfahrensbeistands sowie die Aufhebung oder deren Ablehnung sowie eine derartigen Maßnahme nicht selbstständig anfechtbar ist, obwohl dies bereits aus ihrem Charakter als Zwischenentscheidung folgt. Nach der Gesetzesbegründung (BT-Drs. 16/6308, S. 239) ist dies zur Klarstellung geschehen, dass durch die Neuregelung die bisherige Streitfrage der isolierten Anfechtbarkeit solcher Entscheidungen entfallen ist (vgl. Fn. 6).

§ 58 Statthaftigkeit der Beschwerde

- § 7 Abs. 3: die Zurückweisung eines Antrages auf Hinzuziehung eines weiteren Beteiligten,
- § 21 Abs. 2: der Beschluss über die Anordnung der Aussetzung des Verfahrens,
- § 33 Abs. 2: die Verhängung eines Ordnungsmittels bei Ausbleiben eines zum Termin geladenen Beteiligten,
- § 35 Abs. 5: die Anordnung von Zwangsmaßnahmen zur Durchsetzung einer Verpflichtung zur Vornahme oder Unterlassung einer Handlung aufgrund einer gerichtlichen Anordnung,
- § 42 Ab. 3 Satz 2: die Zurückweisung eines Berichtigungsantrages,
- § 76 Abs. 2: die Entscheidungen über Verfahrenskostenhilfe, im Umfang beschränkt entsprechend § 127 Abs. 2 ZPO,
- § 87 Abs. 4: Beschlüsse im **Vollstreckungsverfahren**.

Eine indirekte gesetzliche Verweisung ist in § 85 enthalten, wonach die §§ 103 bis 107 ZPO auf die **Kostenfestsetzung** entsprechende Anwendung finden. Nach § 104 Abs. 3 ZPO unterliegt der Kostenfestsetzungsbeschluss der sofortigen Beschwerde nach §§ 567 ff. ZPO.

Das **Verfahren der sofortigen Beschwerde** entsprechend §§ 567 bis 572 ZPO ist wie folgt ausgestaltet: **14**

Beschwerdefrist: 2 Wochen, beginnend mit der Zustellung der Entscheidung, spätestens nach 5 Monaten seit Verkündung (§ 569 Abs. 1 ZPO);
Einlegung: durch Einreichung der Beschwerdeschrift beim Gericht, dessen Entscheidung angefochten wird; auch durch Erklärung zu Protokoll der Geschäftsstelle soweit kein Anwaltszwang im erstinstanzlichen Verfahren oder die Entscheidung die Verfahrenskostenhilfe betrifft oder das Rechtsmittel von Zeugen, Sachverständigen oder sonstigen Nichtverfahrensbeteiligten eingelegt wird (§ 569 Abs. 2 ZPO);
Kein Begründungszwang; Fristsetzung zur eventuellen Begründung möglich (§ 571 Abs. 2 ZPO);
aufschiebende Wirkung nur bei ausdrücklicher Anordnung der Aussetzung der Vollziehung der Entscheidung durch das erstinstanzliche Gericht oder das Beschwerdegericht (§ 570 ZPO);
Abhilfebefugnis des erstinstanzlichen Gerichts (§ 572 Abs. 1 ZPO);
Entscheidung durch den originären Einzelrichter, der die Sache auf den Senat übertragen kann, wenn sie Schwierigkeiten aufweist oder grundsätzliche Bedeutung hat (§ 568 ZPO).

Da das Gesetz im Falle der ausdrücklichen Verweisung auf die zivilprozessualen Beschwerdebestimmungen regelmäßig nur die §§ 567 bis 572 ZPO erwähnt, ist davon auszugehen, dass eine **Rechtsbeschwerde entsprechend § 574 ZPO** nicht stattfindet.[16] Dies entsprach für FGG-Familiensachen dem bisherigen Recht.[17] Dafür, dass für das neue Recht etwas anderes gelten soll, lässt sich auch aus der Gesetzesbegründung nichts entnehmen. **15**

---

[16] A.A. Fölsch 2009, § 5 Rn. 106.
[17] BGH 07.04.2004 – XII ZB 79/04 = FamRZ 2004, 948.

16 Problematischer ist dagegen die Beurteilung der Zulässigkeit der Rechtsbeschwerde gegen **Zwischenentscheidungen in Familienstreitsachen und Ehesachen**, da hierfür die Bestimmungen des allgemeinen Teils des FamFG durch ZPO-Vorschriften ersetzt werden (§ 113). Danach gelten die §§ 567 ff. ZPO unmittelbar, ohne einen Ausschluss der Rechtsbeschwerde nach § 574 ZPO, d.h. nach Zulassung durch das Beschwerdegericht. Ob dies tatsächlich vom Gesetzgeber gewollt ist, erscheint aufgrund des Fehlens jeglicher Auseinandersetzung mit dieser Problematik in der Gesetzesbegründung zweifelhaft. Die Gesamtregelung des Rechtsmittelrechts durch das FamFG legt eher den Schluss nahe, dass gegen sämtliche Zwischenentscheidungen im Familienrecht nicht der Weg zum BGH eröffnet werden sollte.

17 Eine gleiche Problematik wie vorstehend ergibt sich für die Frage der Zulässigkeit der **Rechtsbeschwerde gegen die Kostenfestsetzungsentscheidung** gem. § 85 i.V.m. §§ 103 bis 107 ZPO.

§ 59 Beschwerdeberechtigte

(1) Die Beschwerde steht demjenigen zu, der durch den Beschluss in seinen Rechten beeinträchtigt ist.

(2) Wenn ein Beschluss nur auf Antrag erlassen werden kann und der Antrag zurückgewiesen worden ist, steht die Beschwerde nur dem Antragsteller zu.

(3) Die Beschwerdeberechtigung von Behörden bestimmt sich nach den besonderen Vorschriften dieses oder eines anderen Gesetzes.

Übersicht

I. Inhalt und Bedeutung der Norm	1
1. Gesetzessystematischer Bezugsrahmen	1
2. Bisherige Rechtslage	3
II. Beschwerdeberechtigung bei Beeinträchtigung von Rechten (Abs. 1)	5
1. Kindschaftssachen	8
2. Abstammungssachen	12
3. Adoptionssachen	13
4. Haushalts- und Ehewohnungssachen	14
5. Gewaltschutzsachen	15
6. Versorgungsausgleichssachen	16
III. Beschwerdeberechtigung bei Zurückweisung eines Antrags (Abs. 2)	18
IV. Beschwerdeberechtigung von Behörden (Abs. 3)	19

I. Inhalt und Bedeutung der Norm

1. Gesetzessystematischer Bezugsrahmen

1 Die Regelung der Beschwerdeberechtigung ist wegen der Mehrheit möglicher Verfahrensbeteiligter sowie materiell von der Entscheidung Betroffener im fG-Verfahren erforderlich. Sie unterscheidet insoweit wie bisher in § 20 FGG zwischen Amts- und Antragsverfahren, da die unterschiedliche Einleitung des Verfahrens unterschiedliche

Auswirkung auf die Beschwerdeberechtigung haben kann. Bei dem Erfordernis der Beschwerdeberechtigung handelt es sich um eine **Zulässigkeitsvoraussetzung**, die in der Person des Beschwerdeführers vorliegen muss. Bei ihrem Fehlen ist die Beschwerde daher als unzulässig zurückzuweisen.

Die Neuregelung der Beschwerdeberechtigung im FamFG bezieht sich jetzt auch auf **Ehesachen sowie Familienstreitsachen**, in denen es nach bisherigem Recht keiner solchen Regelung bedurfte, da die Beschwerdeberechtigung nach allgemeinen Verfahrensgrundsätzen der ZPO auf Seiten der durch die Entscheidung beschwerten Partei immer gegeben war. Obwohl sich hieran in der Sache nichts geändert hat, ist mit der Reform des Verfahrensrechts eine generelle Regelung erfolgt, die sich auch auf die bisherigen Parteiverfahren erstreckt, ohne jedoch hier zu einer neuen Rechtslage zu führen.

2. Bisherige Rechtslage

Die Abs. 1 u. 2 entsprechen der bisherigen Regelung in § 20 Abs. 1, 2 FGG, wobei lediglich der Begriff „Verfügung" durch „Beschluss" ersetzt worden ist. Neu ist dagegen die ausdrückliche Erwähnung der **Beschwerdeberechtigung von Behörden** in Abs. 3, die sich allerdings auf den Hinweis beschränkt, dass die Berechtigung eine besondere gesetzliche Bestimmung erfordert. Im bisherigen Recht war die Beschwerdebefugnis von Behörden wie z.B. dem JA nicht unmittelbar geregelt. So bestimmte § 64 Abs. 3 Satz 3 FGG, dass § 57 Abs. 2 FGG in Sorgerechtsverfahren nicht der Beschwerdebefugnis des JA entgegenstand.

Die bisher in § 57 FGG vorgesehene Erweiterung des Beschwerderechts u.a. auf Personen mit einem berechtigten Interesse an der Änderung der Entscheidung ist entfallen. Hierdurch ist der **Kreis der Beschwerdeberechtigten** nicht wesentlich kleiner geworden, da er bereits nach früherem Rechtszustand durch § 57 Abs. 2 FGG für Sorgerechtsverfahren beschränkt war. Für Verfahren bezüglich Haushaltsgegenstände und Ehewohnung, für die bisher die allgemeine Regelung in § 20 FGG galt, enthält auch das FamFG keine Sonderregelung. In eigenen Rechten beeinträchtigt sein können hier nur die Eheleute und ausnahmsweise der Vermieter bzw. der Grundstückseigentümer oder Dritte (jeweils im Fall der Begründung eines Mietverhältnisses gem. § 1568a Abs. 4 u. 5 BGB), die gem. § 204 Abs. 1 Verfahrensbeteiligte sind. Dagegen kann das JA zwar Verfahrensbeteiligter sein (§ 204 Abs. 2), erlangt hierdurch jedoch nicht die Beschwerdebefugnis, da ihm diese als Behörde ohne besondere gesetzliche Bestimmung nicht zusteht (vgl. Abs. 3, Rn. 19 ff.).

II. Beschwerdeberechtigung bei Beeinträchtigung von Rechten (Abs. 1)

Für die Beschwerdeberechtigung kommt es allein darauf an, ob der Beschwerdeführer durch die gerichtliche Entscheidung in seinen Rechten beeinträchtigt ist. Es muss sich um die **Beeinträchtigung eines subjektiven Rechts** handeln, so dass ein bloßes rechtliches Interesse bzw. der Reflex des Rechts eines Anderen unzureichend ist. Die Beteiligtenstellung im erstinstanzlichen Verfahren begründet für sich allein weder eine

Beschwerdeberechtigung noch steht die fehlende Beteiligtenstellung erster Instanz der Beschwerdeberechtigung entgegen.[1]

6 Beschwerdeberechtigt ist danach nur derjenige, der durch die angefochtene Entscheidung in seinem subjektiven Recht (Rechtsstellung) negativ betroffen ist, für den die angefochtene Entscheidung also eine **materielle Beschwer** begründet. Erforderlich, aber auch genügend ist ein unmittelbarer, nachteiliger Eingriff in ein dem Beschwerdeführer zustehendes Recht,[2] wobei jede ungünstige Beeinflussung, Verminderung, Beschränkung oder Schlechterstellung genügt. Eine materielle Beschwer wegen der Beeinträchtigung eines subjektiven Rechts kommt bei gerichtlichen Entscheidungen, welche die Personen- und/oder Vermögenssorge für ein Kind betreffen, in erster Linie bei den sorgeberechtigten Eltern, im Einzelfall aber auch bei Pflegepersonen in Betracht. Im Verfahren zu Haushalts- und Ehewohnungssachen können neben den Rechten der Eheleute die Interessen des Vermieters beeinträchtigt sein, in Gewaltschutzsachen ausschließlich die Rechte des Opfers und des Täters. Beim Versorgungsausgleich kommt neben den Eheleuten eine Beschwerdebefugnis eines Versorgungsträgers in Betracht.

7 Eine zunächst bestehende Beschwerdeberechtigung kann **später wegfallen**, wenn die Beschwer, die bei Drittbeteiligten nicht immer beim Beteiligten selbst vorliegen muss,[3] entfallen ist. Dies ist z.B. bei Kindschaftssachen der Fall, wenn das betroffene Kind volljährig wird oder stirbt.[4] Bei der Beschwerde eines Versorgungsträgers kann dieser Fall eintreten, wenn der Beschwerdegrund durch einen Berichtigungsbeschluss des FamG beseitigt worden ist.[5]

1. Kindschaftssachen

8 Allein- oder mitsorgeberechtigte **Eltern** sind immer beschwerdeberechtigt, wenn die gerichtliche Entscheidung ihr Elternrecht oder das Kindeswohl beeinträchtigen kann. Ein Elternteil, der nicht Inhaber der elterlichen Sorge ist, ist in solchen Angelegenheiten grundsätzlich nicht beschwerdeberechtigt.[6] So kann ein Vater eines nichtehelichen Kindes die Entscheidung des FamG, die seiner Anregung, der allein sorgeberechtigten Mutter die elterliche Sorge zu entziehen, nicht gefolgt ist, nicht anfechten. Streitig ist dagegen, ob im Fall des Entzugs der elterlichen Sorge eine Beschwerdebefugnis des nicht sorgeberechtigten Elternteils gegen die gerichtliche Genehmigung einer frei-

---

1 Die in § 63 des Referentenentwurfs vorgesehene Verknüpfung der Beschwerdeberechtigung mit der Beteiligtenstellung ist aufgegeben worden. Soweit nach § 7 Abs. 2 Nr. 1 eine Beteiligtenstellung daraus hergeleitet wird, dass durch das Verfahren ein Recht dieser Person unmittelbar betroffen ist, ist im Falle einer belastenden Entscheidung regelmäßig eine Beschwerdebefugnis gegeben.
2 Vgl. Keidel u.a./Kahl § 20 FGG Rn. 12.
3 Vgl. Rn. 16.
4 Tritt diese Situation im Laufe des Beschwerdeverfahrens ein, so muss der Beschwerdeführer sein Rechtsmittel auf die Kosten beschränken, um einer Zurückweisung als unzulässig zu begegnen, BGH 14.10.1992 – XII ZB 150/91 = FamRZ 1993, 314.
5 Solche Fälle sind in der Praxis nicht selten, da die Grenze für eine Berichtigung der ergangenen Entscheidung im Einzelfall unterschiedlich bewertet wird und daher aus Sicherheitsgründen neben einem Berichtigungsantrag auch ein Rechtsmittel eingelegt wird.
6 BGH 26.11.2008 – XII ZB 103/08 = FamRZ 2009, 220 zu § 20 FGG für die Beschwerde eines Vaters, der bisher noch nie Inhaber der elterlichen Sorge war; für andere Fälle offen gelassen. Vgl. weiter Orgis JAmt 2008, 243.

heitsentziehenden Unterbringung des Kindes zusteht.[7] Für das Beschwerderecht von **Kindern** sieht das Gesetz wie nach bisherigem Recht eine Sonderregelung in § 60 vor.

Großeltern, Geschwister und enge Bezugspersonen i.S.d. § 1685 BGB sind hinsichtlich der Durchsetzung der ihnen gesetzlich eingeräumten Umgangskontakte Inhaber subjektiver Rechte, aus denen sich ihre auf diesen Verfahrensgegenstand beschränkte Beschwerdebefugnis herleitet. Soweit dieser Personenkreis dagegen gerichtliche Maßnahmen nach § 1666 BGB anregt, gilt für die Beschwerdeberechtigung dasselbe wie vorstehend für den nicht sorgeberechtigten Elternteil.[8]

Pflegepersonen kann im Einzelfall die Beschwerdebefugnis zustehen. § 1632 Abs. 4 BGB gibt den Pflegepersonen das Recht, eine Verbleibensanordnung zu erwirken, wenn das Pflegekind zur Unzeit aus der Pflegefamilie genommen werden soll. Außerdem sind Pflegepersonen berechtigt, in Vertretung des Inhabers der elterlichen Sorge in alltäglichen Sorgerechtsangelegenheiten zu entscheiden, wenn nicht der Inhaber der elterlichen Sorge etwas anderes erklärt (§ 1688 Abs. 1, 3 BGB). Voraussetzung einer Verbleibensanordnung ist, dass das Pflegeverhältnis längere Zeit andauert und Bindungen entstanden sind. Der grundgesetzlich garantierte Schutz dieser Bindungen und Familienbeziehungen[9] gibt den Pflegeeltern ein eigenes Recht[10] und nicht nur einen aus dem Kindeswohl herrührenden Reflex im Sinne eines bloßen Interesses, der Herausnahme des Kindes aus dem Pflegeverhältnis entgegenzutreten, wenn und solange hierdurch das Kindeswohl gefährdet würde. Ein Beschwerderecht der Pflegeeltern besteht dagegen nicht, soweit die gerichtliche Entscheidung nicht unmittelbar den Verbleib des Kindes, sondern die Regelung der elterlichen Sorge[11] oder des Umgangs der Eltern mit dem Kind betrifft.[12]

Die Beschwerdeberechtigung des **Verfahrensbeistands**, der durch eine das Kind betreffende Entscheidung nicht in eigenen Rechten beeinträchtigt wird, ist in § 158 Abs. 4 Satz 4 geregelt. Danach kann er im Interesse des Kindes ein Rechtsmittel einlegen. Soweit der Verfahrensbeistand durch gerichtliche Maßnahmen oder Entscheidungen in seiner Stellung beeinträchtigt wird (z.B. durch unzulässige Anweisungen hinsichtlich der Ausübung seiner Tätigkeit oder durch eine gesetzlich nicht vorgesehene Einschränkung seiner Aufgaben bzw. seiner Funktion), steht ihm daneben aus eigenem Recht die Beschwerdeberechtigung zu. Zum Beschwerderecht des **Jugendamts** siehe unten Rn. 9 ff.

2. Abstammungssachen

Im Abstammungsverfahren sind gem. § 184 Abs. 3[13] diejenigen beschwerdeberechtigt, die am Verfahren beteiligt waren oder zu beteiligen gewesen wären, was sich wie-

---

7 Bejahend OLG Karlsruhe 20.09.2007 – 5 UF 140/07 = FamRZ 2008, 428 unter Hinweis auf die Beeinträchtigung des Umgangsrechts sowie des im Hinblick auf den Überprüfungsvorbehalt des § 1696 Abs. 3 BGB latent bestehenden Sorgerechts; a.A. OLG Hamm 25.01.2007 – 2 UF 258/06 = FamRZ 2007, 681; OLG Hamm 30.07.2003 – 11 WF 35/03 = FamRZ 2004, 887.
8 OLG Frankfurt 12.11.2001 – 6 UF 27/01 = EzFamR aktuell 2002, 166: auch dann nicht, wenn das Kind in der Obhut der Großeltern lebt.
9 BVerfG 17.10.1984 – 1 BvR 284/84 = FamRZ 1985, 39.
10 BGH 25.08.1999 – XII ZB 109/98 = NJW 1999, 3718; OLG Köln 21.12.1999 – 14 UF 268/99 = FamRZ 2000, 635; Keidel u.a./Kahl § 20 FGG Rn. 65.
11 BGH 11.9.2003 –XII ZB 30/01 – XII ZB 30/01 = FamRZ 2004, 102; 25.08.1999 – XII ZB 109/98 = NJW 1999, 3718.
12 BGH 13.04.2005 – XII ZB 54/03 = FamRZ 2005, 975 (977).
13 Vgl. → § 184 Rn. 6.

derum aus § 172 ergibt. Beteiligte sind demnach das **Kind**, vertreten durch den allein sorgeberechtigten Elternteil oder das JA als Beistand (die Beistandschaft schließt nach § 173 eine gleichzeitige Vertretung durch den sorgeberechtigten Elternteil aus), der **Verfahrensbeistand** (§ 174), die **Mutter**, der **Vater** und im Falle der Anfechtung der Vaterschaft der Mann, der an Eides statt versichert hat, der Mutter in der Empfängniszeit beigewohnt zu haben. Soweit der Mann, der als Vater in Betracht kommt bzw. der seine Vaterschaft angefochten hat, gestorben ist, sind seine Ehefrau, seine Eltern, sein Lebenspartner und seine Kinder beschwerdeberechtigt. Dies folgt auch ohne Übernahme des § 55b Abs. 3 FGG, der die Beschwerdebefugnis dieses Personenkreises für diesen Sonderfall regelte, in das FamFG daraus, dass eine Beeinträchtigung der Rechte dieser Personen möglich ist.[14] Zum Beschwerderecht des **Jugendamts** siehe unten Rn. 9 ff.

3. Adoptionssachen

13 In Adoptionssachen bietet die **in § 188 geregelte Beteiligtenstellung**, die abhängig von dem konkreten Verfahrensziel ist, einen verlässlichen Anhaltspunkt für das Beschwerderecht, da jeweils die Personen zu beteiligen sind, in deren Rechte möglicherweise eingegriffen wird. Im Falle der Zurückweisung des Adoptionsantrags steht das Beschwerderecht allein dem Antragsteller zu (§ 59 Abs. 2).[15] Im Verfahren der Aufhebung einer Minderjährigen-Adoption sind neben dem Kind und dem Annehmenden wegen der rechtlichen Möglichkeit des Wiederauflebens des ursprünglichen Verwandtschaftsverhältnisses und der sich hieraus ergebenden Rechte und Pflichten auch die leiblichen Eltern beschwerdeberechtigt,[16] die nach § 188 Abs. 1 Nr. 3b Beteiligte sind. Die Entscheidung über den Antrag des Annehmenden kann nach dessen Tod weder vom Erben noch vom Nachlassverwalter noch von der Ehefrau und den Kindern angefochten werden.[17] Zum Beschwerderecht des JA und des Landesjugendamts siehe unten Rn. 9 ff.

4. Haushalts- und Ehewohnungssachen

14 Während bei Regelung der Benutzung bzw. der endgültigen **Zuweisung der Haushaltsgegenstände** nur die Eheleute als alleinige Verfahrensbeteiligte beschwerdebefugt sind, kann die Beschwerdeberechtigung bei der endgültigen **Zuweisung der Ehewohnung** auch dem **Vermieter** oder sonstigen **Dritten** zustehen, wenn durch die Begründung eines Mietverhältnisses gem. § 1568a Abs. 4 u. 5 BGB ihre Rechte beeinträchtigt sein könnten. Bei Benutzungsregelungen für die Trennungszeit gem. § 1361b Abs. 1, 2 BGB ist dies dagegen ausgeschlossen, da die Rechtsverhältnisse an der Wohnung und damit der Mietvertrag für diesen Zeitraum nicht geändert werden können und somit die Rechte des Vermieters unberührt bleiben. Bei einer dennoch, d.h. ohne materielle Rechtsgrundlage, vom FamG vorgenommenen Umgestaltung des Mietvertrags ist der Vermieter bei einem möglichen Eingriff in sein Recht zur Einlegung einer Beschwerde befugt. Zum Beschwerderecht des Jugendamts siehe unten Rn. 9 ff.

---

14 BGH 27.04.2005 – XII ZB 184/03 = NJW 2005, 1945 zu § 55 Abs. 3 FGG.
15 BayObLG 21.02.1997 – 1Z BR 200/96 = FamRZ 1997, 841 bei Annahme eines minderjährigen Kindes; anders dagegen bei Annahme eines Volljährigen, Bumiller/Winkler § 20 FGG Rn. 42: Beschwerdebefugnis auch des Anzunehmenden.
16 OLG Düsseldorf 19.06.1997 – 25 Wx 24/97 = FamRZ 1998, 1196.
17 OLG München 16.04.2007 – 31 Wx 102/06 = FamRZ 2008, 299; LG Kassel 05.10.2005 – 3 T 140/05 = FamRZ 2006, 727.

5. Gewaltschutzsachen

In **Gewaltschutzsachen** sind nur das **Opfer** und/oder der **Täter** bei sie belastenden gerichtlichen Entscheidungen beschwerdeberechtigt. Zum Beschwerderecht des JA siehe unten Rn. 9 ff.

6. Versorgungsausgleichssachen

In Verfahren betreffend den Versorgungsausgleich können neben den **Ehegatten** auch die **Versorgungsträger** berechtigt sein, ein Rechtsmittel einzulegen, wobei anders als bei einer Beschwerde der Eheleute eine eigene Beschwer durch die gerichtliche Entscheidung nicht erforderlich ist, sondern es ausreicht, dass der Ausgleich nicht den gesetzlichen Bestimmungen entspricht.

Da die gesetzliche Rentenversicherung und die öffentlichrechtlich organisierten **Versorgungsträger** allgemeine Interessen zu wahren haben, können sie sich gegen jeden Eingriff in ihre Rechtsstellung wehren, der im Recht des Versorgungsausgleichs nicht vorgesehen ist.[18] Ohne Bedeutung ist daher, ob die zu Lasten eines Ehegatten vorgenommene Übertragung oder Begründung von Anwartschaften für den betroffenen Versicherungs- oder Versorgungsträger vorteilhaft oder nachteilig ist. Nicht anfechtbar für die Drittbeteiligten ist ein teilweiser oder vollständiger Verzicht der Ehegatten auf die Durchführung des Versorgungsausgleichs gem. § 7 VersAusglG (bisher § 1587o BGB) sowie der teilweise oder vollständige Ausschluss des Versorgungsausgleichs gem. § 27 VersAusglG (bisher § 1587c BGB). Anders dagegen, wenn die Vereinbarung der Parteien unzulässig ist (von § 3 Abs. 1 VersAusglG abweichende Ehezeit) oder vom FamG unzutreffend umgesetzt worden ist (Verzicht der Parteien auf Berücksichtigung eines Teils der ehezeitlichen Anwartschaften als Änderung der Stichtage für die Ehezeit).

III. Beschwerdeberechtigung bei Zurückweisung eines Antrags (Abs. 2)

Die Zurückweisung eines Antrags in einem Verfahren, welches nur auf Antrag eingeleitet werden kann, kann nur durch den Antragsteller angefochten werden. Diese Regelung entspricht dem bisherigen § 20 Abs. 2 FGG. Voraussetzung der Beschwerdebefugnis ist auch hier, dass der Antragstellende durch die gerichtliche Entscheidung in einem subjektiven Recht verletzt wird. Die Bedeutung des Abs. 2 liegt darin, dass der Personenkreis der Beschwerdeberechtigten gegenüber Abs. 1 eingeschränkt wird. Die Regelung findet nur Anwendung, wenn der **Antrag notwendige Verfahrensvoraussetzung** ist, wie z.B. nach § 1671 Abs. 1, § 1672 Satz 2, § 1685 Abs. 2, §§ 1690, 1707, 1723, 1961 BGB (anders dagegen bei Regelungen, die mit und ohne Antrag eines Beteiligten erfolgen können wie z.B. die Umgangsregelung nach § 1684 Abs. 3 BGB oder die Genehmigungen nach §§ 1820, 1821 BGB) sowie immer in Ehesachen

---

18 BGH 04.10.1989 – IVb ZB 30/88 = FamRZ 1990, 384 für einen Träger der gesetzlichen Rentenversicherung; BGH 20.12.1995 – XII ZB 128/95 = FamRZ 1996, 482 für eine öffentlichrechtliche Zusatzversorgungskasse; zur Beschwerdeberechtigung des privatrechtlich organisierten Versorgungsträgers, dessen Satzung eine Realteilung erlaubt, vgl. BGH 27.08.2003 – XII ZB 33/00 = FamRZ 2003, 1738, 1740.

und Familienstreitsachen (bisherige ZPO-Familiensachen). In **Familienstreitsachen** ist – ausgenommen die Anschlussbeschwerde nach § 66 – neben der materiellen Beschwer immer auch eine **formelle Beschwer** des Beschwerdeführers, d.h. eine negative Abweichung der gerichtlichen Entscheidung von dem Antrag des Beteiligten, erforderlich.

IV. Beschwerdeberechtigung von Behörden (Abs. 3)

19 Die Vorschrift enthält keine eigene Regelung der Beschwerdebefugnis, sondern lediglich einen Verweis darauf, dass Behörden nur dann beschwerdebefugt sind, wenn dies **gesetzlich besonders bestimmt** ist. Dies ist immer dann der Fall, wenn eine Behörde zur Wahrnehmung öffentlicher Interessen im Verfahren anzuhören ist und sich am Verfahren beteiligen kann. Die **Beteiligtenstellung** in erster Instanz ist aber keine notwendige Voraussetzung für das Beschwerderecht. Dadurch wird vermieden, dass sich Behörden nur zur Wahrung ihrer Beschwerdeberechtigung stets am Verfahren erster Instanz beteiligen. Die Möglichkeit der Ausübung des Beschwerderechts wird dadurch gewährleistet, dass den Behörden die Endentscheidungen unabhängig von ihrer Beteiligtenstellung mitzuteilen sind.

20 Es bestehen folgende **gesetzlichen Bestimmungen** der Beschwerdebefugnis:
- § 162 Abs. 3: Jugendamt in Kindschaftssachen,[19]
- § 176 Abs. 2: Jugendamt in Abstammungssachen,[20]
- § 194 Abs. 2, § 195 Abs. 2: Jugendamt und Landesjugendamt in Adoptionssachen,[21]
- § 205 Abs. 2: Jugendamt in Ehewohnungssachen,[22]
- § 303 Abs. 1, § 335 Abs. 5: Betreuungsbehörde in Betreuungssachen,
- § 53 PStG: Aufsichtsbehörde in Personenstandssachen.

Das Beschwerderecht ist in diesen Fällen nicht an das Vorliegen weiterer Voraussetzungen gebunden.

§ 60 Beschwerderecht Minderjähriger

Ein Kind, für das die elterliche Sorge besteht, oder ein unter Vormundschaft stehender Mündel kann in allen seine Person betreffenden Angelegenheiten ohne Mitwirkung seines gesetzlichen Vertreters das Beschwerderecht ausüben. Das Gleiche gilt in sonstigen Angelegenheiten, in denen das Kind oder der Mündel vor einer Entscheidung des Gerichts gehört werden soll. Dies gilt

---

[19] Vgl. → § 162 Rn. 8.
[20] Vgl. → § 176 Rn. 8.
[21] Vgl. → § 194 Rn. 5.
[22] Vgl. → § 205 Rn. 2.

nicht für Personen, die geschäftsunfähig sind oder bei Erlass der Entscheidung das 14. Lebensjahr nicht vollendet haben.

I. Inhalt und Bedeutung der Norm

Die Vorschrift regelt das **selbstständige Beschwerderecht des Kindes** unabhängig vom Willen der ansonsten vertretungsberechtigten Personen. Diese Regelung ist erforderlich, da nach § 9 Abs. 1 eine nicht voll geschäftsfähige Person grundsätzlich nicht selbstständig verfahrensfähig ist, sondern gem. § 9 Abs. 2 nur durch eine zur Vertretung befugte Person am Verfahren teilnehmen kann, in dem seine Rechte und Interessen betroffen sind. § 60 bestätigt diesen Grundsatz für das Beschwerdeverfahren und sieht gleichzeitig eine Ausnahme hiervon für Personen vor, die das 14. Lebensjahr vollendet haben. Die Regelung ist im Wesentlichen inhaltsgleich mit § 59 Abs. 1 und 3 FGG **bisheriger Rechtslage**. Auf die nach § 59 Abs. 2 FGG vorgesehene Einschränkung der Mitteilung der Gründe der anfechtbaren Entscheidung an den beschwerdeberechtigten Minderjährigen ist verzichtet worden. 1

II. Beschwerderecht für Minderjährige mit Vollendung des 14. Lebensjahrs

Für Minderjährige, die mindestens 14 Jahre alt sind, sieht das Gesetz abweichend von dem Grundsatz, dass sie mangels Verfahrensfähigkeit nicht selbstständig mit Anträgen am Verfahren teilnehmen können, eine Ausnahme für das Beschwerdeverfahren vor. Voraussetzung ist, dass für das Kind elterliche Sorge oder Vormundschaft besteht und der Gegenstand der Entscheidung eine seine Person betreffende Angelegenheit ist. **Maßgeblicher Zeitpunkt** für die Altersgrenze der Vollendung des 14. Lebensjahrs ist der Erlass der Entscheidung (§ 38 Abs. 3 Satz 3). Aus dem Beschwerderecht folgt indes nicht das Recht, bereits im erstinstanzlichen Verfahren selbstständig Anträge zu stellen.[1] 2

Die mangelnde Verfahrensfähigkeit und damit auch die mangelnde Beschwerdeberechtigung eines noch nicht 14 Jahre alten Kindes kann nicht durch die **Beauftragung eines Rechtsanwalts** ersetzt werden. Die Bevollmächtigung des Rechtsanwalts durch das Kind ist gem. §§ 106, 107 BGB unwirksam.[2] 3

§ 61 Beschwerdewert; Zulassungsbeschwerde

(1) In vermögensrechtlichen Angelegenheiten ist die Beschwerde nur zulässig, wenn der Wert des Beschwerdegegenstandes 600 Euro übersteigt.

---
1 BVerfG 20.08.2003 – 1 BvR 1354/03 = FamRZ 2004, 86.
2 OLG Hamm 23.10.2001 – 2 WF 474/01 = FamRZ 2002, 1127.

(2) Übersteigt der Beschwerdegegenstand nicht den in Absatz 1 genannten Betrag, ist die Beschwerde zulässig, wenn das Gericht des ersten Rechtszugs die Beschwerde zugelassen hat.

(3) Das Gericht des ersten Rechtszugs lässt die Beschwerde zu, wenn

1. die Rechtssache grundsätzliche Bedeutung hat oder die Fortbildung des Rechts oder die Sicherung einer einheitlichen Rechtsprechung eine Entscheidung des Beschwerdegerichts erfordert und
2. der Beteiligte durch den Beschluss mit nicht mehr als 600 Euro beschwert ist.

Das Beschwerdegericht ist an die Zulassung gebunden.

Übersicht

I. Inhalt und Bedeutung der Norm	1
1. Gesetzessystematischer Bezugsrahmen	1
2. Bisherige Rechtslage	2
II. Erforderlichkeit einer Beschwer des Beschwerdeführers	3
III. Mindestbeschwer für die Zulässigkeit von Beschwerden in vermögensrechtlichen Angelegenheiten (Abs. 1)	5
IV. Zulassung der Beschwerde (Abs. 2 u. 3)	10

I. Inhalt und Bedeutung der Norm

1. Gesetzessystematischer Bezugsrahmen

1 Die nach § 58 eröffnete Beschwerdemöglichkeit wird durch § 61 für Verfahren, die **vermögensrechtliche Angelegenheiten** betreffen, eingeschränkt. Die Zulässigkeit der Beschwerde setzt das Erreichen eines Beschwerdewerts von mehr als 600 EUR bzw. bei Unterschreiten dieses Betrags die Zulassung der Beschwerde durch das erstinstanzliche Gericht voraus. Das Gesetz verzichtet bewusst auf eine Sonderregelung für eine vom Wert her bestimmte Beschränkung von Beschwerden gegen **Kostenentscheidungen**, da es keinen wesentlichen Unterschied für die Beschwer eines Beteiligten macht, ob er sich gegen eine Kosten- oder Auslagenentscheidung oder gegen eine ihn wirtschaftlich belastende Entscheidung in der Hauptsache wendet.[1] Es gilt somit für die Anfechtung einer Kostenentscheidung die allgemein für Beschwerden bestimmte **Wertgrenze**. Für nichtvermögensrechtliche Angelegenheiten bedarf es dagegen lediglich einer Beschwer, ohne dass es auf deren wertmäßigen Umfang ankommt.

2. Bisherige Rechtslage

2 Für die bislang der Berufung nach Zivilprozessordnung unterliegenden Angelegenheiten sah **§ 511 Abs. 2 Nr. 1 ZPO** ebenfalls eine Beschränkung des Rechtsmittels durch die Wertgrenze von 600 EUR vor. In gleicher Weise beschränkte **§ 14 HausratsV** die Zulässigkeit der befristeten Beschwerde nach **§ 621e ZPO a.F.** gegen Entscheidungen über den Hausrat von Eheleuten, bei denen es sich nach ihrem Gegenstand auch um

---

1 BT-Drs. 16/6308, S. 204. Trotz dieser eindeutigen Aussage der Gesetzesbegründung sieht Schael FPR 2009, 11 (13) keinen Raum für eine Anfechtung der Kostenentscheidung.

eine vermögensrechtliche Angelegenheit handelt. Die Möglichkeit der Zulassung der Beschwerde durch das erstinstanzliche Gericht bestand für die jetzt unter dem Begriff der Familienstreitsachen (§ 112) zusammengefassten Angelegenheiten bisher schon nach § 511 Abs. 2 Nr. 2, Abs. 3, 4 ZPO. Erweitert ist die Zulassungsmöglichkeit nach dem FamFG gegenüber dem bisherigen Recht insoweit, als sie auch auf Entscheidungen über den Hausrat von Eheleuten Anwendung findet.

II. Erforderlichkeit einer Beschwer des Beschwerdeführers

Beschwerdeführer, deren Beschwerdeberechtigung sich in **nicht vermögensrechtlichen Angelegenheiten** (Kindschafts-, Adoptions-, Abstammungs-, Versorgungsausgleichs- und Gewaltschutzsachen) aus der Beeinträchtigung eines subjektiven eigenen Rechtes herleitet, müssen die Verletzung eines solchen Rechts geltend machen. Ist nach dem Beschwerdevorbringen eine solche Verletzung möglich, so liegt eine ausreichende Beschwer vor. Eine formelle Beschwer, d.h. ein Abweichen von dem erstinstanzlichen Antrag des Beschwerdeführers, ist auch in Antragsverfahren nicht erforderlich, da es sich bei den dort gestellten Anträgen nicht um echte Sachanträge handelt, die den Umfang der Regelung für das Gericht verbindlich festlegen. 3

Besteht die Beschwerdeberechtigung dagegen unabhängig von der Beeinträchtigung von Rechten des Beschwerdeführers wie bei der **Beschwerde eines Versorgungsträgers oder des Jugendamts** (vgl. § 59 Rn. 17, 20), so kann folgerichtig eine eigene Beschwer nicht verlangt werden. Vielmehr ist es in diesem Fall ausreichend, wenn der Beschwerdeführer geltend macht, die gerichtliche Entscheidung entspreche nicht dem Gesetz. 4

III. Mindestbeschwer für die Zulässigkeit von Beschwerden in vermögensrechtlichen Angelegenheiten (Abs. 1)

In **vermögensrechtlichen Angelegenheiten** (Unterhalts-, Güterrechts-, Haushaltssachen und sonstige Familiensachen nach § 266 bzw. Lebenspartnerschaftssachen mit diesen Regelungsgegenständen) ist immer eine Beschwer des Beschwerdeführers Zulässigkeitsvoraussetzung der Beschwerde. Zur Ausnahme von dem Erfordernis der Beschwer im Falle einer Versäumnisentscheidung in Familienstreitsachen → § 117 Rn. 7. Die Beschwer folgt regelmäßig aus dem negativen Abweichen der gerichtlichen Entscheidung von dem mit dem gestellten Antrag verfolgten vermögensrechtlichen Interesse – **formelle Beschwer**.[2] An der erforderlichen Beschwer fehlt es demnach, wenn dem Antrag des Beteiligten entsprochen worden ist, wobei es unerheblich ist, ob dies aus anderen rechtlichen Gründen geschehen ist als den von diesem Beteiligten geltend gemachten. 5

---
2 BGH 09.10.1990 – VI ZR 89/90 = NJW 1991, 704.

Abschnitt 5 Rechtsmittel

6 Maßgeblich für diese Feststellung sind in erster Linie die erstinstanzlichen Anträge und der Tenor der hierauf ergangenen Entscheidung. Im Einzelfall kann es erforderlich sein, die **Entscheidungsgründe** zur Feststellung, worüber in welchem Umfang entschieden worden ist, heranzuziehen.[3] Andererseits begründet eine **Teilabweisung** von Anträgen eine Beschwer, selbst wenn sich aus den Entscheidungsgründen ergibt, dass der Klage uneingeschränkt stattgegeben werden sollte.[4] Trotz des Vorliegens einer formellen Beschwer ist ein Rechtsmittel unzulässig, wenn diese Beschwer nicht angegriffen wird.[5]

7 Ob die formelle Beschwer nicht nur bei einem Rechtsmittel des Antragstellers, sondern auch bei einem Rechtsmittel des Antragsgegners maßgeblich ist oder hier eine vom erstinstanzlichen Antrag unabhängige **materielle Beschwer** ausreicht, ist umstritten.[6] Ist die Entscheidung auf ein Anerkenntnis des Antragsgegners hin ergangen, so dürfte ein Abstellen auf die materielle Beschwer zutreffend sein, da ein Grund, der zum Widerruf des Anerkenntnisses berechtigt oder eine Abänderung nach § 238 rechtfertigt, mit der Beschwerde geltend gemacht werden kann.[7]

8 Die Beschwer muss im **Zeitpunkt der Rechtsmitteleinlegung** vorliegen und darf nicht vor der Entscheidung entfallen.[8] Sie kann nicht durch Antragserweiterung im Beschwerdeverfahren geschaffen werden, wenn nicht zumindest ein Teil des erstinstanzlichen Begehrens mit dem Rechtsmittel weiter verfolgt wird.[9] Ist ein Antrag mangels Aktivlegitimation abgewiesen worden, so kann ohne ein Rechtsmittel des bisherigen Antragstellers ein neuer Beteiligter, der die erforderliche Aktivlegitimation besitzt, nicht im Wege des Wechsels der Beteiligten das Beschwerdeverfahren weiterführen, da es an einer auch nur teilweisen Weiterführung des erstinstanzlichen Verfahrens fehlt.[10]

9 Bei **Erledigung der Hauptsache** im Laufe des Beschwerdeverfahrens entfällt – abgesehen von dem Sonderfall des § 62 – die Beschwer mit der Folge, dass das Rechtsmittel unzulässig wird, soweit es nicht auf den Kostenpunkt beschränkt wird.[11] Tritt die Erledigung zwischen den Instanzen ein, d.h. nach der letzten mündlichen Verhandlung und vor der Beschwerdeeinlegung, so ist die Einlegung der Beschwerde mangels Beschwer unzulässig, soweit der zugesprochene Anspruch erfüllt ist. Im Einzelfall kann dennoch für den antragstellenden Beteiligten ein Rechtsschutzbedürfnis bestehen, im Beschwerdeverfahren die Erledigung der Hauptsache und damit die ursprüngliche Begründetheit des Anspruchs feststellen zu lassen.[12]

---

3 BGH 21.01.1986 – VI ZR 63/85 = NJW 1986, 2703.
4 BGH 10.03.1993 – VIII ZR 85/92 = NJW 1993, 2052.
5 OLG Karlsruhe 13.12.1979 – 16 UF 23/79 = FamRZ 1980, 682.
6 Zöller/Gummer/Heßler Vorb § 511 ZPO Rn. 19.
7 So für das bisherige Recht BGH 27.05.1981 – IVb ZR 589/80 = FamRZ 1981, 282 (für den Widerruf des Anerkenntnisses); BGH 10.03.1993 – XII ZR 191/91 = FamRZ 1993, 941 (für das Vorliegen eines Abänderungsgrunds).
8 BGH 29.06.2004 – X ZB 11/04 = FamRZ 2004, 1553.
9 BGH 30.11.2005 – XII ZR 112/03 = FamRZ 2006, 402.
10 BGH 21.09.1994 – VIII ZB 22/94 = NJW 1994, 3358.
11 BGH 29.06.2004 – X ZB 11/04 = FamRZ 2004, 1553.
12 BGH 29.04.1992 – XII ZR 221/90 = NJW-RR 1992, 1033.

IV. Zulassung der Beschwerde (Abs. 2 u. 3)

In vermögensrechtlichen Angelegenheiten, in denen der Beschwerdewert nach Abs. 1 nicht erreicht wird, findet die Beschwerde dennoch statt, wenn das Gericht des ersten Rechtszugs sie zulässt. Es handelt sich um eine **Ausnahmeregelung**, die nach Abs. 3 an enge Voraussetzungen gebunden ist und inhaltlich § 511 Abs. 4 ZPO[13] entspricht. Nach Abs. 3 Nr. 1 hat das erstinstanzliche Gericht die Beschwerde zuzulassen, wenn die Rechtssache grundsätzliche Bedeutung hat oder die Fortbildung des Rechts oder die Sicherung einer einheitlichen Rechtsprechung eine Entscheidung des Beschwerdegerichts erfordert. Dies ist immer dann der Fall, wenn der Sache eine über den Einzelfall hinausgehende Bedeutung zukommt oder wenn das Gericht des ersten Rechtszugs in einer Rechtsfrage von einer obergerichtlichen Entscheidung abweicht oder eine obergerichtliche Entscheidung der maßgeblichen Rechtsfrage noch nicht erfolgt ist.[14] Die Entscheidung über die Zulassung der Beschwerde setzt **keinen Antrag** eines Verfahrensbeteiligten voraus. Unterbleibt ein solcher Antrag, der als Anregung an das Gericht zu verstehen ist, so steht eine Entscheidung über die Zulassung der Beschwerde, die mit der Endentscheidung zu treffen ist, im Ermessen des erstinstanzlichen Gerichts. Das **Fehlen eines Ausspruchs** über die Zulassung kann dann auch nicht im Wege der Ergänzung des Beschlusses (§ 113 Abs. 1 i.V.m. § 319 ZPO), sondern allenfalls durch eine Beschlussberichtigung (§ 113 i.V.m. § 320 ZPO) korrigiert werden, was allerdings voraussetzt, dass das Versehen des Gerichts bei der Verkündung der Entscheidung objektiv erkennbar war und nicht etwa nur gerichtsintern geblieben ist.[15] Durch Abs. 3 Nr. 2 wird klargestellt, dass eine Zulassung nur in Betracht kommt, wenn eine Wertbeschwerde nicht statthaft ist.[16] Ist es zweifelhaft, ob die Wertgrenze erreicht wird, sollte über die Zulassung entschieden werden.[17]

10

Die Zulassung der Beschwerde ist nicht **beschränkbar** auf eine isolierte Rechtsfrage,[18] jedoch auf einen Teilaspekt, über den das erstinstanzliche Gericht durch eine das Verfahren abschließende Teilentscheidung hätte befinden dürfen. Gegen die Nichtzulassung findet ein Rechtsmittel nicht statt. Möglich ist ein Abhilfeverfahren nach § 113 Abs. 1 i.V.m. § 321a ZPO.[19]

11

Das Beschwerdegericht ist an die **Zulassung** durch das erstinstanzliche Gericht gebunden (Abs. 3 S. 2). Die **Nichtzulassung** ist für die Verfahrensbeteiligten nicht anfechtbar. Entscheidet der Rechtspfleger, so ist gem. § 11 RPflG die Erinnerung gegeben.

12

---

13 In der Fassung nach dem 1. Justizmodernisierungsgesetz vom 24.08.2004 (BGBl I S. 2198), die wiederum inhaltlich der Zulassung der Revision durch das Berufungsgericht nach § 543 Abs. 2 ZPO entspricht.
14 Zur Auslegung dieser gesetzlichen Zulassungskriterien und ihrer Anwendung in der Praxis vgl. z.B. Zöller/Gummer § 543 ZPO Rn. 11–15c.
15 LG Mainz 17.07.2002 – 3 S 135/02 = FamRZ 2003, 1195.
16 BT-Drucks. 16/6308, S. 204.
17 MünchKomm/Akt/Rimmelspacher § 511 ZPO Rn. 85.
18 BGH 20. 5. 2003 – XI ZR 248/02 = NJW 2003, 2529.
19 BVerfG 26.05.2004 – 1 BvR 172/04 = NJW 2004, 2584, wo ein Verstoß gegen das Willkürverbot wegen unzureichender Prüfung der Zulassungsvoraussetzungen bejaht worden ist.

§ 62 Statthaftigkeit der Beschwerde nach Erledigung der Hauptsache

(1) Hat sich die angefochtene Entscheidung in der Hauptsache erledigt, spricht das Beschwerdegericht auf Antrag aus, dass die Entscheidung des Gerichts des ersten Rechtszugs den Beschwerdeführer in seinen Rechten verletzt hat, wenn der Beschwerdeführer ein berechtigtes Interesse an der Feststellung hat.

(2) Ein berechtigtes Interesse liegt in der Regel vor, wenn
1. schwerwiegende Grundrechtseingriffe vorliegen oder
2. eine Wiederholung konkret zu erwarten ist.

Übersicht

I. Inhalt und Bedeutung der Norm	1
1. Gesetzessystematischer Bezugsrahmen	1
2. Bisherige Rechtslage	2
II. Statthaftigkeit der Beschwerde trotz Erledigung der Hauptsache	3

I. Inhalt und Bedeutung der Norm

1. Gesetzessystematischer Bezugsrahmen

1 Die Bestimmung eröffnet die Möglichkeit, eine erstinstanzliche Entscheidung unter besonderen Voraussetzungen in der Beschwerdeinstanz auf ihre Rechtmäßigkeit hin überprüfen zu lassen, auch wenn die Hauptsache sich nachträglich, d.h. nach der erstinstanzlichen Entscheidung, erledigt hat. Dabei werden die Anforderungen für das Interesse an dieser Feststellung des Beschwerdegerichts näher bestimmt.

2. Bisherige Rechtslage

2 Das FGG enthielt keine entsprechende Regelung. Allerdings wurde in neuerer Zeit durch die **verfassungsgerichtliche Rechtsprechung**[1] im Einzelfall ein Rechtsschutzinteresse eines Beteiligten an der Feststellung der Rechtswidrigkeit der Entscheidung des Erstgerichts in fG-Verfahren nach Erledigung des ursprünglichen Rechtsschutzzieles bejaht. Diese Rechtsprechung war beschränkt auf Fälle möglicher schwerwiegender Grundrechtsverletzungen z.B. bei Freiheitsentziehungsmaßnahmen in Unterbringungs- oder Abschiebehaftsachen. Die jetzige Regelung greift diese Grundsätze auf.

II. Statthaftigkeit der Beschwerde trotz Erledigung der Hauptsache

3 Für den Regelfall besteht nach Erledigung der Hauptsache kein schutzwürdiges rechtliches Interesse an der Feststellung der Fehlerhaftigkeit der erstinstanzlichen Entscheidung. **Ausnahmsweise** ist ein solches **berechtigtes Feststellungsinteresse** gege-

---

[1] BVerfG 05.12.2001 – 2 BvR 527/99 = NJW 2002, 2456.

ben, wenn ein besonderes Interesse eines Verfahrensbeteiligten an einer Feststellung der Rechtslage, ohne dass noch eine entsprechende wirksame Regelung getroffen werden kann, zu bejahen ist. Voraussetzung ist, dass der Beschwerdeführer einen **Antrag** stellt festzustellen, dass er durch die angefochtene Entscheidung in seinen Rechten verletzt worden ist (Abs. 1). Liegt ein berechtigtes Feststellungsinteresse nicht vor, so ist das Verfahren nach den allgemeinen Regeln nach Erledigung der Hauptsache abzuschließen, d.h., es ist die Erledigung der Hauptsache festzustellen und die Beschwerde, wenn sie trotz eines Hinweises auf die Rechtslage aufrechterhalten wird, mangels Beschwer als unzulässig zu verwerfen.

Abs. 2 benennt Regelbeispiele für das Vorliegen eines berechtigten Feststellungsinteresses. Nach Nr. 1 ist in der Regel bei einem **schwerwiegenden Grundrechtseingriff** durch die erstinstanzliche Entscheidung ein solches Feststellungsinteresse gegeben. In solchen Fällen besteht auch nach Wegfall des Eingriffs auch ohne die Gefahr einer Wiederholung des Eingriffs ein schutzwürdiges Interesse des hiervon Betroffenen daran, die Rechtmäßigkeit des Eingriffs zur Überprüfung durch das Beschwerdegericht zu stellen. Das Kriterium der Schwere des Eingriffs in grundrechtlich geschützte Positionen schließt an die Rechtsprechung des BVerfG insbesondere bei freiheitsentziehenden Maßnahmen im Rahmen von Unterbringungs- und Abschiebehaftsachen.[2] Ein schwerwiegender Grundrechtseingriff, der ein berechtigtes Interesse an der Überprüfung der gerichtlichen Entscheidung begründen kann, kommt im familienrechtlichen Bereich vor allem bei gerichtlichen Maßnahmen zur Regelung der elterlichen Sorge und des Umgangs, bei freiheitsentziehender Unterbringung sowie bei Verweisung eines Beteiligten aus seiner Wohnung nach § 2 GewSchG bzw. § 1361b Abs. 1 u. 2 BGB in Betracht.

4

Alternativ bezeichnet das Gesetz in Nr. 2 die **konkrete Wiederholungsgefahr** als hinreichend für ein berechtigtes Feststellungsinteresse. Auch insoweit knüpft die gesetzliche Regelung an die Rechtsprechung des BVerfG an.[3] Danach besteht ein Rechtsschutzinteresse regelmäßig fort, wenn die Entscheidung des Beschwerdegerichts dazu dienen kann, einer Wiederholungsgefahr zu begegnen. Da in diesem Fall ein schwerwiegender Grundrechtseingriff nicht erforderlich ist, können auch behauptete formale Verstöße des erstinstanzlichen Gerichts ein berechtigtes Feststellungsinteresse des hiervon betroffenen Verfahrensbeteiligten begründen, wenn nicht nur eine eher theoretische, sondern konkrete Wiederholungsgefahr besteht. Hinreichend konkret ist die Gefahr, wenn ein weiteres Verfahren, in welchem es zu gleichartigen oder ähnlichen Fehlern kommen kann, bereits anhängig ist oder das spätere Anhängigwerden eines solchen Verfahrens vor demselben Gericht nicht unwahrscheinlich erscheint.

5

---

2 BVerfG 05.12.2001 – 2 BvR 527/99 = NJW 2002, 2456; BVerfG 10.05.1998 – 2 BvR 978/97 = NJW 1998, 2432.
3 BVerfG 05.12.2001 – 2 BvR 527/99 = NJW 2002, 2456.

§ 63 Beschwerdefrist

(1) Die Beschwerde ist, soweit gesetzlich keine andere Frist bestimmt ist, binnen einer Frist von einem Monat einzulegen.

(2) Die Beschwerde ist binnen einer Frist von zwei Wochen einzulegen, wenn sie sich gegen

1. eine einstweilige Anordnung oder
2. einen Beschluss, der die Genehmigung eines Rechtsgeschäfts zum Gegenstand hat,

richtet.

(3) Die Frist beginnt jeweils mit der schriftlichen Bekanntgabe des Beschlusses an die Beteiligten. Kann die schriftliche Bekanntgabe an einen Beteiligten nicht bewirkt werden, beginnt die Frist spätestens mit Ablauf von fünf Monaten nach Erlass des Beschlusses.

Übersicht

I. Inhalt und Bedeutung der Norm	1
II. Beschwerdefrist: 1 Monat (Abs. 1)	3
III. Beschwerdefrist: 2 Wochen (Abs. 2)	4
IV. Beginn und Ende der Frist (Abs. 3)	6

I. Inhalt und Bedeutung der Norm

1 Gesetzessystematisch bewirkt § 63 die Abschaffung der unbefristeten Beschwerde.[1] Es gibt nur noch befristete Rechtsmittel, wobei grundsätzlich die Monatsfrist gilt und andere Fristen nur aufgrund ausdrücklicher gesetzlicher Bestimmung in Betracht kommen. Der Verzicht auf unbefristete Beschwerden dient neben der Vereinheitlichung[2] und Übersichtlichkeit des Rechtsmittelrechts der Verfahrensbeschleunigung. Es soll möglichst frühzeitig Rechtsklarheit für alle Beteiligten geschaffen werden.

2 In Familiensachen waren die Rechtsmittel bereits bislang – abweichend von dem für FGG-Verfahren geltenden Grundsatz der unbefristeten Beschwerde nach § 19 FGG – aufgrund gesetzlicher Sonderregelungen weitgehend befristet. Gegen Endentscheidungen gab es die der Berufung ähnlich ausgestaltete befristete Beschwerde (§ 64 Abs. 3 FGG, § 621a Abs. 1, § 621e ZPO), während es für die Zwischenentscheidungen grundsätzlich auch in Familiensachen bei der unbefristeten Beschwerde blieb, jedoch mit Ausnahmen für die häufigsten Anwendungsfälle, nämlich die Anfechtung von Prozesskostenhilfeentscheidungen und einstweiligen Anordnungen, für welche die sofortige Beschwerde nach § 567 ZPO galt (§ 127 Abs. 2, § 620c ZPO). Die unbefristete Beschwerde verblieb als Rechtsmittel gegen prozessleitende Verfügungen und gegen Vollstreckungsentscheidungen nach § 33 FGG.

---

[1] Lediglich in Grundbuch- und Schiffsregisterangelegenheiten bleibt die unbefristete Beschwerde erhalten.
[2] In der ZPO ist die unbefristete Beschwerde bereits seit dem 01.01.2002 (Gesetz zur Reform des Zivilprozesses vom 27.07.2001, BGBl I S. 1887) beseitigt worden.

II. Beschwerdefrist: 1 Monat (Abs. 1)

Die Beschwerdefrist von einem Monat gilt grundsätzlich gegenüber erstinstanzlichen Entscheidungen, wobei es sich nur um Endentscheidungen handeln kann, da Zwischenentscheidungen – soweit gegen sie überhaupt ein Rechtsmittel statthaft ist,[3] der Anfechtung mit der sofortigen Beschwerde gem. §§ 567 bis 572 ZPO unterliegen.

III. Beschwerdefrist: 2 Wochen (Abs. 2)

Da es sich bei **einstweiligen Anordnungen** aufgrund ihrer verfahrensrechtlichen Eigenständigkeit nunmehr um Endentscheidungen handelt, die in den gesetzlich bestimmten Fällen (§ 57 Nr. 1 bis 5) mit der Beschwerde gem. § 58 anfechtbar sind, würde an sich die Monatsfrist nach Abs. 1 gelten. Durch die Sonderregelung in Abs. 2 wird jedoch eine Beschwerdefrist von zwei Wochen bestimmt, so dass es hinsichtlich der Frist im Ergebnis bei der früheren Regelung nach § 620c ZPO a.F. verbleibt, als die sofortige Beschwerde gem. §§ 567 ff. ZPO mit einer Frist zwei Wochen gegeben war.

Die kurze Beschwerdefrist von zwei Wochen bestimmt das Gesetz außerdem für Rechtsmittel gegen erstinstanzliche Entscheidungen, die die **Genehmigung eines Rechtsgeschäfts** zum Gegenstand haben, weil hier im Interesse der Rechtsklarheit und -sicherheit ein besonderes Bedürfnis an einer möglichst zügigen Feststellung der Rechtslage besteht.[4]

IV. Beginn und Ende der Frist (Abs. 3)

Die Vorschrift knüpft an den bisherigen § 22 Abs. 1 Satz 2 FGG an, bestimmt aber, dass für den Beginn der Frist die **Bekanntgabe an die Verfahrensbeteiligten (§ 7) schriftlich erfolgt** sein muss und nicht mehr wie früher die Bekanntmachung durch Verkündung (§ 16 Abs. 2 FGG bzw. in Familiensachen § 621a Abs. 1 Satz 2, § 329 Abs. 2 ZPO) ausreicht. Es wird hierdurch eine Harmonisierung mit § 517 Halbs. 1 ZPO erreicht. Für die Zustellung und den Fristenlauf gelten gem. § 15 Abs. 2, § 16 Abs. 2 die zivilprozessualen Vorschriften entsprechend.

Durch das Abstellen auf die Bekanntgabe an die Beteiligten wird klargestellt, dass derjenige, der am erstinstanzlichen Verfahren nicht beteiligt war und der Auffassung ist, durch den Beschluss in seinen Rechten beeinträchtigt zu sein (§ 59 Abs. 1), nur fristgemäß Beschwerde einlegen kann, bis die Frist für den letzten Beteiligten abgelaufen ist. Diese Lösung dient der Rechtsklarheit und -sicherheit, da die Feststellung der Rechtskraft einer Entscheidung einfacher erfolgen kann als bisher. Die Hinzuziehungspflicht nach § 7 Abs. 2 Nr. 1 und die Benachrichtigungspflicht des Gerichts gem. § 7 Abs. 4 stellen sicher, dass die dem Gericht bekannten Beteiligten zu dem Verfahren hinzugezogen werden oder in die Lage versetzt werden, einen Antrag auf Hinzuziehung zu stellen.

---

3 Vgl. → § 58 Rn. 13.
4 Vgl. → § 40 Rn. 5.

8 Außerdem wird nunmehr erstmals ein Zeitpunkt festgesetzt, ab dem die Rechtsmittelfrist spätestens in Gang gesetzt wird, wenn eine schriftliche Bekanntgabe nicht erfolgt ist. Diese Regelung ist angelehnt an § 517 Halbs. 2 ZPO, wobei allerdings anders als dort nicht auf die Verkündung der Entscheidung, sondern auf den **Ablauf von fünf Monaten seit ihrem Erlass** (§ 38 Abs. 3 Satz 3: Zeitpunkt der Übergabe der Entscheidung an die Geschäftsstelle bzw. des Verlesens der Beschlussformel) abstellt, da in FamFG-Verfahren regelmäßig eine Verkündung nicht erforderlich ist. Da nach Satz 1 eine Bekanntgabe nur an Verfahrensbeteiligte notwendig ist, wird die Auffangfrist von fünf Monaten nur ausgelöst, wenn die Zustellung an einen Verfahrensbeteiligten unterblieben ist. Dagegen gilt die Frist nicht für denjenigen, der bislang nicht am Verfahren beteiligt war und durch die gerichtliche Entscheidung möglicherweise in seinen Rechten beeinträchtigt wird.

9 Wird die Frist zur Einlegung des Rechtsmittels versäumt, so kommt eine **Wiedereinsetzung in den vorigen Stand** unter den Voraussetzungen der §§ 17 ff., in Ehe- und Familienstreitsachen nach § 117 Abs. 5 i.V.m. §§ 233, 234 Abs. 1 Satz 2 ZPO in Betracht.

§ 64 Einlegung der Beschwerde

(1) Die Beschwerde ist bei dem Gericht einzulegen, dessen Beschluss angefochten wird.

(2) Die Beschwerde wird durch Einreichung einer Beschwerdeschrift oder zur Niederschrift der Geschäftsstelle eingelegt. Die Einlegung der Beschwerde zur Niederschrift der Geschäftsstelle ist in Ehesachen und Familienstreitsachen ausgeschlossen. Die Beschwerde muss die Bezeichnung des angefochtenen Beschlusses sowie die Erklärung enthalten, dass Beschwerde gegen diesen Beschluss eingelegt wird. Sie ist von dem Beschwerdeführer oder seinem Bevollmächtigten zu unterzeichnen.

(3) Das Beschwerdegericht kann vor der Entscheidung eine einstweilige Anordnung erlassen; es kann insbesondere anordnen, dass die Vollziehung des angefochtenen Beschlusses auszusetzen ist.

Übersicht

I. Inhalt und Bedeutung der Norm	1
II. Zuständiges Gericht (Abs. 1)	3
III. Form und Inhalt der Beschwerdeschrift (Abs. 2)	4
IV. Einstweilige Anordnung – Aussetzung der Vollziehung der angefochtenen Entscheidung (Abs. 3)	8

I. Inhalt und Bedeutung der Norm

1 Abs. 1 und Abs. 2 Satz 1 ersetzen weitgehend inhaltsgleich die bisherige Regelung des § 21 FGG, während Abs. 3 identisch ist mit dem bisherigen § 24 Abs. 3 FGG. Neu ist die **Beschränkung der Eingangszuständigkeit auf das Erstgericht**, während nach

§ 21 Abs. 1 FGG für den Beschwerdeführer noch ein Wahlrecht zwischen dem Erstgericht und dem Beschwerdegericht bestand. Für fG-Familiensachen wurde bei der Anfechtung von Endentscheidungen dieses Wahlrecht nach dem früheren Recht eingeschränkt (§ 621e Abs. 3 ZPO), indem das Rechtsmittel – in Anlehnung an die für ZPO-Familiensachen geltende Regelung (§ 519 Abs. 1 ZPO) – nur beim Beschwerdegericht eingelegt werden konnte. Die Beschränkung erfolgt nunmehr durch die ausschließliche Zuständigkeit des Erstgerichts in die andere Richtung. Da eine Abhilfebefugnis des Erstgerichts nicht besteht (§ 68 Abs. 1 Satz 2), ist dessen Tätigkeit darauf reduziert, dass es die Beschwerde mit den Verfahrensakten an das Beschwerdegericht weiterleitet.

Neu ist außerdem die Bestimmung des Mindestinhalts und der Form der Beschwerdeschrift (Abs. 2 Satz 2 u. 3), während dies bei Endentscheidungen in Familiensachen nur in den früheren Berufungssachen entsprechend geregelt war (§ 519 Abs. 1 ZPO). Durch die nach § 39 obligatorische Rechtsmittelbelehrung ist es dem Beschwerdeführer ohne weiteres möglich, diesen formalen Anforderungen nachzukommen.

II. Zuständiges Gericht (Abs. 1)

Zuständig zur Entgegennahme der Beschwerde ist **ausschließlich** das Gericht, dessen Beschluss angefochten wird. Durch die Einlegung bei einem anderen Gericht wird die Frist nicht gewahrt, wenn die Beschwerde erst nach Ablauf der Frist an das zuständige Gericht gelangt. Das unzuständige Gericht ist verpflichtet, die Beschwerdeschrift im normalen Geschäftsgang unter Hinweis auf eine eventuelle Eilbedürftigkeit wegen des drohenden Fristablaufs an das zuständige Gericht weiterzuleiten, soweit die Fehlleitung der Rechtsmittelschrift leicht und einwandfrei erkennbar ist.[1] Kann dagegen die mangelnde Zuständigkeit nicht ohne weiteres bei der Eingangsprüfung durch den Vorsitzenden des Beschwerdegerichts festgestellt werden, ist es nicht zu beanstanden, wenn eine genaue Prüfung der Zuständigkeit erst mit Eingang der Rechtsmittelbegründung erfolgt.[2] Eine weitergehende Fürsorgepflicht besteht nur, wenn das fälschlich angegangene Gericht vorher mit der Sache befasst gewesen ist.[3]

III. Form und Inhalt der Beschwerdeschrift (Abs. 2)

Die Beschwerde ist durch Einreichung einer **Beschwerdeschrift** einzulegen. Daneben besteht die Möglichkeit der Einlegung des Rechtsmittels durch **Niederschrift der Geschäftsstelle**, was bislang bei Rechtsmitteln gegen Endentscheidungen in Familiensachen nicht vorgesehen war (§ 621e ZPO a.F.). Durch den Anwaltszwang in Ehesachen und Familienstreitsachen (§ 114 Abs. 1, § 112) reduziert sich diese Neuerung indes auf die Einlegung der Beschwerde in isolierten Familiensachen, die weder Unterhalts- und Güterrechtssachen noch Familiensachen gem. § 260 bzw. die entsprechenden Lebenspartnerschaftssachen zum Gegenstand haben. Demnach kann z.B. in einer Umgangs-

---

1 BVerfG 02.09.2002 – 1 BvR 476/01 = NJW 2002, 3692.
2 BGH 15.06.2004 – VI ZB 75/03 = FamRZ 2004, 1764.
3 BVerfG 03.01.2001 – 1 BvR 2147/00 = NJW 2001, 1343.

rechtssache ein beteiligter Elternteil, der für das Beschwerdeverfahren vor dem OLG nicht der anwaltlichen Vertretung bedarf, die Beschwerde sowohl durch eine eigene Beschwerdeschrift als auch durch Niederschrift der Geschäftsstelle einlegen. Hinsichtlich der fernschriftlichen Einreichung einer Beschwerdeschrift (Fax/Computerfax) kann auf die Rechtsprechung und Literatur zu § 519 ZPO Bezug genommen werden.

5   Zum **formalen Mindestinhalt** wird jetzt für alle Beschwerden gefordert, dass der angefochtene Beschluss bezeichnet wird und die Erklärung enthalten ist, dass Beschwerde gegen diesen Beschluss eingelegt wird. Dieses Erfordernis entspricht dem Standard anderer Verfahrensordnungen und dient somit der Harmonisierung des Verfahrenrechts. Dies gilt in gleicher Weise für das weitere Erfordernis der Unterzeichnung der Beschwerdeschrift durch den Beschwerdeführer oder seinen Bevollmächtigten. Für die Beschwerden gegen Beschlüsse in Ehesachen (§ 121) und Familienstreitsachen (§ 112) gelten über diese Mindestanforderungen hinaus besondere zusätzliche Anforderungen (§ 117).

6   Mangelt es an der Unterschrift, so führt dies regelmäßig zur Unzulässigkeit der Beschwerde. Hinsichtlich der in Betracht kommenden Mängel gelten die **Grundsätze zu § 519 ZPO**. Soweit sich aufgrund eindeutiger sonstiger Umstände zweifelsfrei feststellen lässt, welche Entscheidung angefochten werden soll, schadet das Fehlen der Bezeichnung des angefochtenen Beschlusses nicht.

7   Die Beschwerdeeinlegung ist **bedingungsfeindlich**. Wird die Beschwerdeschrift mit einem Antrag auf Bewilligung von **Verfahrenskostenhilfe** sowie der Bitte um Vorabentscheidung über diesen Antrag vorgelegt, so handelt es sich im Zweifel um eine unbedingte Berufung mit dem Vorbehalt der Rücknahme für den Fall einer negativen Verfahrenskostenhilfe-Entscheidung.[4] Wird dagegen erklärt, das Rechtsmittel solle nur im Fall vorheriger Verfahrenskostenhilfe-Bewilligung durchgeführt werden, so liegt eine unzulässige Bedingung vor, welche die Beschwerde unzulässig macht.[5] Die Rücknahme der Bedingung ist zulässig. Es handelt sich dann um eine neue Beschwerdeeinlegung.[6]

> **Muster**
> **Einlegung der Beschwerde**
> (1) in einer Kindschaftssache
>
> An das
> Familiengericht ...
> In der Familiensache
> – Rubrum –
> zeigen wir an, dass wir den Antragsgegner auch in der Beschwerdeinstanz vertreten und legen gegen den Beschluss des Amtsgerichts – Familiengericht – ... vom ..., uns zugestellt am ...,
> **Beschwerde**

---

[4] BGH 16.12.1987 – IVb ZB 161/87 = NJW 1988, 2046.
[5] BGH 20.07.2005 – XII ZB 31/05 = FamRZ 2005, 1537.
[6] BGH 20.07.2005 – XII ZB 31/05 = FamRZ 2005, 1537, wobei im Falle der Rücknahme erst nach Ablauf der Rechtsmittelfrist von Amts wegen Wiedereinsetzung wegen der Versäumung der Rechtsmittelfrist zu gewähren sein soll, wenn innerhalb der Rechtsmittelfrist PKH beantragt worden ist.

ein mit dem Antrag, den angefochtenen Beschluss abzuändern und dem Antragsgegner die alleinige elterliche Sorge für das Kind ..., geb. am ... zu übertragen.
Außerdem beantragen wir gem. § 64 Abs. 3 FamFG den Erlass einer einstweiligen Anordnung durch das Beschwerdegericht, mit der die Vollziehung des angefochtenen Beschlusses bis zur Entscheidung des Beschwerdegerichts in der Hauptsache ausgesetzt wird.
Begründung: ...
Beglaubigte und einfache Abschrift anbei.
Rechtsanwältin/Rechtsanwalt

(2) in einer Unterhaltssache

An das
Familiengericht ...
In der Familiensache
– Rubrum –
zeigen wir an, dass wir den Antragsgegner auch in der Beschwerdeinstanz vertreten und legen gegen den Beschluss des Amtsgerichts – Familiengericht – ... vom ..., uns zugestellt am ...,

Beschwerde
ein mit dem Antrag:
Der Beschluss des Amtsgerichts – Familiengericht – ... vom ... wird dahin abgeändert, dass der Antragsgegner verpflichtet ist, an die Antragstellerin ab dem 1. Oktober 2009 monatlich – jeweils im Voraus bis zum 3. eines Monats – lediglich 250 EUR Trennungsunterhalt zu zahlen.
Außerdem beantragen wir gem. § 120 Abs. 2 FamFG die Vollstreckung aus dem angefochtenen Beschluss vor Eintritt der Rechtskraft in der Endentscheidung auf den Betrag von monatlich 250 EUR zu beschränken.
Begründung: ... (zwingend erforderlich innerhalb von 2 Monaten ab Zustellung der Entscheidung des Familiengerichts bzw. der vom Beschwerdegericht gem. § 117 Abs. 1 Satz 1 FamFG i.V.m. § 520 Abs. 2 Satz 2 u. 3 ZPO verlängerten Frist, jedoch ohne die formalen Anforderungen nach § 520 Abs. 3 Nr. 2 bis 4 ZPO).
Der Vollstreckungsschutzantrag rechtfertigt sich daraus, dass dem Antragsgegner durch die Vollstreckung aus dem vom Familiengericht uneingeschränkt für wirksam erklärten Beschluss ein nicht zu ersetzender Nachteil entstehen würde. Die Antragstellerin verfügt über kein Vermögen und nur über nur geringe eigene Einkünfte, so dass für den Antragsgegner für den Fall der Vollstreckung des vom Familiengericht zuerkannten höheren Unterhaltsbetrages keine Aussicht besteht, die geleisteten Zahlungen von der Antragstellerin erstattet zu erhalten, wenn seine Beschwerde erfolgreich ist.
Beglaubigte und einfache Abschrift anbei.
Rechtsanwältin/Rechtsanwalt

IV. Einstweilige Anordnung – Aussetzung der Vollziehung der angefochtenen Entscheidung (Abs. 3)

8 Mit Rücksicht darauf, dass die Beschlüsse in Familiensachen grundsätzlich mit ihrer Bekanntgabe wirksam werden (§ 40 Abs. 1; anders dagegen bspw. in Ehesachen, die nach § 148 wirksam werden, während es für Familienstreitsachen allein auf die Vollstreckbarkeit ankommt, die sich gem. § 113 Abs. 1 nach den Bestimmungen der ZPO richtet), bedarf es zum Schutz vor möglicherweise nicht oder nur schwer behebbare Folgen der Vollziehung der **Herstellung der aufschiebenden Wirkung der Beschwerde**, erforderlichenfalls bis zum Abschluss des Rechtsmittelverfahrens. Neben der Verschiebung des Zeitpunkts des Wirksamwerdens kann außerdem eine **vorläufige anderweitige Regelung** angezeigt sein, wenn durch einen regelungslosen Zustand die Interessen eines Beteiligten bzw. die vom Gericht von Amts wegen zu schützenden Interessen beeinträchtigt würden.

9 Als gerichtliche Maßnahmen kommen daher die Aussetzung der Vollziehung bzw. – soweit die Entscheidung keinen vollstreckbaren Inhalt hat, von ihr jedoch unmittelbar Wirkungen ausgehen – die **Aussetzung der Wirksamkeit** der erstinstanzlich getroffenen Regelung in Betracht.[7] Zuständig ist allein das Beschwerdegericht, während das Erstgericht im Gegensatz zum früheren Recht (§ 24 Abs. 2 FGG) hierzu nicht mehr befugt ist; Ausnahme: die Aussetzung der Vollstreckung einer einstweiligen Anordnung (§ 55). Für Familienstreitsachen richtet sich der Vollstreckungsschutz ausschließlich nach den Bestimmungen der ZPO (§ 113 Abs. 1).

10 Die Entscheidung über die Aussetzung der Vollziehung oder den Erlass einer sonstigen einstweiligen Anordnung, die ohne Antrag eines Beteiligten von Amts wegen ergehen kann, steht im **pflichtgemäßen Ermessen des Beschwerdegerichts**. Eine Anfechtung findet nicht statt.[8] Die Anforderungen an den Erlass einer Anordnung sind regelmäßig höher anzusetzen, wenn es nicht darum geht, einen bisherigen Zustand zu bewahren, sondern ihn abzuändern. Unzulässig ist eine Anordnung, wenn mit ihr eine Regelung außerhalb des Gegenstands des Beschwerdeverfahrens erfolgen würde.[9] In Betracht kommen kann dagegen eine zusätzliche einstweilige Anordnung als dienende Maßnahme, wenn ansonsten das Ziel der sonstigen Anordnung nicht erreicht werden könnte (einstweilige Bestimmung des Aufenthaltes eines Kindes verbunden mit der Anordnung der Herausgabe).[10]

---

7 Keidel u.a./Sternal § 24 FGG Rn. 11.
8 So OLG Nürnberg 25.06.1993 – 10 WF 1594/93 = OLGR 1993, 292 für das bisherige Recht nach § 24 Abs. 3 FGG.
9 OLG Zweibrücken 28.07.1995 – 5 UF 104/95 = FamRZ 1996, 234; OLG Hamm 21.10.1991 – 4 WF 283/91 = FamRZ 1992, 337; Keidel u.a./Sternal § 24 FGG Rn. 13.
10 OLG Zweibrücken 18.05.1989 – 2 WF 51/89 = FamRZ 1989, 1108.

§ 65 Beschwerdebegründung

(1) Die Beschwerde soll begründet werden.

(2) Das Gericht kann dem Beschwerdeführer eine Frist zur Begründung der Beschwerde einräumen.

(3) Die Beschwerde kann auf neue Tatsachen und Beweismittel gestützt werden.

(4) Die Beschwerde kann nicht darauf gestützt werden, dass das Gericht des ersten Rechtszugs seine Zuständigkeit zu Unrecht angenommen hat.

Übersicht

I. Inhalt und Bedeutung der Norm	1
II. Notwendigkeit einer Begründung (Abs. 1)	2
III. Fristsetzung (Abs. 2)	4
IV. Neue Tatsachen und Beweismittel (Abs. 3)	7
V. Keine Berufung auf Unzuständigkeit des Erstgerichts (Abs. 4)	8

I. Inhalt und Bedeutung der Norm

Im Anschluss an die formalen Voraussetzungen der Beschwerdeschrift in § 64 werden hier die inhaltlichen Anforderungen der Beschwerde bestimmt, wobei zu beachten ist, dass für einen ganz wesentlichen Teil der Familiensachen – Ehesachen und Familienstreitsachen (§§ 112, 121) – **Sonderregelungen** gelten **(§ 117)**. Neu gegenüber dem bisherigen Recht sind die Forderung einer Beschwerdebegründung und die Befugnis des Gerichts hierfür eine Frist zu setzen, sowie der Ausschluss des Einwands der Unzuständigkeit des erstinstanzlichen Gerichts. Dagegen entspricht die Gestattung neuen Tatsachenvortrags sowie neuer Beweismittel der bisherigen Regelung in § 23 FGG. Insgesamt ist damit eine Harmonisierung mit dem Beschwerderecht der ZPO erreicht worden (§ 571 Abs. 1 ZPO).

1

II. Notwendigkeit einer Begründung (Abs. 1)

Das Gesetz fordert nicht zwingend eine Beschwerdebegründung. Die Ausgestaltung als **Soll-Vorschrift** soll sicherstellen, dass eine Nichterfüllung der Begründungspflicht nicht zu einer Verwerfung der Beschwerde als unzulässig führt. Dies folgt aus dem Amtsermittlungsgrundsatz (§ 26), der auch für das Beschwerdeverfahren gilt. Dieser Grundsatz findet seine Grenze dort, wo unklar ist, was das Ziel der Beschwerde ist. Wird die Beschwerde nicht begründet, so muss die Einlegung der Beschwerde (§ 64) so bestimmt sein, dass erkennbar ist, gegen welche Beschwer sich das Rechtsmittel wendet. Bei der teilweisen oder vollständigen Zurückweisung eines Antrags (z.B. zur Regelung der elterlichen Sorge oder des Umgangs) muss zweifelsfrei feststehen, welches Ziel die Beschwerde hat. Fehlt die hinreichende Bestimmtheit, so ist das Rechtsmittel unzulässig. Unabhängig hiervon ist es im Sinne einer Förderung und Beschleunigung des Verfahrens angezeigt, dass die Beschwerde begründet wird.

2

3 In **Ehesachen** und **Familienstreitsachen** ist aufgrund der **Sonderregelung in § 117 Abs. 1** eine Begründung der Beschwerde zwingend erforderlich und hat innerhalb einer Frist von zwei Monaten ab dem Zeitpunkt der schriftlichen Bekanntmachung der angefochtenen Entscheidung zu erfolgen, wodurch insoweit die Rechtslage nach dem bisherigen Berufungsrecht beibehalten wird. Dies beruht darauf, dass es sich bei diesen Rechtsstreitigkeiten um Verfahren handelt, für die anstelle des Amtsermittlungsgrundsatzes die Parteimaxime herrscht. Die Beschwerdebegründung ist innerhalb der Frist beim Beschwerdegericht einzureichen.

III. Fristsetzung (Abs. 2)

4 Grundsätzlich gilt für die Beschwerdebegründung keine Frist, zumal es dem Beschwerdeführer freisteht, ob er sie überhaupt begründet. Das Gericht kann jedoch eine Begründungsfrist bestimmen. Dies dient der Beschleunigung des Verfahrens, da der Beschwerdeführer nach fruchtlosem Ablauf der gesetzten Frist mit einer Entscheidung über sein Rechtsmittel rechnen muss. Indes führt die **Fristversäumung** nicht dazu, dass er mit späterem Vortrag ausgeschlossen ist. Dies folgt daraus, dass das Gesetz keine dem § 571 Abs. 3 Satz 1 ZPO entsprechende Regelung zur Zurückweisung von verspätetem Vortrag vorsieht, soweit nicht die Sonderregelung des § 115 für Ehe- und Familienstreitsachen eingreift.

5 Abweichend von der grundsätzlichen Regelung sieht § 117 Abs. 1 Satz 1 für **Ehe- und Familienstreitsachen** vor, dass dort die Beschwerde innerhalb von zwei Monaten zu begründen ist mit der Verlängerungsmöglichkeit wie in § 520 Abs. 2 ZPO. Bei Versäumung dieser Frist kommt gem. § 117 Abs. 5 eine Wiedereinsetzung in den vorigen Stand in entsprechender Anwendung der §§ 233, 234 Abs. 1 Satz 2 ZPO in Betracht.

6 Gleichzeitig ist mit der Fristsetzung für die übrigen Verfahrensbeteiligten erkennbar, ab welchem Zeitpunkt mit einer weiteren **Verfahrensförderung** (ggf. mit einer Entscheidung) gerechnet werden kann. Sieht das Beschwerdegericht von einer Fristsetzung ab, so hat es zur Gewährleistung des rechtlichen Gehörs für den Beschwerdeführer vor einer abschließenden Entscheidung eine angemessene Zeit abzuwarten, selbst wenn die Beschwerde ohne den Vorbehalt einer nachfolgenden Begründung eingelegt worden ist.

IV. Neue Tatsachen und Beweismittel (Abs. 3)

7 Da das Beschwerdegericht den für seine Entscheidung maßgeblichen Sachverhalt von Amts wegen zu ermitteln und hierbei auf den Zeitpunkt des Erlasses der Entscheidung abzustellen hat, kann der **Vortrag** in der Beschwerdeinstanz **grundsätzlich nicht beschränkt** werden. Es sind also insbesondere neue Tatsachen zu berücksichtigen, wie dies bereits nach früherem Recht der Fall war (§ 23 FGG). Eine **Zurückweisung** solchen Vortrags **wegen Verspätung** kommt nicht in Betracht; Ausnahme: Ehe- und Familienstreitsachen, für die § 115 gilt, der die bisherige Regelung der §§ 615, 621d ZPO übernimmt und eine Zurückweisung von Angriffs- und Verteidigungsmitteln nur unter sehr engen Voraussetzungen zulässt.

V. Keine Berufung auf Unzuständigkeit des Erstgerichts (Abs. 4)

Der **Ausschluss der Rüge der Unzuständigkeit** – unabhängig davon, ob eine solche Rüge bereits in erster Instanz erfolgt war – entspricht der Regelung in § 571 Abs. 2 Satz 2 ZPO und soll die Rechtsmittelgerichte von rein prozessualen Streitigkeiten entlasten.

8

§ 66 Anschlussbeschwerde

Ein Beteiligter kann sich der Beschwerde anschließen, selbst wenn er auf die Beschwerde verzichtet hat oder die Beschwerdefrist verstrichen ist; die Anschließung erfolgt durch Einreichung der Beschwerdeschrift bei dem Beschwerdegericht. Die Anschließung verliert ihre Wirkung, wenn die Beschwerde zurückgenommen oder als unzulässig verworfen wird.

I. Inhalt und Bedeutung der Norm

Das FGG kannte keine gesetzlich geregelte Anschlussbeschwerde wie die ZPO. Gleichwohl wurde sie überwiegend als zulässig angesehen, wobei allerdings streitig war, auf welche Verfahrensgegenstände sie Anwendung finden sollte.[1] In Familiensachen wurde sie trotz Fehlens einer Verweisung auf § 524 Abs. 2 ZPO in § 621e Abs. 3 ZPO für zulässig erachtet.[2] Nunmehr ist die Anschlussbeschwerde **ohne eine Beschränkung auf bestimmte Verfahrensgegenstände** vorgesehen. Damit wird eine Harmonisierung mit dem Rechtsmittelrecht im Zivilprozess (§§ 524, 567 Abs. 3 ZPO) erreicht.

1

II. Einlegung der Anschlussbeschwerde

Solange das Beschwerdeverfahren bezüglich des Hauptrechtsmittels noch nicht abgeschlossen ist, kann **ohne Beachtung einer Frist** von einem Beteiligten eine Anschlussbeschwerde eingelegt werden. Für die Zulässigkeit ist nicht nur der Ablauf der Beschwerdefrist, sondern auch ein etwaiger Rechtsmittelverzicht des Beschwerdeführers – ausgenommen der Fall des § 67 Abs. 2 – ohne Bedeutung. Die Einlegung erfolgt durch Einreichen der Beschwerdeschrift beim Beschwerdegericht, wobei die **formalen Anforderungen** des § 64 Abs. 2 Satz 2 entsprechend gelten. Eine Begründung des Rechtsmittels ist nicht zwingend erforderlich. Hier gelten die Ausführungen zu § 65 (Rn. 1 u. 2) entsprechend. Das Erreichen eines Beschwerdewerts ist wegen der Abhängigkeit der Anschlussbeschwerde von der (Haupt-)Beschwerde nicht erforderlich.

2

---

1 Keidel u.a./Kahl Vorb § 19 FGG Rn. 4.
2 BGH 03.10.1984 – IVb ZB 42/82 = FamRZ 1985, 59.

Abschnitt 5 Rechtsmittel

3 Eine **Ausnahme** gilt für Ehe- und Familienstreitsachen. § 117 Abs. 2 Satz 1 verweist für diese Verfahren auf die entsprechende Anwendung von § 524 Abs. 2 Satz 2 u. 3 ZPO. Danach ist die Möglichkeit der Einlegung der Anschlussberufung in diesen Verfahren nur **zeitlich befristet** möglich, nämlich

- bis zum Ablauf der dem Beschwerdegegner gesetzten Beschwerdeerwiderungsfrist;
- bis zum Schluss der mündlichen Verhandlung in der Beschwerdeinstanz bei wiederkehrenden künftigen Leistungen als Gegenstand des Rechtsmittels (insbesondere Unterhaltszahlungen).

Hier verbleibt es demnach beim bisherigen Rechtszustand.[3]

III. Abhängigkeit von der Hauptbeschwerde

4 Die Anschlussbeschwerde wird wegen ihrer Abhängigkeit von der Hauptbeschwerde unzulässig, wenn diese zurückgenommen oder als unzulässig verworfen wird. Über beide Rechtsmittel muss nicht notwendigerweise gleichzeitig entschieden werden. Eine Vorabentscheidung über die Hauptbeschwerde ist grundsätzlich möglich. Umgekehrt ist dies wegen der Abhängigkeit der Anschlussbeschwerde und der Möglichkeit des Eintritts der Wirkung nach Satz 2 nicht der Fall.

§ 67 Verzicht auf die Beschwerde; Rücknahme der Beschwerde

(1) Die Beschwerde ist unzulässig, wenn der Beschwerdeführer hierauf nach Bekanntgabe des Beschlusses durch Erklärung gegenüber dem Gericht verzichtet hat.

(2) Die Anschlussbeschwerde ist unzulässig, wenn der Anschlussbeschwerdeführer hierauf nach Einlegung des Hauptrechtsmittels durch Erklärung gegenüber dem Gericht verzichtet hat.

(3) Der gegenüber einem anderen Beteiligten erklärte Verzicht hat die Unzulässigkeit der Beschwerde nur dann zur Folge, wenn dieser sich darauf beruft.

(4) Der Beschwerdeführer kann die Beschwerde bis zum Erlass der Beschwerdeentscheidung durch Erklärung gegenüber dem Gericht zurücknehmen.

I. Inhalt und Bedeutung der Norm

1 Der Verzicht auf die Beschwerde sowie die Rücknahme einer eingelegten Beschwerde waren im FGG nicht geregelt, während für die früheren ZPO-Familiensachen, die jetzt den Familienstreitsachen (§ 112) unterfallen, die §§ 515, 516 ZPO Regelungen hinsichtlich Wirksamkeit bzw. Voraussetzungen und Folgen vorsahen.

---

[3] Vgl. hierzu BGH 28.01.2009 – XII ZR 119/07.

II. Beschwerdeverzicht (Abs. 1 – 3)

Das Gesetz spricht in Abs. 1 ausdrücklich nur den **nach der Entscheidung dem Gericht gegenüber erklärten Verzicht** an. Für diesen Fall entsprach die Möglichkeit eines Rechtsmittelverzichts bereits bislang einhelliger Auffassung.[1] Offen geblieben ist dagegen die Wirkung eines **vor der gerichtlichen Entscheidung** erklärten Verzichts, obwohl die Gesetzesbegründung davon ausgeht, dass auch dieser Fall geregelt und gleich zu behandeln sei. Richtig ist indes, dass dies auf die Gesetzesfassung des Referentenentwurfs (§ 70) zutraf, nicht dagegen auf die insofern geänderte Fassung des Regierungsentwurfs, die in dieser Form Gesetz geworden ist.[2] Die Wirksamkeit eines Rechtsmittelverzichts vor der gerichtlichen Entscheidung war nach bisheriger Rechtslage umstritten. Überwiegend wurde für diesen Fall ein dem Gericht gegenüber erklärter einseitiger Verzicht als unwirksam angesehen,[3] während eine entsprechende Vereinbarung zwischen den Beteiligten im Wege der von einem Beteiligten erhobenen Einrede mittelbar Auswirkung auf die Zulässigkeit der Beschwerde haben konnte. Lediglich den letztgenannten Fall hat der Gesetzgeber in Abs. 3 geregelt, während eine Regelung der dem Gericht gegenüber vor dessen Entscheidung abgegebenen Verzichtserklärung nicht erfolgt ist. Dieser Verzicht stellt eine Prozesshandlung dar, die unanfechtbar ist und grundsätzlich nicht widerrufen werden kann.[4]

2

Abs. 2 stellt klar, dass die Möglichkeit des Verzichts auch für die Anschlussbeschwerde eröffnet ist, nachdem das Hauptrechtsmittel eingelegt wurde.

3

Abs. 3 betrifft den Fall des **gegenüber einem anderen Verfahrensbeteiligten erklärten Verzichts**. Dieser Verzicht ist im Gegensatz zu dem Verzicht nach Abs. 1 als Einrede ausgestaltet, die nur dann zur Unzulässigkeit der Beschwerde führt, wenn der betreffende Verfahrensbeteiligte sich hierauf beruft. Der Rechtsmittelverzicht kann in diesem Fall einseitig oder durch eine entsprechende Vereinbarung der Beteiligten erfolgen. Der einem Beteiligten gegenüber erklärte Rechtsmittelverzicht kann nicht frei widerrufen oder nach allgemeinen Vorschriften angefochten werden. Möglich ist der Widerruf mit Zustimmung des Verfahrensbeteiligten, dem gegenüber die Erklärung erfolgt ist. Weiter kann der Einrede des Verzichts der Arglisteinwand entgegengehalten werden.[5]

4

III. Rücknahme der Beschwerde (Abs. 4)

Die Beschwerde kann **bis zum Erlass der Beschwerdeentscheidung** zurückgenommen werden. Nach § 38 Abs. 3 Satz 3 ist dies der Zeitpunkt der Übergabe der Entscheidung an die Geschäftsstelle bzw. des Verlesens der Beschlussformel. Diese Regelung lehnt sich an diejenige des § 516 Abs. 1 ZPO für das Berufungsverfahren an. Die ge-

5

---

1 Keidel u.a./Kahl § 19 FGG Rn. 98.
2 Die Begründung des Regierungsentwurfs (BT-Drs. 16/6308, S. 206) entspricht somit nicht der endgültigen Fassung des Gesetzes.
3 BGH 09.06.1967 – IV ZB 663/66 = BGHZ 48, 88; BayObLG 03.02.1997 – 1 Z BR 73/95 = FamRZ 1997, 149; Keidel u.a./Kahl § 19 FGG Rn. 97 ff.
4 Keidel u.a./Kahl § 19 FGG Rn. 102; eine Ausnahme gilt nach BGH 15.02.1954 – IV ZB 1/54 = BGHZ 12, 284 bei Vorliegen von Restitutionsgründen.
5 BGH 06.03.1985 – VIII ZR 123/84 = NJW 1985, 2335.

genüber dem Gericht zu erklärende Rechtsmittelrücknahme ist bedingungsfeindlich,[6] unwiderruflich und unanfechtbar. Die Rücknahme verbraucht die Beschwerde nicht, so dass sie erneut eingelegt werden kann, soweit die Rechtsmittelfrist noch nicht abgelaufen ist und nicht in der Rücknahme gleichzeitig ein Verzicht gesehen werden kann, was jedoch voraussetzt, dass der Beschwerdeführer mit einer dazu gegebenen Begründung zweifelsfrei zu erkennen gegeben hat, dass er sich mit der angefochtenen Entscheidung endgültig abfinden will.[7] Einer **Zustimmung der übrigen Verfahrensbeteiligten bedarf es nicht**.

§ 68 Gang des Beschwerdeverfahrens

(1) Hält das Gericht, dessen Beschluss angefochten wird, die Beschwerde für begründet, hat es ihr abzuhelfen; anderenfalls ist die Beschwerde unverzüglich dem Beschwerdegericht vorzulegen. Das Gericht ist zur Abhilfe nicht befugt, wenn die Beschwerde sich gegen eine Endentscheidung in einer Familiensache richtet.

(2) Das Beschwerdegericht hat zu prüfen, ob die Beschwerde an sich statthaft und ob sie in der gesetzlichen Form und Frist eingelegt ist. Mangelt es an einem dieser Erfordernisse, ist die Beschwerde als unzulässig zu verwerfen.

(3) Das Beschwerdeverfahren bestimmt sich im Übrigen nach den Vorschriften über das Verfahren im ersten Rechtszug. Das Beschwerdegericht kann von der Durchführung eines Termins, einer mündlichen Verhandlung oder einzelner Verfahrenshandlungen absehen, wenn diese bereits im ersten Rechtszug vorgenommen wurden und von einer erneuten Vornahme keine zusätzlichen Erkenntnisse zu erwarten sind.

(4) Das Beschwerdegericht kann die Beschwerde durch Beschluss einem seiner Mitglieder zur Entscheidung als Einzelrichter übertragen; § 526 der Zivilprozessordnung gilt mit der Maßgabe entsprechend, dass eine Übertragung auf einen Richter auf Probe ausgeschlossen ist.

Übersicht
I. Inhalt und Bedeutung der Norm 1
II. Abhilfeprüfung durch das Ausgangsgericht (Abs. 1) 2
III. Prüfung der Zulässigkeit durch das Beschwerdegericht (Abs. 2) 3
IV. Verfahren bei der Ermittlung des entscheidungserheblichen Sachverhalts (Abs. 3) 4
V. Übertragung auf den Einzelrichter (Abs. 4) 8

I. Inhalt und Bedeutung der Norm

1 Die Vorschrift regelt die Behandlung der Beschwerde durch das Ausgangsgericht und durch das Beschwerdegericht. Dabei wird eine generelle Abhilfebefugnis des Aus-

---

[6] BayObLG 03.04.1990 – BReg 1a Z 70/89 = FamRZ 1990, 1123: Ausnahme bei Abhängigkeit von einer innerprozessualen Bedingung wie der Bewilligung von Prozesskostenhilfe.
[7] BayObLG 13.03.1998 – 3 Z BR 54/98 = BayObLGZ 1998, 62.

gangsgerichts begründet, die enger als die bisherige Regelung in § 18 Abs. 1 FGG ist, da sie auf das Rechtsmittelverfahren beschränkt ist, während die frühere Regelung dem Gericht erlaubte, seine Entscheidung unabhängig von der Einlegung eines Rechtsmittels zu ändern, wenn es sie nachträglich nicht für gerechtfertigt hielt. Die jetzige Regelung lehnt sich an § 572 Abs. 1 ZPO an und führt so zu einer Vereinheitlichung. Auch die erstmals gesetzlich geregelte Prüfung der Zulässigkeit des Rechtsmittels durch das Beschwerdegericht orientiert sich an § 572 Abs. 2 ZPO.

II. Abhilfeprüfung durch das Ausgangsgericht (Abs. 1)

Die generelle Abhilfebefugnis und -pflicht des Ausgangsgerichts entspricht der Regelung in § 572 Abs. 2 ZPO, die dort allerdings nur für Beschwerden gegen Zwischen- und Nebenentscheidungen, nicht jedoch gegen Endentscheidungen gilt. Endentscheidungen in **Familiensachen** werden in Abs. 1 Satz 2 vollständig **von dieser Abhilfebefugnis ausgenommen**. Dies entspricht der bisherigen Regelung für Familiensachen in § 621e Abs. 3, § 318 ZPO.[1] Die Abhilfebefugnis hat somit allein für Nicht-Familiensachen Bedeutung. Hilft das Gericht nicht ab, so hat es die Beschwerde unverzüglich dem Beschwerdegericht vorzulegen. Diese im Interesse der Beschleunigung des Verfahrens bestehende Pflicht gilt auch dann, wenn eine Abhilfebefugnis nicht gegeben ist. Mit der Vorlage fällt die Sache beim Beschwerdegericht an, selbst wenn die Beschwerde nicht statthaft ist.

2

III. Prüfung der Zulässigkeit durch das Beschwerdegericht (Abs. 2)

Das Beschwerdegericht hat die Zulässigkeit des Rechtsmittels immer vorab **von Amts wegen** zu prüfen.[2] Trotz des eindeutigen verfahrensrechtlichen Vorrangs der Zulässigkeit vor der Begründetheit entspricht es zutreffender gerichtlicher Praxis, eine mögliche Unzulässigkeit des Rechtsmittels zurückzustellen, wenn seine Unbegründetheit offensichtlich ist und einfacher festgestellt werden kann als die Unzulässigkeit.[3] Nach § 117 Abs. 1 Satz 3 gilt für die Zulässigkeitsprüfung in **Ehe- und Familienstreitsachen** § 522 Abs. 1 Satz 1, 2 u. 4 ZPO entsprechend.

3

IV. Verfahren bei der Ermittlung des entscheidungserheblichen Sachverhalts (Abs. 3)

Das Beschwerdegericht hat den Sachverhalt zur Zeit seiner Entscheidung zu beurteilen und daher auch Tatsachen zu ermitteln und zu berücksichtigen, die in der ersten Instanz nicht ermittelt worden waren oder danach eingetreten sind. Zur Berücksichti-

4

---
1 Zöller/Philippi § 621e ZPO Rn. 60.
2 Dies entsprach bereits bislang der überwiegenden Auffassung; vgl. Keidel u.a./Schmidt § 12 FGG Rn. 64.
3 Zöller/Gummer § 572 ZPO Rn. 20.

gung neuen Vortrags und neuer Beweismittel → § 65 Rn. 4. Für das vom Beschwerdegericht bei der Ermittlung der entscheidungserheblichen Tatsachen zu beachtende Verfahren verweist Abs. 3 Satz 1 auf die **Anwendung der für das erstinstanzliche Verfahren geltenden Bestimmungen**, d.h. die §§ 23 bis 37 (Einleitung des Verfahrens, Amtsermittlung, Mitwirkung von Beteiligten, Verfahrensleitung, Beweiserhebung, Glaubhaftmachung, Termin, Anhörung der Beteiligten, Vergleich und Grundlage der Entscheidung).

5 Abs. 3 Satz 2 greift eine Regelung auf, die bisher ausschließlich im Betreuungsrecht galt (§ 69g Abs. 5 Satz 3 FGG). Danach kann das Beschwerdegericht von der Durchführung eines Termins, einer mündlichen Verhandlung oder der **Wiederholung sonstiger Verfahrenshandlungen absehen**, die das erstinstanzliche Gericht bereits umfassend und vollständig durchgeführt hat, wenn zu erwarten ist, dass die Vornahme der Verfahrenshandlung **keine zusätzliche Erkenntnis** bringen wird. Hiermit sollen im Interesse einer Beschleunigung des Verfahrens unnötige Wiederholungen von Beweisaufnahmen vermieden werden. Das Gesetz lässt unter denselben Voraussetzungen den Verzicht auf die Durchführung eines Termins bzw. einer mündlichen Verhandlung zu. Danach kann auch von der erneuten persönlichen Anhörung der Beteiligten abgesehen werden. Ob und in welchem Umfang das Beschwerdegericht bei Vorliegen der vorgenannten Voraussetzungen seine Tatsachenfeststellung einschränkt, steht in seinem pflichtgemäßen Ermessen. In Familienstreitsachen muss das Gericht gem. § 117 Abs. 3 darauf **hinweisen**, wenn es beabsichtigt, von einzelnen Verfahrensschritten abzusehen.

6 Ein **Verzicht auf die Wiederholung der persönlichen Anhörung** der Beteiligten wird in Ehe- und Kindschaftssachen nur bei ganz klaren und eindeutigen Sachverhalten in Betracht kommen, wenn die Tatsachenfeststellung des erstinstanzlichen Gerichts keinen Zweifeln begegnet und dem persönlichen Eindruck von den Beteiligten keine Bedeutung mehr zukommen kann. Sind dagegen neue Tatsachen vorgetragen und zu erörtern oder kommt eine Abänderung der erstinstanzlichen Entscheidung zum Nachteil eines Verfahrensbeteiligten in Betracht, so ist die erneute Anhörung unverzichtbar.[4] Dieselben Grundsätze gelten für die Wiederholung sonstiger Verfahrenshandlungen wie die Vernehmung von Zeugen oder die ergänzende Anhörung von Sachverständigen zu den erstinstanzlich erstatteten Gutachten. Das Beschwerdegericht hat in seiner Entscheidung die **Gründe dafür darzulegen**, weshalb es von einer Wiederholung der Verfahrenshandlung abgesehen hat.[5]

7 Die Gesetzesbegründung geht davon aus, dass diese Möglichkeit der Beschränkung des Beschwerdeverfahrens mit **Art. 6 EMRK** vereinbar ist.[6] Nach dieser Vorschrift besteht zwar der Grundsatz der mündlichen Verhandlung für einen wesentlichen Teil der Familiensachen (Ehe- und Kindschaftssachen). Für die Rechtsmittelinstanz wird er jedoch nach der Rechtsprechung des EGMR dahin eingeschränkt, dass von einer mündlichen Verhandlung abgesehen werden kann, wenn in der ersten Instanz eine solche stattgefunden hat und ohne eigene Tatsachenermittlung nach der Aktenlage entschieden werden kann, weil der Fall nicht schwierig ist und die tatsächlichen Fragen einfach sind. Das bedeutet, dass das Gericht bei seiner Ermessensentscheidung über die Wie-

---

[4] BVerfG 18.12.2003 – 1 BvR 1140/03 = FamRZ 2004, 354.
[5] BayObLG 26.03.2001 – 3Z BR 5/01 = FamRZ 2001, 1555
[6] BT-Drs. 16/6308, S. 207 f.

derholung von Verfahrenshandlungen diese Rechtsprechung des EGMR zu beachten und dementsprechend zu prüfen hat, ob es zusätzliche Erkenntnisse für möglich und erforderlich hält.

V. Übertragung auf den Einzelrichter (Abs. 4)

Die Übertragung der Entscheidung auf ein Mitglied des Beschwerdegerichts als **Einzelrichter** und der Verweis auf die entsprechende Anwendung des § 526 ZPO entspricht dem bisherigen Recht (§ 30 Abs. 1 Satz 3 FGG, § 621 Abs. 3 Satz 2 ZPO). Danach kommt eine Verweisung an den Einzelrichter in Betracht, wenn 8

- die angefochtene Entscheidung von einem Einzelrichter erlassen wurde,
- die Sache keine besonderen Schwierigkeiten tatsächlicher oder rechtlicher Art aufweist,
- die Rechtssache keine grundsätzliche Bedeutung hat,
- nicht bereits vom Beschwerdegericht zur Hauptsache verhandelt worden ist, es sei denn, dass inzwischen eine Teilentscheidung ergangen ist.

In entsprechender Anwendung des § 526 Abs. 2 ZPO kommt unter bestimmten Voraussetzungen eine **Rückübertragung** des Verfahrens an das Beschwerdegericht in Betracht. Der Einzelrichter legt das Verfahren dem Beschwerdegericht zur Entscheidung vor, wenn 9

- sich aus einer wesentlichen Änderung der Verfahrenslage besondere tatsächliche oder rechtliche Schwierigkeiten oder die – zunächst nicht gegebene bzw. nicht erkannte – grundsätzliche Bedeutung der Sache ergibt;
- die Beteiligten dies übereinstimmend beantragen.

Das Beschwerdegericht übernimmt das Verfahren, wenn es nach Anhörung der Beteiligten eine wesentliche Änderung der Verfahrenslage in dem vorstehenden Sinn bejaht. Eine erneute Übertragung auf den Einzelrichter ist ausgeschlossen (§ 526 Abs. 2 Satz 4 ZPO). Der Einzelrichter entscheidet nach Anhörung der Beteiligten durch nicht anfechtbaren Beschluss. Eine Übertragung der Rechtssache auf den Einzelrichter zur Vorbereitung der Entscheidung durch das Beschwerdegericht ist im Gegensatz zu § 621e Abs. 3 Satz 2, § 527 ZPO nicht mehr vorgesehen.[7]

Mit der Beschränkung der Übertragung auf einen Einzelrichter, der bereits zum **Richter auf Lebenszeit** ernannt ist, wird dem Umstand Rechnung getragen, dass wegen der Tragweite von Beschwerdeentscheidungen eine gewisse Berufserfahrung erforderlich erscheint.[8] 10

---

[7] Auch in § 117 fehlt es für Ehe- und Familienstreitsachen an einer entsprechenden Verweisung.
[8] BT-Drs. 16/6308, S. 207.

§ 69 Beschwerdeentscheidung

(1) Das Beschwerdegericht hat in der Sache selbst zu entscheiden. Es darf die Sache unter Aufhebung des angefochtenen Beschlusses und des Verfahrens nur dann an das Gericht des ersten Rechtszugs zurückverweisen, wenn dieses in der Sache noch nicht entschieden hat. Das Gleiche gilt, soweit das Verfahren an einem wesentlichen Mangel leidet und zur Entscheidung eine umfangreiche oder aufwändige Beweiserhebung notwendig wäre und ein Beteiligter die Zurückverweisung beantragt. Das Gericht des ersten Rechtszugs hat die rechtliche Beurteilung, die das Beschwerdegericht der Aufhebung zugrunde gelegt hat, auch seiner Entscheidung zugrunde zu legen.

(2) Der Beschluss des Beschwerdegerichts ist zu begründen.

(3) Für die Beschwerdeentscheidung gelten im Übrigen die Vorschriften über den Beschluss im ersten Rechtszug entsprechend.

Übersicht

I. Inhalt und Bedeutung der Norm	1
II. Entscheidung des Beschwerdegerichts	2
III. Aufhebung und Zurückverweisung (Abs. 1)	4
IV. Begründungspflicht (Abs. 2)	8
V. Entsprechende Geltung der für den erstinstanzlichen Beschluss maßgeblichen Vorschriften (Abs. 3)	10

I. Inhalt und Bedeutung der Norm

1 Die Vorschrift regelt in Abs. 1 erstmals die Voraussetzungen einer Zurückverweisung des Verfahrens durch das Beschwerdegericht an das erstinstanzliche Gericht. Für das bisherige Recht bejahten Rechtsprechung und Literatur ausnahmsweise eine solche Möglichkeit bei schwerwiegenden Verfahrensmängeln.[1] Die Begründungspflicht für die Entscheidung des Beschwerdegerichts in Abs. 2 entspricht dem bisherigen § 25 FGG. Die im Regierungsentwurf noch vorgesehenen Ausnahmen vom Begründungszwang sind im abschließenden Gesetzgebungsverfahren im Interesse einer Vereinfachung der gesetzlichen Regelung und der Erleichterung der Anwendung der Vorschrift fallen gelassen worden. Abs. 3 verweist hinsichtlich der Einzelheiten der Entscheidung selbst (wie z.B. Inhalt, Bekanntgabe, Wirksamwerden) auf die entsprechende Anwendung der für die erstinstanzliche Entscheidung geltenden Bestimmungen.

II. Entscheidung des Beschwerdegerichts

2 Das Beschwerdegericht hat grundsätzlich selbst über das Rechtsmittel zu entscheiden. Es ist hinsichtlich des Gegenstands seiner Entscheidung an den durch die Beschwerde und die Entscheidung des Erstgerichts bestimmten Verfahrensgegenstand gebunden. Auf die Beschwerde gegen Entscheidungen betreffend die Regelung der elterlichen

---

[1] Keidel u.a./Sternal § 25 FGG Rn. 21.

Sorge darf nicht über den Umgang entschieden werden.[2] Im Beschwerdeverfahren betreffend eine Umgangsregelung kann das Beschwerdegericht eine Umgangspflegschaft anordnen und damit die elterliche Sorge teilweise entziehen.[3] Im Antragsverfahren darf dem Beschwerdeführer nicht etwas anderes oder mehr als beantragt zuerkannt werden. Dagegen besteht in Verfahren, die von Amts wegen eingeleitet werden, keine Bindung an den Sachantrag des Beschwerdeführers.[4] Für **Ehe- und Familienstreitsachen** verweist § 117 Abs. 2 Satz 1 auf die entsprechende Anwendung des § 528 ZPO. Danach ist das Beschwerdegericht in diesen Verfahren an die Anträge der Beteiligten gebunden, so dass nicht etwas anderes oder mehr als beantragt zugesprochen werden kann. Weiter verweist § 117 Abs. 2 Satz 1 auf die entsprechende Anwendung des § 539 ZPO, wonach im Rechtsmittelverfahren eine Säumnisentscheidung ergehen kann.

Von der Frage der Bindungswirkung eines Beschwerdeantrages ist zu unterscheiden die Frage, ob das Beschwerdegericht zum Nachteil des Beschwerdeführers von der Entscheidung des Erstgerichts abweichen darf. Ein **Schlechterstellungsverbot** wird überwiegend für Amtsverfahren verneint,[5] während es für Antragsverfahren allgemein bejaht wird.

III. Aufhebung und Zurückverweisung (Abs. 1)

Ausnahmsweise kommt anstelle einer eigenen Sachentscheidung des Beschwerdegerichts die Aufhebung der angefochtenen Entscheidung und Zurückverweisung des Verfahrens an das erstinstanzliche Gericht in Betracht, wenn

- **noch keine Entscheidung in der Sache** vorliegt, d.h. das erstinstanzliche Gericht sich allein mit Zulässigkeitsfragen beschäftigt hat, so dass eine Sachentscheidung durch das Beschwerdegericht für die Beteiligten den Verlust einer Instanz bedeuten würde,
- das **Verfahren an einem wesentlichen Mangel leidet** und eine umfangreiche oder aufwändige Beweisaufnahme erforderlich wäre und einer der Beteiligten dies **beantragt**.

Die Entscheidung über die Zurückverweisung steht im Ermessen des Beschwerdegerichts, das auch bei Vorliegen der Voraussetzungen selbst entscheiden kann. Liegen **schwerwiegende Verfahrensfehler** – z.B. mangelhafte Sachaufklärung, fehlende Begründung[6] – vor, so darf eine Zurückverweisung nur erfolgen, wenn das Beschwerdegericht eine eigene Entscheidung nur nach einer umfangreichen oder aus sonstigen Gründen aufwändigen Beweisaufnahme treffen könnte. Außerdem ist in diesem Fall noch ein Antrag eines Beteiligten auf Zurückverweisung notwendig.[7]

---
2 Bassenge/Roth § 23 FGG Rn. 8; a.A. OLG Karlsruhe 27.04.1994 – 2 UF 58/94 = FamRZ 1994, 1401.
3 BVerfG 30.08.2005 – 1 BvR 1895/03 = NJW-RR 2006, 1.
4 BGH 27.06.1984 – IVb ZB 767/80 = FamRZ 1984, 990 für die Beschwerde eines Versorgungsträgers gegen die Entscheidung zum Versorgungsausgleich.
5 Keidel u.a./Kahl § 19 FGG Rn. 115 m.w.N.; a.A. Bassenge/Roth § 23 FGG Rn. 13.
6 OLG Frankfurt 11.08.1978 – 1 UF 147/78 = FamRZ 1978, 942; Keidel u.a./Sternal § 25 FGG Rn. 21.
7 So bereits für die bisherige Rechtslage bei einer Beschwerde nach § 621e ZPO Zöller/Philippi § 621e ZPO Rn. 77; anders OLG Köln 10.02.2005 – 4 UF 138/04 = FamRZ 2005, 1921; OLG Naumburg 12.09.1996 – UF 136/95 = FamRZ 1997, 758, die in von Amts wegen eingeleiteten Verfahren keinen Antrag fordern.

6 In **Ehe- und Familienstreitsachen** kommt eine Zurückverweisung nach § 117 Abs. 2 nur unter den für das zivilprozessuale Berufungsverfahren geltenden Voraussetzungen gem. § 538 Abs. 2 ZPO in Betracht.

7 Das Beschwerdegericht teilt dem Erstgericht im Fall der Zurückverweisung des Verfahrens in den Entscheidungsgründen seine Rechtsauffassung und die für das weitere Verfahren zu beachtenden Erwägungen mit. Diese sind vom Erstgericht zu beachten und seiner Entscheidung zugrunde zu legen. Das Beschwerdegericht selbst ist bei einem Beschwerdeverfahren nach erneuter Entscheidung des Erstgerichts an seine im ersten Beschwerdeverfahren vertretene Rechtsauffassung gebunden.[8]

IV. Begründungspflicht (Abs. 2)

8 Die Beschwerdeentscheidung ist **ausnahmslos zu begründen**. Die Begründung muss eine vollständige, klare Darstellung des entscheidungserheblichen Sachverhalts unter Anführung der Gründe, weshalb eine Tatsache für erwiesen erachtet wurde oder nicht, sowie der hierauf basierenden rechtlichen Erwägungen enthalten. Dabei ist die Bezugnahme auf den Akteninhalt (Sitzungsprotokolle, Schriftsätze und Gutachten) möglich.

9 Eine **unvollständige oder mangelhafte Begründung** kann rechtliche Konsequenzen haben, wenn die Rechtsbeschwerde statthaft ist und für das Rechtsbeschwerdegericht nicht nachvollziehbar ist, worauf die Beschwerdeentscheidung beruht. Sie kann außerdem auch eine Abhilfeentscheidung des Beschwerdegerichts gem. § 44 erforderlich machen, wenn das Nichteingehen auf einen mit der Beschwerde vorgetragenen wesentlichen Grund eine Verletzung des rechtlichen Gehörs des Beschwerdeführers bedeuten kann. Die Erstreckung der Begründungspflicht auch auf nicht anfechtbare Entscheidungen soll die Akzeptanz beim unterlegenen Beteiligten erhöhen und die Richtigkeitsgewähr dieser Entscheidungen stärken.[9]

V. Entsprechende Geltung der für den erstinstanzlichen Beschluss maßgeblichen Vorschriften (Abs. 3)

10 Für die Beschwerdeentscheidung gelten die Vorschriften über den Beschluss im ersten Rechtszug entsprechend. Dies betrifft vor allem den formellen Inhalt (§ 38), die Rechtsbehelfsbelehrung, soweit die Rechtsbeschwerde stattfindet (§ 39), das Wirksamwerden (§ 40), die Bekanntgabe (§ 41), die Berichtigung und Ergänzung (§§ 42, 43), die Gehörsrüge (§ 44) sowie die Rechtskraft (§ 45).

---

8 BayObLG 31.08.1995 – 3Z BR 176/95 = FamRZ 1996, 436.
9 BT-Drs. 16/9733, S. 357.

Unterabschnitt 2
Rechtsbeschwerde
(§ 70 – § 75)

§ 70 Statthaftigkeit der Rechtsbeschwerde

(1) Die Rechtsbeschwerde eines Beteiligten ist statthaft, wenn sie das Beschwerdegericht oder das Oberlandesgericht im ersten Rechtszug in dem Beschluss zugelassen hat.

(2) Die Rechtsbeschwerde ist zuzulassen, wenn

1. die Rechtssache grundsätzliche Bedeutung hat oder
2. die Fortbildung des Rechts oder die Sicherung einer einheitlichen Rechtsprechung eine Entscheidung des Rechtsbeschwerdegerichts erfordert.

Das Rechtsbeschwerdegericht ist an die Zulassung gebunden.

(3) Die Rechtsbeschwerde gegen einen Beschluss des Beschwerdegerichts ist ohne Zulassung statthaft in

1. Betreuungssachen zur Bestellung eines Betreuers, zur Aufhebung einer Betreuung, zur Anordnung oder Aufhebung eines Einwilligungsvorbehaltes,
2. Unterbringungssachen und Verfahren nach § 151 Nr. 6 und 7 sowie
3. Freiheitsentziehungssachen.

Sie ist zulässig unter den in Absatz 2 Satz 1 Nr. 1 oder Nr. 2 genannten Voraussetzungen. In den Fällen des Satzes 1 Nr. 2 und 3 gilt dies nur, wenn sich die Rechtsbeschwerde gegen den Beschluss richtet, der die Unterbringung oder freiheitsentziehende Maßnahme anordnet.

(4) Gegen einen Beschluss im Verfahren über die Anordnung, Abänderung oder Aufhebung einer einstweiligen Anordnung oder eines Arrests findet die Rechtsbeschwerde nicht statt.

Übersicht

I. Inhalt und Bedeutung der Norm	1
II. Zulassungserfordernis (Abs. 1)	2
III. Voraussetzungen der Zulassung (Abs. 2 Satz 1)	4
IV. Bindung des Rechtsbeschwerdegerichts an die Zulassung (Abs. 3 Satz 2)	8
V. Statthaftigkeit ohne Zulassung (Abs. 3)	9
VI. Ausschluss bei einstweiliger Anordnung und Arrest (Abs. 4)	10

I. Inhalt und Bedeutung der Norm

Die bisher in §§ 27, 28 FGG vorgesehene weitere Beschwerde zum OLG mit der Möglichkeit der Vorlage durch das OLG an den BGH war bereits nach bisherigem Recht für 1

Familiensachen ausgeschlossen und ersetzt durch die zulassungsabhängige Rechtsbeschwerde zum BGH nach § 621e Abs. 2 ZPO bei bestimmten Regelungsgegenständen, wobei die Nichtzulassungsbeschwerde erst ab dem 01.01.2010 Anwendung finden sollte (§ 26 Nr. 9 EGZPO).[1] Die Neuregelung der §§ 70 ff. bringt nunmehr mit der Rechtsbeschwerde zum BGH eine einheitliche Regelung für die Nicht-Familiensachen der fG sowie die Familiensachen nach dem Vorbild der Rechtsbeschwerde nach §§ 574 ff. ZPO, die wiederum an die Zulassung der Revision in § 543 ZPO angelehnt ist. Da grundsätzlich eine Zulassung der Rechtsbeschwerde erforderlich ist, wird die bislang zulassungsfreie dritte Instanz in Nicht-Familiensachen (weitere Beschwerde zum OLG) beseitigt. Dem Rechtsbeschwerdegericht wird damit ermöglicht, sich künftig in erster Linie mit Verfahren zu befassen, denen aufgrund ihrer grundsätzlichen Bedeutung eine über den Einzelfall hinausreichende Wirkung zukommt. Die **Konzentration der Rechtsbeschwerden beim Bundesgerichtshof** sichert eine zügige höchstrichterliche Entscheidung von Grundsatzfragen und eine Einheitlichkeit der Rechtsprechung.

II. Zulassungserfordernis (Abs. 1)

2 Die Rechtsbeschwerde setzt mit Ausnahme der in Abs. 3 enthaltenen Sonderregelung für bestimmte Verfahren außerhalb des Familienrechts immer eine Zulassung durch das Beschwerdegericht voraus. Die Entscheidung über die Zulassung erfordert keinen Antrag eines Beteiligten, sondern hat **von Amts wegen** zu erfolgen. Sie ist zusammen mit der Entscheidung in der Hauptsache zu treffen.

3 Für den Fall der Zulassung ist diese **im Beschluss festzustellen**, wobei eine Erwähnung im Tenor aus Gründen der Klarheit zu empfehlen, aber keineswegs zwingend erforderlich ist. Eine Feststellung in den Entscheidungsgründen ist ausreichend. Schweigt der Beschluss zur Frage der Zulassung, so ist hierin eine Ablehnung zu sehen. Eine Berichtigung des Beschlusses kommt nur in Betracht, wenn es sich bei der fehlenden Zulassungsentscheidung um eine offensichtliche Unrichtigkeit handelt, da das Erstgericht die Rechtsbeschwerde zulassen wollte, dies aber versehentlich unterlassen hat.[2]

III. Voraussetzungen der Zulassung (Abs. 2 Satz 1)

4 Eine nicht im Gesetz geregelte Zulassungsvoraussetzung ist die **Entscheidungserheblichkeit**.[3] Hieran fehlt es, wenn ein anderer rechtlicher Gesichtspunkt unabhängig von der Beantwortung der Zulassungsfrage die Entscheidung trägt. Die weiteren Voraussetzungen der Zulassung werden unter Nr. 1 und 2 genannt. Diese sind vom Erstgericht zu prüfen und gegebenenfalls festzustellen.

5 Eine **grundsätzliche Bedeutung** einer Rechtssache (Nr. 1) ist regelmäßig dann gegeben, wenn eine Rechtsfrage zu entscheiden ist, deren Auftreten in einer Vielzahl von

---

1 Diese Regelung ist durch Art. 28 Nr. 3 des FGG-RG mit Wirkung ab 01.09.2009 aufgehoben worden.
2 BGH 11.03.2004 – VI ZB 19/04 = NJW 2004, 2389 für den gleichgelagerten Fall der Zulassung der Berufung.
3 BGH 07.01.2003 – X ZR 82/02 = NJW 2003, 1125.

Fällen zu erwarten ist und die deshalb das abstrakte Interesse der Allgemeinheit an einheitlicher Entwicklung und Handhabung des Rechts berührt.[4]

Die **Fortbildung des Rechts** rechtfertigt die Zulassung dann, wenn der Einzelfall Veranlassung gibt, Leitsätze für die Auslegung von Gesetzesbestimmungen des materiellen oder formellen Rechts aufzustellen oder Gesetzeslücken auszufüllen. Hierzu besteht nur dann Anlass, wenn es für die rechtliche Beurteilung typischer oder verallgemeinerungsfähiger Lebenssachverhalte an einer richtungsweisenden Orientierungshilfe ganz oder teilweise fehlt.[5]

Die **Sicherung einer einheitlichen Rechtsprechung** erfordert eine Entscheidung des Rechtsbeschwerdegerichts nur dann, wenn bei der Auslegung oder Anwendung revisiblen Rechts Fehler über die Einzelfallentscheidung hinaus die Interessen der Allgemeinheit nachhaltig berühren. Dies ist in der Regel dann der Fall, wenn nach den Darlegungen des Beschwerdeführers ein Verstoß gegen Verfahrensgrundrechte im Einzelfall klar zutage tritt, also offenkundig ist, und die angefochtene Entscheidung hierauf beruht.[6] Dieser Zulassungsgrund dürfte regelmäßig daran scheitern, dass er voraussetzt, dass das Erstgericht seine eigene Entscheidung als fehlerhaft ansieht. Er macht deshalb nur dann Sinn, wenn mit einer **Nichtzulassungsbeschwerde** eine Überprüfung durch das Rechtsbeschwerdegericht herbeigeführt werden kann. Ein solcher Rechtsbehelf ist indes **nicht vorgesehen**.[7]

IV. Bindung des Rechtsbeschwerdegerichts an die Zulassung (Abs. 3 Satz 2)

Die noch im Regierungsentwurf vorgesehene Nichtbindung des Rechtsbeschwerdegerichts an die Zulassung, mit der eine Entlastung des BGH erreicht werden sollte, ist in der endgültigen Fassung aufgegeben worden.[8] Der BGH hat somit über alle zugelassenen Rechtsbeschwerden zu entscheiden, auch wenn seines Erachtens die Gründe für die Zulassung nicht vorliegen. Ein gewisses Korrektiv zur Behandlung zu Unrecht zugelassener (aber auch aussichtsloser) Rechtsbeschwerden sieht § 74a mit der Möglichkeit des einstimmigen Zurückweisungsbeschlusses nach dem Vorbild des § 552a ZPO vor.

V. Statthaftigkeit ohne Zulassung (Abs. 3)

Eine Ausnahme von dem allgemeinen Zulassungserfordernis sieht die Neuregelung für bestimmte **Betreuungs-, Unterbringungs- und Freiheitsentziehungssachen** vor. Damit soll der Rechtsschutz erweitert und verbessert werden in einem Bereich, in dem durch gerichtliche Entscheidungen in höchstpersönliche Rechte eingegriffen wird und freiheitsentziehende Maßnahmen angeordnet werden. Eine weitere Ausnahme ergibt

---
4 BGH 04.07.2002 – V ZB 16/02 = NJW 2002, 3029.
5 BGH 04.07.2002 – V ZB 16/02 = NJW 2002, 3029.
6 BGH 04.07.2002 – V ZB 16/02 = NJW 2002, 3029.
7 BT-Drs. 16/6308, S. 225, wonach hierfür kein Bedürfnis besteht.
8 Dies entspricht der Beschlussempfehlung des Rechtsausschusses (BT-Drs. 16/9733, S. 357), der seinerseits einer Empfehlung der hierzu angehörten Sachverständigen gefolgt ist.

sich für **Ehe- und Familienstreitsachen** aufgrund der Verweisung in § 117 Abs. 2 Satz 3 auf § 522 Abs. 1 Satz 4 ZPO. Danach unterliegt der Verwerfungsbeschluss in diesen Verfahren der Rechtsbeschwerde.

VI. Ausschluss bei einstweiliger Anordnung und Arrest (Abs. 4)

10 Der Ausschluss der Zulassung der Rechtsbeschwerde gegen Entscheidungen in eAO- und Arrestverfahren entspricht der Regelung in § 574 Abs. 1 Satz 2 ZPO sowie § 542 Abs. 2 ZPO. Hier gebietet die Eilbedürftigkeit und Vorläufigkeit der Entscheidung keinen weitergehenden Rechtsschutz.

§ 71 Frist und Form der Rechtsbeschwerde

(1) Die Rechtsbeschwerde ist binnen einer Frist von einem Monat nach der schriftlichen Bekanntgabe des Beschlusses durch Einreichen einer Beschwerdeschrift bei dem Rechtsbeschwerdegericht einzulegen. Die Rechtsbeschwerdeschrift muss enthalten:

1. die Bezeichnung des Beschlusses, gegen den die Rechtsbeschwerde gerichtet wird, und
2. die Erklärung, dass gegen diesen Beschluss Rechtsbeschwerde eingelegt werde.

Die Rechtsbeschwerdeschrift ist zu unterschreiben. Mit der Rechtsbeschwerdeschrift soll eine Ausfertigung oder beglaubigte Abschrift des angefochtenen Beschlusses vorgelegt werden.

(2) Die Rechtsbeschwerde ist, sofern die Beschwerdeschrift keine Begründung enthält, binnen einer Frist von einem Monat zu begründen. Die Frist beginnt mit der schriftlichen Bekanntgabe des angefochtenen Beschlusses. § 551 Abs. 2 Satz 5 und 6 der Zivilprozessordnung gilt entsprechend.

(3) Die Begründung der Rechtsbeschwerde muss enthalten:

1. Die Erklärung, inwieweit der Beschluss angefochten und dessen Aufhebung beantragt werde (Rechtsbeschwerdeanträge),
2. die Angabe der Rechtsbeschwerdegründe, und zwar
a) die bestimmte Bezeichnung der Umstände, aus denen sich die Rechtsverletzung ergibt;
   b) soweit die Rechtsbeschwerde darauf gestützt wird, dass das Gesetz in Bezug auf das Verfahren verletzt sei, die Bezeichnung der Tatsachen, die den Mangel ergeben.

(4) Die Rechtsbeschwerde- und die Begründungsschrift sind den anderen Beteiligten bekannt zu geben.

Übersicht

I. Inhalt und Bedeutung der Norm	1
II. Frist, Form und Inhalt der Beschwerdeeinlegung (Abs. 1)	2
III. Frist und Inhalt der Begründung (Abs. 2, 3)	5
IV. Bekanntgabe an Verfahrensbeteiligte (Abs. 4)	8

I. Inhalt und Bedeutung der Norm

Die Vorschrift regelt Frist, Form und Begründung der Rechtsbeschwerde. Sie lehnt sich an die Regelung der Rechtsbeschwerde im Zivilprozess in § 575 ZPO an, die sich wiederum weitgehend am Revisionsrecht orientiert. Es wird somit auch in diesem Bereich eine weitergehende Harmonisierung des Rechtsmittelrechts erreicht. **1**

II. Frist, Form und Inhalt der Beschwerdeeinlegung (Abs. 1)

Die Frist von **einem Monat** zur Einlegung der Rechtsbeschwerde beginnt mit der schriftlichen Bekanntgabe des Beschlusses, d.h., der Zustellung der in vollständiger Form abgefassten Entscheidung[1] der Vorinstanz, zu laufen. Hiermit wird dem Beschleunigungsinteresse, das regelmäßig bei FamFG-Verfahren – etwa Sorge- und Umgangsverfahren – gegeben ist, Rechnung getragen. Eine Regelung für den Fall der nicht bzw. nicht wirksam erfolgten Bekanntgabe ist nicht vorgesehen (ebenso § 575 Abs. 1 ZPO; im Gegensatz hierzu sehen § 548 ZPO sowie § 63 Abs. 3 einen Fristablauf nach maximal fünf Monaten vor). **2**

Die Einlegung erfolgt durch **Einreichen einer Beschwerdeschrift beim Beschwerdegericht**, da eine Abhilfebefugnis der Vorinstanz nicht besteht. Hierdurch wird weiter gewährleistet, dass für das Beschwerdegericht – jedenfalls bei gleichzeitiger Vorlage der angefochtenen Entscheidung – die Möglichkeit besteht, eine besondere Eilbedürftigkeit der Sache festzustellen und ggf. die Akten aus der Vorinstanz unverzüglich anzufordern. Die Einlegung des Rechtsmittels erfordert die Vertretung durch einen beim BGH zugelassenen Rechtsanwalt (§ 10 Abs. 4, § 114 Abs. 2). **3**

Zum **notwendigen Inhalt** der Beschwerdeschrift (Satz 2) gehört, dass aus ihr ersichtlich ist, welche Entscheidung angegriffen wird, sowie dass gegen sie das Rechtsmittel der Rechtsbeschwerde eingelegt wird. Die Beschwerdeschrift muss unterschrieben sein. Es soll eine **Ausfertigung oder beglaubigte Abschrift des angefochtenen Beschlusses** beigefügt werden. Unterbleibt dies, so hat dies unmittelbar keine Konsequenzen. Allerdings besteht dann für das Rechtsbeschwerdegericht in der Regel bis zum Eingang der Akten aus der Vorinstanz keine Möglichkeit, eine besondere Eilbedürftigkeit festzustellen. **4**

---

[1] Dies entspricht im Ergebnis der Regelung des Revisionsrechts in § 548 ZPO.

III. Frist und Inhalt der Begründung (Abs. 2, 3)

5 Die jetzt zwingend vorgeschriebene Begründung des Rechtsmittels war der bisherigen Regelung der weiteren Beschwerde nach § 29 FGG unbekannt. Sie trägt der Neugestaltung der dritten Instanz zur höchstrichterlichen Klärung grundsätzlicher Fragen sowie der Harmonisierung mit der Rechtsbeschwerde nach der ZPO sowie dem Revisionsrecht (§ 551 Abs. 1, § 575 Abs. 2 ZPO) Rechnung. Die Begründungsfrist beträgt **einen Monat** ab schriftlicher Bekanntgabe des angefochtenen Beschlusses, so dass sie gleichzeitig mit der Rechtsmittelfrist in Gang gesetzt wird. Im Gegensatz zu dieser besteht nach Satz 3 für die Begründungsfrist entsprechend § 551 Abs. 2 Satz 5, 6 ZPO die Möglichkeit der **Verlängerung um zwei Monate** bzw. bei Verzögerung der Akteneinsicht für den Beschwerdeführer um zwei Monate ab der Übersendung der Verfahrensakten.

6 Auch der **Mindestinhalt** der Beschwerdebegründung ist nunmehr im Gegensatz zur bisherigen weiteren Beschwerde nach § 29 FGG gesetzlich bestimmt (Abs. 3). Bei einem Verstoß ist das Rechtsmittel als unzulässig zu verwerfen. Erforderlich ist demnach die Angabe des **Rechtsbeschwerdeantrags** (Nr. 1), d.h., in welchem Umfang der Beschluss der Vorinstanz angefochten wird. Eine Bindung hieran besteht nach Ablauf der Begründungsfrist nur im Rahmen der erfolgten Begründung. Danach ist eine Erweiterung des Antrags zulässig, soweit diese sich im Rahmen der Beschwerdebegründung hält.[2] Eine Beschränkung des Rechtsbeschwerdeantrags ist möglich, soweit sie sich auf einen abtrennbaren Teil der angefochtenen Entscheidung bezieht.

7 Nach § 72 kann die Rechtsbeschwerde nur auf die Verletzung formellen oder materiellen Rechts gestützt werden. Hierzu muss der Beschwerdeführer in der Begründung angeben, **aus welchen Umständen sich eine Rechtsverletzung ergibt** (Nr. 2a), und, soweit die Rechtsbeschwerde auf einen Verfahrensfehler gestützt wird, die **Tatsachen vortragen, aus denen sich der Verfahrensmangel ergibt** (Nr. 2b). Wie im Revisionsrecht wird zwischen Sach- und Verfahrensrügen unterschieden. Bei Sachmängeln, die sich ggf. aus dem angefochtenen Beschluss ergeben, ist die konkrete Bezeichnung der Rechtsverletzung und der Umstände, aus denen sich diese ergibt, erforderlich. Bei Verfahrensmängeln, die in der Regel auf außerhalb des angefochtenen Beschlusses liegenden Tatsachen beruhen, ist hierzu besonders vorzutragen. Unterbleibt dies, so findet eine Überprüfung durch das Gericht nicht statt, soweit nicht der Verfahrensmangel von Amts wegen zu berücksichtigen ist.

IV. Bekanntgabe an Verfahrensbeteiligte (Abs. 4)

8 Sowohl die Beschwerdeschrift als auch eine ggf. getrennt hiervon erfolgte Begründung sind den übrigen Beteiligten bekannt zu geben, wodurch die Anschließungsfrist gem. § 73 ausgelöst wird.

---

2 BGH 22.12.1953 – V ZR 6/51 = BGHZ 12, 52.

§ 72 Gründe der Rechtsbeschwerde

(1) Die Rechtsbeschwerde kann nur darauf gestützt werden, dass die angefochtene Entscheidung auf einer Verletzung des Rechts beruht. Das Recht ist verletzt, wenn eine Rechtsnorm nicht oder nicht richtig angewendet worden ist.

(2) Die Rechtsbeschwerde kann nicht darauf gestützt werden, dass das Gericht des ersten Rechtszugs seine Zuständigkeit zu Unrecht angenommen hat.

(3) Die §§ 547, 556 und 560 der Zivilprozessordnung gelten entsprechend.

I. Inhalt und Bedeutung der Norm

Die Vorschrift bestimmt, auf welche Gründe die Rechtsbeschwerde gestützt werden kann, und trägt dabei der Ausgestaltung der Rechtsbeschwerdeinstanz als reine Rechtskontrollinstanz Rechnung.

II. Rechtsbeschwerdegründe

Die Rechtsbeschwerde kann nur auf die **Verletzung des formellen oder materiellen Rechts** gestützt werden. Das Vorbringen neuer Tatsachen ist dagegen regelmäßig ausgeschlossen. Die besondere Nennung von Bundesrecht und Landesrecht als Gegenstand der möglichen Rechtsverletzung im Regierungsentwurf ist in der endgültigen Gesetzesfassung aufgegeben worden, ohne dass hierdurch eine inhaltliche Änderung erfolgt ist. Es handelt sich vielmehr um eine redaktionelle Anpassung an den Wortlaut des gleichzeitig geänderten § 545 ZPO.[1] Mit der Einbeziehung des Landesrechts als verletzte Rechtsnorm wird die Möglichkeit der Rechtsbeschwerde eröffnet in Verfahren betreffend die freiheitsentziehende Unterbringung von psychisch kranken Volljährigen nach den Gesetzen der Bundesländer.

Abs. 1 Satz 2 enthält eine Legaldefinition der **Rechtsverletzung**, die den Regelungen in dem bisherigen § 27 Abs. 1 Satz 2 FGG und in § 546 ZPO entspricht. Danach ist das Rechtsbeschwerdegericht auf die Prüfung einer Verletzung des Rechts beschränkt und der Notwendigkeit der Erhebung von Beweisen enthoben. Die Tatsachenfeststellung der Vorinstanz ist für das Rechtsbeschwerdegericht bindend, soweit diese nicht ihrerseits auf der Verletzung materiellen Rechts (z.B. Verkennung von Auslegungsregeln) beruht oder von einem Verfahrensfehler beeinflusst ist, der mit der Rechtsbeschwerde gerügt wird oder aber von Amts wegen zu berücksichtigen ist.

Wie im Beschwerdeverfahren nach § 65 Abs. 4 und im gesamten Rechtsmittelrecht der ZPO kann auch die Rechtsbeschwerde **nicht auf die Unzuständigkeit des Gerichts des ersten Rechtszugs** gestützt werden (Abs. 2). Dabei ist es ohne Belang, ob die Unzuständigkeit in der ersten Instanz gerügt worden war oder nicht.

---

1 BT-Drs. 16/9733, S. 358.

Abschnitt 5 Rechtsmittel

5 Aufgrund der Verweisung in Abs. 3 auf die entsprechende Anwendung des § 547 ZPO gelten die dort genannten absoluten Revisionsgründe als **absolute Rechtsbeschwerdegründe**. Dies entspricht der bisherigen Regelung für die weitere Beschwerde nach § 27 Abs. 1 Satz 2 FGG. Danach beruht die angefochtene Entscheidung stets auf einer Verletzung des Rechts, wenn

- das erkennende Gericht nicht ordnungsgemäß besetzt war;
- bei der Entscheidung ein Richter mitgewirkt hat, der von der Ausübung des Richteramts kraft Gesetzes ausgeschlossen war, sofern nicht dieses Hindernis mittels eines Ablehnungsgesuchs ohne Erfolg geltend gemacht ist;
- bei der Entscheidung ein Richter mitgewirkt hat, obgleich er wegen Besorgnis der Befangenheit abgelehnt und das Ablehnungsgesuch für begründet erklärt war;
- ein Beteiligter in diesem Verfahren nicht nach der Vorschrift der Gesetze vertreten war, sofern sie nicht die Verfahrensführung ausdrücklich oder stillschweigend genehmigt hat;
- die Entscheidung aufgrund einer mündlichen Verhandlung ergangen ist, bei der die Vorschriften über die Öffentlichkeit des Verfahrens verletzt sind;
- die Entscheidung entgegen den Bestimmungen des Gesetzes **nicht mit Gründen versehen** ist. Diese Voraussetzung ist auch dann erfüllt, wenn die Begründung nur unvollständig ist und zu wesentlichen Punkten der Entscheidungsfindung fehlt bzw. nicht nachvollziehbar ist;
- das Ergebnis der Anhörung weder protokolliert oder in einem Aktenvermerk festgehalten noch in der Entscheidung hinsichtlich der daraus gezogenen Schlüsse in nachvollziehbarer Weise mitgeteilt worden ist.[2]

6 Die weitere Verweisung in **Abs. 3** auf § 556 ZPO bewirkt, dass eine Verfahrensverletzung dann nicht mehr geltend gemacht werden kann, wenn der Rechtsbeschwerdeführer sein Rügerecht bereits zuvor nach § 295 ZPO verloren hat. Für Verfahren, in denen der Amtsermittlungsgrundsatz gilt und der betreffende Umstand von Amts wegen zu berücksichtigen ist, greift diese Beschränkung nicht ein.

7 Die **entsprechende Anwendung des § 560 ZPO** bewirkt, dass das Rechtsbeschwerdegericht an die tatsächlichen Feststellungen des Beschwerdegerichts über das Bestehen und den Inhalt lokalen und ausländischen Rechts gebunden ist.

§ 73 Anschlussrechtsbeschwerde

Ein Beteiligter kann sich bis zum Ablauf einer Frist von einem Monat nach der Bekanntgabe der Begründungsschrift der Rechtsbeschwerde durch Einreichen einer Anschlussschrift beim Rechtsbeschwerdegericht anschließen, auch wenn er auf die Rechtsbeschwerde verzichtet hat, die Rechtsbeschwerdefrist verstrichen oder die Rechtsbeschwerde nicht zugelassen worden ist. Die Anschlussrechtsbeschwerde ist in der Anschlussschrift zu begründen und zu unterschrei-

---

2 OLG Köln 30.11.1998 – 14 Wx 25/98 = FamRZ 1999, 314.

ben. Die Anschließung verliert ihre Wirkung, wenn die Rechtsbeschwerde zurückgenommen, als unzulässig verworfen oder nach § 74a Abs. 1 zurückgewiesen wird.

I. Inhalt und Bedeutung der Norm

Die Regelung der Anschlussrechtsbeschwerde korrespondiert inhaltlich mit der entsprechenden Anschließungsmöglichkeit für die Beschwerdeinstanz in § 66, von der sie sich indes wesentlich durch die Bestimmung einer Anschließungsfrist unterscheidet. Sie ist angelehnt an die Regelung des § 574 Abs. 4 ZPO für die zivilprozessuale Anschlussrechtsbeschwerde. Für das bisherige Recht war die Möglichkeit einer Anschließung an eine Rechtsbeschwerde trotz Fehlens einer gesetzlichen Regelung anerkannt.[1]

II. Einlegung der Anschlussrechtsbeschwerde

Beschwerdeberechtigter kann im Gegensatz zu § 66 (→ § 66 Rn. 2, → § 59 Rn. 19) nur ein Beteiligter des bisherigen Verfahrens sein. Die Einlegung des Rechtsmittels erfolgt durch **Einreichen einer Anschlussschrift beim Rechtsbeschwerdegericht**, während eine Erklärung zu Protokoll des Beschwerdegerichts wegen des nach § 10 Abs. 4 bestehenden Anwaltszwangs beim BGH ausgeschlossen ist. Die Anschließung ist statthaft unabhängig davon, ob eine eigene Rechtsbeschwerde des betreffenden Beteiligten aufgrund Rechtsmittelverzichts, Ablauf der Rechtsmittelfrist oder mangels Zulassung durch das Beschwerdegericht unzulässig wäre. Die Anschlussrechtsbeschwerde bedarf nicht der Zulassung durch das Gericht, welches die angefochtene Entscheidung erlassen hat.

Die Anschließung hat innerhalb einer **Frist von einem Monat** ab Zustellung der Rechtsbeschwerdebegründung an den betreffenden Verfahrensbeteiligten zu erfolgen. Das Rechtsmittel bedarf der **Begründung, die in der Anschließungsschrift** erfolgen muss. Anders als in § 574 Abs. 4 ZPO ist die Begründung danach nicht unbedingt in der Anschließungsschrift vorzunehmen, sondern es ist ausreichend, wenn eine gesonderte Begründungsschrift innerhalb der Frist eingereicht wird. Die Begründung kann daher auch nicht nachgereicht werden, wenn bei Einlegung des Rechtsmittels die Monatsfrist nach Satz 1 noch nicht ausgeschöpft war. Das Rechtsmittel ist als unzulässig zu verwerfen, wenn es an einer Begründung in der vorgeschriebenen Form fehlt.

III. Abhängigkeit von dem Hauptrechtsmittel

Die Anschlussrechtsbeschwerde wird wegen ihrer Abhängigkeit von der Hauptrechtsbeschwerde unzulässig, wenn diese zurückgenommen oder als unzulässig verworfen wird (Satz 2). Über beide Rechtsmittel muss nicht notwendigerweise gleichzeitig ent-

---

1 Zöller/Philippi § 621e ZPO Rn. 93 für FGG-Familiensachen; Keidel u.a./Kahl § 19 FGG Rn. 4 für sonstige fG-Sachen.

schieden werden. Eine Vorabentscheidung über das Hauptrechtsmittel ist grundsätzlich möglich. Umgekehrt ist dies wegen der Abhängigkeit des Anschlussrechtsmittels und der Möglichkeit des Eintritts der Wirkung nach Satz 2 nicht der Fall.

§ 74 Entscheidung über die Rechtsbeschwerde

(1) Das Rechtsbeschwerdegericht hat zu prüfen, ob die Rechtsbeschwerde an sich statthaft ist und ob sie in der gesetzlichen Form und Frist eingelegt und begründet ist. Mangelt es an einem dieser Erfordernisse, ist die Rechtsbeschwerde als unzulässig zu verwerfen.

(2) Ergibt die Begründung des angefochtenen Beschlusses zwar eine Rechtsverletzung, stellt sich die Entscheidung aber aus anderen Gründen als richtig dar, ist die Rechtsbeschwerde zurückzuweisen.

(3) Der Prüfung des Rechtsbeschwerdegerichts unterliegen nur die von den Beteiligten gestellten Anträge. Das Rechtsbeschwerdegericht ist an die geltend gemachten Rechtsbeschwerdegründe nicht gebunden. Auf Verfahrensmängel, die nicht von Amts wegen zu berücksichtigen sind, darf die angefochtene Entscheidung nur geprüft werden, wenn die Mängel nach § 71 Abs. 3 und § 73 Satz 2 gerügt worden sind. Die §§ 559, 564 der Zivilprozessordnung gelten entsprechend.

(4) Auf das weitere Verfahren sind, soweit sich nicht Abweichungen aus den Vorschriften dieses Unterabschnitts ergeben, die im ersten Rechtszug geltenden Vorschriften entsprechend anzuwenden.

(5) Soweit die Rechtsbeschwerde begründet ist, ist der angefochtene Beschluss aufzuheben.

(6) Das Rechtsbeschwerdegericht entscheidet in der Sache selbst, wenn diese zur Endentscheidung reif ist. Andernfalls verweist es die Sache unter Aufhebung des angefochtenen Beschlusses und des Verfahrens zur anderweitigen Behandlung und Entscheidung an das Beschwerdegericht, oder, wenn dies aus besonderen Gründen geboten erscheint, an das Gericht des ersten Rechtszugs zurück. Die Zurückverweisung kann an einen anderen Spruchkörper des Gerichts erfolgen, das die angefochtene Entscheidung erlassen hat. Das Gericht, an das die Sache zurückverwiesen ist, hat die rechtliche Beurteilung, die der Aufhebung zugrunde liegt, auch seiner Entscheidung zugrunde zu legen.

(7) Von der Begründung der Entscheidung kann abgesehen werden, wenn sie nicht geeignet wäre, zur Klärung von Rechtsfragen grundsätzlicher Bedeutung, zur Fortbildung des Rechts oder zur Sicherung einer einheitlichen Rechtsprechung beizutragen.

§ 74 Entscheidung über die Rechtsbeschwerde

Übersicht

I. Inhalt und Bedeutung der Norm	1
II. Prüfung der Zulässigkeit (Abs. 1)	2
III. Umfang der Prüfung der Begründetheit (Abs. 3)	3
IV. Anwendbare Verfahrensvorschriften (Abs. 4)	7
V. Begründetheit der Rechtsbeschwerde	8

I. Inhalt und Bedeutung der Norm

Die Vorschrift regelt den Prüfungsumfang sowie Inhalt und Form der Entscheidung in Anlehnung an das Revisionsrecht der ZPO. **1**

II. Prüfung der Zulässigkeit (Abs. 1)

In gleicher Weise wie bei der Beschwerde (§ 68 Abs. 2) muss das Gericht auch bei der Rechtsbeschwerde vorab prüfen, ob die Rechtsbeschwerde in der gesetzlich vorgeschriebenen Form und Frist eingelegt worden ist. Zusätzlich ist im Rahmen der Zulässigkeitsprüfung auch die Statthaftigkeit des Rechtsmittels nach § 70 zu überprüfen, nämlich das Vorliegen der Zulassung der Rechtsbeschwerde durch das Beschwerdegericht gem. § 70 Abs. 2 bzw. der Voraussetzungen für eine ausnahmsweise zulassungsfreie Rechtsbeschwerde gem. § 70 Abs. 3. Soweit ein Mangel festgestellt wird, ist die Rechtsbeschwerde als unzulässig zu verwerfen. **2**

III. Umfang der Prüfung der Begründetheit (Abs. 3)

Für das Rechtsbeschwerdegericht besteht nach **Satz 1** im Umfang seiner Überprüfung der angefochtenen Entscheidung eine **Bindung** an den durch die Anträge der Rechtsbeschwerde und einer evtl. Anschlussrechtsbeschwerde gesetzten Rahmen, wobei eine Beschränkung nur zulässig ist, wenn sie sich auf einen abtrennbaren Teil der angefochtenen Entscheidung bezieht (→ § 71 Rn. 5). **3**

Nach **Satz 2** ist das Rechtsbeschwerdegericht dagegen **nicht an die geltend gemachten Rechtsbeschwerdegründe gebunden**, so dass es aus anderen Gründen die Entscheidung der Vorinstanz aufheben oder gem. Abs. 3 auch im Ergebnis bestätigen kann. Dies entsprach bereits nach bisheriger Rechtslage allgemeiner Ansicht.[1] **4**

Eine Überprüfung von **Verfahrensmängeln**, die nicht bereits von Amts wegen zu berücksichtigen sind, findet nur statt, wenn sie in der Rechtsbeschwerdebegründungsschrift oder in der Anschlussrechtsmittelschrift (§ 71 Abs. 3 Nr. 2 Buchst. b, § 73 Satz 2) gerügt worden sind. Wegen der weitergehenden Beschränkung der Überprüfung durch das Rechtsbeschwerdegericht hinsichtlich der für die Feststellung von Verfahrensmängeln maßgeblichen Tatsachen vgl. nachfolgend unter Rn. 6. **5**

---

[1] Keidel u.a./Meyer-Holz § 27 FGG Rn. 15.

6 Aufgrund der Verweisung in Satz 4 auf die entsprechende Anwendung der revisionsrechtlichen Bestimmung des **§ 559 ZPO** unterliegt das Vorbringen der Beteiligten nur insoweit der Prüfung als es sich aus der angefochtenen Entscheidung sowie dem Sitzungsprotokoll des Vorverfahrens ergibt. Nach der Weiterverweisung in § 559 Abs. 1 Satz 2 ZPO auf **§ 551 Abs. 3 Nr. 2 Buchst. b ZPO** werden bei der Prüfung von Verfahrensmängeln nur die hierzu in der Rechtsbeschwerdebegründung bezeichneten Tatsachen berücksichtigt. Die ebenfalls in **Satz 4** enthaltene Verweisung auf die entsprechende Anwendung des **§ 564 ZPO** ermöglicht es dem Rechtsbeschwerdegericht, über die Regelung des § 38 Abs. 4 hinaus von einer Begründung seiner Entscheidung abzusehen, soweit es die Rüge von Verfahrensmängeln nicht für durchgreifend erachtet. Ausgenommen hiervon sind Verfahrensrügen, die gleichzeitig absolute Rechtsbeschwerdegründe gem. § 72 Abs. 3 i.V.m. § 547 ZPO darstellen.

IV. Anwendbare Verfahrensvorschriften (Abs. 4)

7 Auf das Verfahren in der Rechtsbeschwerdeinstanz sind die für das erstinstanzliche Verfahren geltenden Vorschriften (§§ 23 bis 37) entsprechend anzuwenden, soweit sich nicht aus den §§ 70 bis 75 Abweichungen ergeben (Abs. 4).

V. Begründetheit der Rechtsbeschwerde

8 Die Begründetheit der Rechtsbeschwerde setzt voraus, dass die nach § 72 Abs. 1 erforderliche Rechtsverletzung festgestellt wird. Weiter hat das Rechtsbeschwerdegericht den **ursächlichen Zusammenhang zwischen der angefochtenen Entscheidung und der Rechtsverletzung** zu prüfen. Kann eine Ursächlichkeit nicht festgestellt werden, so ist die Rechtsbeschwerde als unbegründet zurückzuweisen. Soweit Verfahrensverstöße vorliegen, reicht es aus, dass die angefochtene Entscheidung möglicherweise hierauf beruht, eine andere Entscheidung bei Beachtung des formellen Rechts jedoch nicht ausgeschlossen werden kann.[2]

9 Der Zurückweisung unterliegt die Rechtsbeschwerde indes auch in dem in **Abs. 2** geregelten Sonderfall, dass zwar eine Rechtsverletzung vorliegt, die angefochtene Entscheidung im Ergebnis aber dennoch **aus einem anderen Grund zutreffend** ist. Dies entspricht der Regelung in § 561 ZPO, die bereits bislang nach § 27 Abs. 1 Satz 2 FGG auf das Verfahren der weiteren Beschwerde Anwendung fand. Aus Gründen der Verfahrensökonomie kann das Rechtsbeschwerdegericht auch offen lassen, ob eine Rechtsverletzung vorliegt, wenn die angefochtene Entscheidung aufgrund anderer rechtlicher Erwägungen zutreffend ist.[3]

10 Soweit die Rechtsbeschwerde begründet ist, ist der angefochtene **Beschluss aufzuheben (Abs. 5)**. Das bedeutet, dass auch eine teilweise Aufhebung in Betracht kommt, soweit es sich um einen abtrennbaren Verfahrensgegenstand handelt. Die weiteren Konsequenzen der Aufhebung ergeben sich aus **Abs. 6**:

---

2 BGH 26.04.1989 – I ZR 220/87 = NJW 1990, 121.
3 Zöller/Gummer § 561 ZPO Rn. 4.

- **Entscheidung des Rechtsbeschwerdegerichts in der Sache**, wenn diese zur Entscheidung reif ist **(Satz 1)**. Dies ist nur dann der Fall, wenn Feststellungen zum Sachverhalt nicht mehr erforderlich sind.

- **Zurückverweisung** der Sache unter Aufhebung des angefochtenen Beschlusses und des zugrunde liegenden Verfahrens zur anderweitigen Behandlung und Entscheidung durch das Beschwerdegericht **(Satz 2)**, wenn die Sache der weiteren Aufklärung bedarf. Dies entspricht der bisher zu § 27 FGG vertretenen Auffassung.[4] Im Einzelfall kann aus besonderen Gründen die Zurückverweisung an das erstinstanzliche Gericht in Betracht kommen **(Satz 3)**, etwa wenn das Beschwerdegericht bei richtiger Rechtsanwendung die Sache an das erstinstanzliche Gericht hätte zurückverweisen müssen.[5] Die ebenfalls vorgesehene Zurückverweisung an einen anderen Spruchkörper des Beschwerdegerichts kann sachgerecht sein, wenn sich aus der angefochtenen Entscheidung der Eindruck ergibt, das Beschwerdegericht sei in der Beurteilung des Sachverhalts bereits so festgelegt, dass die Gefahr einer Voreingenommenheit besteht.

Das Beschwerdegericht ist nach der Zurückverweisung an die für die Aufhebung seiner Entscheidung maßgebliche rechtliche Beurteilung des Rechtsbeschwerdegerichts gebunden **(Satz 4)**.

Zur Entlastung des BGH als Rechtsbeschwerdegericht, das an die Zulassung des Rechtsmittels durch das Beschwerdegericht gebunden ist (§ 70 Abs. 2 Satz 2), ist über die **Möglichkeit der Beschränkung der Begründung** der Rechtsbeschwerdeentscheidung in Abs. 3 Satz 4 i.V.m. § 564 ZPO hinaus das vollständige Absehen von einer Begründung vorgesehen (Abs. 7). Diese Sonderregelung greift nur dann ein, wenn die Begründung nicht geeignet wäre, zur Klärung von Rechtsfragen grundsätzlicher Bedeutung, zur Fortbildung des Rechts oder zur Sicherung einer einheitlichen Rechtsprechung beizutragen. In diesen Fällen könnte eine Begründung dem eigentlichen Zweck der Rechtsbeschwerde nicht dienen. Der Gesetzgeber hat eine solche Lockerung der Begründungspflicht neben der Regelung des § 74a als Korrektiv gesehen dafür, dass der BGH an die Zulassung der Rechtsbeschwerde durch das Beschwerdegericht gebunden ist, wodurch die Möglichkeit besteht, mit Rechtsmitteln befasst zu werden, die an sich nicht der Funktion der Rechtsbeschwerde entsprechen.

11

§ 74a Zurückweisungsbeschluss

(1) Das Rechtsbeschwerdegericht weist die vom Beschwerdegericht zugelassene Rechtsbeschwerde durch einstimmigen Beschluss ohne mündliche Verhandlung oder Erörterung im Termin zurück, wenn es davon überzeugt ist, dass die Voraussetzungen für die Zulassung der Rechtsbeschwerde nicht vorliegen und die Rechtsbeschwerde keine Aussicht auf Erfolg hat.

(2) Das Rechtsbeschwerdegericht oder der Vorsitzende hat zuvor die Beteiligten auf die beabsichtigte Zurückweisung der Rechtsbeschwerde und die

---

4 Keidel u.a./Meyer-Holz § 27 FGG Rn. 58.
5 So bereits zur bisherigen Rechtslage bei der weiteren Beschwerde Keidel u.a./Meyer-Holz § 27 FGG Rn. 61.

Gründe hierfür hinzuweisen und dem Rechtsbeschwerdeführer binnen einer zu bestimmenden Frist Gelegenheit zur Stellungnahme zu geben.

(3) Der Beschluss nach Absatz 1 ist zu begründen, soweit die Gründe für die Zurückweisung nicht bereits in dem Hinweis nach Absatz 2 enthalten sind.

I. Inhalt und Bedeutung der Norm

1 Die Vorschrift eröffnet dem Rechtsbeschwerdegericht die Möglichkeit der erleichterten Erledigung von Rechtsbeschwerden, die zu Unrecht zugelassen wurden und keine Aussicht auf Erfolg haben. Bedarf für eine solche Regelung hat der Gesetzgeber insbesondere für das familiengerichtliche Rechtsbeschwerdeverfahren gesehen, in dem der BGH, der ohnehin durch die zulassungsfreie Rechtsbeschwerde in Betreuungs-, Unterbringungs- und Freiheitsentziehungssachen (§ 70 Abs. 3) zusätzlich belastet wird, gem. § 74 Abs. 4 in der Regel mündlich zu verhandeln hat.[1] Das Verfahren ist dem Zurückweisungsbeschluss gem. § 552a ZPO im Revisionsverfahren nachgebildet.

II. Zurückweisung der Rechtsbeschwerde

2 Die Zurückweisung einer durch das Beschwerdegericht zugelassenen Rechtsbeschwerde ist nur **zulässig**, wenn die Voraussetzungen für die Zulassung gem. § 70 Abs. 2 im Zeitpunkt der Beschlussfassung des Rechtsbeschwerdegerichts nicht vorliegen. Unerheblich ist dagegen, ob das Beschwerdegericht die Rechtsbeschwerde auf der Grundlage der damaligen Rechtslage zu Recht zugelassen hatte. Es reicht auch aus, wenn der Zulassungsgrund nachträglich – etwa infolge höchstrichterlicher Klärung der Rechtsfrage in einem anderen Verfahren – weggefallen ist.

3 Die Rechtsbeschwerde muss nach der Überzeugung des Rechtsbeschwerdegerichts insgesamt keine Aussicht auf Erfolg haben. **Keine Aussicht auf Erfolg** hat die Rechtsbeschwerde, wenn das Rechtsbeschwerdegericht bereits aufgrund des Akteninhalts zu der Überzeugung gelangt, dass die Rechtsbeschwerde unbegründet ist, weil die geltend gemachten Rügen nicht durchgreifen. Mit dem Erfordernis der mangelnden Erfolgsaussicht wird dem Gedanken der Einzelfallgerechtigkeit Rechnung getragen. Die Rechtsbeschwerde darf nicht nach § 74a zurückgewiesen werden, wenn nach der prognostischen Bewertung des Falls die Rechtsbeschwerde nicht von vornherein ohne Aussicht auf Erfolg ist, auch wenn die Zulassungsvoraussetzungen nach der Überzeugung des Rechtsbeschwerdegerichts nicht vorlagen. Das Vorliegen dieser Voraussetzungen für den Zurückweisungsbeschluss muss das Revisionsgericht **einstimmig** feststellen.

4 Die Zurückweisung ist nur zulässig, wenn das Rechtsbeschwerdegericht oder der Vorsitzende die Beteiligten hierauf unter Mitteilung der Gründe **hingewiesen** und dem Rechtsbeschwerdeführer binnen einer zu bestimmenden Frist Gelegenheit zur Stellungnahme gegeben hat **(Abs. 2)**. Damit wird der verfassungsmäßige Anspruch des Rechtsbeschwerdeführers auf Gewährung rechtlichen Gehörs gewährleistet.

---

[1] BT-Drs. 16/9733, S. 290.

Der Zurückweisungsbeschluss ist zu **begründen**, soweit die Gründe für die Zurückweisung nicht bereits in dem vorherigen Hinweis enthalten sind **(Abs. 3)**. Damit ist sichergestellt, dass der unterliegende Rechtsbeschwerdeführer über die wesentlichen Gründe für die Erfolglosigkeit seines Rechtsmittels unterrichtet wird.

5

§ 75 Sprungrechtsbeschwerde

(1) Gegen die im ersten Rechtszug erlassenen Beschlüsse, die ohne Zulassung der Beschwerde unterliegen, findet auf Antrag unter Übergehung der Beschwerdeinstanz unmittelbar die Rechtsbeschwerde (Sprungrechtsbeschwerde) statt, wenn
1. die Beteiligten in die Übergehung der Beschwerdeinstanz einwilligen und
2. das Rechtsbeschwerdegericht die Sprungrechtsbeschwerde zulässt.

Der Antrag auf Zulassung der Sprungrechtsbeschwerde und die Erklärung der Einwilligung gelten als Verzicht auf das Rechtsmittel der Beschwerde.

(2) Für das weitere Verfahren gilt § 566 Abs. 2 bis 8 der Zivilprozessordnung entsprechend.

I. Inhalt und Bedeutung der Norm

Das bisherige Recht sah eine Sprungrechtsbeschwerde nicht vor. Die neue Vorschrift eröffnet in Anlehnung an und weitgehender Verweisung auf § 566 ZPO die Möglichkeit, ein Verfahren unter Verzicht auf das Beschwerdeverfahren direkt in die Rechtsbeschwerdeinstanz zu bringen. Damit haben die Beteiligten in Fällen, in denen **ausschließlich die Klärung von Rechtsfragen** beabsichtigt ist, die Möglichkeit, rasch eine höchstrichterliche Entscheidung herbeiführen.

1

II. Statthaftigkeit der Sprungrechtsbeschwerde (Abs. 1)

Die Sprungrechtsbeschwerde ist statthaft, wenn die anderen Beteiligten dem **Antrag** eines Beteiligten zustimmen, d.h. sämtliche Beteiligten eine Entscheidung des Rechtsbeschwerdegerichts unter Ausschluss der Beschwerdeinstanz anstreben und das Rechtsbeschwerdegericht das Rechtsmittel zulässt. Um eine einheitliche Zulassungspraxis zu gewährleisten, erfolgt in diesen Fällen (anders als bei der Zulassung der Rechtsbeschwerde durch das Beschwerdegericht gem. § 70 Abs. 1) die Zulassung nicht durch das Gericht, dessen Entscheidung angefochten werden soll. Dabei wird in **Satz 2** klargestellt, dass die Beteiligten mit dem Zulassungsantrag und ihrer Einwilligung hierzu eine abschließende Entscheidung über das zur Verfügung stehende Rechtsmittel in der Weise treffen, dass nur noch die Rechtsbeschwerde und nicht mehr die Beschwerde zur Verfügung steht. Der **Verzicht** ist endgültig und entfällt auch nicht etwa, wenn die Sprungrechtsbeschwerde nicht zugelassen wird. Der Umstand, dass bereits

2

eine Beschwerde eingelegt worden ist, steht der Statthaftigkeit Sprungrechtsbeschwerde nicht entgegen.[1] Die Beschwerde wird indes wegen der Verzichtswirkung nach Satz 2 unzulässig und müsste zurückgenommen werden, um der Verwerfung zu entgehen.

II. Entsprechende Anwendung der Vorschriften über die Sprungrevision (Abs. 2)

3   Hinsichtlich des weiteren Verfahrens einschließlich der Voraussetzungen für die Zulassung des Rechtsmittels durch das Rechtsbeschwerdegericht verweist das Gesetz auf die entsprechende Anwendung des § 566 Abs. 2 bis 8 ZPO. Wegen der weiteren Einzelheiten wird auf diese Bestimmungen verwiesen.

Abschnitt 6
Verfahrenskostenhilfe
(§ 76 – § 79)

Vorbemerkung § 76

1   Die im Allgemeinen Teil des FamFG enthaltenen Vorschriften über die Verfahrenskostenhilfe gelten in allen Verfahren, die dem FamFG unterfallen, mit Ausnahme der Ehesachen und der Familienstreitsachen (§ 112). Für diese bestimmt § 113 Abs. 1 Satz 1 ausdrücklich, dass die Vorschriften der §§ 76 bis 79 nicht anzuwenden sind. Stattdessen sind auf Grund der Verweisung in § 113 Abs. 1 Satz 2 die Vorschriften über die Prozesskostenhilfe nach den §§ 114 bis 127 ZPO entsprechend anzuwenden.

2   Die **Verfahrenskostenhilfe** des FamFG einerseits und die **Prozesskostenhilfe** der ZPO andererseits sind auf Grund des Generalverweises in § 76 Abs. 1 weitgehend identisch ausgestaltet. Die §§ 76 bis 78 beschränken sich daher auf einige Sonderregelungen und Klarstellungen.

3   Von erheblicher praktischer Bedeutung ist der in § 78 für die Verfahrenskostenhilfe eingeschränkte Anspruch auf **Beiordnung eines Rechtsanwalts** gegenüber dem Anspruch auf Beiordnung eines Rechtsanwalts nach § 121 ZPO.

4   Soweit durch das Gesetz zur Modernisierung von Verfahren im anwaltlichen und notariellen Berufsrecht, zur Errichtung einer Schlichtungsstelle der Rechtsanwaltschaft sowie zur Änderung sonstiger Vorschriften auch für Verfahren, für die auf Grund der Verweisung in § 113 Abs. 2 Satz 2 die Prozesskostenhilfe nach den Bestimmungen der ZPO gilt (§§ 149 und 242), der **Begriff der „Verfahrenskostenhilfe"** verwendet wird, handelt es sich um eine redaktionelle Änderung im Hinblick auf die Terminologie

---

[1] Zöller/Gummer § 566 ZPO Rn. 6 für den vergleichbaren Fall der Sprungrevision.

des FamFG, das von „Verfahren" anstelle von „Prozessen" spricht.[1] Eine inhaltliche Änderung ist damit nicht verbunden.

§ 76 Voraussetzungen

(1) Auf die Bewilligung von Verfahrenskostenhilfe finden die Vorschriften der Zivilprozessordnung über die Prozesskostenhilfe entsprechende Anwendung, soweit nachfolgend nichts Abweichendes bestimmt ist.

(2) Ein Beschluss, der im Verfahrenskostenhilfeverfahren ergeht, ist mit der sofortigen Beschwerde in entsprechender Anwendung der §§ 567 bis 572, 127 Abs. 2 bis 4 der Zivilprozessordnung anfechtbar.

I. Inhalt und Bedeutung der Norm

§ 76 ist im Laufe des Gesetzgebungsverfahrens gegenüber dem Regierungsentwurf vollständig neu gefasst und in der Fassung der Beschlussempfehlung des Rechtsausschusses verabschiedet worden. Die umstrittenen Fragen, ob hinsichtlich der Erfolgsaussichten und/oder der Mutwilligkeit zwischen amtswegigen Verfahren und solchen, die nur auf Antrag eingeleitet werden, unterschieden werden müsse, ist zugunsten einer **Generalverweisung auf die §§ 114 bis 127 ZPO** gelöst worden. Hierdurch bleibt die zum bisherigen Recht ergangene Rechtsprechung zur Bewilligung von Prozesskostenhilfe in Verfahren der freiwilligen Gerichtsbarkeit weiterhin anwendbar.[1]

1

II. Verweisungsnorm (Abs. 1)

Abs. 1 verweist auf die Vorschriften der ZPO über die Prozesskostenhilfe, soweit in den §§ 76 bis 78 nichts Abweichendes geregelt ist. **Abweichendes** ist nur geregelt für

2

- die Möglichkeit der übrigen Beteiligten zur Stellungnahme im Bewilligungsverfahren (§ 77 Abs. 1),
- die Beiordnung eines Rechtsanwalts in Fällen, in denen kein Anwaltszwang besteht (§ 78 Abs. 2).

Damit gelten insbesondere die Vorschriften über die persönlichen und wirtschaftlichen Voraussetzungen, aber auch die Vorschriften über die Erfolgsaussichten und die Mutwilligkeit nach § 114 ZPO.

Hinsichtlich der **Erfolgsaussichten** wird nicht zwischen amtswegigen Verfahren und solchen, die auf Antrag eingeleitet werden, unterschieden. Nicht Gesetz geworden ist die Vorstellung der Bundesregierung, in amtswegigen Verfahren einem Beteiligten Verfahrenskostenhilfe zu bewilligen, wenn seine Rechte durch den Ausgang des Ver-

3

---

1 BT-Drs. 16/12717, S. 72.
1 BT-Drs. 16/9733, S. 291.

Abschnitt 6 Verfahrenskostenhilfe

fahrens beeinträchtigt werden können und die beabsichtigte Rechtsverfolgung oder Rechtsverteidigung nicht offensichtlich ohne Aussicht auf Erfolg und nicht mutwillig erscheint. Auf Grund der Erweiterung des Begriffs der Beteiligten in § 7 einerseits und der aus der Sicht des Bundesrates nicht ausreichenden Abgrenzung nach der Möglichkeit einer Beeinträchtigung der Rechte andererseits ist der ursprüngliche Entwurf nicht Gesetz geworden. Dies ändert aber nichts an der Fortgeltung der bisherigen Rechtsprechung, wonach das Verfahrenskostenhilfebewilligungsverfahren nicht zur Klärung streitiger Rechtsfragen oder strittiger Sachverhalte dient.

4 An die Erfolgsaussichten sind damit keine überspannten Anforderungen zu stellen. In **amtswegigen Verfahren**, denen sich die Beteiligten nicht entziehen können, sind nach ständiger Rechtsprechung die Anforderungen an die Erfolgsaussichten geringer als in **Antragsverfahren**.[2] Sie sind gegeben, wenn der Beteiligte oder Antragsteller im Hauptsacheverfahren seine Lage verbessern kann.

5 **Mutwilligkeit** ist ausgeschlossen, wenn ein auf eigene Kosten agierender, verständiger Antragsteller oder Beteiligter seine Rechte in gleicher Weise wahrnehmen würde. In Verfahren betreffend die Regelung der elterlichen Sorge oder des Umgangs kommt Mutwilligkeit nur in Betracht, wenn der Antragsteller das gerichtliche Verfahren einleitet, ohne überhaupt den Versuch einer Einigung mit dem anderen Elternteil unternommen zu haben. Unter dem Aspekt der Mutwilligkeit kann jedoch vom Antragsteller nicht gefordert werden, zuvor die außergerichtliche Beratung durch das JA, eine Beratungsstelle oder andere Stelle zur Streitschlichtung in Anspruch zu nehmen.[3] Die Rechtsverteidigung ist jedoch mutwillig, wenn sie unter keinem möglichen Aspekt zum Erfolg führen kann.[4]

6 Obwohl § 76 nur mit der Bezeichnung „Voraussetzungen" überschrieben ist und Abs. 1 davon spricht, dass auf die „Bewilligung von Verfahrenskostenhilfe" die Vorschriften der ZPO über die PKH anzuwenden sind, stellt die Gesetzesbegründung klar, dass **sämtliche Vorschriften der ZPO** über die Prozesskostenhilfe entsprechend anzuwenden sind, mithin auch diejenigen über die Wirkungen der Bewilligung, deren Widerruf, die Kostentragung etc.

7 Auf Grund der Verweisung gelten in **entsprechender Anwendung:**

- § 114 ZPO: Voraussetzungen; gilt ohne Einschränkung.
- § 115 ZPO: Einsatz von Einkommen und Vermögen; gilt ohne Einschränkung.
- § 116 ZPO: Partei kraft Amtes; juristische Person; parteifähige Vereinigung; gilt ohne Einschränkung.
- § 117 ZPO: Antrag; § 117 Abs. 2 Satz 2 ZPO, wonach die Erklärung der Partei und die Belege dem Gegner nur mit Zustimmung der Partei zugänglich gemacht werden durften, wird durch das FGG-Reformgesetz dahingehend geändert, dass die Erklärung und die Belege dem Gegner ohne Zustimmung der Partei zugänglich gemacht werden können, wenn der Gegner nach materiellem Recht einen Auskunftsanspruch hat. Die umstrittene Frage, ob sich der Auskunftsanspruch gerade aus dem Rechtsverhältnis ergeben muss, das Gegenstand der gerichtlichen Ausei-

---

[2] Fölsch 2009, § 8 Rn. 32 m.w.Nachw.
[3] OLG Hamm 18.12.2003 – 2 WF 420/03 = FamRZ 2004, 1116.
[4] BT-Drs. 16/6308, S. 212.

nandersetzung ist, oder ob es ausreicht, wenn ein solcher Anspruch sich aus einem nicht gerichtlich anhängigen Rechtsverhältnis ergibt, ist vor allem für Verfahren betreffend die elterliche Sorge und den Umgang von Bedeutung.

- § 118 Abs. 1 Satz 2 bis 6, Abs. 2 und 3 ZPO: Bewilligungsverfahren; gelten ohne Einschränkung; die Vorschriften über die Stellungnahme des Antragsgegners aus § 118 Abs. 1 Satz 1 ZPO werden verdrängt durch § 77 Abs. 1.
- § 119 Abs. 1 ZPO: Bewilligung; die Vorschrift betrifft den Umfang der Bewilligung; die Vorschriften über die Bewilligung von Prozesskostenhilfe für die Zwangsvollstreckung in § 119 Abs. 2 ZPO werden zwar durch § 77 Abs. 2 verdrängt. § 77 Abs. 2 stimmt jedoch mit § 119 Abs. 2 ZPO überein.
- § 120 ZPO: Festsetzung von Zahlungen; gilt ohne Einschränkung.
- § 121 ZPO: Beiordnung eines Rechtsanwalts; wird durch § 78 verdrängt.
- § 122 ZPO: Wirkung der Prozesskostenhilfe; § 122 Abs. 2 ZPO gilt nur, wenn ein Gegner vorhanden ist.
- § 123 ZPO: Kostenerstattung; die Regelung kann nur eingreifen, wenn ein Gegner vorhanden ist und eine Kostenerstattung angeordnet wird.
- § 124 ZPO: Aufhebung der Bewilligung; gilt uneingeschränkt. Der Gesetzgeber hebt hervor, dass die Regelung in § 124 ZPO als lex specialis der Abänderungsregelung in § 48 vorgeht.[5]
- § 125 ZPO: Einziehung der Kosten; setzt voraus, dass es einen Gegner gibt.
- § 126 ZPO: Beitreibung der Rechtsanwaltskosten; setzt voraus, dass es einen Gegner gibt und dieser ganz oder teilweise zur Tragung der Kosten verurteilt wurde.
- § 127 Abs. 1 ZPO: Entscheidungen; gilt uneingeschränkt.
- § 127 Abs. 2 bis 4 ZPO: gelten auf Grund der Verweisung in § 76 Abs. 2 in entsprechender Anwendung.

Durch die uneingeschränkte Verweisung auf die Vorschriften über die Antragstellung in § 117 ZPO ergibt sich ebenso wie durch die ausdrückliche Regelung in § 114 Abs. 4 Nr. 5, dass für das Verfahren über die Verfahrenskostenhilfe auch dann kein **Anwaltszwang** herrscht, wenn die Vertretung durch einen Rechtsanwalt in dem beabsichtigten Verfahren vorgeschrieben ist. 8

III. Rechtsmittel (Abs. 2)

Als Rechtsmittel gegen Beschlüsse, die im Verfahrenskostenhilfeverfahren ergehen, ist die **sofortige Beschwerde** gegeben. Für deren Ausgestaltung verweist Abs. 2 auf die entsprechende Anwendung der §§ 567 bis 572, 127 Abs. 2 bis 4 ZPO. 9

Auch im Beschwerdeverfahren besteht **kein Anwaltszwang** (Abs. 2 i.V.m. § 569 Abs. 3 Nr. 3 ZPO). 10

---

5 BT-Drs. 16/9733, S. 291.

Abschnitt 6 Verfahrenskostenhilfe

11 Die sofortige Beschwerde ist bei Versagung der Verfahrenskostenhilfe wegen Versagung der Erfolgsaussichten und/oder Mutwilligkeit nur **zulässig**, wenn das Beschwerdegericht auch in der Hauptsache angerufen werden könnte. Über das Rechtsmittel soll kein Instanzenzug herbeigeführt werden können, der in der Hauptsache nicht zur Verfügung gestanden hätte.[6] Der **Wert der Hauptsache** muss **über 600 EUR** liegen (Abs. 2 i.V.m. § 127 Abs. 2 Satz 2, § 511 ZPO).

12 Dieser Wert wird auch in **einstweiligen Anordnungen, die die elterliche Sorge oder die Kindesherausgabe** betreffen, erreicht, nachdem mit dem FGG-ReformG die bisherige Regelung des § 24 RVG aufgehoben wurde, die einen Ausgangswert von 500 EUR vorsah. Nach §§ 41, 45 Abs. 1 Nr. 1 oder Nr. 3 FamGKG wird der Wert i.d.R. die Hälfte des Wertes der Hauptsache betreffen und sich damit für einstweilige Anordnungsverfahren auf 1.500 EUR belaufen. Der ggf. niedrigere Wert, der bei der Einbeziehung derartiger Verfahren in den Scheidungsverbund nach § 44 Abs. 2 FamGKG gilt, ist faktisch ohne Bedeutung, da die Verfahren auf Erlass einstweiliger Anordnungen stets selbstständig sind und nicht in den Scheidungsverbund einbezogen werden.

13 Die sofortige Beschwerde ist unabhängig vom Verfahrenswert der Hauptsache zulässig, wenn das Gericht ausschließlich die persönlichen und wirtschaftlichen Voraussetzungen verneint hat (Abs. 2 i.V.m. § 127 Abs. 2 Satz 2 Halbs. 2 ZPO). In diesen Fällen besteht nicht die Gefahr widersprüchlicher Entscheidungen zur Hauptsache.

14 Um widersprüchliche Entscheidungen zur Hauptsache zu vermeiden, ist die sofortige Beschwerde nicht zulässig, wenn in der Sache selbst kein Rechtsmittel gegeben wäre.[7] Nach § 57 Satz 1 sind Entscheidungen in Verfahren der einstweiligen Anordnung in Familiensachen nicht anfechtbar, es sei denn, dass die einstweilige Anordnung eines der in § 57 Satz 2 genannten Verfahren betrifft und nach mündlicher Verhandlung entschieden wurde.

15 Die **Notfrist** für die Beschwerde beträgt **einen Monat** (Abs. 2 i.V.m. § 127 Abs. 2 Satz 3 und Abs. 3 Satz 3 ZPO). Sie beginnt mit der Bekanntgabe des Beschlusses, wobei für die Beschwerde der Staatskasse gegen die Bewilligung von Verfahrenskostenhilfe die weiteren Regelungen in § 127 Abs. 3 Satz 4 ZPO zu beachten sind.

16 Mit der Entscheidung für eine **einheitliche Frist** von einem Monat knüpft der Gesetzgeber an die bisherige Rechtsprechung des BGH[8] an, mit der die ursprünglich strittige Frage, ob die Beschwerdefrist auch in fG-Sachen einen Monat betrage oder nur zwei Wochen, zugunsten der einheitlichen Frist von einem Monat beendet wurde. Er übernimmt ausdrücklich die Rechtsprechung des BGH und schließt sich dieser an.[9]

17 Der BGH hatte sich unter der Geltung des § 14 FGG mit der Frage befassen müssen, ob der Verweis in § 14 FGG auf eine entsprechende Anwendung der Vorschriften der ZPO über die Prozesskostenhilfe dazu führe, dass § 127 Abs. 2 Satz 3 ZPO als besonderes Beschwerderecht die Fristen des FGG verdränge. Er bejaht dies in den Fällen, in denen die Frist für die Anfechtung der Entscheidung in der Hauptsache auch einen Monat betrage. Insoweit gebe es einen Grund, eine bedürftige Partei schlechter zu stellen als eine auf eigene Kosten klagende Partei. Für fG-Verfahren, in denen für die Anfech-

---

6 BT-Drs. 16/6308, S. 215.
7 BGH 23.02.2005 – XII ZB 1/03 = FamRZ 2005, 790.
8 12.04.2006 – XII ZB 102/04 = FamRZ 2006, 939.
9 BT-Drs. 16/6308, S. 215.

tung der Entscheidung in der Hauptsache nur eine Frist von zwei Wochen gegeben sei, gebe es umgekehrt jedoch keinen Grund, die bedürftige Partei besser zu stellen, als eine auf eigene Kosten klagende Partei. In diesen Fällen bleibe es bei der zweiwöchigen Frist. Die Gesetzesbegründung greift diese Diskussion innerhalb der **Entscheidung des BGH** nicht auf.

Da Abs. 2 die Beschwerdefrist nicht originär regelt, sondern einen Verweis auf die „entsprechende Anwendung" des § 127 ZPO enthält, stellt sich die Frage, welche Frist in den Fällen gelten soll, für die die Beschwerdefrist in der Hauptsache nach dem FamFG weniger als einen Monat beträgt. Nach § 63 Abs. 2 beträgt die Beschwerdefrist nur **zwei Wochen**, wenn sie sich gegen eine einstweilige Anordnung oder einen Beschluss, der die Genehmigung eines Rechtsgeschäfts zum Gegenstand hat, richtet.

Für eine zweiwöchige Frist zur Anfechtung der Entscheidung zur Verfahrenskostenhilfe als Nebenentscheidung könnte der in der Rechtsprechung des BGH[10] als auch in der Gesetzesbegründung[11] hervorgehobene **Grundsatz** herangezogen werden, dass die Anfechtungsmöglichkeiten in der Nebenentscheidung zur Vermeidung widerstreitender Entscheidungen nicht weiter gehen sollen als in der Hauptsache.

Für die Anwendung der Monatsfrist auch in diesen Fällen spricht demgegenüber zum einen, dass die Problematik in der Gesetzesbegründung nicht diskutiert wird.[12] Dort heißt es lediglich: „Die Frist zur Einlegung der sofortigen Beschwerde in Verfahrenskostenhilfesachen beträgt einen Monat." Hätte der Gesetzgeber die Frist nicht länger ausgestalten wollen als eine für die Anfechtung in der Hauptsache gegebene Frist, hätte er diese Einschränkung aufnehmen können.

Für die Anwendung der Monatsfrist spricht zum anderen das Bedürfnis der Praxis nach einer klaren Fristenregelung. Selbst wenn die Frist für die Anfechtung der Entscheidung zur Verfahrenskostenhilfe damit länger sein sollte als die Frist zur Anfechtung der Entscheidung in der Sache selbst, besteht auf Grund der weiteren Voraussetzungen für die Bewilligung der Verfahrenskostenhilfe in aller Regel nicht die Gefahr widerstreitender Interessen, denn Verfahrenskostenhilfe kann im Beschwerdeverfahren nur bewilligt werden, wenn die Sache im Zeitpunkt der Entscheidungsreife noch Aussicht auf Erfolg hat. Diese Voraussetzung fehlt jedoch, wenn die Beschwerde erst zu einem Zeitpunkt eingelegt wird, zu dem die Entscheidung in der Hauptsache bereits rechtskräftig ist.

Da nicht auszuschließen ist, dass die Diskussion um die Frist geführt wird, ist einem anwaltlichen Vertreter aus Gründen der Vorsicht anzuraten, sich auf eine etwaige kürzere Frist einzustellen, wenn diese noch gewahrt werden könnte.

> **Hinweis**
> Wird ein Rechtsanwalt beauftragt, sofortige Beschwerde gegen einen die Verfahrenskostenhilfe versagenden Beschluss für ein beabsichtigtes einstweiliges Anordnungsverfahren einzulegen, sollte er dem Grundsatz des sichersten Weges folgend eine zweiwöchige Frist für die sofortige Beschwerde notieren, wenn diese noch eingehalten werden kann.

---

10 BGH 23.02.2005 – XII ZB 1/03 = FamRZ 2005, 790.
11 BT-Drs. 16/6308, S. 215.
12 Büte FPR 2009, 14.

23 Da auch der Beschluss, mit dem über die Verfahrenskostenhilfe entschieden wird, ein Beschluss i.S.d. § 39 ist und jeder Beschluss eine Belehrung über das statthafte Rechtsmittel, den Einspruch, den Widerspruch oder die Erinnerung, sowie das Gericht, bei dem diese Rechtsbehelfe einzulegen sind, dessen Sitz und die einzuhaltende Form und Frist enthalten muss, wird einem Antragsteller jedenfalls nach § 17 **Wiedereinsetzung** zu gewähren sein, falls die Rechtsmittelbegründung von einer Frist von einem Monat ausgeht und die Rechtsprechung letztlich doch von einer kürzeren Frist ausgehen sollte.

24 Es wird davon ausgegangen, dass gegen die Entscheidung des Beschwerdegerichts die **Rechtsbeschwerde** nach den §§ 70 ff. gegeben ist. Zwar enthält Abs. 2 weder Regelungen noch einen Verweis auf die Rechtsbeschwerde. Für die der Prozesskostenhilfe unterliegenden Verfahren hat der BGH jedoch in ständiger Rechtsprechung[13] entschieden, dass die Rechtsbeschwerde in PKH-Sachen nur zulässig sei, soweit es um Verfahrensfragen der PKH oder der persönlichen und wirtschaftlichen Voraussetzungen gehe. Voraussetzung ist ferner, dass die Rechtsbeschwerde vom Beschwerdegericht zugelassen wird wegen grundsätzlicher Bedeutung der Rechtssache oder soweit sie zur Fortbildung des Rechts oder zur Wahrung einer einheitlichen Rechtsprechung erforderlich ist. Da Abs. 2 keinen Verweis auf die §§ 574 bis 577 ZPO enthält, richtet sich die Rechtsbeschwerde gegen Entscheidungen des Beschwerdegerichts zur Verfahrenskostenhilfe nach den §§ 70 ff.[14]

25 **Gegen die Bewilligung der Verfahrenskostenhilfe** steht der Staatskasse nur dann ein Beschwerderecht zu, wenn weder Monatsraten noch aus dem Vermögen zu zahlende Beträge festgesetzt worden sind. Die Beschwerde kann nur darauf gestützt werden, dass die Partei nach ihren persönlichen und wirtschaftlichen Verhältnissen Zahlungen zu leisten hat (Abs. 2 i.V.m. § 127 Abs. 2 Satz 1 und Abs. 3 Satz 1 und 2 ZPO).

26 Die **Kosten des Beschwerdeverfahrens** werden nicht erstattet (Abs. 2 i.V.m. § 127 Abs. 4 ZPO).

§ 77 Bewilligung

(1) Vor der Bewilligung der Verfahrenskostenhilfe kann das Gericht den übrigen Beteiligten Gelegenheit zur Stellungnahme geben. In Antragsverfahren ist dem Antragsgegner vor der Bewilligung Gelegenheit zur Stellungnahme zu geben, wenn dies nicht aus besonderen Gründen unzweckmäßig erscheint.

(2) Die Bewilligung von Verfahrenskostenhilfe für die Vollstreckung in das bewegliche Vermögen umfasst alle Vollstreckungshandlungen im Bezirk des Vollstreckungsgerichts einschließlich der Verfahren auf Abgabe der Versicherung an Eides statt.

---

13 BGH 12.04.2006 – XII ZB 102/04 = FamRZ 2006, 939; 04.08.2004 – XII ZA 6/04 = FamRZ 2004, 1633 (1634); 21.11.202 – V ZB 40/02 = FamRZ 2003, 671.
14 Fölsch 2009, § 8 Rn. 45 ff. spricht sich demgegenüber für die Anwendung der §§ 574 bis 577 ZPO aus.

I. Inhalt und Bedeutung der Norm

Die Norm regelt die **Beteiligung der übrigen Beteiligten** im Verfahrenskostenhilfebewilligungsverfahren abweichend von § 118 Abs. 1 Satz 1 ZPO, um den Besonderheiten der fG-Verfahren mit seiner Unterscheidung in amtswegige Verfahren und Verfahren auf Antrag Rechnung zu tragen. Er kann sich auf die Regelung dieser Besonderheit beschränken, da auf Grund des Generalverweises in § 76 Abs. 1 auf die Bestimmungen der ZPO alle übrigen Bestimmungen des § 118 ZPO über das Bewilligungsverfahren gelten.[1] Abs. 1 entspricht in der verkündeten Fassung dem Regierungsentwurf und ist im Gesetzgebungsverfahren nicht umstritten gewesen.

Dementsprechend kann der Antragsgegner seine Stellungnahme vor der Geschäftsstelle zu Protokoll erklären. Das Gericht kann die Beteiligten zur mündlichen Erörterung laden, wenn eine Einigung zu erwarten ist. Es kann einen Vergleich zu gerichtlichem Protokoll nehmen. Auch im Verfahren über die Verfahrenskostenhilfe werden dem Antragsgegner keine **Kosten** erstattet (§ 76 Abs. 1 i.V.m. § 118 Abs. 1 Satz 4 ZPO). Soweit im Bewilligungsverfahren jedoch Auslagen für die Vernehmung von Zeugen und Sachverständigen entstehen, sind diese als Gerichtskosten von dem Beteiligten zu tragen, dem die Kosten des Rechtsstreits auferlegt sind. Werden die Gerichtskosten durch eine gerichtliche Entscheidung (§ 26 Abs. 3 FamGKG) einem Beteiligten auferlegt, dem Verfahrenskostenhilfe bewilligt worden ist, bewirkt die Bewilligung der Verfahrenskostenhilfe jedoch, dass die Staatskasse diese Kosten nur nach den Bestimmungen gegen den Beteiligten geltend machen kann, die das Gericht trifft (§ 76 Abs. 1 i.V.m. § 122 Abs. 1 Nr. 1 ZPO).

Abs. 2 enthält zur Klarstellung eine Regelung über den Umfang der Bewilligung, wenn Verfahrenskostenhilfe für eine Mobiliarvollstreckung beantragt wird. Er entspricht inhaltlich der wortgleichen Regelung in § 119 Abs. 2 ZPO.

II. Einbeziehung übriger Beteiligter im Bewilligungsverfahren (Abs. 1)

Nach **Abs. 1 Satz 1** entscheidet das Gericht nach freiem Ermessen, ob es anderen Beteiligten **Gelegenheit zur Stellungnahme** gibt oder nicht. Es kann somit im Einzelfall bestimmen, welche Beteiligten bereits im Verfahrenskostenhilfebewilligungsverfahren angehört werden, und kann auf diese Weise flexibel auf die jeweilige Verfahrensgestaltung reagieren.

Das Ermessen des Gerichts, die übrigen Beteiligten anzuhören, ist nach **Abs. 1 Satz 2** nur in **Antragsverfahren** ausdrücklich dahingehend eingeschränkt, dass dem Antragsgegner Gelegenheit zur Stellungnahme zu geben ist, soweit dies nicht unzweckmäßig erscheint. Nach der Gesetzesbegründung gilt diese Einschränkung für Antragsverfahren, die mit einem zu begründenden Sachantrag eingeleitet werden.[2] Diese Regelung entspricht der Regelung für kontradiktorische Verfahren in § 118 Abs. 1 Satz 1 ZPO.

---

1 → § 76 Rn. 7.
2 BT-Drs. 16/6308, S. 213.

Abschnitt 6 Verfahrenskostenhilfe

6 Die Anhörung des Antragsgegners ist aus besonderen Gründen **unzweckmäßig**,[3] wenn

- der Antragsteller bereits nach seinem eigenen Vorbringen keine Verfahrenskostenhilfe erhalten kann, weil entweder die persönlichen und wirtschaftlichen Voraussetzungen nicht vorliegen, keine hinreichende Erfolgsaussicht gegeben ist oder die Rechtsverfolgung mutwillig erscheint;
- die Stellungnahme des Antragsgegners keine Auswirkungen auf die Bewilligung von Verfahrenskostenhilfe hat, etwa weil dem Rechtsmittelgegner dieselbe ohne Prüfung der Erfolgsaussichten zu bewilligen ist (§ 76 Abs. 1 i.V.m. § 119 Abs. 1 S. 2 ZPO);
- der Antragsteller zur Durchsetzung seiner Rechte den Antragsgegner mit der Wahrnehmung derselben überraschen muss, etwa in der Zwangsvollsteckung;
- die Sache besonders eilbedürftig ist, etwa bei Anträgen auf Erlass einstweiliger Anordnungen in Gewaltschutzsachen;
- der Antragsgegner nicht oder nur schwer erreichbar ist, z.B. bei unbekanntem Aufenthaltsort oder Auslandsaufenthalt.

7 Auch in **sonstigen Antragsverfahren und in Verfahren, die von Amts wegen eingeleitet werden**, sollen die übrigen Beteiligten angehört werden, wenn ihre verfahrensrechtliche Stellung durch die Gewährung von Verfahrenskostenhilfe berührt werden würde. Nach Auffassung des Gesetzgebers soll dies in der Regel nur dann der Fall sein, wenn der andere Beteiligte das Verfahren mit einem den Absichten des Verfahrenskostenhilfe-Antragstellers entgegengesetzten Ziel führe.[4] Ob der Gegner das Verfahren mit einem entgegensetzten Ziel führt, lässt sich jedoch erst feststellen, wenn dieser angehört ist, es sei denn, dass der Antragsteller die zu erwartenden Einwendungen des Gegners im Vorgriff auf dessen Stellungnahme bereits antizipiert dargestellt hat. Letzteres kann das Gericht aber nicht absehen.

8 Die Vielzahl von Möglichkeiten, in denen der Antrag auf Bewilligung von Verfahrenskostenhilfe dem Antragsgegner nicht bekanntgegeben wird, sollte bedacht werden, wenn mit dem Antrag auf Bewilligung von Verfahrenskostenhilfe eine Frist gewahrt werden soll. § 15 Abs. 2 verweist zwar auf die §§ 166 bis 195 ZPO und damit auch auf § 167 ZPO. Dieser regelt die Rückwirkung einer Zustellung auf den Tag des Eingangs des Antrags bei Gericht, wenn mit der Zustellung eine Frist gewahrt werden soll. § 167 ZPO gilt aber nur für Fälle, in denen zugestellt wird. Der Antrag auf Bewilligung von Verfahrenskostenhilfe wird aber nicht zugestellt, sondern nur bekanntgegeben. Dementsprechend stellt § 204 Abs. 1 Nr. 14 BGB auch ausdrücklich auf die Bekanntgabe des Antrags ab. Die Bekanntgabe wirkt nur auf den Zeitpunkt der Einreichung des Antrags zurück, wenn dieser demnächst nach der Einreichung tatsächlich bekanntgegeben wird.

> **Hinweis**
> Sofern durch die Bekanntgabe des Antrags auf Bewilligung von Verfahrenskostenhilfe eine Verjährungsfrist gehemmt werden soll, empfiehlt es sich, das Gericht im

---
[3] Zöller/Philippi § 118 ZPO Rn. 3.
[4] BT-Drs. 16/6308, S. 213.

Antrag zu ersuchen, die Bekanntgabe des Antrags unabhängig von dessen Erfolgsaussichten an den Gegner zu veranlassen.

III. Umfang der Bewilligung (Abs. 2)

Der Generalverweis in § 76 Abs. 1 umfasst auch die Regelung über den Umfang der Bewilligung in § 119 Abs. 1 ZPO.[5] Danach erfolgt die Bewilligung der Verfahrenskostenhilfe für **jeden Rechtszug** besonders.

Der **Begriff des Rechtszugs** wird kostenrechtlich verstanden. Danach gilt als besonderer Rechtszug jeder Verfahrensabschnitt, der besondere Kosten verursacht.[6] Wie bereits nach geltendem Recht sind daher für Eilverfahren im Verhältnis zur Hauptsache, die Zwangsvollstreckung nach einer vollstreckbaren Entscheidung etc. gesonderte Anträge zu stellen. Ob dieselbe Angelegenheit, eine verschiedene Angelegenheit oder eine besondere Angelegenheit vorliegt, richtet sich nach den §§ 16 bis 18 RVG.

Eine Ausnahme hiervon macht Abs. 2, der im Interesse einer effektiven Vollstreckung die inhaltsgleiche Regelung des § 119 Abs. 2 ZPO zur Klarstellung übernimmt. Danach umfasst die Bewilligung von Verfahrenskostenhilfe für die **Vollstreckung in das bewegliche Vermögen** alle Vollstreckungshandlungen im Bezirk des Vollstreckungsgerichts einschließlich des Verfahrens auf Abgabe der Versicherung an Eides statt. Abs. 2 erstreckt damit die Bewilligung der Verfahrenskostenhilfe nur pauschal auf alle Mobiliarvollstreckungshandlungen, für die das wegen der Verfahrenskostenhilfe angerufene Vollstreckungsgericht zuständig ist. Sie sagt jedoch nichts über die Beiordnung eines Rechtsanwalts für die begehrte Zwangsvollstreckungsmaßnahme aus, da sich die Beiordnung des Rechtsanwalts ausschließlich nach § 78 richtet.

§ 78 Beiordnung eines Rechtsanwalts

(1) Ist eine Vertretung durch einen Rechtsanwalt vorgeschrieben, wird dem Beteiligten ein zur Vertretung bereiter Rechtsanwalt seiner Wahl beigeordnet.

(2) Ist eine Vertretung durch einen Rechtsanwalt nicht vorgeschrieben, wird dem Beteiligten auf seinen Antrag ein zur Vertretung bereiter Rechtsanwalt seiner Wahl beigeordnet, wenn wegen der Schwierigkeit der Sach- und Rechtslage die Vertretung durch einen Rechtsanwalt erforderlich erscheint.

(3) Ein nicht in dem Bezirk des Verfahrensgerichts niedergelassener Rechtsanwalt kann nur beigeordnet werden, wenn hierdurch besondere Kosten nicht entstehen.

(4) Wenn besondere Umstände dies erfordern, kann dem Beteiligten auf seinen Antrag ein zur Vertretung bereiter Rechtsanwalt seiner Wahl zur Wahrnehmung eines Termins zur Beweisaufnahme vor dem ersuchten Richter oder

---
5 → § 76 Rn. 7.
6 BGH 08.07.2004 – IX ZB 565/02 = FamRZ 2004, 1707, auch zur Frage der Prüfung der RA-Beiordnung; Zöller/Philippi § 119 ZPO Rn. 1 m.w.Nachw.

Abschnitt 6 Verfahrenskostenhilfe

zur Vermittlung des Verkehrs mit dem Verfahrensbevollmächtigten beigeordnet werden.

(5) Findet der Beteiligte keinen zur Vertretung bereiten Anwalt, ordnet der Vorsitzende ihm auf Antrag einen Rechtsanwalt bei.

Übersicht

I. Inhalt und Bedeutung der Norm	1
II. Verfahren mit Anwaltszwang	3
III. Verfahren ohne Anwaltszwang	5
IV. Beiordnung eines auswärtigen Rechtsanwalts	22
V. Verkehrsanwalt/Beweisanwalt	28
VI. Notanwalt	32

I. Inhalt und Bedeutung der Norm

1 Die Norm verdrängt die Vorschriften über die Beiordnung eines Rechtsanwalts aus § 121 ZPO. Sie gilt nicht in Ehesachen und Familienstreitsachen (§ 113 Abs. 1 Satz 1). Im Interesse der Übersichtlichkeit und besseren Handhabung enthält § 78 nicht nur die von den Vorschriften der ZPO über die Prozesskostenhilfe abweichenden Regelungen, sondern mit Abs. 3 bis 5 auch die inhaltlich dem § 121 Abs. 3 bis 5 ZPO entsprechenden Vorschriften.

2 Mit der Regelung in Abs. 2 wird die bisherige Streitfrage, ob der **Grundsatz der Waffengleichheit**, der sich aus § 121 Abs. 2 ZPO ergibt, auch in fG-Verfahren gilt, im Sinne einer Einschränkung des Rechts auf Anwaltsbeiordnung entschieden. In den vom Amtsermittlungsgrundsatz geprägten Verfahren habe das Gericht nach § 26 für eine umfassende Aufklärung des Sachverhalts zu sorgen. Die Beteiligten träfe keine dem Zivilprozess vergleichbare Verantwortung für die Beibringung der entscheidungserheblichen Tatsachen. Auch in diesen Verfahren ist jedoch ein Rechtsanwalt beizuordnen, wenn dies wegen der Schwierigkeit der Sach- und Rechtslage erforderlich erscheint.[1]

II. Verfahren mit Anwaltszwang

3 In Verfahren mit Anwaltszwang wird dem Antragsteller ein zur Vertretung bereiter **Rechtsanwalt seiner Wahl** beigeordnet. Da der Antragsteller seine Rechte im Verfahren nur durch einen Rechtsanwalt wahrnehmen kann, ist die Beiordnung eines Rechtsanwalts nicht von einem Antrag des Antragstellers abhängig. Sie ist auch nicht von weiteren Voraussetzungen abhängig.

4 Obwohl **Abs. 1** in gleicher Weise wie § 121 Abs. 1 ZPO auf die Beiordnung eines Rechtsanwalts abstellt und die frühere Rechtsprechung hieraus folgerte, dass nur ein konkreter Rechtsanwalt, nicht jedoch eine Rechtsanwaltssozietät beigeordnet wurde,

---

1 BT-Drs. 16/6308, S. 214.

hat der BGH in jüngster Rechtsprechung[2] im Hinblick auf die Rechtsprechung zur Rechtsfähigkeit der GbR ausgeführt, dass nunmehr auch die **Beiordnung einer Rechtsanwaltssozietät** zulässig sei.

III. Verfahren ohne Anwaltszwang

Abs. 2 schränkt das Recht auf Anwaltsbeiordnung gegenüber der in § 121 Abs. 2 ZPO für kontradiktorische Verfahren enthaltenen Regelung erheblich ein. 5

In beiden Vorschriften wird zwar für Verfahren ohne Anwaltszwang ein **Antrag** des Beteiligten auf Beiordnung eines Rechtsanwalts gefordert. Die in § 138 vorgesehene Möglichkeit der Beiordnung eines Rechtsanwalts in der Scheidungssache und für eine Kindschaftssache als Folgesache, die dem § 625 ZPO nachgebildet ist, fällt zum einen nicht unter die Vorschriften über die Verfahrenskostenhilfe. Zum anderen ist sie auf einen eng begrenzten Ausnahmefall beschränkt und kann nicht erweiternd ausgelegt werden. 6

Der Antrag muss jedoch nicht **ausdrücklich gestellt** werden. Er kann sich auch aus den Umständen ergeben, etwa daraus, dass der Antrag auf Bewilligung von Prozesskostenhilfe durch einen Rechtsanwalt eingereicht wird. 7

Die Beiordnung setzt weiter voraus, dass die Vertretung durch einen Rechtsanwalt wegen der **Schwierigkeit der Sach- und Rechtslage** erforderlich erscheint. Der in § 121 Abs. 2 ZPO geregelte Grundsatz der Waffengleichheit, wonach einem Beteiligten ein Rechtsanwalt beigeordnet werden muss, wenn auch die andere Partei durch einen Rechtsanwalt vertreten ist, gilt nicht in der Verfahrenskostenhilfe. Der Gesetzgeber hat damit die bisher strittige Frage, ob der Verweis in § 14 FGG auch den Verweis auf § 121 Abs. 2 ZPO umfasse, dahingehend entschieden, dass der Grundsatz der Waffengleichheit aus der Struktur streng kontradiktorischer Verfahren folge und deswegen nicht auf das vom Amtsermittlungsgrundsatz geprägte FamFG-Verfahren übertragbar sei. Nur in den kontradiktorisch geführten Verfahren würden die Beteiligten dieses beherrschen. Selbst wenn in den dem FamFG unterliegenden Antragsverfahren gewisse Elemente des Parteiprozesses nicht geleugnet werden könnten, verlören diese Verfahren hierdurch nicht ihren Fürsorgecharakter.[3] 8

Auf die von der Beteiligtenmaxime bestimmten **Ehesachen und Familienstreitsachen** findet § 78 deswegen nach § 113 Abs. 1 keine Anwendung. Für diese Verfahren bleibt es durch den Verweis auf § 121 Abs. 2 ZPO beim Grundsatz der Waffengleichheit. 9

Ist ein Beteiligter anwaltlich vertreten, können sich hierdurch für den weiteren Beteiligten Schwierigkeiten zur Sach- und Rechtslage ergeben. Die **anwaltliche Vertretung anderer Beteiligter** ist daher für sich genommen kein hinreichender Grund mehr für die Beiordnung eines Rechtsanwalts. Sie kann aber ein weiteres Abwägungskriterium sein.[4] 10

---

2 17.09.2008 – IV ZR 343/07.
3 BT-Drs. 16/6308, S. 214.
4 Zimmermann 2009, Rn. 193.

11 Die von Abs. 2 geforderte Schwierigkeit der Sach- und Rechtslage sei ein **objektives Kriterium**. Es komme daher nicht auf die Schwere des Eingriffs für den Beteiligten an.[5] In betreuungsgerichtlichen Verfahren seien die Interessen eines Beteiligten in hinreichendem Umfang durch die Bestellung eines Verfahrenspflegers (§§ 276, 317) gewahrt.

12 Da selbst **mangelnde subjektive Fähigkeiten** des Beteiligten, seine Rechte und Interessen im Verfahren wahrzunehmen, keinen Anspruch für ihn auf Beiordnung eines Rechtsanwalts begründen, kann bezweifelt werden, ob diese Ausgestaltung dem aus dem Sozialstaats- und aus dem Rechtsstaatsprinzip folgenden Gebot[6] einer weitgehenden Angleichung der Situation von Bemittelten und Unbemittelten bei der Verwirklichung des Rechtsschutzes entspricht.[7] Auch ein verständiger, auf eigene Kosten agierender Beteiligter würde sich anwaltlicher Unterstützung versichern, wenn er erkennt, dass seine subjektiven Fähigkeiten nicht ausreichen, um seine Interessen zu vertreten.

13 In der Literatur[8] werden daher Zweifel geäußert, ob die Rechtsprechung des BGH zum **Anspruch auf Anwaltsbeiordnung in Statusfeststellungsverfahren**[9], die mit deren existenzieller Bedeutung begründet wurden noch aufrechterhalten werden könne.

14 Schwierige, **ungeklärte Rechtsfragen** erfordern die Beiordnung eines Rechtsanwalts. Diese Voraussetzung liegt u.a. vor, wenn die Rechtslage höchstrichterlich noch nicht geklärt ist.[10] Sie ist auch in Fällen mit Auslandsberührung gegeben.

15 Schwierigkeiten in der Sach- und Rechtslage sind in Verfahren betreffend die **elterliche Sorge** anzutreffen, da es sich um komplexe Sachverhalte handelt, die sich zudem während eines Verfahrens häufig ändern.[11] Die Beteiligten selbst sind intensiv emotional betroffen.[12] Die Darlegung des Sachverhalts durch die Beteiligten selbst setzt voraus, dass die Beteiligten wissen würden, welche Informationen für das Gericht wichtig und welche unwichtig sind. Das Gericht selbst ist nur in der Lage, den Sachverhalt durch Anfragen oder Gespräche mit den Beteiligten zu klären, wenn die Beteiligten in der Lage sind, einen Sachverhalt zu artikulieren, und wenn das Gericht in der Lage ist, den Sachverhalt zu erfragen. Eine Frage, die das Gericht mangels Kenntnis des Sachverhalts nicht stellt, wird durch den Beteiligten nicht beantwortet werden.

16 Schwierigkeiten sowohl hinsichtlich der Sachlage als auch hinsichtlich der Rechtslage bereiten **Sachverständigengutachten in Kindschaftssachen**. Die Beteiligten persönlich sind i.d.R. bereits damit überfordert, die vom Gericht an den Sachverständigen gestellte Beweisfrage zu hinterfragen und ggf. Anregungen für die Ausgestaltung des Beweisthemas zu geben.

17 Bereits unter der Geltung des bisherigen Rechts war umstritten, ob und unter welchen Voraussetzungen ein Rechtsanwalt in **Umgangsrechtsverfahren** beizuordnen war.

---

[5] BT-Drs. 16/6308, S. 214.
[6] St.Rspr. des BVerfG u.a. in 12.11.2007 – 1 BvR 48/05 = FamRZ 2008, 131 m.w.Nachw.
[7] So auch Fölsch 2009, § 8 Rn. 34.
[8] Schürmann FamRB 2009, 58 (60).
[9] 11.09.2007 – XII ZB 27/07 = FamRZ 2007, 1968.
[10] BVerfG 29.05.2006 – 1 BvR 430/03 = FamRZ 2007, 1876.
[11] OLG Karlsruhe 20.07.2007 – 2 WF 51/07 = FamRZ 2008, 163.
[12] Büte FPR 2009, 14 (15), der die Schwierigkeit der Sach- und Rechtslage u.a. aus der emotionalen Betroffenheit der Beteiligten ableitet.

Soweit in der Gesetzesbegründung[13] darauf abgestellt wird, dass von einer Schwierigkeit in tatsächlicher oder rechtlicher Hinsicht nicht bereits dann ausgegangen werden könne, wenn die Beteiligten unterschiedliche Ziele verfolgen würden, wie dies in Umgangsverfahren der Fall sei, folgt hieraus nicht, dass in Umgangsverfahren keine Anwaltsbeiordnung erfolgen könne oder diese die Ausnahme sei. Zwar verfolgen die Eltern in diesen Verfahren nicht ihre eigenen Interessen, sondern die Interessen des Kindes. Welche Regelung im Interesse des Kindes liegt, wird jedoch von den Eltern unterschiedlich beurteilt. Soweit ein Verfahrensbeistand nach § 158 bestellt wird, kann dieser sich durch Gespräche mit dem Kind und ggf. den Eltern zwar Informationen verschaffen und diese im Verfahren für das Kind artikulieren. Auf Grund der begrenzten, zur Verfügung stehenden Zeit bleiben diese Informationen jedoch hinter den Informationen, die den Eltern zur Verfügung stehen, zurück. Zudem kann die Ausgestaltung des Umgangs durch die im Fluss befindliche Auffassung zur Frage, in welchem Ausmaß Kosten des Umgangs bei der Berechnung des Unterhalts berücksichtigt werden können, Auswirkungen in anderen Rechtsbereichen haben.

Schließlich sind bei beengten wirtschaftlichen Verhältnissen Absprachen zwischen den Eltern erforderlich in Bezug auf die **Anträge gegenüber den zuständigen Stellen nach SGB II und SGB XII**.[14] Dies ist jedenfalls erforderlich, solange die Erstattung von Umgangskosten durch staatliche Stellen auf Grund des Nebeneinanders von Ansprüchen wegen einer zeitweisen Bedarfsgemeinschaft des Umgangsberechtigten mit dem Kind nach SGB II, die Fahrtkosten des Umgangsberechtigten selbst nach § 73 SGB XII sowie die Fahrtkosten des Kindes bei dem für dieses zuständigen Sozialhilfeträger nach § 73 SGB XII geltend zu machen sind und dieses Nebeneinander verschiedenster Rechtsnormen selbst den Mitarbeitern der jeweiligen Behörden nicht vertraut ist, so dass diese die Umgangsberechtigten nicht einmal zu sachgemäßen Anträgen beraten können.

18

Sind demgegenüber nur **Einzelregelungen** von geringer Bedeutung zwischen den Beteiligten strittig oder stimmt ein Elternteil von vornherein der vom anderen Elternteil gewünschten Umgangsregelung zu, ist die Beiordnung eines Rechtsanwalts entbehrlich.[15]

19

Eine Beiordnung ist wegen der Schwierigkeit sowohl der Sach- als auch der Rechtslage in **isolierten Versorgungsausgleichssachen** notwendig. Dies gilt auch und insbesondere für Verfahren nach dem Versorgungsausgleichsgesetz in der Fassung des Gesetzes zur Strukturreform im Versorgungsausgleich,[16] da sowohl die Berechnung der Bagatellgrenzen, die zum Ausschluss des Ausgleichs führen können (§ 18 VersAusglG), als auch die Ausübung des Wahlrechts nach § 15 VersAusglG und bereits die Frage, ob ein Anrecht überhaupt in den Versorgungsausgleich einzubeziehen ist, weil es durch Arbeit oder Vermögen erworben wurde (§ 2 Abs. 2 VersAusglG), für die Beteiligten selbst nicht aus sich heraus verständlich sind.

20

Schwierigkeiten in der Sach- und Rechtslage ergeben sich schließlich in **Ehewohnungs- und Haushaltssachen** u.a. dann, wenn Rechte Dritter zu beachten sind oder wenn Auswirkungen auf weitere Rechtsverhältnisse bestehen, etwa weil noch Ver-

21

---

13 BT-Drs. 16/6308, S. 214.
14 BSG 07.11.2006 – B 7b AS 14/06 R = FamRZ 2007, 465.
15 Büte FPR 2009, 14 (15).
16 BGBl 2009 I, S. 700.

bindlichkeiten für die Gegenstände zu bedienen sind. Ferner haben die Ergebnisse dieser Verfahren in aller Regel Auswirkungen auf die Berechnung der Unterhaltsansprüche, für die der Gesetzgeber die Schwierigkeit in der Gesetzesbegründung ausdrücklich hervorhebt und hierauf die Erweiterung des Anwaltszwanges in § 114 Abs. 1 gestützt hat.

IV. Beiordnung eines auswärtigen Rechtsanwalts

22 **Abs. 3** entspricht der Regelung in § 121 Abs. 3 ZPO in der Fassung, die er durch das am 01.06.2007 in Kraft getretene Gesetz zur Stärkung der Selbstverwaltung der Rechtsanwaltschaft[17] erhalten hat. Danach kann ein nicht in dem Bezirk des Verfahrensgerichts niedergelassener Rechtsanwalt nur beigeordnet werden, wenn hierdurch keine besonderen Kosten entstehen. Auch der **im Bezirk des Verfahrensgerichts niedergelassene Rechtsanwalt** unterhält seine Kanzlei damit nicht zwingend am Sitz des Gerichts. Liegt das Gericht außerhalb der Gemeinde, in der sich die Kanzlei oder die Wohnung des Rechtsanwalts befindet, stellt die Fahrt zum Gericht für ihn eine Geschäftsreise dar (Abs. 2 der Vorbem. 7 VV-RVG), für die er einen Anspruch auf Erstattung von Reisekosten nach Nr. 7003 VV-RVG hat. Der im Bezirk des Gerichts zugelassene Rechtsanwalt darf nicht mit der Einschränkung beigeordnet werden, er erhalte nur die Vergütung eines Rechtsanwalts am Sitz des Gerichts.[18]

23 Ein **nicht im Bezirk des Verfahrensgerichts niedergelassener Rechtsanwalt** darf nur beigeordnet werden, wenn hierdurch keine besonderen Kosten entstehen. Besondere Kosten können nur solche sein, die die Kosten eines im Bezirk des Verfahrensgerichts zugelassenen Rechtsanwalts übersteigen. Da Abs. 2 nicht auf einen Vergleich mit den Kosten eines Rechtsanwalts am Sitz des Gerichts abstellt, darf eine Einschränkung hinsichtlich der Reisekosten nur bis zur Höhe eines Rechtsanwalts im Bezirk des Gerichts ausgesprochen werden.[19] Um dies zu ermitteln, ist zu prüfen, welche Reisekosten anfallen würden, wenn der Rechtsanwalt seine Kanzlei in dem Ort unterhalten würde, der am weitesten vom Verfahrensgericht entfernt liegt.[20] Nur wenn diese Kosten überschritten werden, liegen besondere Kosten vor.

24 Wird der **Rechtsanwalt ohne sein Einverständnis** mit einer unzulässigen Einschränkung beigeordnet, kann gegen die Beiordnung Beschwerde erhoben werden. Es stellt sich jedoch die Frage, ob diese im Namen des Rechtsanwalts oder im Namen des Antragstellers zu erheben ist. Die Antwort hängt davon ab, wer durch die Einschränkung beschwert ist. Soweit die Auffassung vertreten wird, der Auftraggeber schulde dem Rechtsanwalt die Reisekosten, wenn sie diesem nicht aus der Staatskasse erstattet werden, ist der Antragsteller selbst beschwert.

25 Eine im Vordringen befindliche Auffassung vertritt demgegenüber die Auffassung, der mit einer Einschränkung beigeordnete Rechtsanwalt könne die Reisekosten während der Dauer der Bewilligung und seiner Beiordnung wegen der Sperrwirkung aus § 122

---

17 BGBl 2007 I, S. 358.
18 Musielak/Fischer § 121 ZPO Rn. 19 m.w.Nachw.
19 Fölsch 2009, § 8 Rn. 38.
20 Zöller/Philippi § 121 ZPO Rn. 13b; OLG München 12.10.2006 – 16 WF 1593/06 = FamRZ 2007, 489 zur Ermittlung besonderer Kosten nach der bis zum 03.06.2007 geltenden Rechtslage.

Abs. 1 Nr. 3 ZPO, der über den Generalverweis in § 76 Abs. 1 auch für die Verfahrenskostenhilfe gilt, nicht vom Auftraggeber fordern. In diesen Fällen ist der Rechtsanwalt selbst durch die Einschränkung beschwert. Er muss die **Beschwerde im eigenen Namen** erheben[21] und trägt dementsprechend auch das Risiko, im Beschwerdeverfahren mit Gerichtskosten belastet zu werden, wenn die Beschwerde zurückgewiesen wird.

Wird die Beiordnung eines nicht im Bezirk des Verfahrensgerichts niedergelassenen Rechtsanwalts beantragt, muss das Verfahrensgericht nach ständiger Rspr. des BGH[22] stets prüfen, ob besondere Umstände i.S.d. § 121 Abs. 4 ZPO, der identisch ist mit **Abs. 4,** die **Beiordnung eines Verkehrsanwalts** erfordern. 26

Auch in den Fällen, in denen der Rechtsanwalt ohne Einschränkung beigeordnet wird, prüft das Gericht im **Festsetzungsverfahren**, ob die Reise erforderlich war.[23] 27

> **Hinweis**
> Nur wenn die Erforderlichkeit einer Reise vor Antritt derselben nach § 46 RVG durch das Gericht festgestellt wurde, ist das Gericht im Festsetzungsverfahren hieran gebunden.

V. Verkehrsanwalt/Beweisanwalt

Nach Abs. 4, der dem § 121 Abs. 4 ZPO entspricht, kann die Partei **beantragen**, ihr wegen besonderer Umstände einen Verkehrsanwalt beizuordnen. Derartige **besondere Umstände** können sich aus der Unfähigkeit des Beteiligten ergeben, den Rechtsanwalt telefonisch oder schriftlich zu informieren, etwa wegen Schreibungewandtheit, Analphabetismus oder erheblichen Sehbeeinträchtigungen. Sie sind auch gegeben, wenn der Beteiligte nicht in der Lage ist, den Rechtsanwalt aufzusuchen, z.B. wegen körperlicher Beeinträchtigungen mit Auswirkungen auf die Mobilität, Betreuung minderjähriger Kinder als Alleinerziehender neben einer vollschichtigen Tätigkeit, Entfernung zwischen dem Wohnsitz des Beteiligten und dem Gericht, die ansonsten bereits für die Informationsfahrten zum Verfahrensbevollmächtigten die Übernahme der Fahrtkosten aus der Staatskasse erforderlich machen würde.[24] 28

Nach Abs. 4 kann dem Beteiligten anstelle eines Verkehrsanwalts auf seinen Antrag auch ein **Beweisanwalt** beigeordnet werden. Von dieser Möglichkeit macht die Praxis fast keinen Gebrauch. 29

Weder in Abs. 4 noch in der inhaltsgleichen Vorschrift des § 121 Abs. 4 ZPO ist die Beiordnung eines **Unterbevollmächtigten** ausdrücklich erwähnt. Der BGH hat jedoch bereits in seiner Entscheidung vom 23.06.2004[25] ausgeführt, dass auch die Beiordnung eines Unterbevollmächtigten in Betracht kommt, wenn dessen Kosten hinter den ansonsten anfallenden, aus der Staatskasse zu erstattenden Reisekosten zurückbleiben würden. 30

---

21 OLG Karlsruhe 20.07.2007 – 2 WF 51/07 = FamRZ 2008, 163 m.w.Nachw.
22 Seit 23.06.2004 – XII ZB 61/04 = FamRZ 2004, 1362.
23 OLG Stuttgart 16.01.2008 – 8 WF 172/07 = FamRZ 2008, 1011 m.w.Nachw.
24 Zöller/Philippi § 121 ZPO Rn. 20 m. zahlreichen w.Nachw.
25 XII ZB 61/04 = FamRZ 2004, 1362.

31 Zudem ist zu prüfen, ob die **Kosten für einen Unterbevollmächtigten** nicht hinter den Kosten eines Verkehrsanwalts zurückbleiben und die Beiordnung als Unterbevollmächtigter aus diesem Grund erfolgen kann. Die Vorbehalte gegen die Beiordnung eines Unterbevollmächtigten resultieren noch aus den gebührenrechtlichen Regelungen der BRAGO, die für den Hauptbevollmächtigten eine Verhandlungsgebühr vorsahen, obwohl dieser nicht am Termin teilnahm. Nachdem das RVG diese Gebühr nicht übernommen hat, führt die Zusammenarbeit von Hauptbevollmächtigtem und Unterbevollmächtigtem in vielen Fällen zu einer Kostenersparnis gegenüber der Zusammenarbeit als Hauptbevollmächtigter und Verkehrsanwalt. Sie entspricht zudem der tatsächlichen Arbeitsteilung und verschafft dem Beteiligten die Möglichkeit, ohne zusätzlichen Kostenaufwand abzuwarten, ob es überhaupt zu einem Termin zur mündlichen Verhandlung kommt und die Beauftragung eines Unterbevollmächtigten erforderlich wird.

VI. Notanwalt

32 Findet der Beteiligte keinen zu seiner Vertretung bereiten Rechtsanwalt, bestellt ihm der Vorsitzende auf seinen Antrag hin einen Rechtsanwalt **(Abs. 5)**. Die Vorschrift ist identisch mit der Regelung in § 121 Abs. 5 ZPO. Die Bestellung eines Notanwalts setzt einen hierauf gerichteten Antrag des Beteiligten voraus. Dieser muss darlegen, dass er keinen zu seiner Vertretung bereiten Rechtsanwalt findet. Der Vorsitzende des Gerichts bestellt ihm sodann einen Notanwalt. Der Antragsteller hat keinen Anspruch darauf, dass ihm ein bestimmter Rechtsanwalt beigeordnet wird. Er kann nicht über das Institut des Notanwalts erreichen, dass ihm ein von ihm ausgewählter Anwalt beigeordnet wird, der nicht zur Vertretung bereit ist. Der vom Vorsitzenden bestellte Notanwalt ist nach § 48 Nr. 1 BRAO zur Übernahme der Vertretung verpflichtet. Er kann jedoch nach § 48 Abs. 2 BRAO aus wichtigem Grund beantragen, seine Beiordnung aufzuheben, etwa wenn unüberbrückbare Differenzen zwischen dem Antragsteller und ihm bereits bekannt sind etc.

§ 79 (entfallen)

1 § 79 lautete in der **Fassung des Regierungsentwurfs**:

> „Im Übrigen finden die Vorschriften der Zivilprozessordnung über die Prozesskostenhilfe entsprechende Anwendung. Ein Beschluss, der im Verfahrenskostenhilfeverfahren ergeht, ist mit der sofortigen Beschwerde in entsprechender Anwendung der §§ 567 bis 572, 127 Abs. 2 bis 4 der Zivilprozessordnung anfechtbar."[1]

2 Nachdem § 76 im Laufe des Gesetzgebungsverfahrens vollständig umgestaltet wurde und sich die Verweisungen nunmehr in § 76 Abs. 1 hinsichtlich der entsprechenden Geltung der Vorschriften der ZPO über die Prozesskostenhilfe und in § 76 Abs. 2 wegen des Rechtsmittels finden, konnte § 79 vollständig entfallen.

---

1 BT-Drs. 16/6308, S. 28.

Abschnitt 7
Kosten
(§ 80 – § 85)

Vorbemerkung § 80

Die im Allgemeinen Teil enthaltenen Vorschriften über die Kosten (§§ 80 bis 85) gelten in allen Verfahren des FamFG mit Ausnahme der Ehesachen und Familienstreitsachen, da § 113 Abs. 1 diese vom **Anwendungsbereich** der Vorschriften ausdrücklich ausnimmt. Für Ehesachen und Familienstreitsachen gelten die Bestimmungen der ZPO (§ 113 Abs. 1 Satz 2) sowie die **Sonderregelungen** für bestimmte Verfahren (§ 132: Aufhebung der Ehe; § 150: Kosten in Scheidungssachen und Folgesachen; § 243: Kostenentscheidung in Unterhaltssachen; § 270 Abs. 1 Sätze 1 und 2 verweisen für Lebenspartnerschaftssachen auf die für die Verfahren auf Scheidung geltenden Regelungen bzw. auf § 243 für Unterhaltsverfahren nach § 269 Abs. 1 Nr. 8 und 9). Für die nach fG-Regeln zu führenden Verfahren enthält § 183 Sondervorschriften bei Anfechtung der Vaterschaft. 1

Die Kostenvorschriften für **fG-Verfahren** einerseits und **ZPO-Verfahren** andererseits sind in mehreren Bereichen unterschiedlich ausgestaltet, insbesondere hinsichtlich des Umfangs der Kostenpflicht in Bezug auf die Erstattung gesetzlicher Anwaltsgebühren (§ 80) und in Bezug auf die Anfechtung isolierter Kostengrundentscheidungen, die nach § 61 nunmehr entgegen der früheren Regelung in § 20a Abs. 1 Satz 1 FGG zulässig ist, während für die ZPO an der bisherigen Regelung des § 99 ZPO festgehalten wird, wonach eine isolierte Anfechtung der Kostengrundentscheidung unzulässig ist. 2

Die mit dem FamFG angestrebte **Vereinheitlichung des Verfahrensrechts** hat das Kostenrecht daher nur insoweit erfasst, als § 81 Abs. 1 Satz 1 erstmals dem Gericht die Möglichkeit einräumt, eine einheitliche Entscheidung über die Kosten des Verfahrens zu treffen. Die Rechtslage zeichnet sich bisher durch eine Zersplitterung und Aufteilung auf verschiedene Verfahrensordnungen aus. § 13a FGG sah lediglich eine Entscheidung zur Erstattung außergerichtlicher Kosten vor. Die Erstattung der Gerichtskosten im Verhältnis zum Gericht richtete sich nach den §§ 2 ff. KostO. Demgegenüber gewährte § 20 HausratsVO dem Gericht bereits nach bisherigem Recht die Möglichkeit, nach billigem Ermessen zu bestimmen, welcher Beteiligte die Gerichtskosten zu tragen hatte und ob die außergerichtlichen Kosten ganz oder teilweise einem der Beteiligten auferlegt werden sollten. 3

Die §§ 80 bis 85 regeln nur die Frage, ob und ggf. welche Kosten ein Beteiligter einem anderen Beteiligten erstatten muss. Sie regeln demgegenüber nicht die Frage, welche Kosten entstehen. § 81 Abs. 1 Satz 2, der dem Gericht die Möglichkeit einräumt, von der Erhebung der Kosten abzusehen, würde daher **systematisch** in das FamGKG bzw. die KostO gehören. Er ist in das FamFG aufgenommen worden, weil die Gründe, die dazu führen, dass die Kosten nicht erhoben werden, sich aus Billigkeitserwägungen der Sache selbst heraus ergeben. 4

Die Frage, welche **Gerichtskosten** erhoben werden können und wer dem Gericht gegenüber für diese Kosten haftet, wenn keine Kostengrundentscheidung ergeht, richtet 5 sich demgegenüber für Familiensachen und die sonstigen fG-Verfahren nach dem neu geschaffenen FamGKG, soweit nichts anderes bestimmt ist. Andere Bestimmungen finden sich für Nachlasssachen, Betreuungssachen, Unterbringungssachen, Zuweisungssachen nach § 340, Freiheitsentziehungssachen, Teilungssachen, Registersachen und unternehmensrechtliche Verfahren sowie weitere Angelegenheiten der freiwilligen Gerichtsbarkeit nach den §§ 410 bis 414 und Aufgebotssachen in der KostO, die für diese Bereiche mithin vorrangig ist.

6 Die Frage, ob und welche **Anwaltsgebühren** der Beteiligte dem von ihm beauftragten Rechtsanwalt schuldet, richtet sich nach dem RVG. Dieses regelt auch, welche Gebühren dem im Wege der Verfahrenskostenhilfe oder Prozesskostenhilfe beigeordneten Rechtsanwalt aus der Staatskasse zustehen.

§ 80 Umfang der Kostenpflicht

Kosten sind die Gerichtskosten (Gebühren und Auslagen) und die zur Durchführung des Verfahrens notwendigen Aufwendungen der Beteiligten. § 91 Abs. 1 Satz 2 der Zivilprozessordnung gilt entsprechend.

1 Die Norm regelt, welche Gebühren **erstattungsfähig** sind. Hierzu gehören einerseits die **Gerichtskosten**. Diese können sowohl in Gestalt einer Gebühr und/oder als Auslage entstanden sein.

2 Mit dem FamGKG sind auch für die Verfahren der freiwilligen Gerichtsbarkeit **pauschale Verfahrensgebühren** anstelle der bisher weit verbreiteten sog. Aktgebühren eingeführt worden, die nur anfielen, wenn im Einzelnen bezeichnete Handlungen durch das Gericht vorgenommen wurden. Hierdurch fallen nunmehr auch dann Gerichtsgebühren an, wenn das Verfahren nicht mit einer positiven Entscheidung des Gerichts endet. Während nach § 94 Abs. 1 Nr. 4 KostO a.F. in Verfahren auf Übertragung der elterlichen Sorge nur dann eine Gerichtsgebühr anfiel, wenn diese übertragen wurde, fällt nunmehr auch dann eine Gerichtsgebühr an, wenn die Übertragung abgelehnt wird.

3 Zu den nach **Satz 1** erstattungsfähigen Kosten gehören ferner die **Auslagen des Gerichts** nach Teil 2 des Kostenverzeichnisses zum FamGKG. Hierunter fallen neben Kopierkosten und der Aktenversendungspauschale vor allen Dingen auch die an den Verfahrensbeistand zu zahlenden Beträge (Nr. 2013 KV-FamGKG) und die an den Umgangspfleger zu zahlenden Beträge (Nr. 2014 KV-FamGKG). Der Gesetzgeber hebt in der Begründung hervor, dass die an den Umgangspfleger aus der Staatskasse zu zahlenden Beträge als Teil der Gerichtskosten für das Verfahren, in dem die Umgangspflegschaft angeordnet wird, von demjenigen erhoben werden sollen, den das Gericht in seiner Kostenentscheidung bestimmt.

4 Zu den erstattungsfähigen Kosten gehören auch die zur Durchführung des Verfahrens **notwendigen Aufwendungen der Beteiligten** (Satz 1 Halbs. 2). Satz 2 verweist ausdrücklich auf § 91 Abs. 1 Satz 2 ZPO, wonach die Kostenerstattung auch die **Entschädigung des Gegners** für die durch notwendige Reisen oder durch die notwendige Wahrnehmung von Terminen entstandenen Zeitversäumnisse umfasst. Die Entschädigung für diese Reisekosten und aufgewendeten Zeiten berechnet sich nach dem

JVEG. Da die Entschädigung für Zeitversäumnisse auf notwendige Reisen und die Wahrnehmung von Terminen beschränkt ist, wird der Zeitaufwand eines Beteiligten für das Lesen von Schriftsätzen, die Ermittlung des Sachverhalts, die Anfertigung seiner Schreiben an seinen Verfahrensbevollmächtigten, Gespräche mit anderen Beteiligten außerhalb von Terminen etc. nicht entschädigt.

§ 80 enthält ebenso wie die frühere Regelung in § 13a Abs. 3 FGG keinen Verweis auf § 91 Abs. 2 ZPO, der für die der ZPO unterliegenden Verfahren festschreibt, dass die **gesetzlichen Gebühren und Auslagen eines Rechtsanwalts** der obsiegenden Partei in allen Prozessen zu erstatten sind. Während mithin auf Grund des Verweises in § 113 Abs. 1 Satz 2 für Ehesachen und Familienstreitsachen die Notwendigkeit der Vertretung durch einen Rechtsanwalt und dessen Vergütung in Höhe der gesetzlichen Gebühren und Auslagen kraft Gesetzes fingiert wird, soweit die einzelnen Maßnahmen notwendig waren, um den Rechtsstreit zweckmäßig zu führen,[1] gehört die gesetzliche Vergütung eines Rechtsanwalts für die fG-Verfahren nicht zwingend zu den erstattungsfähigen Kosten.[2] Dass die Vergütung des Anwalts aber zu den notwendigen Aufwendungen eines Beteiligten gehören kann, ergibt sich unmittelbar aus der Gesetzesbegründung, da diese als Beispielsfall für die mit einem Verfahren unmittelbar zusammenhängenden Aufwendungen aufgeführt werden.[3]

> **Hinweis**
> Da § 91 Abs. 2 ZPO im fG-Verfahren nicht gilt, können sich Ausführungen im Kostenfestsetzungsantrag empfehlen, warum die Beauftragung eines Rechtsanwalts notwendig war. Mit Ausnahme von Ausführungen zu den Reisekosten ist es nicht erforderlich, zu begründen, warum hierfür Anwaltsgebühren in gesetzlicher Höhe entstanden sind, da § 49b Abs. 1 BRAO für gerichtliche Verfahren die gesetzlichen Gebühren als Mindestgebühren ausgestaltet hat.

Ob die Vertretung durch einen Rechtsanwalt notwendig war, wird mithin im Kostenfestsetzungsverfahren geklärt, das auf Grund des Verweises in § 85 auf die Vorschriften der §§ 103 bis 107 ZPO durchzuführen ist. Das Gericht hat aber auch die Möglichkeit, im Rahmen der Kostengrundentscheidung nach § 81 zwischen den verschiedenen Kosten des Verfahrens zu differenzieren und auf diese Weise die **Notwendigkeit der Vertretung** bereits in der Kostengrundentscheidung zu regeln.[4]

§ 81 Grundsatz der Kostenpflicht

(1) Das Gericht kann die Kosten des Verfahrens nach billigem Ermessen den Beteiligten ganz oder zum Teil auferlegen. Es kann auch anordnen, dass von der Erhebung der Kosten abzusehen ist. In Familiensachen ist stets über die Kosten zu entscheiden.

---

1 Zöller/Herget § 91 ZPO Rn. 13: „Rechtsanwalt".
2 Fölsch 2009, § 8 Rn. 1.
3 BT-Drs. 16/6308, S. 215.
4 Zimmermann 2009, Rn. 200.

(2) Das Gericht soll die Kosten des Verfahrens ganz oder teilweise einem Beteiligten auferlegen, wenn

1. der Beteiligte durch grobes Verschulden Anlass für das Verfahren gegeben hat;
2. der Antrag des Beteiligten von vornherein keine Aussicht auf Erfolg hatte und der Beteiligte dies erkennen musste;
3. der Beteiligte zu einer wesentlichen Tatsache schuldhaft unwahre Angaben gemacht hat;
4. der Beteiligte durch schuldhaftes Verletzen seiner Mitwirkungspflichten das Verfahren erheblich verzögert hat;
5. der Beteiligte einer richterlichen Anordnung zur Teilnahme an einer Beratung nach § 156 Abs. 1 Satz 4 nicht nachgekommen ist, sofern der Beteiligte dies nicht genügend entschuldigt hat.

(3) Einem minderjährigen Beteiligten können Kosten in Verfahren, die seine Person betreffen, nicht auferlegt werden.

(4) Einem Dritten können Kosten des Verfahrens nur auferlegt werden, soweit die Tätigkeit des Gerichts durch ihn veranlasst wurde und ihn ein grobes Verschulden trifft.

(5) Bundesrechtliche Vorschriften, die die Kostenpflicht abweichend regeln, bleiben unberührt.

Übersicht

I. Inhalt und Bedeutung der Norm	1
II. Das „Ob" der Kostenentscheidung	2
III. Inhalt der Kostenentscheidung	8
IV. Personelle Ausnahmen von der Kostenpflicht	14
V. Sondervorschriften	16

I. Inhalt und Bedeutung der Norm

1 § 81 verschafft dem Gericht die **Möglichkeit**, eine einheitliche Entscheidung über die Kosten des Verfahrens zu treffen. Eine generelle Verpflichtung, über die Kosten zu entscheiden, wird hierdurch für das Gericht nicht begründet.[1] Nur in Familiensachen ist das Gericht verpflichtet, eine Entscheidung über die Kosten zu treffen (§ 81 Abs. 1 Satz 3). Die Entscheidung, ob und ggf. in welchem Umfang einem Beteiligten Kosten des Verfahrens auferlegt werden sollten, trifft das Gericht **nach Billigkeit**. Lediglich in den Fällen des § 81 Abs. 2 soll das Gericht über die Kosten entscheiden, um ein Verhalten eines Beteiligten zu sanktionieren. Es kann ferner von der Erhebung von Kosten absehen (§ 81 Abs. 1 Satz 2). Zum Schutz eines minderjährigen Beteiligten können diesem keine Kosten auferlegt werden (§ 81 Abs. 3).

---

1 BT-Drs. 16/6308, S. 215.

II. Das „Ob" der Kostenentscheidung

Nach Abs. 1 Satz 1 entscheidet das Gericht nach **pflichtgemäßem Ermessen**, ob es überhaupt eine Kostenentscheidung trifft. Trifft es keine Kostenentscheidung, richtet sich die Haftung für die Gerichtskosten unverändert nach den Vorschriften der Kostenordnung.[2] Außergerichtliche Kosten werden in diesem Fall nicht erstattet. Auf Grund der Sonderregelung für Familiensachen in Abs. 1 Satz 3 besteht daher nur in den sonstigen FamFG-Verfahren ggf. ein Bedarf, ausdrücklich eine Kostenentscheidung anzuregen oder zu beantragen.

Handelt es sich bei dem Verfahren jedoch um eine **Familiensache**, muss das Gericht über die Kosten entscheiden. Diese Regelung erfasst auch alle selbstständigen Familiensachen der freiwilligen Gerichtsbarkeit.[3] Der Pflicht zur Kostenentscheidung in Abs. 1 Satz 3 entspricht für Ehesachen und Familienstreitsachen die über den Verweis in § 113 Abs. 1 Satz 2 anzuwendende Regelung in § 308 Abs. 2 ZPO, wonach das Gericht über die Kosten des Verfahrens auch ohne Antrag entscheidet.

Die **Pflicht**, immer über die Kosten zu entscheiden und unbillige Ergebnisse vermeiden zu können, indem das Gericht von der Möglichkeit Gebrauch macht, von der Erhebung der Kosten abzusehen (Abs. 1 Satz 2), ist der verfahrensrechtliche Gegenpart zu Änderungen im FamGKG gegenüber den bisherigen Regelungen zum Kostenschuldner in der KostO. § 94 Abs. 3 Satz 2 KostO sah vor, dass das Gericht in Verfahren auf Übertragung der elterlichen Sorge oder deren Ausübung, in Umgangsverfahren sowie in weiteren, im Einzelnen bezeichneten Kindschaftsverfahren von der Erhebung der Kosten absehen konnte. § 100a Abs. 3 Halbs. 2 KostO sah die Möglichkeit vor, von der Erhebung von Kosten in Gewaltschutzsachen abzusehen.

Da § 13a FGG dem Gericht nur die Möglichkeit eröffnete, einem Beteiligten außergerichtliche Kosten eines anderen Beteiligten aufzuerlegen, war ihm die Möglichkeit verwehrt, die **Gerichtskosten** nach billigem Ermessen einem der Beteiligten aufzuerlegen. Die Frage, welcher Beteiligte die Gerichtskosten schuldete, richtete sich ausschließlich nach der KostO für die fG-Verfahren und nach dem GKG für die ZPO-Verfahren.

§ 2 Nr. 2 KostO sieht für Geschäfte, die von Amts wegen vorgenommen werden, die Schuldnerschaft desjenigen vor, dessen Interesse wahrgenommen wird. Der **Interessenschuldner** haftet kraft Gesetzes für die Kosten. So waren die Eltern eines Kindes Interessenschuldner in Verfahren, die die Person des Kindes betrafen, nicht jedoch die Pflegeeltern. Wegen der Einzelheiten existierte eine umfangreiche Kasuistik. Die Rechtslage wurde zudem durch Spezialregelungen in einzelnen Gesetzen unübersichtlich, wie der Regelung in § 52 Satz 2 Halbs. 2 IntFamRVG, nach der abweichend von § 2 KostO nur derjenige für die Gerichtskosten haftete, den das Gericht hierzu bestimmte.

Die durch Abs. 1 geschaffene Möglichkeit des Gerichts, eine Entscheidung über die Kosten **nach billigem Ermessen** zu treffen und von der Erhebung der Kosten auch vollständig abzusehen, verbunden mit der Verpflichtung des Gerichts, in Familiensachen stets über die Kosten zu entscheiden, hat die Möglichkeit eröffnet, das Institut

---
2 BT-Drs. 16/6308, S. 215.
3 BT-Drs. 16/6308, S. 215.

des Interessenschuldners nicht in das FamGKG zu übernehmen[4] und damit eine Vielzahl von Streitigkeiten und kostenrechtlicher Überraschungen für die Beteiligten zu vermeiden.

III. Inhalt der Kostenentscheidung

8 Das Gericht kann die Kosten nach **billigem Ermessen ganz oder teilweise** einem Beteiligten auferlegen. Es kann zwischen den Gerichtskosten und den sonstigen notwendigen Aufwendungen der Beteiligten unterscheiden.

9 Das Gericht kann nach seinem pflichtgemäßen Ermessen entscheiden, welche Kostenentscheidung sachgerecht ist. Es ist nicht an das **Kriterium des Obsiegens zum Unterliegen** gebunden, sondern kann auch berücksichtigen, ob ein Beteiligter mit seinem Anliegen erst im Rechtsmittelverfahren durchgedrungen ist, weil er erst in der Beschwerdeinstanz den Sachverhalt so vollständig vorgetragen hat, dass er mit seinem Anliegen Erfolg hat. Die Gesetzesbegründung stellt klar, dass die Berücksichtigung eines solchen Verfahrensverlaufs bei der Kostenentscheidung jedoch nur in Betracht kommt, wenn der Beteiligte unter **Verletzung seiner Mitwirkungspflicht** die Tatsachen nicht oder nicht rechtzeitig vorgebracht hat. Eine solche Regelung scheidet demgegenüber aus, wenn die Ermittlung der Tatsachen im Rahmen des Amtsermittlungsgrundsatzes nach § 26 Aufgabe des Gerichts gewesen wäre.[5]

10 **Abs. 2** regelt **Ausnahmen vom Grundsatz** der Kostenentscheidung nach billigem Ermessen. Den Ausnahmen ist gemeinsam, dass ein im Einzelnen näher beschriebenes Verhalten eines Beteiligten kostenrechtlich sanktioniert wird. Die gesetzliche Neuregelung greift eine Vielzahl von Regelungen auf, die bereits in § 13a FGG enthalten waren, und stellt diese klar bzw. erweitert die Fälle des Fehlverhaltens um weitere Fallgruppen. Auch insoweit wird dem Gericht ein weiter Ermessensspielraum eingeräumt, indem das Gericht nicht prüfen muss, ob durch das **sanktionierte Verhalten** zusätzliche Kosten verursacht worden sind.[6] Das Gericht muss sich auch nicht darauf beschränken, dem Beteiligten zusätzliche, von ihm verursachte Kosten aufzuerlegen. Es kann dem Beteiligten jedoch nur Kosten für einen Verfahrensgegenstand auferlegen, dessentwegen dem Beteiligten ein pflichtwidriges Verhalten vorgeworfen wird.[7]

11 **Fallgruppen sanktionierten Verhaltens** sind:
- **Nr. 1:** Der Beteiligte hat durch sein grobes Verschulden Anlass für das Verfahren gegeben; die Regelung beruht auf der bisherigen Regelung in § 13a Abs. 1 Satz 2 FGG, ohne jedoch auf die darin noch geforderte Verursachung zusätzlicher Kosten abzustellen.
- **Nr. 2:** Der Antrag des Beteiligten hat von vornherein keine Aussicht auf Erfolg und der Beteiligte hat dies gewusst; diese Fallgruppe ist nach bisherigem Recht als Unterfall des groben Verschuldens angesehen worden.[8] Sie wird ausdrücklich gere-

---

4 Otto/Klüsener/Killmann 2008, S. 20.
5 BT-Drs. 16/6308, S. 215.
6 BT-Drs. 16/6308, S. 215.
7 BT-Drs. 16/6308, S. 215.
8 Keidel u.a./Zimmermann § 13a FGG Rn. 25.

gelt. Es erscheint fraglich, ob „Anregungen" zu amtswegig geführten Verfahren hierunter gefasst werden können. Nach dem Wortlaut wäre dies abzulehnen.[9]

- **Nr. 3:** Der Beteiligte hat zu einer wesentlichen Tatsache schuldhaft unwahre Angaben gemacht; auch hierbei handelt es sich um einen im Interesse der Klarstellung nunmehr ausdrücklich geregelten Unterfall des groben Verschuldens.
- **Nr. 4:** Der Beteiligte hat durch schuldhaftes Verletzen seiner Mitwirkungspflichten das Verfahren erheblich verzögert; es handelt sich ebenfalls um einen Unterfall des groben Verschuldens.
- **Nr. 5:** Der Beteiligte ist einer richterlichen Anordnung zur Teilnahme an einer Beratung nach § 156 Abs. 1 Satz 4 nicht nachgekommen und hat dies nicht genügend entschuldigt; die Fallgruppe ist neu und korrespondiert mit der Möglichkeit des Gerichts, den Beteiligten im Interesse der Kinder aufzuerlegen, an einer Beratung durch die Beratungsstellen und -dienste der Träger der Kinder- und Jugendhilfe insbesondere zur Entwicklung eines einvernehmlichen Konzepts für die Wahrnehmung der elterlichen Sorge und der elterlichen Verantwortung teilzunehmen.

Das Gericht kann in Ausübung seines Ermessens nach Abs. 1 Satz 2 vollständig von der Erhebung von Kosten absehen. Diese Regelung soll nach der Gesetzesbegründung regelmäßig dann in Betracht kommen, wenn es nach dem Verlauf oder dem Ausgang des Verfahrens unbillig erscheint, die Beteiligten mit den Gerichtskosten des Verfahrens zu belasten.[10]

12

Die Regelung in Abs. 1 Satz 2 tritt neben die in den Kostengesetzen geregelte Möglichkeit, von der Erhebung der Kosten wegen unrichtiger Sachbehandlung abzusehen (§ 20 FamGKG).

13

> **Hinweis**
> Da das Gericht in Familiensachen immer über die Kosten des Verfahrens entscheiden muss, ist ein hierauf gerichteter Antrag nicht erforderlich. Dem Beteiligten steht es jedoch frei, dem Gericht Argumente für die Billigkeitsabwägung vorzutragen und insbesondere Sachverhalt zu Gesichtspunkten mitzuteilen, die sich nicht aus der Gerichtsakte ergeben.

IV. Personelle Ausnahmen von der Kostenpflicht

Verschiedene Beteiligte genießen auf Grund ihrer Person oder der Gründe ihrer Beteiligung Schutz davor, dass ihnen Kosten auferlegt werden können. Dies sind

14

- **minderjährige Beteiligte** in Verfahren, die ihre Person betreffen (Abs. 3);
- der **Verfahrensbeistand** (§ 158 Abs. 8), dem ohne die Ausnahmeregelung Kosten auferlegt werden könnten, weil er durch seine Bestellung als Beteiligter zum Verfahren hinzugezogen wird;
- hinsichtlich der Gerichtskosten diejenigen, die nach den Kostengesetzen von der Zahlung von Kosten befreit sind, z.B. der Bund und die Länder nach **§ 2 FamGKG**;

---

[9] Zimmermann 2009, Rn. 229.
[10] BT-Drs. 16/6308, S. 215.

dies trifft insbesondere für das JA als Beteiligter in den Stadtstaaten Berlin und Hamburg zu.

15 Demgegenüber sind **Dritte** nicht von vornherein von der Haftung für die Kosten ausgeschlossen. Ihnen können nach Abs. 4 jedoch nur Kosten des Verfahrens auferlegt werden, soweit sie die Tätigkeit des Gerichts veranlasst haben und sie ein grobes Verschulden trifft. Die Bestimmung ist dem § 13a Abs. 2 Satz 2 FGG nachgebildet. „Grobes Verschulden" liegt danach für denjenigen vor, der leichtfertig, auf falschen Behauptungen beruhende, den Sachverhalt entstellende Anregungen gibt, etwa um hierdurch ein Betreuungsverfahren oder gar ein Unterbringungsverfahren in die Wege zu leiten. Erforderlich ist ein vorsätzliches oder zumindest die nach den Umständen erforderliche Sorgfalt in ungewöhnlichem Maße außer Acht lassendes Verhalten.

V. Sondervorschriften

16 Soweit in bundesrechtlichen Vorschriften die Kostenpflicht abweichend geregelt ist, bleiben diese Sondervorschriften nach Abs. 5 unberührt.

§ 82 Zeitpunkt der Kostenentscheidung

Ergeht eine Entscheidung über die Kosten, hat das Gericht hierüber in der Endentscheidung zu entscheiden.

I. Entscheidung in der Endentscheidung

1 Sofern das Gericht nach billigem Ermessen über die Kosten entscheidet oder auf Grund von § 81 Abs. 1 Satz 3 in Familiensachen zu einer Entscheidung über die Kosten verpflichtet ist, hat es hierüber **in der Endentscheidung** zu entscheiden. Die Beteiligten sollen zu diesem Zeitpunkt wissen, ob und ggf. in welchem Umfang ihnen Kosten auferlegt worden sind.[1]

2 Enthält die Endentscheidung **keine Entscheidung über die Kosten** und ist das Gericht nicht – wie in Familiensachen – verpflichtet, über die Kosten zu entscheiden, kommt es in Betracht, hierin eine konkludente Entscheidung des Gerichts zu sehen, dass kein Beteiligter einem anderen Beteiligten Kosten erstattet und die Gerichtskosten nicht ermäßigt werden.[2] Gegen eine solche Auslegung spricht, wenn ein Beteiligter ausdrücklich eine Entscheidung über die Kosten beantragt hatte und hierüber nicht entschieden wurde.

---

[1] BT-Drs. 16/6308, S. 216.
[2] Zimmermann 2009, Rn. 207.

II. Maßnahmen gegen eine fehlende Kostenentscheidung

Unterbleibt die in § 81 Abs. 1 Satz 3 vorgeschriebene Entscheidung über die Kosten, kommen **verschiedene Maßnahmen** in Betracht.

Ein Beteiligter kann die **Ergänzung des Beschlusses** nach **§ 43 Abs. 1** beantragen. Dieser sieht die Ergänzung eines Beschlusses ausdrücklich auch in den Fällen vor, in denen eine Kostenentscheidung unterblieben ist. Die Ergänzung nach § 43 Abs. 1 setzt aber einen hierauf gerichteten Antrag des Beteiligten nach § 43 Abs. 2 voraus, für den zudem eine zweiwöchige Frist gilt, die mit der Bekanntgabe des Beschlusses beginnt. Die Regelung stimmt mit der für Ehesachen und Familienstreitsachen über § 113 Abs. 1 Satz 2 anwendbaren Regelung über die Ergänzung eines Urteils in § 321 ZPO überein. Auch danach ist das Urteil auf einen Antrag hin um die Kostenentscheidung zu ergänzen, wenn diese bei der Endentscheidung ganz oder teilweise übergangen worden ist. Auch hierfür gilt eine Frist von zwei Wochen. Die zu § 321 ZPO ergangene Rechtsprechung ist aber nicht ohne weiteres auf die Situation in den fG-Familiensachen zu übertragen. Während § 321 ZPO eine Bestimmung über die Vorschriften für das Verfahren vor dem LG und damit für ein Verfahren mit Anwaltszwang ist, erfassen die Regelungen in § 81 Abs. 1 Satz 3, §§ 82 und 43 gerade die Familiensachen, für die kein Anwaltszwang gilt. Es erscheint nicht mit der für die fG-Verfahren wiederholt betonten Fürsorgepflicht vereinbar, die Beteiligten auf einen Antrag innerhalb einer Frist von zwei Wochen zu verweisen, zumal es sich bei der Frist nicht um eine Notfrist handelt und die Vorschriften über die Wiedereinsetzung damit nicht eingreifen. Die Bedenken gegen eine derartige Handhabung stützen sich auch darauf, dass der Beteiligte vor einer fehlenden Kostenentscheidung nicht durch die in § 39 vorgeschriebene Rechtsmittelbelehrung geschützt wird, da diese gerade keine Belehrung über die Wiedereinsetzung, die Beschlussberichtigung und die Beschlussergänzung fordert.

Da § 81 Abs. 1 Satz 3 in Familiensachen zwingend eine Kostenentscheidung vorschreibt, ließe sich auch an eine **Berichtigung des Beschlusses** nach **§ 42** denken. Danach hat das Gericht die Möglichkeit, Schreibfehler, Rechenfehler und ähnliche offenbare Unrichtigkeiten im Beschluss jederzeit von Amts wegen zu berichtigen. In den ZPO-Verfahren kommt die Urteilsberichtigung wegen einer fehlenden Kostenentscheidung nur in Betracht, wenn das Gericht zwar über die Kosten entschieden hat, die Entscheidung aber versehentlich nicht in den Tenor aufgenommen wurde.[3]

Schließlich kommt eine **Beschwerde** gegen die fehlende Kostenentscheidung in Betracht nach §§ 58 ff., wenn die Beschwer den Beschwerdewert von 600 EUR in vermögensrechtlichen Angelegenheiten nach § 61 Abs. 1 übersteigt.

---

3 Zöller/Vollkommer § 319 ZPO Rn. 10 m.w.Nachw.

§ 83 Kostenpflicht bei Vergleich, Erledigung und Rücknahme

(1) Wird das Verfahren durch Vergleich erledigt und haben die Beteiligten keine Bestimmung über die Kosten getroffen, fallen die Gerichtskosten jedem Teil zu gleichen Teilen zur Last. Die außergerichtlichen Kosten trägt jeder Beteiligte selbst.

(2) Ist das Verfahren auf sonstige Weise erledigt oder wird der Antrag zurückgenommen, gilt § 81 entsprechend.

I. Vergleich

1 Nachdem § 36 ausdrücklich die Zulässigkeit eines Vergleichs für die Fälle regelt, in denen die Beteiligten über den Gegenstand des Verfahrens verfügen können, bildet Abs. 1 die kostenerstattungsrechtlichen Folgen ab. Nur in den Fällen, in denen durch den **Vergleich das Verfahren erledigt** wird, kommt Abs. 1 zur Anwendung. In allen anderen Fällen wird das Verfahren noch fortgeführt mit der kostenrechtlichen Folge, dass das Gericht nach § 81 über die Kosten nach billigem Ermessen entscheidet.

2 Haben die Beteiligten eine Bestimmung über die Kosten getroffen, ist diese vorrangig.

> **Hinweis**
> Soll nach der Vereinbarung ein Beteiligter dem anderen Beteiligten Kosten für einen außergerichtlichen Vergleich erstatten und sollen diese als Kosten des Verfahrens festgesetzt werden, müssen die Beteiligten dies nach der jüngsten Rspr. des BGH[1] vereinbaren. Ansonsten gehören die Kosten eines außergerichtlichen Vergleichs nicht zu den Kosten des Verfahrens.

3 Haben die Beteiligten keine Vereinbarung über die Kosten getroffen, bestimmt Abs. 1, dass die Gerichtskosten von ihnen zu gleichen Teilen getragen werden. Die Gerichtskosten werden dementsprechend nach Kopfteilen verteilt, so dass eine Verteilung auch bei einer Vielzahl von Beteiligten möglich ist. Jeder Beteiligte trägt seine eigenen außergerichtlichen Kosten selbst. Die Regelung entspricht inhaltlich in etwa den Rechtsgedanken aus § 98 ZPO, der über den Verweis in § 113 Abs. 1 Satz 2 auf § 98 ZPO in Ehesachen und Familienstreitsachen gilt.

II. Erledigung und Rücknahme

4 In Fällen, in denen das **Verfahren ohne eine Endentscheidung** endet, weil sich das Verfahren nach Anhängigkeit erledigt oder der Antragsteller den Antrag zurückgenommen hat, kann das Gericht nach § 81 über die Kosten nach billigem Ermessen entscheiden. Es kann hierdurch sachgerecht allen Gesichtspunkten Rechnung tragen. Dem Antragsteller müssen nicht bereits deswegen die Kosten auferlegt werden, weil er den Antrag zurücknimmt. Vielmehr kann darauf abgestellt werden, warum der Antragsteller den Antrag zurücknimmt.

---

[1] 25.09.2008 – V ZB 66/08 = RVGreport 2009, 25.

§ 84 Rechtsmittelkosten

Das Gericht soll die Kosten eines ohne Erfolg eingelegten Rechtsmittels dem Beteiligten auferlegen, der es eingelegt hat.

§ 84 erfasst nur **erfolglose Rechtsmittel**, da die Kostenentscheidung im Falle eines erfolgreichen Rechtsmittels bereits von § 81 erfasst wird.

Die Regelung knüpft an die Regelung des bisherigen § 13a Abs. 1 Satz 2 Halbs. 1 FGG an und erweitert die Möglichkeiten des Gerichts zu einer sachgerechten Entscheidung von der bisherigen starren Regelung zu einer **flexiblen Regelung**. Nach bisherigem Recht waren dem Beteiligten die Kosten aufzuerlegen, die er durch ein unbegründetes Rechtsmittel veranlasst hatte. Die Regelung sah keinen Ermessensspielraum vor. Demgegenüber soll der Richter die Kosten eines ohne Erfolg eingelegten Rechtsmittels zwar demjenigen Beteiligten auferlegen, der es eingelegt hat. Die Formulierung lässt dem Gericht jedoch die Möglichkeit offen, den im Ergebnis erfolglosen Rechtsmittelführer von den Kosten zu verschonen. Nach der Gesetzesbegründung sollen damit „besonders gelagerte Fälle" erfasst werden. Konkret aufgeführt wird die Rücknahme des Rechtsmittels, weil die Beteiligten sich außergerichtlich geeinigt haben.[1]

§ 85 Kostenfestsetzung

Die §§ 103 bis 107 der Zivilprozessordnung über die Festsetzung des zu erstattenden Betrags sind entsprechend anzuwenden.

Das FamFG verzichtet auf eine eigenständige Regelung zum Kostenfestsetzungsverfahren und verweist insoweit auf die entsprechende **Anwendung der §§ 103 bis 107 ZPO**. Die Regelung entspricht damit einerseits der bisherigen Regelung aus § 13a Abs. 3 FGG und andererseits der Regelung in Ehesachen und Familienstreitsachen, in denen über den Verweis in § 113 Abs. 1 Satz 2 die Bestimmungen der ZPO über die Kostenfestsetzung in gleicher Weise gelten.

Daraus ergibt sich, dass

- der Antrag auf Festsetzung der Kosten immer beim **Gericht des ersten Rechtszugs** anzubringen ist, und zwar auch dann, wenn das Verfahren in einem höheren Rechtszug anhängig ist (§ 103 Abs. 2 Satz 1 ZPO);
- das Gericht erster Instanz auch über den **Festsetzungsantrag** entscheidet (§ 104 Abs. 1 Satz 1 ZPO);
- der **Antrag auf Verzinsung** des festzusetzenden Betrags ab dem Tag des Eingangs des Antrags bei Gericht ausdrücklich gestellt werden muss (§ 104 Abs. 1 Satz 2 ZPO);
- zur Berücksichtigung eines Kostenansatzes dessen **Glaubhaftmachung** ausreicht (§ 104 Abs. 2 Satz 1 ZPO);
- als Rechtsmittel gegen die Entscheidung die **sofortige Beschwerde** gegeben ist (§ 104 Abs. 3 Satz 1 ZPO), die nur zulässig ist, wenn der Wert des Beschwerdege-

---

[1] BT-Drs. 16/6308, S. 216.

genstands 200 EUR übersteigt (§ 567 Abs. 2 ZPO) und sie innerhalb einer Notfrist von zwei Wochen eingelegt wird (§ 569 Abs. 1 Satz 1 ZPO).

3 Da es sich bei den festgesetzten Kosten um eine Geldforderung handelt, erfolgt die **Zwangsvollstreckung** auf Grund des § 95 nach den Regeln der ZPO.

Abschnitt 8 Vollstreckung
(§ 86 – § 96a)

Vorbemerkung § 86

1 Die Vollstreckung von Titeln in Familiensachen unterliegt je nach Verfahrensgegenstand des Erkenntnisverfahrens **unterschiedlicher Regelungsägide**. Das FamFG unterscheidet zwischen Ehe- und Familienstreitsachen einerseits und den übrigen Familiensachen andererseits. Für Erstere erklärt es die Vollstreckungsvorschriften des Allgemeinen Teils im FamFG für nicht anwendbar (§ 113 Abs. 1 Satz 1) und die Vorschriften zur Zwangsvollstreckung in der ZPO für anwendbar (§ 120 Abs. 1). Für Letztere stellt es in §§ 86, 87 allgemeine Regeln auf und unterscheidet anschließend zwischen der Vollstreckung von Titeln über die Herausgabe von Personen und die Regelung des Umgangs auf der einen (§§ 88 bis 94) und den übrig gebliebenen Vollstreckungsgegenständen auf der anderen Seite (§§ 95 bis 96a).

System der Vollstreckung nach FamFG

Ehe- und Familienstreitsachen	Übrige Familiensachen	
Anwendung der ZPO (§ 120 Abs. 1)	Allgemeine Vorschriften (§§ 86, 87)	
keine Anwendung der §§ 86 ff. (§ 113 Abs. 1 Satz 1)	Herausgabe von Personen/ Regelung des Umgangs	Sonstige Verfahrensgegenstände
Sonderregelungen im FamFG	Anwendung der §§ 88 bis 94	Anwendung der ZPO (§ 95 Abs. 1)
• Vollstreckbarkeit ausländischer Entscheidungen (§ 110)	• Ordnungsmittel (§ 89)	Sonderregelungen im FamFG
• Vollstreckbarkeit mit Wirksamwerden (§ 120 Abs. 2 Satz 1)	• Anwendung unmittelbaren Zwangs (§ 90)	• einstweilige Anordnungen (§§ 53, 55, 214 Abs. 2)
• Einstellung und Beschränkung wegen nicht zu ersetzenden Nachteils (§ 120 Abs. 2 Sätze 2 und 3)	Sonderregelungen im FamFG	• Vollstreckbarkeit ausländischer Entscheidungen (§ 110)
• keine Vollstreckbarkeit des Eingehens der Ehe	• einstweilige Anordnungen (§§ 53, 55)	• Vollstreckung wegen Geldforderung: Einstellung, Beschränkung, Aufhebung bei nicht zu ersetzendem Nachteil (§ 95 Abs. 3)

und Herstellung des Ehelebens (§ 120 Abs. 3)
• Unterhaltssachen
   - einstweilige Einstellung (§ 242)
   - unzulässiger Einwand der Volljährigkeit (§ 244)
	• Anwendung des § 888 ZPO auch auf Vollstreckung der Herausgabe/Vorlage von Sachen und Vornahme vertretbarer Handlungen (§ 96 Abs. 4)
	• Besonderheiten in Gewaltschutz- und Ehewohnungssachen (§§ 96, 209 Abs. 3, § 216 Abs. 2)

Unterabschnitt 1
Allgemeine Vorschriften
(§ 86 – § 87)

§ 86 Vollstreckungstitel

(1) Die Vollstreckung findet statt aus

1. gerichtlichen Beschlüssen;
2. gerichtlich gebilligten Vergleichen (§ 156 Abs. 2);
3. weiteren Vollstreckungstiteln im Sinne des § 794 der Zivilprozessordnung, soweit die Beteiligten über den Gegenstand des Verfahrens verfügen können.

(2) Beschlüsse sind mit Wirksamwerden vollstreckbar.

(3) Vollstreckungstitel bedürfen der Vollstreckungsklausel nur, wenn die Vollstreckung nicht durch das Gericht erfolgt, das den Titel erlassen hat.

Übersicht

I. Inhalt und Bedeutung der Norm	1
II. Vollstreckungstitel (Abs. 1)	3
1. Beschlüsse (Nr. 1)	3
2. Gerichtlich gebilligte Vergleiche (Nr. 2)	4
3. Sonstige Vergleiche und Urkunden (Nr. 3)	8
III. Vollstreckbarkeit mit Wirksamwerden (Abs. 2)	10
IV. Eingeschränktes Erfordernis einer Vollstreckungsklausel (Abs. 3)	12

I. Inhalt und Bedeutung der Norm

Die **Benennung der Vollstreckungstitel** (Abs. 1) trägt den Besonderheiten der mehrgenerationalen Familienbeziehungen und dem besonderen Schutzbedürfnis von Kindern Rechnung. Sie dient im Wesentlichen der Klarstellung, dass die Vollstreckung eines Vergleichs davon abhängig ist, ob das Gericht diesen im Lichte des Kindeswohls 1 gebilligt hat (Abs. 1 Nr. 2 i.V.m. § 156 Abs. 2) oder ob die Beteiligten über den Verfahrensgegenstand verfügen konnten (Abs. 1 Nr. 3). Abs. 2 enthält den Grundsatz der **Vollstreckbarkeit ab Wirksamkeit**, der zu einzelnen Regelungsgegenständen spezialgesetzliche Durchbrechung findet (Rn. 11). Abs. 3 enthält einen allgemeinen **Dispens von der Vollstreckungsklausel** für das Gericht, von oder vor dem die Regelung getroffen wurde.

2 Die Vorschrift hat keine Vorgänger in **bisheriger Rechtslage**.

II. Vollstreckungstitel (Abs. 1)

1. Beschlüsse (Nr. 1)

3 Gerichtliche Beschlüsse i.S.d. von Nr. 1 sind **alle Beschlüsse mit vollstreckungsfähigem Inhalt**, sofern es sich um keine verfahrensleitenden Verfügungen oder Anordnungen handelt; deren zwangsweise Durchsetzung richtet sich ausschließlich nach § 35.[1] Erfasst sind nicht nur

- Endentscheidungen (§ 38 Abs. 1 Satz 1), sondern auch
- einstweilige Anordnungen (§ 49),
- Kostenfestsetzungsbeschlüsse (§ 85 i.V.m. §§ 103 bis 107 ZPO) oder
- Beschlüsse zur Vorbereitung einer Ersatzvornahme oder zur Vollstreckung vertretbarer oder nicht vertretbarer Handlungen (§§ 887, 888 ZPO) sowie zur Erzwingung einer Duldung oder Unterlassung (§ 890 ZPO).[2]

Unter Nr. 1 und nicht Nr. 3 fallen auch Festsetzungsbeschlüsse über Kindesunterhalt im vereinfachten Verfahren (§ 253) und einstweilige Anordnungen in Ehewohnungs- oder Haushaltssachen. Die bisherigen Nr. 2a und 3a in § 794 Abs. 1 ZPO wurden aufgehoben.

> **Hinweis**
> Die zwangsweise Durchsetzung verfahrensleitender Verfügungen oder Anordnungen richtet sich ausschließlich nach § 35.

2. Gerichtlich gebilligte Vergleiche (Nr. 2)

4 Einvernehmen, das in Kindschaftssachen betreffend die elterliche Sorge bei Trennung und Scheidung, den Aufenthalt des Kindes, das Umgangsrecht oder die Herausgabe des Kindes (§ 156 Abs. 1 Satz 1)[3] erzielt wurde, bedarf der gerichtlichen Billigung. Das FamG prüft, ob die einvernehmliche Regelung dem Kindeswohl nicht widerspricht, und erklärt sie ggf. zu einem **„gerichtlich gebilligten Vergleich"** (§ 156 Abs. 2 [i.V.m. § 165 Abs. 4]).[4] Diese sind Vollstreckungstitel nach Nr. 2. Vollstreckungsfähigen Inhalt können sie insbesondere bei der Regelung des Umgangsrechts sowie der Herausgabe des Kindes haben.

---

1 BT-Drs. 16/6308, S. 216 f.; Zimmermann 2009, Rn. 251.
2 BT-Drs. 16/6308, S. 216.
3 → § 156 Rn. 3 ff.
4 → § 156 Rn. 18 ff.

Die **gerichtliche Billigung** ist vom Vollstreckungsgericht positiv festzustellen. Daher sollte das FamG die Billigung stets explizit zum Ausdruck bringen.[5] Ist im protokollierten oder durch gerichtlichen Beschluss festgestellten Vergleich die Billigung nicht ausdrücklich erklärt, so kann sie wegen der eindeutigen Vorgabe in § 156 Abs. 2, von deren Beachtung durch das FamG grundsätzlich ausgegangen werden kann, gleichwohl regelmäßig als konkludent erteilt gelten, entweder mit der Niederschrift (§ 36 Abs. 2) oder der gerichtlichen Feststellung des Zustandekommens bei schriftlich eingereichtem Vergleichsvorschlag (§ 36 Abs. 3 i.V.m. § 278 Abs. 6 ZPO). Eine andere Betrachtung kommt regelmäßig nur in Frage, wenn die schriftlichen Ausführungen des FamG im Zusammenhang mit der Protokollierung des Vergleichs etwas Anderes ergeben.

> **Beispiel**
> Der gerichtlich gebilligte Vergleich kann bspw. wie folgt eingeleitet werden:
> „Mit Billigung des Gerichts schließen die Beteiligten folgenden Vergleich: [...]".
> Ein schriftlich eingereichter Vergleichsvorschlag kann im Feststellungsbeschluss bspw. mit folgender Formel unterschrieben sein:
> „Gerichtlich gebilligt. [Ort, Datum, Unterschrift]"

Der Vollstreckung zugänglich ist der Vergleich selbst, nicht aber die gerichtliche Billigung desselben.[6] Es handelt sich um einen **Vertrag zwischen den Beteiligten**, nicht aber um eine gerichtliche Entscheidung – auch dann nicht, wenn durch Beschluss das Zustandekommen eines schriftlich eingereichten Vergleichsvorschlags festgestellt wird (§ 36 Abs. 3 i.V.m. § 278 Abs. 6 ZPO).

Nicht unter Nr. 2 fallen einvernehmliche Regelungen in Kindschaftssachen, die bspw. im Rahmen der Erörterung einer (potenziellen) **Kindeswohlgefährdung** nach § 157 oder wegen einer freiheitsentziehenden Unterbringung (§ 151 Nr. 7, § 167) getroffen und gerichtlich protokolliert werden.

3. Sonstige Vergleiche und Urkunden (Nr. 3)

Über den Verweis auf § 794 ZPO sind Vollstreckungstitel insbesondere auch **Vergleiche nach § 36**, die nicht nach § 156 Abs. 2 der gerichtlichen Billigung bedürfen (§ 794 Abs. 1 Nr. 1 ZPO). Kostenfestsetzungsbeschlüsse und einstweilige Anordnungen fallen unter Nr. 1 (Rn. 3).

Voraussetzung eines Vergleichs – und damit seiner Eigenschaft als Vollstreckungstitel nach Nr. 3 – ist, dass die Beteiligten über den Verfahrensgegenstand verfügen können (§ 36 Abs. 1 Satz 1). Die **Verfügungsbefugnis** fehlt regelmäßig in Amtsverfahren,[7] insbesondere, wenn Eltern bzw. Erwachsene ein Einvernehmen erzielen, von dem das Wohl bzw. die Interessen eines Kindes oder von Kindern betroffen sind. Bspw. ist ein in einer Erörterung der Kindeswohlgefährdung nach § 157 erzieltes Einvernehmen kein Vergleich i.S.d. § 36 oder § 156 Abs. 2 und damit kein Vollstreckungstitel.

---

5 Fölsch 2009, § 6 Rn. 3.
6 Fölsch 2009. § 6 Rn. 3.
7 → § 36 Rn. 3; Giers FPR 2008, 441 (442); Keidel u.a./Meyer-Holz Vorb § 8 FGG Rn. 24.

III. Vollstreckbarkeit mit Wirksamwerden (Abs. 2)

10 Nach dem **Grundsatz des Abs. 2** sind Beschlüsse (Abs. 1 Nr. 1) mit ihrer **Wirksamkeit** vollstreckbar. Einer speziellen Vollstreckbarerklärung bedarf es nicht. Im Regelfall werden Beschlüsse mit ihrer Bekanntgabe an den Beteiligten wirksam (§ 40 Abs. 1).[8] Ausnahmen hiervon betreffen in Familiensachen mit vollstreckungsrelevanten Verfahrensgegenständen insbesondere Beschlüsse in

- Ehewohnungs- und Haushaltssachen (§ 209 Abs. 2);
- Kindschaftssachen betreffend freiheitsentziehende Unterbringung (§ 167 Abs. 1 Satz 1 i.V.m. § 324 Abs. 1),

die erst mit Rechtskraft wirksam werden.

11 Beschlüsse können abweichend von Abs. 2 schon vor Bekanntgabe durch Zustellung (§ 41 Abs. 1 Satz 2) vollstreckbar sein. Voraussetzung ist, dass das Gericht die Zulässigkeit der **Vollstreckung vor Zustellung** ausdrücklich anordnet. In diesem Fall tritt die Wirksamkeit regelmäßig zum Zeitpunkt der Übergabe der Entscheidung an die Geschäftsstelle des Gerichts zur Bekanntgabe ein (→ § 53 Rn. 5 f.). Entsprechende **Ausnahmen** sind vorgesehen für

- einstweilige Anordnungen
  - in Gewaltschutzsachen (§ 53 Abs. 2),
  - in sonstigen Verfahren, wenn ein besonderes Bedürfnis für die Vollstreckbarkeit vor Zustellung besteht (Beispiele hierzu → § 53 Rn. 5),
- Hauptsacheentscheidungen, bei denen das FamG die sofortige Wirksamkeit angeordnet hat,
  - in Ehewohnungs- und Haushaltssachen (§ 209 Abs. 3),
  - in Gewaltschutzsachen (§ 216 Abs. 2).

IV. Eingeschränktes Erfordernis einer Vollstreckungsklausel (Abs. 3)

12 Einer Vollstreckungsklausel bedarf es nur, wenn ein anderes Gericht zur Vollstreckung berufen ist als dasjenige, von dem der Titel stammt. Auch wenn Abs. 3 von **„Titel erlassen"** spricht, betrifft der Dispens vom Erfordernis einer Vollstreckungsklausel ebenfalls gerichtlich gebilligte oder sonstige vor einem FamG aufgenommene bzw. familiengerichtlich festgestellte Vergleiche (Rn. 4 ff.).

13 Eine **einstweilige Anordnung** bedarf der Vollstreckungsklausel nur, wenn gegen eine Person, die im Beschluss nicht als Beteiligte bezeichnet ist, vollstreckt werden soll (§ 53 Abs. 1).[9] Es kann dahinstehen, ob § 86 Abs. 3 durch § 53 Abs. 1 erweitert[10] oder

---

8 → § 40 Rn. 2 f.
9 → § 53 Rn. 4.
10 BT-Drs. 16/6308, S. 201.

verdrängt wird.[11] Vollstreckbare **Urkunden** (Abs. 1 Nr. 3 i.V.m. § 794 Abs. 1 Nr. 5 ZPO) bedürfen stets einer Vollstreckungsklausel.

§ 87 Verfahren; Beschwerde

(1) Das Gericht wird in Verfahren, die von Amts wegen eingeleitet werden können, von Amts wegen tätig und bestimmt die im Fall der Zuwiderhandlung vorzunehmenden Vollstreckungsmaßnahmen. Der Berechtigte kann die Vornahme von Vollstreckungshandlungen beantragen; entspricht das Gericht dem Antrag nicht, entscheidet es durch Beschluss.

(2) Die Vollstreckung darf nur beginnen, wenn der Beschluss bereits zugestellt ist oder gleichzeitig zugestellt wird.

(3) Der Gerichtsvollzieher ist befugt, erforderlichenfalls die Unterstützung der polizeilichen Vollzugsorgane nachzusuchen. § 758 Abs. 1 und 2 sowie die §§ 759 bis 763 der Zivilprozessordnung gelten entsprechend.

(4) Ein Beschluss, der im Vollstreckungsverfahren ergeht, ist mit der sofortigen Beschwerde in entsprechender Anwendung der §§ 567 bis 572 der Zivilprozessordnung anfechtbar.

(5) Für die Kostenentscheidung gelten die §§ 80 bis 82 und 84 entsprechend.

Übersicht

I. Inhalt und Bedeutung der Norm	1
II. Einleitung der Vollstreckung (Abs. 1)	3
III. Zustellung vor oder bei Vollstreckung (Abs. 2)	5
IV. Gewaltanwendung und Durchsuchung (Abs. 3)	6
1. Hinzuziehung polizeilicher Vollzugsorgane (Satz 1)	6
2. Modalitäten der Vollstreckung (Satz 2)	7
V. Sofortige Beschwerde (Abs. 4)	11
VI. Kosten (Abs. 5)	12

I. Inhalt und Bedeutung der Norm

Die Vorschrift zieht einige nicht aufeinander bezogene, aber **allgemeingültige Vorgaben** für das Vollstreckungsverfahren vor die Klammer. Dies sind die 1

- Berechtigung zur Einleitung der Vollstreckung (Abs. 1),
- Voraussetzung einer Zustellung des Beschlusses (Abs. 2), wobei diese im Zusammenhang mit dem in § 86 Abs. 2 geregelten Wirksamkeitserfordernis steht,[1]
- Hinzuziehung polizeilicher Vollzugsorgane (Abs. 3 Satz 1),
- Modalitäten der Gewaltanwendung und Durchsuchung (Abs. 3 Satz 2),

---

11 Die Gesetzesbegründung insoweit distanziert rezipierend Giers FPR 2008, 441 (442).
1 Kritisch zum Standort daher Giers FPR 2008, 441 (442).

- Anfechtbarkeit durch sofortige Beschwerde (Abs. 4),
- Kosten (Abs. 5).

2 Abs. 1, 2, 3 Satz 2 und Abs. 5 haben keine Vorgänger in **bisheriger Rechtslage**. Abs. 3 Satz 1 entspricht dem bisherigen § 33 Abs. 2 Satz 3 FGG. Die aufschiebende Wirkung (Abs. 4 i.V.m. § 570 ZPO) war bereits in § 24 Abs. 1 FGG für alle Verfügungen angeordnet, durch die ein Ordnungs- oder Zwangsmittel festgesetzt oder Zwangshaft angeordnet wurde.

II. Einleitung der Vollstreckung (Abs. 1)

3 Die Frage der Einleitung eines Vollstreckungsverfahrens korreliert – wie die Initiierung eines Verfahrens über den Erlass einer einstweiligen Anordnung (§ 50 Abs. 1)[2] – mit der **Einleitung des Erkenntnisverfahrens**.

- In Verfahren, die das Gericht ausschließlich oder zumindest auch **von Amts wegen** einleiten kann (§§ 24, 50 Abs. 1),[3] kann es auch die Vollstreckung des Titels von Amts wegen veranlassen und die Vollstreckungsmaßnahmen anordnen, die im Fall einer Zuwiderhandlung ergriffen werden sollen (Abs. 1 Satz 1). Die amtswegige Befugnis und ggf. Pflicht besteht auch dann, wenn das Erkenntnisverfahren, aus dem der Vollstreckungstitel stammt, auf Antrag eines Berechtigten eingeleitet wurde.
- Ergibt sich aus dem materiellen Recht, dass das Erkenntnisverfahren **nur auf Antrag** eingeleitet werden kann (§§ 23, 50 Abs. 1), scheidet eine Vollstreckung von Amts wegen aus; ein Antrag des Berechtigten ist zwingende Voraussetzung für die Vollstreckung.

4 Der aus einem Beschluss, Vergleich oder einer Urkunde **Berechtigte** ist befugt, die Vornahme von Vollstreckungshandlungen zu beantragen (Abs. 1 Satz 2 Halbs. 1). Dies gilt unabhängig davon, ob er das Erkenntnisverfahren durch einen Antrag eingeleitet hat, ob er Antragsgegner war, sonstiger Beteiligter oder ob das Verfahren von Amts wegen eingeleitet wurde.[4] Das für das Erkenntnisverfahren in Kindschaftssachen geltende **Vorrang- und Beschleunigungsgebot (§ 155)** gilt zwar nicht unmittelbar für das Vollstreckungsverfahren, jedoch ist der darin zum Ausdruck kommende allgemeine Grundsatz auch bei der Vollstreckung in Kindschaftssachen zu beachten. Die Ablehnung einer Vollstreckungsmaßnahme ergeht gegenüber dem Berechtigten durch Beschluss (Abs. 1 Satz 2 Halbs. 2). Dieser kann dagegen mit der sofortigen Beschwerde nach Abs. 4 vorgehen (Rn. 8 ff.).

III. Zustellung vor oder bei Vollstreckung (Abs. 2)

5 Die **Zustellung ist Voraussetzung** für die Vollstreckung. Sie hat im Vorfeld der Vollstreckung, spätestens aber gleichzeitig mit dieser zu erfolgen (Abs. 2). Die Regelung

---
2 → § 50 Rn. 7.
3 → § 24 Rn. 1.
4 Ähnlich Fölsch 2009, § 6 Rn. 7.

entspricht § 750 Abs. 1 Satz 1 ZPO. **Ausnahmen** hiervon sind vorgesehen, wenn das FamG dies ausdrücklich anordnet, weil das Gesetz oder das Gericht ein besonderes Bedürfnis für die Vollstreckbarkeit vor Zustellung annimmt (zu den Anwendungsfällen → § 86 Rn. 11, → § 53 Rn. 5).

IV. Gewaltanwendung und Durchsuchung (Abs. 3)

1. Hinzuziehung polizeilicher Vollzugsorgane (Satz 1)

Der Vollstreckungsbeamte ist bei entsprechender **Erforderlichkeit** befugt, die polizeilichen Vollzugsorgane um Unterstützung nachzusuchen (Abs. 3 Satz 1). Erforderlich ist die Hinzuziehung, wenn

- zu erwarten ist oder zumindest die Möglichkeit besteht, dass die Vollstreckung Gewaltanwendung erfordert und für die Durchsetzung der Ansprüche mutmaßlich die **Mittel des Gerichtsvollziehers nicht ausreichen**,
- bei der Vollstreckung mit gewalttätigen Übergriffen zu rechnen ist und die Begleitung durch die polizeilichen Vollzugsorgane dem **Schutz des Gerichtsvollziehers** dient.

Regelmäßig nicht erforderlich ist sie, wenn die Unterstützung des Gerichtsvollziehers durch – zur Verfügung stehende – Gerichtswachtmeister ausreicht.

2. Modalitäten der Vollstreckung (Satz 2)

Für die besonderen **Ermächtigungserfordernisse bei einer Wohnungsdurchsuchung** (Art. 13 Abs. 2 GG) verweist Abs. 3 Satz 2 auf bestimmte Vorschriften der ZPO:

- **§ 758 Abs. 1 ZPO:** Der Gerichtsvollzieher ist befugt, die Wohnung des Schuldners zu durchsuchen, wenn dies der Zweck der Vollstreckung erfordert.
- **§ 758 Abs. 2 ZPO:** Der Gerichtsvollzieher wird ermächtigt, hierzu verschlossene Haustüren, Zimmertüren und Behältnisse öffnen zu lassen.

Entsprechend **§ 759 ZPO** ist der Gerichtsvollzieher zur **Hinzuziehung von Zeugen** verpflichtet, wahlweise zwei erwachsene Personen, einen Gemeindebeamten oder einen Polizeibeamten, wenn

- Widerstand gegen eine Vollstreckungshandlung geleistet wird oder
- bei einer Vollstreckungshandlung in der Wohnung des Verpflichteten weder der Verpflichtete noch ein Familienangehöriger oder ein Bediensteter der Familie anwesend ist.

Entsprechend **§ 762 Abs. 1 ZPO** ist über jede Vollstreckungshandlung ein **Protokoll** zu erstellen. Dieses muss enthalten:

- Ort und Zeit der Aufnahme des Protokolls (§ 762 Abs. 2 Nr. 1 ZPO),
- Gegenstand der Vollstreckungshandlung unter kurzer Erwähnung der wesentlichen Vorgänge (§ 762 Abs. 2 Nr. 2 ZPO),
- Aufforderungen und sonstige Mitteilungen, die zu den Vollstreckungshandlungen gehören (§ 762 Abs. 1 ZPO); sie ergehen mündlich, und falls dies nicht möglich ist,

hat der Gerichtsvollzieher das Protokoll zuzustellen oder per Post zuzusenden, wobei dieser Vorgang im Protokoll zu vermerken ist (§ 762 Abs. 2 Sätze 1 und 2 ZPO); öffentliche Zustellungen sind ausgeschlossen (§ 762 Abs. 2 Satz 3 ZPO),

- Namen der Personen, mit denen verhandelt wurde (§ 762 Abs. 2 Nr. 3 ZPO),
- Unterschrift dieser Personen und den Vermerk, dass die Unterschrift nach Vorlesen oder Vorlegen zur Durchsicht und nach Genehmigung des Protokolls erfolgt sei (§ 762 Abs. 2 Nr. 4 ZPO); erfolgt keine Unterschrift, ist der Grund anzugeben (§ 762 Abs. 3 ZPO),
- Unterschrift des Gerichtsvollziehers (§ 762 Abs. 2 Nr. 5 ZPO).

10 Jede Person, die am Vollstreckungsverfahren beteiligt ist, hat entsprechend **§ 760 ZPO Anspruch auf Akteneinsicht** in die Akte des Gerichtsvollziehers. Beteiligte sind der Adressat der Vollstreckung, der Berechtigte und Dritte, die durch die Vollstreckung in ihren Rechten betroffen sind. Auf Begehren muss ihnen Abschrift einzelner Aktenstücke erteilt werden.

V. Sofortige Beschwerde (Abs. 4)

11 Gegen die Vollstreckung ist nach Abs. 4 das Rechtsmittel der sofortigen Beschwerde gegeben (zur isolierten Anfechtung mittels sofortiger Beschwerde → § 58 Rn. 13 ff.).

> **Hinweis**
> Das Einlegen der sofortigen Beschwerde hat **aufschiebende Wirkung für Ordnungsmittel** (§ 570 Abs. 1 ZPO).
> Die **Beschwerdefrist** beträgt **zwei Wochen** (§ 569 Abs. 1 ZPO).

Da der Verweis nur auf §§ 567 bis 572 ZPO erfolgt, ist davon auszugehen, dass eine Rechtsbeschwerde entsprechend § 574 ZPO nicht stattfindet.[5]

VI. Kosten (Abs. 5)

12 Die Kostenentscheidung in Vollstreckungsverfahren richtet sich nach den **Grundsätzen eines Erkenntnisverfahrens**. Für anwendbar erklärt werden die Vorschriften über

- den Umfang der Kostenpflicht (§ 80),
- den Grundsatz der Kostenpflicht (§ 81),
- den Zeitpunkt der Kostenentscheidung (§ 82) und
- die Rechtsmittelkosten (§ 84).

---

5 → § 58 Rn. 15; a.A. Fölsch 2009, § 6 Rn. 11.

Unterabschnitt 2
Vollstreckung von Entscheidungen über die Herausgabe von Personen und die Regelung des Umgangs
(§ 88 – § 94)

§ 88 Grundsätze

(1) Die Vollstreckung erfolgt durch das Gericht, in dessen Bezirk die Person zum Zeitpunkt der Einleitung der Vollstreckung ihren gewöhnlichen Aufenthalt hat.

(2) Das Jugendamt leistet dem Gericht in geeigneten Fällen Unterstützung.

I. Inhalt und Bedeutung der Norm

Die Vollstreckung einer Umgangs- oder Herausgabeentscheidung betreffend eine Person ist ein **selbstständiges Verfahren**.[1] Die örtliche Zuständigkeit des Vollstreckungsgerichts ist daher eigenständig zu ermitteln (Abs. 1). Der Gesetzgeber wollte damit die Ortsnähe sicherstellen, insbesondere für die notwendigen Ermittlungen zum Verschulden und für die Zusammenarbeit mit dem JA vor Ort.[2] Anders als § 9 Abs. 2 IntFamRVG erklärt Abs. 1 nicht das JA am Ort des gewöhnlichen Aufenthalts des Kindes für zuständig. Für die Ermittlung des JA, das für die Unterstützung nach Abs. 2 zuständig ist, gilt daher die spezielle Zuständigkeitsregelung des § 87b SGB VIII.

1

> **Hinweis**
> Die örtliche Zuständigkeit des Vollstreckungsgerichts korreliert nicht immer mit der örtlichen Zuständigkeit des JA vor Ort, sondern beide können auseinanderfallen.

Das FGG kannte keine entsprechende Regelung. Abs. 2 hat in § 9 Abs. 1 Satz 2 Nr. 4 IntFamRVG einen Vorgänger in **bisheriger Rechtslage**.

2

II. Örtliche Zuständigkeit (Abs. 1)

Örtlich zuständig ist für die Vollstreckung das Gericht, an dem **„die Person"** ihren gewöhnlichen Aufenthalt hat. Diese kaum als geglückt zu bezeichnende Anknüpfung meint bei der Herausgabe von Personen wohl den Gerichtsbezirk, in dem das Kind seinen gewöhnlichen Aufenthalt hat (zum **gewöhnlichen Aufenthalt eines Kindes** → § 122 Rn. 18 f., → § 152 Rn. 4). Bei Umgangsentscheidungen dürfte ebenfalls an das Kind anzuknüpfen sein, das zum Umgang herausgegeben werden soll, selbst

3

---

1 Fölsch 2009, § 6 Rn. 13.
2 BT-Drs. 16/6308, S. 217.

4 dann, wenn sich die Vollstreckung gegen den Umgangsverpflichteten richtet oder das Ordnungsmittel gegen den betreuenden Elternteil bzw. sonstige Erziehungsberechtigte verhängt werden soll. Für die Vollstreckung grenzüberschreitender Herausgabe- und Umgangsentscheidungen ist nach § 44 Abs. 2 IntFamRVG instanziell das OLG zuständig, wenn es die Anordnung für vollstreckbar erklärt, erlassen oder bestätigt hat.

4 Maßgeblich ist der **Zeitpunkt der Einleitung der Vollstreckung**. Dies ist der Zeitpunkt, in dem der Berechtigte einen Antrag auf Vollstreckung stellt oder das Gericht die Vollstreckung von Amts wegen einleitet (§ 87 Abs. 1). Ist die Vollstreckung von Amts wegen einzuleiten und ist hierfür ein anderes Gericht örtlich zuständig als das Gericht im Erkenntnisverfahren, kann die Einleitung nur eigeninitiativ erfolgen, wenn das „neu" zuständige Gericht vom Vollstreckungstitel, der der Vollstreckung bedarf, und seiner Zuständigkeit Kenntnis hat. Dies kann häufig nur durch entsprechende Mitteilung durch das zuvor zuständige Gericht sichergestellt werden.

> **Hinweis**
> Bei einem **Wechsel der Zuständigkeit für die Vollstreckung** eines Titels betreffend die Herausgabe eines Kindes oder die Regelung des Umgangs sollte das Gericht des Erkenntnisverfahrens, wenn es von Umständen erfährt, die einen Wechsel der örtlichen Vollstreckungszuständigkeit begründen, das neu zuständige Gericht hierüber unbedingt von Amts wegen informieren. Die Mitteilung sollte den Beschluss oder gerichtlich gebilligten Vergleich und die näheren Umstände, die das nunmehr zuständige Gericht für die Vollstreckung von Amts wegen benötigt, umfassen.

III. Unterstützung des Jugendamts (Abs. 2)

5 Die Vollstreckung von Beschlüssen oder gerichtlich gebilligten Vergleichen betreffend die Herausgabe eines Kindes oder die Regelung des Umgangs kann für die unmittelbar Betroffenen mit erheblichen Belastungen verbunden sein. Sie ist nicht selten emotions- und konfliktgeladen und erfordert von den Vollstreckungspersonen sowohl spezielle Gesprächsführungskompetenzen als auch Kenntnisse über die Wirkungen von Zwangsmaßnahmen auf Kinder. Gerichtsvollzieher sind für die **besonderen Anforderungen** an eine solche Vollstreckung üblicherweise nur beschränkt vorbereitet und ausgebildet. Sie bedürfen daher regelmäßig der Unterstützung. Als mögliche Entlastung normiert Abs. 2 daher eine **Aufgabe und Pflicht des Jugendamts zur Unterstützung** bei der Vollstreckung betreffender Titel.

6 Die Unterstützung durch das JA steht unter dem **Vorbehalt der Geeignetheit**. Dieser ist vom JA in eigener Verantwortung zu prüfen. Insbesondere die Art und Weise der Unterstützung ist vom JA fachlich zu verantworten. Falls das JA hierzu Zugang zu den Beteiligten erhält, erscheint in jedem Fall geeignet eine vorbereitende Beratung des Kindes sowie des erwachsenen Beteiligten am Herausgabe- bzw. Umgangskonflikt.[3] Ggf. können hierdurch Gewaltanwendung vermieden und die Belastungen für das Kind und seine Eltern reduziert werden.[4]

---
3 Schlauß 2005, S. 46.
4 BT-Drs. 15/6308, S. 218.

Insbesondere bei hochstrittiger Elternschaft ist die Unterstützung unmittelbar bei der Vollstreckung der Herausgabe häufiger **nicht geeignet**. Erleben der betreuende Elternteil und/oder das Kind das JA als Vollstreckungsorgan, kann in der Folge ihr Zugang zu den evident benötigten Hilfen erschwert bis versperrt sein. Die Unterstützung des Gerichtsvollziehers ist daher **keine Vollstreckungshilfe**,[5] sondern nur dann geeignet, wenn sie mit dem Hilfeauftrag des JA vereinbar ist. Dies ist insbesondere dann der Fall, wenn eine Aussicht besteht, dass den Beteiligten die Rolle und Aufgabe des JA nachvollziehbar bleibt und die Hilfezugänge durch die Unterstützung nicht erschwert werden. Bedarf der Gerichtsvollzieher bei einer Vollstreckung nach §§ 88 ff. Unterstützung mit psychosozialer Kompetenz und steht das JA wegen Kollision mit seinem Hilfeauftrag nicht zur Verfügung, hat das Vollstreckungsgericht sicherzustellen, dass eine anderweitige unterstützende Begleitung gewährleistet ist. 7

> **Hinweis**
>
> Regelmäßig geeignet ist die Unterstützung des Gerichts durch Beratung des Kindes sowie der erwachsenen Beteiligten im Familiensystem sowohl zur Vorbereitung auf die Vollstreckung als auch zur Nachbereitung der Erlebnisse. Bei einer Beratung im Vorfeld ist darauf zu achten, dass dadurch die Vollstreckung nicht vereitelt oder erschwert wird.
> Vollstreckungstätigkeit als solche ist mit dem Hilfeauftrag des JA in aller Regel nicht vereinbar und damit ungeeignet i.S.d. Abs. 2.
> In jedem Fall ist die Unterstützung so zu gestalten, dass das JA auch nach einer Vollstreckung als Beratungs- und Hilfeinstanz bei allen Beteiligten Akzeptanz finden kann.

§ 89 Ordnungsmittel

(1) Bei der Zuwiderhandlung gegen einen Vollstreckungstitel zur Herausgabe von Personen und zur Regelung des Umgangs kann das Gericht gegenüber dem Verpflichteten Ordnungsgeld und für den Fall, dass dieses nicht beigetrieben werden kann, Ordnungshaft anordnen. Verspricht die Anordnung eines Ordnungsgelds keinen Erfolg, kann das Gericht Ordnungshaft anordnen. Die Anordnungen ergehen durch Beschluss.

(2) Der Beschluss, der die Herausgabe der Person oder die Regelung des Umgangs anordnet, hat auf die Folgen einer Zuwiderhandlung gegen den Vollstreckungstitel hinzuweisen.

(3) Das einzelne Ordnungsgeld darf den Betrag von 25 000 Euro nicht übersteigen. Für den Vollzug der Haft gelten § 901 Satz 2, die §§ 904 bis 906, 909, 910 und 913 der Zivilprozessordnung entsprechend.

(4) Die Festsetzung eines Ordnungsmittels unterbleibt, wenn der Verpflichtete Gründe vorträgt, aus denen sich ergibt, dass er die Zuwiderhandlung nicht zu vertreten hat. Werden Gründe, aus denen sich das fehlende Vertretenmüssen ergibt, nachträglich vorgetragen, wird die Festsetzung aufgehoben.

---

5 So in der Tendenz BT-Drs. 16/6308, S. 218; dies übernehmend Fölsch 2009, § 6 Rn. 14.

Abschnitt 8 Vollstreckung

Übersicht

I. Inhalt und Bedeutung der Norm 1
II. Anordnung von Ordnungsmitteln 4
   1. Zuwiderhandlung (Abs. 1 Satz 1) 4
   2. Verschulden (Abs. 4) 6
   3. Hinweispflicht (Abs. 2) 9
   4. Ermessen (Abs. 1 Satz 1) 12
   5. Ordnungsgeld (Abs. 1 Satz 1, Abs. 3 Satz 1) 14
   6. Ordnungshaft (Abs. 1 Sätze 1 und 2, Abs. 3 Satz 2) 15
   7. Anordnung durch Beschluss (Abs. 1 Satz 3) 18

I. Inhalt und Bedeutung der Norm

1 Das FamFG markiert einen **Systemwechsel** bei der Vollstreckung von Herausgabe- und Umgangsregelungen. Die Ordnungsmittel des § 89 lösen die **bisherigen Zwangsmittel in § 33 FGG** ab. Danach war nur eine Erzwingung zukünftiger Handlungen möglich. Zwangsgeld oder Zwangshaft konnte verhängt werden, um den Verpflichteten zur Befolgung der gerichtlichen Anordnung anzuhalten (§ 33 Abs. 1 Sätze 1 und 2 FGG). Konnte ein Umgangskontakt nicht mehr durchgesetzt werden, weil der Zeitraum abgelaufen war, für den die Festsetzung galt, schied eine Festsetzung von Zwangsmitteln aus.

2 Mit der vollstreckungsrechtlichen Umstellung auf Ordnungsmittel trägt das FamFG somit insbesondere dem Zeitmoment bei Regelungen zum Umgang Rechnung. Hatte sich ein titulierter Umgangskontakt durch Zeitablauf erledigt und konnte er aus Gründen nicht realisiert werden, die der betreuende Elternteil bzw. sonstige Erziehungsberechtigte zu verantworten hatten (Abs. 4), so kann dies nun nachträglich sanktioniert werden (Abs. 1). Durch den zusätzlichen **Sanktionscharakter** sollen die Effektivität der Vollstreckung erhöht[1] und prospektiv zukünftiges Wohlverhalten (§ 1684 Abs. 2 BGB) befördert werden,[2] indem ein Bewusstsein erzeugt wird, dass die schuldhafte Nichtbeachtung der Herausgabe- oder Umgangsregelung nicht folgenlos bleibt. Die Möglichkeit der Verhängung von Zwangsmitteln wird dadurch obsolet.[3]

3 Im Regierungsentwurf war die Anordnung von Ordnungsmitteln bei schuldhafter Zuwiderhandlung noch als **Sollvorschrift** ausgestaltet (§ 89 Abs. 1 Satz 1 RegE).[4] Damit war ein Gleichlauf hergestellt zwischen grenzüberschreitender und nationaler Vollstreckung von Herausgabe- und Umgangstiteln (vgl. § 44 Abs. 1 Satz 1 IntFamRVG). Kritik im Gesetzgebungsverfahren hat eine lebhafte Debatte ausgelöst.[5] Letztlich wurde die Vorgabe hin zu einer **Kannvorschrift** abgeändert.[6] Es handelt sich um eine politische Entscheidung für den zukünftigen Umgang mit den Beteiligten in Herausgabe- und Umgangskonflikten. Das Rekurrieren auf eine Entscheidung des BVerfG[7] zur zwangs-

---

1 BT-Drs. 16/6308, S. 168, 218; Zimmermann 2009, Rn. 260.
2 Zu dieser Doppelfunktion Fölsch 2009, § 6 Rn. 16; Giers FPR 2008, 441 (442).
3 BT-Drs. 16/6308, S. 411 als Antwort auf die Nachfrage des Bundesrats, BT-Drs. 16/6308, S. 371.
4 BT-Drs. 16/6308, S. 29.
5 Vgl. etwa BT-Plenarprot. 16/173, S. 18468 ff.
6 BT-Drs. 16/9733, S. 51, 291 f.
7 BVerfG 01.04.2008 – 1 BvR 1620/04 = NJW 2008, 1287 = FamRZ 2008, 845 = FPR 2008, 238 = FF 2008, 309.

weisen Durchsetzung von Umgang gegenüber umgangsverpflichteten Eltern in der Gesetzesbegründung[8] trägt diese **Richtungsentscheidung** nur sehr bedingt. Die unterschiedliche Behandlung nationaler und internationaler Vollstreckung ist dabei bewusst in Kauf genommen.

II. Anordnung von Ordnungsmitteln

1. Zuwiderhandlung (Abs. 1 Satz 1)

Erste Tatbestandsvoraussetzung für die Anordnung von Ordnungsmitteln ist eine „Zuwiderhandlung gegen einen Vollstreckungstitel zur Herausgabe von Personen und zur Regelung des Umgangs" (Abs. 1 Satz 1). Aus dem Titel muss sich für seine Vollstreckungsfähigkeit mithin eine **ausreichend konkretisierte Pflicht** zur Herausgabe oder zur Ermöglichung von Umgangskontakten ergeben. Um eine Zuwiderhandlung annehmen zu können, bedarf es 4

- bei der **Herausgabe** zumindest einer genauen Bezeichnung des/der herauszugebenden Kindes bzw. Kinder und des Zeitpunkts (z.B. „sofort" oder „nach Aufforderung durch" oder „spätestens bis zum …");
- bei der **Regelung des Umgangs** einer zweifelsfrei bestimmbaren Angabe der Daten und Zeiten für die Umgangskontakte sowie ggf. bestimmter Modalitäten für die Übergabe (Ort, ausreichende Ausstattung des Kindes mit Kleidung etc., Verantwortlichkeiten beim Abholen und Bringen).

Auch der **Verpflichtete** muss im Vollstreckungstitel genau bezeichnet sein. Die herausgabepflichtige/n Person/en oder die Person, die für die Ermöglichung des Umgangs verantwortlich ist, müssen im Titel bestimmt sein, um Ordnungsmittel gegen sie verhängen zu können.

Eine **Zuwiderhandlung** gegen die Pflicht aus dem vollstreckungsfähigen Titel wird vermutet, wenn es objektiv nicht zur geforderten Herausgabe oder den geregelten Umgangskontakten gekommen ist und die Ursache hierfür nach objektiver Betrachtung (auch) im Verantwortungsbereich des Verpflichteten liegt. Die Frage nach der subjektiven Komponente, ob der Verpflichtete tatsächlich für die Nichterfüllung der Pflicht verantwortlich war und gegen ihn mit Ordnungsmitteln vollstreckt werden kann, ergibt sich aus dem Verschuldenserfordernis des Abs. 4 (Rn. 6 f.). 5

2. Verschulden (Abs. 4)

Liegt die Nichtverwirklichung einer Pflicht aus einem Vollstreckungstitel über die Herausgabe eines Kindes oder die Regelung des Umgangs objektiv zumindest auch im Verantwortungsbereich des Verpflichteten, wird vermutet, dass eine Zuwiderhandlung i.S.d. Abs. 1 Satz 1 vorliegt und der Verpflichtete diese zu vertreten hat.[9] Ihn trifft eine Mitwirkungspflicht beim Widerlegen der **Vermutung des Vertretenmüssens** (Abs. 4 Satz 1). Wegen des auch hier geltenden Amtsermittlungsgrundsatzes (Rn. 7) kann allerdings nicht von einer Darlegungslast im strengen Sinne gesprochen werden.[10] Ein 6

---
8 BT-Drs. 16/9733, S. 291.
9 Fölsch 2009, § 6 Rn. 19.
10 So aber Giers FPR 2009, 441 (442); Fölsch 2009, § 6 Rn. 19.

bereits angeordnetes Ordnungsmittel ist aufzuheben, wenn nachträglich Gründe vorgetragen oder bekannt werden, aus denen sich ergibt, dass kein Verschulden vorliegt (Abs. 4 Satz 2).

7 Die Umstände, aufgrund derer eine Kindesherausgabe scheitern oder Umgangskontakte verhindert werden, sind einem **nachträglichen Beweis** häufig nur bedingt zugänglich. Nach der – offensichtlich von tiefem Misstrauen getragenen – Ansicht des Gesetzgebers sollen Zweifel daher stets zu Lasten der Verpflichteten gehen:[11]

> „Diese Umstände liegen regelmäßig in der Sphäre der verpflichteten Person; sie sind daher im Nachhinein objektiven Feststellungen häufig nur eingeschränkt zugänglich. Gelingt es dem Verpflichteten nicht, detailliert zu erläutern, warum er an der Befolgung der gerichtlichen Anordnung gehindert war, kommt ein Absehen von der Festsetzung eines Ordnungsmittels oder die nachträgliche Aufhebung des Ordnungsmittels nicht in Betracht."

Aus Gründen der Rechtsstaatlichkeit erscheint dies zu weitgehend. Danach kommt eine Sanktionierung, die mit den Ordnungsmitteln nach § 89 ausdrücklich intendiert ist (Rn. 2), nur in Betracht, wenn das **Verschulden nach Überzeugung des Gerichts** festgestellt ist.[12] Der Verpflichtete ist vor der Festsetzung von Ordnungsmitteln zu hören (§ 92 Abs. 1 Satz 1). Die Ermittlungen sind von Amts wegen anzustellen (§ 26). Auch die nachträgliche Aufhebung eines Ordnungsmittels (Abs. 4 Satz 2) ist somit nicht allein davon abhängig, dass der Verpflichtete Gründe hierfür vorträgt, sondern das Gericht hat auf sonstige Weise im Rahmen des Verfahrens bekannt gewordene Umstände zu berücksichtigen und bei entsprechenden Anhaltspunkten das Gericht von Amts wegen zu ermitteln. Die Feststellung des Verschuldens ist dem Freibeweis zugänglich (§ 29 Abs. 1).[13] Werden Tatsachenbehauptungen bestritten, unterliegt die Feststellung den Grundsätzen des Strengbeweises (§ 30 Abs. 3).[14]

8 Maßgeblich ist, ob der erwachsene Verpflichtete schuldhaft eine **Pflicht aus dem Vollstreckungstitel** nicht erfüllt hat. Der Einwand einer Weigerung des Kindes lenkt daher den Blick auf die Pflicht des betreuenden Elternteils bzw. der sonstigen verpflichteten Person, das Kind auf die Umgangskontakte vorzubereiten und für diese zu motivieren.[15] Eine Herausgabepflicht oder eine Pflicht zur Ermöglichung von Umgangskontakten erfordert **aktives Eintreten der Verpflichteten für die Erfüllung**. Dieses ist im Rahmen der Mitwirkungspflicht nach Abs. 4 Satz 1 darzulegen.

3. Hinweispflicht (Abs. 2)

9 Bei **Beschlüssen als Vollstreckungstitel** (§ 86 Abs. 1 Nr. 1) stehen Ordnungsmittel unter der formellen Voraussetzung, dass in dem Beschluss auf die Folgen einer Zuwiderhandlung hingewiesen wurde (Abs. 2).

> **Beispiele**
>
> „Der Vater/Die Mutter/Die Pflegeperson wird darauf hingewiesen, dass das Gericht Ordnungsgeld bis zu einer Höhe von maximal 25.000 Euro anordnen kann, wenn

---

11 BT-Drs. 16/6308, S. 218; Zimmermann 2009, Rn. 262.
12 Fölsch 2009, § 6 Rn. 19; kritisch auch Giers FPR 2008, 441 (442).
13 → § 29 Rn. 3 ff.
14 → § 30 Rn. 6 ff.
15 BT-Drs. 16/6308, S. 218.

> er/sie seiner/ihrer Pflicht zur Herausgabe nicht nachkommt. Kann das Ordnungsgeld nicht beigetrieben werden oder verspricht es keinen Erfolg, kann Ordnungshaft angeordnet werden. Ordnungsgeld oder Ordnungshaft werden nicht angeordnet, wenn den Vater/die Mutter/die Pflegeperson an der ausgebliebenen Herausgabe kein Verschulden trifft."
>
> „Der Vater/Die Mutter/Die Pflegeperson wird darauf hingewiesen, dass das Gericht Ordnungsgeld bis zu einer Höhe von maximal 25.000 Euro anordnen kann, wenn er/sie den Umgang zu den festgesetzten Terminen und Zeiten nicht ermöglicht. Kann das Ordnungsgeld nicht beigetrieben werden oder verspricht es keinen Erfolg, kann Ordnungshaft angeordnet werden. Ordnungsgeld oder Ordnungshaft werden nicht angeordnet, wenn den Vater/die Mutter/die Pflegeperson kein Verschulden trifft, dass ein im Beschluss angeordneter Umgangskontakt nicht stattgefunden hat."

Wird der **Hinweis versäumt**, kann er jederzeit nachgeholt werden. Der Beschluss kann nach § 42 von Amts wegen (auch auf Anregung eines Beteiligten) berichtigt werden. Eine Ergänzung nach § 43 scheidet aus, da kein Antrag übergangen worden ist. Eine Nachholung des Hinweises erst im Vollstreckungsverfahren reicht dagegen nicht aus, da es immer um die Sanktionierung zurückliegenden Verhaltens geht und hierzu der Hinweis nicht mehr nachgeholt werden kann. Ein Ordnungsmittel ist dann aber erst für künftige Zuwiderhandlungen zulässig. 10

Gerichtlich gebilligte Vergleiche als Vollstreckungstitel i.S.d. § 86 Abs. 1 Nr. 2 nimmt Abs. 2 nicht in Bezug.[16] Hierbei scheint es sich um eine unbeabsichtigte Regelungslücke zu handeln, so dass Abs. 2 auf Vergleiche i.S.d. § 156 Abs. 2 entsprechend anzuwenden ist.[17] 11

4. Ermessen (Abs. 1 Satz 1)

Die Anordnung von Ordnungsmitteln steht im pflichtgemäßen Ermessen („kann") des Gerichts (Abs. 1 Satz 1). Die **Ausübung des Ermessens** hat sich vom Sinn und Zweck der Ordnungsmittel leiten zu lassen. Diese sind ein Instrumentarium bei der zukunftsgerichteten Perspektiventwicklung für die Verwirklichung der Rechte der Beteiligten unter besonderer Beachtung der Interessen und des Wohls der betroffenen Kinder. Es muss folglich die begründete Aussicht bestehen, dass durch das Ordnungsmittel eine Verbesserung in Bezug auf die Verwirklichung der Rechte des Herausgabe- oder Umgangsberechtigten zu erwarten ist und dass die Auswirkungen die Situation für das Kind verbessern, zumindest aber dem Kindeswohl nicht widersprechen (so die Schwelle in § 156 Abs. 2 Satz 2).[18] Es bedarf somit, wie im bisherigen Recht auch, immer der inzidenten Überprüfung des Vollstreckungstitels darauf, ob er nicht inzwischen aufgrund geänderter Umstände dem Kindeswohl widerspricht. Dem steht die bloß formelle Rechtskraft des Vollstreckungstitels – eine materielle Rechtskraft tritt in Kindschaftssachen betreffend die Herausgabe sowie den Umgang nicht ein – nicht entgegen. 12

Maßgeblicher Zeitpunkt ist daher derjenige, in dem die Anordnung eines Ordnungsmittels geprüft wird, und nicht derjenige, in dem die Regelung im Erkenntnisverfahren 13

---

16 Dies kritisierend Fölsch 2009, § 6 Rn. 3.
17 Im Ergebnis ebenso Fölsch 2009, § 6 Rn. 20; Giers FPR 2009, 441 (442).
18 → § 156 Rn. 20.

getroffen wurde. Da Familienkonflikte ein **prozesshaftes Geschehen** sind, das auch das FamG ggf. über einen gewissen Zeitraum prozesshaft begleiten soll,[19] dienen Ordnungsmittel nicht allein der effektiven Durchsetzung gerichtlicher Entscheidungen.[20] Der Dynamik von Entwicklungen und Konflikten in Familien ist immanent, dass einmal getroffene Regelungen nicht exakt umgesetzt werden, sondern in der Lebenswirklichkeit Modifizierungen erfahren. So gesehen sind auch familiengerichtliche Entscheidungen und deren **Durchsetzung kein Selbstzweck**, sondern bedürfen bei der Anordnung von Ordnungsmitteln einer Einordnung in die weiterentwickelte Situation in der Familie. Eine statische Betrachtungsweise, wonach die Kindeswohldienlichkeit und Interessengerechtigkeit bereits im Erkenntnisverfahren unter umfassender Beachtung des materiellen Rechts geprüft sei,[21] greift daher notwendig zu kurz.

5. Ordnungsgeld (Abs. 1 Satz 1, Abs. 3 Satz 1)

14 **Rechtsfolge** ist im Regelfall die Anordnung von Ordnungsgeld (Abs. 1 Satz 1 Alt. 1). Die **Höhe** ist nach pflichtgemäßem Ermessen zu bestimmen. Ordnungsgeld kann mehrmals angeordnet werden, ist aber für die einzelne Zuwiderhandlung auf maximal 25.000 EUR begrenzt (Abs. 3 Satz 1). Bei der Festsetzung hat das FamG die Umstände des Einzelfalls zu berücksichtigen. **Kriterien für die Ermessensausübung**[22] sind bspw.

- die Häufigkeit der Zuwiderhandlung (erstmals, wiederholt, Wiederholung trotz Ordnungsgeld in vorherigem Fall etc.),
- die Qualität der Zuwiderhandlung,
- die Qualität des Verschuldens,
- die wirtschaftlichen Verhältnisse des Verpflichteten.

6. Ordnungshaft (Abs. 1 Sätze 1 und 2, Abs. 3 Satz 2)

15 Ordnungshaft ist nach der Systematik des § 89 **subsidiär** zum Ordnungsgeld. Ihre Anordnung kommt in Betracht, wenn aufgrund der wirtschaftlichen Verhältnisse des Verpflichteten das **Ordnungsgeld nicht beitreibbar** ist (Abs. 1 Satz 1 Alt. 2). Familien in finanziell prekärer Lage sind damit in kritischer Weise eher von Ordnungshaft bedroht als besser gestellte.[23] Vor dem Hintergrund, dass Familien in Armut – unabhängig von Familienkonflikten – durchschnittlich ein erhöhtes Bedürfnis nach Unterstützung bei der Lebensbewältigung haben, ist daher vor der Anordnung von Zwangshaft stets besonders sorgfältig auszuloten, ob nicht mit aktivierender, ggf. verbindlicher Unterstützung perspektivisch dem Anliegen einer kindeswohlförderlichen Entspannung der Konflikte besser gedient ist.

16 Ordnungshaft kann auch angeordnet werden, wenn die **Anordnung eines Ordnungsgelds keinen Erfolg verspricht** (Abs. 1 Satz 2). Dies zielt insbesondere auf eine Eskalation bei der Anwendung der Beugemittel. Bleibt Ordnungsgeld ohne Wirkung und ist zu erwarten, dass sich durch Ordnungshaft die mit der Vollstreckung des Herausgabe- oder Umgangstitels beabsichtigte Perspektiventwicklung (Rn. 9 f.) errei-

---
19 → § 155 Rn. 1, → § 156 Rn. 11.
20 So aber BT-Drs. 16/9733, S. 292; Fölsch 2009, § 6 Rn. 18.
21 So BT-Drs. 16/9733, S. 292; Fölsch 2009, § 6 Rn. 18.
22 Siehe auch Keidel u.a./Zimmermann § 33 FGG Rn. 20a.
23 Kritisch auch Giers FPR 2008, 441 (442).

chen lässt, kann mit ihr der Druck auf den Verpflichteten erhöht werden. Hierbei wird allerdings stets zu prüfen sein, ob die Inhaftierung der Hauptbetreuungsperson nicht dem Kindeswohl widerspricht.

Für den **Vollzug der Ordnungshaft** verweist Abs. 3 Satz 2 auf Vorgaben der ZPO: **17**

- Wird **Haftbefehl** erlassen, sind in diesem der Verpflichtete, ggf. der Berechtigte und der Grund der Haft zu bezeichnen (§ 901 Satz 2 ZPO).
- **Unstatthaft** ist die Haft
  - gegen Mitglieder des Bundes- oder eines Landtags (§ 904 Nr. 1 ZPO); ist eine Haft bereits verhängt, wird sie für die Zeit der Mitgliedschaft unterbrochen (§ 905 Nr. 1 ZPO),
  - gegen den Kapitän, die Schiffsmannschaft und alle übrigen auf einem Seeschiff angestellten Personen, wenn sich das Schiff auf der Reise befindet und nicht in einem Hafen liegt (§ 904 Nr. 3 ZPO),
  - gegen ausländische Personen, die als Botschaftsangehörige oder Angehörige der NATO-Streitkräfte insoweit nicht der deutschen Gerichtsbarkeit unterliegen.[24]
- **Haftaufschub** erhält ein Verpflichteter, solange seine Gesundheit durch die Vollstreckung der Haft einer nahen erheblichen Gefahr ausgesetzt wird (§ 906 ZPO).
- Für die **Verhaftung** ist der Gerichtsvollzieher zuständig (§ 909 Abs. 1 Satz 1 ZPO). Dem Verpflichteten ist bei der Verhaftung der Haftbefehl in beglaubigter Abschrift zu übergeben (§ 909 Abs. 1 Satz 2 ZPO). Die Vollziehung ist nur statthaft, wenn seit Erlass des Haftbefehls noch nicht drei Jahre vergangen sind (§ 909 Abs. 2 ZPO).
- Vor der Verhaftung ist eine **Anzeige an die vorgesetzte Dienstbehörde** zu machen, wenn ein Beamter, ein Geistlicher oder Lehrer an einer öffentlichen Unterrichtsanstalt verhaftet werden soll (§ 910 Satz 1 ZPO). Die Behörde ist verpflichtet, ohne Verzug die erforderlichen Anordnungen zu treffen und den Gerichtsvollzieher hiervon in Kenntnis zu setzen (§ 910 Satz 2 ZPO).
- Die **Haftdauer** darf sechs Monate nicht übersteigen (§ 913 Satz 1 ZPO). Spätestens nach Ablauf von sechs Monaten ist der Verpflichtete von Amts wegen aus der Haft zu entlassen (§ 913 Satz 2 ZPO).

7. Anordnung durch Beschluss (Abs. 1 Satz 3)

Auch die Anordnung von Ordnungsmitteln ergeht durch Beschluss (Abs. 1 Satz 3). Gegen ihn besteht das Rechtsmittel der sofortigen Beschwerde (§ 87 Abs. 4).[25] **18**

---

24 Näher hierzu Baumbach u.a. § 904 ZPO Rn. 2.
25 → § 87 Rn. 11.

§ 90 Anwendung unmittelbaren Zwangs

(1) Das Gericht kann durch ausdrücklichen Beschluss zur Vollstreckung unmittelbaren Zwang anordnen, wenn

1. die Festsetzung von Ordnungsmitteln erfolglos geblieben ist;
2. die Festsetzung von Ordnungsmitteln keinen Erfolg verspricht;
3. eine alsbaldige Vollstreckung der Entscheidung unbedingt geboten ist.

(2) Anwendung unmittelbaren Zwanges gegen ein Kind darf nicht zugelassen werden, wenn das Kind herausgegeben werden soll, um das Umgangsrecht auszuüben. Im Übrigen darf unmittelbarer Zwang gegen ein Kind nur zugelassen werden, wenn dies unter Berücksichtigung des Kindeswohls gerechtfertigt ist und eine Durchsetzung der Verpflichtung mit milderen Mitteln nicht möglich ist.

I. Inhalt und Bedeutung der Norm

1 Zur Durchsetzung gerichtlicher Beschlüsse oder gerichtlich gebilligter Vergleiche über die Herausgabe eines Kindes oder die Regelung des Umgangs kann die Anwendung unmittelbaren Zwangs erforderlich sein. Diese hat in § 90 eine – insbesondere im Vergleich zum bisherigen § 33 Abs. 2 Sätze 1 und 2 – **differenzierte Regelung** erfahren. Unmittelbarer Zwang ist – außer in Fällen der gesteigerten Eilbedürftigkeit (Abs. 1 Nr. 3) – subsidiär gegenüber der Anordnung von Ordnungsmitteln nach § 89 (Abs. 1 Nr. 1 und 2). Gewaltanwendung gegenüber dem Kind ist weiterhin nur zur Durchsetzung von Herausgabeentscheidungen zulässig (Abs. 2 Satz 1). Die hierzu zu beachtenden speziellen Anforderungen an die Verhältnismäßigkeit finden nunmehr eine einfachgesetzliche Regelung (Abs. 2 Satz 2).

2 Insgesamt mahnt die Gesetzesbegründung bei der Anwendung unmittelbaren Zwangs **„behutsames Vorgehen"** an.[1] Sie fordert die FamG auf, zunächst das persönliche Gespräch mit den Beteiligten zu suchen und ruft zur Einbeziehung der Expertise und Hilfemöglichkeiten des JA auf. Auch in Anbetracht der erhöhten zeitlichen Ressourcen, die ein solches Vorgehen kostet, und der psychischen Kosten, die beim Suchen des direkten Gesprächs in einer solchen konflikthaften Auseinandersetzung um die Durchsetzung gerichtlicher oder gerichtlich gebilligter Regelungen aufgewendet werden müssen, verdient der Ansatz nicht nur Unterstützung, sondern auch entsprechende Anwendung bei der Anordnung von Ordnungsmitteln nach § 89.

II. Unmittelbarer Zwang statt Ordnungsmittel (Abs. 1)

3 Unmittelbarer Zwang ist durch **ausdrücklichen Beschluss** anzuordnen (Abs. 1). Insbesondere bei besonderer Eilbedürftigkeit kann die Anordnung in den Beschluss über die Herausgabe oder die Regelung des Umgangs aufgenommen werden. Die Anwen-

---
1 BT-Drs. 16/6308, S. 218.

dung unmittelbaren Zwangs ist nur zulässig, wenn mildere Mittel zur Durchsetzung einer gerichtlichen Regelung bzw. den darin zum Ausdruck kommenden Rechten nicht zur Verfügung stehen. Das Gebot der Erforderlichkeit als Element des Verhältnismäßigkeitsgrundsatzes, dem in der Vollstreckung besondere Beachtung zu schenken ist, kommt in den Fallgruppen der Nr. 1 bis 3 zum Ausdruck.[2]

Nr. 1 macht deutlich, dass die Anwendung unmittelbaren Zwangs ultima ratio ist. Sie ist grundsätzlich erst zulässig, wenn **Ordnungsmittel ohne Erfolg** geblieben sind. Im Regelfall geht in der Vollstreckung Ordnungsgeld vor Ordnungshaft vor unmittelbarem Zwang. Allerdings ist nicht erforderlich, dass in jedem Fall zuvor sowohl Ordnungsgeld als auch Ordnungshaft erfolglos angeordnet wurden. Insbesondere kann Ordnungshaft im Einzelfall einen schwerwiegenderen Eingriff in die Grundrechte des Verpflichteten bedeuten als die Anwendung unmittelbaren Zwangs, so dass dessen Anordnung bereits nach einer erfolglosen Vollstreckung mittels Ordnungsgeld in Betracht kommt. Wurde nach § 89 Abs. 1 Satz 1 Alt. 2 oder Satz 2 erfolglos unmittelbar Ordnungshaft angeordnet, ist die Vorgabe der Nr. 1 ebenfalls erfüllt.

Nach **Nr. 2** ist die Anwendung ohne vorherige Vollstreckung nach § 89 zulässig, wenn von vornherein **Ordnungsmittel keinen Erfolg versprechen**. Die Einschätzung kann sich auf Vorerfahrungen aus der Vollstreckung anderer Titel gründen. Die Voraussetzung ist aber auch dann als erfüllt anzusehen, wenn bspw. die Anordnung von Ordnungshaft aus Gründen des Kindeswohls oder der Verhältnismäßigkeit ausscheidet und ein Ordnungsgeld mangels Beitreibbarkeit (§ 89 Abs. 1 Satz 1) ausscheidet.

Mit **Nr. 3** sind Fälle der **gesteigerten Eilbedürftigkeit** erfasst. Eine „alsbaldige Vollstreckung" muss „unbedingt geboten" sein. Dies ist bspw. denkbar, wenn

- wegen einer Gefährdung des Kindeswohls eine Herausgabe zeitnah durchzusetzen und evtl. mit Widerstand beim Herausgabeersuchen zu rechnen ist,
- zur Ermöglichung in besonderer Weise termingebundener Umgangskontakte die sofortige Herausgabe erforderlich ist (z.B. bei weiter Anreise des Umgangsberechtigten und nur begrenzter Möglichkeit zum Verbleib, bei der Durchsetzung von Umgangskontakten an Weihnachten oder zu wichtigen Familienfeiern, bei gebuchter Reise).

III. Unmittelbarer Zwang gegen das Kind (Abs. 2)

Die Anwendung von Gewalt gegen ein Kind ist nach **Satz 1** unzulässig zur Durchsetzung des Umgangsrechts. Die Zulässigkeit beschränkt sich somit auf **Titel über die Herausgabe**, etwa

- in Folge eines Sorgerechtsentzugs wegen Gefährdung des Kindeswohls (§ 1666 Abs. 1 BGB),
- in Folge widerrechtlicher Vorenthaltung gegenüber dem Personensorgeberechtigten (§ 1630 Abs. 1 BGB), bspw.
  - nach einer Übertragung des Aufenthaltsbestimmungsrechts auf den anderen Elternteil (§ 1671 Abs. 2, § 1672 Abs. 1 BGB),

---

[2] BT-Drs. 16/6308, S. 218.

Abschnitt 8 Vollstreckung

- nach ausgebliebener Rückgabe des Kindes nach Umgangskontakten,
- zur Rückkehr zu Pflegepersonen nach einer Verbleibensanordnung (§ 1632 Abs. 4 BGB).

8 **Satz 2** betont den auch hier geltenden Verhältnismäßigkeitsgrundsatz.[3] Es ist besonders sorgfältig zu prüfen, ob **keine alternativen, milderen Mittel** zur Verfügung stehen, die gebotene Herausgabe zu ermöglichen. Der Appell des Gesetzgebers für „behutsames Vorgehen" (Rn. 2) gilt hier in besonderem Maße. Der Hinweis auf die **Berücksichtigung des Kindeswohls** fordert auf, die mit einer Anwendung unmittelbaren Zwangs notwendig verbundenen Belastungen für das Kind mit der Notwendigkeit der Herausgabe – insbesondere auch vor dem Hintergrund des Kindeswohls – zu reflektieren. Ggf. bedarf es zur Einschätzung der Einbeziehung einer entsprechenden sozialwissenschaftlichen Expertise, die noch im Vollstreckungsverfahren von einer Fachkraft im JA (§ 88 Abs. 2) oder im Erkenntnisverfahren auch von einem entsprechend qualifizierten Verfahrensbeistand oder Sachverständigen eingebracht bzw. eingeholt werden kann.

9 Das in der Gesetzesbegründung im Kontext der Prüfung der Vereinbarkeit mit dem Kindeswohl betonte Alter des Kindes, das sich einer Herausgabe widersetzt,[4] wird im Zusammenhang mit einer **Kindeswohlgefährdung** nur dann ausnahmsweise gewisse Berücksichtigung finden können, wenn zu erwarten ist, dass ein Kind bzw. Jugendlicher sich nach einer erzwungenen Herausgabe unmittelbar selbst wieder in die gefährdende Familiensituation zurückbegibt. Die Forderung nach einer Altersgrenze mit Vollendung des 14. Lebensjahrs[5] ist daher abzulehnen.

§ 91 Richterlicher Durchsuchungsbeschluss

(1) Die Wohnung des Verpflichteten darf ohne dessen Einwilligung nur auf Grund eines richterlichen Beschlusses durchsucht werden. Dies gilt nicht, wenn der Erlass des Beschlusses den Erfolg der Durchsuchung gefährden würde.

(2) Auf die Vollstreckung eines Haftbefehls nach § 94 in Verbindung mit § 901 der Zivilprozessordnung ist Absatz 1 nicht anzuwenden.

(3) Willigt der Verpflichtete in die Durchsuchung ein oder ist ein Beschluss gegen ihn nach Absatz 1 Satz 1 ergangen oder nach Absatz 1 Satz 2 entbehrlich, haben Personen, die Mitgewahrsam an der Wohnung des Verpflichteten haben, die Durchsuchung zu dulden. Unbillige Härten gegenüber Mitgewahrsamsinhabern sind zu vermeiden.

(4) Der Beschluss nach Absatz 1 ist bei der Vollstreckung vorzulegen.

---

3 BT-Drs. 16/6308, S. 218.
4 BT-Drs. 16/6308, S. 218; dies übernehmend Fölsch 2009, § 6 Rn. 27.
5 Giers FPR 2008, 441 (443).

§ 91 Richterlicher Durchsuchungsbeschluss

Übersicht

I. Inhalt und Bedeutung der Norm	1
II. Durchsuchungsbeschluss (Abs. 1 Satz 1, Abs. 4)	2
III. Entbehrlichkeit des Durchsuchungsbeschlusses (Abs. 1 und 2)	5
III. Duldungspflicht (Abs. 3)	8

I. Inhalt und Bedeutung der Norm

Für die gesteigerten Anforderungen an die Einhaltung der Verfahrensvorgaben bei einer Durchsuchung und damit einem Eingriff in die Unverletzlichkeit der Wohnung (Art. 13 Abs. 1 GG) stellt § 92 für den Bereich der Ordnungsmittel eine **Ergänzung** zur allgemeinen Vorschrift des § 87 Abs. 3 Satz 2 dar. Diese ist **§ 758a ZPO nachgebildet**, auf den in § 87 Abs. 3 Satz 2 nicht verwiesen wird. Eine ausdrückliche Regelung im FGG fehlte, weshalb die bisherige Rechtslage Zweifeln an der Verfassungsmäßigkeit unterlag.[1]

1

II. Durchsuchungsbeschluss (Abs. 1 Satz 1, Abs. 4)

Ist für die zwangsweise Durchsetzung einer titulierten Herausgabe- oder Umgangsregelung eine Wohnungsdurchsuchung erforderlich, ohne dass sich der Verpflichtete hiermit eindeutig einverstanden erklärt hat (hierzu Abs. 3), stellt Satz 1[2] für diese das Erfordernis eines ausdrücklichen gerichtlichen Durchsuchungsbeschlusses auf. Der **Begriff der Wohnung** ist weit zu verstehen und umfasst alle Wohn- und Geschäftsräume, gleich, ob Haupt-, Neben-, Wochenendwohnung oder sonstige persönlich genutzte Räume.[3]

2

Von einer **fehlenden Einwilligung** ist auszugehen, wenn der Verpflichtete

3

- ausdrücklich erklärt hat, nicht einverstanden zu sein,
- die Einwilligung nicht explizit – auch konkludent, etwa durch das freiwillige Verschaffen von Zugang – erteilt hat,
- keine Kenntnis von der (bevorstehenden) Durchsuchung hat.

Ist keine ausdrückliche Ablehnung erklärt, ist der Verpflichtete aus Gründen der Verhältnismäßigkeit zunächst um eine Einwilligung zu ersuchen. Nur wenn er diese auch dann nicht erteilt oder eine solche bspw. wegen Unerreichbarkeit nicht erlangt werden kann, kommt ein Durchsuchungsbeschluss in Betracht. Aus dem Beschluss muss hervorgehen, dass die Durchsuchung für zulässig erklärt wird.

---

1 BT-Drs. 16/6308, S. 219 mit Hinweis auf BVerfG 19.11.1999 – 1 BvR 2017/97 = NJW 2000, 943 = FamRZ 2000, 441 = ZfJ 2000, 464.
2 Die Regelung entspricht inhaltlich § 758a Abs. 1 Satz 1 ZPO.
3 Ausführlich hierzu Zöller/Stöber § 758a ZPO Rn. 4; Baumbach u.a. § 181 ZPO Rn. 4 jew. mit zahlreichen Nachweisen.

> **Beispiel**
>
> „Durchsuchungsbeschluss
> Zur Vollstreckung der Herausgabe/der Umgangsregelung aus dem Beschluss/gerichtlichen Vergleich vom ... (Aktenzeichen ...) ist die Durchsuchung der Wohnung des Verpflichteten, [Adresse], zulässig (§ 91 Abs. 1 Satz 1 FamFG).
> [Begründung: fehlende Einwilligung, Erforderlichkeit etc.]"

4   Ist vor der Wohnungsdurchsuchung ein Beschluss ergangen, besteht für den Gerichtsvollzieher bei der Vollstreckung eine **Vorlagepflicht (Abs. 4)**.[4]

III. Entbehrlichkeit des Durchsuchungsbeschlusses (Abs. 1 und 2)

5   Ein Durchsuchungsbeschluss ist entbehrlich, wenn der Verpflichtete mit der Durchsuchung einverstanden ist (Abs. 1 Satz 1). Die **Einwilligung** muss vom Verpflichteten eindeutig und persönlich erteilt sein. Aufgrund des unzweideutigen Wortlauts („dessen Einwilligung") scheidet eine Einwilligung durch Dritte, nicht insoweit vom Verpflichteten bevollmächtigte Personen als Grundlage für die Durchsuchung aus.[5] Die mitbetroffenen Personen haben lediglich eine grundsätzliche Duldungspflicht (Abs. 3 Satz 2).

6   In Fällen der **Gefahr im Verzug** ist ein Beschluss nach **Abs. 1 Satz 2**[6] entbehrlich. Voraussetzung ist, dass ein Abwarten bis zum Erlass des Beschlusses die Vollstreckung gefährden würde.[7] Da der Durchsuchungsbeschluss nach Abs. 1 Satz 1 im Eilfall auch ohne Anhörung des Verpflichteten und ohne dessen vorherige Kenntnis ergehen kann, scheidet eine Rechtfertigung der Wohnungsdurchsuchung aus, wenn lediglich das Einholen einer Einwilligung oder eine vorherige Beteiligung des Verpflichteten am Verfahren den Vollstreckungserfolg gefährden würde. Eine solche ist nach § 92 Abs. 1 Satz 2 zulässig. Denkbar ist eine Durchsuchung auf der Grundlage von Abs. 1 Satz 2 insbesondere, wenn andernfalls eine Vollstreckungsvereitelung droht, bspw., wenn bei einem Vollstreckungsversuch das Kind nicht herausgegeben wird und zu erwarten ist, dass bei Einholung eines Durchsuchungsbeschlusses der Verpflichtete mit dem Kind „untergetaucht" ist, um sich der Vollstreckung zu entziehen.

7   Für die Vollstreckung eines Haftbefehls, der ergeht, weil der Verpflichtete nicht zur Abgabe einer eidesstattlichen Versicherung über den Verbleib einer herauszugebenden Person bereit ist (§ 94 Satz 2 i.V.m. § 901 Satz 1 ZPO), ist die Durchsuchung nicht von einer Einwilligung des Verpflichteten oder einem Durchsuchungsbeschluss nach Abs. 1 abhängig **(Abs. 2)**.[8] Die Wohnungsdurchsuchung ist vom richterlichen Haftbefehl mitumfasst.

---

4   Die Regelung entspricht § 758a Abs. 5 ZPO.
5   Im Einzelnen umstritten, auch die Einwilligung von Familienangehörigen als ausreichend ansehend u.a. BT-Drs. 13/341, S. 16; Zöller/Stöber § 758a ZPO Rn. 11; wie hier nur die Einwilligung des Verpflichteten akzeptierend u.a. Wesser NJW 2002, 2138 (2143); Lackmann/Musielak § 758a ZPO Rn. 4; Thomas/Putzo/Hüßtege § 758a ZPO Rn. 5 und 20.
6   Die Vorschrift entspricht § 758a Abs. 1 Satz 2 ZPO.
7   BVerfG 20.02.2001 – 2 BvR 1444/00 = E 103, 143 = NJW 2001, 1121.
8   Die Regelung entspricht § 758a Abs. 2 ZPO.

III. Duldungspflicht (Abs. 3)

Ist die Wohnungsdurchsuchung nach Abs. 1 zulässig, weil

8

- eine Einwilligung des Verpflichteten zur Durchsuchung einer Wohnung vorliegt, bei der er Inhaber des Grundrechts auf Unverletzlichkeit der Wohnung aus Art. 13 Abs. 1 GG ist (Abs. 3 Satz 1 Alt. 1; Rn. 4),
- ein Durchsuchungsbeschluss vorliegt (Abs. 3 Satz 1 Alt. 2; Rn. 2 f.) oder
- ein solcher wegen Gefahr im Verzug entbehrlich ist (Abs. 3 Satz 1 Alt. 3; Rn. 5),

sind auch **Mitgewahrsamsinhaber zur Duldung verpflichtet** (**Abs. 3**[9] Satz 1). Die weitere Duldungspflicht steht unter dem Vorbehalt der **„unbilligen Härte"** (Abs. 3 Satz 2). Eine solche ist anzunehmen, wenn über die bloße Duldung der Durchsuchung hinaus in besonderer Weise in die Privatsphäre der Mitgewahrsamsinhaber eingegriffen wird, bspw. wenn

- sie mit der Durchsuchung Dinge offenbaren müssten, deren Geheimhaltung besonders schützenswert ist,
- ihnen die mit einer Durchsuchung verbundenen Belastungen aus gesundheitlichen oder sonstigen privaten oder beruflichen Gründen nicht zumutbar sind (z.B. nur kurz zurückliegende Geburt eines Kindes, vermeidbare Anwesenheit anderer Personen, bevorstehendes Examen).

§ 92 Vollstreckungsverfahren

(1) Vor der Festsetzung von Ordnungsmitteln ist der Verpflichtete zu hören. Dies gilt auch für die Anordnung von unmittelbarem Zwang, es sei denn, dass hierdurch die Vollstreckung vereitelt oder wesentlich erschwert würde.

(2) Dem Verpflichteten sind mit der Festsetzung von Ordnungsmitteln oder der Anordnung von unmittelbarem Zwang die Kosten des Verfahrens aufzuerlegen.

(3) Die vorherige Durchführung eines Verfahrens nach § 165 ist nicht Voraussetzung für die Festsetzung von Ordnungsmitteln oder die Anordnung von unmittelbarem Zwang. Die Durchführung eines solchen Verfahrens steht der Festsetzung von Ordnungsmitteln oder der Anordnung von unmittelbarem Zwang nicht entgegen.

Übersicht

I. Inhalt und Bedeutung der Norm	1
II. Pflicht zur Anhörung (Abs. 1)	3
III. Gleichzeitige Auferlegung der Kosten (Abs. 2)	5
IV. Verhältnis zum Vermittlungsverfahren (Abs. 3)	6

---

9 Die Regelung entspricht § 758a Abs. 3 ZPO.

I. Inhalt und Bedeutung der Norm

1 § 92 enthält weitere Vorgaben zum Verfahren der Vollstreckung von Herausgabe- und Umgangstiteln. **Ohne inneren Zusammenhang** sind die Anhörungspflicht (Abs. 1), der Grundsatz der gleichzeitigen Auferlegung der Kosten (Abs. 2) und das Verhältnis zum Vermittlungsverfahren nach § 165 (Abs. 3) geregelt.

2 Der Anspruch auf rechtliches Gehör (Art. 103 Abs. 1 GG) gilt auch bei der Vollstreckung. Die Anlehnung des Abs. 1 an § 891 Abs. 1 Satz 2 ZPO dient daher der Klarstellung.[1] Abs. 2 entspricht inhaltlich dem § 33 Abs. 1 Satz 3 FGG **bisheriger Rechtslage**. Mit Abs. 3 findet eine bisher streitige, nicht ausdrücklich geregelte Rechtsfrage Klärung.

II. Pflicht zur Anhörung (Abs. 1)

3 **Ordnungsmittel** werden im Nachhinein angeordnet, wenn eine titulierte Herausgabepflicht oder Umgangsregelung aufgrund einer Zuwiderhandlung nicht erfüllt wurde.[2] Voraussetzung ist eine von Amts wegen zu ermittelnde Feststellung des Verschuldens des Verpflichteten (§ 89 Abs. 4).[3] Deshalb ist eine **vorherige Anhörung des Verpflichteten zwingend**, wenn gegenüber ihm ein Ordnungsmittel angeordnet werden soll **(Satz 1)**.

4 Die Anwendung unmittelbaren Zwangs ist ein allein in die Zukunft gerichtetes Mittel zur Durchsetzung einer Kindesherausgabe oder eines Umgangskontakts. Die Effektivität der Durchsetzung des Vollstreckungstitels und der darin zum Ausdruck kommenden Rechte sowie Pflichtenerfüllung gebietet, dass ausnahmsweise vom **Grundsatz der vorherigen Anhörung** abgewichen werden kann. Davon kann eine **Ausnahme** gemacht werden, wenn die Vollstreckung andernfalls droht, vereitelt oder wesentlich erschwert zu werden **(Satz 2)**. Erforderlich ist folglich eine Prognoseentscheidung im Einzelfall unter Abwägung der Grundrechte aller Beteiligten.

III. Gleichzeitige Auferlegung der Kosten (Abs. 2)

5 Mit Abs. 2 wird der **Zeitpunkt der Kostenentscheidung** festgelegt. Die Kosten sollen gleichzeitig mit der Festsetzung des Ordnungsmittels oder der Anordnung des unmittelbaren Zwangs auferlegt werden. Über die Höhe der aufzuerlegenden Kosten trifft Abs. 2 keine Aussage. Diese richtet sich gem. § 87 Abs. 5 nach den allgemeinen Regeln der §§ 80 bis 82 und 84.

---

1 BT-Drs. 16/6308, S. 219.
2 → § 89 Rn. 2.
3 → § 89 Rn. 6 ff.

IV. Verhältnis zum Vermittlungsverfahren (Abs. 3)

Vor der Vollstreckung nach §§ 89 oder 90 ist **keine vorherige Durchführung eines** 6
Vermittlungsverfahrens nach § 165 gefordert (Satz 1). Beide Verfahren sind voneinander unabhängig.[4] Dies war bisher umstritten.[5] Auch während eines laufenden Vermittlungsverfahrens steht es im Ermessen des Gerichts, Ordnungsmittel oder unmittelbaren Zwang anzuordnen (Satz 2).[6] Das FamG wird bei seiner Entscheidung die Notwendigkeit der Durchsetzung der Festsetzungen im Vollstreckungstitel mit den potenziellen Auswirkungen auf das Vermittlungsverfahren sowie die Perspektiven im Familienkonflikt ins Verhältnis setzen.[7]

§ 93 Einstellung der Vollstreckung

(1) Das Gericht kann durch Beschluss die Vollstreckung einstweilen einstellen oder beschränken und Vollstreckungsmaßregeln aufheben, wenn

1. Wiedereinsetzung in den vorigen Stand beantragt wird;
2. Wiederaufnahme des Verfahrens beantragt wird;
3. gegen eine Entscheidung Beschwerde eingelegt wird;
4. die Abänderung einer Entscheidung beantragt wird;
5. die Durchführung eines Vermittlungsverfahrens (§ 165) beantragt wird.

In der Beschwerdeinstanz ist über die einstweilige Einstellung der Vollstreckung vorab zu entscheiden. Der Beschluss ist nicht anfechtbar.

(2) Für die Einstellung oder Beschränkung der Vollstreckung und die Aufhebung von Vollstreckungsmaßregeln gelten § 775 Nr. 1 und 2 und § 776 der Zivilprozessordnung entsprechend.

I. Inhalt und Bedeutung der Norm

Die Vorschrift regelt die **Voraussetzungen und Modalitäten einer Einstellung, Be-** 1
schränkung und Aufhebung der Vollstreckung(smaßregeln). Für den Bereich der Aufhebung ergänzt sie § 89 Abs. 4 Satz 2, wonach die Festsetzung eines Ordnungsmittels aufzuheben ist, wenn sich nachträglich herausstellt oder übersehen wurde, dass den Verpflichteten kein Verschulden an der Zuwiderhandlung trifft.[1]

---

4 BT-Drs. 16/6308, S. 219; Fölsch 2009, § 6 Rn. 30.
5 Wie Abs. 3 Satz 1 OLG Bamberg 29.06.2000 – 2 WF 96/00 = FamRZ 2001, 169; OLG Rostock 29.10.2001 – 10 WF 207/01 = FamRZ 2002, 967; eine vorherige Durchführung des Vermittlungsverfahren fordernd OLG Zweibrücken 12.05.1999 – 5 WF 36/99 = FamRZ 2000, 299 = DAVorm 1999, 783.
6 Zum Ermessen → § 89 Rn. 12 f.; → § 90 Rn. 8.
7 Ähnlich Fölsch 2009, § 6 Rn. 30; siehe auch die Gesetzesbegründung, die vor allem Mutmaßungen zur Erfolgsaussicht des Vermittlungsverfahrens verlangt, BT-Drs. 16/6308, S. 219.
1 Hierzu → § 89 Rn. 6 ff.

2 Die Regelung hatte nach **bisheriger Rechtslage** keine Entsprechung im FGG. Inhaltliche Entsprechungen zu einzelnen ZPO-Regelungen ergeben sich

- für Abs. 1 Satz 1 Nr. 1 in § 707 Abs. 1 Satz 1 Alt. 1 ZPO,
- für Abs. 1 Satz 1 Nr. 2 in § 707 Abs. 1 Satz 1 Alt. 2 ZPO,
- für Abs. 1 Satz 1 Nr. 3 in § 719 Abs. 1 Satz 1 ZPO.

II. Voraussetzungen und Ermessen bei der Einstellung, Beschränkung, Aufhebung (Abs. 1 Satz 1)

3 Die Möglichkeit nach Abs. 1 zur **Einstellung** umfasst das Verfahren der Prüfung von Vollstreckungsmaßnahmen ebenso wie die Nichtweiterverfolgung bereits festgestellter Ordnungsmittel oder bereits angeordneten unmittelbaren Zwangs sowie den Abbruch laufender Vollstreckungsmaßnahmen. Die **Beschränkung** kann sich auf Teile des Titels ebenso beziehen (z.B. die Durchsetzung nur bestimmter Umgangszeiten bzw. Ahndung nur bestimmter Zuwiderhandlungen) oder auf Art und Umfang bestimmter Vollstreckungsmaßnahmen (z.B. nur Ordnungsmittel, aber kein unmittelbarer Zwang; Mitnehmen des Kindes von der Schule, aber keine Wohnungsdurchsuchung). **Aufhebung** bedeutet das Abstandnehmen von bereits festgesetzten Ordnungsmitteln oder angeordnetem unmittelbaren Zwang durch ausdrückliche Zurücknahme der gerichtlichen Anordnung.

4 Eine **Zulässigkeit** der Einstellung, Beschränkung, Aufhebung besteht unabhängig von § 93, wenn der Grundrechtsschutz im Rahmen der Verhältnismäßigkeitsprüfung dies gebietet. Abs. 1 Satz 1 enthält somit keinen abschließenden Katalog, sondern ist als Aufforderung an das Vollstreckungsgericht zu verstehen, in den besonders genannten Fallgruppen notwendig stets eine entsprechende Prüfung vorzunehmen.

5 Anlässe sind Anträge auf **Wiedereinsetzung in den vorherigen Stand (Nr. 1)**. Da Regelungen über eine Kindesherausgabe oder den Umgang ohnehin einer fortlaufenden Überprüfungspflicht unterliegen (→ § 166; § 1696 BGB), bleibt der Anwendungsbereich fraglich. Gleiches gilt für die **Wiederaufnahme des Verfahrens (Nr. 2)**. Diese richtet sich vorrangig nach § 166.

6 Bei **Einlegung einer Beschwerde (Nr. 3)** ist von der Beschwerdeinstanz vorab zu entscheiden, ob das Gericht von der Möglichkeit einer Einstellung, Beschränkung oder Aufhebung der Vollstreckung Gebrauch macht (Abs. 1 Satz 2). Es bedarf folglich einer bewussten Entscheidung des Gerichts; die Beschwerde an sich entfaltet **keine aufschiebende Wirkung**. Lediglich der Zeitpunkt für die Ermessensausübung (Rn. 7) ist vorverlagert. Daneben besteht die Möglichkeit, dass das Beschwerdegericht gem. § 64 Abs. 3 die Aussetzung der Vollziehung des angefochtenen Beschlusses anordnet, so dass hieraus nicht vollstreckt werden kann. Der Anwendungsbereich des § 64 Abs. 3 ist jedoch weiter, da er nicht auf Entscheidungen bezüglich der Kindesherausgabe und des Umgangs beschränkt und auch auf nicht vollstreckbare Entscheidungen bezüglich der elterlichen Sorge anzuwenden ist mit der Folge, dass hieraus einstweilen keine Rechtsfolgen hergeleitet werden können.

Ist der Verpflichtete antragsberechtigt und initiiert er nach § 23 Abs. 1 ein **Abänderungsverfahren gem. § 166** Abs. 1 i.V.m. § 1696 BGB,[2] trifft das Vollstreckungsgericht ebenfalls die Pflicht zur Prüfung einer Einstellung, Beschränkung oder Aufhebung nach pflichtgemäßem Ermessen **(Nr. 4)**. Gleiches gilt, wenn **Antrag auf Durchführung eines Vermittlungsverfahrens gem. § 165** gestellt wird **(Nr. 5)**.

7

Liegt einer der in Nr. 1 bis 5 genannten Fälle vor, begründet Abs.1 Sätze 1 und 2 eine Pflicht des FamG zur Prüfung, ob die Vollstreckung eingestellt, beschränkt oder aufgehoben werden soll. Die Entscheidung liegt im **pflichtgemäßen Ermessen** („kann"). Es sind die Ermessensreduzierungen nach Abs. 2 i.V.m. § 775 Nr. 1 und 2 ZPO zu beachten (Rn. 10). Wird die Regelung aus dem Erkenntnisverfahren in einer der in Nr. 1 bis 5 genannten Weise in Frage gestellt, ist – vergleichbar mit dem Verfahren des einstweiligen Rechtsschutzes – eine Folgenbetrachtung vorzunehmen; hierbei sind die Erfolgsaussichten der nunmehr angestrengten Überprüfung in den Blick zu nehmen:

8

> **Hinweis**
> Bei der Ermessensausübung gelten folgende **Grundsätze der Folgenbetrachtung**:
> „Je mehr Ungewissheit über den Ausgang des initiierten Verfahrens, desto mehr Abwägung der Folgen."[3]
> Die Notwendigkeit einer alsbaldigen Vollstreckung und deren Wirkungen für die einzelnen Beteiligten sind in Relation zu setzen zu der Gewissheit, dass der Vollstreckungstitel und die Notwendigkeit einer Durchsetzung im Wege der Vollstreckung auch bei weiterer Klärung der Situation und der Rechtsfragen bzw. nach weiteren Vermittlungsversuchen Bestand haben wird. Dabei sind – in alle Richtungen – insbesondere die Faktoren Zeit und Irreparabilität zu berücksichtigen.

IV. Modalitäten (Abs. 1 Satz 3, Abs. 2)

Der Beschluss, der nach der Prüfung aufgrund einer der Anlässe des Abs. 1 Satz 1 ergeht, und damit die Ermessensausübung des Gerichts ist **nicht anfechtbar (Abs. 1 Satz 3)**.

9

Für die Einstellung, Beschränkung und Aufhebung werden nach **Abs. 2** Vorgaben der ZPO für entsprechend anwendbar erklärt:

10

- Es besteht eine **Pflicht zur Einstellung oder Beschränkung**, wenn
  - die Ausfertigung eines Vollstreckungstitels i.S.d. § 86 Abs. 1 vorgelegt wird, aus der sich ergibt, dass dieser oder die vorläufige Vollstreckbarkeit aufgehoben, dass sie für unzulässig erklärt oder ihre Einstellung angeordnet ist **(§ 775 Nr. 1 ZPO)**;
  - die Ausfertigung einer gerichtlichen Entscheidung vorgelegt wird, aus der sich ergibt, dass die einstweilige Einstellung der Vollstreckung oder einer Vollstreckungsmaßregel angeordnet ist oder dass diese nur gegen Sicherheitsleistung fortgesetzt werden darf **(§ 775 Nr. 2 ZPO)**.

---

2 → § 166 Rn. 2 ff.
3 → Vorb § 49 Rn. 5; → § 49 Rn. 7 f.

- Liegt ein Fall des § 775 Nr. 1 ZPO vor, besteht zugleich die **Pflicht zur Aufhebung bereits getroffener Vollstreckungsmaßregeln**; in den Fällen des § 775 Nr. 2 ZPO bleiben diese jedoch einstweilen bestehen, sofern nicht durch die Entscheidung auch die Aufhebung der bisherigen Vollstreckungshandlungen angeordnet ist **(§ 776 ZPO)**.

§ 94 Eidesstattliche Versicherung

Wird eine herauszugebende Person nicht vorgefunden, kann das Gericht anordnen, dass der Verpflichtete eine eidesstattliche Versicherung über ihren Verbleib abzugeben hat. § 883 Abs. 2 bis 4, § 900 Abs. 1 und die §§ 901, 902, 904 bis 910 sowie 913 der Zivilprozessordnung gelten entsprechend.

1 Für Vollstreckungstitel, in denen die Herausgabe einer Person angeordnet ist, sieht § 94 ergänzend die weitere Möglichkeit vor, eine eidesstattliche Versicherung über den Verbleib anzuordnen. Die Vorschrift übernimmt den Regelungsgehalt des § 33 Abs. 2 Sätze 5 und 6 FGG **bisheriger Rechtslage**.

2 Voraussetzung ist, dass eine herauszugebende Person bei einem Vollstreckungsversuch nicht vorgefunden wurde **(Satz 1)**. Die Möglichkeit, vom Verpflichteten eine eidesstattliche Versicherung zu verlangen, liegt im **pflichtgemäßen Ermessen** („kann") des Gerichts. Stellt ein aus dem Vollstreckungstitel berechtigter Beteiligter einen Antrag auf Abgabe einer eidesstattlichen Versicherung, ist das Ermessen auf Null reduziert und trifft den Verpflichteten eine entsprechende **Pflicht zur Versicherung**, dass er nicht wisse, wo sich die herauszugebende Person befindet (Satz 2 i.V.m. § 883 Abs. 2 ZPO). Erfordert dies die Sachlage, kann das Gericht eine modifizierte eidesstattliche Versicherung beschließen (Satz 2 i.V.m § 883 Abs. 3 ZPO). Für die Leistung der eidesstattlichen Versicherung gelten §§ 478 bis 480, 483 ZPO entsprechend (Satz 2 i.V.m. § 883 Abs. 4 ZPO).

3 Wird zur Durchsetzung einer eidesstattlichen Versicherung ein **Haftbefehl** erforderlich, erklärt Satz 2 folgende Vorgaben der ZPO für anwendbar:

- Wird die eidesstattliche Versicherung **ohne Grund verweigert oder verhindert**, ist das Gericht verpflichtet, Haftbefehl zur Erzwingung zu erlassen, in dem der Verpflichtete, ggf. der Berechtigte und der Grund für den Haftbefehl zu bezeichnen ist. Einer Zustellung vor Vollziehung des Haftbefehls bedarf es nicht **(§ 901 ZPO)**.

- Wird der Verpflichtete verhaftet, kann er jederzeit verlangen, ihm ohne Verzug die eidesstattliche Versicherung abzunehmen. Nach Abgabe ist der Verpflichtete aus der Haft zu entlassen und ggf. der Berechtigte aus dem Vollstreckungstitel davon in Kenntnis zu setzen **(§ 902 ZPO)**.

- Im Übrigen gelten für die Haft die Regelungen
    - zur Unzulässigkeit der Haft (§ 904 ZPO),
    - zur Haftunterbrechung (§ 905 ZPO),
    - zum Haftaufschub (§ 906 ZPO),
    - zur Verhaftung (§ 909 ZPO),

- zur Anzeige der Verhaftung (§ 910 ZPO) und
- zur Haftdauer (§ 913 ZPO).

Unterabschnitt 3
Vollstreckung nach der Zivilprozessordnung
(§ 95 – § 96a)

§ 95 Anwendung der Zivilprozessordnung

(1) Soweit in den vorstehenden Unterabschnitten nichts Abweichendes bestimmt ist, sind auf die Vollstreckung

1. wegen einer Geldforderung,
2. zur Herausgabe einer beweglichen oder unbeweglichen Sache,
3. zur Vornahme einer vertretbaren oder nicht vertretbaren Handlung,
4. zur Erzwingung von Duldungen und Unterlassungen oder
5. zur Abgabe einer Willenserklärung

die Vorschriften der Zivilprozessordnung über die Zwangsvollstreckung entsprechend anzuwenden.

(2) An die Stelle des Urteils tritt der Beschluss nach den Vorschriften dieses Gesetzes.

(3) Macht der aus einem Titel wegen einer Geldforderung Verpflichtete glaubhaft, dass die Vollstreckung ihm einen nicht zu ersetzenden Nachteil bringen würde, hat das Gericht auf seinen Antrag die Vollstreckung vor Eintritt der Rechtskraft in der Entscheidung auszuschließen. In den Fällen des § 707 Abs. 1 und des § 719 Abs. 1 der Zivilprozessordnung kann die Vollstreckung nur unter derselben Voraussetzung eingestellt werden.

(4) Ist die Verpflichtung zur Herausgabe oder Vorlage einer Sache oder zur Vornahme einer vertretbaren Handlung zu vollstrecken, so kann das Gericht durch Beschluss neben oder anstelle einer Maßnahme nach den §§ 883, 885 bis 887 der Zivilprozessordnung die in § 888 der Zivilprozessordnung vorgesehenen Maßnahmen anordnen, soweit ein Gesetz nicht etwas anderes bestimmt.

Übersicht

I. Inhalt und Bedeutung der Norm	1
II. Anwendungsbereich (Abs. 1)	4
III. Beschluss (Abs. 2)	7
IV. Ausschluss der Vollstreckung von Geldforderungen (Abs. 3)	8
V. Erweiterte Möglichkeit der Vollstreckung zur Herausgabe oder Vorlage von Sachen oder vertretbaren Handlungen (Abs. 4)	10

I. Inhalt und Bedeutung der Norm

1 Werden in § 95 die Vorschriften der ZPO über die Vollstreckung für anwendbar erklärt, so ist zunächst der Anwendungsbereich zu klären, der sich aus spezialgesetzlichen Regelungen oder aufgrund von Verweisungen im FamFG ergibt (Rn. 4), um in einem zweiten Schritt die „Positivliste" des Abs. 1 zu prüfen (Rn. 5 f.). Gesetzessystematisch ist § 95 somit als **Auffangregelung** konzipiert.

2 Die terminologische Verabschiedung des „Urteils" durch den Beschluss wird auch für die Vollstreckung ausdrücklich erklärt (Abs. 2). Für einzelne Vollstreckungsgegenstände werden **FamFG-Spezifika** angeordnet, für die Vollstreckung

- von Geldforderungen (Abs. 3),
- der Herausgabe von Sachen oder zur Vornahme einer vertretbaren Handlung (Abs. 4),
- von Anordnungen nach § 1 GewSchG (§ 96 Abs. 1),
- von Wohnungszuweisungen in Gewaltschutz- und Ehewohnungssachen (§ 96 Abs. 2) und
- von Anordnungen zur Duldung einer Probeentnahme zwecks Abstammungsklärung nach § 1598a BGB (§ 96a).

3 Nach **bisheriger Rechtslage** galt für die ZPO-Familiensachen sowie für Wohnungszuweisungs- und Hausratssachen (§ 16 Abs. 3 HausrV) und Gewaltschutzsachen (§ 64b Abs. 4 FGG) ohnehin die ZPO. Nach § 33 FGG wurden nur die übrigen Verfahrensgegenstände vollstreckt, im Wesentlichen Regelungen über die Kindesherausgabe und den Umgang.

II. Anwendungsbereich (Abs. 1)

4 Die Verweisung auf die Vollstreckungsvorschriften der ZPO ist **nicht anwendbar** auf

- die Vollstreckungstitel über die **Herausgabe von Personen** oder die **Regelung des Umgangs**; es gelten ausschließlich §§ 86, 87 und §§ 88 bis 94;
- sämtliche **Ehe- und Familienstreitsachen** (§ 113 Abs. 1 Satz 1); für diese gelten die Vorschriften der ZPO aufgrund eines eigenen Verweises (§ 120 Abs. 1) und sind die Allgemeinen Vorschriften in §§ 86, 87 ebenfalls nicht anzuwenden.[1]

5 Der Anwendungsbereich wird nach dieser negativen Selektion aufgrund spezialgesetzlicher Regelungen anhand einer **Positivliste** sämtlicher vollstreckungsfähiger Regelungsgegenstände definiert (Abs. 1). Erfasst ist die Vollstreckung

- von Geldforderungen **(Nr. 1)**: Dies betrifft sämtliche Zahlungsansprüche, sofern sie sich nicht aus einer Ehe- und Familienstreitsache ergeben;[2]

---

1 Siehe auch → Vorb § 86 Rn. 1.
2 Die Gesetzesbegründung hebt die Vergütung des Vormunds nach § 168 hervor (BT-Drs. 16/6308, S. 219); betroffen sind u.a. auch Zahlungsansprüche im Versorgungsausgleich, Ausgleichszahlungen in Ehewohnungssachen, güterrechtliche Forderungen (Fölsch 2009, § 6 Rn. 33).

- der Herausgabe beweglicher oder unbeweglicher Sachen **(Nr. 2)**: Erfasst ist u.a. die Herausgabe einer (Ehe-)Wohnung oder der Haushaltssachen.[3] Anders als nach § 33 FGG kann nun statt Festsetzung eines Zwangsgelds auch unmittelbar die Herausgabe bewirkt werden;[4]
- der Vornahme einer vertretbaren Handlung **(Nr. 3)**: Hierzu zählen bspw. eine Wohnungsräumung oder die Befolgung eines Gebots nach § 1666 Abs. 3 Nr. 1 BGB. Dies eröffnet anders als nach FGG die Möglichkeit der Ersatzvornahme,[5] wobei die Erzwingung der Abgabe von Willenserklärungen, die nicht gerichtlich ersetzt werden können, gesondert erfasst ist **(Nr. 5)**. Zudem entfällt gem. § 883 Abs. 2 ZPO das Erfordernis der Androhung;[6]
- zur Erzwingung einer Duldung oder Unterlassung **(Nr. 4)**: Betroffen sind u.a. Näherungs- und Kontaktaufnahmeverbote nach § 1 Abs. 1 GewSchG, § 1666 Abs. 3 Nr. 3 und 4 BGB oder auf Grundlage der Wohlverhaltensklausel in § 1684 Abs. 2 BGB.[7]

Vorrangig vor den ZPO-Vorschriften gelten

- die allgemeinen Vollstreckungsregeln in §§ 86, 87;
- Spezialregelungen zu einzelnen Verfahrensarten oder Familiensachen, z.B.
  - zur einstweiligen Anordnung (§§ 53, 55, 214 Abs. 2),
  - zur Vollstreckbarkeit ausländischer Entscheidungen (§ 110),
  - zur Vollstreckung der Duldung einer Probeentnahme (§ 178), außer in Verfahren der Klärung der Vaterschaft unabhängig vom Anfechtungsverfahren, in denen § 96a gilt,
  - zur Vollstreckung vor Zustellung in Ehewohnungs- (§ 209 Abs. 3) und Gewaltschutzsachen (§ 216 Abs. 2).

III. Beschluss (Abs. 2)

Die Grundentscheidung, dass familiengerichtliche Entscheidungen nach FamFG durch Beschluss ergehen (§ 38 Abs. 1 Satz 1),[8] findet ihre Entsprechung auch in der Vollstreckung nach den Regeln der ZPO (Abs. 2).

---

3 BT-Drs. 16/6308, S. 219 und Zimmermann 2009, Rn. 270 erwähnen auch die Herausgabe von persönlichen Sachen des Kindes, wobei zu prüfen sein wird, ob es sich dabei nicht um Familienstreitsachen nach § 112 Abs. 3 i.V.m. § 266 Abs. 1 Nr. 4 handelt.
4 BT-Drs. 16/6308, S. 219.
5 BT-Drs. 16/6308, S. 219.
6 BT-Drs. 16/6308, S. 220.
7 Zur Konstellation der Unterlassung des Umgangs außerhalb der festgesetzten Zeiten BT-Drs. 16/6308, S. 220.
8 → § 38 Rn. 3.

IV. Ausschluss der Vollstreckung von Geldforderungen (Abs. 3)

8 Für die Vollstreckung wegen einer Geldforderung sieht Abs. 3[9] Satz 1 abweichend von bzw. ergänzend zu den Vorgaben in der ZPO die Möglichkeit eines **Schutzantrags des Schuldners** vor. Er hat einen „nicht zu ersetzenden Nachteil" geltend zu machen. Dieser Vorbehalt trägt damit u.a. dem Umstand Rechnung, dass bei Entscheidungen in Familiensachen die persönliche Situation der Beteiligten besondere Berücksichtigung erfahren darf und soll. Kann der Verpflichtete einen entsprechenden Nachteil glaubhaft machen (zur Glaubhaftmachung → § 31), besteht für das FamG die Pflicht, die Vollstreckung bis zur Rechtskraft der Entscheidung auszusetzen.

9 Abs. 3 Satz 2 sieht eine (weitere) Rückausnahme vor. Für die **einstweilige Einstellung der Vollstreckung** bleibt es bei der Geltung der ZPO, wenn

- sie wegen eines Antrags auf Wiedereinsetzung in den vorigen Stand oder Wiederaufnahme des Verfahrens, einer Gehörsrüge nach § 321a ZPO oder Erlass eines Vorbehaltsbeschlusses (§ 707 Abs. 1 ZPO) erfolgt ist;

- gegen einen für vorläufig vollstreckbar erklärten Vollstreckungstitel Rechtsmittel eingelegt sind (§ 719 Abs. 1 Satz 1).[10]

V. Erweiterte Möglichkeit der Vollstreckung zur Herausgabe oder Vorlage von Sachen oder vertretbaren Handlungen (Abs. 4)

10 Durch Abs. 4 werden die nach ZPO nur für die Vollstreckung nicht vertretbarer Handlungen vorgesehenen Vollstreckungsmöglichkeiten des § 888 ZPO in der FamFG-Vollstreckung (im Rahmen des Anwendungsbereichs des § 95) in **Ergänzung** auch auf die Vollstreckung der Herausgabe oder Vorlage von Sachen oder der Vornahme vertretbarer Handlungen für anwendbar erklärt. Die ohnehin eröffneten Möglichkeiten zur Vollstreckung nach §§ 883, 885 bis 887 ZPO bleiben davon unberührt. **Inhaltlich** wird damit auch die Erzwingung durch Zwangsgeld oder Zwangshaft für zulässig erklärt (§ 888 Abs. 1 ZPO). Die Entscheidung über die im Einzelfall geeignete Vollstreckungsmaßnahme trifft das FamG nach pflichtgemäßem **Ermessen**.[11]

---

9 Die Vorschrift ist § 62 Abs. 1 ArbGG nachgebildet.
10 Die Konstellation der Versäumnisentscheidung (§ 719 Abs. 1 Satz 2 ZPO) kommt nur in Familienstreitsachen zum Tragen, für welche die ZPO-Vorschriften ohnehin aufgrund § 113 Abs. 1 Satz 1 uneingeschränkt gelten.
11 BT-Drs. 16/6308, S. 220.

§ 96 Vollstreckung in Verfahren nach dem Gewaltschutzgesetz und in Ehewohnungssachen

(1) Handelt der Verpflichtete einer Anordnung nach § 1 des Gewaltschutzgesetzes zuwider, eine Handlung zu unterlassen, kann der Berechtigte zur Beseitigung einer jeden andauernden Zuwiderhandlung einen Gerichtsvollzieher zuziehen. Der Gerichtsvollzieher hat nach § 758 Abs. 3 und § 759 der Zivilprozessordnung zu verfahren. Die §§ 890 und 891 der Zivilprozessordnung bleiben daneben anwendbar.

(2) Bei einer einstweiligen Anordnung in Gewaltschutzsachen, soweit Gegenstand des Verfahrens Regelungen aus dem Bereich der Ehewohnungssachen sind, und in Ehewohnungssachen ist die mehrfache Einweisung des Besitzes im Sinne des § 885 Abs. 1 der Zivilprozessordnung während der Geltungsdauer möglich. Einer erneuten Zustellung an den Verpflichteten bedarf es nicht.

I. Inhalt und Bedeutung der Norm

Die Regelung des **Abs. 1** dient der Unterstützung der Durchsetzung von gerichtlich angeordneten Schutzmaßnahmen nach § 1 Abs. 1 GewSchG. Zur **Stärkung des Schutzgedankens** wird die Unterstützung für den Gerichtsvollzieher zur Pflicht erhoben (Abs. 1 Satz 2: „hat"). Die Vorschrift entspricht dem bisherigen § 892a ZPO a.F. **1**

Den Konflikten im Zusammenhang mit häuslicher Gewalt i.S.d. GewSchG und bei Trennung ist immanent, dass es in den Trennungsprozessen immer auch zu Schwankungen kommt, dass die aus einer Wohnung Verwiesenen vom (Ex-)Partner wieder in die Wohnung gelassen werden. Kommt es deshalb, etwa aufgrund erneuter Gewalttätigkeit oder erneutem Bedürfnis nach Einräumung der ungestörten Wohnungsnutzung, wiederholt zur Notwendigkeit einer zwangsweisen Besitzeinweisung, ist hierfür das Verständnis der Vollstreckungsorgane, die mit den besonderen **Beziehungs- und Trennungsdynamiken** – gerade bei häuslicher Gewalt – nicht in dieser Weise vertraut sind, nicht immer ungemindert vorhanden. Deshalb stellt **Abs. 2** die Möglichkeit der wiederholten Besitzeinweisung ausdrücklich heraus. Die Vorschrift entspricht dem bisherigen § 885 Abs. 1 Sätze 3 und 4 ZPO a.F. **2**

II. Unterstützungspflicht des Gerichtsvollziehers (Abs. 1)

Abs. 1 räumt gewaltbetroffenen Personen, deren Schutz eine Schutzanordnung nach § 1 Abs. 1 GewSchG dient, einen **Anspruch auf Zuziehung** eines Gerichtsvollziehers ein **(Abs. 1 Satz 1)**. Voraussetzung ist eine Zuwiderhandlung des Verpflichteten einer Schutzanordnung. Diese muss zum Zeitpunkt des Unterstützungsersuchens an den Gerichtsvollzieher andauern. **3**

Aufgrund des Verweises in **Abs. 1 Satz 2** gilt für das **Verfahren** der Zuziehung, dass der Gerichtsvollzieher, wenn er bei der Vollstreckung Widerstand findet, zur Anwendung von Gewalt und zum Nachsuchen der Unterstützung der polizeilichen Vollzugsorgane befugt ist (§ 758 Abs. 3 ZPO). Außerdem hat er Zeugen hinzuzuziehen (§ 759 **4**

ZPO), wahlweise zwei erwachsene Personen, einen Gemeindebeamten oder einen Polizeibeamten, wenn

- Widerstand gegen eine Vollstreckungshandlung geleistet wird oder
- bei einer Vollstreckungshandlung in der Wohnung des Verpflichteten weder der Verpflichtete noch ein Familienangehöriger oder ein Bediensteter der Familie anwesend ist.

Den Gerichtsvollzieher trifft auf Ersuchen durch die schutzbedürftige Person eine **Pflicht** zur entsprechenden Unterstützung („hat").

5   Der schutzbedürftigen Person bleiben aufgrund der Klarstellung in **Abs. 1 Satz 3** die Möglichkeiten der Vollstreckung nach §§ 890, 891 ZPO unbenommen. Danach kann entsprechend § 890 Abs. 1 ZPO gegen den Verpflichteten im Fall der Zuwiderhandlung Ordnungsgeld oder Ordnungshaft angeordnet werden. Da den Ordnungsmitteln eine Androhung vorausgehen muss (§ 889 Abs. 2 ZPO), sie eines gerichtlichen Beschlusses bedürfen (§ 890 Satz 1 ZPO) und der Verpflichtete zwingend vorab zu hören ist (§ 890 Satz 2 ZPO), wird dieser Weg nur in eher wenigen Fällen geeignet sein, den notwendigen Schutz sicherzustellen.

III. Wiederholte Besitzeinweisung (Abs. 2)

6   Die Möglichkeit der wiederholten Vollstreckung durch Besitzeinweisung aus demselben Vollstreckungstitel stellt Abs. 2 sicher. Erfasst sind **Vollstreckungstitel** aus

- einer einstweiligen Anordnung nach § 2 GewSchG, in der einer gewaltbetroffenen Person eine gemeinsam genutzte Wohnung zur alleinigen Nutzung überlassen wurde (Abs. 2 Satz 1 Alt. 1),
- einer Ehewohnungssache über die Wohnungsüberlassung (Abs. 2 Satz 1 Alt. 2).

Nicht erfasst sind damit Entscheidungen in Gewaltschutzsachen, die nicht im Wege der einstweiligen Anordnung ergehen.

7   Die Besitzeinweisung richtet sich nach **§ 885 Abs. 1 ZPO**. Der Gerichtsvollzieher hat den Verpflichteten aus dem Besitz zu setzen und die Person, die aufgrund der Wohnungsüberlassung nach § 2 GewSchG geschützt oder aufgrund § 1568a BGB begünstigt werden soll, in den Besitz einzuweisen (§ 885 Abs. 1 Satz 1 ZPO). Er hat dabei den Verpflichteten aufzufordern, zum Zweck von Zustellungen eine Anschrift oder einen Zustellungsbevollmächtigten zu benennen (§ 885 Abs. 1 Satz 2 ZPO).

8   Bei der wiederholten Besitzeinweisung bedarf es **keiner erneuten Zustellung** des Vollstreckungstitels an den Verpflichteten (Abs. 1 Satz 2).

§ 96a Vollstreckung in Abstammungssachen

(1) Die Vollstreckung eines durch rechtskräftigen Beschluss oder gerichtlichen Vergleich titulierten Anspruchs nach § 1598a des Bürgerlichen Gesetzbuchs auf Duldung einer nach den anerkannten Grundsätzen der Wissenschaft durchgeführten Probeentnahme, insbesondere die Entnahme einer Speichel- oder Blutprobe, ist ausgeschlossen, wenn die Art der Probeentnahme der zu untersuchenden Person nicht zugemutet werden kann.

(2) Bei wiederholter unberechtigter Verweigerung der Untersuchung kann auch unmittelbarer Zwang angewendet, insbesondere die zwangsweise Vorführung zur Untersuchung angeordnet werden.

Die Vorschrift übernimmt § 56 Abs. 4 Sätze 1 und 3 FGG **bisheriger Rechtslage**, der seinerseits mit dem Gesetz zur Klärung der Abstammung unabhängig vom Abstammungsverfahren vom 26.03.2008[1] eingeführt wurde. Sie entspricht inhaltlich den Vorgaben für die Vollstreckung der Duldung einer Probeentnahme, wie sie – für alle anderen Abstammungssachen – in **§ 178 Abs. 1 und Abs. 2 Satz 2** geregelt ist. Der Gesetzgeber hat versäumt, bei der Aufnahme der Regelung beide Regelungsgegenstände im Zusammenhang zu regeln. Die getrennte Verortung vermag rechtssystematisch nicht zu überzeugen.

Abs. 1 enthält eine Einschränkung der Vollstreckung. Die Vollstreckung der Duldung einer nach § 1598a Abs. 2 BGB angeordneten oder durch gerichtlichen Vergleich vereinbarten Probeentnahme ist ausgeschlossen, wenn sie für den Verpflichteten **unzumutbar** ist. Die Vorschrift stellt auf die Art der Probeentnahme ab. Da statt einer Blutprobenentnahme als milderes, gleichermaßen geeignetes Mittel die genetische Abstammungsuntersuchung mittels Speichelprobe angeordnet werden kann,[2] ist für eine Unzumutbarkeit aus gesundheitlichen Gründen kein Raum; der Abstrich mit einem Wattestab von der Mundschleimhaut birgt keine gesundheitlichen Risiken, wenn er – wie gefordert – nach den anerkannten Grundsätzen der Wissenschaft erfolgt.[3] Etwaige psychische Belastungen des Kindes, dem eine Probe entnommen werden soll, sind bereits bei der Anordnung als Ausschlussgrund zu prüfen (§ 1598a Abs. 3 BGB).

Abs. 2 bezieht sich – in Abgrenzung zu § 178 Abs. 2 – ausschließlich auf Vollstreckungstitel zur Duldung einer Probeentnahme nach § 1598a BGB. Die ausdrückliche Erlaubnis der **Anwendung unmittelbaren Zwangs** ergibt sich – erst – bei wiederholter unberechtigter Weigerung. Da für die Vollstreckung die Vorschriften der ZPO entsprechend anwendbar sind (§ 95 Abs. 1), gilt dies ohnehin über § 372a Abs. 2 ZPO, der mit der FGG-Reform nicht aufgehoben wurde. Außerdem folgt dies schon aus dem Verhältnismäßigkeitsgrundsatz und dient hier lediglich der Klarstellung. Entsprechende Anwendung finden auch die Regelungen über die Zeugnisverweigerung und den Zwischenstreit hierüber (§ 372a Abs. 2 ZPO i.V.m. §§ 386 bis 390 ZPO). Zu Einzelheiten zur Anwendung unmittelbaren Zwangs zur Durchsetzung der Duldung einer Probeentnahme → § 178 Rn. 5 ff.

---

1 BGBl. I, S. 441; BT-Drs. 16/6561 und 16/8219.
2 Die Gesetzesbegründung ging hingegen davon aus, dass eine Blutprobenentnahme die Regel sei, BT-Drs. 16/6561, S. 16.
3 Hierzu → § 178 Rn. 3 f.

Abschnitt 9
Verfahren mit Auslandsbezug
(§ 97 – § 37)

Vorbemerkung § 97

1 Der Abschnitt zu Verfahren mit Auslandsbezug enthält eine **Dreiteilung**:
- Zunächst klärt er das **Vorrang-Nachrang-Verhältnis bei Kollision** mit anderem internationalem Recht und dessen Umsetzung durch nationale Ausführungsbestimmungen (§ 97).
- Sodann wird die – nicht ausschließliche – **internationale Zuständigkeit** bestimmt (§§ 98 bis 106); diese hat das Gericht in jeder Lage des Verfahrens von Amts wegen zu prüfen.[1]
- Abschließend enthält er Vorgaben zur **Anerkennung und Vollstreckbarerklärung** (§§ 107 bis 110).

Der Anwendungsbereich der FamFG-Regeln ist in Familiensachen aufgrund einer Vielzahl vorrangiger internationaler Rechtsinstrumente erheblich eingeschränkt.

Unterabschnitt 1
Verhältnis zu völkerrechtlichen Vereinbarungen und Rechtsakten der Europäischen Gemeinschaft
(§ 97)

§ 97 Vorrang und Unberührtheit

(1) Regelungen in völkerrechtlichen Vereinbarungen gehen, soweit sie unmittelbar anwendbares innerstaatliches Recht geworden sind, den Vorschriften dieses Gesetzes vor. Regelungen in Rechtsakten der Europäischen Gemeinschaft bleiben unberührt.

(2) Die zur Umsetzung und Ausführung von Vereinbarungen und Rechtsakten im Sinne des Absatzes 1 erlassenen Bestimmungen bleiben unberührt.

---

1 BGH 28.11.2002 – III ZR 102/02 = NJW 2003, 426; Hk-ZPO/Kemper § 606a ZPO Rn. 2; Musielak/Borth § 640a ZPO Rn. 4; Baumbach u.a. § 640a ZPO Rn. 5; Thomas/Putzo/Hüßtege § 640a ZPO Rn. 8.

Übersicht

I. Inhalt und Bedeutung der Norm 1
II. Vorrang internationaler Regelungen (Abs. 1) 3
   1. Völkerrechtliche Vereinbarungen (Abs. 1 Satz 1) 3
   2. Rechtsakte der Europäischen Gemeinschaft (Abs. 1 Satz 2) 4
   3. Vorrangige Regelungen 6
III. Vorrangige nationale Ausführungsgesetze 8

I. Inhalt und Bedeutung der Norm

Die Vorschrift soll das Verhältnis zwischen den in diesem Abschnitt niedergelegten Verfahrensvorschriften und den in völkerrechtlichen Verträgen, in Rechtsakten der Europäischen Gemeinschaft sowie in hierzu ergangenen Umsetzungs- und Ausführungsgesetzen getroffenen Bestimmungen regeln. Die Vorschriften des Abschnitts 9 finden nur Anwendung, wenn keine vorrangigen Bestimmungen in völkerrechtlichen Verträgen oder EU-Verordnungen bzw. den dazu ergangenen Ausführungsgesetzen existieren. Der Gesetzgeber misst der Vorschrift **Hinweis- und Warnfunktion** zu.[1]   **1**

Der Vorrang des § 97 entspricht der **bisherigen Rechtslage**. Eine Abs. 1 entsprechende Regelung findet sich in Art. 3 Abs. 2 EGBGB.   **2**

II. Vorrang internationaler Regelungen (Abs. 1)

1. Völkerrechtliche Vereinbarungen (Abs. 1 Satz 1)

Im Abschnitt 9 zu Verfahren mit Auslandsbezug sind im Wesentlichen die internationale Zuständigkeit der deutschen Gerichte in Familiensachen sowie das Verfahren zur Anerkennung und Vollstreckung ausländischer Entscheidungen geregelt. Gerade auf diesen Gebieten existiert bereits eine Vielzahl von Sondervorschriften in völkerrechtlichen Verträgen und europäischen Verordnungen. Deshalb ist deren vorrangige Geltung festzustellen. Der **Vorrang völkerrechtlicher Verträge** lässt sich nicht aus Art. 25 GG ableiten.[2] Völkerrechtliche Verträge sind nicht unmittelbar anwendbar, sondern müssen durch Bundesgesetz umgesetzt werden (Art. 59 Abs. 2 GG). Sie stehen somit in der Normenhierarchie nationalem Recht grundsätzlich gleich.[3] Durch § 97 wird das Konkurrenzverhältnis zugunsten völkerrechtlicher Vereinbarungen geklärt.   **3**

2. Rechtsakte der Europäischen Gemeinschaft (Abs. 1 Satz 2)

Unter **Rechtsakten der Gemeinschaft** sind grundsätzlich Verordnungen, Richtlinien, Entscheidungen, Empfehlungen und Stellungnahmen zu verstehen (Art. 249 EGV). Da Richtlinien nicht unmittelbar anwendbar sind, sondern einer Umsetzung in nationales Recht bedürfen,[4] Entscheidungen keine allgemeine, sondern lediglich individuelle Gel-   **4**

---

1 BT-Drs. 16/6308, S. 220; Hau FamRZ 2009, 821.
2 Palandt/Heldrich Art. 3 EGBGB Rn. 7; Staudinger/Hausmann Art. 3 EGBGB Rn. 13.
3 Staudinger/Hausmann Art. 3 EGBGB Rn. 13; Erman/Hohloch Art. 3 EGBGB Rn. 7.
4 Schwarze/Biervert 2009, Art. 249 EGV Rn. 29.

tung beanspruchen[5] und Empfehlungen und Stellungnahmen nicht verbindlich sind (Art. 249 Abs. 5 EGV), kommen als vorrangige Rechtsakte der Europäischen Gemeinschaft i.S.d. Abs. 1 Satz 2 nur Verordnungen in Betracht.

5 Anders als Richtlinien und völkerrechtliche Vereinbarungen sind **Verordnungen der Europäischen Gemeinschaft** unmittelbar anwendbar, ohne dass es einer Umsetzung in nationales Recht bedarf. Aufgrund des ohnehin geltenden Vorrangs des Gemeinschaftsrechts[6] hat die Vorschrift hier allerdings nur deklaratorische und vor allem hinweisende Funktion.[7]

3. Vorrangige Regelungen

6 In Familiensachen zu beachtende **vorrangige völkerrechtliche Vereinbarungen und Rechtsakte der EU** können bspw. sein:

- Verordnung (EG) Nr. 2201/2003 des Rates vom 27.11.2003 über die Zuständigkeit und die Anerkennung und Vollstreckung von Entscheidungen in **Ehesachen** und in Verfahren betreffend die **elterliche Verantwortung** und zur Aufhebung der Verordnung (EG) Nr. 1347/2000 **(Brüssel IIa-V)**;[8]

- Haager Übereinkommen über den Schutz von Kindern und die Zusammenarbeit auf dem Gebiet der **internationalen Adoption** vom 29.05.1993;[9]

- Haager Übereinkommen über die Zuständigkeit der Behörden und das anzuwendende Recht auf dem Gebiet des **Schutzes von Minderjährigen** vom 05.10.1961 **(MSA)**;[10]

- Haager Übereinkommen über die zivilrechtlichen Aspekte **internationaler Kindesentführung** vom 25.10.1980 **(HKÜ)**;[11]

- Luxemburger Europäisches Übereinkommen über die Anerkennung und Vollstreckung von Entscheidungen über das **Sorgerecht** für Kinder und die Wiederherstellung des Sorgeverhältnisses vom 20.05.1980 **(ESÜ)**;[12]

- Haager Übereinkommen über die Zuständigkeit, das anzuwendende Recht, die Anerkennung, Vollstreckung und Zusammenarbeit auf dem Gebiet der elterlichen Verantwortung und der Maßnahmen zum Schutz von Kindern **(KSÜ)**;[13]

- Übereinkommen des Europarats vom 15.05.2003 über den Umgang von und mit Kindern **(EuUÜ)**;[14]

---

5 Schwarze/Biervert 2009, Art. 249 EGV Rn. 33.
6 Vgl. Erman/Hohloch Einl. Art. 3 EGBGB Rn. 59.
7 Erman/Hohloch Einl. Art. 3 EGBGB Rn. 59; BT-Drs. 16/6308, S. 220.
8 http://www.bundesjustizamt.de/nn_258946/SharedDocs/Publikationen/HKUE/bruessel2a,templateId= raw,property=publicationFile.pdf/bruessel2a.pdf (16.03.2009).
9 http://www.blja.bayern.de/textoffice/gesetze/haager/index.html (16.03.2009); Jayme/Hausmann 2009, S. 695.
10 http://www.admin.ch/ch/d/sr/i2/0.211.231.01.de.pdf (16.03.2009); Jayme/Hausmann 2009, S. 108.
11 http://www.admin.ch/ch/d/sr/i2/0.211.230.02.de.pdf (16.03.2009); Jayme/Hausmann 2009, S. 683.
12 http://conventions.coe.int/Treaty/ger/Treaties/Html/105.htm (16.03.2009); Jayme/Hausmann 2009, S. 537.
13 http://www.hcch.net/index_en.php?act=conventions.pdf&cid=70 (englisch, 16.03.2009); in Vorbereitung zur Ratifizierung, BT-Drs. 16/12068 mit paralleler Änderung des IntFamRVG, BT-Drs. 16/12063.
14 http://conventions.coe.int/Treaty/GER/Treaties/Html/192.htm (16.03.2009); derzeit in Deutschland noch nicht in Kraft.

- **Abkommen zwischen der Europäischen Gemeinschaft und dem Königreich Dänemark** über die gerichtliche Zuständigkeit und die Anerkennung und Vollstreckung von Entscheidungen in Zivil- und Handelssachen vom 19.10.2005;[15]
- Deutsch-iranisches Niederlassungsabkommen;[16]
- **Deutsch-belgisches Abkommen** über die gegenseitige Anerkennung und Vollstreckung von gerichtlichen Entscheidungen, Schiedssprüchen und öffentlichen Urkunden in Zivil- und Handelssachen vom 30.06.1958;[17]
- **Deutsch-griechischer Vertrag** über die gegenseitige Anerkennung und Vollstreckung von gerichtlichen Entscheidungen, Vergleichen und öffentlichen Urkunden in Zivil- und Handelssachen vom 04.11.1961;[18]
- **Vertrag zwischen der Bundesrepublik Deutschland und Spanien** über die Anerkennung und Vollstreckung von gerichtlichen Entscheidungen und Vergleichen sowie vollstreckbaren öffentlichen Urkunden in Zivil- und Handelssachen vom 14.11.1983;[19]
- **Vertrag zwischen der Bundesrepublik Deutschland und der Tunesischen Republik** über Rechtsschutz und Rechtshilfe, die Anerkennung und Vollstreckung gerichtlicher Entscheidungen in Zivil- und Handelssachen sowie über die Handelsschiedsgerichtsbarkeit vom 19.07.1966;[20]
- **Vertrag zwischen der Bundesrepublik Deutschland und dem Königreich Norwegen** über die gegenseitige Anerkennung und Vollstreckung gerichtlicher Entscheidungen und anderer Schuldtitel in Zivil- und Handelssachen vom 17.06.1977;[21]
- **Vertrag zwischen der Bundesrepublik Deutschland und dem Staat Israel** über die gegenseitige Anerkennung und Vollstreckung gerichtlicher Entscheidungen in Zivil- und Handelssachen vom 20.07.1977.[22]

Für den in § 98 Abs. 2 vorgesehenen Fall, dass **Unterhaltsansprüche im Verbundverfahren** geltend gemacht werden, kommen außerdem folgende vorrangige Rechtsinstrumente in Betracht:

- Haager Übereinkommen über die Anerkennung und Vollstreckung von Entscheidungen auf dem Gebiet der **Unterhaltspflicht** gegenüber Kindern vom 15.04.1958;[23]
- Haager Übereinkommen über die Anerkennung und Vollstreckung von **Unterhaltsentscheidungen** vom 02.10.1973;[24]

---

15 ABl EU 16.11.2005, L 299, 61 ff.
16 RGBl 1930 II, 1006; BGBl 1955 II, S. 829.
17 BGBl 1959 II, S. 766 und 1960 II, S. 2408 mit dem deutschen Ausführungsgesetz vom 26.06.1959, BGBl I, S. 425.
18 BGBl 1963 II, S. 110.
19 BGBl 1987 II, S. 35.
20 BGBl 1969 II, S. 890.
21 BGBl 1981 II, S. 342.
22 BGBl 1980 II, S. 926; Jayme/Hausmann 2009, S. 613
23 http://www.datenbanken.justiz.nrw.de/ir_htm/unterhalt_15041958.html (16.03.2009); Jayme/Hausmann 2009, S. 524.
24 http://www.datenbanken.justiz.nrw.de/ir_htm/unterhalt_02101973.html (16.03.2009); Jayme/Hausmann 2009, S. 528.

- Brüsseler EWG-Übereinkommen über die **gerichtliche Zuständigkeit und die Vollstreckung gerichtlicher Entscheidungen in Zivil- und Handelssachen** vom 27.09.1968;[25]
- Verordnung (EG) Nr. 44/2001 des Rates über die gerichtliche Zuständigkeit und die Anerkennung und Vollstreckung von Entscheidungen in Zivil- und Handelssachen vom 22.12.2000 **(EuGVVO)**;[26]
- Luganer Europäisches Übereinkommen über die **gerichtliche Zuständigkeit und die Vollstreckung gerichtlicher Entscheidungen in Zivil- und Handelssachen** vom 16.09.1988.[27]

III. Vorrangige nationale Ausführungsgesetze

8   Gilt zur Umsetzung völkerrechtlicher Verträge oder von Verordnungen der Europäischen Gemeinschaft ein nationales Ausführungsgesetz, genießt dieses Vorrang (Abs. 2). Als solches kommt insbesondere das Gesetz zur Aus- und Durchführung bestimmter Rechtsinstrumente auf dem Gebiet des internationalen Familienrechts **(IntFamRVG)** vom 26.01.2005 in Betracht, das der Durchführung der Brüssel IIa-V, des HKÜ, ESÜ und KSÜ dient. Als weitere vorrangige Ausführungsgesetze können einschlägig sein:

- Gesetz zur Ausführung des Haager Übereinkommens vom 29.05.1993 über den Schutz von Kindern und die Zusammenarbeit auf dem Gebiet der **internationalen Adoption (AdÜBAG)**;[28]
- Gesetz über **Wirkungen der Annahme als Kind** nach ausländischem Recht **(AdWirkG)** vom 05.11.2001;[29]
- **Anerkennungs- und Vollstreckungsausführungsgesetz (AVAG)** vom 19.02.2001.[30]

---

[25] BGBl 1972 II, S. 774 i.d.F. des 4. Beitrittsübereinkommens vom 29.11.1996, BGBl. 1998 II, S. 1412.
[26] http://eur-lex.europa.eu/smartapi/cgi/sga_doc?smartapi!celexapi!prod!CELEXnumdoc&lg=de&numdoc=32001R0044&model=guichett (16.03.2009); Jayme/Hausmann 2009, S. 387.
[27] http://www.unilu.ch/files/eu-rechtsquellen/19880916%20Übereinkommen%20Lugano.pdf (16.03.2009); Jayme/Hausmann 2009, S. 349.
[28] BGBl 2001 I, S. 2950; Jayme/Hausmann 2009, S. 705.
[29] http://bundesrecht.juris.de/adwirkg/BJNR295300001.html (16.03.2009).
[30] http://www.datenbanken.justiz.nrw.de/ir_htm/avag_19022001.htm (16.03.2009); Jayme/Hausmann 2009, S. 417.

Unterabschnitt 2
Internationale Zuständigkeit
(§ 98 – § 106)

§ 98 Ehesachen; Verbund von Scheidungs- und Folgesachen

(1) Die deutschen Gerichte sind für Ehesachen zuständig, wenn
1. ein Ehegatte Deutscher ist oder bei der Eheschließung war;
2. beide Ehegatten ihren gewöhnlichen Aufenthalt im Inland haben;
3. ein Ehegatte Staatenloser mit gewöhnlichem Aufenthalt im Inland ist;
4. ein Ehegatte seinen gewöhnlichen Aufenthalt im Inland hat, es sei denn, dass die zu fällende Entscheidung offensichtlich nach dem Recht keines der Staaten anerkannt würde, denen einer der Ehegatten angehört.

(2) Die Zuständigkeit der deutschen Gerichte nach Absatz 1 erstreckt sich im Fall des Verbunds von Scheidungs- und Folgesachen auf die Folgesachen.

I. Inhalt und Bedeutung der Norm

Die Vorschrift regelt die **internationale Zuständigkeit der deutschen Gerichte in Ehesachen**. Abs. 1 entspricht dem bisherigen § 606a ZPO. Die in § 606a Abs. 1 Satz 2 ZPO getroffene Regelung, wonach die Zuständigkeit keine ausschließliche ist, regelt § 106 allgemein für alle Zuständigkeitsvorschriften des 2. Unterabschnitts.[1] Abs. 2 übernimmt inhaltlich die bisherige Regelung des § 621 Abs. 2 Satz 1 ZPO. 1

Für Ehesachen zwischen Staatsangehörigen der europäischen Mitgliedstaaten wird diese Bestimmung durch Art. 3 ff. der **Brüssel IIa-V verdrängt**. § 98 ist **anwendbar**, wenn 2

- die Ehegatten oder einer von ihnen einem Staat angehören, der nicht Mitglied der Europäischen Gemeinschaft ist. Dasselbe gilt im Verhältnis zu Dänemark, da die Brüssel IIa-V hier keine Anwendung findet.[2]
- die Ehegatten ihren gewöhnlichen Aufenthalt in einem Staat außerhalb der Europäischen Gemeinschaft haben und einer von ihnen Deutscher ist oder bei der Eheschließung war.[3]

Brüssel IIa-V

Artikel 3 Allgemeine Zuständigkeit

(1) Für Entscheidungen über die Ehescheidung, die Trennung ohne Auflösung des Ehebandes oder die Ungültigerklärung einer Ehe, sind die Gerichte des Mitgliedstaats zuständig,

---
1 BT-Drs. 16/6308, S. 220.
2 Baumbach u.a. § 606a ZPO Rn. 2.
3 Zöller/Geimer § 606a ZPO Rn. 3b; Baumbach u.a. § 606a ZPO Rn. 2.

a) in dessen Hoheitsgebiet
- beide Ehegatten ihren gewöhnlichen Aufenthalt haben oder
- die Ehegatten zuletzt beide ihren gewöhnlichen Aufenthalt hatten, sofern einer von ihnen dort noch seinen gewöhnlichen Aufenthalt hat, oder
- der Antragsgegner seinen gewöhnlichen Aufenthalt hat oder
- im Fall eines gemeinsamen Antrags einer der Ehegatten seinen gewöhnlichen Aufenthalt hat oder
- der Antragsteller seinen gewöhnlichen Aufenthalt hat, wenn er sich dort seit mindestens einem Jahr unmittelbar vor der Antragstellung aufgehalten hat, oder
- der Antragsteller seinen gewöhnlichen Aufenthalt hat, wenn er sich dort seit mindestens sechs Monaten unmittelbar vor der Antragstellung aufgehalten hat und entweder Staatsangehöriger des betreffenden Mitgliedstaats ist oder, im Fall des Vereinigten Königreichs und Irlands, dort sein „domicile" hat;

b) dessen Staatsangehörigkeit beide Ehegatten besitzen, oder, im Fall des Vereinigten Königreichs und Irlands, in dem sie ihr gemeinsames „domicile" haben.

(2) Der Begriff „domicile" im Sinne dieser Verordnung bestimmt sich nach dem Recht des Vereinigten Königreichs und Irlands.

Artikel 4 bestimmt für Gegenanträge die Zuständigkeit nach Artikel 3.

Artikel 5 koppelt die Zuständigkeit an diejenige bei Trennung, wenn das nationale Recht dies vorsieht und ein entsprechendes familienrechtliches Verfahren anhängig geworden war.

Artikel 6 erklärt die Zuständigkeit zu einer ausschließlichen, wenn ein Ehegatte seinen gewöhnlichen Aufenthalt in einem Mitgliedstaat hat oder einem Mitgliedstaat angehört.

Artikel 7 bestimmt das nationale Recht zur Auffangzuständigkeit, wenn sich aus Artikel 3 bis 6 keine Zuständigkeit ergibt.

II. Zuständigkeit für Ehesachen (Abs. 1)

3 In Ehesachen (§ 121) sind die deutschen Gerichte gem. **Abs. 1 Nr. 1 Alt. 1** zuständig, wenn (mindestens) **ein Ehegatte Deutscher** ist oder bei der Eheschließung war. Wer Deutscher i.S.d. Nr. 1 ist, ergibt sich aus §§ 1, 3 ff. StAG. Gleichzustellen sind Flüchtlinge und Vertriebene als Deutsche i.S.d. Art. 116 Abs. 1 GG.[4] Bei Doppel- oder Mehrfachstaatsangehörigkeit bleiben die nicht deutschen Staatsangehörigkeiten außer Betracht.[5]

4 Es reicht aus, wenn die deutsche Staatsangehörigkeit **erst während der Ehe erworben** wurde.[6] Abzustellen ist insoweit auf den Zeitpunkt der letzten mündlichen Ver-

---
4 Musielak/Borth § 606a ZPO Rn. 9.
5 Baumbach u.a. § 606a ZPO Rn. 4.
6 BGH 26.05.1982 – IV bZR 675/80 = NJW 1982, 1940.

handlung.[7] **Abs. 1 Nr. 1 Alt. 2** („bei der Eheschließung Deutscher war") soll vor allem die Fälle erfassen, in denen ein Ehegatte infolge der Eheschließung die **deutsche Staatsangehörigkeit verloren** hat, weil er die Staatsangehörigkeit seines Ehegatten angenommen hat.[8]

Nach **Abs. 1 Nr. 2** ergibt sich die Zuständigkeit deutscher Gerichte, wenn zwar keiner der Ehegatten Deutscher ist oder war, jedoch beide ihren gewöhnlichen Aufenthalt im Inland haben. Der gewöhnliche Aufenthalt ist hierbei nach kollisionsrechtlichen Grundsätzen zu bestimmen. Danach ist der **gewöhnliche Aufenthalt** dort begründet, wo eine Person tatsächlich ihren Lebensmittelpunkt hat.[9] Dies ist in der Regel am Ort der sozialen Eingliederung. Wertende Elemente hierfür sind insbesondere der familiäre oder berufliche Zusammenhang.[10] Der gewöhnliche Aufenthalt als faktischer Wohnsitz wird auch durch zeitweilige Abwesenheit nicht aufgehoben.[11]

Bei Staatenlosigkeit folgt die internationale Zuständigkeit aus **Abs. 1 Nr. 3**, wenn der staatenlose Ehegatte seinen gewöhnlichen Aufenthalt im Inland hat. **Staatenlos** sind Personen, die die Staatsangehörigkeit keines Staates besitzen.[12] Zum gewöhnlichen Aufenthalt siehe Rn. 5.

Grundsätzlich ist nach **Abs. 1 Nr. 4** die internationale Zuständigkeit der deutschen Gerichte auch dann gegeben, wenn nur einer der Ehegatten seinen gewöhnlichen Aufenthalt in Deutschland hat. Eine **Ausnahme** gilt, wenn die zu fällende Entscheidung offensichtlich nach dem Recht keines der Heimatstaaten der Ehegatten anerkannt würde. Durch diese Regelung sollen sog. **„hinkende Ehen"**[13] vermieden werden,[14] die nach deutschem Recht zwar als geschieden anzusehen wären, bei einer etwaigen Nichtanerkennung der Entscheidung im Heimatstaat der Ehegatten jedoch als wirksam. Im Zweifel ist von einer Anerkennungsfähigkeit der Entscheidung auszugehen.[15] Die Einschränkung des Abs. 1 Nr. 4 ist restriktiv auszulegen.

III. Erstreckung der internationalen Zuständigkeit auf Folgesachen im Verbund (Abs. 2)

Nach Abs. 2 erstreckt sich die internationale Zuständigkeit eines deutschen Gerichts auch auf die dem Verbund unterliegenden **Folgesachen** (§ 137). Auch die Verbundzuständigkeit kann durch vorrangige völkerrechtliche Verträge oder Rechtsakte der europäischen Gemeinschaft verdrängt werden. Insbesondere in Kindschafts- und Unterhaltssachen existieren vielzählige vorrangig anwendbare internationale Regelungen,

---

7 Musielak/Borth § 606a ZPO Rn. 8.
8 Musielak/Borth § 606a ZPO Rn. 10.
9 BGH 05.02.1975 – IV ZR 103/73 = NJW 1975, 1068; 03.02.1993 – XII ZB 93/90 = NJW 1993, 2047; Palandt/Heldrich Art. 5 EGBGB Rn. 10; zum gewöhnlichen Aufenthalt in Ehesachen auch → § 122 Rn. 4 ff.
10 MünchKommBGB/Sonnenberger Einl. IPR Rn. 731
11 BGH 03.02.1993 – XII ZB 93/90 = NJW 1993, 2047; Palandt/Heldrich Art. 5 EGBGB Rn. 10.
12 Vgl. Art. 1 Abs. 1 New Yorker UN-Übereinkommen über die Rechtsstellung der Staatenlosen vom 28.09.1954.
13 Zu hinkenden Rechtsverhältnissen Kropholler 2006, 240 ff.
14 Musielak/Borth § 606a ZPO Rn. 15.
15 Vgl. OLG Nürnberg 10.11.2000 – 10 WF 3870/00 = FamRZ 2001, 837; Zöller/Geimer § 606a ZPO Rn. 60; Musielak/Borth § 606a ZPO Rn. 16.

die im Fall ihrer Anwendbarkeit auch die internationale Zuständigkeit für den Verbund nach Abs. 2 i.V.m. Abs. 1 verdrängen.[16]

9 Ergibt sich die internationale Zuständigkeit nach Abs. 1 Nr. 4, ist unerheblich, ob auch die **Entscheidung zur Folgesache** im Heimatstaat der Ehegatten anerkannt werden könnte. Auch für die Folgesache sind die deutschen Gerichte zuständig, wenn die Anerkennung der Entscheidung in der Ehesache nicht offensichtlich ausgeschlossen ist.[17]

§ 99 Kindschaftssachen

(1) Die deutschen Gerichte sind außer in Verfahren nach § 151 Nr. 7 zuständig, wenn das Kind

1. Deutscher ist oder
2. seinen gewöhnlichen Aufenthalt im Inland hat.

Die deutschen Gerichte sind ferner zuständig, soweit das Kind der Fürsorge durch ein deutsches Gericht bedarf.

(2) Sind für die Anordnung einer Vormundschaft sowohl die deutschen Gerichte als auch die Gerichte eines anderen Staates zuständig und ist die Vormundschaft in dem anderen Staat anhängig, kann die Anordnung der Vormundschaft im Inland unterbleiben, wenn dies im Interesse des Mündels liegt.

(3) Sind für die Anordnung einer Vormundschaft sowohl die deutschen Gerichte als auch die Gerichte eines anderen Staates zuständig und besteht die Vormundschaft im Inland, kann das Gericht, bei dem die Vormundschaft anhängig ist, sie an den Staat, dessen Gerichte für die Anordnung der Vormundschaft zuständig sind, abgeben, wenn dies im Interesse des Mündels liegt, der Vormund seine Zustimmung erteilt und dieser Staat sich zur Übernahme bereit erklärt. Verweigert der Vormund oder, wenn mehrere Vormünder die Vormundschaft gemeinschaftlich führen, einer von ihnen seine Zustimmung, so entscheidet anstelle des Gerichts, bei dem die Vormundschaft anhängig ist, das im Rechtszug übergeordnete Gericht. Der Beschluss ist nicht anfechtbar.

(4) Die Absätze 2 und 3 gelten entsprechend für Verfahren nach § 151 Nr. 5 und 6.

I. Inhalt und Bedeutung der Norm

1 Die Vorschrift regelt die **internationale Zuständigkeit der deutschen Gerichte in Kindschaftssachen**. Abs. 1 entspricht inhaltlich dem bisherigen § 35b Abs. 1 und 2 FGG (i.V.m. § 43 Abs. 1, § 64 Abs. 3 Satz 2, § 70 Abs. 4 FGG). Abs. 2 bis 4 übernehmen die Regelung des § 47 FGG (i.V.m. § 70 Abs. 4 FGG).

---

16 Hau FamRZ 2009, 821 (823 f.); näher zum vorrangigen internationalen Recht § 97 Rn. 6 f.
17 Vgl. Zöller/Geimer § 606a ZPO Rn. 25.

In Kindschaftssachen zwischen Staatsangehörigen der europäischen Mitgliedstaaten (außer Dänemark), die das Sorgerecht, das Umgangsrecht, die Vormundschaft und die Pflegschaft betreffen, wird die Vorschrift durch Art. 8 ff. **Brüssel IIa-V verdrängt**. Im Bereich der Kindesherausgabe sind Art. 10 **Brüssel IIa-V**, Art. 8 ff. **HKÜ** und Art. 8 ff. **ESÜ vorrangig**. Soweit Schutzmaßnahmen zugunsten der Person oder des Vermögens eines ausländischen Minderjährigen, der sich im Bundesgebiet aufhält, getroffen werden sollen, wird § 99 außerdem durch Art. 1, 2 **MSA verdrängt**. Schutzmaßnahmen nach dem MSA können u.a. Sorgerechtsentscheidungen, Umgangsregelungen sowie die Anordnung der Vormundschaft oder Pflegschaft sein.[1]

2

II. Zuständigkeit für Kindschaftssachen (Abs. 1)

Die Geltung für Kindschaftssachen (§ 151) erfährt eine **Einschränkung**, indem Verfahren aufgrund der Landesgesetze zur freiheitsentziehenden Unterbringung psychisch Kranker (§ 151 Nr. 7) ausgenommen sind (Abs. 1).

3

Nach **Abs. 1 Nr. 1** sind die deutschen Gerichte international zuständig, wenn das Kind Deutscher ist. Wer Deutscher i.S.d. Nr. 1 ist, ergibt sich aus §§ 1, 3 ff. StAG. Zur **Deutscheneigenschaft** → § 98 Rn. 4.

4

Nach **Abs. 1 Nr. 2** ergibt sich die Zuständigkeit auch dann, wenn das Kind seinen gewöhnlichen Aufenthalt im Inland hat. Wo das Kind seinen gewöhnlichen Aufenthalt hat, ist hierbei nach kollisionsrechtlichen Grundsätzen zu bestimmen. Danach ist der **gewöhnliche Aufenthalt** dort begründet, wo eine Person tatsächlich ihren Lebensmittelpunkt hat.[2] Der gewöhnliche Aufenthalt wird auch durch zeitweilige Abwesenheit nicht aufgehoben.[3] Näher → § 152 Rn. 4.

5

Zuständig nach **Satz 2** sind die deutschen Gerichte außerdem, soweit das Kind der Fürsorge durch ein deutsches Gericht bedarf. Das **Fürsorgebedürfnis** kann bezüglich der Person und/oder des Vermögens des Minderjährigen bestehen.[4] Die Zuständigkeit kann begründet sein, wenn sich der Minderjährige im Inland aufhält,[5] aber auch bei dessen Aufenthalt im Ausland, wenn er Vermögen im Inland besitzt.[6] Die Zuständigkeit wegen eines Fürsorgebedürfnisses ist nicht davon abhängig, ob der Heimatstaat des Minderjährigen tätig wird oder untätig bleibt.[7] Ein Fürsorgebedürfnis besteht bspw. in der Regel dann, wenn der Minderjährige sich unbegleitet im Inland aufhält (vgl. auch § 42 Abs. 1 Satz 1 Nr. 3 SGB VIII).[8] Näher zum Ort des Fürsorgebedürfnisses → § 152 Rn. 5.

6

---

1 Staudinger/Kropholler Vorb Art. 19 EGBGB Rn. 42 ff., 56 ff., 67, 69 ff.
2 BGH 05.02.1975 – IV ZR 103/73 = NJW 1975, 1068; BGH 03.02.1993 – XII ZB 93/90 = NJW 1993, 2047; Palandt/Heldrich Art. 5 EGBGB Rn. 10.
3 BGH 03.02.1993 – XII ZB 93/90 = NJW 1993, 2047; Palandt/Heldrich Art. 5 EGBGB Rn. 10.
4 Jansen/Müller-Lukoschek § 35b FGG Rn. 15.
5 Jansen/Müller-Lukoschek § 35b FGG Rn. 15; Keidel u.a./Engelhardt § 35b FGG Rn. 9.
6 BT-Drs. 10/504, S. 94; Jansen/Müller-Lukoschek § 35b FGG Rn. 15; Keidel u.a./Engelhardt § 35b FGG Rn. 9.
7 Jansen/Müller-Lukoschek § 35b FGG Rn. 15.
8 Jansen/Müller-Lukoschek § 35b FGG Rn. 15; Keidel u.a./Engelhardt § 35b FGG Rn. 9.

III. Zuständigkeit der Gerichte mehrerer Staaten (Abs. 2 bis 4)

7 Die Zuständigkeit der deutschen Gerichte für Kindschaftssachen ist keine ausschließliche (§ 106). Es kann zu doppelter oder mehrfacher Zuständigkeit verschiedener Staaten kommen. Abs. 2 bis 3 enthalten daher ergänzende Kollisionsregelungen bei **Mehrfachzuständigkeit** für Verfahren betreffend die Vormundschaft (§ 151 Nr. 4), aber nach Abs. 4 auch für die Pflegschaft (§ 151 Nr. 5) oder die Genehmigung einer freiheitsentziehenden Unterbringung (§ 151 Nr. 6).

8 Abs. 2 lässt einen **Verzicht auf die Anordnung** der Vormundschaft durch die deutschen Gerichte zu, wenn die Vormundschaft bereits in einem anderen Staat bei einem zuständigen Gericht anhängig ist und ein Verzicht auf die Anordnung der Vormundschaft im Interesse des Mündels liegt. Ein Verzicht liegt regelmäßig **im Interesse des Kindes**, wenn

- es sich im Ausland aufhält und sinnvollerweise dort ein Vormund bzw. Pfleger bestellt oder eine freiheitsentziehende Unterbringung angeordnet wird,
- im Inland keine Geschäfte zu besorgen sind.[9]

Es muss gewährleistet sein, dass die ausländische Anordnung das Kind ausreichend schützt,[10] ihm also in vergleichbarem Maße Schutz und Vorteile wie durch eine inländische Anordnung zuteil werden.[11] Bei Aufenthalt oder zu besorgenden Geschäften im Inland ist zudem sicherzustellen, dass die Anordnung im Ausland in Deutschland anzuerkennen ist, da nur dann **ausreichender Schutz** gewährt wird.[12]

9 Eine im Inland angeordnete Vormundschaft, Pflegschaft oder genehmigte freiheitsentziehende Unterbringung kann nach **Abs. 3** an das zuständige ausländische Gericht abgegeben werden, wenn

- die Abgabe im Interesse des Mündels liegt und
- der Vormund seine Zustimmung hierzu erteilt und
- der ausländische Staat sich zur Übernahme bereit erklärt.

Bei **Abgabe an das ausländische Gericht** ist die im Inland bestehende Vormundschaft bzw. Pflegschaft aufzuheben.[13]. Der Vormund bzw. Pfleger ist aus seinem Amt zu entlassen.

---

[9] Jansen/Müller-Lukoschek § 47 FGG Rn. 11.
[10] Jansen/Müller-Lukoschek § 47 FGG Rn. 11.
[11] Bumiller/Winkler § 47 FGG Rn. 2; Keidel u.a./Engelhardt § 47 FGG Rn. 3.
[12] Jansen/Müller-Lukoschek § 47 FGG Rn. 13; Keidel u.a./Engelhardt § 47 FGG Rn. 3.
[13] Jansen/Müller-Lukoschek § 47 FGG Rn. 26; Keidel u.a./Engelhardt § 47 FGG Rn. 3.

§ 100 Abstammungssachen

Die deutschen Gerichte sind zuständig, wenn das Kind, die Mutter, der Vater oder der Mann, der an Eides statt versichert, der Mutter während der Empfängniszeit beigewohnt zu haben,

1. **Deutscher ist oder**
2. **seinen gewöhnlichen Aufenthalt im Inland hat.**

Die Vorschrift zur internationalen Zuständigkeit der deutschen Gerichte in Abstammungssachen (§ 169) entspricht dem bisherigen **§ 640a Abs. 2 ZPO**. Für Deutschland existiert **kein vorrangiges europäisches oder Völkerrecht**, das die Vorschrift verdrängt.[1]

Die Vorschrift erklärt die deutschen Gerichte für zuständig, wenn Kind, Mutter, Vater und/oder Putativvater Deutsche/r ist bzw. sind (Nr. 1). Näher zur **Deutscheneigenschaft** → § 98 Rn. 4. Die Zuständigkeit ist auch gegeben, wenn die deutsche Staatsangehörigkeit keine effektive ist, also durch die Vaterschaftsanerkennung bzw. -feststellung, die nunmehr angefochten werden soll, verloren gegangen ist.[2]

Die Zuständigkeit wegen des **gewöhnlichen Aufenthalts** (Nr. 2) einer der möglichen natürlichen Beteiligten im Inland ist nach kollisionsrechtlichen Grundsätzen zu bestimmen. Näheres → § 98 Rn. 5, → § 152 Rn. 4, → § 170 Rn. 1 f.

Die Vorschrift begründet eine weitreichende Zuständigkeit der deutschen Gerichte. Sofern mehrere Beteiligte vorhanden sind oder Anträge gegen mehrere mögliche Väter gerichtet sind (§ 179), genügt, dass die genannten Voraussetzungen bei einer der Personen vorliegen.[3] In Betracht kommt jedoch eine Korrektur nach den Prinzipien des **„forum non conveniens"**. Danach können deutsche Gerichte in familienrechtlichen Angelegenheiten der freiwilligen Gerichtsbarkeit ihre internationale Zuständigkeit verneinen, wenn die Beteiligten nicht (mehr) in Deutschland leben und die Entscheidung durch ein ausländisches Gericht dem Interesse des Kindes besser entspräche.[4]

§ 101 Adoptionssachen

Die deutschen Gerichte sind zuständig, wenn der Annehmende, einer der annehmenden Ehegatten oder das Kind

1. **Deutscher ist oder**
2. **seinen gewöhnlichen Aufenthalt im Inland hat.**

Die Vorschrift regelt die internationale Zuständigkeit der deutschen Gerichte für sämtliche Adoptionssachen (→ § 186). Sie entspricht dem bisherigen **§ 43b Abs. 1 Satz 1 FGG**. Für Deutschland existiert **kein vorrangiges europäisches oder Völkerrecht**,

---

1 Hk-ZPO/Kemper § 640a ZPO Rn. 2.
2 Hk-ZPO/Kemper § 640a ZPO Rn. 3; Musielak/Borth § 640a ZPO Rn. 4.
3 Hk-ZPO/Kemper § 640a ZPO Rn. 4.
4 OLG Frankfurt a. M. 12.07.1973 – 20 W 260/73 = StAZ 1975, 98; OLG Frankfurt a. M. 15.11.1982 – 3 UF 326/79 = IPRax 1983, 294; Jayme IPRax 1984, 295; a.A. OLG München 22.06.1983 – 7 U 5522/82 = IPRax 1984, 319; Löber IPRax 1986, 283.

das die Vorschrift verdrängt. Weder die Brüssel IIa-V noch das MSA oder das KSÜ sind auf Adoptionen anwendbar.¹ Auch AdÜbAG, AdWirkG, das Haager Übereinkommen über den Schutz von Kindern und die Zusammenarbeit auf dem Gebiet der internationalen Adoptionen vom 29.05.1993 oder das Straßburger Europäische Übereinkommen über die Adoption von Kindern vom 24.04.1967 regeln nicht die internationale Zuständigkeit.²

2 Die Zuständigkeit der deutschen Gerichte wird unabhängig vom gewöhnlichen Aufenthalt angenommen, wenn der

- Annehmende,
- einer der annehmenden Ehegatten oder
- das Kind

Deutscher ist (Nr. 1). Näheres zur **Deutscheneigenschaft** → § 98 Rn. 4. Die Zuständigkeit ist auch gegeben, wenn die deutsche Staatsangehörigkeit keine effektive ist, also durch die Adoption, deren Aufhebung bspw. begehrt wird, verloren gegangen ist.³

3 Die Zuständigkeit wegen des **gewöhnlichen Aufenthalts im Inland** einer oder mehrerer der genannten Beteiligten (Nr. 2) ist nach kollisionsrechtlichen Grundsätzen zu bestimmen. Näheres → § 98 Rn. 5, → § 152 Rn. 4, → § 187 Rn. 3 f.

4 **Maßgebender Zeitpunkt** für das Vorliegen der Voraussetzungen ist der Eingang des Antrags oder einer Erklärung bei Gericht bzw. bei Amtsverfahren nach § 1746 Abs. 3 oder § 1763 BGB der Zeitpunkt, in dem das Gericht erstmals mit dem Verfahren befasst wird.⁴

§ 102 Versorgungsausgleichssachen

Die deutschen Gerichte sind zuständig, wenn

1. **der Antragsteller oder der Antragsgegner seinen gewöhnlichen Aufenthalt im Inland hat,**
2. **über inländische Anrechte zu entscheiden ist oder**
3. **ein deutsches Gericht die Ehe zwischen Antragsteller und Antragsgegner geschieden hat.**

1 Durch die Vorschrift wird erstmals eine **eigene Regelung der internationalen Zuständigkeit** für Versorgungsausgleichssachen (§ 217) außerhalb des Scheidungsverbunds eingeführt.¹ Bislang hat die Rechtsprechung auch auf isolierte Versorgungsausgleichssachen die Regelungen über die internationale Zuständigkeit für Ehesachen (§ 606a ZPO) angewandt.² Da Versorgungsausgleichssachen jedoch unterhaltsähnli-

---

1 Andrae 2006, § 7 Rn. 7 f.
2 Andrae 2006, § 7 Rn. 7 f.; Jansen/Müller-Lukoschek § 43b FGG Rn. 36 ff.
3 Bassenge/Roth § 43b FGG Rn. 3; Jansen/Müller-Lukoschek § 43b FGG Rn. 50; Hk-ZPO/Kemper § 640a ZPO Rn. 3; Musielak/Borth § 640a ZPO Rn. 4.
4 Bassenge/Roth § 43b FGG Rn. 12.
1 BT-Drs. 16/6308, S. 221
2 BGH 07.11.1979 – IV ZB 159/78 = FamRZ 1980, 29.

chen, vermögensrechtlichen Charakter haben, wird für diese die internationale Zuständigkeit deutscher Gerichte allein wegen der Staatsangehörigkeit beider oder eines Ehegatten als zu weitgehend angesehen.³ § 102 erklärt die deutschen Gerichte deshalb – in Anlehnung an §§ 12, 13, 23 und 23a ZPO – nur bei unmittelbarem inländischen Bezug für zuständig.⁴

Für Deutschland existiert **kein vorrangiges europäisches oder Völkerrecht**, das die Vorschrift verdrängt. Insbesondere ist die EuGVVO auf Versorgungsausgleichssachen nicht anwendbar, da diese eine unmittelbare vermögensrechtliche Folge der Ehe darstellen und deshalb dem Recht der ehelichen Güterstände zuzurechnen sind, das nach Art. 1 Abs. 2 Buchst. a EuGVVO vom Anwendungsbereich der Verordnung ausdrücklich ausgenommen ist.⁵

Die deutschen Gerichte sind nach **Nr. 1** zunächst dann zuständig, wenn der Antragsteller oder der Antragsgegner seinen **gewöhnlichen Aufenthalt im Inland** hat. Wo die Beteiligten ihren gewöhnlichen Aufenthalt haben, ist nach kollisionsrechtlichen Grundsätzen zu bestimmen. Näheres → § 98 Rn. 5.

Eine internationale Zuständigkeit deutscher Gerichte ergibt sich nach **Nr. 2** auch, wenn über **inländische Anrechte** zu entscheiden ist, also solche, die im Inland gegen einen inländischen Träger bestehen.

Ergänzend wird nach **Nr. 3** eine internationale Zuständigkeit deutscher Gerichte bei **Ehescheidung durch eine deutsches Gericht** angenommen. Hintergrund ist, dass zur Vermeidung von Verzögerungen des Scheidungsverfahrens über ausländische Anrechte häufig nicht im Verbund mit der Scheidung entschieden wird.⁶ Wenn Antragsteller und/oder Antragsgegner inzwischen den gewöhnlichen Aufenthalt im Ausland begründet haben, könnte in diesem isolierten Verfahren vor einem deutschen Gericht nicht mehr über die ausländischen Anrechte entschieden werden. Dies könnte zu unbilligen Ergebnissen führen, falls ein ausländisches Gericht den Versorgungsausgleich nicht durchführen kann.⁷

§ 103 Lebenspartnerschaftssachen

(1) Die deutschen Gerichte sind in Lebenspartnerschaftssachen, die die Aufhebung der Lebenspartnerschaft auf Grund des Lebenspartnerschaftsgesetzes oder die Feststellung des Bestehens oder Nichtbestehens einer Lebenspartnerschaft zum Gegenstand haben, zuständig, wenn

1. ein Lebenspartner Deutscher ist oder bei Begründung der Lebenspartnerschaft war,
2. einer der Lebenspartner seinen gewöhnlichen Aufenthalt im Inland hat oder

---

3 BT-Drs. 16/6308, S. 221.
4 BT-Drs. 16/6308, S. 221.
5 Kropholler 2005, Art. 1 Rn. 27.
6 BT-Drs. 16/6308, S. 221.
7 BT-Drs. 16/6308, S. 221.

3. die Lebenspartnerschaft vor einer zuständigen deutschen Stelle begründet worden ist.

(2) Die Zuständigkeit der deutschen Gerichte nach Absatz 1 erstreckt sich im Fall des Verbunds von Aufhebungs- und Folgesachen auf die Folgesachen.

(3) Die §§ 99, 101, 102 und 105 gelten entsprechend.

1 Die Vorschrift regelt die internationale Zuständigkeit der deutschen Gerichte in Lebenspartnerschaftssachen. Abs. 1 entspricht inhaltlich der bisher geltenden Regelung in § 661 Abs. 3 ZPO a.F. Der im Gesetzgebungsverfahren später eingefügte Abs. 2 ist § 98 Abs. 2 nachgebildet, der ebenfalls nachträglich aufgenommene Abs. 3 lehnt sich inhaltlich an § 661 Abs. 2 ZPO a.F. an.[1]

2 Soweit die Lebenspartnerschaftssache die **elterliche Verantwortung** für ein gemeinschaftliches Kind betrifft (§ 269 Abs. 1 Nr. 3), wird die Vorschrift durch Art. 8 ff. Brüssel IIa-V, Art. 1, 2 MSA und Art. 16 HKÜ verdrängt. Soweit **Kindesunterhalt** für ein gemeinschaftliches minderjähriges Kind der Lebenspartner oder **zivilrechtliche Zahlungsansprüche der Lebenspartner** gegeneinander gerichtlich geltend gemacht werden, sind die Regelungen

- des Brüsseler EWG-Übereinkommens über die gerichtliche Zuständigkeit und die Vollstreckung gerichtlicher Entscheidungen in Zivil- und Handelssachen vom 27.09.1968,[2]
- der Verordnung (EG) Nr. 44/2001 des Rates über die gerichtliche Zuständigkeit und die Anerkennung und Vollstreckung von Entscheidungen in Zivil- und Handelssachen vom 22.12.2000 (EuGVVO)[3] sowie
- des Luganer Europäischen Übereinkommens über die gerichtliche Zuständigkeit und die Vollstreckung gerichtlicher Entscheidungen in Zivil- und Handelssachen vom 16.09.1988[4] vorrangig.

Näheres hierzu → § 97 Rn. 6 f.

3 Nach **Abs. 1 Nr. 1** sind die deutschen Gerichte für Lebenspartnerschaftssachen zuständig, wenn (mindestens) **ein** Lebenspartner Deutscher ist oder bei der Begründung der Lebenspartnerschaft war. Die Vorschrift entspricht dem für Ehesachen geltenden § 98 Abs. 1 Nr. 1. Näheres zur **Deutscheneigenschaft** → § 98 Rn. 4.

4 **Abs. 1 Nr. 2** korreliert mit § 98 Abs. 1 Nr. 2 und bestimmt die Zuständigkeit deutscher Gerichte, wenn keiner der Lebenspartner Deutscher ist oder war, jedoch einer der Lebenspartner seinen **gewöhnlichen Aufenthalt im Inland** hat. Näheres hierzu → § 98 Rn. 5.

5 Die internationale Zuständigkeit ist nach Abs. 1 Nr. 3 auch dann gegeben, wenn die Lebenspartnerschaft **vor einer zuständigen deutschen Stelle begründet** wurde. Da das deutsche LPartG anders als z.B. viele nordische Gesetze eine bestimmte Staatsangehörigkeit oder einen besonderen Aufenthaltsstatus für die Begründung der Le-

---

1 BT-Drs. 16/9733, S. 56, 292.
2 BGBl 1972 II, S. 774 i.d.F. des 4. Beitrittsübereinkommens vom 29.11.1996, BGBl. 1998 II, S. 1412.
3 http://eur-lex.europa.eu/smartapi/cgi/sga_doc?smartapi!celexapi!prod!CELEXnumdoc&lg=de&numdoc=32001R0044&model=guichett (16.03.2009); Jayme/Hausmann 2009, S. 387.
4 http://www.unilu.ch/files/eu-rechtsquellen/19880916%20Übereinkommen%20Lugano.pdf (16.03.2009); Jayme/Hausmann 2009, S. 349.

benspartnerschaft nicht voraussetzt,[5] kann es so auch zu einer Zuständigkeit der deutschen Gerichte kommen, wenn keiner der Lebenspartner Deutscher ist und beide ihren gewöhnlichen Aufenthalt im Ausland haben. Welche Stelle für die Begründung von Lebenspartnerschaften zuständig ist i.S.d. Abs. 1 Nr. 3 wird (mittlerweile) ausschließlich durch Landesgesetze geregelt (§ 23 LPartG).[6]

Abs. 2 zur Zuständigkeit für die Folgesachen im Verbund entspricht der Regelung in § 98 Abs. 2. Näheres hierzu → § 98 Rn. 8 f.

6

Nach **Abs. 3** sind für die Lebenspartnerschaftssachen, die bei heterosexuellen Paaren oder Eltern eine Kindschafts- (§ 269 Abs. 1 Nr. 3), Adoptions- (§ 269 Abs. 1 Nr. 4) oder Versorgungsausgleichssache (§ 269 Abs. 1 Nr. 7) wären, die betreffenden Regelungen zur internationalen Zuständigkeit in §§ 99, 101 bzw. 102 entsprechend anzuwenden. Für die anderen, den **Familiensachen für heterosexuelle Paare bzw. Eltern** entsprechenden Lebenspartnerschaftssachen (§ 269 Abs. 1 Nr. 5, 6, 9 bis 12) gilt § 105 entsprechend.[7]

7

§ 104 Betreuungs- und Unterbringungssachen; Pflegschaft für Erwachsene

(1) Die deutschen Gerichte sind zuständig, wenn der Betroffene oder der volljährige Pflegling

1. Deutscher ist oder

2. seinen gewöhnlichen Aufenthalt im Inland hat.

Die deutschen Gerichte sind ferner zuständig, soweit der Betroffene oder volljährige Pflegling der Fürsorge eines durch ein deutsches Gericht bedarf.

(2) § 99 Abs. 2 und 3 gilt entsprechend.

(3) Die Absätze 1 und 2 sind im Fall einer Unterbringung nach § 312 Nr. 3 nicht anzuwenden.

§ 104 betrifft ausschließlich Betreuungs- und Unterbringungssachen nach dem Buch 3. Von einer Kommentierung wird daher abgesehen.

§ 105 Andere Verfahren

In anderen Verfahren nach diesem Gesetz sind die deutschen Gerichte zuständig, wenn ein deutsches Gericht örtlich zuständig ist.

Die Vorschrift schreibt den bislang nicht geregelten **Grundsatz** fest, dass die internationale Zuständigkeit der deutschen Gerichte in den gesetzlich nicht geregelten Fällen

1

---

5 Muscheler 2004, Rn. 144.
6 Muscheler 2004, Rn. 146 f.; Abdruck sämtlicher Landesgesetze ebd. S. 650 ff.
7 Kritisch zu den Verweisungen in Abs. 3 Hau FamRZ 2009, 821 (822), der für bestimmte Verfahren vor deutschen Gerichten kein „Forum" geboten sehen möchte.

der örtlichen Zuständigkeit folgt. Auch in diesen Fällen ist jedoch der in § 97 kodifizierte Vorrang von völkerrechtlichen Vereinbarungen, Rechtsakten der Europäischen Gemeinschaft und den hierzu ergangenen Ausführungsgesetzen zu beachten.[1]

2 Die Vorschrift regelt die internationale Zuständigkeit der deutschen Gerichte für Verfahren nach dem FamFG, für die eine ausdrückliche Regelung zur Bestimmung der internationalen Zuständigkeit nicht existiert (Doppelfunktionalität).[2] Dies sind für Familiensachen bspw.

- **Ehewohnungs- und Haushaltssachen** (§ 111 Nr. 5, § 200),
- **Gewaltschutzsachen** (§ 111 Nr. 6, § 210),
- **Unterhaltssachen**, soweit diese nicht im Scheidungsverbund geltend gemacht werden (§ 111 Nr. 8, § 231),
- **Güterrechtssachen** (§ 111 Nr. 9, § 261) sowie
- **sonstige Familiensachen** (§ 111 Nr. 10, § 266).

§ 106 Keine ausschließliche Zuständigkeit

Die Zuständigkeiten in diesem Unterabschnitt sind nicht ausschließlich.

1 Die Vorschrift erklärt die internationalen Zuständigkeiten nach §§ 99 bis 105 für nicht ausschließlich. Dies wurde nach **bisherigem Recht** jeweils gesondert festgehalten (vgl. § 43b Abs. 2 FGG, § 606a Abs. 1 Satz 2 ZPO a.F., § 640a Abs. 2 Satz 2 ZPO a.F.).

2 § 106 greift nur ein, wenn sich die internationale Zuständigkeit deutscher Gerichte aus dem FamFG und nicht aus **vorrangigem internationalen Recht** (§ 97 Abs. 1) ergibt. Eine Durchbrechung der Ausschließlichkeit ergibt sich dann ggf. aus den dortigen Regelungen.

3 Die Betonung der fehlenden Ausschließlichkeit des deutschen Gerichtsstands ermöglicht **wahlweise** bei Vorliegen der dortigen Zuständigkeitsvoraussetzungen, das Verfahren auch im Ausland anhängig zu machen. Bspw. kann sich ein im Ausland lebender Deutscher von seinem ausländischen Ehegatten grundsätzlich auch im Ausland scheiden lassen. Damit eine solche Scheidung auch im Inland wirksam wird, muss sie jedoch gem. § 107 anerkannt werden.[1]

4 Die konkurrierende Zuständigkeit kann dazu führen, dass im Inland ein Verfahren eingeleitet wird, obwohl dieselbe Rechtssache bereits im Ausland anhängig ist. Ist die internationale Zuständigkeit des ausländischen Gerichts gegeben, scheidet in Ehesachen und Familienstreitsachen ein **paralleles Anhängigmachen** derselben Sache im Inland nach § 261 Abs. 3 Nr. 1 ZPO aus, der gem. § 113 Abs. 1 ergänzend gilt.[2] Etwas anderes gilt nur, wenn die ausländische Entscheidung im Inland aller Voraussicht nach nicht an-

---

1 Zu den Einzelheiten → § 97 Rn. 3 ff.
2 Mit Hinweisen zum Meinungsstand vor FamFG Hau FamRZ 2009, 821 (822 f.).
1 Thomas/Putzo/Hüßtege § 606a ZPO Rn. 3.
2 BGH 06.10.1982 – IVb ZR 729/80 = NJW 1983, 514; 24.10.2000 – XI ZR 300/99 = NJW 2001, 524 (525); OLG Düsseldorf 20.03.1985 – 3 WF 36/85 = IPRax 1986, 29; Hk-ZPO/Kemper § 606a ZPO Rn. 3; Thomas/Putzo/Hüßtege § 606a ZPO Rn. 5; Zöller/Geimer § 606a ZPO Rn. 33; Luther IPRax 1984, 141; Geimer NJW 1984, 1269; Schumann IPRax 1986, 14.

zuerkennen ist.[3] Voraussetzung ist allerdings die Identität des Streitgegenstands; eine solche liegt bspw. nicht vor, wenn im Inland ein Scheidungsverfahren, im Ausland jedoch ein Eheaufhebungsverfahren betrieben wird.[4]

Auch in anderen Familiensachen steht die anderweitige Rechtshängigkeit im Ausland einer Antragstellung im Inland entgegen, sofern die internationale Zuständigkeit des ausländischen Gerichts gegeben und die ausländische Entscheidung im Inland anzuerkennen ist.[5] Soweit im Verfahren der freiwilligen Gerichtsbarkeit **vorrangige internationale Verträge oder europäische Verordnungen** Anwendung finden, enthalten diese weitgehend selbst Regelungen zur Auflösung des Konkurrenzverhältnisses zwischen mehreren zuständigen Gerichten in verschiedenen Mitgliedstaaten:

- Nach **Art. 19 Abs. 2 Brüssel IIa-V** hat das später angerufene Gericht in Verfahren bezüglich der elterlichen Verantwortung für ein Kind das Verfahren von Amts wegen auszusetzen, bis die Zuständigkeit des zuerst angerufenen Gerichts geklärt ist.
- **Art. 13 KSÜ** folgt ebenfalls diesem Prioritätsprinzip.
- Nach **Art. 4 Abs. 1 MSA** ist unabhängig vom Zeitpunkt der Anhängigkeit eine Zuständigkeit des Heimatgerichts gegeben.

Sofern dennoch sowohl im Inland als auch im Ausland über den selben Streitgegenstand entschieden wird und beide Entscheidungen einander entgegenstehen, kann die ausländische Entscheidung gem. § 109 Abs. 1 Nr. 3 im Inland **nicht anerkannt** werden.

Unterabschnitt 3
Anerkennung und Vollstreckung ausländischer Entscheidungen
(§ 107 – § 110)

§ 107 Anerkennung ausländischer Entscheidungen in Ehesachen

(1) Entscheidungen, durch die im Ausland eine Ehe für nichtig erklärt, aufgehoben, dem Ehebande nach oder unter Aufrechterhaltung des Ehebandes geschieden oder durch die das Bestehen oder Nichtbestehen einer Ehe zwischen den Beteiligten festgestellt worden ist, werden nur anerkannt, wenn die Landesjustizverwaltung festgestellt hat, dass die Voraussetzungen für die Aner-

---

[3] BGH 06.10.1982 – IVb ZR 729/80 = NJW 1983, 515; BGH 24.10.2000 – XI ZR 300/99 = NJW 2001, 524 (525); OLG Düsseldorf 20.03.1985 – 3 WF 36/85 = IPRax 1986, 29; Thomas/Putzo/Hüßtege § 606a ZPO Rn. 5; Baumbach u.a. § 606a ZPO Rn. 13; Zöller/Geimer § 606a ZPO Rn. 33.
[4] Vgl. Thomas/Putzo/Hüßtege § 606a ZPO Rn. 5.
[5] BGH 16.06.1982 – IVb ZR 720/80 = FamRZ 1982, 917; OLG Saarbrücken 09.03.2004 – 2 UF 23/03 = OLGR Saarbrücken 2004, 467; OLG Nürnberg 10.08.1999 – UF 1611/99 = FamRZ 2000, 369; BayObLG 28.01.1983 – Breg. 1 Z 48/82 = FamRZ 1983, 501; OLG München 16.09.1992 – 12 UF 930/92 = FamRZ 1993, 349; Keidel u.a./Zimmermann § 31 FGG Rn. 25; a.A. Jansen/von König § 31 FGG Rn. 14, wonach die Rechtshängigkeit vor einem ausländischen Gericht lediglich unter dem Gesichtspunkt des fehlenden Rechtsschutzinteresses Bedeutung gewinnen kann.

kennung vorliegen. Hat ein Gericht oder eine Behörde des Staates entschieden, dem beide Ehegatten zur Zeit der Entscheidung angehört haben, hängt die Anerkennung nicht von einer Feststellung der Landesjustizverwaltung ab.

(2) Zuständig ist die Justizverwaltung des Landes, in dem ein Ehegatte seinen gewöhnlichen Aufenthalt hat. Hat keiner der Ehegatten seinen gewöhnlichen Aufenthalt im Inland, ist die Justizverwaltung des Landes zuständig, in dem eine neue Ehe geschlossen oder eine Lebenspartnerschaft begründet werden soll; die Landesjustizverwaltung kann den Nachweis verlangen, dass die Eheschließung oder die Begründung der Lebenspartnerschaft angemeldet ist. Wenn eine andere Zuständigkeit nicht gegeben ist, ist die Justizverwaltung des Landes Berlin zuständig.

(3) Die Landesregierungen können die den Landesjustizverwaltungen nach dieser Vorschrift zustehenden Befugnisse durch Rechtsverordnung auf einen oder mehrere Präsidenten der Oberlandesgerichte übertragen. Die Landesregierungen können die Ermächtigung nach Satz 1 durch Rechtsverordnung auf die Landesjustizverwaltungen übertragen.

(4) Die Entscheidung ergeht auf Antrag. Den Antrag kann stellen, wer ein rechtliches Interesse an der Anerkennung glaubhaft macht.

(5) Lehnt die Landesjustizverwaltung den Antrag ab, kann der Antragsteller beim Oberlandesgericht die Entscheidung beantragen.

(6) Stellt die Landesjustizverwaltung fest, dass die Voraussetzungen für die Anerkennung vorliegen, kann ein Ehegatte, der den Antrag nicht gestellt hat, beim Oberlandesgericht die Entscheidung beantragen. Die Entscheidung der Landesjustizverwaltung wird mit der Bekanntgabe an den Antragsteller wirksam. Die Landesjustizverwaltung kann jedoch in ihrer Entscheidung bestimmen, dass die Entscheidung erst nach Ablauf einer von ihr bestimmten Frist wirksam wird.

(7) Zuständig ist ein Zivilsenat des Oberlandesgerichts, in dessen Bezirk die Landesjustizverwaltung ihren Sitz hat. Der Antrag auf gerichtliche Entscheidung hat keine aufschiebende Wirkung. Für das Verfahren gelten die Abschnitte 4 und 5 sowie §§ 14 Abs. 1 und 2 und §§ 48 Abs. 2 entsprechend.

(8) Die vorstehenden Vorschriften sind entsprechend anzuwenden, wenn die Feststellung begehrt wird, dass die Voraussetzungen für die Anerkennung einer Entscheidung nicht vorliegen.

(9) Die Feststellung, dass die Voraussetzungen für die Anerkennung vorliegen oder nicht vorliegen, ist für Gerichte und Verwaltungsbehörden bindend.

(10) War am 1. November 1941 in einem deutschen Familienbuch (Heiratsregister) auf Grund einer ausländischen Entscheidung die Nichtigerklärung, Aufhebung, Scheidung oder Trennung oder das Bestehen oder Nichtbestehen einer Ehe vermerkt, steht der Vermerk einer Anerkennung nach dieser Vorschrift gleich.

1 Die Vorschrift regelt die **Anerkennung ausländischer Entscheidungen in Ehesachen**. Sie übernimmt weitgehend den Regelungsgehalt des Art. 7 § 1 FamRÄndG. Im

Anwendungsbereich der Brüssel IIa-V wird die Vorschrift durch deren Art. 21 und 22 verdrängt (§ 97 Abs. 1).

Ziel des besonderen Anerkennungsverfahrens für ausländische Entscheidungen in Ehesachen ist, endgültige Klarheit darüber zu schaffen, ob ein ausländisches Urteil in Ehesachen in Deutschland Wirkung entfaltet. Dies soll dadurch erreicht werden, dass eine **abschließende Entscheidung** durch die Landesjustizverwaltung bzw. den OLG-Präsidenten getroffen wird, so dass nicht jedes Einzelgericht über die Wirkung ausländischer Urteile in Ehesachen befinden kann bzw. muss.[1]

Nach **Abs. 7** unterliegt der Antrag auf Entscheidung durch das OLG anders als bisher nunmehr der **Einmonats- bzw. Zweiwochenfrist** des § 63. Die Entscheidung der Landesjustizverwaltung wird damit bei nicht fristgemäßer Antragstellung rechtskräftig. Ggf. besteht jedoch die Möglichkeit, ein **Wiederaufnahmeverfahren** nach § 48 Abs. 2 einzuleiten. Wird der Antrag fristgemäß gestellt und ergeht eine Entscheidung des OLG, kann hiergegen entsprechend §§ 70 ff. **Rechtsbeschwerde zum Bundesgerichtshof** erhoben werden. Der Verweis in Abs. 7 Satz 3 auf den 4. Abschnitt ermöglicht dem OLG, vorab im Wege einer **einstweiligen Anordnung** zu entscheiden. Der Antrag ist hierbei fristgebunden; die Entscheidung der Landesjustizverwaltung erlangt daher Bestandskraft.[2]

Aus §§ 109 Abs. 4 ergibt sich ein **Verzicht auf Gegenseitigkeit**, deren Verbürgung keine Voraussetzung für die Anerkennung einer ausländischen Entscheidung in Ehesachen ist.

§ 108 Anerkennung anderer ausländischer Entscheidungen

(1) Abgesehen von Entscheidungen in Ehesachen werden ausländische Entscheidungen anerkannt, ohne dass es hierfür eines besonderen Verfahrens bedarf.

(2) Beteiligte, die ein rechtliches Interesse haben, können eine Entscheidung über die Anerkennung oder Nichtanerkennung einer ausländischen Entscheidung nicht vermögensrechtlichen Inhalts beantragen. § 107 Abs. 9 gilt entsprechend. Für die Anerkennung oder Nichtanerkennung einer Annahme als Kind gelten jedoch die §§ 2, 4 und 5 des Adoptionswirkungsgesetzes, wenn der Angenommene zur Zeit der Annahme das 18. Lebensjahr nicht vollendet hatte.

(3) Für die Entscheidung über den Antrag nach Absatz 2 Satz 1 ist das Gericht örtlich zuständig, in dessen Bezirk zum Zeitpunkt der Antragstellung

1. der Antragsgegner oder die Person, auf die sich die Entscheidung bezieht, sich gewöhnlich aufhält oder

2. bei Fehlen einer Zuständigkeit nach Nummer 1 das Interesse an der Feststellung bekannt wird oder das Bedürfnis der Fürsorge besteht.

---

[1] Zöller/Geimer § 328 ZPO Rn. 288 f.
[2] Hau FamRZ 2009, 821 (825).

Diese Zuständigkeiten sind ausschließlich.

I. Inhalt und Bedeutung der Norm

1 Die Vorschrift regelt die **Anerkennung ausländischer Entscheidungen** mit Ausnahme von Entscheidungen in Ehesachen, für die § 107 ein besonderes Verfahren vorsieht.

2 Im Anwendungsbereich folgenden **vorrangigen internationalen Rechts** wird die Vorschrift verdrängt (§ 97 Abs. 1):

- Art. 21 der Verordnung (EG) Nr. 2201/2003 des Rates vom 27.11.2003 über die Zuständigkeit und die Anerkennung und Vollstreckung von Entscheidungen in Ehesachen und in Verfahren betreffend die **elterliche Verantwortung** und zur Aufhebung der Verordnung (EG) Nr. 1347/2000 **(Brüssel IIa-V)**;[1]

- Art. 7 des Haager Übereinkommens über die Zuständigkeit der Behörden und das anzuwendende Recht auf dem Gebiet des **Schutzes von Minderjährigen** vom 05.10.1961 **(MSA)**;[2]

- Art. 14 des Haager Übereinkommens über die zivilrechtlichen Aspekte **internationaler Kindesentführung** vom 25.10.1980 **(HKÜ)**;[3]

- Art. 7 des Luxemburger Europäischen Übereinkommens über die Anerkennung und Vollstreckung von Entscheidungen über das **Sorgerecht** für Kinder und die Wiederherstellung des Sorgeverhältnisses vom 20.05.1980 **(ESÜ)**;[4]

- Art. 23 ff. des Haager Übereinkommens über den Schutz von Kindern und die Zusammenarbeit auf dem Gebiet der **internationalen Adoption** vom 29.05.1993;[5]

- Art. 33 der **Verordnung (EG) Nr. 44/2001** des Rates über die gerichtliche Zuständigkeit und die Anerkennung und Vollstreckung von Entscheidungen in Zivil- und Handelssachen vom 22.12.2000 (bei Unterhaltssachen im Verbund);[6]

- das **deutsch-belgische Abkommen** über die gegenseitige Anerkennung und Vollstreckung von gerichtlichen Entscheidungen, Schiedssprüchen und öffentlichen Urkunden in Zivil- und Handelssachen vom 30.06.1958;[7]

- den **deutsch-griechischen Vertrag** über die gegenseitige Anerkennung und Vollstreckung von gerichtlichen Entscheidungen, Vergleichen und öffentlichen Urkunden in Zivil- und Handelssachen vom 04.11.1961;[8]

- den **Vertrag zwischen der Bundesrepublik Deutschland und Spanien** über die Anerkennung und Vollstreckung von gerichtlichen Entscheidungen und Ver-

---

1 http://www.bundesjustizamt.de/nn_258946/SharedDocs/Publikationen/HKUE/bruessel2a,templateId =raw,property=publicationFile.pdf/bruessel2a.pdf (16.03.2009).
2 http://www.admin.ch/ch/d/sr/i2/0.211.231.01.de.pdf (16.03.2009); Jayme/Hausmann 2009, S. 108.
3 http://www.admin.ch/ch/d/sr/i2/0.211.230.02.de.pdf (16.03.2009); Jayme/Hausmann 2009, S. 683.
4 http://conventions.coe.int/Treaty/ger/Treaties/Html/105.htm (16.03.2009); Jayme/Hausmann 2009, S. 537.
5 http://www.blja.bayern.de/textoffice/gesetze/haager/index.html (16.03.2009); Jayme/Hausmann 2009, S. 695.
6 http://eur-lex.europa.eu/smartapi/cgi/sga_doc?smartapi!celexapi!prod!CELEXnumdoc&lg=de&numdoc= 32001R0044&model=guichett (16.03.2009); Jayme/Hausmann 2009, S. 387.
7 BGBl 1959 II, S. 766 und 1960 II, S. 2408 mit dem deutschen Ausführungsgesetz vom 26.06.1959, BGBl I, S. 425.
8 BGBl 1963 II, S. 110.

gleichen sowie vollstreckbaren öffentlichen Urkunden in Zivil- und Handelssachen vom 14.11.1983;[9]

- den **Vertrag zwischen der Bundesrepublik Deutschland und der Tunesischen Republik** über Rechtsschutz und Rechtshilfe, die Anerkennung und Vollstreckung gerichtlicher Entscheidungen in Zivil- und Handelssachen sowie über die Handelsschiedsgerichtsbarkeit vom 19.07.1966;[10]
- das Haager Übereinkommen über die Anerkennung und Vollstreckung von Entscheidungen auf dem Gebiet der **Unterhaltspflicht** gegenüber Kindern vom 15.04.1958 (bei Unterhaltssachen im Verbund);[11]
- das Haager Übereinkommen über die Anerkennung und Vollstreckung von **Unterhaltsentscheidungen** vom 02.10.1973 (bei Unterhaltssachen im Verbund).[12]

II. Anerkennungs- und Anerkennungsfeststellungsverfahren

Abs. 1 normiert den **Grundsatz der automatischen Anerkennung**, der schon § 328 ZPO und § 16a FGG zugrunde liegt bzw. lag.[13] Ein besonderes Anerkennungsverfahren ist nicht vorgesehen. Über die Anerkennung einer ausländischen Entscheidung wird grundsätzlich vielmehr – deklaratorisch – als Vorfrage in dem streitigen Verfahren entschieden.[14]

Abs. 2 Satz 1 führt für Entscheidungen nicht vermögensrechtlichen Inhalts ein **fakultatives Anerkennungsfeststellungsverfahren** ein. Ausgenommen sind ausländische Entscheidungen bezüglich der Adoption von Kindern, für die das – hier vorrangige – **Adoptionswirkungsgesetz** ein eigenes Anerkennungsfeststellungsverfahren vorsieht.

Über die **Anerkennung aller sonstigen Entscheidungen in nicht vermögensrechtlichen Angelegenheiten** kann nunmehr isoliert entschieden werden. Da Entscheidungen in vermögensrechtlichen Angelegenheiten vor ihrer Vollstreckung gem. § 110 Abs. 2 und 3 für vollstreckbar erklärt werden müssen, konnten diese von der Möglichkeit eines Anerkennungsfeststellungsverfahrens nach Abs. 2 ausgenommen werden. Denn mit der Vollstreckbarerklärung wird inzident auch die Anerkennung der ausländischen Entscheidung ausgesprochen. Ein darüber hinausgehendes Rechtsschutzbedürfnis zur isolierten Anerkennung der ausländischen Entscheidung besteht in der Regel nicht.

In nicht vermögensrechtlichen Angelegenheiten ist für die Durchführung des Anerkennungsfeststellungsverfahrens ein **Feststellungsinteresse** erforderlich. Es muss sich um ein rechtliches, nicht um ein ideelles Interesse handeln. Ein solches ist dann anzu-

---

9 BGBl 1987 II, S. 35.
10 BGBl 1969 II, S. 890.
11 http://www.datenbanken.justiz.nrw.de/ir_htm/unterhalt_15041958.html (16.03.2009); Jayme/Hausmann 2009, S. 524.
12 http://www.datenbanken.justiz.nrw.de/ir_htm/unterhalt_02101973.html (16.03.2009); Jayme/Hausmann 2009, S. 528.
13 BT-Drs. 16/6308, S. 222.
14 Jansen/Wick § 16a FGG Rn. 4

Abschnitt 9 Verfahren mit Auslandsbezug

nehmen, wenn der Antragsteller zur Durchsetzung seiner Rechte bzw. der ausländischen Entscheidung eine förmliche Anerkennungsentscheidung benötigt. Ohne Anerkennung würde er folglich in seinen Rechten verletzt.

7 In **Abs. 3** wird die **örtliche Zuständigkeit** für das isolierte Anerkennungsverfahren nach Abs. 2 geregelt. Grundsätzlich ergibt sich die örtliche Zuständigkeit des Gerichts am gewöhnlichen Aufenthalt des Antragsgegners oder derjenigen Person, auf die sich die Entscheidung bezieht (Nr. 1). Nur wenn eine solche Zuständigkeit nicht gegeben ist, weil die betreffende Person beispielsweise nicht auffindbar ist oder keinen gewöhnlichen Aufenthalt hat, ist örtlich zuständig das Gericht, in dessen Bezirk das Interesse an der Feststellung bekannt wird oder das Bedürfnis der Fürsorge besteht (Nr. 2). Die örtliche Zuständigkeit nach diesem Abschnitt ist ausschließlich (Abs. 3 Satz 2). Die internationale Zuständigkeit richtet sich nach §§ 98 bis 106.

§ 109 Anerkennungshindernisse

(1) Die Anerkennung einer ausländischen Entscheidung ist ausgeschlossen,

1. wenn die Gerichte des anderen Staates nach deutschem Recht nicht zuständig sind;
2. wenn einem Beteiligten, der sich zur Hauptsache nicht geäußert hat und sich hierauf beruft, das verfahrenseinleitende Dokument nicht ordnungsgemäß oder nicht so rechtzeitig mitgeteilt worden ist, dass er seine Rechte wahrnehmen konnte;
3. wenn die Entscheidung mit einer hier erlassenen oder anzuerkennenden früheren ausländischen Entscheidung oder wenn das ihr zugrunde liegende Verfahren mit einem früher hier rechtshängig gewordenen Verfahren unvereinbar ist;
4. wenn die Anerkennung der Entscheidung zu einem Ergebnis führt, das mit wesentlichen Grundsätzen des deutschen Rechts offensichtlich unvereinbar ist, insbesondere wenn die Anerkennung mit den Grundrechten unvereinbar ist.

(2) Der Anerkennung einer ausländischen Entscheidung in einer Ehesache steht § 98 Abs. 1 Nr. 4 nicht entgegen, wenn ein Ehegatte seinen gewöhnlichen Aufenthalt in dem Staat hatte, dessen Gerichte entschieden haben. Wird eine ausländische Entscheidung in einer Ehesache von den Staaten anerkannt, denen die Ehegatten angehören, steht § 98 der Anerkennung der Entscheidung nicht entgegen.

(3) § 103 steht der Anerkennung einer ausländischen Entscheidung in einer Lebenspartnerschaftssache nicht entgegen, wenn der Register führende Staat die Entscheidung anerkennt.

(4) Die Anerkennung einer ausländischen Entscheidung, die

1. Familienstreitsachen,
2. die Verpflichtung zur Fürsorge und Unterstützung in der partnerschaftlichen Lebensgemeinschaft,

3. die Regelung der Rechtsverhältnisse an der gemeinsamen Wohnung und an den Haushaltsgegenständen der Lebenspartner,

4. Entscheidungen nach § 6 Satz 2 des Lebenspartnerschaftsgesetzes in Verbindung mit den §§ 1382 und 1383 des Bürgerlichen Gesetzbuchs oder

5. Entscheidungen nach § 7 Satz 2 des Lebenspartnerschaftsgesetzes in Verbindung mit den §§ 1426, 1430 und 1452 des Bürgerlichen Gesetzbuchs

betrifft, ist auch dann ausgeschlossen, wenn die Gegenseitigkeit nicht verbürgt ist.

(5) Eine Überprüfung der Gesetzmäßigkeit der ausländischen Entscheidung findet nicht statt.

Übersicht

I. Inhalt und Bedeutung der Norm	1
II. Allgemeine Anerkennungsfähigkeit	3
III. Anerkennungshindernisse (Abs. 1)	5
IV. Internationale Anerkennungszuständigkeit (Abs. 2 u. 3)	9
V. Verbürgung der Gegenseitigkeit (Abs. 4)	11
VI. Keine Gesetzmäßigkeitsüberprüfung (Abs. 5)	12

I. Inhalt und Bedeutung der Norm

Die Vorschrift bestimmt, in welchen Fällen die Anerkennung ausländischer Entscheidungen ausgeschlossen ist. Abs. 1 stimmt inhaltlich mit § 328 ZPO und § 16a FGG überein. Abs. 2 entspricht der **bisherigen Regelung** des § 606a Abs. 2 ZPO a.F. Abs. 3 überträgt den Inhalt des § 661 Abs. 3 Nr. 2 u. 3 ZPO a.F.   1

Im Anwendungsbereich folgender **vorrangiger internationaler Rechtsinstrumente** wird § 109 verdrängt: 2

- Art. 22, 23 der Verordnung (EG) Nr. 2201/2003 des Rates vom 27.11.2003 über die Zuständigkeit und die Anerkennung und Vollstreckung von Entscheidungen in **Ehesachen** und in Verfahren betreffend die **elterliche Verantwortung** und zur Aufhebung der Verordnung (EG) Nr. 1347/2000 **(Brüssel IIa-V)**;[1]

- Art. 14 des Haager Übereinkommens über die zivilrechtlichen Aspekte **internationaler Kindesentführung** vom 25.10.1980 **(HKÜ)**;[2]

- Art. 9 ff. des Luxemburger Europäischen Übereinkommens über die Anerkennung und Vollstreckung von Entscheidungen über das **Sorgerecht** für Kinder und die Wiederherstellung des Sorgeverhältnisses vom 20.05.1980 **(ESÜ)**;[3]

- Art. 24 des Haager Übereinkommens über den Schutz von Kindern und die Zusammenarbeit auf dem Gebiet der **internationalen Adoption** vom 29.05.1993;[4]

---

[1] http://www.bundesjustizamt.de/nn_258946/SharedDocs/Publikationen/HKUE/bruessel2a,templateId=raw,property=publicationFile.pdf/bruessel2a.pdf (16.03.2009).
[2] http://www.admin.ch/ch/d/sr/i2/0.211.230.02.de.pdf (16.03.2009); Jayme/Hausmann 2009, S. 683.
[3] http://conventions.coe.int/Treaty/ger/Treaties/Html/105.htm (16.03.2009); Jayme/Hausmann 2009, S. 537.
[4] http://www.blja.bayern.de/textoffice/gesetze/haager/index.html (16.03.2009); Jayme/Hausmann 2009, S. 695.

- das Haager Übereinkommen über die Anerkennung und Vollstreckung von Entscheidungen auf dem Gebiet der **Unterhaltspflicht** gegenüber Kindern vom 15.04.1958;[5]
- das Haager Übereinkommen über die Anerkennung und Vollstreckung von **Unterhaltsentscheidungen** vom 02.10.1973;[6]
- Art. 34 ff. der **Verordnung (EG) Nr. 44/2001** des Rates über die gerichtliche Zuständigkeit und die Anerkennung und Vollstreckung von Entscheidungen in Zivil- und Handelssachen vom 22.12.2000 (EuGVVO);[7]
- Art. 2 des **deutsch-belgischen Abkommens** über die gegenseitige Anerkennung und Vollstreckung von gerichtlichen Entscheidungen, Schiedssprüchen und öffentlichen Urkunden in Zivil- und Handelssachen vom 30.06.1958;[8]
- Art. 3 des **deutsch-griechischen Vertrags** über die gegenseitige Anerkennung und Vollstreckung von gerichtlichen Entscheidungen, Vergleichen und öffentlichen Urkunden in Zivil- und Handelssachen vom 04.11.1961;[9]
- Art. 5, Art. 6 Abs. 2 des **Vertrags zwischen der Bundesrepublik Deutschland und Spanien** über die Anerkennung und Vollstreckung von gerichtlichen Entscheidungen und Vergleichen sowie vollstreckbaren öffentlichen Urkunden in Zivil- und Handelssachen vom 14.11.1983;[10]
- Art. 29, 30 Abs. 2 des Vertrags zwischen der **Bundesrepublik Deutschland und der Tunesischen Republik** über Rechtsschutz und Rechtshilfe, die Anerkennung und Vollstreckung gerichtlicher Entscheidungen in Zivil- und Handelssachen sowie über die Handelsschiedsgerichtsbarkeit vom 19.07.1966.[11]

II. Allgemeine Anerkennungsfähigkeit

3   Nach allgemeinem **Völkergewohnheitsrecht** ist kein Staat verpflichtet Entscheidungen, die in einem anderen Staat ergangen sind, anzuerkennen. Er kann deshalb grundsätzlich selbst bestimmen, ob und unter welchen Voraussetzungen ausländische Urteile anerkannt werden.[12] Eine Verpflichtung zur Anerkennung ausländischer Urteile kann sich jedoch aus völkerrechtlichen Abkommen und Verträgen ergeben.

4   Gegenstand der Anerkennung sind die **Wirkungen**, die das Urteil nach dem Recht des Entscheidungsstaates hat. Anerkannt werden können nur solche Wirkungen, die dem deutschen Recht bekannt sind. Allerdings müssen sie im Ergebnis nicht mit den Wir-

---

5   http://www.datenbanken.justiz.nrw.de/ir_htm/unterhalt_15041958.html (16.03.2009); Jayme/Hausmann 2009, S. 524.
6   http://www.datenbanken.justiz.nrw.de/ir_htm/unterhalt_02101973.html (16.03.2009); Jayme/Hausmann 2009, S. 528.
7   http://eur-lex.europa.eu/smartapi/cgi/sga_doc?smartapi!celexapi!prod!CELEXnumdoc&lg=de&numdoc=32001R0044&model=guichett (16.03.2009); Jayme/Hausmann 2009, S. 387.
8   BGBl 1959 II, S. 766 und 1960 II, S. 2408 mit dem deutschen Ausführungsgesetz vom 26.06.1959, BGBl I, S. 425.
9   BGBl 1963 II, S. 110.
10 BGBl 1987 II, S. 35.
11 BGBl 1969 II, S. 890.
12 Zöller/Geimer § 328 ZPO Rn. 1.

kungen einer deutschen Entscheidung übereinstimmen.[13] Anerkennungsfähig sind grundsätzlich alle nach dem Recht des Erststaates eintretenden **prozessrechtlichen Entscheidungswirkungen**, wie z.B. die Feststellungswirkung, Präklusionswirkung, Gestaltungswirkung, Streitverkündungs- und Interventionswirkung.[14] Nicht anerkennungsfähig sind die Vollstreckungswirkung, innerprozessuale Bindungswirkungen und Tatbestandswirkungen.[15]

III. Anerkennungshindernisse (Abs. 1)

Nr. 1 schließt die Anerkennung einer ausländischen Entscheidung aus, wenn aus deutscher Sicht **keine internationale Zuständigkeit des fremden Staates** vorlag. Auf die örtliche und sachliche Zuständigkeit des konkreten Gerichts kommt es hierbei nicht an.[16] Für die Bestimmung der internationalen Zuständigkeit ist zu prüfen, ob das Gericht des ausländischen Staates zuständig gewesen wäre, wenn dort die deutschen Zuständigkeitsvorschriften anwendbar gewesen wären (sog. **Spiegelbildgrundsatz**).[17]

Nr. 2 betrifft vorwiegend, aber nicht nur **Versäumnisentscheidungen**.[18] Der Beteiligte muss sich im Anerkennungsverfahren darauf berufen, dass er sich nicht zur Hauptsache eingelassen hat.[19] Die ordnungsgemäße Zustellung ist nach dem im Entscheidungsstaat geltenden Zustellungsrecht, einschließlich EG-Recht und internationaler Verträge, zu beurteilen.[20] Bei der Prüfung ist das Gericht an die rechtlichen und tatsächlichen Feststellungen des ausländischen Gerichts nicht gebunden.[21] Das Erfordernis der rechtzeitigen Zustellung soll gewährleisten, dass der Beteiligte die nötige Zeit hatte, sich auf die Wahrung seiner Rechte und Interessen im Verfahren vorzubereiten.[22] Zugrundezulegen ist hierbei der Zeitraum, den der Beteiligte tatsächlich für seine Rechtswahrung zur Verfügung hatte.[23] Hierfür ist auf die jeweiligen Umstände des Einzelfalls abzustellen.[24]

Eine ausländische Entscheidung kann nach **Nr. 3** nur dann anerkannt werden, wenn keine mit ihr unvereinbare inländische oder früher ergangene Entscheidung existiert. Das **Prioritätsprinzip** gilt nur bei konkurrierenden ausländischen Entscheidungen. Entscheidungen deutscher Gerichte sollen, auch wenn sie nach der anzuerkennenden ergangen sind, stets vorrangig sein.[25] **Unvereinbarkeit** ist jedenfalls dann gegeben, wenn die Entscheidungen denselben Streitgegenstand betreffen und die Rechtskraft

---

13 Zöller/Geimer § 328 ZPO Rn. 20.
14 Zöller/Geimer § 328 ZPO Rn. 31.
15 Zöller/Geimer § 328 ZPO Rn. 32 f.
16 Thomas/Putzo/Hüßtege § 328 ZPO Rn. 8.
17 BGH 03.12.1992 – IX ZR 229/91 = NJW 1993, 1073; BayObLG 07.02.2001 – 3Z BR 177/00 = StAZ 2001, 174 f.; Thomas/Putzo/Hüßtege § 328 ZPO Rn. 8a, Zöller/Geimer § 328 ZPO Rn. 103; Musielak/Stadler § 328 ZPO Rn. 9.
18 Zöller/Geimer § 328 ZPO Rn. 153.
19 Vgl. Thomas/Putzo/Hüßtege § 328 ZPO Rn. 11; Zöller/Geimer § 328 ZPO Rn. 153.
20 BayObLG 11.10.1999 – 1Z BR 44/99 = FamRZ 2000, 1170; Zöller/Geimer § 328 ZPO Rn. 159; Thomas/Putzo/Hüßtege § 328 ZPO Rn. 12.
21 BayObLG 11.10.1999 – 1Z BR 44/99 = FamRZ 2000, 1170; Thomas/Putzo/Hüßtege § 328 ZPO Rn. 12; Zöller/Geimer § 328 ZPO Rn. 159.
22 BayObLG 11.10.1999 – 1Z BR 44/99 = FamRZ 2000, 1170; Thomas/Putzo/Hüßtege § 328 ZPO Rn. 12a.
23 BGH 06.10.2005 – IX ZB 360/02 = NJW 2006, 701.
24 BayObLG 11.10.1999 – 1Z BR 44/99 = FamRZ 2000, 1170.
25 Musielak/Stadler § 328 ZPO Rn. 22; Zöller/Geimer § 328 ZPO Rn. 199.

der einen Entscheidung der Anerkennung der anderen entgegensteht.[26] Außerdem kann Unvereinbarkeit auch bei Widerspruch präjudizieller Feststellungen vorliegen.[27] Überdies ist die Anerkennung ausgeschlossen, wenn die Entscheidung in einem Verfahren ergangen ist, dem die **Rechtshängigkeit eines Verfahrens vor einem deutschen Gericht entgegenstand**. Dabei ist unbeachtlich, ob das ausländische Gericht um die Rechtshängigkeit vor dem deutschen Gericht wusste.[28]

8   **Nr. 4** entspricht Art. 6 EGBGB. Ein Verstoß gegen den **ordre public** kann sowohl dann vorliegen, wenn eine in der Entscheidung ausgesprochene Rechtsfolge mit den Grundsätzen der deutschen Rechtsordnung unvereinbar ist, als auch dann, wenn das der Entscheidung zugrunde liegende Verfahren nicht hingenommen werden kann.[29] Zu den **Grundsätzen des deutschen Verfahrensrechts**, deren Verletzung einer Anerkennung der ausländischen Entscheidung entgegenstehen kann, gehören z.B.

- die Unabhängigkeit und Unparteilichkeit des Gerichts,
- das rechtliche Gehör und
- das faire Verfahren.[30]

Ein **materiellrechtlicher Verstoß** gegen den ordre public kommt in erster Linie bei einer Verletzung von Grundrechten in Betracht, wie z.B. der Eigentumsgarantie (Art. 14 GG), der allgemeinen Handlungsfreiheit (Art. 2 Abs. 1 GG) oder des Rechts auf Ehe und Familie (Art. 6 Abs. 1 GG).

IV. Internationale Anerkennungszuständigkeit (Abs. 2 u. 3)

9   Abs. 2 und 3 enthalten **Sonderregelungen** bezüglich der Anforderungen, die an die **internationale Zuständigkeit** eines Gerichts zu stellen sind, dessen Entscheidung anerkannt werden soll. Die Anerkennung einer ausländischen Entscheidung ist nach dem Spiegelbildgrundsatz[31] zu ermitteln (Rn. 5) und somit nach Abs. 1 Nr. 1 dann ausgeschlossen, wenn die Gerichte des anderen Staates nach deutschem Recht nicht zuständig sind.

10 Für Ehesachen macht Abs. 2 Satz 1 insoweit eine Ausnahme, als es im Fall des § 98 Abs. 1 Nr. 4 nicht auf eine positive Anerkennungsprognose ankommt. Überdies kann eine Entscheidung in **Ehe- bzw. Lebenspartnerschaftssachen** entgegen der Voraussetzungen in § 98 bzw. § 103 anerkannt werden, wenn die Staaten, denen die Ehegatten angehören bzw. in Lebenspartnerschaftssachen der registerführende Staat die Entscheidung anerkennen.

---

26 Musielak/Stadler § 328 ZPO Rn. 22.
27 Musielak/Stadler § 328 ZPO Rn. 22.
28 Musielak/Stadler § 328 ZPO Rn. 22; Baumbach u.a. § 328 ZPO Rn. 28.
29 Musielak/Stadler § 328 ZPO Rn. 25; Zöller/Geimer § 328 ZPO Rn. 214.
30 Zöller/Geimer § 328 ZPO Rn. 218; Thomas/Putzo/Hüßtege § 328 ZPO Rn. 18.
31 Siehe Nachweise in Fn. 5.

V. Verbürgung der Gegenseitigkeit (Abs. 4)

§ 328 ZPO verlangt – im Gegensatz zu § 16a FGG – für die Anerkennung ausländischer Entscheidungen generell eine Verbürgung der Gegenseitigkeit. Dieser Grundsatz wird in Abs. 4 nun durch deren positive Aufzählung auf bestimmte Verfahren beschränkt. Damit wird der bisherige Dispens von der Gegenseitigkeitsverbürgung für Kindschafts- und einzelne Lebenspartnerschaftssachen (§ 328 Abs. 2 ZPO a.F.) obsolet. Die **Gegenseitigkeit** i.S.d. Abs. 4 ist dann gegeben, wenn die Anerkennung und Vollstreckung eines deutschen Urteils im Urteilsstaat auf keine wesentlich größeren Schwierigkeiten stößt als umgekehrt die Anerkennung und Vollstreckung eines vergleichbaren ausländischen Urteils in Deutschland.[32]

11

VI. Keine Gesetzmäßigkeitsüberprüfung (Abs. 5)

Abs. 5 normiert einen **allgemeinen Grundsatz**. Deutschen Gerichten ist untersagt, ausländische Entscheidungen auf ihre Gesetzmäßigkeit hin zu überprüfen und sich damit indirekt über die ausländischen Gerichte zu stellen. Eine indirekte Ausnahme stellt die Prüfung eines Verstoßes gegen den ordre public dar (Abs. 1 Nr. 4).

12

§ 110 Vollstreckbarkeit ausländischer Entscheidungen

(1) Eine ausländische Entscheidung ist nicht vollstreckbar, wenn sie nicht anzuerkennen ist.

(2) Soweit die ausländische Entscheidung eine in § 95 Abs. 1 genannte Verpflichtung zum Inhalt hat, ist die Vollstreckbarkeit durch Beschluss auszusprechen. Der Beschluss ist zu begründen.

(3) Zuständig für den Beschluss nach Absatz 2 ist das Amtsgericht, bei dem der Schuldner seinen allgemeinen Gerichtsstand hat, und sonst das Amtsgericht, bei dem nach § 23 der Zivilprozessordnung gegen den Schuldner Klage erhoben werden kann. Der Beschluss ist erst zu erlassen, wenn die Entscheidung des ausländischen Gerichts nach dem für dieses Gericht geltenden Recht die Rechtskraft erlangt hat.

Die Vorschrift entspricht der bisherigen Gesetzeslage. Im Anwendungsbereich folgenden **vorrangigen internationalen Rechts** wird die Vorschrift verdrängt (§ 97 Abs. 1):

1

- Art. 28 ff. der Verordnung (EG) Nr. 2201/2003 des Rates vom 27.11.2003 über die Zuständigkeit und die Anerkennung und Vollstreckung von Entscheidungen in **Ehesachen** und in Verfahren betreffend die **elterliche Verantwortung** und zur Aufhebung der Verordnung (EG) Nr. 1347/2000 **(Brüssel IIa-V)**;[1]

---

[32] Zöller/Geimer § 328 ZPO Rn. 264.
[1] http://www.bundesjustizamt.de/nn_258946/SharedDocs/Publikationen/HKUE/bruessel2a,templateId=raw,property=publicationFile.pdf/bruessel2a.pdf (16.03.2009).

- Art. 9 ff. des Luxemburger Europäischen Übereinkommens über die Anerkennung und Vollstreckung von Entscheidungen über das **Sorgerecht** für Kinder und die Wiederherstellung des Sorgeverhältnisses vom 20.05.1980 **(ESÜ)**;[2]
- Art. 2 ff. des Haager Übereinkommens über die Anerkennung und Vollstreckung von Entscheidungen auf dem Gebiet der **Unterhaltspflicht** gegenüber Kindern vom 15.04.1958;[3]
- Art. 4 ff. des Haager Übereinkommens über die Anerkennung und Vollstreckung von **Unterhaltsentscheidungen** vom 02.10.1973;[4]
- Art. 38 ff. der **Verordnung (EG) Nr. 44/2001** des Rates über die gerichtliche Zuständigkeit und die Anerkennung und Vollstreckung von Entscheidungen in Zivil- und Handelssachen vom 22.12.2000 (EuGVVO);[5]
- Ausführungsgesetz vom 26.06.1959 zu dem **deutsch-belgischen Abkommen** über die gegenseitige Anerkennung und Vollstreckung von gerichtlichen Entscheidungen, Schiedssprüchen und öffentlichen Urkunden in Zivil- und Handelssachen vom 30.06.1958;[6]
- Ausführungsgesetz vom 05.02.1963 zu dem **deutsch-griechischen Vertrag** über die gegenseitige Anerkennung und Vollstreckung von gerichtlichen Entscheidungen, Vergleichen und öffentlichen Urkunden in Zivil- und Handelssachen vom 04.11.1961;[7]
- Art. 12 des **Vertrags zwischen der Bundesrepublik Deutschland und Spanien** über die Anerkennung und Vollstreckung von gerichtlichen Entscheidungen und Vergleichen sowie vollstreckbaren öffentlichen Urkunden in Zivil- und Handelssachen vom 14.11.1983 i.V.m. §§ 3 ff. AVAG;[8]
- Ausführungsgesetz vom 29.04.1969 zu dem **Vertrag zwischen der Bundesrepublik Deutschland und der Tunesischen Republik** über Rechtsschutz und Rechtshilfe, die Anerkennung und Vollstreckung gerichtlicher Entscheidungen in Zivil- und Handelssachen sowie über die Handelsschiedsgerichtsbarkeit vom 19.07.1966.[9]

2   Ein besonderes **Vollstreckbarerklärungsverfahren** ist grundsätzlich nicht vorgesehen. Da eine ausländische Entscheidung nach Abs. 1 nicht vollstreckbar ist, wenn sie nicht anzuerkennen ist, hat das FamG die Anerkennung als Vorfrage zu prüfen. Abs. 2 und 3 geben für Entscheidungen, die nach der ZPO vollstreckt werden, den Regelungsgehalt der §§ 722, 723 ZPO wieder. Auch über die Vollstreckbarerklärung ist durch Beschluss zu befinden (§ 38 Abs. 1 Satz 1). Dieser ist zu begründen (§ 38 Abs. 3 Satz 1, Abs. 5 Nr. 4), insbesondere ist auf das Vorliegen von Anerkennungshindernissen nach § 109 einzugehen.[10]

---

[2] http://conventions.coe.int/Treaty/ger/Treaties/Html/105.htm (16.03.2009); Jayme/Hausmann 2009, S. 537.
[3] http://www.datenbanken.justiz.nrw.de/ir_htm/unterhalt_15041958.html (16.03.2009); Jayme/Hausmann 2009, S. 524.
[4] http://www.datenbanken.justiz.nrw.de/ir_htm/unterhalt_02101973.html (16.03.2009); Jayme/Hausmann 2009, S. 528.
[5] http://eur-lex.europa.eu/smartapi/cgi/sga_doc?smartapi!celexapi!prod!CELEXnumdoc&lg=de&numdoc=32001R0044&model=guichett (16.03.2009); Jayme/Hausmann 2009, S. 387.
[6] BGBl 1959 II, S. 766 und 1960 II, S. 2408 mit dem deutschen Ausführungsgesetz vom 26.06.1959, BGBl I, S. 425.
[7] BGBl 1963 II, S. 110.
[8] BGBl 1987 II, S. 35.
[9] BGBl 1969 II, S. 890.
[10] BT-Drs. 16/6308, S. 223.

C. Verfahren über Familiensachen

Abschnitt 1
Allgemeine Vorschriften
(§ 111 – § 120)

Vorbemerkung § 111

Die §§ 112 ff. regeln, welche Verfahren den Familiensachen zuzuordnen sind (§ 112) und welche Besonderheiten in diesen Verfahren gelten, insbesondere der Anwaltszwang (§ 114), die Anwendbarkeit der ZPO (§ 113), die Verspätung (§ 115) und die Befristung der Rechtsmittel (§ 117 Abs. 1). Neu ist der Begriff Familienstreitsache, der im Wesentlichen die bisherigen familienrechtlichen ZPO-Streitigkeiten, wie Unterhalt oder Zugewinnausgleich, betrifft. Das praktisch kaum relevante Verfahren auf Herstellung des ehelichen Lebens, das bisher zu den Ehesachen zählte, ist nun ebenfalls Familienstreitsache. Der Anwaltszwang wurde auf alle erstinstanzlichen isolierten Familienstreitsachen erweitert (§ 114 Abs. 1).

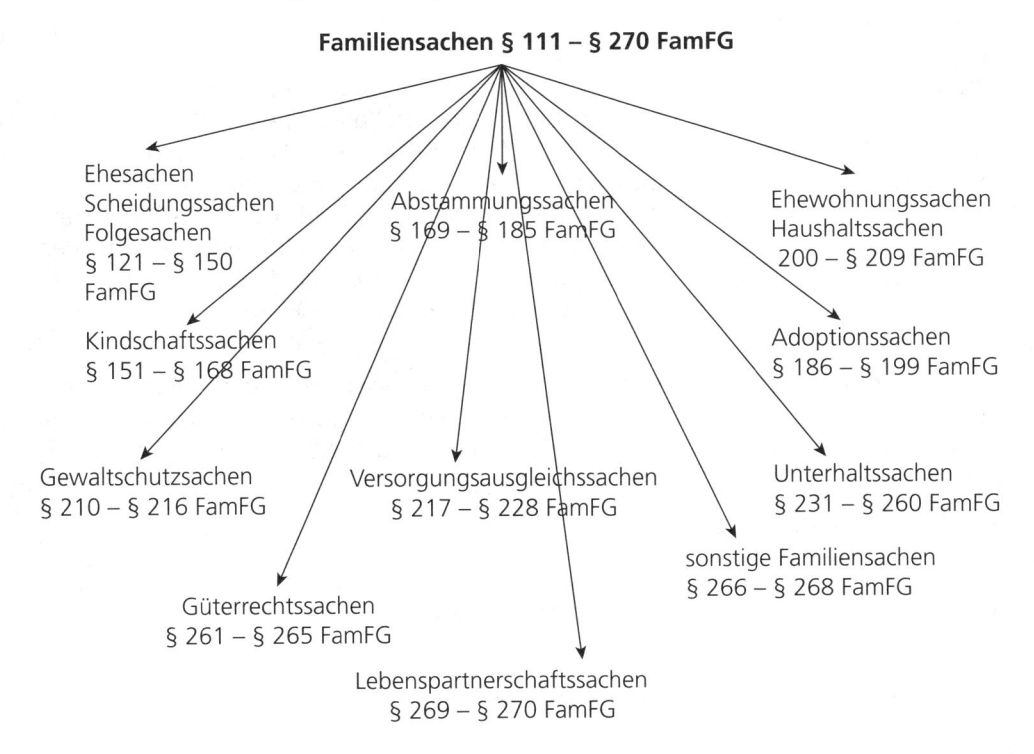

1

Familiensachen § 111 – § 270 FamFG

- Ehesachen
  Scheidungssachen
  Folgesachen
  § 121 – § 150 FamFG
- Kindschaftssachen
  § 151 – § 168 FamFG
- Gewaltschutzsachen
  § 210 – § 216 FamFG
- Güterrechtssachen
  § 261 – § 265 FamFG
- Abstammungssachen
  § 169 – § 185 FamFG
- Versorgungsausgleichssachen
  § 217 – § 228 FamFG
- Lebenspartnerschaftssachen
  § 269 – § 270 FamFG
- Ehewohnungssachen
  Haushaltssachen
  200 – § 209 FamFG
- Adoptionssachen
  § 186 – § 199 FamFG
- Unterhaltssachen
  § 231 – § 260 FamFG
- sonstige Familiensachen
  § 266 – § 268 FamFG

§ 111 Familiensachen

Familiensachen sind

1. Ehesachen,
2. Kindschaftssachen,
3. Abstammungssachen,
4. Adoptionssachen,
5. Ehewohnungs- und Haushaltssachen,
6. Gewaltschutzsachen,
7. Versorgungsausgleichssachen,
8. Unterhaltssachen,
9. Güterrechtssachen,
10. sonstige Familiensachen,
11. Lebenspartnerschaftssachen.

I. Anwendungsbereich

1 Unter dem Begriff Familiensache sind alle Verfahren zusammengefasst, die in die konzentrierte Zuständigkeit des neu eingeführten **großen Familiengerichts** fallen. Dazu gehören auch die familienrechtlichen Verfahren, die bis zum Inkrafttreten des FamFG in die Zuständigkeit des Vormundschafts- oder Zivilgerichts fielen. Letzteres betrifft alle vermögensrechtlichen Rechtsstreitigkeiten, deren Ergebnis für den Unterhalts- oder Zugewinnausgleichsprozess von Bedeutung sein kann, so etwa Streitigkeiten über den Gesamtschuldnerausgleich unter Ehegatten, über die Auseinandersetzung einer Ehegattengesellschaft und Streitigkeiten um die Rückgewähr ehebedingter Zuwendungen.[1]

2 Mit der Konzentration aller familienrechtlicher Verfahren vor dem großen FamG wurde auch der **Sprachgebrauch** vereinheitlicht.[2] Eine terminologische Unterscheidung, wie sie früher zwischen den FGG- und ZPO-Verfahren erfolgte, gibt es nicht mehr. Es heißt nun in sämtlichen Familiensachen:

- Beteiligte statt Parteien,
- Antrag statt Klage,
- Antragsteller/Antragstellerin statt Kläger/Klägerin,
- Verfahren statt Prozess,
- Verfahrenskostenhilfe statt Prozesskostenhilfe.

---

[1] BT-Drs. 16/6308, S. 169; Hartmann NJW 2009, 321; Büte FuR 2008, 537 und 583; Kretzschmar/Meysen FPR 2009, 1.
[2] Hierzu → § 113 Abs. 5.

Entscheidungen ergehen nunmehr einheitlich durch Beschluss nicht durch Urteil.[3] Der Verfahrenspfleger heißt nun Verfahrensbeistand.[4]

Die **einzelnen Familienverfahren** sind in den Abschnitten 2 bis 12 des zweiten Buchs geregelt:[5]

- Ehesachen in Abschnitt 2 (§§ 121 ff.),
- Kindschaftssachen in Abschnitt 3 (§§ 151 ff.),
- Abstammungssachen in Abschnitt 4 (§§ 169 ff.),
- Adoptionssachen in Abschnitt 5 (§§ 186 ff.),
- Ehewohnungs- und Haushaltssachen in Abschnitt 6 (§§ 200 ff.),
- Gewaltschutzsachen in Abschnitt 7 (§§ 210 ff.),
- Versorgungsausgleichssachen in Abschnitt 8 (§§ 217 ff.),
- Unterhaltssachen in Abschnitt 9 (§§ 231 ff.),
- Güterrechtssachen in Abschnitt 10 (§§ 261 ff.),
- sonstige Familiensachen in Abschnitt 11 (§§ 266 ff.),
- Lebenspartnerschaftssachen in Abschnitt 12 (§§ 269 ff.).

II. Bisherige Rechtslage

Im Jahre 1983 empfahl der 5. Deutsche Familiengerichtstag, die Zuständigkeit des FamG schrittweise zu erweitern. Bis 1998 erfolgten dann kleinere gesetzliche Zuständigkeitskorrekturen, ehe durch das **Kindschaftsrechtsreformgesetz** zum 01.07.1998 durch die Begründung familiengerichtlicher Zuständigkeiten in bis dahin vormundschaftsgerichtlichen Verfahren und die Erweiterung auf alle auf Ehe und Verwandtschaft beruhenden gesetzlichen Unterhaltsansprüche ein größerer Schritt in Richtung eines großen FamG getan wurde. 2001 wurde die Zuständigkeit des FamG durch das Lebenspartnerschaftsgesetz, 2002 durch das Gewaltschutzgesetz erweitert.

Durch das FamFG wurde der Anwendungsbereich der Familiensachen nun – bisher in § 23b Abs. 1 Satz 2 GVG a.F., § 621 Abs. 1 ZPO a.F. definiert – und damit die Zuständigkeit des **großen Familiengerichts** in mehrfacher Hinsicht erweitert. Hinzugekommen sind:

- Verfahren, die bisher in die Zuständigkeit des VormG fielen, z.B.
    - Vormundschaft für Minderjährige (§ 151 Nr. 4),
    - Fragen der religiösen Kindererziehung (§ 2 Abs.3, § 3 Abs.2, § 7 RelKErzG),
    - Entscheidungen nach §§ 112, 113 BGB,
    - Verfahren über die Amtspflegschaft und den Amtsvormund (§ 151 Nr. 4, 5[6]),

---

[3] Hierzu → § 38; Schael FamRZ 2009, 7;
[4] BT-Drs. 16/6308, S. 169.
[5] Vgl. jeweils dort.
[6] → § 151 Rn. 11.

Abschnitt 1 Allgemeine Vorschriften

- Verfahren nach § 2 Abs. 1 NamÄndG,
- bestimmte Verfahren betreffend freiheitsentziehende Unterbringung (§ 151 Nr. 6, 7, § 167),
- Adoptionssachen (§§ 186 ff.),

- Verfahren nach §§ 1, 2 GewSchG, für die bisher Zivilgericht zuständig war (§§ 210 ff.),
- bestimmte Zivilrechtsstreitigkeiten, die eine besondere Nähe zu familienrechtlich geregelten Rechtsverhältnissen aufweisen oder die in engem Zusammenhang mit der Auflösung eines solchen Rechtsverhältnisses stehen, z.B. Streitigkeiten
    - über den Gesamtschuldnerausgleich unter Ehegatten,
    - über die Auseinandersetzung einer Ehegattengesellschaft und
    - um die Rückgewähr ehebedingter Zuwendungen.

Abgestellt wurde allein auf die **Sachnähe** des FamG zum Verfahrensgegenstand.[7] Dem FamG sollen alle durch den sozialen Verband von Ehe und Familie sachlich verbundenen Rechtsstreitigkeiten entscheiden. Verfahrensverzögerungen, Aussetzungen und die Mehrfachbefassung von Gerichten sollen so vermieden werden.[8]

6 Das VormG wurde abgeschafft. Die **Vormundschaft**, welche nach Inkrafttreten des Betreuungsgesetzes am 1. Januar 1992 nur noch Minderjährige betraf, wurde wegen ihrer sachlichen Nähe zur elterlichen Sorge in den Katalog der Familiensachen mit aufgenommen, ebenso die **Adoptionssachen** und die 1998 beim VormG verbliebenen Zuständigkeiten im Bereich der religiösen Kindererziehung.[9]

7 Angelegenheiten, die bisher in die Zuständigkeit des VormG fielen und nicht den Familiensachen zugeordnet sind, fallen nun in die Zuständigkeit des neu geschaffenen **Betreuungsgerichts**:

- Betreuungsverfahren,
- Unterbringungsverfahren und
- betreuungsgerichtliche Zuweisungssachen (vgl. § 23c GVG n.F.).

8 Nicht zu den Familiensachen und damit nicht in den Zuständigkeitsbereich des FamG gehören vermögensrechtliche Streitigkeiten zwischen Partnern einer **nichtehelichen Lebensgemeinschaft**.

---

7 BT-Drs. 16/6308, S. 169.
8 BT-Drs. 16/6308, S. 169.
9 BT-Drs. 16/6308, S. 169.

§ 112 Familienstreitsachen

Familienstreitsachen sind folgende Familiensachen:

1. Unterhaltssachen nach § 231 Abs. 1 und Lebenspartnerschaftssachen nach § 269 Abs. 1 Nr. 8 und 9,
2. Güterrechtssachen nach § 261 Abs. 1 und Lebenspartnerschaftssachen nach § 269 Abs. 1 Nr. 10 sowie
3. sonstige Familiensachen nach § 266 Abs. 1 und Lebenspartnerschaftssachen nach § 269 Abs. 2.

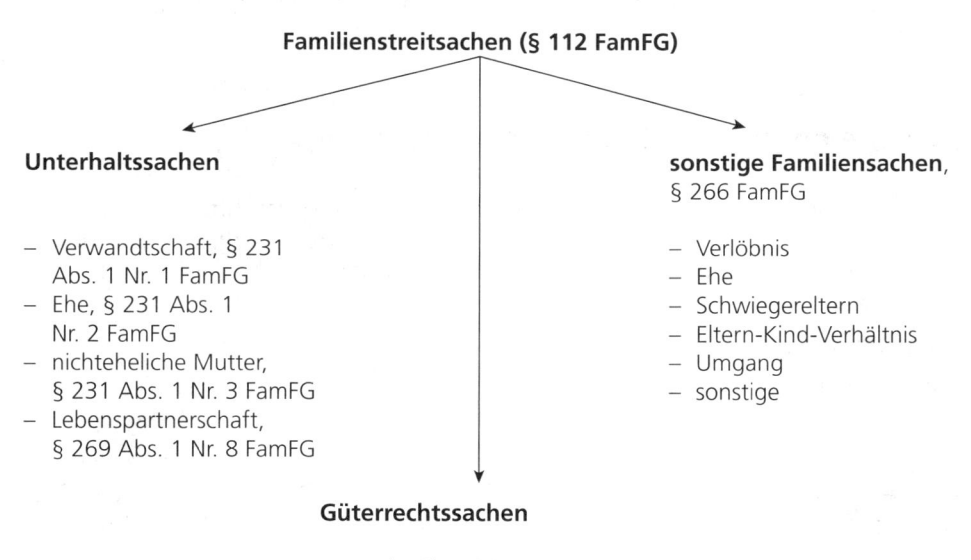

Familienstreitsachen (§ 112 FamFG)

Unterhaltssachen
- Verwandtschaft, § 231 Abs. 1 Nr. 1 FamFG
- Ehe, § 231 Abs. 1 Nr. 2 FamFG
- nichteheliche Mutter, § 231 Abs. 1 Nr. 3 FamFG
- Lebenspartnerschaft, § 269 Abs. 1 Nr. 8 FamFG

sonstige Familiensachen, § 266 FamFG
- Verlöbnis
- Ehe
- Schwiegereltern
- Eltern-Kind-Verhältnis
- Umgang
- sonstige

Güterrechtssachen
- aus der Ehe, § 261 FamFG
- aus der Lebenspartnerschaft, § 269 Abs. 1 Nr. 9 FamFG

I. Anwendungsbereich

Die Vorschrift enthält die Legaldefinition für den neu eingeführten Begriff **Familienstreitsache**, der inhaltlich mit wenigen Abweichungen im Wesentlichen dem der bisherigen ZPO-Familiensachen entspricht. 1

Der **Katalog** verweist auf die Vorschriften, in denen die einzelnen Familienstreitsachen geregelt sind:[1] 2

- Unterhaltssachen (§ 231 Abs. 1),
- Unterhaltssachen in einer Lebenspartnerschaft (§ 269 Abs. 1 Nr. 7 und 8),
- Güterrechtssachen (§ 261 Abs. 1),

---

1 Vgl. jeweils dort.

- Güterrechtssachen in einer Lebenspartnerschaft (§ 269 Abs. 1 Nr. 9),
- sonstige Familiensachen (§ 266 Abs. 1),
- sonstige Familiensachen in einer Lebenspartnerschaft (§ 269 Abs. 2).

3 Nicht alle Unterhalts-, Güterrechts- und sonstigen Familiensachen sind Familienstreitsachen. **Ausnahmen** sind die in § 231 Abs. 2, § 261 Abs. 2, § 266 Abs. 2 genannten Verfahren. Diese sind zwar Unterhaltssachen, Güterrechtssachen bzw. sonstigen Familiensachen, aber nicht den Familienstreitsachen, sondern dem Verfahren der freiwilligen Gerichtsbarkeit zugeordnet.[2]

4 **Ehesachen** sind keine Familienstreitsachen, sondern in Abschnitt 2, §§ 121 ff. gesondert geregelt.

II. Vergleich mit der bisherigen Rechtslage

5 Der Begriff Familienstreitsache wurde mit dem FamFG neu eingeführt. Bis dahin wurden Familiensachen in ZPO-Verfahren und Verfahren der freiwilligen Gerichtsbarkeit unterschieden. Der **Begriff** der Familienstreitsache ist nahezu, aber nicht vollständig identisch mit dem bisherigen ZPO-Verfahren.

6 **Abweichungen zur bisherigen Rechtslage:**
- Abstammungssachen sind nun einheitlich dem Verfahren der freiwilligen Gerichtsbarkeit zugeordnet.[3]
- Aus der früheren Zuständigkeit der Zivilgerichte wurden nun Verfahren den Familienstreitsachen und damit der Zuständigkeit des großen FamG zugeordnet.[4] Das betrifft im Wesentlichen die sonstigen Familiensachen (§ 266 Abs. 1, § 269 Abs. 2), etwa
  - den Gesamtschuldnerausgleich unter Ehegatten,
  - die Auseinandersetzung der Ehegattengesellschaft,
  - Streitigkeiten um die Rückgewähr ehebedingter Zuwendungen.[5]

7 Zum **Verfahren in Familienstreitsachen** wird auf die Kommentierung der §§ 112 bis 120 verwiesen.

§ 113 Anwendung von Vorschriften der Zivilprozessordnung

(1) In Ehesachen und Familienstreitsachen sind die §§ 2 bis 37, 40 bis 45, 46 Satz 1 und 2 sowie §§ 47 und 48 sowie 76 bis 96 nicht anzuwenden. Es gelten die Allgemeinen Vorschriften der Zivilprozessordnung und die Vorschriften

---

2 BT-Drs. 16/6308, S. 223, → § 231, → § 261, → § 266.
3 BT-Drs. 16/6308, S. 223.
4 → § 111 Rn. 5.
5 BT-Drs. 16/6308, S. 169.

der Zivilprozessordnung über das Verfahren vor den Landgerichten entsprechend.

(2) In Familienstreitsachen gelten die Vorschriften der Zivilprozessordnung über den Urkunden- und Wechselprozess und über das Mahnverfahren entsprechend.

(3) In Ehesachen und Familienstreitsachen ist § 227 Abs. 3 der Zivilprozessordnung nicht anzuwenden.

(4) In Ehesachen sind die Vorschriften der Zivilprozessordnung über

1. die Folgen der unterbliebenen oder verweigerten Erklärung über Tatsachen,
2. die Voraussetzungen einer Klageänderung,
3. die Bestimmung der Verfahrensweise, den frühen ersten Termin, das schriftliche Vorverfahren und die Klageerwiderung,
4. die Güteverhandlung,
5. die Wirkung des gerichtlichen Geständnisses,
6. das Anerkenntnis,
7. die Folgen der unterbliebenen oder verweigerten Erklärung über die Echtheit von Urkunden,
8. den Verzicht auf die Beeidigung des Gegners sowie von Zeugen oder Sachverständigen

nicht anzuwenden.

(5) Bei der Anwendung der Zivilprozessordnung tritt an die Stelle der Bezeichnung

1. Prozess oder Rechtsstreit die Bezeichnung Verfahren,
2. Klage die Bezeichnung Antrag,
3. Kläger die Bezeichnung Antragsteller,
4. Beklagter die Bezeichnung Antragsgegner,
5. Partei die Bezeichnung Beteiligter.

Übersicht

I.	Gesetzessystematik und Anwendungsbereich	1
II.	Inhalt der Norm und bisherige Rechtslage	2
	1. Ausgenommene Vorschriften (Abs. 1)	2
	2. Urkunden-, Wechselprozess, Mahnverfahren (Abs. 2)	3
	3. Beschleunigung (Abs. 3)	4
	4. Verfahren in Ehesachen (Abs. 4)	5
	a) Eingeschränkte Beteiligtenherrschaft in Ehesachen (Nr. 1 und 5 bis 8)	6
	b) Antragsänderung (Nr. 2)	8
	c) Ausnahme einzelner Verfahrensvorschriften (Nr. 3)	9
	d) Keine Güteverhandlung (Nr. 4)	10
	5. Neue Begrifflichkeiten (Abs. 5)	11

Abschnitt 1 Allgemeine Vorschriften

I. Gesetzessystematik und Anwendungsbereich

1 Grundsätzlich gilt für Verfahren des FamFG der Amtsermittlungsgrundsatz (§ 26), nicht jedoch in **Familienstreitsachen** und **Ehesachen**. In Familienstreitsachen gilt der zivilprozessrechtliche Beibringungsgrundsatz, in Ehesachen die eingeschränkte Amtsermittlung (§ 127). Zahlreiche Vorschriften des FamFG sind daher auf **Ehe- und Familienstreitsachen** nicht anzuwenden. Welche Vorschriften das sind und welche statt dieser anzuwenden sind, ist in § 113 geregelt. Im Ergebnis gelten für das Verfahren weitgehend Bestimmungen der ZPO.

II. Inhalt der Norm und bisherige Rechtslage

1. Ausgenommene Vorschriften (Abs. 1)

2 Folgende **Vorschriften** des FamFG gelten in Familienstreitsachen und Ehesachen nicht:

- die allgemeinen Verfahrensvorschriften (§§ 2 bis 22),
- die Vorschriften zum Verfahren im ersten Rechtszug (§§ 23 bis 37),
- Regelungen über die Wirksamkeit, die Berichtigung und Ergänzung von Beschlüssen (§§ 40 bis 43),
- die Gehörsrüge (§ 44),
- die Vorschriften über die formelle Rechtskraft und die Auswirkung der Aufhebung eines Beschlusses auf vorgenommene Rechtsgeschäfte (§§ 45, 46 Satz 1 und 2, §§ 47 und 48),
- die Vorschriften zur Abänderung von Beschlüssen und Wiederaufnahme des rechtskräftig beendeten Verfahrens (§ 48),
- die Vorschriften über die Verfahrenskostenhilfe (§§ 76 bis 79),
- die Vorschriften über die Kosten (§§ 80 bis 85),
- und die Vollstreckung (§§ 86 bis 96).

An Stelle der ausgenommenen Vorschriften des FamFG treten die allgemeinen **Vorschriften der ZPO** (§§ 1 bis 252 ZPO) und die Vorschriften der ZPO über das Verfahren vor den Landgerichten (§§ 253 bis 494a ZPO).

2. Urkunden-, Wechselprozess, Mahnverfahren (Abs. 2)

3 Die Vorschriften über den **Urkunden- und Wechselprozess** und über das **Mahnverfahren** sind in Familienstreitsachen entsprechend anzuwenden. Werden Zahlungsansprüche in Familienstreitsachen im Wege eines Mahnverfahrens geltend gemacht, ist bei der Antragstellung zu beachten, dass das AG – FamG – angegeben wird. Damit wird deutlich gemacht, dass die Zuständigkeit des AGs gegeben ist, und zwar auch dann, wenn der Streitwert 5.000 EUR übersteigt.[1]

---

1 BT-Drs. 16/6308, S. 223.

3. Beschleunigung (Abs. 3)

Die Vorschrift ersetzt § 227 Abs. 3 Nr. 3 ZPO a.F., der aufgehoben wurde. Inhaltlich ändert sich nichts. Die Vorschrift trägt dem besonderen Beschleunigungsbedürfnis in Ehesachen- und Familienstreitverfahren Rechnung.[2] § 277 Abs. 3 ZPO regelt einen Anspruch auf Verlegung von Terminen, die in der Zeit vom 01.07. bis 31.08. des Jahres anberaumt wurden. Dieser Anspruch besteht in Familiensachen nicht.

4. Verfahren in Ehesachen (Abs. 4)

Die Vorschrift fasst die früher in der ZPO geregelten Ausnahmen von der Anwendung zivilprozessualer Vorschriften zusammen. Diese betreffen **ausschließlich Ehesachen**. Inhaltlich ergeben sich zur früheren Rechtslage nur geringfügige Abweichungen.

a) Eingeschränkte Beteiligtenherrschaft in Ehesachen (Nr. 1 und 5 bis 8)

Nr. 1 und 5 bis 8 entsprechen dem bisherigen § 617 ZPO a.F. Die Eheleute können über den Verfahrensgegenstand nicht durch **Anerkenntnis oder Geständnis** verfügen. Weder durch die ausdrückliche Einlassung noch durch das Schweigen eines Ehegatten wird das Gericht gebunden. Das Gericht hat seine Entscheidung in freier Beweiswürdigung zu treffen und ist an die Erklärungen der Eheleute im Beweisverfahren nicht gebunden. Ein Klageverzicht gem. § 306 ZPO ist jedoch wirksam und führt zur Beendigung des Verfahrens.[3]

Keine Anwendbarkeit finden die Vorschriften über:

- die Folgen unterbliebener oder verweigerter Erklärungen über Tatsachen (§ 138 Abs. 3 ZPO),
- das gerichtliche Geständnis (§ 288 ZPO),
- das Anerkenntnis (§ 307 ZPO),
- die Folgen unterbliebener oder verweigerter Erklärungen über die Echtheit von Urkunden (§ 439 Abs. 3 ZPO),
- den Verzicht auf Beeidigung (§§ 391, 452 Abs. 3 ZPO).

b) Antragsänderung (Nr. 2)

Die Klageänderung bzw. Antragsänderung war auch nach altem Recht gem. § 611 Abs. 1 ZPO a.F. uneingeschränkt möglich. § 263 ZPO gilt in Ehesachen nicht.

c) Ausnahme einzelner Verfahrensvorschriften (Nr. 3)

Bereits nach § 611 Abs. 2 ZPO a.F. galten in Ehesachen die Vorschriften zum frühen ersten Termin nur eingeschränkt, die Vorschriften zum schriftlichen Vorverfahren nicht. Der Gesetzgeber hat das übernommen und erweitert. Ausgenommen sind in Ehesachen nun die Vorschriften über:

- die Bestimmung der Verfahrensweise (§ 272 ZPO),
- den frühen ersten Termin (§ 275 ZPO insgesamt),

---

2 BT-Drs. 16/6308, S. 223.
3 BGH 09.04.1986 – IVb ZR 32/85 = FamRZ 1986, 656.

- das schriftliche Vorverfahren (§ 276 ZPO wie bisher),
- die Klageerwiderung (§ 277 ZPO).

Der Gesetzgeber hielt diese Regelungen im Eheverfahren für entbehrlich, zumal §§ 273, 279 Abs. 2, 3 und § 282 ZPO weiterhin anwendbar sind.[4]

d) Keine Güteverhandlung (Nr. 4)

10   Eine Güteverhandlung findet in Ehesachen nicht statt. Der Gesetzgeber sah angesichts der vorhandenen Sondervorschriften hierfür kein Bedürfnis mehr.[5]

5. Neue Begrifflichkeiten (Abs. 5)

11   Mit der Konzentration aller familienrechtlicher Verfahren beim großen Familiengericht wurde auch der **Sprachgebrauch** vereinheitlicht. Eine terminologische Unterscheidung, wie sie früher zwischen den FGG- und ZPO-Verfahren erfolgte, gibt es nicht mehr. Es heißt nun in sämtlichen Familiensachen:

- Beteiligte statt Parteien,
- Antrag statt Klage,
- Antragsteller/Antragstellerin statt Kläger/Klägerin,
- Verfahren statt Prozess,
- Verfahrenskostenhilfe statt Prozesskostenhilfe,
- Verfahrensstandschaft statt Prozessstandschaft (§ 1629 Abs. 3 BGB).[6]

Entscheidungen ergehen nunmehr einheitlich durch Beschluss, nicht durch Urteil.[7] Der Verfahrenspfleger heißt nun Verfahrensbeistand.[8] In Ehesachen waren die Eheleute schon früher gem. § 622 Abs. 3 ZPO a.F. als Antragsteller und Antragsgegner zu bezeichnen.

12   Trotz der vielen Verweise des FamFG auf ZPO-Vorschriften heißt es auch bei deren Anwendung nun konsequent:

- Verfahrensvollmacht statt Prozessvollmacht (§ 114 Abs. 5; § 80 ZPO)
- Verfahrens- bzw. Beteiligtenfähigkeit statt Parteifähigkeit,
- Verfahrensverbindung- bzw. -trennung statt Prozessverbindung bzw. -trennung (§§ 147, 145 ZPO),
- Aussetzung des Verfahrens statt Aussetzung des Rechtsstreits (§§ 148, 149 ZPO),
- Antragsänderung statt Klageänderung (§ 263 ZPO),
- Antragshäufung statt objektive Klagehäufung (§ 254 ZPO),
- Antragsrücknahme statt Klagerücknahme (§ 269 ZPO).[9]

---

[4] BT-Drs. 16/6308, S. 223.
[5] BT-Drs. 16/6308, S. 223.
[6] Vgl. dazu näher Schael FamRZ 2009, 7.
[7] Hierzu → § 38.
[8] BT-Drs. 16/6308, S. 169.
[9] Vgl. dazu näher Schael FamRZ 2009, 7.

Es bleibt abzuwarten, ob sich Begriffe durchsetzen, wie: **13**
- Stufenantrag statt Stufenklage,
- Feststellungsantrag statt Feststellungsklage,
- Abänderungsantrag statt Abänderungsklage,
- Leistungsantrag statt Leistungsklage.

In §§ 38, 39 FamGKG werden die Begriffe Stufenklageantrag, Widerklageantrag noch genannt. Es dürfte daher vertretbar sein, diese Begriffe zu verwenden, wie auch die Begriffe Feststellungsklageantrag, Abänderungsklageantrag, Leistungsklageantrag.[10]

§ 114 Vertretung durch einen Rechtsanwalt; Vollmacht

(1) Vor dem Familiengericht und dem Oberlandesgericht müssen sich die Ehegatten in Ehesachen und Folgesachen und die Beteiligten in selbständigen Familienstreitsachen durch einen Rechtsanwalt vertreten lassen.

(2) Vor dem Bundesgerichtshof müssen sich die Beteiligten durch einen bei dem Bundesgerichtshof zugelassenen Rechtsanwalt vertreten lassen.

(3) Behörden und juristische Personen des öffentlichen Rechts einschließlich der von ihnen zur Erfüllung ihrer öffentlichen Aufgaben gebildeten Zusammenschlüsse können sich durch eigene Beschäftigte oder Beschäftigte anderer Behörden oder juristischer Personen des öffentlichen Rechts einschließlich der von ihnen zur Erfüllung ihrer öffentlichen Aufgaben gebildeten Zusammenschlüsse vertreten lassen. Vor dem Bundesgerichtshof müssen die zur Vertretung berechtigten Personen die Befähigung zum Richteramt haben.

(4) Der Vertretung durch einen Rechtsanwalt bedarf es nicht
1. im Verfahren der einstweiligen Anordnung,
2. wenn ein Beteiligter durch das Jugendamt als Beistand vertreten ist,
3. für die Zustimmung zur Scheidung und zur Rücknahme des Scheidungsantrags und für den Widerruf der Zustimmung zur Scheidung,
4. für einen Antrag auf Abtrennung einer Folgesache von der Scheidung,
5. im Verfahren über die Verfahrenskostenhilfe sowie
6. in den Fällen des § 78 Abs. 3 der Zivilprozessordnung.
7. für den Antrag auf Durchführung des Versorgungsausgleichs nach § 3 Abs. 3 des Versorgungsausgleichsgesetzes und die Erklärungen zum Wahlrecht nach § 15 Abs. 1 und 3 des Versorgungsausgleichsgesetzes.

(5) Der Bevollmächtigte in Ehesachen bedarf einer besonderen auf das Verfahren gerichteten Vollmacht. Die Vollmacht für die Scheidungssache erstreckt sich auch auf die Folgesachen.

---
10 So Schael FamRZ 2009, 7.

Abschnitt 1 Allgemeine Vorschriften

Übersicht

I. Anwaltszwang (Abs. 1 bis 4)	1
1. Anwendungsbereich	1
2. Stellung der anwaltlich nicht vertretenen Beteiligten	2
a) Allgemeine Folgen	2
b) Modifizierung für Antragsgegner in Ehesachen	3
II. Vollmacht (Abs. 5)	10

I. Anwaltszwang (Abs. 1 bis 4)

1. Anwendungsbereich

1 Bereits vor dem Inkrafttreten des FamFG mussten sich die Eheleute gem. § 78 Abs. 2 ZPO in Ehe- und Folgesachen,[1] Lebenspartnerschafts- und Folgesachen, in isolierten Güterrechtssachen[2] sowie in den Verfahren der zweiten und dritten Instanz[3] anwaltlich vertreten lassen. Der **Anwaltszwang** wurde auf erstinstanzliche selbstständige Familienstreitsachen zum Schutz der Beteiligten, insbesondere des Unterhaltsberechtigten, und zur Gewährleistung von Waffengleichheit nun erweitert.[4] Wegen der Auswirkungen, der existenziellen Folgen und der ständig zunehmenden Komplexität des materiellen Unterhaltsrechts sollen isolierte Unterhaltsverfahren nicht mehr ohne Anwalt geführt werden.[5] Dies gilt allerdings gem. § 114 Abs. 4 Nr. 1 nicht für das Eilverfahren. Auch sonstige Familienstreitsachen[6] unterliegen nun dem Anwaltszwang.

2. Stellung der anwaltlich nicht vertretenen Beteiligten

a) Allgemeine Folgen

2 Der Anwaltszwang ist von Amts wegen zu beachten.[7] Bei Verstoß gegen den Anwaltszwang fehlt es an der **Postulationsfähigkeit** des Beteiligten. Diese ist Voraussetzung dafür, Verfahrenshandlungen vornehmen zu können, nicht jedoch Verfahrensvoraussetzung.[8] Die Postulationsfähigkeit muss bei Vornahme der Verfahrenshandlung gegeben sein.[9] Die Handlungen eines nicht postulationsfähigen Beteiligten – des Beteiligten selbst oder eines Vertreters – sind unwirksam.[10] Zu den Handlungen, die ohne Anwalt wirksam vorgenommen werden können Rn. 3 ff. und 9.

b) Modifizierung für Antragsgegner in Ehesachen

3 In Ehesachen gelten die allgemeinen Grundsätze zur Postulationsfähigkeit nur eingeschränkt. Ist der Antragsgegner im Scheidungsverfahren **nicht anwaltlich vertreten**,

---

1 Hierzu Legaldefinition in §§ 121, 137 Abs. 2 und 3.
2 Vgl. § 78 Abs. 2 ZPO a.F.
3 § 78 Abs. 1 ZPO.
4 BT-Drs. 16/6308, S. 223 f.; Schael FPR 2009, 14.
5 BT-Drs. 16/6308, S. 223 f.
6 Hierzu → §§ 266 ff.
7 BGH 30.06.1992 – VI ZB 15/92 = NJW 1992, 2706; Zöller/Vollkommer § 78 ZPO Rn. 3.
8 BGH 11.10.2005 – XI ZR 398/04 = NJW 2005, 3773; Zöller/Vollkommer § 78 ZPO Rn. 3.
9 BGH 11.10.2005 – XI ZR 398/04 = NJW 2005, 3773; Zöller/Vollkommer § 78 ZPO Rn. 3.
10 BGH 04.02.1992 – X ZB 18/91 = NJW 1992, 1700 f.; Zöller/Vollkommer § 78 ZPO Rn. 3.

kann er zwar Verfahrenshandlungen nicht wirksam vornehmen, insbesondere keine Sachanträge stellen, aber am Verfahren mitwirken. Er kann

- angehört werden (§ 128 Abs. 1 Satz 1 und Abs. 2),
- als Beteiligter vernommen werden (§ 128 Abs. 1 Satz 2),
- die Zustimmung zur Scheidung und zur Rücknahme des Scheidungsantrags erklären,[11]
- eine erteilte Zustimmung widerrufen,[12]
- Ehe erhaltende Tatsachen vorbringen, hierzu auch Beweisanträge stellen (vgl. § 127 Abs. 2),
- sich auf die Härteklausel des § 1568 BGB berufen[13] (vgl. auch § 127 Abs. 3),
- in Folgesachen, die nicht dem Anwaltszwang unterliegen, Zustimmungserklärungen abgeben (bspw. nach § 1671 Abs. 2 Nr. 1 BGB).[14]

Ein **Versäumnisbeschluss** kann nicht gegen den Antragsgegner ergehen, auch eine Entscheidung nach Aktenlage nicht (§ 130). 4

Umstritten ist, ob der im Ehescheidungsverfahren anwaltlich nicht vertretene Antragsgegner einen **gerichtlichen Vergleich** über Folgesachen schließen kann.[15] Im Ergebnis ist der Ansicht zu folgen, die dies verneint, da andernfalls die Beratungs- und Schutzfunktion, die Grundgedanke des Anwaltszwangs ist, ausgehöhlt würde. 5

Ist der Antragsgegner nicht anwaltlich vertreten, ist ihm unter den Voraussetzungen des § 138 ein **Rechtsanwalt beizuordnen** (→ § 138). 6

Abs. 2 entspricht § 78 Abs. 1 Satz 5 i.V.m. Satz 4 ZPO a.F. **bisheriger Rechtslage**. Inhaltlich ergeben sich keine Veränderungen. 7

Abs. 3 regelt ein umfassendes **Behördenprivileg**. Das JA ist hiervon nicht nur als Sozialleistungsbehörde im Rahmen der Mitwirkung im familiengerichtlichen Verfahren erfasst (§§ 50, 51 SGB VIII), sondern auch als Amtsvormund oder Amtspfleger (§§ 55, 56 SGB VIII). Für das JA als Beistand ist dies in Abs. 4 Nr. 2 ausdrücklich klargestellt (Rn. 9). 8

In **Abs. 4** sind die **Ausnahmen vom Anwaltszwang** geregelt. 9

- **Nr. 1** betrifft die Fälle des einstweiligen Rechtschutzes und soll nach den Motiven der Regelung nach § 620a Abs. 2 Satz 2 ZPO a.F. i.V.m. § 78 Abs. 5 ZPO a.F. entsprechen. Die dort geregelte Ausnahme bezog sich jedoch nur auf die Stellung des Antrags. Nun existiert jedoch ein „hauptsachenloses" Verfahren auf Erlass einer einstweiligen Anordnung, ohne dass der Schutz der Beteiligten durch anwaltlichen Beistand gesichert wäre.[16]
- Nach **Nr. 2** besteht kein Anwaltszwang in Verfahren zum Kindesunterhalt, in denen das Kind gem. § 1712 BGB durch das JA als Beistand vertreten ist. Die Rege-

---

11 Hierzu Abs. 4 Nr. 3, → § 134 Rn. 5.
12 Hierzu Abs. 4 Nr. 3, → § 134 Rn. 5.
13 Hierzu → § 127 Rn. 7.
14 Vgl. Zöller/Vollkommer, § 78 ZPO Rn. 31.
15 Dagegen BGH 04.02.1992 – X ZB 18/91 = NJW 1991, 1743, mit umfassenden Nachw. auch zur a.A.; Zöller/Vollkommer § 78 ZPO Rn. 31; dafür OLG München 15.05.1986 – 11 WF 904/86 = Rpfleger 1986, 409; AG Groß-Gerau 21.10.1987 – 7 F 102/83 = FamRZ 1988, 187 m.N.; 17.11.1994 – 71 F 687/93 = FamRZ 1995, 1004; Problem vermeidend OLG Zweibrücken 15.02.1994 – 5 WF 78/93 = FamRZ 1994, 1400.
16 Vorwerk FPR 2009, 8.

lung dient lediglich als Klarstellung des bereits in Abs. 3 umfassend eingeräumten Behördenprivilegs (Rn. 8).

- Nach **Nr. 3** sind die Zustimmung zur Scheidung und zur Rücknahme des Scheidungsantrags sowie der Widerruf der Zustimmung zur Scheidung vom Anwaltszwang ausgenommen. Wegen der Einzelheiten → § 134.
- Nach **Nr. 4** sind **Abtrennungsanträge** vom Anwaltszwang ausgenommen. Der Gesetzgeber wollte vermeiden, dass ein Anwalt ausschließlich für den Abtrennungsabtrag hinzugezogen werden muss.[17]
- Nach **Nr. 5** ist das Verfahren über die Verfahrenskostenhilfe vom Anwaltszwang ausgenommen.
- Nach **Nr. 6** bedarf es keiner anwaltlichen Vertretung in den Fällen des § 78 Abs. 3 ZPO. Dies sind
  - Verfahren vor einem beauftragten oder ersuchten Richter sowie
  - Prozesshandlungen, die vor dem Urkundsbeamten der Geschäftsstelle vorgenommen werden können.

Für das vereinfachte Verfahren über den Unterhalt Minderjähriger ist § 257 Satz 1 zu beachten, wonach Anträge und Erklärungen vor dem Urkundsbeamten der Geschäftsstelle abgegeben werden können, d.h., eine anwaltliche Vertretung nicht erforderlich ist.

II. Vollmacht (Abs. 5)

10 **Abs. 5 Satz 1** entspricht dem bisherigen § 609 ZPO a.F. Die **Vollmacht** muss den Gegenstand und das Verfahrensziel der Bevollmächtigung konkret bezeichnen. Eine Generalvollmacht reicht nicht aus. Die Vollmacht kann auch durch schlüssiges Verhalten erteilt werden, etwa dadurch, dass ein im Termin anwesender Ehegatte duldet, dass der Rechtsanwalt für ihn auftritt.[18]

11 **Abs. 5 Satz 2** entspricht § 624 Abs. 1 ZPO a.F. Zu der Frage, welche Verfahren Folgesachen sind vgl. § 137 Abs. 2 bis 5.

§ 115 Zurückweisung von Angriffs- und Verteidigungsmitteln

In Ehesachen und Familienstreitsachen können Angriffs- und Verteidigungsmittel, die nicht rechtzeitig vorgebracht werden, zurückgewiesen werden, wenn ihre Zulassung nach der freien Überzeugung des Gerichts die Erledigung des Verfahrens verzögern würde und die Verspätung auf grober Nachlässigkeit beruht. Im Übrigen sind die Angriffs- und Verteidigungsmittel abweichend von den allgemeinen Vorschriften zuzulassen.

---

17 BT-Drs. 16/6308, S. 224.
18 BGH 14.06.1995 – XII ZB 177/94 = FamRZ 1995, 1484.

§ 115 Zurückweisung von Angriffs- und Verteidigungsmitteln

Die Vorschrift entspricht §§ 615, 621d ZPO a.F. **bisheriger Rechtslage** und regelt die **Präklusion** von Angriffs- und Verteidigungsmitteln in **Ehe- und Familienstreitsachen**. 1

Aus **Satz 2** ergibt sich, dass andere Bestimmungen über die Zurückweisung von Verteidigungsmitteln, die §§ 296, 530, 531 ZPO, nicht anwendbar sind. Hierdurch wird klargestellt, dass Angriffs- und Verteidigungsmittel weit weniger strengen Maßstäben unterliegen und abweichend von den allgemeinen Regeln zuzulassen sind. Dies soll die Besonderheiten des familiengerichtlichen Verfahrens berücksichtigen, wonach Sachverhalte einem ständigen Wandel unterliegen. Unnötige Abänderungsklagen sollen vermieden werden, neues Vorbringen erst in der zweiten Instanz beruht i.d.R. nicht auf Nachlässigkeit.[1] 2

In **Ehesachen** gilt der Grundsatz der eingeschränkten Amtsermittlung (§ 127). Sachvortrag, der von Amts wegen zu beachten ist, darf nicht als verspätet zurückgewiesen werden. 3

Angriffs- und Verteidigungsmittel ist jedes Mittel, was der Durchsetzung und der Abwehr des Verfahrensgegenstands dient (vgl. § 282 ZPO), insbesondere: 4

- Behauptungen,
- Bestreiten,
- Einwendungen,
- Einreden,
- Beweismittel,
- Beweiseinreden.

Neue Verfahrensgegenstände, die antragsändernd oder „widerklagend" in das Verfahren eingeführt werden, sind keine Angriffs- und Verteidigungsmittel und dürfen nicht als verspätet zurückgewiesen werden.

Nicht rechtzeitig vorgebracht bedeutet, dass das Angriffs- und Verteidigungsmittel später vorgebracht wird, als es einer sorgfältigen und auf Förderung des Verfahrens bedachten Verfahrensführung entspricht (vgl. § 282 ZPO, der zur Auslegung heranzuziehen ist). 5

Ist das Vorbringen verspätet, darf es nur zurückgewiesen werden, wenn es zu einer **Verzögerung** des Verfahrens führt. Das ist der Fall, wenn das Verfahren entscheidungsreif und bei Zulassung des Angriffs- oder Verteidigungsmittels eine Vertagung erforderlich wäre. Ist das Verfahren nicht entscheidungsreif, liegt keine Verzögerung vor, wenn der verspätete Vortrag nicht zu einer längeren Verfahrensdauer führt. Im Verbundverfahren muss **Entscheidungsreife** grundsätzlich in der Ehesache und in den Folgesachen vorliegen. Wird ein Beweismittel spät, aber so rechtzeitig noch benannt, dass es von dem Gericht noch zum Termin noch herbeigeschafft werden könnte, ist die Verzögerung nicht ursächlich auf die Verspätung zurückzuführen. Ob eine Verzögerung vorliegt, entscheidet das Gericht nach freier Überzeugung, eine Beweisaufnahme erfolgt hierzu aus verfahrensökonomischen Gründen nicht. 6

---

1 Borth FamRZ 2007, 1925.

7 Die Verspätung muss auf **grober Nachlässigkeit** beruhen. Leichte Fahrlässigkeit genügt nicht, Verschleppungsabsicht ist nicht erforderlich. Grobe Nachlässigkeit liegt bspw. vor, wenn ein Beteiligter es unterlässt, seinen Verfahrensbevollmächtigten rechtzeitig zu informieren, auch, wenn dieser es unterlässt, seinen Mandanten zu befragen. Das Verschulden des Verfahrensbevollmächtigten steht dem der Partei gleich (§ 85 Abs. 2 ZPO).

8 Ob das verspätete Angriffs- und Verteidigungsmittel zurückgewiesen wird, steht im **Ermessen** des Gerichts. Dieses muss die Interessen der Beteiligten abwägen und den Nachteil, der dem Antragsgegner durch die Verzögerung droht, mit dem Nachteil ins Verhältnis setzen, der dem anderen durch die Zurückweisung entstehen würde.

9 In der **Beschwerde** gelten die gleichen Grundsätze wie in der ersten Instanz. § 117 verweist nun für die Beschwerde nur noch auf die § 520 Abs. 2. Satz 2 und 3, §§ 514, 528, 538 Abs. 2 und § 539 ZPO. § 113 verweist nur auf die Allgemeinen Vorschriften der ZPO und die Vorschriften über das Verfahren vor den LG, also §§ 253 bis 494a ZPO. §§ 530, 531, 533 ZPO sind daher nicht anzuwenden. Angriffs- und Verteidigungsmittel, die das FamG zu Recht zurückgewiesen hat, können in der zweiten Instanz erneut vorgetragen werden, wenn § 115 nicht entgegensteht. Aufgrund der weitgehenden Zulassung von neuem Vorbringen in der Beschwerdeinstanz handelt es sich bei dieser – abweichend von der Regelung des Berufungsverfahrens nach der ZPO-Reform – um eine nahezu uneingeschränkte Tatsacheninstanz.

10 Im **Verbundverfahren** gilt die Vorschrift für das Scheidungsverfahren und die Folgesachen, soweit es sich um Familienstreitsachen handelt. Sind Folgesachen keine Familienstreitsachen, gilt der Amtsermittlungsgrundsatz (§ 26), so dass verspäteter Vortrag dort nicht zurückgewiesen werden darf. Eine Verzögerung tritt nur ein, wenn sich die Erledigung des Verbundverfahrens insgesamt hinausschiebt.

§ 116 Entscheidung durch Beschluss; Wirksamkeit

(1) Das Gericht entscheidet in Familiensachen durch Beschluss.

(2) Endentscheidungen in Ehesachen werden mit Rechtskraft wirksam.

(3) Endentscheidungen in Familienstreitsachen werden mit Rechtskraft wirksam. Das Gericht kann die sofortige Wirksamkeit anordnen. Soweit die Endentscheidung eine Verpflichtung zur Leistung von Unterhalt enthält, soll das Gericht die sofortige Wirksamkeit anordnen.

1 Seit Inkrafttreten des FamFG wird in allen Familiensachen durch Beschluss[1] entschieden **(Abs. 1)**. Urteile gibt es in Ehe- und Familienstreitsachen nicht mehr. Zur Form und Wirksamkeit von Beschlüssen vgl. §§ 38 ff.

2 **Endentscheidungen in Ehesachen** werden erst mit Rechtskraft wirksam **(Abs. 2)**. Dies trägt der Tatsache Rechnung, dass Endentscheidungen regelmäßig rechtsgestaltenden Charakter haben. Entscheidungen, die keine Endentscheidung darstellen (Zwischenentscheidungen), z.B. über die Aussetzung nach § 136, werden entsprechend

---

[1] Hierzu → §§ 38 ff.; Vorwerk FPR 2009, 8.

§ 329 ZPO wirksam.[2] Zur Vollstreckbarkeit der Verpflichtung zur Eingehung der Ehe und zur Herstellung des ehelichen Lebens vgl. § 120 Abs. 3.

Endentscheidungen in **Familienstreitsachen** werden grundsätzlich erst mit der Rechtskraft wirksam **(Abs. 3 Satz 1)**. Das Gericht kann aber – anders als bei Ehesachen – die sofortige Wirksamkeit nach **Abs. 3 Satz 2** anordnen mit der Folge, dass die Entscheidung nach § 120 Abs. 2 **sofort vollstreckbar** ist. Familienstreitsachen sind nun nicht mehr für vorläufig vollstreckbar, sondern für sofort wirksam zu erklären. Durch diese Vorschrift wird das Rechtsinstitut der vorläufigen Vollstreckbarkeit in Familienstreitsachen entbehrlich.

3

Das Gericht soll die sofortige Wirksamkeit bei Entscheidungen über Unterhaltszahlungen anordnen **(Abs. 3 Satz 3)**. Mit der Soll-Vorschrift will der Gesetzgeber der Bedeutung des Unterhalts zur Sicherung des Lebensbedarfs Rechnung tragen.[3] Auf eine Anordnung der sofortigen Wirksamkeit kann daher ausnahmsweise verzichtet werden, wenn der Unterhaltsberechtigte für seinen Lebensbedarf auf die Unterhaltszahlung nicht angewiesen ist, etwa wenn ein Träger von Leistungen nach SGB II, SGB XII, UVG oder BAföG übergegangene Unterhaltsansprüche geltend macht oder wenn länger zurückliegende Unterhaltsrückstände verlangt werden.[4] Hierüber hat das Gericht im Einzelfall unter Abwägung der Interessen des Berechtigten und des Verpflichteten zu entscheiden. §§ 708, 709 ZPO sind damit in Familiensachen entbehrlich.

4

Die Wirksamkeit von Entscheidungen in Familiensachen, die keine Ehe- und Familienstreitsachen (bisherige FGG-Familiensachen) sind, bestimmt sich nach § 40.

5

§ 117 Rechtsmittel in Ehe- und Familienstreitsachen

(1) In Ehesachen und Familienstreitsachen hat der Beschwerdeführer zur Begründung der Beschwerde einen bestimmten Sachantrag zu stellen und diesen zu begründen. Die Begründung ist beim Beschwerdegericht einzureichen. Die Frist zur Begründung der Beschwerde beträgt zwei Monate und beginnt mit der schriftlichen Bekanntgabe des Beschlusses, spätestens mit Ablauf von fünf Monaten nach Erlass des Beschlusses. § 520 Abs. 2 Satz 2 und 3 sowie § 522 Abs. 1 Satz 1, 2 und 4 der Zivilprozessordnung gelten entsprechend.

(2) Die §§ 514, 516 Abs. 3, 521 Abs. 2, 524 Abs. 2 Satz 2 und 3, 528, 538 Abs. 2 und 539 der Zivilprozessordnung gelten im Beschwerdeverfahren entsprechend. Einer Güteverhandlung bedarf es im Beschwerde- und Rechtsbeschwerdeverfahren nicht.

(3) Beabsichtigt das Beschwerdegericht von einzelnen Verfahrensschritten nach § 68 Abs. 3 Satz 2 abzusehen, hat das Gericht die Beteiligten zuvor darauf hinzuweisen.

---

2 BT-Drs. 16/6308, S. 224.
3 BT-Drs. 16/6308, S. 224.
4 BT-Drs. 16/6308, S. 224.

(4) Wird die Endentscheidung in dem Termin, in dem die mündliche Verhandlung geschlossen wurde, verkündet, kann die Begründung auch in die Niederschrift aufgenommen werden.

(5) Für die Wiedereinsetzung gegen die Versäumung der Fristen zur Begründung der Beschwerde und Rechtsbeschwerde gelten die §§ 233 und 234 Abs. 1 Satz 2 der Zivilprozessordnung entsprechend.

Übersicht

I. Inhalt und Bedeutung der Norm	1
1. Anwendungsbereich	1
2. Rechtsgeschichtlicher Hintergrund	2
II. Inhalt der Regelung	4
1. Begründungszwang (Abs. 1 Sätze 1 und 2)	4
2. Begründungsfrist (Abs. 1 Sätze 3 und 4)	5
3. Entsprechende Anwendung einzelner Regelungen des zivilprozessrechtlichen Berufungsrechts (Abs. 2 Satz 1)	7
5. Hinweispflicht des Gerichts (Abs. 3)	15
6. Formerleichterung (Abs. 4)	16
7. Wiedereinsetzung in den vorigen Stand (Abs. 5)	17
III. Weiterer Verfahrensgang	18

I. Inhalt und Bedeutung der Norm

1. Anwendungsbereich

1 Einheitliches Rechtsmittel gegen erstinstanzliche Endentscheidungen in Familiensachen ist nun immer die **Beschwerde**. Grundsätzlich gelten die Vorschriften der §§ 58 ff., etwa die Beschwerdeberechtigung nach § 59, die Frist nach § 63. § 117 enthält für **Ehe- und Familienstreitsachen** eine Reihe vorrangiger Sonderregelungen und Verweisungen in das Berufungsrecht der ZPO,[1] wodurch das Beschwerdeverfahren eine Nähe zum Berufungsverfahren nach der ZPO aufweist.

2. Rechtsgeschichtlicher Hintergrund

2 Nach dem Gesetzesentwurf[2] sollte die Rechtsmittelinstanz in Ehesachen und Familienstreitsachen als volle **zweite Tatsacheninstanz** ausgestaltet sein. Im weiteren Verlauf des Gesetzgebungsverfahrens wurde eine so weitgreifende Änderung letztlich nicht beschlossen.[3] Das Beschwerdeverfahren in Ehe- und Familiensachen soll näher an die Berufung des Zivilprozessrechts angelehnt bleiben, als an das Beschwerdeverfahren der §§ 58 ff. Insbesondere bleibt es dabei, dass der Beschwerdeführer sein Rechtsmittel form- und fristgemäß zu begründen hat. Eine Verweisung auf § 522 Abs. 1 Satz 3 ZPO war entbehrlich, da nun alle Entscheidungen in familiengerichtlichen Verfahren durch Beschluss ergehen.

3 Die Besonderheiten des familiengerichtlichen Verfahrens hatten bereits vor dem Inkrafttreten des FamFG zu einer Sonderregelung[4] in § 524 Abs. 2 ZPO geführt. Die An-

---
[1] Vorwerk FPR 2009, 8; Schürmann FamRB 2009, 24; Schael FPR 2009, 11.
[2] BT-Drs. 16/6308, S. 224 f.
[3] BT-Drs. 16/9733, S. 292; BR-Drs. 309/07, S. 31.
[4] Eingeführt durch Art. 1 Nr. 16a des 1. Justizmodernisierungsgesetzes vom 24.08.2004, BGBl I, S. 2198.

schlussberufungsfrist gilt seither nicht, wenn die Anschließung eine Verurteilung zu zukünftig fällig werdenden Leistungen, wie Unterhalt, zum Gegenstand hat. Hierdurch können Veränderungen der persönlichen und wirtschaftlichen Verhältnisse des Unterhaltsschuldners noch in der Berufungsinstanz berücksichtigt werden. § 524 Abs. 2 ZPO gilt auch weiterhin über die Verweisung in Abs. 2 Satz 1 für Beschwerden in Unterhaltsverfahren.[5]

II. Inhalt der Regelung

1. Begründungszwang (Abs. 1 Sätze 1 und 2)

Wegen des **Beibringungsgrundsatzes** muss die Beschwerde in Familienstreitsachen und Ehesachen abweichend von § 65 begründet werden. Der Beschwerdeführer muss durch seinen Sachantrag konkret bezeichnen, in welchem Umfang er die erstinstanzliche Entscheidung angreift. Eine Überprüfung der angegriffenen Entscheidung von Amts wegen findet nicht statt. Die Begründung ist beim Beschwerdegericht einzureichen. Beschwerdegericht ist das OLG (§ 119 Abs. 1 Nr. 1a GVG).

2. Begründungsfrist (Abs. 1 Sätze 3 und 4)

Die Frist zur Begründung der Beschwerde beträgt zwei Monate ab der schriftlichen Bekanntgabe des Beschlusses, spätestens fünf Monate nach Erlass des Beschlusses. Der Verweis auf § 522 Abs. 1 Sätze 1, 2, 4 ZPO ist auf Wunsch des Bundesrats noch in die Vorschrift aufgenommen worden. Das Ausbleiben der Begründung hat daher die **Unzulässigkeit** des Rechtsmittels zur Folge. **§ 520 Abs. 2 Sätze 2 und 3 ZPO** gilt entsprechend. Danach kann die Frist auf Antrag verlängert werden, wenn der Gegner einwilligt oder bis zu einem Monat, wenn das Verfahren durch die Verlängerung nicht verzögert wird oder erhebliche Gründe vom Beschwerdeführer dargelegt werden.

§ 522 Abs. 1 Sätze 1, 2 und 4 ZPO gelten entsprechend: Das Rechtsmittelgericht muss prüfen, ob die Beschwerde statthaft und in der gesetzlichen Form und Frist eingelegt und begründet ist. Andernfalls wird die Beschwerde als unzulässig verworfen. Gegen diesen Beschluss findet die Rechtsbeschwerde statt.

3. Entsprechende Anwendung einzelner Regelungen des zivilprozessrechtlichen Berufungsrechts (Abs. 2 Satz 1)

Für Versäumnisurteile (zutreffend müsste nun der Begriff **Versäumnisbeschluss** lauten) gilt **§ 514 ZPO** entsprechend: Der Beteiligte, gegen den der Versäumnisbeschluss erlassen wurde, kann diesen nicht mit der Beschwerde oder Anschlussbeschwerde anfechten. Ein Versäumnisbeschluss, gegen den der Einspruch nicht statthaft ist, kann mit der Beschwerde oder Anschlussbeschwerde nur insoweit angefochten werden, als diese darauf gestützt werden, dass eine Säumnis nicht vorlag. **Keine Anwendung findet § 61 Abs. 1 und 2.** Nach § 514 Abs. 2 Satz 2 ZPO ist § 511 Abs. 2 ZPO nicht anzuwenden. Das Erreichen des Berufungswerts bzw. die Zulassung der Berufung sind danach nicht Voraussetzung für die Berufung gegen einen Versäumnisurteil im ZPO-Verfahren. In § 61 Abs. 1 und 2 ist der Inhalt des § 511 Abs. 2 ZPO für das Beschwerde-

---

[5] → § 66 Rn. 3.

Abschnitt 1 Allgemeine Vorschriften

verfahren nach dem FamFG geregelt. Gesetzestechnisch wäre eine ausdrückliche Ausnahme des § 61 Abs. 1 und 2 für die Beschwerde gegen einen Versäumnisbeschluss sicher sinnvoll gewesen. Aber auch ohne die ausdrückliche Regelung kann davon ausgegangen werden, dass § 61 Abs. 1 und 2 nicht anzuwenden sind. Dass der Gesetzgeber eine Änderung der bisherigen Rechtslage herbeiführen wollte, ist weder dem Gesetzesentwurf der Bundesregierung vom 07.09.2007, noch der Beschlussempfehlung des Rechtsausschusses vom 23.06.2008 zu entnehmen.[6] Auch wurde bei der Verweisung auf § 514 ZPO dessen Abs. 2 Satz 2 nicht ausgenommen.

8 Entsprechend **§ 516 Abs. 3 ZPO** hat die Zurücknahme der Beschwerde den Verlust des Rechtsmittels zur Folge. Weiter muss der Beschwerdeführer die Kosten tragen. Diese Wirkungen sind durch Beschluss auszusprechen.

9 Das Beschwerdegericht kann den Beteiligten entsprechend **§ 521 Abs 2 ZPO** Erwiderungsfristen setzen. Dabei gilt § 277 ZPO entsprechend: Der Beteiligte hat seine Verteidigungsmittel rechtzeitig vorzubringen und soll mitteilen, ob gegen eine Entscheidung durch den Einzelrichter Gründe entgegenstehen (§ 277 Abs 1 ZPO). Der betroffene Beteiligte ist auf den Anwaltszwang und die Folgen der Fristversäumung hinzuweisen (§ 277 Abs. 2 ZPO) Die Erwiderungsfrist muss mindestens zwei Wochen betragen (§ 277 Abs. 3 ZPO).

10 Für die Säumnis im Beschwerdeverfahren gilt **§ 539 ZPO** entsprechend. Erscheint also der Beschwerdeführer nicht im Termin zur mündlichen Verhandlung, ist seine Beschwerde auf Antrag durch Versäumnisbeschluss zurückzuweisen. Erscheint dagegen der Beschwerdegegner nicht, ist auf Antrag des Beschwerdeführers dessen zulässiger Tatsachenvortrag als zugestanden anzunehmen. Ist der Beschwerdeantrag danach gerechtfertigt, ergeht ein entsprechender Beschluss. Andernfalls wird die Beschwerde zurückgewiesen.

11 **Anschlussbeschwerde (§ 66)** kann bis zum Ablauf der dem Beschwerdegegner gesetzten **Frist** eingereicht werden. Die Frist gilt nicht, wenn die Anschließung eine Verurteilung zu künftig fällig werdenden, wiederkehrenden Leistungen (§ 323 ZPO) zum Gegenstand hat (**§ 524, Abs. 2 ZPO entsprechend)**.

12 Entsprechend § 528 ZPO ist das Gericht **an Anträge** der Beteiligten gebunden. Die Regelung enthält damit auch das **Verbot der Schlechterstellung**.

13 Die **Zurückverweisung an das Gericht der ersten Instanz** richtet sich nicht nach § 69 Abs. 1, sondern nach **§ 538 Abs. 2 ZPO** entsprechend. Das Beschwerdegericht hat danach in der Sache grundsätzlich selbst zu entscheiden und die dazu notwendigen Beweise zu erheben. Es darf an das FamG nur unter bestimmten abschließend genannten Voraussetzungen zurückverweisen, bspw. wenn auf Grund eines Verfahrensmangels im ersten Rechtszug eine umfangreiche oder aufwändige Beweisaufnahme erforderlich ist, durch den angefochtenen Beschluss ein Einspruch als unzulässig verworfen ist oder es sich um einen Versäumnisbeschluss handelt, wenn in dem angefochtenen Beschluss nur über die Zulässigkeit des Antrags entschieden ist.

14 **Satz 2:** Die Vorschrift entspricht dem Inhalt der § 525 Satz 2 ZPO, § 555 Abs. 1 Satz 2 ZPO und ergänzt die allgemeinen Vorschriften der § 68 Abs. 3, § 74 Abs. 4 für den Bereich der Ehe- und Familienstreitsachen.

---

6 BT-Drs. 16/6308, S. 224 f.; BT-Drs. 16/9733, S. 292.

5. Hinweispflicht des Gerichts (Abs. 3)

Das Gericht muss die Beteiligten darauf hinweisen, wenn es beabsichtigt, von der Durchführung einzelner Verfahrensschritte nach § 68 Abs. 3 Satz 2 abzusehen. Dies ist an die Hinweispflicht nach § 522 Abs. 2 Satz 2 ZPO angelehnt.[7] Dem Beschwerdeführer wird mit dem Hinweis die Möglichkeit eröffnet, dem Beschwerdegericht weitere Gesichtspunkte zu unterbreiten, die eine erneute Durchführung der mündlichen Verhandlung oder der nicht für erforderlich erachteten Verfahrenshandlungen rechtfertigen.[8]

15

6. Formerleichterung (Abs. 4)

Nach **Abs. 4** können die gem. § 69 Abs. 2 erforderlichen Darlegungen der Beschwerdeentscheidung auch in das Protokoll der mündlichen Verhandlung aufgenommen werden, wenn der Beschluss in dem Termin, in dem die mündliche Verhandlung geschlossen wird, verkündet wird. Die Vorschrift ist an § 540 Abs. 2 Satz 2 ZPO angelehnt.[9] Da sie die Anwendbarkeit der § 128 ZPO und §§ 160 ff. ZPO voraussetzt, ist sie auf Ehe- und Familienstreitsachen beschränkt.[10]

16

7. Wiedereinsetzung in den vorigen Stand (Abs. 5)

Die § 233 und § 234 Abs. 1 Satz 2 ZPO sind entsprechend anwendbar. Einem Beteiligten ist auf Antrag Wiedereinsetzung in den vorigen Stand zu gewähren, wenn eine Notfrist oder Begründungsfrist ohne Verschulden versäumt wurde (**§ 233 ZPO analog**). Die Wiedereinsetzungsfrist beträgt einen Monat, wenn die Begründung der Beschwerde oder Rechtsbeschwerde versäumt wurde (**§ 234 Abs. 1 Satz 2 ZPO** analog).

17

III. Weiterer Verfahrensgang

Gegen die Entscheidung des Beschwerdegerichts findet die **Rechtsbeschwerde** statt (→ §§ 70 ff.). Die Rechtsbeschwerde unterliegt den gleichen inhaltlichen und formellen Voraussetzungen wie die Revision nach § 543 ZPO. Insoweit gibt es also keine Änderung gegenüber dem bis zum Inkrafttreten des FamFG geltenden Recht ein. Die Nichtzulassungsbeschwerde ist nach dem FamFG nicht vorgesehen. Sie war auch bisher in Familiensachen nicht statthaft (§ 26 Nr. 9 EGZPO). Der Gesetzgeber hat auch für die Zukunft ein Bedürfnis für die Nichtzulassungsbeschwerde in Familiensachen verneint.[11]

18

---

7 BT-Drs. 16/6308, S. 225.
8 BT-Drs. 16/6308, S. 499.
9 BT-Drs. 16/6308, S. 225.
10 BT-Drs. 16/6308, S. 225.
11 BT-Drs. 16/6308, S. 225.

§ 118 Wiederaufnahme

Für die Wiederaufnahme des Verfahrens in Ehesachen und Familienstreitsachen gelten die §§ 578 bis 591 der Zivilprozessordnung entsprechend.

1 Gegen formell rechtskräftige Beschlüsse in Ehesachen und Familienstreitsachen kann nach den Vorschriften der ZPO über die **Wiederaufnahme durch Nichtigkeits- oder Restitutionsklage** (§ 578 Abs. 1 ZPO) erhoben werden. § 48 Abs. 2 enthält eine entsprechende Verweisung. Werden beide Klagen von derselben Partei oder von verschiedenen Parteien erhoben, so ist die Verhandlung und Entscheidung über die Restitutionsklage bis zur rechtskräftigen Entscheidung über die Nichtigkeitsklage auszusetzen (§ 578 Abs. 2 ZPO).

> **Exkurs zur Terminologie**
>
> Ob sich hier die Begriffe Nichtigkeits- und Restitutionsverfahren durchsetzen werden, bleibt abzuwarten. In konsequenter Anwendung des § 113 Abs. 5 wären die Wiederaufnahmeverfahren so zu bezeichnen. Allerdings erscheinen Begriffe wie bspw. der Begriff „Widerantrag" statt „Widerklage" eher befremdend.[1] Der Gesetzgeber selbst war in der Änderung der Terminologie nicht durchgehend konsequent. In § 149 hat er den Begriff „Prozesskostenhilfe" beibehalten, um diese von der Verfahrenskostenhilfe nach §§ 76 ff. abzugrenzen. In den §§ 38, 39 FamGKG heißt es „Stufenklageantrag" und „Widerklageantrag". Entsprechend könnte man die Begriffe Nichtigkeits- und Restitutionsklageanträge verwenden, wobei dies sprachästhetisch weniger gelungen erscheint.

2 Die **Nichtigkeitsklage** ist – sofern kein Rechtsmittel gegeben ist – statthaft, wenn das erkennende Gericht nicht vorschriftsmäßig besetzt war, ein Richter bei der Entscheidung mitgewirkt hat, der von der Ausübung des Richteramts kraft Gesetzes ausgeschlossen oder wegen Besorgnis der Befangenheit abgelehnt und das Ablehnungsgesuch für begründet erklärt war oder eine Partei in dem Verfahren nicht nach Vorschrift der Gesetze vertreten war, sofern sie nicht die Prozessführung ausdrücklich oder stillschweigend genehmigt hat (§ 579 ZPO).

3 Wann die **Restitutionsklage statthaft** ist, richtet sich nach § 580 ZPO. Sie findet bspw. statt, wenn der Gegner in dem Verfahren durch Beeidigung einer Aussage, auf die das Urteil gegründet ist, sich einer vorsätzlichen oder fahrlässigen Verletzung der Eidespflicht schuldig gemacht hat; eine Urkunde, auf die das Urteil gegründet ist, fälschlich angefertigt oder verfälscht war; bei einem Zeugnis oder Gutachten, auf welches das Urteil gegründet ist, der Zeuge oder Sachverständige sich einer strafbaren Verletzung der Wahrheitspflicht schuldig gemacht hat, das Urteil von dem Vertreter der Partei oder von dem Gegner oder dessen Vertreter durch eine in Beziehung auf den Rechtsstreit verübte Straftat erwirkt ist.

4 Die **Restitutionsklage** ist nur **zulässig**, wenn die Partei ohne ihr Verschulden außerstande war, den Restitutionsgrund in dem früheren Verfahren, insbesondere durch Einspruch oder Berufung oder mittels Anschließung an eine Berufung, geltend zu machen (§ 582 ZPO).

5 Die **Zuständigkeit** richtet sich nach **§ 584 ZPO**.

---

[1] Schael FamRZ 2009, 7, der sich umfassend mit der neuen Terminologie auseinandersetzt.

Die Klagen sind vor Ablauf der Notfrist eines Monats zu erheben (§ 586 Abs. 1 ZPO). Die **Frist** beginnt mit dem Tag, an dem die Partei von dem Anfechtungsgrund Kenntnis erhalten hat, jedoch nicht vor eingetretener Rechtskraft des Urteils (§ 586 Abs. 2 Satz 1 ZPO). Nach Ablauf von fünf Jahren, von dem Tag der Rechtskraft des Beschlusses an gerechnet, sind die Klagen unstatthaft (§ 586 Abs. 2 Satz 2 ZPO). Die Frist für die Erhebung der Klage wegen mangelnder Vertretung läuft von dem Tag, an dem der Partei und bei mangelnder Prozessfähigkeit ihrem gesetzlichen Vertreter das Urteil zugestellt ist (§ 586 Abs. 3 ZPO).

In der Klage muss die Bezeichnung des Beschlusses, gegen das die Nichtigkeits- oder Restitutionsklage gerichtet wird, und die Erklärung, welche dieser Klagen erhoben wird, enthalten sein (§ 587 ZPO). In der **Klageschrift** sollen angegeben werden:

- die Bezeichnung des Anfechtungsgrunds,
- die Angabe der Beweismittel für die Tatsachen, die den Grund und die Einhaltung der Notfrist ergeben,
- die Erklärung, inwieweit die Beseitigung des angefochtenen Urteils und welche andere Entscheidung in der Hauptsache beantragt werde (§ 588 Abs. 1 ZPO).

Dem Schriftsatz, durch den eine Restitutionsklage erhoben wird, sind die Urkunden, auf die sie gestützt wird, in Urschrift oder in Abschrift beizufügen (§ 588 Abs. 2 ZPO). Befinden sich die Urkunden nicht in den Händen des Klägers, so hat er zu erklären, welchen Antrag er wegen ihrer Herbeischaffung zu stellen beabsichtigt.

Das Gericht hat **von Amts wegen zu prüfen**, ob die Klage an sich statthaft und ob sie in der gesetzlichen Form und Frist erhoben sei. Mangelt es an einem dieser Erfordernisse, so ist die Klage als unzulässig zu verwerfen (§ 589 Abs. 1 ZPO). Die Tatsachen, die ergeben, dass die Klage vor Ablauf der Notfrist erhoben ist, sind glaubhaft zu machen (§ 589 Abs. 2 ZPO).

Die Hauptsache wird, insoweit sie vom Anfechtungsgrund betroffen ist, **von Neuem verhandelt** (§ 590 ZPO).

Rechtsmittel sind insoweit zulässig, als sie gegen die Entscheidungen der mit den Klagen befassten Gerichte stattfinden (§ 591 ZPO).

§ 119 Einstweilige Anordnung und Arrest

(1) In Familienstreitsachen sind die Vorschriften dieses Gesetzes über die einstweilige Anordnung anzuwenden. In Familienstreitsachen nach § 112 Nr. 2 und 3 gilt § 945 der Zivilprozessordnung entsprechend.

(2) Das Gericht kann in Familienstreitsachen den Arrest anordnen. Die §§ 916 bis 934 und die §§ 943 bis 945 der Zivilprozessordnung gelten entsprechend.

Während der vorläufige Rechtsschutz bis zum Inkrafttreten des FamFG in verschiedenen Vorschriften der ZPO und des FGG geregelt war, ist er nun für alle Verfahrensgegenstände des Familienrechts in den §§ 49 ff. einheitlich und völlig neu gestaltet. Wegen der Einzelheiten wird auf die §§ 49 ff. verwiesen. In **Unterhaltssachen** sind die Sondervorschriften der §§ 246 ff. zu beachten. Die einstweilige Verfügung ist im Anwendungsbereich dieses Gesetzes ausgeschlossen.[1] In **Güterrechtssachen und sonstigen Familiensachen** gilt § 945 ZPO entsprechend, der eine Schadensersatzpflicht begründet, wenn die einstweilige Anordnung aufgehoben wird oder sich als von Anfang an als ungerechtfertigt erweist.

2 Seit Inkrafttreten des FamFG wird die einstweilige Anordnung nun **unabhängig von einer Hauptsache** erhoben (→ §§ 49 ff.). Der Gesetzgeber wollte hierdurch eine Vereinfachung und Beschleunigung des Verfahrens erreichen.[2]

3 Die in **Abs. 1 Satz 2** enthaltene Verweisung entspricht der Rechtslage vor dem Inkrafttreten des FamFG. In **Güterrechtssachen und sonstigen Familiensachen** gilt § 945 ZPO entsprechend (Rn. 1). In Unterhaltssachen ist ein entsprechender Schadenersatzanspruch nicht vorgesehen (vgl. §§ 644, 620 ff. ZPO a.F.). Der BGH hat eine entsprechende Anwendung des § 945 ZPO auf Unterhaltssachen abgelehnt.[3]

4 Neben der einstweiligen Anordnung ist in Familienstreitsachen der persönliche oder dingliche Arrest des Schuldners möglich (**Abs. 2 Satz 1**). Das entspricht der Rechtslage vor dem Inkrafttreten des FamFG.[4] Es gelten die §§ 916 bis 934 und §§ 943 bis 945 ZPO (Abs. 2 Satz 2).

§ 120 Vollstreckung

(1) Die Vollstreckung in Ehesachen und Familienstreitsachen erfolgt entsprechend den Vorschriften der Zivilprozessordnung über die Zwangsvollstreckung.

(2) Endentscheidungen sind mit Wirksamwerden vollstreckbar. Macht der Verpflichtete glaubhaft, dass die Vollstreckung ihm einen nicht zu ersetzenden Nachteil bringen würde, hat das Gericht auf seinen Antrag die Vollstreckung vor Eintritt der Rechtskraft in der Endentscheidung einzustellen oder zu beschränken. In den Fällen des § 707 Abs. 1 und des § 719 Abs. 1 der Zivilprozessordnung kann die Vollstreckung nur unter denselben Voraussetzungen eingestellt oder beschränkt werden.

(3) Die Verpflichtung zur Eingehung der Ehe und zur Herstellung des ehelichen Lebens unterliegt nicht der Vollstreckung.

Übersicht

I. Vollstreckung nach der ZPO (Abs. 1)	1
II. Wirksamwerden (Abs. 2 Satz 1)	2
III. Antrag auf Einstellung oder Beschränkung der Vollstreckung (Abs. 2 Sätze 2 u. 3)	3
IV. Keine Vollstreckung der Verpflichtung zur Eingehung der Ehe und zur Herstellung des ehelichen Lebens (Abs. 3)	7

---

1 BT-Drs. 16/6308, S. 226.
2 BT-Drs. 16/6308, S. 226.
3 BGH 27.10.1999 – XII ZR 239/97 = NJW 2000, 742 (743).
4 Vgl. Zöller/Vollkommer § 916 ZPO Rn. 8.

I. Vollstreckung nach der ZPO (Abs. 1)

Die Vollstreckung in Ehesachen und Familienstreitsachen richtet sich nicht nach den allgemeinen Vorschriften über die Vollstreckung (§§ 86 ff.), sondern nach den §§ 704 bis 915h ZPO, auf die hier verwiesen wird.

II. Wirksamwerden (Abs. 2 Satz 1)

Endentscheidungen sind kraft Gesetzes mit ihrem Wirksamwerden vollstreckbar (**Abs. 2 Satz 1**). Einer Vollstreckbarerklärung des Gerichts bedarf es hierzu nicht. §§ 708 bis 713 ZPO sind bei der Vollstreckung von Beschlüssen in Verfahren nach dem FamFG daher nicht anwendbar, §§ 714 bis 720a ZPO gelten nur eingeschränkt.[1] Die Vorschrift ist § 62 Abs. 1 Satz 1 ArbGG nachgebildet.[2] Endentscheidungen in **Ehesachen und Familienstreitsachen** werden mit Rechtskraft wirksam (§ 116 Abs. 2, Abs. 3 Satz 1). In **Familienstreitsachen** kann das Gericht die **sofortige Wirksamkeit** anordnen (§ 116 Abs. 3 Satz 2).

III. Antrag auf Einstellung oder Beschränkung der Vollstreckung (Abs. 2 Sätze 2 u. 3)

Abweichend von den Vorschriften der ZPO kann die Vollstreckung **nur dann** eingestellt oder beschränkt werden, wenn der Verpflichtete

- einen entsprechenden Antrag stellt und
- glaubhaft macht, dass die Vollstreckung für ihn einen nicht zu ersetzenden Nachteil bringen würde.

Die Vorschrift ist § 62 Abs. 1 Satz 2 und 3 ArbGG nachgebildet.[3] Die Einstellung und Beschränkung der Vollstreckung ist bereits bei der Entscheidung in der Hauptsache möglich.[4]

> **Hinweis**
>
> Der Antrag auf Einstellung, hilfsweise auf Beschränkung der Vollstreckung sollte von dem Antragsgegner eines Zahlungsantrags vorsorglich immer mit seiner Antragserwiderung gestellt und begründet werden. Andernfalls ist er im Falle einer Verurteilung nicht mehr ausreichend geschützt.

Ein **nicht zu ersetzender Nachteil** liegt vor, wenn durch die Vollstreckung vor Eintritt der Rechtskraft ein Schaden entstehen würde, der auch im Falle des Erfolgs eines Rechtsmittels nicht mehr rückgängig zu machen wäre.[5] Es wird sich zeigen, in welchen

---

1 BT-Drs. 16/6308, S. 226.
2 BT-Drs. 16/6308, S. 226.
3 BT-Drs. 16/6308, S. 226.
4 BT-Drs. 16/6308, S. 226.
5 BT-Drs. 16/6308, S. 226.

Fällen die Rechtsprechung einen solchen Schaden bejaht. Dies ist insbesondere in Unterhalts- und Güterrechtssachen denkbar, bei denen sehr hohe Beträge ausgeurteilt werden können. Der Schuldner ist etwa bei der Anordnung der sofortigen Wirksamkeit nicht davor geschützt, dass der Gläubiger das auf Grund des Beschlusses Geleistete etwa wegen Zahlungsunfähigkeit nicht zurückzahlen kann, wenn der erstinstanzliche Beschluss in der Beschwereinstanz aufgehoben wird. In diesem Fall würde ihm auch ein Schadensersatz entsprechend § 717 Abs. 2 ZPO nicht weiter helfen.

5   Macht der Antragsgegner einen nicht zu ersetzenden Nachteil glaubhaft, ist die **Vollstreckung einzustellen oder zu beschränken**. Das Gericht hat das Mittel zum Schutz des Antragsgegners nach pflichtgemäßem Ermessen auszuwählen. Dabei sind die Interessen des Antragstellers und die Nachteile, die dem Gegner entstehen können, abzuwägen. Als Beschränkung ist die Vollstreckung gegen Sicherheitsleistung des Gläubigers oder aber die Hinterlegung des geschuldeten Betrags durch den Schuldner denkbar. Auch hier wird sich zeigen, welche Möglichkeiten die Rechtsprechung entwickelt.

6   Auch in den Fällen der § 707 Abs. 1 und § 719 Abs. 1 ZPO, die die einstweilige Einstellung der Zwangsvollstreckung bei den Verfahren auf Wiedereinsetzung in den vorigen Stand, auf Wiederaufnahme des Verfahrens, der Gehörsrüge, bei vorläufig vollstreckbaren Beschlüssen betreffen, kann die Vollstreckung nur unter den oben genannten Voraussetzungen eingestellt oder beschränkt werden.

IV. Keine Vollstreckung der Verpflichtung zur Eingehung der Ehe und zur Herstellung des ehelichen Lebens (Abs. 3)

7   Die Verpflichtung zur Eingehung der Ehe (§ 266 Abs. 1 Nr. 1) und zur Herstellung des ehelichen Lebens (§ 266 Abs. 1 Nr. 2) sind nicht vollstreckbar. Die Vorschrift entspricht der Regelung des bisherigen § 888 Abs. 3 ZPO.

Abschnitt 2
Verfahren in Ehesachen; Verfahren in Scheidungssachen und Folgesachen
(§ 121 – § 150)

Unterabschnitt 1
Verfahren in Ehesachen
(§ 121 – § 132)

§ 121 Ehesachen

Ehesachen sind Verfahren

1. auf Scheidung der Ehe (Scheidungssachen),
2. auf Aufhebung der Ehe und
3. auf Feststellung des Bestehens oder Nichtbestehens einer Ehe zwischen den Beteiligten.

Die Vorschrift enthält die **Legaldefinition** für Ehesachen, bisher in § 606 Abs. 1 Satz 1 ZPO a.F. geregelt. Ehesachen sind Verfahren, deren Gestand die Scheidung (§§ 1564 bis 1568 BGB) oder Aufhebung der Ehe (§§ 1313 bis 1318 BGB) sind. Auch Wiederaufnahmeverfahren in allen diesen Sachen sind Ehesachen.[1]

1

Verfahren auf Herstellung des ehelichen Lebens zählen seit Inkrafttreten des FamFG nicht mehr zu den Ehesachen, sondern zu den sonstigen Familiensachen nach § 266 Abs. 1 Nr. 2,[2] auf welche die Vorschriften der Familienstreitsachen Anwendung finden und die damit nicht dem Amtsermittlungsgrundsatz unterliegen. Die praktische Bedeutung dieser Verfahren ist allerdings gering. Wegen des Vollstreckungsverbots – nun auch gesetzlich geregelt in § 120 Abs. 3[3] – dürfte das Rechtsschutzbedürfnis in vielen Fällen auch zweifelhaft sein.[4] Gleiches gilt für die negative Feststellungsklage auf Feststellung des Rechts zum Getrenntleben.

2

Klagen, mit denen die Eheleute eine **nach ausländischem Recht** vorgesehene Gestaltung ihrer Ehe durchsetzen wollen, etwa das Trennungsverfahren nach italienischem Recht, sind Ehesachen.[5] Hier ergibt sich keine Veränderung gegenüber dem bisherigen Rechtszustand.[6]

3

---

1 BGH 05.05.1982 – IVb ZR 707/80 = FamRZ 1982, 789 f.
2 → § 266 Rn. 8.
3 → § 120 Rn. 7.
4 BT-Drs. 16/6308, S. 226.
5 BGH 25.10.2006 – XII ZR 5/04 = FamRZ 2007, 113; 01.04.1987 – IVb ZR 40/86 = FamRZ 1987, 793.
6 BT-Drs. 16/6308, S. 226.

Abschnitt 2 Verfahren in Ehesachen; Verfahren in Scheidungssachen und Folgesachen

§ 122 Örtliche Zuständigkeit

Ausschließlich zuständig ist in dieser Rangfolge:

1. das Gericht, in dessen Bezirk einer der Ehegatten mit allen gemeinschaftlichen minderjährigen Kindern seinen gewöhnlichen Aufenthalt hat,
2. das Gericht, in dessen Bezirk einer der Ehegatten mit einem Teil der gemeinschaftlichen minderjährigen Kinder seinen gewöhnlichen Aufenthalt hat, sofern bei dem anderen Ehegatten keine gemeinschaftlichen minderjährigen Kinder ihren gewöhnlichen Aufenthalt haben,
3. das Gericht, in dessen Bezirk die Ehegatten ihren gemeinsamen gewöhnlichen Aufenthalt zuletzt gehabt haben, wenn einer der Ehegatten bei Eintritt der Rechtshängigkeit im Bezirk dieses Gerichts seinen gewöhnlichen Aufenthalt hat,
4. das Gericht, in dessen Bezirk der Antragsgegner seinen gewöhnlichen Aufenthalt hat,
5. das Gericht, in dessen Bezirk der Antragsteller seinen gewöhnlichen Aufenthalt hat,
6. das Amtsgericht Schöneberg in Berlin.

Übersicht

I. Bedeutung und Inhalt der Norm	1
1. Gesetzessystematischer Bezugsrahmen	1
2. Bisherige Rechtslage	2
II. Örtliche Zuständigkeit	4
1. Gewöhnlicher Aufenthalt	4
2. Rangfolge der Gerichtstände, Ausschließlichkeit	14
a) Katalog Nr. 1: gewöhnlicher Aufenthalt eines Ehegatten mit allen gemeinschaftlichen minderjährigen Kindern	16
3. Veränderung von zuständigkeitsbegründenden Tatsachen im Laufe des Verfahrens	21

I. Bedeutung und Inhalt der Norm

1. Gesetzessystematischer Bezugsrahmen

1 Die Vorschrift regelt die örtliche Zuständigkeit für Ehesachen (§ 121). Der Katalog hat eine zwingende Rangfolge.[1] Die Gerichtsstände sind ausschließlich.[2]

2. Bisherige Rechtslage

2 Die Norm entspricht dem bis zum Inkrafttreten des FamFG geltenden **§ 606 ZPO a.F.**, mit einer Ausnahme: Der Gerichtsstand des gemeinsamen gewöhnlichen Aufenthalts der Eheleute, früher geregelt in § 606 Abs. 1 Satz 1 ZPO a.F., ist nun gestrichen. Voraussetzung war danach, dass die Ehegatten nicht nur ihren jeweiligen gewöhnlichen Aufenthalt im Bezirk desselben Gerichts hatten, sondern dass sie einen gemeinsamen

---

1 BT-Drs. 16/6308, S. 226.
2 BT-Drs. 16/6308, S. 226.

gewöhnlichen Aufenthalt haben müssen. Da Eheleute bei der Einleitung einer Ehesache jedoch regelmäßig getrennt leben, hielt der Gesetzgeber[3] diesen Gerichtsstand für verzichtbar. Durch die Nummerierung des Katalogs ist die Norm nun erfreulich übersichtlich.[4]

Nr. 2 wurde erst mit der Beschlussempfehlung des BT-Rechtsausschusses am 23.06.2008[5] aufgenommen, um auch in den Fällen eine sachgerechte Lösung zu finden, bei denen nur ein Teil der Kinder bei einem Elternteil, der andere Teil jedoch bei Dritten, etwa den Großeltern, sonstigen Verwandten, Pflegepersonen lebt. Die bis dahin vorgesehene Zuständigkeitsregelung, setzte den Aufenthaltsort eines Elternteils mit allen gemeinschaftlichen minderjährigen Kindern voraus. Dies hätte in Einzelfällen dazu führen können, dass die Zuständigkeit eines Gerichts begründet wird, in dessen Bezirk sich keines der gemeinschaftlichen Kinder aufhält. Dies wäre im Hinblick darauf, dass das Gericht ggf. auch über eine Kindschaftsfolgesache zu entscheiden hat, keine sachgerechte Lösung.[6]

3

II. Örtliche Zuständigkeit

1. Gewöhnlicher Aufenthalt

Der **gewöhnliche Aufenthalt** ist maßgebliches Kriterium für die Bestimmung der örtlichen Zuständigkeit. Auch die Art. 5 Abs. 2, Art. 14 Abs. 1 Nr. 2, Art. 18 Abs. 1 EGBGB, Art. 5 Nr. 2 GVÜ, Art. 1 MSA und Art. 4 HKÜ knüpfen an dieses Kriterium an. Es ist für alle Vorschriften gleich auszulegen.[7] Der gewöhnliche Aufenthalt ist der **Schwerpunkt der sozialen und wirtschaftlichen Beziehungen**, der Daseinsmittelpunkt. In erster Linie maßgeblich ist die tatsächliche, auf eine gewisse **Dauer** berechnete Eingliederung in die soziale Umwelt.[8] Bei mehreren Aufenthaltsorten ist es der, an dem der Betroffene regelmäßig die Nacht verbringt.[9] Der gewöhnliche Aufenthalt kann **an mehren Orten gleichzeitig** bestehen.[10] Arbeitet ein Ehegatte bspw. wöchentlich drei Tage an dem einen Ort, lebt er den Rest der Woche bei seiner Familie, hat er an beiden Orten seinen gewöhnlichen Aufenthalt.[11] Wer sich fünf Tage in der Woche an seinem Arbeitsort aufhält und nur am Wochenende zu seiner Familie reist, wird seinen gewöhnlichen Aufenthalt nur am Arbeitsort haben.[12] Jemand, der den Aufenthalt im Sommer und Winter wechselt, hat nicht zwei gleichzeitige Aufenthaltsorte, sondern im Sommer den einen, im Winter den anderen.[13] Es bleibt auch dann bei dem gewöhnlichen Aufenthalt am Wohnort, wenn die Wochenenden in einem Ferienhaus verbracht werden.[14]

4

---

3 BT-Drs. 16/6308, S. 226.
4 Rakete-Dombek FPR 2009, 16.
5 BT-Drs. 16/9733, S. 64.
6 BT-Drs. 16/9733, S. 292.
7 Zöller/Philippi § 606 ZPO Rn. 23.
8 BGH 05.06.2002 – XII ZB 74/00 = FamRZ 2002, 1182.
9 Zöller/Philippi § 606 ZPO Rn. 23.
10 KG 03.03.1987 – 1 VA 6/86 = FamRZ 1987, 603; BayObLG 05.02.1980 – BReg 1 Z 25/79 = FamRZ 1980, 883.
11 Zöller/Philippi § 606 ZPO Rn. 29.
12 Zöller/Philippi § 606 ZPO Rn. 29.
13 Zöller/Philippi § 606 ZPO Rn. 29.
14 OLG Karlsruhe 15.12.1969 – 9 W 124/69 = FamRZ 1970, 410.

5 Nur aus dem gewöhnlichen Aufenthalt im **Inland** kann sich die Zuständigkeit eines deutschen Gerichtes ergeben. Ist der gewöhnliche Aufenthalt des Antragsgegners **unbekannt**, so wird dieser so behandelt, als habe er keinen gewöhnlichen Aufenthalt im Inland.[15]

6 Gewöhnlicher Aufenthalt und **Wohnsitz** (§ 7 BGB) können auseinanderfallen. Ein **Kind**, dessen Eltern getrennt leben, hat einen von beiden Eltern abgeleiteten Doppelwohnsitz. Seinen gewöhnlichen Aufenthalt hat es aber bei dem Elternteil, in dessen Obhut es sich befindet.[16] Zum **gewöhnlichen Aufenthalt des Kindes und zu Entführungsfällen** Rn. 18 ff. sowie → § 152 Rn. 4 f.

7 Die **Meldung beim Einwohnermeldeamt** ist lediglich Indiz, reicht aber allein nicht aus, um den gewöhnlichen Aufenthalt zu begründen.[17] Dass der Betroffene nicht beim Einwohnermeldeamt gemeldet ist, bedeutet nicht, dass er keinen gewöhnlichen Aufenthalt hat.

8 Der **Wille** des Betroffenen oder des betreuenden Elternteils ist insbesondere dann als Kriterium für den gewöhnlichen Aufenthalt heranzuziehen, wenn der tatsächliche Aufenthalt erst kurze Zeit währt.[18] Je kürzer der Aufenthalt bisher dauert, umso wichtiger ist der Wille. Wer in eine neue Wohnung zieht, hat dort sofort seinen gewöhnlichen Aufenthalt, wenn er ständig bleiben will,[19] nicht, wenn er nur vorübergehend bleiben will. Ein vorübergehender Aufenthalt von weniger als drei Wochen genügt nicht.[20] Der gewöhnliche Aufenthalt bleibt auch bei längerer Abwesenheit erhalten, wenn der Betroffene beabsichtigt, zurückzukehren.[21] So auch bei einem **Soldaten**, der neben seinem Zimmer in der Kaserne seine Wohnung behält[22] oder der sich im Krieg befindet.[23] Die Dauer der Abwesenheit kann aber einen gewöhnlichen Aufenthalt am vorübergehenden Aufenthaltsort begründen, etwa bei den im Ausland **Beschäftigten des Auswärtigen Amts**. Bei einem **Ausländer** richtet sich der gewöhnliche Aufenthalt nach deutschem Recht.[24]

9 Ein **Student** hat seinen gewöhnlichen Aufenthalt am Studienort, wenn er dort seinen Lebensmittelpunkt hat, auch wenn er noch ein Zimmer im elterlichen Haus hat. Will er den Studienort wechseln, hat er aber keine Aussicht auf einen anderen Studienplatz, bleibt es bei seinem gewöhnlichen Aufenthalt.[25] Hält er sich nur vorübergehend an einem Studienort, bspw. im Ausland, auf, bleibt es in der Regel bei seinem bisherigen gewöhnlichen Aufenthalt.

10 Ob durch den Aufenthalt in einem **Frauenhaus** ein gewöhnlicher Aufenthalt begründet wird, hängt von den Umständen des Einzelfalls ab. Ein vorübergehender und kurzfristiger, unter drei Wochen liegender Aufenthalt reicht nicht aus, jedoch ein länger andauernder Aufenthalt, bei dem durch nach außen erkennbare Umstände, etwa durch

---

15 BGH 29.09.1982 – IVb ARZ 41/82 = FamRZ 1982, 1199 m.w.N.
16 BT-Drs. 16/6308, S. 227.
17 BGH 15.03.1995 – XII ARZ 37/94 = FamRZ 1995, 1135.
18 OLG Schleswig 23.05.1995 – 8 UF 161/94 = SchlHA 1995, 213.
19 OLG Karlsruhe 12.06.2008 – 2 UF 43/08 = FamRZ 2009, 239.
20 BGH 14.12.1994 – XII ARZ 33/94 = FamRZ 1995, 728.
21 BGH 03.02.1993 – XII ZB 93/90 = FamRZ 1993, 798.
22 LG Stuttgart 17.12.1968 – 3 R 49/68 = NJW 1969, 384.
23 Zöller/Philippi § 606 ZPO Rn. 27.
24 BGH 05.02.1992 – XII ARZ 4/92 = FamRZ 1992, 794 m.w.N.; OLG Schleswig 23.05.1995 – 8 UF 161/94 = SchlHA 1995, 213.
25 KG 03.03.1987 – 1 VA 6/86 = FamRZ 1987, 603.

die Anmeldung beim Einwohnermeldeamt, deutlich wird, dass die Ehefrau das Frauenhaus zum ständigen Mittelpunkt ihrer Lebensverhältnisse machen will,[26] aber auch wenn sie ihren Lebensmittelpunkt dort vorübergehend gefunden hat.[27]

Nicht notwendig ist die **Kenntnis des Antragstellers**, wo sich sein Ehegatte mit den Kindern gewöhnlich aufhält. Es reicht, dass das Gericht Kenntnis von dem gewöhnlichen Aufenthalt des Antragsgegners hat und dem Antragsteller das Gericht mitgeteilt wird, in dessen Bezirk dieser Aufenthaltsort liegt.[28] Lebt die Antragstellerin in Deutschland, und zeichnet sich die Rückführung der ihr entzogenen Kinder aus der Türkei nach zwei Jahren ab, so ist die Zuständigkeit des deutschen FamG für das Ehescheidungsverfahren zu bejahen.[29]

11

Ändert sich der Aufenthalt **gegen den Willen** des Betroffenen, etwa durch **Flucht, Vertreibung** oder **Entführung**, behält er seinen gewöhnlichen Aufenthalt zunächst. Die Dauer des neuen unfreiwilligen Aufenthalts kann aber zur Begründung eines gewöhnlichen Aufenthalts an dem neuen Aufenthaltsort führen, etwa in einer **Strafanstalt**, einem **Flüchtlingslager**, einem **psychiatrischen Krankenhaus**. Dagegen soll der bisherige gewöhnliche Aufenthalt bei einem langen **Krankenhausaufenthalt**[30] oder einer **Heimunterbringung**[31] bestehen bleiben. Bei der Abgrenzung, ob der unfreiwillige Aufenthaltswechsel zu einer Änderung des gewöhnlichen Aufenthalts führt, kommt es darauf an, ob der Betroffene zurückkehren will und kann. Kann und will er zurückkehren, ist der Zeitpunkt seiner Rückkehr aber unabsehbar oder steht fest, dass er sich dort für lange Zeit aufhalten wird, ist sein gewöhnlicher Aufenthalt an diesem neuen Ort.[32] In der Literatur wird zur Abgrenzung ein Zeitraum von zwei Jahren vorgeschlagen.[33] Verbüßt der Betroffene eine mehrjährige Strafe, hat er seinen gewöhnlichen Aufenthalt in der Justizvollzugsanstalt.[34] Der bloße Strafantritt reicht aber nicht aus.[35] Die Veränderung des Aufenthaltsorts eines Ehegatten aufgrund der Aufnahme in eine **Zeugenschutzmaßnahme** lässt seinen gewöhnlichen Aufenthalt am bisherigen Wohnort nicht entfallen, solange nicht feststeht, dass die Rückkehr an den bisherigen Wohnort völlig oder doch jedenfalls für einen längeren Zeitraum ausgeschlossen ist.[36]

12

Weiß ein **Ehegatte** nach der Trennung noch nicht, wo er sich ständig niederlassen wird, hat er keinen gewöhnlichen Aufenthalt.[37] Ziehen die Ehegatten gemeinsam an einen neuen Ort, macht ein Ehegatte den dauerhaften Aufenthalt aber noch vom Verhalten des anderen abhängig und denkt bereits an die Möglichkeit einer Trennung, begründet er an dem neuen Ort keinen gewöhnlichen Aufenthalt.[38]

13

---

26 OLG Zweibrücken 11.02.2000 – 2 AR 47/99 = OLGR 2000, 495.
27 OLG Hamburg 12.10.1982 – 2 UF 89/82 R = FamRZ 1983, 612; vgl. auch OLG Karlsruhe 09.11.1992 – 11 W 191/92 = Streit 1993, 111, das den gewöhnlichen Aufenthalt im Frauenhaus schon bejaht, wenn dieser sich nicht auf nur wenige Tage beschränkt.
28 OLG Karlsruhe 31.03.1998 – 16 UF 238/97 = FamRZ 1999, 1085.
29 OLG Hamm 11.11.1997 – 2 WF 497/97 = Streit 1998, 75.
30 BGH 12.07.1984 – IVb ZB 71/84 = FamRZ 1984, 993.
31 OLG Düsseldorf 06.11.1990 – 6 UF 195/90 = NJW-RR 1991, 1411.
32 OLG Köln 20.12.2002 – 4 WF 153/02 = FamRZ 2003, 1124.
33 Zöller/Philippi § 606 ZPO Rn 26.
34 BGH 02.10.1996 – XII ARZ 11/96 = EzFamR ZPO § 606 Nr. 6.
35 BGH 19.06.1996 – XII ARZ 5/96 = NJW-RR 1996, 1217.
36 OLG Köln 20.12.2002 – 4 WF 153/02 = FamRZ 2003, 1124.
37 OLG Stuttgart 10.04.1981 – 15 UF 39/81 ES = FamRZ 1982, 84.
38 BGH 03.02.1993 – XII ZB 93/90 = FamRZ 1993, 798.

2. Rangfolge der Gerichtstände, Ausschließlichkeit

14 Zwischen den sechs geregelten Gerichtsständen kann der Antragsteller nicht wählen. Sie stehen in **zwingender Rangfolge**.[39] Erst wenn die Voraussetzungen nach Nr. 1 nicht gegeben sind, ist die Zuständigkeit nach Nr. 2 zu bestimmen, liegen dessen Voraussetzungen nicht vor, dann nach Nr. 3 usw.

15 Ausschließliche Zuständigkeit: Die Zuständigkeit des danach zuständigen Gerichts ist **ausschließlich**.[40]

a) Katalog Nr. 1: gewöhnlicher Aufenthalt eines Ehegatten mit allen gemeinschaftlichen minderjährigen Kindern

16 Hintergrund dieser Zuständigkeit ist, dass die Zusammenarbeit des Gerichts mit dem örtlich zuständigen JA erleichtert wird. Auch die Anhörung der Kinder wird erleichtert. Entscheidend ist die **rechtliche Zuordnung der Kinder**. Die Vorschrift greift also auch bei rechtlich gemeinsamen Kindern, die unstreitig nicht vom Ehemann abstammen. Ändert sich die rechtliche Zuordnung des Kindes nach Rechtshängigkeit der Ehesache, bleibt die Zuständigkeit bestehen.

17 Voraussetzung ist, dass alle gemeinschaftlichen minderjährigen Kinder bei dem Elternteil leben, in der Regel also in einer **gemeinsamen Wohnung**. Wird ein Kind im **Internat** erzogen, verbringt es die Ferien aber ständig bei einem Elterteil, hat es bei ihm seinen gewöhnlichen Aufenthalt.[41] Der Gerichtsstand nach Nr. 1 besteht aber auch, wenn die Kinder bei einem Dritten leben, der **im selben Gerichtsbezirk** wohnt wie einer der Ehegatten.[42] Lebt ein Teil der gemeinsamen minderjährigen Kinder bei einem Ehegatten, ein Teil bei einem Dritten, greift Nr. 2. Leben die gemeinsamen minderjährigen Kinder bei beiden Ehegatten, ein Teil bei dem einen, ein Teil bei dem anderen, ist keine Zuständigkeit nach Nr. 1 und 2 gegeben. Leben die gemeinsamen minderjährigen Kinder im echten Wechselmodell abwechselnd bei beiden Eltern, ergibt sich die Zuständigkeit ebenfalls nicht nach Nr. 1 und 2.

18 Der **gewöhnliche Aufenthalt des Kindes** leitet sich nicht von dem des sorgeberechtigten Elternteils ab, sondern ist selbstständig zu bestimmen.[43] Der gewöhnliche Aufenthalt des minderjährigen Kindes ist der Schwerpunkt seiner sozialen Beziehungen, sein eigener Daseinsmittelpunkt. Er erfordert einen Aufenthalt von gewisser Dauer – tatsächlich verstrichen oder auf längere Dauer angelegt – und das Vorhandensein weiterer Beziehungen zu diesem Ort, speziell in familiärer oder beruflicher Hinsicht.[44] Für die Bestimmung des Daseinsmittelpunkts sind neben den Beziehungen zu den Eltern, die Beziehungen zu anderen Erziehungspersonen, Familienmitgliedern, Freunden, Kindergarten, Schule und Lehrstelle zu berücksichtigen. In erster Linie maßgeblich ist die tatsächliche, auf eine gewisse Dauer berechnete Eingliederung in die soziale Umwelt.[45]

---

39 BT-Drs. 16/6308, S. 226.
40 BT-Drs. 16/6308, S. 226.
41 BGH 05.02.1975 – IV ZR 103/73 = FamRZ 1975, 272.
42 OLG Frankfurt a.M. 22.03.1984 – 1 UFH 9/84 = FamRZ 1984, 806; OLG Hamm 10.01.1989 – 2 Sdb (Zust) FamS 27/88 = FamRZ 1989, 641.
43 BGH 18.06.1997 – XII ZB 156/95 = FamRZ 1997, 1070.
44 OLG Schleswig 23.01.1978 – 8 WF 267/77 = SchlHA 1978, 54.
45 OLG Schleswig 23.05.1995 – 8 UF 161/94 = SchlHA 1995, 213.

Der Aufenthaltswille des betreuenden Elternteils kann Bedeutung in Fällen haben, in denen der tatsächliche Aufenthalt erst kurze Zeit währt.[46]

Entführungsfälle: Der Begriff des gewöhnlichen Aufenthalts ist frei von normativen Elementen, gilt also auch in Entführungsfällen.[47] Ein Minderjähriger, der vom nicht oder nicht allein sorgeberechtigten Elternteil gegen den Willen des anderen sorgeberechtigten Elternteils in einen anderen Staat verbracht worden ist, hat dort seinen gewöhnlichen Aufenthalt, wenn es zu einer sozialen Einbindung des Minderjährigen in die Lebensverhältnisse am neuen Aufenthaltsort und damit zu einer tatsächlichen Verlegung seines Daseinsmittelpunkts gekommen ist.[48] Es kommt auf die Dauer der Eingliederung in die neue soziale Umwelt, dem vom geäußerten oder mutmaßlichen Willen des Kindes getragenen Wunsch des betreuenden Elternteils, es auf Dauer bei sich aufzunehmen und der faktischen Möglichkeit des anderen Elternteils, eine Rückführung des Kindes vor dessen sozialer Eingliederung am Ort des betreuenden Elternteils gerichtlich durchzusetzen, an.[49] Bei einem **Wohnsitzwechsel des Kindes entgegen einer gerichtlichen Anordnung** wird kein neuer gewöhnlicher Aufenthalt des Kindes begründet, so lange mit dessen Rückführung gerechnet werden muss.[50]

3. Veränderung von zuständigkeitsbegründenden Tatsachen im Laufe des Verfahrens

Die Zuständigkeit des Gerichts bleibt erhalten, wenn sich die zuständigkeitsbegründenden Tatsachen nach Rechtshängigkeit der Ehesache ändern. Bei einer **Änderung vor Rechtshängigkeit**, etwa im Verfahrenskostenhilfeverfahren (§§ 76 ff.), muss die Sache an das nun örtlich zuständige Gericht verwiesen werden.[51] War das FamG zunächst unzuständig und liegen die Voraussetzungen für die örtliche Zuständigkeit am Schluss der mündlichen Verhandlung vor, ist der Verfahrensmangel geheilt.[52]

Ein Beschluss, durch den sich ein Gericht für **unzuständig** erklärt, obwohl die Tatsachen für die Zuständigkeit klar erkennbar sind, hat keine Bindungswirkung, weil die Verweisung willkürlich ist.[53]

§ 123 Abgabe bei Anhängigkeit mehrerer Ehesachen

Sind Ehesachen, die dieselbe Ehe betreffen, bei verschiedenen Gerichten im ersten Rechtszug anhängig, sind, wenn nur eines der Verfahren eine Scheidungssache ist, die übrigen Ehesachen von Amts wegen an das Gericht der Scheidungssache abzugeben. Ansonsten erfolgt die Abgabe an das Gericht der Ehesache, die zuerst rechtshängig geworden ist. § 281 Abs. 2 und 3 Satz 1 der Zivilprozessordnung gilt entsprechend.

---

46 OLG Schleswig 23.05.1995 – 8 UF 161/94 = SchlHA 1995, 213.
47 OLG Hamm 12.12.1973 – 15 W 190/73 = FamRZ 1974, 155.
48 BGH 29.10.1980 – IVb ZB 586/80 = FamRZ 1981, 135.
49 OLG Hamm 22.12.2006 – 2 Sdb 14/06 = FamRZ 2008, 1007.
50 OLG Zweibrücken 15.02.2008 – 5 WF 196/07 = FamRZ 2008, 1258.
51 BGH 09.03.1994 – XII ARZ 2/94 = NJW-RR 1994, 706.
52 OLG Hamburg 08.09.1987 – 12 WF 108/87 = FamRZ 1988, 425.
53 OLG Naumburg 09.01.2006 – 14 AR 12/05 = FamRZ 2006, 1280.

Abschnitt 2 Verfahren in Ehesachen; Verfahren in Scheidungssachen und Folgesachen

I. Inhalt und Bedeutung der Norm

1 Die Vorschrift regelt, dass nun sämtliche gleichzeitig bei einem deutschen Gericht im ersten Rechtszug anhängigen, dieselbe Ehe betreffenden Ehesachen **von Amts wegen** zusammengeführt werden. Dabei kommt es nicht darauf an, ob die Ehesachen denselben Streitgegenstand haben.[1]

2 Die Vorschrift wurde mit dem Inkrafttreten des FamFG neu eingeführt. Bis dahin gab es **keine entsprechende Regelung**. Sie ist in Anlehnung an § 621 Abs. 3 ZPO a.F. konzipiert.[2] Bis dahin stand dem zeitlich nachfolgenden Verfahren bei Identität des Verfahrengegenstands die anderweitige Rechtshängigkeit entgegen. Wurde kein Verweisungsantrag gestellt, war der Sachantrag als unzulässig abzuweisen. Durch die vorgesehene Abgabe von Amts wegen hielt der Gesetzgeber die Regelungen des § 606 Abs. 2 Satz 3, 4 ZPO a.F. entbehrlich.[3] Die entsprechende Anwendung des § 36 ZPO (früher nach § 606 Abs. 2 Satz 4 ZPO) ist nun über § 113 Abs. 1 möglich.

II. Abgabe bei mehrfacher Anhängigkeit

3 **An das Gericht der Scheidungssache (Satz 1):** Ist eine der Ehesachen eine Scheidungssache, sind die anderen Verfahren von Amts wegen an das Gericht der Scheidungssache abzugeben. Dem Scheidungsverfahren kommt stets der Vorrang zu, unabhängig davon, welches Verfahren zuerst rechtshängig geworden ist.[4] Wenn zwei Scheidungssachen anhängig sind, gilt Satz 2. Es liegt keine anderweitige Rechtshängigkeit vor, da die übrigen Ehesachen nicht denselben Streitgegenstand haben.

4 **An das Gericht der zuerst rechtshängig gewordenen Ehesache (Satz 2):** Ist keine der Ehesachen eine Scheidungssache oder sind mehr als eine Scheidungssache anhängig, hat die Abgabe **von Amts wegen** an dasjenige Gericht zu erfolgen, bei dem die zuerst rechtshängig gewordene Ehesache noch anhängig ist.

5 **Verfahren:** Satz 3 verweist auf § 281 Abs. 2 und 3 Satz 1 ZPO:
- Anträge und Erklärungen können zur Zuständigkeit des Gerichts vor dem Urkundsbeamten der Geschäftsstelle abgegeben werden (§ 281 Abs. 2 Satz 1 ZPO).
- Der Beschluss ist unanfechtbar (§ 281 Abs. 2 Satz 2 ZPO) und
- für das in dem Beschluss bezeichnete Gericht bindend (§ 281 Abs. 2 Satz 4 ZPO).
- Das Verfahren wird bei dem in dem Beschluss bezeichneten Gericht mit Eingang der Akten anhängig (§ 281 Abs. 2 Satz 3 ZPO).
- Die Kosten des abgebenden Gerichts werden als ein Teil der Kosten behandelt, die dem in dem Beschluss bezeichneten Gericht erwachsen (§ 281 Abs. 3 Satz 1 ZPO).

---

1 BT-Drs. 16/6308, S. 227, Rakete-Dombek FPR 2009, 16.
2 BT-Drs. 16/6308, S. 227.
3 BT-Drs. 16/6308, S. 227.
4 BT-Drs. 16/6308, S. 227.

| Ehesache:
AG X
(zuerst anhängig)

Scheidungssache:
AG Y | → | Abgabe an das Gericht der Scheidungssache:

AG Y |

| Ehesache 1:
AG X
(zuerst anhängig)

Ehesache 2:
AG Z | → | Abgabe an das Gericht der Ehesache 1:

AG X |

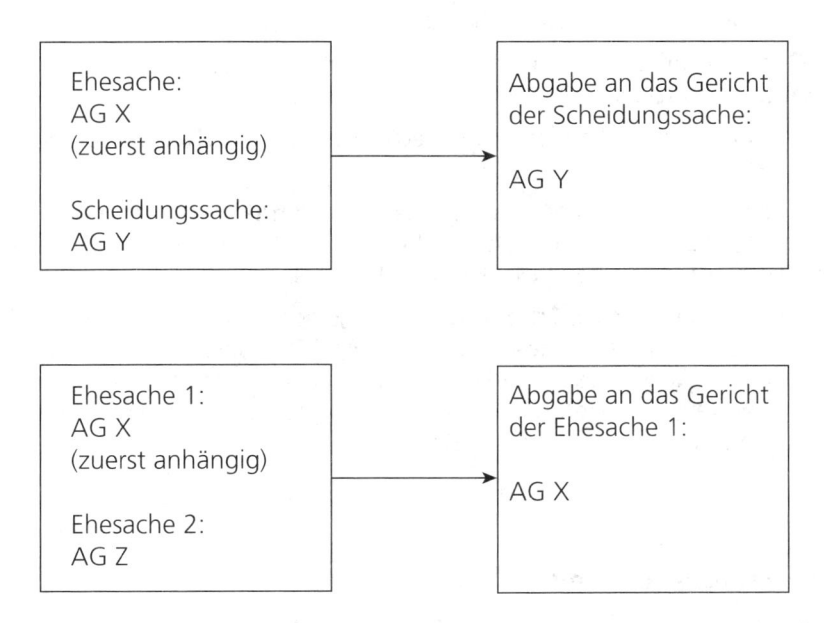

§ 124 Antrag

Das Verfahren in Ehesachen wird durch Einreichung einer Antragsschrift anhängig. Die Vorschriften der Zivilprozessordnung über die Klageschrift gelten entsprechend.

Satz 1 entspricht inhaltlich dem bisherigen § 622 Abs. 1 ZPO a.F. Abweichend von der bisherigen Rechtslage gilt die Regelung jedoch nicht nur für Scheidungssachen und Verfahren auf Aufhebung der Ehe, sondern für alle Ehesachen.[1] Durch Einreichen der Klageschrift beim FamG wird die Ehesache anhängig. Das Einreichen eines PKH-Antrags reicht nicht aus. Die Antragsschrift ist dem Gegner zuzustellen. Mit der Zustellung ist das Verfahren rechtshängig (§ 113 Abs. 1 Satz 2 i.V.m. § 261 Abs. 1 ZPO). Die Anhängigkeit der Scheidungssache hat zur Folge, dass andere Ehesachen von Amts wegen an das FamG dieser Sache abgegeben werden müssen (§ 123). Die Rechtshängigkeit der Ehesache löst die Folgen des § 123 aus. 　1

Die Anhängigkeit **endet** nicht durch das bloße Nichtbetreiben der Ehesache oder durch Weglegen der Akte nach § 7 AktO.[2] Sie endet durch Rücknahme des Scheidungsantrags (§ 141) oder der Ehesache (§ 113 Abs. 1 Satz 2 i.V.m. § 269 ZPO), durch übereinstimmende Erledigungserklärungen der Ehegatten, den Tod eines Ehegatten (§ 131) oder mit der Rechtskraft der Hauptsacheentscheidung. 　2

Satz 2 entspricht dem bisherigen § 622 Abs. 2 Satz 2 ZPO a.F. Die Vorschriften der ZPO über die Klageschriften (§ 253 Abs. 2, 4 und 5 ZPO) gelten entsprechend. Danach muss die **Antragsschrift** 　3

---

1 BT-Drs. 16/6308, S. 227.
2 BGH 24.03.1993 – XII ARZ 3/93 = NJW-RR 1993, 898.

- das **Gericht** und den **Antragsteller und -gegner** (§ 253 Abs. 2 Nr. 1 ZPO),
- den **Gegenstand und Grund des erhobenen Anspruchs** benennen und einen **bestimmten Antrag** enthalten (§ 253 Abs. 2 Nr. 2 ZPO).
- Der Antragsschrift sind einfache und beglaubigte **Abschriften** beizufügen (§ 253 Abs. 5 ZPO).
- Die allgemeinen Vorschriften über die **vorbereitenden Schriftsätze** sind anzuwenden (§ 253 Abs. 4 ZPO): Der Verfahrensbevollmächtigte des Antragstellers muss diese unterschreiben (§ 130 Nr. 6, § 114 Abs. 1).

Der notwendige **Inhalt eines Scheidungsantrags** richtet sich nach § 133 (→ § 133). Der **Streitwert** muss in der Klageschrift nicht nach § 253 Abs. 3 ZPO angegeben werden, da die Zuständigkeit des FamG hiervon nicht abhängt. Da aber – außer bei Beantragung von Verfahrenskostenhilfe – ein Gerichtskostenvorschuss eingezahlt werden muss, empfiehlt sich die Angabe eines Streitwerts.

§ 125 Verfahrensfähigkeit

(1) In Ehesachen ist ein in der Geschäftsfähigkeit beschränkter Ehegatte verfahrensfähig.

(2) Für einen geschäftsunfähigen Ehegatten wird das Verfahren durch den gesetzlichen Vertreter geführt. Der gesetzliche Vertreter bedarf für den Antrag auf Scheidung oder Aufhebung der Ehe der Genehmigung des Familien- oder Betreuungsgerichts.

Übersicht

I. Inhalt und Bedeutung der Norm	1
1. Gesetzessystematischer Bezugsrahmen	1
2. Bisherige Rechtslage	2
II. Verfahrensfähigkeit	3
1. Verfahrensfähigkeit beschränkt Geschäftsfähiger (Abs. 1)	3
2. Gesetzliche Vertretung Geschäftsunfähiger (Abs. 2)	5
3. Genehmigung durch das FamG (Abs. 2 Satz 2)	8
4. Rechtsfolge	11
5. Rechtsmittel/Nichtigkeitsklage	12

I. Inhalt und Bedeutung der Norm

1. Gesetzessystematischer Bezugsrahmen

1 Die Vorschrift erweitert die Verfahrensfähigkeit für Ehesachen. Grundsätzlich richtet sich die Verfahrensfähigkeit nach §§ 52 bis 58 ZPO, wonach Geschäftsunfähige nicht verfahrensfähig sind. Für Ehesachen ist hier eine Ausnahme geregelt. Die Vorschrift gilt ausschließlich für Ehesachen, nicht für Folgesachen.

2. Bisherige Rechtslage

Abs. 1 entspricht dem bisherigen § 607 Abs. 1 ZPO a.F. **Abs. 2 Satz 1** entspricht dem bisherigen § 607 Abs. 2 Satz 1 ZPO a.F. Geändert hat sich, dass die Verfahren auf Herstellung des ehelichen Lebens nicht mehr in den Wortlaut aufgenommen sind, da sie keine Ehesachen mehr sind.[1] Für die erforderliche Genehmigung ist nun nicht mehr das VormG, sondern das FamG zuständig.

II. Verfahrensfähigkeit

1. Verfahrensfähigkeit beschränkt Geschäftsfähiger (Abs. 1)

Beschränkt geschäftsfähig sind Minderjährige (§ 106 BGB). Sie können ab Vollendung des 16. Lebensjahrs heiraten (§ 1303 BGB). Sie sind für alle Ehesachen verfahrensfähig und werden dort nicht durch ihren gesetzlich Vertreter vertreten. Das gilt nur für die Ehesache, **nicht für Folgesachen**.

Der beschränkt Geschäftsfähige gilt für das Verfahren der Ehesache als **voll verfahrens- und geschäftsfähig**. Er kann einen Verfahrensbevollmächtigten beauftragen,[2] einen Richter als befangen ablehnen,[3] Gerichtsgebühren einzahlen, Kostenfestsetzungsverfahren und die Wiederaufnahme des Verfahrens betreiben. Streitig ist, ob er einstweilige Anordnungen beantragen kann.[4] Da sich die Verfahrensfähigkeit nach Abs. 1 nicht auf Folgesachen erstreckt, dürfte sie auch die einstweiligen Anordnungsverfahren zu den Folgesachen nicht mit umfassen. **Ausnahme:** Ist für den minderjährigen Ehegatten ein **Vormund oder Ergänzungspfleger** bestellt, hat dieser das Verfahren zu führen, wenn die Ehesache zu seinem Aufgabenkreis gehört.[5]

2. Gesetzliche Vertretung Geschäftsunfähiger (Abs. 2)

Geschäftsunfähigkeit gem. § 104 BGB liegt vor, wenn die betroffene Person infolge einer nicht nur vorübergehenden krankhaften Störung der Geistestätigkeit nicht in der Lage ist, gerade in dem die Ehesache betroffenen Lebensbereich ihren Willen frei und unbeeinflusst von der vorliegenden Störung zu bilden.[6] Nicht die Fähigkeiten des Verstands sind ausschlaggebend, sondern die Freiheit des Willensentschlusses.[7] Es kommt darauf an, ob eine freie Entscheidung auf Grund einer Abwägung des Für und Wider eine sachliche Prüfung der in Betracht kommenden Gesichtspunkte möglich ist oder ob umgekehrt von einer freien Willensbildung nicht mehr gesprochen werden kann, etwa weil der Betroffene fremden Willenseinflüssen unterliegt oder die Willensbildung durch unkontrollierte Triebe und Vorstellungen ähnlich einer mechanischen Verknüpfung von Ursache und Wirkung ausgelöst wird. Eine Person, die in der Lage ist, ihren Willen frei zu bestimmen, deren intellektuelle Fähigkeiten aber nicht ausreichen, um bestimmte schwierige rechtliche Beziehungen verstandesmäßig zu erfassen, ist nicht

---
1 → § 121.
2 LG Würzburg 29.09.1978 – 3 T 1189/78 = FamRZ 1980, 83.
3 RGZ 21.05.1908 – Rep. IV. 62/08 = RGZ 68, 402.
4 Dafür Stein/Jonas/Schlosser § 607 ZPO Rn. 7; dagegen Rosenberg/Schwab/Gottwald 2004, § 44 Rn. 17 f.
5 BGH 24.06.1987 – IVb ZR 5/86 = FamRZ 1987, 928.
6 BGH 19.06.1970 – IV ZR 83/69 = FamRZ 1970, 545.
7 BGH 19.06.1970 – IV ZR 83/69 = FamRZ 1970, 545.

geschäftsunfähig.[8] Kann nicht zweifelsfrei festgestellt werden, ob eine Person verfahrensfähig ist, gilt sie als verfahrensunfähig.[9]

6 Das Gericht muss die Verfahrensfähigkeit als Verfahrensvoraussetzung in jeder Lage des Verfahrens **von Amts wegen prüfen** (§ 113 Abs. 1 Satz 2 i.V.m. § 56 ZPO).[10] Gleichwohl muss der Beteiligte, der sich auf die Verfahrensunfähigkeit beruft, für die erheblichen Tatsachen Beweis antreten.[11]

7 **Gesetzlicher Vertreter** sind der **Vormund oder Ergänzungspfleger**, der Verfahrenspfleger nach § 57 ZPO, der nach § 1896 BGB bestellte **Betreuer**. Der Geschäftsunfähige kann eigene Verfahrenshandlungen (ZPO-Begriff: Prozesshandlungen) vornehmen (§ 113 Abs. 1 Satz 2 i.V.m. § 52 ZPO). Die Verfahrenshandlungen seines gesetzlichen Vertreters sind jedoch vorrangig (§ 113 Abs. 1 Satz 2 i.V.m. § 53 ZPO).

3. Genehmigung durch das FamG (Abs. 2 Satz 2)

8 Wegen des höchstpersönlichen Charakters der Ehe bedarf der gesetzliche Vertreter **für den Antrag auf Scheidung oder Aufhebung der Ehe** der Genehmigung des FamG, und zwar auch dann, wenn er den Antragsgegner vertritt und für diesen einen eigenen Scheidungs- oder Aufhebungsantrag stellen will. Die Genehmigung ist nicht erforderlich, wenn der zunächst geschäftsfähige Ehegatte das Verfahren eingeleitet hat und erst danach geschäftsunfähig geworden ist.[12] Eine nachträgliche Genehmigung heilt den Mangel.[13] Für die Einlegung eines Rechtsmittels oder zur Erhebung einer Bestandsfeststellungsklage ist keine Genehmigung erforderlich.

9 **Funktionelle Zuständigkeit**: Die Genehmigung hat durch den Richter zu erfolgen (§ 14 Abs. 1 Nr. 14 RPflG). Dieser hat zu prüfen, ob der Antrag dem mutmaßlichen Willen und dem wohlverstandenen Interesse des geschäftsunfähigen Ehegatten entspricht. Äußerungen eines Ehegatten zu seinem Trennungswillen sind keine Willenserklärungen, so dass auch Geschäftsunfähige diesen Willen äußern können.[14] Auf den Willen des Vertreters kommt es nicht an.[15]

10 Der **andere Ehegatte** ist nicht berechtigt, Beschwerde gegen die Genehmigung des Antrags einzulegen und hat aus diesem Grund auch kein Recht auf Anhörung im Genehmigungsverfahren.[16]

4. Rechtsfolge

11 Fehlt die Verfahrensfähigkeit und wird kein Vertreter bestellt, ist der Antrag **unzulässig**.[17] Zweckmäßig wird es daher sein, dass das Gericht einen Betreuer gem. § 1896 Abs. 1 BGB bestellt. Hierfür ist nun das große FamG, nicht mehr das VormG zuständig (§§ 271 ff.). Bei Gefahr in Verzug hat es dem Antragsgegner einen Verfahrenspfleger zu bestellen (§ 113 Abs. 1 Satz 2 i.V.m. § 57 ZPO).[18]

---

8 BGH 19.06.1970 – IV ZR 83/69 = FamRZ 1970, 545.
9 BGH 09.05.1962 – IV ZR 4/62 = FamRZ 1962, 370.
10 BGH 05.05.1982 – IVb ZR 707/80 = FamRZ 1982, 789.
11 OLG Frankfurt a.M. 28.10.1992 – 3 UF 116/92 = OLGR Frankfurt 1993, 70 (71).
12 OLG Hamm 12.06.1989 – 4 UF 221/88 = FamRZ 1990, 166.
13 OLG Hamm 12.06.1989 – 4 UF 221/88 = FamRZ 1990, 166.
14 BGH 25.01.1989 – IVb ZR 34/88 = FamRZ 1989, 479.
15 BGH 25.01.1989 – IVb ZR 34/88 = FamRZ 1989, 479.
16 KG 04.10.2005 – 1 W 162/05 = FamRZ 2006, 433.
17 OLG Frankfurt a.M. 28.10.1992 – 3 UF 116/92 = OLGR Frankfurt 1993, 70 (71).
18 Vgl. BGH 09.05.1962 – IV ZR 4/62 = FamRZ 1962, 370.

5. Rechtsmittel/Nichtigkeitsklage

Die Zustellung eines Beschlusses an den geschäftsunfähigen Ehegatten löst die Rechtsmittelfrist aus.[19] Das **Rechtmittel** eines verfahrensunfähigen Beteiligten, der sich dagegen wendet, in der Vorinstanz fehlerhaft als verfahrensfähig oder verfahrensunfähig behandelt zu sein, ist zulässig.[20] Das gilt, wenn sein Begehren in der Vorinstanz mangels Verfahrensfähigkeit zurückgewiesen wurde,[21] aber auch, wenn gegen ihn eine Sachentscheidung ergangen ist.[22] Nimmt eine verfahrensunfähige Partei, die keinen gesetzlichen Vertreter hat und im Rechtsstreit für verfahrensfähig gehalten wird, ein Rechtsmittel zurück, so lässt diese Verfahrenshandlung das angefochtene Urteil rechtskräftig werden.[23] Eine auf den Mangel der Verfahrensfähigkeit gestützte Nichtigkeitsklage ist auch dann zulässig, wenn die Verfahrensfähigkeit im Hauptverfahren ausdrücklich bejaht worden ist, also nicht bloß übersehen wurde.[24]

12

§ 126 Mehrere Ehesachen; Ehesachen und andere Verfahren

(1) Ehesachen, die dieselbe Ehe betreffen, können miteinander verbunden werden.

(2) Eine Verbindung von Ehesachen mit anderen Verfahren ist unzulässig. § 137 bleibt unberührt.

(3) Wird in demselben Verfahren Aufhebung und Scheidung beantragt und sind beide Anträge begründet, so ist nur die Aufhebung der Ehe auszusprechen.

Abs. 1 ermöglicht im Interesse einer effektiven Verfahrensführung[1] die Verbindung sämtlicher Ehesachen, die dieselbe Ehe betreffen, auch Anträge auf Feststellung des Bestehens oder Nichtbestehens einer Ehe zwischen den Beteiligten. Eine Unterteilung der Ehesachen in zwei Gruppen wie bisher nach § 610 Abs. 1, § 632 Abs. 2 ZPO a.F. findet nicht mehr statt.

1

Nach **Abs. 2 Satz 1** ist eine Verbindung von Ehesachen mit anderen Verfahren – mit Ausnahme der Folgesachen (vgl. Satz 2) – nicht möglich. Andere Verfahrensgegenstände sollen in das Verfahren einer Ehesache nicht mit einbezogen werden. Hieraus ergibt sich auch, dass ein anderer Verfahrensgegenstand, der, aus welchem Grund auch immer, Teil des Eheverfahrens wurde, nach § 145 ZPO von Amts wegen abzutrennen ist.[2]

2

Folgesachen bleiben von diesem Verbot unberührt **(Satz 2)**. Der Scheidungsantrag ist vorrangig, unabhängig ob die Anträge von demselben Ehegatten oder von beiden Ehegatten gestellt werden **(Abs. 3)**.

3

---

19 Offen gelassen in BGH 19.06.1970 – IV ZR 83/69 = FamRZ 1970, 545.
20 BGH 30.11.1988 – IVa ZB 12/88 = FamRZ 1989, 269; OLG Frankfurt a.M. 28.10.1992 – 3 UF 116/92 = OLGR Frankfurt 1993, 70 (71).
21 BayObLG 24.05.1989 – BReg 3 Z 45/89 = NJW-RR 1989, 1241.
22 BGH 13.10.1971 – IV ZR 105/70 = FamRZ 1972, 35.
23 BGH 27.11.1957 – IV ZR 28/57 = FamRZ 1958, 58.
24 BGH 05.05.1982 – IVb ZR 707/80 = FamRZ 1982, 789.
1 BT-Drs. 16/6308, S. 227.
2 BT-Drs. 16/6308, S. 227.

4 Die **bisherige Rechtslage** stellte sich wie folgt dar:
- Abs. 1 ersetzt den bisherigen § 610 Abs. 1 ZPO a.F. und erweitert diesen um die Anträge auf Feststellung des Bestehens oder Nichtbestehens einer Ehe zwischen den Beteiligten.[3] Die Gründe, die bislang für eine Unterteilung der Ehesachen in zwei Gruppen (vgl. die bisherigen § 610 Abs. 1, § 632 Abs. 2 ZPO a.F.) maßgeblich waren, sind heute nicht mehr von Bedeutung.
- Abs. 2 Satz 1 entspricht im Wesentlichen dem bisherigen § 610 Abs. 2 Satz 1 ZPO a.F.
- Die Erwähnung der Widerklage war entbehrlich.[4] Satz 2 entspricht inhaltlich dem bisherigen § 610 Abs. 2 Satz 2 ZPO a.F.
- Abs. 3 entspricht dem bisherigen § 631 Abs. 2 Satz 2 ZPO a.F.

§ 127 Eingeschränkte Amtsermittlung

(1) Das Gericht hat von Amts wegen die zur Feststellung der entscheidungserheblichen Tatsachen erforderlichen Ermittlungen durchzuführen.

(2) In Verfahren auf Scheidung oder Aufhebung der Ehe dürfen von den Beteiligten nicht vorgebrachte Tatsachen nur berücksichtigt werden, wenn sie geeignet sind, der Aufrechterhaltung der Ehe zu dienen oder wenn der Antragsteller einer Berücksichtigung nicht widerspricht.

(3) In Verfahren auf Scheidung kann das Gericht außergewöhnliche Umstände nach § 1568 des Bürgerlichen Gesetzbuchs nur berücksichtigen, wenn sie von dem Ehegatten, der die Scheidung ablehnt, vorgebracht worden sind.

Übersicht

I. Bedeutung und Inhalt der Norm	1
1. Gesetzessystematischer Bezugsrahmen	1
2. Bisherige Rechtslage	2
II. Eingeschränkte Amtsermittlung	3
1. Amtsermittlungsgrundsatz	3
2. Einschränkung (Abs. 2)	5
3. Einschränkungen (Abs. 3)	7
4. Verfahren	9

I. Bedeutung und Inhalt der Norm

1. Gesetzessystematischer Bezugsrahmen

1 In Feststellungsverfahren über den Bestand der Ehe gilt der Amtsermittlungsgrundsatz uneingeschränkt. In den Verfahren auf Scheidung oder Aufhebung der Ehe gilt der Grundsatz der eingeschränkten Amtsermittlung, nach dem Tatsachen, die nicht von

---

3 BT-Drs. 16/6308, S. 227.
4 BT-Drs. 16/6308, S. 227.

den Eheleuten vorgebracht werden, berücksichtigt werden dürfen, wenn sie Ehe erhaltend sind. Andere Tatsachen müssen von den Eheleuten vorgetragen und unter Beweis gestellt werden. Gründe, die wegen einer besonderen Härte für den Antragsgegner gegen die Scheidung der Ehe sprechen, sind von diesem vorzutragen und zu beweisen. Stehen die Interessen der gemeinsamen minderjährigen Kinder der Ehescheidung entgegen, ist das von Amts wegen zu beachten.

2. Bisherige Rechtslage

Abs. 1 entspricht dem bisherigen § 616 Abs. 1 ZPO a.F., in der Formulierung angeglichen an § 26. **Abs. 2** entspricht dem bisherigen § 616 Abs. 2 ZPO a.F. inhaltlich. Die bisherige Textfassung wurde ohne inhaltliche Änderung umgestellt, um die Verständlichkeit zu erhöhen.[1] **Abs. 3** entspricht dem bisherigen § 616 Abs. 3 ZPO.

II. Eingeschränkte Amtsermittlung

1. Amtsermittlungsgrundsatz

Das Gericht muss von Amts wegen ermitteln, **ob die Ehe besteht**. Dies erfolgt in der Regel durch die Vorlage einer Heiratsurkunde im Original. Es kann aber auch ein anderer Beweis erhoben werden.[2] Von Amts wegen ist weiter zu ermitteln, ob die Parteien getrennt leben und ob das Trennungsjahr gem. § 1565 Abs. 1, § 1566 BGB abgelaufen ist.

Werden dem Gericht – bspw. durch den Jugendamtsbericht – Ehe **erhaltende Tatsachen** bekannt, auf die sich die Eheleute nicht berufen, hat es diese zu berücksichtigen und Beweis hierüber zu erheben. Tatsachen, die nicht mit dem Streitgegenstand zusammenhängen, sind nicht von Amts wegen zu ermitteln.

2. Einschränkung (Abs. 2)

Tatsachen, die nicht von den Eheleuten vorgetragen wurden und nicht Ehe erhaltend sind, können nicht berücksichtigt werden, wenn der die Auflösung der Ehe begehrende Ehegatte der Berücksichtigung widerspricht. Das Gericht darf dann Gründe für die Scheidung oder Auflösung der Ehe, die der Antragsteller nicht geltend machen will, nicht in das Verfahren einführen. Der **Widerspruch** unterliegt nicht dem Anwaltszwang. Er ist eine von Amts wegen zu berücksichtigende Scheidungssperre. Er kann auch konkludent erklärt werden, etwa wenn der Tatsachenvortrag des Antragstellers im Widerspruch zu den von dem Gericht ermittelten Tatsachen steht.

Über Tatsachen, die nach Abs. 2 nicht berücksichtigt werden dürfen, darf auch **kein Beweis** erhoben werden. Ergeben sie sich bei einer Beweisaufnahme zufällig, dürfen sie bei Widerspruch des Antragstellers nicht verwertet werden. Ehe erhaltende Tatsachen sind von Amts wegen zu berücksichtigen.

---

1 BT-Drs. 16/6308, S. 227.
2 OLG Düsseldorf 27.12.1991 – 6 WF 157/91 = FamRZ 1992, 1078; OLG Karlsruhe 07.06.1990 – 18 WF 35/90 = FamRZ 1991, 83; a.A. OLG Bremen 27.02.1992 – 5 WF 14/92 = FamRZ 1992, 1083.

3. Einschränkungen (Abs. 3)

7 Die in § 1568 Abs. 1 Alt. 2 BGB genannten **Härtegründe** sind nicht von Amts wegen zu berücksichtigen, sondern von dem Ehegatten vorzutragen und unter Beweis zu stellen, der die Ehescheidung ablehnt. Ist dieser nicht anwaltlich vertreten, hat das Gericht ihn über die Möglichkeit, sich auf die Härteklausel des § 1568 BGB zu berufen, zu belehren. Er kann sich ohne Anwalt darauf berufen.

8 Von Amts wegen zu berücksichtigen sind aber die Interessen der aus der Ehe hervorgegangenen **minderjährigen Kinder** (§ 1568 Abs. 1 Alt. 1 BGB).

4. Verfahren

9 Ist ein **Scheidungs- oder Aufhebungsantrag unschlüssig**, hat das Gericht hierauf hinzuweisen. Ist der **Antrag schlüssig**, hat es die Eheleute gem. § 128 Abs. 1 anzuhören und, wenn die Anhörung der Eheleute für die Ermittlung der Voraussetzungen der Ehescheidung oder Aufhebung nicht ausreicht, weitere Beweise zu erheben. Die Eheleute müssen Gelegenheit erhalten, sich vor der Entscheidung zu der Beweisaufnahme zu äußern. Andernfalls wäre der Grundsatz des rechtlichen Gehörs verletzt.

10 Das Gericht muss **Beweisanträgen oder -anregungen** über entscheidungserhebliche Tatsachen nachgehen, auch denen des nicht anwaltlich vertretenen Antragsgegners. Wegen des Amtsermittlungsgrundsatzes darf die Beweisaufnahme auch dann nicht abgelehnt werden, wenn sie der Einführung neuer erheblicher Tatsachen dient, wenn das Gericht diese von Amts wegen zu ermitteln hat. Soll Beweis über solche Tatsachen erhoben werden, die das Gericht von Amts wegen zu ermitteln hat, darf die Beweisaufnahme nicht von einem Auslagenvorschuss nach § 379 ZPO abhängig gemacht werden.[3]

11 **§ 244 Abs. 3 bis 5 StPO** gilt analog.[4] Danach gelten folgende **Grundsätze**:

- Ein Beweisantrag ist abzulehnen, wenn die Erhebung des Beweises unzulässig ist (§ 244 Abs. 3 Satz 1 StPO). Im Übrigen darf ein Beweisantrag nur abgelehnt werden (§ 244 Abs. 3 Satz 2 StPO), wenn
  - eine Beweiserhebung wegen Offenkundigkeit überflüssig ist,
  - die Tatsache, die bewiesen werden soll, für die Entscheidung ohne Bedeutung oder schon erwiesen ist,
  - das Beweismittel völlig ungeeignet oder unerreichbar ist,
  - der Antrag zum Zweck der Prozessverschleppung gestellt ist oder
  - eine erhebliche Behauptung, die zur Entlastung des Angeklagten bewiesen werden soll, so behandelt werden kann, als wäre die behauptete Tatsache wahr.
- Ein Beweisantrag auf Vernehmung eines Sachverständigen kann, soweit nichts anderes bestimmt ist, auch abgelehnt werden, wenn das Gericht selbst die erforderliche Sachkunde besitzt (§ 244 Abs. 4 Satz 1 StPO).

---

3 Vgl. Zöller/Phillippi § 617 ZPO Rn. 9.
4 Vgl. Zöller/Phillippi Vorb § 284 ZPO Rn. 8a.

- Die Anhörung eines weiteren Sachverständigen kann auch dann abgelehnt werden, wenn durch das frühere Gutachten das Gegenteil der behaupteten Tatsache bereits erwiesen ist (§ 244 Abs. 4 Satz 2 StPO); dies gilt nicht, wenn die Sachkunde des früheren Gutachters zweifelhaft ist, weil
  - sein Gutachten von unzutreffenden tatsächlichen Voraussetzungen ausgeht,
  - das Gutachten Widersprüche enthält oder
  - der neue Sachverständige über Forschungsmittel verfügt, die denen eines früheren Gutachters überlegen erscheinen.
- Ein Beweisantrag auf Einnahme eines Augenscheins kann abgelehnt werden, wenn der Augenschein nach dem pflichtgemäßen Ermessen des Gerichts zur Erforschung der Wahrheit nicht erforderlich ist (§ 244 Abs. 5 Satz 1 StPO).
- Unter derselben Voraussetzung kann auch ein Beweisantrag auf Vernehmung eines Zeugen abgelehnt werden, dessen Ladung im Ausland zu bewirken wäre (§ 244 Abs. 5 Satz 2 StPO).

Beweismittel, die durch **heimliches** Beobachten, Belauschen, heimliche Lichtbild- oder Tonaufnahmen entstanden sind, etwa die Zeugenvernehmung eines Dritten, der ein Gespräch unter vier Augen im Auftrag eines Beteiligten ohne Wissen dessen Gesprächspartners belauscht hat, sind unzulässig, wenn die im Einzelfall zu treffende Güterabwägung ergibt, dass das verletzte Persönlichkeitsrecht des Belauschten Vorrang gegenüber dem Beweisführungsinteresse des anderen hat.[5]

12

§ 128 Persönliches Erscheinen der Ehegatten

(1) Das Gericht soll das persönliche Erscheinen der Ehegatten anordnen und sie anhören. Die Anhörung eines Ehegatten hat in Abwesenheit des anderen Ehegatten stattzufinden, falls dies zum Schutz des anzuhörenden Ehegatten oder aus anderen Gründen erforderlich ist. Das Gericht kann von Amts wegen einen oder beide Ehegatten als Beteiligte vernehmen, auch wenn die Voraussetzungen des § 448 der Zivilprozessordnung nicht gegeben sind.

(2) Sind gemeinschaftliche minderjährige Kinder vorhanden, hat das Gericht die Ehegatten auch zur elterlichen Sorge und zum Umgangsrecht anzuhören und auf bestehende Möglichkeiten der Beratung hinzuweisen.

(3) Ist ein Ehegatte am Erscheinen verhindert oder hält er sich in so großer Entfernung vom Sitz des Gerichts auf, dass ihm das Erscheinen nicht zugemutet werden kann, kann die Anhörung oder Vernehmung durch einen ersuchten Richter erfolgen.

(4) Gegen einen nicht erschienenen Ehegatten ist wie gegen einen im Vernehmungstermin nicht erschienenen Zeugen zu verfahren; die Ordnungshaft ist ausgeschlossen.

---

5 BGH 18.02.2003 – XI ZR 165/02 = NJW 2003, 1727.

Abschnitt 2 Verfahren in Ehesachen; Verfahren in Scheidungssachen und Folgesachen

Übersicht

I. Inhalt und Bedeutung der Norm 1
  1. Gesetzessystematischer Bezugsrahmen 1
  2. Bisherige Rechtslage 2
II. Inhalt der Norm 3
  1. Anhörung der Ehegatten (Abs. 1 Satz 1 und Abs. 2) 3
    a) Anhörungsthemen 3
    b) Art der Anhörung 8
    c) Ausnahmen von der Anhörungspflicht 12
    d) Rechtsfolgen der Anhörung 13
  2. Vernehmung der Ehegatten als Beteiligte (Abs. 1 Satz 2) 15
  3. Anhörung oder Vernehmung durch einen ersuchten Richter (Abs. 3) ... 16
  4. Zwangsmittel (Abs. 4) 17

I. Inhalt und Bedeutung der Norm

1. Gesetzessystematischer Bezugsrahmen

1 § 128 ergänzt die Vorschriften über die Anhörung der Beteiligten zur Klärung des Sachverhalts (§ 113 Abs. 1 Satz 2 i.V.m. § 141 ZPO). Er ist in allen Ehesachen anzuwenden, nicht in den Folgesachen und nicht in einstweiligen Anordnungsverfahren. Für diese Verfahren gelten gesonderte Vorschriften, die in den einzelnen Bereichen oder im Allgemeinen Teil geregelt sind.

2. Bisherige Rechtslage

2 Die Vorschrift enthält im Wesentlichen den Regelungsgehalt des bisherigen **§ 613 ZPO a.F.**, enthält aber eine Neuerung hinsichtlich der Anhörung, die erst auf Ersuchen des Bundesrats aufgenommen wurde. Die Aufgliederung in mehrere Absätze soll die Norm besser lesbar machen.[1]

- **Abs. 1 Satz 1** entspricht dem bisherigen § 613 Abs. 1 Satz 1 Halbs. 1 ZPO a.F. Neu wurde die Möglichkeit einer getrennten Anhörung der Ehegatten zum Schutz eines Ehegatten oder aus anderen gleichwertigen Gründen aufgenommen. Nach bisherigem Recht war umstritten, ob ein Ehegatte gegen den Willen des anderen Ehegatten getrennt angehört werden kann. Teilweise wurde ein Anwesenheitsrecht des anderen Ehegatten angenommen.[2] Mit der Ergänzung wird nunmehr ausdrücklich klargestellt, dass ein solches Anwesenheitsrecht des anderen Ehegatten bei Vorliegen der in Abs. 1 Satz 2 bezeichneten Voraussetzungen nicht besteht.[3]

- **Abs. 1 Satz 2** entspricht inhaltlich dem bisherigen § 613 Abs. 1 Satz 1 ZPO a.F. Die gewählte Formulierung soll das Verhältnis zu den Vorschriften der ZPO über die Parteivernehmung deutlicher als bisher zum Ausdruck bringen.[4]

---

1 BT-Drs. 16/6308, S. 227.
2 Vgl. OLG Brandenburg 22.12.1999 – 9 WF 209/99 = FamRZ 2000, 897.
3 BT-Drs. 16/9733, S. 363.
4 BT-Drs. 16/6308, S. 227 f.

- **Abs. 2** erweitert den bisherigen § 613 Abs. 1 Satz 2 ZPO a.F. insoweit, dass das Gericht die Ehegatten, wenn gemeinschaftliche minderjährige Kinder vorhanden sind, nicht nur wie bisher zur elterlichen Sorge, sondern **auch zum Umgangsrecht** anhören muss. Hierdurch soll die tatsächliche Wahrnehmung von Umgangskontakten verbessert und den Ehegatten ihre fortbestehende Verantwortung für die gemeinsamen Kinder deutlich gemacht werden.[5] Bisher hatte das Gericht nach § 613 Abs. 1 Satz 2 ZPO a.F. auf „die Möglichkeiten der Beratung durch die Beratungsstellen und Dienste der Träger der Jugendhilfe" hinzuweisen. Nun heißt es nur noch „die Möglichkeiten der Beratung". Der Gesetzgeber wollte durch diese Vereinfachung aber keine inhaltliche Veränderung, sondern nur eine Straffung des Wortlauts erreichen.[6]
- **Abs. 3** entspricht dem bisherigen § 613 Abs. 1 Satz 3 ZPO a.F. inhaltlich.
- **Abs. 4** entspricht dem bisherigen § 613 Abs. 2 ZPO a.F.

II. Inhalt der Norm

1. Anhörung der Ehegatten (Abs. 1 Satz 1 und Abs. 2)

a) Anhörungsthemen

Eingeschränkter Amtsermittlungsgrundsatz: Das Gericht darf die Eheleute gem. § 127 nur zu bestimmten Themen anhören. Es hat die Eheleute zu den sachaufklärenden Tatsachen zu befragen, die das Bestehen oder Nichtbestehen der Ehe betreffen. Es darf uneingeschränkt nach ehefreundlichen Tatsachen fragen. Nach ehefeindlichen darf das Gericht nur dann fragen, wenn sie von einem der Ehegatten konkret vorgetragen wurden (§ 127 Abs. 2).[7]

3

Sind gemeinsame minderjährige Kinder vorhanden, hat das Gericht die Eheleute zur **elterlichen Sorge und zum Umgangsrecht** zu befragen und auf bestehende Möglichkeiten der Beratung hinzuweisen **(Abs. 2)**. Die Anhörung ist keine reine Befragung der Eheleute. Das Gericht hat im Interesse des Kindeswohls verschiedene Hinweispflichten.[8] Es hat darüber aufzuklären, dass die gemeinsame elterliche Verantwortung fortbesteht, die gemeinsame elterliche Sorge mit der Scheidung bestehen bleibt und nur auf Antrag anderweitig geregelt werden kann, und welche rechtliche Bedeutung die gemeinsame elterliche Sorge hat, dass der betreuende Elternteil die Alltagssorge nach § 1687 BGB hat, Angelegenheiten von erheblicher Bedeutung jedoch von beiden Eltern gemeinsam zu treffen sind. Die Anhörung soll dem Gericht auch ermöglichen, eine Gefährdung des Kindeswohls zu erkennen, bei der es von Amts wegen Maßnahmen nach § 1666 BGB ergreifen müsste,[9] wobei diese Anhörung den Streitwert nicht erhöht.[10]

4

---

[5] BT-Drs. 16/6308, S. 228.
[6] BT-Drs. 16/6308, S. 228.
[7] → § 127 Rn. 5.
[8] Vgl. Zöller/Philippi § 613 ZPO Rn. 2a.
[9] BT-Drs. 13/8511, S. 78.
[10] BT-Drs. 13/8511, S. 78, OLG Düsseldorf 11.04.2000 – 5 WF 37/00; 21.12.1999 – 4 WF 154/99 = FamRZ 2000, 1519.

5 Das Gericht hat die Eheleute nach der Einführung des FamFG auch zum **Umgang** zu befragen. Der Gesetzgeber wollte hierdurch erreichen, dass die tatsächliche Wahrnehmung von Umgangskontakten verbessert und den Ehegatten ihre fortbestehende Verantwortung für die gemeinsamen Kinder deutlich gemacht wird.[11] Auch in diesem Zusammenhang hat das Gericht, auf die bestehenden Rechte und Pflichten hinzuweisen.

6 Das Gericht hat auf die Möglichkeit der **Beratung durch die Beratungsstellen und Dienste der Träger der Jugendhilfe** hinzuweisen. Diese Hinweise kann das Gericht auch schriftlich geben.[12] Im Übrigen hat die Anhörung aber persönlich zu erfolgen. Ergänzend hat das FamG die Pflicht, das JA über die Rechtshängigkeit einer Scheidungssache zu informieren, wenn gemeinschaftliche minderjährige Kinder vorhanden sind (§ 17 Abs. 3 SGB VIII).[13]

7 Das Gericht hat einen im Scheidungsverfahren nicht anwaltlich vertretenen Ehegatten darüber hinaus gem. **§ 138 Abs. 1 Satz 2** darauf hinzuweisen, dass und unter welchen Voraussetzungen Folgesachen im Scheidungsverbund verhandelt und entschieden werden können.[14]

b) Art der Anhörung

8 Das Gericht hat die Eheleute persönlich anzuhören.[15] In der Regel werden die Eheleute in einem Termin angehört. Bisher war umstritten, ob die Anhörung auch in Abwesenheit des anderen Ehegatten erfolgen kann oder ob dieser ein Anwesenheitsrecht hat. In **Abs. 1 Satz 2** ist nun geregelt, dass die Anhörung in Abwesenheit des anderen Ehegatten zu erfolgen hat, wenn dies zum Schutz des Ehegatten oder aus anderen Gründen erforderlich ist. Der Gesetzgeber hat sich insoweit nicht auf eine Gefährdung des anzuhörenden Ehegatten beschränkt, sondern auch gleichwertige Gründe mit erfasst. Liegen diese Voraussetzungen vor, muss das Gericht den anzuhörenden Ehegatten ohne den anderen anhören (§ 33 Abs. 1 Satz 2).[16]

9 **Schutz des anzuhörenden Ehegatten:** Die getrennte Anhörung kann erforderlich sein, wenn andernfalls negative Auswirkungen auf die seelische und körperliche Gesundheit eines Ehegatten zu befürchten sind.

10 **Gleichwertige Gründe:** Es wird sich zeigen, welche Grundsätze die Rechtsprechung hierzu entwickelt. In Betracht kommen Fälle, in denen die Abwesenheit des anderen Ehegatten zum Schutz Dritter, etwa des neuen Lebensgefährten oder der gemeinsamen Kinder, erforderlich ist. Denkbar sind auch Fallkonstellationen, bei denen die persönliche Anhörung eines Ehegatten andernfalls nicht oder erst in ferner Zukunft stattfinden kann, etwa wenn sich ergibt, dass der anzuhörende Ehegatte dauerhaft ins Krankenhaus muss oder beruflich ins Ausland versetzt wird, und eine gemeinsame Anhörung davor wegen der Ladungsfristen oder aus tatsächlichen Gründen nicht mehr erfolgen kann.

---

11 BT-Drs. 16/6308, S. 228.
12 Büttner FamRZ 1998, 591.
13 § 17 Abs. 3 SGB VIII bezieht sich aufgrund eines redaktionellen Versehens weiterhin auf § 622 Abs. 2 Satz 1 ZPO a.F.
14 → § 138 Rn. 5.
15 OLG Hamm 02.02.1996 – 5 UF 219/95 – FamRZ 1996, 1156; vgl. BGH 02.02.1994 – XII ZR 148/92 – FamRZ 1994, 434.
16 Hierzu → § 33 Rn. 3.

Für Fälle, in denen die Voraussetzungen nach Abs. 1 Satz 2 nicht vorliegen, bleibt es streitig, ob der andere Ehegatte ein Anwesenheitsrecht hat. Die gemeinschaftliche Anhörung der Ehegatten ist nicht zwingend vorgeschrieben, da in bestimmten Fällen auch die Anhörung durch einen ersuchten Richter vorgenommen werden kann (Abs. 3).[17] Eine **Gegenüberstellung der Eheleute** kann für die Sachaufklärung sinnvoll sein, ist aber nicht zwingend erforderlich, wenn der Sachverhalt auch anderweitig aufgeklärt werden kann. Die Anhörung dient nicht nur der Aufklärung des Sachverhalts. Sie soll auch sicherstellen, dass sich der andere Ehegatte persönlich zu den Ausführungen seines Ehegatten äußern kann, bevor über die höchstpersönliche Ehesache entschieden wird.[18]

c) Ausnahmen von der Anhörungspflicht

Grundsätzlich ist die **persönliche Anhörung beider Eheleute zwingend**. Dass eine Partei trotz Ladung nicht erscheint, reicht nicht aus, von der Anhörung abzusehen.[19] Erscheint ein im Ausland lebender Ehegatte nicht zur Anhörung, muss er im Wege der Rechtshilfe im Ausland angehört werden.[20] Die Verpflichtung des Gerichts, die Ehegatten anzuhören, besteht aber nicht ausnahmslos. Es sind **Ausnahmesituationen** vorstellbar, in denen sich das Gericht auch ohne persönliche Anhörung beider Beteiligten eine genügend sichere Grundlage für seine Entscheidung verschaffen kann, bspw.:

- bei unbekanntem Aufenthalt des Antragsgegners,[21]
- wenn eine dreijährige Trennungszeit nachgewiesen ist, der Antragsgegner zur Anhörung mehrfach nicht erscheint und der erfolgten vermögensrechtlichen Auseinandersetzung nicht entgegengetreten ist,[22]
- wenn die Ehegatten seit über sechs Jahren getrennt leben, der Antragsgegner zum Scheidungsantrag schriftlich Stellung genommen und ihm zugestimmt hat,[23]
- wenn der Sachverhalt hinreichend geklärt ist, eine Partei mehreren Terminen unentschuldigt fernbleibt und sich daraus im Zusammenhang mit anderen Tatsachen der Rückschluss ziehen lässt, dass sie den Verfahrensfortgang sabotieren will,[24]
- wenn die Eheleute seit mehreren Jahren getrennt leben und die Scheidung durch mehrfaches unentschuldigtes Fernbleiben eines Ehegatten verhindert wird,[25]
- auch schon nach einmaligem Ausbleiben des Antragsgegners, wenn er durch sein gesamtes Verhalten zu erkennen gegeben hat, dass er Ladungen des Gerichts nicht Folge leistet und an einer ordnungsgemäßen Durchführung des Verfahrens nicht interessiert ist.[26]

---

17 Vgl. OLG Frankfurt a.M. 04.10.1993 – 3 WF 107/93 = FamRZ 1994, 1400.
18 Zöller/Philippi § 613 ZPO Rn. 3.
19 OLG Düsseldorf 28.02.1986 – 9 UF 121/85 = FamRZ 1986, 1117; OLG Hamm 02.02.1996 – 5 UF 219/95 = FamRZ 1996, 1156.
20 OLG Hamm 01.09.1999 – 5 UF 84/99 = FamRZ 2000, 898.
21 BGH 02.02.1994 – XII ZR 148/92 = FamRZ 1994, 434.
22 AG Konstanz 29.09.2000 – 2 F 18/00 = FamRZ 2001, 425.
23 AG Lüdenscheid 18.02.2004 – 5 F 476/00 = FamRZ 2004, 1976.
24 OLG Koblenz 25.08.2000 – 11 UF 672/99 = FamRZ 2001, 1159.
25 OLG Hamm 09.02.1999 – 1 UF 179/98 = FamRZ 1999, 1090.
26 OLG Hamm 17.03.1998 – 2 UF 464/97 = FamRZ 1998, 1123.

Ob es bereits ausreicht, von der Anhörung eines Ehegatten abzusehen, weil sich das Gericht von ihr keine weitere Sachaufklärung verspricht,[27] wurde vom BGH bisher nicht entschieden.[28]

d) Rechtsfolgen der Anhörung

13 Das Gericht verwertet das Ergebnis der Anhörung **in freier Beweiswürdigung** (§ 286 ZPO).

14 Ein **Verstoß gegen die Anhörungspflicht** ist ein schwerwiegender Verfahrensfehler, der im Beschwerdeverfahren zur Aufhebung und Zurückverweisung gem. § 117 Abs. 2 Satz 1 i. V. m. § 539 ZPO führt.[29] Erwächst die Entscheidung in Rechtskraft, kann sie unter bestimmten Voraussetzungen, wegen Verstoßes gegen den Grundsatz des rechtlichen Gehörs im Wege der Nichtigkeitsklage nach § 118 i. V. m. § 579 ZPO angefochten werden.[30]

2. Vernehmung der Ehegatten als Beteiligte (Abs. 1 Satz 2)

15 Das Gericht kann die Eheleute von Amts wegen als Beteiligte vernehmen. Das Gesetz regelt nun ausdrücklich, was bereits vor seinem Inkrafttreten galt: Die Voraussetzungen des § 448 ZPO müssen nicht vorliegen. Die Einschränkungen der §§ 445, 450 Abs. 2 ZPO gelten nicht. Der Beweisantritt eines Beteiligten ist als Anregung der Ermittlung von Amts wegen zu werten. Es steht im Ermessen des Gerichts, ob es einen oder beide Eheleute anhört. Es ist sinnvoll, beide Eheleute über Vorgänge, die beide wahrgenommen haben, zu vernehmen.

3. Anhörung oder Vernehmung durch einen ersuchten Richter (Abs. 3)

16 Eine Anhörung oder Vernehmung eines Ehegatten im Wege der **Rechtshilfe** ist zulässig, wenn der Ehegatte am Erscheinen verhindert ist oder sich in so großer Entfernung vom Sitz des Gerichts aufhält, dass ihm das Erscheinen nicht zugemutet werden kann. In der Regel ist es einem im Inland lebenden Ehegatten zumutbar, auch vor einem weit entfernten Gericht zu erscheinen. Die Zumutbarkeit ist aber im Einzelfall zu prüfen. Dabei können auch die wirtschaftlichen Verhältnisse der Eheleute berücksichtigt werden. Unzumutbarkeit ist bspw. denkbar, wenn der Ehegatte wegen der Ausübung seines Berufs in der Probezeit oder wegen der Betreuung eines behinderten Kindes nicht verreisen kann. In dem Rechtshilfeersuchen sind das Beweisthema bzw. die Fragen anzugeben, zu denen der Ehegatte angehört werden soll.[31]

4. Zwangsmittel (Abs. 4)

17 Die Vorschrift verweist auf § 380 ZPO, schließt Ordnungshaft aber aus. Dem nicht erschienenen Ehegatten sind die durch das Ausbleiben verursachten Kosten und ein **Ordnungsgeld** von 5 bis 1.000 EUR aufzuerlegen. Bei wiederholtem Ausbleiben kann das Ordnungsgeld erneut festgesetzt und der ausgebliebene Ehegatte zwangsweise durch den Gerichtsvollzieher vorgeführt werden (§ 380 Abs. 2 ZPO). Die Zwangsmittel

---

27 So Johannsen/Henrich/Sedemund-Treiber 2003, § 613 ZPO Rn. 4.
28 Vgl. BGH 02.02.1994 – XII ZR 148/92 = FamRZ 1994, 434.
29 OLG Hamm 01.09.1999 – 5 UF 84/99 = FamRZ 2000, 898.
30 BGH 05.05.1982 – IVb ZR 707/80 = FamRZ 1982, 789.
31 OLG Düsseldorf 09.08.1967 – 19 W 7/67 = OLGZ 1968, 57; a.A. KG 05.12.1989 – 1 AR 30/89 = NJW-RR 1990, 586, nach dem das Rechtshilfeersuchen nicht deshalb abgelehnt werden darf, weil das ersuchende Gericht den Gegenstand der Anhörung nicht näher bezeichnet hat.

dürfen nur bei ordnungsgemäßer Ladung angewandt werden (§ 380 Abs. 1 ZPO). Sie müssen in der Ladung angedroht werden (§ 377 Abs. 2 Nr. 3 ZPO). Die Förmliche Zustellung der Ladung ist nicht erforderlich. Die Festsetzung eines Ordnungsgelds gegen eine nicht erschienene Partei setzt aber die Einhaltung der Ladungsfrist voraus.[32] Wird das Ausbleiben entschuldigt, sind die Zwangsmittel unter den Voraussetzungen des § 381 Abs. 1 ZPO nicht festzusetzen bzw. nachträglich aufzuheben. Die Ehegatten sind nicht verpflichtet, Aussagen zu machen oder Erklärungen abzugeben, selbst wenn das Gericht ihr persönliches Erscheinen angeordnet hat. Hat ein Ehegatte bereits vor dem Termin wissen lassen, er sei zu keiner Aussage bereit, darf das persönliche Erscheinen daher nicht angeordnet und erst recht nicht erzwungen werden.[33] Hat sich der Antragsgegner vorher noch nicht zur Sache eingelassen, sind Zwangsmittel aber möglich.[34] Das Zwangsmittel kann auch durch den ersuchten Richter festgesetzt werden.

18 Gegen die Festsetzung eines Ordnungsmittels in der ersten Instanz ist gem. § 380 Abs. 3 ZPO die **sofortige Beschwerde** form- und fristgemäß einzulegen binnen zwei Wochen (§ 569 ZPO). Gegen die Festsetzung durch den ersuchten Richter findet die **Erinnerung** statt (§ 573 Abs. 1 ZPO). Gegen einen Beschluss des Beschwerdegerichts kann sofortige Beschwerde nicht eingelegt werden (§ 567 Abs. 1 ZPO). Das OLG kann aber die Rechtsbeschwerde zulassen (§ 574 ZPO). Rechtsbehelf des anderen Ehegatten gegen das Unterlassen der Zwangsmaßnahmen ist ebenfalls die sofortige Beschwerde gem. § 380 Abs. 3 ZPO.

§ 129 Mitwirkung der Verwaltungsbehörde oder dritter Personen

(1) Beantragt die zuständige Verwaltungsbehörde oder bei Verstoß gegen § 1306 des Bürgerlichen Gesetzbuchs die dritte Person die Aufhebung der Ehe, ist der Antrag gegen beide Ehegatten zu richten.

(2) Hat in den Fällen des § 1316 Abs. 1 Nr. 1 des Bürgerlichen Gesetzbuchs ein Ehegatte oder die dritte Person den Antrag gestellt, ist die zuständige Verwaltungsbehörde über den Antrag zu unterrichten. Die zuständige Verwaltungsbehörde kann in diesen Fällen, auch wenn sie den Antrag nicht gestellt hat, das Verfahren betreiben, insbesondere selbständig Anträge stellen oder Rechtsmittel einlegen. Im Fall eines Antrags auf Feststellung des Bestehens oder Nichtbestehens einer Ehe zwischen den Beteiligten gelten die Sätze 1 und 2 entsprechend.

Übersicht

I. Inhalt und Bedeutung der Norm	1
1. Gesetzessystematischer Bezugsrahmen	1
2. Bisherige Rechtslage	2
II. Mitwirkung von Verwaltungsbehörde und Dritten	3
1. Aufhebungsgründe	3
2. Antragsbefugnis	5

---

[32] OLG Zweibrücken 28.06.1982 – 6 WF 92/82 = FamRZ 1982, 1097.
[33] OLG Hamburg 15.01.1997 – 12 WF 6/97 = MDR 1997, 596.
[34] OLG Düsseldorf 10.07.1981 – 6 WF 84/81 = FamRZ 1981, 1096; a.A. OLG Celle 05.05.1970 – 21 U 125/69 = NJW 1970, 1689.

3. Anwaltszwang ... 7
4. Passivlegitimation ... 8
5. Verfahren ... 9

I. Inhalt und Bedeutung der Norm

1. Gesetzessystematischer Bezugsrahmen

1 **Abs. 1** regelt die Aktiv- und Passivlegitimation für Verfahren auf Aufhebung der Ehe. **Abs. 2** regelt das Erfordernis, die zuständigen Verwaltungsbehörden zu informieren sowie für diese Behörde die Ausnahme vom Anwaltszwang für Verfahren, die die Aufhebung der Ehe sowie die Feststellung des Bestehens oder Nichtbestehens betreffen.

2. Bisherige Rechtslage

2 **Abs. 1** entspricht dem bisherigen § 631 Abs. 3 ZPO a.F. **Abs. 2 Satz 1 und 2** entspricht dem bisherigen § 631 Abs. 4 ZPO a.F. **Abs. 2 Satz 3** entspricht inhaltlich der Regelung des bisherigen § 632 Abs. 3 ZPO a.F. Der bisherige § 631 Abs. 1 ZPO a.F. verwies lediglich auf die nachfolgenden Regelungen. Der bisherige § 631 Abs. 2 ZPO a.F. findet sich nun in § 124 wieder. Die Regelungen des bisherigen § 631 Abs. 2 Satz 2 ZPO a.F. haben keine Entsprechung im FamFG. An die Antragsschrift werden daher keine besonderen Anforderungen gestellt, da § 133 nur für den Scheidungsantrag gilt. Es gelten die Vorschriften der ZPO über die Klageschrift entsprechend (§ 124 Satz 2). Der bisherige § 631 Abs. 2 Satz 3 ZPO a.F. findet sich nun in § 126 Abs. 3 wieder.

II. Mitwirkung von Verwaltungsbehörde und Dritten

1. Aufhebungsgründe

3 **Aufhebungsgründe der Ehe** sind:

- Minderjährigkeit bei Eheschließung (§§ 2, 1303 Abs. 3 BGB) unter Beachtung der Ausnahmeregelung für über 16-Jährige (§ 1303 Abs. 2 und 3 BGB),
- Geschäftsunfähigkeit bei Eheschließung (§ 1304 BGB),
- Bewusstlosigkeit oder vorübergehende Störung der Geistestätigkeit bei Eheschließung (§ 1314 Abs. 2 Nr. 1 BGB),
- Willensmängel (§ 1314 Abs. 2 BGB),
- Formmangel (§ 1311 BGB),
- Scheinehe (§ 1314 Abs. 2 Nr. 5 BGB),
- Ehe zwischen Verwandten in gerader Linie (§ 1307 BGB), auch Halbgeschwistern, Adoptivverwandte stehen Verwandten gleich, es sei denn das Adoptivverhältnis wurde aufgelöst (§ 1308 Abs. 1 BGB) oder eine Befreiung erteilt (§ 1308 Abs. 2 BGB),
- Doppelehe (§§ 1306, 1320 BGB).

Sofern die **Aufhebungsgründe gem. § 1315 BGB geheilt** sind, ist die Eheaufhebung ausgeschlossen.

2. Antragsbefugnis

Die **Aktivlegitimation** ist in § 1316 BGB abschließend geregelt. Antragsberechtigt sind danach:

- die **Ehegatten**, in den Fällen des § 1314 Abs. 2 Nr. 2 und 4 BGB aber **nur der dort genannte Ehegatte,**
- die zuständige **Verwaltungsbehörde** in den Fällen der Minderjährigkeit, Geschäftsunfähigkeit, Doppelehe, Ehe zwischen Verwandten in gerader Linie, des Formmangels, der Bewusstlosigkeit oder vorübergehenden Störung der Geistestätigkeit und Scheinehe,
- bei Doppelehe der **Ehegatte der ersten Ehe**.

Die zuständige Verwaltungsbehörde wird durch Rechtsverordnung der Landesregierung bestimmt (§ 1316 Abs. 1 Nr. 1 Satz 2 BGB). In den einzelnen Bundesländern sind zuständig:

Baden-Württemberg	Regierungspräsidium Tübingen[1]
Bayern	Regierung von Mittelfranken[2]
Berlin	Bezirksverwaltungen[3]
Brandenburg	Justizministerium[4]
Hamburg	Bezirksämter[5]
Hessen	Regierungspräsidium[6]
Mecklenburg-Vorpommern	Landkreise und kreisfreien Städte[7]
Niedersachsen	Bezirksregierungen[8]
Nordrhein-Westfalen	Bezirksregierungen Köln und Arnsberg[9]
Rheinland-Pfalz	Bezirksregierung Trier[10]
Saarland	Stadtverband und die Stadt Saarbrücken sowie die Landkreise[11]
Sachsen	Regierungspräsidien[12]
Sachsen-Anhalt	Landkreise und kreisfreien Städte[13]

---

1 GBl 2001, S. 2.
2 GVBl 2000, S. 293.
3 GVBl 1996, S. 302, 497.
4 GVBl 2000, S. 114.
5 AmtAnz 1998, S. 2450.
6 GVBl 2000, S. 26.
7 GVBl 1999, S. 632.
8 NdsMBl 1998, S. 1334.
9 GVBl 1998, S. 391.
10 GVBl 1998, S. 197.
11 ABl 1998, S. 518.
12 GVBl 1998, S. 265.
13 GVBl 1994, S. 568; 1998, S. 476.

Schleswig-Holstein	Landräte und Bürgermeister kreisfreier Städte[14]
Thüringen	Landesverwaltungsamt.[15]

3. Anwaltszwang

7 Für die Verwaltungsbehörde besteht kein Anwaltszwang (Abs. 2 Satz 2), und zwar auch in den Fällen des Abs. 1. Für die Beteiligten gilt § 114 Abs. 1.

4. Passivlegitimation

8 Verlangt nur ein Ehegatte die Aufhebung der Ehe, ist der andere passiv legitimiert, verlangen die Verwaltungsbehörde oder bei Doppelehe des ersten Ehegatten beide Ehegatten die Aufhebung, sind beide Ehegatten passiv legitimiert und notwendige Streitgenossen gem. § 62 ZPO, und zwar auch dann, wenn sie widerstreitende Anträge stellen.[16] Schließt sich ein Ehegatte dem Antrag an, wird er nicht Streitgehilfe des Antragstellers.[17]

5. Verfahren

9 Es gelten die **allgemeinen Vorschriften für Ehesachen** (§§ 121 ff.). Ein Verbundverfahren findet nicht statt (vgl. § 137, der Scheidungs- und Folgesachen ausschließlich nennt). Die örtliche Zuständigkeit richtet sich nach § 122. Das gilt auch für Verfahren, die auf Antrag der zuständigen Verwaltungsbehörde oder bei Doppelehe des ersten Ehegatten eingeleitet wurden. Hier kommt es auf den gewöhnlichen Aufenthalt der Eheleute der späteren Ehe an.[18] Auch die Zuständigkeit des Gerichts am Sitz der Verwaltungsbehörde ist möglich.[19] Stirbt ein Ehegatte während des Verfahrens, ist das Verfahren in der Hauptsache erledigt (§ 131).

10 **Aufhebungsanträge**, die eine Ehe betreffen, die bereits durch Tod, Scheidung oder eine andere Aufhebungsentscheidung aufgelöst sind, können unzulässig sein, wenn ein (öffentliches) Interesse an der Nichtigerklärung der Ehe nicht mehr besteht.[20] Der Ehegatte kann aber die günstigeren Rechtsfolgen der Aufhebung durch einen rechtsgestaltenden Feststellungsantrag bewirken.[21]

---

14 GVBl 1998, S. 199.
15 GVBl 1999, S. 52.
16 BGH 07.04.1976 – IV ZR 70/74 = NJW 1976, 1590; OLG Dresden 02.02.2004 – 21 ARf 1/04 = FamRZ 2004, 952.
17 OLG München 21.11.1956 – BerReg. 4 UH 67/56 = NJW 1957, 954.
18 BGH 07.04.1976 – IV ZR 70/74 = NJW 1976, 1590.
19 OLG Dresden 02.02.2004 – 21 ARf 1/04 = FamRZ 2004, 952.
20 BGH 17.01.2001 – XII ZR 266/98 = FamRZ 2001, 685, der das öffentliche Interesse dort bejaht.
21 BGH 10.07.1996 – XII ZR 49/95 = FamRZ 1996, 1209.

§ 130 Säumnis der Beteiligten

(1) Die Versäumnisentscheidung gegen den Antragsteller ist dahin zu erlassen, dass der Antrag als zurückgenommen gilt.

(2) Eine Versäumnisentscheidung gegen den Antragsgegner sowie eine Entscheidung nach Aktenlage ist unzulässig.

Übersicht

I. Bedeutung und Inhalt der Norm	1
II. Säumnis	4
1. Säumnis des Antragstellers in der ersten Instanz	4
2. Säumnis des Antragsgegners in der ersten Instanz	7
3. Säumnis in der zweiten Instanz	9

I. Bedeutung und Inhalt der Norm

Die Vorschrift regelt die Folgen der Säumnis nun für alle Ehesachen **einheitlich**.   1

Bisher gab es bei der **Säumnis des Antragstellers** keine einheitliche Regelung. In Ehescheidungsverfahren war dessen Antrag durch Versäumnisurteil abzuweisen (§ 330 ZPO), bei Feststellungsverfahren dagegen ein Versäumnisurteil mit dem Inhalt zu erlassen, dass die Klage als zurückgenommen gilt (§ 632 Abs. 4 ZPO a.F.). Der Gesetzesänderung liegt der Gedanke zu Grunde, dass gerade in Ehesachen eine materiell richtige Entscheidung ergehen soll, was der Gesetzgeber vorrangig bei der Rücknahmefiktion sah.[1] Anders als bisher gilt eine **Rücknahmefiktion.**   2

Bei **Säumnis des Antragsgegners** ändert sich an der Rechtslage nichts. Gegen ihn ist nach wie vor jede Versäumnisentscheidung ausgeschlossen. Der Wortlaut des **bisher geltenden § 612 Abs. 4 ZPO a.F.** wurde um das Verbot einer Entscheidung nach Aktenlage lediglich zur Klarstellung erweitert.[2]   3

II. Säumnis

1. Säumnis des Antragstellers in der ersten Instanz

Bei Säumnis des Antragstellers in erster Instanz ergeht bei entsprechendem Antrag des Antragsgegners ein **Versäumnisbeschluss** gegen den Antragsteller mit dem Inhalt, dass sein Antrag als zurückgenommen gilt. Der Antrag des Antragsgegners enthält dessen Zustimmung zur Antragsrücknahme (§ 113 Abs. 1 Satz 2 i.V.m. § 269 ZPO). Die Rechtshängigkeit endet. Der Antrag kann erneut gestellt werden. Auch eine Entscheidung nach Aktenlage ist möglich, wenn schon einmal mündlich verhandelt wurde und der Sachverhalt genügend aufgeklärt ist (§ 113 Abs. 1 Satz 2 i.V.m. § 331a ZPO). Ist die zuständige Verwaltungsbehörde (→ § 129) dem Antragsteller als notwendiger Streitgenosse beigetreten, so ergeht wegen § 113 Abs. 1 Satz 2 i.V.m. § 62 ZPO kein Ver-   4

---

[1] BT-Drs. 16/6308, S. 228.
[2] BT-Drs. 16/6308, S. 228.

säumnisurteil gegen ihn. Verzichtet der Antragsteller auf seinen Antrag, gilt § 113 Abs. 1 Satz 2 i.V.m. § 306 ZPO.

5 Haben **beide Ehegatten die Scheidung beantragt**, macht ein Versäumnisbeschluss keinen Sinn. Der nicht säumige Ehegatte will ja gerade die Scheidung der Ehe erreichen. Nimmt er seinen Scheidungsantrag zurück, muss dies dem säumigen Ehegatten mitgeteilt werden. Erst wenn er danach in einem neuen Termin wieder säumig ist, kann ein Versäumnisbeschluss gegen ihn ergehen.

6 Bei **Zustimmung des Antragsgegners** zum Scheidungsantrag gilt: Ein Versäumnisbeschluss gegen den Antragsteller kann erst erlassen werden, wenn der Antragsgegner die Zustimmung widerruft und der Antragsteller in Kenntnis der Zustimmung säumig geblieben ist.[3]

2. Säumnis des Antragsgegners in der ersten Instanz

7 Ein Versäumnisbeschluss und die Entscheidung nach Aktenlage sind gegen den Antragsgegner unzulässig. Die Vorschrift schützt die Ehe und verhindert, dass eine Scheidung nur auf das Vorbringen des Antragstellers gestützt wird. Es wird einseitig streitig verhandelt. Das Vorbringen des Antragstellers gilt als bestritten und ist sachlich nachzuprüfen.

8 Hat der säumige Antragsgegner Widerklage erhoben, darf bei Identität des Streitgegenstands kein Versäumnisbeschluss gegen ihn ergehen.[4]

3. Säumnis in der zweiten Instanz

9 Im Beschwerdeverfahren gilt § 539 ZPO entsprechend (§ 117 Abs. 2). Der Beschwerdeantrag ist danach auf Antrag des Beschwerdegegners bei **Säumnis des Beschwerdeführers** ohne sachliche Prüfung abzuweisen. Hat der Antragsteller seinen Antrag in der 2. Instanz jedoch geändert, ergeht kein Versäumnisbeschluss gegen den säumigen Beschwerde führenden Beklagten.[5]

10 Ist der **Beschwerdegegner säumig**, muss unterschieden werden:

- Handelt es sich um den Antragsgegner der ersten Instanz, ist ein Versäumnisbeschluss schon nach § 130 Abs. 2 gegen ihn unzulässig.

- Handelt es sich um den Antragsteller der ersten Instanz, wäre nach § 539 ZPO das zulässige tatsächliche Vorbringen des Beschwerdeführers als zugestanden anzunehmen. Die Zugeständnisfiktion greift aber wegen § 113 Abs. 4 nicht. Aus diesem Grund darf hier kein Versäumnisbeschluss ergeben.[6]

11 Ob gegen den Antragsteller, der nun als Beschwerdegegner säumig ist, statt eines Versäumnisbeschlusses auch eine **kontradiktorische Sachentscheidung** ergehen kann, ist streitig.[7] Haben beide Beteiligte Beschwerde eingelegt und sind nun säumig, ergeht kein Versäumnisbeschluss, sondern ein einheitlicher kontradiktorischer Beschluss.[8]

---

[3] Zöller/Philippi § 612 ZPO Rn. 6 mit Verweis auf Stein/Jonas/Schlosser § 612 ZPO Rn. 7 a.E.
[4] Zöller/Philippi § 612 ZPO Rn. 4 mit Verweis auf LG Bonn 20.01.1970 – 2 R 48/69 = NJW 1970, 1423.
[5] OLG Saarbrücken 13.04.1966 – 1U 47/66 = NJW 1966, 2123.
[6] OLG Schleswig 05.11.1990 – 15 UF 41/90 = SchlHA 1991, 81.
[7] Dagegen OLG Karlsruhe 17.01.1985 – 2 UF 268/84 = FamRZ 1985, 505, Zöller/Philippi § 612 ZPO Rn. 8; dafür OLG Koblenz 08.02.1983 – 15 U 519/82 = FamRZ 1983, 759; OLG Hamm 06.05.1981 – 8 UF 94/81 = FamRZ 1982, 295; OLG Celle 29.10.1964 – 7 U 91/64, FamRZ 1965, 213.
[8] Zöller/Philippi § 612 ZPO Rn. 11.

§ 131 Tod eines Ehegatten

Stirbt ein Ehegatte, bevor die Endentscheidung in der Ehesache rechtskräftig ist, gilt das Verfahren als in der Hauptsache erledigt.

Übersicht

I. Inhalt und Bedeutung der Norm	1
II. Folgen bei Tod eines Ehegatten	2
1. Tod vor Rechtshängigkeit	2
2. Tod nach Rechtshängigkeit	3
3. Erledigung der Hauptsache kraft Gesetzes	4
4. Kosten	6
5. Rechtsmittel gegen Hauptsacheentscheidung nach Erledigung	8
6. Auswirkung der Erledigung auf einstweilige Anordnungen	11
7. Auswirkung der Erledigung auf anhängige Folgesachen	12
8. Wiederaufnahme, Wiedereinsetzung in den vorigen Stand	14

I. Inhalt und Bedeutung der Norm

Die Vorschrift gilt für alle Ehesachen in allen Instanzen, auch für Wiederaufnahmeverfahren. Sie ist nicht anzuwenden, wenn ein Ehegatte nach Rechtskraft der Ehescheidung, aber vor rechtskräftiger Entscheidung über eine Folgesache verstirbt.[1] Sie entspricht dem bisherigen § 619 ZPO a.F. Die sprachlichen Anpassungen führen zu keiner inhaltlichen Veränderung.

1

II. Folgen bei Tod eines Ehegatten

1. Tod vor Rechtshängigkeit

Der Tod eines Ehegatten wirkt sich in den einzelnen Verfahrensstadien unterschiedlich aus.

2

- Stirbt der **Antragsgegner vor der Zustellung** des Antrags, ist der Antrag mangels Antragsgegner als unzulässig zurückzuweisen.[2] Der Antrag kann auch zurückgenommen werden.[3] Über die Kosten ist mangels Rechtshängigkeit nicht zu entscheiden.

- Stirbt der **Antragsteller vor der Zustellung** des Antrags, ist diese nicht mehr zuzustellen. Eine Kostenentscheidung ergeht nicht. Wird die Antragsschrift zugestellt, obwohl der Antragsteller bereits verstorben ist, ist die Hauptsache erledigt. Zur Kostenentscheidung in diesem Fall Rn. 6 f.

---

1 BGH 18.09.1985 – IVb ZB 57/84 = FamRZ 1985, 1240.
2 BGH 11.04.1957 – VII ZR 280/56 = BGHZ 24, 91; OLG Brandenburg 06.11.1995 – 9 WF 76/95 = FamRZ 1996, 683.
3 OLG Brandenburg 06.11.1995 – 9 WF 76/95 = FamRZ 1996, 683.

Rakete-Dombek

2. Tod nach Rechtshängigkeit

3 Tritt der Tod nach Rechtshängigkeit ein, ist wie folgt zu unterscheiden:

- Stirbt ein Ehegatte **nach Zustellung des Antrags,** wird das Verfahren unterbrochen (§ 113 Abs. 1 Satz 2 i.V.m. § 239 ZPO), es sei denn der Verstorbene war durch einen Prozessbevollmächtigten vertreten.[4] Die Prozessvollmacht endet nicht mit dem Tod. Das Verfahren ist auf Antrag eines Beteiligten auszusetzen (§ 246 Abs. 1 ZPO). Prozesshandlungen, die der lebende Ehegatte oder die Erben des verstorbenen Ehegatten während der Unterbrechung oder Aussetzung vornehmen, sind gegenüber dem jeweils anderen Beteiligten unwirksam (§ 249 Abs. 2 ZPO).

- Stirbt ein Ehegatte **nach Schluss der mündlichen Verhandlung,** kann das Gericht die Entscheidung auch danach noch verkünden (§ 249 Abs. 3 ZPO). Die Rechtsmittelfristen beginnen während der Unterbrechung oder Aussetzung nicht zu laufen (§ 249 Abs. 1 ZPO). Wird das Verfahren wieder aufgenommen, endet die Unterbrechung oder Aussetzung.

- Ist der **Antragsgegner nach Zustellung, aber vor der mündlichen Verhandlung** zur Hauptsache verstorben, kann der Antragsteller seinen Antrag zurücknehmen.[5] Der überlebende Ehegatte kann das gegen den Scheidungsausspruch oder eine Folgesache eingelegte **Rechtsmittel** dagegen nicht mehr zurücknehmen, um so die Rechtskraft der erstinstanzlichen Entscheidung herbeizuführen.[6]

3. Erledigung der Hauptsache kraft Gesetzes

4 Verstirbt ein Ehegatte, erledigt sich die Hauptsache **kraft Gesetzes**. Die Erledigung muss nicht gesondert erklärt werden.[7] Das Verfahren bleibt wegen der Kosten rechtshängig.[8]

5 Das Gericht hat auf Antrag des überlebenden Ehegatten die **Erledigung der Hauptsache per Beschluss** festzustellen, wenn dieser ein rechtliches Interesse daran hat (§ 113 Abs. 1 Satz 2 i.V.m. § 269 Abs. 1 ZPO). Das rechtliche Interesse ist bspw. gegeben,

- wenn die Scheidung zunächst rechtskräftig war und Wiedereinsetzung in den vorigen Stand beantragt wurde,[9]

- zur Vorbeugung von Missverständnissen, wenn ein Ehegatte nach der Verkündung aber vor der Rechtskraft der Ehescheidung verstorben ist,[10]

- wenn der überlebende Ehegatte statt des Versorgungsausgleichs die Witwenrente beziehen will.[11]

---

[4] BGH 12.11.1980 – IVb ZB 601/80 = FamRZ 1981, 245; vgl. OLG Stuttgart 25.10.2007 – 17 WF 192/07 = FamRZ 2008, 529.
[5] OLG Naumburg 04.08.2005 – 8 WF 92/05 = FamRZ 2006, 867.
[6] OLG Koblenz 22.04.1980 – 15 UF 346/79 = FamRZ 1980, 717.
[7] OLG Saarbrücken 16.11.1984 – 6 WF 139/84 = FamRZ 1985, 89.
[8] Gottwald FamRZ 2006, 868; vgl. OLG Naumburg 21.04.2005 – 14 WF 50/05 = FamRZ 2006, 217.
[9] OLG Zweibrücken 20.09.1994 – 5 UF 197/91 = FamRZ 1995, 619 m.w.N.
[10] OLG Hamm 23.08.1994 – 5 WF 131/94 = FamRZ 1995, 101, OLG Düsseldorf 30.06.2004 – 1 UF 9/04 = FamRZ 2005, 386.
[11] OLG Celle 05.10.1979 – 18 UF 160/79 = FamRZ 1980, 70; ähnlich OLG Frankfurt a.M. 29.09.1989 – 3 UF 103/87 = FamRZ 1990, 296; a.A. OLG Saarbrücken 16.11.1984 – 6 WF 139/84 = FamRZ 1985, 89.

4. Kosten

Bei der Kostenentscheidung geht es darum, ob der überlebende Ehegatte oder/und die Erben des Verstorbenen die Kosten des Verfahrens tragen müssen. Sie soll nur auf Antrag ergehen.[12] Eine mündliche Verhandlung ist nicht erforderlich (§ 128 Abs. 3 ZPO). Ist der überlebende Ehegatte Alleinerbe des Verstorbenen, ergeht keine Kostenentscheidung mehr.[13]

6

Früher vertrat der BGH die Ansicht, die Kosten seien entsprechend § 93a ZPO – heute § 150 Abs. 1 – **gegeneinander aufzuheben**.[14] Bisher wurde dagegen in der OLG-Rechtssprechung § 91a ZPO analog angewendet; danach kam es darauf, wie die Kosten nach dem bisherigen Verfahrensstand zu verteilen gewesen wären, wenn der Ehegatte nicht verstorben wäre.[15] Für eine Analogie ist nun nach der neuen Kostenregelung in § 150 Abs. 2 jedenfalls in Scheidungsverfahren kein Raum mehr. Danach sind die Kosten bei Erledigung der Hauptsache gegeneinander aufzuheben.

7

5. Rechtsmittel gegen Hauptsacheentscheidung nach Erledigung

Erlässt das Gericht **nach der Erledigung eine Sachentscheidung** über die Hauptsache – etwa weil der Tod noch nicht bekannt war –, ist diese wirkungslos, nur die Kostenentscheidung ist wirksam.[16] Gegen die Kostenentscheidung können der überlebende Ehegatte und die Erben des Verstorbenen Beschwerde einlegen (bisher analog § 91a Abs. 2 ZPO, nun nach §§ 58).[17]

8

Tritt der Tod erst **nach der Verkündung** der Hauptsacheentscheidung, aber vor ihrer Rechtskraft ein, werden die Hauptsacheentscheidung und Rechtsmittelentscheidungen wirkungslos.[18]

9

Ein **Rechtsmittel** gegen eine wirkungslose Hauptsacheentscheidung ist mangels Beschwer nicht zulässig.[19] Das gilt auch, wenn das Rechtsmittel eingelegt wird, um die Wirkungslosigkeit der Hauptssacheentscheidung feststellen zu lassen.[20] Ist ein Rechtsmittel vor dem Tod bereits eingelegt, so ist es als unzulässig zu verwerfen.[21] Waren die Klage oder das eingelegte Rechtsmittel unzulässig, so ist der Antrag als unzulässig zurückzuweisen bzw. zu verwerfen.[22] Die Vorschrift steht nur einer Sachentscheidung, nicht der Zurückwesung einer unzulässigen Klage entgegen.

10

---

12 OLG Naumburg 21.04.2005 – 14 WF 50/05 = FamRZ 2006, 217.
13 Johannsen/Henrich/Sedemund-Treiber § 619 BGB Rn. 3, a.A.: MünchKomm/Bernreuther § 619 BGB Rn. 23.
14 BGH 14.07.1982 – IVb ZB 565/81 = FamRZ 1983, 683; zweifelnd aber BGH 25.09.1991 – XII ZR 87/90 = EZFamR ZPO § 91a Nr. 23.
15 OLG Bamberg 07.12.1994 – 2 UF 225/94 = FamRZ 1995, 1073, OLG Karlsruhe 28.06.1995 – 2 UF 264/94 = FamRZ 1996, 880; OLG Nürnberg 16.09.1996 – 10 UF 1814/96 = FamRZ 1997, 763.
16 BGH 12.11.1980 – IVb ZB 601/80 = FamRZ 1981, 245 m.w.N.; OLG Düsseldorf 30.06.2004 – 1 UF 9/04 = FamRZ 2005, 386.
17 OLG Bremen 03.07.1975 – 1 W 50/75a (a) = NJW 1975, 2074; auch → § 58 Rn. 9.
18 OLG Zweibrücken 06.03.1980 – 6 UF 134/79 = FamRZ 1980, 716; OLG Frankfurt a.M. 18.04.1980 – 3 WF 315/79 = FamRZ 1981, 192.
19 OLG Celle 05.10.1979 – 18 UF 160/79 = FamRZ 1980, 70.
20 BGH 12.11.1980 – IVb ZB 601/80 = FamRZ 1981, 245; OLG Zweibrücken 06.03.1980 – 6 UF 134/79 = FamRZ 1980, 716; OLG Düsseldorf 30.06.2004 – 1 UF 9/04 = FamRZ 2005, 386; a.A. OLG Koblenz 22.04.1980 – 15 UF 346/79 = FamRZ 1980, 717.
21 BGH 12.11.1980 – IVb ZB 601/80 = FamRZ 1981, 245.
22 BGH 05.12.1973 – IV ZR 128/73 = NJW 1974, 368.

6. Auswirkung der Erledigung auf einstweilige Anordnungen

11 Mit der Erledigung der Hauptsache erledigen sich auch **Anträge auf einstweilige Anordnung**, auch die gegen einstweilige Anordnungen eingelegten Rechtsmittel. Bereits erlassene einstweilige Anordnungen treten außer Kraft (§ 56 Abs. 1). Dies ist – anders als bei der Hauptsache – auf Antrag durch Beschluss festzustellen (§ 56 Abs. 3 Satz 1). Gegen den Beschluss findet die Beschwerde statt (§ 56 Abs. 3 Satz 2 i.V.m. §§ 58 ff.).

7. Auswirkung der Erledigung auf anhängige Folgesachen

12 Folgesachen werden für den Fall der Scheidung entschieden. Erledigt sich das Scheidungsverfahren in der Hauptsache, sind auch die anhängigen Folgesachen analog §§ 141, 142 Abs. 2 als erledigt anzusehen.[23] Das Verfahren kann auf Antrag des überlebenden Ehegatten oder der Erben des Verstorbenen entsprechend §§ 141, 142 Abs. 2 als selbstständige Familiensache fortgeführt werden.[24] Das betrifft aber nur wenige **Folgesachen**:

- den nachehelichen Unterhalt des überlebenden Ehegatten,
- den Anspruch des überlebenden Ehegatten auf Zugewinnausgleich, wenn er nicht Erbe oder Vermächtnisnehmer des Verstorbenen ist (§ 1371 Abs. 2, § 1933 Abs. 1 BGB).

13 Die Vorschrift ist nicht anzuwenden, wenn die Ehescheidung rechtskräftig ist, die Entscheidung über die Folgesache aber noch nicht rechtskräftig ist. Gleichwohl erledigen sich bestimmte Folgesachenanträge aus dem Bereich der freiwilligen Gerichtsbarkeit durch den Tod eines Ehegatten, Anträge:

- auf Regelung der elterlichen Sorge oder des Umgangs,
- auf Herausgabe des Kindes an den anderen Ehegatten,
- die Ehewohnung oder Haushaltsgegenstände betreffend (§ 208).

8. Wiederaufnahme, Wiedereinsetzung in den vorigen Stand

14 Ist die Ehe rechtskräftig geschieden oder aufgehoben, ist eine **Wiederaufnahme** des Verfahrens nach dem Tod eines Ehegatten nicht mehr möglich.[25] Auch hinsichtlich nur der Kosten ist die Wiederaufnahme des Verfahrens analog § 99 Abs. 1 ZPO ausgeschlossen.

15 Die **Wiedereinsetzung in den vorigen Stand** ist ebenfalls ausgeschlossen, wenn ein Ehegatte inzwischen verstorben ist. Hatte ein Ehegatte für das Berufungsverfahren gegen das Scheidungsurteil Prozesskostenhilfe beantragt und verstirbt der andere nach Ablauf der Berufungsfrist, aber vor der Entscheidung über die Verfahrenskostenhilfe, konnte der überlebende Ehegatte nach der bisherigen Rechtslage aber ein Interesse daran haben, dass die Ehe nicht durch die Scheidung, sondern durch den Tod endet (Rn. 5). In diesem Fall konnte ihm Wiedereinsetzung in den vorigen Stand gewährt

---

23 BGH 12.11.1980 – IVb ZB 601/80 = FamRZ 1981, 245; 14.07.1982 – IVb ZB 565/81 = FamRZ 1983, 683.
24 Vgl. KG 19.11.1999 – 19 WF 5080/98 = FamRZ 2000, 1030.
25 BGH 10.02.1965 – IV ZR 39/64 = BGHZ 43, 239, OLG Zweibrücken 30.04.2004 – 2 UF 187/03 = FamRZ 2005, 733.

werden, damit er nicht schlechter gestellt ist, als ein Ehegatte, der die Verfahrenskosten aufbringen kann.[26]

Wird nach dem Tod eines Ehegatten die Frist zur Einlegung einer zulässigen **sofortigen Beschwerde gegen die Kostenentscheidung** versäumt, kann Wiedereinsetzung in den vorigen Stand gewährt werden.[27]

16

§ 132 Kosten bei Aufhebung der Ehe

(1) Wird die Aufhebung der Ehe ausgesprochen, sind die Kosten des Verfahrens gegeneinander aufzuheben. Erscheint dies im Hinblick darauf, dass bei der Eheschließung ein Ehegatte allein die Aufhebbarkeit der Ehe gekannt hat oder ein Ehegatte durch arglistige Täuschung oder widerrechtliche Drohung seitens des anderen Ehegatten oder mit dessen Wissen zur Eingehung der Ehe bestimmt worden ist, als unbillig, kann das Gericht die Kosten nach billigem Ermessen anderweitig verteilen.

(2) Absatz 1 ist nicht anzuwenden, wenn eine Ehe auf Antrag der zuständigen Verwaltungsbehörde oder bei Verstoß gegen § 1306 des Bürgerlichen Gesetzbuchs auf Antrag des Dritten aufgehoben wird.

Die Kostenregelungen für Ehesachen wurden ohne inhaltliche Veränderung in das FamFG übernommen. Die Vorschrift betrifft ausschließlich die Kosten des Verfahrens auf Aufhebung der Ehe. Die Kosten für Scheidungsverfahren und Folgesachen sind in § 150 geregelt. Inhaltlich entspricht § 132 **bisheriger Rechtslage. Abs. 1 Satz 1** entspricht dem bisherigen § 93a Abs. 3 Satz 1 ZPO a.F. **Satz 2** entspricht inhaltlich dem bisherigen § 93a Abs. 3 Satz 2 Halbs. 2 ZPO a.F. **Abs. 2** entspricht dem bisherigen § 93a Abs. 4 ZPO a.F.

1

Grundsätzlich sind die Kosten des Verfahrens gegeneinander aufzuheben.

2

Ausnahmsweise kann das Gericht die Kosten nach billigem Ermessen anderweitig verteilen:

3

- bei einseitiger Kenntnis der Aufhebbarkeit der Ehe zum Zeitpunkt der Eheschließung,
- bei Veranlassung der Eheschließung durch arglistige Täuschung oder widerrechtliche Drohung durch den anderen Ehegatten oder mit dessen Kenntnis.

Die Kostenaufhebung erfolgt nicht nach Abs. 1, wenn die Ehe auf Antrag der zuständigen Verwaltungsbehörde (→ § 129) oder bei Verstoß gegen § 1306 BGB (Doppelehe) auf Antrag des Ehegatten der ersten Ehe aufgehoben wird. In diesem Fall gelten die allgemeinen kostenrechtlichen Vorschriften der ZPO.

4

---

26 OLG Stuttgart 28.07.1999 – 17 UF 71/99 = OLGR 1999, 436.
27 Zöller/Philippi § 620 ZPO Rn. 17.

Rakete-Dombek

Unterabschnitt 2
Verfahren in Scheidungssachen und Folgesachen
(§ 133 – § 150)

§ 133 Inhalt der Antragsschrift

(1) Die Antragsschrift muss enthalten:

1. Namen und Geburtsdaten der gemeinschaftlichen minderjährigen Kinder sowie die Mitteilung ihres gewöhnlichen Aufenthalts,
2. die Erklärung, ob die Ehegatten eine Regelung über die elterliche Sorge, den Umgang und die Unterhaltspflicht gegenüber den gemeinschaftlichen minderjährigen Kindern sowie die durch die Ehe begründete gesetzliche Unterhaltspflicht, die Rechtsverhältnisse an der Ehewohnung und an den Haushaltsgegenständen getroffen haben, und
3. die Angabe, ob Familiensachen, an denen beide Ehegatten beteiligt sind, anderweitig anhängig sind.

(2) Der Antragsschrift sollen die Heiratsurkunde und die Geburtsurkunden der gemeinschaftlichen minderjährigen Kinder beigefügt werden.

Übersicht

I. Bedeutung und Inhalt der Norm	1
1. Gesetzessystematischer Bezugsrahmen	1
2. Bisherige Rechtslage	2
II. Inhalt der Norm	6
1. Daten der gemeinsamen Kinder	6
2. Erklärung zu bestimmten Folgesachen	7
3. Anderweitig anhängige Familiensachen	9
4. Beizubringende Unterlagen	10

I. Bedeutung und Inhalt der Norm

1. Gesetzessystematischer Bezugsrahmen

1 Die Vorschrift regelt, welche Tatsachen bei einem Scheidungsantrag angegeben und welche Unterlagen diesem beigefügt werden müssen. **Abs. 1** ergänzt die Regelung des § 124, der festlegt, dass das Verfahren durch die Einreichung eines Antrags anhängig wird. In § 133 Abs. 1 Nr. 1 ist nun präziser geregelt, welche Angaben zu den Kindern in dem Antrag enthalten sein müssen. Hierdurch wollte der Gesetzgeber eine Verfahrensbeschleunigung erreichen, damit die Gerichte diese Informationen nicht erst nachfragen müssen.[1]

---

[1] BT-Drs. 16/6308, S. 228.

2. Bisherige Rechtslage

Der Inhalt eines Scheidungsantrags war bisher in § 622 Abs. 2 ZPO a.F. geregelt. Danach musste angegeben werden, ob gemeinschaftliche Kinder vorhanden und bestimmte Familiensachen anderweitig anhängig sind. In **Abs. 1 Nr. 1** ist nun präzise geregelt, welche Angaben zu den Kindern in dem Antrag enthalten sein müssen.

Abs. 1 Nr. 2 wurde erst durch den Beschluss des Rechtsausschusses im Bundestag am 23.06.2008[2] eingefügt, nachdem an dem Gesetzentwurf BT-Drs. 16/6308 vielfach kritisiert wurde,[3] dass die Regelung des bisherigen § 630 ZPO a.F. ersatzlos weggefallen war. Danach musste die Antragsschrift **bestimmte Angaben für eine einverständliche Ehescheidung** enthalten:

- die Mitteilung, dass der andere Ehegatte der Scheidung zustimmen oder in gleicher Weise die Scheidung beantragen wird;
- entweder übereinstimmende Erklärungen der Ehegatten, dass Anträge zur Übertragung der elterlichen Sorge oder eines Teils der elterlichen Sorge für die Kinder auf einen Elternteil und zur Regelung des Umgangs der Eltern mit den Kindern nicht gestellt werden, weil sich die Ehegatten über das Fortbestehen der Sorge und über den Umgang einig sind, oder, soweit eine gerichtliche Regelung erfolgen soll, die entsprechenden Anträge und jeweils die Zustimmung des anderen Ehegatten hierzu;
- die Einigung der Ehegatten über die Regelung der Unterhaltspflicht gegenüber einem Kind, die durch die Ehe begründete gesetzliche Unterhaltspflicht sowie die Rechtsverhältnisse an der Ehewohnung und am Hausrat.

§ 630 Abs. 3 ZPO a.F. sah vor, dass dem Scheidungsantrag erst dann stattgegeben werden sollte, wenn die Ehegatten über diese Gegenstände einen vollstreckbaren Schuldtitel herbeigeführt hatten. Dies betraf in der Praxis im Wesentlichen den Kindes- und Ehegattenunterhalt. Die Entscheidung stand im Ermessen des Richters. Eine entsprechende Sollvorschrift gibt es nun nicht mehr. Der Rechtsgedanke des § 630 Abs. 1 ZPO a.F. wurde in die Formvorschrift des Abs. 2 übertragen. Nach Ansicht des Gesetzgebers lief die Norm in der familiengerichtlichen Praxis überwiegend leer, da das Scheitern der Ehe nach dem Vortrag einer einjährigen Trennungszeit zur Vermeidung unnötiger Formalismen in Fällen unstreitiger Scheidungen schlicht unterstellt wird. Deshalb wird die hinter dieser Vorschrift stehende Absicht, dass die staatlichen Gerichte ihrer **Schutzpflicht gegenüber minderjährigen Kindern und dem wirtschaftlich schwächeren Ehegatten** gerecht werden müssen, nunmehr dadurch verwirklicht, dass höhere Anforderungen an den notwendigen Inhalt und damit an die Zulässigkeit eines Scheidungsantrags gestellt werden.

Zusätzliche formale Hürden werden durch die Änderung nicht geschaffen, da die Beteiligten das Gericht nicht über den Inhalt einer Einigung informieren müssen. Anders als beim bisherigen § 630 Abs. 1 ZPO a.F. besteht keine Verknüpfung des Verfahrensrechts mit dem materiellen Scheidungsrecht mehr. Die FamG können die Scheidung nun in allen Fällen aussprechen, in denen die Ehegatten seit mindestens einem Jahr getrennt leben und beide der Scheidung zustimmen. Diese Erleichterung der Eheschei-

---
2 BT-Drs. 16/9733, S. 293.
3 Rakete-Dombek FPR 2009, 16; Münch FamRB 2007, 251;

dung ist bereits als **„Ehescheidung ultralight"**[4] bezeichnet worden. Weitere Feststellungen zum Scheitern der Ehe sind nun nicht mehr erforderlich.[5] Erst recht ist ein Vollstreckungstitel, wie ihn § 630 Abs. 3 ZPO a.F. vorsah, nicht mehr vorzulegen. Mit der (ohne Anwalt möglichen) Zustimmung zur „Ehescheidung ultralight" wird der Ehegatte daher Rechtsfolgen auslösen, die er nicht überblickt und über die er nicht beraten wurde. Gleichzeitig umgehen die Gerichte damit die ihnen auferlegte Inhaltskontrolle auch von Scheidungsfolgenvereinbarungen, die nicht einmal vorgelegt werden müssen.

5 **Abs. 1 Nr. 3:** Es müssen sämtliche anderweitig anhängigen Familiensachen angegeben werden, an denen die Eheleute beteiligt sind. § 622 Abs. 1 Nr. 2 ZPO a.F. beschränkte das Erfordernis auf Familiensachen nach § 621 Abs. 2 Satz 1 ZPO a.F.

II. Inhalt der Norm

1. Daten der gemeinsamen Kinder

6 Nach **Abs. 1, Nr. 1** sind die Namen und die Geburtsdaten der gemeinschaftlichen minderjährigen Kinder anzugeben, damit das JA gemäß § 17 Abs. 3 SGB VIII korrekt benachrichtigt werden kann und Probleme bei der örtlichen Zuständigkeit (→ § 122) frühzeitig erkannt werden können.[6]

2. Erklärung zu bestimmten Folgesachen

7 Nach **Abs. 1 Nr. 2** hat der Antrag eine Erklärung des Antragstellers zu enthalten, ob die Eheleute Einvernehmen über die elterliche Sorge, das Umgangsrecht und den Kindesunterhalt sowie über den Ehegattenunterhalt und die Rechtsverhältnisse bzgl. der Ehewohnung und der Haushaltsgegenstände erzielt haben. Hierdurch sollen die Eheleute veranlasst werden, sich vor Einleitung des Scheidungsverfahrens über die Scheidungsfolgen Klarheit zu verschaffen. Zudem kann das Gericht bereits zu Beginn des Verfahrens feststellen, ob und in welchem Ausmaß Streit zwischen den Eheleuten besteht, und ihnen gezielte Hinweise auf entsprechende Beratungsmöglichkeiten erteilen, um zu einer möglichst ausgewogenen Scheidungsfolgenregelung im Kindesinteresse und im Interesse eines wirtschaftlich schwächeren Ehepartners beizutragen.[7]

8 Ist ein Scheidungsantrag wegen einer unterbliebenen Erklärung über das Vorliegen einer Einigung **unzulässig**, hat das Gericht den Antragsteller hierauf nach § 113 Abs. 1 i.V.m. § 139 Abs. 3 ZPO hinzuweisen.

3. Anderweitig anhängige Familiensachen

9 Nach **Abs. 1 Nr. 3** sind alle anderweitig anhängigen Familiensachen anzugeben, an denen beide Ehegatten beteiligt sind. Die Beschränkung auf Verfahren nach dem bisherigen § 621 Abs. 2 Satz 1 ZPO a.F. ist damit entfallen. Sinn der Vorschrift ist nicht nur, ein Hinwirken auf die Überleitung anderweitig anhängiger Verfahren zur Herstellung

---

4 Münch FamRB 2007, 251.
5 BT-Drs. 16/9733, S. 229.
6 BT-Drs. 16/6308, S. 228.
7 BT-Drs. 16/9733, S. 363.

des Verbunds zu ermöglichen, sondern auch eine frühzeitige Information des Gerichts über Streitpunkte, die zwischen den Ehegatten bestehen.[8]

4. Beizubringende Unterlagen

Nach **Abs. 3** sollen die Heiratsurkunde und die Geburtsurkunden der gemeinschaftlichen minderjährigen Kinder der Antragsschrift beigefügt werden. Es handelt sich um eine aus dem eingeschränkten Amtermittlungsgrundsatz resultierende Ausnahme von § 131 Abs. 3 ZPO i.V.m. § 113 Abs. 1. Die Verpflichtung besteht nur, wenn dem Antragsteller die Urkunden auch zugänglich sind.[9]

10

Muster
Antrag auf Scheidung der Ehe
– Rubrum –
Wir zeigen an, dass wir die Antragstellerin vertreten, und beantragen, die am ... vor dem Standesbeamten des Standesamtes ... unter der Heiratsregisternummer ... geschlossene Ehe der Parteien zu scheiden.
Begründung:
Die Parteien haben wie im Antrag bezeichnet die Ehe miteinander geschlossen. Sie sind deutsche Staatsangehörige. Aus der Ehe sind die gemeinsamen Kinder ..., geb. am ..., und ..., geb. am ... hervorgegangen, die bei der Antragstellerin leben.
Die Eheleute haben eine Regelung über den Umgang, den nachehelichen Unterhalt, den Kindesunterhalt sowie über die Rechtsverhältnisse an der Ehewohnung getroffen. Der Haushalt ist geteilt. Es soll bei der gemeinsamen elterlichen Sorge verbleiben.
Familiensachen, an denen beide Ehegatten beteiligt sind, sind anderweitig nicht anhängig.
Die Heiratsurkunde und die Geburtsurkunden der gemeinsamen minderjährigen Kinder sind beigefügt.
Die örtliche Zuständigkeit ergibt sich aus § 122 Nr. 1 FamFG. Die Antragstellerin lebt mit allen gemeinschaftlichen minderjährigen Kindern im Gerichtsbezirk des angerufenen Gerichts.
Der Scheidungsantrag wird auf § 1565 Abs. 1, § 1566 Abs. 1 BGB gestützt. Die Eheleute leben seit dem ... voneinander getrennt. Damals ist der Ehemann aus der gemeinsamen Wohnung ausgezogen. Er wird dem Scheidungsantrag zustimmen. Beide Eheleute halten die Ehe für endgültig gescheitert und möchten geschieden werden.
Der Antragsgegner hat ein monatliches Nettoeinkommen von .... Die Antragstellerin hat ein Nettoeinkommen von .... Aus dem danach vorläufig ermittelten Streitwert in Höhe von ... wird durch beiliegenden Verrechnungsscheck ein Gerichtskostenvorschuss in Höhe von ... eingezahlt.
Beglaubigte und einfache Abschrift anbei.
Rechtsanwältin/Rechtsanwalt

---

[8] BT-Drs. 16/6308, S. 228.
[9] BT-Drs. 16/6308, S. 228.

§ 134 Zustimmung zur Scheidung und zur Rücknahme, Widerruf

(1) Die Zustimmung zur Scheidung und zur Rücknahme des Scheidungsantrags kann zur Niederschrift der Geschäftsstelle oder in der mündlichen Verhandlung zur Niederschrift des Gerichts erklärt werden.

(2) Die Zustimmung zur Scheidung kann bis zum Schluss der mündlichen Verhandlung, auf die über die Scheidung der Ehe entschieden wird, widerrufen werden. Der Widerruf kann zur Niederschrift der Geschäftsstelle oder in der mündlichen Verhandlung zur Niederschrift des Gerichts erklärt werden.

Übersicht

I. Bedeutung und Inhalt der Norm	1
1. Gesetzessystematischer Bezugsrahmen	1
2. Bisherige Rechtslage	2
II. Inhalt der Norm	5
1. Zustimmung zur Scheidung; Widerruf der Zustimmung; kein Anwaltszwang	5
2. Zustimmung zur Rücknahme des Scheidungsantrags; kein Anwaltszwang	9

I. Bedeutung und Inhalt der Norm

1. Gesetzessystematischer Bezugsrahmen

1 Die Vorschrift regelt, wann und in welcher Form die Zustimmung zur Ehescheidung und die Zustimmung zur Rücknahme des Scheidungsantrags erfolgen und wann und in welcher Form die Zustimmung zur Scheidung widerrufen werden können. Die Vorschrift gilt für alle Scheidungsverfahren.

2. Bisherige Rechtslage

2 **Abs. 1 Satz 1 Alt. 1** entspricht dem bisherigen § 630 Abs. 2 Satz 2 ZPO a.F., der bisher nur die einverständliche Scheidung betraf. Nach § 134 können die genannten Erklärungen nun in allen Scheidungsverfahren vor der Geschäftsstelle abgegeben werden. Es besteht insoweit daher **kein Anwaltszwang**. Der Gesetzgeber will hierdurch eine Kostenerleichterung zu Gunsten der Eheleute erreichen.[1] Hierdurch werden sich Eheleute häufiger dafür entscheiden, dass nur der Antragsteller anwaltlich vertreten ist, der Antragsgegner der Scheidung zu Protokoll der Geschäftsstelle oder in der mündlichen Verhandlung bloß zustimmt. Auch wenn die Verfahrenskosten ein wesentliches Kriterium für die Beteiligten sind, darf der Schutz des Antragsgegners nicht aus den Augen verloren werden. So günstig es sein mag, dass diesem keine Anwaltskosten entstehen, fehlt ihm doch die Fachkunde, die Folgen und Auswirkungen der Scheidung überschauen und erkennen zu können. Das gilt auch, wenn die Ehegatten keine Folgesachenanträge stellen wollen. Auch im Hinblick auf den im Zwangsverbund durchgeführten Versorgungsausgleich kann die fachkundige anwaltliche Vertretung durchaus von großem Interesse des Antragsgegners sein. Dieses Interesse dürfte vor dem Interesse an möglichst geringen Verfahrenskosten vorrangig sein, zumal nun keine Verknüpfung des Verfahrensrechts mit dem materiellen Scheidungsrecht mehr besteht

---

[1] BT-Drs. 16/6308, S. 229.

(vgl. § 133; § 630 Abs. 1 ZPO a.F.). In der Praxis wird sich aber nicht viel ändern, da die Gerichte auch nach der bisherigen Gesetzeslage nur in seltenen Fällen von der Ehescheidung absahen, wenn die Voraussetzungen des § 630 ZPO a.F. nicht erfüllt waren. In der Regel konnte das Scheitern der Ehe positiv festgestellt und die Ehe – streitig – geschieden werden.

Nach der **2. Alternative** kann auch eine nach § 269 ZPO erforderliche Zustimmung des Antragsgegners zur Rücknahme des Scheidungsantrags nun durch den Antragsgegner selbst erfolgen.

Abs. 2 betrifft den Widerruf der Zustimmung. **Satz 1** entspricht dem bisherigen § 630 Abs. 2 Satz 1 ZPO a.F. Gemäß **Satz 2** kann auch der Widerruf – wie bisher nach § 630 Abs. 2 Satz 2 ZPO a.F. – zu Protokoll der Geschäftstelle oder in der mündlichen Verhandlung erfolgen.

II. Inhalt der Norm

1. Zustimmung zur Scheidung; Widerruf der Zustimmung; kein Anwaltszwang

Die **widerrufliche Zustimmung zum Scheidungsantrag** muss ausdrücklich erklärt werden. Die Ankündigung, sich der Scheidung nicht widersetzen zu wollen, reicht nicht aus.[2] Die Zustimmung kann bis zum Schluss der mündlichen Verhandlung, auf die die Entscheidung ergeht, widerrufen werden. Zustimmung und Widerruf sind sowohl materiell-rechtliche Willenserklärungen als auch Prozesshandlungen.[3] Sie können gem. § 134 i.V.m. § 129a Abs. 1 ZPO zu Protokoll der Geschäftsstelle eines jeden Amtsgerichts erklärt werden und unterliegen daher nicht dem Anwaltszwang.[4] Die Erklärungen können auch von dem Prozessbevollmächtigten abgegeben werden.[5]

Der Antragsgegner ist an die einmal erteilte Zustimmung zur Ehescheidung nicht gebunden. Das Gericht hat sich daher im Rahmen der **Anhörung** nach § 128 Abs. 1 zu vergewissern, ob er der Ehescheidung noch immer zustimmt. Hat der Antragsgegner seine Zustimmung zur Ehescheidung widerrufen, kann er sie jederzeit wiederholen.

Der Widerruf der Zustimmung zur Ehescheidung ist auch noch in der zweiten und dritten Instanz zulässig. Auch der Ehegatte, der bisher der Ehescheidung zugestimmt hat, kann ein **Rechtsmittel** gegen das Scheidungsurteil einlegen und die Zustimmung zur Scheidung gleichzeitig widerrufen.

Haben beide Eheleute die Scheidung beantragt und nimmt einer seinen Scheidungsantrag zurück, steht dies dem Widerruf der Zustimmung zur Ehescheidung gleich.[6] Der **Widerruf der Ehescheidungsfolgenvereinbarung** ist möglich, wenn diese für den Fall der einverständlichen Ehescheidung geschlossen wurde. Ob dies der Fall ist, ist eine Frage der Auslegung im Einzelfall.[7] Sind die Ehescheidungsfolgenvereinbarungen un-

---

2 OLG Zweibrücken 27.06.1989 – 2 WF 63/89 = FamRZ 1990, 59.
3 OLG Karlsruhe 10.02.1998 – 2 WF 162/97 = FamRZ 1998, 1606.
4 BayObLG 03.11.1982 – BReg 1Z 86/82 = FamRZ 1983, 96; OLG Frankfurt 06.04.1989 – 12 U 143/88 = MDR 1990, 246; OLG Stuttgart 03.12.1992 – 8 W 185/92 = Justiz 1993, 192.
5 BayObLG 03.11.1982 – BReg 1Z 86/82 = FamRZ 1983, 96; OLG Stuttgart 03.12.1992 – 8 W 185/92 = Justiz 1993, 192.
6 Johannsen/Henrich/Jaeger § 1566 BGB Rn. 15.
7 BGH 10.11.2005 – IX ZR 186/03 = FamRZ 2006, 201 m.w.N.

eingeschränkt für den Fall der Scheidung geschlossen, können sie nicht widerrufen werden.

2. Zustimmung zur Rücknahme des Scheidungsantrags; kein Anwaltszwang

9 Ist der Antragsgegner anwaltlich vertreten und hat sein Verfahrensbevollmächtigter bereits zur Ehescheidung verhandelt,[8] muss der Antragsgegner der Rücknahme des Scheidungsantrags gem. § 269 ZPO zustimmen. Die Zustimmung kann gem. § 134 i.V.m. § 129a Abs. 1 ZPO zu Protokoll der Geschäftsstelle eines jeden Amtsgerichts erklärt werden, unterliegt daher nicht dem Anwaltszwang (Rn. 5). Sie kann aber auch durch den Prozessbevollmächtigten erklärt werden. Ist der Antragsgegner nicht anwaltlich vertreten oder hat sein Prozessbevollmächtigter noch nicht zur Ehescheidung verhandelt, kann der Scheidungsantrag ohne Zustimmung des Antragsgegners zurückgenommen werden.[9]

§ 135 Außergerichtliche Streitbeilegung über Folgesachen

(1) Das Gericht kann anordnen, dass die Ehegatten einzeln oder gemeinsam an einem kostenfreien Informationsgespräch über Mediation oder eine sonstige Möglichkeit der außergerichtlichen Streitbeilegung anhängiger Folgesachen bei einer von dem Gericht benannten Person oder Stelle teilnehmen und eine Bestätigung hierüber vorlegen. Die Anordnung ist nicht selbständig anfechtbar und nicht mit Zwangsmitteln durchsetzbar.

(2) Das Gericht soll in geeigneten Fällen den Ehegatten eine außergerichtliche Streitbeilegung anhängiger Folgesachen vorschlagen.

Übersicht
I. Bedeutung und Inhalt der Norm 1
  1. Gesetzessystematischer Bezugsrahmen 1
  2. Bisherige Rechtslage 3
II. Förderung außergerichtlicher Streitbeilegung 5

I. Bedeutung und Inhalt der Norm

1. Gesetzessystematischer Bezugsrahmen

1 Die Vorschrift ist an § 278 Abs. 5 Satz 2 ZPO angelehnt und verdrängt diesen in Familienstreitsachen, die Folgesache sind.[1] Es besteht wegen der zu regelnden Verfahrensgegenstände und der persönlichen Beziehung der Beteiligten im Ehescheidungsverbund ein besonderes Bedürfnis, eine **einverständliche Konfliktlösung** herbeizuführen. Die außergerichtliche Streitbeilegung ist daher in diesem Rechtsbereich noch stärker hervorgehoben als im allgemeinen Zivilprozessrecht.[2]

---

8 BGH 23.06.2004 – XII ZB 212/01 = FamRZ 2004, 1364.
9 BGH 23.06.2004 – XII ZB 212/01 = FamRZ 2004, 1364.
1 BT-Drs. 16/6308, S. 229.
2 BT-Drs. 16/6308, S. 229.

§ 135 Außergerichtliche Streitbeilegung über Folgesachen

Die Vorschrift bezieht sich nur auf Folgesachen. Es kann aber auch **in isolierten Familienverfahren** das Bedürfnis einer außergerichtlichen Streitbeilegung durchaus bestehen. Bei Familienstreitsachen, die nicht Folgesachen sind, gilt § 278 Abs. 5 Satz 2 ZPO i.V.m. § 113 Abs. 1.

2. Bisherige Rechtslage

Eine entsprechende Regelung gab es bisher nicht. Die Gerichte hatten bisher nach § 278 Abs. 5 Satz 2 ZPO die **Möglichkeit**, den Parteien eine außergerichtliche Streitschlichtung vorzuschlagen. Anordnen durften sie die Teilname an einem Informationsgespräch jedoch nur in den Verfahren zur elterlichen Sorge oder zum Umgang.[3] Die Anordnung konnte aber nicht mit Zwangsmitteln durchgesetzt werden. Auch nach der neuen Regelung können die Beteiligten nicht zu einem Beratungsgespräch gezwungen werden. Es ändert sich daher nicht viel. Abs. 2 ist allerdings als **Sollvorschrift** formuliert. Die Gerichte haben also noch stärker zu prüfen, ob eine Mediation oder andere Streitschlichtung sinnvoll ist.

Der Gesetzgeber geht davon aus, dass die FamG aufgrund der neuen Vorschrift mit der Zeit einen besseren Überblick über das in ihrem Bezirk vorhandene **Angebot an Dienstleistungen** der außergerichtlichen Streitbeilegung erhalten.[4]

II. Förderung außergerichtlicher Streitbeilegung

Folgesachen sind die Verfahren nach § 137. Auch abgetrennte Folgesachen sind als solche weiter zu behandeln (§ 137 Abs. 5 Satz 1), es sei denn es handelt sich um eine Folgesache nach § 137 Abs. 3 (vgl. § 137 Abs. 5 Satz 2).

Abs. 1 Satz 1 eröffnet dem FamG die Möglichkeit, die Ehegatten zunächst darauf zu verweisen, einzeln oder gemeinsam an einem Informationsgespräch über Mediation oder einer sonstigen Form außergerichtlicher Streitbeilegung teilzunehmen und eine Bestätigung hierüber vorzulegen. Ob das FamG eine entsprechende Auflage erteilt, liegt in seinem **freien Ermessen**. Voraussetzung ist, dass die Wahrnehmung des Informationsgesprächs für die Ehegatten zumutbar ist, was z.B. in Fällen häuslicher Gewalt zu verneinen sein kann. Zumutbar muss für beide Ehegatten auch die Anreise zum Informationsgespräch sein, was bei größerer Entfernung ausgeschlossen sein kann. Weiterhin muss ein kostenfreies Angebot für Informationsgespräche oder Informationsveranstaltungen bestehen.

Die Ehegatten können nach der Teilnahme an dem Informationsgespräch frei entscheiden, ob sie eine Mediation versuchen wollen oder nicht.

Die Anordnung ist als **Zwischenentscheidung** nicht selbstständig anfechtbar. Dieser allgemeine Grundsatz (→ § 58 Rn. 1) wird durch **Satz 2** ausdrücklich bestätigt.

Das Gericht kann seine für die Eheleute verbindliche Anordnung zur Teilnahme an einem Informationsgespräch oder zur Durchführung einer Mediation **nicht mit Zwangsmitteln** durchsetzen (**Satz 2**). Kommt ein Ehegatte der gerichtlichen Anord-

---
3 AG Eilenburg 29.06.2006 – 2 F 64/06 = NJW-RR 2007, 154.
4 BT-Drs. 16/6308, S. 229.

10 **Abs. 2** folgt dem Rechtsgedanken des § 278 Abs. 5 Satz 2 ZPO und verdrängt diesen in Folgesachen, die Familienstreitsachen sind. Die Norm ist im Unterschied zu der zivilprozessualen Regelung als Sollvorschrift ausgestaltet. Für eine Übernahme auch des § 278 Abs. 5 Satz 3 ZPO – des Verweises auf § 251 ZPO – sah der Gesetzgeber wegen der Besonderheiten des Verbundverfahrens kein Bedürfnis.[5] Das Ruhen des Verfahrens ist daher nicht anzuordnen.

nung nicht nach, kann sich dies jedoch gem. § 150 Abs. 4 Satz 2 auf die von ihm zu tragenden Kosten auswirken.

§ 136 Aussetzung des Verfahrens

(1) Das Gericht soll das Verfahren von Amts wegen aussetzen, wenn nach seiner freien Überzeugung Aussicht auf Fortsetzung der Ehe besteht. Leben die Ehegatten länger als ein Jahr getrennt, darf das Verfahren nicht gegen den Widerspruch beider Ehegatten ausgesetzt werden.

(2) Hat der Antragsteller die Aussetzung des Verfahrens beantragt, darf das Gericht die Scheidung der Ehe nicht aussprechen, bevor das Verfahren ausgesetzt war.

(3) Die Aussetzung darf nur einmal wiederholt werden. Sie darf insgesamt die Dauer von einem Jahr, bei einer mehr als dreijährigen Trennung die Dauer von sechs Monaten nicht überschreiten.

(4) Mit der Aussetzung soll das Gericht in der Regel den Ehegatten nahelegen, eine Eheberatung in Anspruch zu nehmen.

Übersicht

I. Bedeutung und Inhalt der Norm	1
II. Aussetzung des Verfahrens	3
1. Aussetzung von Amts wegen (Abs. 1)	3
2. Aussetzung nach Antrag des Antragstellers (Abs. 2)	5
3. Verfahren (Abs. 3 und 4)	6
4. Wirkung der Aussetzung	8
5. Rechtsmittel gegen die Aussetzung	9
6. Beendigung der Aussetzung	10

I. Bedeutung und Inhalt der Norm

1 Die Vorschrift dient der **Aussöhnung der Ehegatten**. Sie gilt in allen Instanzen des Scheidungsverfahrens, nicht aber für Herstellungsklagen, die keine Ehesachen mehr sind.

2 Die Vorschrift entspricht dem **bisherigen § 614 ZPO a.F.** Der Inhalt des § 614 Abs. 1 ZPO a.F. ist weggefallen, da Herstellungsklagen keine Ehesachen mehr sind. Die übrigen Anpassungen sind rein sprachlicher Natur.

---

5 BT-Drs. 16/6308, S. 229.

II. Aussetzung des Verfahrens

1. Aussetzung von Amts wegen (Abs. 1)

Das Scheidungsverfahren ist auszusetzen, wenn Aussicht auf Fortsetzung der Ehe besteht. Es müssen **konkrete Anhaltspunkte für eine Versöhnung** vorliegen. Die allgemeine Feststellung, das Zerwürfnis sei nicht schwerwiegend und der Versuch einer Aussöhnung nicht aussichtslos, genügt nicht.[1]

Leben die Eheleute länger als ein Jahr getrennt, darf nicht gegen den Willen beider ausgesetzt werden **(Satz 2)**. Leben die Eheleute noch nicht ein Jahr getrennt, spricht ihr Widerspruch gegen eine Aussetzung aber dafür, dass eine Fortsetzung der Ehe nicht in Betracht kommt. Daher wird die Aussetzung auch in diesen Fällen in der Regel ausgeschlossen sein. Leben die Eheleute länger als drei Jahre getrennt, wird die Zerrüttung der Ehe vermutet (§ 1566 Abs. 2 BGB). Eine Aussetzung kommt aber dann in Betracht, wenn beide Ehegatten Anzeichen für eine Versöhnungsbereitschaft zeigen.

2. Aussetzung nach Antrag des Antragstellers (Abs. 2)

Beantragt der Antragsteller die Aussetzung, darf das Gericht die Ehe nicht scheiden, wenn zuvor nicht ausgesetzt wurde. Ist der Scheidungsantrag dagegen abweisungsreif, muss ohne Aussetzung abgewiesen werden.[2] Beantragt der Antragsteller die Aussetzung, ohne jedoch zu einer Aussöhnung bereit zu sein, ist der **Aussetzungsantrag** als rechtsmissbräuchlich abzulehnen.[3] Dies kann bspw. der Fall sein, wenn das Trennungsjahr noch nicht abgelaufen ist, ein Härtegrund nach § 1565 Abs. 2 BGB aber nicht vorliegt. Beantragt der Antragsgegner Abweisung des Scheidungsantrags, muss abgewiesen werden. Wollen beide Eheleute die Scheidung, können Sie das Scheidungsverfahren bis zum Ablauf des Trennungsjahrs nicht betreiben oder das Ruhen des Verfahrens beantragen.[4]

3. Verfahren (Abs. 3 und 4)

Das Gericht der Ehesache ist bis zur Einlegung eines Rechtsmittels auch noch nach Erlass eines Urteils **zuständig**.[5] Es entscheidet durch Beschluss, der den Eheleuten verkündet werden muss, wenn er auf Grund mündlicher Verhandlung ergeht (§ 329 Abs. 1 ZPO, § 113 Abs. 2), und der den Eheleuten zugestellt werden muss (§ 329 Abs. 2 Satz 2, § 252 ZPO, § 113 Abs. 2).

Inhalt des Beschlusses: In dem Beschluss muss die Dauer der Aussetzung festgesetzt werden: höchstens ein Jahr; dauert die Trennung bei Verkündung des Aussetzungsbeschlusses länger als drei Jahre an, höchstens sechs Monate **(Abs. 3 Satz 2)**. Die Aussetzung darf ein zweites Mal angeordnet oder – was dem gleichsteht – verlängert werden, wenn die Höchstdauer insgesamt nicht überschritten wird **(Abs. 3 Satz 1)**. Das Gericht soll den Ehegatten nahelegen, eine Eheberatung in Anspruch zu nehmen **(Abs. 4)**.

---

[1] OLG Düsseldorf 22.3.1978 – 3 WF 100/78 = FamRZ 1978, 609.
[2] MünchKomm/Bernreuther § 614 ZPO Rn. 3, auf beiderseitigen Antrag kann das Ruhen aber angeordnet werden OLG Karlsruhe 15.03.1978 – 5 WF 76/77 = FamRZ 1978, 527.
[3] OLG Schleswig 05.11.1990 – 15 UF 41/90 = SchlHA 1991, 81.
[4] OLG Karlsruhe 15.03.1978 – 5 WF 76/77 = FamRZ 1978, 527.
[5] BGH 01.12.1976 – IV ZB 43/76 = NJW 1977, 717.

4. Wirkung der Aussetzung

8 Die Aussetzung erstreckt sich auf die Ehesache und die Folgesachen, weil über diese nur für den Fall der Scheidung entschieden wird (§ 137). Einstweilige Anordnungen können dagegen auch während der Aussetzung erlassen werden.[6] Der Lauf prozessualer Fristen hört auf und beginnt bei Beendigung der Aussetzung von Neuem (§ 249 Abs. 1 ZPO, § 113 Abs. 1). Während der Aussetzung vorgenommene Prozesshandlungen sind gegenüber dem Gegner wirkungslos (§ 249 Abs. 2 ZPO, § 113 Abs. 1). Während der Aussetzung eingelegte Rechtsmittel sind dagegen zulässig.[7] Zeigt ein Ehegatte während der Aussetzung an, er halte die Aussöhnung für gescheitert, und beraumt das Gericht daraufhin einen Termin zur mündlichen Verhandlung an, so ist diese prozessleitende Anordnung analog § 249 Abs. 2 ZPO, § 113 Abs. 1 wirkungslos, was aber durch rügeloses Verhandeln zur Hauptsache geheilt werden kann (§ 295 Abs. 1 ZPO, § 113 Abs. 1). Einem neuen Scheidungsantrag steht die Einrede der anderweitigen Rechtshängigkeit entgegen.

5. Rechtsmittel gegen die Aussetzung

9 Gegen die Aussetzung oder ihre Ablehnung findet die **sofortige Beschwerde** statt (§§ 252 ZPO, 113 Abs. 1). Jedoch ist der Antragsgegner, der weder einen Abweisungs- noch einen Scheidungsantrag gestellt hat, nicht beschwert und seine Beschwerde unzulässig.[8] Werden der Scheidungs- und der Aussetzungsantrag des Antragstellers zurückgewiesen, muss er Beschwerde nach §§ 58 ff. einlegen.

6. Beendigung der Aussetzung

10 Die Aussetzung endet durch **Ablauf der festgelegten Dauer**. Die Aufnahme des Verfahrens (§ 250 ZPO) ist nicht erforderlich. Das Gericht braucht auch nicht von sich aus zu terminieren, da es dem Sinn der Vorschrift widerspricht, die Parteien zur Fortsetzung des Verfahrens zu veranlassen.[9]

11 **Vor Ablauf der Dauer** kann die Aussetzung auf Antrag des Ehegatten aufgehoben werden, der sie beantragt hat. Wurde von Amts wegen ausgesetzt, kann das Verfahren auf Anregung beider Eheleute wieder aufgenommen werden.

§ 137 Verbund von Scheidungs- und Folgesachen

(1) Über Scheidung und Folgesachen ist zusammen zu verhandeln und zu entscheiden (Verbund).

(2) Folgesachen sind

1. Versorgungsausgleichssachen,

2. Unterhaltssachen, sofern sie die Unterhaltspflicht gegenüber einem gemeinschaftlichen Kind oder die durch Ehe begründete gesetzliche Unter-

---

[6] MünchKomm/Bernreuther § 614 ZPO Rn. 19.
[7] BGH 01.12.1976 – IV ZB 43/76 = NJW 1977, 717.
[8] OLG Karlsruhe 10.02.1998 – 2 WF 162/97 = FamRZ 1998, 1606.
[9] OLG Karlsruhe 10.02.1998 – 2 WF 162/97 = FamRZ 1998, 1606.

haltspflicht betreffen mit Ausnahme des vereinfachten Verfahrens über den Unterhalt Minderjähriger,

3. Ehewohnungs- und Haushaltssachen und
4. Güterrechtssachen,

wenn eine Entscheidung für den Fall der Scheidung zu treffen ist und die Familiensache spätestens zwei Wochen vor der mündlichen Verhandlung im ersten Rechtszug in der Scheidungssache von einem Ehegatten anhängig gemacht wird. Für den Versorgungsausgleich ist in den Fällen der §§ 6 bis 19 und 28 des Versorgungsausgleichsgesetzes kein Antrag notwendig.

(3) Folgesachen sind auch Kindschaftssachen, die die Übertragung oder Entziehung der elterlichen Sorge, das Umgangsrecht oder die Herausgabe eines gemeinschaftlichen Kindes der Ehegatten oder das Umgangsrecht eines Ehegatten mit dem Kind des anderen Ehegatten betreffen, wenn ein Ehegatte vor Schluss der mündlichen Verhandlung im ersten Rechtszug in der Scheidungssache die Einbeziehung in den Verbund beantragt, es sei denn, das Gericht hält die Einbeziehung aus Gründen des Kindeswohls nicht für sachgerecht.

(4) Im Fall der Verweisung oder Abgabe werden Verfahren, die die Voraussetzungen der Absätze 2 oder 3 erfüllen, mit Anhängigkeit bei dem Gericht der Scheidungssache zu Folgesachen.

(5) Abgetrennte Folgesachen nach Absatz 2 bleiben Folgesachen; sind mehrere Folgesachen abgetrennt, besteht der Verbund auch unter ihnen fort. Folgesachen nach Absatz 3 werden nach der Abtrennung als selbständige Verfahren fortgeführt.

Übersicht

I. Bedeutung und Inhalt der Norm	1
1. Gesetzessystematischer Bezugsrahmen	1
2. Bisherige Rechtslage	2
II. Scheidungsverbund	11
1. Verbund (Abs. 1)	11
2. Folgesachen (Abs. 2 u. 3)	12

I. Bedeutung und Inhalt der Norm

1. Gesetzessystematischer Bezugsrahmen

Die Vorschrift regelt den Verbund von Ehescheidung und Folgesachen, der dem **Schutz** des wirtschaftlich schwächeren Ehegatten dient und übereilten Scheidungsentschlüssen entgegenwirken soll.[1] Die wichtigsten Scheidungsfolgen sollen mit der Ehescheidung geregelt werden.[2] Der Verbund kann dies am besten gewährleisten. Die Regelung des nachehelichen Unterhalts etwa ist im isolierten Verfahren erst ab Rechts-

1

---

[1] BT-Drs. 16/6308, S. 229; vgl. auch OLG Düsseldorf 12.11.1987 – 10 UF 104/87 = FamRZ 1988, 312; OLG Köln 16.07.1997 – 26 UF 31/97 = FamRZ 1998, 301; OLG Stuttgart 15.04.2004 – 16 UF 363/03 = FamRZ 2005, 121.
[2] OLG Stuttgart 06.11.1997 – 11 UF 176/97 = MDR 1998, 290.

kraft der Scheidung möglich, so dass die Gefahr besteht, dass regelungslose Zeiträume entstehen, die allenfalls durch einstweilige Anordnungen überbrückt werden können. Durch den Scheidungsverbund wird den Ehegatten schon vor der Scheidung vor Augen geführt, welche Auswirkungen ihre Scheidung haben wird.

> **Hinweis**
> Die Kosten des Verbundverfahrens sind im Vergleich zur Geltendmachung in isolierten Verfahren wegen der Zusammenrechnung der Streitwerte nach § 44 Abs. 1 FamGKG deutlich geringer. Das entspricht der bisherigen Gesetzeslage.

2. Bisherige Rechtslage

2 Bisher war der Verbund zwischen Ehescheidung und Folgesachen in §§ 623 ff. ZPO a.F. geregelt. Die Vorschrift wurde klarer formuliert. Die in § 623 ZPO a.F. enthaltenen Verweisungen sind fortgefallen. Stattdessen sind die Verfahren, die Folgesachen sein können, nun konkret benannt. Das erleichtert die Arbeit mit dem Gesetz erheblich. Es wurden auch inhaltlich Änderungen vorgenommen:

3 **Abs. 1 Satz 1** enthält nun eine Legaldefinition des Begriffs Verbund.

4 **Abs. 2** regelt abschließend, welche Verfahren Folgesachen sein können. Die in **Satz 1 Nr. 1 bis 4** aufgezählten Gegenstände entsprechen denen des bisherigen § 623 Abs. 1 Satz 1 ZPO a.F. Eine Erweiterung ergibt sich dadurch, dass bei Unterhaltssachen und Güterrechtssachen nunmehr auch die Verfahren der freiwilligen Gerichtsbarkeit zu den Folgesachen gehören (vgl. § 231 Abs. 2, § 261 Abs. 2). Der Gesetzgeber hat davon abgesehen, weitere Familiensachen, etwa die sonstigen Familiensachen nach § 266, in den Katalog der Folgesachen aufzunehmen, weil er eine Überfrachtung des Verbundverfahrens und damit verbundene übermäßige Verzögerung des Scheidungsverfahrens befürchtete.[3]

5 Wie bisher wird eine Familiensache nur dann Folgesache, wenn sie vor Schluss der mündlichen Verhandlung des ersten Rechtszugs in der Scheidungssache anhängig gemacht wird und eine Entscheidung für den Fall der Scheidung zu treffen ist. Um dem missbräuchlichen Anhängigmachen von Scheidungsfolgesachen entgegenzuwirken, wurde nun neu geregelt, dass Folgesachen **spätestens zwei Wochen vor der mündlichen Verhandlung** im ersten Rechtszug in der Scheidungssache anhängig gemacht werden müssen. Diese Änderung wurde entsprechend der Stellungnahme des Bundesrates zu dem Gesetzentwurf[4] aufgenommen. In der bisherigen Praxis wurden Folgesachen häufig erst spät, etwa durch Übergabe eines Schriftsatzes in der mündlichen Verhandlung, anhängig gemacht, um dadurch taktische Vorteile zu sichern. Da eine Vorbereitung auf die neuen Streitpunkte nicht mehr möglich war, mussten Termine kurzfristig verlegt, aufgehoben oder die Verhandlung vertagt werden.

6 Wie bisher bedarf es für die Durchführung des öffentlich-rechtlichen Versorgungsausgleichs keines Antrags (**Satz 2**).

7 **Abs. 3** bestimmt nun, welche Kindschaftssachen Folgesachen sein können: Kindschaftssachen, die die Übertragung oder Entziehung der elterlichen Sorge für ein gemeinschaftliches Kind der Ehegatten betreffen. Die Einbeziehung einer Kindschaftssa-

---
3 BT-Drs. 16/6308, S. 230.
4 BT-Drs. 309/07, S. 34 f.

che in den Verbund erfolgt nach neuem Recht nur, wenn ein Ehegatte dies vor Schluss der mündlichen Verhandlung im ersten Rechtszug in der Scheidungssache beantragt und Gründe des Kindeswohls nicht gegen eine Einbeziehung sprechen. Im Gegensatz zur bisherigen Rechtslage sollen **Kindschaftssachen** daher künftig nicht mehr kraft Gesetzes in den Verbund aufgenommen werden, auch wenn sie gleichzeitig mit der Scheidungssache anhängig sind. Der Gesetzgeber sah angesichts der bisher bereits bestehenden Möglichkeit des § 623 Abs. 2 Satz 2 ZPO a.F. keine Berechtigung mehr für die Einbeziehung von Kindschaftssachen in den Scheidungsverbund kraft Gesetzes.[5] Danach konnte jeder Ehegatte verlangen, dass die in den Verbund einbezogene Kindschaftssache wieder abgetrennt wird, ohne dass hierfür besondere Voraussetzungen vorliegen mussten. Die Aufgabe der erst mit dem KindRG eingeführten Regelung ist zu begrüßen, da sie sich in der Praxis nicht bewährt hat.[6]

Abs. 4 stellt klar, dass eine Folgesache nur **beim Gericht der Scheidungssache** entstehen kann. Im Wesentlichen mit dem bisherigen § 623 Abs. 5 ZPO a.F. übereinstimmend, werden Verfahren, die die Voraussetzungen der Abs. 2 oder 3 erfüllen, erst mit ihrer Anhängigkeit beim Gericht der Scheidungssache zu Folgesachen.   8

Nach **Abs. 5 Satz 1** ist nun klargestellt, dass die **Eigenschaft als Folgesache** für die Verfahren, die die Voraussetzungen des Abs. 2 erfüllen, auch nach einer Abtrennung fortbesteht. Für die Abtrennung nach dem bisherigen § 623 Abs. 1 Satz 2 ZPO a.F. war dies bislang umstritten, für den Fall des bisherigen § 628 ZPO a.F. überwiegend anerkannt. Bedeutsam ist dies für den Anwaltszwang (→ § 114) und die Verfahrenskosten (→ § 150). Der Verbund unter mehreren dem Abs. 2 unterfallenden Folgesachen bleibt bestehen; das ergibt sich nun aus dem Normtext selbst.   9

Folgesachen nach Abs. 3 werden nach **Satz 2** nach einer Abtrennung als selbstständige Familiensachen weitergeführt. Diese bislang in § 623 Abs. 2 Satz 4 ZPO a.F. enthaltene Anordnung erstreckt sich nunmehr auf sämtliche Fälle der Abtrennung von Folgesachen nach Abs. 3.   10

II. Scheidungsverbund

1. Verbund (Abs. 1)

Die Ehescheidung und Folgesachen sind zusammen zu verhandeln und zu entscheiden. Das **Verbundverfahren** ist ein Verfahren eigener Art. Es handelt sich nicht um eine Prozessverbindung i.S.d. § 147 ZPO. Folgesachen gibt es nur in Scheidungsverfahren, aber auch in scheidungsähnlichen Verfahren nach ausländischem Sachrecht,[7] so die Ehetrennung nach spanischem[8] oder italienischem[9] Recht (zur Frage, wann eine Folgesache vorliegt, unten Rn. 12 ff.). Wird die Ehe geschieden, ohne dass eine Entscheidung auch über eine anhängige Folgesache ergeht, liegt hierin ein wesentlicher   11

---

5 BT-Drs. 16/6308, S. 230.
6 Vgl. Klinkhammer FamRZ 2003, 583.
7 OLG Hamm 08.02.1989 – 8 UF 72/88 = FamRZ 1989, 991; OLG Frankfurt 26.11.1993 – 1 UF 139/93 = FamRZ 1994, 715; Beitzke IPRax 1993, 232; MünchKomm/Finger § 623 ZPO Rn. 6.
8 AG Rüsselsheim 17.09.1985 – 7 F 361/84 = FamRZ 1986, 185.
9 OLG Frankfurt 26.11.1993 – 1 UF 139/93 = FamRZ 1994, 715; OLG Stuttgart 01.03.1996 – 17 UF 54/95 = FamRZ 1997, 1352; OLG Saarbrücken 19.02.1997 – 6 UF 144/96 = OLGR 1997, 27.

Verfahrensfehler, der zur Aufhebung des Urteils und zur Zurückverweisung der Sache an das erstinstanzliche FamG führen kann.[10]

2. Folgesachen (Abs. 2 u. 3)

12 **Folgesachen** können sein:

1. Versorgungsausgleichssachen (§§ 217 ff.),
2. Unterhaltssachen, sofern sie die Unterhaltspflicht gegenüber einem gemeinschaftlichen Kind oder die durch Ehe begründete gesetzliche Unterhaltspflicht betreffen, mit Ausnahme des vereinfachten Verfahrens über den Unterhalt Minderjähriger (§§ 231 ff.),
3. Ehewohnungs- und Haushaltssachen (§§ 200 ff.) und
4. Güterrechtssachen (§§ 261 ff) sowie
5. Kindschaftssachen (§§ 151 ff.), die die Übertragung oder Entziehung der elterlichen Sorge, das Umgangsrecht oder die Herausgabe eines gemeinschaftlichen Kindes der Ehegatten oder das Umgangsrecht eines Ehegatten mit dem Kind des anderen Ehegatten betreffen.

13 Um die Verfahren – mit Ausnahme des Verfahrens über den Versorgungsausgleich – als Folgesache in das Verbundverfahren aufzunehmen, muss eine Entscheidung für den Fall der Scheidung zwei Wochen vor Schluss der mündlichen Verhandlung im ersten Rechtszug in der Scheidungssache von einem Ehegatten beantragt werden. Die Durchführung des **Versorgungsausgleichs** in den Fällen des § 1587b BGB und des § 6 bis 19 und 28 VersAusglG erfolgt von Amts wegen im Scheidungsverbund. Es bedarf insoweit keines Antrags.

14 **Abs. 3: Kindschaftssachen** werden nicht mehr kraft Gesetzes Folgesache, sondern nur auf Antrag eines Ehegatten, wenn das Gericht die Einbeziehung aus Gründen des Kindeswohls für sachgerecht hält. Das FamG muss prüfen, ob die Voraussetzung für die Aufnahme der Kindschaftssache in den Verbund vorliegt. Ist dies nicht der Fall, muss die Kindschaftssache als selbstständiges Verfahren geführt werden. Das Gesetz sieht nicht vor, dass das Gericht diese Entscheidung durch Beschluss treffen muss. Wird die Kindschaftssache Folgesache, kann sie später nach § 140 Abs. 2 Nr. 3 abgetrennt werden.

> **Hinweis**
>
> Der Verfahrenswert im Verbund erhöht sich für jede Kindschaftssache um 20 % des Werts der Scheidungssache, höchstens um jeweils 3.000 EUR (§ 44 Abs. 2 FamGKG). Nach bisherigem Recht betrug er 900 EUR (§ 48 Abs. 3 Satz 3 GKG a.F.). Dieser ist erst ab einem Wert der Scheidungssache von 4.500 EUR erreicht. Der Mindeststreitwert für eine Kindschaftssache im Verbund liegt entsprechend dem Mindeststreitwert der Scheidungssache (2.000 EUR) bei 200 EUR.

15 Werden Verfahren, die Folgesache sein können, an das Gericht der Scheidungssache verwiesen oder abgegeben, werden sie mit Anhängigkeit beim Gericht der Scheidungssache zu Folgesachen **(Abs. 4)**. Abgetrennte Folgesachen (§ 140) nach Abs. 2

---

10 OLG München 26.08.1992 – 12 UF 1048/92 = FuR 1992, 297; OLG Düsseldorf 12.11.1987 – 10 UF 104/87 = FamRZ 1988, 312.

bleiben Folgesachen, unter denen Verbund fortbesteht **(Abs. 5 Satz 1)**. Abgetrennte Kindschaftssachen (§ 140) werden nach der Abtrennung als selbstständige Verfahren fortgeführt **(Abs. 5 Satz 2)**.

§ 138 Beiordnung eines Rechtsanwalts

(1) Ist in einer Scheidungssache der Antragsgegner nicht anwaltlich vertreten, hat das Gericht ihm für die Scheidungssache und eine Kindschaftssache als Folgesache von Amts wegen zur Wahrnehmung seiner Rechte im ersten Rechtszug einen Rechtsanwalt beizuordnen, wenn diese Maßnahme nach der freien Überzeugung des Gerichts zum Schutz des Beteiligten unabweisbar erscheint; § 78c Abs. 1 und 3 der Zivilprozessordnung gilt entsprechend. Vor einer Beiordnung soll der Beteiligte persönlich angehört und dabei auch darauf hingewiesen werden, dass und unter welchen Voraussetzungen Familiensachen gleichzeitig mit der Scheidungssache verhandelt und entschieden werden können.

(2) Der beigeordnete Rechtsanwalt hat die Stellung eines Beistands.

Übersicht

I. Bedeutung und Inhalt der Norm	1
II. Beiordnung	3
1. Beiordnung eines Rechtsanwalts (Abs. 1 Satz 1)	3
2. Verfahren, Anhörung (Abs. 1 Satz 2)	5
3. Umfang der Beiordnung	8
4. Stellung des beigeordneten Rechtsanwalts (Abs. 2)	9
5. Rechtsmittel gegen die Beiordnung	10
5. Gebühren	14

I. Bedeutung und Inhalt der Norm

Die Vorschrift sieht die Beiordnung eines Rechtsanwalts zum Schutz des anwaltlich nicht vertretenen Antragsgegners in bestimmten Fällen vor. 1

Abs. 1 entspricht dem bisherigen § 625 Abs. 1 ZPO a.F. im Wesentlichen, beschränkt die Beiordnung aber nicht auf die Scheidungssache und den Antrag auf Übertragung der elterlichen Sorge auf einen Elternteil, wie es bisher der Fall war. Die Beiordnung kann nun in der Scheidungssache und einer beliebigen Kindschaftsfolgesache erfolgen. **Satz 2** regelt im Wesentlichen den Inhalt des bisherigen § 625 Abs. 1 Satz 2 ZPO a.F. Das Gericht soll aber nicht mehr wie bisher nur darauf hinweisen, dass Folgesachen gleichzeitig mit der Scheidungssache verhandelt und entschieden werden können, sondern daneben auch darauf hinweisen, **unter welchen Voraussetzungen** dies der Fall sein kann. **Abs. 2** entspricht dem bisherigen § 625 Abs. 2 ZPO a.F. wörtlich. 2

II. Beiordnung

1. Beiordnung eines Rechtsanwalts (Abs. 1 Satz 1)

3 Die Beiordnung kann erfolgen, wenn folgende **Voraussetzungen** vorliegen:
- Rechtshängigkeit des Scheidungsantrags,
- der Antragsgegner ist anwaltlich nicht vertreten,
- es besteht ein unabweisbares Bedürfnis für die Beiordnung.

4 Ein **unabweisbares Bedürfnis** für die Beiordnung besteht, wenn der Antragsgegner aus Unkenntnis, mangels der Kenntnis der Konsequenzen der Ehescheidung oder wegen Beeinflussung durch Dritte seine Rechte in unvertretbarer Weise nicht hinreichend wahrnimmt.[1] Dabei ist unerheblich, ob er sich aus Uneinsichtigkeit oder Gleichgültigkeit so verhält, ob er einen Anwalt wünscht oder ablehnt, ob er sich dem Scheidungsbegehren mit Aussicht auf Erfolg widersetzen kann. Nimmt er seine Rechte trotz einer Beeinflussung ausreichend wahr, besteht kein Bedürfnis für eine Beiordnung. Ist der Scheidungsantrag des Antragstellers unschlüssig, bedarf es ebenfalls keiner Beiordnung.[2]

2. Verfahren, Anhörung (Abs. 1 Satz 2)

5 Gem. § 271 Abs. 2 ZPO, § 113 Abs. 1 ist der Antragsgegner mit der Zustellung des Scheidungsantrags bereits aufzufordern, einen Rechtsanwalt zu bestellen, wenn er sich gegen den Antrag verteidigen will. Kommt er der **Aufforderung** nicht nach, ist er vor der Beiordnung anzuhören und darauf hinzuweisen, dass und unter welchen Voraussetzungen Folgesachen anhängig gemacht werden können. Die Anhörung erfolgt durch den Familienrichter.[3] Dieser muss sich ein Bild davon machen, ob der Antragsgegner in der Lage ist, seine Rechte ausreichend wahrzunehmen. Erscheint oder reagiert der Antragsgegner nicht, hat die Anhörung noch im Termin der mündlichen Verhandlung zu erfolgen. Erscheint der Antragsgegner dort nicht, ist gem. § 33 Abs. 3 gegen ihn vorzugehen.

6 Ergibt die **Anhörung**, dass der Antragsgegner seine Rechte selbst nicht ausreichend vertreten kann, und bestellt er auch nach dem gegebenen Hinweis keinen Anwalt, ordnet das Gericht ihm einen Anwalt bei. Die Auswahl des Rechtsanwalts erfolgt nach § 78c ZPO i.V.m. § 113 Abs. 1. Der Beschluss über die Beiordnung ist zu begründen.[4]

7 Der **ausgewählte Anwalt** muss die Beistandschaft nach § 48 Abs. 1 Nr. 3 BRAO übernehmen. Er kann gegen den Beschluss **sofortige Beschwerde** gem. § 78c Abs 3 ZPO nur mit der Begründung einlegen, dass ein wichtiger Grund dafür vorliege, nicht ihn, sondern einen anderen Rechtsanwalt beizuordnen (§ 48 Abs. 2 BRAO). Der Antragsgegner kann ebenfalls sofortige Beschwerde mit der Begründung einlegen, es bestehe ein wichtiger Grund, ihm einen anderen Anwalt beizuordnen (§ 78c Abs. 3 ZPO).

---

1 OLG Hamm 23.09.1981 – 4 WF 312, 313/81 = FamRZ 1982, 86; OLG Hamm 04.09.1986 – 4 WF 318/86 = FamRZ 1986, 1122.
2 OLG Hamm 23.09.1981 – 4 WF 312, 313/81 = FamRZ 1982, 86.
3 OLG Düsseldorf 14.07.1978 – 3 WF 228/78 = FamRZ 1978, 918; KG 10.05.1978 – 17 WF 1661/78 = FamRZ 1978, 607; OLG Hamm 04.09.1986 – 4 WF 318/86 = FamRZ 1986, 1122.
4 OLG Hamm 04.09.1986 – 4 WF 318/86 = FamRZ 1986, 1122.

3. Umfang der Beiordnung

Die Beiordnung erstreckt sich auf das Scheidungsverfahren. Hat der Antragsteller einen **Folgesachenantrag** für eine Kindschaftssache (→ § 151) gestellt, erstreckt sich die Beiordnung auch auf dieses Verfahren. Für andere Folgesachen sieht das Gesetz eine Beiordnung nicht vor. Die Beiordnung erstreckt sich daher nicht auf die Folgesache Versorgungsausgleich.[5] Sie erstreckt sich auch nicht auf einstweilige Anordnungsverfahren.[6] Das Gesetz sieht die Beiordnung nur für die erste Instanz vor.

8

> **Hinweis**
> Der beigeordnete Rechtsanwalt muss den Antragsgegner darauf hinweisen, dass sich die Beiordnung nicht auf die Folgesache Versorgungsausgleich erstreckt. Er sollte ihm die Bedeutung des Versorgungsausgleichs erläutern, die von den Eheleuten häufig unterschätzt wird, und empfehlen, dass der Antragsgegner ihm Prozessvollmacht für die Scheidungssache und die Folgesache Versorgungsausgleich erteilt.

4. Stellung des beigeordneten Rechtsanwalts (Abs. 2)

Der beigeordnete Rechtsanwalt ist – solange ihm der Antragsgegner keine **Prozessvollmacht** erteilt – lediglich Beistand i.S.d. § 12 (→ § 12). Was er schriftlich oder mündlich vorträgt, gilt als von dem Antragsgegner vorgebracht, soweit es nicht von diesem sofort widerrufen oder berichtigt wird (§ 12 Satz 5).[7] Er kann aber keine Prozesshandlungen im Namen des Antragsgegners vornehmen.[8] Er muss den Antragsgegner beraten, und zwar auch darüber, ob diesem weitere Kosten noch entstehen, wenn er dem Rechtsanwalt Prozessvollmacht erteilt. Zustellungen erfolgen weiterhin an den Antragsteller, solange er keine Prozessvollmacht erteilt.[9] Damit der beigeordnete Rechtsanwalt den Antragsgegner sachgemäß beraten kann, soll ihm das Gericht aber Abschriften der zuzustellenden Schriftstücke übersenden.

9

5. Rechtsmittel gegen die Beiordnung

Mit dem Ziel, einen anderen Rechtsanwalt beizuordnen: Der Antragsgegner und der beigeordnete Rechtsanwalt können bei Vorliegen eines wichtigen Grunds gem. 78c Abs. 3 ZPO im Wege der sofortigen Beschwerde geltend machen, dass ein anderer Rechtsanwalt beigeordnet wird.

10

Gegen die Beiordnung als solche: Das Gesetz sieht eine Anfechtung der Beiordnung an sich nicht vor. Ein Beschwerderecht folgte nach bisherigem Recht auch nicht aus § 567 Abs. 1 ZPO.[10] Das FamFG sowie seine Begründung führen zum Beschwerderecht nichts aus.[11] Offensichtlich hat der Gesetzgeber die bisher bestehende Lücke

11

---

5 KG 10.05.1978 – 17 WF 1661/78 = FamRZ 1978, 607.
6 OLG Koblenz 22.02.1985 – 15 WF 105/85 = FamRZ 1985, 618; a.A. Johannsen/Henrich/Sedemund-Treiber § 625 ZPO Rn. 3.
7 Vgl. BGH 01.02.1995 – XII ZB 178/94 = FamRZ 1995, 416.
8 BGH 01.02.1995 – XII ZB 178/94 = FamRZ 1995, 416.
9 BGH 01.02.1995 – XII ZB 178/94 = FamRZ 1995, 416; OLG Naumburg 27.12.2000 – 8 WF 239/00 = FamRZ 2002, 248.
10 KG 10.05.1978 – 17 WF 1661/78 = FamRZ 1978, 607; a.A. OLG Oldenburg 01.11.1979 – 11 WF 137/79 = FamRZ 1980, 179.
11 BT-Drs. 16/6308, S. 230.

Abschnitt 2 Verfahren in Ehesachen; Verfahren in Scheidungssachen und Folgesachen

wieder übersehen. Die Rechtsprechung[12] bejaht ein Beschwerderecht des Antragsgegners, weil insoweit ein unabwendbares Bedürfnis besteht. Denn die Beiordnung gegen den erklärten Willen ist ein schwerwiegender Eingriff in die Entscheidungsfreiheit einer uneingeschränkt geschäftsfähigen Person und belastet diese auch mit erheblichen Honorarverpflichtungen.

12 **Gegen die Ablehnung der Beiordnung** gibt es mangels Rechtsschutzbedürfnis kein Beschwerderecht. Der Antragsgegner kann selbst einen Prozessbevollmächtigten beauftragen. Er erspart durch eine Beiordnung auch keine Gebühren (Rn. 14).

13 Der **Antragsteller** kann kein Rechtsmittel gegen die Beiordnung einlegen.

5. Gebühren

14 Durch die Beiordnung entstehen keine Gerichtsgebühren (§ 1 Abs. 1 GKG). Für ein Beschwerdeverfahren wird eine Gerichtsgebühr von 50 EUR erhoben, wenn die Beschwerde zurückgewiesen oder verworfen wird (KV 1812). Der beigeordnete Rechtsanwalt kann von dem Antragsgegner die gleiche Vergütung wie ein Prozessbevollmächtigter verlangen (§ 39 RVG), jedoch nur im Rahmen der Verfahren, auf die sich die Beiordnung erstreckt (Rn. 8). Bei Zahlungsverzug des Antragsgegners kann er seine Vergütung aus der Landeskasse verlangen (§ 45 Abs. 2 RVG).

§ 139 Einbeziehung weiterer Beteiligter und dritter Personen

(1) Sind außer den Ehegatten weitere Beteiligte vorhanden, werden vorbereitende Schriftsätze, Ausfertigungen oder Abschriften diesen nur insoweit mitgeteilt oder zugestellt, als der Inhalt des Schriftstücks sie betrifft. Dasselbe gilt für die Zustellung von Entscheidungen an dritte Personen, die zur Einlegung von Rechtsmitteln berechtigt sind.

(2) Die weiteren Beteiligten können von der Teilnahme an der mündlichen Verhandlung insoweit ausgeschlossen werden, als die Familiensache, an der sie beteiligt sind, nicht Gegenstand der Verhandlung ist.

Übersicht

I. Bedeutung und Inhalt der Norm 1
II. Einbeziehung weiterer Beteiligter oder Dritter 3
   1. Begriff der weiteren Beteiligten 3
   2. Verfahren 6

I. Bedeutung und Inhalt der Norm

1 Die Vorschrift soll die Eheleute davor schützen, dass weitere Verfahrensbeteiligte mehr über das Ehescheidungsverfahren erfahren, als es nötig ist.[1]

---

12 KG 10.05.1978 – 17 WF 1661/78 = FamRZ 1978, 607; OLG Düsseldorf 14.07.1978 – 3 WF 228/78 = FamRZ 1978, 918; OLG Hamm 23.09.1981 – 4 WF 312, 313/81 = FamRZ 1982, 86; OLG Hamm 04.09.1986 – 4 WF 318/86 = FamRZ 1986, 1122.
1 BT-Drs. 16/6308, S. 230.

Abs. 1 Sätze 1 und 2 entsprechen dem bisherigen § 624 Abs. 4 ZPO a.F. inhaltlich. Eine dem **Abs. 2** entsprechende Regelung gab es bisher nicht. Der Gesetzgeber hat sie aufgenommen, damit die Ehegatten noch besser davor geschützt werden, dass andere Personen Einblick in die Scheidungssache oder in andere Folgesachen erhalten.[2]

II. Einbeziehung weiterer Beteiligter oder Dritter

1. Begriff der weiteren Beteiligten

Beteiligte können sein:

- **in Kindschaftssachen:** das nach § 87b, § 86 Abs. 1 bis 4 SGB VIII zuständige Jugendamt auf dessen Antrag, **(§ 162 Abs. 2**, → § 162 Rn. 6 f.) und der von dem Gericht nach § 1697 BGB ausgewählte Vormund oder Pfleger;
- **in den Verfahren die Ehewohnung betreffend:** die in § 204 genannten Personen – der Vermieter, der Grundstückseigentümer, der Dienstherr (im Falle einer Dienst- oder Werkwohnung) und Personen, mit denen die Ehegatten oder einer von ihnen hinsichtlich der Wohnung in Rechtsgemeinschaft stehen **(§ 204**, → § 204 Rn. 1 ff.);
- **beim Versorgungsausgleich:** die Versorgungsträger, die Witwe oder der Witwer bei dem Anspruch auf Teilhabe an der Hinterbliebenenversorgung nach §§ 25, 26 VersAusglG, die Erben und Hinterbliebenen der Ehegatten im Fall der nachträglichen Abänderung des Versorgungsausgleichs nach §§ 225, 226 **(§ 219**, → § 219 Rn. 2 f.).

Nicht Beteiligte sind dagegen:

- das Jugendamt am gewöhnlichen Aufenthaltsort des nicht betreuenden Elternteils,[3]
- Vereine zur Förderung von Kindesinteressen.[4]

Beschwerdeberechtigter Dritter kann in Kindschaftssachen das minderjährige Kind sein, das das 14. Lebensjahr vollendet hat (→ § 164). Dieses wird erst auf Grund der eigenen Beschwerde Beteiligter im Beschwerdeverfahren.

2. Verfahren

Vorbereitende Schriftsätze, Ausfertigungen oder Abschriften werden den Beteiligten nur insoweit mitgeteilt oder zugestellt, als der Inhalt des Schriftstücks sie betrifft **(Abs. 1 Satz 1)**. Es empfiehlt sich daher, Schriftsätze für die einzelnen Folgesachen gesondert anzufertigen.

Das Gericht hat die Beteiligten von der Teilnahme an der mündlichen Verhandlung insoweit auszuschließen, als die Familiensache, an der sie beteiligt sind, nicht **Gegenstand der Verhandlung** ist **(Abs. 2)**. Wie das Gericht verfährt, liegt in seinem Ermes-

---

[2] BT-Drs. 16/6308, S. 230.
[3] OLG Frankfurt 31.08.1989 – 5 WF 163/89 = DAVorm 1989, 868.
[4] BGH 23.09.1987 – IVb ZB 66/85 = FamRZ 1988, 54; OLG Schleswig 09.02.1987 – 12 WF 7/87 = SchlHA 1987, 56.

sen. Es hat die mündliche Verhandlung so zu gliedern, dass die Beteiligten nur bei der Folgesache anwesend sind, die sie betrifft.

§ 140 Abtrennung

(1) Wird in einer Unterhaltsfolgesache oder Güterrechtsfolgesache außer den Ehegatten eine weitere Person Beteiligter des Verfahrens, ist die Folgesache abzutrennen.

(2) Das Gericht kann eine Folgesache vom Verbund abtrennen. Dies ist nur zulässig, wenn

1. in einer Versorgungsausgleichsfolgesache oder Güterrechtsfolgesache vor der Auflösung der Ehe eine Entscheidung nicht möglich ist,
2. in einer Versorgungsausgleichsfolgesache das Verfahren ausgesetzt ist, weil ein Rechtsstreit über den Bestand oder die Höhe eines Anrechts vor einem anderen Gericht anhängig ist,
3. in einer Kindschaftsfolgesache das Gericht dies aus Gründen des Kindeswohls für sachgerecht hält oder das Verfahren ausgesetzt ist,
4. seit Rechtshängigkeit des Scheidungsantrags ein Zeitraum von drei Monaten verstrichen ist, beide Ehegatten die erforderlichen Mitwirkungshandlungen in der Versorgungsausgleichsfolgesache vorgenommen haben und beide übereinstimmend deren Abtrennung beantragen oder
5. sich der Scheidungsausspruch so außergewöhnlich verzögern würde, dass ein weiterer Aufschub unter Berücksichtigung der Bedeutung der Folgesache eine unzumutbare Härte darstellen würde, und ein Ehegatte die Abtrennung beantragt.

(3) Im Fall des Absatzes 2 Nr. 3 kann das Gericht auf Antrag eines Ehegatten auch eine Unterhaltsfolgesache abtrennen, wenn dies wegen des Zusammenhangs mit der Kindschaftsfolgesache geboten erscheint.

(4) In den Fällen des Absatzes 2 Nr. 4 und 5 bleibt der vor Ablauf des ersten Jahres seit Eintritt des Getrenntlebens liegende Zeitraum außer Betracht. Dies gilt nicht, sofern die Voraussetzungen des § 1565 Abs. 2 des Bürgerlichen Gesetzbuchs vorliegen.

(5) Der Antrag auf Abtrennung kann zur Niederschrift der Geschäftsstelle oder in der mündlichen Verhandlung zur Niederschrift des Gerichts gestellt werden.

(6) Die Entscheidung erfolgt durch gesonderten Beschluss; sie ist nicht selbständig anfechtbar.

§ 140 Abtrennung

Übersicht

I. Inhalt und Bedeutung der Norm	1
II. Abtrennung	2
1. Bei Beteiligung Dritter in einer Unterhaltsfolgesache oder Güterrechtsfolgesache (Abs. 1)	2
2. Abtrennung von Folgesachen (Abs. 2)	3

I. Inhalt und Bedeutung der Norm

Die bisher in verschiedenen Vorschriften geregelten Voraussetzungen für die Abtrennung einer Folgesache wurden nun in dieser Vorschrift zusammengefasst. Die Rechtsfolgen der Abtrennung sind in § 137 Abs. 5 geregelt. Sie bleiben, sofern es sich nicht um abgetrennte Kindschaftssachen handelt (vgl. Rn. 13), Folgesachen. Werden mehrere Folgesachen abgetrennt, bleibt der Verbund unter ihnen bestehen. **1**

II. Abtrennung

1. Bei Beteiligung Dritter in einer Unterhaltsfolgesache oder Güterrechtsfolgesache (Abs. 1)

Die Vorschrift entspricht dem bisherigen § 623 Abs. 1 Satz 2 ZPO a.F. Das Gericht ist zur Abtrennung verpflichtet, wenn Dritte Beteiligte einer Unterhaltsfolgesache oder Güterrechtsfolgesache werden. Klagen Dritter gegen einen Ehegatten gehören nicht in den Verbund. **2**

2. Abtrennung von Folgesachen (Abs. 2)

Das Gericht kann die Folgesachen unter den genannten Voraussetzungen vom Verbund abtrennen. Es handelt sich hierbei in Übereinstimmung mit dem einleitenden Satzteil des bisherigen § 628 Satz 1 ZPO a.F. um eine **Kann-Bestimmung**. Die Voraussetzungen sind alternativ. **3**

Die Abtrennung ist zulässig, wenn in einer **Versorgungsausgleichsfolgesache** oder Güterrechtsfolgesache vor der Auflösung der Ehe eine Entscheidung nicht möglich ist **(Nr. 1)**. Dies entspricht dem bisherigen § 628 Satz 1 Nr. 1 ZPO a.F. **4**

Sie ist zulässig, wenn in einer **Versorgungsausgleichsfolgesache** das Verfahren ausgesetzt ist, weil ein Rechtsstreit über den Bestand oder die Höhe eines Anrechts vor einem anderen Gericht anhängig ist **(Nr. 2)**. Dies entspricht dem bisherigen § 628 Satz 1 Nr. 2 ZPO a.F.; die Verwendung des Begriffs Anrecht anstelle von Versorgung dient der terminologischen Vereinheitlichung.[1] **5**

Zulässig ist die Abtrennung in einer **Kindschaftsfolgesache,** wenn das Gericht dies aus Gründen des Kindeswohls für sachgerecht hält oder das Verfahren ausgesetzt ist **(Nr. 3)**. Die Abtrennungsvoraussetzungen für Kindschaftsfolgesachen werden vollständig neu geregelt. Die Vorschrift ersetzt die Abtrennung auf Antrag eines Ehegat- **6**

---

[1] BT Drs. 16/6308, S. 231.

ten nach dem bisherigen § 623 Abs. 2 Satz 2 ZPO a.F. sowie die Regelungen der bisherigen §§ 627, 628 Satz 1 Nr. 3 ZPO a.F. An erster Stelle steht nun die Beschleunigung der Kindschaftsfolgesachen im Interesse des Kindeswohls. Besteht danach das Bedürfnis für eine schnelle Entscheidung, an der das Gericht wegen fehlender Entscheidungsreife eines anderen Verfahrensgegenstands im Verbund gehindert ist, kommt eine Abtrennung in Betracht. Hierbei sind die konkreten Umstände des Einzelfalls zu berücksichtigen. Es sind auch Fälle denkbar, in denen ein Abwarten dem Kindeswohl nützt, etwa wenn es Anzeichen dafür gibt, dass sich dadurch die Chancen für eine einvernehmliche Regelung verbessern, und der Umgang vorläufig durch eine einstweilige Anordnung geregelt ist.[2]

7 Die Abtrennung ist zulässig, wenn

- seit Rechtshängigkeit des Scheidungsantrags ein Zeitraum von drei Monaten verstrichen ist,

- beide Ehegatten die erforderlichen Mitwirkungshandlungen in der Versorgungsausgleichsfolgesache vorgenommen haben und

- beide übereinstimmend deren Abtrennung beantragen **(Nr. 4)**.

Die Vorschrift sieht erstmals die erleichterte Abtrennung der Folgesache **Versorgungsausgleich nach einer Verfahrensdauer von drei Monaten** vor. Voraussetzung ist, dass die Ehegatten in der Versorgungsausgleichssache die erforderlichen Mitwirkungshandlungen vorgenommen haben und übereinstimmend nach dreimonatiger Verfahrensdauer die Abtrennung beantragen. Die Frist beginnt grundsätzlich mit Rechtshängigkeit des Scheidungsantrags, im Fall eines verfrühten Scheidungsantrags jedoch erst mit Ablauf des Trennungsjahrs (Abs. 4). Sind keine anderen Folgesachen anhängig, kann die Ehe daher in der Regel nun drei Monate nach Zustellung des Scheidungsantrags geschieden werden. Das bedeutet im Vergleich zur bisherigen Rechtslage eine erhebliche Verfahrensbeschleunigung.

8 Weiter ergibt sich eine Zulässigkeit der Abtrennung, wenn sich der Scheidungsausspruch so außergewöhnlich verzögern würde, dass ein weiterer Aufschub unter Berücksichtigung der Bedeutung der Folgesache eine **unzumutbare Härte** darstellen würde, und ein Ehegatte die Abtrennung beantragt **(Nr. 5)**. Das entspricht im Wesentlichen der Regelung des bisherigen § 628 Satz 1 Nr. 4 ZPO a.F., dem in der Praxis bisher relevantesten Abrennungsgrund. Modifiziert wurde er insoweit, dass nun nicht mehr Voraussetzung ist, dass die Verzögerung durch die gleichzeitige Entscheidung über die Folgesache verursacht ist. Es reicht, dass eine außergewöhnliche Verzögerung, aus welchem Grund auch immer, vorliegt. Diese kann auch durch die Überlastung des Gerichts verursacht sein.[3] Eine weitere Änderung ergibt sich aus **Abs. 4**. Für eine Abtrennung nach Nr. 5 müssen folgende Voraussetzungen nebeneinander vorliegen.

9 **Außergewöhnliche Verzögerung:** Sie liegt in der Regel vor, wenn das Verfahren länger als zwei Jahre dauert.[4] Bei einer Verfahrensdauer zwischen einem und zwei Jahren kommt es auf die Umstände des Einzelfalls an.[5] Für die Dauer kommt es auf die Zeit

---

2 BT Drs. 16/6308, S. 231.
3 BT Drs. 16/6308, S. 231.
4 BGH 02.07.1986 – IVb ZR 54/85 = FamRZ 1986, 898; 29.05.1991 – XII ZR 108/90 = FamRZ 1991, 1043; OLG Düsseldorf 09.01.2008 – 5 UF 148/07 = FamRZ 2008, 1266; OLG Koblenz 28.06.2007 – 7 UF 216/07 = FamRZ 2008, 166; KG 24.11.2000 – 13 UF 7180/00 = FamRZ 2001, 928.
5 OLG Celle 11.04.1996 – 15 UF 266/95 = FamRZ 1996, 1485.

ab Rechtshängigkeit an.⁶ Haben beide Eheleute die Scheidung beantragt, so kommt es für die Verfahrensdauer auf die Rechtshängigkeit des Scheidungsantrags desjenigen Ehegatten an, der die Abtrennung begehrt.⁷ Wurde der Scheidungsantrag vor Ablauf des Trennungsjahrs eingereicht und liegen die Voraussetzungen für eine Härtescheidung nach § 1565 Abs. 2 BGB nicht vor, ist die Zeit vor Ablauf des Trennungsjahrs nicht in die Verfahrensdauer mit einzubeziehen. Dies entspricht bereits der bisherigen Rechtsprechung⁸ und wurde nun ausdrücklich in das Gesetz **(Abs. 4)** aufgenommen. Zeiten, in denen das Verfahren nicht betrieben wurde, ruhte oder ausgesetzt war, werden nicht abgezogen.⁹ Auch die Dauer des Rechtsmittelverfahrens ist zu beachten.¹⁰ Kann auch in der Folgesache bald entschieden werden, ist auch bei einer Verfahrensdauer von mehr als zwei Jahren über die Ehe nicht vorab zu entscheiden.¹¹ Auch dann kann aber im Einzelfall ein Interesse an einer sofortigen Entscheidung über die Ehescheidung bestehen, etwa wenn die Ehefrau ein Kind erwartet, dessen Vater nicht der Ehemann ist. Die Verzögerung wird nicht dadurch außergewöhnlich, dass sie von einem Ehegatten verursacht wurde.¹² Die Verursachung der Verzögerung ist aber bei der Frage der unzumutbaren Härte zu beachten (Rn. 11 f.). Die Verzögerung durch das Einholen von Auskünften bei den Versorgungsträgern in der Folgesache Versorgungsausgleich ist nicht außergewöhnlich. Es bleibt aber die Möglichkeit der Abtrennung nach Nr. 4 (Rn. 7).

Antrag durch einen Ehegatten: Eine Abtrennung von Amts wegen ist ausgeschlossen.¹³ 10

Unzumutbare Härte: Der Aufschub der Ehescheidung muss unter Berücksichtigung der Bedeutung der Folgesache eine unzumutbare Härte für den Ehegatten darstellen, der die Abtrennung begehrt. In der außergewöhnlichen Verzögerung allein liegt keine unzumutbare Härte.¹⁴ Andernfalls wäre dieses Tatbestandsmerkmal überflüssig. Unzumutbar ist die Härte dann, wenn das Interesse des die Abtrennung begehrenden Ehegatten vorrangig vor dem Interesse des anderen daran ist, dass über die Folgesachen mit der Ehescheidung entschieden wird. Erforderlich ist also eine Interessenabwägung. 11

Gründe für den Ehegatten, der die Abtrennung begehrt: 12

- der Wunsch, wieder zu heiraten, wenn damit das neu erwartete Kind ehelich geboren wird,¹⁵

---

6 OLG Schleswig 24.09.2003 – 12 UF 34/03 = MDR 2004, 514.
7 OLG Stuttgart 06.11.1997 – 11 UF 176/97 = MDR 1998, 290 m.w.N.
8 OLG Köln 13.01.2000 – 14 UF 152/99 = FamRZ 2000, 1294.
9 BGH 02.07.1986 – IVb ZR 54/85 = FamRZ 1986, 898; OLG Zweibrücken 08.05.2001 – 5 UF 143/00 = FamRZ 2002, 334; OLG Schleswig 24.09.2003 – 12 UF 34/03 = MDR 2004, 514, str.
10 BGH FamRZ 02.07.1986 – IVb ZR 54/85 = 1986, 898; a.A. OLG Köln 13.01.2000 – 14 UF 152/99 = FamRZ 2000, 1294.
11 OLG Stuttgart 19.09.1991 – 16 UF 181/91 = FamRZ 1992, 320; OLG Hamm 01.12.2006 – 12 UF 168/06 = FamRZ 2007, 651.
12 OLG Schleswig 27.04.1992 – 15 UF 127/91 = FamRZ 1992, 1199.
13 BT Drs. 16/6308, S. 231.
14 OLG Hamburg 11.07.2000 – 2 UF 126/98 = FamRZ 2001, 1228; OLG Düsseldorf 04.02.2002 – 2 UF 211/01 = FamRZ 2002, 1572; 09.01.2008 – 5 UF 148/07 = FamRZ 2008, 1266; OLG Hamm 01.12.2006 – 12 UF 168/06 = FamRZ 2007, 651 m.w.N.
15 BGH 02.07.1986 – IVb ZR 54/85 = FamRZ 1986, 898; OLG Schleswig 24.09.2003 – 12 UF 34/03 = MDR 2004, 514; OLG Naumburg 14.06.2007 – 8 UF 69/07.

- allein die Verzögerung einer Heirat reicht nicht aus,[16] es sei denn der Ehegatte, der wieder heiraten will, hat eine durch Alter oder Krankheit begrenzte Lebenserwartung[17] oder aber, wenn der andere Ehegatte Folgesachen dazu noch verzögert,[18] indem er Auskünfte in den Folgesachen Unterhalt, Zugewinn, Versorgungsausgleich verweigert[19] oder Folgesachenanträge ohne berechtigten Anlass später als nötig anhängig macht.[20] Hat der Ehegatte selbst ein Folgesachenverfahren verzögert, kann er sich nicht auf unzumutbare Härte berufen.[21]
- der beiderseitige Wunsch, dass der Vater eines von der Ehefrau erwarteten Kindes bei dessen Geburt gesetzlicher Vater wird,
- allein die Tatsache, dass ein Ehegatte erheblich mehr Unterhalt als nach der Ehescheidung zahlen muss, reichte bisher nicht aus;[22] vor dem Hintergrund des seit dem 01.01.2008 geltenden Unterhaltsrechts dürfte aber die bewusste Verzögerung durch den unterhaltsberechtigten Ehegatten daneben ausreichen.[23]

13 **Für den Ehegatten, der der Abtrennung widerspricht**, sind die Auswirkungen der Folgesache auf seine aktuelle Lebenssituation zu prüfen. Je gewichtiger diese sind, umso strenger sind die Voraussetzungen für eine Abtrennung.[24] Die Ehe kann eher vorab geschieden werden, wenn sich die Folgesache nicht auf die Lebenssituation des anderen Ehegatten auswirkt, wie z.B. der Zugewinnausgleich bei Ehegatten mit ausreichendem Einkommen oder der Versorgungsausgleich bei noch erwerbstätigen Ehegatten.[25] Anders ist es in der Regel bei der Folgesache nachehelicher Unterhalt.[26] Die Bedeutung der Folgesache kann durch eine einstweilige Anordnung über den gleichen Gegenstand vermindert werden.[27] Aus dem Verbundgedanken folgt, dass das Interesse eines Ehegatten an der wirtschaftlichen Sicherung vor der Ehescheidung hoch zu bewerten ist.[28] Stimmt ein Ehegatte der Abtrennung der Folgesache zu, kann dies ein Indiz dafür sein, dass sein Interesse durch eine Entscheidung vor der Regelung der Folgesache nicht erheblich beeinträchtigt wird.[29] Allerdings können die Ehegatten über

---

16 OLG Hamm 01.12.2006 – 12 UF 168/06 = FamRZ 2007, 651.
17 OLG Hamm 01.12.2006 – 12 UF 168/06 = FamRZ 2007, 651; OLG Brandenburg 21.12.1995 – 9 UF 70/95 = FamRZ 1996, 751.
18 OLG Schleswig 24.09.2003 – 12 UF 34/03 = MDR 2004, 514.
19 OLG Frankfurt 18.03.1986 – 4 UF 248/85 = FamRZ 1986, 922; OLG Bamberg 03.12.1987 – 2 UF 160/87 = FamRZ 1988, 531; OLG Oldenburg 18.11.1991 – 12 UF 90/91 = FamRZ 1992, 458; OLG Naumburg 29.06.2001 – 14 WF 108/01 = FamRZ 2002, 331.
20 OLG Karlsruhe 26.04.1979 – 2 UF 220/78 = FamRZ 1979, 725; 15.02.1979 – 16 UF 155/78 = FamRZ 1979, 947; OLG Frankfurt 08.01.1988 – 1 UF 180/87 = FamRZ 1988, 966.
21 OLG Hamm 28.04.1992 – 9 UF 332/91 = FamRZ 1992, 1086; OLG Brandenburg 21.12.1995 – 9 UF 70/95 = FamRZ 1996, 751; OLG Köln 24.06.1997 – 14 UF 215/96 = FamRZ 1997, 1487; OLG München 10.07.2007 – 4 UF 481/06 = NJW-RR 2008, 887.
22 OLG Koblenz 03.10.1989 – 11 UF 1524/88 = FamRZ 1990, 769.
23 Vgl. BGH 29.05.1991 – XII ZR 108/90 = FamRZ 1991, 1043 m.w.N.; OLG Hamm 01.12.2006 – 12 UF 168/06 = FamRZ 2007, 651 für den Fall, dass der verzögernde Ehegatte auf Grund eines Vergleichs mehr Unterhalt erhält, als ihm gesetzlich zusteht.
24 OLG Hamm 28.04.1992 – 9 UF 332/91 = FamRZ 1992, 1086; OLG Brandenburg 21.12.1995 – 9 UF 70/95 = FamRZ 1996, 751.
25 BGH 02.07.1986 – IVb ZR 54/85 = FamRZ 1986, 898 m.w.N.; OLG Karlsruhe 13.02.1998 – 2 WF 173/97 = FamRZ 1999, 98.
26 OLG Koblenz 03.08.1992 – 13 UF 1222/91 = FamRZ 93, 199.
27 OLG Karlsruhe 26.04.1979 – 2 UF 220/78 = FamRZ 1979, 725; 15.02.1979 – 16 UF 155/78 = FamRZ 1979, 947.
28 OLG Saarbrücken 29.01.1979 – 9 UF 125/78 = FamRZ 1980, 282; Düsseldorf 13.12.1984 – 4 UF 76/84 = FamRZ 1985, 412.
29 BGH 29.05.1991 – XII ZR 108/90 = FamRZ 1991, 1043; OLG Bamberg 03.12.1987 – 2 UF 160/87 = FamRZ 1988, 531; OLG Schleswig 27.04.1992 – 15 UF 127/91 = FamRZ 1992, 1199.

die Vorabentscheidung nicht disponieren. Auch bei Zustimmung des anderen Ehegatten zur Abtrennung kann die Abtrennung daher abgelehnt werden.[30]

Abs. 3 geht auf den bisherigen § 623 Abs. 2 Satz 3 ZPO a.F. zurück. Danach konnte bei Abtrennung einer Kindschaftsfolgesache auch eine Unterhaltsfolgesache abgetrennt werden. Nach der neuen Regelung muss nun ein **Zusammenhang zwischen der Unterhaltsfolge- und der Kindschaftsfolgesache** bestehen. Eine Abtrennung ist danach nicht möglich, wenn sich die Entscheidung in der Kindschaftsfolgesache nicht auf die konkrete Unterhaltsfolgesache auswirken kann.[31] Werden mehrere Folgesachen abgetrennt, besteht der **Verbund** auch unter ihnen fort (§ 137 Abs. 5 Satz 1). Handelt es sich bei der Folgesache um eine Kindschaftssache, wird diese jedoch abweichend hiervon stets als **selbstständige Familiensache** weitergeführt (§ 137 Abs. 5 Satz 2).[32]

Abs. 4 betrifft den **vorzeitig gestellten Scheidungsantrag**. Bei einem solchen beginnt die Frist in Abs. 2 Nr. 4 und 5 nicht mit der Rechtshängigkeit des Scheidungsantrags, sondern erst mit Ablauf des Trennungsjahrs. Der verfrühte Scheidungsantrag soll nicht zur Begründung einer verfahrensrechtlichen Privilegierung oder einer Abtrennung wegen unzumutbarer Härte herangezogen werden können.[33] Liegen die Voraussetzungen einer Härtescheidung nach § 1565 Abs. 2 BGB vor, gilt diese Einschränkung nicht.

Abs. 5: Der Abtrennungsantrag kann zur Niederschrift der Geschäftsstelle oder in der mündlichen Verhandlung zur Niederschrift des Gerichts gestellt werden.

Abs. 6: Die Entscheidung erfolgt in einem gesonderten Beschluss. Bisher konnte sie innerhalb der Endentscheidung, mit der die Scheidung ausgesprochen wurde, ergehen. Der Beschluss ist nicht selbstständig anfechtbar. Für den Fall, dass eine Abtrennung erfolgt, entspricht dies der bisherigen Rechtslage. Für den Fall, dass einem auf Abtrennung gerichteten Antrag nicht entsprochen wird, war die Frage der Anfechtbarkeit bisher umstritten. Der Gesetzgeber hat dies nun ausdrücklich geregelt und Klarheit geschaffen.[34]

§ 141 Rücknahme des Scheidungsantrags

Wird ein Scheidungsantrag zurückgenommen, erstrecken sich die Wirkungen der Rücknahme auch auf die Folgesachen. Dies gilt nicht für Folgesachen, die die Übertragung der elterlichen Sorge oder eines Teils der elterlichen Sorge wegen Gefährdung des Kindeswohls auf einen Elternteil, einen Vormund oder Pfleger betreffen, sowie für Folgesachen, hinsichtlich deren ein Beteiligter vor Wirksamwerden der Rücknahme ausdrücklich erklärt hat, sie fortführen zu wollen. Diese werden als selbständige Familiensachen fortgeführt.

---

30 OLG Schleswig 03.05.1989 – 12 UF 135/88 = FamRZ 1989, 1106.
31 BT-Drs. 16/6308, S. 231.
32 BT-Drs. 16/6308, S. 231.
33 BT-Drs. 16/6308, S. 231.
34 BT-Drs. 16/6308, S. 232.

Abschnitt 2 Verfahren in Ehesachen; Verfahren in Scheidungssachen und Folgesachen

Übersicht

I. Gesetzessystematischer Bezugsrahmen und bisherige Rechtslage	1
II. Verfahren	4
III. Fortführung von Folgesachen nach der Rücknahme des Scheidungsantrags	9
1. Kindschaftssachen bei Kindeswohlgefährdung	9
2. Fortführung anderer Folgesachen	10
3. Rechtsmittel	16

I. Gesetzessystematischer Bezugsrahmen und bisherige Rechtslage

1 Die Folgen der Rücknahme eines Scheidungsantrags waren bisher in § 626 ZPO a.F. geregelt. Die neue Regelung ist nun strukturierter. Grundsätzlich erstreckt sich die Rücknahme des Scheidungsantrags auch auf die Folgesachen (Satz 1). Folgesachen, die die Übertragung der elterlichen Sorge oder eines Teils der elterlichen Sorge wegen **Gefährdung des Kindeswohls** auf einen Elternteil, einen Vormund oder Pfleger betreffen, sind hiervon ausgenommen. Nach dem Gesetzentwurf waren zunächst alle Kindschaftssachen nach § 137 Abs. 3 ausgenommen.[1] Nach der Stellungnahme des Bundesrats[2] wurde dies als zu weitgehend beurteilt und die Ausnahme auf bestimmte Kindschaftssachen beschränkt.[3]

> **Muster**
> Für den Fall der Rücknahme des Scheidungsantrags soll die Folgesache ... als selbstständige Familiensache fortgeführt werden.

2 Erklärt ein Beteiligter vor Wirksamwerden der Rücknahme ausdrücklich, er wolle die Folgesache fortsetzen, erstreckt sich die Rücknahme des Scheidungsantrags ebenfalls nicht auf diese Folgesache. Diese wird dann als selbstständige Familiensache fortgeführt. Dies entspricht dem bisherigen § 626 Abs. 1 Satz 1, Abs. 2 ZPO a.F.

3 **Kosten:** Die kostenrechtlichen Vorschriften des bisherigen § 626 Abs. 1 Satz 2 ZPO a.F. sind nunmehr in § 150 enthalten.

II. Verfahren

4 Der Scheidungsantrag kann in der mündlichen Verhandlung oder durch Einreichen eines Schriftsatzes zurückgenommen werden (§ 269 Abs. 2 Satz 2 ZPO i.V.m. § 113 Abs. 1). Solange der gegnerische Rechtsanwalt nicht zur Hauptsache verhandelt hat, also den Standpunkt seines Mandanten zu dem Scheidungsbegehren nicht zu erkennen gegeben hat, kann der Scheidungsantrag ohne weiteres zurückgenommen werden (§ 269 Abs. 1 ZPO i.V.m. § 113 Abs. 1).[4] Ein **Verhandeln zur Hauptsache** liegt

---
1 BT-Drs. 16/6308, S. 232.
2 BR-Drs. 309/07, S. 35.
3 BT-Drs. 16/9733, S. 293.
4 BGH 23.06.2004 – XII ZB 212/01 = FamRZ 2004, 1364.

auch darin, dass der gegnerische Rechtsanwalt der Scheidung zustimmt,[5] dass er erklärt, der Antragsgegner trete dem Scheidungsantrag nicht entgegen,[6] oder dass er einen Beweisantrag stellt.[7] Äußert sich der Anwalt des Antragsgegners nur zu der Zulässigkeit der Klage, so verhandelt er nicht zur Hauptsache.[8] Dasselbe gilt, wenn ein nicht durch einen eigenen Anwalt vertretener Antragsgegner gem. § 128 Abs. 1 angehört wird.[9] Solange der Antragsgegner in der mündlichen Verhandlung nicht durch einen Rechtsanwalt vertreten war, kann der Scheidungsantrag ohne seine Zustimmung zurückgenommen werden.[10]

Hat der Antragsgegner zur Sache verhandelt, so ist die **Rücknahme** des Scheidungsantrags nur wirksam, wenn er einwilligt (§ 269 Abs. 1 ZPO i.V.m. § 113 Abs. 1). Die **Einwilligung** muss gegenüber dem Gericht erklärt werden (§ 269 Abs. 2 Satz 1 ZPO i.V.m. § 113). Sie gilt als erteilt, wenn der Schriftsatz, der die Antragsrücknahme enthält, dem Antragsgegner zugestellt wird, wenn dieser nicht binnen einer Notfrist von zwei Wochen der Antragsrücknahme widerspricht, sofern er zuvor auf diese Folge hingewiesen worden ist (§ 269 Abs. 2 Satz 4 ZPO i.V.m. § 113). Die Einwilligung ist bis zur Rechtskraft des Scheidungsausspruchs möglich. Sie kann nicht widerrufen werden, auch nicht bei Zustimmung des Antragstellers.[11]

5

Die Antragsrücknahme und die Zustimmung hierzu müssen von einem **postulationsfähigen Rechtsanwalt** erklärt werden. Nach der Beschlussverkündung, aber vor der Einlegung eines Rechtsmittels kann der Prozessbevollmächtigte der Vorinstanz den Scheidungsantrag zurücknehmen, nach Einlegung des Rechtsmittels ist nur der Prozessbevollmächtigte der Rechtsmittelinstanz hierzu befugt. Der Antragsteller, dessen Scheidungsbegehren erfolgreich war, kann mit der Beschwerde auf den Scheidungsantrag verzichten oder ihn zurücknehmen.[12] Der Antragsgegner kann mit der Beschwerde seine Zustimmung zur Scheidung widerrufen.[13]

6

Wirkungen der Rücknahme: Wird der Scheidungsantrag zurückgenommen, so ist der Rechtsstreit als nicht anhängig geworden anzusehen, ein bereits ergangenes, noch nicht rechtskräftiges Urteil wird wirkungslos, ohne dass es ausdrücklich aufgehoben zu werden braucht (§ 269 Abs. 3 Satz 1 ZPO i.V.m. § 113 Abs. 1). Dies gilt auch für die Folgesachen, auf die sich die Rücknahme gem. Satz 1 erstreckt.

7

Nimmt der Antragsteller den Scheidungsantrag **vor Zustellung an den Antragsgegner** zurück, ist kein Verfahrensrechtsverhältnis zwischen den Beteiligten entstanden. Eine Kostenentscheidung darf nicht ergehen.[14] Nimmt der Antragsteller den Antrag zurück, hat er die Kosten zu tragen, es sei denn, die Beteiligten haben etwas anderes vereinbart (§ 150 Abs. 2 Satz 1). Nehmen beide Ehegatten ihre Anträge zurück, werden die Kosten gegeneinander aufgehoben (§ 150 Abs. 2 Satz 2).

8

---

5 OLG München 29.09.1993 – 4 WF 143/93 = NJW-RR 1994, 201; Bergerfurth FamRZ 2002, 1261.
6 BGH 23.06.2004 – XII ZB 212/01 = FamRZ 2004, 1364 (1365).
7 OLG Frankfurt 10.11.1981 – 3 UF 6/81, 3 UF 6/81 = FamRZ 1982, 809.
8 BGH 06.05.1987 – IVb ZR 51/86 = FamRZ 1987, 800.
9 Vgl. BGH 23.06.2004 – XII ZB 212/01 = FamRZ 2004, 1364; OLG Stuttgart 19.07.2004 – 17 WF 106/04 = FamRZ 2005, 286 m.w.N.
10 BGH 23.06.2004 – XII ZB 212/01 = FamRZ 2004, 1364 (1365) m.w.N.; OLG Stuttgart 10.09.2003 – 16 WF 156/03 = FamRZ 2004, 957.
11 OLG München 05.03.1982 – 13 UF 635/81 = FamRZ 1982, 510.
12 BGH 11.01.1984 – IVb ZR 41/82 = FamRZ 1984, 350.
13 BGH 11.01.1984 – IVb ZR 41/82 = FamRZ 1984, 350.
14 OLG Nürnberg 31.10.2002 – 7 WF 3134/02 = FamRZ 2003, 1118.

III. Fortführung von Folgesachen nach der Rücknahme des Scheidungsantrags

1. Kindschaftssachen bei Kindeswohlgefährdung

9 Folgesachen, die die Übertragung der elterlichen Sorge oder eines Teils der elterlichen Sorge wegen Gefährdung des Kindeswohls (z.B. § 1666 Abs. 1 BGB) auf einen Elternteil, einen Vormund oder Pfleger betreffen, werden von Gesetzes wegen fortgeführt. Kindschaftssachen, die nicht darunter fallen, können nach Satz 2 Alt. 2 fortgeführt werden.

2. Fortführung anderer Folgesachen

10 Andere Folgesachen – dazu gehören auch die Kindschaftssachen, die nicht unter Alt. 1 fallen – können als **selbstständige Familiensachen** fortgeführt werden, sofern ein Beteiligter vor Wirksamwerden der Rücknahme ausdrücklich erklärt hat, sie fortführen zu wollen (Satz 2). Hierfür war nach bisherigem Recht ein Antrag nötig, der als Prozesshandlung nur von einem Rechtsanwalt gestellt werden konnte. Nach der neuen Regelung benötigt man lediglich die Erklärung eines Beteiligten. Die Fortführung ist verfahrensökonomisch und vermeidet unnötige Kosten durch Wiederholung der Beweisaufnahme. Sie ist auch möglich, wenn der Scheidungsantrag für erledigt erklärt wurde, weil die Ehe im Ausland geschieden worden ist.[15] Die Zuständigkeit für die fortzuführende Sache bleibt erhalten (§ 261 Abs. 3 Satz 2 ZPO i.V.m. 113 Abs. 1).

11 **Anwaltszwang:** Die Erklärung, die Folgesache fortführen zu wollen, ist eine Prozesshandlung, für die gem. § 114 Abs. 1 Anwaltszwang besteht. Dieser ist auch nicht nach § 114 Abs. 4 ausgenommen.

12 Nach bisher geltendem Recht erging eine Entscheidung über den Antrag auf Fortführung einer Folgesache durch Beschluss. Nach geltendem Recht soll die Rechtsfolge der Fortsetzung durch die **Erklärung des Beteiligten** selbst eintreten.[16]

13 Die **Zuständigkeit des FamG** bleibt erhalten (§ 261 Abs. 3 Nr. 2 ZPO i.V.m. § 113 Abs. 1). Der Anwaltszwang kann – etwa bei Kindschaftssachen – hierdurch entfallen.[17] Über die Kosten der fortgeführten Folgesache ist so zu entscheiden, als wäre sie niemals im Verbund anhängig gewesen (§ 150 Abs. 5 Satz 2). Bei Kindschaftssachen ist dann von einem Streitwert von 3.000 EUR (§ 45 Abs. 1 FamGKG) und nicht mehr von 900 EUR (§ 48 Abs. 3 Satz 2 GKG) auszugehen.[18]

14 Eine Fortführung der **Versorgungsausgleichssache** ist nicht möglich. Das Gesetz sieht einen vorzeitigen Versorgungsausgleich vor der Ehescheidung nicht vor. Wird der Scheidungsantrag jedoch zurückgenommen, weil die Ehe bereits zuvor im Ausland ge-

---

15 KG 20.03.1979 – 3 WF 4575/78 =NJW 1979, 1107; OLG Hamm 24.03.2005 – 10 WF 26/05 = NJW-RR 2005, 1023.
16 BT-Drs. 16/6308, S. 232.
17 OLG Rostock 08.12.2005 – 11 UF 39/05 = FamRZ 2007, 1352; OLG Köln 21.06.2000 – 27 UF 50/99 = FamRZ 2001, 1227; OLG Koblenz 12.05.2000 – 13 UF 608/99 = OLGR Koblenz 2001, 17 = JurBüro 2000, 533.
18 OLG Karlsruhe 24.03.1999 – 2 UF 240/98 = JurBüro 1999, 420; OLG Koblenz 12.05.2000 – 13 UF 608/99 = JurBüro 2000, 533.

schieden worden ist und das ausländische Urteil auch im Inland anerkannt wird, so kann eine Versorgungsausgleichssache fortgeführt werden.[19]

Die Folgesache **Zugewinnausgleich** kann fortgeführt werden, wenn die Ehegatten mindestens seit drei Jahren getrennt leben (§ 1385 BGB) oder wenn der Gegner die in § 1386 BGB erwähnten Verfehlungen begangen hat.[20] Das Gericht darf den Antrag auf Fortführung nicht mit der Begründung zurückweisen, dass die Voraussetzungen der §§ 1385 ff. BGB nicht erfüllt sind.[21]

15

3. Rechtsmittel

Bisher geltendes Recht: Wurde die Fortführung verweigert, konnte dagegen sofortige Beschwerde eingelegt werden. Wurde dem Antrag auf Fortführung stattgegeben, fand hiergegen kein Rechtsmittel statt. Das Gericht durfte die Fortführung nicht verweigern, weil es sie für unzweckmäßig hielt oder weil es das Begehren des Antragstellers nicht für erfolgversprechend hielt.[22]

Geltendes Recht: Da nun keine Entscheidung über die Fortführung mehr ergeht, sondern diese durch die Erklärung eines Beteiligten kraft Gesetzes ausgelöst wird, ist ein Rechtsmittel nicht erforderlich. Wird das Gericht in der fortgesetzten Folgesache nicht mehr tätig, sollte zunächst Antrag auf mündliche Verhandlung gestellt werden. Bleibt das Gericht untätig, kommen die Untätigkeitsbeschwerde und die Richterablehnung in Betracht.

16

§ 142 Einheitliche Endentscheidung; Abweisung des Scheidungsantrags

(1) Im Fall der Scheidung ist über sämtliche im Verbund stehenden Familiensachen durch einheitlichen Beschluss zu entscheiden. Dies gilt auch, soweit eine Versäumnisentscheidung zu treffen ist.

(2) Wird der Scheidungsantrag abgewiesen, werden die Folgesachen gegenstandslos. Dies gilt nicht für Folgesachen nach § 137 Abs. 3 sowie für Folgesachen, hinsichtlich deren ein Beteiligter vor der Entscheidung ausdrücklich erklärt hat, sie fortführen zu wollen. Diese werden als selbständige Familiensachen fortgeführt.

(3) Enthält der Beschluss nach Absatz 1 eine Entscheidung über den Versorgungsausgleich, so kann insoweit bei der Verkündung auf die Beschlussformel Bezug genommen werden.

Die Vorschrift übernimmt und modifiziert die bisherigen Regelungen des § 629 ZPO a.F. Es bleibt dabei, dass über die Scheidung und sämtliche Folgesachen durch einheitlichen Beschluss zu entscheiden ist (→ § 137). Es bleibt auch dabei, dass die Folgesachen gegenstandslos werden, wenn der Scheidungsantrag abgewiesen wird. **Abs. 2**

1

---

[19] KG 20.03.1979 – 3 WF 4575/78 = NJW 1979, 1107; OLG Hamm 24.03.2005 – 10 WF 26/05 = FamRZ 2005, 1496.
[20] OLG Stuttgart 20.07.2005 – 17 WF 57/05 = FamRZ 2006, 714.
[21] KG 04.11.2003 – 18 WF 233/03 = FamRZ 2004, 1044.
[22] OLG Hamm 24.03.2005 – 10 WF 26/05 = FamRZ 2005, 1496.

Satz 2 macht hiervon eine Ausnahme für Kindschaftsfolgesachen sowie für solche Folgesachen, hinsichtlich derer ein Beteiligter vor der Entscheidung ausdrücklich erklärt hat, sie fortsetzen zu wollen. Diese Folgesache wird als selbstständige Familiensache fortgesetzt, für die gesondert Verfahrenskostenhilfe beantragt werden muss. Neu ist, dass diese Rechtsfolge nicht mehr wie bislang nach § 629 Abs. 3 ZPO a.F. durch eine gerichtliche Entscheidung, sondern durch eine Erklärung des Beteiligten eintritt (vgl. § 141 Satz 2). § 141 Satz 2 ist hinsichtlich der kraft Gesetzes eintretenden **Fortführung von Kindschaftssachen** enger gefasst (→ § 141 Rn. 9). Warum der Gesetzgeber hier weiter geht, ist nicht nachvollziehbar.

> **Muster**
> Für den Fall der Abweisung des Scheidungsantrags soll die Folgesache ... als selbstständige Familiensache fortgeführt werden.

2 Wird die Ehe geschieden, so ist in demselben **Beschluss** auch über die Folgesachen zu entscheiden, es sei denn, die Folgesachen sind bereits vorweg entschieden worden oder gem. § 140 abgetrennt. Die Formalien des Beschlusses ergeben sich aus § 38 (→ § 38). Der Beschluss ist mit einer Kostenentscheidung zu versehen, die sich nach § 150 richtet.

3 Wird eine Folgesache in der Entscheidung übergangen, ist diese auf Antrag nachträglich zu ergänzen (§ 321 ZPO i.V.m. § 113 Abs. 1). Bei Folgesachen, die von Amts wegen eingeleitet werden (§ 1666 BGB oder der Wertausgleich von Versorgungsanwartschaften), kann der Beschluss auch ohne Antrag ergänzt werden.[1]

4 **Versäumnisentscheidung (Abs. 1 Satz 2):** Auch im Fall einer Versäumnisentscheidung ist über sämtliche Verfahren im Verbund zu entscheiden. In der Scheidungssache kann eine Versäumnisentscheidung nur gegen den Antragsteller ergehen (§ 130 Abs. 1), eine Versäumnisentscheidung gegen den Antragsgegner ist dagegen unzulässig (§ 130 Abs. 2). In Verfahren der freiwilligen Gerichtsbarkeit gibt es keine Versäumnisentscheidung. Das FamG kann sachlich in diesen Verfahren entscheiden, auch wenn hierzu keine Anträge im Scheidungsverbund gestellt werden. In Familienstreitsachen (§ 112) sind §§ 330 ff. ZPO i.V.m. § 113 Abs. 1 anzuwenden. Solange dem Scheidungsantrag nicht stattgegeben wird, kann ein Versäumnisbeschluss über eine Familienstreitsache im Verbund aber nicht ergehen. Rechtsmittel bei einem Versäumnisbeschluss: → § 143.

5 Abs. 3 wurde durch das VAStrRefG[2] eingefügt.

§ 143 Einspruch

Wird im Fall des § 142 Abs. 1 Satz 2 gegen die Versäumnisentscheidung Einspruch und gegen den Beschluss im Übrigen ein Rechtsmittel eingelegt, ist zunächst über den Einspruch und die Versäumnisentscheidung zu verhandeln und zu entscheiden.

---

1 MünchKomm/Finger § 229 ZPO Rn. 5.
2 BT-Drs. 16/11903, S. 47.

§ 144 Verzicht auf Anschlussrechtsmittel

Die Regelung entspricht inhaltlich dem bisherigen § 629 Abs. 2 Satz 2 ZPO a.F. Ist der Verbundbeschluss eine Versäumnisentscheidung, kann der säumige Ehegatte nur Einspruch einlegen.[1] Das gilt auch, wenn die Versäumnisentscheidung nicht hätte ergehen dürfen.[2] Ist der Verbundbeschluss keine Versäumnisentscheidung, findet die Beschwerde statt (§§ 58 ff.).

1

Wird **gegen die Versäumnisentscheidung Einspruch** und gegen den Beschluss im Übrigen ein Rechtsmittel eingelegt, ist zunächst über den Einspruch und die Versäumnisentscheidung zu verhandeln und zu entscheiden. Der Einspruch verlängert die Fristen für Rechtsmittel gegen Teile des Verbundbeschlusses, die nicht Versäumnisentscheidung sind, **nicht**.[3] Es muss klar auseinandergehalten werden, welche Teile der Verbundentscheidung Versäumnisentscheidungen sind, gegen die Einspruch eingelegt werden muss, und welche Teile Sachentscheidungen sind, die mit der Beschwerde angegriffen werden müssen. Dazu müssen die Entscheidungsgründe sorgfältig überprüft werden. Der Versäumnisbeschluss muss nicht als solcher bezeichnet sein. Es reicht, wenn sich aus den Entscheidungsgründen ergibt, dass er auf Grund der Säumnis ergangen ist.[4] War der Beteiligte, gegen den die Entscheidung ergangen ist, säumig und fehlen Tatbestand und Entscheidungsgründe, spricht das für einen Versäumnisbeschluss.[5] Ist unklar, ob die Entscheidung auf Grund der Säumnis ergangen ist, gilt der **Grundsatz der Meistbegünstigung**.[6] Die fehlerhaft erhobene Beschwerde kann schon deshalb nicht in einen Einspruch umgedeutet werden, da sie beim OLG erhoben wird, der Einspruch beim FamG.[7] Auch ist die Einspruchsfrist mit zwei Wochen kürzer als die Beschwerdefrist mit einem Monat.

2

Wurde gegen den Versäumnisbeschluss Einspruch und gegen die Entscheidung im Übrigen Beschwerde eingelegt und wird gegen den auf den Einspruch hin ergangenen Beschluss ebenfalls Beschwerde eingelegt, wird der **Verbund in der Berufungsinstanz** wieder hergestellt, damit einander widersprechende Entscheidungen nicht entstehen können.

3

§ 144 Verzicht auf Anschlussrechtsmittel

Haben die Ehegatten auf Rechtsmittel gegen den Scheidungsausspruch verzichtet, können sie auch auf dessen Anfechtung im Wege der Anschließung an ein Rechtsmittel in einer Folgesache verzichten, bevor ein solches Rechtsmittel eingelegt ist.

Auf ein Anschlussrechtsmittel kann grundsätzlich erst verzichtet werden, wenn ein Hauptrechtsmittel eingelegt ist. Die Vorschrift ermöglicht hiervon eine Ausnahme. Sie entspricht dem bisherigen § 629a Abs. 4 ZPO a.F. Um die sofortige Rechtskraft der Ehescheidung herbeizuführen, müssen die Ehegatten auf Rechtsmittel **und** Anschluss-

---
1 BGH 25.06.1986 – IVb ZB 83/85 = FamRZ 1986, 897; 03.02.1988 – IVb ZB 4/88 = FamRZ 1988, 945.
2 OLG Koblenz 25.08.2000 – 11 UF 672/99 = FamRZ 2001, 1159.
3 BGH 25.06.1986 – IVb ZB 83/85 = FamRZ 1986, 897.
4 BGH 03.02.1988 – IVb ZB 4/88 = FamRZ 1988, 945; 11.05.1994 – XII ZB 55/94 = FamRZ 1994, 1521.
5 Derleder FuR 1995, 58.
6 BGH 03.02.1988 – IVb ZB 4/88 = FamRZ 1988, 945.
7 BGH 11.05.1994 – XII ZB 55/94 = FamRZ 1994, 1521.

rechtsmittel verzichten. Verzichten sie nur auf Rechtsmittel, können sie sich den Rechtsmitteln Drittbeteiligter in einer Folgesache noch anschließen und damit auch den Ausspruch zur Ehescheidung noch angreifen.[1] Rechtskräftig wird der Scheidungsbeschluss nur, wenn beide Ehegatten nach dessen Verkündung auf Rechtsmittel und auf Anschlussrechtsmittel verzichten.

Anwaltszwang: Die Beteiligten müssen sich bei dem Verzicht von postulationsfähigen Rechtsanwälten vertreten lassen.[2] Der Anwalt ist kraft der Prozessvollmacht zum Verzicht befugt. Eine Beschränkung der Prozessvollmacht ist dem FamG und dem Antragsgegner gegenüber unwirksam (§ 83 Abs. 1 ZPO i.V.m. § 113 Abs. 1).[3] Erklärt der Anwalt den Verzicht trotz insoweit fehlender Vollmacht, ist der Verzicht wirksam. Der Verzicht ist auch wirksam, wenn sich die Prozessvollmacht entgegen § 83 Abs. 1 ZPO auf die Erklärung des Verzichts beschränkt.

Wirkung: Wird der Verzicht ohne Einschränkung erklärt, gilt er auch für **Folgesachen**.[4] Der Verzicht kann nicht widerrufen werden, wenn er gegenüber dem Gericht erklärt worden ist.[5] Er kann auch nicht wegen Willensmängeln angefochten werden, es sei denn, er ist von einem Restitutionsgrund i.S.d. § 580 ZPO betroffen.[6] Ein einseitiger Rechtmittelverzicht führt die Rechtskraft der Scheidung nicht herbei.[7]

Die **Wirksamkeit** des Verzichts hängt nicht davon ab, dass er ordnungsgemäß protokolliert wird.[8] Wurde das Protokoll unter Verstoß gegen § 162 Abs. 1 ZPO i.V.m. § 113 Abs. 1 nicht vorgelesen und genehmigt, fehlt ihm insoweit die Beweiskraft einer öffentlichen Urkunde.[9] Der Rechtsmittelverzicht kann aber in anderer Weise bewiesen werden.[10] Verkündungsmängel machen die Verkündung und folglich auch den Rechtsmittelverzicht nicht unwirksam.[11]

§ 145 Befristung von Rechtsmittelerweiterung und Anschlussrechtsmittel

(1) Ist eine nach § 142 einheitlich ergangene Entscheidung teilweise durch Beschwerde oder Rechtsbeschwerde angefochten worden, können Teile der einheitlichen Entscheidung, die eine andere Familiensache betreffen, durch Erweiterung des Rechtsmittels oder im Wege der Anschließung an das Rechtsmittel nur noch bis zum Ablauf eines Monats nach Zustellung der

---

1 BGH 19.03.1997 – XII ZR 287/95 = FamRZ 1997, 804.
2 BGH 08.12.1993 – XII ZR 133/92 = FamRZ 1994, 300; 18.01.1984 – IVb ZB 53/83 = FamRZ 1984, 372.
3 BGH 08.12.1993 – XII ZR 133/92 = FamRZ 1994, 300.
4 BGH 25.06.1986 – IVb ZB 75/85 = FamRZ 1986, 1089.
5 BGH 08.05.1985 – IVb ZB 56/84 = FamRZ 1985, 801; 25.06.1986 – IVb ZB 75/85 = FamRZ 1986, 1089; OLG Hamm 16.11.1993 – 7 UF 203/92 = FamRZ 1995, 943 m.w.N.
6 BGH 25.06.1986 – IVb ZB 75/85 = FamRZ 1986, 1089; 08.12.1993 – XII ZR 133/92 = FamRZ 1994, 300; OLG Düsseldorf 15.03.2006 – 2 UF 225/05 = FamRZ 2006, 966.
7 OLG Düsseldorf 08.10.1984 – 2 UF 135/84 = FamRZ 1985, 300.
8 BGH 04.07.2007 – XII ZB 14/07 = FamRZ 2007, 1631; 08.12.1993 – XII ZR 133/92 = FamRZ 1994, 300; 18.01.1984 – IVb ZB 53/83 = FamRZ 1984, 372.
9 BGH 18.01.1984 – IVb ZB 53/83 = FamRZ 1984, 372.
10 BGH 25.06.1986 – IVb ZB 75/85 = FamRZ 1986, 1089; a.A. OLG Celle 29.06.1981 – 12 UF 5/81 = NdsRpfl 81, 197.
11 OLG Hamm 16.11.1993 – 7 UF 203/92 = FamRZ 1995, 943.

Rechtsmittelbegründung angefochten werden; bei mehreren Zustellungen ist die letzte maßgeblich.

(2) Erfolgt innerhalb dieser Frist eine solche Erweiterung des Rechtsmittels oder Anschließung an das Rechtsmittel, so verlängert sich die Frist um einen weiteren Monat. Im Fall einer erneuten Erweiterung des Rechtsmittels oder Anschließung an das Rechtsmittel innerhalb der verlängerten Frist gilt Satz 1 entsprechend.

Übersicht

I. Gesetzessystematischer Bezugsrahmen	1
1. Bisheriges Recht	1
2. Grundlagen	2
II. Inhalt der Norm	5
1. Sachlicher Anwendungsbereich: andere Familiensache	5
2. Monatsfrist nach Abs. 1	6
3. Folgen der Fristversäumung	9

I. Gesetzessystematischer Bezugsrahmen

1. Bisheriges Recht

Die Vorschrift enthält den Regelungsgegenstand des bisherigen § 629a Abs. 3 ZPO a.F. Mit der Überarbeitung der Formulierung wollte der Gesetzgeber das neue Rechtsmittelrecht berücksichtigen und die Verständlichkeit der Vorschrift erhöhen, ohne aber die Regelung sachlich zu verändern.[1] **1**

2. Grundlagen

Die **Anschließung** an die Beschwerde und Rechtsbeschwerde ist in §§ 66 und 73 geregelt (→ § 66, → § 73). Die Anschließung an die Beschwerde nach § 66 ist grundsätzlich ohne Beachtung einer Frist bis zum Schluss der mündlichen Verhandlung möglich. **2**

Die **Rechtsmittelerweiterung** betrifft den Fall, dass bereits ein Rechtsmittel eingelegt wurde, das erweitert wird. Für Rechtsmittel in Ehe- und Familienstreitsachen muss innerhalb der Begründungsfrist ein bestimmter Sachantrag gestellt und dieser begründet werden (§ 117 Abs. 1). In welchem Umfang die Entscheidung angegriffen wird, muss sich aus der Begründung ergeben. Nach Ablauf der Begründungsfrist dürfen weitere Beschwerde- oder Rechtsbeschwerdegründe nicht mehr nachgeschoben werden. Eine Erweiterung des Rechtsmittels ist nur zulässig, wenn sich die Gründe hierfür bereits aus der Rechtsmittelbegründungsschrift ergeben.[2] **3**

Für das **Verbundverfahren** regelt § 145 eine Befristung der Anschließung bzw. Rechtsmittelerweiterung. Hierdurch soll verhindert werden, dass die Ehescheidung durch Rechtsmittel in Folgesachen unzumutbar verzögert wird. **4**

---

[1] BT-Drs. 16/6308, S. 232.
[2] BGH 06.07.2005 – XII ZR 293/02 = FamRZ 2005, 1538.

II. Inhalt der Norm

1. Sachlicher Anwendungsbereich: andere Familiensache

5 § 145 betrifft ausschließlich die Anschließung wegen der – bzw. die Erweiterung auf die – Teile der Verbundentscheidung, die nicht mit dem Hauptrechtsmittel angegriffen wurden. Die Anschließung an Familiensachen, die bereits durch die Beschwerde angegriffen wurden, ist nicht fristgebunden (→ § 66).

2. Monatsfrist nach Abs. 1

6 **Fristbeginn:** Die Frist beginnt mit der Zustellung der Begründung des Hauptrechtsmittels, bei mehreren Zustellungen mit der letzten Zustellung. Das gilt auch, wenn mehrere Begründungen erfolgen oder mehrere Hauptrechtsmittel durch verschiedene Beteiligte eingelegt werden. Unterbleibt nur eine der erforderlichen Zustellungen, hindert das bereits den Fristbeginn.[3] Eine Zustellung an einen Dritten, der nicht betroffen ist, hat keinen Einfluss auf die Frist. Fehlt die Zustellung an einen Betroffenen, auch wenn er versehentlich in das Verfahren nicht einbezogen wurde, hindert dies den Fristlauf.

7 **Fristende:** Das Ende der Frist ergibt sich nach § 222 ZPO i.V.m. § 16 Abs. 2. Eine Fristverlängerung sieht das Gesetz nicht vor. Die Frist ist keine Notfrist.[4] Sie wird aber wie eine solche behandelt, so dass gegen ihre Versäumung Wiedereinsetzung beantragt werden kann. Dies gilt auch dann, wenn der bedürftige Beteiligte einen Verfahrenskostenantrag stellt und danach fristgemäß Wiedereinsetzung beantragt und das Rechtsmittel innerhalb der Frist unbedingt einlegt.

8 Die Anschließung bzw. Erweiterung des Rechtsmittels muss innerhalb der Monatsfrist begründet werden. Die Erweiterung eines Rechtsmittels auf eine andere Familiensache setzt voraus, dass diese durch die **Begründung des Rechtsmittels** abgedeckt ist.[5]

3. Folgen der Fristversäumung

9 Wird innerhalb der Monatsfrist kein Antrag nach § 145 gestellt, werden die nicht angefochtenen Teile der Verbundentscheidung rechtskräftig.

§ 146 Zurückverweisung

(1) Wird eine Entscheidung aufgehoben, durch die der Scheidungsantrag abgewiesen wurde, soll das Rechtsmittelgericht die Sache an das Gericht zurückverweisen, das die Abweisung ausgesprochen hat, wenn dort eine Folgesache zur Entscheidung ansteht. Das Gericht hat die rechtliche Beurteilung, die der Aufhebung zugrunde gelegt wurde, auch seiner Entscheidung zugrunde zu legen.

---

[3] BGH 12.05.1998 – VI ZB 10/98 = NJW 1998, 2679.
[4] OLG Köln 10.04.1987 – 25 UF 253/86 = FamRZ 1987, 1059; OLG Celle 11.10.1989 – 21 UF 104/89 = FamRZ 1990, 646; MünchKomm/Finger § 629a ZPO Rn. 31; OLG Karlsruhe 03.12.1987 – 2 UF 141/86 = FamRZ 1988, 412.
[5] BGH 06.07.2005 – XII ZR 293/02 = FamRZ 2005, 1538.

(2) Das Gericht, an das die Sache zurückverwiesen wurde, kann, wenn gegen die Aufhebungsentscheidung Rechtsbeschwerde eingelegt wird, auf Antrag anordnen, dass über die Folgesachen verhandelt wird.

Übersicht

I. Vergleich zur bisherigen Rechtslage	1
II. Inhalt der Norm	2
1. Zurückverweisung (Abs. 1 Satz 1)	2
2. Bindung an die Entscheidung des Rechtsmittelgerichts (Abs. 1 Satz 2)	3
3. Verhandlung über die Folgesache bei Rechtsbeschwerde (Abs. 2)	4

I. Vergleich zur bisherigen Rechtslage

Die Vorschrift ersetzt § 629b ZPO a.F. Eine Abweichung ergibt sich in **Abs. 1 Satz 1** insoweit, als die Zurückverweisung an das erstinstanzliche FamG bisher zwingend angeordnet werden musste, wenn dort eine Folgesache zur Entscheidung anstand. Die Vorschrift ist nun als Sollvorschrift ausgestaltet, so dass das Rechtsmittelgericht nunmehr in begründeten Ausnahmefällen von einer Zurückverweisung auch absehen kann. Denkbar ist bspw. der Fall, dass die anstehende Folgesache durch Abtrennung vom Verbund ohnehin bereits gelöst war oder dass die Folgesache durch eine Vereinbarung oder in sonstiger Weise ohne größeren Verfahrensaufwand vor dem Rechtsmittelgericht zum Abschluss gebracht werden kann.[1] Ein Absehen von der Zurückverweisung wird in der Regel nicht in Betracht kommen, wenn ein Beteiligter auf der Zurückverweisung besteht.[2] **Satz 2** entspricht dem bisherigen § 629b Abs. 1 Satz 2 ZPO a.F. **Abs. 2** entspricht dem bisherigen § 629b Abs. 2 ZPO a.F.

1

II. Inhalt der Norm

1. Zurückverweisung (Abs. 1 Satz 1)

Wird ein Scheidungsantrag abgewiesen, werden die Folgesachen gegenstandslos (§ 142 Abs. 2 Satz 1), wenn sie nicht nach § 142 Abs. 2 Sätze 2 und 3 fortgeführt werden. Über die gegenstandslos gewordenen Folgesachen wird nicht entschieden. Wird gegen die Entscheidung Beschwerde eingelegt, hat das Rechtsmittelgericht folglich nur über den Ausspruch zur Ehescheidung zu entscheiden. Hebt es die Entscheidung auf und stehen Folgesachen noch zur Entscheidung an (§ 137 Abs. 2), muss der Verbund wiederhergestellt werden. Dies soll in der Regel durch die Zurückverweisung an das vorhergehende Gericht erfolgen. Für die Zurückverweisung müssen folgende Voraussetzungen vorliegen:

2

- Der Beschluss, durch den der Scheidungsantrag abgewiesen wurde, wird aufgehoben.

---

1 BT-Drs. 16/6308, S. 232.
2 BT-Drs. 16/6308, S. 232 f.

- Es muss eine **Folgesache zur Entscheidung anstehen**. Ob Folgesachen vorliegen, richtet sich nach § 137 Abs. 2 (→ § 137 Rn. 12 ff.). Die Vorschrift stellt nicht auf die Anhängigkeit der Folgesache ab, sondern darauf, dass eine Folgesache zur Entscheidung ansteht. Das ist nicht der Fall, wenn sie aus dem Verbund bereits ausgeschieden sind, durch Abtrennung (§ 140), Rücknahme des Folgesachenantrags, Vergleich, eine bereits ergangene Entscheidung über Folgesachen, die als selbstständige Familiensachen fortgeführt wurden, oder durch anderweitige Erledigung, bspw. bei Sorgerechtsverfahren durch die Volljährigkeit des Kindes. Eine Folgesache steht dagegen noch zur Entscheidung an, wenn sie als selbstständige Familiensache fortgeführt (§ 142 Abs. 2 Sätze 2 u. 3) und noch nicht entschieden wurde.

2. Bindung an die Entscheidung des Rechtsmittelgerichts (Abs. 1 Satz 2)

3 Das Gericht, an das zurückverwiesen wurde, ist an die **rechtliche Beurteilung**, die der Aufhebung zugrunde gelegt wurde, gebunden. Dies schließt jedoch nicht aus, dass es zu anderen **tatsächlichen Feststellungen** kommt und diese selbstständig würdigt.[3] Hat das Rechtsmittelgericht seine Rechtsauffassung geändert und die neue Auffassung bekannt gemacht, ist das Gericht, an das zurückverwiesen wurde, nicht an die Entscheidung gebunden.[4]

3. Verhandlung über die Folgesache bei Rechtsbeschwerde (Abs. 2)

4 Hat das OLG den Beschluss des FamG aufgehoben und zurückverwiesen und wird gegen diese Entscheidung Rechtsbeschwerde eingelegt, hemmt diese die Wirksamkeit der Entscheidung. Das AmtsG – FamG – kann während der Hemmung nicht über den Scheidungsantrag und Folgesachen entscheiden. Auf Antrag eines Beteiligten darf es über die Folgesache aber vorab verhandeln. Ob die Verhandlung angeordnet wird, liegt im Ermessen des Gerichts, das zu berücksichtigen hat, ob die Verhandlung zu einer Verfahrensbeschleunigung führen kann.

§ 147 Erweiterte Aufhebung

Wird eine Entscheidung auf Rechtsbeschwerde teilweise aufgehoben, kann das Rechtsbeschwerdegericht auf Antrag eines Beteiligten die Entscheidung auch insoweit aufheben und die Sache zur anderweitigen Verhandlung und Entscheidung an das Beschwerdegericht zurückverweisen, als dies wegen des Zusammenhangs mit der aufgehobenen Entscheidung geboten erscheint. Eine Aufhebung des Scheidungsausspruchs kann nur innerhalb eines Monats nach Zustellung der Rechtsmittelbegründung oder des Beschlusses über die Zulassung der Rechtsbeschwerde, bei mehreren Zustellungen bis zum Ablauf eines Monats nach der letzten Zustellung, beantragt werden.

---

3 OLG Düsseldorf 27.03.1981 – 3 UF 269/80 = FamRZ 1981, 808.
4 Gemeinsamer Senat der Obersten Gerichtshöfe des Bundes 06.02.1973 – GmS-OGB 1/72 = NJW 1973, 1273.

§ 147 Erweiterte Aufhebung

Übersicht

I. Gesetzessystematischer Bezugsrahmen und bisherige Rechtslage	1
II. Voraussetzungen	3
1. Teilweise Aufhebung einer OLG-Entscheidung	3
2. Zusammenhang	4
3. Antrag	6
4. Antragsfrist (Satz 2)	9
5. Verhältnis zur befristeten Anschließung	10
III. Rechtsfolgen	11

I. Gesetzessystematischer Bezugsrahmen und bisherige Rechtslage

Die Vorschrift entspricht inhaltlich dem bisherigen § 629c ZPO a.F.[1] Sie hat den Zweck, eine ausgewogene Verbundentscheidung herbeizuführen, da Folgesachen oft voneinander abhängen. Sie ist nur auf Entscheidungen des OLG, nicht aber auf solche des AmtsG – FamG – anwendbar. Wird die OLG-Entscheidung in einer Folgesache vom BGH aufgehoben, kann dies zu Unstimmigkeiten mit anderen nicht durch die Rechtsbeschwerde angegriffenen Folgesachenentscheidungen führen. Daher eröffnet § 147 die Möglichkeit, Teile der OLG-Verbundentscheidung, die mit einer vom BGH aufgehobenen Entscheidung zusammenhängen, **erneut durch das OLG überprüfen** zu lassen, und zwar auch dann, wenn die Rechtsbeschwerde für diese Teile nicht zugelassen wurde. Nur Angelegenheiten, die in der 2. Instanz entschieden, in 3. Instanz jedoch nicht angefochten wurden, können über § 147 aufgehoben und zurückverwiesen werden.[2]

1

Solange ein Antrag nach § 147 noch gestellt werden kann, werden auch die nicht mit der Rechtsbeschwerde angegriffenen Teile der OLG-Entscheidung nicht rechtskräftig.[3]

2

II. Voraussetzungen

1. Teilweise Aufhebung einer OLG-Entscheidung

Die **Vorschrift greift nicht**, wenn der BGH

3

- ein Rechtsmittel zurückweist oder verwirft,
- eine Verbundentscheidung des OLG in vollem Umfang aufhebt oder ändert,
- einen Ausspruch zur Ehescheidung aufhebt und den Scheidungsantrag abweist, denn hierdurch werden die Folgesachen gegenstandslos (§ 142 Abs. 2 Satz 1),
- einen den Scheidungsantrag abweisenden Beschluss aufhebt, denn hier greift § 146.

---

[1] Vgl. hierzu umfassend Deneke FamRZ 1987, 1214.
[2] Deneke FamRZ 1987, 1214 (1215).
[3] Deneke FamRZ 1987, 1214 (1218) m.w.N.; Zöller/Philippi ZPO § 629c Rn. 8a, a.A. Heintzmann FamRZ 1980, 112 (114).

Die Vorschrift ist aber anzuwenden, wenn der BGH einen Scheidungsausspruch aufhebt und die Scheidungssache an das OLG zurückverweist. Nur durch einen Antrag nach § 147 kann der Eintritt der Rechtskraft der OLG-Entscheidungen über Folgesachen dann noch verhindert werden. Wird der Antrag nicht gestellt, werden sie rechtskräftig (→ § 145).

2. Zusammenhang

4 Es muss ein **Zusammenhang zwischen dem aufgehobenen und dem weiteren aufzuhebenden Teil der OLG-Entscheidung** bestehen. So bspw. der Zusammenhang zwischen einer Entscheidung über das Sorgerecht und dem Unterhaltsanspruch der bis dahin betreuenden Ehefrau[4] oder dem Kindesunterhalt,[5] einer Sorgerechtsentscheidung und der Entscheidung über eine Wohnungszuweisung oder der Verteilung von Haushaltsgegenständen. Ein Zusammenhang kann auch zwischen den Verfahren zum Versorgungsausgleich und dem Zugewinnausgleich bestehen, wenn der BGH einen Vermögenswert, etwa eine Lebensversicherung, in einem der Verfahren abweichend zu der OLG-Entscheidung berücksichtigt. Auch in der Zuordnung eines Gegenstands zu den Haushaltsgegenständen oder dem Zugewinn kann ein Zusammenhang begründet sein.

5 Entscheidungen über den **Umgang** oder die **Herausgabe eines Kindes** werden bei Aufhebung der Sorgerechtsentscheidung gegenstandslos. Ein Antrag nach § 147 muss daher nicht gestellt werden.[6]

3. Antrag

6 Der Antrag ist zwingend erforderlich und bindend. Ob neben den Ehegatten auch andere Beteiligte, wie das JA, die Versorgungsträger oder der Vermieter antragsbefugt sind, ist streitig.[7] Ein **Antragsrecht für Drittbeteiligte** dürfte zu bejahen sein, da – wenn auch selten – Fälle denkbar sind, in denen ein Drittbeteiligter ein Rechtsschutzbedürfnis insoweit haben kann, bspw. der Versorgungsträger bei einer Entscheidung über den Zugewinnausgleich, die sich im Ergebnis auf die Folgesache Versorgungsausgleich auswirkt.

7 Der Antrag muss durch einen **beim BGH zugelassenen Rechtsanwalt** gestellt werden (§ 114 Abs. 2). Er soll durch einen Schriftsatz angekündigt werden (§ 113 Abs. 1 i.V.m. § 129 Abs. 1, § 130 Nr. 2 ZPO) und ist in der mündlichen Verhandlung zu stellen. Der BGH soll auf die Möglichkeit, diesen Antrag zu stellen, hinweisen.[8]

8 Die Eheleute können, um die Rechtskraft der Ehescheidung herbeizuführen, auf den Antrag, den Scheidungsausspruch aufzuheben, verzichten, sobald das OLG die Scheidung ausgesprochen oder den erstinstanzlichen Scheidungsausspruch bestätigt hat.

---

[4] BGH 18.06.1986 – IVb ZB 105/84 = FamRZ 1986, 895.
[5] Deneke FamRZ 1987, 1214 (1216).
[6] Deneke FamRZ 1987, 1214 (1216); a.A. BGH 27.04.1994 – XII ZR 158/93 = FamRZ 1994, 827.
[7] Verneinend Zöller/Philippi § 629c ZPO Rn. 8; MünchKomm/Finger § 629c ZPO Rn. 6; bejahend Johannsen/Henrich/Sedemund-Treiber § 629c ZPO Rn. 2; Deneke FamRZ 1987, 1214 (1220).
[8] Deneke FamRZ 1987, 1214 (1220); Johannsen/Henrich/Sedemund-Treiber § 629c ZPO Rn. 5.

4. Antragsfrist (Satz 2)

Der Antrag auf Aufhebung des Scheidungsausspruchs muss binnen eines Monats nach Zustellung der Rechtsmittelbegründung oder des Beschlusses über die Zulassung der Rechtsbeschwerde, bei mehreren Zustellungen bis zum Ablauf eines Monats nach der letzten Zustellung gestellt werden. Der Antrag auf Aufhebung einer Folgesache muss bis zum Schluss der mündlichen Verhandlung gestellt werden.[9]

9

5. Verhältnis zur befristeten Anschließung

Soweit ein Rechtsmittel oder Anschlussrechtsmittel zugelassen ist, sind Anträge nach § 147 nach überwiegender Ansicht ausgeschlossen.[10]

10

III. Rechtsfolgen

Sind die Voraussetzungen des § 147 erfüllt, kann der BGH nach pflichtgemäßem Ermessen Teile der OLG-Entscheidung **aufheben und zurückverweisen**. Er ist dabei an den Antrag gebunden. Eine Sachentscheidung über diese nicht mit der Rechtsbeschwerde angegriffenen Teile darf er nicht treffen.[11]

11

Fehlen die Voraussetzungen des § 147, weist der BGH den Antrag zurück. Wird die Frist nach Satz 2 versäumt, ist der Antrag zu verwerfen.

12

§ 148 Wirksamwerden von Entscheidungen in Folgesachen

Vor Rechtskraft des Scheidungsausspruchs werden die Entscheidungen in Folgesachen nicht wirksam.

Die Vorschrift entspricht dem bisherigen § 629d ZPO a.F. Über Folgesachen wird nur für den Fall der Ehescheidung entschieden. Aus diesem Grund werden sie erst mit Rechtskraft der Scheidung wirksam (zur allgemeinen Wirksamkeit von Familienstreitsachen vgl. § 116 Abs. 3, → § 116 Rn. 3 f, von sonstigen Familiensachen → §§ 40, 41). Folgesachen werden gegenstandslos, wenn der Scheidungsantrag zurückgenommen (§ 141) oder abgewiesen (§ 142 Abs. 2) wird, es sei denn, sie werden unter den Voraussetzungen der §§ 141, 142 als selbstständige Familiensache fortgeführt. Zum Begriff Folgesache vgl. § 137 Abs. 2 (→ § 137 Rn. 4 ff. u. 12 ff.).

1

Die **Rechtskraft** der Ehescheidung tritt nicht ein, bevor die Frist des Rechtsmittels abgelaufen ist (§ 45). Sie tritt ein, wenn ein Rechtsmittel gegen die Entscheidung nicht mehr statthaft, wenn die Rechtsmittelfrist verstrichen ist, ohne dass ein Rechtsmittel eingelegt wurde oder wenn die Eheleute auf Rechtsmittel und Anschlussrechtsmittel (→ § 144) verzichten (→ § 45). Werden ein Rechtsmittel, die Anschließung oder Rechtsmittelerweiterung fristgemäß eingelegt, sind sie aber aus anderen Gründen un-

2

---

9 Deneke FamRZ 1987, 1214 (1220) m.w.N.
10 Zöller/Philippi § 629c ZPO Rn. 8a; Johannsen/Henrich/Sedemund-Treiber § 629c ZPO Rn. 8; MünchKomm/Finger § 629c ZPO Rn.8; a.A. Deneke FamRZ 1987, 1212 (1217).
11 Deneke FamRZ 1987, 1214 (1218); Zöller/Philippi § 629c ZPO Rn. 9.

zulässig, bspw. die Beschwerde eines nicht postulationsfähigen Anwalts (→ § 114), Rechtsmittelerweiterungen, deren Gründe sich nicht aus der Rechtsmittelbegründung ergeben (→ § 145 Rn. 3), die Einlegung der nicht zugelassenen Rechtsbeschwerde,[1] hemmen sie die Rechtskraft (§ 45 Satz 2). Diese tritt erst mit Rechtskraft der Entscheidung ein, mit der das Rechtsmittel als unzulässig verworfen wird.

3 Am frühesten tritt die Rechtskraft ein, wenn die Eheleute auf Rechtsmittel und Anschlussrechtsmittel verzichten (→ § 144). Ein einseitiger **Rechtsmittelverzicht** führt nicht zur Rechtskraft. Ein Verzicht wird oft im Scheidungstermin erklärt, kann aber auch danach noch erfolgen.

4 Wurde nicht auf Rechtsmittel und Anschlussrechtsmittel verzichtet, ist zu prüfen, ob die **Fristen nach §§ 71, 117** abgelaufen sind, ohne dass ein Rechtsmittel gegen die Verbundentscheidung voll oder teilweise eingelegt wurde. Ist dies der Fall, ist die Entscheidung rechtskräftig, und zwar auch dann, wenn ein Antrag auf Wiedereinsetzung in eine versäumte Rechtsmittelfrist oder ein PKH-Gesuch beim OLG anhängig ist. Nach allgemeiner Auffassung wird die Rechtskraft hierdurch nicht gehemmt.[2] Erst nach Erteilung der Wiedereinsetzung wird die Rechtskraft rückwirkend gehemmt.[3] Zu den Rechtsmittelfristen → §§ 71, 117.

5 Hat ein Beteiligter fristgemäß gegen eine Folgesache ein Rechtsmittel eingelegt, ist zu prüfen, ob die Fristen des § 145 abgelaufen sind (→ § 145).

§ 149 Erstreckung der Bewilligung von Verfahrenskostenhilfe

Die Bewilligung der Verfahrenskostenhilfe für die Scheidungssache erstreckt sich auf eine Versorgungsausgleichsfolgesache, sofern nicht eine Erstreckung ausdrücklich ausgeschlossen wird.

1 Die Vorschrift entspricht inhaltlich dem bisherigen § 624 Abs. 2 ZPO a.F. Die Bewilligung der **Verfahrenskostenhilfe** und die Beiordnung eines Rechtsanwalts für die Scheidungssache erstrecken sich auf eine **Versorgungsausgleichsfolgesache**, müssen hierfür daher nicht gesondert beantragt werden. Etwas anderes gilt nur, wenn die Erstreckung auf das Verfahren über den Versorgungsausgleich ausdrücklich ausgeschlossen wird. Der Ausschluss kann in dem Beschluss über die Bewilligung der Verfahrenskostenhilfe, aber auch durch gesonderten Beschluss erfolgen.

2 Für **alle anderen Folgesachen** muss gesondert Verfahrenskostenhilfe beantragt und bewilligt werden. Die Hilfsbedürftigkeit muss in der Regel nicht erneut geprüft werden.[1] Die Erfolgsaussicht des Folgesachenantrags ist jedoch jeweils gesondert zu prüfen.[2]

---

1 Für die Revision Gemeinsamer Senat der obersten Gerichtshöfe des Bundes 24.10.1983 – GmS-OGB 1/83 = FamRZ 1984, 975; BGH 18.10.1989 – IVb ZR 84/88 = FamRZ 1990, 283.
2 BGH 18.03.1987 – IVb ZR 44/86 = FamRZ 1987, 570 m.w.N.; OLG Zweibrücken 20.09.1994 – 5 UF 197/91 = FamRZ 1995, 619.
3 BGH 18.03.1987 – IVb ZR 44/86 = FamRZ 1987, 570 m.w.N.; OLG Zweibrücken 20.09.1994 – 5 UF 197/91 = FamRZ 1995, 619.
1 OLG Karlsruhe 18.07.1985 – 16 WF 146/85 = FamRZ 1985, 1274.
2 KG 07.03.1980 – 6 WF 155/80 = FamRZ 1980, 714; OLG Zweibrücken 25.01.2005 – 2 WF 9/05 = FamRZ 2006, 133; a.A. OLG Karlsruhe 19.09.1988 – 16 WF 151/88 = FamRZ 1989, 882.

§ 150 Kosten in Scheidungssachen und Folgesachen

(1) Wird die Scheidung der Ehe ausgesprochen, sind die Kosten der Scheidungssache und der Folgesachen gegeneinander aufzuheben.

(2) Wird der Scheidungsantrag abgewiesen oder zurückgenommen, trägt der Antragsteller die Kosten der Scheidungssache und der Folgesachen. Werden Scheidungsanträge beider Ehegatten zurückgenommen oder abgewiesen oder ist das Verfahren in der Hauptsache erledigt, sind die Kosten der Scheidungssache und der Folgesachen gegeneinander aufzuheben.

(3) Sind in einer Folgesache, die nicht nach § 140 Abs. 1 abzutrennen ist, außer den Ehegatten weitere Beteiligte vorhanden, tragen diese ihre außergerichtlichen Kosten selbst.

(4) Erscheint in den Fällen der Absätze 1 bis 3 die Kostenverteilung insbesondere im Hinblick auf eine Versöhnung der Ehegatten oder auf das Ergebnis einer als Folgesache geführten Unterhaltssache oder Güterrechtssache als unbillig, kann das Gericht die Kosten nach billigem Ermessen anderweitig verteilen. Es kann dabei auch berücksichtigen, ob ein Beteiligter einer richterlichen Anordnung zur Teilnahme an einem Informationsgespräch nach § 135 Abs. 1 nicht nachgekommen ist, sofern der Beteiligte dies nicht genügend entschuldigt hat. Haben die Beteiligten eine Vereinbarung über die Kosten getroffen, soll das Gericht sie ganz oder teilweise der Entscheidung zugrunde legen.

(5) Die Vorschriften der Absätze 1 bis 4 gelten auch hinsichtlich der Folgesachen, über die infolge einer Abtrennung gesondert zu entscheiden ist. Werden Folgesachen als selbständige Familiensachen fortgeführt, sind die hierfür jeweils geltenden Kostenvorschriften anzuwenden.

Übersicht

I. Inhalt und Bedeutung der Norm	1
1. Gesetzessystematischer Bezugsrahmen	1
2. Bisherige Rechtslage	2
II. Inhalt der Norm	3
1. Grundsatz: Aufhebung der Kosten (Abs. 1)	3
2. Kosten bei Aufhebung oder Abweisung des Scheidungsantrags (Abs. 2)	4
3. Kosten von weiteren Beteiligten (Abs. 3)	5
4. Kostenverteilung nach Billigkeit (Abs. 4 Sätze 1 und 2)	6
5. Kostenverteilung bei Vereinbarung der Beteiligten über die Kosten (Abs. 4 Satz 3)	8
6. Kostenverteilung bei abgetrennten Folgesachen (Abs. 5 Satz 1)	9
7. Kostenverteilung bei selbstständig fortgeführten Folgesachen (Abs. 5 Satz 2)	10

I. Inhalt und Bedeutung der Norm

1. Gesetzessystematischer Bezugsrahmen

Die Kostenregelungen für Ehesachen wurden in das FamFG übernommen. Die Vorschrift regelt die Kostentragung in Scheidungssachen und Folgesachen. Sie geht als **1**

Abschnitt 2 Verfahren in Ehesachen; Verfahren in Scheidungssachen und Folgesachen

Spezialregelung den allgemeinen Bestimmungen, wie etwa § 243, vor.[1] Die Kosten für das Verfahren auf Aufhebung der Ehe sind in § 132 geregelt.

2. Bisherige Rechtslage

Die Vorschrift erweitert die bisherige Regelung des § 93a ZPO a.F. in einigen Punkten. An der bisher geltenden Rechtslage ändert sich hierdurch aber nichts.

- **Abs. 1** enthält den Grundsatz der Kostenaufhebung im Fall der Scheidung und entspricht damit inhaltlich dem bisherigen § 93a Abs. 1 Satz 1 ZPO a.F.

- **Abs. 2** enthält nun erstmals eine umfassende Regelung zur Kostenverteilung für den Fall der sonstigen Beendigung des Verfahrens. Eine entsprechende Regelung gab es bis zum Inkrafttreten des FamFG nicht. **Satz 1** bestimmt die Kostentragung des Antragstellers bei Abweisung oder Rücknahme des Scheidungsantrags. **Satz 2** nennt Abweisung oder Zurücknahme der Scheidungsanträge beider Ehegatten oder die Erledigung des Verfahrens in der Hauptsache als Fälle der Kostenaufhebung.

- **Abs. 3** stellt nun klar, dass Drittbeteiligte ihre außergerichtlichen Kosten grundsätzlich selbst tragen. Das Gericht kann jedoch nach Abs. 4 eine abweichende Bestimmung treffen.

- **Abs. 4 Satz 1** enthält die Möglichkeit, für den Fall, dass die Kostenverteilung nach den Abs. 1 bis 3 unbillig wäre, die Kosten nach billigem Ermessen anderweitig zu verteilen. Im Vergleich zum bisherigen § 93a Abs. 1 Satz 2 ZPO a.F. entfällt dabei der dort in Nr. 1 genannte Gesichtspunkt der unverhältnismäßigen Beeinträchtigung der Lebensführung, der nur selten praktisch relevant wird. Erweitert wurde die Vorschrift um den Tatbestand einer Versöhnung der Ehegatten.

- **Abs. 4 Satz 2** regelt die Möglichkeit des Gerichts, auf eine Weigerung eines Beteiligten, an einem nach § 135 Abs. 1 angeordneten Informationsgespräch teilzunehmen, im Rahmen der Kostengrundentscheidung zu reagieren. Eine entsprechende Regelung gab es bis zum Inkrafttreten des FamFG nicht.

- **Abs. 4 Satz 3** liegt die Regelung des bisherigen § 93a Abs. 1 Nr. 1 Satz 2 ZPO a.F. zu Grunde. Die Vorschrift ist nun als Soll-Vorschrift formuliert, damit eine Vereinbarung der Beteiligten über die Verfahrenskosten noch stärker als bisher Berücksichtigung findet.[2]

- **Abs. 5 Satz 1** stellt klar, dass Abs. 1 bis 4 hinsichtlich der Folgesachen auch dann gelten, wenn diese abgetrennt und als Verbundsachen fortgeführt wurden.[3]

- **Abs. 5 Satz 2** behandelt dagegen den Fall, dass ein Verfahren, das ursprünglich Folgesache im Verbundverfahren war, als selbstständige Familiensache fortgeführt wird. In diesem Fall finden die allgemein geltenden kostenrechtlichen ZPO-Vorschriften Anwendung.[4]

---

[1] BT-Drs. 16/6308, S. 233.
[2] BT-Drs. 16/6308, S. 233.
[3] BT-Drs. 16/6308, S. 233.
[4] BT-Drs. 16/6308, S. 233.

II. Inhalt der Norm

1. Grundsatz: Aufhebung der Kosten (Abs. 1)

Grundsätzlich sind die Kosten des Verfahrens gegeneinander aufzuheben.   3

2. Kosten bei Aufhebung oder Abweisung des Scheidungsantrags (Abs. 2)

Wird der Scheidungsantrag abgewiesen oder zurückgenommen, trägt der Antragsteller die Kosten des gesamten Verbundverfahrens. Die Kosten des Verbundverfahrens sind aber gegeneinander aufzuheben, wenn   4

- beide Ehegatten die Scheidung beantragt haben und die Anträge zurückgewiesen werden,
- beide Ehegatten ihren Scheidungsantrag zurücknehmen,
- sich das Verfahren in der Hauptsache erledigt hat (→ § 131).

3. Kosten von weiteren Beteiligten (Abs. 3)

Dritte, die an dem Verbundverfahren beteiligt sind, müssen ihre außergerichtlichen Kosten selbst tragen.   5

4. Kostenverteilung nach Billigkeit (Abs. 4 Sätze 1 und 2)

Von der Regelung der Abs. 1 bis 3 kann aus **Gründen der Billigkeit** abgewichen werden, wenn   6

- sich die Ehegatten versöhnt haben,
- die Kostenregelung danach wegen des Ergebnisses einer Folgesache zum Unterhalt oder Güterrecht unbillig wäre,
- ein Beteiligter einer richterlichen Anordnung zur Teilnahme an einem Informationsgespräch nach § 135 Abs. 1 nicht nachgekommen ist und dies nicht genügend entschuldigt hat,
- aus anderen Gründen der Billigkeit.

Die Ausnahmen sind nicht abschließend geregelt. Tatsächlich sollte deshalb zukünftig von den Gerichten häufiger eine Abweichung von der Grundregel der Kostenaufhebung dahin geprüft werden, ob die Kosten nicht vielmehr nach billigem Ermessen anderweitig zu verteilen sind, insbesondere, wenn nicht nachvollziehbare und erheblich streitwerterhöhende Ansprüche (Unterhalt, Zugewinn) erhoben, aber abgewiesen wurden.

Abs. 4 Satz 2 regelt die Möglichkeit des Gerichts, auf eine Weigerung eines Beteiligten, an einem nach § 135 Abs. 1 angeordneten **Informationsgespräch über außergerichtliche Streitbeilegung** teilzunehmen, im Rahmen der Kostengrundentscheidung zu reagieren. Dies ist abzulehnen, da eine Beratungspflicht nicht besteht und die Weigerung, an einem Informationsgespräch teilzunehmen, auch auf höchst persönlichen Gründen beruhen kann, die dem Gericht nicht bekannt sein müssen.   7

5. Kostenverteilung bei Vereinbarung der Beteiligten über die Kosten (Abs. 4 Satz 3)

8 Die Kostenentscheidung soll Beteiligtenvereinbarungen über die Kosten berücksichtigen. Bisher war in § 93a Abs. 1 Nr. 2 Satz 2 ZPO a.F. geregelt, dass das Gericht die Beteiligtenvereinbarung der Kostenentscheidung zu Grunde legen kann. Das Gericht war nicht an die Vereinbarung der Eheleute gebunden. Der Gesetzgeber hat die Vorschrift nun als Sollvorschrift formuliert, damit Vereinbarungen der Beteiligten über die Verfahrenskosten stärker als bisher Berücksichtigung finden.[5] Es müssen daher besondere sachliche Gründe vorliegen, wenn das Gericht von der zwischen den Eheleuten getroffenen Vereinbarung abweichen will. Dies ist vorstellbar, wenn die vereinbarte Kostenregelung unbillig wäre.

6. Kostenverteilung bei abgetrennten Folgesachen (Abs. 5 Satz 1)

9 Wird eine Folgesache abgetrennt, richtet sich die Kostenentscheidung nach den Abs. 1 bis 3. Die Abtrennung erfolgt nach § 140 (→ § 140). **Satz 1** bezieht sich auf Folgesachen nach § 137 Abs. 2 (→ § 137 Rn. 12), also die Verfahren über

- den Versorgungsausgleich,
- den Kindes- und Ehegattenunterhalt,
- die Ehewohnung und den Haushalt,
- das Güterrecht.

Kindschaftssachen werden als Folgesachen nach § 137 Abs. 3 bei Abtrennung selbstständig fortgeführt (§ 137 Abs. 5 Satz 2).

7. Kostenverteilung bei selbstständig fortgeführten Folgesachen (Abs. 5 Satz 2)

10 Die Kostenentscheidung für Folgesachen, die nach der Abtrennung (→ § 140) selbstständig fortgeführt werden, richtet sich nach den für diese Familienverfahren geltenden Kostenvorschriften. Betroffen sind

- Kindschaftssachen (§ 137 Abs. 5 Satz 2),
- selbstständig fortgeführte Folgesache nach dem Tod eines Ehegatten (→ § 131 Rn. 12).

---

5 BT-Drs. 16/6308, S. 233.

Abschnitt 3
Verfahren in Kindschaftssachen

(§ 151 – § 168a)

Vorbemerkung § 151

Kindschaftssachen sind über die Aufzählung des § 151 als **Sammelbezeichnung** konzipiert für alle Verfahrensgegenstände, die Kinder und Jugendliche unmittelbar betreffen und nicht Abstammungs-, Adoptions- oder Unterhaltssachen sind.[1] Es wird bei den Verfahrensvorgaben unterschieden zwischen Verfahren im Kontext von Trennung und Scheidung (§§ 156, 165, 166 Abs. 1) sowie im Kontext von Kindeswohlgefährdung (§§ 157, 166 Abs. 2 und 3). Besondere Verfahrensvorgaben erhalten Verfahren über die freiheitsentziehende Unterbringung (§ 167), über die Vergütung des Vormunds sowie den Rückgriff beim Mündel (§ 168). Bestimmte Kindschaftssachen werden zu vorrangigen und beschleunigt zu bearbeitenden Verfahren erklärt (§ 155).

1

---

1 → § 151 Rn. 1.

Spezialregelungen für einzelne Verfahrensgegenstände

Trennung und Scheidung	Kindeswohlgefährdung	freiheitsentziehende Unterbringung	Bezahlung Vormund/Pfleger
früher Termin bei Aufenthaltsbestimmung, Umgang, Herausgabe (§ 155 Abs. 2 FamFG)	früher Termin (§ 155 Abs. 2 FamFG)	Geltung der Regelungen für Unterbringungssachen (§ 167 Abs. 1 Satz 1 FamFG)	Festsetzung der Bezahlung des Vormunds/Pflegers durch Beschluss (§ 168 FamFG)
Hinwirken auf Einvernehmen (§ 156 FamFG) • auf Inanspruchnahme von Beratung/Mediation hinwirken • gerichtlich gebilligter Vergleich • einstweilige Anordnung/vorläufige einvernehmliche Regelung erörtern • einstweilige Anordnung erlassen • Beratung anordnen	unverzügliche Prüfung einer einstweiligen Anordnung (§ 157 Abs. 3 FamFG) Erörterung der möglichen Kindeswohlgefährdung (§ 157 Abs. 1 FamFG) Überprüfung der Entscheidung (§ 166 Abs. 2 und 3 FamFG)		Festsetzung des Rückgriffs beim Mündel oder dessen Erben durch Beschluss
Entscheidung überprüfen (§ 166 Abs. 1 FamFG)			

2   Von den Vorgaben des Allgemeinen Teils abweichende oder diese ergänzende **Spezialregelungen** finden sich

- zur örtlichen Zuständigkeit (§§ 152 bis 154),
- zur Einbeziehung der Akteure (§§ 158 bis 163),
- zur Bekanntgabe der Entscheidung an das Kind (§ 164),
- zu Mitteilungspflichten des Standesamts (§ 168a).

Spezielle Vorgaben für die Akteure in Kindschaftssachen

Verfahrensbeistand (§ 158 FamFG)

Bestellung zur Interessenwahrnehmung

Aufgaben
- Feststellung der Kindesinteressen
- Informieren über das Verfahren

Beschwerdebefugnis

Kosten

Kind (§§ 159, 164 FamFG)

persönliche Anhörung als Grundsatz

Information über Gegenstand, Ablauf und möglichen Ausgang des Verfahrens

Mitteilung des Beschlusses (mit oder ohne Gründe)

Jugendamt (§ 162 FamFG)

Anhörung

Beteiligung auf Antrag

Mitteilung der Entscheidung

Beschwerdebefugnis

psychologischer Sachverständiger (§ 163 FamFG)

Anordnung der Begutachtung mit Fristsetzung

Anordnung zum Hinwirken auf Einvernehmen

Eltern (§ 160 FamFG)

persönliche Anhörung in Angelegenheiten betreffend ihr Kind

Pflegepersonen (§ 161 FamFG)

Hinzuziehung als Beteiligte bei Dauerpflege

Anhörungspflicht bei Dauerpflege

Kosten

Übersicht 3

Amtsverfahren Einleitung von Amts wegen, ggf. auf Anregung (§ 24 Abs. 1), bei Ablehnung der Einleitung Unterrichtung desjenigen, der die Einleitung angeregt hat, soweit ein berechtigtes Interesse an der Unterrichtung besteht (§ 24 Abs. 2).
Antragsverfahren (§ 23)
- soweit das materielle Recht die Verfahrenseinleitung von der Stellung eines Antrags abhängig macht (z.B. § 1671 Abs. 2 BGB); bloßer Verfahrensantrag ohne Bindung des Gerichts; Antragsrücknahme beendet das Verfahren nicht von selbst, lässt jedoch in der Regel mangelndes Rechtsschutzbedürfnis erkennen, so dass die Erledigung des Verfahrens in der Hauptsache festgestellt werden kann;

- Einbeziehung in das **Verbundverfahren** nur auf ausdrücklichen Antrag eines Ehegatten, soweit nicht das Gericht eine Einbeziehung aus Gründen des Kindeswohls für nicht sachgerecht hält (§ 137 Abs. 3).

Kein Anwaltszwang – außerhalb des Verbundverfahrens – (§ 10 Abs. 1).

Weitere Beteiligte neben dem Antragsteller:

- ein Elternteil, der zumindest noch teilweise Inhaber der elterlichen Sorge oder umgangsberechtigt ist;
- das mindestens 14 Jahre alte Kind, welches von seinem Widerspruchs- bzw. Beschwerderecht Gebrauch gemacht hat (§ 7 Abs. 2 Nr. 1 i.V.m. § 9 Abs. 1 Nr. 3);
- das JA auf dessen Antrag hin (§ 162 Abs. 2), ansonsten ist das JA nur anzuhören (§ 162 Abs. 1);
- der Verfahrensbeistand des Kindes (§ 158 Abs. 3);
- Pflege- und Bezugspersonen, soweit sie in eigenen Rechten betroffen sein können (§ 7 Abs. 2 Nr. 1) oder vom Gericht hinzugezogen worden sind (§ 7 Abs. 3 u. § 161 Abs. 1).

Zuständigkeit im isolierten Verfahren (ohne Anhängigkeit einer Ehesache):

- gewöhnlicher Aufenthalt des Kindes (§ 152 Abs. 2), der sich bei gemeinsamer Sorge der Eltern in der Regel nach dem gewöhnlichen Aufenthalt des Elternteils richtet, in dessen Obhut sich das Kind befindet, d.h. von dem es überwiegend betreut und versorgt wird;
- Möglichkeit der Verweisung an das Gericht des früheren gewöhnlichen Aufenthalts, wenn ein Elternteil den Aufenthalt des Kindes ohne vorherige Zustimmung des anderen Elternteils geändert hat (§ 154).
- Hilfszuständigkeit ist bei dem Gericht gegeben, in dessen Bezirk das Bedürfnis der Fürsorge bekannt wird (§ 152 Abs. 3 und 4).

Ab Anhängigkeit einer Ehesache ist das Gericht der Ehesache zuständig, an welches die Kindschaftssache abzugeben ist (§ 153).

Amtsermittlungsgrundsatz (§ 26)

Verfahrensvorschriften

- Grundsatz: uneingeschränkte Geltung des allg. Teils (§§ 1 bis 110);
- Sonderregelungen in §§ 151 bis 168a:
    - § 155: Vorrang- und Beschleunigungsgebot
    - § 156: Hinwirken auf Einvernehmen, Anordnung der Teilnahme an Beratung, einstweilige Anordnung
    - § 157: Erörterung der Kindeswohlgefährdung, einstweilige Anordnung
    - § 158: Verfahrensbeistand
    - §§ 159, 160: persönliche Anhörung des Kindes und der Eltern
    - § 161: Mitwirkung der Pflegeeltern
    - § 163: Beauftragung und Tätigkeit eines Sachverständigen

- § 165: Vermittlungsverfahren
- zusätzliche Regelungen für das Verbundverfahren in §§ 133 bis 150.

Mündliche Verhandlung in der Regel im Rahmen der Anhörung der Beteiligten

Rechtsmittel
- Beschwerde gem. §§ 58 ff. gegen Endentscheidung; Mindestbeschwerdewert von mehr als 600 EUR (§ 61) gilt nur bei Anfechtung der Kostenentscheidung;
- Zwischenentscheidungen können nur in den vom Gesetz ausdrücklich bezeichneten Fällen mit der sofortigen Beschwerde angefochten werden.

Wirksamkeit
- mit Bekanntmachung der Entscheidung (§§ 40 ff.);
- im Verbundverfahren nicht vor Rechtskraft der Scheidung (§ 148).

Abänderung und Überprüfung außerhalb des Rechtsmittelverfahrens
- Eine Entscheidung zum Sorge- oder Umgangsrecht oder ein gerichtlich gebilligter Vergleich ist abzuändern oder aufzuheben, wenn dies aus triftigen, das Kindeswohl nachhaltig berührenden Gründen angezeigt ist (§ 166 Abs. 1 i.V.m. § 1696 BGB).
- Eine kinderschutzrechtliche Maßnahme ist in angemessenen Zeitabständen zu überprüfen (§ 166 Abs. 2) und bei Wegfall der Kindeswohlgefährdung bzw. der Erforderlichkeit aufzuheben (§ 166 Abs. 1 i.V.m. § 1696 Abs. 2 BGB).
- Soweit von kinderschutzrechtlichen Maßnahmen abgesehen worden ist, soll dies in der Regel nach drei Monaten überprüft werden (§ 166 Abs. 3).

Vollstreckung (Herausgabe eines Kindes, Umgangsregelung) nach vorheriger Anhörung (§ 92 Abs. 1):
- Ordnungsgeld bis zu 25.000 EUR, ersatzweise Ordnungshaft (§ 89 Abs. 1 u. 3), Verschulden erforderlich (§ 89 Abs. 4), Hinweis auf Folgen muss mit der zu vollstreckenden Entscheidung erfolgen (§ 89 Abs. 2);
- unmittelbarer Zwang, soweit Ordnungsmittel erfolglos geblieben ist oder von vornherein keinen Erfolg verspricht oder eine alsbaldige Vollstreckung unbedingt geboten ist (§ 90);
- kein vorhergehendes Vermittlungsverfahren notwendig (§ 92 Abs. 3).

Gegenstandswerte
- 3.000 EUR für Verfahren betreffend die teilweise oder vollständige Übertragung oder Entziehung der elterlichen Sorge, das Umgangsrecht einschließlich der Umgangspflegschaft und die Kindesherausgabe (§ 45 Abs. 1 FamGKG), auch bei mehreren Kindern (§ 45 Abs. 2 FamGKG), mit der Möglichkeit, den Wert im Fall der Unbilligkeit herauf- oder herabzusetzen (§ 45 Abs. 3 FamGKG);
- 1.500 EUR als Ausgangswert für eAO mit den vorstehenden Regelungsgegenständen.

§ 151 Kindschaftssachen

Kindschaftssachen sind die dem Familiengericht zugewiesenen Verfahren, die
1. die elterliche Sorge,
2. das Umgangsrecht,
3. die Kindesherausgabe,
4. die Vormundschaft,
5. die Pflegschaft oder die gerichtliche Bestellung eines sonstigen Vertreters für einen Minderjährigen oder für eine Leibesfrucht,
6. die Genehmigung der freiheitsentziehenden Unterbringung eines Minderjährigen (§§ 1631b, 1800 und 1915 des Bürgerlichen Gesetzbuchs),
7. die Anordnung der freiheitsentziehenden Unterbringung eines Minderjährigen nach den Landesgesetzen über die Unterbringung psychisch Kranker oder
8. die Aufgaben nach dem Jugendgerichtsgesetz

betreffen.

Übersicht

I. Inhalt und Bedeutung der Norm	1
1. Gesetzessystematischer Bezugsrahmen	1
2. Bisherige Rechtslage	3
II. Einzelne Familiensachen	4
1. Elterliche Sorge (Nr. 1)	4
2. Umgangsrecht (Nr. 2)	7
3. Kindesherausgabe (Nr. 3)	8
4. Vormundschaft und Pflegschaft (Nr. 4 und 5)	9
5. Freiheitsentziehende Unterbringung (Nr. 6 und 7)	11
6. Familiengerichtliche Tätigkeit nach JGG (Nr. 8)	12
7. Konkurrenzen	13

I. Inhalt und Bedeutung der Norm

1. Gesetzessystematischer Bezugsrahmen

1 Das FamFG belegt den Begriff der Kindschaftssachen neu. Er fasst nunmehr alle Verfahrensgegenstände zusammen, die die Bestimmung der Person, der Rechte und Pflichten der Sorgeberechtigten oder des Umgangs betreffen und mit diesen Verfahrensgegenständen aus sachlichen oder verfahrensrechtlichen Gründen in Zusammenhang stehen.[1] Ausnahmen sind die Abstammungs- (§§ 169 ff.), Adoptions- (§ 186 ff.) und Kindesunterhaltssachen. Die Aufzählung in § 151 dient somit als **Sammelbezeichnung**[2] für eine Vielzahl disparater Verfahrensgegenstände und ermöglicht eine breite, in §§ 152 bis 168a spezifizierte Berücksichtigung der verfahrensrechtlichen An-

---
[1] Jaeger FPR 2006, 410 (411).
[2] Heiter Kind-Prax 2005, 219.

forderungen, welche die kindlichen Bedürfnisse[3] und das Mehrgenerationenverhältnis in familiengerichtlichen Streitigkeiten stellen.

Mit § 151 geht auch die **Verabschiedung des Dualismus zwischen Familien- und Vormundschaftsgericht** einher.[4] Das FamG ist somit für sämtliche das Kind unmittelbar betreffende Angelegenheiten zuständig. Hierzu zählt insbesondere auch die Vormundschaft und Ergänzungspflegschaft (Rn. 9 f.), die religiöse Kindererziehung (Rn. 9 f.) und alle Verfahren betreffend die Genehmigung freiheitsentziehender Maßnahmen gegenüber Kindern und Jugendlichen (Rn. 11).

2. Bisherige Rechtslage

Die **Kindschaftssachen nach § 640 ZPO a.F.** firmieren im FamFG als Abstammungssachen[5] bzw. gehen, soweit sie die Feststellung des (Nicht-)Bestehens der elterlichen Sorge für ein Kind betreffen, in Nr. 1 auf. Nr. 1 bis 3 entsprechen den **Familiensachen nach § 621 Abs. 1 Nr. 1 bis 3 ZPO a.F.** Im Übrigen sind – mit Ausnahme der Adoptionssachen – in Nr. 4, 5 und 7 alle Verfahrensgegenstände betreffend Kinder und Jugendliche erfasst, für die **bisher das VormG zuständig** war (z.B. nach §§ 1773 ff. BGB a.F., § 70 FGG). Auch alle anderen familiengerichtlichen Verfahren, wie die Genehmigung freiheitsentziehender Unterbringung eines Minderjährigen (Nr. 6) oder im JGG (Nr. 8), die bisher den Verfahrensregeln des FGG unterlagen, sind in § 151 eingereiht.

II. Einzelne Familiensachen

1. Elterliche Sorge (Nr. 1)

Kindschaftssachen betreffend die elterliche Sorge sind alle Verfahren, in denen die **Inhaberschaft der elterlichen Sorge** Gegenstand ist, z.B. bei

- Übertragung der alleinigen elterlichen Sorge bei Getrenntleben (§§ 1671, 1672 BGB),
- Maßnahmen zur Abwendung einer Gefährdung des Kindeswohls oder -vermögens (§§ 1666 bis 1667 BGB),
- Entziehung des Vertretungsrechts in Kindesunterhaltsangelegenheiten (§ 1629 Abs. 2 Satz 3 BGB),
- Übertragung der elterlichen Sorge auf eine Pflegeperson (§ 1630 Abs. 3 BGB),
- Ruhen der elterlichen Sorge (§ 1674, 1678 Abs. 2 BGB),
- Übertragung der elterlichen Sorge nach Tod oder Entziehung (§ 1680 BGB),
- Feststellung des Bestehens oder Nichtbestehens der elterlichen Sorge (bisher § 640 Abs. 2 Nr. 5 ZPO a.F.) sowie
- alle hieraus resultierende Abänderungsentscheidungen (§ 1696 BGB; § 166).

---

[3] BT-Drs. 16/6308, S. 233: „Kind im Zentrum".
[4] BT-Drs. 16/6308, S. 233.
[5] → § 169 Rn. 2.

5   Auch unter Nr. 1 fallen Entscheidungen **in einzelnen Angelegenheiten der elterlichen Sorge** oder zu ihrer Ausübung, z.B. bei

- Ersetzung der Einwilligung bei Einbenennung (§ 1618 Satz 4 BGB),
- Übertragung der elterlichen Sorge bei Meinungsverschiedenheiten in einzelnen Angelegenheiten (§ 1628 BGB),
- Genehmigung bestimmter Rechtsgeschäfte (§§ 1643 ff. BGB),
- Einschränkung der sorgerechtlichen Befugnisse bei Getrenntleben, Fremdunterbringung u.Ä. (§ 1687 Abs. 2, §§ 1687a, 1687 Abs. 3, § 1688 Abs. 4 BGB),
- Ersetzung der Zustimmung in Fragen der religiösen Kindererziehung (§ 2 Abs. 3, § 7 RelKErzG);
- Genehmigung einer Namensänderung (§ 2 Abs. 1 NamÄndG);
- Genehmigung eines Antrags auf Erklärung eines Kindes als tot (§ 16 Abs. 3 VerSchG).

6   Erfasst sind auch Verfahren betreffend die **Erteilung eines Dispenses** von den Beschränkungen der Geschäftsfähigkeit, z.B.

- die Gestattung einer Eheschließung trotz Minderjährigkeit (§ 1303 Abs. 2 bis 4, § 1315 Abs. 1 Satz 1 Nr. 1 BGB);
- die Genehmigung des selbstständigen Betriebs eines Erwerbsgeschäfts durch einen Minderjährigen (§ 112 BGB).

2. Umgangsrecht (Nr. 2)

7   Unter Nr. 2 fallen alle Verfahren, die Inhalt, Modalitäten, Ausübung, Einschränkung und Ausschluss des **Umgangsrechts** von Kindern oder Eltern (§ 1684 BGB), Großeltern und anderen Bezugspersonen (§ 1685 BGB) betreffen. Auch das **Auskunftsrecht** nach § 1686 BGB firmiert unter Nr. 2, nicht hingegen die Bestellung eines Umgangspflegers nach § 1684 Abs. 3 Sätze 3 bis 5 BGB, die unter Nr. 5 fällt.

3. Kindesherausgabe (Nr. 3)

8   Streitigkeiten über ein Herausgabeverlangen der Eltern wegen **widerrechtlicher Vorenthaltung** ihres Kindes (§ 1632 Abs. 1 und 3 BGB) sowie der Antrag auf **Verbleibensanordnung** bei Familienpflege (§ 1632 Abs. 4 BGB) fallen unter Nr. 3. Wird das FamG nach einer **Inobhutnahme** durch das JA angerufen (§ 42 Abs. 3 Satz 2 Nr. 2, § 8a Abs. 3 Satz 1 SGB VIII), hat es über die Entziehung der elterlichen Sorge zu entscheiden (Nr. 1). Wird das Sorgerecht nicht entzogen und das Kind trotzdem nicht herausgegeben (§ 42 Abs. 3 Satz 2 Nr. 1, Abs. 4 Nr. 1 SGB VIII), kommt zusätzlich ein Verfahren nach § 1632 Abs. 3 BGB in Betracht.

4. Vormundschaft und Pflegschaft (Nr. 4 und 5)

9   Steht einem Vormund oder Ergänzungspfleger die bzw. Teile der Personen- oder Vermögenssorge zu, so übt er nicht „elterliche" Sorge aus. Sämtliche Angelegenheiten im Zusammenhang mit der **Ausübung der Personen- oder Vermögenssorge** durch einen Vormund oder (Ergänzungs-)Pfleger sind daher von Nr. 4 bzw. 5 erfasst, z.B. die

- Genehmigung von Rechtshandlungen oder -geschäften (z.B. §§ 112, 1303 Abs. 2 bis 4, § 1315 Abs. 1 Satz 1 Nr. 1, §§ 1802 ff. BGB, § 3 Abs. 2, § 7 RelKErzG, § 2 Abs. 1 NamÄndG, § 16 Abs. 3 VerschG, § 56 Abs. 3 SGB VIII),
- Ersetzung der Einwilligung des Vormunds bzw. Pflegers in Rechtshandlungen oder -geschäfte (§ 113 Abs. 3 BGB),

soweit sie nicht einen anderen Verfahrensgegenstand betreffen (z.B. Umgangsrecht, Kindesherausgabe, freiheitsentziehende Unterbringung, Abstammungsklärung, Adoption).

Auch alle Verfahren betreffend die **Bestellung, Beendigung oder Führung der Vormundschaft bzw. Pflegschaft** fallen unter Nr. 4 bzw. 5, z.B.

- die Anordnung der Vormundschaft/Pflegschaft und die Auswahl des Vormunds/Pflegers (§§ 1779, 1791a ff. BGB),[6]
- Bestellung und Bestallung des Vormunds/Pflegers (§§ 1789 ff. BGB),
- Entlassung des Vormunds/Pflegers (§§ 1886 ff. BGB),
- Aufsicht über die Führung der Vormundschaft/Pflegschaft (§§ 1837 ff. BGB, § 53 Abs. 3 SGB VIII),
- Aufwandsersatz, -entschädigung und Vergütung des Vormunds/Pflegers (§§ 1835 ff. BGB),
- Haftung des Vormunds (§§ 1833 f. BGB).

Ausdrücklich in Nr. 5 erwähnt ist die **Pflegschaft für eine Leibesfrucht** (§ 1912 BGB).

5. Freiheitsentziehende Unterbringung (Nr. 6 und 7)

Soll ein Kind oder Jugendlicher geschlossen untergebracht werden, so sind sowohl die **Genehmigung** (Nr. 6) als auch die **Anordnung** der freiheitsentziehenden Unterbringung aufgrund der PsychKG bzw. Unterbringungsgesetze der Länder (Nr. 7) durch das FamG Kindschaftssachen.

6. Familiengerichtliche Tätigkeit nach JGG (Nr. 8)

In Einzelfällen hat das FamG aufgrund **Überlassung durch das Jugendgericht** Anordnungen nach dem JGG zu treffen, z.B.

- hat das Jugendgericht die Möglichkeit, die Entscheidung über die Auswahl und Anordnung von Erziehungsmaßregeln nach §§ 9 ff. JGG dem FamG zu überlassen (§ 53 JGG),
- ist das für allgemeine Strafsachen zuständige Gericht in Verfahren gegen Jugendliche verpflichtet, die Auswahl und Anordnung von Erziehungsmaßregeln dem FamG zu überlassen (§ 104 Abs. 4 JGG).

Zu den Kindschaftssachen nach Nr. 8 zählt auch die **Bestellung eines Pflegers** zur Vertretung des Jugendlichen bei der Wahrnehmung der Rechte im Strafverfahren (§ 67

---

[6] Beachte: Die Auswahl des Vormunds/Pflegers obliegt nach der Streichung des § 1697 BGB a.F. nunmehr ausschließlich dem Rechtspfleger (vgl. auch § 14 Nr. 10 RPflG).

Abs. 4 Satz 3 JGG)[7] sowie die Wahrnehmung von übertragenen „Erziehungsaufgaben" des FamG durch das Jugendgericht (§ 34 Abs. 2 und 3 JGG).

7. Konkurrenzen

13 Die in Nr. 1 bis 8 aufgezählten Kindschaftssachen sind teilweise untrennbar miteinander verwoben und damit einheitlicher Verfahrensgegenstand (z.B. Entzug der elterlichen Sorge und Anordnung einer Pflegschaft) oder teilweise Gegenstand zeitgleich anhängiger Verfahren (z.B. Anträge auf alleinige elterliche Sorge und Ausschluss des Umgangs). Letztere kann das FamG in einem oder in je eigenen Verfahren behandeln. Soweit es dies für sachdienlich hält, kann es die **Verfahren verbinden oder trennen** (§ 20). Das FamG hat somit einen weiten Spielraum bei der Gestaltung der Verfahren im Umgang mit den durch die Aufzählung in § 151 entstandenen Konkurrenzen.[8]

§ 152 Örtliche Zuständigkeit

(1) Während der Anhängigkeit einer Ehesache ist unter den deutschen Gerichten das Gericht, bei dem die Ehesache im ersten Rechtszug anhängig ist oder war, ausschließlich zuständig für Kindschaftssachen, sofern sie gemeinschaftliche Kinder der Ehegatten betreffen.

(2) Ansonsten ist das Gericht zuständig, in dessen Bezirk das Kind seinen gewöhnlichen Aufenthalt hat.

(3) Ist die Zuständigkeit eines deutschen Gerichts nach den Absätzen 1 und 2 nicht gegeben, ist das Gericht zuständig, in dessen Bezirk das Bedürfnis der Fürsorge bekannt wird.

(4) Für die in den §§ 1693 und 1846 des Bürgerlichen Gesetzbuchs und in Artikel 24 Abs. 3 des Einführungsgesetzes zum Bürgerlichen Gesetzbuch bezeichneten Maßnahmen ist auch das Gericht zuständig, in dessen Bezirk das Bedürfnis der Fürsorge bekannt wird. Es soll die angeordneten Maßnahmen dem Gericht mitteilen, bei dem eine Vormundschaft oder Pflegschaft anhängig ist.

I. Inhalt und Bedeutung der Norm

1 In Kindschaftssachen erhält die örtliche Zuständigkeit im Vergleich zur **bisherigen Rechtslage** durch §§ 152 bis 154 eine grundlegende Neuregelung und gleichzeitige Systematisierung. Maßgeblich sind lediglich drei Anknüpfungspunkte. Diese stehen in folgender **Rangfolge**:

- Anhängigkeit einer Ehesache (Abs. 1, § 153);
- gewöhnlicher Aufenthalt des Kindes (Abs. 2, § 154);
- Ort des Fürsorgebedürfnisses für das Kind (Abs. 3 und 4).

---

[7] BT-Drs. 16/6308, S. 234.
[8] → § 20 Rn. 1.

Maßgeblicher Zeitpunkt für die Beurteilung der örtlichen Zuständigkeit ist in 2

- **Antragsverfahren** (§ 23) der Zeitpunkt, in welchem der Antrag mit dem Ersuchen der Erledigung durch dieses Gericht eingeht (nicht bei Bitte um Weiterleitung);[1]
- **Amtsverfahren** (§ 24) der Zeitpunkt, in welchem dem Gericht die Umstände bekannt werden, die Anlass für die Pflicht zur (anschließenden) Einleitung des Verfahrens gegeben haben.[2]

II. Einzelne Zuständigkeiten

Während **Anhängigkeit einer Ehesache** vor einem deutschen Gericht findet – wie 3
bisher (§ 621 Abs. 2 Satz 1 Nr. 1 ZPO a.F.) – eine Zuständigkeitskonzentration beim Gericht der Ehesache statt.[3] Die örtliche Zuständigkeit für Ehesachen (→ § 122) wird damit prägend auch für sämtliche Kindschaftssachen, die gemeinsame Kinder der Ehegatten betreffen – unabhängig, ob sie in den Verbund einbezogen sind oder nicht. Zuständig nach **Abs. 1** ist das Gericht, das erstinstanzlich mit der Ehesache befasst ist oder, für den Fall, dass die Sache in zweiter oder dritter Instanz anhängig ist, erstinstanzlich befasst war. Dies gilt auch, wenn die Zuständigkeit nach § 122 nicht beachtet wurde oder sich die Umstände mittlerweile geändert haben. Bei nachträglicher Anhängigkeit einer Ehesache → § 154; zur internationalen Zuständigkeit in Ehesachen → § 98.

Ohne Anhängigkeit einer Ehesache knüpft die Zuständigkeit nach **Abs. 2** einzig an den 4
gewöhnlichen Aufenthalt des Kindes an.[4] Der Wohnsitz als Anknüpfungsmerkmal entfällt,[5] Relativierungen kennt das FamFG nicht mehr.[6] Gewöhnlicher Aufenthalt ist der Ort, an dem das Kind seinen Daseinsmittelpunkt hat und an dem der Schwerpunkt seiner persönlichen Beziehungen liegt.[7] Dieser ist selbstständig und unabhängig vom gewöhnlichen Aufenthalt des/der Sorgeberechtigten zu bestimmen,[8] fällt aber häufig mit dem Aufenthalt der Hauptbetreuungspersonen zusammen. Unterscheidet sich bspw. der Aufenthalt unter der Woche und am Wochenende, kommt es auf den **Schwerpunkt der sozialen Beziehungen** an.[9] Die teilweise herangezogene Faustregel, wonach ein gewöhnlicher, nicht nur vorübergehender Aufenthalt nach sechs Monaten begründet wird, kann – auch aufgrund des kindlichen Zeitempfindens – nicht angewandt werden.[10] Prägend sind

- das subjektive Kriterium des zukunftsoffenen Verbleibs[11] und

---

1 → § 2 Rn. 3; BT-Drs. 16/6308, S. 234; Keidel u.a./Sternal § 5 FGG Rn. 40.
2 → § 2 Rn. 3; BT-Drs. 16/6308, S. 234; Bumiller/Winkler § 5 FGG Rn. 7.
3 BT-Drs. 16/6308, S. 234.
4 Zum gewöhnlichen Aufenthalt des Kindes auch → § 122 Rn. 6 ff.
5 Vgl. § 36 FGG, § 640a Abs. 1 ZPO a.F.
6 BT-Drs. 16/6308, S. 235.
7 OLG Karlsruhe 16.08.2003 – 18 UF 171/02 = FamRZ 2005, 287 (288); OLG Hamm 16.05.1991 – 4 UF 8/91 = NJW 1992, 636 (637) = FamRZ 1991, 1466 (1467).
8 BGH 18.06.1997 – XII ZB 156/95 = NJW 1997, 3024 = FamRZ 1997, 1070; OLG Frankfurt a.M. 15.02.2006 – 1 WF 231/05 = FamRZ 2006, 883 = ZKJ 2006, 368 (369).
9 Vgl. OLG Bremen 03.04.1992 – 4 UF 35/02 = FamRZ 1992, 963.
10 Ähnlich Zöller/Philippi § 606 ZPO Rn. 34.
11 Allein hierauf abstellend OLG Karlsruhe 12.06.2008 – 2 UF 43/08 = FamRZ 2009, 239.

- das objektive Kriterium der Umstände, die erkennen lassen, dass die Person an dem Ort oder in dem Gebiet nicht nur vorübergehend verweilt (settled intention).[12]

5 Ist keine Ehesache anhängig und hat das Kind keinen gewöhnlichen Aufenthalt im Inland, richtet sich die örtliche Zuständigkeit nach **Abs. 3** und knüpft an den **Ort des Fürsorgebedürfnisses** an. Ein fehlender gewöhnlicher Aufenthalt kann vorliegen, wenn sich das Kind

- im Inland aufhält, aber derzeit keinen gewöhnlichen Aufenthalt hat oder einen solchen im Inland (noch) nicht begründet hat;
- im Ausland aufhält und dort seinen gewöhnlichen Aufenthalt hat.

Zum Bedürfnis der Fürsorge durch ein deutsches Gericht → § 99 Rn. 6.

6 **Abs. 4** übernimmt die bisherige Regelung des § 44 FGG und begründet eine **subsidiäre Notzuständigkeit** für Kindschaftssachen betreffend

- gerichtliche Maßnahmen der elterlichen Sorge bei tatsächlicher oder rechtlicher Verhinderung der Eltern (§ 1693 BGB),
- einstweilige gerichtliche „Maßregeln" vor Bestellung oder bei Verhinderung des Vormunds/Ergänzungspflegers (§ 1846 BGB, Art. 24 Abs. 3 EGBGB).

Dem nach Abs. 4 Satz 1 zuständigen Eilgericht legt Satz 2 die Pflicht auf, dem Gericht **Mitteilung** zu machen, bei dem die Vormundschaft/Pflegschaft anhängig ist.

§ 153 Abgabe an das Gericht der Ehesache

Wird eine Ehesache rechtshängig, während eine Kindschaftssache, die ein gemeinschaftliches Kind der Ehegatten betrifft, bei einem anderen Gericht im ersten Rechtszug anhängig ist, ist diese von Amts wegen an das Gericht der Ehesache abzugeben. § 281 Abs. 2 und 3 Satz 1 der Zivilprozessordnung gilt entsprechend.

1 Wird nach Anhängigkeit einer Kindschaftssache eine Ehesache der gemeinsamen Eltern des betreffenden Kindes anhängig, wird das Gericht der Ehesache (→ § 122) örtlich zuständig und ist die Sache an dieses abzugeben (**Satz 1**). Die Regelung entspricht § 621 Abs. 3 ZPO a.F. und erweitert die **Konzentrationswirkung der Ehesache** auf alle Kindschaftssachen nach § 151. Zum Vorgehen bei der Abgabe → § 4 Rn. 3 f.

2 Der Verweis in **Satz 2** betrifft

- die Zulässigkeit von Erklärungen und Anträgen zur Zuständigkeit vor dem Urkundsbeamten der Geschäftsstelle (§ 281 Abs. 2 Satz 1 ZPO),
- die Unanfechtbarkeit des Abgabebeschlusses (§ 281 Abs. 2 Satz 2 ZPO),
- die Anhängigkeit des Verfahrens bei Eingang der Akten beim im Beschluss bezeichneten Gericht (§ 281 Abs. 2 Satz 3 ZPO),

---

12 Zu einer gesetzlichen Definition dieser subjektiv-objektiven Betrachtung siehe § 30 Abs. 3 Satz 2 SGB I.

- die Bindungswirkung des Beschlusses für das Gericht, an das abgegeben wurde (§ 281 Abs. 2 Satz 4 ZPO),
- die Behandlung der Kosten beim abgebenden Gericht als Kosten des Gerichts, an das abgegeben wurde (§ 281 Abs. 3 Satz 1 ZPO).

§ 154 Verweisung bei einseitiger Änderung des Aufenthalts des Kindes

Das nach § 152 Abs. 2 zuständige Gericht kann ein Verfahren an das Gericht des früheren gewöhnlichen Aufenthaltsorts des Kindes verweisen, wenn ein Elternteil den Aufenthalt des Kindes ohne vorherige Zustimmung des anderen geändert hat. Dies gilt nicht, wenn dem anderen Elternteil das Recht der Aufenthaltsbestimmung nicht zusteht oder die Änderung des Aufenthaltsorts zum Schutz des Kindes oder des betreuenden Elternteils erforderlich war.

Die optionale Verweisung einer Kindschaftssache bei einseitig bestimmtem Wechsel des Aufenthalts eines Kindes unter Missachtung der gemeinsamen elterlichen Sorge knüpft an § 152 Abs. 2 an und gibt dem FamG die Möglichkeit, auf widerrechtliches Verbringen oder Zurückhalten[1] im Inland zu reagieren. **Gesetzessystematisch** handelt es sich um eine Abgabe aus wichtigem Grund i.S.d. § 4.[2] Die Regelung ist ohne Entsprechung in **bisheriger Rechtslage**.

1

Die Verweisung steht im Ermessen des Gerichts.[3] **Voraussetzungen** sind

2

- keine Anhängigkeit einer Ehesache,
- ein zuständigkeitsbegründender gewöhnlicher Aufenthalt im Inland (§ 152 Abs. 2),[4]
- die eigenmächtige Begründung desselben durch einen Elternteil ohne Zustimmung oder trotz Widerspruch des anderen Elternteils,
- das gemeinsame Aufenthaltsbestimmungsrecht beider Eltern (Satz 2 Alt. 1).

Die Verweisung ist **ausgeschlossen**, wenn die widerrechtliche Begründung des gewöhnlichen Aufenthalts durch ein Schutzbedürfnis des Kindes oder des betreuenden Elternteils gerechtfertigt war (Satz 2 Abs. 2). Die **Erforderlichkeit** bestimmt sich nach den Kriterien des rechtfertigenden Notstands (§ 34 StGB).

---

1 Vgl. Art. 1 Buchst. a HKÜ.
2 → § 4 Rn. 3.
3 Jaeger FPR 2006, 410 (411).
4 → § 152 Rn. 4.

§ 155 Vorrang- und Beschleunigungsgebot

(1) Kindschaftssachen, die den Aufenthalt des Kindes, das Umgangsrecht oder die Herausgabe des Kindes betreffen, sowie Verfahren wegen Gefährdung des Kindeswohls sind vorrangig und beschleunigt durchzuführen.

(2) Das Gericht erörtert in Verfahren nach Absatz 1 die Sache mit den Beteiligten in einem Termin. Der Termin soll spätestens einen Monat nach Beginn des Verfahrens stattfinden. Das Gericht hört in diesem Termin das Jugendamt an. Eine Verlegung des Termins ist nur aus zwingenden Gründen zulässig. Der Verlegungsgrund ist mit dem Verlegungsgesuch glaubhaft zu machen.

(3) Das Gericht soll das persönliche Erscheinen der ver- fahrensfähigen Beteiligten zu dem Termin anordnen.

Übersicht

I. Inhalt und Bedeutung der Norm	1
II. Vorrang und Beschleunigung: Verhältnis zu anderen Verfahren (Abs. 1)	4
III. Früher Erörterungstermin (Abs. 2 und 3)	8
1. Erörterung binnen eines Monats (Abs. 2 Sätze 1 und 2)	8
2. Anhörung des Jugendamts (Abs. 2 Satz 3)	14
3. Terminsverlegung aus zwingenden Gründen (Abs. 2 Sätze 4 und 5)	18
4. Persönliches Erscheinen der Beteiligten (Abs. 3)	22

I. Inhalt und Bedeutung der Norm

1 Das Vorrang- und Beschleunigungsgebot in den ausgewählten Kindschaftssachen (Aufenthalt oder Herausgabe des Kindes, Umgang, Kindeswohlgefährdung) ist **zentrales Element der Neukonzeption** des Familienverfahrensrechts. Abs. 1 räumt diesen Verfahrensgegenständen eine Sonderstellung im System des FamFG ein, macht damit Vorgaben für die **Organisation der familiengerichtlichen Dezernate** und erkennt mit dem Gebot der zeitnahen Bearbeitung die herausragende **Bedeutung des kindlichen Zeitempfindens** für die Wahrung der Kindesinteressen an.[1] Der Gesetzgeber bezweckt mit § 155 eine Verkürzung der Verfahrensdauer, die 2005 in Umgangsverfahren bei 6,8 Monaten und in Sorgerechtsverfahren bei 7,1 Monaten lag.[2] Eigentliches Ziel kann jedoch nicht der schnellstmögliche Abschluss der Verfahren sein.[3] Wie bspw. §§ 156, 157, 165 oder 166 betonen, soll das familiengerichtliche Verfahren vielmehr der Prozesshaftigkeit von Familienkonflikten Rechnung tragen und diese für einen gewissen Zeitraum strukturierend und beobachtend begleiten. Vorrang und Beschleunigung heißt für das FamG somit, sich den betreffenden Kindschaftssachen bevorzugt und zeitnah anzunehmen.

2 Die Monatsfrist zur Terminsbestimmung für eine (erste) Erörterung der Verfahrensgegenstände mit den Beteiligten und dem JA (Abs. 2) bedeutet eine **Engführung der Verfahrensgestaltung** und schränkt den familienrichterlichen Spielraum insoweit erheblich ein. Auch die Beteiligten in der Familie (und mit ihnen ihre Verfahrensbevoll-

---
[1] Heilmann 1998.
[2] BT-Drs. 16/6308, S. 235.
[3] Willutzki ZKJ 2006, 224 (226).

mächtigten) werden in die Pflicht genommen, sich durch ihr gerichtlich angeordnetes persönliches Erscheinen (Abs. 3) und die sehr begrenzte Möglichkeit der Beantragung einer Terminsverschiebung (Abs. 2 Sätze 4 und 5) dem Konflikt vor Gericht zu stellen. Durch die frühe Erörterung erfährt auch die Arbeitsweise des JA eine Umstellung (Abs. 2 Satz 3, § 50 Abs. 2 Satz 2 SGB VIII).

Die Einführung der Vorschrift wurde bereits mit dem Gesetz zur Erleichterung familiengerichtlicher Maßnahmen bei Gefährdung des Kindeswohls zum 12.07.2008 vorgezogen (§ 50e FGG).[4] Als Vorbild diente das Kündigungsschutzverfahren (§ 61a ArbGG).[5] Davor kannte die **bisherige Rechtslage** für das Familienrecht keine vergleichbare Regelung.

II. Vorrang und Beschleunigung: Verhältnis zu anderen Verfahren (Abs. 1)

Der **Anwendungsbereich** des Vorrang- und Beschleunigungsgebots bezieht sich auf Kindschaftssachen, die betreffen:
- den **Aufenthalt des Kindes**, also z.B. Auseinandersetzungen bei gemeinsamer elterlicher Sorge über
  - den Verbleib des Kindes bei einem oder dem anderen Elternteil bei Getrenntleben (§§ 1671, 1682 BGB);
  - den Aufenthalt des Kindes bei dritten Personen;
  - den Wechsel der Fremdplatzierung des Kindes;
- das **Umgangsrecht** (§§ 1684 bis 1686 BGB);
- die **Herausgabe des Kindes**, also z.B., wenn
  - das Kind den Eltern/einem Elternteil widerrechtlich vorenthalten wird (§ 1632 Abs. 1, 3 BGB);
  - der Erlass einer Verbleibensanordnung geprüft wird (§ 1632 Abs. 4 BGB);
- eine **Gefährdung des Kindeswohls**, also z.B. Verfahren über
  - die Genehmigung einer freiheitsentziehenden Unterbringung (§§ 1631b, 1680, 1915 BGB);
  - Eingriffe in die elterliche Sorge (§§ 1666, 1666a BGB);
  - die Anordnung einer freiheitsentziehenden Unterbringung nach den Landesgesetzen über die Unterbringung psychisch Kranker;
  - nicht aber wegen Gefährdung des Kindesvermögens (§ 1667 BGB) oder Aufhebung eines Sorgerechtseingriffs (§ 1696 Abs. 2 BGB).

Im Verhältnis zu anderen Verfahren hat das FamG der Bearbeitung der genannten Kindschaftssachen innerhalb eines familiengerichtlichen Dezernats **Vorrang** einzuräumen (siehe Schaubild). Dies gilt uneingeschränkt für **Hauptsacheverfahren**. Ar-

---
4 Gesetz vom 04.07.2008, BGBl. I, S. 1188.
5 BT-Drs. 16/6308, S. 235.

Abschnitt 3 Verfahren in Kindschaftssachen

beitsbe- und -überlastung dürfen somit nicht zu deren Lasten gehen, sondern andere Verfahren haben bei der Erledigung der Arbeit und im Geschäftsablauf zurückzustehen.

6 In **Eilverfahren** gebietet jedoch der Schutz der Grundrechte und die Garantie des effektiven Rechtsschutzes, demjenigen Verfahren über den Erlass einer einstweiligen Anordnung Vorrang einzuräumen, das die höchste Dringlichkeit aufweist. Daran kann und darf Abs. 1 nichts ändern.[6] Das Vorranggebot des Abs. 1 kann daher im Eilrechtsschutz nach §§ 49 ff., der eine Kindschaftssache zum Gegenstand hat, nur Geltung beanspruchen, wenn der Erlass einer einstweiligen Anordnung in anderen Eilverfahren, die um die vorrangige Bearbeitung konkurrieren, gleich dringlich ist, also bei denen das Regelungs- bzw. Sicherungsbedürfnis (Anordnungsgrund) vergleichbar eilbedürftig ist.[7]

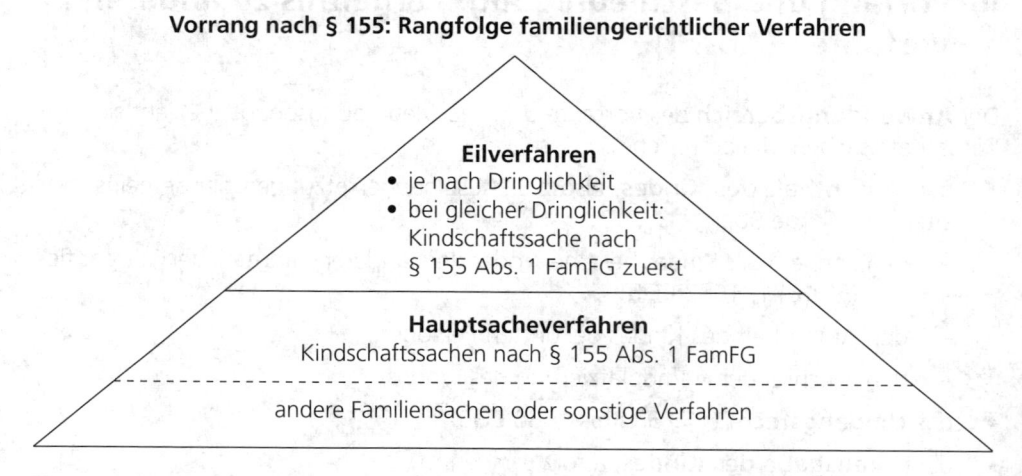

Vorrang nach § 155: Rangfolge familiengerichtlicher Verfahren

Eilverfahren
- je nach Dringlichkeit
- bei gleicher Dringlichkeit: Kindschaftssache nach § 155 Abs. 1 FamFG zuerst

Hauptsacheverfahren
Kindschaftssachen nach § 155 Abs. 1 FamFG

andere Familiensachen oder sonstige Verfahren

7 Dem **allgemeinen Beschleunigungsgebot** des Abs. 1 kommt neben dem Vorrang keine eigene Bedeutung zu. Wenn die betreffenden Verfahren vorrangig bearbeitet werden, dient dies der Beschleunigung. Diese wird jedoch nicht zum Selbstzweck, sondern ist am Kindeswohl sowie den Erfordernissen der kindlichen Bedürfnisse im Einzelfall zu orientieren (Rn. 11) und hat insbesondere in Hauptsacheverfahren die Dynamik des familiären Geschehens zu berücksichtigen, was bspw. auch Entschleunigung oder eine Verlängerung des Verfahrens durch weitere Verfahrensschritte bedeuten kann.[8] Wie sich das FamFG die beschleunigte Verfahrensgestaltung vorstellt, konkretisieren Abs. 2 und 3 sowie §§ 156, 157.

---

6 Besonders deutlich wird dies bspw. im Verhältnis von Eilverfahren in Gewaltschutzsachen wegen akuter Bedrohung von Leib und Leben zu solchen in „normalen" Umgangsstreitigkeiten.
7 Zum Anordnungsgrund in den verschiedenen Familiensachen → § 49 Rn. 12 ff.
8 BT-Drs. 16/6308, S. 235 f.

III. Früher Erörterungstermin (Abs. 2 und 3)

1. Erörterung binnen eines Monats (Abs. 2 Sätze 1 und 2)

Das FamG hat (Muss-Vorschrift) die Kindschaftssachen aus Abs. 1 mit den Beteiligten in einem Termin zu erörtern (Abs. 2 Satz 1). Dabei handelt es sich nicht notwendig um die nach §§ 159, 160 geforderte Anhörung. Die **Funktion der Erörterung** liegt daher auch nicht in einer schnellstmöglichen Entscheidung. Vielmehr soll das FamG im frühen Termin **Sondieren und Sortieren**, ob bspw.

- eine einvernehmliche Regelung erzielt werden kann (vgl. § 156),
- in einem Familienkonflikt (§ 156 Abs. 1 Satz 2) oder bei einer Kindeswohlgefährdung (§ 157 Abs. 1 Satz 1) die Inanspruchnahme öffentlicher Hilfen in Betracht kommt und ggf. anzuordnen ist (§ 156 Abs. 1 Satz 4, § 1666 Abs. 3 Nr. 1 BGB),
- auf Mediation oder sonstige außergerichtliche Streitbeilegung hinzuweisen ist (§ 156 Abs. 1 Satz 3),
- – wenn nicht schon geschehen – ein Verfahrensbeistand zu bestellen ist (§ 158),[9]
- ein Sachverständigengutachten einzuholen (§ 163), anderweitige Mitwirkung (vgl. § 161) oder Beweiserhebung (§§ 29 f.) angezeigt ist,
- eine einstweilige Anordnung zu erlassen ist (§ 156 Abs. 3, § 157 Abs. 3).

Der frühe Erörterungstermin findet grundsätzlich (Soll-Vorschrift) **spätestens einen Monat nach Beginn des Verfahrens** statt (Abs. 2 Satz 2). Mit dieser verbindlichen Vorgabe für die Verfahrensgestaltung soll das **FamG** seine Sondierungs- und Sortierfunktion in einem frühen Stadium der gerichtlichen Auseinandersetzung wahrnehmen. Die **Beteiligten** sollen ihr Anliegen und ihre Vorstellungen über eine Perspektiventwicklung persönlich vortragen. Schriftlicher Vortrag ist nicht gefordert[10] und ihre **Rechtsanwälte** werden aufgrund der Kürze der Zeit häufig nur knappe Schriftsätze einreichen können.[11]

Bei **Trennung und Scheidung** soll der frühe Termin dazu beitragen, Strategien zur Deeskalation der Familienkonflikte und zur Stärkung der (partiell) verloren gegangenen Selbststeuerungskompetenzen zu entwickeln.[12] Das FamG soll dabei seine gerichtlichen Möglichkeiten zur Herstellung von Verbindlichkeit (z.B. Anordnung des persönlichen Erscheinens, einer Beratung oder sachverständigen Begutachtung) und zur Strukturierung der Familienkonflikte (z.B. einstweilige Anordnung) nutzen.

> „Mit einer schnellen Terminierung soll eine Eskalation des Elternkonflikts vermieden werden. Insbesondere in der ersten Zeit nach der Trennung ist die Kompetenz beider Eltern zu verantwortlichem Handeln oft reduziert, was tendenziell zu einer Zuspitzung der Konflikte führt. Gerade in dieser Situation ist es wichtig, die Eltern nicht längere Zeit allein zu lassen. Der Anspruch des Kindes auf Schutz vor überflüssigen Schädigungen gebietet es vielmehr, dass das Familiengericht so schnell wie

---

9 Büchner ZKJ 2006, 412 (413).
10 Willutzki ZKJ 2006, 224 (226).
11 Büchner ZKJ 2006, 412 (413).
12 BT-Drs. 16/6308, S. 236.

> möglich versucht, die Eltern im persönlichen Gespräch wieder auf den Weg zur Übernahme gemeinsamer Verantwortung zu bringen."[13]

11 Der **Grundsatz der frühen Terminierung** dient der bestmöglichen Wahrung der Kindesinteressen, insbesondere der Berücksichtigung des kindlichen Zeitempfindens. **Ausnahmen** kommen folglich dann in Betracht, wenn das Kindeswohl eine solche offensichtlich nicht erfordert (z.B. in Umgangsstreitigkeiten, wenn regelmäßige Kontakte stattfinden, diese aber nur geringfügig erweitert oder geändert werden sollen;[14] bei wiederholtem Antrag auf Übertragung des alleinigen Aufenthaltsbestimmungsrechts). Kein Grund für ein Absehen vom frühen Termin ist indes eine notwendige Entschleunigung.[15] Gerade in einer zeitnah anberaumten persönlichen Erörterung vor Gericht können hierzu die entscheidenden Impulse gegeben werden (z.B. durch Absprache von Regeln für die gegenseitige Kontaktaufnahme, Anordnung von Beratung oder die richterliche Ansage, dass er die Eltern für ausreichend kompetent hält, ihre Angelegenheiten selbst zu regeln oder diese Fähigkeit wieder zu erlangen).[16]

12 In Verfahren wegen **Gefährdung des Kindeswohls** wird regelmäßig eine Terminierung deutlich vor Ablauf eines Monats angezeigt sein. Ist eine Trennung des Kindes von den Eltern bereits erfolgt, etwa aufgrund einer Inobhutnahme durch das JA (§ 42 SGB VIII) oder infolge einer einstweiligen Anordnung vor einer mündlichen Erörterung, ist ebenso eine möglichst zeitnahe Gewährung rechtlichen Gehörs gefordert. Auch in Verfahren, in denen das FamG vom JA angerufen wurde, weil dieses zur Abwendung der Gefährdung Eingriffe in die elterliche Sorge oder eine weitere Klärung für erforderlich hält (§ 8a Abs. 3 Satz 1 SGB VIII), ist regelmäßig eine alsbaldige Erörterung angezeigt.[17]

13 **Ausnahmen von der frühen Terminierung** scheinen nur in wenigen Sonderkonstellationen zulässig, etwa, wenn eine Gefährdung offensichtlich nicht vorliegt. Kein Grund für ein Absehen für die zeitige Erörterung ist die absehbare Erforderlichkeit einer weiteren Beweisaufnahme, denn gerade Verfahren wegen – potenzieller – Kindeswohlgefährdung bedeuten eine besondere Belastung für alle Beteiligten in der Familie, und es bedarf der Klärung, wie das Kindeswohl während der Dauer des weiteren Verfahrens sichergestellt und die Belastungen reduziert werden können. Ob hierzu (einstweilige) familiengerichtliche Maßnahmen oder familiengerichtlich unterstützte Initiierung von Hilfen notwendig sind, kann meist nur und erst in einer persönlichen Erörterung (unter Beteiligung des JA) geklärt werden (vgl. § 157 Abs. 1), so dass sich das Soll in Abs. 2 Satz 2 in Verfahren wegen Gefährdung des Kindeswohls regelmäßig zu einem Muss verdichtet.

2. Anhörung des Jugendamts (Abs. 2 Satz 3)

14 Im frühen Termin ist die Anhörung des JA Pflicht, d.h., das FamG hat dem JA Gelegenheit zu geben, sich im Termin zu äußern (Abs. 2 Satz 3). Es ist **Mitwirkungsaufgabe des JA** im familiengerichtlichen Verfahren, insbesondere über angebotene und er-

---

13 BT-Drs. 16/6308, S. 236.
14 BT-Drs. 16/6308, S. 236.
15 A.A. Flügge FPR 2008, 1.
16 Weber ZKJ 2006, 196 (199).
17 Zum Verhältnis des frühen Termins nach § 155 Abs. 2 zur Erörterung der Kindeswohlgefährdung nach § 157 siehe → § 157 Rn. 15.

brachte Leistungen zu unterrichten, erzieherische und soziale Gesichtspunkte zur Entwicklung des Kindes oder Jugendlichen einzubringen und auf weitere Möglichkeiten der Hilfe hinzuweisen (§ 50 Abs. 2 Satz 1 SGB VIII). Auch hier ist zwischen Verfahren im Kontext von Trennung und Scheidung und Verfahren wegen Kindeswohlgefährdung zu unterscheiden.

Verfahren in **Trennungs- und Scheidungskonflikten** über Aufenthaltsbestimmung und Umgangskontakte (Abs. 1) werden in der Regel aufgrund eines Antrags eingeleitet (§ 23). In vielen Fällen wird das JA bislang keinen Kontakt zur Familie gehabt haben und hat nun – nach Mitteilung des FamG über die Einleitung des Verfahrens und Festsetzung des frühen Termins – die Aufgabe, Kontakt zu den streitenden Eltern und ihren Kindern aufzunehmen, sich einen ersten Eindruck von der Situation, den Konflikten und Belastungen sowie den Sichtweisen und Bedürfnissen der Beteiligten zu machen. In dem knappen Monat bis zum Termin wird das JA nur erste Eindrücke und Vorstellungen über eine Perspektiventwicklung gewinnen können, und nicht selten wird die Kontaktaufnahme zu allen Beteiligten vor der Erörterung beim FamG nicht gelingen. **15**

Deshalb ist die **Mitwirkungsaufgabe des JA insoweit modifiziert**, als das JA im frühen Termin lediglich über den Stand des Beratungsprozesses informiert (§ 50 Abs. 2 Satz 2 SGB VIII – neu –). Dies wird häufig mündlich erfolgen,[18] ohne dass zuvor eine schriftliche Stellungnahme abgegeben wurde und diese anstelle der Perspektiven für das Kind Gegenstand der Erörterung werden könnte.[19] Auch das JA beteiligt sich somit im Termin am **Sortieren und Sondieren**, indem es die Möglichkeiten der Kinder- und Jugendhilfe zur Deeskalation des Konflikts, zur Entlastung der Beteiligten und zur Bedürfnisbefriedigung des Kindes bzw. Jugendlichen einbringt.[20] Bei Trennungs- und Scheidungskonflikten kann sinnvoll sein, dass eine Fachkraft aus einer **Beratungsstelle** bereits den Termin wahrnimmt, entweder zusätzlich oder aufgrund Übertragung der Mitwirkungsaufgabe (§ 76 Abs. 1 SGB VIII).[21] Im weiteren Verlauf des Verfahrens bleibt es bei der üblichen Mitwirkungsaufgabe und kann sich die Notwendigkeit einer schriftlichen Stellungnahme ergeben, insbesondere, wenn nach weiterer Beweisaufnahme und/oder Scheitern einer Beratung eine Entscheidung des FamG ansteht. **16**

In Verfahren wegen einer **Gefährdung des Kindeswohls** war die frühe Terminierung auch vor Einführung des frühen Termins durch § 50e FGG[22] die Regel. In der Mehrzahl der Fälle regt das JA durch seine Anrufung die Einleitung des Verfahrens an (§ 8a Abs. 3 Satz 1 SGB VIII, § 24 Abs. 1)[23] und hat hierzu bereits eine ausführliche schriftliche Darstellung der Situation und seiner fachlichen Einschätzungen eingereicht. Insoweit hat sich zur bisherigen Rechtslage nichts geändert und enthebt § 50 Abs. 2 Satz 2 SGB VIII nicht vom Erfordernis der schriftlichen Stellungnahme. Dies gilt regelmäßig auch in Verfahren über den **Erlass einer Verbleibensanordnung** (§ 1632 Abs. 4 BGB), insbesondere, wenn für das Familienpflegeverhältnis Leistungen nach §§ 27, 33 oder § 35a SGB VIII gewährt werden bzw. wurden und dem JA die Situation somit bekannt ist. **17**

---

18 BT-Drs. 16/6308, S. 236; Peifer NDV 2008, 395 (398); Reichert ZKJ 2006, 230 (231); Willutzki ZKJ 2006, 224 (226).
19 Rüting ZKJ 2006, 203 (204).
20 Rüting ZKJ 2006, 203.
21 Ausführlich hierzu § 156 Rn. 16.
22 Siehe Rn. 3.
23 Münder u.a. 2000, S. 119.

3. Terminsverlegung aus zwingenden Gründen (Abs. 2 Sätze 4 und 5)

18 Setzt das FamG einen frühen Termin fest, ist – auf Ersuchen der Beteiligten – eine **Verlegung** nur noch aus zwingenden Gründen möglich (Abs. 2 Satz 4). Die Beteiligten haben diese – anders als nach § 32 Abs. 1 (i.V.m. § 277 Abs. 2: „auf Verlangen des Vorsitzenden") – stets mit dem Verlegungsgesuch glaubhaft zu machen (Abs. 2 Satz 5). Die Anforderungen an die **Glaubhaftmachung** richten sich nach § 31.[24]

19 Die Verlegung ist nicht aus „bloß" erheblichen Gründen (vgl. § 32 Abs. 1 Satz 2 i.V.m. § 227 Abs. 1 ZPO), sondern nur aus **zwingenden Gründen** zulässig. Bei den **Beteiligten** kommen als solche in Betracht

- Erkrankung, die eine Teilnahme unmöglich macht,
- berufliche oder persönliche Terminkollisionen, deren Verschiebung oder Absage unzumutbar ist.

20 Durch die engen Verlegungsgrenzen erstreckt sich das Vorrang- und Beschleunigungsgebot indirekt auch auf die Bevollmächtigten der Beteiligten. Zwingende Gründe der **Rechtsanwälte** können sein

- Erkrankung, die eine Teilnahme unmöglich macht, wenn eine Vertretung durch einen anderen Anwalt der Sozietät nicht möglich oder den Beteiligten nicht zumutbar ist,
- eine Terminkollision mit einer anderen Kindschaftssache nach Abs. 1.

Nicht zulässig ist die Verlegung aufgrund einer Terminkollision mit einem anderen Verfahren.[25]

21 Die Verlegung eines frühen Termins aufgrund einer Terminkollision der fallzuständigen Fachkräfte im **Jugendamt** fällt nicht unter Abs. 2 Sätze 4 und 5. Um eine Teilnahme zu gewährleisten, erscheint eine fallübergreifende und ggf. einzelfallbezogene Koordination der Terminierung zwischen FamG und JA sinnvoll. Im JA bedarf es entsprechender Vertretungsregelungen.[26]

4. Persönliches Erscheinen der Beteiligten (Abs. 3)

22 Die Konflikte und die Schwierigkeiten bei der Wahrnehmung der Elternverantwortung, die zu einer familiengerichtlichen Kindschaftssache nach Abs. 1 geführt haben, sind sehr persönlich, betreffen die Intimsphäre der Beteiligten im Familiensystem und können von ihnen – ggf. professionell unterstützt – nur selbst bearbeitet werden. Deshalb soll das FamG die Angelegenheit **mit den Beteiligten persönlich erörtern** und deren Erscheinen anordnen (Abs. 3). Eine Vertretung ist ausgeschlossen. Die Ausgestaltung als Soll-Vorschrift ermöglicht, im frühen Termin ausnahmsweise nicht das persönliche Erscheinen aller Beteiligten anzuordnen, etwa, wenn ein Elternteil weit entfernt lebt und das Erscheinen zur kurzfristig terminierten familiengerichtlichen Erörterung nicht zumutbar ist oder wenn zum Schutz der verfahrensfähigen Beteiligten (z.B. wegen vorangegangener Partnerschaftsgewalt) erforderlich ist, die Erörterung in je-

---

24 Siehe hierzu → § 31.
25 BT-Drs. 16/6308, S. 236.
26 Vgl. OLG Saarbrücken 02.08.2007 – 9 WF 90/07 = JAmt 2007, 498 = FamRZ 2008, 711.

weiliger Abwesenheit des anderen Beteiligten durchzuführen (§ 33 Abs. 1 Satz 2;[27] § 157 Abs. 2 Satz 2[28]).[29]

Ausgenommen von der Soll-Vorgabe des Abs. 3 sind die **Kinder** als nicht verfahrensfähige Beteiligte. Ist eine einstweilige Anordnung zu treffen, sollen sie allerdings zuvor gehört werden (§ 156 Abs. 3 Satz 3), was häufig eine Anhörung in zeitlichem Zusammenhang mit dem frühen Termin nach § 155 erfordert.[30]

23

§ 156 Hinwirken auf Einvernehmen

(1) Das Gericht soll in Kindschaftssachen, die die elterliche Sorge bei Trennung und Scheidung, den Aufenthalt des Kindes, das Umgangsrecht oder die Herausgabe des Kindes betreffen, in jeder Lage des Verfahrens auf ein Einvernehmen der Beteiligten hinwirken, wenn dies dem Kindeswohl nicht widerspricht. Es weist auf Möglichkeiten der Beratung durch die Beratungsstellen und -dienste der Träger der Kinder- und Jugendhilfe insbesondere zur Entwicklung eines einvernehmlichen Konzepts für die Wahrnehmung der elterlichen Sorge und der elterlichen Verantwortung hin. Das Gericht soll in geeigneten Fällen auf die Möglichkeit der Mediation oder der sonstigen außergerichtlichen Streitbeilegung hinweisen. Es kann anordnen, dass die Eltern an einer Beratung nach Satz 2 teilnehmen. Die Anordnung ist nicht selbständig anfechtbar und nicht mit Zwangsmitteln durchsetzbar.

(2) Erzielen die Beteiligten Einvernehmen über den Umgang oder die Herausgabe des Kindes, ist die einvernehmliche Regelung als Vergleich aufzunehmen, wenn das Gericht diese billigt (gerichtlich gebilligter Vergleich). Das Gericht billigt die Umgangsregelung, wenn sie dem Kindeswohl nicht widerspricht.

(3) Kann in Kindschaftssachen, die den Aufenthalt des Kindes, das Umgangsrecht oder die Herausgabe des Kindes betreffen, eine einvernehmliche Regelung im Termin nach § 155 Abs. 2 nicht erreicht werden, hat das Gericht mit den Beteiligten und dem Jugendamt den Erlass einer einstweiligen Anordnung zu erörtern. Wird die Teilnahme an einer Beratung oder eine schriftliche Begutachtung angeordnet, soll das Gericht in Kindschaftssachen, die das Umgangsrecht betreffen, den Umgang durch einstweilige Anordnung regeln oder ausschließen. Das Gericht soll das Kind vor dem Erlass einer einstweiligen Anordnung persönlich anhören.

Übersicht

I. Inhalt und Bedeutung der Norm	1
1. Gesetzessystematischer Bezugsrahmen	1
2. Bisherige Rechtslage	3

---

27 Hierzu → § 33 Rn. 3.
28 Hierzu → § 157 Rn. 18.
29 BT-Drs. 16/6308, S. 236; Flügge FPR 2008, 1 (2 f.).
30 Zu den Möglichkeiten der zeitlichen Terminierung der Kindesanhörung im Verhältnis zum frühen Termin siehe → § 156 Rn. 26.

II. Hinwirken auf Einvernehmen (Abs. 1) 4
   1. Familiengerichtliches Hinwirken (Satz 1) 4
   2. Hinweis auf Beratung (Satz 2) 9
   3. Hinweis auf Mediation und andere außergerichtliche Streitbeilegung (Satz 3) 12
   4. Anordnung von Beratung (Sätze 4 und 5) 14
III. Gerichtlich gebilligter Vergleich (Abs. 2) 18
IV. Erörterung und Erlass einer einstweiligen Anordnung (Abs. 3) 21
   1. Erörterung im frühen Termin (Satz 1) 21
   2. Einstweilige Regelung des Umgangs bei Begutachtung oder Beratung (Satz 2) 24
   3. Anhörung des Kindes (Satz 3) 25

I. Inhalt und Bedeutung der Norm

1. Gesetzessystematischer Bezugsrahmen

1 Gesetzessystematisch stellt § 156 – in Abgrenzung zur Erörterung der Kindeswohlgefährdung in Verfahren nach §§ 1666, 1666a BGB (§ 157) – eine **Spezialvorschrift** für Kindschaftssachen, insbesondere im **Kontext von Trennung und Scheidung**, dar. Für diese ergänzt und komplettiert er das Vorrang- und Beschleunigungsgebot des § 155. Er knüpft in seinen Verfahrenshandlungen und -logiken an den frühen Termin an, überträgt diese auch auf Streitigkeiten über die alleinige oder gemeinsame elterliche Sorge. In § 156 kommt die Weiterentwicklung der familiengerichtlichen Praxis sowie des Wechselspiels zwischen Jugendhilfe und Justiz zum Ausdruck; die Norm beschreibt „Best practice-Modelle"[1] in gesetzesverbindlicher Form. § 156 geht nach seiner Konzeption von folgendem **idealtypischen Verlauf** des Verfahrens aus:

---

[1] Fichtner 2006; Füchsle-Voigt/Gorges ZKJ 2008, 246.

§ 156 Hinwirken auf Einvernehmen

Trennung, Scheidung: Idealtypischer Ablauf des frühen Termins

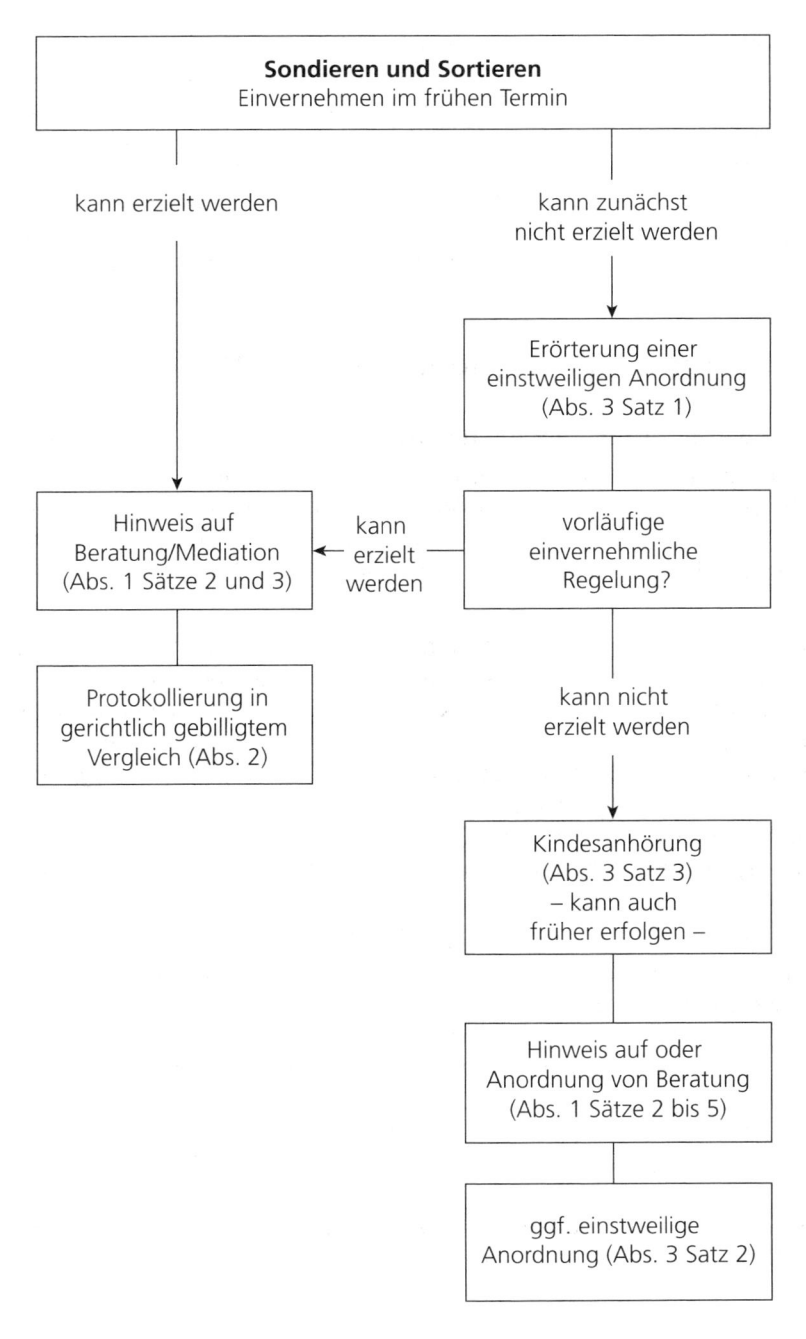

```
                    ┌─────────────────────────────┐
                    │    Sondieren und Sortieren   │
                    │  Einvernehmen im frühen Termin│
                    └─────────────────────────────┘
                       │                    │
              kann erzielt werden      kann zunächst
                       │            nicht erzielt werden
                       │                    │
                       │                    ▼
                       │        ┌─────────────────────────┐
                       │        │   Erörterung einer       │
                       │        │ einstweiligen Anordnung  │
                       │        │     (Abs. 3 Satz 1)      │
                       │        └─────────────────────────┘
                       │                    │
                       ▼                    ▼
          ┌──────────────────────┐   ┌─────────────────┐
          │   Hinweis auf         │   │   vorläufige    │
          │ Beratung/Mediation    │◄──│ einvernehmliche │
          │ (Abs. 1 Sätze 2 und 3)│ kann│   Regelung?    │
          └──────────────────────┘ erzielt└─────────────┘
                       │          werden    │
                       ▼                kann nicht
          ┌──────────────────────┐    erzielt werden
          │  Protokollierung in   │        │
          │ gerichtlich gebilligtem│       ▼
          │   Vergleich (Abs. 2)  │   ┌─────────────────┐
          └──────────────────────┘   │  Kindesanhörung  │
                                     │  (Abs. 3 Satz 3) │
                                     │  – kann auch     │
                                     │  früher erfolgen –│
                                     └─────────────────┘
                                              │
                                              ▼
                                     ┌─────────────────┐
                                     │  Hinweis auf oder│
                                     │Anordnung von Beratung│
                                     │(Abs. 1 Sätze 2 bis 5)│
                                     └─────────────────┘
                                              │
                                              ▼
                                     ┌─────────────────┐
                                     │ ggf. einstweilige│
                                     │Anordnung (Abs. 3 Satz 2)│
                                     └─────────────────┘
```

Zum **Verhältnis zum Vermittlungsverfahren** siehe → § 165 Rn. 1.   **2**

2. Bisherige Rechtslage

3 Die Vorschrift vereint Elemente der bisherigen **§ 52 und § 52a FGG**, um hieraus ein ganzheitliches Konzept zu entwickeln. So entsprechen Abs. 1 Sätze 1 und 2 im Wesentlichen den Grundgedanken des § 52 Abs. 1 FGG. Die Aussetzung des Verfahrens (§ 52 Abs. 2 FGG) wird allerdings nicht integriert; hier bleibt es bei der allgemeinen Regel des § 21 (Rn. 11). Die Regelung zum Vergleich (Abs. 2) greift den Inhalt des § 52a Abs. 4 Satz 3 FGG auf, um ihn auf alle Beteiligten zu erstrecken. Die Erörterung einer **einstweiligen Anordnung** (Abs. 3) berücksichtigt – abweichend von §§ 620 ff., 621g ZPO a.F. –, dass das FamG insbesondere in Umgangsstreitigkeiten eine solche von Amts wegen erlassen kann.[2] Die Pflicht zur Kindesanhörung vor Erlass einer einstweiligen Anordnung in Abs. 3 Satz 3 entspricht § 620a Abs. 3, § 621g Satz 2 ZPO a.F.[3]

II. Hinwirken auf Einvernehmen (Abs. 1)

1. Familiengerichtliches Hinwirken (Satz 1)

4 In seinen **Anwendungsbereich** übernimmt Abs. 1 Satz 1 aus dem Katalog des § 155 Abs. 1 die Auseinandersetzungen über den Aufenthalt und die Herausgabe des Kindes sowie das Umgangsrecht[4] und ergänzt diese um Kindschaftssachen betreffend die (gemeinsame oder alleinige) elterliche Sorge bei Trennung und Scheidung (§§ 1671, 1672 BGB).

5 Wird aus einem Familienkonflikt eine familiengerichtliche Streitigkeit, hat das FamG die Pflicht (Soll-Vorschrift) zum **Hinwirken** auf Einvernehmen. Es soll seine Möglichkeiten zur Herstellung von Verbindlichkeit sowohl in Gestalt seiner judikativen Entscheidungsbefugnisse als auch der Verfahrensleitung (z.B. Anordnung des persönlichen Erscheinens, einer Beratung oder sachverständigen Begutachtung) nutzen, um die Beteiligten zur – bisher erfolglosen – Erarbeitung einvernehmlicher Regelungen anzuhalten. Mit seinem Auftrag, so früh wie möglich zu **sondieren und sortieren** (§ 155 Abs. 2), hat es die Aufgabe, die Potenziale und Hindernisse für Einvernehmen herauszuarbeiten.[5]

6 Verschafft sich das FamG frühzeitig einen Überblick über die rechtlich aufgeladenen Streitpunkte, bietet dies möglicherweise die Chance, im Termin vor Gericht bisherige **Hindernisse für Einvernehmen** aufzuspüren, teilweise sogar soweit auszuräumen und als einseitige oder gegenseitige Zusagen bzw. als Klärung von Missverständnissen gerichtlich zu protokollieren (Abs. 2). Mitunter werden weitere familiengerichtliche Auseinandersetzungen damit obsolet, häufig lassen sich jedoch – wenn überhaupt – zu Beginn eines Verfahrens nur erste Potenziale für einzelne bzw. erste einvernehmliche Regelungen finden und auf deren Grundlage ein **vorläufiger Minimalkonsens** erzielen. Dies allein befähigt die Beteiligten in der Regel nicht, ihre Geschicke zukünftig selbst zu steuern. Die **Bearbeitung der tiefer liegenden Konflikte** mit ihren verletzten Gefühlen und emotionsgeladenen Erwartungen ist jedoch nicht Aufgabe des

---

2 BT-Drs. 16/6308, S. 237.
3 BT-Drs. 16/9733, S. 293.
4 Hierzu → § 155 Rn. 4.
5 Hierzu auch → § 155 Rn. 8.

FamG. Hier soll das FamG seine Grenzen erklären und die Beteiligten zur Inanspruchnahme von Beratung, Mediation oder anderer außergerichtlicher Streitbeilegung motivieren, ggf. sogar Beratung anordnen (Sätze 2 bis 4).

Das Gebot zum Hinwirken auf Einvernehmen gilt nicht nur für den frühen Termin, sondern **in jeder Lage des Verfahrens**. Stets bieten der Abschluss und das (partielle) Scheitern einer Beratung oder Mediation, die Einholung eines Sachverständigengutachtens, Einschätzungen eines Verfahrensbeistands, weitere Anhörungen und Beweisaufnahme etc. neue Ansatzpunkte für die familiengerichtliche Prüfung, ob sich daraus Potenziale für ein kindeswohldienliches Einvernehmen ergeben. Die Frage, ob auch dann auf Einvernehmen hingewirkt werden soll/muss, wenn **Vereinbarungen aktuell nicht möglich** erscheinen, stellt sich demnach nicht,[6] denn Aufgabe des FamG ist, die Potenziale fortlaufend auszuloten; erzwingen kann und soll es solche nicht, sondern bleibt in diesem Fall Entscheidungsinstanz.

Das Einvernehmen der Beteiligten, insbesondere eine nur zwischen den Erwachsenen erzielte Einigkeit, dient nicht notwendigerweise dem Kindeswohl. Sind Familienstreitigkeiten beim FamG gelandet, hat es als neutrale, dem Kindeswohl verpflichtete Instanz die Pflicht, die **Wahrung der Kindesinteressen** stets im Blick zu behalten und ggf. einzufordern. Folgerichtig darf es, wie Abs. 1 Satz 1 klarstellend betont, auf kein Einvernehmen hinwirken, das in **Widerspruch zum Kindeswohl** steht.[7]

2. Hinweis auf Beratung (Satz 2)

Der Hinweis auf die Beratungsangebote der Kinder- und Jugendhilfe gehört seit dem KindRG 1998 zum Standardprogramm in Sorge- und Umgangsstreitigkeiten bei Trennung und Scheidung (§ 52 Abs. 1 Satz 2 FGG). Durch den frühen Termin (§ 155 Abs. 2) in Kombination mit der Möglichkeit zur Anordnung von Beratung bekommt er jedoch eine **neue Konnotation**. Die Begrenztheit einer gerichtlichen Konflikt„lösung" durch Entscheidung zu (vermeintlichen) Sachfragen ist im FamFG erkannt und die Beratung in den Ablauf des familiengerichtlichen Verfahrens noch unmittelbarer integriert.

Die einschlägigen Beratungsangebote der Träger der Kinder- und Jugendhilfe basieren auf folgenden **Leistungen nach dem SGB VIII:**

- **§ 17 SGB VIII:** Mütter und Väter, die für ein Kind oder einen Jugendlichen zu sorgen haben oder tatsächlich sorgen, haben Anspruch auf

    – Beratung zur Bewältigung von Konflikten und Krisen in der Familie (Abs. 1 Satz 2 Nr. 2),

    – Beratung, um im Fall der Trennung und Scheidung die Bedingungen für eine dem Wohl des Kindes oder Jugendlichen förderliche Wahrnehmung der Elternverantwortung zu schaffen (Abs. 1 Satz 2 Nr. 3),

    – Unterstützung bei der Entwicklung eines einvernehmlichen Konzepts für die Wahrnehmung der elterlichen Sorge (Abs. 2).

---

[6] Siehe den (vermeintlichen) Meinungsstreit zu § 52 Abs. 1 FGG, ob ein Hinwirken auch dann Pflicht ist, wenn Einvernehmen nicht möglich „ist": Johannsen/Henrich/Brudermüller § 52 FGG Rn. 5; Bassenge/Roth § 52 FGG Rn. 2; a.A. Jansen/Zorn § 52 FGG Rn. 7.
[7] Dieser Halbsatz wurde erst im Laufe des Gesetzgebungsverfahrens klarstellend aufgenommen, BT-Drs. 16/9733, S. 293.

Abschnitt 3 Verfahren in Kindschaftssachen

- **§ 18 Abs. 3 SGB VIII:** Alle Umgangsberechtigten und -verpflichteten haben Anspruch auf Beratung und Unterstützung bei der Ausübung des Umgangsrechts zum Wohl des Kindes, was ggf. auch die Begleitung von Umgangskontakten umfasst.

- **§ 28 SGB VIII:** Kinder, Jugendliche, Eltern und andere Erziehungsberechtigte haben, wenn eine dem Wohl des Kindes oder Jugendlichen entsprechende Erziehung nicht gewährleistet ist (§ 27 Abs. 1 SGB VIII), Anspruch auf Unterstützung bei der Klärung und Bewältigung individueller und familienbezogener Probleme und der zugrunde liegenden Faktoren, bei der Lösung von Erziehungsfragen sowie bei Trennung und Scheidung.

11 Sollte das FamG bisher das Verfahren für die Dauer der Inanspruchnahme außergerichtlicher Beratung aussetzen (§ 52 Abs. 2 FGG), ist eine **Aussetzung des Verfahrens** nur unter der allgemeinen Voraussetzung, dem Vorliegen eines wichtigen Grundes, zulässig (§ 21 Abs. 1). Die Inanspruchnahme von Beratung während einer anhängigen Kindschaftssache i.S.d. Abs. 1 Satz 1 ist kein solcher. Vielmehr etabliert das FamFG parallel zu den Familienkonflikten die **Prozesshaftigkeit des familiengerichtlichen Entscheidungsverhaltens** und seiner Verfahrensgestaltung. Wird es erst einmal involviert, soll es die Familien nach Trennung und Scheidung in ihrer Krise für einen gewissen Zeitraum mit seiner Autorität und seinen Möglichkeiten der (vorläufigen) Strukturierung der Familienbeziehungen begleiten, um diese anschließend wieder in die Autonomie zu entlassen. Wenn die Beteiligten sich im (frühen) Termin bereiterklären, Beratung in Anspruch zu nehmen, empfiehlt sich, Absprachen über Beratungsinhalte zu treffen (hierzu Rn. 16), und die **Festsetzung eines weiteren Termins**. Dieser kann aufgehoben, vorgezogen oder verschoben werden, wenn die Beratung scheitert, erfolgreich abgeschlossen wird oder noch weitere Zeit braucht. Zur Teilnahme von Beratungsstellen im Termin Rn. 16.

3. Hinweis auf Mediation und andere außergerichtliche Streitbeilegung (Satz 3)

12 Seit dem FamFG ausdrücklich vorgesehen ist auch der Hinweis auf die Möglichkeit der Mediation oder anderer außergerichtlicher Streitbeilegung (Abs. 1 Satz 3). Die Besonderheit der **wissenschaftlichen Methode Mediation (Vermittlung)** als außergerichtliches Verfahren zur Konfliktregulierung ist, dass sie, anders als alle anderen beratenden oder therapeutischen Interventionen, trotz Aufklärung und Wissensvermittlung nicht Beratung, das Erteilen von Ratschlägen oder eine Heilung beinhaltet, sondern lediglich Vermittlung zwischen den einvernehmliche Regelung suchenden Beteiligten anbietet.[8]

13 Mediationsverfahren umfassen Elemente der Informationssammlung, des Sortierens und Ordnens und der Definition der Problemfelder, um von dort aus Regelungsalternativen zu erarbeiten und auszuprobieren. Dies bietet sich vor allen Dingen in **komplexen Konfliktsituationen** an, auch, wenn es um die Person des Kindes geht,[9] aber bspw. auch, wenn Umgangsfragen überlagert werden von Unterhalts-, Güterrechtsfragen oder anderen Scheidungsfolgesachen. In den anderen Familiensachen kann bei Inanspruchnahme von Mediation das Verfahren aus wichtigem Grund ausgesetzt wer-

---
8 Ausführlich zur Mediation → Teil A Rn. 112 ff.
9 Diez u.a. 2005.

den (§ 21 Abs. 1);[10] die Aussetzung der Kindschaftssache wird nach der Konzeption des § 156 die Ausnahme bleiben, weil das FamG das Kindeswohl im Hinblick auf das kindliche Zeitempfinden im Blick behalten und ggf. den Mediationsprozess strukturierend begleiten soll. Hoch strittige Elternschaft ist in der Regel eine **Kontraindikation** für Mediation, da ab einer gewissen Stufe des Konfliktniveaus (direktivere) Beratung und Therapie angezeigt ist.[11]

4. Anordnung von Beratung (Sätze 4 und 5)

Können die Beteiligten in einem (frühen) Termin **kein oder nur unzureichendes bzw. fragiles Einvernehmen** erzielen und liegen die Hindernisse hierfür in Konflikten, deren Bearbeitung nicht Aufgabe des FamG ist (Rn. 6), so kann das FamG gegenüber vermittlungs- und beratungsunwilligen Eltern, die krasse erzieherische und sonstige Unvereinbarkeiten aufweisen, die Inanspruchnahme von Beratung anordnen (Abs. 1 Satz 4). Mediation oder anderweitige außergerichtliche Streitbeilegung kann indes nicht angeordnet werden.[12] Die Teilnahme an Beratung ist zwar nicht zwangsweise durchsetzbar (Abs. 1 Satz 5), eine nicht genügend entschuldigte Verweigerung oder Verzögerung kann jedoch **Kostenfolgen** für den betreffenden Beteiligten auslösen (§ 81 Abs. 2 Nr. 5).[13] Die Anordnung ist nicht selbstständig anfechtbar (Abs. 1 Satz 5). 14

Die **Initiierung einer angeordneten Beratung** bedarf einer guten Koordination zwischen FamG, JA und Beratungsstelle. Einerseits ist notwendig, dass eine Beratung aus Sicht der beratenden Stelle **fachlich geeignet** erscheint; bspw. scheidet bei Partnerschaftsgewalt in aller Regel eine gemeinsame Beratung gegen den Willen eines oder beider Beteiligten aus. Die Frage der **Indikation und Kontraindikation** kann für die Mehrzahl der Fälle durch fallübergreifende Absprachen zwischen FamG, JA und Beratungsstelle geklärt werden, so dass eine familiengerichtlich angeordnete Beratung auch ohne weitere Entscheidung des JA sichergestellt ist (vgl. § 36a Abs. 2 SGB VIII).[14] 15

Notwendig erscheint, den Beteiligten mit der Anordnung gleichzeitig einen **Auftrag für die Beratung** auf den Weg gegeben.[15] Wichtig ist, dass dabei die Arbeit an den Hindernissen für Einvernehmen, also die Bearbeitung der Konflikte (Beziehungsebene), nicht jedoch die rechtliche Streitfrage, etwa die Erarbeitung eines Umgangskonzepts (Sachebene), im Vordergrund steht. Im Regelfall wird sinnvollerweise mit der Anordnung der Beratung, der ausreichend zeitlicher Raum einzuräumen ist,[16] gleichzeitig ein Fortsetzungstermin festgesetzt[17] und Modalitäten für die Rückmeldung zum Scheitern oder Erfolg einer Beratung vereinbart. Der Einstieg in die Beratung ist erleichtert, wenn entweder eine **Teilnahme der beratenden Stelle im Termin** erfolgt[18] oder zumindest **fallübergreifende Absprachen** zwischen FamG, JA und Beratungsstelle über die Ausgestaltung der Anordnung getroffen wurden.[19] Zunehmend wird 16

---

10 → § 21 Rn. 1; BT-Drs. 16/6308, S. 184.
11 Alberstötter Kind-Prax 2004, 90.
12 Hierzu auch → Teil A Rn. 118.
13 → § 81 Rn. 11.
14 Münder u.a./Meysen 2009, § 36a SGB VIII Rn. 32 ff.
15 Weber ZKJ 2006, 196 (198 f.).
16 Weber ZKJ 2006, 196 (197).
17 Zu den Möglichkeiten der Verlegung oder Aufhebung → § 155 Rn. 18 ff.
18 Weber ZKJ 2006, 196 (198).
19 Weber ZKJ 2006, 196 (199); Reichert ZKJ 2006, 230 (232).

die Teilnahme von Beratungsstellen, bei denen die Beratung später stattfinden soll, dadurch sichergestellt, dass JÄ die Mitwirkungsaufgaben in familiengerichtlichen Trennungs- und Scheidungskonflikten auf die betreffenden Träger der freien Jugendhilfe übertragen (§ 76 Abs. 1 SGB VIII).

17 Durch die Stärkung und das Einfordern der Inanspruchnahme von Beratung oder Mediation sind auch die **Beratungsaufgaben der Rechtsanwälte** stärker gefragt als zuvor. Die Aufgabe der Anwälte verlagert sich von der forensischen, schriftsätzlichen Tätigkeit hin zu einer vermehrten Beratungstätigkeit gegenüber den Mandanten während der laufenden Beratungs- und Mediationsprozesse.

III. Gerichtlich gebilligter Vergleich (Abs. 2)

18 Erzielen die Beteiligten über die Regelung des Umgangs oder die Frage der Herausgabe des Kindes Einvernehmen, trifft das FamG – sofern der Inhalt seine Billigung findet (Rn. 20) – die Pflicht, dieses als **gerichtlichen Vergleich** aufzunehmen (Abs. 2 Satz 1). Dies gilt unabhängig davon, ob die Beteiligten die einvernehmliche Regelung im (frühen) Termin treffen oder im Rahmen einer Beratung, Mediation oder sonstiger Weise erzielen und anschließend an das FamG herantragen. Die Aufnahme nach Abs. 2 hat auch zu erfolgen, wenn zuvor eine (vorläufige) gerichtliche Regelung über den Verfahrensgegenstand getroffen wurde. Der Vergleich ist Vollstreckungstitel (§ 86 Abs. 1 Nr. 2).[20] Das FamG kann ihn nach Maßgabe des § 1696 BGB ändern (§ 166 Abs. 1).[21]

19 Das Einvernehmen bezieht sich – anders als in § 52 Abs. 4 Satz 3 FGG – auf **alle Beteiligten** der jeweiligen Kindschaftssache. In Umgangsstreitigkeiten sind dies stets auch die Kinder. Es bedarf folglich auch deren Zustimmung zum Vergleich; diese wird i.d.R. von dem oder den gesetzlichen Vertreter(n) erteilt. Liegt ein (potenzieller) erheblicher Interessengegensatz zwischen Kind und sorgeberechtigtem Eltern(teil) vor, ist ein Ergänzungspfleger zu bestellen (§ 1629 Abs. 2 Satz 3 i.V.m. § 1796 BGB).[22] Sind das JA (§ 162 Abs. 2) oder der Verfahrensbeistand (§ 158 Abs. 3 Satz 2) Beteiligte des Verfahrens, muss das Einvernehmen auch von ihnen getragen werden, um im Vergleich aufgenommen werden zu können.[23]

20 In Streitigkeiten über den Umgang oder die Herausgabe des Kindes unterliegt der Verfahrensgegenstand nur der eingeschränkten Dispositionsbefugnis der Beteiligten. Ein Vergleich bedarf – anders als nach § 36 Abs. 2 – der **Billigung** durch das FamG (Abs. 2 Satz 1). Diese darf es nur erteilen, wenn der Inhalt dem **Kindeswohl nicht widerspricht** (Abs. 2 Satz 2). Das Gesetz erwähnt bei der Erläuterung der Voraussetzungen für eine Billigung zwar nur die Umgangsregelung; für die erst später in Satz 1 eingefügten Auseinandersetzungen über die Herausgabe des Kindes[24] muss jedoch Entsprechendes gelten. Anders als bei einer Prüfung der Kindeswohldienlichkeit ist die Schwelle für die amtswegige gerichtliche Kontrolle (§ 26) der Autonomie der Beteiligten damit hoch angesetzt. Das BGB kennt die Grenze des Widerspruchs zu den Kindes-

---

20 → § 86 Rn. 4 ff.
21 → § 166 Rn. 2.
22 Schael FamRZ 2009, 265 (269), der bei entsprechender Ergänzungspflegerbestellung die Bestellung eines Verfahrensbeistands für obsolet hält.
23 BT-Drs. 16/6308, S. 237.
24 Eingefügt aufgrund der Stellungnahme des Bundesrats, BT-Drs. 16/9733, S. 74, 293, BT-Drs. 16/6308, S. 376.

interessen im Wesentlichen nur bei Auseinandersetzungen über die Zuweisung der (alleinigen) elterlichen Sorge,[25] was nur in Fragen der Herausgabe des Kindes herangezogen werden kann. Bei Umgangsregelungen erscheint vergleichbar die Einschränkung bei der Auskunftspflicht in § 1686 Satz 1 BGB.

IV. Erörterung und Erlass einer einstweiligen Anordnung (Abs. 3)

1. Erörterung im frühen Termin (Satz 1)

Zeichnet sich beim Sortieren und Sondieren im frühen Termin nach § 155 Abs. 2 – zunächst – keine einvernehmliche Regelung ab, soll das FamG mit den Beteiligten erörtern, wie der Zeitraum bis zur (außergerichtlichen) Erarbeitung einer solchen oder bis zu einer Entscheidung im Hauptsacheverfahren gestaltet werden soll (Abs. 3 Satz 1). Wird das **Bedürfnis nach einer vorläufigen Regelung** thematisiert, einigen sich die Beteiligten möglicherweise auf eine solche. Andernfalls ist eine einstweilige Anordnung – nach Anhörung des Kindes (Satz 3, Rn. 25 f.) – in Aussicht zu stellen bzw. bereits im Termin zu erlassen. Da auch eine Nichtentscheidung durch das FamG stets den vorläufigen Zustand regelt, ist das FamG gehalten, Transparenz hierüber herzustellen, Verantwortung für die **Wahrung der Kindesinteressen** zu übernehmen und einstweilen zu regeln, in welcher Form bspw. Umgangskontakte vorläufig stattfinden sollen oder ob sie im Übergang bis zur Hauptsacheentscheidung zunächst nicht angeordnet werden.[26] Sinnvollerweise wird im Zuge dessen auch das weitere Vorgehen geklärt (z.B. Beratung/Mediation, Bestellung Verfahrensbeistand, Begutachtung, Kindesanhörung, Fortsetzungstermin). 21

Die einstweilige Anordnung kann in Umgangs- (§§ 1684, 1685), Verbleibensanordnungs- (§ 1632 Abs. 4 BGB) und anderen nicht antragsabhängigen Verfahren **von Amts wegen** erlassen werden.[27] Bei Auseinandersetzungen über die alleinige oder gemeinsame elterliche Sorge nach § 1671 Abs. 1 BGB oder die Herausgabe des Kindes nach § 1632 Abs. 1 BGB kann auch die einstweilige Anordnung nur **auf Antrag** ergehen (§ 51 Abs. 1 Satz 1). 22

Das Verfahren der einstweiligen Anordnung ist ein selbstständiges, so dass hierfür auch **eigene Kosten und Gebühren** anfallen.[28] 23

2. Einstweilige Regelung des Umgangs bei Begutachtung oder Beratung (Satz 2)

In Umgangsstreitigkeiten ist das FamG nach Abs. 3 Satz 2 verpflichtet, stets eine einstweilige Anordnung zu erlassen, wenn es die Inanspruchnahme von Beratung (Abs. 1 Satz 4) oder eine sachverständige Begutachtung (§ 163) anordnet. Es ist gehalten, Mitverantwortung zu übernehmen für die **Gestaltung der Umgangskontakte in der Zwischenzeit**. Es kann zur Förderung der weiteren Beziehungspflege, zum Bindungs- 24

---

25 Vgl. § 1672 Abs. 2, § 1680 Abs. 2, § 1681 Abs. 2, § 1751 Abs. 3, § 1764 Abs. 4 BGB.
26 Zu den Faktoren Zeit und Irreparabilität im eAO-Verfahren → § 49 Rn. 8.
27 BT-Drs. 16/6308, S. 237.
28 Näher → § 51 Rn. 18 ff.

aufbau, zur gegenseitigen Vergewisserung über das Befinden oder zur Vermeidung einer Entfremdung Umgangskontakte anordnen oder aber, soweit dies zum Wohl des Kindes erforderlich erscheint (§ 1684 Abs. 4 Satz 1 BGB), vorläufig ausschließen.[29]

3. Anhörung des Kindes (Satz 3)

25 Vor Erlass einer einstweiligen Anordnung ist das Kind anzuhören (Abs. 3 Satz 3). Ausnahmen von dieser **Soll-Vorgabe** sind nur zulässig bei besonderer Eilbedürftigkeit oder wenn Gründe in der Person des Kindes ein Absehen von seiner Anhörung erfordern.[30]

26 Die **Terminierung der Kindesanhörung**, insbesondere im Kontext des frühen Termins nach § 155 Abs. 2, kann unterschiedlich ausfallen. In der Praxis der FamG ist zu beobachten, dass für den Zeitpunkt für die Anhörung des Kindes alle Zeitpunkte gewählt werden, die in Betracht kommen:

- wenige Tage oder am Tag vor dem frühen Termin,
- unmittelbar vor Beginn des frühen Termins,
- im Zusammenhang mit dem Termin, etwa während einer Unterbrechung oder im Anschluss,
- an einem zeitnahen Folgetag nach dem frühen Termin.

Die Bestimmung des Zeitpunkts liegt im familiengerichtlichen Spielraum bei der Verfahrensgestaltung. Eine Reflexion über die Vor- und Nachteile der jeweiligen Praxis ist bislang nicht erkennbar.

§ 157 Erörterung der Kindeswohlgefährdung; einstweilige Anordnung

(1) In Verfahren nach den §§ 1666 und 1666a des Bürgerlichen Gesetzbuchs soll das Gericht mit den Eltern und in geeigneten Fällen auch mit dem Kind erörtern, wie einer möglichen Gefährdung des Kindeswohls, insbesondere durch öffentliche Hilfen, begegnet werden und welche Folgen die Nichtannahme notwendiger Hilfen haben kann. Das Gericht soll das Jugendamt zu dem Termin laden.

(2) Das Gericht hat das persönliche Erscheinen der Eltern zu dem Termin nach Absatz 1 anzuordnen. Das Gericht führt die Erörterung in Abwesenheit eines Elternteils durch, wenn dies zum Schutz eines Beteiligten oder aus anderen Gründen erforderlich ist.

(3) In Verfahren nach den §§ 1666 und 1666a des Bürgerlichen Gesetzbuchs hat das Gericht unverzüglich den Erlass einer einstweiligen Anordnung zu prüfen.

---

[29] Diese alternative Regelungsmöglichkeit ist im Gesetzgebungsverfahren klarstellend aufgenommen worden, BT-Drs. 16/9733, S. 74, 293.
[30] Hierzu → § 159 Rn. 9 f.

§ 157 Erörterung der Kindeswohlgefährdung; einstweilige Anordnung

Übersicht

I. Inhalt und Bedeutung der Norm	1
II. Erörterung der Kindeswohlgefährdung (Abs. 1)	4
1. Ausgangslage und Zielsetzung	4
2. Inhalt und Anwendungsbereich	6
3. Funktionen	9
4. Chancen und Risiken	13
III. Verfahrensfragen	15
1. Verhältnis zum frühen Termin (§ 155 Abs. 2) und zu Anhörungen (§§ 159, 160)	15
2. Ladung des Jugendamts (Abs. 1 Satz 2)	17
3. Persönliches Erscheinen der Eltern (Abs. 2)	18
IV. Einstweilige Anordnung (Abs. 3)	19

I. Inhalt und Bedeutung der Norm

Nach der **Systematik der Kindschaftssachen** ist die Erörterung der Kindeswohlgefährdung (§ 157) das Dependant zum Hinwirken auf Einvernehmen in Trennungs- und Scheidungskonflikten (§ 156). Das divergierende Regelungskonzept macht deutlich, dass bei der Behandlung der verschiedenen Verfahrensgegenstände auch grundlegende Unterschiede zu machen sind. Steht eine potenzielle Gefährdung des Kindeswohls im Raum, geht es für das FamG nicht um Erzielen von Einvernehmen und die Vermittlung, etwa zwischen Eltern und JA, sondern um die Prüfung von Maßnahmen zur **Sicherstellung der elementaren Bedürfnisbefriedigung des Kindes oder Jugendlichen**. 1

Die Erörterung einer möglichen Kindeswohlgefährdung passt sich ein in das **Konzept des zivilrechtlichen Kinderschutzes**,[1] nach dem auch die Möglichkeiten des FamG zur Herstellung von Verbindlichkeit im Verhältnis zu den Eltern in geeigneten Fällen genutzt werden sollen, um einen Entzug der elterlichen Sorge und eine Trennung des Kindes von seinen Eltern abzuwenden (vgl. § 1666 Abs. 3 BGB, § 166 Abs. 3). 2

Die Erörterung der Kindeswohlgefährdung wurde als § 50f FGG zum 12.07.2008 eingeführt,[2] wobei Abs. 3 zuvor in § 50e FGG geregelt war. Die **vorherige Rechtslage** kannte keine entsprechende Regelung. 3

II. Erörterung der Kindeswohlgefährdung (Abs. 1)

1. Ausgangslage und Zielsetzung

Seit Einführung des § 8a SGB VIII[3] zum 01.10.2005 hat das JA ausdrücklich die weitere Pflicht, das FamG anzurufen, wenn die Personensorgeberechtigten nicht bereit oder in der Lage sind, an der Gefährdungseinschätzung mitzuwirken (§ 8a Abs. 3 Satz 1 4

---

[1] Hierzu Meysen NJW 2008, 2673; ders. JAmt 2008, 233.
[2] Gesetz zur Erleichterung familiengerichtlicher Maßnahmen bei Gefährdung des Kindeswohls vom 04.07.2008, BGBl I, 1188.
[3] Mit dem Gesetz zur Weiterentwicklung der Kinder- und Jugendhilfe (Kinder- und Jugendhilfeweiterentwicklungsgesetz – KICK) vom 08.09.2005, BGBl I, 2729.

Halbs. 2 SGB VIII). Das FamG soll im Rahmen seiner **Amtsermittlungspflicht** (§ 26) die nötigen Sachverhaltsfeststellungen treffen und dabei seine Möglichkeiten nutzen, hierbei Anordnungen treffen zu können (z.B. des persönlichen Erscheinens oder eines Sachverständigengutachtens).[4]

5 Die Erörterung der Kindeswohlgefährdung spiegelt die Anrufungspflicht des JA für das FamG. Mit den Beteiligten sollen die notwendigen Schritte und Maßnahmen zur **Klärung der Gefährdung** sowie zur **Sicherstellung des Schutzes** des Kindes oder Jugendlichen be- und abgesprochen werden. Das JA kann seine Einschätzungen zur Erforderlichkeit der Inanspruchnahme geeigneter Hilfen einbringen, das FamG die Eltern zur Zusammenarbeit mit dem JA anhalten.[5] § 157 verfolgt somit insbesondere auch das Ziel einer Senkung der Schwelle zur Einbindung des FamG (**frühzeitigere Anrufung**).[6]

2. Inhalt und Anwendungsbereich

6 **Inhalt der Erörterung** ist eine mögliche Gefährdung des Kindeswohls (Abs. 1 Satz 1). Verfahrensgegenstand der Kindschaftssache ist folglich die Prüfung einer **Kindeswohlgefährdung nach § 1666 Abs. 1 BGB**, also einer gegenwärtigen, und zwar in einem solchen Maße vorhandenen Gefahr für die Befriedigung der körperlichen, seelischen, geistigen oder erzieherischen Bedürfnisse des Kindes, dass sich bei einer weiteren Entwicklung eine Schädigung des Kindes mit ziemlicher Sicherheit voraussagen lässt.[7] Der Passus **„möglich"** deutet hierbei nicht etwa auf eine Vorstufe zur Gefährdung hin,[8] sondern beschreibt die Situation in jedem familiengerichtlichen Verfahren nach einer Anrufung, wenn die Gefährdung noch nicht zur Überzeugung des Gerichts feststeht.

7 Erörtert werden sollen auch geeignete und zur Verfügung stehende **öffentliche Hilfen**, mit denen einer potenziellen Gefährdung begegnet werden kann. In Betracht kommen Leistungen der Kinder- und Jugendhilfe (SGB VIII) sowohl in ambulanter bzw. teilstationärer als auch stationärer Form (auch die Einwilligung in eine Fremdunterbringung kann insoweit die zur Abwendung geeignete Hilfe sein). Erforderlich sein können aber auch Leistungen der Eingliederungshilfe für Kinder bzw. Jugendliche mit geistiger und/oder körperlicher Behinderung nach §§ 53 ff. SGB XII oder der Gesundheitshilfe (SGB V).

8 Eine Erörterung der Kindeswohlgefährdung nach Abs. 1 kann vor allen Dingen **Anwendung in Verfahren** finden, in denen zur Sicherstellung des Schutzes nicht eine sofortige Entscheidung des FamG gefragt ist und ein Zuwarten mit der Entscheidung bis zum (frühen) Termin verantwortet werden kann. Aber auch wenn bereits eine einstweilige Anordnung getroffen wurde und/oder das Kind fremduntergebracht ist, kann die Erörterung zielführend sein, wenn Perspektiven für eine Gewährleistung des Kindeswohls durch die (zuvor) Personensorgeberechtigten zumindest nicht ausgeschlossen scheinen.

---

4 OLG Saarbrücken 20.03.2007 – 9 UF 167/06 = JAmt 2007, 432.
5 BT-Drs. 16/6815, S. 12, 17 f.; Fellenberg FPR 2008, 125 (127).
6 BT-Drs. 16/6815, S. 1, 7; BT-Drs. 16/8914, S. 1; Pressemitteilungen des BMJ v. 24.04.2008; Fellenberg FPR 2008, 125.
7 BGH 14.07.1956 – IV ZB 32/56 = FamRZ 1956, 350 (351).
8 Dies vermutend Peifer NDV 2008, 395 (398).

3. Funktionen

In welchen Konstellationen eine Erörterung nach Abs. 1 angezeigt erscheint, darum wird in Literatur und Praxis derzeit noch gerungen. Folgende **Intentionen und Anlässe** lassen sich dabei ausmachen: 9

a) Klärungsfunktion: In Fällen, bei denen die Zugänge des JA zur Familie nicht ausreichen, um die Gefährdung einschätzen zu können (§ 8a Abs. 3 Satz 1 Halbs. 2 SGB VIII), ist das FamG im Rahmen seiner Amtsermittlungspflicht gefragt (Rn. 4).[9] 10

b) Initiierungs- und Unterstützungsfunktion: Durch die intendierte frühzeitigere Anrufung des FamG in geeigneten Fällen (Rn. 5) soll sich das FamG einen Überblick verschaffen können über mögliche Perspektiven, der (potenziellen) Gefährdung mit geeigneten und zur Verfügung stehenden sozialpädagogischen, therapeutischen und/oder gesundheitsfördernden Angeboten zu begegnen. Es soll seine Autorität nutzen, die Kooperation der Beteiligten im Familiensystem mit dem JA und den anderen helfenden Stellen zu befördern, um Hilfeprozesse zu initiieren oder zu stützen.[10] Hierbei bedarf es sorgfältiger Selbstreflexion, um nicht die Befriedigung eigener Bedürfnisse mit dem Hilfreichen für die Kinder zu verwechseln (FamG: öfter mal etwas Positives bewirken; JA: Entlastung durch Verantwortungsdelegation). 11

c) Warnfunktion: Das FamG soll auf die Eltern einwirken und ihnen den „Ernst der Lage" aufzeigen.[11] Bei aller Autorität des Gerichts sollten hierbei jedenfalls die fachlichen Grenzen bei Erörterungen über elterliche Erziehung[12] und die begrenzte Wirksamkeit sowie Wirkdauer familiengerichtlicher Mahnung ausreichend reflektiert werden, um bloße Scheinanpassungen und kurzfristige Verhaltensmodifikationen erkennen zu können und Verzögerungen bei gebotener Sicherstellung des Schutzes zu vermeiden. 12

4. Chancen und Risiken

Positive Effekte der Erörterung sind dann zu erwarten, wenn die Eltern und ihre Kinder durch die familiengerichtliche Intervention zur Inanspruchnahme von Hilfen angehalten werden können. Dies kann im Einzelfall bspw. erfolgversprechend sein bei körperlicher, insbesondere männlicher Gewalt in der Familie, da hier ohne Zwangskontext der Hilfebedarf von den Gewaltausübenden häufig nicht erkannt wird. Aus der **Perspektive der Eltern und ihrer Kinder** wird eine Anrufung des FamG wegen (potenzieller) Kindeswohlgefährdung allerdings nicht als „niedrigschwellig"[13] empfunden, sondern regelmäßig als massive Misstrauensbekundung.[14] Widerstand der Eltern kann sich verfestigen, die Negation der Probleme manifestieren und damit Veränderungsbereitschaft bzw. -fähigkeit reduzieren. Bei einigen Belastungen, bspw. bei depressiver Disposition eines Elternteils/der Eltern können (familiengerichtliche) Ermahnungen und Gebote kontraproduktiv wirken und die Gefährdung verschärfen. 13

---

9 Coester JAmt 2008, 1 (6).
10 Fellenberg FPR 2008, 125 (127).
11 Pressemitteilung des BMJ v. 24.04.2008, S. 1; Fellenberg FPR 2008, 125 (127); Schlauß ZKJ 2007, 9 (10 f.); Hannemann UJ 2008, 337 (341); kritisch hierzu Neumann DRiZ 2007, 66; Willutzki ZKJ 2008, 139 (141 f.).
12 Neumann DRiZ 2007, 66.
13 So die Terminologie in BT-Drs. 16/6815, S. 1, 8, 9, 15; auch Fellenberg FPR 2008, 125 (126); Röchling FamRZ 2007, 1775 (1778 f.).
14 Coester JAmt 2008, 1 (6 f.); Rosenboom/Rotax ZRP 2008, 1 (2 f.).

14 Im **Zusammenspiel zwischen FamG und JA** entfalten sich die Potenziale der Möglichkeit einer frühzeitigeren gerichtlichen Erörterung insbesondere bei beidseitig gesteigerter Rollenklarheit und Fachlichkeit. FamG werden nicht zu Hilfeinstitutionen, können aber mit ihrer Entscheidungsmacht Familienverhältnisse mit gesteigerter Verbindlichkeit strukturieren helfen und damit Hilfeprozesse in der Kinder- und Jugendhilfe unterstützen. Bei einer voreiligen Delegation der Aufgabe, Eltern für Hilfe zu gewinnen, laufen JÄ allerdings Gefahr, ihre Möglichkeiten erheblich zu schwächen, die Eltern zu erreichen und tatsächlich für Veränderungen zu gewinnen.[15]

III. Verfahrensfragen

1. Verhältnis zum frühen Termin (§ 155 Abs. 2) und zu Anhörungen (§§ 159, 160)

15 Abs. 1 gibt Anregungen für den Inhalt eines Termins in Verfahren wegen einer potenziellen Kindeswohlgefährdung nach § 1666 Abs. 1 BGB. Die Erörterung nach § 157 bietet sich **im frühen Termin** zwar häufig an, ist aber weder vorgeschrieben noch auf den Termin nach § 155 Abs. 2 beschränkt. Wie und wann das FamG eine Erörterung der Kindeswohlgefährdung in sein Verfahren integriert, obliegt seiner Verfahrensleitung im Rahmen des Amtsverfahrens (§ 24).[16]

16 In Kindschaftssachen wegen einer Kindeswohlgefährdung nach §§ 1666, 1666a BGB ist die **Anhörung der Eltern** (§ 160 Abs. 1 Satz 2) zwingend. Der Anhörungspflicht kann im Rahmen eines Erörterungstermins nach Abs. 1 genüge getan werden. Auch die **Kindesanhörung** (§ 159 Abs. 2) kann entweder im Termin nach Abs. 1 oder gesondert erfolgen. Auch hier hat das FamG bei der Wahl der Zeitpunkte und sonstigen Modalitäten einen weiten Gestaltungsspielraum.[17]

2. Ladung des Jugendamts (Abs. 1 Satz 2)

17 Die Mitwirkung des JA als sozialpädagogische Fachbehörde und Sozialleistungsträger nach SGB VIII ist regelmäßig **Voraussetzung** für eine zielführende Erörterung nach Abs. 1 Satz 1.[18] Zwar ist Abs. 1 Satz 2 als Soll-Vorschrift ausgestaltet, aber eine Konstellation, in der von der Ladung abgesehen werden kann, erscheint auch nicht ausnahmsweise ersichtlich. Die Ladung gibt dem JA die Gelegenheit zur Mitwirkung, zu der es gem. § 50 SGB VIII verpflichtet ist; weiter gehende Pflichten des JA ergeben sich aus ihr nicht. Die Ladungspflicht des Abs. 1 Satz 2 adressiert das FamG.

3. Persönliches Erscheinen der Eltern (Abs. 2)

18 Steht in Frage, ob die Eltern die ihnen zuvörderst obliegende Pflicht zur Pflege und Erziehung ihres Kindes wahrnehmen (Art. 6 Abs. 2 Satz 1 GG), können eine potenzielle Gefährdung und die Möglichkeiten ihrer Abwendung sinnvoll nur mit ihnen erörtert und geklärt werden (vgl. auch § 8a Abs. 1 Satz 2 SGB VIII). Folglich ist ihr **persönliches Erscheinen** stets anzuordnen (Abs. 2 Satz 1). Eine **getrennte Anhörung** der Eltern

---

15 Tenhaken Jugendhilfe aktuell 3/2007, 27 (34 f.).
16 BT-Drs. 16/6815, S. 17; Fellenberg FPR 2008, 125 (127).
17 Siehe auch → § 156 Rn. 26.
18 BT-Drs. 16/6308, S. 238; Peifer NDV 2008, 395 (399).

kann bspw. bei einem Schutzbedürfnis wegen vorangegangener Partnerschaftsgewalt angezeigt sein (Abs. 2 Satz 2 Alt. 1).[19] Die **Anhörung nur eines Elternteils** kommt „aus anderen Gründen" in Betracht, wenn dieser das Kind allein erzieht und bspw. wegen Konflikten oder der intimen Erziehungsprobleme nur eine Erörterung ohne Zuhören und Einmischen des anderen Elternteils verspricht, die nötige Klärung oder Veränderungsbereitschaft zu bewirken.

IV. Einstweilige Anordnung (Abs. 3)

Unabhängig von einer Erörterung nach Abs. 1 hat das FamG zur Sicherung eines effektiven zivilrechtlichen Kinderschutzes in Verfahren wegen (potenzieller) Gefährdung des Kindeswohls nach §§ 1666, 1666a BGB stets und unverzüglich den Erlass einer einstweiligen Anordnung zu prüfen (Abs. 3). Das FamG hat folglich regelmäßig von Amts wegen ein **Eilverfahren** einzuleiten (vgl. § 51 Abs. 1).[20] Dies gilt insbesondere auch dann, wenn das JA ein Kind oder einen Jugendlichen in Obhut genommen hat und das FamG anruft, weil die Eltern der **Inobhutnahme** widersprechen (§ 42 Abs. 3 Satz 2 Nr. 2 i.V.m. § 8a Abs. 3 Satz 1 SGB VIII). Die Befugnis des JA zur Inobhutnahme besteht nur in Eilfällen, wenn rechtzeitig keine familiengerichtliche Entscheidung herbeigeführt werden kann.[21] Das FamG ist gehalten, entweder aufgrund des Sachvortrags des JA bis zur weiteren Aufklärung (vorläufig) die elterliche Sorge zu entziehen oder die Herausgabe des Kindes an die Personensorgeberechtigten anzuordnen.

19

§ 158 Verfahrensbeistand

(1) Das Gericht hat dem minderjährigen Kind in Kindschaftssachen, die seine Person betreffen, einen geeigneten Verfahrensbeistand zu bestellen, soweit dies zur Wahrnehmung seiner Interessen erforderlich ist.

(2) Die Bestellung ist in der Regel erforderlich,

1. wenn das Interesse des Kindes zu dem seiner gesetzlichen Vertreter in erheblichem Gegensatz steht,
2. in Verfahren nach den §§ 1666 und 1666a des Bürgerlichen Gesetzbuchs, wenn die teilweise oder vollständige Entziehung der Personensorge in Betracht kommt,
3. wenn eine Trennung des Kindes von der Person erfolgen soll, in deren Obhut es sich befindet,
4. in Verfahren, die die Herausgabe des Kindes oder eine Verbleibensanordnung zum Gegenstand haben oder
5. wenn der Ausschluss oder eine wesentliche Beschränkung des Umgangsrechts in Betracht kommt.

---

19 BT-Drs. 16/8914, S. 13.
20 → § 51 Rn. 7 f.
21 Münder u.a. 2006, § 8a SGB VIII Rn. 51.

(3) Der Verfahrensbeistand ist so früh wie möglich zu bestellen. Er wird durch seine Bestellung als Beteiligter zum Verfahren hinzugezogen. Sieht das Gericht in den Fällen des Absatzes 2 von der Bestellung eines Verfahrensbeistands ab, ist dies in der Endentscheidung zu begründen. Die Bestellung eines Verfahrensbeistands oder deren Aufhebung sowie die Ablehnung einer derartigen Maßnahme sind nicht selbständig anfechtbar.

(4) Der Verfahrensbeistand hat das Interesse des Kindes festzustellen und im gerichtlichen Verfahren zur Geltung zu bringen. Er hat das Kind über Gegenstand, Ablauf und möglichen Ausgang des Verfahrens in geeigneter Weise zu informieren. Soweit nach den Umständen des Einzelfalls ein Erfordernis besteht, kann das Gericht dem Verfahrensbeistand die zusätzliche Aufgabe übertragen, Gespräche mit den Eltern und weiteren Bezugspersonen des Kindes zu führen sowie am Zustandekommen einer einvernehmlichen Regelung über den Verfahrensgegenstand mitzuwirken. Das Gericht hat Art und Umfang der Beauftragung konkret festzulegen und die Beauftragung zu begründen. Der Verfahrensbeistand kann im Interesse des Kindes Rechtsmittel einlegen. Er ist nicht gesetzlicher Vertreter des Kindes.

(5) Die Bestellung soll unterbleiben oder aufgehoben werden, wenn die Interessen des Kindes von einem Rechtsanwalt oder einem anderen geeigneten Verfahrensbevollmächtigten angemessen vertreten werden.

(6) Die Bestellung endet, sofern sie nicht vorher aufgehoben wird,

1. mit der Rechtskraft der das Verfahren abschließenden Entscheidung oder
2. mit dem sonstigen Abschluss des Verfahrens.

(7) Für den Ersatz von Aufwendungen des nicht berufsmäßigen Verfahrensbeistands gilt § 277 Abs. 1 entsprechend. Wird die Verfahrensbeistandschaft berufsmäßig geführt, erhält der Verfahrensbeistand für die Wahrnehmung seiner Aufgaben nach Absatz 4 in jedem Rechtszug jeweils eine einmalige Vergütung in Höhe von 350 Euro. Im Falle der Übertragung von Aufgaben nach Absatz 4 Satz 3 erhöht sich die Vergütung auf 550 Euro. Die Vergütung gilt auch Ansprüche auf Ersatz anlässlich der Verfahrensbeistandschaft entstandener Aufwendungen sowie die auf die Vergütung anfallende Umsatzsteuer ab. Der Aufwendungsersatz und die Vergütung sind stets aus der Staatskasse zu zahlen. Im Übrigen gilt § 168 Abs. 1 entsprechend.

(8) Dem Verfahrensbeistand sind keine Kosten aufzuerlegen.

Übersicht

I. Inhalt und Bedeutung der Norm	1
1. Gesetzessystematischer Bezugsrahmen	1
2. Bisherige Rechtslage	2
II. Voraussetzungen der Bestellung eines Verfahrensbeistands	4
1. Geeigneter Verfahrensbeistand	4
2. Grundsätzliche Verpflichtung der Bestellung (Abs. 1)	5
3. Regelbeispiele für die Bestellung (Abs. 2)	8
III. Bestellung des Verfahrensbeistands (Abs. 3)	13
1. Zeitpunkt der Bestellung (Satz 1)	13
2. Hinzuziehung als Beteiligter (Satz 2)	14
3. Absehen von der Bestellung (Satz 3) und Anfechtbarkeit der (Nicht-)Bestellung (Satz 4)	15
IV. Aufgaben (Abs. 4)	18

1. Interessenfeststellung und Wahrnehmung (Satz 1) 18
2. Aufklärung des Kindes (Satz 2) 19
3. Gespräche mit weiteren Bezugspersonen und Mitwirken an einvernehmlichen Regelungen (Sätze 3 und 4) 21
4. Rechtsmittelfähigkeit (Satz 5) 23
5. Keine gesetzliche Vertretung (Satz 6) 25
V. Anderer geeigneter Verfahrensbevollmächtigter (Abs. 5) 26
VI. Ende der Bestellung (Abs. 6) 28
VII. Aufwendungsersatz und Vergütung (Abs. 7) 30
1. Nicht berufsmäßige Verfahrensbeistände (Satz 1) 30
2. Berufsmäßige Verfahrensbeistände (Sätze 2 und 3) 31
3. Zahlungsmodalitäten (Sätze 4 und 5) 35
VIII. Kostenfreiheit (Abs. 8) 36

I. Inhalt und Bedeutung der Norm

1. Gesetzessystematischer Bezugsrahmen

Die Vorschrift des § 158 behandelt den Verfahrensbeistand als Rechtsfigur im kindschaftsrechtlichen Verfahren. In Abgrenzung zu den im Gesetz vorgesehenen Verfahrenspflegern (§§ 276, 317, 419)[1] bezieht sich die Begrifflichkeit des Verfahrensbeistands ausschließlich auf die **Interessenvertretung von Kindern und Jugendlichen.** So wird in den übrigen Vorschriften zum Verfahrensbeistand stets Bezug auf § 158 genommen (§ 167: Unterbringungssachen Minderjähriger, § 174: Abstammungssachen, § 191: Adoptionssachen).[2]

2. Bisherige Rechtslage

Der Verfahrensbeistand nach § 158 ersetzt den bisher in **§ 50 FGG** normierten **Verfahrenspfleger.** Die alte Vorschrift regelte in den Abs. 1, 2 und 3 die Voraussetzungen der Bestellung sowie die Bedingungen für ein Absehen von dieser. Ohne weitere Ausführungen zum Aufgabenkreis des Verfahrenspflegers war in Abs. 4 bisher das Ende der Bestellung geregelt. Abs. 5 enthielt die Verweise zur Anwendung entsprechender Vergütungsregelungen.

Neu im Vergleich zur bisherigen Rechtslage ist insbesondere, dass die Voraussetzungen der Bestellung eines Verfahrensbeistands, der Zeitpunkt der Bestellung, das Absehen von der Bestellung oder deren Aufhebung nun in den Abs. 1 bis 3 wesentlich differenzierter dargestellt sind. Erstmals werden nun im Gesetzestext selbst Ausführungen zur **Aufgabe des Verfahrensbeistands** gemacht (Abs. 4) und eine **eigene Vergütungsregelung** des Verfahrensbeistands normiert (Abs. 7). Damit werden die bisherigen Verweise auf die Vergütung des Verfahrenspflegers in Betreuungssachen (jetzt § 277) hinfällig.

---

1 → Für die Interessenvertretung von Erwachsenen in Betreuungs- und Unterbringungssachen sowie Freiheitsentziehungssachen.
2 → 167 Rn. 11 ff., → § 174 Satz 2, → § 191 Satz 2.

II. Voraussetzungen der Bestellung eines Verfahrensbeistands

1. Geeigneter Verfahrensbeistand

4 Der Gesetzestext nimmt in Abs. 1 die **Geeignetheit** des Verfahrensbeistands auf. Damit hat der Gesetzgeber der praktischen Erfahrung Rechnung getragen, dass die Vertretung der Interessen eines Kindes oder Jugendlichen **hohe Anforderungen an die fachliche und persönliche Geeignetheit** des Verfahrensbeistands stellt. Zu erwarten sind für die höchst anspruchsvolle Tätigkeit eine juristische, pädagogische oder psychosoziale Grundausbildung, eine für diese Aufgabe geeignete Zusatzqualifikation sowie eine persönliche Eignung für die Arbeit mit Kindern.[3]

2. Grundsätzliche Verpflichtung der Bestellung (Abs. 1)

5 **Ziel und Zweck** der Rechtsinstitution Verfahrensbeistandschaft ist – wie schon nach altem Recht für die Verfahrenspflegschaft – eine allein den kindlichen Belangen und deren Wahrnehmung verpflichtete Vertretung im familiengerichtlichen Verfahren.[4] Schon wenn in diesen Verfahren zu befürchten ist, dass die Eltern, deren Aufgabe es als gesetzliche Vertreter eigentlich ist, die Interessen ihrer Kinder in das Verfahren einzubringen, aufgrund der eigenen Situation und Bedürfnislage dazu nicht in der Lage sind, kommt dem Verfahrensbeistand die Aufgabe zu, sich in entsprechender Weise für die Kindesinteressen einzusetzen.[5]

6 Die Voraussetzungen der Bestellung haben sich im Vergleich zum alten Recht verändert: Die bisherige Kann-Bestimmung in Abs. 1 ist durch die neue Formulierung „hat zu bestellen" abgelöst worden. Damit besteht eine **Pflicht des Gerichts zur Bestellung** eines Verfahrensbeistands für das Kind, wenn die **Voraussetzung der Erforderlichkeit** (Rn. 8 ff.) erfüllt ist.

7 Da Abs. 1 auf die Bestellung für „das Kind" abzielt, ist davon auszugehen, dass der Gesetzgeber einen Verfahrensbeistand für „jedes Kind" vor Augen hatte. Das Gericht muss in jedem Fall sicherstellen, dass **unterschiedliche Interessenlagen** von Geschwisterkindern durch **jeweils eigenständige Interessenvertretungen** wahrgenommen werden.[6] Dies kann durch die Bestellung mehrerer Verfahrensbeistände oder die mehrfache Bestellung eines Verfahrensbeistands erfolgen. Indizien für die Notwendigkeit einer eigenständigen Interessenvertretung sind:

- Geschwister in verschiedenen Lebenszusammenhängen (z.B. unterschiedliche Lebensorte, Entwicklungsphasen);
- unterschiedliche Verfahrensgegenstände;
- unterschiedliche Arten von Verfahren (einstweilige Anordnungen, Hauptsacheentscheidungen);
- besondere Interessenlagen im Beschwerdeverfahren.

---

3 Standards der Bundesarbeitsgemeinschaft Verfahrenspflegschaft für Kinder und Jugendliche e.V., einsehbar unter www.verfahrenspflegschaft-bag.de; Balloff/Koritz 2006, S. 16 f.; Bode 2004, S. 56 ff.
4 Veit FF 2008, 476 (477).
5 BVerfG 29.10.1998 – 2 BvR 1206/98 = FamRZ 1999, 85 = FPR 1999, 353.
6 Menne ZKJ 2009, 68 (74).

3. Regelbeispiele für die Bestellung (Abs. 2)

Abs. 2 regelt beispielhaft, in welchen Fällen die Erforderlichkeit der Bestellung gegeben ist. Dabei entspricht **Nr. 1** der bisherigen Rechtslage und formuliert generalklauselartig als Regelfall für die Bestellung einen **erheblichen Interessengegensatz** zwischen Kind und gesetzlichem Vertreter. Von diesem ist bspw. für die Fälle auszugehen, in denen das FamG den gemeinsam sorgeberechtigten Eltern nach § 1629 Abs. 2 Satz 3 BGB i.V.m. § 1796 BGB die Vertretungsmacht entziehen würde.[7] Aber auch, wenn ein allein sorgeberechtigter Elternteil in einer Kindschaftssache bei der Vertretung des Kindes erkennbar eigene, denen des Kindes nicht entsprechende Interessen vertritt.

8

Kommt die teilweise oder vollständige Entziehung der Personensorge nach §§ 1666, 1666a BGB in Betracht, ist von einer Erforderlichkeit der Bestellung auszugehen **(Nr. 2)**. Verfahren, in denen der **Eingriff in die elterliche Sorge** eine mögliche Maßnahme des FamG darstellt, beinhalten regelmäßig ein deutliches Konfliktpotenzial und einen erheblichen Interessengegensatz. In diesen Verfahren ist das Kind regelmäßig auf die Vertretung durch eine unabhängige Person angewiesen.

9

Die Trennung von Betreuungspersonen wird in Ergänzung zu Nr. 2 in einer eigenen **Nr. 3** als Regelbeispiel für die Bestellung eines Verfahrensbeistands benannt. Der Begriff der „Obhut" bezieht sich – in Anlehnung an die Begriffsverwendung im Familienrecht des BGB[8] –, auf den Ort des Schwerpunkts der tatsächlichen Fürsorge, also den Ort, an dem überwiegend die elementaren Bedürfnisse des Kindes durch Pflege, Unterkunft Erziehung, emotionale Zuwendung etc. befriedigt werden.[9] Entscheidende Voraussetzung für die Bestellung des Verfahrensbeistands ist also die **Trennung des Kindes aus einem vertrauten sozialen Umfeld** an sich, wobei irrelevant ist, wer diese initiiert oder auf welcher Rechtsgrundlage die Trennung erfolgen soll.[10]

10

In Erweiterung zum alten Recht werden in **Nr. 4** nicht nur Verfahren mit dem Gegenstand einer Verbleibensanordnung nach § 1632 Abs. 4 sowie § 1682 BGB aufgeführt, sondern auch ausdrücklich Verfahren, die die Herausgabe des Kindes betreffen (§ 1632 Abs. 1, 3 BGB). Gemeinsam ist diesen Verfahren, dass es um den **grundsätzlichen Aufenthalt des Kindes** geht.

11

Neu ist die explizite Erwähnung in **Nr. 5**, dass ein Verfahrensbeistand für das Kind in Verfahren zu bestellen ist, die einen Ausschluss oder eine wesentliche Beschränkung des Umgangsrechts zum Gegenstand haben (§ 1684 Abs. 4 BGB). Ähnlich wie in Nr. 2 liegt diesen **Umgangsstreitigkeiten** in der Regel ein derart **hohes Konfliktniveau** zugrunde, dass die Eltern nicht mehr in der Lage sind, die eigenständigen Interessen des Kindes im Verfahren zur Geltung zu bringen. Als wesentliche Beschränkungen sind

12

---

[7] Balloff/Koritz 2006, S. 14.
[8] Der Begriff ist entlehnt § 1629 Abs. 2 Satz 2, § 1684 Abs. 2 Satz 2, § 1713 Abs. 1 Satz 2, § 1748 Abs. 1 Satz 2, § 1751 Abs. 4 Satz 1 BGB.
[9] BGH 21.12.2005 – XII ZR 126/03 = NJW 2006, 2258 = FamRZ 2006, 1015 = JAmt 2006, 415 = FF 2006, 195; KG 07.03.2002 – 19 WF 367/01 = FamRZ 2003, 53 = JAmt 2002, 53; OLG Stuttgart 13.03.1995 – 8 W 74/95 = NJW-RR 1996, 67; OLG Frankfurt a.M. 12.12.1991 – 1 UF 119/91 = FamRZ 1992, 575 = DAVorm 1992, 1350; Staudinger/Peschel-Gutzeit § 1629 BGB Rn. 333 ff.; Palandt/Diederichsen § 1629 BGB Rn. 31; Erman/Michalski § 1629 BGB Rn. 20; Bamberger/Roth/Veit § 1629 BGB Rn. 42.
[10] BT-Drs. 16/6308, S. 238.

solche zu werten, die nicht nur eine einmalige oder vorübergehende Einschränkung des Umgangsrechts darstellen.[11]

III. Bestellung des Verfahrensbeistands (Abs. 3)

1. Zeitpunkt der Bestellung (Satz 1)

13 Abs. 3 Satz 1 legt eindeutig fest, dass der Verfahrensbeistand so früh wie möglich zu bestellen ist. Damit trägt der Gesetzgeber einer Rechtsprechung des BVerfG zum Verfahrenspfleger nach § 50 FGG Rechnung, wonach die Bestellung zu einem so **frühen Zeitpunkt** zu erfolgen hat, dass das **Verfahren** durch ihn **noch beeinflussbar** ist.[12] Dies gilt auch für Verfahren mit zu erwartender kurzer Dauer. Wenn es nach den Voraussetzungen der Abs. 1 und 2 für die Wahrnehmung der kindlichen Interessen erforderlich ist, einen Verfahrensbeistand zu bestellen, hat die Bestellung durch das Gericht so früh wie möglich zu erfolgen. Von besonderer Bedeutung ist hier das **Zusammenspiel** mit dem in § 155 geregelten **Vorrang- und Beschleunigungsgebot**,[13] das die Praxis wird ausgestalten müssen. In jedem Fall sind auch in den dort aufgeführten Verfahren umgehend die Erforderlichkeit der Bestellung eines Verfahrensbeistands und seine Hinzuziehung zum frühen ersten Termin (nach Kontaktaufnahme mit dem Kind) durch entsprechende Anfangsermittlungen zu prüfen. Dies dürfte eine große Herausforderung an das zeitliche Management aller Beteiligten darstellen.[14]

2. Hinzuziehung als Beteiligter (Satz 2)

14 Nach Abs. 3 Satz 2 nimmt der Verfahrensbeistand nun ausdrücklich die Stellung eines Beteiligten im Verfahren ein – entsprechend §§ 274, 315 für die Betreuungs- und Unterbringungssachen.[15] Damit wird der Verfahrensbeistand mit allen **Rechten und Pflichten eines Beteiligten** ausstattet und ist nun u.a. eindeutig befugt, Rechtsmittel im Interesse des Kindes einzulegen (Rn. 23).

3. Absehen von der Bestellung (Satz 3) und Anfechtbarkeit der (Nicht-)Bestellung (Satz 4)

15 Die Regelung in Abs. 3 Satz 3 entspricht jener im bisherigen § 50 Abs. 2 Satz 2 FGG und normiert, dass (erst) **in der Endentscheidung eine Begründung angegeben** werden muss, wenn eine **Bestellung** nach Abs. 2 **unterbleibt**, weil die Erforderlichkeit der Bestellung als nicht gegeben bewertet wird (vgl. zu den Gründen auch Rn. 26 f.). Zur weiteren Klarstellung wird in Satz 4 formuliert, dass die **Ablehnung einer Bestellung nicht selbstständig anfechtbar** ist. Die Überprüfung, ob ein Verfahrensfehler vorliegt, weil dem Kind kein Verfahrensbeistand bestellt wurde, ist also erst mit dem Rechtsmittel zur Endentscheidung möglich.

---

11 BT-Drs. 16/9733, S. 294.
12 BVerG 26.08.1999 – 1 BvR 1403/99, unveröffentlichte Entscheidung, zitiert in Balloff/Koritz 2006, S. 16; Heilmann Kind-Prax 2000, 79 (81); Röchling 2001, S. 265; Salgo FPR 1999, 313 (315).
13 → § 155 Rn. 4: gemeinsamer Anwendungsbereich.
14 Menne ZKJ 2009, 68 (70).
15 → § 167 (i.V.m. 315) Rn. 11 ff.

In der bisherigen Praxis war die Frage der Anfechtbarkeit insbesondere auf den positiven Bestellungsakt bezogen.[16] Die deutliche Formulierung im Gesetz greift nun die Tendenz der zahlreichen obergerichtlichen Rechtsprechung[17] auf, dass die **Bestellung des Verfahrensbeistands** den Charakter einer verfahrensleitenden Zwischenverfügung hat, die regelmäßig **nicht selbstständig anfechtbar** ist. Dieser Ausschluss der Anfechtbarkeit ist nicht auf einzelne Personen oder Beteiligte beschränkt und dient insbesondere dem Ziel, unnötige und für das Kind in der Regel schädliche Verfahrensverzögerungen zu verhindern.[18] Durch die eindeutige Formulierung in Abs. 4 Satz 6, dass der **Verfahrensbeistand nicht gesetzlicher Vertreter des Kindes** ist (Rn. 25), liegt durch die Bestellung kein derart schwerwiegender Eingriff in die Rechte der Beteiligten (Eltern) vor, dass eine Anfechtbarkeit geboten wäre.[19]

16

Erstmals findet sich im Gesetz nun in Abs. 3 Satz 4 ausdrücklich die Möglichkeit der **Aufhebung der Bestellung des Verfahrensbeistands**, die ebenso **erst mit der Endentscheidung angefochten** werden kann.[20] Eine Entbindung kommt bspw. in Betracht, wenn der Verfahrensbeistand hinsichtlich der im Gesetz nun eindeutiger formulierten Aufgaben (Rn. 18 ff.) untätig bleibt oder es zwischen Verfahrensbeistand und vertretenem Kind zu einem derartigen Vertrauensbruch gekommen ist, dass dem Kind eine weitere Vertretung durch die bestellte Person nicht zugemutet werden kann.

17

IV. Aufgaben (Abs. 4)

1. Interessenfeststellung und Wahrnehmung (Satz 1)

Abs. 4 Satz 1 regelt die **zentrale Aufgabe des Verfahrensbeistands: Kindliche Interessen festzustellen und im gerichtlichen Verfahren zur Geltung zu bringen.** Damit zieht sich der Gesetzestext selbst zwar erneut auf den Begriff der kindlichen Interessen zurück, die Begründung zum Gesetzentwurf der Bundesregierung liefert aber die wesentliche Erläuterung zu einer Frage, die in der Vergangenheit wie keine andere die obergerichtliche Rechtsprechung beschäftigt hat.[21] Dort findet sich, dass „die Ermittlung des Interesses, und dabei in erster Linie des Willens des Kindes von den Pflichten des Verfahrensbeistands umfasst" sei, der **„Verfahrensbeistand aber dem Interesse des Kindes verpflichtet"** sei **„und nicht allein dem von diesem geäußerten Willen".**[22] Die Vertretung der Interessen des Kindes erfordert also in jedem Fall die Ermittlung und differenzierte Darstellung der subjektiven Interessen des Kindes, die aber stets in dessen Lebenszusammenhang einzuordnen und vor diesem Hintergrund auch im Hinblick auf die objektiven Interessen zu bewerten sind.[23] Der Verfahrensbei-

18

---

16 Ausführlich zu dieser Problematik Salgo u.a./Salgo 2002, S. 17 ff.; Balloff/Koritz 2006, S. 19 f.
17 Vgl. dazu folgende Übersichten: Carl/Schweppe FPR 2002, 251; Kiesewetter/Schröder FPR 2006, 20; Krille Kind-Prax 2003, 12; Menne FamRZ 2005, 1035; Menne JAmt 2005, 274; Söpper FamRZ 2002, 1535; Söpper FamRZ 2005, 1787; Stötzel 2005, Anhang C/Rechtsprechungsübersicht; Willutzki Kind-Prax 2004, 83.
18 Salgo u.a./Heilmann 2002, S. 259.
19 BT-Drs. 16/6308, S. 239.
20 KG 14.06.2004 – 17 UF 121/04 = FamRZ 2004, 1591.
21 Vgl. zur Auseinandersetzung um den vergütungsfähigen Aufgabenkreis auch die in Fn. 17 erwähnten Übersichten.
22 BT-Drs. 16/6308, S. 239; dazu auch Trenczek ZKJ 2009, 196 (198 f.).
23 In diesem Sinne auch die Standards der Bundesarbeitsgemeinschaft Verfahrenspflegschaft für Kinder und Jugendliche e.V.

stand hat in jedem Fall den Kindeswillen deutlich zu machen und in das Verfahren einzubringen, kann darüber hinaus aber weitere Gesichtspunkte und auch etwaige Bedenken vortragen. Für Kindesschutzverfahren jedenfalls ist eindeutig zu fordern, dass es „einer eigenständigen Vertretung von Kindeswille und Kindeswohl bedarf, um die Wahrnehmung der Kindesinteressen"[24] zu sichern. Auch in seine – **mündliche oder wenn möglich schriftliche – Stellungnahme** sind „sowohl das subjektive Interesse des Kindes **(Kindeswille)** als auch das objektive Interesse des Kindes **(Kindeswohl)** einzubeziehen".[25]

2. Aufklärung des Kindes (Satz 2)

19 Ausdrücklich aufgenommen in den Gesetzeswortlaut wurde nun auch, dass der Verfahrensbeistand das Kind in geeigneter Weise **über das Verfahren** zu **informieren** hat. Das Kind benötigt diese Unterstützung für die „Wahrnehmung der eigenen Position",[26] denn erst diese kann Grundlage für die verbale oder nonverbale Artikulation seiner Interessen sein und ist notwendige Voraussetzung für die positive Bewältigung des gerichtlichen Verfahrens.[27]

20
> **Beispielhafte Leitfragen für die Information des Kindes**
> Worum geht es im gerichtlichen Verfahren?
> Was geschieht bei Gericht?
> Wer ist beteiligt, und wer hat welche Position?
> Was ist die Aufgabe des Richters?
> Was ist die Aufgabe des Verfahrensbeistands?
> Wer wird angehört?
> Wie sieht eine persönliche Anhörung des Kindes aus?
> Wie endet das Verfahren?

3. Gespräche mit weiteren Bezugspersonen und Mitwirken an einvernehmlichen Regelungen (Sätze 3 und 4)

21 Gespräche mit den Eltern und sonstigen Bezugspersonen des Kindes sowie das Mitwirken am Zustandekommen einer einvernehmlichen Regelung über den Verfahrensgegenstand sind nun als **weitere Befugnisse** des Verfahrensbeistands in Abs. 4 Satz 3 normiert und „insbesondere vor dem Hintergrund der vergütungsrechtlichen Vorschriften zu sehen"[28] (Rn. 31 ff.), hängen jedoch „von einer nach Art und Umfang präzise festgelegten **zusätzlichen Beauftragung durch das Gericht**" ab, „deren **Notwendigkeit das Gericht begründen** muss".[29] Hier bleibt abzuwarten, wie die Praxis auffangen wird, dass es dem Grundsatz einer unabhängigen Interessenvertretung widerspricht, wenn Art und Umfang der Tätigkeiten des Verfahrensbeistands von der Entscheidung und Beauftragung im Einzelfall durch das Gericht abhängen. Darüber hinaus erscheint die damit implizierte **Trennung** zwischen der Feststellung kindlicher Interessen auf der einen und Gesprächen mit weiteren Personen aus dem Lebensumfeld

---

24 Zitelmann 2001, S. 393; Gummersbach 2005, S. 288 f.
25 BT-Drs. 16/6308, S. 239.
26 BT-Drs. 16/6308, S. 240.
27 Stötzel 2005, S. 180.
28 BT-Drs. 16/6308, S. 240.
29 BT-Drs. 16/9733, S. 294.

des Kindes auf der anderen Seite vor dem Hintergrund eines notwendigen umfassenden Verständnisses der kindlichen Interessen und ihrer Vertretung (Rn. 18) **lebensfremd und künstlich**.[30] So zeigen Rückmeldungen aus der Praxis deutlich, dass Gespräche mit den Eltern und weiteren Bezugspersonen in den allermeisten Fällen vom Gericht für notwendig erachtet werden.[31] Absolut unverzichtbar sind diese Gespräche, wenn sich ein Kind nicht artikulieren kann und die Auseinandersetzung mit seinem Lebensumfeld der einzige Weg zu einer ernst gemeinten Interessenvertretung ist. In diesem Fall dürfte die Beauftragung zu weiteren Befugnissen für das Gericht verpflichtend sein.[32]

Das **Mitwirken an einer einvernehmlichen Regelung** als ausdrückliche Befugnis, die dem Verfahrensbeistand übertragen werden kann, ist einzuordnen in ähnliche Aufträge, die nach dem FamFG zusammenspielen müssen. Während Gericht (§ 156 Abs. 1[33] u. § 165 Abs. 4)[34] und Sachverständiger (§ 163 Abs. 2)[35] auf Einvernehmen hinwirken sollen, wird dem Verfahrensbeistand (lediglich) das Mitwirken hieran aufgetragen. Dies bedeutet in jedem Fall, dass er alles zu unterlassen hat, was einer Einigung im Interesse des Kindes entgegensteht. Er hat vielmehr andere Beteiligte (vgl. o.g. Hinweise auf Gericht und Sachverständige) dabei zu unterstützen, einvernehmliche Regelungen herzustellen und sie dabei für die Interessen des Kindes zu sensibilisieren. Gleichwohl dürfte bspw. das initiative Anbieten gemeinsamer Elterngespräche mit dem Ziel der Einigung zunächst den anderen Akteuren vorbehalten sein. 22

4. Rechtsmittelfähigkeit (Satz 5)

Das **Beschwerderecht des Verfahrensbeistands im Interesse des Kindes** wird nun eindeutig geregelt und ergibt sich aus der Stellung des Verfahrensbeistands als Beteiligter des Verfahrens (Rn. 14). Damit wird die bisherige Rechtsprechung zu dieser Frage gesetzlich normiert.[36] 23

Die Wahrnehmung der Interessen des Kindes in einem **Beschwerdeverfahren** erfordert eine erneute, auf die aktuelle Lebenssituation des Kindes bezogene Feststellung und Darlegung seiner Interessen, was einer erneuten Wahrnehmung der in Abs. 4 beschriebenen Aufgaben des Verfahrensbeistands entspricht und damit auch eine erneute pauschale Vergütung erforderlich macht (Abs. 7 Satz 2, Rn. 34). Dies nicht zuletzt vor dem Hintergrund, dass wesentliches Modell für die Vergütung des Verfahrensbeistands die Gebührenordnung der in einer Kindschaftssache tätigen Rechtsanwälte war, die sich eindeutig auf jeden Instanzenzug bezieht, und eine einmalige Pauschale in einer hochstreitigen Kindschaftssache über mehrere Instanzen auch für den Verfahrensbeistand keine ausreichende Vergütung wäre.[37] 24

---

30 Veit FF 2008, 476 (479).
31 Rabe ZKJ 2007, 437 (439); Hannemann/Stötzel ZKJ 2009, 58 (63).
32 Menne ZKJ 2009, 68 (71); Trenczek ZkJ 2009, 196 (198 f.).
33 → § 156 Rn. 4 ff.
34 → § 165 Rn. 8.
35 → § 163 Rn. 6 ff.
36 OLG Brandenburg 03.02.2003 – 9 UF 171/02 = FamRZ 2003, 1405 = ZfJ 2003, 445; OLG Karlsruhe 19.12.2003 – 20 UF 23/01 = FamRZ 2003, 1768; OLG Köln 25.03.1999 – 21 WF 45/99 = FamRZ 2000, 1390.
37 BT-Drs. 16/9733, S. 294; Klarstellung durch Beschlussempfehlung und Bericht des Rechtsausschusses vom 22.04.2009, BT-Drs. 16/12717, Art. 8 Nr. 1 Buchst. p, S. 58, vom Bundestag am 23.04.2009 verabschiedet.

5. Keine gesetzliche Vertretung (Satz 6)

25 Abs. 4 Satz 6 stellt klar, dass der Verfahrensbeistand **nicht die gesetzlichen Vertreter des Kindes ersetzt** und „nicht die Funktion" hat, „rechtliche Willenserklärungen für das Kind abzugeben oder entgegenzunehmen".[38] Daraus folgt die Nichtanfechtbarkeit der Bestellung eines Verfahrensbeistands (Rn. 16).

V. Anderer geeigneter Verfahrensbevollmächtigter (Abs. 5)

26 Abs. 5 entspricht dem bisherigen § 50 Abs. 3 FGG und regelt weiterhin, dass die Vertretung des Kindes durch einen Verfahrensbeistand nicht notwendig ist (unterbleiben oder aufgehoben werden kann), wenn die **Interessen des Kindes durch einen anderen geeigneten Verfahrensbevollmächtigten angemessen vertreten** werden. Dabei hat der Gesetzgeber insbesondere die Fälle vor Augen gehabt, in denen ein Elternteil für das Kind einen Rechtsanwalt bestellt oder das Kind als Beschwerdeführer[39] durch einen Verfahrenbevollmächtigten vertreten wird.[40]

27 Da es für Kinder und Jugendliche formal nicht möglich ist, einen Rechtsanwalt mit einem Mandat zu beauftragen, müsste dies notwendigerweise durch die gesetzlichen Vertreter – in der Regel die Eltern – geschehen. Zu achten ist hier auf die im Gesetz benannte **Angemessenheit der Vertretung**. Denn es besteht die Gefahr, dass die Intention des Gesetzgebers, mit der Bestellung einer unabhängigen Interessenvertretung wesentliche Grundrechte des Minderjährigen zu sichern, durch die **Möglichkeit der Instrumentalisierung der Tätigkeit eines durch die Eltern beauftragten Verfahrensbevollmächtigten** unterlaufen wird.

VI. Ende der Bestellung (Abs. 6)

28 Wie bisher in § 50 Abs. 4 FGG regelt nun Abs. 6 im gleichen Wortlaut, dass die Bestellung des Verfahrenbeistands mit Rechtskraft der das Verfahren abschließenden Entscheidung oder mit dem sonstigen Abschluss des Verfahrens endet. Damit gilt weiterhin, dass die **Bestellung „nicht mit der die Instanz abschließenden Entscheidung beendet"**[41] ist und der Verfahrensbeistand auch für das Rechtsmittelverfahren zuständig bleibt (Rn. 23).

29 Problematisch bleibt jedoch weiterhin, dass die Bestellung des Verfahrensbeistands auch **in Unterbringungssachen Minderjähriger** nach § 167 i.V.m. § 312 ff.[42] bereits mit der Beendigung des die Maßnahme genehmigenden Verfahrens endet und er nicht mehr befugt ist, die Interessen des Kindes im Zeitraum der Maßnahme selbst zu vertreten.

---

38 BT-Drs. 16/6308, S. 240.
39 → § 60.
40 BT-Drs. 13/4899, S. 132.
41 BT-Drs. 13/4899, S. 132.
42 → § 167 Rn. 11 ff.

VII. Aufwendungsersatz und Vergütung (Abs. 7)

1. Nicht berufsmäßige Verfahrensbeistände (Satz 1)

Für nicht berufsmäßige – ehrenamtlich tätige – Verfahrensbeistände verweist Abs. 7 auf § 277 Abs. 1,[43] der den Aufwendungsersatz nach § 1835 Abs. 1, 2 BGB vorsieht, jedoch ohne die Möglichkeit des Vorschusses. Danach kann der ehrenamtliche Verfahrensbeistand Aufwendungsersatz verlangen für Fahrt-, Telefon-, Porto-, Akteneinsichtskosten[44] und Fahrtkostenersatz nach dem JVEG. Ferner werden Fristen für den Aufwendungsersatz geregelt (15 Monate).

30

2. Berufsmäßige Verfahrensbeistände (Sätze 2 und 3)

Neu ist, dass der Aufwendungsersatz und die Vergütung des berufsmäßigen Verfahrensbeistands nicht mehr wie bisher durch eine Verweiskette über die Vergütung des Verfahrenspflegers in Betreuungssachen (jetzt § 277[45]), die Regelungen im BGB zu Aufwendungsersatz und Vergütung von Vormündern und Betreuern (§§ 1835 ff. und 1908e bis 1908i BGB) und schließlich das Vormünder- und Betreuervergütungsgesetz geregelt sind, sondern **in der Vorschrift selbst normiert** werden.

31

Abs. 7 sieht eine **zweistufige Fallpauschale** vor. **Zumindest** steht dem Verfahrensbeistand eine einmalige Vergütung i.H.v. **350 Euro** zu. Ordnet das Gericht einen **erweiterten Aufgabenkreis** nach Abs. 4 Satz 3 (Rn. 21 f.) an, erhöht sich die fallbezogene Vergütung auf **550 Euro**.[46] In den Fällen also, in denen das Gericht den Verfahrensbeistand mit dem erweiterten Aufgabenkreis – Gespräche mit den Eltern und weiteren Bezugspersonen, Mitwirken am Zustandekommen einer einvernehmlichen Regelung über den Verfahrensgegenstand – beauftragt und dies begründet, ist mit der Pauschale von 550 EUR zu vergüten.

32

Die Pauschalen verstehen sich **jeweils inklusive Aufwendungsersatz** und durch den Verfahrensbeistand evtl. zu erhebender **Umsatzsteuer**.

33

Ausgehend davon, dass das Gericht nach Abs. 1 (Rn. 7) dem Kind den Verfahrensbeistand zur Wahrnehmung seiner Interessen bestellt, bedürfen in der Regel bestehende **unterschiedliche Interessenlagen** von Geschwisterkindern auch einer **eigenständigen Vertretung**, die jeweils nach Abs. 7 zu vergüten ist. Dies gilt auch für verschiedene Verfahrensgegenstände sowie die selbstständigen Verfahren der einstweiligen Anordnung und zur Hauptsache. Abs. 7 Satz 2 stellt klar, dass die Vergütungspauschale in jedem Rechtszug anfällt, sofern der Verfahrensbeistand im Beschwerdeverfahren erneut Aufgaben nach Abs. 4 wahrnimmt.[47]

34

3. Zahlungsmodalitäten (Sätze 4 und 5)

Aufwendungsersatz und Vergütung sind **stets aus der Staatskasse** zu zahlen. § 168 Abs. 1 ist anzuwenden.

35

---

43 § 277: Vergütung und Aufwendungsersatz des Verfahrenspflegers.
44 Balloff/Koritz 2005, S. 63.
45 Vgl. Fn. 43.
46 BT-Drs. 16/9733, S. 294.
47 BT-Drs. 16/12717, S. 58, 72.

VIII. Kostenfreiheit (Abs. 8)

36 Da der Verfahrensbeistand im Interesse des Kindes tätig wird, regelt Abs. 8, dass ihm **weder im erstinstanzlichen Verfahren noch im Rechtsmittelverfahren Verfahrenskosten auferlegt** werden können.[48]

§ 159 Persönliche Anhörung des Kindes

(1) Das Gericht hat das Kind persönlich anzuhören, wenn es das 14. Lebensjahr vollendet hat. Betrifft das Verfahren ausschließlich das Vermögen des Kindes, kann von einer persönlichen Anhörung abgesehen werden, wenn eine solche nach der Art der Angelegenheit nicht angezeigt ist.

(2) Hat das Kind das 14. Lebensjahr noch nicht vollendet, ist es persönlich anzuhören, wenn die Neigungen, Bindungen oder der Wille des Kindes für die Entscheidung von Bedeutung sind oder wenn eine persönliche Anhörung aus sonstigen Gründen angezeigt ist.

(3) Von einer persönlichen Anhörung nach Absatz 1 oder Absatz 2 darf das Gericht aus schwerwiegenden Gründen absehen. Unterbleibt eine Anhörung allein wegen Gefahr im Verzug, ist sie unverzüglich nachzuholen.

(4) Das Kind soll über den Gegenstand, Ablauf und möglichen Ausgang des Verfahrens in einer geeigneten und seinem Alter entsprechenden Weise informiert werden, soweit nicht Nachteile für seine Entwicklung, Erziehung oder Gesundheit zu befürchten sind. Ihm ist Gelegenheit zur Äußerung zu geben. Hat das Gericht dem Kind nach § 158 einen Verfahrensbeistand bestellt, soll die persönliche Anhörung in dessen Anwesenheit stattfinden. Im Übrigen steht die Gestaltung der persönlichen Anhörung im Ermessen des Gerichts.

Übersicht

I. Inhalt und Bedeutung der Norm	1
II. Pflicht zur Anhörung Jugendlicher (Abs. 1)	5
III. Erforderlichkeit der Anhörung von Kindern (Abs. 2)	7
IV. Absehen von der Anhörung (Abs. 3)	9
V. Inhalt und Gestaltung der Anhörung (Abs. 4)	12
1. Aufklärung und Gelegenheit zur Äußerung (Sätze 1 und 2)	12
2. Anwesenheit des Verfahrensbeistands (Satz 3)	14
3. Gestaltung der Anhörung (Satz 4)	15

I. Inhalt und Bedeutung der Norm

1 Die Pflicht zur persönlichen Anhörung sichert die **Subjektstellung von Kindern und Jugendlichen** in Kindschaftssachen. Sie sind nicht Gegenstand oder Objekt des Ver-

---

[48] BT-Drs. 16/6308, S. 240.

fahrens, sondern sollen aktiv einbezogen werden. Dies erfüllt verschiedene Funktionen:

- **Information:** Nicht nur das JA (§ 8 Abs. 1 Satz 2 SGB VIII), sondern auch das FamG soll sie in geeigneter Weise über das familiengerichtliche Verfahren, seinen Ablauf und die Bedeutung für das Kind aufklären (Abs. 4 Satz 1; Rn. 12).
- **Mitgestaltung:** Kinder und Jugendliche sollen ihre Interessen und Bedürfnisse selbst einbringen und damit Ablauf und Ausgang des Verfahrens mitgestalten.[1]
- **Sachverhaltsaufklärung:** Mit der Anhörung holt das FamG im Rahmen seiner Amtsermittlung (§ 26) Informationen ein, die mit Grundlage der Entscheidung bilden.[2]
- **Rechtliches Gehör:** Durch die Anhörung wird dem Kind als Beteiligter rechtliches Gehör gewährt (Art. 103 Abs. 1 GG).[3]

Dem **Willen des Kindes oder Jugendlichen**, der bei einer Anhörung durch das FamG geäußert wird, kommt eine wichtige Bedeutung zu. Er bedarf jedoch, insbesondere in Verfahren wegen Gefährdung des Kindeswohls, einer Überprüfung hinsichtlich der Vereinbarkeit mit dem Kindeswohl im Rahmen einer Risikoabwägung.[4] Insgesamt ist eine ausreichende Reflexion der kindlichen Ambivalenzen und Loyalitätskonflikte gefordert. Der Kindeswille ist zudem stets als prozesshaftes Phänomen zu verstehen, das sich im Verlauf des gerichtlichen Geschehens verändern kann. Seine Qualität und Bedeutung kann anhand psychologischer Kriterien bewertet werden.[5]

2

Die Vorgaben zur Kindesanhörung sind in § 159 neu gegliedert. Im Vergleich zur Vorgängerregelung des § 50b FGG werden die Rechte der Kinder und Jugendlichen gestärkt. Insbesondere sind Jugendliche – anders als nach **bisheriger Rechtslage** (§ 50b Abs. 2 Satz 1 FGG) – auch dann zwingend anzuhören, wenn sie wegen einer geistigen oder seelischen Behinderung geschäftsunfähig sind. Einen Unterschied zwischen Kindern oder Jugendlichen „unter" elterlicher Sorge oder Vormundschaft bzw. Pflegschaft macht § 159 nicht mehr.

3

Der **Anwendungsbereich** der Kindesanhörung erfasst alle Kindschaftssachen nach § 151. Das Kind oder der Jugendliche ist – entgegen bisheriger Praxis – somit bspw. auch persönlich zu hören

4

- vor der **Auswahl, Bestellung oder Entlassung eines Vormunds** bzw. Pflegers,
- im Rahmen der **Aufsicht über die Führung der Vormundschaft** bzw. Pflegschaft.

II. Pflicht zur Anhörung Jugendlicher (Abs. 1)

Jugendliche, also junge Menschen nach Vollendung des 14. Lebensjahrs bis zur Volljährigkeit (vgl. § 7 Abs. 1 Nr. 2 SGB VIII), sind stets anzuhören, auch bei Geschäftsunfä-

5

---

[1] Jansen/Zorn § 50b FGG Rn. 1.
[2] BVerfG 14.04.1987 – 1 BvR 332/86 = E 75, 201 (215 f.) = NJW 1988, 125 = FamRZ 1987, 786 (788); BayObLG 15.12.1987 – BReg 1 Z 44/87 = FamRZ 1988, 871.
[3] BVerfG 14.04.1987 – 1 BvR 332/86 = E 75, 201 (216) = NJW 1988, 125 = FamRZ 1987, 786 (788 f.); BVerfG 29.10.1998 – 2 BvR 1206/98 = E 99, 145 (163) = NJW 1999, 631 (633) = FamRZ 1999, 85 (88).
[4] Dettenborn 2007, S. 125 ff.
[5] Dettenborn 2007, S. 61 ff.

higkeit (**Abs. 1 Satz 1**). Die Pflicht berücksichtigt die wachsende Fähigkeit und das wachsende Bedürfnis zu selbstständigem, selbstverantwortlichem Handeln (vgl. § 1626 Abs. 2 BGB). Ausnahmen sind nur unter den Voraussetzungen des Abs. 3 Satz 1 zulässig (Rn. 9).

6   Auch in Kindschaftssachen, die die **Ausübung der Vermögenssorge** für das Kind betreffen, ist zur Wahrung des rechtlichen Gehörs stets eine Anhörung erforderlich. Diese muss allerdings nicht zwingend persönlich, sondern kann auch schriftlich erfolgen (**Abs. 1 Satz 2**).[6] Das FamG wird sich zu vergewissern haben, ob der Jugendliche über die vermögensrechtliche Angelegenheit aufgeklärt ist, und hat bei entsprechender Einsichtsfähigkeit seine Auffassung einzuholen.

III. Erforderlichkeit der Anhörung von Kindern (Abs. 2)

7   Erforderlich ist die Anhörung von Kindern, die das 14. Lebensjahr noch nicht vollendet haben, wenn die **Neigungen, Bindungen oder der Wille des Kindes** für die Entscheidung von Bedeutung sind. Bei solch gewichtigen Fragen wie jenen nach dem Sorge- oder Umgangsrecht ist stets davon auszugehen, dass die persönlichen Bindungen, Beziehungen und Neigungen des Kindes zu seinen Bezugspersonen sowie sein Wunsch und Wille bedeutende Kriterien für die Entscheidung sind und das Kind das Recht hat, diese dem Gericht gegenüber erkennbar zu machen.[7] Voraussetzung dafür ist, dass das Kind aufgrund seiner Entwicklung in der Lage ist, sich dem Gericht gegenüber zum Ausdruck zu bringen. Entwicklungspsychologische Erkenntnisse markieren ein Alter von etwa 3 bis 4 Jahren als Zeitfenster mit wesentlichen Kompetenzerweiterungen, die eine Willensbildung und Willensmitteilung des Kindes ermöglichen.[8]

8   Als **sonstige Gründe**, die die Anhörung erforderlich machen können, kommen vermögensrechtliche Angelegenheiten[9] in Betracht, in denen das Kind nicht die Möglichkeit hat, von einem Verfahrensbeistand nach § 158[10] vertreten zu werden, der seine Interessen artikulieren könnte. Sollte auch in einer Angelegenheit der Personensorge kein Verfahrensbeistand für das Kind bestellt sein, kann die Anhörung auch erforderlich sein, um die in Abs. 4 Satz 1 (Rn. 12) formulierte Information über das Verfahren durch den Richter sicherzustellen. Im Übrigen kommt eine Anhörung auch dann in Betracht, wenn der Richter mit dem Kind in diesem Rahmen die Bestellung und **Auswahl eines Verfahrensbeistands** nach § 158 erörtern möchte.

IV. Absehen von der Anhörung (Abs. 3)

9   Abs. 3 Satz 1 regelt die Ausnahmen von den in Abs. 1 und 2 beschriebenen Anhörungspflichten und entspricht der bisherigen Regelung in § 50b Abs. 3 Satz 1 FGG.

---

6 Jansen/Zorn § 50b FGG Rn. 26.
7 BVerfG 5.11.1980 – 1 BvR 349/80 = E 55, 171 (179) = NJW 1981, 217 (218 f.) = FamRZ 1981, 124 (126); ausführlich zu den Grundlagen der Anhörung auch Balloff 2004, S. 166 ff.
8 Dettenborn 2007, S. 70 ff.
9 BT-Drs. 16/6308, S. 240.
10 → § 158 Abs. 1, der die Bestellung nur für die Person des Kindes betreffende Angelegenheiten vorsieht.

Kein schwerwiegender Grund für ein Absehen von der Anhörung ist das Einholen eines psychologischen **Sachverständigengutachtens**[11] oder die **Bestellung eines Verfahrensbeistands.** Untersuchungen zeigen hingegen, dass in Verfahren mit Bestellung eines Verfahrenspflegers (nach § 50 FGG) in vielen Fällen keine Anhörung des Kindes durchgeführt wurde.[12]

Die Verpflichtung zur persönlichen Anhörung gilt auch im **Beschwerdeverfahren**, eine erneute Anhörung ist in aller Regel erforderlich.[13] Ein Absehen kann auch hier nur begründet werden mit der Belastung für das Kind oder den Jugendlichen, jedoch wegen der Prozesshaftigkeit und der Ambivalenzen, denen der kindliche Wille unterliegt (Rn. 2), nur höchst ausnahmsweise mit fehlender Erwartung neuer Erkenntnisse (§ 68 Abs. 3 Satz 2).[14] 10

Die Anhörung ist **unverzüglich nachzuholen**, wenn sie wegen Gefahr in Verzug unterblieben ist (Abs. 3 Satz 2[15]). 11

V. Inhalt und Gestaltung der Anhörung (Abs. 4)

1. Aufklärung und Gelegenheit zur Äußerung (Sätze 1 und 2)

Die Aufforderung an das Gericht, dem Kind in der Anhörung eine **altersgerechte Information** über Gegenstand, Ablauf und den möglichen Ausgang des Verfahrens zu geben, entspricht der bisherigen Regelung in § 50b Abs. 2 Satz 3 Halbs. 1 FGG. Diese Informationen sind die maßgebliche Voraussetzung dafür, dass das Kind unter Berücksichtigung aller Umstände seine eigene Position entwickeln und diese dem Gericht gegenüber äußern kann (Abs. 4 Satz 2). Sollte kein Verfahrensbeistand nach § 158 bestellt sein, der diese Aufgabe übernimmt,[16] ist der **Richter** oft die einzige Person, die dem Kind eine unabhängige, nicht von eigenen Interessen geleitete Darstellung des Verfahrens und der Möglichkeiten für das Kind bieten kann. 12

Von der Information über das Verfahren ist dann abzusehen, wenn **Nachteile für die Entwicklung, Erziehung oder Gesundheit des Kindes** zu befürchten sind. Dies wäre bspw. dann der Fall, wenn anzunehmen ist, dass das Kind weglaufen und sich dadurch gefährden würde, weil es einen möglichen Verfahrensausgang nicht akzeptieren könnte. Auch die umfassende Information über die Positionen der Eltern und mögliche gegenseitige Beschuldigungen können für das Kind unter Umständen eine derartige Belastung darstellen. 13

---

11 OLG Köln 12.01.2001 – 25 UF 82/00 = FamRZ 2002, 111.
12 Stötzel 2005, S. 70, 89; Hannemann/Stötzel ZKJ 2009, 58 (61, 66).
13 BVerfG – 1. Kammer – 18.01.2006 – 1 BvR 526/04 = FamRZ 2006, 605 (606); BVerfG – 3. Kammer – 14.08.2001 – 1 BvR 310/98 = FamRZ 2002, 229 = JAmt 2001, 503 (504); siehe aber BVerfG – 1. Kammer – 21.04.2005 – 1 BvR 510/04.
14 Hierzu → § 68 Rn. 6; weiter die alte Rechtslage, nach der ein erwartbarer Beitrag zur Feststellung des Sachverhalts Voraussetzung für das Absehen war (§ 50b Abs. 1 FGG).
15 Abs. 3 Satz 2 entspricht dem bisherigen § 50b Abs. 3 Satz 2 FGG.
16 → § 158 Rn. 19.

2. Anwesenheit des Verfahrensbeistands (Satz 3)

14 Die **Vorbereitung** des Kindes auf die Anhörung durch den Verfahrensbeistand[17] und seine **Anwesenheit** während der Anhörung stellt für das Kind in der Regel eine große Entlastung und wichtige Unterstützung dar.[18] Das Gericht wird nur dann verwertbare Informationen aus der Anhörung des Kindes ziehen können, wenn das Kind die Situation bewältigen und sich auf sie einlassen kann. Diese Chance steigt durch die Anwesenheit einer vertrauten und zugleich unabhängigen Person wie der des Verfahrensbeistands. Dadurch ist zugleich gewährleistet, dass der Verfahrensbeistand Reaktionen des Kindes während der Anhörung, die keinen Eingang in das Protokoll finden, unmittelbar wahrnehmen und mit dem Kind nachbereiten kann.

3. Gestaltung der Anhörung (Satz 4)

15 Die Gestaltung der Anhörung liegt **im pflichtgemäßen Ermessen des Gerichts**.[19] Dadurch soll verhindert werden, dass Verfahrensbeteiligte auf die Gestaltung der Anhörung – bspw. durch ihre Anwesenheit – Einfluss nehmen.[20] Die Anhörung soll in einer für das Kind geschützten Gesprächssituation stattfinden, um ihm ein offenes und unbeeinflusstes Artikulieren seiner Wünsche und Interessen sowie auch Ängste und Befürchtungen zu ermöglichen. Dies wird regelmäßig nicht in **Anwesenheit der Eltern** möglich sein, die das FamG ggf. durch Beschluss einschränken oder ausschließen kann.[21] Der Beschluss ist als verfahrensleitende Zwischenverfügung nicht anfechtbar.[22] Maßgeblich für den richterlichen Erkenntnisgewinn aus der Anhörung ist eine Gestaltung, die das Kind ermutigt, seine Rolle als Subjekt im Verfahren wahrzunehmen, ohne ihm die Last der Entscheidung aufzubürden. Erforderlich dafür ist eine sorgfältige Planung der Anhörungsbedingungen und Vorbereitung auf das individuelle Kind.[23]

§ 160 Anhörung der Eltern

(1) In Verfahren, die die Person des Kindes betreffen, soll das Gericht die Eltern persönlich anhören. In Verfahren nach den §§ 1666 und 1666a des Bürgerlichen Gesetzbuchs sind die Eltern persönlich anzuhören.

(2) In sonstigen Kindschaftssachen hat das Gericht die Eltern anzuhören. Dies gilt nicht für einen Elternteil, dem die elterliche Sorge nicht zusteht, sofern von der Anhörung eine Aufklärung nicht erwartet werden kann.

(3) Von der Anhörung darf nur aus schwerwiegenden Gründen abgesehen werden.

(4) Unterbleibt die Anhörung allein wegen Gefahr im Verzug, ist sie unverzüglich nachzuholen.

---

17 → § 158 Rn. 20.
18 Stötzel 2005, S. 211 ff.
19 BVerfG 05.11.1980 – 1 BvR 349/80 = E 55, 171 = NJW 1981, 217 = FamRZ 1981, 124.
20 BT-Drs. 16/6308, S. 240.
21 Keidel u.a./Engelhardt § 50b FGG Rn. 18; Jansen/Zorn § 50b FGG Rn. 20 f.
22 Zur Rechtslage nach FGG Jansen/Zorn § 50b FGG Rn. 21; Keidel u.a./Engelhardt § 50b FGG Rn. 28; a.A. Bassenge/Roth § 50b FGG Rn. 4.
23 Carl/Eschweiler NJW 2005, 1681.

Übersicht

I. Inhalt und Bedeutung der Norm 1
II. Persönliche Anhörung (Abs. 1) 3
III. Einfache Anhörungspflicht (Abs. 2) 7
IV. Absehen aus schwerwiegenden Gründen (Abs. 3 und 4) 8

I. Inhalt und Bedeutung der Norm

Eltern sind in Kindschaftssachen in aller Regel anzuhören. § 160 nimmt insoweit eine **differenzierte Abstufung** vor.

- Muss-Pflicht, Eltern in Verfahren wegen Kindeswohlgefährdung (§§ 1666, 1666a BGB) persönlich anzuhören (Abs. 1 Satz 2);
  - Soll-Pflicht, Eltern in Verfahren betreffend die Person des Kindes persönlich anzuhören (Abs. 1 Satz 1);
  - Pflicht, sorgeberechtigte Eltern in sonstigen Kindschaftssachen anzuhören, wahlweise persönlich, schriftlich oder vertreten durch einen Bevollmächtigten (Abs. 2 Satz 1);
  - Möglichkeit des Absehens in sonstigen Kindschaftssachen bei Eltern, denen die elterliche Sorge nicht zusteht (Abs. 2 Satz 2).

Nach **bisheriger Rechtslage** war die Anhörung der Eltern in § 50a FGG geregelt. § 160 greift die Systematik auf, qualifiziert die Differenzierung bei den Pflichten und gestaltet diese verbindlicher.[1]

II. Persönliche Anhörung (Abs. 1)

In Kindschaftssachen gilt der **Grundsatz**, dass Eltern persönlich anzuhören sind. Was unter persönlicher Anhörung zu verstehen ist, regelt § 34.[2] Die Persönlichkeit der Anhörung bedeutet auch, dass die zur Entscheidung berufenen Richter selbst anhören müssen, auch beim OLG im Beschwerdeverfahren.[3] Aspekte der Verfahrensökonomie[4] sind hierbei ohne Belang. Das Rechtsmittelgericht kann von einer erneuten (persönlichen) Anhörung absehen, wenn eine solche bereits im ersten Rechtszug vorgenommen wurde und von ihr keine zusätzlichen Erkenntnisse zu erwarten sind (§ 68 Abs. 3 Satz 2).[5]

Die persönliche Anhörungspflicht besteht unabhängig davon, ob einem Elternteil die elterliche Sorge zusteht oder nicht (bisher wurde insoweit ausdrücklich differenziert, vgl. § 50a Abs. 2 FGG). Unterschiede sind nur bei „sonstigen Kindschaftssachen" zu-

---

[1] BT-Drs. 16/6308, S. 240 f.
[2] → § 34 Rn. 4 f.
[3] → § 68 Rn. 6 f.
[4] Siehe hierzu zur alten Rechtslage etwa Keidel u.a./Engelhardt § 50a FGG Rn. 17 ff.; Bumiller/Winkler § 50a FGG Rn. 3.
[5] Hierzu → § 68 Rn. 5.

lässig (Abs. 2). In allen Verfahren, die das Kind betreffen, ist folglich auch der **nicht sorgeberechtigte Elternteil** persönlich anzuhören,[6] wenn ihm die elterliche Sorge nie zustand (§ 1626a Abs. 2 BGB), er sie aufgrund Übertragung auf den anderen Elternteil verloren hat (z.B. §§ 1671, 1672 BGB) oder sie ihm entzogen wurde (§ 1666 Abs. 3 Nr. 6 BGB). Bspw. sind die Eltern auch in sämtlichen Verfahren betreffend die Vormundschaft und/oder Pflegschaft (§ 151 Nr. 4 und 5) persönlich anzuhören, sofern diese die Person ihres Kindes als Mündel betreffen. Ausnahmen sind nur nach Abs. 3 aus schwerwiegenden Gründen zulässig (Rn. 8).

5 Bei Verfahren, die eine (potenzielle) Entziehung der elterlichen Sorge wegen einer **Gefährdung des Kindeswohls** nach § 1666 Abs. 1 BGB oder deren Rückübertragung (§ 166 Abs. 2 und 3) zum Gegenstand haben, besteht eine unbedingte Pflicht zur persönlichen Anhörung (**Abs. 1 Satz 2**). Diese besteht unabhängig davon, ob der Elternteil mit dem Kind zusammenlebt, das Kind selbst gefährdet oder sorgeberechtigt ist (Rn. 3). Die persönliche Anhörung des nicht sorgeberechtigten Elternteils ist insbesondere dann geboten, wenn ein Entzug der elterlichen Sorge gegenüber einem allein sorgeberechtigten Elternteil in Betracht kommt und das FamG daher zu prüfen hat, ob eine Übertragung auf den bisher nicht sorgeberechtigten Elternteil in Betracht kommt (§ 1680 Abs. 2 BGB).[7]

6 Außerhalb der Kindesschutzverfahren nach §§ 1666, 1666a BGB besteht eine Soll-Pflicht zur persönlichen Anhörung, wenn das Verfahren die **Person des Kindes betrifft (Abs. 1 Satz 1)**. Dies umfasst alle Verfahren, in denen bspw. Gegenstand ist

- die Personensorge, als Teil der elterlichen Sorge oder in Bezug auf die Ausübung durch oder Übertragung auf einen Vormund bzw. Pfleger,
- die Herausgabe des Kindes,
- der Aufenthalt des Kindes,
- das Umgangsrecht mit dem Kind,
- der Name des Kindes,
- die religiöse Kindererziehung.

Ausnahmen sind nur in atypischen Sonderkonstellationen zulässig.[8] Zu fordern ist eine Abwägung zwischen einerseits dem Elternrecht und dem Interesse an der amtswegigen Sachaufklärung und andererseits den Gründen für das Absehen (z.B. Nichterreichbarkeit, unverhältnismäßiger Aufwand). Ausnahmen nach Abs. 3 aus schwerwiegenden Gründen bleiben unbenommen (Rn. 8).

III. Einfache Anhörungspflicht (Abs. 2)

7 In allen Kindschaftssachen, die nicht die Person des Kindes betreffen, sondern bspw. die Vermögenssorge, sein Vermögen oder die Vergütung eines Berufsvormunds/-pflegers, besteht ebenfalls eine Pflicht zur Anhörung des Elter (Abs. 2). Diese kann per-

---

6 Dies bereits zur alten Rechtslage aus der Amtsermittlungspflicht ableitend Orgis JAmt 2008, 243.
7 Orgis JAmt 2008, 243.
8 BT-Drs. 16/6308, S. 240. Nach § 50a Abs. 1 Satz 2 FGG war die Anhörung nur „in der Regel" gefordert.

sönlich, aber **auch schriftlich oder mittelbar** durch Teilnahme eines Bevollmächtigten der Eltern im Termin erfolgen. Für personensorgeberechtigte Eltern ist die Anhörungspflicht nur durch die Grenzen des Abs. 3 beschränkt (Satz 1). Bei nicht sorgeberechtigten Eltern darf das FamG im Rahmen seiner Amtsermittlungspflicht (§ 26) prognostizieren, ob von ihnen ein Beitrag zur Sachaufklärung zu erwarten ist. Wenn doch, bleibt es bei der Ausnahme des Abs. 3; wenn nicht, kann ohne weitere Gründe von der Anhörung abgesehen werden (Satz 2).

IV. Absehen aus schwerwiegenden Gründen (Abs. 3 und 4)

Bei allen Pflichten nach Abs. 1 und 2 kann eine Anhörung der Eltern ausbleiben, wenn **schwerwiegende Gründe** dies erfordern. Neben der Eilbedürftigkeit (Rn. 9) kann es sich nach **Abs. 3** grundsätzlich nur um Gründe handeln, die in der Person der Eltern liegen, etwa Unerreichbarkeit oder Krankheit. Die Eltern(teile) können aus der Anhörungspflicht entlassen werden, wenn sie die persönliche Anhörung (Abs. 1) aus nachvollziehbaren Gründen (unzumutbare psychische Belastung, unverhältnismäßiger Aufwand) verweigern bzw. auf diese verzichten und das Kindeswohl nicht ein persönliches Anhören fordert; ggf. sind sie – wenn möglich – zumindest schriftlich anzuhören.[9] Das FamG kann von der Anhörung absehen, wenn die vorgeschriebene (persönliche) Anhörung zeitnah nicht zu realisieren ist; in diesem Fall findet – auch ohne Eilbedürftigkeit i.S.d. § 49 – eine Abwägung statt zwischen dem Interesse an der Entscheidung und der Notwendigkeit der Anhörung; Ersteres muss gravierend überwiegen.[10]

Eilbedürftigkeit kann ein schwerwiegender Grund sein, aus dem vor einer Entscheidung die Anhörung unterbleibt.[11] Das Gesetz verwendet hier eine Begrifflichkeit aus dem Gefahrenabwehrrecht. Gefahr im Verzug korreliert im Zusammenhang mit der Anhörungspflicht mit dem Anordnungs- bzw. Sicherungsgrund im Verfahren über den Erlass einer einstweiligen Anordnung;[12] die Gefahr kann dem Kindeswohl, aber auch jedem anderen schützenswerten Interesse drohen. Zur Gewährung rechtlichen Gehörs ist die ausgebliebene Anhörung nach **Abs. 4** unverzüglich, d.h. so zeitnah wie möglich, nachzuholen. Bringt die Anhörung neue Erkenntnisse, die eine andere Entscheidung erforderlich machen, so ist die einstweilige Anordnung – auch in Antragsverfahren – von Amts wegen zu ändern (§ 54 Abs. 1 Satz 3).

§ 161 Mitwirkung der Pflegeperson

(1) Das Gericht kann in Verfahren, die die Person des Kindes betreffen, die Pflegeperson im Interesse des Kindes als Beteiligte hinzuziehen, wenn das Kind seit längerer Zeit in Familienpflege lebt. Satz 1 gilt entsprechend, wenn

---
[9] Bassenge/Roth § 50a FGG Rn. 8.
[10] Johannsen/Henrich/Brudermüller § 52a FGG Rn. 17; Keidel u.a./Engelhardt § 50a FGG Rn. 22.
[11] OLG Karlsruhe 19.09.1991 – 16 WF 159/91 = FamRZ 1993, 90.
[12] Hierzu → § 49 Rn. 13.

das Kind auf Grund einer Entscheidung nach § 1682 des Bürgerlichen Gesetzbuchs bei dem dort genannten Ehegatten, Lebenspartner oder Umgangsberechtigten lebt.

(2) Die in Absatz 1 genannten Personen sind anzuhören, wenn das Kind seit längerer Zeit in Familienpflege lebt.

I. Inhalt und Bedeutung der Norm

1   Nach **bisheriger Rechtslage** bestand lediglich die grundsätzliche Pflicht, Pflegepersonen anzuhören (§ 50c FGG). Diese wird zu einer generellen Pflicht erweitert (Abs. 2) und das FamG erhält zusätzlich die Möglichkeit, Pflegepersonen bei länger dauernder Familienpflege von Amts wegen oder auf Antrag (§ 7 Abs. 3) als Beteiligte hinzuzuziehen (Abs. 1).[1] Die Stärkung der Rechtsposition der Pflegepersonen im Verfahren trägt ihrem grundrechtlich geschützten Recht auf Familie (Art. 6 Abs. 1 GG) Rechnung und ermöglicht, als Hauptbezugspersonen die Belange des Kindes in das Verfahren einzubringen. Sie erhalten Kenntnis vom Verfahrensfortgang, allen Beweisergebnissen und Schriftwechseln. Sie können sich aktiv einbringen und – bspw. bei einem Umgangsbeschluss – verbindlich in die Regelung einbezogen werden.[2] Ein Beschwerderecht räumt § 161 ihnen nicht ein.

II. Möglichkeit der Beteiligung (Abs. 1)

2   Voraussetzung für die Beteiligung nach Abs. 1 ist, dass das Kind **seit längerer Zeit in Familienpflege** lebt. Der Zeitrahmen entstammt § 1632 Abs. 4, § 1688 Abs. 1 Satz 1 BGB und beschreibt einen bereits verstrichenen Zeitraum, der im Lichte des kindlichen Zeitempfindens in Relation zu setzen ist mit dem Lebensalter des Kindes (je jünger, desto kürzer ist die längere Zeit).[3] Erfasst sind alle Familienpflegeverhältnisse, unabhängig davon, ob sie im Rahmen der Gewährung von Leistungen nach SGB VIII oder SGB XII bestehen oder rein privat initiiert wurden. **Pflegeperson** ist jede erwachsene Person, die ein Kind oder einen Jugendlichen über Tag und Nacht in ihren Haushalt aufgenommen hat (vgl. § 44 Abs. 1 Satz 1 SGB VIII). Die Erweiterung des Anwendungsbereichs auf Bezugspersonen, zugunsten derer das FamG eine Verbleibensanordnung nach § 1682 BGB ausgesprochen hat (Abs. 1 Satz 2), ist somit rein deklaratorisch.

3   Die Beteiligung kann auf Antrag der Pflegepersonen oder von Amts wegen erfolgen (§ 7 Abs. 3). Entscheidendes **Kriterium für die Ausübung des richterlichen Ermessens** ist die Relevanz des Verfahrensausgangs auf die Familienbeziehungen im erweiterten Familiensystem Kind-Herkunftseltern-Pflegeeltern oder auf die kindliche Ent-

---

[1] In Abkehr zur Rechtsprechung des BGH, der ihnen nach FGG weder eine materielle noch formelle Beteiligtenfähigkeit zugesprochen hat (13.04.2005 – XII ZB 54/03 = NJW 2005, 2149 = FamRZ 2005, 975 = JAmt 2005, 588; 25.08.1999 – XII ZB 109/98 = NJW 1999, 3718 = FamRZ 2000, 219 = DAVorm 1999, 888); BT-Drs. 16/6308, S. 241.
[2] BT-Drs. 16/6308, S. 241.
[3] Ausführlich Staudinger/Salgo § 1632 BGB Rn. 66 ff., § 1688 BGB Rn. 15 ff.

wicklung. Vor dem Hintergrund des grundrechtlichen Schutzes der Pflegefamilie (Art. 6 Abs. 1 GG) erscheint eine Beteiligung regelmäßig gefordert in Verfahren über

- den (weiteren) Entzug der elterlichen Sorge oder deren Rückübertragung (§ 1666 Abs. 1, § 1696 BGB, § 166);
- die Regelung der Umgangskontakte der Herkunftseltern oder anderer Bezugspersonen zum Kind (§§ 1684, 1685 BGB);
- das Auskunftsrecht der Herkunftseltern (§ 1686 BGB).

Eine **Beteiligung unabhängig von § 161** fordert § 7 Abs. 1 in Verfahren bspw. wegen   4

- eines Antrags der Pflegeperson auf eine Verbleibensanordnung (§ 1632 Abs. 4 BGB),
- eines Antrags der Pflegeperson auf Übertragung der elterlichen Sorge auf die Pflegeperson (§ 1630 Abs. 3 BGB)

und fordert sie gem. § 7 Abs. 2 aufgrund unmittelbarer Betroffenheit in Verfahren bspw. wegen

- der Einschränkung oder des Ausschlusses der Vertretungsbefugnisse der Pflegeperson bei der Ausübung der elterlichen Sorge (§ 1688 Abs. 3 Satz 2, Abs. 4 BGB),
- eines Antrags der Eltern auf Übertragung der elterlichen Sorge auf die Pflegeperson (§ 1630 Abs. 3 BGB),
- Änderung des Familiennamens des Kindes in den Familiennamen der Pflegeperson (§§ 2, 3 Abs. 2 NamÄndG).

III. Anhörungspflicht (Abs. 3)

Bei länger dauernder Familienpflege besteht eine **unbedingte Anhörungspflicht**. Die bisher einschränkende Prognose, dass von der Anhörung eine Aufklärung erwartet werden kann (§ 50c Satz 1 FGG) entfällt. Im Beschwerdeverfahren kann von einer erneuten Anhörung abgesehen werden, wenn von der erneuten Vornahme keine zusätzlichen Erkenntnisse zu erwarten sind (§ 68 Abs. 3 Satz 2).[4]   5

§ 162 Mitwirkung des Jugendamts

(1) Das Gericht hat in Verfahren, die die Person des Kindes betreffen, das Jugendamt anzuhören. Unterbleibt die Anhörung wegen Gefahr im Verzug, ist sie unverzüglich nachzuholen.

(2) Das Jugendamt ist auf seinen Antrag an dem Verfahren zu beteiligen.

(3) Dem Jugendamt sind alle Entscheidungen des Gerichts bekannt zu machen, zu denen es nach Absatz 1 Satz 1 zu hören war. Gegen den Beschluss steht dem Jugendamt die Beschwerde zu.

---

4 Hierzu → § 68 Rn. 5 ff.

I. Inhalt und Bedeutung der Norm

1 Die Anhörung des JA in Kindschaftssachen ist – bei aller Unabhängigkeit und Rollenklarheit[1] – Ausdruck der **Verantwortungsgemeinschaft zwischen Familiengericht und Jugendamt** zur Sicherung des Kindeswohls.[2] Das JA verantwortet in dieser die Hilfeprozesse durch Gewährung von Leistungen der Kinder- und Jugendhilfe. Das FamG wird für einen gewissen Zeitraum oder auch punktuell in das Familiengeschehen einbezogen und begleitet dieses mit seinen Möglichkeiten der Sachverhaltsklärung und verbindlichen Strukturierung.

2 Die **bisherige Rechtslage** enthielt eine eher zufällig anmutende, bunte Aufzählung einzelner Verfahrensgegenstände, zu denen das FamG das JA anzuhören hatte (§ 49a FGG). Nunmehr erfasst die Anhörungspflicht alle Kindschaftssachen betreffend die Person des Kindes (Abs. 1), auch im Bereich der Vormundschaft und Pflegschaft (§ 151 Nr. 4 und 5). Neu eingeführt ist die Beteiligtenstellung auf Antrag des JA (Abs. 2). Die Bekanntgabe der Entscheidungen (Abs. 3 Satz 1) war bisher in § 49a Abs. 3 i.V.m. § 49 Abs. 3 FGG geregelt. Die Beschwerdebefugnis des JA (Abs. 3 Satz 2) fand bisher keine ausdrückliche Erwähnung.

II. Anhörung (Abs. 1)

3 Die Anhörungspflicht des FamG betrifft die Kindschaftssachen, in denen **Verfahrensgegenstand die Person des Kindes** ist. Ausgenommen sind damit Verfahren über das Vermögen des Kindes oder bspw. über die Vergütung eines Vormunds oder Verfahrensbeistands.

4 Die Pflicht zur Anhörung (Abs. 1 Satz 1) ist zu verstehen als Pflicht, dem JA **Gelegenheit zur Mitwirkung** zu geben. Diese ist nachträglich einzuräumen, wenn sie wegen Gefahr im Verzug nicht gewährt werden konnte (Abs. 1 Satz 2). Macht das JA hiervon keinen Gebrauch, so stellt dies noch keinen Verfahrensfehler dar, der im Beschwerdeverfahren zur Aufhebung einer Entscheidung führen könnte. Die **Mitwirkungspflicht des Jugendamts** ergibt sich aus **§ 50 SGB VIII**. Danach hat das JA das FamG bei allen Maßnahmen, die die Sorge für die Person des Kindes oder Jugendlichen betreffen, zu unterstützen (§ 50 Abs. 1 Satz 1 SGB VIII); diese Bezugnahme auf die Ausübung oder Einschränkung der Personen- und Vermögenssorge ist einerseits weiter als die Anhörungspflicht in Abs. 1 Satz 1 (sie erfasst auch Verfahren betreffend das Kindesvermögen), andererseits ist sie enger, da nicht alle Verfahren betreffend die Person des Kindes genannt sind (etwa zum Umgangsrecht oder zur Ersetzung der Einwilligung eines nicht sorgeberechtigten Elternteils in eine Namensänderung).

5 Inhaltlich hat das JA im Rahmen seiner **Mitwirkungsaufgabe** insbesondere über angebotene und erbrachte Leistungen zu unterrichten, erzieherische und soziale Gesichtspunkte zur Entwicklung des Kindes oder Jugendlichen einzubringen und auf weitere Möglichkeiten der Hilfe hinzuweisen (§ 50 Abs. 2 Satz 1 SGB VIII).[3] Im frühen Ter-

---

[1] Kritisch zur Bildung einer Gemeinschaft ohne Rollenklarheit Sarres ZFE 20ß07, 418.
[2] Langenfeld/Wiesner 2004, 77.
[3] Eingehend Stürtz/Meysen FPR 2007, 282 (286 f.); Trenczek ZKJ 2009, 97 (101 ff.).

min nach § 155 Abs. 2 hat es über den Stand des Beratungsprozesses zu berichten (§ 50 Abs. 2 Satz 2 SGB VIII).[4] Die Mitwirkungsaufgabe ist untrennbar verbunden mit den beraterischen Aufgaben des JA und auch durch diese beschränkt, wenn die Unterstützung des FamG bei der Wahrnehmung von dessen Amtsermittlungspflicht (§ 26) den Erfolg der gewährten oder zu gewährenden Hilfen in Frage stellt. Bspw. scheiden in Trennungs- und Scheidungskonflikten **Umfelderkundungen** in der Kindertagesstätte oder Schule regelmäßig aus, wenn die Beteiligten in der Familie in diese nicht zuvor einwilligen und einbezogen sind.[5]

III. Verfahrensrechte des JA (Abs. 2 und 3)

Die Möglichkeit des JA, die **formelle Beteiligtenstellung** zu beantragen (Abs. 2: „Zugriffslösung"),[6] rückt das JA in die Position, über alle Verfahrensschritte, Beweisergebnisse und sonstige Schriftwechsel zuverlässig informiert zu werden. Als Beteiligter kann das JA nicht nur Beweiserhebungen anregen, sondern formelle Beweisanträge stellen, Akteneinsicht nehmen und in einem Beschluss ausdrücklich adressiert werden; Pflichten kann das FamG ihm allerdings mangels gesetzlicher Ermächtigung nur auferlegen, wenn das JA dem zustimmt und sich zuvor im Verfahren selbst verpflichtet hat. Als Beteiligtem können dem JA unter den Voraussetzungen des § 81 Abs. 2 die Kosten des Verfahrens auferlegt werden[7] (ist es nicht beteiligt jedoch nur dann, wenn es die Tätigkeit des Gerichts veranlasst hat und es ein grobes Verschulden trifft, § 81 Abs. 4).[8]

6

Von einer **Beantragung der Beteiligtenstellung** ist nicht schon dann auszugehen, wenn im Rahmen der Anrufung des FamG nach § 8a Abs. 3 S. 1 SGB VIII oder ansonsten bei der Mitwirkung im Verfahren eine Anregung zur Amtsermittlung (§ 26) oder zur amtswegigen Entscheidung als „Antrag" bezeichnet ist.[9] Im Zweifel hat das FamG aufzuklären, ob mit dem Stellen eines (vermeintlichen) Sachantrags gleichzeitig die Beantragung der Beteiligtenstellung beabsichtigt ist. Will das JA etwaige Missverständnisse vermeiden, sollte es zum einen die Begrifflichkeit „Antrag" vermeiden und zum anderen in seinen schriftlichen oder mündlichen Äußerungen ausdrücklich erwähnen, dass mit dem Vorgebrachten kein Antrag auf Beteiligung intendiert ist.

7

Die zwingende **Bekanntgabe der Entscheidung** in allen Verfahren, in denen das FamG nach Abs. 1 Satz 1 die Gelegenheit zur Mitwirkung einzuräumen hatte (Abs. 3 Satz 1), sichert dem JA

8

- die Integration der familiengerichtlichen Strukturierung der Familienverhältnisse in den weiteren Hilfeprozess und
- die Prüfung, ob es Beschwerde einlegen will.

Das **Beschwerderecht** (Abs. 3 Satz 2) ist unabhängig von der formellen Beteiligtenstellung. Zur Beschwerdeberechtigung des JA → § 59 Rn. 19 f.

---

4 → Teil A Rn. 33 ff.
5 Überzogene Erwartungen daher bei OLG Stuttgart 28.08.2006 – 17 UF 151/06 – JAmt 2007, 47 m. Anm. Rüting, S. 49.
6 Trenczek ZKJ 2009, 97 (100).
7 Hierzu → § 81 Rn. 2 ff.; in Berlin und Hamburg als Stadtstaaten sind die JÄ von vornherein von den Kosten befreit (§ 2 Abs. 1 FamGKG).
8 Hierzu → § 81 Rn. 15.
9 A.A. scheinbar BT-Drs. 16/6308, S. 241.

§ 163 Fristsetzung bei schriftlicher Begutachtung; Inhalt des Gutachtenauftrags; Vernehmung des Kindes

(1) Wird schriftliche Begutachtung angeordnet, setzt das Gericht dem Sachverständigen zugleich eine Frist, innerhalb deren er das Gutachten einzureichen hat.

(2) Das Gericht kann in Verfahren, die die Person des Kindes betreffen, anordnen, dass der Sachverständige bei der Erstellung des Gutachtensauftrags auch auf die Herstellung des Einvernehmens zwischen den Beteiligten hinwirken soll.

(3) Eine Vernehmung des Kindes als Zeuge findet nicht statt.

Übersicht

I. Inhalt und Bedeutung der Norm	1
1. Gesetzessystematischer Bezugsrahmen	1
2. Bisherige Rechtslage	3
II. Fristsetzung (Abs. 1)	4
III. Hinwirken auf die Herstellung von Einvernehmen (Abs. 2)	6
1. Ziel und Zweck	6
2. Ermessen („kann")	8
3. Hinwirken ohne gerichtliche Aufforderung	11
4. Anwendungsbereich und Kontraindikation	13
5. Erst Datenerhebung, dann evtl. Beratung/Mediation	17
IV. Keine Zeugenvernehmung des Kindes (Abs. 3)	19

I. Inhalt und Bedeutung der Norm

1. Gesetzessystematischer Bezugsrahmen

1 In der einzigen Spezialvorschrift im neuen Recht, die Sachverständigentätigkeit betreffend, werden die **Vorschriften in der ZPO** (§§ 402 bis 414) durch die Fristsetzung, die Berechtigung, auf Einvernehmen der Eltern hinzuwirken, und das Verbot, Kinder als Zeugen zu vernehmen, **präzisiert und ergänzt**. Eine grundlegende Neuorientierung und Reform der Tätigkeit des Sachverständigen[1] im familiengerichtlichen Verfahren ist damit jedoch nicht erfolgt.

2 Der Begutachtungsprozess in der Familiengerichtsbarkeit wird nunmehr bis zu **drei unterschiedliche Vorgehensweisen und Schwerpunkte** haben (können):

1) die traditionelle Begutachtung, die sich bspw. an der Gutachtenmethodik der psychologischen und psychiatrischen Wissenschaften orientiert und bis auf die Tatsache der Begutachtung selbst keine weiteren Interventionen beinhaltet,

2) nach Abs. 2 die Intervention mit der Familie, die zum Erfolg führen kann (Einvernehmen wird hergestellt) oder

3) ohne Erfolg bleibt (Einvernehmen wird nicht erreicht).

---

[1] Als Sachverständige werden allgemein Personen bezeichnet, die aufgrund ihrer besonderen Sachkunde bestimmte Erkenntnisse vermitteln können, die im Rechtsstreit zur Entscheidungsfindung benötigt werden (Bremer 1963, S. 103); vgl. zur Qualifikation von Sachverständigen auch Salzgeber FPR 2008, 278.

Somit kann

- ein übliches Gutachten oder
- ein übliches Gutachten, das nach einer gescheiterten Intervention erstellt wird, oder
- das vom Sachverständigen schriftlich zusammengefasste Einvernehmen der Eltern, das nach fachlicher Überzeugung des Sachverständigen dem Kindeswohl dient und somit das Anfertigen eines traditionellen Gutachtens überflüssig macht,

dem Gericht vorgelegt werden.

2. Bisherige Rechtslage

Bisher beanspruchten für den Beweis durch Sachverständige allein die **Vorschriften der §§ 402 ff. ZPO** Geltung. Nach wie vor gelten nun diese Vorschriften der ZPO, die keine Spezialvorschriften für die familienpsychologische Begutachtung beinhalten, sondern für alle Gutachtenaufgaben konzipiert sind, also auch für den technischen oder medizinischen Sachverständigen die gleiche Bedeutung haben.

3

II. Fristsetzung (Abs. 1)

Neu festgelegt wurde, dass im Fall der Anordnung einer schriftlichen Begutachtung dem Sachverständigen eine **Frist für die Abgabe des Gutachtens** zu setzen ist.[2] Bisher war in § 411 Abs. 1 Satz 2 ZPO nur geregelt, dass dem Sachverständigen bei der Einholung eines schriftlichen Gutachtens eine Frist gesetzt werden kann.

4

Die **obligatorische Fristsetzung im Rahmen einer schriftlichen Begutachtung** entspricht den Vorgaben des Beschleunigungsgebots nach § 155.[3] Nicht geklärt ist, ob auch im Fall einer mündlichen Begutachtung[4] derartige Fristsetzungen möglich sind. Die verbreitete Einstellung, nach der häufig ein schnelles familiengerichtliches Verfahren innerhalb weniger Wochen dem Wohl des Kindes mehr dient als ein monate- oder sogar jahrelanges Verfahren, ist grundsätzlich nicht in Frage zu stellen. Bekannt sind jedoch auch Fallkonstellationen

5

- bei Fragen zum Aufenthaltsbestimmungsrecht für das Kind nach einer Elterntrennung,
- bei Umgangsstreitigkeiten, aber auch
- bei einer Herausnahme des Kindes aus dem Elternhaus bzw.
- einer Rückführung des Kindes in die Herkunftsfamilie,

bei denen schnelle Gerichtsverfahren kindeswohlverträgliche Entwicklungen und Lösungen behindern oder ein Einvernehmen der betreffenden Streitparteien erschweren können. Bspw. beinhaltet ein rasches Einwirken auf Einvernehmen nach Abs. 2 nicht zwangsläufig eine konsensuale am Wohlergehen des Kindes orientierte Lösung. Viel-

---

2 BT-Drs. 16/6308, S. 241.
3 → § 155 Rn. 4: gemeinsamer Anwendungsbereich.
4 In Berlin erwarten immer mehr Gerichte nur noch die Abgabe mündlicher, zusammenfassender Feststellungen im Rahmen der vorangegangenen Begutachtung, die dann in der Anhörung vorgetragen werden.

mehr bedarf es in besonders strittigen Gerichtsfällen oft weitaus mehr Zeit als ursprünglich nach Lage der Akten und nach den ersten Kontakten eingeplant, um zufriedenstellende und tragfähige Ergebnisse zu ermöglichen.[5]

III. Hinwirken auf die Herstellung von Einvernehmen (Abs. 2)

1. Ziel und Zweck

6   Die Gesetzesbegründung zu Abs. 2 weist daraufhin hin, dass das FamG in Kindschaftssachen, die die Person des Kindes betreffen, den **Sachverständigen auch damit beauftragen** kann, darauf hinzuwirken, die Eltern zur **Erzielung eines Einvernehmens** und zur Wahrung der elterlichen Verantwortung bei der Regelung der elterlichen Sorge zu bewegen.[6] Nach wie vor hat der Sachverständige sein Gutachten aber zu den im Beweisbeschluss festgelegten Inhalten zu erstatten (§§ 403, 404a Abs. 3 ZPO), und er bleibt in der weisungsgebundenen Gehilfenstellung gegenüber dem FamG (§ 404a Abs. 1 ZPO).[7]

7   Der Gesetzgeber konstatiert, dass Gutachten, in denen die Beweisfrage zwar beantwortet wird, aber keine weiter gehenden Änderungen herbeigeführt wurden, sich in der Praxis der Sorge- und Umgangsrechtssachen nicht selten als „nur eingeschränkt verwertbar erwiesen" hätten.[8] Diese Annahme beinhaltet zwar zunächst nur eine Behauptung, die empirisch nicht belegt ist. Es liegt jedoch auf der Hand, dass von den Eltern gemeinsam akzeptierte und getragene Lösungen, die im Rahmen der Begutachtung erreicht worden sind, stabiler und tragfähiger sind als eine auf einer gutachtlichen Prognose beruhende Gerichtsentscheidung und damit Fremdbestimmung der Eltern bzw. eines Elternteils.

2. Ermessen („kann")

8   Bisher hatte der Sachverständige die Fragen im Beweisbeschluss zu bearbeiten und die gerichtliche Beweisfrage zu beantworten, z.B. welcher Elternteil zur Wahrnehmung der elterlichen Sorge besser geeignet ist oder in welchem Umfang ein Umgang des Kindes mit dem anderen Elternteil zu empfehlen ist. Dem **FamG** soll nun durch die neue Bestimmung die **Befugnis** eingeräumt werden, den Gutachtenauftrag auf die in der neuen Vorschrift genannten Inhalte zu erstrecken.

9   Beispielhaft wird in der **Gesetzesbegründung für ein derartiges Vorgehen** darauf hingewiesen, dass der Sachverständige die Eltern zunächst über die negativen psychologischen Auswirkungen einer Trennung auf alle Familienmitglieder aufklären soll, um sodann zu versuchen, bei den Eltern Verständnis und Feinfühligkeit für die von den Interessen der Erwachsenen abweichenden Bedürfnisse und für die psychische Lage des Kindes zu wecken. Gelingt dies, kann der Sachverständige mit den Eltern ein einver-

---

5 Für Umgangsrechtsverfahren regelt § 156 Abs. 3 Satz 2, dass für die Zeit der Begutachtung eine gerichtliche Regelung erfolgen soll.
6 BT-Drs. 16/6308, S. 242.
7 Finke FF 2003 (Sonderheft 1), 81.
8 BT-Drs. 16/6308, S. 242.

nehmliches Konzept zum künftigen Lebensmittelpunkt des Kindes und zur Gestaltung des Umgangs erarbeiten.[9]

Beispiel für einen Beweisbeschluss 10

Die Sachverständige wird beauftragt, beide Eltern über die objektiven und subjektiven Bedürfnisse des Kindes im Hinblick auf die Beziehungen zum Vater/zur Mutter zu informieren und den Versuch zu unternehmen, einvernehmliche Lösungen für die Beziehungsgestaltung, die an den Kindesinteressen orientiert ist, zu erzielen. Für den Fall, dass dies nicht gelingt, wird die Sachverständige beauftragt, dem Gericht schriftlich folgende Fragen zu beantworten:
1. Welche Art von Kontaktgestaltung zum Vater/zur Mutter entspricht den objektiven und subjektiven Bedürfnissen des Kindes am besten?
2. Woran liegt es, dass es im Hinblick auf die Bedürfnisse des Kindes nicht zu einer einvernehmlichen Handhabung der Kontakte gekommen ist?
3. In welcher Weise ist das Kindeswohl ggf. gefährdet, wenn die Situation unverändert bleibt?
4. Durch welche vorläufigen Maßnahmen könnte eine ggf. festgestellte Kindeswohlgefährdung abgewendet werden?

3. Hinwirken ohne gerichtliche Aufforderung

Das **Gericht kann beschließen**, dass der Sachverständige auf Einvernehmen hinwirken soll. Es handelt sich somit um kein obligatorisches, regelmäßiges Vorgehen, sondern um eine **spezielle Leistung, die nach Anordnung des Gerichts möglich ist** – und stellt somit möglicherweise sogar einen Rückschritt dar in Bezug auf die vormaligen Möglichkeiten des Sachverständigen, der in Anlehnung an den Sinngehalt des § 52 FGG in jedem Stand des Verfahrens auf Einvernehmen der Beteiligten hinwirken konnte. 11

Wenn also nach der neuen und klarstellenden Vorschrift des Abs. 2 **keine derartige Anordnung vom Familiengericht** getroffen wird, bietet das Gesetz für eine derartige Intervention **keinen ausdrücklichen Raum**. Es stellt sich die Frage, ob dem Sachverständigen in diesen Konstellationen ein Hinwirken auf Einvernehmen tatsächlich nicht (mehr) erlaubt ist. Eindeutig ist, dass der Sachverständige nicht als Mediator, psychologischer Berater oder Therapeut im Rahmen des Begutachtungsauftrags handelt. Er ist jedoch berechtigt, sich methodischer Aspekte der jeweiligen Intervention, die er gelernt hat, zu bedienen. Da eine sachverständige Intervention im Rahmen der gerichtlichen Begutachtung nicht gegen den Willen der Eltern durchgeführt werden kann, sollten die Beteiligten vor der Beauftragung durch das FamG angehört werden. 12

4. Anwendungsbereich und Kontraindikation

Abs. 2 **gilt grundsätzlich für alle in § 151 genannten Kindschaftssachen**, also auch bei Verfahren wegen Kindeswohlgefährdung (§ 1666 BGB) oder des Erlasses einer Verbleibensanordnung in einer Pflegefamilie (§ 1632 Abs. 4 BGB), obwohl bspw. der Wortlaut des Abs. 2 eher die Annahme beinhaltet, dass es sich um eine Bestimmung handelt, die typische Sorgerechts- und Umgangsstreitigkeiten betrifft[10] und vor 13

---
9 BT-Drs. 16/6308, S. 242.
10 Jaeger FPR 2006, 410 (411).

allem auf Beweisfragen abzielt, in denen zur Debatte steht, welcher Elternteil zur Wahrnehmung der elterlichen Sorge besser geeignet oder in welchem Umfang ein Umgang des Kindes mit dem anderen Elternteil zu empfehlen sei.[11]

14 Wenn aber nach der Gesetzessystematik Abs. 2 für alle Fallkonstellationen der Kindschaftssachen zutrifft, müssen Klärungen und präzise Vorgaben in Bezug auf die Art und Weise der Interventionen erfolgen, da diejenigen Interventionen, die sich auf eine Trennungs- und Scheidungsfamilie beziehen oder eine Familie, in der Kindeswohlgefährdungen sichtbar werden, nicht nur unterschiedliche Personenkreise erfassen, sondern angesichts der **spezifischen Falllagen** – hier Stärkung der Elternschaft und Sicherstellung des Kindeswohls, dort Abwendung einer Kindeswohlgefährdung – auch **verschiedenartige Vorgehensweisen** erfordern.

15 Diese sind allerdings im Rahmen einer Begutachtung noch längst nicht in hinreichender Form theoretisch konzeptualisiert und in der Praxis erprobt, obwohl seit Jahrzehnten psychologische Beratungskonzepte, Konzepte der Paar-, Familientherapien und Mediation vorliegen, die aber **nicht ohne Weiteres auf die Interventionen im Rahmen einer Begutachtung übertragbar sind**. Der vom Gericht bestellte Sachverständige ist kein Familien- oder Paartherapeut, kein Mediator und auch nicht der psychologische Berater der Familie und kann in der betreffenden Familie auch nicht vorher, gleichzeitig oder später als ein solcher auftreten. Er kann jedoch ein **für den jeweiligen Fall maßgeschneidertes Interventionskonzept** entwickeln und durchführen, indem „Anleihen" aus den verschiedenen psychologischen Interventionsstrategien genommen werden.

16 Es gibt **Konfliktfelder**, die, wenn sie auf eine querulatorische Persönlichkeitsstruktur, andere psychiatrische Phänomene oder Gewalt in der Familie deuten, **mit dem psychologischen Instrumentarium der Sachverständigentätigkeit nicht zu bearbeiten und** vom Sachverständigen nicht erreichbar sind.[12] Die Frage der **Kontraindikationen** ist offenbar **bisher nicht hinreichend erkannt** und beachtet worden.

5. Erst Datenerhebung, dann evtl. Beratung/Mediation

17 Aus familienrechtspsychologischer Sicht hat der Sachverständige **zunächst die erforderlichen Daten zu erheben**, um sodann das erarbeitete Material dem betreffenden Personenkreis zur Kenntnis zu bringen und **nun ggf. Alternativen, neue Möglichkeiten oder Veränderungen** möglich zu machen. Würde der Sachverständige zuerst auf Einvernehmen hinwirken, hätte er beispielsweise im Fall eines Abbruchs der Kontakte kein Material zur Verfügung, ein Gutachten nach Lage des Beweisbeschlusses zu erstellen. Wenn trotz **Scheiterns der Vermittlungsbemühungen** ein **Sachverständigengutachten dem Gericht vorgelegt** werden soll, setzt dieses Vorgehen einen **umfassenden diagnostischen Erkenntnisprozess** voraus. Deshalb sollte die **Reihenfolge klar** sein:

1) Erhebung aller relevanten Daten und Durchlaufen des gesamten diagnostischen Erkenntnisprozesses;

---

11 Willutzki ZKJ 2006, 224 (229).
12 Salzgeber FamRZ 2008, 656 (658).

2) Hinwirken auf Einvernehmen (Intervention), wobei der Beginn des Hinwirkens bereits während der Begutachtung erfolgen kann (z.B. eine neue Umgangsregelung ausprobieren);
3) ggf. dezidierte schriftliche Beantwortung der gerichtlichen Fragestellungen, wenn kein Einvernehmen der Beteiligten erzielt werden kann.

Denkbar ist auch, dass nach einem Scheitern der Vermittlung durch einen Sachverständigen in einem zweiten Schritt ein **weiterer Gutachter** bestellt wird, der dann die vom Gericht gestellten Fragen zu beantworten hat. Dieses vermutlich sehr **zeitaufwändige Vorgehen** hätte zur Folge, dass je nach Falllage unterschiedliche Vorgehensweisen des Sachverständigen möglich wären: das Hinwirken auf Einvernehmen einerseits und andererseits die übliche entscheidungsorientierte gutachtliche Vorgehensweise. Eine Konstellation, die **vermutlich mehr Nachteile als Vorteile** beinhaltet.

IV. Keine Zeugenvernehmung des Kindes (Abs. 3)

Der erst später eingefügte Abs. 3 stellt klar, dass die in § 30 Abs. 3[13] begründete Verpflichtung des Gerichts zur Durchführung einer förmlichen Beweisaufnahme in Kindschaftssachen „nicht dazu führt, dass das Kind als Zeuge vernommen wird." Eine zusätzliche Belastung des Kindes durch eine Befragung als Zeuge in Anwesenheit der Eltern und anderer Beteiligter soll auf diese Art und Weise ausgeschlossen werden.[14]

§ 164 Bekanntgabe der Entscheidung an das Kind

Die Entscheidung, gegen die das Kind das Beschwerderecht ausüben kann, ist dem Kind selbst bekannt zu machen, wenn es das 14. Lebensjahr vollendet hat und nicht geschäftsunfähig ist. Eine Begründung soll dem Kind nicht mitgeteilt werden, wenn Nachteile für dessen Entwicklung, Erziehung oder Gesundheit zu befürchten sind. § 38 Abs. 4 Nr. 2 ist nicht anzuwenden.

Kinder oder Jugendliche sind in Verfahren, die ihre Person betreffen, regelmäßig als Beteiligte hinzuzuziehen (§ 7 Abs. 2 Nr. 1).[1] Die Sonderregelung des § 164 enthält somit eine **Einschränkung der unbedingten Bekanntgabepflicht** an Beteiligte in § 41 Abs. 1.[2] Nach **bisheriger Rechtslage** war die Bekanntgabe – ohne Altersbeschränkung – in § 59 Abs. 2 FGG geregelt.

Gegenüber Jugendlichen besteht eine Pflicht, Entscheidungen diesen selbst bekannt zu geben, wenn sie beschwerdeberechtigt sind (**Satz 1**). Die **Beschwerdeberechtigung** besteht gegen alle Entscheidungen, die die Person eines Jugendlichen betreffen und vor denen sie zu hören waren (§ 60).[3] **Vor Vollendung des 14. Lebensjahrs** er-

---
13 → § 30 Rn. 3 ff.
14 BT-Drs. 16/9733, S. 295.
1 → § 7 Rn. 6.
2 Siehe auch → § 41 Rn. 2 f.
3 → § 60 Rn. 2 f.

folgt die Bekanntgabe folglich gegenüber den Inhabern der Personen- bzw. Vermögenssorge als gesetzlichen Vertretern. Es steht im Ermessen des FamG, ergänzend hierzu dem Kind Entscheidungen persönlich zu vermitteln, ohne dass dem der formelle Charakter einer Bekanntgabe i.S.d. § 41 zukäme.

3 Bei aller Notwendigkeit, Entscheidungen dem Kind oder Jugendlichen mitzuteilen, die sie betreffen, um ihnen eine Subjektstellung im Verfahren erfahrbar zu machen, die **Mitteilung der Entscheidungsgründe** bedarf der Reflexion, inwieweit sie vom (Kind oder) Jugendlichen verstanden und verarbeitet werden können. Ein Absehen vom Zugänglichmachen der Begründung **(Satz 2)** hat die Einsichtsfähigkeit des (Kindes oder) Jugendlichen sowie die Auswirkungen auf die Familienbeziehungen zu berücksichtigen. Wenn keine – nicht nur kurzfristige – Überforderung zu befürchten ist, überwiegt regelmäßig das Interesse des (Kindes oder) Jugendlichen an der Kenntnis, das (es oder) ihn instand setzt, die Veränderungen oder die Beibehaltung in seiner Familiensituation nachvollziehen und verarbeiten zu können. Eine Nichtmitteilung der Entscheidungsgründe kommt nur in Betracht, wenn die Entwicklungs-, Erziehungs- und Gesundheitsnachteile nicht durch Beratung vermieden werden können (§ 8 Abs. 1 SGB VIII).

4 Für Entscheidungen, die die Person eines Jugendlichen betreffen, besteht stets eine **Begründungspflicht**, auch wenn gleichgerichteten Anträgen der Beteiligten stattgegeben wird oder der Beschluss dem erklärten Willen der Beteiligten nicht widerspricht. Dies stellt der – neu eingeführte – Ausschluss der Befreiung vom Begründungserfordernis in § 38 Abs. 4 Nr. 2 in **Satz 3** sicher.

§ 165 Vermittlungsverfahren

(1) Macht ein Elternteil geltend, dass der andere Elternteil die Durchführung einer gerichtlichen Entscheidung oder eines gerichtlich gebilligten Vergleichs über den Umgang mit dem gemeinschaftlichen Kind vereitelt oder erschwert, vermittelt das Gericht auf Antrag eines Elternteils zwischen den Eltern. Das Gericht kann die Vermittlung ablehnen, wenn bereits ein Vermittlungsverfahren oder eine anschließende außergerichtliche Beratung erfolglos geblieben ist.

(2) Das Gericht lädt die Eltern unverzüglich zu einem Vermittlungstermin. Zu diesem Termin ordnet das Gericht das persönliche Erscheinen der Eltern an. In der Ladung weist das Gericht darauf hin, welche Rechtsfolgen ein erfolgloses Vermittlungsverfahren nach Absatz 5 haben kann. In geeigneten Fällen lädt das Gericht auch das Jugendamt zu dem Termin.

(3) In dem Termin erörtert das Gericht mit den Eltern, welche Folgen das Unterbleiben des Umgangs für das Wohl des Kindes haben kann. Es weist auf die Rechtsfolgen hin, die sich ergeben können, wenn der Umgang vereitelt oder erschwert wird, insbesondere darauf, dass Ordnungsmittel verhängt werden können oder die elterliche Sorge eingeschränkt oder entzogen werden kann. Es weist die Eltern auf die bestehenden Möglichkeiten der Beratung durch die Beratungsstellen und -dienste der Träger der Kinder- und Jugendhilfe hin.

(4) Das Gericht soll darauf hinwirken, dass die Eltern Einvernehmen über die Ausübung des Umgangs erzielen. Kommt ein gerichtlich gebilligter Vergleich zustande, tritt dieser an die Stelle der bisherigen Regelung. Wird ein Einvernehmen nicht erzielt, sind die Streitpunkte im Vermerk festzuhalten.

(5) Wird weder eine einvernehmliche Regelung des Umgangs noch Einvernehmen über eine nachfolgende Inanspruchnahme außergerichtlicher Beratung erreicht oder erscheint mindestens ein Elternteil in dem Vermittlungstermin nicht, stellt das Gericht durch nicht anfechtbaren Beschluss fest, dass das Vermittlungsverfahren erfolglos geblieben ist. In diesem Fall prüft das Gericht, ob Ordnungsmittel ergriffen, Änderungen der Umgangsregelung vorgenommen oder Maßnahmen in Bezug auf die Sorge ergriffen werden sollen. Wird ein entsprechendes Verfahren von Amts wegen oder auf einen binnen eines Monats gestellten Antrag eines Elternteils eingeleitet, werden die Kosten des Vermittlungsverfahrens als Teil der Kosten des anschließenden Verfahrens behandelt.

Übersicht

I. Inhalt und Bedeutung der Norm	1
II. Einleitung auf Antrag (Abs. 1)	2
III. Vermittlungstermin (Abs. 2)	3
IV. Erörterung drohender Konsequenzen (Abs. 3)	5
V. Hinwirken auf Einvernehmen (Abs. 4)	8
VI. Beschluss bei Erfolglosigkeit (Abs. 5)	9

I. Inhalt und Bedeutung der Norm

Die Sonderregelung zum Vermittlungsverfahren bei geltend gemachter Umgangsvereitelung oder -erschwerung wiederholt, konkretisiert und formalisiert die Vorgaben zum gestuften Vorgehen im Rahmen des Hinwirkens bei Einvernehmen (§ 156). Obwohl § 165 insoweit kaum bis keine Modifikationen im Verhältnis zur „allgemeinen" Vorschrift enthält, hat der Gesetzgeber am **bisherigen § 52a FGG** festgehalten und ihn mit kleineren, vor allen Dingen sprachlichen Anpassungen übernommen.

1

II. Einleitung auf Antrag (Abs. 1)

Voraussetzung für die formelle Durchführung eines Vermittlungsverfahrens (Abs. 1 Satz 1) ist ein Antrag eines Elternteils. Dies kann der umgangsberechtigte, aber auch der betreuende Elternteil sein, wenn er geltend macht, der jeweils andere Elternteil vereitele oder erschwere einen durch gerichtliche Entscheidung oder einen gerichtlich gebilligten Vergleich[1] festgelegten Umgang. Zu fordern ist zumindest eine nachhaltige Erschwerung, nicht jedoch jedes Beklagen einer einschränkenden Abweichung von der Umgangsregelung. Die **Ablehnung der Einleitung** ist zulässig, wenn ein Ver-

2

---

[1] Nach § 52a FGG war das Vermittlungsverfahren bei Vereitelung oder Erschwerung gerichtlich festgesetzten Umgangs zulässig.

mittlungsverfahren erfolglos durchgeführt wurde oder im Anschluss an ein solches eine Beratung keinen „Erfolg" gebracht hat (Abs. 1 Satz 2). Das bloße Scheitern einer Beratung ohne vorheriges Vermittlungsverfahren reicht zur Ablehnung nicht aus.

III. Vermittlungstermin (Abs. 2)

3 Vergleichbar mit dem **frühen Termin** nach § 155 Abs. 2, sind die Eltern „unverzüglich" zu laden (Abs. 2 Satz 1). Das FamG soll ihr **persönliches Erscheinen** anordnen (Abs. 2 Satz 2); für Ausnahmen gilt das Gleiche wie im Rahmen des § 155 Abs. 3.[2]

4 Mit der **Ladung** droht das FamG die möglichen Konsequenzen eines Ergreifens von Ordnungsmitteln, einer Änderung der Umgangsregelung oder einer Einschränkung oder Entziehung der elterlichen Sorge an; das Gesetz spricht von „hinweisen" (Abs. 2 Satz 3 i.V.m. Abs. 5 Satz 2). Anders als im frühen Termin (§ 155 Abs. 2 Satz 3) ist die Ladung des JA auf „geeignete Fälle" beschränkt (Abs. 2 Satz 4); da das Vermittlungsverfahren Veränderungen insbesondere auch durch die Initiierung von Beratungsprozessen bewirken will (vgl. Abs. 3 Satz 3), wird regelmäßig von der Geeignetheit auszugehen sein.

IV. Erörterung drohender Konsequenzen (Abs. 3)

5 Das FamG hat im Vermittlungsverfahren eine ausdrückliche **Aufklärungspflicht** über die Folgen eines ausbleibenden Umgangs für die Entwicklung des Kindes (Abs. 3 Satz 1). Insbesondere wird es hierbei die Belastungen des Kindes durch anhaltende Konflikte der Eltern darlegen und auf die gesetzgeberische Wertung bei Getrenntleben der Eltern hinweisen, wonach der Umgang mit beiden Eltern in der Regel zum Wohl des Kindes gehört (§ 1626 Abs. 3 BGB).

6 Außerdem ist eine **Androhung der möglichen Konsequenzen** einer fortgesetzten Vereitelung oder Erschwerung des Umgangs durch das FamG vorgesehen (Abs. 3 Satz 2):

- Verhängung von Ordnungsmitteln (§ 89);
- Einschränkung oder Entzug der elterlichen Sorge (§ 1666 Abs. 1 BGB), wozu auch die Anordnung einer Umgangspflegschaft gehört (§ 1684 Abs. 3 Sätze 3 bis 5 BGB).

Die vorherige Durchführung eines Vermittlungsverfahrens ist ebenso wenig Voraussetzung für die Verhängung von Ordnungsmitteln, wie seine Einleitung eine solche hindert (§ 92 Abs. 3), allerdings kann die Vollstreckung bei Beantragung eines Vermittlungsverfahrens einstweilen eingestellt oder beschränkt werden (§ 93 Abs. 1 Nr. 5).

7 Wie nach § 156 Abs. 1 Satz 2 ist auf **Beratungsangebote der Kinder- und Jugendhilfe** hinzuweisen.[3]

---

[2] Hierzu → § 155 Rn. 22.
[3] Hierzu → § 156 Rn. 9 ff.

V. Hinwirken auf Einvernehmen (Abs. 4)

Auch im Vermittlungsverfahren gilt der Grundsatz des **Hinwirkens auf Einvernehmen** (Abs. 4 Satz 1).[4] Ein **gerichtlich gebilligter Vergleich** (§ 156 Abs. 2)[5] ersetzt die bisherige gerichtliche oder einvernehmliche Regelung (Abs. 4 Satz 2). Besonderheit des Vermittlungsverfahrens ist, dass bei nicht erzielbarem Einvernehmen die Streitpunkte verpflichtend im **Vermerk** über den Termin bzw. die persönliche Anhörung (§ 28 Abs. 4 Satz 1) festzuhalten sind (Abs. 4 Satz 3).

8

VI. Beschluss bei Erfolglosigkeit (Abs. 5)

Bei Erfolglosigkeit des formellen Vermittlungsverfahrens ergeht ein nicht anfechtbarer **Beschluss**, in dem dieses Ergebnis festgehalten wird; erfolglos ist das Verfahren auch dann, wenn ein Elternteil oder beide Eltern im Termin nicht erscheinen (Abs. 5 Satz 1). Die Feststellung der Erfolglosigkeit – und nur diese – ist unanfechtbar.

9

Bei einem Scheitern hat das Gericht – vergleichbar mit § 156 Abs. 3[6] – die **Pflicht zur Prüfung** (Abs. 5 Satz 2)

10

- einer Verhängung von Ordnungsmitteln (§ 89),
- einer amtswegigen Änderung der Umgangsregelung (§ 166 Abs. 1 i.V.m. § 1696 Abs. 1),
- des Entzug oder von Einschränkungen der elterlichen Sorge (§ 1666 Abs. 1 BGB), inklusive der Anordnung einer Umgangspflegschaft (§ 1684 Abs. 3 Sätze 3 bis 5 BGB).

Schließt sich an das gescheiterte Vermittlungsverfahren ein – von Amts wegen oder auf Antrag eingeleitetes – „normales" Verfahren nach § 151 Nr. 2 oder ein entsprechendes Eilverfahren an, so werden die **Kosten des Vermittlungsverfahrens** denjenigen dieses Verfahrens zugerechnet, wenn die Einleitung binnen eines Monats erfolgt ist (Abs. 5 Satz 3). Bei ausbleibender oder späterer Verfahrenseinleitung ergeht die Kostenentscheidung abweichend von § 82 mit dem Scheitern des Vermittlungsverfahrens. Gleiches gilt bei erfolgreichem Abschluss. Das Vermittlungsverfahren ist gerichtsgebühren-, aber nicht auslagenfrei.

11

---

4 Hierzu → § 156 Rn. 4 ff.
5 → § 156 Rn. 18 ff.
6 Hierzu → § 156 Rn. 21 ff.

§ 166 Abänderung und Überprüfung von Entscheidungen und gerichtlich gebilligten Vergleichen

(1) Das Gericht ändert eine Entscheidung oder einen gerichtlich gebilligten Vergleich nach Maßgabe des § 1696 des Bürgerlichen Gesetzbuchs.

(2) Eine länger dauernde kindesschutzrechtliche Maßnahme hat das Gericht in angemessenen Zeitabständen zu überprüfen.

(3) Sieht das Gericht von einer Maßnahme nach den §§ 1666 bis 1667 des Bürgerlichen Gesetzbuchs ab, soll es seine Entscheidung in einem angemessenen Zeitabstand, in der Regel nach drei Monaten, überprüfen.

I. Inhalt und Bedeutung der Norm

1 Die Änderungs- und Überprüfungsmöglichkeit bzw. -pflicht des § 166 ist **Spezialvorschrift** zur Änderung von Hauptsacheentscheidungen und gerichtlich gebilligter Vergleiche zum Sorge- und Umgangsrechts (insb. § 48). Bei einstweiligen Anordnungen bleibt es bei der Änderung nach § 54. Die Vorschrift übernimmt den verfahrensrechtlichen Gehalt des **bisherigen § 1696 BGB**[1] bzw. spiegelt diesen im FamFG.

II. Änderungspflicht (Abs. 1)

2 Für den **Anwendungsbereich** der Pflicht zur Änderung verweist Abs. 1 auf die Vorgaben des – mit der FGG-Reform neu gefassten – § 1696 BGB. Danach kommt generell eine Abänderung gerichtlicher Entscheidungen und gerichtlich gebilligter Vergleiche (vgl. § 156 Abs. 2) zum Sorge- oder Umgangsrecht (§ 1696 Abs. 1 BGB)[2] sowie speziell eine Aufhebung „kindesschutzrechtlicher Maßnahmen" (§ 1696 Abs. 2 BGB) in Betracht..[3] Das Abänderungsverfahren nach Abs. 1 ist ein selbstständiges und keine Fortsetzung des Verfahrens, aus dem die Regelung stammt.[4]

3 Nach **§ 1696 Abs. 1 BGB** sind durch das oder vor Gericht getroffene Sorge- und Umgangsregelungen zu ändern, wenn dies aus triftigen, das Wohl des Kindes nachhaltig berührenden Gründen[5] angezeigt ist **(Änderungspflicht)**.[6] Nach § 1696 Abs. 1 Satz 2 BGB ausgenommen ist die Änderung von Entscheidungen

- zur Anordnung der gemeinsamen elterlichen Sorge nach § 1672 Abs. 2 BGB,
- der Übertragung der elterlichen Sorge auf den bisher nicht sorgeberechtigten Elternteil nach Tod des allein sorgeberechtigten Elternteils nach § 1680 Abs. 2 Satz 1 BGB oder

---

1 BT-Drs. 16/6308, S. 242.
2 Zu den Anwendungsfällen ausführlich Staudinger/Coester § 1696 BGB Rn. 7 ff.
3 Zur Aufhebungspflicht nach alter Rechtslage siehe Staudinger/Coester § 1696 BGB Rn. 100 ff.
4 Palandt/Diederichsen § 1696 BGB Rn. 27.
5 MünchKomm/Finger § 1696 BGB Rn. 23 ff.; Bamberger/Roth/Veit § 1696 BGB Rn. 3 ff.; Palandt/Diederichsen § 1696 BGB Rn. 14 ff.; Erman/Michalski § 1696 BGB Rn. 4.
6 Staudinger/Coester § 1696 BGB Rn. 32.

- die Übertragung der elterlichen Sorge nach einer Todeserklärung (§ 1681 Abs. 1 und 2 BGB).

Nach **§ 1696 Abs. 2 BGB** sind – in der Vorschrift nunmehr legaldefinierte – „kindesschutzrechtliche Maßnahmen" aufzuheben, wenn

- eine Gefahr für das Wohl des Kindes nicht mehr besteht oder
- die Erforderlichkeit der Maßnahme entfallen ist.

Mit der Änderung soll gesichert werden, dass die Erforderlichkeit und Verhältnismäßigkeit der familiengerichtlichen Maßnahmen als Bestandsvoraussetzung für den Eingriff geachtet wird.[7] Erfasst sind Entscheidungen

- zur Abwendung einer Gefährdung des Kindeswohls (§§ 1666, 1666a BGB) oder Kindesvermögens (§ 1667 BGB),
- zur Genehmigung einer freiheitsentziehenden Unterbringung (§ 1631b BGB),
- über die Anordnung einer Verbleibensanordnung (§ 1632 Abs. 4, § 1682 BGB),
- über die Einschränkung oder den Ausschluss des Umgangsrechts (§ 1684 Abs. 4, § 1685 Abs. 3 i.V.m. § 1684 Abs. 4 BGB),
- zur Einschränkung oder zum Ausschluss der Ausübung der gemeinsamen elterlichen Sorge bei Getrenntleben (§ 1687 Abs. 2 BGB),
- zur Einschränkung oder zum Ausschluss der Entscheidungsbefugnisse von Pflegepersonen oder Erziehern im Rahmen stationärer Unterbringung nach SGB VIII (§ 1688 Abs. 3 Satz 2, Abs. 4 BGB).

III. Überprüfungspflichten (Abs. 2 und 3)

Die Pflicht zur **Überprüfung länger dauernder kindesschutzrechtlicher Maßnahmen** i.S.d. § 1696 Abs. 2 BGB entspricht dem bisherigen § 1696 Abs. 3 Satz 1 BGB. Das FamG ist über Abs. 2 gehalten, bei den betreffenden Maßnahmen (Rn. 4) in angemessenen Zeitabständen von Amts wegen die Einleitung eines Verfahrens nach Abs. 1 i.V.m. § 1696 Abs. 2 BGB zu prüfen. Bei der Überprüfung handelt es sich um ein informelles, selbstständiges Vorverfahren.[8] Ein solches ist stets angezeigt, wenn dem FamG konkrete Anhaltspunkte für einen möglichen Änderungsbedarf bekannt werden.[9] Im Übrigen richtet sich die Angemessenheit des Zeitabstands nach den Umständen des Einzelfalls, insbesondere dem Alter des Kindes und der Perspektive zum Zeitpunkt der letzten Entscheidung oder Überprüfung. Kriterien sind bspw.

- das Vorliegen einer Rückkehrperspektive oder der Erarbeitung einer auf Dauer angelegten Lebensperspektive außerhalb der Familien (vgl. § 37 Abs. 1 Sätze 2 bis 4 SGB VIII),
- die Aussicht auf Akzeptanz einer notwendigen Fremdunterbringung (§ 1666 Abs. 3 Nr. 6 BGB),

---

[7] BT-Drs. 16/6308, S. 346.
[8] Staudinger/Coester § 1696 BGB Rn. 104.
[9] Staudinger/Coester § 1696 BGB Rn. 106.

- die Perspektive der Verselbstständigung bei Anordnung der Inanspruchnahme von Leistungen nach dem SGB VIII (§ 1666 Abs. 3 Nr. 1 BGB),
- die Perspektive der Gewährleistung des Kindeswohls ohne familiengerichtliche Ge- oder Verbote (§ 1666 Abs. 3 Nr. 2 bis 4 BGB).

Ein Zeitabstand von mehr als zwei Jahren erscheint in keinem Fall mehr als angemessen.[10]

6 Die **Überprüfung im Fall des Absehens von Eingriffen in die elterliche Sorge** (Abs. 3) entspricht dem bisherigen, 2008 eingeführten § 1696 Abs. 3 Satz 2 BGB.[11] Die Vorschrift ist der **Verantwortungsgemeinschaft zwischen FamG und JA** bei der Sicherung des Kindeswohls geschuldet.[12] Auch wenn das FamG nach einer Anrufung durch das JA zu einer anderen Einschätzung kommt und das Wohl des Kindes (noch) nicht für gefährdet hält, besteht der Hilfebedarf regelmäßig fort, wegen dessen das JA familiengerichtliche Maßnahmen für erforderlich gehalten hat (§ 8a Abs. 3 Satz 1 SGB VIII). Das FamG soll daher durch seine Überprüfung sichern, dass die Eltern wieder oder weiter an den durch das familiengerichtliche Verfahren erschwerten Hilfeprozess anknüpfen und das JA (wieder) Zugang zu den Eltern und ihren Kindern findet.[13] Es kann die Eltern zur Zusammenarbeit mit dem JA anhalten.[14]

7 Als **Intervall** für die grundsätzlich einmalige Überprüfung sieht Abs. 3 in der Regel drei Monate vor. Gerade in Verfahren wegen Kindeswohlgefährdung sind jedoch die Umstände des Einzelfalls zu berücksichtigen, die eine kürzere oder längere Frist erforderlich machen.[15] Als **Modalitäten** der Überprüfung kann bspw. vereinbart werden, dass das JA dem FamG unaufgefordert die Ergebnisse von Hilfeplangesprächen mitteilt (§ 36 Abs. 2 SGB VIII) und über die erbrachten Leistungen unterrichtet. Die Anhörung von Kind und Eltern richtet sich nach den Vorgaben in §§ 159, 160. Das JA wird im Rahmen seiner **Mitwirkung nach § 50 SGB VIII** mitteilen, ob es eine Entscheidung oder ein weiteres prozesshaftes Begleiten durch das FamG für erforderlich hält oder ob das FamG den Eltern und dem Kind anerkennend signalisieren kann, dass die erzielten Fortschritte einen Rückzug des Gerichts aus der prozesshaften Begleitung der Familie rechtfertigen. Die Pflicht des **JA zur erneuten Anrufung des FamG** bleibt (§ 8a Abs. 3 Satz 1 SGB VIII) unabhängig von der gerichtlich bestimmten Frist zur Überprüfung bestehen, wenn es dessen Tätigwerden zur Abwendung oder Abklärung einer Gefährdung zu einem früheren oder späteren Zeitpunkt für erforderlich hält.[16]

8 Bei der Überprüfung nach Abs. 2 und 3 handelt es sich um ein **informelles, selbstständiges Vorverfahren**.[17]

---

10 Von höchstens drei Jahren ausgehend Staudinger/Coester § 1696 BGB Rn. 106.
11 Mit dem Gesetz zur Erleichterung familiengerichtlicher Maßnahmen bei Gefährdung des Kindeswohls vom 04.07.2008, BGBl I, S. 1188.
12 Zypries BT-Plenarprot. 16/157, S. 16543.
13 Fellenberg FPR 2008, 125 (127); Bundeskonferenz für Erziehungsberatung (bke) ZKJ 2007, 361; Hannemann UJ 2008, 337 (340).
14 Hannemann UJ 2008, 337 (340).
15 Skeptisch, weil zu kurz Tenhaken Jugendhilfe aktuell 3/2007, 27 (34); Stellungnahme des Bundesrats BT-Drs. 16/6308, S. 379.
16 BT-Drucks. 16/6815, S. 16.
17 Staudinger/Coester § 1696 BGB Rn. 104.

§ 167 Anwendbare Vorschriften bei Unterbringung Minderjähriger

(1) In Verfahren nach § 151 Nr. 6 sind die für Unterbringungssachen nach § 312 Nr. 1, in Verfahren nach § 151 Nr. 7 die für Unterbringungssachen nach § 312 Nr. 3 geltenden Vorschriften anzuwenden. An die Stelle des Verfahrenspflegers tritt der Verfahrensbeistand.

(2) Ist für eine Kindschaftssache nach Absatz 1 ein anderes Gericht zuständig als dasjenige, bei dem eine Vormundschaft oder eine die Unterbringung erfassende Pflegschaft für den Minderjährigen eingeleitet ist, teilt dieses Gericht dem für das Verfahren nach Absatz 1 zuständigen Gericht die Anordnung und Aufhebung der Vormundschaft oder Pflegschaft, den Wegfall des Aufgabenbereichs Unterbringung und einen Wechsel in der Person des Vormunds oder Pflegers mit; das für das Verfahren nach Absatz 1 zuständige Gericht teilt dem anderen Gericht die Unterbringungsmaßnahme, ihre Änderung, Verlängerung und Aufhebung mit.

(3) Der Betroffene ist ohne Rücksicht auf seine Geschäftsfähigkeit verfahrensfähig, wenn er das 14. Lebensjahr vollendet hat.

(4) In den in Absatz 1 Satz 1 genannten Verfahren sind die Elternteile, denen die Personensorge zusteht, der gesetzliche Vertreter in persönlichen Angelegenheiten sowie die Pflegeeltern persönlich anzuhören.

(5) Das Jugendamt hat die Eltern, den Vormund oder den Pfleger auf deren Wunsch bei der Zuführung zur Unterbringung zu unterstützen.

(6) In Verfahren nach § 151 Nr. 6 und 7 soll der Sachverständige Arzt für Kinder- und Jugendpsychiatrie und -psychotherapie sein. In Verfahren nach § 151 Nr. 6 kann das Gutachten auch durch einen in Fragen der Heimerziehung ausgewiesenen Psychotherapeuten, Psychologen, Pädagogen oder Sozialpädagogen erstattet werden.

Übersicht

I. Inhalt und Bedeutung der Norm	1
II. Spezielle Regelungen für freiheitsentziehende Unterbringung	2
1. Anwendbare Vorschriften (Abs. 1 Satz 1, § 312 Nr. 1 und 3)	2
2. Örtliche Zuständigkeit (§ 313)	3
3. Mitteilungspflicht (Abs. 2, § 313 Abs. 4)	6
4. Beteiligte (§ 315)	8
5. Verfahrensfähigkeit (Abs. 3, § 316)	10
6. Verfahrensbeistand/-pfleger (Abs. 1 Satz 2, §§ 317, 318)	11
7. Persönliche Anhörung (Abs. 4, §§ 319, 320)	14
8. Einholung eines Gutachtens (Abs. 6, §§ 321, 322)	17
9. Beschlussformel (§ 323)	21
10. Wirksamwerden und Bekanntgabe des Beschlusses (§§ 324, 325)	22
11. Zuführung zur Unterbringung (Abs. 5, § 326)	24
12. Regelung von Angelegenheiten im Vollzug (§ 327)	25
13. Aussetzung des Vollzugs (§ 328)	26
14. Dauer, Verlängerung, Aufhebung (§§ 329, 330)	27
15. Einstweilige Anordnung (§§ 331 bis 334)	30
16. Beschwerde (§§ 335, 336)	33
17. Kosten (§ 337)	34
18. Mitteilung der Entscheidung und Benachrichtigung (§§ 338, 339)	39

I. Inhalt und Bedeutung der Norm

1 Kindschaftssachen betreffend die freiheitsentziehende Unterbringung eines Kindes oder Jugendlichen (§ 151 Nr. 6 und 7) finden im Wesentlichen ihre Verfahrensregeln in den **Unterbringungssachen** (§§ 312 ff.), die für Personen gelten, für die ein Betreuer bestellt ist. **Spezifische Regelungen** sind vorgesehen für

- den Verfahrensbeistand, der an die Stelle des Verfahrenspflegers der Unterbringungssachen tritt (Abs. 1 Satz 2),
- Mitteilungspflichten an das Gericht, das für die Vormundschaft/Pflegschaft zuständig ist (Abs. 2),
- die Verfahrensfähigkeit Jugendlicher (Abs. 3),
- die Pflicht zur persönlichen Anhörung der Personensorgeberechtigten und Pflegepersonen (Abs. 4),
- die Unterstützungspflicht des Jugendamts bei der Zuführung (Abs. 5),
- die fachliche Qualifikation des Sachverständigen (Abs. 6).

II. Spezielle Regelungen für freiheitsentziehende Unterbringung

1. Anwendbare Vorschriften (Abs. 1 Satz 1, § 312 Nr. 1 und 3)

> **§ 312 Unterbringungssachen**
>
> Unterbringungssachen sind Verfahren, die
>
> 1. die Genehmigung einer freiheitsentziehenden Unterbringung eines Betreuten (§ 1906 Abs. 1 bis 3 des Bürgerlichen Gesetzbuchs) oder einer Person, die einen Dritten zu ihrer freiheitsentziehenden Unterbringung bevollmächtigt hat (§ 1906 Abs. 5 des Bürgerlichen Gesetzbuchs),
> 2. die Genehmigung einer freiheitsentziehenden Maßnahme nach § 1906 Abs. 4 des Bürgerlichen Gesetzbuchs oder
> 3. eine freiheitsentziehende Unterbringung eines Volljährigen nach den Landesgesetzen über die Unterbringung psychisch Kranker
>
> betreffen.

2 Für Verfahren betreffend freiheitsentziehende Unterbringung erklärt Abs. 1 Satz 1 für deren Genehmigung die Vorschriften zu Unterbringungssachen nach § 312 Nr. 1 für anwendbar, für deren Anordnung diejenigen zu Unterbringungssachen nach § 312 Nr. 3. Die Verfahrensregeln für Kindschaftssachen in §§ 152 bis 168a finden damit grundsätzlich keine Anwendung. Für einzelne Regelungsgegenstände verdrängen wiederum die Vorgaben in Abs. 1 Satz 2 und Abs. 2 bis 6 die Regelungen für Unterbringungssachen in §§ 313 bis 339. Mit dieser **Verweisungstechnik der Ausnahme und Rückausnahme** werden zahlreiche Konkurrenzprobleme aufgeworfen. Die Frage nach Geltungsvorrang oder kumulativer Geltung kann in vielen Fällen nur durch

Auslegung ermittelt werden. Teilweise entstehen ungewollte Regelungslücken, die durch hilfsweise Anwendung der Vorgaben in §§ 152 ff. geschlossen werden müssen.

2. Örtliche Zuständigkeit (§ 313)

§ 313 Örtliche Zuständigkeit

(1) Ausschließlich zuständig für Unterbringungssachen nach § 312 Nr. 1 und 2 ist in dieser Rangfolge:
1. das Gericht, bei dem ein Verfahren zur Bestellung eines Betreuers eingeleitet oder das Betreuungsverfahren anhängig ist;
2. das Gericht, in dessen Bezirk der Betroffene seinen gewöhnlichen Aufenthalt hat;
3. das Gericht, in dessen Bezirk das Bedürfnis für die Unterbringungsmaßnahme hervortritt;
4. das Amtsgericht Schöneberg in Berlin, wenn der Betroffene Deutscher ist.

(2) Für einstweilige Anordnungen oder einstweilige Maßregeln ist auch das Gericht zuständig, in dessen Bezirk das Bedürfnis für die Unterbringungsmaßnahme bekannt wird. In den Fällen einer einstweiligen Anordnung oder einstweiligen Maßregel soll es dem nach Absatz 1 Nr. 1 oder Nr. 2 zuständigen Gericht davon Mitteilung machen.

(3) Ausschließlich zuständig für Unterbringungen nach § 312 Nr. 3 ist das Gericht, in dessen Bezirk das Bedürfnis für die Unterbringungsmaßnahme hervortritt. Befindet sich der Betroffene bereits in einer Einrichtung zur freiheitsentziehenden Unterbringung, ist das Gericht ausschließlich zuständig, in dessen Bezirk die Einrichtung liegt.

(4) Ist für die Unterbringungssache ein anderes Gericht zuständig als dasjenige, bei dem ein die Unterbringung erfassendes Verfahren zur Bestellung eines Betreuers eingeleitet ist, teilt dieses Gericht dem für die Unterbringungssache zuständigen Gericht die Aufhebung der Betreuung, den Wegfall des Aufgabenbereiches Unterbringung und einen Wechsel in der Person des Betreuers mit. Das für die Unterbringungssache zuständige Gericht teilt dem anderen Gericht die Unterbringungsmaßnahme, ihre Änderung, Verlängerung und Aufhebung mit.

§ 314 Abgabe der Unterbringungssache

Das Gericht kann die Unterbringungssache abgeben, wenn der Betroffene sich im Bezirk des anderen Gerichts aufhält und die Unterbringungsmaßnahme dort vollzogen werden soll, sofern sich dieses zur Übernahme des Verfahrens bereit erklärt hat.

Für **Kindschaftssachen nach § 151 Nr. 6** bestimmt sich die örtliche Zuständigkeit abweichend von §§ 152 bis 154 nach § 313 Abs. 1 und 2.[1] Da für das Kind oder den Jugendlichen keine Betreuung (§ 313 Abs. 1 Nr. 1) besteht, beginnt die **Rangfolge der örtlichen Zuständigkeit** mit dem gewöhnlichen Aufenthalt des Kindes oder Jugend-

3

---
[1] § 313 Abs. 1 entspricht § 70 Abs. 1 Sätze 1 und 2 (i.V.m. § 65 Abs. 1 bis 3) FGG, § 313 Abs. 2 dem bisherigen § 70 Abs. 2 Satz 3 i.V.m. § 65 Abs. 5 FGG, § 313 Abs. 3 dem bisherigen § 70 Abs. 5 FGG und § 313 Abs. 4 dem bisherigen § 70 Abs. 7 FGG; BT-Drs. 16/6308, S. 272 f.

lichen (§ 313 Abs. 1 Nr. 2).[2] Besteht kein gewöhnlicher Aufenthalt im Inland, knüpft die Zuständigkeit an den Ort des Fürsorgebedürfnisses an (§ 313 Abs. 1 Nr. 3).[3] Bei Eilverfahren über den Erlass einer einstweiligen Anordnung besteht diese örtliche Zuständigkeit alternativ (§ 313 Abs. 2 Satz 1), wobei ggf. zur Vermeidung doppelter Verfahren über den gleichen Verfahrensgegenstand dem Gericht am abweichenden gewöhnlichen Aufenthalt Mitteilung zu machen ist (§ 313 Abs. 2 Satz 2). Ist nach Internationalem Privatrecht eine Zuständigkeit der deutschen Gerichte gegeben und lebt ein deutsches Kind, das freiheitsentziehend untergebracht werden soll, im Ausland, ist das FamG am AG Schöneberg in Berlin zuständig (§ 313 Abs. 1 Nr. 4).

4 Für **Kindschaftssachen nach § 151 Nr. 7** ist ausschließlich örtlich zuständig das Gericht am Ort des Fürsorgebedürfnisses (§ 313 Abs. 3 Satz 1), das während einer freiheitsentziehenden Unterbringung am Ort der Einrichtung liegt (§ 313 Abs. 3 Satz 2).

5 Die **Abgabe der Unterbringungssache** an das FamG am Ort des tatsächlichen Aufenthalts ist zulässig, wenn dort die Freiheitsentziehung vollzogen werden soll; sie setzt eine Erklärung der Bereitschaft zur Übernahme des FamG voraus, an das abgegeben werden soll (§ 314).[4]

3. Mitteilungspflicht (Abs. 2, § 313 Abs. 4)

6 Für die Mitteilungspflicht an das Gericht, das für die Vormundschaft/Pflegschaft zuständig ist, gilt Abs. 2, der den Regelungsgehalt des § 70 Abs. 7 FGG betreffend die Unterbringung von Kindern und Jugendlichen übernimmt. § 313 Abs. 4 findet keine Anwendung. Bei Auseinanderfallen des Gerichts, bei dem die Unterbringungssache anhängig ist, und des Gerichts, das für die Kindschaftssachen nach § 151 Nr. 4 und 5 zuständig ist (Vormundschafts- und Pflegschaftsangelegenheiten), bestehen, insbesondere zur Vermeidung widersprüchlicher Entscheidungen, **wechselseitige Informationspflichten**.

7 Nach **Abs. 2 Halbs. 1** hat das für die Vormundschaft/Pflegschaft zuständige Gericht mitzuteilen

- die Anordnung oder Aufhebung der Vormundschaft/Pflegschaft,
- den Wegfall der Vormundschaft/Pflegschaft für die Aufgabenbereiche, die die Personensorge für die Unterbringung betreffen,
- einen Wechsel in der Person des Vormunds/Pflegers.

Nach **Abs. 2 Halbs. 2** hat das für die Unterbringung zuständige Gericht mitzuteilen

- die Unterbringungsmaßnahme (§ 323 Nr. 1),
- deren Änderung, Verlängerung oder Aufhebung (§§ 329, 330).

---

2 Zum gewöhnlichen Aufenthalts eines Kindes → § 152 Rn. 4, → § 122 Rn. 6 ff.
3 Zum Ort des Fürsorgebedürfnisses in Kindschaftssachen → § 99 Rn. 6 → § 152 Rn. 5.
4 Der Regelungsinhalt des § 314 entspricht dem des bisherigen § 70 Abs. 3 Satz 1 Halbs. 1 FGG.

4. Beteiligte (§ 315)

§ 315 Beteiligte

(1) Zu beteiligen sind

1. der Betroffene,
2. der Betreuer,
3. der Bevollmächtigte im Sinne des § 1896 Abs. 2 Satz 2 des Bürgerlichen Gesetzbuchs.

(2) Der Verfahrenspfleger wird durch seine Bestellung als Beteiligter zum Verfahren hinzugezogen.

(3) Die zuständige Behörde ist auf ihren Antrag als Beteiligte hinzuzuziehen.

(4) Beteiligt werden können im Interesse des Betroffenen

1. dessen Ehegatte oder Lebenspartner, wenn die Ehegatten oder Lebenspartner nicht dauernd getrennt leben, sowie dessen Eltern und Kinder, wenn der Betroffene bei diesen lebt oder bei Einleitung des Verfahrens gelebt hat, sowie die Pflegeeltern,
2. eine von ihm benannte Person seines Vertrauens,
3. der Leiter der Einrichtung, in der der Betroffene lebt.

Das Landesrecht kann vorsehen, dass weitere Personen und Stellen beteiligt werden können.

Die Spezialvorschrift zur Beteiligung in § 315 ist sehr auf die Situation bei der Betreuung zugeschnitten. § 315 Abs. 1 Nr. 2 und 3 sowie Abs. 3 finden bei Kindern und Jugendlichen keine Anwendung. Die Beteiligung ermittelt sich kumulativ aus der Spezialvorschrift in § 315 und der allgemeinen Beteiligungsvorschrift des § 7. **Zwingend zu beteiligen** sind 8

- das Kind bzw. der Jugendliche (§ 315 Abs. 1 Nr. 1),
- die bezüglich der Aufenthaltsbestimmung, Unterbringung und Freiheitsentziehung zur Ausübung der Personensorge berechtigten Eltern(teile), Vormünder, Pfleger (als Antragsteller für die Genehmigung gem. § 7 Abs. 1; als durch die Entscheidung unmittelbar Betroffene gem. § 7 Abs. 2 Nr. 1),
- der Verfahrensbeistand (§ 315 Abs. 2),
- das JA, soweit es dies beantragt (§ 162 Abs. 2).

Sofern es im Interesse des Kindes oder Jugendlichen ist, sind nach **pflichtgemäßem Ermessen zu beteiligen** 9

- die Pflegeeltern, bei denen das Kind bzw. der Jugendliche lebt oder gelebt hat (§ 315 Abs. 4 Satz 1 Nr. 1),
- eine vom Kind bzw. Jugendlichen benannte Person seines Vertrauens (§ 315 Abs. 4 Satz 1 Nr. 2),
- der Leiter der Einrichtung, in der das Kind bzw. der Jugendliche lebt (§ 315 Abs. 4 Satz 1 Nr. 3),

- der Ehegatte oder Lebenspartner des Minderjährigen, sofern sie nicht dauerhaft getrennt leben (§ 315 Abs. 4 Satz 1 Nr. 1).

5. Verfahrensfähigkeit (Abs. 3, § 316)

10 Für die Verfahrensfähigkeit ist § 316 nicht anwendbar, sondern gilt Abs. 3. Danach sind Kinder vor Vollendung des 14. Lebensjahrs nicht und Jugendliche trotz ihrer **beschränkten Geschäftsfähigkeit** (§§ 106 ff. BGB) voll verfahrensfähig.[5] Letztere bedürfen somit für das Stellen von Anträgen und das Einlegen von Rechtsmitteln keiner Einwilligung ihres gesetzlichen Vertreters. Beim Recht auf Akteneinsicht wird bei der Prüfung, ob schwerwiegende Interessen des Kindes oder Jugendlichen entgegenstehen (§ 13 Abs. 1), die Fähigkeit des Jugendlichen zum Verstehen und zur Verarbeitung des Akteninhalts zu beachten sein.

6. Verfahrensbeistand/-pfleger (Abs. 1 Satz 2, §§ 317, 318)

11 Anstelle eines Verfahrenspflegers ist in Unterbringungssachen ein Verfahrensbeistand zu bestellen (Abs. 1 Satz 2). Damit ist die **Anwendung der §§ 317, 318 ausgeschlossen**, und zwar nicht nur bezüglich der Modalitäten der Verfahrensbeistandschaft (z.B. Bestellung, Aufgaben, Beendigung, Vergütung und Kosten), sondern auch bezüglich des Ob seiner Bestellung. Irreführend daher der lapidare Satz in der Gesetzesbegründung, ein Verfahrensbeistand sei stets zu bestellen, „wenn nach den für Unterbringungssachen geltenden Vorschriften ein Verfahrenspfleger zu bestellen ist."[6] Insoweit regelt § 158 Abs. 1 ohnehin dasselbe wie § 317 Abs. 1.

12 **Anlass für die Bestellung** ist die Erforderlichkeit zur Wahrnehmung der Interessen des Kindes bzw. Jugendlichen (§ 158 Abs. 1[7]). Da die freiheitsentziehende Unterbringung so tief in die Entwicklung eines jungen Menschen eingreift und stets die Notwendigkeit besteht zu prüfen, ob die Interessen der Erwachsenen im Widerspruch zu Wohl und Wille des jungen Menschen stehen, erscheint die Bestellung eines Verfahrensbeistands in Kindschaftssachen nach § 151 Nr. 6 und 7 zwingend.[8]

13 Wird das Kind bzw. der Jugendlichen von einem Rechtsanwalt (oder einem anderen Verfahrensbevollmächtigten) vertreten, so soll das FamG von einer **Bestellung absehen**, wenn die Vertretung als angemessen anzusehen ist (§ 158 Abs. 5[9]).[10] Wenn von der Bestellung abgesehen wird, ergibt sich die **Begründungspflicht** aus § 158 Abs. 3 Satz 3, sofern eine der Konstellationen des § 158 Abs. 2 vorliegt.[11] In den anderen Fällen kann diese aufgrund Abs. 1 Satz 2 zwar nicht aus § 317 Abs. 2, aber aus der allgemeinen Regel des § 37 abgeleitet werden; sie hat in der Entscheidung zu erfolgen, mit der die Unterbringung genehmigt bzw. angeordnet wird. Die **Vergütung** richtet sich nach § 158 Abs. 7 (nicht § 318).

---

5 Dies entspricht dem bisherigen § 70a FGG.
6 BT-Drs. 16/6308, S. 243.
7 Siehe inhaltsgleich auch § 317 Abs. 1 Satz 1.
8 → § 158 Rn. 29.
9 Siehe wortlautidentisch auch § 317 Abs. 4.
10 Hierzu → § 158 Rn. 26 f.
11 Hierzu → § 158 Rn. 15.

7. Persönliche Anhörung (Abs. 4, §§ 319, 320)

> **§ 319 Anhörung des Betroffenen**
>
> (1) Das Gericht hat den Betroffenen vor einer Unterbringungsmaßnahme persönlich anzuhören und sich einen persönlichen Eindruck von ihm zu verschaffen. Den persönlichen Eindruck verschafft sich das Gericht, soweit dies erforderlich ist, in der üblichen Umgebung des Betroffenen.
>
> (2) Das Gericht unterrichtet den Betroffenen über den möglichen Verlauf des Verfahrens.
>
> (3) Soll eine persönliche Anhörung nach § 34 Abs. 2 unterbleiben, weil hiervon erhebliche Nachteile für die Gesundheit des Betroffenen zu besorgen sind, darf diese Entscheidung nur auf Grundlage eines ärztlichen Gutachtens getroffen werden.
>
> (4) Verfahrenshandlungen nach Absatz 1 sollen nicht im Wege der Rechtshilfe erfolgen.
>
> (5) Das Gericht kann den Betroffenen durch die zuständige Behörde vorführen lassen, wenn er sich weigert, an Verfahrenshandlungen nach Absatz 1 mitzuwirken.
>
> **§ 320 Anhörung der sonstigen Beteiligten und der zuständigen Behörde**
>
> Das Gericht hat die sonstigen Beteiligten anzuhören. Es soll die zuständige Behörde anhören.

Anders als in sonstigen Kindschaftssachen (§ 159 Abs. 1 und 2) ist nicht nur bei Jugendlichen die **persönliche Anhörung zwingend**, sondern auch bei Kindern, die das 14. Lebensjahr nicht vollendet haben (§ 319 Abs. 1 Satz 1). **Ausnahmen** sind nur zulässig, wenn andernfalls erhebliche Nachteile für die Gesundheit des Kindes oder Jugendlichen zu erwarten sind (§ 319 Abs. 3 i.V.m. § 34 Abs. 2 Alt. 1).[12] Letztere Feststellung darf das FamG nur auf Grundlage eines ärztlichen Gutachtens treffen (§ 319 Abs. 3). Ob das Kind bzw. der Jugendliche in der Lage ist, seinen Willen zu äußern (vgl. § 34 Abs. 2 Alt. 2), ist für die Anhörungspflicht unbeachtlich.

14

Das FamG hat sich, falls es dies nach pflichtgemäßem Ermessen für erforderlich hält, den unmittelbaren Eindruck vom Kind oder Jugendlichen bei der Anhörung in dessen **„üblicher Umgebung"** zu verschaffen (§ 319 Abs. 1 Satz 2[13]). Erforderlich ist die Anhörung beim Kind bzw. Jugendlichen zuhause, wenn durch die Kenntnis seines sozialen Umfelds ein Erkenntnisgewinn für die Entscheidung über die freiheitsentziehende Unterbringung zu erwarten ist. Ist das Kind bzw. der Jugendliche bereits untergebracht, kann die Anhörung in der Einrichtung stattfinden. Selbst wenn der Sitz des Gerichts und der tatsächliche Aufenthalt des Kindes bzw. Jugendlichen (etwa in einer Einrichtung) weit voneinander entfernt liegen, darf das zuständige Gericht die persönliche Anhörung nur in begründeten Ausnahmefällen im Wege eines **Amtshilfeersuchens** an ein anderes Gericht delegieren (§ 319 Abs. 4[14]).[15] Das FamG soll das Kind bzw. den Jugendlichen über den möglichen Verlauf des Verfahrens auf-

15

---
12 Hierzu → § 34 Rn. 6; § 319 Abs. 3 entspricht dem bisherigen § 70c Satz 5 i.V.m. § 68 Abs. 2 Nr. 1 FGG.
13 Die Regelung entspricht dem bisherigen § 70c Satz 2 FGG.
14 Die Regelung entspricht dem bisherigen § 70c Satz 4 FGG.
15 BVerfG – 1. Kammer – 14.06.2007 – 1 BvR 338/07 = NJW 2007, 3560 (3562 f.) = FamRZ 2007, 1627 (1629).

klären (§ 319 Abs. 2[16]). Da das Gesetz für die Vorführung von Kindern oder Jugendlichen keine zuständige Fachbehörde bestimmt, geht § 319 Abs. 5 ins Leere und bleibt es bei der Unterstützung durch den Gerichtsvollzieher oder die Polizeibehörden.

16 Personensorgeberechtigte **Eltern(teile)**, **Vormund/Pfleger** als gesetzliche Vertreter für persönliche Angelegenheiten des Kindes bzw. Jugendlichen und **Pflegeeltern** sind ebenfalls persönlich anzuhören (Abs. 4[17]). Die sonstigen Beteiligten sind anzuhören, aber nicht notwendig persönlich (§ 320 Satz 1). Die **Mitwirkung und Anhörung des Jugendamts** ist nicht geregelt, denn das JA ist nicht für Unterbringungssachen „zuständige Behörde" i.S.d. § 330 Satz 2. Sie ergibt sich daher auch für Kindschaftssachen nach § 151 Nr. 6 und 7 aus § 162.

8. Einholung eines Gutachtens (Abs. 6, §§ 321, 322)

§ 321 Einholung eines Gutachtens

(1) Vor einer Unterbringungsmaßnahme hat eine förmliche Beweisaufnahme durch Einholung eines Gutachtens über die Notwendigkeit der Maßnahme stattzufinden. Der Sachverständige hat den Betroffenen vor der Erstattung des Gutachtens persönlich zu untersuchen oder zu befragen. Das Gutachten soll sich auch auf die voraussichtliche Dauer der Unterbringung erstrecken. Der Sachverständige soll Arzt für Psychiatrie sein; er muss Arzt mit Erfahrung auf dem Gebiet der Psychiatrie sein.

(2) Für eine Maßnahme nach § 312 Nr. 2 genügt ein ärztliches Zeugnis.

§ 322 Vorführung zur Untersuchung; Unterbringung zur Begutachtung

Für die Vorführung zur Untersuchung und die Unterbringung zur Begutachtung gelten die §§ 283 und 284 entsprechend.

17 Vor der familiengerichtlichen Genehmigung oder Anordnung einer Unterbringung ist – bei aller Eilbedürftigkeit im Einzelfall – stets eine förmliche Beweisaufnahme Pflicht (§ 321 Abs. 1 Satz 1 i.V.m. § 30). Hierzu ist ein Gutachter zu bestellen. Die **gutachtliche Beurteilung** soll sich erstrecken auf

- die Notwendigkeit der Freiheitsentziehung (§ 321 Abs. 1 Satz 1) und
- die voraussichtliche Dauer der Unterbringung (§ 321 Abs. 1 Satz 3).

Das Gutachten darf nicht nur nach Aktenlage abgegeben werden, sondern das Kind bzw. der Jugendliche ist vor Erstellung persönlich zu untersuchen und zu befragen (§ 321 Abs. 1 Satz 2).[18]

18 Zur Sicherstellung der Begutachtung kann eine **Vorführung** angeordnet werden (§ 322 i.V.m. § 283[19] Abs. 1 Satz 1). Das Kind bzw. der Jugendliche ist zuvor persönlich anzuhören (§ 322 i.V.m § 283 Abs. 1 Satz 2). Die Anwendung von Gewalt und – außer bei Gefahr im Verzug – das Betreten der Wohnung ohne Einwilligung sind nur zulässig, wenn das Gericht diese ausdrücklich angeordnet hat (§ 322 i.V.m. § 283 Abs. 2 Satz 1, Abs. 3). Da das Gesetz für die Vorführung keine zuständige Behörde bestimmt, kann

---

16 Die Regelung entspricht dem bisherigen § 70c Satz 3 FGG.
17 Abs. 4 entspricht dem bisherigen § 70d Abs. 2 FGG.
18 Zu Inhalt und Qualitätsanforderungen an das Gutachten Rohmann FPR 2009, 30.
19 Die Regelung des § 283 entspricht dem bisherigen § 68b Abs. 3 FGG.

direkt um die Unterstützung der polizeilichen Vollzugsorgane nachgesucht werden (§ 322 i.V.m. § 283 Abs. 2 Satz 2).

Die freiheitsentziehende Unterbringung kann als ultima ratio – wenn alle anderen Möglichkeiten zur Ermöglichung der Begutachtung keinen Erfolg gebracht haben oder versprechen – auch zur Vorbereitung des Gutachtens angeordnet werden (§ 322 i.V.m. § 284 Abs. 1[20]). Voraussetzungen der **Unterbringung zur Begutachtung** sind die vorherige Anhörung des Sachverständigen und persönliche Anhörung des Kindes bzw. Jugendlichen (§ 322 i.V.m. § 284 Abs. 1 Sätze 1 und 2). Die Höchstdauer beträgt sechs Wochen, die durch gerichtlichen Beschluss bis zu einer maximalen Gesamtdauer von drei Monaten ausgeweitet werden kann (§ 322 i.V.m. § 284 Abs. 2). Für die Vorführung gilt § 283 (§ 322 i.V.m. § 284 Abs. 3). **19**

Abweichend von § 321 Abs. 1 Satz 4 erweitert Abs. 6[21] den **Kreis der potenziellen Gutachter**. Auch wenn Abs. 6 Satz 1 von „soll" spricht, muss der Sachverständige – mangels gesetzlich vorgesehener Ausnahme – bei Anordnung einer freiheitsentziehenden Unterbringung nach den einschlägigen Landesgesetzen (§ 151 Nr. 7) ein Arzt für Kinder- und Jugendpsychiatrie und -psychotherapie sein. Bei der Genehmigung (§ 151 Nr. 6) kann ausnahmsweise alternativ das Gutachten auch durch einen in Fragen der Heimerziehung ausgewiesenen Psychotherapeuten, Psychologen, Pädagogen oder Sozialpädagogen eingeholt werden (Abs. 6 Satz 2).[22] Hiervon sind auch psychologische Psychotherapeuten erfasst. Ein **Ausnahmefall** kommt insbesondere in Betracht, wenn eine kinder- und jugendpsychiatrische Diagnose nach ICD-10 vorliegt und die Kindeswohldienlichkeit (§ 1631b BGB) der Unterbringung mit Freiheitsentzug für die Entwicklung des Kindes oder Jugendlichen im Vordergrund steht. Sachverständige, die bei der Einrichtung, in der die Unterbringung erfolgen soll, beschäftigt oder auf sonstige Weise mit ihr (wirtschaftlich oder institutionell) verbunden sind, sind **von der Bestellung ausgeschlossen** (§ 30 Abs. 1 i.V.m. § 406 Abs. 1 Satz 1 ZPO). **20**

9. Beschlussformel (§ 323)

> **§ 323 Inhalt der Beschlussformel**
>
> Die Beschlussformel enthält im Fall der Genehmigung oder Anordnung einer Unterbringungsmaßnahme auch
>
> 1. die nähere Bezeichnung der Unterbringungsmaßnahme sowie
> 2. den Zeitpunkt, zu dem die Unterbringungsmaßnahme endet.

Ergänzend zum Inhalt der Beschlussformel nach § 38 Abs. 2[23] ist in Unterbringungssachen die Unterbringungsmaßnahme und deren Ende zu bezeichnen (§ 323[24]). Ersteres betrifft nur die **Art der Einrichtung** (Kinder- und Jugendpsychiatrie, Einrichtung der Kinder- und Jugendhilfe, Suchthilfe etc.). Die Auswahl der Einrichtung obliegt bei Genehmigung der Unterbringung (§ 151 Nr. 6) den Personensorgeberechtigten und unterliegt dem Vorbehalt entsprechender Leistungsgewährung. Sie ist daher im Beschluss **21**

---
20 Die Regelung des § 284 entspricht dem bisherigen § 68b Abs. 4 FGG.
21 Abs. 6 entspricht dem bisherigen § 70 Abs. 1 Satz 3 FGG.
22 Kritisch hierzu Rohmann FPR 2009, 27.
23 Hierzu → § 38 Rn. 5 f.
24 Die Regelung entspricht – abzüglich des nunmehr in §§ 38, 39 enthaltenen Regelungsgehalts – dem bisherigen § 70f FGG.

nur aufzuführen, wenn die Unterbringung in einer speziellen Einrichtung zwischen Personensorgeberechtigten, Leistungs- und Einrichtungsträger geklärt ist. Die **Angabe des Endes** der Unterbringungsmaßnahme erfolgt sinnvollerweise kalendermäßig; wird eine Frist als Zeitraum bestimmt, beginnt diese mit Erlass der Entscheidung, nicht erst deren Wirksamkeit zu laufen.[25] Die Anforderungen an die Bezeichnung des Kindes bzw. Jugendlichen (§ 38 Abs. 2 Nr. 1), das Begründungserfordernis (§ 38 Abs. 3) und die Rechtsmittelbelehrung (§ 39) ergeben sich aus dem **Allgemeinen Teil**.

10. Wirksamwerden und Bekanntgabe des Beschlusses (§§ 324, 325)

> **§ 324 Wirksamwerden von Beschlüssen**
>
> (1) Beschlüsse über die Genehmigung oder die Anordnung einer Unterbringungsmaßnahme werden mit Rechtskraft wirksam.
>
> (2) Das Gericht kann die sofortige Wirksamkeit des Beschlusses anordnen. In diesem Fall wird er wirksam, wenn der Beschluss und die Anordnung seiner sofortigen Wirksamkeit
>
> 1. dem Betroffenen, dem Verfahrenspfleger, dem Betreuer oder dem Bevollmächtigten im Sinne des § 1896 Abs. 2 Satz 2 des Bürgerlichen Gesetzbuchs bekannt gegeben werden,
> 2. einem Dritten zum Zweck des Vollzugs des Beschlusses mitgeteilt werden oder
> 3. der Geschäftsstelle des Gerichts zum Zweck der Bekanntgabe übergeben werden.
>
> Der Zeitpunkt der sofortigen Wirksamkeit ist auf dem Beschluss zu vermerken.
>
> **§ 325 Bekanntgabe**
>
> (1) Von der Bekanntgabe der Gründe eines Beschlusses an den Betroffenen kann abgesehen werden, wenn dies nach ärztlichem Zeugnis erforderlich ist, um erhebliche Nachteile für seine Gesundheit zu vermeiden.
>
> (2) Der Beschluss, durch den eine Unterbringungsmaßnahme genehmigt oder angeordnet wird, ist auch dem Leiter der Einrichtung, in der der Betroffene untergebracht werden soll, bekannt zu geben. Das Gericht hat der zuständigen Behörde die Entscheidung, durch die eine Unterbringungsmaßnahme genehmigt, angeordnet oder aufgehoben wird, bekannt zu geben.

22 In Unterbringungssachen werden Beschlüsse nicht mit Bekanntgabe (§ 40 Abs. 1), sondern **mit Rechtskraft wirksam** (§ 324[26] Abs. 1). Erlauben die Bedürfnisse des Kindes bzw. Jugendlichen keinen Aufschub, kann nach pflichtgemäßem Ermessen auch die **sofortige Wirksamkeit** angeordnet werden (§ 324 Abs. 2 Satz 1). Ihr auf dem Beschluss zu vermerkender Zeitpunkt des Eintritts (§ 324 Abs. 2 Satz 3) kann nach § 324 Abs. 2 Satz 3 erfolgen

- mit Bekanntgabe an
  - das Kind bzw. den Jugendlichen (Nr. 1),

---

25 Keidel u.a./Kayser § 70f FGG Rn. 4.
26 Die Regelung entspricht dem bisherigen § 70g Abs. 3 FGG.

- den Verfahrensbeistand (Nr. 1),
- den Vormund/Pfleger (Nr. 1 entsprechend),
• mit Mitteilung an einen Dritten zum Zweck des Vollzugs, etwa die Polizeibehörde oder das JA (Nr. 2),
• mit Übergabe an die Geschäftsstelle (Nr. 3).

Würde die Verweisung des Abs. 1 Satz 1 uneingeschränkt gelten, könnte die **Bekanntgabe der Entscheidungsgründe** an das Kind bzw. den Jugendlichen nur aus gesundheitlichen Gründen unterbleiben (§ 325 Abs. 1[27]), nicht auch, wenn Nachteile für dessen Entwicklung oder Erziehung zu befürchten sind (§ 164 Satz 3).[28] Dies wäre mit den Grundrechten des Kindes oder Jugendlichen nicht vereinbar, so dass § 164 ergänzend anwendbar bleibt. Die Entscheidung ist auch dem Einrichtungsleiter bekannt zu geben, in dem das Kind bzw. der Jugendliche untergebracht werden soll – vorausgesetzt, zum Zeitpunkt der gerichtlichen Entscheidung steht dies schon fest (§ 325 Abs. 2 Satz 1[29]). Die **Bekanntgabe an das JA** richtet sich nach § 162 Abs. 3 Satz 1, da es – mit Ausnahme der Inobhutnahme mit Freiheitsentzug (§ 42 Abs. 5 i.V.m. Abs. 2 Satz 4) – nicht „zuständige Behörde" i.S.d. § 325 Abs. 2 Satz 2 ist.

23

11. Zuführung zur Unterbringung (Abs. 5, § 326)

> **§ 326 Zuführung zur Unterbringung**
>
> (1) Die zuständige Behörde hat den Betreuer oder den Bevollmächtigten im Sinne des § 1896 Abs. 2 Satz 2 des Bürgerlichen Gesetzbuchs auf deren Wunsch bei der Zuführung zur Unterbringung nach § 312 Nr. 1 zu unterstützen.
>
> (2) Gewalt darf die zuständige Behörde nur anwenden, wenn das Gericht dies auf Grund einer ausdrücklichen Entscheidung angeordnet hat. Die zuständige Behörde ist befugt, erforderlichenfalls die Unterstützung der polizeilichen Vollzugsorgane nachzusuchen.
>
> (3) Die Wohnung des Betroffenen darf ohne dessen Einwilligung nur betreten werden, wenn das Gericht dies auf Grund einer ausdrücklichen Entscheidung angeordnet hat. Bei Gefahr im Verzug findet Satz 1 keine Anwendung.

In Abs. 5[30] wird das **Jugendamt** ausdrücklich für zuständig und verpflichtet erklärt, Eltern, Vormund oder Pfleger bei der Zuführung zur Unterbringung zu unterstützen, wenn sie dies wünschen (§ 326 Abs. 1 ist daher nicht anwendbar). Zur Durchsetzung hat das JA aus eigenen Kompetenzen **keine Zwangsmittel**. Allerdings kann das FamG ausdrücklich die Gestattung der Gewaltanwendung oder das Recht zum Betreten der Wohnung ohne Einwilligung des Betroffenen anordnen (§ 326[31] Abs. 2 Satz 1,[32] Abs. 3 Satz 1). Da die Anwendung unmittelbaren Zwangs durch das JA mit den Hilfeaufgaben des SGB VIII nicht vereinbar ist, wird stets erforderlich sein, dass das

24

---
[27] Die Regelung entspricht dem bisherigen § 70g Abs. 1 Satz 2 FGG.
[28] Hierzu → § 164 Rn. 3.
[29] Der Regelungsgehalt entspricht dem des bisherigen § 70g Abs. 2 Satz 1 FGG.
[30] Der Gesetzgeber sieht dies als klarstellende Übernahme des bisherigen Regelungsgehalts des § 70g Abs. 5 Satz 1 FGG an; BT-Drs. 16/6308, S. 275.
[31] § 326 Abs. 3 wurde vom Rechtsausschuss des BT angefügt; die gerichtliche Genehmigung wurde zum Schutz der Unverletzlichkeit der Wohnung für erforderlich gehalten, BT-Drs. 16/9733, S. 297.
[32] § 326 Abs. 2 entspricht dem bisherigen § 70g Abs. 5 Sätze 2 und 3 FGG.

JA seinerseits **Unterstützung durch die polizeilichen Vollzugsorgane** nachsucht, wenn Gewaltanwendung notwendig ist (§ 326 Abs. 2 Satz 2). Dies gilt auch bei Gefahr im Verzug (§ 326 Abs. 3 Satz 2).

12. Regelung von Angelegenheiten im Vollzug (§ 327)

§ 327 Vollzugsangelegenheiten

(1) Gegen eine Maßnahme zur Regelung einzelner Angelegenheiten im Vollzug der Unterbringung nach § 312 Nr. 3 kann der Betroffene eine Entscheidung des Gerichts beantragen. Mit dem Antrag kann auch die Verpflichtung zum Erlass einer abgelehnten oder unterlassenen Maßnahme begehrt werden.

(2) Der Antrag ist nur zulässig, wenn der Betroffene geltend macht, durch die Maßnahme, ihre Ablehnung oder Unterlassung in seinen Rechten verletzt zu sein.

(3) Der Antrag hat keine aufschiebende Wirkung. Das Gericht kann die aufschiebende Wirkung anordnen.

(4) Der Beschluss ist nicht anfechtbar.

25 Bei Freiheitsentziehung nach den Landesunterbringungsgesetzen (§ 151 Nr. 7, § 312 Nr. 3) kann das Kind bzw. der Jugendliche gegen die **Regelung einzelner Angelegenheiten** im Rahmen der Unterbringung eine – unanfechtbare (§ 327 Abs. 4) – familiengerichtliche Entscheidung über deren Zulässigkeit herbeiführen (§ 327[33] Abs. 1 Satz 1), sofern er geltend macht, durch die erfolgte bzw. geplante oder unterbliebene Behandlung in seinen Grundrechten verletzt zu sein (§ 327 Abs. 2). Der Antrag kann nicht nur zur Abwehr bestimmter Regelungen, sondern auch als Verpflichtungsantrag gestellt werden, mit dem die Durchführung bestimmter Maßnahmen begehrt wird (§ 327 Abs. 1 Satz 2). Die aufschiebende Wirkung des Antrags bedarf der ausdrücklichen Anordnung (§ 327 Abs. 3).

13. Aussetzung des Vollzugs (§ 328)

§ 328 Aussetzung des Vollzugs

(1) Das Gericht kann die Vollziehung einer Unterbringung nach § 312 Nr. 3 aussetzen. Die Aussetzung kann mit Auflagen versehen werden. Die Aussetzung soll sechs Monate nicht überschreiten; sie kann bis zu einem Jahr verlängert werden.

(2) Das Gericht kann die Aussetzung widerrufen, wenn der Betroffene eine Auflage nicht erfüllt oder sein Zustand dies erfordert.

26 Der Vollzug freiheitsentziehender Unterbringung nach den Landesunterbringungsgesetzen kann ausgesetzt werden (§ 328[34] Abs. 1 Satz 1). Das FamG kann die **Aussetzung** mit Auflagen verbinden (§ 328 Abs. 1 Satz 2) und anordnen, dass deren Einhaltung regelmäßig nachgewiesen wird. Bei Nichterfüllung kann die Aussetzung widerrufen werden (§ 328 Abs. 2 Alt. 1). Die Dauer der Aussetzung darf nur in begründeten Ausnahmefällen sechs Monate überschreiten und maximal bis zu einem Jahr verlängert werden (§ 328 Abs. 1 Satz 3); spätestens nach Ablauf der Frist ist über die weitere

---

33 § 327 entspricht dem bisherigen § 70l FGG.
34 § 328 Abs. 1 und 2 entsprechen dem bisherigen § 70k Abs. 1 und 2 FGG.

Erforderlichkeit der Anordnung einer Freiheitsentziehung abschließend zu entscheiden. Wenn der Zustand des Kindes oder Jugendlichen dies erfordert, kann die Aussetzung vorzeitig widerrufen (§ 328 Abs. 2 Alt. 2) oder die Freiheitsentziehung nach einer abschließenden Aufhebung erneut angeordnet werden.

14. Dauer, Verlängerung, Aufhebung (§§ 329, 330)

§ 329 Dauer und Verlängerung der Unterbringung

(1) Die Unterbringung endet spätestens mit Ablauf eines Jahres, bei offensichtlich langer Unterbringungsbedürftigkeit spätestens mit Ablauf von zwei Jahren, wenn sie nicht vorher verlängert wird.

(2) Für die Verlängerung der Genehmigung oder Anordnung einer Unterbringungsmaßnahme gelten die Vorschriften für die erstmalige Anordnung oder Genehmigung entsprechend. Bei Unterbringungen mit einer Gesamtdauer von mehr als vier Jahren soll das Gericht keinen Sachverständigen bestellen, der den Betroffenen bisher behandelt oder begutachtet hat oder in der Einrichtung tätig ist, in der der Betroffene untergebracht ist.

§ 330 Aufhebung der Unterbringung

Die Genehmigung oder Anordnung der Unterbringungsmaßnahme ist aufzuheben, wenn ihre Voraussetzungen wegfallen. Vor der Aufhebung einer Unterbringungsmaßnahme nach § 312 Nr. 3 soll das Gericht die zuständige Behörde anhören, es sei denn, dass dies zu einer nicht nur geringen Verzögerung des Verfahrens führen würde.

Die **Dauer der Unterbringung** ist so kurz wie möglich, so lange wie nötig zu bestimmen (§ 323 Nr. 2 i.V.m. § 329 Abs. 1[35]). Sie darf grundsätzlich ein Jahr nicht überschreiten. Bei Kindern und Jugendlichen wird die Ausnahme einer von vornherein „offensichtlich" länger als einjährigen Dauer kaum vorliegen, so dass eine Festsetzung der äußersten Dauer von zwei Jahren regelmäßig ausscheidet. **27**

Die **Verlängerung der Unterbringung** ist zulässig, wenn zum Zeitpunkt, in dem diese ansteht, auch bei einer Erstentscheidung eine freiheitsentziehende Unterbringung angezeigt wäre (§ 329 Abs. 2[36] Satz 1). Es sind alle Verfahrensvorgaben zu beachten (persönliche Anhörungen, Einholung eines Sachverständigengutachtens etc.). Eine Unterbringung länger als eine Gesamtdauer von vier Jahren ist bei Kindern und Jugendlichen nicht denkbar, so dass § 329 Abs. 2 Satz 2 über den Verweis des Abs. 1 Satz 1 keinen Anwendungsbereich finden dürfte. Gleichwohl ist auch bei einer Verlängerung nach kürzerer Dauer zu prüfen, ob ein **Wechsel in der Person des Sachverständigen** neue Perspektiven zu eröffnen vermag. **28**

Der Verhältnismäßigkeitsgrundsatz gebietet, die Genehmigung oder Anordnung einer Freiheitsentziehung unverzüglich aufzuheben, wenn ihre materiell-rechtlichen Voraussetzungen zwischenzeitlich vor Ablauf des in der Entscheidung vorgesehenen Endzeitpunkts entfallen (§ 330[37] Satz 1). Bei Anordnung einer Unterbringung nach den Landesunterbringungsgesetzen ist die zuständige Behörde grundsätzlich vor der **Aufhe- 29**

---

35 § 329 Abs. 1 entspricht dem bisherigen § 70f Abs. 1 Nr. 3 Halbs. 2 FGG.
36 § 329 Abs. 2 entspricht dem bisherigen § 70i Abs. 2 FGG.
37 § 330 entspricht dem bisherigen § 70i Abs. 1 Sätze 1 und 2 FGG.

bung zu hören; lässt sich dies nicht zeitnah realisieren, ist die Anordnung auch ohne Anhörung aufzuheben (§ 330 Satz 2).

15. Einstweilige Anordnung (§§ 331 bis 334)

> **§ 331 Einstweilige Anordnung**
>
> Das Gericht kann durch einstweilige Anordnung eine vorläufige Unterbringungsmaßnahme anordnen oder genehmigen, wenn
>
> 1. dringende Gründe für die Annahme bestehen, dass die Voraussetzungen für die Genehmigung oder Anordnung einer Unterbringungsmaßnahme gegeben sind und ein dringendes Bedürfnis für ein sofortiges Tätigwerden besteht,
> 2. ein ärztliches Zeugnis über den Zustand des Betroffenen vorliegt,
> 3. im Fall des § 317 ein Verfahrenspfleger bestellt und angehört worden ist und
> 4. der Betroffene persönlich angehört worden ist.
>
> Eine Anhörung des Betroffenen im Wege der Rechtshilfe ist abweichend von § 319 Abs. 4 zulässig.
>
> **§ 332 Einstweilige Anordnung bei gesteigerter Dringlichkeit**
>
> Bei Gefahr im Verzug kann das Gericht eine einstweilige Anordnung nach § 331 bereits vor Anhörung des Betroffenen sowie vor Anhörung und Bestellung des Verfahrenspflegers erlassen. Diese Verfahrenshandlungen sind unverzüglich nachzuholen.
>
> **§ 333 Dauer der einstweiligen Anordnung**
>
> Die einstweilige Anordnung darf die Dauer von sechs Wochen nicht überschreiten. Reicht dieser Zeitraum nicht aus, kann sie nach Anhörung eines Sachverständigen durch eine weitere einstweilige Anordnung verlängert werden. Die mehrfache Verlängerung ist unter den Voraussetzungen der Sätze 1 und 2 zulässig. Sie darf die Gesamtdauer von drei Monaten nicht überschreiten. Eine Unterbringung zur Vorbereitung eines Gutachtens (§ 322) ist in diese Gesamtdauer einzubeziehen.
>
> **§ 334 Einstweilige Maßregeln**
>
> Die §§ 331, 332 und 333 gelten entsprechend, wenn nach § 1846 des Bürgerlichen Gesetzbuchs eine Unterbringungsmaßnahme getroffen werden soll.

30 Für die einstweilige Anordnung normieren §§ 331 und 332 vermeintlich verschiedene **Dringlichkeitsstufen**. Bei einem **dringenden Bedürfnis für ein sofortiges Tätigwerden** darf das FamG im Wege der einstweiligen Anordnung auch vor Einholung eines Sachverständigengutachtens die Freiheitsentziehung genehmigen oder anordnen (§ 331[38] Satz 1 Nr. 1). Weitere Voraussetzung sind das Vorliegen eines ärztlichen Zeugnisses, die Bestellung eines Verfahrensbeistands (§ 331 Satz 1 Nr. 2 und 3) und die persönliche Anhörung, wobei diese auch durch ein ersuchtes Gericht erfolgen kann (§ 331 Satz 2). Bei **Gefahr im Verzug** darf die Genehmigung bzw. Anordnung bereits vor der persönlichen Anordnung und Bestellung eines Verfahrensbeistands ergehen (§ 332[39]). De facto umschreibt das dringende Bedürfnis für ein sofortiges Tätigwerden

---

38 Die Regelung ersetzt den bisherigen § 70h Abs. 1 Satz 1 i.V.m. § 69f Abs. 1 FGG.
39 Die Regelung ersetzt den bisherigen § 70h Abs. 1 Satz 3 Halbs. 2 FGG.

die Gefahr im Verzug mit anderen Worten. Das FamG hat somit bei besonderer Eilbedürftigkeit einzuschätzen, ob eine persönliche Anhörung und Verfahrensbeistandsbestellung abgewartet werden kann oder nicht.

Höchstdauer für die einstweilige Anordnung ist sechs Wochen (§ 333[40] Satz 1). Eine – ein- oder mehrmalige – Verlängerung ist nur nach jeweiliger Anhörung eines Sachverständigen zulässig (§ 333 Sätze 2 und 3). Die Gesamtgeltungsdauer der einstweiligen Anordnung darf drei Monate nicht überschreiten, wobei die Zeit einer freiheitsentziehenden Unterbringung zur Vorbereitung einer Entscheidung nach § 322 (Rn. 19) einzubeziehen ist (§ 333 Sätze 4 und 5).   **31**

In der Zeitspanne zwischen einem Entzug der elterlichen Sorge und der Bestellung eines Vormunds/Pflegers ist das FamG bei entsprechender **Eilbedürftigkeit** befugt, anstelle des – nicht vorhandenen – Personensorgeberechtigten die freiheitsentziehende Unterbringung zu bestimmen und durch einstweilige Anordnungen nach Maßgabe der §§ 331 bis 333 zu genehmigen (§ 334[41] i.V.m. § 1846 BGB).   **32**

16. Beschwerde (§§ 335, 336)

§ 335 Ergänzende Vorschriften über die Beschwerde

(1) Das Recht der Beschwerde steht im Interesse des Betroffenen

1. dessen Ehegatten oder Lebenspartner, wenn die Ehegatten oder Lebenspartner nicht dauernd getrennt leben, sowie dessen Eltern und Kindern, wenn der Betroffene bei diesen lebt oder bei Einleitung des Verfahrens gelebt hat, den Pflegeeltern,

2. einer von dem Betroffenen benannten Person seines Vertrauens sowie

3. dem Leiter der Einrichtung, in der der Betroffene lebt,

zu, wenn sie im ersten Rechtszug beteiligt worden sind.

(2) Das Recht der Beschwerde steht dem Verfahrenspfleger zu.

(3) Der Betreuer oder der Vorsorgebevollmächtigte kann gegen eine Entscheidung, die seinen Aufgabenkreis betrifft, auch im Namen des Betroffenen Beschwerde einlegen.

(4) Das Recht der Beschwerde steht der zuständigen Behörde zu.

§ 336 Einlegung der Beschwerde durch den Betroffenen

Der Betroffene kann die Beschwerde auch bei dem Amtsgericht einlegen, in dessen Bezirk er untergebracht ist.

Aufgrund § 335[42] Abs. 1 und 2 sind auch sämtliche nach § 315 tatsächlich Beteiligten (Rn. 8 f.) **beschwerdebefugt**. Den übrigen Beteiligten steht die Beschwerde aufgrund § 59 Abs. 1 zu. Die Beschwerdebefugnis des JA ergibt sich (ergänzend) aus § 162 Abs. 3 Satz 2, da es i.d.R. keine insoweit zuständige Behörde i.S.d. § 335 Abs. 4 ist. Das untergebrachte Kind bzw. der Jugendliche können die Beschwerde auch beim FamG   **33**

---
40 Die Regelung entspricht dem bisherigen § 70h Abs. 2 FGG.
41 Die Regelung entspricht dem bisherigen § 70h Abs. 3 FGG.
42 Die Regelung ersetzt den bisherigen § 70m Abs. 2 FGG und ergänzt die Regelungen in §§ 58 ff.

in dem Bezirk einlegen, in dem die Einrichtung liegt (§ 336[43]). § 335 Abs. 3 zur Einlegung der Beschwerde im Namen des Betroffenen findet auf Kindschaftssachen keine Anwendung.

17. Kosten (§ 337)

> **§ 337 Kosten in Unterbringungssachen**
>
> (1) In Unterbringungssachen kann das Gericht die Auslagen des Betroffenen, soweit sie zur zweckentsprechenden Rechtsverfolgung notwendig waren, ganz oder teilweise der Staatskasse auferlegen, wenn eine Unterbringungsmaßnahme nach § 312 Nr. 1 und 2 abgelehnt, als ungerechtfertigt aufgehoben, eingeschränkt oder das Verfahren ohne Entscheidung über eine Maßnahme beendet wird.
>
> (2) Wird ein Antrag auf eine Unterbringungsmaßnahme nach den Landesgesetzen über die Unterbringung psychisch Kranker nach § 312 Nr. 3 abgelehnt oder zurückgenommen und hat das Verfahren ergeben, dass für die zuständige Verwaltungsbehörde ein begründeter Anlass, den Unterbringungsantrag zu stellen, nicht vorgelegen hat, hat das Gericht die Auslagen des Betroffenen der Körperschaft aufzuerlegen, der die Verwaltungsbehörde angehört.

34 § 337 regelt ausschließlich die Erstattung von Auslagen des Betroffenen durch die Staatskasse in den in § 337 Abs. 1 bestimmten zivilrechtlichen Unterbringungsverfahren bzw. durch eine Körperschaft in den in § 337 Abs. 2 bestimmten öffentlich-rechtlichen Unterbringungssachen. In ihrem **Anwendungsbereich** geht sie als lex specialis der Anwendung des § 81 vor. Soweit die Erstattungspflicht eines anderen Beteiligten in Frage steht, ist mithin § 81 anzuwenden.

35 § 337 Abs. 1 entspricht der bisherigen Regelung in § 13a Abs. 2 Satz 1 FGG, soweit dieser die Kostenerstattung in Unterbringungssachen durch die **Staatskasse** regelt. Danach kann das Gericht nach pflichtgemäßem Ermessen der Staatskasse die zur zweckentsprechenden Rechtsverfolgung notwendigen Auslagen des Betroffenen ganz oder teilweise auferlegen, wenn eine Unterbringungsmaßnahme nach § 312 Nr. 1 und 2 abgelehnt, als ungerechtfertigt aufgehoben oder eingeschränkt wird oder das Verfahren ohne eine Entscheidung über die Maßnahme beendet wird.

36 Zu den **Auslagen des Betroffenen** zählen ihm bisher auferlegte Gerichtskosten sowie außergerichtliche Rechtsverfolgungskosten, z.B. in Gestalt von Anwaltskosten, Reisekosten, Kosten von Privatgutachten. Die Prüfung, ob die Auslagen zur zweckentsprechenden Rechtsverfolgung notwendig waren, erfolgt im Kostenfestsetzungsverfahren.

37 § 337 Abs. 2 regelt die Erstattung von Auslagen des Betroffenen in **öffentlich-rechtlichen Unterbringungssachen**, wenn eine Unterbringungsmaßnahme abgelehnt oder zurückgenommen wird und das Verfahren ergeben hat, dass für die zuständige Verwaltungsbehörde kein begründeter Anlass für den Unterbringungsantrag vorgelegen hat. In diesem Fall werden die Kosten nicht der Staatskasse, sondern der Körperschaft auferlegt, der die **Verwaltungsbehörde** angehört. Die Regelung entspricht der bisherigen Regelung in § 13a Abs. 2 Satz 3 FGG. Ein begründeter Anlass liegt z.B. dann

---

[43] Die Regelung entspricht inhaltlich dem bisherigen § 70m Abs. 3 i.V.m. § 69g Abs. 3 FGG.

nicht vor, wenn die Behörde bei ausreichenden Erkundigungen über die Sach- und Rechtslage einen derartigen Antrag nicht gestellt hätte.

Gegen die Kostenentscheidung ist die **Beschwerde** nach § 58 gegeben. 38

18. Mitteilung der Entscheidung und Benachrichtigung (§§ 338, 339)

> #### § 338 Mitteilung von Entscheidungen
>
> Für Mitteilungen gelten die §§ 308 und 311 entsprechend. Die Aufhebung einer Unterbringungsmaßnahme nach § 330 Satz 1 und die Aussetzung der Unterbringung nach § 328 Abs. 1 Satz 1 sind dem Leiter der Einrichtung, in der der Betroffene lebt, mitzuteilen.
>
> #### § 339 Benachrichtigung von Angehörigen
>
> Von der Anordnung oder Genehmigung der Unterbringung und deren Verlängerung hat das Gericht einen Angehörigen des Betroffenen oder eine Person seines Vertrauens unverzüglich zu benachrichtigen.

Über Entscheidungen über die Anordnung oder Genehmigung einer freiheitsentziehenden Unterbringung ist anderen Gerichten, Behörden oder sonstigen öffentlichen Stellen **Mitteilung** zu machen, soweit dies aus Gründen der Gefahrenabwehr erforderlich ist (§ 338[44] Satz 1 i.V.m. § 308 Abs. 1). Im Übrigen dürfen Erkenntnisse aus dem Unterbringungsverfahren anderen Gerichten oder Behörden von Amts wegen nur nach § 70 Satz 2 und 3 JGG und zur Verfolgung von Straftaten oder Ordnungswidrigkeiten mitgeteilt werden und dies auch nur, soweit nicht schutzwürdige Interessen des Betroffenen entgegenstehen (§ 338 Satz 1 i.V.m. § 311 Satz 1). Der Leiter der Einrichtung ist stets über die Aufhebung oder Aussetzung der Unterbringung zu informieren (§ 338 Satz 2). 39

Die **Mitteilung ist ihrerseits mitzuteilen** dem Verfahrensbeistand (§ 338 Satz 1 i.V.m. § 308 Abs. 3 Satz 1 [i.V.m. § 311 Satz 2]). Das Kind bzw. der Jugendliche wird nur dann nicht unterrichtet, wenn der Zweck der Mitteilung dadurch vereitelt würde, erhebliche Nachteile für die (Entwicklung, Erziehung oder) Gesundheit zu befürchten ist oder das Kind bzw. der Jugendliche nicht in der Lage ist, die Mitteilung zu verstehen (§ 338 Satz 1 i.V.m. § 308 Abs. 3 Satz 2 [i.V.m. § 311 Satz 2]). 40

Über die Anordnung oder Genehmigung einer Freiheitsentziehung ist entsprechend der Vorgabe des Art. 104 Abs. 4 GG ein Angehöriger des Kindes oder Jugendlichen oder eine Person des Vertrauens zu **benachrichtigen** (§ 339). Sind diese Personen nach § 7 Abs. 1, Abs. 2 Nr. 1 oder § 315 Abs. 4 Satz 1 Nr. 2 Beteiligte des Verfahrens (Rn. 8 f.), ergibt sich die Mitteilungspflicht bereits aus § 41 Abs. 1 Satz 1. Ansonsten ist ein Angehöriger auszuwählen, zu dem das Kind oder der Jugendliche (am ehesten) Vertrauen hat. 41

---

[44] Die Regelung entspricht dem bisherigen § 70n FGG.

§ 168 Beschluss über Zahlungen des Mündels

(1) Das Gericht setzt durch Beschluss fest, wenn der Vormund, Gegenvormund oder Mündel die gerichtliche Festsetzung beantragt oder das Gericht sie für angemessen hält:

- Vorschuss, Ersatz von Aufwendungen, Aufwandsentschädigung, soweit der Vormund oder Gegenvormund sie aus der Staatskasse verlangen kann (§ 1835 Abs. 4 und § 1835a Abs. 3 des Bürgerlichen Gesetzbuchs) oder ihm nicht die Vermögenssorge übertragen wurde;
- eine dem Vormund oder Gegenvormund zu bewilligende Vergütung oder Abschlagszahlung (§ 1836 des Bürgerlichen Gesetzbuchs).

Mit der Festsetzung bestimmt das Gericht Höhe und Zeitpunkt der Zahlungen, die der Mündel an die Staatskasse nach den §§ 1836c und 1836e des Bürgerlichen Gesetzbuchs zu leisten hat. Es kann die Zahlungen gesondert festsetzen, wenn dies zweckmäßig ist. Erfolgt keine Festsetzung nach Satz 1 und richten sich die in Satz 1 bezeichneten Ansprüche gegen die Staatskasse, gelten die Vorschriften über das Verfahren bei der Entschädigung von Zeugen hinsichtlich ihrer baren Auslagen sinngemäß.

(2) In dem Antrag sollen die persönlichen und wirtschaftlichen Verhältnisse des Mündels dargestellt werden. § 118 Abs. 2 Satz 1 und 2 sowie § 120 Abs. 2 bis 4 Satz 1 und 2 der Zivilprozessordnung sind entsprechend anzuwenden. Steht nach der freien Überzeugung des Gerichts der Aufwand zur Ermittlung der persönlichen und wirtschaftlichen Verhältnisse des Mündels außer Verhältnis zur Höhe des aus der Staatskasse zu begleichenden Anspruchs oder zur Höhe der voraussichtlich vom Mündel zu leistenden Zahlungen, kann das Gericht ohne weitere Prüfung den Anspruch festsetzen oder von einer Festsetzung der vom Mündel zu leistenden Zahlungen absehen.

(3) Nach dem Tode des Mündels bestimmt das Gericht Höhe und Zeitpunkt der Zahlungen, die der Erbe des Mündels nach § 1836e des Bürgerlichen Gesetzbuchs an die Staatskasse zu leisten hat. Der Erbe ist verpflichtet, dem Gericht über den Bestand des Nachlasses Auskunft zu erteilen. Er hat dem Gericht auf Verlangen ein Verzeichnis der zur Erbschaft gehörenden Gegenstände vorzulegen und an Eides statt zu versichern, dass er nach bestem Wissen und Gewissen den Bestand so vollständig angegeben habe, als er dazu imstande sei.

(4) Der Mündel ist zu hören, bevor nach Absatz 1 eine von ihm zu leistende Zahlung festgesetzt wird. Vor einer Entscheidung nach Absatz 3 ist der Erbe zu hören.

(5) Auf die Pflegschaft sind die Absätze 1 bis 4 entsprechend anzuwenden.

Übersicht

I. Inhalt und Bedeutung der Norm	1
II. Gegenstand der Festsetzung	2
III. Festsetzung von Ansprüchen gegen die Staatskasse	3
IV. Rückgriff beim Mündel oder Erben	6

I. Inhalt und Bedeutung der Norm

Die Vorschrift regelt die **gerichtliche Festsetzung von Aufwendungsersatz und Vergütung** des Vormunds und Gegenvormunds (Abs. 1 Sätze 1 und 4). Sie ist entsprechend anwendbar auf den Pfleger (Abs. 5) und auf Verfahrensbeistände und Umgangspfleger (§ 158 Abs. 7 Satz 6, § 277 Abs. 5 Satz 2 [i.V.m. § 1684 Abs. 3 Satz 5 BGB]). Außerdem regelt sie den Rückgriff beim Kind oder Jugendlichen, für das bzw. den eine Vormund- oder Pflegschaft besteht (Abs. 1 Sätze 2 und 3, Abs. 2 und 4 Satz 1) und beim Erben (Abs. 3 und 4 Satz 2). Die Regelung entspricht **§ 56g FGG bisheriger Rechtslage**. Für die Beschwerde und Zwangsvollstreckung (vgl. § 56g Abs. 5 und 6 FGG) gelten die Regeln des Allgemeinen Teils.

II. Gegenstand der Festsetzung

Folgende Festsetzung kann beantragt werden oder von Amts wegen erfolgen:

- Anspruch gegenüber der Staatskasse nach §§ 1835, 1835a BGB auf **Aufwandsersatz und -entschädigung** (Abs. 1 Satz 1 Nr. 1),
- Anspruch gegenüber der Staatskasse nach §§ 1836 BGB auf **Vergütung als Berufsvormund** (Abs. 1 Satz 1 Nr. 2),
- **Rückgriff der Staatskasse gegenüber dem Mündel** nach §§ 1836c, 1836e BGB wegen Aufwandsersatz bzw. -entschädigung oder Vergütung eines Vormunds/Pflegers (Abs. 1 Satz 2),
- **Rückgriff der Staatskasse gegenüber den Erben** nach § 1836e Abs. 1 Satz 2 BGB wegen Aufwandsersatz bzw. -entschädigung oder Vergütung eines Vormunds/Pflegers (Abs. 3 Satz 1).

Die Rückgriffsforderung gegenüber dem Mündel wird – je nach Zweckmäßigkeit – **zusammen oder gesondert** mit den Ansprüchen gegenüber der Staatskasse festgesetzt (Abs. 1 Sätze 2 und 3).

III. Festsetzung von Ansprüchen gegen die Staatskasse

Die Festsetzung von Aufwendungsersatz und Vergütung des Vormunds oder Pflegers (Abs. 5) erfolgt

- auf Antrag des (Gegen-)Vormunds, Pflegers oder Mündels (bzw. Verfahrensbeistands oder Umgangspflegers) oder
- von Amts wegen, wenn das FamG dies für angemessen hält, etwa wenn Anlass besteht, die Berechnungen des Kostenbeamten zu überprüfen, oder der Anspruch andernfalls zu verfristen droht.[1]

---

1 Keidel u.a./Engelhardt § 56g FGG Rn. 7.

Sie wird durch den **Rechtspfleger** beim FamG vorgenommen (§ 3 Abs. 1 Nr. 2 Buchst. a RPflG). Örtlich zuständig ist das nach §§ 152 bis 154 für die Vormundschaft/Pflegschaft zuständige Gericht.

4 Den Sachverhalt zur Beurteilung des Bestehens und der Höhe eines Zahlungsanspruchs hat der Rechtspfleger **von Amts wegen zu ermitteln** (§ 26). Angaben zu Zeitaufwand sowie Art und Umfang der Aufwendungen, deren Kenntnis sich im Verantwortungsbereich des Vormunds/Pflegers befindet, sind von diesem bei der Geltendmachung von Aufwandsentschädigungsansprüchen nachvollziehbar darzulegen.[2]

5 Findet keine Festsetzung über § 168 statt, bleibt es bei der Geltendmachung der Ansprüche entsprechend **JVEG** (Abs. 1 Satz 4).

IV. Rückgriff beim Mündel oder Erben

6 Im Antrag nach Abs. 1 sollen die **persönlichen und wirtschaftlichen Verhältnisse des Mündels** dargestellt werden (Abs. 2 Satz 1). Das FamG kann

- die Glaubhaftmachung der Angaben verlangen (Abs. 2 Satz 2 i.V.m. § 118 Abs. 2 Satz 1 ZPO);
- die Vorlage von Urkunden anordnen (Abs. 2 Satz 2 i.V.m. § 118 Abs. 2 Satz 2 ZPO).[3]

7 Ändern sich die maßgebenden persönlichen oder wirtschaftlichen Verhältnisse zugunsten des Mündels, so kann die Festsetzung nachträglich geändert werden (Abs. 2 Satz 2 i.V.m. § 120 Abs. 4 Satz 1 ZPO). **Änderungen** zum Nachteil des Mündels, die vier Jahre nach rechtskräftiger Festsetzung eintreten, rechtfertigen eine Änderung nicht (Abs. 2 Satz 2 i.V.m. § 120 Abs. 4 Satz 3 ZPO). Das FamG kann eine Erklärung verlangen, ob sich die Verhältnisse geändert haben (Abs. 2 Satz 2 i.V.m. § 120 Abs. 4 Satz 2 ZPO).

8 Die **Zahlungen** sind an die Landeskasse zu leisten (Abs. 2 Satz 2 i.V.m. § 120 Abs. 2 ZPO). Ist abzusehen, dass die bereits geleisteten Zahlungen die angefallenen und noch anfallenden Kosten decken oder dass die Kosten gegen einen anderen am Verfahren Beteiligten geltend gemacht werden, ist die – zumindest vorläufige – Einstellung der Zahlungen zu bestimmen (Abs. 2 Satz 2 i.V.m. § 120 Abs. 2 ZPO). Bspw. scheidet daher ein Rückgriff gegen das Kind wegen der Kosten der Umgangspflegschaft oder Verfahrensbeistandschaft aus, wenn die Kosten gegen die Eltern/einen Elternteil geltend gemacht werden (können).

9 Dem FamG ist gestattet, den Rückgriff gegenüber dem Mündel von der **Angemessenheit des Verwaltungsaufwands** im Verhältnis zur Höhe des Anspruchs der Staatskasse abhängig zu machen (Abs. 2 Satz 3). Es kann ohne weitere Prüfung entweder einen – dann geschätzten – Anspruch festsetzen oder vom Rückgriff absehen. Wird ein Betrag festgesetzt, sind bei der Schätzung die für das Mündel günstigen Umstände zu berücksichtigen.

---

[2] OLG Frankfurt a.M. 13.08.2001 – 20 U 113/01 = BtPrax 2001, 261 = FamRZ 2001, 193: arg. abgeleitet aus der Ausschlussfrist des § 1835 Abs. 1 Satz 3 BGB.
[3] Die Befugnis zur Amtsermittlung (§ 118 Abs. 2 Satz 2 ZPO) ergibt sich bereits aus § 26.

Stirbt ein Mündel, erstreckt sich die **Haftung der Erben** auf die Rückgriffsforderungen als Nachlassverbindlichkeiten (§ 1967 BGB). Die Haftung ist auf die Höhe des Nachlasses zum Zeitpunkt des Todes beschränkt (§ 1836e Abs. 1 Satz 3 BGB). Das FamG bestimmt Höhe und Zeitpunkt der Zahlungen an die Staatskasse (Abs. 3 Satz 1). Die Erben trifft eine Auskunftspflicht über den Bestand des Nachlasses, sie haben auf Verlangen ein Verzeichnis zu erstellen und eine Versicherung an Eides statt über die Vollständigkeit der Angaben abzugeben (Abs. 3 Sätze 2 und 3). **10**

Mündel und Erben sind **Beteiligte** im Festsetzungsverfahren (§ 7 Abs. 1 oder Abs. 2 Nr. 1). Sie sind vor einer Festsetzung zu **hören** (Abs. 4). **11**

§ 168a Mitteilungspflichten des Standesamts

(1) Wird dem Standesamt der Tod einer Person, die ein minderjähriges Kind hinterlassen hat, oder die Geburt eines Kindes nach dem Tod des Vaters oder das Auffinden eines Minderjährigen, dessen Familienstand nicht zu ermitteln ist, angezeigt, hat das Standesamt dies dem Familiengericht mitzuteilen.

(2) Führen Eltern, die gemeinsam für ein Kind sorgeberechtigt sind, keinen Ehenamen und ist von ihnen binnen eines Monats nach der Geburt des Kindes der Geburtsname des Kindes nicht bestimmt worden, teilt das Standesamt dies dem Familiengericht mit.

Die Mitteilungspflicht des Standesamts in **Abs. 1** entspricht dem bisherigen § 48 FGG. Zweck der Mitteilung ist die Prüfung durch das FamG, ob die Bestellung eines Vormunds oder eine anderweitige Übertragung bzw. Regelung der elterlichen Sorge erforderlich ist. Adressat ist das nach § 152 örtlich zuständige FamG. Sie umfasst drei Anzeigepflichten: **1**

- **Tod eines Elternteils** (auch des nicht sorgeberechtigten), der ein minderjähriges Kind hinterlässt (§§ 1680, 1681, 1773 Abs. 1);
- **Geburt eines Kindes**, nachdem der Vater gestorben ist (einen Zweck erfüllt dies nur bei minderjähriger Mutterschaft, § 1791c BGB);
- **Auffinden eines Minderjährigen**, dessen Familienstand nicht zu ermitteln ist und für den daher stets ein Vormund zu bestellen ist (§ 1773 Abs. 2 BGB).

Die Mitteilungspflicht im Falle der Nichtbestimmung eines Familiennamens für ein Kind nach **Abs. 2** übernimmt den mit dem Gesetz zur Reform des Personenstandsrechts vom 19.02.2007[1] in § 64c FGG überführten § 21a PStG. Für die damit bewirkte erschwerte Auffindbarkeit der Mitteilungspflichten gibt der Gesetzgeber – wenig überzeugend – rechtssystematische Gründe vor.[2] Das FamG erhält durch die Mitteilung Kenntnis von der Notwendigkeit einer Übertragung des Namensbestimmungsrechts auf einen Elternteil **(§ 1617 Abs. 2 BGB)**. **2**

---

1 BGBl I, S. 122.
2 BT-Drs. 16/1831, S. 55 f.

Abschnitt 4
Verfahren in Abstammungssachen
(§ 169 – § 185)

Vorbemerkung § 169

Übersicht

I. Abstammungssachen in Bewegung	1
II. Formalisiertes Antragsverfahren	2
1. Auf Antrag Klärung von Amts wegen	2
2. Beteiligtenschutz im Verfahren	4
3. Wirkungen und Bestand	5

I. Abstammungssachen in Bewegung

1   Der gesellschaftliche Wandel in den Mutter- und Vaterrollen und die erleichterten gendiagnostischen Möglichkeiten der Vaterschaftsklärung haben dem materiellen Abstammungsrecht seit dem KindRG 1998 eine **dynamische Weiterentwicklung** beschert:

- Einführung der Anfechtungsmöglichkeit der ehelichen Vaterschaft bei fehlender sozial-familiärer Vater-Kind-Beziehung,[1]
- Ermöglichung behördlicher Anfechtung missbräuchlicher Vaterschaftsanerkennungen zur Erlangung von Aufenthaltstiteln,[2]
- Einführung eines Anspruchs auf Einwilligung in eine gendiagnostische Abstammungsklärung.[3]

Familiengerichtliche Entscheidungen in Abstammungssachen haben nicht mehr nur die Abstammung sowie die Einhaltung der Fristen zu klären, sondern auch **psychosoziale Kriterien** zu berücksichtigen:

- eine **sozial-familiäre Beziehung** bei einer Anfechtung nach § 1600 Abs. 1 Nr. 2 oder 5 BGB (§ 1600 Abs. 2 bis 4 BGB),
- eine **erhebliche Beeinträchtigung des Kindeswohls** beim Verfahren auf Ersetzung der Einwilligung zur Klärung der leiblichen Abstammung (§ 1598a Abs. 3 BGB).

Dies hat Konsequenzen auch für das in §§ 169 bis 185 zusammengefasste Verfahrensrecht. Die **Systematisierung** der ehemaligen Vorschriften aus ZPO und FGG – leider

---

[1] Gesetz zur Änderung der Vorschriften über die Anfechtung der Vaterschaft und das Umgangsrecht von Bezugspersonen des Kindes vom 23.04.2004, BGBl I, S. 598; BT-Drs. 15/2253, 15/2492.
[2] Gesetz zur Ergänzung des Rechts zur Anfechtung der Vaterschaft vom 13.03.2008, BGBl I, S. 313; BT-Drs. 16/3291, 16/7506.
[3] Gesetz zur Klärung der Vaterschaft unabhängig vom Anfechtungsverfahren vom 26.03.2008, BGBl I, S. 441; BT-Drs. 16/6561, 16/8219.

auch solcher, die (nur) historisch zu erklären sind – im FamFG betont den **Schutzaspekt**.

II. Formalisiertes Antragsverfahren

1. Auf Antrag Klärung von Amts wegen

Abstammungssachen sind **Antragsverfahren** (§ 171 Abs. 1). Das FamG ist grundsätzlich an die Anträge gebunden, es trifft aber ausnahmsweise die Pflicht zum **überschießenden Ausspruch** der Feststellung der Vaterschaft: 2

- bei einer Anfechtung der Vaterschaft nach § 1600 Abs. 1 Nr. 2 BGB (§ 182 Abs. 1),
- bei positiv festgestellter Abstammung im Rahmen des Verfahrens wegen eines Antrags auf Feststellung des Nichtbestehens der Vaterschaft (§ 182 Abs. 2).

Es gilt der **Amtsermittlungsgrundsatz** (§ 26), allerdings insoweit eingeschränkt, als in einem Anfechtungsverfahren nicht vorgetragene Umstände nur berücksichtigt werden, wenn sie dem Fortbestand der Vaterschaft dienen oder vom Antragsteller unwidersprochen bleiben (§ 177 Abs. 1). Für die Klärung der leiblichen Abstammung ist Strengbeweis vorgeschrieben (§ 177 Abs. 2). 3

2. Beteiligtenschutz im Verfahren

Die Statusfrage greift fundamental in die Familienbeziehungen ein. Dem Verfahrensrecht für Abstammungssachen kommen daher auch gewisse **Schutzfunktionen** zu: 4

- Neben dem Antragsteller sind stets auch Vater, Mutter und Kind zu beteiligen (§ 172 Abs. 1), und Erben bleiben weiter außen vor (§ 181).
- Der leichtfertigen Initiierung einer Vaterschaftsanfechtung wird die schlüssige Begründung der Umstände, aus denen sich die Zweifel ergeben, vorgeschaltet (§ 171 Abs. 2).
- Vor der gutachterlichen Abstammungsklärung ist zunächst das Vorliegen der übrigen Voraussetzungen (Frist, sozial-familiäre Beziehung, erhebliche Beeinträchtigung des Kindeswohls) in einer Erörterung zu prüfen (§ 175 Abs. 1), und vor Ersetzung der Einwilligung nach § 1598a BGB sind die Beteiligten zunächst persönlich zu hören (§ 175 Abs. 2).
- Das Jugendamt ist zu beteiligen, um möglichen Hilfebedarf aufgrund des Konflikts über die Durchführung einer Begutachtung (§ 1598a BGB) oder das Vorliegen einer sozial-familiären Beziehung fachkompetent und rechtzeitig zu beleuchten (§ 176).

Misslungen erscheint die **Einführung eines Verfahrensbeistands** in Abstammungssachen, für den ein Anwendungsbereich allenfalls mit viel Fantasie erkennbar erscheint.[4]

---

4 Hierzu → § 174 Rn. 3.

Abschnitt 4 Verfahren in Abstammungssachen

3. Wirkungen und Bestand

5 Sollen sich Kind, Vater und Mutter auf Familienbeziehungen einlassen, verträgt die Abstammungsklärung grundsätzlich **kein Hin und Her**. Die Wirkung der Entscheidung für und gegen alle (erst) mit Rechtskraft sowie die Unabänderlichkeit tragen dem Rechnung (§ 184 Abs. 1 und 2). Dem – mittlerweile nur noch begrenzt zu erwartenden – Fortschritt der Wissenschaft bei der Abstammungsbegutachtung wird durch eine Eröffnung der **Möglichkeit zur Wiederaufnahme** Rechnung getragen (§ 185).

Abstammungssachen (§§ 169 ff.)

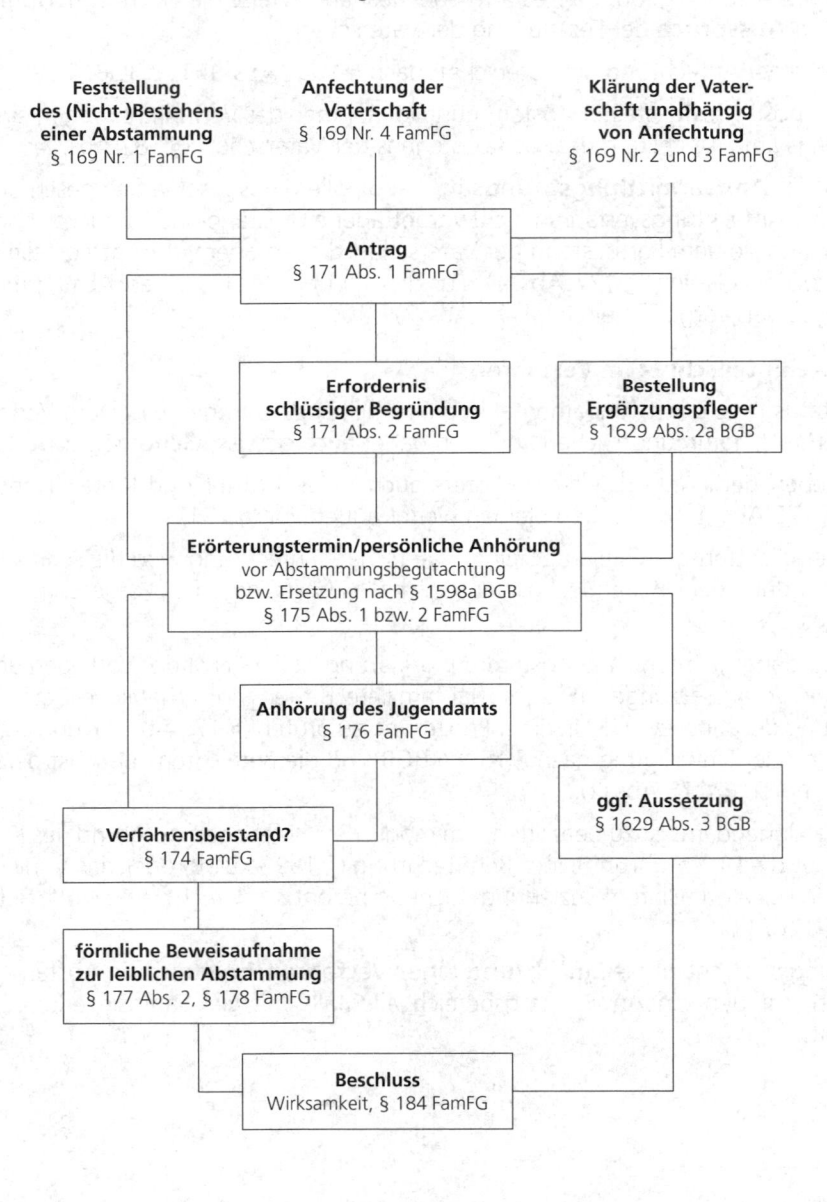

```
Feststellung              Anfechtung der         Klärung der Vater-
des (Nicht-)Bestehens     Vaterschaft            schaft unabhängig
einer Abstammung          § 169 Nr. 4 FamFG      von Anfechtung
§ 169 Nr. 1 FamFG                                § 169 Nr. 2 und 3 FamFG

                    ┌─────────────────┐
                    │     Antrag      │
                    │ § 171 Abs. 1 FamFG │
                    └─────────────────┘

        ┌─────────────────────┐    ┌─────────────────────┐
        │   Erfordernis       │    │    Bestellung       │
        │ schlüssiger Begründung │    │ Ergänzungspfleger │
        │   § 171 Abs. 2 FamFG │    │  § 1629 Abs. 2a BGB │
        └─────────────────────┘    └─────────────────────┘

        ┌─────────────────────────────────────┐
        │ Erörterungstermin/persönliche Anhörung │
        │    vor Abstammungsbegutachtung       │
        │    bzw. Ersetzung nach § 1598a BGB   │
        │    § 175 Abs. 1 bzw. 2 FamFG         │
        └─────────────────────────────────────┘

              ┌─────────────────────┐
              │ Anhörung des Jugendamts │
              │    § 176 FamFG      │
              └─────────────────────┘
                                            ┌─────────────────┐
                                            │  ggf. Aussetzung │
        ┌─────────────────────┐             │ § 1629 Abs. 3 BGB │
        │ Verfahrensbeistand? │             └─────────────────┘
        │    § 174 FamFG      │
        └─────────────────────┘

        ┌─────────────────────────┐
        │ förmliche Beweisaufnahme │
        │ zur leiblichen Abstammung │
        │ § 177 Abs. 2, § 178 FamFG │
        └─────────────────────────┘

              ┌─────────────────────┐
              │      Beschluss      │
              │ Wirksamkeit, § 184 FamFG │
              └─────────────────────┘
```

§ 169 Abstammungssachen

Abstammungssachen sind Verfahren

1. auf Feststellung des Bestehens oder Nichtbestehens eines Eltern-Kind-Verhältnisses, insbesondere der Wirksamkeit oder Unwirksamkeit einer Anerkennung der Vaterschaft,
2. auf Ersetzung der Einwilligung in eine genetische Abstammungsuntersuchung und Anordnung der Duldung einer Probeentnahme,
3. auf Einsicht in ein Abstammungsgutachten oder Aushändigung einer Abschrift oder
4. auf Anfechtung der Vaterschaft.

Übersicht

I.	Inhalt und Bedeutung der Norm	1
II.	Verfahrensgegenstände	3
	1. Feststellung zum Ob eines Eltern-Kind-Verhältnisses (Nr. 1)	3
	2. Klärung der Abstammung unabhängig vom Statusverfahren (Nr. 2 und 3)	6
	3. Anfechtung der Vaterschaft (Nr. 4)	8

I. Inhalt und Bedeutung der Norm

Die Vorschrift des § 169 ist eine **Bündelung** aller familienrechtlichen Verfahren betreffend die Frage des Bestehens, Fortbestehens oder Nichtbestehens eines Eltern-Kind-Verhältnisses sowie der genetischen Abstammung im Abschnitt 4 Abstammungssachen. Er umfasst insoweit alle Konstellationen von Feststellungs-, Gestaltungs- und sonstigen Klärungsverfahren. **1**

Die **ehemaligen Kindschaftssachen** aus §§ 640 ff. ZPO a.F. sind im FamFG begrifflich anderweitig besetzt. § 169 Nr. 1 bis 4 deklariert die Verfahren nach § 640 Nr. 1 bis 4 ZPO a.F. nunmehr als Abstammungssachen. Aufgrund vereinheitlichter Verfahrensgestaltung sind dabei auch die **ehemaligen FGG-Verfahren bei postmortaler Vaterschaftsklärung** nach § 1600e Abs. 2 BGB a.F., § 55b FGG a.F. erfasst. **2**

II. Verfahrensgegenstände

1. Feststellung zum Ob eines Eltern-Kind-Verhältnisses (Nr. 1)

Die Feststellung des Bestehens oder Nichtbestehens eines Eltern-Kind-Verhältnisses umfasst alle Statusverfahren zur Herstellung, Bestätigung bzw. Negation eines Eltern-Kind-Verhältnisses. Hauptanwendungsfall dürften die Verfahren zur **konstitutiven Feststellung der Vaterschaft** nach § 1600d BGB sein, wenn es für ein Kind, das nicht in einer Ehe geboren wurde, zu keiner Vaterschaftsanerkennung gekommen ist, gefolgt von der Feststellung, wenn eine zuvor bestehende Vaterschaft eines anderen Mannes wirksam angefochten wurde. **3**

4 Erfasst sind auch Verfahren zur

- Feststellung, ob eine Vaterschaft qua **Ehelichkeitsvermutung** nach § 1592 Nr. 1 BGB besteht, etwa bei Auflösung der Ehe durch Tod (§ 1593 BGB) oder bei Geburt nach Anhängigkeit eines Scheidungsverfahrens (§ 1598 Abs. 2 BGB),
- Klärung der **Abstammung zur Mutter** (§ 1591 BGB), etwa beim ausländischen Erfordernis einer Mutterschaftsfeststellung,[1] bei möglicher Kindesverwechslung bzw. -unterschiebung[2] oder vorheriger Abgabe des Kindes in einer sog. Babyklappe bzw. bei anonymer Geburt,[3]
- Anerkennung oder Feststellung der **Wirksamkeit einer ausländischen Entscheidung** bzw. Anerkennung,[4]
- wirksamen Begründung eines Eltern-Kind-Verhältnisses durch eine **Annahme als Kind**, das alternativ auch als Adoptionssache nach §§ 186 ff. betrieben werden kann,
- Klärung von Zweifeln über
  - die **Wirksamkeit einer Anerkennung** (Nr. 1 Alt. 2)[5] oder
  - die **Wirksamkeit einer Anfechtung** (§ 1598 Abs. 1 BGB).

Kraft Sachzusammenhangs (und anderweitiger Verortung) ist auch der **Auskunftsanspruch des Kindes** gegenüber der Mutter auf Mitteilung der Person des Vaters eine Abstammungssache nach § 169 Nr. 1.[6]

5 Ein **Feststellungsinteresse** ist nicht gesondert geltend zu machen, allerdings gelten die Begründungsanforderungen des § 171 Abs. 2.[7] Die Frage, ob zulässig ist, familiengerichtlich das Bestehen oder Nichtbestehen eines Eltern-Kind-Verhältnisses feststellen zu lassen, ist über die Beteiligtenstellung (§ 172, § 7)[8] bzw. das materielle Recht zu klären. Die Feststellung des Nichtbestehens einer biologischen Abstammung bei fortdauernder Behauptung einer solchen durch Mutter, Kind oder Andere[9] ist von § 169 Nr. 1 nicht erfasst, sondern muss im Rahmen einer allgemeinen Unterlassungsklage verfolgt werden; sie ist mangels Bestehens eines Eltern-Kind-Verhältnisses auch keine sonstige Familiensache nach § 266 Abs. 1 Nr. 4.

2. Klärung der Abstammung unabhängig vom Statusverfahren (Nr. 2 und 3)

6 Zu den Abstammungssachen zählt auch das Verlangen eines nach **§ 1598a Abs. 1 BGB** Klärungsberechtigten gegen einen Vater, eine Mutter oder ein Kind, in eine genetische Abstammungsuntersuchung einzuwilligen und die Probeentnahme anzuordnen **(Nr. 2)**.[10]

---

1 DIJuF JAmt 2004, 412 (Italien); 2004, 412 (Frankreich).
2 Vgl. OLG Bremen 06.01.1995 – 5 UF 93/94 = FamRZ 1995, 1291.
3 Muscheler FPR 2008, 257 (259).
4 BGH 09.06.1999 – XII ZB 169/98 = DAVorm 1999, 711 = FuR 2000, 260.
5 BGH 19.12.1984 – IVb ZR 86/82 = NJW 1985, 804 = StAZ 1985, 129.
6 Baumbach u.a. § 640 ZPO Rn. 3 m.w.Nachw.; a.A. Thomas/Putzo/Hüßtege § 640 ZPO Rn. 1; OLG Hamm 31.03.1999 – 8 WF 120/99 = FamRZ 2000, 38.
7 Hierzu → § 171 Rn. 9 ff.
8 Hierzu → § 172 Rn. 2 f.
9 OLG Hamburg 17.02.1971 – 14 W 2/71 = DAVorm 1971, 141 f.
10 Hierzu Wellenhofer NJW 2008, 1185; Knittel JAmt 2008, 117; Muscheler FPR 2008, 257; Zimmermann FuR 2008, 323; Hammermann FamRB 2008, 150; Tintner/Kost Jugendhilfe 2008, 140; Binschus ZfF 2008, 132.

Dem Fortschritt der Gentechnik geschuldet ist auch der Anspruch des Kindes, Vaters oder der Mutter auf **Kenntnis bereits eingeholter Abstammungsgutachten (Nr. 3)**. Dies betrifft sowohl Gutachten, in deren Einholung die erforderliche Einwilligung erteilt wurde (§ 1598a Abs. 4) als auch Ansprüche auf Kenntnis eines rechtswidrig eingeholten Gutachtens (§ 17 Abs. 5 Halbs. 1 i.V.m. § 11 Abs. 3 GenDG).

3. Anfechtung der Vaterschaft (Nr. 4)

Auch alle Verfahren betreffend die Anfechtung einer Vaterschaft zählen zu den Abstammungssachen **(Nr. 4)**, unabhängig davon, ob ein Vater (§ 1600 Abs. 1 Nr. 1 BGB), ein Mann, der an Eides Statt versichert, der Mutter in der Empfängniszeit beigewohnt zu haben (§ 1600 Abs. 1 Nr. 2 BGB), eine Mutter (§ 1600 Abs. 1 Nr. 3 BGB), ein Kind (§ 1600 Abs. 1 Nr. 4) oder eine anfechtungsberechtigte Behörde (§ 1600 Abs. 1 Nr. 5 BGB) das Verfahren anstrengt. Die Einschränkungen der Abs. 2 bis 5 des § 1600 BGB sowie die Anfechtungsfristen des § 1600b BGB betreffen die Zulässigkeit bzw. Begründetheit eines Antrags.

§ 170 Örtliche Zuständigkeit

(1) Ausschließlich zuständig ist das Gericht, in dessen Bezirk das Kind seinen gewöhnlichen Aufenthalt hat.

(2) Ist die Zuständigkeit eines deutschen Gerichts nach Absatz 1 nicht gegeben, ist der gewöhnliche Aufenthalt der Mutter, ansonsten der des Vaters maßgebend.

(3) Ist eine Zuständigkeit nach den Absätzen 1 und 2 nicht gegeben, ist das Amtsgericht Schöneberg in Berlin ausschließlich zuständig.

Der Systematik der Zuweisung der örtlichen Zuständigkeit im FamFG folgend rekurriert § 170 – anders als noch die Vorgängerregelung in § 640a Abs. 1 ZPO – auf den **gewöhnlichen Aufenthalt des Kindes** (Abs. 1) und nicht mehr (auch) dessen Wohnsitz. Maßgeblich ist eine subjektiv-objektive Betrachtung, wonach sich der Wille zum zukunftsoffenen Verbleib durch Umstände manifestiert haben muss, die erkennen lassen, dass die Person an dem Ort oder in dem Gebiet nicht nur vorübergehend verweilt (settled intention).[1]

Ist ein gewöhnlicher Aufenthalt des Kindes im Inland nicht feststellbar, etwa weil es nur einen tatsächlichen, aber keinen gewöhnlichen Aufenthalt hat oder letzterer im Ausland liegt, ist die Zuständigkeit nach einer in Abs. 2 und 3 **festgelegten Reihenfolge** zu ermitteln:

- gewöhnlicher Aufenthalt der Mutter, hilfsweise, falls ein solcher im Inland nicht feststellbar ist,
- gewöhnlicher Aufenthalt des Vaters, hilfsweise, falls ein solcher im Inland nicht feststellbar ist,
- das Amtsgericht Schöneberg in Berlin.

---

1 Eingehend hierzu → § 152 Rn. 4.

Bei der so ermittelten örtlichen Zuständigkeit in Abstammungssachen handelt es sich stets um eine ausschließliche.

§ 171 Antrag

(1) Das Verfahren wird durch einen Antrag eingeleitet.

(2) In dem Antrag sollen das Verfahrensziel und die betroffenen Personen bezeichnet werden. In einem Verfahren auf Anfechtung der Vaterschaft nach § 1600 Abs. 1 Nr. 1 bis 4 des Bürgerlichen Gesetzbuchs sollen die Umstände angegeben werden, die gegen die Vaterschaft sprechen, sowie der Zeitpunkt, in dem diese Umstände bekannt wurden. In einem Verfahren auf Anfechtung der Vaterschaft nach § 1600 Abs. 1 Nr. 5 des Bürgerlichen Gesetzbuchs müssen die Umstände angegeben werden, die die Annahme rechtfertigen, dass die Voraussetzungen des § 1600 Abs. 3 des Bürgerlichen Gesetzbuchs vorliegen, sowie der Zeitpunkt, in dem diese Umstände bekannt wurden.

Übersicht

I. Inhalt und Bedeutung der Norm	1
II. Antragserfordernis (Abs. 1)	3
III. Inhalt und Begründung (Abs. 2)	5
1. Antragsinhalt: Verfahrensziel und betroffene Personen (Satz 1)	6
2. Begründungserfordernisse bei Vaterschaftsanfechtung (Sätze 2 und 3)	9

I. Inhalt und Bedeutung der Norm

1 Die Überführung der Abstammungssachen aus der ZPO in die freiwillige Gerichtsbarkeit macht erforderlich, die Frage der **Verfahrenseinleitung** – zugunsten einer Beibehaltung des Charakters eines Antragsverfahrens (Abs. 1, § 23) – zu klären. Wegen der konstitutiven bzw. dekonstruierenden Wirkung einer Abstammungsklärung und deren weitreichenden Folgen für sämtliche rechtlichen sowie psycho-sozialen Familienbeziehungen werden in Erweiterung zu § 23 Abs. 1 an Inhalt und Begründung **gesteigerte formale Anforderungen** gestellt (Abs. 2).

2 Auch die Kindschaftssachen alten Rechts (§§ 640 ff. ZPO a.F.; vgl. auch § 55b Abs. 2 FGG) konnten als Parteienstreitigkeiten nur auf Antrag verfolgt werden. Neu sind die differenzierten Vorgaben zu Inhalt und Begründung des Antrags (Abs. 2).

II. Antragserfordernis (Abs. 1)

3 In Abstammungssachen wird das FamG nicht von Amts wegen (§ 24), sondern nur auf Antrag tätig (Abs. 1, § 23). Mit Einreichung des Antrags beim zuständigen Gericht wird

das Verfahren damit anhängig¹ und werden die materiell-rechtlichen Anfechtungsfristen nach § 1600b BGB gewahrt.²

Ein Antrag auf Feststellung der Vaterschaft könnte wie folgt aussehen: 4

> **Muster**
> **Antrag**
> in der Familiensache
> betreffend die Abstammung des Kindes ... geb. am ...
> Beteiligte
> 1. ... (Kind)
> vertreten durch [Mutter oder das Jugendamt ... als Beistand]
> – Antragsteller –
> 2. ... (Mutter)
> 3. ...
> Der/Die Antragsteller/in begehrt die Feststellung, dass der Beteiligte zu 3. sein/ihr Vater ist.
> Begründung:
> ...

III. Inhalt und Begründung (Abs. 2)

Die Klärung des Status ist für die Beteiligten in einem Familiensystem und ihre Beziehungen zueinander konstitutiv und insbesondere für Kinder von grundlegender, identitätsstiftender Bedeutung. Abs. 2 enthält daher eine von § 23 Abs. 1 **abweichende Bestimmung des Antragsinhalts**. Mit ihr soll die unberechtigte Initiierung einer Klärung der biologischen Abstammungsverhältnisse verhindert und die Aktivierung der Amtsermittlungspflicht des FamG in Abstammungssachen an **gesteigerte Voraussetzungen** geknüpft werden. Fragen der Anfechtungsberechtigung, Fristwahrung sowie die Umstände, die an einer bestehenden Vaterschaft (oder Mutterschaft) zweifeln bzw. eine solche vermuten lassen, werden zum Pflichtinhalt des Antrags und seiner Begründung erhoben. Der vorverlagerten Schlüssigkeitsprüfung³ als Zulässigkeitsvoraussetzung kommt damit eine **Schutzfunktion** zu. 5

1. Antragsinhalt: Verfahrensziel und betroffene Personen (Satz 1)

Die Benennung des Verfahrensziels und der betroffenen Personen (Abs. 2 Satz 1) dient der Abgrenzung des Verfahrensgegenstands. Die Konzeption als **Soll-Vorschrift** bedeutet für das FamG die Pflicht, bei ungenügenden Angaben vor einer Zurückweisung als unzulässig einen entsprechenden Hinweis zu erteilen.⁴ 6

Als im Antrag zu benennendes **Verfahrensziel** kommt in Betracht: 7

---
1 → § 23 Rn. 4 ff.
2 BT-Drs. 16/6308, S. 244.
3 BGH 22.04.1998 – XII ZR 229/96 = NJW 1998, 2976 = FamRZ 1998, 955 = DAVorm 1998, 627; 30.10.2002 – XII ZR 945/00 = NJW 2003, 585 = FamRZ 2003, 155 = JAmt 2003, 147 = FPR 2003, 135; 12.01.2005 – XII ZR 227/03 = NJW 2005, 497 = FamRZ 2005, 340 = JAmt 2005, 140 = StAZ 2005, 102; 12.01.2005 – XII ZR 60/03 = FamRZ 2005, 342.
4 BT-Drs. 16/6308, S. 244.

- Feststellung einer Vaterschaft (§ 1600d BGB),
- Feststellung des Bestehens der Vaterschaft (§ 1592 BGB),
- Feststellung des Bestehens der Mutterschaft (§ 1591 BGB),
- Feststellung der (Un-)Wirksamkeit einer Anerkennung, Zustimmung oder eines Widerrufs (§§ 1598, 1599 Abs. 2 BGB),
- Ersetzung der Einwilligung in eine genetische Untersuchung zur Klärung der Abstammung (§ 1598a Abs. 2 BGB),
- Anfechtung einer bestehenden Vaterschaft (§ 1600 BGB),
- Feststellung der (Un-)Wirksamkeit einer Anfechtung,
- Feststellung des Nichtbestehens einer Vaterschaft oder Mutterschaft.

8   Zu benennende **betroffene Personen** sind die Beteiligten (§ 172 Abs. 1):
- das Kind,
- die Mutter bzw. bei Streit über das Bestehen der Mutterschaft die mögliche Mutter,
- der Vater bzw. in Vaterschaftsfeststellungsverfahren der Putativvater.

2. Begründungserfordernisse bei Vaterschaftsanfechtung (Sätze 2 und 3)

9   In Anträgen auf Vaterschaftsanfechtung durch den Vater, Beiwohnenden, die Mutter oder das Kind (§ 1600 Abs. 1 Nr. 1 bis 4 BGB) sollen die Gründe angegeben werden, auf denen die **Zweifel an der Vaterschaft** gründen (Abs. 2 Satz 2). Die vorgetragenen Umstände müssen aus objektiver Sicht plausibel sein. An die Schlüssigkeitsprüfung sind hierbei keine zu hohen Anforderungen zu stellen, sie soll der Amtsermittlung nicht vorgreifen. Bei einer Anfechtung reicht aus, wenn die Möglichkeit einer anderweitigen Abstammung nicht ganz fern liegend erscheint.[5]

10 Bei der behördlichen Anfechtung nach § 1600 Abs. 1 Nr. 5 BGB muss im Antrag das Vorliegen der **Voraussetzungen des § 1600 Abs. 3 BGB** schlüssig vortragen sein. Die Behörde muss darlegen,
- weshalb sie von einer durchgängig fehlenden sozial-familiären Beziehung zwischen Kind und Vater ausgeht,
- dass die Vaterschaftsanerkennung die rechtlichen Voraussetzungen für die berechtigte Einreise oder den berechtigten Verbleib eines ausländischen Elternteils oder Kindes geschaffen hat.

11 Die **Gesetzesbegründung** ignoriert den eindeutigen Gesetzeswortlaut des Abs. 2 Satz 3 und verkehrt die tatsächliche Interessenlage in ihr Gegenteil, wenn sie anführt, der nach § 1600 Abs. 1 Nr. 5 BGB anfechtungsberechtigten Behörde sei die Darlegung von Zweifeln am Bestehen einer sozial-familiären Beziehung nicht zumutbar, weil diese Umstände in den Kernbereich der Privatsphäre der Betroffenen fielen. Sie müsse nur den staatsangehörigkeits- und/oder ausländerrechtlichen Teil umfassend darlegen und es sei Sache von Vater und Kind, im Einzelnen zu ihrer Beziehung vorzutragen.[6] Mit

---
5 BGH 22.04.1998 – XII ZR 229/96 = NJW 1998, 2976 (2977) = FamRZ 1998, 955 (957) = DAVorm 1998, 627 (630); BT-Drs. 16/6308, S. 244.
6 BT-Drs. 16/6308, S. 244 f.; BT-Drs. 16/3207, S. 14.

der Zulässigkeit eines Anfechtungsantrags ins Blaue, nur weil durch die Anerkennung ein Aufenthaltstitel erlangt wurde (Generalverdacht[7]), würde massiv in Grundrechte der Beteiligten in der Familie eingegriffen. Zugunsten des behördlichen Aufwands würde die familiengerichtliche Amtsermittlungspflicht ausgelöst. Ein Antrag der anfechtungsberechtigten Behörde ist daher nur bei **substanziiertem Vortrag zur sozial-familiären Beziehung** zulässig.[8] Die Darlegung von Zweifeln an der biologischen Abstammung ist nach § 1600 Abs. 3 BGB indes nicht gefordert.

Auch der Vortrag zur **Einhaltung der Anfechtungsfrist** (§ 1600b BGB) muss ausreichend substanziiert und schlüssig sein.[9] Maßstab ist der materiell-rechtlich normierte Fristbeginn: 12

- Abs. 2 Satz 2: Der Antrag des Vaters, Beiwohnenden, der Mutter oder des Kindes (§ 1600 Abs. 1 Nr. 1 bis 4 BGB) auf Anfechtung bedarf des Vortrags, wann erstmals Umstände bekannt wurden, die gegen die Vaterschaft sprechen (§ 1600b Abs. 1 Satz 2 BGB).
- Abs. 2 Satz 3: Bei der behördlichen Anfechtung (§ 1600 Abs. 1 Nr. 5 BGB) ist im Antrag anzugeben, wann die Behörde von Tatsachen Kenntnis erlangt hat, die die Annahme rechtfertigen, dass
  - zu keinem Zeitpunkt eine sozial-familiäre Beziehung zwischen Kind und Vater (§ 1600 Abs. 4 BGB) bestand,
  - die Anerkennung zur berechtigten Einreise bzw. zur Erlangung eines Aufenthaltstitels eines Elternteils oder des Kindes geführt hat (§ 1600b Abs. 1a Satz 2 i.V.m. § 1600 Abs. 3 BGB).

Die besonderen Begründungserfordernisse in Abs. 2 Sätze 2 und 3 greifen der späteren amtswegigen Beweiserhebung zur Richtigkeit der Angaben nicht vor. Soweit **Zweifel nach Ausschöpfen der Beweismittel** verbleiben, gehen diese in Bezug auf die Einhaltung der Anfechtungsfrist nach § 1600b Abs. 1 Satz 2 bzw. Abs. 1a Satz 2 BGB nicht zu Lasten des Antragstellers, sondern tragen die weiteren Beteiligten die **Feststellungslast**.[10] Zweifel über das Vorliegen der Voraussetzungen nach § 1600 Abs. 3 BGB gehen zu Lasten der anfechtenden Behörde.[11] 13

§ 172 Beteiligte

(1) Zu beteiligen sind

1. das Kind,
2. die Mutter,
3. der Vater.

---

7 Differenziert hierzu Arendt-Rojahn FPR 2007, 295 (296 f.); ein solches Anfechtungsrecht scheinbar befürwortend Helms StAZ 2007, 69 (74 f.).
8 BGH 30.07.2008 – XII ZR 150/06 = NJW 2008, 2985 (2986 f.) = FamRZ 2008, 1821 (1822).
9 Zum Meinungsstand vor FamFG Groß FPR 2007, 392 (393).
10 BGH 22.04.1998 – XII ZR 229/96 = NJW 1998, 2976 (2977) = FamRZ 1998, 955 (956) = DAVorm 1998, 627 (629); OLG Hamm 20.04.1999 – 9 WF 7/99 = FamRZ 1999, 1362 (1363) = DAVorm 1999, 893 (894); OLG Düsseldorf 29.06.1994 – 3 U 9/93 = FamRZ 1995, 315 (316); Grün 2003, Rn. 271 m.w.Nachw.
11 BGH 30.07.2008 – XII ZR 150/06 = NJW 2008, 2985 (2987) = FamRZ 2008, 1821 (1822).

(2) Das Jugendamt ist in den Fällen des § 176 Abs. 1 Satz 1 auf seinen Antrag zu beteiligen.

1 Nach der **Gesetzessystematik** ist die Beteiligungsvorschrift des § 172 spezialgesetzliche Ergänzung zu § 7.[1] Abs. 1 knüpft an die **bisherige Rechtslage** in § 640e Abs. 1 ZPO a.F. an.

2 Die **Pflichtbeteiligung von Kind, Mutter und Vater (Abs. 1)** ist eine Konkretisierung der Beteiligung „aufgrund dieses Gesetzes" nach § 7 Abs. 2 Nr. 2. Ein **Mann, dessen Vaterschaft festgestellt werden soll**, ist durch das Verfahren unmittelbar in seinen Rechten betroffen und nach § 7 Abs. 2 Nr. 1 zu beteiligen, ein Antragsteller nach § 7 Abs. 1. Andere als in Abs. 1 genannte **Antragsteller** können sein

- der Mann, der Feststellung der Vaterschaft zu einem Kind beantragt,
- der Mann, der an Eides statt versichert, der Mutter in der Empfängniszeit beigewohnt zu haben und nach § 1600 Abs. 1 Nr. 2 BGB eine bestehende Vaterschaft anficht,
- der Mann, der nach erfolgreicher Vaterschaftsanfechtung parallel zur Geltendmachung eines Unterhaltsregressanspruchs – inzident – die Vaterschaftsfeststellung zu einem anderen Mann begehrt (§ 179 Abs. 1 Satz 2 entsprechend),[2]
- die nach § 1600 Abs. 1 Nr. 5 BGB anfechtungsberechtigte Behörde.

3 Ist bei einer Vaterschaftsanfechtung die Frage des Bestehens einer sozial-familiären Beziehung relevant (§ 1600 Abs. 1 Nr. 2 und 5 BGB) oder ficht das Kind an und ist durch einen Elternteil vertreten, ist das **Jugendamt** anzuhören (§ 176 Abs. 1). Es kann in seiner Funktion als **Sozialleistungsbehörde** die formelle Beteiligung beantragen **(Abs. 2)**. Ist das Jugendamt hingegen in einem Anfechtungsverfahren zum **Ergänzungspfleger** für ein Kind bestellt (§ 1909 Abs. 1 Satz 1 BGB), ist es gesetzlicher Vertreter des bereits nach § 172 Nr. 1 beteiligten Kindes und kann in dieser Funktion keine Beteiligung beantragen.

§ 173 Vertretung eines Kindes durch einen Beistand

Wird das Kind durch das Jugendamt als Beistand vertreten, ist die Vertretung durch den sorgeberechtigten Elternteil ausgeschlossen.

1 Mit dem Vertretungsvorrang des JA als Beistand in Abstammungssachen korreliert der wortgleiche § 234 für Unterhaltssachen. § 173 entspricht § 53a ZPO a.F. **bisheriger Rechtslage**.

2 Auf entsprechenden schriftlichen Antrag eines nach § 1713 BGB antragsberechtigten Elternteils wird das Jugendamt Beistand für ein Kind und ist damit gesetzlicher Vertreter mit dem Aufgabenkreis Feststellung der Vaterschaft (§ 1712 Abs. 1 Nr. 1 BGB).[1] Durch die Beistandschaft wird die elterliche Sorge des Elternteils, der die Beistand-

---

1 BT-Drs 16/9733, S. 295.
2 BGH 16.04.2008 – XII ZR 144/06 = NJW 2008, 2433 = FamRZ 2008, 1424 = FuR 2008, 400.
1 Nicht zum Aufgabenkreis gehört die Vertretung bei einer Vaterschaftsanfechtung OLG Nürnberg 20.11.2000 – 11 WF 3908/00 = FamRZ 2001, 705 = JAmt 2001, 51.

schaft beantragt hat, nicht eingeschränkt. Zur **Vermeidung doppelter Verfahren** zum gleichen Verfahrensgegenstand ist der Elternteil daher an der Vertretung in der Abstammungssache gehindert, wenn der Beistand in Vertretung des Kindes gerichtlich eine Vaterschaftsfeststellung betreibt.

Die **Antragstellung durch den Beistand** auf Feststellung der Vaterschaft zum von ihm vertretenen Kind bewirkt, dass ein späterer, vom sorgeberechtigten Elternteil eingereichter Antrag unzulässig ist. Hatte der Elternteil, der die Beistandschaft beantragt hat, bereits zuvor eine Abstammungssache anhängig gemacht, endet seine Vertretungsmacht mit dem **Einstieg des Beistands in das Verfahren**; das Verfahren wird fortgeführt und es kommt lediglich zu einem Wechsel der Person des gesetzlichen Vertreters.[2]

Die jederzeitige Möglichkeit einer **Beendigung der Beistandschaft** durch den Elternteil, der sie beantragt hat, bleibt auch während der anhängigen Abstammungssache unbenommen (§ 1715 Abs. 1 Satz 1 BGB). **Verfahrensbeteiligter** ist das Kind (§ 172 Abs. 1 Nr. 1), nicht aber das JA als Beistand und damit als gesetzlicher Vertreter des Kindes.[3]

§ 174 Verfahrensbeistand

Das Gericht hat einem minderjährigen Beteiligten in Abstammungssachen einen Verfahrensbeistand zu bestellen, soweit dies zur Wahrnehmung seiner Interessen erforderlich ist. § 158 Abs. 2 Nr. 1 sowie Abs. 3 bis 7 gilt entsprechend.

Die Möglichkeit der Bestellung eines Verfahrensbeistands in Abstammungssachen war nach **bisheriger Rechtslage** nicht vorgesehen. Rechtssystematisch erscheint zumindest fraglich, ob ein entsprechendes Regelungsbedürfnis besteht. Es ergibt sich allenfalls ein **sehr schmaler Anwendungsbereich**.

Nur soweit dies zur Wahrnehmung der Interessen des Kindes erforderlich ist, besteht nach Satz 1 eine Pflicht zur Bestellung. Erläuternd hierzu verweist Satz 2 auf § 158 Abs. 2 Nr. 1, wonach in der Regel ein Verfahrensbeistand zu bestellen ist, wenn das **Interesse des Kindes** in erheblichem Gegensatz zu dem seiner gesetzlichen Vertreter steht. In Verfahren zur Klärung der Vaterschaft nach § 1598a BGB sind die Eltern wegen des Interessengegensatzes ebenso an der Vertretung gehindert (§ 1629 Abs. 2a BGB) wie in einem Anfechtungsverfahren bei bestehender gemeinsamer elterlicher Sorge oder bei einem Antrag auf Anfechtung durch den allein sorgeberechtigten Vater (§ 1629 Abs. 2 Satz 1, § 1795 Abs. 2, § 181 BGB).[1] Das FamG hat einen **Ergänzungspfleger** zu bestellen (§ 1909 Abs. 1 Satz 1 BGB). Dieser nimmt als gesetzlicher Vertreter die Interessen des Kindes in der Abstammungssache wahr. Eine zusätzliche Bestellung eines Verfahrensbeistands ist nicht erforderlich i.S.d. § 174 Satz 1.

Allenfalls dann, wenn als Vorfrage zur Klärung der Abstammung das Bestehen einer **sozial-familiären Beziehung** (§ 1600 Abs. 1 Nr. 2 und 5, Abs. 2 bis 4 BGB) oder die

---

2 Zöller/Vollkommer § 53a ZPO Rn. 3.
3 BT-Drs. 16/6308, S. 245.
1 Grün 2003, Rn. 189 f.

Einhaltung der Frist (§ 1600b BGB) zu klären ist, könnte an eine erforderliche Interessenwahrnehmung durch einen Verfahrensbeistand zu denken sein. Grundsätzlich handelt es sich hier um Fragen der **Sachverhaltsaufklärung zu Tatbestandsmerkmalen**, bei deren Auslegung für etwaige vom Verfahrensbeistand festgestellte und zur Geltung gebrachte Interessen des Kindes (Satz 2 i.V.m. § 158 Abs. 4 Satz 1) keine Spielräume eröffnet sind. Etwas Anderes kann allenfalls gelten, wenn die beteiligten Erwachsenen (Vater, Mutter, die Beiwohnung versichernder Mann) und/oder die anfechtungsberechtigte Behörde das (Nicht-)Vorliegen der Voraussetzungen für die Anfechtung gemeinsam bewusst wahrheitswidrig vortäuschen. Dies kann den Kindesinteressen widersprechen und – soweit dem Gericht hierfür Anhaltspunkte bekannt werden – erforderlich machen, dem Kind einen Verfahrensbeistand an die Seite zu stellen, der die Kindesperspektive ins Verfahren einbringt.

4 Im Übrigen ist in Verfahren wegen der Feststellung der Vaterschaft, der Anfechtung der Vaterschaft oder der Feststellung des (Nicht-)Bestehens einer Vaterschaft oder Mutterschaft alleiniger **Entscheidungsmaßstab** die genetische Abstammung bzw. das rechtliche (Nicht-)Bestehen einer Vater-Kind- bzw. Mutter-Kind-Beziehung. Es ist daher auch nicht erforderlich, dass ein Verfahrensbeistand die Interessen des Kindes wahrnimmt. Ist in einer Vaterschaftsanfechtung durch die allein sorgeberechtigte Mutter eine Kindeswohlgefährdung zu sehen, ist ein eigenes Verfahren zu eröffnen (§ 179 Abs. 2) und der Verfahrensbeistand in diesem zu bestellen (§ 158 Abs. 2 Nr. 2). Ansonsten gilt der **Verweis in Satz 2** auf Zeitpunkt, Absehen von oder Anfechtbarkeit der Bestellung, Aufgaben, Ausschluss, Beendigung und Vergütung (§ 158 Abs. 3 bis 7).[2] Wegen des fehlenden Verweises auf § 158 Abs. 8 können dem Verfahrensbeistand in Abstammungssachen die Kosten des Verfahrens auferlegt werden.

§ 175 Erörterungstermin; persönliche Anhörung

(1) Das Gericht soll vor einer Beweisaufnahme über die Abstammung die Angelegenheit in einem Termin erörtern. Es soll das persönliche Erscheinen der verfahrensfähigen Beteiligten anordnen.

(2) Das Gericht soll vor einer Entscheidung über die Ersetzung der Einwilligung in eine genetische Abstammungsuntersuchung und die Anordnung der Duldung der Probeentnahme (§ 1598a Abs. 2 des Bürgerlichen Gesetzbuchs) die Eltern und ein Kind, das das 14. Lebensjahr vollendet hat, persönlich anhören. Ein jüngeres Kind kann das Gericht persönlich anhören.

I. Inhalt und Bedeutung der Norm

1 Auch der Abschnitt zu den Abstammungssachen enthält eine eigene Vorschrift über die Anhörung. **Gesetzessystematisch** bedeutet § 175 eine Engführung der Möglichkeiten familienrichterlicher Verfahrensgestaltung. Die Reihenfolge Erörterungstermin

---

2 Hierzu → § 158 Rn. 13 ff.

vor Beweisaufnahme bzw. Anhörung vor Ersetzung nach § 1598a Abs. 2 BGB ist als Regelfall festgelegt. Die **bisherige Rechtslage** (§§ 640 ff. ZPO) enthielt keine Spezialregelung zur Erörterung (Abs. 1). Abs. 2 übernimmt den durch Gesetz zur Klärung der Vaterschaft unabhängig vom Anfechtungsverfahren[1] eingeführten § 56 Abs. 1 FGG a.F.

II. Erörterungstermin vor Beweisaufnahme (Abs. 1)

Vor der Beweisaufnahme über die Abstammung soll ein **Erörterungstermin** durchgeführt werden (Satz 1), also bevor die Kosten für ein Abstammungsgutachten anfallen,[2] bevor ein Mann, der nach § 1600 Abs. 1 Nr. 2 BGB an Eides statt versichert, der Mutter in der Empfängniszeit beigewohnt zu haben, seine Erzeugerschaft durch einen Vaterschaftstest feststellen lassen kann oder bevor eine Behörde nach § 1600 Abs. 1 Nr. 5 BGB eine Abstammungsbegutachtung initiieren kann. Zur **Vermeidung der Kostenlast** sollen die Zulässigkeitsfragen vorab geklärt werden, insbesondere die Einhaltung der Anfechtungsfristen (§ 1600b BGB)[3] oder die internationale Zuständigkeit, aber auch, ob der Mann ggf. zur Anerkennung bereit ist.[4] Zum **Schutz vor unzulässigen Eingriffen in eine rechtliche Vater-Kind-Beziehung** soll die Frage des Bestehens einer sozial-familiären Beziehung (§ 1600 Abs. 2 bis 4 BGB) und des aufenthaltsrechtlichen Vorteils der Vaterschaftsanerkennung (§ 1600 Abs. 3 BGB) vorab beantwortet werden. Hierzu ist ggf. weiterer Beweis zu erheben („**Filterfunktion**"[5]). Der Erörterungstermin ist nicht öffentlich; das FamG kann die Öffentlichkeit zulassen, wenn kein Beteiligter widerspricht (§ 170 Abs. 1 Sätze 1 und 2 GVG).[6]

Von der Vorabklärung kann das FamG nur **ausnahmsweise absehen**, wenn

- sich aus den Schriftsätzen keine Anhaltspunkte für den Ablauf der Anfechtungsfristen nach § 1600b BGB ergeben,
- das Nichtbestehen einer sozial-familiären Beziehung zwischen rechtlichem Vater und dem Kind i.S.d. § 1600 Abs. 3 BGB außer Frage steht oder
- der aufenthaltsrechtliche Vorteil i.S.d. § 1600 Abs. 2 BGB offensichtlich ist.

Im Erörterungstermin soll das **persönliche Erscheinen** der verfahrensfähigen Beteiligten angeordnet werden. Beteiligte sind Kind, Mutter und Vater (§ 172 Abs. 1) sowie die Antragsteller (§ 7 Abs. 1) und ggf. das Jugendamt (§ 172 Abs. 2).[7] Die **Verfahrensfähigkeit** richtet sich nach § 9. Kinder und Jugendliche sind vor Volljährigkeit grundsätzlich nicht verfahrensfähig, da das BGB sie für Abstammungssachen nicht als geschäftsfähig anerkennt (§ 9 Abs. 1 Nr. 2) oder ihnen ab dem Alter von 14 nicht zugesteht, ein ihnen zustehendes Recht geltend zu machen (§ 9 Abs. 1 Nr. 3; vgl. § 1600a Abs. 3 BGB).[8] In jedem Fall ist das **Kind Beteiligter in einer Abstammungssache**

---

[1] Vom 26.03.2008, BGBl I, S. 441.
[2] BT-Drs. 16/6308, S. 245.
[3] BT-Drs. 16/6308, S. 245.
[4] Heiter FPR 2006, 417 (420).
[5] Heiter FPR 2006, 417 (420).
[6] Heiter FPR 2006, 417 (420).
[7] Hierzu → § 172 Rn. 3.
[8] Ausführlich → § 9 Rn. 5.

(§ 172 Abs. 1 Nr. 1); das FamG kann die Sache daher auch mit ihm in einem Termin erörtern (§ 32 Abs. 1 Satz 1), es ist allerdings nicht durch die Sollvorgabe des § 175 Abs. 1 gebunden.

III. Anhörung vor Ersetzung nach § 1598a Abs. 2 BGB (Abs. 2)

5 Die regelhafte Anhörung („soll") der Eltern und des 14 Jahre alten oder älteren Kindes in einem Verfahren über die Ersetzung der Einwilligung der Klärung der Vaterschaft und zur Anordnung der Duldung der Probeentnahme nach § 1598a Abs. 2 BGB (Satz 1) trägt dem Umstand Rechnung, dass die Klärung **weit reichende Auswirkungen auf die familiären Beziehungen** haben kann.[9] Das FamG hat so die Möglichkeit, auf eine Einwilligung ohne gerichtliche Anordnung hinzuwirken[10] und mit den Beteiligten die Folgen sowie insbesondere die **Möglichkeiten der Inanspruchnahme von Beratung** zu erörtern.

6 13 Jahre alte oder **jüngere Kinder** sind von der Soll-Vorgabe in Abs. 2 Satz 1 nicht erfasst. Sie können angehört werden (Satz 2). Erwägungen des FamG bei der **Ermessensausübung** sind u.a., inwieweit

- eine Willensäußerung oder der persönliche Eindruck Einfluss auf eine Entscheidung zur **Aussetzung der Klärung** aufgrund einer erheblichen Beeinträchtigung des Kindeswohls nach § 1598a Abs. 3 BGB haben kann,

- die **Einbeziehung** des Kindes und die Herstellung von **Transparenz** über das konflikthafte (vermeintlich heimliche) Geschehen der Abstammungsklärung zwischen den Eltern angezeigt erscheint,

- die Konflikte der Eltern einen persönlichen Eindruck von den Belastungen des Kindes die amtswegige **Einleitung einer Kindschaftssache** wegen der elterlichen Sorge oder des Umgangsrechts erforderlich machen,

- die gerichtliche Anhörung die **Belastungen des Kindes** aufgrund der Zweifel und Konflikte der Eltern noch verschärfen würden.[11]

§ 176 Anhörung des Jugendamts

(1) Das Gericht soll im Fall einer Anfechtung nach § 1600 Abs. 1 Nr. 2 und 5 des Bürgerlichen Gesetzbuchs sowie im Fall einer Anfechtung nach § 1600 Abs. 1 Nr. 4 des Bürgerlichen Gesetzbuchs, wenn die Anfechtung durch den gesetzlichen Vertreter erfolgt, das Jugendamt anhören. Im Übrigen kann das Gericht das Jugendamt anhören, wenn ein Beteiligter minderjährig ist.

---

9 BT-Drs. 16/6561, S. 16.
10 BT-Drs. 16/6561, S. 16.
11 BT-Drs. 16/6561, S. 16.

(2) Das Gericht hat dem Jugendamt in den Fällen einer Anfechtung nach Absatz 1 Satz 1 sowie einer Anhörung nach Absatz 1 Satz 2 die Entscheidung mitzuteilen. Gegen den Beschluss steht dem Jugendamt die Beschwerde zu.

I. Inhalt und Bedeutung der Norm

Indem die **sozial-familiäre Vater-Kind-Beziehung** in bestimmten Konstellationen als materiell-rechtliches Kriterium für die Zulässigkeit einer Vaterschaftsanfechtung etabliert wurde, haben in Abstammungssachen auch erzieherische und soziale Gesichtspunkte zur Entwicklung des Kindes oder Jugendlichen **(§ 50 Abs. 2 SGB VIII)** Bedeutung erlangt. Die Anhörung des Jugendamts auch in diesen Verfahren (§ 176) ist die logische Folge.[1]

1

Die Vorschrift knüpft an die erst 2008 in § 640d Abs. 2 Satz 1 ZPO a.F. aufgenommene Beteiligungspflicht und das Beteiligungsermessen in § 49a Abs. 2a FGG **bisheriger Rechtslage** an, erweitert den Anwendungsbereich auf Anfechtungsverfahren nach § 1600 Abs. 1 Nr. 2 BGB (Abs. 1 Satz 1) bzw. auf Abstammungssachen insgesamt (Abs. 1 Satz 2), übernimmt die Unterrichtungspflicht des § 640d Abs. 2 Satz 2 ZPO a.F. (Abs. 2 Satz 1) und führt ein ausdrückliches Beschwerderecht des Jugendamts (Abs. 2 Satz 2) neu ein.

2

II. Anhörung des Jugendamts (Abs. 1)

Ist für eine Vaterschaftsanfechtung nach § 1600 Abs. 1 Nr. 2 oder 5 BGB Zulässigkeitsvoraussetzung, dass eine **sozial-familiäre Vater-Kind-Beziehung** besteht bzw. zum Zeitpunkt des Todes oder der Anerkennung bestand (§ 1600 Abs. 2 und 3 BGB), ergibt sich ebenso die **regelhafte Pflicht nach Abs. 1 Satz 1**, das Jugendamt anzuhören, wie in den Fällen, in denen ein Kind die Vaterschaft vertreten durch einen Elternteil anficht (§ 1600 Abs. 1 Nr. 4 BGB).

3

Nach der Vorstellung des Gesetzgebers soll das Jugendamt die „vorhandenen Fakten gemäß seinem Aufgabenverständnis" in das Gerichtsverfahren einbringen.[2] Die **Mitwirkung** (§ 50 Abs. 1 Satz 2 Nr. 2 SGB VIII) kann dabei **nicht vom Jugendamt als Ergänzungspfleger oder Beistand** wahrgenommen werden.[3] Deren Aufgabe ist die gesetzliche Vertretung des Kindes als Beteiligtem, nicht die Mitwirkung nach § 50 SGB VIII. Ergänzungspfleger und Beistand dürfen die bei der Ausübung der elterlichen Sorge gewonnenen Daten nur zur Wahrnehmung der nach § 55 Abs. 2 SGB VIII (i.V.m. §§ 1712, 1909 Abs. 1 Satz 1 BGB) übertragenen Aufgabenkreise weitergeben (§ 68 Abs. 1 Satz 1 SGB VIII).[4] Das **Jugendamt als Sozialleistungsbehörde** hat daher (zusätzlich) Hilfekontakt zur Familie aufnehmen, um sich ein Bild von den erzieherischen und sozialen Gesichtspunkten zu verschaffen und ggf. Leistungen anzubieten; hier-

4

---

[1] BT-Drs. 16/3291, S. 8, 18; BT-Drs. 16/6561, S. 6, 16.
[2] BT-Drs. 16/3291, S. 18.
[3] Missverständlich daher Muscheler FPR 2008, 257 (261).
[4] Dies übersehend BT-Drs. 16/3291, S. 18; Zypries/Cludius ZRP 2007, 1 (4 f.).

über und insbesondere über das Bestehen oder Nichtbestehen einer sozial-familiären Vater-Kind-Beziehung[5] ist das FamG zu unterrichten (§ 50 Abs. 2 Satz 1 SGB VIII).

5 Die **fakultative Anhörung nach Abs. 1 Satz 2** („kann") in allen anderen Abstammungssachen mit einem minderjährigen Beteiligten trägt dem Umstand Rechnung, dass die Anfechtung und ein damit verbundener **potenzieller Vaterverlust** mit erheblichen Belastungen für Kind und/oder Eltern verbunden sein kann. Insbesondere, wenn Vater, Mutter oder Kind bei Zweifeln die leibliche Abstammung vom Vater klären möchten und andere Beteiligte ihre Zustimmung hierzu (§ 1598a Abs. 1 Satz 1 BGB) verweigern, liegen dem regelmäßig **massive familiäre Konflikte** zugrunde. Kommen solche Auseinandersetzungen vor das FamG (§ 1598a Abs. 2 BGB), ist dies gleichzeitig ein hoch signifikanter **Hinweis auf einen potenziellen Hilfebedarf**. Die Anhörung gibt dem Jugendamt Gelegenheit, von diesem Kenntnis zu erlangen und ggf. auf die Inanspruchnahme benötigter Hilfen zur Konfliktbewältigung hinzuwirken, etwa auf Beratung in Fragen der Partnerschaft (§ 17 SGB VIII) oder Erziehungsberatung (§ 28 SGB VIII).

6 Das Jugendamt bringt auch in den Anfechtungsverfahren nach § 1600 Abs. 1 Nr. 2 und 5 BGB die **entscheidungserheblichen Aspekte des Kindeswohls** zur Geltung (§ 50 Abs. 2 SGB VIII).[6] Sind dem FamG Anhaltspunkte für die Notwendigkeit einer Aussetzung des Verfahrens wegen erheblicher Beeinträchtigung des Kindeswohls (§ 1598a Abs. 3 BGB) bekannt, ist es bei der Anhörung des Jugendamts nach Abs. 1 Satz 2 nicht mehr frei. In diesem Fall kann die **Unterlassung einen Verfahrensfehler** darstellen, der zur Aufhebung in der Beschwerdeinstanz führen kann.[7]

III. Mitteilung und Beschwerderecht (Abs. 2)

7 Wurde das Jugendamt in einer Abstammungssache nach Abs. 1 angehört oder hätte es nach Abs. 1 Satz 1 angehört werden müssen, ist das FamG verpflichtet zur **Mitteilung der Entscheidung (Abs. 2 Satz 1)**. Durch die Kenntnis wird das Jugendamt befähigt, rechtzeitig mit dem Kind und seinen Eltern weiteren Kontakt zu suchen und einen Hilfebedarf zu prüfen. Beratungs- und Unterstützungsbedarf kommt insbesondere in Betracht, wenn

- nach einer **erfolgreichen behördlichen Anfechtung** nach § 1600 Abs. 1 Nr. 5 BGB eine Abschiebung droht, was einen Hilfebedarf aufgrund der damit verbundenen Belastungen nahe legt,

- ein Mann sich trotz zuvor bestehender Vaterschaft eines anderen Mannes **in die Vaterrolle eingeklagt** hat (§ 1600 Abs. 1 Nr. 2 BGB) und aufgrund vorherigen Widerstands der Mutter damit zu rechnen ist, dass die veränderte Familienkonstellation mit erheblichen Konflikten oder Belastungen verbunden ist,

- eine Vaterschaft erfolgreich angefochten wurde und sich für Kind und Mutter in diesem **vaterlosen Stadium** die Frage der Vaterschaftsanerkennung bzw. -feststellung stellt,

---

5 Beinkinstadt JAmt 2007, 342 (344).
6 BT-Drs. 16/6561, S. 16.
7 Borth FPR 2007, 381 (384).

- nach Ersetzung der Einwilligung sowie der Anordnung einer Probeentnahme zur **Klärung der leiblichen Abstammung** (§ 1598a Abs. 2 BGB) mit einer weiteren Eskalation der Konflikte und Belastungen zu rechnen ist.

Das **Beschwerderecht des Jugendamts (Abs. 2 Satz 2)** besteht immer dann, wenn das Jugendamt nach Abs. 1 angehört wurde oder nach Abs. 1 Satz 1 hätte angehört werden müssen. Dies ist die logische **Konsequenz aus der Mitwirkung nach § 50 SGB VIII.** Mit der Anhörung wurde der Auftrag des Jugendamts zur Verwirklichung des Rechts des Kindes oder Jugendlichen auf Förderung seiner Entwicklung und auf Erziehung zu einer eigenverantwortlichen und gemeinschaftsfähigen Persönlichkeit aktiviert (§ 1 Abs. 1 SGB VIII). Hierzu gehört auch die Einlegung von Rechtsmitteln gegen familiengerichtliche Entscheidungen, die aus Sicht des JA die Kindesinteressen, insbesondere wegen bestehender sozial-familiärer Beziehung (§ 1600 Abs. 4 BGB) oder erheblicher Gefährdung des Kindeswohls (§ 1598a Abs. 3 BGB), nicht angemessen würdigen.

8

§ 177 Eingeschränkte Amtsermittlung; förmliche Beweisaufnahme

(1) Im Verfahren auf Anfechtung der Vaterschaft dürfen von den beteiligten Personen nicht vorgebrachte Tatsachen nur berücksichtigt werden, wenn sie geeignet sind, dem Fortbestand der Vaterschaft zu dienen, oder wenn der die Vaterschaft Anfechtende einer Berücksichtigung nicht widerspricht.

(2) Über die Abstammung in Verfahren nach § 169 Nr. 1 und 4 hat eine förmliche Beweisaufnahme stattzufinden. Die Begutachtung durch einen Sachverständigen kann durch die Verwertung eines von einem Beteiligten mit Zustimmung der anderen Beteiligten eingeholten Gutachtens über die Abstammung ersetzt werden, wenn das Gericht keine Zweifel an der Richtigkeit und Vollständigkeit der im Gutachten getroffenen Feststellungen hat und die Beteiligten zustimmen.

I. Inhalt und Bedeutung der Norm

Die Abstammungssachen nehmen nach der **Gesetzessystematik** in Bezug auf die Beweisführung eine Zwischenstellung ein. In Abs. 1 wird der **Beibringungsgrundsatz** statuiert und dieser gleichzeitig in Richtung einer Ermittlung von Amts wegen (§ 26) aufgeweicht. Bei der **Beweiserhebung** ist das FamG einerseits frei (§ 29) und andererseits bei der Klärung der leiblichen Abstammung gesetzlich zur förmlichen Beweisaufnahme verpflichtet (Abs. 2 Satz 1, § 30 Abs. 2) – mit Vorgaben zur Beweiswürdigung bei Privatgutachten (Abs. 2 Satz 2).

1

Abs. 1 entspricht § 640d Abs. 1 ZPO a.F. **bisheriger Rechtslage**, wurde sprachlich allerdings mit § 127 Abs. 2 synchronisiert.[1] Abs. 2 überführt den Strengbeweis des bisherigen ZPO-Verfahrens ins FamFG.

2

---
1 BT-Drs. 16/6308, S. 245.

II. Eingeschränkte Amtsermittlung (Abs. 1)

3   Der auch in Abstammungssachen geltende Amtsermittlungsgrundsatz wird für **Vaterschaftsanfechtungsverfahren** dahingehend eingeschränkt, dass das FamG nicht auf Eigeninitiative zu einem Vaterverlust des Kindes beitragen darf, wohl aber amtswegig Umstände ermitteln und berücksichtigen darf, die dem **Fortbestand der Vaterschaft dienen**; eine Ausnahme gilt nur, wenn die Berücksichtigung vom Anfechtenden unwidersprochen bleibt (Abs. 1).

- Die Einholung eines Gutachtens kann damit auch weiterhin nicht allein auf die **bloße Behauptung der Nichtabstammung** gestützt werden. Ohne Angabe von Umständen, die nach objektiver Betrachtung geeignet sind, Zweifel an der Abstammung zu wecken, ist der Antrag unschlüssig;[2] unbenommen bleibt die Möglichkeit der vorherigen Klärung der leiblichen Abstammung nach § 1598a BGB.

- Bei widersprüchlichen Angaben zur **Einhaltung einer Frist des § 1600b BGB** dürfen für eine Zulässigkeit der Anfechtung sprechende Umstände nicht berücksichtigt werden, wenn der Anfechtende auf seinem anderweitigen Vortrag beharrt.[3]

III. Förmliche Beweisaufnahme (Abs. 2)

4   Die Anordnung der **Förmlichkeit** einer Beweisaufnahme (**Satz 1** i.V.m. § 30 Abs. 2) schließt in Bezug auf das Bestehen oder Nichtbestehen einer leiblichen Abstammung (§ 169 Nr. 1) oder die Vaterschaftsanfechtung (§ 169 Nr. 2) den Freibeweis aus. Die förmliche Beweisaufnahme richtet sich nach den Vorschriften der ZPO.[4]

5   Wurde im Vorfeld oder während einer anhängigen Abstammungssache ein **Privatgutachten** eingeholt, ist die **Verwertung zum Beweis** nicht von vornherein ausgeschlossen (**Satz 2**). Allerdings wird wegen der hohen Manipulationsanfälligkeit und der weitreichenden Konsequenzen für die Familienbeziehungen, insbesondere für das Kind, hierfür regelmäßig **Grundbedingung** sein, dass die Probe nach den anerkannten Grundsätzen der Wissenschaft entnommen wurde (vgl. § 1598a Abs. 1 Satz 2 BGB).[5] Nicht ausreichend ist, dass „alle Beteiligten mit der Verwertung des privat eingeholten Abstammungsgutachtens einverstanden" sind,[6] insbesondere, wenn ein Elternteil als gesetzlicher Vertreter das Einverständnis des Kindes gibt. Die gerichtliche Sicherung der Validität des Abstammungsgutachtens ist keineswegs ein „kostenverursachender Formalismus".[7] Weder die Prozessökonomie noch die Frage, ob die Einholung eines weiteren Gutachtens durch das FamG den Eltern zu vermitteln ist, darf für die Beweisführung leitend sein. Eine Ausnahme von den **Anforderungen des § 1598a Abs. 1 Satz 2 BGB** kommt allenfalls dann in Betracht, wenn bereits gesi-

---

2   BGH 30.10.2002 – XII ZR 345/00 = NJW 2003, 585 = FamRZ 2003, 155 = JAmt 2003, 147 = FuR 2003, 302 = FPR 2003, 135; a.A Zöller/Philippi § 640d ZPO Rn. 2 m.w.Nachw.
3   BGH 14.02.1990 – XII ZR 12/89 = NJW 1990, 2813 f. = FamRZ 1990, 507 (509) = DAVorm 1990, 369 (371).
4   → § 30 Rn. 2.
5   Zum andernfalls möglichen Restitutionsantrag → § 185 Rn. 5.
6   BT-Drs. 16/6308, S. 245 f.
7   So aber die Gesetzesbegründung, BT-Drs. 16/6308, S. 246.

cherte Erkenntnisse für die Vaterschaft eines anderen Mannes vorliegen oder aus anderen objektiven, erwiesenen Gründen die leibliche Abstammung des Kindes von seinem Vater ausgeschlossen erscheint.

§ 178 Untersuchungen zur Feststellung der Abstammung

(1) Soweit es zur Feststellung der Abstammung erforderlich ist, hat jede Person Untersuchungen, insbesondere die Entnahme von Blutproben, zu dulden, es sei denn, dass ihr die Untersuchung nicht zugemutet werden kann.

(2) Die §§ 386 bis 390 der Zivilprozessordnung gelten entsprechend. Bei wiederholter unberechtigter Verweigerung der Untersuchung kann auch unmittelbarer Zwang angewendet, insbesondere die zwangsweise Vorführung zur Untersuchung angeordnet werden.

I. Inhalt und Bedeutung der Norm

Die Pflicht zur Duldung der Entnahme einer Blutprobe zum Zweck einer Abstammungsuntersuchung ist **gesetzessystematisch** gleichzeitig eine Ermächtigungsgrundlage, die entsprechende Eingriffe in die körperliche Unversehrtheit erlaubt (Art. 2 Abs. 2 Sätze 1 und 3 GG). Die Vorschrift übernimmt den Inhalt des § 372a ZPO **bisheriger Rechtslage**, bleibt dort aber im modifizierten Wortlaut erhalten, ist mithin doppelt geregelt. Der neu gefasste Abs. 1 verzichtet insbesondere auf die Anforderung zur Prüfung der potenziellen Erfolgsaussicht oder der Zumutbarkeit gesundheitlicher Nachteile einer Blutentnahme. Als Aspekt der Verhältnismäßigkeit bleiben sie in ihrem schmalen Anwendungsbereich aber erhalten (Rn. 4). Den Ausschluss der Vollstreckung einer Duldung zu einer nach § 1598a Abs. 2 BGB angeordneten Probeentnahme wegen Unzumutbarkeit und die Zulässigkeit der Anwendung unmittelbaren Zwangs bei wiederholter Weigerung in diesen Fällen ist gesondert geregelt (→ § 96a), was rechtssystematisch nicht zu überzeugen weiß.

1

II. Duldung der Blutentnahme (Abs. 1)

Eingriffe des FamG in die körperliche Unversehrtheit auf der Grundlage von § 178 unterliegen dem **Verhältnismäßigkeitsgrundsatz**. Das FamG kann die Duldung einer Blutentnahme daher nur anordnen, „soweit" dies zur Abstammungsklärung erforderlich ist. **Erforderlichkeit** liegt nicht vor, wenn die Klage unzulässig oder unschlüssig ist;[1] die anderen Voraussetzungen sind daher grundsätzlich vorab zu prüfen (§ 171 Abs. 2 Satz 2, § 175). Ggf. ist vorab durch anderweitige Beweiserhebung zu klären, ob ein Mann überhaupt als Vater in Betracht kommen,[2] als solcher zweifelsfrei festgestellt

2

---
1 OLG Düsseldorf 17.12.2007 – II-1 UF 151/07 = FamRZ 2008, 630 = JAmt 2008, 378 (Ls.).
2 BGH 14.03.1990 – XII ZR 56/89 = NJW 1990, 2312 (2313) = FamRZ 1990, 615 (616) = DAVorm 1990, 463 (465).

oder ausgeschlossen werden kann.[3] Insbesondere bei Verwertbarkeit eines Privatgutachtens (§ 177 Abs. 2 Satz 2)[4] fehlt die Erforderlichkeit.

3 Die Erforderlichkeit einer Blutprobenentnahme steht aufgrund des Fortschritts der Gendiagnostik insgesamt in Frage. Die **genetische Abstammungsuntersuchung mithilfe einer Speichelprobe** (Abstrich mit einem Wattestab von der Mundschleimhaut) ist der mildere, nach wissenschaftlicher Erkenntnis genauso verlässliche und damit erfolgversprechende Eingriff.[5] Soweit ein Beteiligter nicht freiwillig mitwirkt, ist daher grundsätzlich die Duldung einer solchen Probeentnahme anzuordnen. Nach dem Tod ist die Verwendung von zweifelsfrei dem Verstorbenen zuzuordnendem Genmaterial (z.B. Blut- und Gewebeproben in Krankenhäusern) einer Exhumierung vorzuziehen.[6] Zur **Duldungspflicht** gehört auch die aktive Teilnahme an der Untersuchung (Aufsuchen, Mitwirken an der Identitätsprüfung, -sicherung – mittels Fingerabdruck, Lichtbild – und am Abstrich/an der Blutentnahme).[7] Bei Exhumierung sind die zur Totenfürsorge Berufenen zur Duldung verpflichtet.[8]

4 Nicht geeignet, zur Klärung der Abstammung beizutragen, und daher unzulässig ist die Anordnung einer Probeentnahme, wenn bspw. von **eineiigen Zwillingen** beide Brüder der Mutter in der Empfängniszeit beigewohnt haben und mithin als Vater in Betracht kommen und einer der Männer mit der erforderlichen Wahrscheinlichkeit als potenzieller Vater feststeht. Nach derzeitigem Stand der Wissenschaft ist nicht möglich festzustellen, welcher Zwilling der Vater ist.[9] Die Frage der Zumutbarkeit einer Entnahme der Blutprobe wegen zu erwartender **gesundheitlicher Nachteile** erübrigt sich generell, da das Genmaterial auch mit einer Speichelprobe entnommen werden kann.[10]

III. Durchsetzung der Duldung (Abs. 2)

5 Die **Verweisung auf §§ 386 bis 390 ZPO in Abs. 2 Satz 1** betrifft

- die Erklärung der Zeugnisverweigerung (§ 386 ZPO),
- Besonderheiten betreffend die Zeugnisverweigerung vor einem beauftragen oder ersuchten Richter (§ 389 ZPO),
- einen möglichen Zwischenstreit über die Rechtmäßigkeit der Verweigerung (§§ 387, 388 ZPO) und
- unter der Überschrift Folgen der Zeugnisverweigerung die Anwendung von Zwangsmitteln zur Durchsetzung der Probeentnahme (§ 390 ZPO).

---

3 Zöller/Greger § 372a ZPO Rn. 3.
4 Hierzu → § 177 Rn. 5.
5 Sich an die Blutgruppenbegutachtung als Regelfall klammernd Richtlinien für die Erstattung von Abstammungsgutachten FamRZ 2002, 1159; stets ein Blutgruppengutachten fordernd Baumbach u.a. § 372a ZPO Rn. 4; siehe auch Leitlinien für die Erstattung von Abstammungsgutachten FamRZ 2003, 81.
6 OLG München 19.10.2000 – 26 UF 1453/99 = FamRZ 2001, 126 (128); OLG Köln 11.12.2000 – 14 UF 130/00 = FamRZ 2001, 930 (931) = JAmt 2001, 138 (139); eine Blutentnahme bei Verwandten des Verstorbenen fordernd Kirchmeier FPR 2002, 370 (375).
7 Grün 2003, Rn. 297.
8 OLG Köln 11.12.2000 – 14 UF 130/00 = FamRZ 2001, 930 = JAmt 2001, 138; OLG München 19.10.2000 – 26 UF 1453/99 = FamRZ 2001, 126 (127).
9 DIJuF JAmt 2002, 16 f.
10 Grün 2003, Rn. 306.

Ist kein **Zwischenstreit über die Zeugnisverweigerung** (§§ 386 bis 389 ZPO) eröffnet oder ein solcher abgeschlossen, kommen Zwangsmittel zur Durchsetzung in Betracht. Ein Zwischenstreit findet nur bei ausdrücklicher Erklärung der Weigerung i.S.d. § 386 oder § 389 ZPO statt, nicht aber bei bloßem Nichterscheinen.[11] Gem. Abs. 2 Satz 1 i.V.m. § 390 Abs. 1 ZPO kann bei Weigerung ein **Ordnungsgeld** in der Höhe zwischen 5 und 1.000 EUR (Art. 6 Abs. 1 Satz 1 EGStGB) angeordnet werden. **Ordnungshaft** wegen wiederholter Weigerung (§ 390 Abs. 2 ZPO) kommt indes nicht in Betracht, da die Möglichkeit der Anwendung unmittelbaren Zwangs (Abs. 2 Satz 2, Rn. 7) das mildere Mittel darstellt.[12]

Die **Anwendung unmittelbaren Zwangs (Abs. 2 Satz 2)** gegenüber einem **Elternteil**, um von diesem die Entnahme der Probe zu erzwingen, umfasst sowohl die Möglichkeit der zwangsweisen Vorführung durch den Gerichtsvollzieher als auch die Probeentnahme selbst. Besitzt ein **Kind ausreichende Einsichtsfähigkeit** in die Auswirkungen des Eingriffs in das höchstpersönliche Recht der körperlichen Unversehrtheit durch die Probeentnahme, kann es nur selbst zustimmen oder sie verweigern.[13] Diese Einsicht liegt – insbesondere beim Abstrich von der Mundschleimhaut – regelmäßig deutlich vor dem 14. Lebensjahr vor.[14] Ansonsten kann nur der gesetzliche Vertreter für das Kind zustimmen oder verweigern.[15]

Verweigert ein entsprechend vertretungsberechtigter Elternteil die **Durchführung beim Kind**, findet grundsätzlich ein Zwischenstreit nach Abs. 2 Satz 1 i.V.m. §§ 386 bis 389 ZPO statt.[16] Ist über die Verweigerung durch Zwischenentscheid entschieden, kommt bei weiterer Verhinderung durch den Elternteil die Anwendung unmittelbaren Zwangs gegenüber dem Elternteil (§ 96a Abs. 2),[17] ein Teilentzug der elterlichen Sorge (§ 1629 Abs. 2a, § 1909 Abs. 1 Satz 1 BGB) oder eine Ersetzung der Einwilligung (§ 1666 Abs. 3 Nr. 4 BGB) in Betracht;[18] eine Festsetzung von Ordnungsgeld scheidet mangels Rechtsgrundlage aus.[19] Bei **Verweigerung eines Kindes oder Jugendlichen** selbst ist die Anwendung unmittelbaren Zwangs nur zulässig, wenn eine Durchsetzung der Verpflichtung mit milderen Mitteln nicht möglich und die Nichtberücksichtigung des erklärten Willens des Kindes oder Jugendlichen unter Berücksichtigung des Kindeswohls nicht gerechtfertigt ist (§ 90 Abs. 2 Satz 2); bei entsprechender Einflussnahme eines Elternteils sind die Voraussetzungen der Bestellung eines Ergänzungspflegers zu prüfen.[20]

---

[11] BGH 31.05.1990 – III ZB 52/89 = NJW 1990, 2936 (2937); Baumbach u.a. § 372a ZPO Rn. 30; Musielak/Huber § 372a ZPO Rn. 14.
[12] Grün 2003, Rn. 312.
[13] OLG Karlsruhe 14.08.1997 – 2 W 3/97 = FamRZ 1998, 563 = DAVorm 1998, 714.
[14] A.A. Baumbach u.a. § 372a ZPO Rn. 25; Zöller/Greger § 372a ZPO Rn. 14.
[15] OLG Jena 22.01.2007 – 1 UF 454/06 = FamRZ 2007, 1676; OLG Naumburg 11.01.2000 – 3 WF 220/99 = DAVorm 2000, 495; OLG München 18.09.1996 – 26 W 2159/96 = FamRZ 1997, 1170; OLG Karlsruhe 14.08.1997 – 2 W 3/97 = FamRZ 1998, 563 = DAVorm 1998, 714.
[16] OLG Karlsruhe 10.10.2006 – 2 UF 197/06 = JAmt 2007, 106 (107).
[17] Zur Anwendung unmittelbaren Zwangs → § 90 Rn. 3 ff.
[18] OLG Karlsruhe 10.10.2006 – 2 UF 197/06 = FamRZ 2007, 738 (740) = JAmt 2007, 106 (107).
[19] Zöller/Greger § 372a ZPO Rn. 14; a.A. OLG München 18.09.1996 – 26 W 2159/96 = FamRZ 1997, 1170.
[20] Grün 2003, Rn. 312; OLG München 18.09.1996 – 26 W 2159/96 = FamRZ 1997, 1170.

§ 179 Mehrheit von Verfahren

(1) Abstammungssachen, die dasselbe Kind betreffen, können miteinander verbunden werden. Mit einem Verfahren auf Feststellung des Bestehens der Vaterschaft kann eine Unterhaltssache nach § 237 verbunden werden.

(2) Im Übrigen ist eine Verbindung von Abstammungssachen miteinander oder mit anderen Verfahren unzulässig.

1 Abstammungssachen sind grundsätzlich **exklusive Verfahren** (Abs. 2). Die Feststellung der Vaterschaft kann lediglich als notwendige Vorfrage eines Kindesunterhaltsanspruchs mit entsprechenden Unterhaltssachen verbunden werden (Abs. 1 Satz 2). § 179 entspricht inhaltlich § 640c ZPO a.F. **bisheriger Rechtslage**.

2 Abstammungssachen können nur mit anderen Abstammungssachen verbunden werden, wenn sie das **gleiche Kind** betreffen (**Abs. 1 Satz 1**), bspw.

- die Anträge auf Feststellung der Vaterschaft gegen mehrere Putativväter (vgl. § 182 Abs. 2),[1] soweit diese nicht hilfsweise gestellt sind,[2]
- die Feststellung des Nichtbestehens eines Vater-Kind-Verhältnisses (etwa wegen Unwirksamkeit einer Anerkennung) mit der hilfsweisen Anfechtung,[3]
- die Ehelichkeitsanfechtung mit dem Antrag auf Feststellung eines anderen Mannes als Vater,[4]
- die Anfechtung der Vaterschaft mit der Widerklage auf Feststellung des (Fort-)Bestehens des Vater-Kind-Verhältnisses.[5]

Die Anfechtung der Vaterschaft nach § 1600 Abs. 1 Nr. 2 BGB ist zwingend mit der Feststellung der Vaterschaft des anfechtenden Mannes zu verbinden (vgl. § 182 Abs. 1).

3 Die Möglichkeit der Verbindung einer Vaterschaftsfeststellung mit einer Kindesunterhaltssache bleibt erhalten (**Abs. 1 Satz 2**). Sie findet in § 237 (bisher § 653 ZPO a.F.) ihre Regelung (siehe dort). Die anderweitige Verbindung mit einer Abstammungssache oder einem anderen Verfahren ist ausdrücklich ausgeschlossen (**Abs. 2**), z.B. die Verbindung von Verfahren zur Anfechtung der Vaterschaft zu mehreren Kindern.[6]

§ 180 Erklärungen zur Niederschrift des Gerichts

Die Anerkennung der Vaterschaft, die Zustimmung der Mutter sowie der Widerruf der Anerkennung können auch in einem Erörterungstermin zur Niederschrift des Gerichts erklärt werden. Das Gleiche gilt für die etwa erforderliche Zustimmung des Mannes, der im Zeitpunkt der Geburt mit der Mutter des Kindes verheiratet ist, des Kindes oder eines gesetzlichen Vertreters.

---

1 Zöller/Philippi § 640c ZPO Rn. 4; BT-Drs. 5/3719, S. 38.
2 Zöller/Greger § 260 ZPO Rn. 5; Baumbach u.a. § 640c ZPO Rn. 2.
3 Zöller/Philippi § 640c ZPO Rn. 3.
4 AG Schwerin 13.08.2004 – 20 F 673/03 = FamRZ 2005, 381.
5 Zöller/Philippi § 640c ZPO Rn. 5; Baumbach u.a. § 640c ZPO Rn. 3; Musielak/Borth § 640c ZPO Rn. 3.
6 Auslegungsbedürftig noch § 640c Abs. 1 ZPO a.F., OLG Köln 15.03.2005 – 14 WF 40/05 = FamRZ 2005, 1765.

§ 180 Erklärungen zur Niederschrift des Gerichts

Rechtssystematisch enthält § 180 die Befugnis des FamG, im Zuge einer Vaterschaftsanerkennung beurkundungspflichtige Erklärungen entgegen- und rechtswirksam aufzunehmen. Die Vorschrift entspricht inhaltlich § 641c ZPO a.F. **bisheriger Rechtslage**. 1

Die **Beurkundungsbefugnis des FamG** erstreckt sich nach Satz 1 auf die Anerkennung (§ 1594 BGB) sowie deren Widerruf (§ 1597 Abs. 3 BGB) und die Zustimmung der Mutter (§ 1595 Abs. 1 BGB). Nach Satz 2 ist die Befugnis auch erstreckt auf die Beurkundung der ggf. erforderlichen Zustimmung des Kindes (§ 1595 Abs. 2, § 1596 Abs. 2 Satz 2 BGB), die Zustimmung der gesetzlichen Vertreter einer minderjährigen Mutter oder eines minderjährigen Vaters (§ 1596 Abs. 1 Satz 2 BGB) sowie die ggf. erforderliche Zustimmung eines Mannes, der im Zeitpunkt der Geburt mit der Mutter verheiratet ist (§ 1599 Abs. 2 Satz 2 BGB). **Nicht zulässig** ist die Beurkundung einer ggf. erforderlichen **Mutterschaftsanerkennung** (vgl. § 59 Abs. 1 Nr. 2 SGB VIII). Die Notwendigkeit einer expliziten Regelung verdeutlicht auch die Unzulässigkeit der Protokollierung einer Sorgeerklärung.[1] 2

Unstatthaft ist ein **Anerkenntnisbeschluss**;[2] ein gleichwohl ergangener kann aber in formelle Rechtskraft erwachsen.[3] Allerdings kann das FamG im Anschluss an die Erklärungen nach § 180 auf entsprechenden Antrag das (Nicht-)Bestehen eines Vater-Kind-Verhältnisses durch Beschluss feststellen. 3

Die Erklärung erfolgt zur **Niederschrift des Gerichts** (Satz 1). Die Aufnahme in einem nach den Vorschriften der ZPO errichteten gerichtlichen Protokoll (§§ 160 ff. ZPO) genügt den **Formerfordernissen**. Die Vaterschaftsanerkennung ist indes einem Vergleich nicht zugänglich und wird nicht Bestandteil desselben, auch wenn sie im Rahmen eines solchen zum Kindesunterhalt aufgenommen wird; § 127a BGB findet keine Anwendung. 4

Mit der wirksamen Anerkennung einer Vaterschaft nach § 180 tritt **Erledigung** der Abstammungssache – nicht der ggf. verbundenen Unterhaltssache (§ 179 Abs. 1 Satz 2, § 237)[4] – ein. Das Gericht entscheidet über die **Kosten** nach billigem Ermessen (§ 83 Abs. 2 i.V.m. § 81); die Kosten sind i.d.R. demjenigen aufzuerlegen, an dessen fehlender Anerkennung oder Zustimmung eine außergerichtliche Vaterschaftsanerkennung gescheitert ist bzw. der bei einer Entscheidung unterlegen wäre.[5] 5

---

1 DIJuF JAmt 2002, 184; JAmt 2004, 315; a.A. die zwischenzeitliche Auffassung des BMJ, siehe DIJuF JAmt 2004, 127.
2 OLG Brandenburg 29.09.2004 – 9 UF 119/04 = FamRZ 2005, 1843 = ZKJ 2006, 213; OLG Hamm 13.04.1988 – 15 U 66/87 = FamRZ 1988, 854.
3 BGH 02.03.1994 – XII ZR 207/92 = FamRZ 1994, 694 = DAVorm 1994, 414; a.A. Zöller/Vollkommer vor § 306 ZPO Rn. 9.
4 OLG Brandenburg 21.11.2002 – 9 UF 27/02 = FamRZ 2003, 617.
5 KG 29.11.1993 – 3 W 7100/93 = FamRZ 1994, 909 (910).

Abschnitt 4 Verfahren in Abstammungssachen

§ 181 Tod eines Beteiligten

Stirbt ein Beteiligter vor Rechtskraft der Endentscheidung, hat das Gericht die übrigen Beteiligten darauf hinzuweisen, dass das Verfahren nur fortgesetzt wird, wenn ein Beteiligter innerhalb einer Frist von einem Monat dies durch Erklärung gegenüber dem Gericht verlangt. Verlangt kein Beteiligter innerhalb der vom Gericht gesetzten Frist die Fortsetzung des Verfahrens, gilt dieses als in der Hauptsache erledigt.

1 Die Abstammung betrifft nicht nur die Familienbeziehungen zwischen Lebenden, sondern auch nach dem Tod. **Rechtssystematisch** bedarf es daher einer Regelung, ob bzw. wie eine anhängige Abstammungssache nach dem Tod eines Beteiligten fortzusetzen ist. Nach **bisheriger Rechtslage** war die Abstammungssache bei Tod eines Beteiligten als erledigt anzusehen (§ 640 Abs. 1 i.V.m. § 619 ZPO a.F.). Begehrten Mutter oder Kind die Vaterschaftsfeststellung und starb einer von ihnen, war das Verfahren fortzusetzen, wenn der jeweils andere binnen eines Jahres das Verfahren aufnahm (§ 640g ZPO a.F.). Eine Bestimmung zum Klagegegner nach dem Tod wie nach § 1600e Abs. 2 BGB a.F. wurde mit § 172 überflüssig.

2 Der Tod eines Beteiligten während einer anhängigen Abstammungssache löst eine **Hinweispflicht des FamG** gegenüber den übrigen Beteiligten aus. Das FamG hat darüber aufzuklären, dass das Verfahren nur fortgesetzt und nicht als erledigt eingestellt wird, wenn der betreffende (oder ein anderer) Beteiligter die Fortsetzung in der Monatsfrist des Satzes 1 verlangt. In diesem Fall wird es ohne den verstorbenen Beteiligten fortgesetzt, andernfalls ist es – ohne weitere gerichtliche Verfügung – kraft Gesetzes als **in der Hauptsache erledigt** anzusehen (Satz 2).

3 Der **Beginn der Monatsfrist** ist – anders als bei § 640g Satz 2 ZPO a.F.[1] – nicht der Todestag des Beteiligten. Sie ist vielmehr vom FamG zu setzen (Satz 2). Der Fristablauf darf dabei nicht kürzer als einen Monat nach Zugang des familiengerichtlichen Hinweises beim Beteiligten festgesetzt werden. Geht das Fortsetzungsbegehren eines Beteiligten nach Ablauf der vom FamG gesetzten Frist, aber vor Ablauf eines Monats nach Zugang des Hinweises nach Satz 1 ein, ist dieses als fristgerecht anzusehen und tritt keine Erledigung nach Satz 2 ein.

§ 182 Inhalt des Beschlusses

(1) Ein rechtskräftiger Beschluss, der das Nichtbestehen einer Vaterschaft nach § 1592 des Bürgerlichen Gesetzbuchs infolge der Anfechtung nach § 1600 Abs. 1 Nr. 2 des Bürgerlichen Gesetzbuchs feststellt, enthält die Feststellung der Vaterschaft des Anfechtenden. Diese Wirkung ist in der Beschlussformel von Amts wegen auszusprechen.

(2) Weist das Gericht einen Antrag auf Feststellung des Nichtbestehens der Vaterschaft ab, weil es den Antragsteller oder einen anderen Beteiligten als Vater festgestellt hat, spricht es dies in der Beschlussformel aus.

---

1 Baumbach u.a. § 640g ZPO Rn. 2; Zöller/Philippi § 640g ZPO Rn. 1.

Gesetzessystematisch enthält Abs. 1 eine Schutzvorschrift, die verhindert, dass ein Mann die leibliche Abstammung von sich reklamiert, eine bestehende Vaterschaft zu einem anderen Mann anficht und das Kind anschließend vaterlos bleibt (Rn. 2).[1] Abs. 2 sichert die Unzweideutigkeit des Beschlussinhalts, indem festgestellt werden kann, ob ein Mann als Erzeuger (nur) nicht ausgeschlossen oder positiv festgestellt werden konnte (Rn. 3). Abs. 1 entspricht inhaltlich § 640h ZPO a.F. **bisheriger Rechtslage**, Abs. 2 passt § 641h ZPO a.F. an die Systematik des FamFG an.

Einem Antrag auf Anfechtung der Vaterschaft durch einen Mann, der an Eides Statt versichert, der Mutter während der Empfängniszeit beigewohnt zu haben (§ 1600 Abs. 1 Nr. 2 BGB), darf nur stattgegeben werden, wenn die Vaterschaft des anfechtenden Mannes bewiesen ist (§ 1600 Abs. 2 BGB). Der zwingend **kombinierte Beschlussinhalt (Abs. 1 Satz 1)** und dessen Aufnahme in die Beschlussformel von Amts wegen (Abs. 1 Satz 2) impliziert die Unzulässigkeit des Anfechtungsantrags (§ 169 Nr. 2), wenn der Mann nicht gleichzeitig einen Antrag auf Feststellung seiner Vaterschaft (§ 169 Nr. 1) stellt. Die Verfahren sind nach § 179 Abs. 1 zu verbinden.[2]

Wird ein Antrag auf Nichtbestehen der Vaterschaft zurückgewiesen, ohne dass die Abstammung gutachtlich geklärt werden musste, enthält die Entscheidung keine Statusaussage, bspw. wegen Nichtvorliegens eines Anfangsverdachts. Wenn aber aufgrund eines solchen negativen Feststellungsantrags eine positive Abstammungsklärung erfolgt, dann fordert **Abs. 2** über den Antrag hinaus einen **überschießenden Ausspruch** zum Bestehen der Vaterschaft.[3] Mit dem Zusatz „der Antragsteller ist der Vater des Kindes" wird die Wirkung für und gegen jedermann (§ 184 Abs. 2) gesichert.[4]

Nicht erfasst von Abs. 2 ist die Zurückweisung wegen

- als wirksam erkannter Vaterschaftsanerkennung,[5]
- einer aus sonstigen Gründen erfolglosen Anfechtung[6] oder
- ungeklärter Abstammung; in letzterem Fall ist dem Antrag mangels Erwiesenheit des Nichtbestehens nicht stattzugeben.[7]

§ 183 Kosten bei Anfechtung der Vaterschaft

Hat ein Antrag auf Anfechtung der Vaterschaft Erfolg, tragen die Beteiligten, mit Ausnahme des minderjährigen Kindes, die Gerichtskosten zu gleichen Teilen; die Beteiligten tragen ihre außergerichtlichen Kosten selbst.

Die Norm wird nur angewendet, wenn ein Antrag auf **Anfechtung der Vaterschaft Erfolg** hat. In allen übrigen Fällen gilt für die nunmehr als Verfahren der freiwilligen Gerichtsbarkeit ausgestalteten Abstammungsverfahren § 81.

---

1 Höfelmann FamRZ 2004, 745 (750); BT-Drs. 15/2253, S. 12 f.
2 → § 179 Rn. 2.
3 Zöller/Philippi § 641h ZPO Rn. 3; Musielak/Borth § 641h ZPO Rn. 1; Hk/Kemper § 641h ZPO Rn. 1.
4 Baumbach u.a. § 641h ZPO Rn. 1.
5 OLG Hamm 13.11.1992 – 29 U 205/90 = FamRZ 1993, 472 (473) = ZfJ 1993, 266 (267).
6 OLG Hamm 25.06.1993 – 29 U 174/92 = FamRZ 1994, 649 = DAVorm 1993, 830 (833).
7 Zöller/Philippi § 641h ZPO Rn. 5.

2 § 183 entspricht inhaltlich dem bisherigen § 93c ZPO, jedoch mit der Maßgabe, dass dem nach § 172 Abs. 1 Nr. 1 zu beteiligenden **Kind** keine Kosten auferlegt werden können, wenn es minderjährig ist.

3 Da die Beteiligten die Gerichtskosten zu gleichen Teilen tragen und kein Anspruch auf Erstattung der eigenen außergerichtlichen Kosten besteht, wird auch der **Scheinvater** mit den anteiligen Kosten des Verfahrens belastet. Er ist darauf verwiesen, beim Vater des Kindes Regress zu nehmen. Ein Ausgleich über die Kostenentscheidung des Anfechtungsverfahrens scheidet aus.

4 Die Kostenregelung in § 183 ist zwingend. Übersieht das Gericht dies, kann ein Beteiligter hiergegen **Beschwerde** nach § 58 einlegen, da die bisherige Einschränkung aus § 99 Abs. 1 ZPO, die keine isolierte Anfechtung der Kostenentscheidung erlaubte, für das fG-Verfahren nicht mehr gilt.

§ 184 Wirksamkeit des Beschlusses, Ausschluss der Abänderung, ergänzende Vorschriften über die Beschwerde

(1) Die Endentscheidung in Abstammungssachen wird mit Rechtskraft wirksam. Eine Abänderung ist ausgeschlossen.

(2) Soweit über die Abstammung entschieden ist, wirkt der Beschluss für und gegen alle.

(3) Gegen Endentscheidungen in Abstammungssachen steht auch demjenigen die Beschwerde zu, der an dem Verfahren beteiligt war oder zu beteiligen gewesen wäre.

Übersicht

I. Inhalt und Bedeutung der Norm	1
1. Gesetzessystematischer Bezugsrahmen	1
2. Bisherige Rechtslage	2
II. Rechtskraft: Wirksamkeit und Abänderbarkeit (Abs. 1)	3
III. Wirkung für und gegen alle (Abs. 2)	5
IV. Beschwerderecht aller Beteiligten (Abs. 3)	6

I. Inhalt und Bedeutung der Norm

1. Gesetzessystematischer Bezugsrahmen

1 Die Rechtswirkungen der Vaterschaft können erst vom Zeitpunkt ihrer Feststellung an geltend gemacht werden (§ 1600d Abs. 4 BGB). Der Eintritt der Wirksamkeit bedarf daher einer eindeutigen Klärung. Die Wahl des Zeitpunkts der Rechtskraft (**Abs. 1 Satz 1**) ist dabei auch der Wirkung einer Entscheidung in Abstammungssachen für und gegen alle (**Abs. 2**) geschuldet. Der Beschluss kennt nur Ja oder Nein, und die Frage der leiblichen Abstammung muss im Wege des „Strengbeweises" geklärt sein (§ 177 Abs. 2). Ein Hin und Her ist durch das Verbot der Abänderung (**Abs. 1 Satz 2**) zu verhindern. Da nicht alle Beteiligten in Abstammungssachen durch die Feststellung oder Anfechtung notwendig unmittelbar in ihren Rechten beeinträchtigt sind, aber durchaus ein virulentes Interesse an der Aufrechterhaltung oder Beendigung der Familienbeziehungen haben können, erweitert **Abs. 3** das Beschwerderecht abweichend von § 59.

2. Bisherige Rechtslage

Die Rechtskraftwirkung des Abs. 1 entspricht der **bisherigen Rechtslage** nach den allgemeinen Vorschriften der ZPO sowie für bisherige FGG-Verfahren in Bezug auf Satz 1 dem § 55b Abs. 2 FGG. Abs. 2 übernimmt § 640h Abs. 1 Satz 1 ZPO a.F., wobei durch § 181 die seinerzeitige Differenzierung nach dem Tod eines Beteiligten obsolet wurde.[1] Abs. 3 ist § 55b Abs. 3 FGG vergleichbar.

II. Rechtskraft: Wirksamkeit und Abänderbarkeit (Abs. 1)

Abweichend von § 40 Abs. 1 werden Beschlüsse in Abstammungssachen nicht mit Bekanntgabe an den Beteiligten, sondern **mit Rechtskraft wirksam** (Abs. 1 Satz 1). Für den Eintritt der formellen Rechtskraft gilt § 45. Erst mit diesem Zeitpunkt können die Rechtswirkungen einer gerichtlichen Vaterschaftsfeststellung geltend gemacht werden (§ 1600d Abs. 4 BGB).

Die Beschränkung des Entscheidungsinhalts in Abstammungssachen auf Bestehen oder Nichtbestehen und die Bedeutung der Abstammungsfrage für die Beteiligten erfordern den **Ausschluss der Abänderung** (Abs. 1 Satz 2). Es bleibt nur die Möglichkeit eines Restitutionsantrags unter den Voraussetzungen des § 185 oder § 48 Abs. 2 i.V.m. § 580 ZPO.

III. Wirkung für und gegen alle (Abs. 2)

Die Wirkung für und gegen alle (Abs. 2) gilt **rückwirkend ab Geburt**;[2] auch dann, wenn die Entscheidung verfahrensfehlerhaft zustande gekommen ist.[3] Sie ist beschränkt auf Entscheidungen, in denen die **Abstammungsfrage tatsächlich geklärt** wird. Dies ist bspw. nicht der Fall, wenn ein Antrag auf Anfechtung der Vaterschaft zurückgewiesen wird, weil

- die Begründungsanforderungen des § 171 Abs. 2 nicht erfüllt sind,[4]
- der Antrag anderweitig unzulässig ist,
- die Anfechtungsfrist nicht gewahrt ist,

---

1 BGH 17.11.2004 – XII ZR 19/03 = FamRZ 2005, 514; 02.03.1994 – XII ZR 207/92 = NJW 1994, 2697 (2698) = FamRZ 1994, 694 (695) = DAVorm 1994, 414 (417); OLG Bamberg 24.11.1993 – 2 U 5/93 = FamRZ 1994, 1044.
2 BGH 02.03.1994 – XII ZR 207/92 = NJW 1994, 2697 (2698) = FamRZ 1994, 694 (695) = DAVorm 1994, 414 (417); BayObLG 23.06.1994 – 1Z BR 40/94 = FamRZ 1995, 185 (186) = DAVorm 1994, 1029 (1031).
3 BGH 17.11.2004 – XII ZR 19/03 = FamRZ 2005, 514; 02.03.1994 – XII ZR 207/92 = NJW 1994, 2697 (2698) = FamRZ 1994, 694 (695) = DAVorm 1994, 414 (417); OLG Bamberg 24.11.1993 – 2 U 5/93 = FamRZ 1994, 1044.
4 Zum Begründungserfordernis als Zulässigkeitsvoraussetzung → § 171 Rn. 9 ff.

- in den Fällen des § 1600 Abs. 1 Nr. 2 und 5 BGB eine sozial-familiäre Beziehung festgestellt wird oder ein Nichtbestehen nicht festgestellt werden kann,
- keine Umstände dargetan sind, die Zweifel an der Vaterschaft begründen könnten.

In letzterem Fall ist eine **erneute Anfechtung** im Lichte des Abs. 2 – vorbehaltlich der Zulässigkeit im Übrigen – nur zulässig, wenn sie auf Umstände gestützt wird, die bereits während des Erstverfahrens vorhanden waren, aber nicht vorgetragen wurden.[5]

IV. Beschwerderecht aller Beteiligten (Abs. 3)

6 Das Beschwerderecht der Beteiligten bzw. zu Beteiligenden räumt Abs. 3 in jedem Fall auch der **Mutter** (vgl. § 172 Abs. 1 Nr. 2) ein, obwohl sie nicht zwingend durch die Entscheidung in ihren Rechten beeinträchtigt ist (§ 59 Abs. 1). Als Nichtbeteiligte sind **Großeltern oder Geschwister** nicht beschwerdeberechtigt, auch wenn durch die Statusfrage ihr Umgangsrecht, ihre Unterhaltspflicht bzw. die Höhe ihres Unterhaltsanspruchs oder Erbansprüche beeinträchtigt sein können.[6] Das **Jugendamt** ist nach § 176 Abs. 2 Satz 2, der **Verfahrensbeistand** nach § 174 Satz 2 i.V.m. § 158 Abs. 4 Satz 5 beschwerdeberechtigt.

§ 185 Wiederaufnahme des Verfahrens

(1) Der Restitutionsantrag gegen einen rechtskräftigen Beschluss, in dem über die Abstammung entschieden ist, ist auch statthaft, wenn ein Beteiligter ein neues Gutachten über die Abstammung vorlegt, das allein oder in Verbindung mit den im früheren Verfahren erhobenen Beweisen eine andere Entscheidung herbeigeführt haben würde.

(2) Der Antrag auf Wiederaufnahme kann auch von dem Beteiligten erhoben werden, der in dem früheren Verfahren obsiegt hat.

(3) Für den Antrag ist das Gericht ausschließlich zuständig, das im ersten Rechtszug entschieden hat; ist der angefochtene Beschluss von dem Beschwerdegericht oder dem Rechtsbeschwerdegericht erlassen, ist das Beschwerdegericht zuständig. Wird der Antrag mit einem Nichtigkeitsantrag oder mit einem Restitutionsantrag nach § 580 der Zivilprozessordnung verbunden, ist § 584 der Zivilprozessordnung anzuwenden.

(4) § 586 der Zivilprozessordnung ist nicht anzuwenden.

---

5 BGH 30.10.2002 – XII ZR 345/00 = NJW 2003, 585 (586) = FamRZ 2003, 155 (156) = JAmt 2003, 147 (148) = FPR 2003, 135 (136); 22.04.1998 – XII ZR 229/96 = NJW 1998, 2976 (2977) = FamRZ 1998, 955 (956 f.) = DAVorm 1998, 627 (630).
6 BT-Drs. 16/9733, S. 295.

Übersicht

I. Inhalt und Bedeutung der Norm	1
II. Neues Gutachten (Abs. 1)	2
III. Antragsberechtigung (Abs. 2)	6
IV. Ausschließliche Zuständigkeit, Frist (Abs. 3 und 4)	7

I. Inhalt und Bedeutung der Norm

Gesetzessystematisch ist Zweck der erweiterten Möglichkeit einer Wiederaufnahme des Verfahrens in § 185, neue wissenschaftliche Erkenntnisse der Vaterschaftsfeststellung nutzbar machen zu können. In Anbetracht der medizinischen Fortschritte bei der Abstammungsklärung in den letzten Jahrzehnten[1] dürften „neue Gutachten" kaum noch abweichende Ergebnisse bringen können,[2] so dass ein **Anwendungsbereich** nur eröffnet erscheint, wenn in einem vorherigen Verfahren kein Gutachten eingeholt wurde. Im Vergleich zur **bisherigen Rechtslage** ist § 185 eine der Sprache des FamFG angepasste vollständige Übernahme des § 641i ZPO a.F.

1

II. Neues Gutachten (Abs. 1)

Die Wiederaufnahme ist zulässig, wenn ein neues, **verwertbares Gutachten** vorliegt, das eine andere Entscheidung als im früheren Verfahren herbeigeführt hätte (Abs. 1). Es kann sich um Abstammungsgutachten, aber auch um Tragzeit-,[3] Zeugungsunfähigkeits- oder sonstige Gutachten handeln.[4] § 185 erlaubt in Anbetracht des eindeutigen Wortlauts die **Durchbrechung der Rechtskraft**

2

- sowohl bei Verfahren, in denen die Vaterschaft festgestellt oder ein Feststellungsantrag abgewiesen wurde – unabhängig davon, ob sie mit einer Unterhaltssache verbunden waren,[5]
- als auch bei zuvor erfolgreicher oder erfolgloser Anfechtung.[6]

Allerdings bewirkt § 185 **keine Suspendierung der Anfechtungsfristen**.[7] Zulässig ist der Restitutionsantrag nur, wenn die Frist noch nicht abgelaufen ist oder im Vorverfahren noch nicht in Gang gesetzt war, etwa weil lediglich über die Wirksamkeit einer Vaterschaftsanerkennung gestritten wurde.

---

1 Hierzu Klinkhardt JAmt 2001, 101.
2 Zur Ausnahme bei bislang nicht feststellbarer Abstammung, wenn beide eineiigen Zwillinge als Vater in Betracht kommen DIJuF JAmt 2002, 16; siehe auch BGH 07.06.1989 – IVb ZR 65/88 = FamRZ 1989, 1067 = DAVorm 1989, 775.
3 BGH 21.12.1988 – IVb ZR 1/88 = FamRZ 1989, 374.
4 BGH 18.09.2003 – XII ZR 62/01 = NJW 2003, 3708 (3709) = FamRZ 2003, 1833 f. = JAmt 2004, 197 (198) = FPR 2004, 111 (112).
5 BGH 18.09.2003 – XII ZR 62/01 = NJW 2003, 3708 = FamRZ 2003, 1833 = JAmt 2004, 197 = FPR 2004, 111; Baumbach u.a. § 641i ZPO Rn. 2.
6 OLG Köln 20.11.2001 – 14 U 20/01 = FamRZ 2002, 673 = JAmt 2002, 152 (153) m. Hinw. zur Gegenauffassung zu § 641i ZPO a.F.
7 BGH 24.09.1981 – OX ZR 93/80 = NJW 1982, 96 (97) = FamRZ 1982, 48 (49 f.).

3 Das Gutachten ist **neu**, wenn es im angegriffenen rechtskräftigen Beschluss nicht verwertet werden konnte, entweder weil es erst später vorlag oder der Antragsteller schuldlos gehindert war, es vorzulegen.[8] Das Gutachten braucht keine neuen Befunde aufzuweisen, sondern kann auch anhand der Akten erstattet sein.[9] Allerdings muss es den Anforderungen an Wissenschaftlichkeit genügen.[10]

4 Mit dem neuen Gutachten, das mit dem Antrag vorzulegen ist, spätestens aber vor der letzten mündlichen Verhandlung vorliegen muss,[11] kann die **Zulässigkeit des Restitutionsantrags** nach Abs. 1 bewirkt werden. **Begründetheit** des Antrags ist nach Abs. 1 allerdings nur gegeben, wenn das Gutachten ohne Einholung weiterer Beweise geeignet ist, allein oder in Verbindung mit den im früheren Verfahren erhobenen Beweisen die Grundlage der rechtskräftigen Entscheidung zu erschüttern;[12] nicht erforderlich ist, dass das Gutachten bereits die Unrichtigkeit der rechtskräftigen Entscheidung beweist. Nicht vorgesehen ist ein gerichtliches Verfahren jenseits des Anspruchs nach § 1598a Abs. 1 BGB zur Schaffung der Zulässigkeitsvoraussetzungen eines Restitutionsantrags, etwa zur Erzwingung einer Mitwirkung an einer weiteren Begutachtung.[13]

5 **Praxisrelevanz** dürfte § 185 erlangen in Fällen, in denen das FamG im früheren Verfahren „keine Zweifel an der Richtigkeit" eines privat eingeholten Gutachtens gehegt hat (§ 177 Abs. 2 Satz 2), obwohl die Probeentnahme nicht nach den anerkannten Grundsätzen der Wissenschaft erfolgte. Aufgrund der hohen Manipulationsanfälligkeit dürfte schon ein Gutachten, das diese schlüssig erläutert, geeignet sein, den Beweiswert des ohne Beachtung der Grundsätze des § 1598a Abs. 1 Satz 2 BGB eingeholten Privatgutachtens zu erschüttern. Die Entscheidung über das (Nicht-)Bestehen der Abstammung hätte aufgrund des von Amts wegen zu führenden Strengbeweises (§ 177 Abs. 2) nicht ergehen dürfen.

III. Antragsberechtigung (Abs. 2)

6 Die Beteiligten haben Anspruch darauf, dass das FamG die Abstammungsverhältnisse richtig feststellt. **Antragsberechtigt** sind daher nach Abs. 2 – und abweichend von der Restitutionsklage nach §§ 578 ff. ZPO – auch die Beteiligten, die im früheren Verfahren erfolgreich die Feststellung oder Anfechtung der Vaterschaft betrieben haben; nicht hingegen **Erben**,[14] da ihnen nach dem Tod eines Beteiligten keine eigene Beteiligtenstellung (§ 181) oder sonstiger Anspruch, aufgrund dessen sie unmittelbar in ihren Rechten betroffen sein könnten (§ 7 Abs. 2 Nr. 1), eingeräumt ist.

---

8 BGH 31.03.1993 – XII ZR 19/92 = NJW 1993, 1928 = FamRZ 1993, 943 = DAVorm 1993, 442; 21.12.1988 – IVb ZR 1/88 = FamRZ 1989, 374.
9 BGH 18.09.2003 – XII ZR 62/01 = NJW 2003, 3708 (3709) = FamRZ 2003, 1833 (1834) = JAmt 2004, 197 (198) = FPR 2004, 111 (112).
10 Baumbach u.a. § 641i ZPO Rn. 7.
11 BGH 18.09.2003 – XII ZR 62/01 = NJW 2003, 3708 (3709) = FamRZ 2003, 1833 = JAmt 2004, 197 (198) = FPR 2004, 111 (112).
12 BGH 18.09.2003 – XII ZR 62/01 = NJW 2003, 3708 (3710 f.) = FamRZ 2003, 1833 (1834 f.) = JAmt 2004, 197 (199 f.) = FPR 2004, 111 (113).
13 OLG Zweibrücken 07.10.2004 – 2 WF 159/04 = FamRZ 2005, 735 = JAmt 2005, 143; OLG Köln 30.05.1994 – 16 W 24/94 = FamRZ 1995, 369.
14 Vgl. OLG Celle 13.03.2000 – 15 UFH 1/00 = FamRZ 2000, 1510.

IV. Ausschließliche Zuständigkeit, Frist (Abs. 3 und 4)

Die Zuständigkeit des Verfahrens, in dem die rechtskräftige Entscheidung ergangen ist, gegen die sich der Restitutionsantrag richtet, wird durch Abs. 3 Satz 1 als ausschließliche perpetuiert. Eine **Ausnahme** gilt nur, wenn das Rechtsbeschwerdegericht entschieden hatte; dann ist das Beschwerdegericht zuständig, das im früheren Verfahren mit der Sache befasst war (Abs. 3 Satz 1 Halbs. 2). Wenn das Verfahren sowohl nach § 185 als auch nach § 580 ZPO wieder aufgenommen werden soll oder mit einem Nichtigkeitsantrag verbunden wird (§ 579 ZPO), gilt für die **Zuständigkeit allein § 584 ZPO**, was zu den gleichen Ergebnissen führt; nur bei Nichtigkeitsklagen oder bestimmten Restitutionsgründen wird die Revisionsinstanz selbst zuständig, sofern ihre Entscheidung angefochten werden soll (Abs. 3 Satz 2 i.V.m. § 584 Abs. 1 Halbs. 3 ZPO).

Eine **Frist für den Restitutionsantrag** besteht – abweichend von § 586 ZPO – nicht (Abs. 4). Bei der neben einem Antrag nach § 185 zulässigen Nichtigkeits- (§ 579 ZPO) und Restitutionsklage (§ 580 ZPO) bleibt es bei den Fristen des § 586 ZPO.

Abschnitt 5
Verfahren in Adoptionssachen
(§ 186 – § 199)

Vorbemerkung § 186

Für Adoptionssachen ist statt des vormals zuständigen VormG nun das FamG zuständig (§ 111 Nr. 4). Sie betreffen Regelungen für Familien im mehrgenerationalen Verhältnis. Es geht bei der Annahme als Kind um eine – mehr oder weniger – **gewillkürte (De-)Konstruktion von Elternschaft** und Verwandtschaft. Wie Abstammungssachen, in denen allerdings die Feststellung der biologischen oder sozialen Elternschaft zu einem Kind im Zentrum steht, betreffen Adoptionssachen Statusfragen, konstituieren und beenden Familienverhältnisse.

Die weitreichenden Folgen der Adoption oder ihrer Aufhebung erfordern einen besonderen **Schutz durch Verfahren**. Dem tragen die Regelungen zu den Adoptionssachen Rechnung, indem sie

- die **Beteiligung** der unmittelbar Betroffenen sicherstellen (§ 188),
- die **gutachtliche Äußerung** einer Adoptionsvermittlungsstelle als verbindliche Entscheidungsgrundlage vorschreiben (§ 189),
- die Wahrnehmung der Interessen
  - durch einen **Amtsvormund** durch Bescheinigung über den Eintritt gewährleisten (§ 190) sowie
  - durch die Bestellung eines **Verfahrensbeistands** sicherstellen (§ 191),

- grundsätzlich die **persönliche Anhörung** der unmittelbar Betroffenen vorsehen (§ 192),
- die **Anhörung zukünftiger Geschwister** des Anzunehmenden vorschreiben (§ 193),
- die **qualifizierte Einbindung von JA und LJA** vorsehen (§§ 194, 195),
- die **Wirksamkeit** eines Annahmebeschlusses bereits mit Zustellung anordnen (§ 197 Abs. 2),
- die **Unanfechtbarkeit des Annahmebeschluss** statuieren (§ 197 Abs. 3),
- den **Ausschluss der Abänderung oder Wiederaufnahme** der Statusentscheidungen erklären (§ 197 Abs. 3 Satz 2, § 198 Abs. 1 Satz 3, Abs. 2 Halbs. 2, Abs. 3 Halbs. 2).

§ 186 Adoptionssachen

Adoptionssachen sind Verfahren, die

1. die Annahme als Kind,
2. die Ersetzung der Einwilligung zur Annahme als Kind,
3. die Aufhebung des Annahmeverhältnisses oder
4. die Befreiung vom Eheverbot des § 1308 Abs. 1 des Bürgerlichen Gesetzbuchs

betreffen.

I. Inhalt und Bedeutung der Norm

1 Die erstmalige Definition der Adoptionssachen ist eine **Bündelung** der Verfahren zur Annahme als Kind, ihrer Aufhebung sowie der damit zusammenhängenden unselbstständigen Verfahren (Nr. 1 bis 3). Insbesondere Fragen der elterlichen Sorge und der Vormundschaft bzw. Pflegschaft bleiben jedoch Kindschaftssachen i.S.d. § 151 Nr. 1, 4 oder 5. Als Appendix wird die Befreiung vom Eheverbot zwischen Verwandten in § 1308 Abs. 2 BGB eingereiht (Nr. 4).

II. Einzelne Adoptionssachen

2 Der Ausspruch der Annahme als Kind zählt zu den Verfahren betreffend die **Annahme als Kind nach Nr. 1** wie die damit zusammenhängenden unselbstständigen Verfahrensgegenstände

- der Namensgebung (§ 1757 Abs. 2 Satz 2, Abs. 4 BGB).

- der familiengerichtlichen Genehmigung der Einwilligung in eine Annahme nach ausländischem Recht bei verschiedener Staatsangehörigkeit (§ 1746 Abs. 1 Satz 4 BGB) sowie
- zur Feststellung der (Un-)Wirksamkeit einer Annahme oder diesbezüglicher Erklärungen.

Das gesonderte Verfahren der Rückübertragung der elterlichen Sorge nach § 1751 Abs. 3 BGB ist eine Kindschaftssache nach § 151 Nr. 1.[1]

Nr. 2 erfasst die selbstständigen Verfahren der **Ersetzung der Einwilligung zur Annahme als Kind** 3

- des Vormunds bzw. Pflegers (§ 1746 Abs. 3 Halbs. 1 BGB),
- eines Elternteils (§ 1748 BGB),
- eines Ehegatten (§ 1749 Abs. 1 Satz 2 BGB).

Ebenfalls unter Nr. 2 fallen

- die Ersetzung der Zustimmung durch den Vormund oder Pfleger als gesetzlicher Vertreter des Kindes (§ 1746 Abs. 3 Halbs. 1 BGB),
- der Widerruf der Einwilligung durch das Kind (§ 1746 Abs. 2 BGB).

Die **Aufhebung des Annahmeverhältnisses nach Nr. 3** betrifft 4

- Antragsverfahren bei fehlenden Erklärungen (§ 1760 [i.V.m. § 1771] BGB),
- Amtsverfahren aus schwerwiegenden Gründen zum Wohl des Kindes (§ 1763 BGB).

Als unselbstständige Verfahren gehören hierunter auch

- die Namensgebung nach der Aufhebung (§ 1765 BGB),
- die Feststellung der (Un-)Wirksamkeit einer Aufhebung.

Die Rückübertragung der elterliches Sorge (§ 1764 Abs. 4 BGB) ist als selbstständiges Verfahren entsprechend seinem Verfahrensgegenstand Kindschaftssache i.S.d. § 151 Nr. 1.

Wegen der besonderen Sachnähe zählt nach **Nr. 4** auch die **Befreiung vom Eheverbot des § 1308 Abs. 1 BGB** zu den Adoptionssachen. Befreit wird, wenn zwischen dem Adoptierten und dem Ehegatten durch die Annahme als Kind lediglich eine Verwandtschaft in der Seitenlinie begründet wurde (§ 1308 Abs. 2 BGB). 5

§ 187 Örtliche Zuständigkeit

(1) Für Verfahren nach § 186 Nr. 1 bis 3 ist das Gericht ausschließlich zuständig, in dessen Bezirk der Annehmende oder einer der Annehmenden seinen gewöhnlichen Aufenthalt hat.

(2) Ist die Zuständigkeit eines deutschen Gerichts nach Absatz 1 nicht gegeben, ist der gewöhnliche Aufenthalt des Kindes maßgebend.

---

1 BT-Drs. 16/6308, S. 247.

(3) Für Verfahren nach § 186 Nr. 4 ist das Gericht ausschließlich zuständig, in dessen Bezirk einer der Verlobten seinen gewöhnlichen Aufenthalt hat.

(4) Kommen in Verfahren nach § 186 ausländische Sachvorschriften zur Anwendung, gilt § 5 Abs. 1 Satz 1 und Abs. 2 des Adoptionswirkungsgesetzes entsprechend.

(5) Ist nach den Absätzen 1 bis 4 eine Zuständigkeit nicht gegeben, ist das Amtsgericht Schöneberg in Berlin zuständig. Es kann die Sache aus wichtigem Grund an ein anderes Gericht verweisen.

I. Inhalt und Bedeutung der Norm

1   Für die **örtliche Zuständigkeit** wird in den Adoptionssachen, der **Systematik des FamFG** folgend, an den gewöhnlichen Aufenthalt angeknüpft. Der zuständigkeitsbegründende Wohnsitz entfällt. § 187 gestaltet die nationale Zuständigkeit als ausschließliche (Abs. 1 und 3), wobei aufgrund der Anknüpfung an mehrere, alternativ maßgebliche Personen verschiedene gewöhnliche Aufenthalte und damit Gerichtsstände wahlweise in Betracht kommen; bei gleichzeitiger Zuständigkeit eines ausländischen Gerichts, ist dieses wahlweise zuständig (§ 106). Als Auffangzuständigkeit ist der gewöhnliche Aufenthalt des Kindes (Abs. 2) oder letztlich das AG Schöneberg in Berlin zuständig, das aber seinerseits aus wichtigem Grund an ein anderes Gericht verweisen kann (Abs. 4). Die internationale Zuständigkeit richtet sich nach § 101.

2   Die Regelung ist von ihren Grundgedanken der **bisherigen Rechtslage** entlehnt:[1]

- Abs. 1 folgt dem bisherigen § 43 Abs. 2 Satz 1 FGG;
- Abs. 2 folgt dem bisherigen § 43 Abs. 4 Satz 1 FGG;
- Abs. 3 entspricht dem bisherigen § 44a Abs. 1 Satz 1 FGG,
- Abs. 4 entspricht den bisherigen § 43b Abs. 3, Abs. 4 Sätze 2 u. 3, § 44a Abs. 1 Sätze 2 u. 3 FGG.

II. Örtliche Zuständigkeit

3   Für Verfahren über die Annahme als Kind oder deren Aufhebung (§ 186 Nr. 1 bis 3) sind die Annehmenden die primär maßgeblichen Personen. Das örtlich zuständige Gericht richtet sich nach deren **gewöhnlichen Aufenthalt im Inland (Abs. 1)**, der nach einer subjektiv-objektiven Betrachtung ermittelt wird (settled intention):[2]

- das subjektive Kriterium des zukunftsoffenen Verbleibs[3] und
- das objektive Kriterium der Umstände, die erkennen lassen, dass die Person an dem Ort oder in dem Gebiet nicht nur vorübergehend verweilt.

---
1   BT-Drs. 16/6308, S. 247.
2   BT-Drs. 16/6308, S. 226 zu § 122; → § 122 Rn. 2; → § 152 Rn. 4. Zu einer gesetzlichen Definition dieser subjektiv-objektiven Betrachtung siehe § 30 Abs. 3 Satz 2 SGB I.
3   Allein hierauf abstellend OLG Karlsruhe 12.06.2008 – 2 UF 43/08 = FamRZ 2009, 239.

Haben die gemeinsam Annehmenden verschiedene gewöhnliche Aufenthalte, so besteht ein **Wahlrecht**; zuständig ist das zuerst angegangene Gericht (§ 2 Abs. 1). Besteht ein gewöhnlicher Aufenthalt im Inland, kommt es auf die Staatsangehörigkeit der Annehmenden nicht an (vgl. § 101 Nr. 2).

Haben der oder beide Annehmende keinen gewöhnlichen Aufenthalt im Inland, etwa weil er bzw. sie im Ausland leben, richtet sich die örtliche Zuständigkeit nach dem **gewöhnlichen Aufenthalt des Kindes**,[4] um dessen Annahme es im Verfahren geht **(Abs. 2)**. Auf die Staatsangehörigkeit der Beteiligten kommt es nicht an (§ 101 Nr. 2). 4

In Verfahren wegen Befreiung vom Eheverbot (§ 186 Nr. 4) richtet sich die örtliche Zuständigkeit nach dem gewöhnlichen Aufenthalt der Verlobten im Inland **(Abs. 3)**. Bei verschiedenem gewöhnlichen Aufenthalt besteht auch hier ein Wahlrecht (§ 2 Abs. 1). 5

Der erst nachträglich aufgenommene **Abs. 4** greift den Regelungsgehalt des bisherigen § 43 Abs. 2 Satz 2 FGG auf.[5] Damit ist die **Zuständigkeitskonzentration** beim AG am Sitz des OLG, wie sie für Verfahren nach dem AdWirkG vorgesehen ist (§ 5 Abs. 1 Satz 1 AdWirkG), auch auf Inlandsadoptionen ausgeweitet, in denen ausländisches Recht zur Anwendung kommt. Der Verweis auf § 5 Abs. 2 AdWirkG ermächtigt die Landesregierungen, die Zuständigkeitskonzentration durch Rechtsverordnung abweichend zu regeln. Der Bundesgesetzgeber wünscht offensichtlich nicht, dass die Länder hiervon Gebrauch machen und betont in der Gesetzesbegründung, dass aufgrund der Komplexität der Verfahren mit anwendbarem ausländischen Recht ein hohes Bedürfnis bestünde, sich der Sachkunde hierauf spezialisierter Gerichte zu bedienen.[6] 6

Die Auffangzuständigkeit des AG Schöneberg von Berlin **(Abs. 5 Satz 1)** greift, wenn sich trotz internationaler Zuständigkeit der deutschen Gerichte aus Abs. 1 bis 4 kein örtlich zuständiges Gericht ermitteln lässt. Dies kommt insbesondere in Betracht, wenn ein Annehmender und/oder das Kind Deutscher ist, aber keiner der Beteiligten einen gewöhnlichen Aufenthalt im Inland hat (§ 101 Nr. 1). Das AG Schöneberg kann das Verfahren bei Vorliegen eines wichtigen Grundes an ein anderes Gericht abgeben **(Abs. 5 Satz 2)**.[7] Ein solcher ist anzunehmen, wenn zum Wohl des Kindes eine leichtere und zweckmäßigere Führung des gerichtlichen Verfahrens möglich erscheint.[8] Abweichend von § 4 Satz 1 ist die Verweisung für das Gericht bindend, an das verwiesen wird.[9] 7

Maßgeblicher Zeitpunkt für die Feststellung der örtlichen Zuständigkeit ist in Antragsverfahren der Eingang des Antrags bei dem Gericht, von dem eine Entscheidung begehrt wird.[10] Beim Tod des Annehmenden vor Einreichung des Antrags bei Gericht ist der Zeitpunkt der Beauftragung des Notars maßgeblich, bei dem die Annahme beurkundet wurde (§ 1753 Abs. 2 BGB). In Amtsverfahren kommt es auf den Zeitpunkt an, in dem das Gericht erstmals Kenntnis von den Umständen erhalten hat, die es zur Einleitung eines Verfahrens verpflichten.[11] 8

---

4 Zum gewöhnlichen Aufenthalt eines Kindes näher → § 152 Rn. 4.
5 BT-Drs. 16/12717.
6 BT-Drs. 16/12717.
7 Eingefügt auf Anregung des Bundesrats, BT-Drs. 16/9733, S. 295.
8 Näheres → § 4 Rn. 3.
9 BT-Drs. 16/6308, S. 380, 417.
10 → § 2 Rn. 3.
11 → § 2 Rn. 3.

§ 188 Beteiligte

(1) Zu beteiligen sind

1. in Verfahren nach § 186 Nr. 1
   a) der Annehmende und der Anzunehmende,
   b) die Eltern des Anzunehmenden, wenn dieser entweder minderjährig ist und ein Fall des § 1747 Abs. 2 Satz 2 oder Abs. 4 des Bürgerlichen Gesetzbuchs nicht vorliegt oder im Fall des § 1772 des Bürgerlichen Gesetzbuchs,
   c) der Ehegatte des Annehmenden und der Ehegatte des Anzunehmenden, sofern nicht ein Fall des § 1749 Abs. 3 des Bürgerlichen Gesetzbuchs vorliegt;
2. in Verfahren nach § 186 Nr. 2 derjenige, dessen Einwilligung ersetzt werden soll;
3. in Verfahren nach § 186 Nr. 3
   a) der Annehmende und der Angenommene,
   b) die leiblichen Eltern des minderjährigen Angenommenen;
4. in Verfahren nach § 186 Nr. 4 die Verlobten

(2) Das Jugendamt und das Landesjugendamt sind auf ihren Antrag zu beteiligen.

Übersicht

I. Inhalt und Bedeutung der Norm	1
II. Beteiligung	2
1. Natürliche Personen (Abs. 1)	2
a) In Verfahren nach § 186 Nr. 1 (Nr. 1)	2
b) In Verfahren nach § 186 Nr. 2 (Nr. 2)	5
c) In Verfahren nach § 186 Nr. 3 (Nr. 3)	6
d) In Verfahren nach § 186 Nr. 4 (Nr. 4)	7
2. Behörden (Abs. 2)	8

I. Inhalt und Bedeutung der Norm

1   Die Auflistung der **notwendig zu Beteiligenden in Adoptionssachen** in § 187 ist keine abschließende. Als weitere Beteiligte sind hinzuziehen:

- Antragsteller (§ 7 Abs. 1), etwa bei einem Antrag auf Ersetzung einer Einwilligung, oder
- von dem Verfahren unmittelbar Betroffene (§ 7 Abs. 2 Nr. 1).[1]

Die Regelung hat kein Vorbild in der **bisherigen Rechtslage**.

---

1 Zur unmittelbaren Betroffenheit → § 7 Rn. 6.

II. Beteiligung

1. Natürliche Personen (Abs. 1)

a) In Verfahren nach § 186 Nr. 1 (Nr. 1)

In Verfahren wegen der Annahme als Kind sind **Anzunehmender und Annehmender** zu beteiligen **(Nr. 1 Buchst. a)**.

Bei **Minderjährigkeitadoption** sind nach **Nr. 1 Buchst. b Alt. 1 und 2** dessen Eltern zu beteiligen, außer

- sie haben in eine „Inkognitoadoption" eingewilligt und kennen die Adoptiveltern nicht (§ 1747 Abs. 2 Satz 2 BGB),[2]
- ihre Einwilligung in die Adoption ist wegen dauerhafter Verhinderung oder dauernd unbekannten Aufenthalts entbehrlich (§ 1747 Abs. 4 BGB).

Nach **Nr. 1 Buchst. b Alt. 3** ist die Elternbeteiligung schließlich nicht zwingend, wenn es sich um eine **Volljährigenadoption** mit den Wirkungen einer Minderjährigenadoption handelt (§ 1772 BGB).

Ehegatten des Anzunehmenden oder Annehmenden sind nach **Nr. 1 Buchst. c** zu beteiligen, außer sie sind zur Erteilung ihrer Einwilligung dauerhaft außerstande oder dauernd unbekannten Aufenthalts (§ 1749 Abs. 3 BGB).

b) In Verfahren nach § 186 Nr. 2 (Nr. 2)

Nach **Nr. 2** vorgeschrieben ist in Verfahren betreffend die Ersetzung einer Einwilligung in die Annahme die Beteiligung der **nicht Einwilligenden**. Die zusätzliche zwingende Beteiligung des Annehmenden und Anzunehmenden als Antragsteller (§ 7 Abs. 1) oder in seinen Rechten unmittelbar Betroffenen (§ 7 Abs. 2 Nr. 1) bleibt unberührt.

c) In Verfahren nach § 186 Nr. 3 (Nr. 3)

In Verfahren betreffend die Aufhebung des Annahmeverhältnisses sind **Annehmender und Angenommener** zu beteiligen **(Nr. 3 Buchst. a)**. Ist das adoptierte Kind noch minderjährig, ist das FamG wegen der Möglichkeit der Rückübertragung der elterlichen Sorge nach § 1764 Abs. 4 BGB verpflichtet, auch dessen **Eltern** zu beteiligen **(Nr. 3 Buchst. b)**. Das Gesetz spricht zwar von „leiblichen" Eltern, meint aber offensichtlich nicht die biologisch geklärte Abstammung, sondern die rechtliche Elternschaft vor der Adoption.

d) In Verfahren nach § 186 Nr. 4 (Nr. 4)

Bei der Befreiung vom Eheverbot des § 1308 Abs. 1 BGB sind die **Verlobten** zu beteiligen, die beabsichtigen, die Ehe einzugehen (Nr. 4).

2. Behörden (Abs. 2)

Jugendamt und Landesjugendamt sind auf ihren Antrag hin zu beteiligen **(Abs. 2)**. Das FamG hat dem Antrag zu entsprechen. Die Anhörung von JA und LJA macht dieses ebenso wenig zu Beteiligten wie das bloße Stellen von Sachanträgen[3] oder die Einle-

---
[2] Hoppenz/Hoffmann § 188 FGG Rn. 2; Reinhardt JAmt 2009, 162 (163).
[3] A.A. Büte FuR 2008, 537 (538); Reinhardt JAmt 2009, 162 (164 f.).

gung von Rechtsmitteln (§ 194 Abs. 2 Satz 2, § 195 Abs. 2 Satz 2). „Anträge" sind vom FamG im Rahmen der Amtsermittlung (§ 26) als Anregungen aufzufassen. Nur wenn JA oder LJA ausdrücklich die formelle Beteiligtenstellung beantragen, sind sie vom FamG entsprechend hinzuzuziehen (§ 7 Abs. 2 Nr. 2).

9 Sind JA oder LJA **formell Beteiligte** können sie Beweisanträge stellen, Akteneinsicht nehmen und in einem Beschluss ausdrücklich adressiert werden. Sie sind zu jedem gerichtlichen Termin zu laden (§ 32 Abs. 1) und können so ggf. die Belange des Kindeswohls noch offensiver einbringen.[4] Wird persönliches Erscheinen der fallzuständigen Fachkraft angeordnet, kann bei unentschuldigtem Fernbleiben ein Ordnungsgeld verhängt werden (§ 33 Abs. 3 Satz 1). JA und LJA können als Beteiligten nach billigem Ermessen die Kosten auferlegt werden (§ 81 Abs. 1 u. 2).[5]

§ 189 Fachliche Äußerung einer Adoptionsvermittlungsstelle

Wird ein Minderjähriger als Kind angenommen, hat das Gericht eine fachliche Äußerung der Adoptionsvermittlungsstelle, die das Kind vermittelt hat, einzuholen, ob das Kind und die Familie des Annehmenden für die Annahme geeignet sind. Ist keine Adoptionsvermittlungsstelle tätig geworden, ist eine fachliche Äußerung des Jugendamts oder einer Adoptionsvermittlungsstelle einzuholen. Die fachliche Äußerung ist kostenlos abzugeben.

1 Nach § 189, der § 56d FGG entspricht, hat das FamG bei der Adoptionsvermittlungsstelle eine fachliche Stellungnahme einzuholen. Adressat der Aufforderung zur Äußerung ist die **Adoptionsvermittlungsstelle**, die das Kind vermittelt hat (Satz 1). Dieses hat in die Vermittlungsentscheidung bereits seine fachlichen Einschätzungen einfließen lassen und soll die dabei getroffenen Hypothesen während der Probezeit des § 1744 BGB überprüfen. Die Ergebnisse soll es an das FamG rückmelden. Erfolgte die Vermittlung durch eine Stelle in freier Trägerschaft, ist sowohl von dieser als auch vom JA eine Äußerung einzuholen, denn beide haben i.S.d. Satzes 1 vermittelt.[1]

2 Ist im bisherigen Adoptionsgeschehen keine Adoptionsvermittlungsstelle tätig geworden oder verspricht die Befragung der ausländischen Adoptionsvermittlungsstelle, die das Kind vermittelt hat, keine ausreichend verwertbare Äußerung, ist das örtlich zuständige **Jugendamt oder eine andere Adoptionsvermittlungsstelle** in freier Trägerschaft[2] um fachliche Äußerung zu ersuchen (Satz 2). Wird dieser Stelle der Kontakt (zum Kind) verweigert und kann sie daher keine Stellungnahme abgeben, rechtfertigt dies allein nicht die Zurückweisung des Adoptionsantrags.[3] Die fachliche Äußerung ist kostenlos (Satz 3). Das JA ist zur Abgabe im Rahmen seiner Mitwirkungsaufgaben verpflichtet (§ 50 Abs. 1 Satz 2 Nr. 3 SGB VIII).

3 Da die Adoptionsvermittlungsstelle bereits selbst eine Einschätzung zur Geeignetheit der Adoptiveltern und der Vermittlung des bestimmten Kindes zu ihnen getroffen hat,

---

4 Reinhardt JAmt 2009, 162 (164 f.).
5 Hierzu → § 81 Rn. 8 ff.
1 Reinhardt JAmt 2009, 162 (165).
2 Zu einer Liste mit allen anerkannten Auslandsvermittlungsstellen freier Träger mit Zulassung zur internationalen Adoptionsvermittlung siehe www.bundesjustizamt.de → Zivilrecht → Auslandsadoptionen → Anschriften.
3 BayObLG 04.08.2000 – 1Z BR 103/00 = FamRZ 2001, 647 = JAmt 2001, 94.

gibt sie auch **kein Gutachten** im engeren Sinne ab. Es fehlt wegen der Vorbefassung an der Unabhängigkeit. Die Umbenennung zur **fachlichen Äußerung**[4] dient der sprachlichen Klarstellung.[5]

§ 190 Bescheinigung über den Eintritt der Vormundschaft

Ist das Jugendamt nach § 1751 Abs. 1 Satz 1 und 2 des Bürgerlichen Gesetzbuchs Vormund geworden, hat das Familiengericht ihm unverzüglich eine Bescheinigung über den Eintritt der Vormundschaft zu erteilen; § 1791 des Bürgerlichen Gesetzbuchs ist nicht anzuwenden.

Die Pflicht zur Erteilung einer Bescheinigung über den Eintritt der Vormundschaft ergab sich nach **bisheriger Rechtslage** aus – dem nunmehr gestrichenen – § 1751 Abs. 1 Satz 4 BGB a.F. Die Verlagerung ins FamFG ist dem rein verfahrensrechtlichen Charakter geschuldet. Der Gesetzgeber verspricht sich hiervon eine stärkere Beachtung.[1]

Da die Vormundschaft mit der Einwilligung der personensorgeberechtigten Eltern kraft Gesetzes eintritt und somit keine Bestallungsurkunde ausgestellt wird (§ 1791 BGB), ist das JA als Amtsvormund für die Wahrnehmung seiner Aufgaben darauf angewiesen, dass es so schnell wie möglich vom Eintritt erfährt. Die **deklaratorische Bescheinigung** ist unverzüglich auszustellen.[2] Örtlich zuständig ist das JA, in dessen Bereich die annehmende Person ihren gewöhnlichen Aufenthalt hat (§ 87c Abs. 4 SGB VIII).

§ 191 Verfahrensbeistand

Das Gericht hat einem minderjährigen Beteiligten in Adoptionssachen einen Verfahrensbeistand zu bestellen, sofern dies zur Wahrnehmung seiner Interessen erforderlich ist. § 158 Abs. 2 Nr. 1 sowie Abs. 3 bis 7 gilt entsprechend.

Auch in Adoptionssachen kann es zu **Interessenkollisionen** zwischen dem Kind bzw. Jugendlichen und seinen gesetzlichen Vertretern kommen. Nach **bisheriger Rechtslage** war in Aufhebungsverfahren eines Kindesannahmeverhältnisses, in denen sich die Interessen des Annehmenden und des Kindes potenziell gegenüber stehen können, eine Verfahrenspflegerbestellung Pflicht (§ 56f Abs. 2 FGG) – und zwar unabhängig davon, ob ein Interessengegensatz tatsächlich festgestellt werden konnte. Die Pflicht zur Bestellung ist nun auf alle Adoptionssachen erweitert, allerdings gekoppelt an die Erforderlichkeit.

Voraussetzung der Bestellung ist deren **Erforderlichkeit zur Interessenwahrnehmung** (Satz 1). Der Verweis in Satz 2 auf § 158 Abs. 2 Nr. 1 klärt, dass die Bestellung in der Regel als erforderlich gilt, „wenn das Interesse des Kindes zu dem seiner gesetzli-

---
4 Zu Aufbau und Inhalten ausführlich Oberloskamp u.a. 2009, S. 173 ff.
5 BT-Drs. 16/9733, S. 295; Grotkopp 2008, S. 10.
1 BT-Drs. 16/6308, S. 247.
2 Staudinger/Frank § 1751 BGB Rn. 18.

chen Vertretern in erheblichem Gegensatz steht."[1] Ein solcher Interessengegensatz ist regelmäßig anzunehmen bei **Aufhebung des Annahmeverhältnisses**, da hierfür regelmäßig schwerwiegende Gründe Anlass geben (§§ 1760, 1763 BGB).[2] Außerdem kann ein solcher bspw. bestehen und verpflichtet dann grundsätzlich zur Verfahrensbeistandbestellung, wenn

- im Verfahren über die **Genehmigung der Einwilligung** in die Annahme als Kind durch die Eltern(teile) als gesetzliche Vertreter (§ 1746 Abs. 1 BGB) die Adoption nicht dem Bedürfnis des Kindes am Erhalt des Eltern-Kind-Verhältnisses entspricht;
- ein Elternteil oder ein Vormund bzw. Pfleger als gesetzlicher Vertreter des Kindes die **Ersetzung der Einwilligung** des (anderen) Elternteils betreibt (§ 1748 Abs. 1 BGB) und dabei nicht die Interessen des Kindes, sondern finanzielle Belange oder Konflikte zwischen den Erwachsenen der Antrieb sind;
- bei der **Namensänderung** (§ 1757 BGB) die Interessen der antragstellenden Annehmenden handlungsleitend sind und diejenigen des Kindes nicht angemessen berücksichtigt werden.

3 Die fachliche Äußerung durch die Adoptionsvermittlungsstelle bzw. das JA (§ 189) und die Anhörung und/oder Beteiligung von JA sowie LJA (§ 188 Abs. 2, §§ 194, 195) entbindet das FamG nicht von seiner Pflicht, einen Verfahrensbeistand zu bestellen. Allerdings soll von der Bestellung abgesehen werden, vorausgesetzt die Interessen des Kindes werden vom **JA als Amtsvormund** (§ 1751 Abs. 1 Satz 2 BGB) im Verfahren angemessen vertreten (Satz 2 i.V.m. § 158 Abs. 5).[3]

4 Ansonsten gilt für die Verfahrensbeistandschaft der **Verweis in Satz 2** auf Zeitpunkt (frühestmögliche Bestellung), Beteiligtenstellung, Absehen von und Anfechtbarkeit der Bestellung sowie deren Aufhebung, Aufgaben, Ausschluss, Beendigung und Vergütung (§ 158 Abs. 3 bis 7).[4] Wegen des fehlenden Verweises auf § 158 Abs. 8 können dem Verfahrensbeistand in Abstammungssachen die Kosten des Verfahrens auferlegt werden.

§ 192 Anhörung der Beteiligten

(1) Das Gericht hat in Verfahren auf Annahme als Kind oder auf Aufhebung des Annahmeverhältnisses den Annehmenden und das Kind persönlich anzuhören.

(2) Im Übrigen sollen die beteiligten Personen angehört werden.

(3) Von der Anhörung eines minderjährigen Beteiligten kann abgesehen werden, wenn Nachteile für seine Entwicklung, Erziehung oder Gesundheit zu befürchten sind oder wenn wegen des geringen Alters von einer Anhörung eine Aufklärung nicht zu erwarten ist.

---

1 Hierzu auch → § 158 Rn. 5 ff.
2 Hoppenz/Hoffmann § 191 FGG Rn. 4.
3 Kritisch daher Reinhardt JAmt 2009, 162 (163 f.).
4 Hierzu → § 158 Rn. 13 ff.

§ 192 Anhörung der Beteiligten

Abs. 1 erfasst die Verfahren nach § 186 Nr. 1 und 3 und ordnet die persönliche Anhörung der Annehmenden und des Kindes an. In Zusammenschau mit der Ausnahme in Abs. 3 ähnelt dies § 55c i.V.m. § 50b Abs. 1, 2 Satz 1, Abs. 3 FGG **bisheriger Rechtslage**. Die Anhörung der übrigen Beteiligten als Soll-Vorschrift betrifft alle Verfahren, auch die nach § 186 Nr. 2 und 4, und war bislang nicht geregelt.

1

Nach Abs. 1 (i.V.m. § 34 Abs. 1 Nr. 2) besteht eine **Pflicht zur persönlichen Anhörung**.[1] Die Persönlichkeit der Anhörung bezieht sich sowohl auf die Person der Annehmenden und des Kindes als auch die Person des/der entscheidenden Richter/s. Abs. 1 gilt auch für das Beschwerdeverfahren.[2] **Ausnahmen** bestehen in Bezug auf

2

- einen **Annehmenden**, wenn
  - er im anberaumten Anhörungstermin unentschuldigt ausbleibt (§ 34 Abs. 3);[3] eine Beendigung des Verfahrens kommt allerdings wegen der Bedeutung für das Kind, die Annehmenden und die leiblichen Eltern nur in Betracht, wenn das FamG zuvor erfolglos versucht hat, die Beteiligten mit einem Ordnungsgeld zum Erscheinen zu bewegen (§ 33 Abs. 3),
  - durch die persönliche Anhörung erhebliche gesundheitliche Nachteile für ihn zu befürchten sind (§ 34 Abs. 2 Alt. 1)[4] oder
  - er offensichtlich nicht in der Lage ist, seinen Willen zu bekunden (§ 34 Abs. 2 Alt. 2),[5] was allenfalls in Aufhebungsverfahren in Betracht kommt;
- das **Kind**, wenn
  - Nachteile für seine Entwicklung und seine Gesundheit zu befürchten sind oder
  - wegen des geringen Alters kein Erkenntnisgewinn zu erwarten ist, was bei einem Alter unter drei bis vier Jahren in Betracht kommt[6]

(Abs. 3); § 34 Abs. 2 findet daneben keine Anwendung.

Ist im Verfahren ein **Verfahrensbeistand** bestellt, empfiehlt sich in der Regel dessen Anwesenheit bei der Kindesanhörung.[7]

Der **Soll-Vorschrift des Abs. 2** unterliegt die persönliche Anhörung

3

- des Annehmenden und Kindes in den Verfahren wegen Ersetzung einer Einwilligung oder wegen Befreiung vom Eheverbot des § 1308 Abs. 1 BGB (§ 186 Nr. 2 und 4) und
- der übrigen Verfahrensbeteiligten, insbesondere der leiblichen Eltern[8] oder des Vormunds bzw. Pflegers, in allen Verfahren nach § 186.

Für die Bestimmung der atypischen Konstellationen, die ein Absehen von der persönlichen Anhörung rechtfertigt, kann ergänzend auf § 34 Abs. 2 und 3 zurückgegriffen werden.[9]

---

1 Näheres zur persönlichen Anhörung → § 34 Rn. 2 ff.
2 → § 68 Rn. 6 f.
3 → § 34 Rn. 7.
4 → § 34 Rn. 6.
5 → § 34 Rn. 6.
6 Hierzu → § 159 Rn. 9 f.
7 Hierzu → § 159 Rn. 14.
8 Zur Frage des zulässigen Absehens von der Soll-Vorgabe vgl. → § 160 Rn. 6.
9 → § 34 Rn. 6 f.

Meysen

§ 193 Anhörung weiterer Personen

Das Gericht hat in Verfahren auf Annahme als Kind die Kinder des Annehmenden und des Anzunehmenden anzuhören. § 192 Abs. 3 gilt entsprechend.

1 Bekommt das Kind, das adoptiert werden soll, potenziell zukünftige Geschwister, so sind diese verpflichtend zu hören; Gleiches gilt, wenn der Anzunehmende selbst Kinder hat (Satz 1). Die **potenziell zukünftigen Geschwister** oder die **Kinder des Anzunehmenden** sind nicht notwendig unmittelbar in ihren Rechten betroffen und daher häufig nicht Beteiligte des Verfahrens (§ 7 Abs. 2 Nr. 1). Die Anhörung der Kinder der Annehmenden bzw. des Anzunehmenden, die keine Entsprechung in bisheriger Rechtslage kennt, dient insbesondere der Wahrung ihrer Interessen (§§ 1745, 1769 BGB), wobei bei der Minderjährigenadoption vermögensrechtliche Interessen nicht ausschlaggebend sein sollen (§ 1745 Satz 2 BGB). Für die **Ausnahmen** von der Anhörung verweist Satz 2 auf § 192 Abs. 3 (Nachteile für die Entwicklung, Erziehung oder Gesundheit bzw. fehlende Erwartung eines Erkenntnisgewinns).[1]

2 Nicht ausdrücklich vorgesehen ist die Anhörung von **aktuellen Geschwistern des Kindes**, das angenommen werden soll. Bei dessen Minderjährigkeit können schützenswerte Beziehungen, ggf. auch Bindungen zwischen den Geschwistern jedoch für die Beurteilung der Kindeswohldienlichkeit (§ 1741 Abs. 1 Satz 1 BGB) von Bedeutung sein oder dem Wohl der Geschwister im Fall einer Adoption widersprechen. Daher werden in der Regel auch die aktuellen Geschwister des Kindes anzuhören sein.

§ 194 Anhörung des Jugendamts

(1) In Adoptionssachen hat das Gericht das Jugendamt anzuhören, sofern der Anzunehmende oder Angenommene minderjährig ist. Dies gilt nicht, wenn das Jugendamt nach § 189 eine fachliche Äußerung abgegeben hat.

(2) Das Gericht hat dem Jugendamt in den Fällen, in denen dieses angehört wurde oder eine fachliche Äußerung abgegeben hat, die Entscheidung mitzuteilen. Gegen den Beschluss steht dem Jugendamt die Beschwerde zu.

1 Der **Anhörungspflicht** des JA korreliert die Mitwirkungspflicht des JA im familiengerichtlichen Verfahren nach § 50 Abs. 1 Satz 2 Nr. 3 SGB VIII.[1] Nach **Abs. 1 Satz 1**, der den bisherigen Katalog des § 49 Abs. 1 FGG ersetzt, besteht die Pflicht in allen Adoptionssachen betreffend minderjährige Adoptivkinder, unabhängig davon, ob das JA mit dem Kind, seiner Familie oder Familie der Annehmenden zuvor befasst war oder nicht. Ausnahmen von der Anhörungspflicht sieht Abs. 1 Satz 1 keine vor.

2 **Form und Zeitpunkt** der Anhörung sind nicht näher gesetzlich definiert; deren Bestimmung steht im Ermessen des FamG. Die Anhörung kann mündlich in einem Termin, aber auch schriftlich erfolgen. Die (Gelegenheit zur) Anhörung ist dem JA zumindest einmalig zu geben. Wegen der Prozesshaftigkeit des Familiengeschehens und der Entwicklung des Kindes bzw. Jugendlichen auch während des Verfahrens in der Adop-

---

1 Hierzu → § 192 Rn. 2.
1 Zu den Mitwirkungspflichten → Teil A Rn. 33 ff.

tionssache erscheint angezeigt, dem JA grundsätzlich **Terminsnachricht** von allen Anhörungen sowie Terminen zu geben und es über den Fortgang des Verfahrens zu informieren, damit es im Rahmen seiner Mitwirkung über angebotene und erbrachte Leistungen unterrichten, erzieherische und soziale Gesichtspunkte zur Entwicklung des Kindes oder des Jugendlichen einbringen und auf weitere Möglichkeiten der Hilfe hinweisen kann (§ 50 Abs. 2 Satz 1 SGB VIII). Das örtlich zuständige JA ermittelt sich nach § 87b Abs. 1 Satz 1 i.V.m. § 86 Abs. 1 bis 4 SGB VIII.

Nach **Abs. 1 Satz 2**, der keine Entsprechung in bisheriger Rechtslage findet, steht die Anhörung des JA im **Ermessen** des FamG, wenn das JA als Adoptionsvermittlungs- oder ersatzweise herangezogene Stelle eine fachliche Äußerung nach § 189 abgegeben hat.[2] Auch hier erscheint angezeigt, dem JA über die regelhafte Terminsnachricht die Möglichkeit zur Mitwirkung (Rn. 1) zu geben. Zur **Verletzung der Anhörungspflicht** sowie zur Pflicht zur erneuten Anhörung im Rechtsmittelverfahren eingehend → § 68 Rn. 4 ff. 3

Die zwingende **Mitteilung der Entscheidung** besteht in allen Verfahren, in denen das FamG das JA tatsächlich angehört oder eine fachliche Äußerung nach § 189 tatsächlich erhalten hat.[3] Die bloße – nicht beachtete – Pflicht zur Anhörung oder Einholung einer fachlichen Äußerung reicht nicht aus (anders § 162 Abs. 3 Satz 1, § 176 Abs. 2 Satz 1, § 205 Abs. 1 Satz 1, § 213 Abs. 1 Satz 1). 4

Das **Beschwerderecht** (Abs. 2 Satz 2) ist unabhängig von der formellen Beteiligtenstellung (§ 59 Abs. 3). Zur Beschwerdeberechtigung des JA → § 59 Rn. 19 f. 5

§ 195 Anhörung des Landesjugendamts

(1) In den Fällen des § 11 Abs. 1 Nr. 2 und 3 des Adoptionsvermittlungsgesetzes hat das Gericht vor dem Ausspruch der Annahme auch die zentrale Adoptionsstelle des Landesjugendamts anzuhören, die nach § 11 Abs. 2 des Adoptionsvermittlungsgesetzes beteiligt worden ist. Ist eine zentrale Adoptionsstelle nicht beteiligt worden, tritt an seine Stelle das Landesjugendamt, in dessen Bereich das Jugendamt liegt, das nach § 194 Gelegenheit zur Äußerung erhält oder das nach § 189 eine fachliche Äußerung abgegeben hat.

(2) Das Gericht hat dem Landesjugendamt alle Entscheidungen mitzuteilen, zu denen dieses nach Absatz 1 anzuhören war. Gegen den Beschluss steht dem Landesjugendamt die Beschwerde zu.

Bei bestimmten Fällen der Adoption mit Auslandsbezug besteht die zusätzliche Pflicht, die **zentrale Adoptionsstelle des Landesjugendamts**[1] zu hören (Abs. 1 Satz 1[2]). Dies sind die Fälle, wenn 1

- ein Adoptionsbewerber oder das Kind eine ausländische Staatsangehörigkeit besitzt oder staatenlos ist (§ 11 Abs. 1 Nr. 2 AdVermiG),

---

2 Hierzu → § 189 Rn. 2.
3 Zur Funktion der Mitteilung → § 162 Rn. 8.
1 Zu einer Liste mit Anschriften der Zentralen Adoptionsstellen der Landesjugendämter siehe www.bundesjustizamt.de → Zivilrecht → Auslandsadoptionen → Anschriften.
2 Die Regelung entspricht dem bisherigen § 49 Abs. 2 FGG.

- ein Adoptionsbewerber oder das Kind seinen Wohnsitz oder gewöhnlichen Aufenthalt im Ausland hat (§ 11 Abs. 1 Nr. 3 AdVermiG).

Die zentrale Adoptionsstelle des LJA als Aufsichtsbehörde ist in den betreffenden Fällen bei der Adoptionsvermittlung von Beginn an zu beteiligen (§ 11 Abs. 2 AdVermiG).

2 In den Fällen der sog. „Selbstbeschaffungsadoptionen",[3] bei denen das LJA zuvor nicht beteiligt war, ist gleichwohl die eigentlich zuständige Aufsichtsbehörde zu hören (Abs. 1 Satz 2). Dies ist nach Abs. 1 Satz 2 das LJA, in dessen Bereich das für die Mitwirkung (Anhörung und/oder fachliche Äußerung) zuständige JA liegt. Die **örtliche Zuständigkeit** des JA richtet sich nach § 87b Abs. 1 Satz 1 i.V.m. § 86 Abs. 1 bis 4 SGB VIII.

3 Zur **Mitteilungspflicht** (Abs. 2 Satz 1[4]) → § 194 Rn. 4 und zum **Beschwerderecht** (Abs. 2 Satz 2) → § 59 Rn. 19 f.

§ 196 Unzulässigkeit der Verbindung

Eine Verbindung von Adoptionssachen mit anderen Verfahren ist unzulässig.

1 Adoptionsverfahren dürfen nicht mit anderen Familiensachen oder anderen Rechtsstreitigkeiten der Zivilgerichtsbarkeit sowie anderer Gerichtsbarkeiten verbunden werden. § 196 stellt damit eine Spezialvorschrift und Ausnahme zu § 20 dar. Die Unzulässigkeit der Verbindung dient in erster Linie der **Sicherung des besonderen Geheimnisschutzes** im Bereich der Adoption mit seinen Erfordernissen der Wahrung der Anonymität und Geheimhaltung im Rahmen des Offenbarungs- und Ausforschungsverbots (§ 1758 BGB).[1] Eine Vorgängerregelung hat § 196 nicht.

2 Ein **Verbindung mehrerer Adoptionssachen** betreffend das gleiche Kind oder bspw. die gleichzeitige Annahme von Geschwisterkindern ist hingegen zulässig, wenn das FamG dies für sachdienlich hält (§ 20).[2]

§ 197 Beschluss über die Annahme als Kind

(1) In einem Beschluss, durch den das Gericht die Annahme als Kind ausspricht, ist anzugeben, auf welche gesetzlichen Vorschriften sich die Annahme gründet. Wurde die Einwilligung eines Elternteils nach § 1747 Abs. 4 des Bürgerlichen Gesetzbuchs nicht für erforderlich erachtet, ist dies ebenfalls in dem Beschluss anzugeben.

(2) In den Fällen des Absatzes 1 wird der Beschluss mit der Zustellung an den Annehmenden, nach dem Tod des Annehmenden mit der Zustellung an das Kind wirksam.

---

3 Zu den Auseinadersetzungen hierzu Beyer JAmt 2006, 329; Reinhardt JAmt 2006, 325; Weitzel JAmt 2006, 333.
4 Die Vorschrift entspricht dem bisherigen § 49 Abs. 3 FGG.
1 BT-Drs. 16/6308, S. 248; Hoppenz/Hoffmann § 196 FGG Rn. 1; Reinhardt JAmt 2009, 162 (163).
2 A.A. Hoppenz/Hoffmann § 196 FGG Rn. 2.

(3) Der Beschluss ist nicht anfechtbar. Eine Abänderung oder Wiederaufnahme ist ausgeschlossen.

Übersicht

I. Inhalt und Bedeutung der Norm	1
II. Angabe der Rechtsgrundlage (Abs. 1)	3
III. Wirksamkeit des Annahmebeschlusses (Abs. 2)	5
IV. Unanfechtbarkeit; Ausschluss der Abänderung und Wiederaufnahme (Abs. 3)	6

I. Inhalt und Bedeutung der Norm

Die Adoption hat im Rechtsverkehr unterschiedliche Wirkungen, je nachdem aufgrund welcher Vorschrift sie ausgesprochen wurde. Deshalb ist die Grundlage im Beschluss ausdrücklich zu benennen (Abs. 1). Außerdem entfaltet eine Annahme als Kind einschneidende, **statusbegründende und -beendende Wirkungen** für alle Verwandten im Familiensystem (Kind, Eltern, Geschwister, Großeltern, Onkel, Tanten etc.). Sie beendet Familienbande und begründet neue. Deshalb wird abweichend von § 58 Abs. 1 die Unanfechtbarkeit (Abs. 3 Satz 1) festgestellt und die Abänderung (vgl. auch § 184 Abs. 1 Satz 1[1] in Abstammungssachen) und die Wiederaufnahme ausgeschlossen (Abs. 3 Satz 2). 1

Die Regelung entspricht **§ 56e FGG bisheriger Rechtslage**, wobei die Absätze 1 bis 3 in § 197 die jeweiligen Sätze 1 bis 3 in § 56e FGG übernehmen. 2

II. Angabe der Rechtsgrundlage (Abs. 1)

Bei der Annahme als Kind ergeben sich **Unterschiede bei den Wirkungen** der Adoption zwischen 3

- der „normalen" Adoption eines Minderjährigen ohne verwandtschaftliche oder eheliche Bande zwischen Eltern, Anzunehmendem und/oder Annehmenden (§ 1754 Abs. 2, 3, § 1755 Abs. 1 BGB),
- der Stiefkindadoption durch den Ehegatten eines Elternteils (§ 1754 Abs. 1 und 3, § 1755 Abs. 1 und 2, § 1756 Abs. 2 BGB),
- der gemeinsamen Adoption durch Ehegatten (§§ 1754 Abs. 1 und 3, § 1755 Abs. 1 und 2 BGB),
- der Verwandtenadoption durch Verwandte zweiten oder dritten Grades (§ 1756 Abs. 1 BGB),
- der normalen Volljährigenadoption mit den schwächeren Wirkungen (§§ 1767, 1770 BGB) oder
- der qualifizierten Volljährigenadoption mit Wirkung wie bei einer Minderjährigenadoption (§ 1772 BGB).

---

1 → § 184 Rn. 1.

Die Pflicht zur Benennung der jeweiligen Rechtsgrundlage **(Abs. 1 Satz 1)** ist zur Herstellung von Rechtsklarheit im weiteren Rechtsverkehr erforderlich. Die **Angabe** wird sinnvollerweise im Tenor aufgenommen. Der Beschluss leidet aber unter keinem Rechtsmangel, wenn die Angabe nur in den Entscheidungsgründen erfolgt.[2] Es sind alle Vorschriften sowie das Bestehen oder Nichtbestehen der Verwandtschaftsverhältnisse anzugeben, die für die spätere Beurteilung der Wirkungen der Adoption relevant werden können.

4   Wird eine Adoption ausgesprochen, ohne dass die Einwilligung vorlag, weil sie für nicht erforderlich gehalten wurde (§ 1747 Abs. 4 BGB), eröffnet dies dem „übergangenen" Elternteil ggf. – entgegen der Unanfechtbarkeit (Abs. 3 Satz 1) – eine Befugnis, die Aufhebung zu beantragen (§ 1760 Abs. 5 BGB). Um Fragen des Nichtvorliegens und der **Unbeachtlichkeit der fehlenden Einwilligung** im Nachhinein zweifelsfrei beurteilen zu können, bedarf es aus Schutzzwecken auch hier der ausdrücklichen Angabe im Tenor und/oder in den Entscheidungsgründen **(Abs. 1 Satz 2)**.

III. Wirksamkeit des Annahmebeschlusses (Abs. 2)

5   Mit Zustellung an den Annehmenden wird der (unanfechtbare) Beschluss über die Annahme – ohne dass dies wie bei § 184 Abs. 2 ausdrücklich Erwähnung fände – mit **Wirkung für und gegen alle** wirksam (Abs. 2 Alt. 1). Dies gilt unabhängig davon, ob bzw. wann der Beschluss den übrigen Beteiligten zugestellt wird. Nehmen Eheleute ein Kind gemeinsam an (§ 1754 Abs. 1 Alt. 1 BGB), tritt die Wirksamkeit erst ein, wenn an beide zugestellt ist. Ist der bzw. sind die Annehmenden vor dem Ausspruch der Annahme gestorben, tritt die Wirksamkeit mit Zustellung an das (volljährige oder minderjährige) Kind ein (Abs. 2 Alt. 2); diese erfolgt bei fehlender oder beschränkter Geschäftsfähigkeit durch Zustellung an den/die gesetzlichen Vertreter.[3] Die Annahme entfaltet Wirkung erst ab der Zustellung (ex nunc), nicht jedoch rückwirkend (ex post). Bei Zustellung nach dem Tod der Annehmenden wirkt die Annahme jedoch, als ob sie vor dem Tod erfolgt wäre (§ 1753 Abs. 3 BGB).

IV. Unanfechtbarkeit; Ausschluss der Abänderung und Wiederaufnahme (Abs. 3)

6   Gegen einen Beschluss, mit dem eine Adoption positiv ausgesprochen wird, besteht **kein Rechtsmittel (Abs. 3 Satz 1)**. Die Beteiligten haben entweder in die Annahme eingewilligt, gegen eine Ersetzung erfolglos Beschwerde eingelegt oder auf Rechtsmittel verzichtet. Der Gesetzgeber sieht dies als ausreichend an und gibt dem Bedürfnis der Beteiligten nach alsbaldiger, unabänderbarer Rechtsklarheit über die Statusfragen Vorrang. Die Beteiligten bleiben auf die Aufhebungsverfahren nach §§ 1759 ff., 1771 BGB verwiesen. Eine Ausnahme von der Unanfechtbarkeit wird bei Rücknahme des Adoptionsantrags vor Zustellung des Adoptionsbeschlusses angenommen.[4] Bei Verlet-

---
2   Keidel u.a./Engelhardt § 56e FGG Rn. 11; Bassenge/Roth § 56e FGG Rn. 1.
3   Keidel u.a./Engelhardt § 56e FGG Rn. 21.
4   OLG Düsseldorf 19.06.1996 – 3 W 99/95 = FamRZ 1997, 177.

zung des rechtlichen Gehörs hat das BVerfG die Konstruktion einer Nachholung und ggf. nachträglichen Heilung mit Wirkung ex nunc statuiert.[5]

7 Abweichend von § 48 und vergleichbar mit Abstammungssachen (§ 184 Abs. 1 Satz 2[6]) soll auch bei der Annahme als Kind durch die **Unabänderbarkeit** ein Hin und Her in der Statusfrage verhindert werden. Es gibt ohnehin nur ein Ja oder Nein. Gleiches gilt für den **Ausschluss der Wiederaufnahme**. Ausnahmen bestehen nur bei absoluter Nichtigkeit des Beschlusses.[7] Die Wirkungen des Abs. 3 Satz 2 treten nicht bereits ein, wenn der unterschriebene Beschluss zur Zustellung die Verfügungsgewalt des Gerichts verlässt, sondern erst mit erfolgter Zustellung.[8] Ergeht der Annahmebeschluss in Unkenntnis des Todes des Kindes, so bleibt es wegen der Ausnahmslosigkeit der Regelung dennoch beim Ausschluss des Abs. 3.[9] Auch eine Namensänderung im Wege eines nachträglichen Ergänzungsbeschlusses ist unzulässig, nicht aber die Korrektur einer fehlerhaften Namensänderung.[10]

§ 198 Beschluss in weiteren Verfahren

(1) Der Beschluss über die Ersetzung einer Einwilligung oder Zustimmung zur Annahme als Kind wird erst mit Rechtskraft wirksam. Bei Gefahr im Verzug kann das Gericht die sofortige Wirksamkeit des Beschlusses anordnen. Der Beschluss wird mit Bekanntgabe an den Antragsteller wirksam. Eine Abänderung oder Wiederaufnahme ist ausgeschlossen.

(2) Der Beschluss, durch den das Gericht das Annahmeverhältnis aufhebt, wird erst mit Rechtskraft wirksam; eine Abänderung oder Wiederaufnahme ist ausgeschlossen.

(3) Der Beschluss, durch den die Befreiung vom Eheverbot nach § 1308 Abs. 1 des Bürgerlichen Gesetzbuchs erteilt wird, ist nicht anfechtbar; eine Abänderung oder Wiederaufnahme ist ausgeschlossen, wenn die Ehe geschlossen worden ist.

Übersicht

I. Inhalt und Bedeutung der Norm	1
II. Ersetzung der Einwilligung bzw. Zustimmung (Abs. 1)	3
III. Aufhebung des Annahmeverhältnisses (Abs. 2)	6
IV. Befreiung vom Eheverbot (Abs. 3)	7

---

5 BVerfG 08.02.1994 – 1 BvR 765/89, 1 BvR 766/89 = E 89, 381 = NJW 1994, 1053 = FamRZ 1994, 493.
6 → § 184 Rn. 4.
7 BayObLG 28.03.1996 – 1Z BR 74/95 = FamRZ 1996, 1034; 23.08.1984 – BReg 1 Z 5/84 = FamRZ 1985, 201.
8 A.A. BayObLG 29.10.1998 – 1Z BR 7/98 = FamRZ 1999, 1667.
9 A.A. Keidel u.a./Engelhardt § 56e FGG Rn. 26 m.w.N.
10 OLG Köln 30.12.2002 – 16 Wx 240/02 = FamRZ 2003, 1773.

I. Inhalt und Bedeutung der Norm

1 Das **Wirksamwerden** von Beschlüssen in Adoptionssachen, die nicht eine Annahme als Kind aussprechen (für diese gilt § 197), erfährt eine **von § 40 abweichende Regelung**. Dies ist einerseits erforderlich, damit die Unanfechtbarkeit der Annahme (§ 197 Abs. 3 Satz 1) nicht bereits vor Rechtskraft der Ersetzung einer Einwilligung oder Zustimmung erfolgt (Abs. 1 Sätze 1 und 2). Andererseits wird bei der Aufhebung eines Annahmeverhältnisses in der Statusfrage ein Hin und Her vermieden (Abs. 2 Halbs. 1). Bezüglich des Eintritts der Wirksamkeit und des Ausschlusses der Abänderung sowie Wiederaufnahme (Abs. 1 Sätze 3 und 4, Abs. 2 Halbs. 2, Abs. 3 Halbs. 2) bzw. der Unanfechtbarkeit (Abs. 3 Halbs. 1) folgt § 198 dem Beispiel des § 197 Abs. 3 Satz 1 bzw. 2.

2 Der Regelungsgehalt des Abs. 1 Satz 1 entspricht § 53 Abs. 1 Satz 2 FGG **bisheriger Rechtslage**, Abs. 1 Satz 2 dem § 53 Abs. 2 FGG. Abs. 2 Halbs. 1 entspricht dem bisherigen § 56f Abs. 3 FGG, Abs. 2 Halbs. 2 dem bisherigen § 18 Abs. 2 i.V.m. § 60 Abs. 1 Nr. 6 FGG. Abs. 3 entspricht dem bisherigen § 44a Abs. 2 FGG.

II. Ersetzung der Einwilligung bzw. Zustimmung (Abs. 1)

3 In Verfahren betreffend die Ersetzung einer Einwilligung oder Zustimmung zur Annahme als Kind (§ 186 Nr. 2) ist die Entscheidung unter den Voraussetzungen der §§ 58 ff. der Beschwerde zugänglich. Zum Anwendungsbereich siehe die Auflistung → § 186 Rn. 3. Da die Anfechtung einer Annahme als Kind ausgeschlossen ist (§ 197 Abs. 3 Satz 1), wird das **Wirksamwerden** auf den Eintritt der Rechtskraft festgelegt (Abs. 1 Satz 1).

4 Die Möglichkeit einer **Anordnung der sofortigen Wirksamkeit** bei Gefahr im Verzug wurde auf Beschlussempfehlung des Rechtsausschusses von seiner ursprünglichen Platzierung in § 40 Abs. 3 Satz 2 als ohnehin spezielle Regelung in die Adoptionssachen verschoben **(Abs. 1 Satz 2)**.[1] Da der Schutz eines Kindes über Sorgerechtsregelungen (§ 1666 Abs. 1 BGB), Verbleibensanordnungen (§ 1632 Abs. 4 BGB) und Umgangsausschlüsse (§ 1684 Abs. 4 BGB) sichergestellt wird und nicht über eine Adoption, dürfte der Anwendungsbereich schmal und die **Gefahr im Verzug** insbesondere auf Fälle beschränkt sein, in denen wegen eines absehbaren Todes des Kindes dringende Gründe für eine vorherige Adoption sprechen. Die Entscheidung steht im **Ermessen** des Gerichts, für dessen Ausübung durch die Abwägung der Grundrechte der Beteiligten jedoch im konkreten Einzelfall kaum Spielraum eröffnet sein werden.

5 Ist die sofortige Wirksamkeit angeordnet, wird der Beschluss mit **Bekanntgabe** an den Antragsteller wirksam (**Abs. 1 Satz 3**; vgl. auch § 41 Abs. 1[2]). Ist die Ersetzung der Einwilligung bzw. Zustimmung rechtskräftig oder sofortig wirksam, ist wegen der weitreichenden Folgen für die Familienbeziehungen in Statusfragen (vgl. auch § 184 Abs. 1 Satz 2) aus Gründen der Rechtssicherheit eine **Abänderung oder Wiederaufnahme** ausgeschlossen **(Abs. 1 Satz 4)**.

---

1 BT-Drs. 16/9733, S. 289.
2 → § 41 Rn. 2 ff.

III. Aufhebung des Annahmeverhältnisses (Abs. 2)

Um weitere Änderungen der Verwandtschaftsverhältnisse zu vermeiden, erlangt die Aufhebung des Annahmeverhältnisses – vergleichbar der Endentscheidungen in Abstammungssachen (§ 184 Abs. 1 Satz 1[3]) abweichend von § 40 Abs. 1 – **Wirksamkeit erst mit Rechtskraft** (Abs. 2 Halbs. 1). Der **Ausschluss der Abänderbarkeit und Wiederaufnahme** (Abs. 2 Halbs. 2) dient der Rechtssicherheit (Rn. 1, 5; → § 197 Rn. 1). 6

IV. Befreiung vom Eheverbot (Abs. 3)

Gegen eine Befreiung vom Eheverbot besteht **kein Rechtsmittel** (Abs. 3 Halbs. 1). Der Ausschluss dient der Verfahrensökonomie. Werden Dritte durch eine Befreiung in ihren Rechten beeinträchtigt (vgl. § 59), etwa weil sie mit einer der „befreiten" Personen verheiratet sind, können sie sich aus diesem Grund gegen eine Eheschließung wenden. Die unmittelbar Betroffenen müssen von der Befreiung keinen Gebrauch machen, wollen sie die Ehe nicht eingehen. Bei einer Verweigerung der Befreiung bleibt es für die Beteiligten bei der allgemeinen Möglichkeit der Beschwerde nach §§ 58 ff. Ist die Ehe geschlossen, sind Rechtsstreitigkeiten, etwa die Scheidung oder über die Aufhebung oder Gültigkeit, als Ehesache (§ 121) auszutragen; eine **Abänderung oder Wiederaufnahme** ist ausgeschlossen (Abs. 3 Halbs. 2). 7

§ 199 Anwendung des Adoptionswirkungsgesetzes
Die Vorschriften des Adoptionswirkungsgesetzes bleiben unberührt.

Ergänzend zu § 97 Abs. 2, nach dem Gesetze zur Umsetzung völkerrechtlicher Vereinbarungen von den Bestimmungen des FamFG unberührt bleiben, ist die abweichende, **spezialgesetzliche Geltung des AdWirkG** ausdrücklich angeordnet. Diese ausdrückliche Erwähnung war erforderlich, weil das AdWirkG teilweise über die Umsetzung internationaler Rechtsakte i.S.d. § 97 Abs. 1 hinausgeht.[1] 1

Im Verfahren nach dem AdWirkG hat das FamG **festzustellen**, 2

- ob die Annahme anzuerkennen (Dekretadoption) oder wirksam (Vertragsadoption) ist (§ 2 Abs. 1 i.V.m. 4 Abs. 1 AdWirkG),
- welchen Wirkungsumfang die Adoption hat, also ob sie einer Volladoption nach deutschem Recht gleichsteht (§ 2 Abs. 2 Satz 1 AdWirkG) oder

eine Umwandlung auszusprechen (§ 3 AdWirkG). Für die **örtliche Zuständigkeit** in Anerkennungs-, Wirkungsfeststellung und Umwandlungsausspruch gilt – wie bei Inlandsadoptionen mit anwendbarem ausländischem Recht (§ 187 Abs. 4)[2] – die Zuständigkeitskonzentration bei den Amtsgerichten am Sitz des OLG (§ 5 Abs. 1 Satz 1 Ad-

---
3 → § 184 Rn. 3.
1 BT-Drs. 16/6308, S. 248.
2 → § 187 Rn. 6.

WirkG). Das Amtsgericht am Sitz welchen OLG zuständig ist, bestimmt sich nach § 187 (§ 5 Abs. 1 Satz 2 AdWirkG). Für die **Anhörung** verweist § 5 Abs. 3 Satz 2 AdWirkG auf §§ 167, 168 Abs. 1 Satz 1, Abs. 2. Hierbei handelt es sich offensichtlich um ein redaktionelles Versehen; verwiesen wird noch auf die Vorschriften zur Anhörung des Kindes und der Eltern in Kindschaftssachen in der Zählung des Referentenentwurfs. Der Verweis soll daher §§ 159, 160 gelten.[3] Bezüglich der **Wirksamkeit** und **Anfechtbarkeit** wird auf § 197 Abs. 2 und 3 verwiesen (§ 5 Abs. 4 Satz 1 AdWirkG). Im Übrigen gilt zu den Wirkungen § 2 Abs. 2 AdWirkG.

3   Die Klarstellung des § 199 überlässt die umstrittene Frage[4] der Anerkennung ausländischer Adoptionsentscheidungen bei sog. **„selbstbeschaffter Adoption"** weiterhin der Auslegung durch die Fachgerichte. Bei einer dem deutschen ordre public genügenden Prüfung der Kindeswohldienlichkeit im Herkunftsstaat bleibt **§ 2 AdWirkG** ebenso auslegungsbedürftiger wie -fähiger Maßstab.[5]

Abschnitt 6
Ehewohnungssachen und Haushaltssachen
(§ 200 – § 209)

Vorbemerkung § 200

Nach der Neuregelung durch das FamFG stellt sich das **Verfahren in Ehewohnungs- und Haushaltsachen** im Überblick wie folgt dar:

---

3   So auch Hoppenz/Hoffmann § 199 FGG Rn. 6.
4   Hierzu Reinhardt JAmt 2006, 325; Beyer JAmt 2006, 329; Weitzel JAmt 2006, 333.
5   KG 02.12.2008 – 1 W 100/08; 04.04.2006 – 1 W 369/05 = FamRZ 2006, 1405 = JAmt 2006, 356; LG Flensburg 23.02.2009 – 5 T 217/08 = JAmt 2009, 192 m. Anm. Weitzel; LG Stuttgart 26.09.2007 – 2 T 516/06 = JAmt 2008, 102; AG Karlsruhe 29.11.2007 – XVI 159/04, XVI 159/04 = JAmt 2008, 106; AG Hamm 26.02.2007 – XVI 123/06 = ZKJ 2007, 370; 17.04.2006 – XVI 44/05 = JAmt 2006, 363; 03.02.2006 – XVI 41/05 = JAmt 2006, 361; 18.03.2004 – XVI 101/03 = JAmt 2004, 375; AG Celle 18.03. 2004 – 40 XVI 59/03 m. Anm. Busch S. 378.

Verfahren in Ehewohnungs- und Haushaltssachen

Haushaltssachen

§ 1361a BGB
- **Herausgabeansprüche**
  (Alleineigentum)
- **Zuweisung zur Nutzung**
  während der Trennungszeit
  (gemeinsames Eigentum)
  § 1568b BGB
- **Zuweisung zu Alleineigentum**
  für die Zeit nach der Scheidung

Ehewohnungssachen

§ 1361b BGB
- **Zuweisung zur Nutzung**
  während der Trennungszeit
- **Nutzungsentgelt**
  § 1568a BGB
- **Zuweisung zur Nutzung**
  für die Zeit nach der Scheidung

Verfahrensvorschriften
- Grundsatz: uneingeschränkte Geltung des allg. Teils (§§ 1 bis 110)
- Sonderregelungen in §§ 200 bis 209
- zusätzliche Regelungen für Verbundverfahren (§§ 133 bis 150)

Antragsverfahren
- Verfahrensantrag ohne Bindung des Gerichts
  Ausnahme: Teileinigung, die vom Gericht bei der Zuweisung der restlichen Haushaltsgegenstände zu beachten ist
- Bezeichnung der Gegenstände und Inventarverzeichnis (§ 203 Abs. 2)

Kein Anwaltszwang – außerhalb des Verbundverfahrens – (§ 10 Abs. 1)

Drittbeteiligte in Ehewohnungssachen
- Vermieter und Dritte, deren Rechte beeinträchtigt werden können – nur bei Regelung für die Zeit nach der Scheidung möglich – (§ 204 Abs. 1)
- Jugendamt auf dessen Antrag (§ 204 Abs. 2)

Zuständigkeit (stufenweise Rangfolge)
- Gericht der anhängigen Ehesache (§ 201 Nr. 1)
- Gericht der Ehewohnung (§ 201 Nr. 2);
- gewöhnlicher Aufenthalt des Antragsgegners (§ 201 Nr. 3)
- gewöhnlicher Aufenthalt des Antragstellers, soweit kein gewöhnlicher Aufenthalt des Antragsgegners im Inland (§ 201 Nr. 4)

Rechtsschutzbedürfnis
- soweit keine abschließende Einigung über Nutzung und deren Bedingungen

Amtsermittlungsgrundsatz (§ 26)
- eingeschränkt durch Mitwirkungspflicht der Eheleute (§ 206)
- Zurückweisung von Vortrag nach erfolgloser Fristsetzung (§ 206 Abs. 2, 3)

Mündliche Verhandlung (§ 207)

Anordnungen zur Durchsetzung der Entscheidung (§ 209 Abs. 1)
- Gebote und Verbote
- Räumung, Herausgabe und Räumungsfristen

Wirksamkeit der Entscheidung
- mit Rechtskraft (§ 209 Abs. 2 Satz 1)
- in Ehewohnungssachen soll sofortige Wirksamkeit angeordnet werden (§ 209 Abs. 2 Satz 2)
- bei Anordnung der Vollstreckung vor Zustellung, Wirksamkeit mit Übergabe an Geschäftsstelle zur Zustellung (§ 209 Abs. 3)
- im Verbundverfahren nicht vor Rechtskraft der Scheidung (§ 148)

Rechtsmittel
- Beschwerde nach §§ 58 ff. bei einer Beschwer von mehr als 600 EUR
- Rechtsbeschwerde nach §§ 70 ff., soweit vom Beschwerdegericht zugelassen
- Zwischenentscheidungen: Anfechtung mit sofortiger Beschwerde nur in gesetzlich bestimmten Fällen (§§ 567 ff. ZPO)
- Beschwerderecht des JA (§ 205 Abs. 2)

Abänderbarkeit nach Rechtskraft
- bei nachträglicher Änderung der Sach- oder Rechtslage (§ 48 Abs. 1 Satz 1)
- in Antragsverfahren nur auf Antrag (§ 48 Abs. 1 Satz 2)

Vollstreckung
- Räumung, Herausgabe einer beweglichen oder unbeweglichen Sache nach § 95 Abs. 1 Nr. 2 gem. §§ 794, 883 ff. ZPO; nach § 96 Abs. 2 ist wiederholte Besitzeinweisung möglich (§ 885 Abs. 1)
- Vornahme vertretbarer oder nicht vertretbarer Handlung (§ 95 Abs. 1 Nr.3) nach §§ 887 bis 889 ZPO durch Ersatzvornahme bzw. Zwangsgeldfestsetzung
- Erzwingung von Duldungen und Unterlassungen – Gebote und Verbote – nach § 95 Abs. 1 Nr. 4 durch Zwangsgeldfestsetzung gem. § 890 ZPO am gewöhnlichen Aufenthalt des Antragsgegners (§ 201 Nr. 3)
- Zahlung einer Nutzungsentschädigung oder eines Ausgleichsbetrages nach § 95 Abs. 1 Nr. 1 durch Pfändung gem. §§ 803 ff. ZPO

Gegenstandswerte
- Ehewohnungssachen: 3.000 EUR für die Regelung nach § 1361b BGB und 4.000 EUR für die Regelung nach § 1568a BGB, soweit nicht die Billigkeit einen höheren oder niedrigeren Wert gebietet (§ 48 FamGKG)
- Haushaltssachen: 2.000 EUR für die Regelung nach § 1361a BGB und 3.000 EUR für die Regelung nach § 1568b BGB, soweit nicht die Billigkeit einen höheren oder niedrigeren Wert gebietet (§ 48 FamGKG)

§ 200 Ehewohnungssachen; Haushaltssachen

(1) Ehewohnungssachen sind Verfahren

1. nach § 1361b des Bürgerlichen Gesetzbuchs,
2. nach § 1568a des Bürgerlichen Gesetzbuchs.

(2) Haushaltssachen sind Verfahren

1. nach § 1361a des Bürgerlichen Gesetzbuchs,
2. nach § 1568b des Bürgerlichen Gesetzbuchs.

Mit der Aufhebung der Verordnung über die Behandlung der Ehewohnung und des Hausrats (HausratsV) durch das Gesetz zur Änderung des Zugewinnausgleichs- und Vormundschaftsrechts wird das materielle Recht bezüglich der Regelung der Rechtsverhältnisse an Ehewohnung und Hausrat für die Zeit ab Rechtskraft der Scheidung in den **§§ 1568a, 1568b BGB** neu geregelt. Für die Trennungszeit ergab sich das materielle Recht bereits bisher aus den §§ 1361a, 1361b BGB. Die verfahrensrechtlichen Bestimmungen der §§ 11 ff. HausratsV werden durch die §§ 200 bis 209 ersetzt. **1**

Mit der Neuregelung verbunden sind neue gesetzliche Begriffe für die Regelungstatbestände. Die die Rechtsverhältnisse an der Ehewohnung betreffenden Verfahren werden als **Ehewohnungssachen** bezeichnet, und zwar unabhängig davon, ob die Zeit vor oder nach der Scheidung betroffen ist. Der Begriff der Ehewohnung bleibt inhaltlich unverändert. Ein Konkurrenzproblem kann sich ergeben, wenn die Regelung des **Nutzungsentgelts** in § 1361b Abs. 3 Satz 2 BGB im Fall des Miteigentums der Ehegatten an der Ehewohnung entgegen der inzwischen wohl überwiegenden Meinung[1] nicht als abschließende Sonderregelung gegenüber § 745 Abs. 2 BGB angesehen wird.[2] In diesem Fall kann der Entgeltanspruch sowohl nach § 1361b Abs. 3 Satz 2 BGB als Ehewohnungssache (Amtsermittlungsgrundsatz, Anwaltszwang) als auch nach § 745 Abs. 2 BGB als sonstige Familiensache nach § 266 Abs. 1 (Familienstreitsache mit Parteimaxime, Beibringungsgrundsatz und Anwaltszwang) verfolgt werden. Eine Verbindung der beiden Ansprüche in einem Verfahren ist wegen der unterschiedlichen Ausgestaltung der für die jeweilige Anspruchsgrundlage vorgesehenen Verfahren nicht möglich.[3] **2**

Verfahren, welche die Rechtsverhältnisse von bisher als Hausrat bezeichneten Gegenständen vor und nach der Scheidung betreffen, werden als **Haushaltsssachen** bezeichnet. Der Begriff des Hausrats wird durch den Begriff der Haushaltssachen ersetzt, ohne dass hiermit eine inhaltliche Änderung verbunden ist. Die **Herausgabe persönlicher Gegenstände**, die bislang als Zivilsache behandelt wurde, stellt nach der Neuregelung eine „sonstige Familiensache" gem. § 266 Abs. 1 Nr. 3 dar und fällt damit in den Zuständigkeitsbereich des FamG. Wegen der Sachnähe zu Haushaltsgegenständen und aus Gründen der Verfahrensökonomie dürfte wie bisher eine Geltendma- **3**

---

[1] OLG München 17.04.2007 – 2 UF 1607/06 = FamRZ 2007, 1655; Palandt/Brudermüller § 1361b BGB Rn. 20; Müller FF 2002, 43 (48); Haußleiter/Schulz 2004, IV Rn 56; Gerhardt/Heintschel-Heinegg/Klein 2008, VIII Rn 92; auch die Argumentation in BGH 15.02.2006 – XII ZR 2002/03 = FamRZ 2006, 930 zur analogen Anwendung von BGB § 1361b Abs. 2 a.F. spricht gegen die einschränkende Auslegung des Anwendungsbereichs des BGB § 1361 Abs. 3 Satz 2.
[2] Wever FamRZ 2003, 565; Erbarth FamRZ 2005, 1713.
[3] Zur ähnlichen Problematik bei der Konkurrenz von zivilrechtlichem Besitzschutz und familienrechtlicher Zuweisung von Haushaltsgegenständen vgl. Rn. 4.

chung solcher Ansprüche im Rahmen einer anhängigen Haushaltssache möglich sein.[4] Auch der Anspruch auf **Rückschaffung von eigenmächtig weggeschafften Haushaltsgegenständen**, der nunmehr unter § 266 Abs. 1 Nr. 2 fällt, kann wie bisher als Haushaltssache verfolgt werden, wenn gleichzeitig über die Zuweisung von Haushaltsgegenständen nach § 1361a BGB zu entscheiden ist.[5]

4 Folgt man der überwiegend vertretenen Auffassung, wonach die §§ 1361a, 1361b BGB im Verhältnis zum Besitzschutz bei verbotener Eigenmacht nach §§ 858 ff. BGB **abschließende Sonderregelungen** darstellen,[6] so erledigt sich damit die Frage einer etwaigen Konkurrenz der verschiedenen Verfahren. Nach der Gegenmeinung,[7] die sich insbesondere dagegen wendet, dass sich ein Ehegatte bei Versagung des possessorischen Rechtsschutzes durch die Ausübung verbotener Eigenmacht einen ungerechtfertigten faktischen Vorteil in der Auseinandersetzung um Haushaltsgegenstände (bei Mitnahme ohne vorherige Absprache) und Ehewohnung (beim Aussperren) verschafft, ist eine **Anspruchskonkurrenz** und damit auch eine Konkurrenz der verschiedenen Verfahren möglich. Danach steht es einem Beteiligten frei, Besitzschutzansprüche im Verfahren nach § 266 geltend zu machen, auch wenn der Antragsgegner eine Zuweisungsregelung für die Trennungszeit wünscht.[8] In diesem Fall scheidet eine Verbindung mit einem anhängigen Haushaltssachenverfahren – trotz der nunmehr bestehenden einheitlichen familiengerichtlichen Zuständigkeit – aus, da beide Verfahren aufgrund ihrer unterschiedlichen verfahrensrechtlichen Ausgestaltung nicht miteinander kompatibel sind. Für die Haushaltssache gelten uneingeschränkt die Bestimmungen des FamFG (Amtsermittlungsgrundsatz, kein Anwaltszwang), während die „sonstige Familiensache" als Familienstreitsache weitgehend den Bestimmungen der ZPO folgt (Parteimaxime, Beibringungsgrundsatz, Anwaltszwang).

§ 201 Örtliche Zuständigkeit

Ausschließlich zuständig ist in dieser Rangfolge:

1. **während der Anhängigkeit einer Ehesache das Gericht, bei dem die Ehesache im ersten Rechtszug anhängig ist oder war;**

2. **das Gericht, in dessen Bezirk sich die gemeinsame Wohnung der Ehegatten befindet;**

---

4 So zur alten Rechtslage, die an sich eine Behandlung des Herausgabeanspruchs als Zivilsache verlangte, BGH 22.09.1982 – IVb ARZ 32/82 = FamRZ 1982, 1200.
5 BGH 22.09.1982 – IVb ARZ 32/82 = FamRZ 1982, 1200.
6 OLG Karlsruhe 17.05.2006 – 16 UF 220/05 = FamRZ 2007, 59; OLG Frankfurt 04.06.2002 – 2 UF 80/02 = FamRZ 2003, 47; OLG Düsseldorf 05.07.1993 – 3 WF 70/93 = FamRZ 1994, 390; OLG Hamm 15.07.1988 – 5 WF 340/88 = FamRZ 1988, 1303; Palandt/Brudermüller § 1361a BGB Rn. 19; Menter FamRZ 1997, 76.
7 OLG Koblenz 26.04.2007 – 9 UF 82/07 = FamRZ 2008, 63; OLG Bamberg 14.09.1992 – SA 11/92 = FamRZ 1993, 335; AG Darmstadt 30.07.1993 – 39 C 2787/93 = FamRZ 1994, 109.
8 Dem steht BGH 22.09.1982 – IVb ARZ 32/82 = FamRZ 1982, 1200 nicht entgegen, da es danach lediglich zulässig ist, die Aufteilung der Haushaltsgegenstände auch unter Berücksichtigung der possessorischen Ansprüche zu betreiben, während die Zulässigkeit der isolierten Geltendmachung von Besitzschutzansprüchen nicht Gegenstand der Entscheidung war.

3. das Gericht, in dessen Bezirk der Antragsgegner seinen gewöhnlichen Aufenthalt hat;

4. das Gericht, in dessen Bezirk der Antragsteller seinen gewöhnlichen Aufenthalt hat.

Die Vorschrift enthält eine **Spezialregelung** der örtlichen Zuständigkeit gegenüber der allgemeinen Bestimmung in § 2. Sie entspricht trotz der vorgenommenen sprachlichen Änderungen inhaltlich der bisherigen Regelung in § 11 HausratsV.

Ausgangspunkt der auf den Zeitpunkt der Antragstellung bezogenen stufenweisen Bestimmung der ausschließlichen örtlichen Zuständigkeit ist die **Anhängigkeit einer Ehesache**, die zu einer Konzentration der Entscheidungszuständigkeit beim erstinstanzlichen Gericht der Ehesache führt. Dessen Zuständigkeit ist auch dann gegeben, wenn das Verfahren der Ehesache dort nicht mehr anhängig ist, aber noch nicht rechtskräftig abgeschlossen ist. Von Bedeutung ist diese Zuständigkeitskonzentration allein für Ehewohnungs- und Haushaltssachen betreffend Regelungen für die Trennungszeit, da Regelungen für die Zeit nach Rechtskraft der Scheidung vor diesem Zeitpunkt gem. § 137 Abs. 2 Nr. 3 ausschließlich als Folgesache im Verbundverfahren verfolgt werden können. Der Fall der späteren Anhängigkeit der Ehesache, d.h. erst nach Anhängigkeit der Ehewohnungs- oder Haushaltssache, ist in § 202 gesondert geregelt.

Ohne die Anhängigkeit einer Ehesache ist zunächst auf den Ort der gemeinsamen Wohnung der Eheleute und, soweit es eine solche nicht mehr gibt, auf den gewöhnlichen Aufenthalt[1] des Antragsgegners abzustellen. Fehlt ein solcher, so ist der gewöhnliche Aufenthalt des Antragstellers maßgeblich.

§ 202 Abgabe an das Gericht der Ehesache

Wird eine Ehesache rechtshängig, während eine Ehewohnungs- oder Haushaltssache bei einem anderen Gericht im ersten Rechtszug anhängig ist, ist diese von Amts wegen an das Gericht der Ehesache abzugeben. § 281 Abs. 2 und 3 Satz 1 der Zivilprozessordnung gilt entsprechend.

Die Abgaberegelung ergänzt die in § 201 Nr. 1 vorgesehene Konzentration der Entscheidungszuständigkeit beim Gericht der Ehesache für den Fall des nachträglich anhängig werdenden Eheverfahrens. Sie entspricht dem bisherigen § 11 Abs. 3 HausratsV sowie § 621 Abs. 3 ZPO. Hierdurch wird gewährleistet, dass in keinem Fall gleichzeitig verschiedene Gerichte über die Rechtsverhältnisse an Ehewohnung und Haushaltsgegenständen für die Trennungszeit einerseits und die Zeit ab Rechtskraft der Scheidung andererseits entscheiden.

---

1 Zum Begriff des gewöhnlichen Aufenthalts → § 152 Rn. 4 f. und → § 232 Rn. 4.

Abschnitt 6 Ehewohnungssachen und Haushaltssachen

§ 203 Antrag

(1) Das Verfahren wird durch den Antrag eines Ehegatten eingeleitet.

(2) Der Antrag in Haushaltssachen soll die Angabe der Gegenstände enthalten, deren Zuteilung begehrt wird. Dem Antrag in Haushaltssachen nach § 200 Abs. 2 Nr. 2 soll zudem eine Aufstellung sämtlicher Haushaltsgegenstände beigefügt werden, die auch deren genaue Bezeichnung enthält.

(3) Der Antrag in Ehewohnungssachen soll die Angabe enthalten, ob Kinder im Haushalt der Ehegatten leben.

I. Antragserfordernis (Abs. 1)

1   Das Antragserfordernis für die Einleitung eines Verfahrens entspricht dem bisherigen § 1 Abs. 1 HausratsV. Es handelt sich um einen bloßen **Verfahrensantrag**, der, soweit er mit einem Sachantrag verbunden ist, in seiner Wirkung einer Anregung an das Gericht gleichkommt.[1]

2   Anders als in § 1 Abs. 1 HausratsV ist das Vorliegen einer Einigung der Beteiligten nicht mehr ausdrücklich als Verfahrenshindernis bezeichnet. Im Ergebnis bleibt es dabei, dass die Zulässigkeit eines Antrags ein **Regelungsinteresse** voraussetzt. Dieses kann im Fall einer Einigung der Beteiligten fehlen. Ein Regelungsinteresse ist allerdings nur dann zu verneinen, wenn die Einigung der Beteiligten nicht die angestrebte Regelung der Rechtsverhältnisse an der Ehewohnung oder den Haushaltsgegenständen ersetzen kann.

3   Eine den Verfahrensgegenstand erschöpfende **Einigung**, die eine gerichtliche Entscheidung überflüssig macht, ist nicht gegeben, wenn sich die Eheleute zwar über die Nutzung der Ehewohnung nach der Scheidung einig sind, jedoch der Dritte sein gem. § 1568a Abs. 4 BGB erforderliches Einverständnis verweigert. Dies war bisher auch für den vergleichbaren Fall der fehlenden Zustimmung des Vermieters allgemein anerkannt.[2] Nach § 1568a Abs. 3 BGB ist für die Begründung oder alleinige Fortsetzung eines gemeinsamen Mietverhältnisses für die bisherige Ehewohnung eine solche Umgestaltung durch das Gericht nicht mehr erforderlich, da sie kraft Gesetzes erfolgt mit der Möglichkeit für den Vermieter, das Mietverhältnis in entsprechender Anwendung des § 563 BGB zu kündigen.

4   Bei einer **Teileinigung** der Ehegatten ist diese aufgrund der Dispositionsbefugnis der Beteiligten für das ansonsten nicht an die Anträge der Beteiligten gebundene Gericht bindend, so dass nur noch über die Zuweisung der restlichen Haushaltsgegenstände zu entscheiden ist.[3]

5   Ein Rechtsschutzbedürfnis ist auch zu bejahen, wenn sich die Eheleute zwar über die Nutzung der Ehewohnung durch einen von ihnen allein, nicht jedoch über die Bedin-

---

1   BGH 27.10.1993 – XII ZB 88/92 = FamRZ 1994, 158 (159); OLG Bamberg 01.10.1992 – 2UF 109/92 = FamRZ 1993, 726 für Anträge in fG-Familiensachen.
2   OLG Frankfurt FamRZ 1980, 170; Soergel/Heintzmann § 1 HausratsV Rn. 7; Palandt/Brudermüller § 1 HausratsV Rn. 7; Baumeister u.a./Fehmel § 1 HausratsV Rn. 20.
3   OLG Naumburg 04.09.2004 – 8 UF 211/02 = FamRZ 2004, 889.

gungen, zu denen diese Nutzung erfolgen soll (insbesondere der Höhe des **Nutzungsentgelts**), einig sind.[4] Im Übrigen kann in dem bloßen Auszug eines Ehegatten nicht ein solches Einverständnis gesehen werden.[5] An ein entsprechendes **schlüssiges Verhalten** sind strenge Anforderungen zu stellen. Es muss feststehen, dass die Ehegatten eine Dauerregelung auch für die Zeit nach der Scheidung gewollt haben.[6] Ob dies bei einem mit dem Auszug verbundenen Verlangen einer Nutzungsentschädigung der Fall ist,[7] erscheint zweifelhaft. Auch die unwiderlegliche Vermutung in § 1361b Abs. 4 BGB vermag hieran nichts zu ändern, da diese Bestimmung nur die (vorläufige) Benutzungsberechtigung während der Trennungszeit betrifft und für die (endgültige) Regelung für die Zeit nach Scheidung keine Geltung beanspruchen kann.[8]

II. Inhalt des Antrags (Abs. 2 u. 3)

Die in Abs. 2 enthaltenen Anforderungen an den Antragsinhalt betreffen alle Haushaltssachen. Der Antragsteller wird aufgefordert, die von ihm herausverlangten Gegenstände zu bezeichnen. Dies dient der **Präzisierung des Antrags**. Die Bezeichnung ist im Hinblick auf eine möglicherweise erforderliche Vollstreckung einer gerichtlichen Entscheidung so genau wie möglich vorzunehmen, um den jeweiligen Haushaltsgegenstand hinreichend individualisieren zu können. 6

Für den Antrag auf endgültige Zuweisung der Haushaltsgegenstände für die Zeit nach der Scheidung nach § 200 Abs. 2 Nr. 2 hat der Antragsteller außerdem ein Inventarverzeichnis der gesamten Haushaltsgegenstände vorzulegen, damit dem Gericht eine Grundlage für die zu treffende Billigkeitsentscheidung bei der Zuteilung der Haushaltsgegenstände zur Verfügung steht. Dies betrifft auch die bereits verteilten Haushaltsgegenstände. Diese Regelung entspricht der bereits bisher allgemeinen gerichtlichen Praxis. 7

Bei der Aufforderung zur Bezeichnung der verlangten und der insgesamt vorhandenen Haushaltsgegenstände handelt es sich lediglich um **Soll-Vorschriften**, deren Nichtbeachtung nicht die Zurückweisung des Antrags als unzulässig rechtfertigt. Das Gericht hat vielmehr darauf hinzuwirken, dass die für eine Entscheidung notwendigen Angaben nachgeholt werden (§ 28 Abs. 2). Es kann dabei auch sofort nach § 206 Abs. 1 vorgehen und sowohl dem Antragsteller als auch dem Antragsgegner unter **Fristsetzung** aufgeben, die zur Vorbereitung der Entscheidung erforderlichen Aufstellungen über das Gesamtinventar und die vom jeweiligen Ehegatten zur Nutzung während der Trennungszeit oder zur endgültigen Zuteilung für die Zeit nach der Scheidung begehrten Haushaltsgegenstände vorzulegen bzw. bereits vorgelegte Aufstellungen zu ergänzen. Erst, wenn dies ohne Erfolg bleibt, kommt eine Zurückweisung verspäteten Vortrags (§ 206 Abs. 2) sowie wegen der nicht erfolgten bzw. ungenügenden Aufklärung des 8

---
4 BGH 15.02.2006 – XII ZR 202/03 = FamRZ 2006, 930; OLG Hamm 06.03.2008 – 2 Sdb (FamS) Zust 6/08 = FamRZ 2008, 1637; OLG Brandenburg 07.06.2006 – 9 AR 3/06 = FamRZ 2006, 1392; a.A. KG 18.12.2006 – 25 W 42/06 = FamRZ 2007, 908.
5 OLG Hamm 06.03.2008 – 2 Sdb (FamS) Zust 6/08 = FamRZ 2008, 1637.
6 MünchKommBGB/Müller-Gindullis § 1 6. DVO EheG Rn. 20.
7 So Baumeister u.a./Fehmel § 1 HausratsV Rn.16.
8 BT-Drs. 14/5429, S. 43.

Sachverhalts entsprechend der gerichtlichen Auflage (§ 206 Abs. 3) die teilweise oder vollständige Zurückweisung des Antrags als unbegründet in Betracht.

9 Fehlt es **mangels hinreichender Bezeichnung** der herausverlangten Haushaltsgegenstände sowie der gesamten Haushaltsgegenstände vollständig oder weitgehend an der notwendigen Konkretisierung des Antrags, so ist es trotz des auch für dieses Verfahren geltenden Amtsermittlungsgrundsatzes nicht Aufgabe des Gerichts, das von dem Antragsteller Versäumte z.B. im Wege der Augenscheinseinnahme nachzuholen. Die Aufklärungspflicht des Gerichts beschränkt sich in diesem Fall auf die Aufforderung an den Antragsteller, das Versäumte nachzuholen.

10 Die nach § 1568a Abs. 4 Satz 1 BGB mögliche Anordnung einer **Ausgleichszahlung**, die dazu dient, eine wertmäßig der Billigkeit entsprechende Aufteilung der Haushaltsgegenstände auszugleichen, rechtfertigt es nicht, ausschließlich eine Ausgleichzahlung zu beantragen. Ein solcher Antrag ist unzulässig.[9]

11 Die Angabe der **im Haushalt lebenden Kinder** in einem Antrag auf Zuweisung der Ehewohnung soll eine möglichst frühe Beteiligung des JA gewährleisten, da gem. § 1361b Abs. 1 Satz 2 BGB und § 1568a Abs. 1 BGB das Wohl von im Haushalt lebenden Kindern zu berücksichtigen und das JA in diesem Fall immer anzuhören (§ 205 Abs. 1) und auf seinen Antrag hin am Verfahren zu beteiligen ist (§ 204 Abs. 2).

§ 204 Beteiligte

(1) In Ehewohnungssachen nach § 200 Abs. 1 Nr. 2 sind auch der Vermieter der Wohnung, der Grundstückseigentümer, der Dritte (§ 1568a Absatz 4 des Bürgerlichen Gesetzbuchs) und Personen, mit denen die Ehegatten oder einer von ihnen hinsichtlich der Wohnung in Rechtsgemeinschaft stehen, zu beteiligen.

(2) Das Jugendamt ist in Ehewohnungssachen auf seinen Antrag zu beteiligen, wenn Kinder im Haushalt der Ehegatten leben.

1 Unmittelbar Beteiligte in Ehewohnungssachen sind die Eheleute, während die Einbeziehung von Drittbeteiligten nur unter besonderen Voraussetzungen in Betracht kommt. **Abs. 1** entspricht dem bisherigen § 7 HausratsV. Danach sind bei Regelungen hinsichtlich der Benutzung der Ehewohnung Vermieter, Grundstückseigentümer, Dritte im Sinne des neuen § 1568a Abs. 4 BGB und Personen, mit denen zusammen die Ehegatten oder einer von ihnen Rechte an der Wohnung haben, an dem Verfahren zu beteiligen. Voraussetzung ist in allen Fällen, dass durch die in Betracht kommende Regelung in die Rechte dieser Personen eingegriffen werden kann. Das ist in der Regel nur der Fall bei **endgültigen Regelungen nach § 1568a BGB**, d.h. für die Zeit ab Rechtskraft der Scheidung, da bei der (vorläufigen) Nutzungsregelung zwischen den Ehegatten für die Trennungszeit gem. § 1361b BGB die bestehenden Rechtsverhältnisse an der Wohnung nicht zu Lasten Dritter verändert werden dürfen.[1]

---

9 So zu dem bisherigen – inhaltlich gleichen – § 8 Abs. 3 Satz 2 HausratsV: OLG Naumburg 18.09.2006 – 3 WF 154/06 = FamRZ 2007, 920; OLG Hamm 20.02.1998 = 5 UF 169/97 = FamRZ 1998, 1530; zweifelnd Weber NJW 2007, 3040 (3045); a.A. OLG Karlsruhe 15.04.1987 – 2 UF 7/87 = FamRZ 1987, 848 für den Antrag auf Zuweisung sämtlicher Gegenstände an den anderen Ehegatten unter Auferlegung einer Ausgleichszahlung.
1 OLG Köln 30.11.1993 – 25 UF 234/93 = FamRZ 1994, 632; OLG Koblenz 01.09.1999 – 11 UF 299/99 = FF 2000, 28; Palandt/Brudermüller § 1361b BGB Rn. 26.

Abs. 1 enthält **keine abschließende Regelung** der Beteiligung Dritter am Verfahren. Eine Beteiligtenstellung kann sich auch aus § 7 Abs. 2 Nr. 1 ergeben. Dies gilt – soweit man nicht den Beteiligtenbegriff nach § 204 ohnehin genauso weit fasst wie im bisherigen § 7 HausratsV – für den Nießbraucher, den Erbbau- oder dinglich Wohnberechtigten und den Verpächter, da deren Rechte durch ein Verfahren in einer Ehewohnungssache beeinträchtigt sein können.[2]

2

Nach **Abs. 2** ist das JA auf seinen Antrag als Beteiligter hinzuzuziehen, wenn Kinder im Haushalt der Ehegatten leben. Danach entscheidet das JA, das vom Gericht auf eine entsprechende Angabe (§ 203 Abs. 3) im Antrag hin benachrichtigt wird, ob es eine Veranlassung sieht, sich am Verfahren zur Wahrnehmung der Interessen des Kindes zu beteiligen. Dagegen führt allein die nach § 205 vorgesehene Anhörung des JA noch nicht zu dessen Beteiligung am Verfahren. Das JA kann sowohl vor als auch nach der Anhörung den Antrag stellen, am Verfahren beteiligt zu werden, um in stärkerem Maße auf das Verfahren Einfluss nehmen zu können.[3] Die Pflicht zur Terminsnachricht und Einräumung der Möglichkeit zur Teilnahme an der mündlichen Verhandlung ist davon unberührt (§ 205 Abs. 1). Dies geht über die Möglichkeit der Einwirkung des JA nach bisherigem Recht, welche sich auf die Anhörung durch das Gericht beschränkte, hinaus. Die nunmehr vorgesehene flexible „Zugriffslösung" ist der regelmäßigen Einbeziehung des JA in das Verfahren kraft Gesetzes zur Vermeidung unnötigen Verwaltungsaufwands vorgezogen worden.[4]

3

§ 205 Anhörung des Jugendamts in Ehewohnungssachen

(1) In Ehewohnungssachen soll das Gericht das Jugendamt anhören, wenn Kinder im Haushalt der Ehegatten leben. Unterbleibt die Anhörung allein wegen Gefahr im Verzug, ist sie unverzüglich nachzuholen.

(2) Das Gericht hat in den Fällen des Absatzes 1 Satz 1 dem Jugendamt die Entscheidung mitzuteilen. Gegen den Beschluss steht dem Jugendamt die Beschwerde zu.

Die Vorschrift knüpft an den bisherigen § 49a Abs. 2 FGG an. Die Anhörung des JA ist jedoch nunmehr unabhängig davon vorgesehen, wie das Verfahren voraussichtlich enden wird. Außerdem ist die Bestimmung als **Soll-Vorschrift** ausgestaltet im Gegensatz zu den sonstigen Bestimmungen zur Anhörung des JA im 2. Buch des FamFG. Die gesetzliche Aufforderung in Abs. 1 Satz 2, die wegen Gefahr im Verzug unterbliebene Anhörung unverzüglich nachzuholen,[1] spricht andererseits dafür, dass eine Anhörung des JA eigentlich **immer erforderlich** ist. Dies wird auch dem Sinn der Anhörung gerecht, welche die Wahrnehmung der Kindesinteressen, die bei einer Zuweisung der Wohnungsnutzung an einen Ehegatten erheblich beeinträchtigt sein können, zu gewährleisten hat. Dem Kindeswohl kann im Rahmen der Zuweisungsentscheidung eine maßgebliche Bedeutung bei der Abwägung der Interessen zukommen. Zur Anhörung

1

---

[2] Götz/Brudermüller FPR 2009, 38 (40).
[3] Zu den Konsequenzen der Beteiligung im Vergleich zur bloßen Mitwirkung im Verfahren → § 162 Rn. 6.
[4] BT-Drs. 16/6308, S. 250.
[1] Dies entspricht inhaltlich dem bisherigen § 49a Abs. 3 FGG i.V.m. § 49 Abs. 4 FGG.

gehört auch die Terminsnachricht, um dem JA die Möglichkeit zur Teilnahme an der Verhandlung zu ermöglichen.

2 Die **Mitteilung sämtlicher Entscheidungen** in Verfahren, in denen das JA angehört worden ist (Abs. 2 Satz 1), entspricht der bisherigen Regelung in § 49a Abs. 3 i.V.m. § 49 Abs. 3 FGG. Die Mitteilung ist damit unabhängig von einer Beteiligtenstellung des JA nach § 204 Abs. 2. Dies ermöglicht es dem JA, seine Beteiligung am weiteren Verfahren zu beantragen und/oder von seiner in jedem Fall, d.h., unabhängig seiner Beteiligtenstellung, gegebenen Beschwerdebefugnis (Abs. 2 Satz 2) Gebrauch zu machen.

§ 206 Besondere Vorschriften in Haushaltssachen

(1) Das Gericht kann in Haushaltssachen jedem Ehegatten aufgeben,

1. die Haushaltsgegenstände anzugeben, deren Zuteilung er begehrt,
2. eine Aufstellung sämtlicher Haushaltsgegenstände einschließlich deren genauer Bezeichnung vorzulegen oder eine vorgelegte Aufstellung zu ergänzen,
3. sich über bestimmte Umstände zu erklären, eigene Angaben zu ergänzen oder zum Vortrag eines anderen Beteiligten Stellung zu nehmen oder
4. bestimmte Belege vorzulegen,

und ihm hierzu eine angemessene Frist setzen.

(2) Umstände, die erst nach Ablauf einer Frist nach Absatz 1 vorgebracht werden, können nur berücksichtigt werden, wenn dadurch nach der freien Überzeugung des Gerichts die Erledigung des Verfahrens nicht verzögert wird oder wenn der Ehegatte die Verspätung genügend entschuldigt.

(3) Kommt ein Ehegatte einer Auflage nach Absatz 1 nicht nach oder sind nach Absatz 2 Umstände nicht zu berücksichtigen, ist das Gericht insoweit zur weiteren Aufklärung des Sachverhalts nicht verpflichtet.

I. Einschränkung des Amtsermittlungsgrundsatzes

1 Die Vorschrift regelt einerseits die **Mitwirkungspflicht der Ehegatten** und andererseits den **Umfang der Aufklärungspflicht des Gerichts** in Haushaltssachen im Rahmen des geltenden Amtsermittlungsgrundsatzes. Die besondere Mitwirkungspflicht der Eheleute rechtfertigt sich in diesen Verfahren neben einem praktischen Bedürfnis daraus, dass solche Verfahren von der Interessenlage der beteiligten Eheleute her dem kontradiktorischen Streitverfahren sehr stark angenähert sind. Dies betrifft vermögensrechtliche Gegenstände, die zwar für die Beteiligten teilweise von existenzieller Bedeutung sein mögen, an deren Zuteilung unter den Ehegatten jedoch kein gesteigertes öffentliches Interesse besteht.[1] Es ist nicht einzusehen, weshalb in solchen Fällen nicht

---

[1] BT-Drs. 16/6308, S. 250.

eine Mitwirkung von den Beteiligten verlangt werden sollte, die ihnen aufgrund der Sachnähe zu dem Verfahrensgegenstand wesentlich leichter fällt als dem Gericht die Aufklärung des Sachverhalts ohne eine solche Unterstützung. Mit der jetzigen Regelung, für die es im bisherigen Recht an einer Entsprechung fehlt, ist der Streit über den Umfang der gerichtlichen Aufklärungspflicht entschieden, in dem bereits bisher überwiegend eine Mitwirkung der Beteiligten in dem nunmehr gesetzlich geregelten Umfang verlangt wurde.[2]

II. Auflagen für die Eheleute (Abs. 1)

Nr. 1 ermöglicht dem Gericht, auf eine Präzisierung des Verfahrensziels durch die Ehegatten dadurch hinzuwirken, dass es ihnen aufgibt, die von ihnen **begehrten Haushaltsgegenstände zu bezeichnen**. Dies betrifft nicht nur den Antragsteller, der seiner entsprechenden Verpflichtung bei Antragstellung (§ 203 Abs. 2) nicht genügt hat, sondern auch den anderen Ehegatten, selbst wenn er nicht die Herausgabe, sondern nur den endgültigen Verbleib bestimmter Haushaltsgegenstände erreichen möchte. Die Bezeichnung sollte so genau erfolgen, dass sie einer evtl. später erforderlich werdenden Zwangsvollstreckung hinsichtlich des Bestimmtheitserfordernisses genügt.

Nr. 2 räumt dem Gericht die Befugnis ein, eine **Ergänzung** der vom Antragsteller bereits mit seinem Antrag vorzulegenden **Aufstellung sämtlicher Haushaltsgegenstände** (§ 203 Abs. 2) zu verlangen. Ein solches Mitwirkungsverlangen ist indes nicht auf den Antragsteller beschränkt, sondern kann auch gegenüber dem Antragsgegner erfolgen. Außerdem kann das Gericht nach Nr. 3 die Ehegatten zur **weitergehenden Mitwirkung an der Sachverhaltsaufklärung** durch Erklärung zu bestimmten Umständen (z.B. zum Erwerb eines bestimmten Haushaltsgegenstands und den Eigentumsverhältnissen hieran), durch Ergänzung des eigenen Vortrags und durch Stellungnahme zum Vortrag des anderen Ehegatten auffordern. Nach Nr. 4 erstreckt sich die Mitwirkungspflicht der Eheleute auch auf die **Vorlage von Belegen** auf Verlangen des Gerichts. In Betracht kommen z.B. Unterlagen über den Kauf von Haushaltsgegenständen, die über den Zeitpunkt der Anschaffung, die Person des Käufers und den Anschaffungspreis Auskunft geben können.

Die gerichtlichen Auflagen können mit der Setzung einer **Frist** verbunden werden, deren Versäumung die Konsequenzen nach Abs. 2 u. 3 zur Folge haben kann.

III. Folgen der Nichterfüllung der Auflagen (Abs. 2 u. 3)

Die Versäumung der gerichtlich bestimmten Frist zur Erfüllung der Auflagen nach Abs. 1 kann eine **Präklusion** des verspäteten Vortrags zur Folge haben (Abs. 2). Nach der in Anlehnung an § 296 Abs. 1 ZPO geschaffenen Bestimmung greift die Präklusion, d.h. die Nichtberücksichtigung des verspäteten Vortrags, nur dann nicht ein, wenn die

---

[2] Für eine Einschränkung der Amtsermittlung nach bisherigem Recht OLG Bamberg 01.12.2000 – 7 UF 212/00 = MDR 2001, 820 = OLGR 2001, 125; OLG Brandenburg 26.08.2002 – 10 WF 18/02 = FamRZ 2004, 891; a.A. OLG Zweibrücken 17.06.1998 – 5 UF 25/98 = FamRZ 1999, 672.

Fristversäumung genügend entschuldigt wird oder nach der freien Überzeugung des Gerichts bei einer Berücksichtigung des verspäteten Vortrags eine Verzögerung des Verfahrens nicht eintreten würde.

6 Wird die gerichtliche Auflage nicht erfüllt oder ist der verspätete Vortrag hierzu nach Abs. 2 nicht zu berücksichtigen, so besteht keine Pflicht des Gerichts, die Umstände, die durch die Auflage aufgeklärt werden sollten, von Amts wegen aufzuklären. Das Gericht hat diese **ungeklärten Umstände bei seiner Entscheidung unberücksichtigt** zu lassen, soweit diese Umstände für den auf Mitwirkung in Anspruch genommenen Ehegatten günstig sind. Die Beschränkung auf dem Mitwirkungspflichtigen günstige Umstände folgt aus dem Sinn und Zweck der Präklusion.[3] Daher ist die gerichtliche Aufklärungspflicht nicht eingeschränkt, wenn die unerfüllt gebliebene Auflage Umstände betrifft, die dem Mitwirkungspflichtigen nachteilig sind.

§ 207 Erörterungstermin

Das Gericht soll die Angelegenheit mit den Ehegatten in einem Termin erörtern. Es soll das persönliche Erscheinen der Ehegatten anordnen.

1 Die **Erörterung** der Angelegenheit mit den Ehegatten im Rahmen einer mündlichen Verhandlung nach Satz 1 ist der Regelfall. Auf diese Weise kann das Gericht dem Amtsermittlungsgrundsatz bei der Aufklärung des Sachverhalts am besten entsprechen. Nur wenn eine solche Aufklärung nicht mehr erforderlich erscheint, kann hiervon abgesehen werden (Umkehrschluss aus § 33 Abs. 1). Außerdem kann ein solcher Termin dem Hinwirken auf eine gütliche Einigung dienen, welches auch ohne ausdrückliche Erwähnung (wie bisher in § 13 Abs. 2 HausratsV) immer angezeigt ist. Beabsichtigt das Gericht, hiervon abzusehen und im schriftlichen Verfahren zu entscheiden, was in seinem pflichtgemäßen Ermessen liegt, hat es dies den Beteiligten mitzuteilen und ihnen Gelegenheit zur abschließenden Stellungnahme zu geben.

2 Satz 2 gibt dem Gericht die Möglichkeit, das **persönliche Erscheinen** der Ehegatten anzuordnen, um die nach Satz 1 vorgesehene mündliche Erörterung zu gewährleisten. Auch insoweit entspricht das Gesetz der bisherigen Regelung in § 13 Abs. 2 HausratsV. Während diese Anordnung bisher nach § 33 FGG zwangsweise durchgesetzt werden konnte,[1] besteht nunmehr die Möglichkeit, auf das Ausbleiben mit einem Ordnungsgeld nach § 33 zu reagieren.

§ 208 Tod eines Ehegatten

Stirbt einer der Ehegatten vor Abschluss des Verfahrens, gilt dieses als in der Hauptsache erledigt.

1 Die Vorschrift bestimmt in Anlehnung an die für Ehesachen geltende Regelung in **§ 131**, dass beim Tod eines Ehegatten vor Abschluss des Verfahrens dieses als in der

---

3 BT-Drs. 16/6308, S. 250.
1 OLG Bremen 07.12.1988 – 4 WF 121/88 (a) = FamRZ 1989, 306.

Hauptsache erledigt zu gelten hat. Dies folgt daraus, dass die Rechte aus §§ 1361a, 1361b, 1568a, 1568b BGB höchstpersönlich und nicht vererblich sind. Mit dem Tod eines Ehegatten ist somit das Rechtsschutzbedürfnis entfallen.

§ 209 Durchführung der Entscheidung, Wirksamkeit

(1) Das Gericht soll mit der Endentscheidung die Anordnungen treffen, die zu ihrer Durchführung erforderlich sind.

(2) Die Endentscheidung in Ehewohnungs- und Haushaltssachen wird mit Rechtskraft wirksam. Das Gericht soll in Ehewohnungssachen nach § 200 Abs. 1 Nr. 1 die sofortige Wirksamkeit anordnen.

(3) Mit der Anordnung der sofortigen Wirksamkeit kann das Gericht auch die Zulässigkeit der Vollstreckung vor der Zustellung an den Antragsgegner anordnen. In diesem Fall tritt die Wirksamkeit in dem Zeitpunkt ein, in dem die Entscheidung der Geschäftsstelle des Gerichts zur Bekanntmachung übergeben wird. Dieser Zeitpunkt ist auf der Entscheidung zu vermerken.

I. Anordnungen zur Durchführung der Entscheidung (Abs. 1)

Mit der Endentscheidung soll das Gericht die Anordnungen treffen, die für die praktische Durchführung und ggf. Vollstreckung der Entscheidung erforderlich sind. Dies entspricht der bisherigen Regelung in § 15 HausratsV. Der **Inhalt der Anordnungen** kann nicht generell bestimmt werden, sondern ist auf die individuellen Verhältnisse abzustimmen. So kommen z.B. folgende Anordnungen in Betracht: **1**

- die **Herausgabe der Wohnung** bei der Zuweisung der Ehewohnung an einen Ehegatten, selbst wenn dies nicht ausdrücklich beantragt worden ist;[1]
- die Regelung der Mitbenutzung von Wohnungsteilen (Bad, Küche) beim Verbleiben beider Ehegatten in der Wohnung;[2]
- die Einräumung einer **Räumungsfrist**, für welche die §§ 721, 794a ZPO keine Rechtsgrundlage sind;[3] eine Fristverlängerung ist nach § 48 Abs. 1 vorzunehmen;[4]
- die Herausgabe der Wohnungsschlüssel;[5]
- ein **Betretungs- und Näherungsverbot** hinsichtlich der Ehewohnung;[6]

---

1 BGH 29.09.1993 – XII ZR 43/92 = FamRZ 1994, 98 (101). Die dort angesprochene Räumung dürfte dagegen nicht sachgerecht sein, wenn lediglich das Verlassen der Wohnung unter Mitnahme der persönlichen Sachen gewollt ist; vgl. auch OLG Karlsruhe 06.09.1993 – 16 WF 123/93 = FamRZ 1994, 1185.
2 OLG Brandenburg 24.04.2003 – 10 WF 49/03 = FamRZ 2004, 477.
3 OLG Stuttgart 03.01.1980 – 15 WF 360/79 = FamRZ 1980, 467; OLG Bamberg 01.02.2000 – 7 UF 12/00 = FamRZ 2001, 691 (692).
4 So zum bisherigen Recht nach § 17 HausratsV, an dessen Stelle § 48 Abs. 1 getreten ist, OLG Bamberg 01.02.2000 – 7 UF 12/00 = FamRZ 2001, 691.
5 OLG Brandenburg 17.01.2008 – 10 WF 31/07 = FamRZ 2008, 1930.
6 OLG Köln 12.09.2002 – 14 UF 171/02 = FamRZ 2003, 319.

Finke

- das Gebot an den Ehegatten, der alleiniger Eigentümer oder Mieter der Wohnung ist, sich jeder **Verfügung über die Wohnung** zu enthalten, die das Nutzungsrecht des anderen Ehegatten beeinträchtigen könnte (§ 1361b Abs. 3 Satz 1 BGB), wobei die Rechtswirkungen eines Verstoßes gegen ein solches Veräußerungs- oder Kündigungsverbot streitig sind.[7]

2 Die noch im Referentenentwurf in § 209 Abs. 1 Sätze 2 und 3 vorgesehene Verpflichtung des Gerichts zu Anordnungen zum **Schutz der Interessen des Vermieters** bei der Umgestaltung des bisherigen Mitverhältnisses,[8] die bisher im materiellen Recht in § 5 Abs. 1 Satz 2 HausratsV geregelt war, ist trotz der gegen einen solchen Verzicht vom Bundesrat erhobenen Bedenken[9] ersatzlos fallen gelassen worden. Dies wurde damit begründet, dass für eine richterliche Anordnung in einem auf Anspruchsgrundlagen umgestellten System kein Platz sei.[10] Aus mietrechtlicher Sicht bestehe kein Bedürfnis für eine Nachhaftung des aus dem Mietverhältnis entlassenen Ehegatten, da der Vermieter bei Zahlungsrückständen das Mietverhältnis kündigen und regelmäßig auf eine Mietkaution zurückgreifen könne.[11] Ob hiermit die Interessen des Vermieters[12] tatsächlich hinreichend geschützt werden, darf vor dem Hintergrund der möglichen Dauer eines Räumungsverfahrens mit anschließender Vollstreckung bezweifelt werden. Das dem Vermieter eingeräumte außerordentliche Kündigungsrecht entsprechend § 563 Abs. 4 BGB ist nicht geeignet, dem finanziellen Risiko zu begegnen.

II. Wirksamkeit der Entscheidung (Abs. 2) und ihre Vollstreckung vor der Zustellung (Abs. 3)

3 Wie im bisherigen Recht nach § 16 Abs. 1 HausratsV werden **Endentscheidungen** erst **mit Rechtskraft** wirksam (Abs. 2 Satz 1) und damit auch vollstreckbar. Eine Ausnahme hiervon gilt für Ehewohnungssachen nach § 1361b BGB (Abs. 2 Satz 2). Danach soll das Gericht die **sofortige Wirksamkeit** anordnen. Mit dieser auf die Zuweisung der Ehewohnung beschränkten neuen Regelung wird ein Gleichklang mit den Fällen der Wohnungszuweisung nach § 2 GewSchG hergestellt. Eine Vollstreckung, die sich nach § 95 Abs. 1 Nr. 1 bis 5 i.V.m. §§ 794, 883 ff. ZPO richtet (zu den Besonderheiten der Vollstreckung in Ehewohnungssachen auch → § 96), kann danach im Regelfall erst mit der Rechtskraft der Entscheidung erfolgen. Für einstweilige Anordnungen gilt diese Einschränkung nicht (§ 794 Abs. 1 Nr. 3a ZPO), da dies dem Sinn und Zweck einer solchen Regelung zuwider laufen würde. Da es sich bei Abs. 2 Satz 2 um eine **Soll-Vorschrift** handelt, hat das Gericht kein freies Ermessen, sondern wird regelmäßig die so-

---

[7] OLG Dresden 06.08.1996 – 10 WF 206/96 = FamRZ 1997, 183; zweifelnd hinsichtlich der Rechtsgrundlage Palandt/Brudermüller § 1361b BGB Rn. 17 m.w.N.
[8] Diese Umgestaltung, die nach § 5 Abs. 1 Satz 1 HausratsV ausschließlich durch richterliche Entscheidung möglich war, erfolgt nunmehr nach § 1568a Abs. 3 BGB entweder durch die gemeinsame Erklärung gegenüber dem Vermieter oder durch die rechtskräftige endgültige Zuweisung der Ehewohnung zur alleinigen Nutzung an einen Ehegatten.
[9] BT-Drs. 16/10798, S. 49.
[10] BT-Drs. 16/10798, S. 36 in der Begründung zu § 1568a Abs. 3 BGB.
[11] BT-Drs. 16/10798, S. 53.
[12] Vgl. hierzu nach früherem Recht OLG Hamm 29.06.1993 – 2 UF 143/92 = FamRZ 1994, 388.

fortige Wirksamkeit seiner Entscheidung anordnen müssen, soweit dem nicht besondere Umstände entgegenstehen.

Soweit das Gericht die sofortige Wirksamkeit der Endentscheidung in der Ehewohnungssache anordnet, kann es gleichzeitig die Zulässigkeit der **Vollstreckung vor der Zustellung** der Entscheidung an den Antragsgegner anordnen. Nur in diesem Sonderfall tritt die **Wirksamkeit mit der Übergabe** der Entscheidung **an die Geschäftsstelle** des Gerichts zur Bekanntmachung ein. Auch insoweit wird ein Gleichklang mit der bislang allein für Entscheidungen nach dem GewSchG geltenden Regelungen (§ 64b Abs. 2 FGG) hergestellt. Für die einstweilige Anordnung besteht eine entsprechende Sonderregelung in § 53 Abs. 2, wobei diese hinsichtlich des Regelungsgegenstands inhaltlich nicht beschränkt ist, also auch eine einstweilige Anordnung in Haushaltssachen betreffen kann.

4

Abschnitt 7
Verfahren in Gewaltschutzsachen
(§ 210 – § 216a)

Vorbemerkung § 210

Nach der Neuregelung durch das FamFG stellt sich das **Verfahren in Gewaltschutzsachen** im Überblick wie folgt dar:

1

Verfahrensvorschriften
- Grundsatz: Geltung des allg. Teils (§§ 1 bis 110)
- Ausnahme: Sonderregelungen in §§ 210 bis 216a

Antragsverfahren
- Verfahrensantrag ohne Bindung des Gerichts

Kein Anwaltszwang (§ 10 Abs. 1)

Beteiligung Dritter
- JA auf seinen Antrag in Verf. nach § 2 GewSchG, wenn Kinder im Haushalt (§ 212); auch ohne Antrag auf Beteiligung ist das JA in diesen Verfahren immer anzuhören (§ 213 Abs. 1)

Zuständigkeit (alternativ nach Wahl des Antragstellers)
- Gericht des Tatortes (§ 211 Nr. 1)
- Gericht der gemeinsamen Wohnung (§ 211 Nr. 2)
- Gericht des gewöhnlichen Aufenthalts des Antragsgegners (§ 211 Nr. 3)

Amtsermittlungsgrundsatz (§ 26)

Mündliche Verhandlung fakultativ

- persönliche Anhörung, soweit dies zur Gewährleistung des rechtlichen Gehörs (§ 34 Abs. 1 Nr. 1) oder zur Sachverhaltsaufklärung erforderlich ist

Anordnungen zur Durchsetzung der Endentscheidung nach § 2 GewSchG (§ 215)

- Gebote und Verbote
- Räumung, Herausgabe und Räumungsfristen

Wirksamkeit der Entscheidung

- mit Rechtskraft (§ 216 Abs. 1 Satz 1)
- Gericht soll sofortige Wirksamkeit anordnen (§ 216 Abs. 1 Satz 2)
- bei Zulassung der Vollstreckung vor Zustellung tritt Wirksamkeit mit Übergabe der Entscheidung an die Geschäftsstelle zur Bekanntmachung ein (§ 216 Abs. 2)

Rechtsmittel

- Beschwerde nach §§ 58 ff. bei einer Beschwer von mehr als 600 EUR
- Rechtsbeschwerde nach §§ 70 ff., soweit vom Beschwerdegericht zugelassen;
- Zwischenentscheidungen: Anfechtung mit sofortiger Beschwerde nur in gesetzlich bestimmten Fällen (§§ 567 ff. ZPO)
- Beschwerderecht des JA (§ 213 Abs. 2)

Abänderbarkeit nach Rechtskraft

- auf Antrag bei nachträglicher Änderung der Sach- oder Rechtslage (§ 48 Abs. 1)

Vollstreckung

- Räumung, Herausgabe einer beweglichen oder unbeweglichen Sache nach § 95 Abs. 1 Nr. 2 gem. §§ 794, 883 ff. ZPO; nach § 96 Abs. 2 ist wiederholte Besitzeinweisung möglich (§ 885 Abs. 1)
- Vornahme vertretbarer oder nicht vertretbarer Handlung (§ 95 Abs. 1 Nr. 3) nach §§ 887 bis 889 ZPO durch Ersatzvornahme bzw. Zwangsgeldfestsetzung;
- Erzwingung von Duldungen und Unterlassungen – Gebote und Verbote – nach § 95 Abs. 1 Nr. 4 durch Zwangsgeldfestsetzung gem. § 890 ZPO am gewöhnlichen Aufenthalt des Antragsgegners (§ 201 Nr. 3)
- Zahlung einer Nutzungsentschädigung oder eines Ausgleichsbetrages nach § 95 Abs. 1 Nr. 1 durch Pfändung gem. §§ 803 ff. ZPO

Gegenstandswerte

- 2.000 EUR für die Regelung nach § 1 GewSchG (§ 49 Abs. 1 FamGKG)
- 3.000 EUR für die Regelung nach § 2 GewSchG (§ 49 Abs. 1 FamGKG)
- soweit nicht die Billigkeit einen höheren oder niedrigeren Wert gebietet (§ 49 Abs. 2 FamGKG)

Kostenhaftung (Gerichtskosten)

- keine Haftung als Antragsteller (§ 21 Abs. 1 Satz 2 Nr. 1 KostO)
- Haftung aufgrund Entscheidung des Gerichts (§ 24 Abs. 1 Nr. 1 KostO)
- Haftung entsprechend Vergleichsregelung – im Zweifel hälftig – oder aufgrund Erklärung gegenüber dem Gericht (§ 24 Abs. 1 Nr. 2 KostO)

§ 210 Gewaltschutzsachen

Gewaltschutzsachen sind Verfahren nach den §§ 1 und 2 des Gewaltschutzgesetzes.

Die **funktionelle gerichtliche Zuständigkeit** und damit auch die **anzuwendenden verfahrensrechtlichen Bestimmungen** in Gewaltschutzsachen werden durch das FamFG neu geregelt. Während das bisherige Recht eine Aufteilung der Zuständigkeit zwischen Zivilgerichten und Familiengerichten sowie die Anwendung der Bestimmungen der ZPO für das eine und des FGG für das andere Verfahren vorsah, sind nunmehr ausschließlich die **Familiengerichte** zuständig und die **Bestimmungen des FamFG** anwendbar. Die bisherigen verfahrensrechtlichen Regelungen in § 64b Abs. 2 bis Abs. 4 FGG i.V.m. der entsprechenden Anwendung bestimmter Vorschriften der HausratsV werden vollständig durch §§ 210 bis 216a ersetzt. Das einheitliche Verfahren der freiwilligen Gerichtsbarkeit bietet gegenüber der bisherigen teilweisen Anwendung der ZPO eine größere Flexibilität und eine den Besonderheiten des Sachverhalts angepasste Verfahrensgestaltung.[1]

1

Aufgrund der **einheitlichen Zuständigkeit der Familiengerichte** für alle Gewaltschutzsachen entfällt das bisherige Abgrenzungskriterium, die Führung eines gemeinsamen Haushalts des Täters und des Opfers innerhalb der letzten sechs Monate vor der Tat. Nunmehr unterfallen auch solche Fälle der familiengerichtlichen Zuständigkeit, in denen zwischen dem Opfer keine nähere personale Beziehung wie bei einer ehelichen oder nichtehelichen Lebensgemeinschaft bestand oder besteht. Dies gilt demzufolge auch für Sachverhalte, bei denen die persönliche Beziehung schon seit längerer Zeit nicht mehr besteht. Die bisher zum Teil schwierige Abgrenzung nach der Art und dem Wesen der Beziehung der Verfahrensbeteiligten[2] ist damit vollständig entfallen.

2

Als **Gewaltschutzsachen** sind neben den im Vordergrund stehenden

3

- **Schutzanordnungen** nach § 1 GewSchG und
- **Anordnungen zur Wohnungsüberlassung** nach § 2 GewSchG

auch Streitigkeiten um eine

- **Nutzungsvergütung** nach § 2 Abs. 5 GewSchG

zu behandeln, während Schadensersatz- und Schmerzensgeldansprüche wegen ihres fehlenden Bezugs zu den Gewaltschutzmaßnahmen vor dem Zivilgericht geltend zu

---

1 BT-Drs. 16/6308, S. 251.
2 Vgl. einerseits AG Hamburg-Barmbeck 02.06.2003 – 816 C 162/03 = FamRZ 2004, 473 und andererseits Schumacher FamRZ 2002, 645.

machen sind. Wie bisher sind Überschneidungen der Anwendungsbereiche von Gewaltschutz und Ehewohnungszuweisung möglich. Der Antragsteller muss mit seinem Antrag klarstellen, welchen Weg er beschreiten will. Die **Abgrenzung** von Gewaltschutzsachen zu allgemeinen zivilrechtlichen Ansprüchen (Besitzschutz, Unterlassung, Schadensersatz) ist weiterhin erforderlich und ggf. durch Auslegung des Antrags vorzunehmen.

§ 211 Örtliche Zuständigkeit

Ausschließlich zuständig ist nach Wahl des Antragstellers
1. **das Gericht, in dessen Bezirk die Tat begangen wurde,**
2. **das Gericht, in dessen Bezirk sich die gemeinsame Wohnung des Antragstellers und des Antragsgegners befindet oder**
3. **das Gericht, in dessen Bezirk der Antragsgegner seinen gewöhnlichen Aufenthalt hat.**

1 Die Vorschrift enthält eine **Spezialregelung** der örtlichen Zuständigkeit gegenüber der allgemeinen Bestimmung in § 2. Sie entspricht, abgesehen von dem Abstellen auf den gewöhnlichen Aufenthalt[1] in Nr. 3 (anstelle des bisher maßgeblichen Wohnsitzes), im Wesentlichen der bisherigen Regelung in § 64b Abs. 1 FGG.

2 Benutzen die Beteiligten mehrere Wohnungen, so ist unter Nr. 2 auf die Wohnung abzustellen, deren Nutzungszuweisung begehrt wird bzw. auf die sich die Schutzanordnung bezieht.

3 Ergeben sich nach Nr. 1 bis 3 unterschiedliche Zuständigkeiten, so hat der Antragsteller die Wahl unter den in Betracht kommenden Gerichten. **Tatort** nach Nr. 1 ist jeder Ort, an dem auch nur eines der wesentlichen Tatbestandsmerkmale verwirklicht wurde, also sowohl der Handlungsort als auch der Erfolgsort.

4 Die **internationale** Zuständigkeit besteht bei örtlicher Zuständigkeit deutscher Gerichte.[2]

§ 212 Beteiligte

In Verfahren nach § 2 des Gewaltschutzgesetzes ist das Jugendamt auf seinen Antrag zu beteiligen, wenn ein Kind in dem Haushalt lebt.

1 Das JA ist auf seinen **Antrag** als Beteiligter hinzuzuziehen, wenn Gegenstand des Verfahrens die Wohnungszuweisung ist und Kinder im Haushalt leben. Nach § 212 entscheidet das JA, ob es eine Veranlassung sieht, sich am Verfahren zur Wahrnehmung der Interessen des Kindes zu beteiligen. Eine Verpflichtung des Gerichts, das JA über die Anhängigkeit des Verfahrens zu informieren, ist zwar nicht gesetzlich geregelt, er-

---
[1] Zum Begriff des gewöhnlichen Aufenthalts → § 122 Rn. 4 ff. und → § 232 Rn. 3.
[2] → § 105 Rn. 2.

gibt sich jedoch ohne Weiteres daraus, dass das JA in solchen Fällen nach § 213 Abs. 1 anzuhören ist. Dagegen führt allein die vorgesehene **Anhörung** des JA noch nicht zu dessen **Beteiligung** am Verfahren.

Das JA kann sowohl vor als auch nach der Anhörung den Antrag stellen, am Verfahren beteiligt zu werden, um in stärkerem Maße auf das Verfahren Einfluss nehmen zu können. Zu den **Konsequenzen der formellen Beteiligung** im Vergleich zur bloßen Mitwirkung im Verfahren → § 162 Rn. 6.

§ 213 Anhörung des Jugendamts

(1) In Gewaltschutzsachen soll das Gericht das Jugendamt anhören, wenn Kinder in dem Haushalt leben. Unterbleibt die Anhörung allein wegen Gefahr im Verzug, ist sie unverzüglich nachzuholen.

(2) Das Gericht hat in den Fällen des Absatzes 1 Satz 1 dem Jugendamt die Entscheidung mitzuteilen. Gegen den Beschluss steht dem Jugendamt die Beschwerde zu.

Die Vorschrift knüpft an den bisherigen § 49a Abs. 2 FGG an. Die Anhörung des JA ist jedoch nunmehr unabhängig davon vorgesehen, wie das Verfahren voraussichtlich enden wird. Außerdem ist die Bestimmung als **Soll-Vorschrift** ausgestaltet im Gegensatz zu den sonstigen Bestimmungen zur Anhörung des JA im 2. Buch des FamFG. Die gesetzliche Aufforderung in Abs. 1 Satz 2, die wegen Gefahr im Verzug unterbliebene Anhörung unverzüglich nachzuholen,[1] spricht andererseits dafür, dass eine Anhörung des JA eigentlich **immer erforderlich** ist. Dies wird auch dem Sinn der Anhörung gerecht, welche die Wahrnehmung der Kindesinteressen, die bei einer Zuweisung der Wohnungsnutzung an einen Ehegatten erheblich beeinträchtigt sein können, zu gewährleisten. Dem Kindeswohl kann im Rahmen der Zuweisungsentscheidung eine maßgebliche Bedeutung bei der Abwägung der Interessen zukommen. Zur Anhörung gehört auch die Terminsnachricht, um dem JA die Möglichkeit zur Teilnahme an der Verhandlung zu ermöglichen und unabhängig vom familiengerichtlichen Verfahren einen Hilfebedarf zu prüfen, um ggf. Leistungen nach dem SGB VIII anzubieten oder über Leistungsansprüche nach anderen Sozialgesetzbüchern zu informieren (§ 14 SGB I).

Die **Mitteilung der Entscheidung** in Verfahren, in denen das JA angehört worden ist (Abs. 2 Satz 1), entspricht der bisherigen Regelung in § 49a Abs. 3 FGG i.V.m. § 49 Abs. 3 FGG. Die Mitteilung ist damit unabhängig von einer Beteiligtenstellung des JA nach § 212. Dies ermöglicht es dem JA, seine Beteiligung am weiteren Verfahren zu beantragen und/oder von seiner in jedem Fall, d.h. unabhängig von seiner Beteiligtenstellung, gegebenen **Beschwerdebefugnis** (Abs. 2 Satz 2) Gebrauch zu machen.

---

1 Dies entspricht inhaltlich dem bisherigen § 49a Abs. 3 FGG i.V.m. § 49 Abs. 4 FGG.

§ 214 Einstweilige Anordnung

(1) Auf Antrag kann das Gericht durch einstweilige Anordnung eine vorläufige Regelung nach § 1 oder § 2 des Gewaltschutzgesetzes treffen. Ein dringendes Bedürfnis für ein sofortiges Tätigwerden liegt in der Regel vor, wenn eine Tat nach § 1 des Gewaltschutzgesetzes begangen wurde oder auf Grund konkreter Umstände mit einer Begehung zu rechnen ist.

(2) Der Antrag auf Erlass der einstweiligen Anordnung gilt im Fall des Erlasses ohne mündliche Erörterung zugleich als Auftrag auf Zustellung durch den Gerichtsvollzieher unter Vermittlung der Geschäftsstelle und als Auftrag zur Vollstreckung; auf Verlangen des Antragstellers darf die Zustellung nicht vor der Vollstreckung erfolgen.

1 Die Vorschrift tritt an die Stelle des bisherigen § 64b Abs. 3 FGG, der in Gewaltschutzsachen vorläufige Regelungen in Form von einstweiligen Anordnungen in Anlehnung an die §§ 620a bis 620g ZPO ermöglichte. Dabei enthält sie keine eigenständige Regelung, sondern lediglich eine **Ergänzung** der nunmehr für einstweilige Anordnungen geltenden **allgemeinen Regelungen in §§ 49 ff.** Von der bisherigen Regelung in § 64 Abs. 3 FGG unterscheidet sich die einstweilige Anordnung nach neuem Recht durch die Selbstständigkeit des Verfahrens, d.h. die Unabhängigkeit von einem Hauptsacheverfahren.[1]

2 Abs. 1 Satz 1 stellt klar, dass eine einstweilige Anordnung mit Maßnahmen nach § 1 oder § 2 GewSchG nur auf Antrag ergehen kann, was sich auch aus § 51 ergibt. Abs. 1 Satz 2 enthält eine Konkretisierung des Begriffs des **dringenden Bedürfnisses** für ein sofortiges gerichtliches Tätigwerden. Ist eine Tat i.S.d. § 1 GewSchG (vorsätzliche Verletzung von Körper, Gesundheit oder Freiheit einer anderen Person bzw. Drohung mit einer solchen Verletzung) begangen worden bzw. ist mit ihrer Begehung aufgrund konkreter Umstände zu rechnen, so liegt ein dringendes Bedürfnis für eine Maßnahme des vorläufigen Rechtsschutzes vor. Die zu treffenden Maßnahmen sind nach Zweckmäßigkeit unter Berücksichtigung des Grundsatzes der Verhältnismäßigkeit zu bestimmen und als vorläufige Maßnahmen regelmäßig zu befristen.

3 Abs. 2 knüpft an die nach § 53 Abs. 2 Satz 1[2] gegebene Möglichkeit der **Vollstreckung** der getroffenen Anordnung **vor Zustellung** des Beschlusses an und schränkt das dort eingeräumte Ermessen des Gerichts dahin ein, dass auf Verlangen des Antragstellers eine Zustellung vor der Vollstreckung nicht erfolgen darf. Voraussetzung ist, dass vor Erlass der Entscheidung eine mündliche Erörterung mit den Beteiligten nicht stattgefunden hat. In diesem Fall gilt der Antrag auf Erlass einer einstweiligen Anordnung gleichzeitig als Auftrag zur Zustellung durch den Gerichtsvollzieher unter Vermittlung der Geschäftsstelle und als Auftrag zur Vollstreckung. Diese Regelung folgt einem praktischen Bedürfnis der zweckmäßigen Umsetzung des einstweiligen Rechtsschutzes und entspricht der bisherigen Regelung in § 64 Abs. 3 Satz 6 FGG.

---

[1] Dies entspricht den Forderungen der Praxis. Vgl. 15. DFGT 2003, S. 101 (Arbeitskreis 19 – Gewaltschutzgesetz, Beschluss Nr. 5).
[2] Hierzu → § 53 Rn. 5.

§ 215 Durchführung der Endentscheidung

In Verfahren nach § 2 des Gewaltschutzgesetzes soll das Gericht in der Endentscheidung die zu ihrer Durchführung erforderlichen Anordnungen treffen.

Mit der Endentscheidung nach § 2 GewSchG soll das Gericht die Anordnungen treffen, die für die praktische Durchführung und ggf. Vollstreckung der Entscheidung erforderlich sind. Dies entspricht der bisherigen Regelung in § 64b Abs. 2 Satz 4 FGG i.V.m. § 15 HausratsV. Der **Inhalt der Anordnungen** kann nicht generell bestimmt werden, sondern ist auf die individuellen Verhältnisse abzustimmen. So kommen z.B. folgende Anordnungen in Betracht: 1

- die **Herausgabe der Wohnung** bei der Zuweisung der Wohnung an einen Beteiligten, selbst wenn dies nicht ausdrücklich beantragt worden ist;[1]
- die Regelung der Mitbenutzung von Wohnungsteilen (Bad, Küche) beim Verbleiben beider Beteiligten in der Wohnung;[2]
- die Einräumung einer **Räumungsfrist**, für welche die §§ 721, 794a ZPO keine Rechtsgrundlage sind;[3] eine Fristverlängerung ist nach § 48 Abs. 1 vorzunehmen;[4]
- die Herausgabe der Wohnungsschlüssel;[5]
- ein **Betretungs- und Näherungsverbot** hinsichtlich der Wohnung;[6]
- das Gebot an den aus der Wohnung gewiesenen Beteiligten, der alleiniger Eigentümer oder Mieter der Wohnung ist, sich jeder **Verfügung über die Wohnung** zu enthalten, die das Nutzungsrecht des anderen Beteiligten beeinträchtigen könnte.

Da die Bestimmung als **Soll-Vorschrift** ausgestaltet ist, ist das Gericht (im Gegensatz zu einer Kann-Vorschrift) in der Regel zu entsprechenden Maßnahmen verpflichtet und kann hiervon nur bei Vorliegen besonderer Umstände, die darzulegen sind, absehen. 2

§ 216 Wirksamkeit; Vollstreckung vor Zustellung

(1) Die Endentscheidung in Gewaltschutzsachen wird mit Rechtskraft wirksam. Das Gericht soll die sofortige Wirksamkeit anordnen.

(2) Mit der Anordnung der sofortigen Wirksamkeit kann das Gericht auch die Zulässigkeit der Vollstreckung vor der Zustellung an den Antragsgegner anordnen. In diesem Fall tritt die Wirksamkeit in dem Zeitpunkt ein, in dem die

---
[1] BGH 29.09.1993 – XII ZR 43/92 = FamRZ 1994, 98 (101). Die dort angesprochene Räumung dürfte dagegen nicht sachgerecht sein, wenn lediglich das Verlassen der Wohnung unter Mitnahme der persönlichen Sachen gewollt ist; vgl. auch OLG Karlsruhe 06.09.1993 – 16 WF 123/93 = FamRZ 1994, 1185.
[2] OLG Brandenburg 24.04.2003 – 10 WF 49/03 = FamRZ 2004, 477.
[3] OLG Stuttgart 03.01.1980 – 15 WF 360/79 = FamRZ 1980, 467; OLG Bamberg 01.02.2000 – 7 UF 12/00 = FamRZ 2001, 691 (692).
[4] OLG Bamberg 01.02.2000 – 7 UF 12/00 = FamRZ 2001, 691 zu dem bisher nach § 64 Abs. 2 Satz 4 FGG entsprechend anzuwendenden § 17 HausratsV, an dessen Stelle § 48 Abs. 1 getreten ist.
[5] OLG Brandenburg 17.01.2008 – 10 WF 31/07 = FamRZ 2008, 1930.
[6] OLG Köln 12.09.2002 – 14 UF 171/02 = FamRZ 2003, 319.

Abschnitt 7 Verfahren in Gewaltschutzsachen

Entscheidung der Geschäftsstelle des Gerichts zur Bekanntmachung übergeben wird; dieser Zeitpunkt ist auf der Entscheidung zu vermerken.

1 Wie im bisherigen Recht nach § 64b Abs. 2 Satz 1 FGG tritt die **Wirksamkeit von Endentscheidungen** erst mit Rechtskraft ein (Abs. 2 Satz 1). Sie werden damit auch erst dann vollstreckbar (§ 86 Abs. 2). Nach Abs. 1 Satz 2 soll das Gericht jedoch die **sofortige Wirksamkeit anordnen**. Die jetzige Ausgestaltung als **Soll-Vorschrift** hat zur Folge, dass das Gericht kein freies Ermessen hat, sondern – anders als bei der bisherigen Kann-Vorschrift in § 64b Abs. 2 Satz 2 FGG – regelmäßig die sofortige Wirksamkeit seiner Entscheidung anordnen muss, soweit dem nicht besondere Umstände entgegenstehen.

2 Soweit das Gericht nach Abs. 1 die sofortige Wirksamkeit der Endentscheidung anordnet, kann es gleichzeitig die Zulässigkeit der **Vollstreckung vor der Zustellung** der Entscheidung an den Antragsgegner anordnen. In diesem Sonderfall tritt die **Wirksamkeit** mit der Übergabe der Entscheidung an die Geschäftsstelle des Gerichts zur Bekanntmachung ein (Abs. 2). Dies entspricht dem Erlass der Entscheidung (§ 38 Abs. 3), der für die Wirksamkeit und Vollstreckbarkeit von einstweiligen Anordnungen maßgeblich ist (§ 53 Abs. 2 Satz 2). Im Ergebnis ist damit keine Änderung gegenüber der bisherigen Regelung in § 64b Abs. 2 Satz 2 FGG eingetreten.

3 Die **Vollstreckung in Gewaltschutzsachen** erfolgt unter Beachtung des Vorrangs der Spezialregelungen in § 216 Abs. 2 (für Endentscheidungen mit endgültigen Regelungen) und § 53 Abs. 2 Satz 2 (für einstweilige Anordnungen) gem. §§ 86, 87, 95, 96 nach den Vollstreckungsvorschriften der ZPO.

§ 216a Mitteilung von Entscheidungen

Das Gericht teilt Anordnungen nach den §§ 1 und 2 des Gewaltschutzgesetzes sowie deren Änderung oder Aufhebung der zuständigen Polizeibehörde und anderen öffentlichen Stellen, die von der Durchführung der Anordnung betroffen sind, unverzüglich mit, soweit nicht schutzwürdige Interessen eines Beteiligten an dem Ausschluss der Übermittlung, das Schutzbedürfnis anderer Beteiligter oder das öffentliche Interesse an der Übermittlung überwiegen. Die Beteiligten sollen über die Mitteilung unterrichtet werden.

1 Die auf Vorschlag des Rechtsausschusses[1] eingefügte Bestimmung enthält eine bundeseinheitliche Rechtsgrundlage für die Pflicht zur Mitteilung von gerichtlichen Anordnungen nach §§ 1, 2 GewSchG sowie deren Änderung oder Aufhebung an die zuständigen **Polizeibehörden** und andere öffentliche Stellen **(Satz 1)**. Als solche Stellen, die von der Durchführung der Anordnungen betroffen sind, kommen insbesondere in Betracht **Kindergärten, Schulen, Frauenhäuser** und **Jugendhilfeeinrichtungen**, soweit sie in öffentlicher Trägerschaft der Kommune bzw. des Landes betrieben werden.[2] Von der Mitteilung kann im Einzelfall abgesehen werden, wenn schutzwürdige Interes-

---

[1] BT-Drs. 16/9733, S. 296. Damit wurde den Bedenken des Bundesrates, der in seiner Stellungnahme (BR-Drs. 309/07, S. 55) auf festgestellte Informationsdefizite bei der Durchsetzung und Kontrolle der Einhaltung der Anordnungen hingewiesen hatte, entsprochen.
[2] Zu einer Definition des Begriffs „öffentliche Stelle" siehe etwa § 2 Abs. 1 bis 3 BDSG.

sen eines Beteiligten an dem Ausschluss der Mitteilung die Interessen anderer Verfahrensbeteiligter oder das öffentliche Interesse an der Übermittlung überwiegen.

Nach **Satz 2** soll eine **Unterrichtung der Beteiligten** über die Mitteilung erfolgen. Das bedeutet, dass nur im Ausnahmefall ein Absehen von dieser Information der Beteiligten zulässig ist, bspw., wenn dem Antragsgegner der Aufenthaltsort des Antragstellers oder betroffener Kinder nicht bekannt gemacht werden soll.

2

Abschnitt 8
Verfahren in Versorgungsausgleichssachen
(§ 217 – § 228)

Vorbemerkung § 217

1

Verfahren in Versorgungsausgleichssachen
Antrag

- **im isolierten Verfahren** erforderlich (§ 223 FamFG), dann jedoch bloßer Verfahrensantrag ohne Bindung des Gerichts;
- **nicht im Verbundverfahren** (§ 137 Abs. 2 Satz 2 FamFG);

Kein Anwaltszwang – außerhalb des Verbundverfahrens – (§ 10 Abs. 1 FamFG).

Drittbeteiligte:

- Versorgungsträger, bei denen ein auszugleichendes Anrecht besteht (§ 219 Nr. 2 FamFG);
- Versorgungsträger, bei denen ein Anrecht begründet werden soll (§ 219 Nr. 3 FamFG);
- Hinterbliebene und Erben der Ehegatten (§ 219 Nr. 4 FamFG).

Zuständigkeit im isolierten Verfahren(stufenweise Rangfolge)

- Gericht der anhängigen Ehesache (§ 218 Nr. 1 FamFG);
- Gericht des letzten gemeinsamen Aufenthaltes (§ 218 Nr. 2 FamFG);
- gewöhnlicher Aufenthalt oder Sitz des Antragsgegners (§ 218 Nr. 3 FamFG);
- gewöhnlicher Aufenthalt oder Sitz des Antragstellers, soweit kein gewöhnlicher Aufenthalt des Antragsgegners im Inland (§ 218 Nr. 4 FamFG);
- AG Schöneberg bei beiderseits fehlendem gewöhnlichen Aufenthalt oder Sitz im Inland (§ 218 Nr. 5 FamFG).

Amtsermittlungsgrundsatz (§ 26 FamFG)
unterstützt durch die verfahrensrechtliche Auskunftspflicht der Eheleute und der Versorgungsträger (§ 220 FamFG);

Abschnitt 8 Verfahren in Versorgungsausgleichssachen

Verfahrensvorschriften

- Grundsatz: uneingeschränkte Geltung des allg. Teils (§§ 1 bis 110 FamFG);
- Sonderregelungen in §§ 218 bis 228 FamFG;
- zusätzliche Regelungen für das Verbundverfahren in §§ 133 bis 150 FamFG

Mündliche Verhandlung (§ 221 FamFG)

Rechtsmittel

- Beschwerde gem. §§ 58 ff FamFG. gegen Endentscheidung; Mindestbeschwerdewert von mehr als 600 EUR (§ 61 FamFG) gilt nur bei Anfechtung der Kostenentscheidung (§ 228 FamFG);
- Zwischenentscheidung können nur in den vom Gesetz ausdrücklich bezeichneten Fällen mit der sofortigen Beschwerde angefochten werden.

Wirksamkeit

- mit Bekanntmachung der Entscheidung (§§ 40 ff. FamFG);
- im Verbundverfahren nicht vor Rechtskraft der Scheidung (§ 148 FamFG)

Abänderung nach Rechtskraft der Entscheidung (§ 225 FamFG)

frühestens 6 Monate vor dem Zeitpunkt, ab dem ein Ehegatte voraussichtlich eine laufende Versorgung aus dem abzuändernden Anrecht bezieht oder dies aufgrund der Abänderung zu erwarten ist (§ 225 Abs. 2 FamFG).

Gegenstandswerte

- für jedes auszugleichende Anrecht 10% des vierteljährlichen Nettoeinkommens der Eheleute; mindestens jedoch 1.000 EUR und höchstens 5.000 EUR (§ 50 Abs. 1 FamGKG);
- 500 EUR für ein Verfahren über einen Auskunftsanspruch oder die Abtretung von Versorgungsansprüchen (§ 50 Abs. 2 FamGKG);
- soweit die vorstehenden Werte unbillig sind, können sie herauf- und herabgesetzt werden (§ 50 Abs. 3 FamGKG).

§ 217 Versorgungsausgleichssachen

Versorgungsausgleichssachen sind Verfahren, die den Versorgungsausgleich betreffen.

1   Die Definition der Versorgungsausgleichssachen, die dem Verfahren in Versorgungsausgleichssachen unterfallen, ist ohne weiteres verständlich und bedarf keiner näheren Erörterung. Dass nicht Verfahren erfasst werden, die anderen als FamG zugewiesen sind, etwa den Sozial-, Verwaltungs- oder Arbeitsgerichten, ergibt sich aus den Vorschriften des GVG. Soweit nicht der Versorgungsausgleich als solcher Gegenstand des Rechtsstreits ist (z.B. bei Streitigkeiten zwischen dem Ausgleichsberechtigtem und dem Versorgungsträger des Ausgleichspflichtigen), handelt es sich nicht um eine familiengerichtliche Streitigkeit.

§ 218 Örtliche Zuständigkeit

Ausschließlich zuständig ist in dieser Rangfolge:
1. während der Anhängigkeit einer Ehesache das Gericht, bei dem die Ehesache im ersten Rechtszug anhängig ist oder war,
2. das Gericht, in dessen Bezirk die Ehegatten ihren gemeinsamen gewöhnlichen Aufenthalt haben oder zuletzt gehabt haben, wenn ein Ehegatte dort weiterhin seinen gewöhnlichen Aufenthalt hat,
3. das Gericht, in dessen Bezirk ein Antragsgegner seinen gewöhnlichen Aufenthalt oder Sitz hat,
4. das Gericht, in dessen Bezirk ein Antragsteller seinen gewöhnlichen Aufenthalt oder Sitz hat,
5. das Amtsgericht Schöneberg in Berlin.

I. Inhalt und Bedeutung der Norm

Die Bestimmung regelt umfassend die bisher in verschiedenen gesetzlichen Vorschriften erfasste örtliche Zuständigkeit in Versorgungsausgleichssachen sowohl innerhalb des Verbundverfahrens als auch im isolierten Verfahren. **1**

II. Verbundverfahren

Nr. 1 entspricht dem bisherigen § 621 Abs. 2 Satz 1 ZPO. Danach ist das Gericht der anhängigen Ehesache zuständig. Da ein selbstständiges Verfahren bezüglich des Versorgungsausgleichs vor Rechtskraft der Scheidung nicht möglich ist (§ 137 Abs. 2 Satz 2), kommt nur die Anhängigkeit als Folgesache im Rahmen des Verbunds in Betracht. Wird die Folgesache Versorgungsausgleich gem. § 140 Abs. 2 Nr. 1, 2, 4, 5 abgetrennt, so bleibt die durch das Scheidungsverfahren begründete Zuständigkeit bestehen. **2**

III. Isoliertes Verfahren

Wird der Versorgungsausgleich nach Rechtskraft der Scheidung im isolierten Verfahren betrieben, so gilt hierfür die Zuständigkeitsleiter nach Nr. 2 bis 5, welche die bisherige Regelung in § 45 FGG ersetzt, wobei sie ihr nur teilweise entspricht. Sie stellt zunächst in **Nr. 2** auf gemeinsamen gewöhnlichen Aufenthalt[1] der Ehegatten. Soweit ein solcher nicht besteht ist nach **Nr. 3** der gewöhnliche Aufenthalt des Antragsgegners maßgeblich. Der Unterschied zu der bisherigen Regelung in § 45 Abs. 2 Satz 1 FGG, wo auf den gewöhnlichen Aufenthalt des Ehegatten, dessen Versorgungsrecht voraussichtlich **3**

---
[1] Zum Begriff des gewöhnlichen Aufenthalts → § 122 Rn. 4 ff. und → § 232 Rn. 4.

durch die beantragte Entscheidung beeinträchtigt würde, abgestellt wurde, ist praktisch relativ gering, da es im Regelfall das Recht des Antragsgegners ist, welches bei einer antragsgemäßen Entscheidung beeinträchtigt wird. Besteht ein solcher Anknüpfungspunkt nicht, so ist nach **Nr. 4** auf den gewöhnlichen Aufenthalt des Antragstellers abzustellen, was dem bisherigen § 45 Abs. 2 Satz 2 FGG entspricht. **Nr. 5** enthält, wie bislang § 45 Abs. 4 FGG, die Auffangzuständigkeit des AGs Schöneberg in Berlin.

§ 219 Beteiligte

Zu beteiligen sind

1. **die Ehegatten,**
2. **die Versorgungsträger, bei denen ein auszugleichendes Anrecht besteht,**
3. **die Versorgungsträger, bei denen ein Anrecht zum Zweck des Ausgleichs begründet werden soll, und**
4. **die Hinterbliebenen und die Erben der Ehegatten.**

I. Inhalt und Bedeutung der Norm

1   Die Bestimmung knüpft an § 7 Abs. 2 Nr. 2 an und regelt, wen das Gericht als Beteiligten hinzuzuziehen hat. Bislang fehlte es an einer solchen Vorschrift, was bei der Frage der Zustellung gerichtlicher Entscheidungen und damit der Feststellung der Rechtskraft in der gerichtlichen Praxis immer wieder zu Problemen geführt hat. Dagegen folgt aus der Beteiligtenstellung ebenso wenig automatisch die Beschwerdeberechtigung wie aus der fehlenden Beteiligtenstellung die fehlende Beschwerdeberechtigung hergeleitet werden kann.[1] Die jetzige Regelung ist gegenüber derjenigen des FamFG in der Fassung des FGG-Reformgesetzes (FGG-RG) noch einmal im Sinne einer Vereinfachung und Straffung geändert worden durch das Gesetz zur Strukturreform des Versorgungsausgleichs (VAStrRefG).[2]

II. Verfahrensbeteiligte

2   Neben den Eheleuten sind nach **Nr. 2** und **Nr. 3** Verfahrensbeteiligte alle **Versorgungsträger**, bei denen ein auszugleichendes Anrecht besteht und dort intern geteilt oder bei denen ein auszugleichendes Anrecht im Wege der externen Teilung begründet werden soll. Da nicht wie bisher ein Einmalausgleich aufgrund Saldierung der ehebezogenen Anrechte durchgeführt wird, sondern sämtliche ausgleichsfähigen Anrechte einzeln ausgeglichen werden, wird der Kreis der Beteiligten gegenüber der bisherigen Rechtslage deutlich erweitert.

---

1   Vgl. → § 59 Rn. 5.
2   Gesetz vom 03.04.2009, BGBl I, S. 700; BT-Drs. 16/10144 und 16/11903.

In nur wenigen Fällen wird die Beteiligung der Hinterbliebenen und Erben der Ehegatten nach **Nr. 3** in Betracht kommen, so z.B. die Beteiligung der Witwe oder des Witwers bei dem Anspruch auf Teilhabe an der Hinterbliebenenversorgung nach §§ 25, 26 VersAusglG oder die Beteiligung von Hinterbliebenen im Fall der nachträglichen Abänderung des Versorgungsausgleichs nach §§ 225, 226.

§ 220 Verfahrensrechtliche Auskunftspflicht

(1) Das Gericht kann über Grund und Höhe der Anrechte Auskünfte einholen bei den Personen und Versorgungsträgern, die nach § 219 zu beteiligen sind, sowie bei sonstigen Stellen, die Auskünfte geben können.

(2) Übersendet das Gericht ein Formular, ist dieses bei der Auskunft zu verwenden. Satz 1 gilt nicht für eine automatisiert erstellte Auskunft eines Versorgungsträgers.

(3) Das Gericht kann anordnen, dass die Ehegatten oder ihre Hinterbliebenen oder Erben gegenüber dem Versorgungsträger Mitwirkungshandlungen zu erbringen haben, die für die Feststellung der in den Versorgungsausgleich einzubeziehenden Anrechte erforderlich sind.

(4) Der Versorgungsträger ist verpflichtet, die nach § 5 des Versorgungsausgleichsgesetzes benötigten Werte einschließlich einer übersichtlichen und nachvollziehbaren Berechnung mitzuteilen. Das Gericht kann den Versorgungsträger von Amts wegen oder auf Antrag eines Beteiligten auffordern, die Einzelheiten der Wertermittlung zu erläutern.

(5) Die in dieser Vorschrift genannten Personen und Stellen sind verpflichtet, gerichtliche Ersuchen und Anordnungen zu befolgen.

Übersicht

I. Inhalt und Bedeutung der Norm	1
II. Auskunftsbefugnis des Gerichts – Auskunftspflichtige (Abs. 1 und 5)	2
III. Form der Auskunftserteilung (Abs. 2)	4
IV. Mitwirkungspflichten (Abs.3)	6
V. Umfang der Auskunftspflicht des Versorgungsträgers (Abs.4)	8
VI. Durchsetzung der Auskunftspflicht	11

I. Inhalt und Bedeutung der Norm

Die Bestimmung ersetzt die bisherigen Regelungen in § 53b Abs. 2 Satz 2 FGG und § 11 Abs. 2 Satz 1 VAHRG, die dem Gericht die rechtlichen Möglichkeiten verschafften, die für die Entscheidung notwendigen Auskünfte bei Behörden, Rentenversicherungsträger, Arbeitgebern, Versicherungsunternehmen und sonstigen Stellen sowie bei den Ehegatten und ihren Hinterbliebenen einzuholen. Dieser Regelungsinhalt ist im Wesentlichen übernommen und unter Berücksichtigung der Neuerungen durch das

VersAusglG[1] ergänzt worden. Neben diesem verfahrensrechtlichen Auskunftsanspruch besteht zwischen den Ehegatten ein materiellrechtlicher Auskunftsanspruch nach § 4 VersAusglG i.V.m. § 1605 Abs. 1 Satz 2 u. 3 BGB. Die verschiedenen Auskunftsansprüche sind voneinander unabhängig.

II. Auskunftsbefugnis des Gerichts – Auskunftspflichtige (Abs. 1 und 5)

2   Im Gegensatz zu den unter Rn. 1 genannten bisherigen Regelungen wird der mit der Auskunftsbefugnis des Gerichts (Abs. 1) korrespondierende Kreis der Auskunftspflichtigen (Abs. 5) nicht mehr ausdrücklich bezeichnet. Vielmehr bezieht sich das Gesetz insoweit auf **die Beteiligten nach § 219** und erstreckt die Auskunftspflicht weiter auf „sonstige Stellen" ohne diese näher zu bezeichnen. Aus der Bezugnahme auf § 219 ergibt sich die Auskunftspflicht der Ehegatten, der Versorgungträger und u.U. auch der Hinterbliebenen und Erben gegenüber dem Gericht.

3   **„Sonstige Stellen"** sind solche Stellen, die zur Klärung des Bestands und der Höhe der Anrechte beitragen können, wie z.B. frühere Arbeitgeber oder die Arbeitsverwaltung, wenn es um die Feststellung von Rentenanwartschaften geht, oder die Verbindungsstellen der gesetzlichen Rentenversicherung, wenn ausländische Anrechte aufzuklären sind.[2]

III. Form der Auskunftserteilung (Abs. 2)

4   Das Gesetz schreibt die **Verwendung eines Formulars** vor, soweit das Gericht dem Auskunftsverpflichteten ein solches übersendet. Auf diese Weise soll eine vollständige und EDV-gerechte Erteilung der Auskünfte sichergestellt werden. Eine entsprechende Vorschrift existierte bislang nicht. Insbesondere betriebliche Versorgungsträger und Versicherungsunternehmen haben bisher die Auskunft nicht selten in einer dem amtlichen Formular nicht entsprechenden Weise erteilt. Um dadurch bedingte Unklarheiten, insbesondere die Nichtbeantwortung bestimmter für die Durchführung des Versorgungsausgleichs wesentlicher Punkte zu vermeiden, ist der Formularzwang angemessen.

5   Eine **Ausnahme vom Formularzwang** besteht für den Fall, dass der auskunftspflichtige Versorgungsträger – wie z.B. die gesetzlichen Rentenversicherungen, aber auch größere betriebliche Versorgungswerke – für die Erteilung der Auskunft elektronische Datenverarbeitungssysteme einsetzen. In diesen Fällen ein vermeidbarer zusätzlicher Aufwand, wenn der Versorgungsträger gezwungen wäre, den vom Gericht genannten Vordruck zu benutzen.

---

1 Gesetz vom 03.04.2009, BGBl. I, S. 700; BT-Drs. 16/10144 und 16/11903.
2 BT-Drs. 16/10144, S. 93.

IV. Mitwirkungspflichten (Abs. 3)

Die Möglichkeit der gerichtlichen Anordnung der Mitwirkung der Eheleute bzw. ihrer Hinterbliebenen oder Erben soll die Auskunftserteilung durch die Versorgungsträger unterstützen. Dabei geht es in erster Linie, aber nicht ausschließlich um Angaben zur Klärung des Versicherungskontos (Zeiten der Beschäftigung, Ausbildung, Arbeitslosigkeit, Kindererziehung). Der Verzicht auf die Bezeichnung der einzelnen Mitwirkungshandlungen die in § 220 vor der Änderung durch das VersAusglStrRefG noch vorgesehen war, dient allein der Übersichtlichkeit der gesetzlichen Regelung, während er inhaltlich keine Beschränkung bedeutet. Danach kann das Gericht dem angegebenen Personenkreis aufgeben, neben Angaben zu den Versicherungszeiten die notwendigen Urkunden und Beweismittel beizubringen und ggf. erforderliche Anträge (Konterklärungsantrag) zu stellen und das hierbei vorgesehene Formular zu verwenden. 6

In der Praxis teilen die Versorgungsträger mit, welche Mitwirkungshandlung, die auch ihnen gegenüber zur Mitwirkung verpflichteten Versicherten (§ 149 Abs. 4 SGB VI) nicht erbracht haben, so dass das Gericht die entsprechende Anordnung treffen kann. Der wesentliche Unterschied der gerichtlich angeordneten Mitwirkung gegenüber der rentenversicherungsrechtlichen Mitwirkungspflicht der Versicherten besteht darin, dass die gerichtliche Anordnung gem. § 35 mit Zwangsmitteln (Zwangsgeld bis zu 25.000 EUR) durchgesetzt werden kann. 7

V. Umfang der Auskunftspflicht des Versorgungsträgers (Abs. 4)

Die Versorgungsträger haben dem Gericht die nach § 5 Abs. 1 VersAusglG zu berechnenden **Ehezeitanteile der Anrechte** der Ehegatten (in Form eines Rentenbetrags, eines Kapitalwerts oder einer anderen für das jeweilige Versorgungssystem maßgeblichen Bezugsgröße) und die nach § 5 Abs. 3 und § 47 VersAusglG zu unterbreitenden **Vorschläge** für Ausgleichswerte und korrespondierende Kapitalwerte mitzuteilen. 8

Damit das Gericht seiner Pflicht, die erteilten Auskünfte und unterbreiteten Vorschläge von Amts wegen zu überprüfen, nachkommen kann, sind die Versorgungsträger bei ihrer Auskunftserteilung gehalten, die **zugrunde liegenden Berechnungen** übersichtlich und nachvollziehbar darzulegen. Dazu gehört unter anderem die Benennung des angewandten versicherungsmathematischen Berechnungsverfahrens sowie der grundlegenden Annahmen der Berechnung, insbesondere Zinssatz und angewandte Sterbetafeln. Auch die für die Versorgung maßgebliche rechtliche Regelung, wie z.B. die **Satzung** eines Versorgungsträgers, ist mitzuteilen. Zur Offenlegung von Geschäftsgeheimnissen (etwa spezifische geschäftsinterne Kalkulationen) ist der Versorgungsträger nicht verpflichtet.[3] 9

Das Gericht kann von sich aus oder auf Antrag eines Beteiligten den Versorgungsträger zur schriftlichen und ggf. auch mündlichen **Erläuterung der erteilten Auskunft** auffordern. Es kann zweckmäßig sein, den Versorgungsträger aufzufordern, sich bereits 10

---

[3] BT-Drs. 16/10144, S. 94.

bei seiner Auskunft auch dazu zu äußern, ob er von seinem Recht Gebrauch machen will, die externe Teilung eines Anrechts nach § 14 Abs. 2 Nr. 2 VersAusglG zu verlangen.

VI. Durchsetzung der Auskunftspflicht

11 Die Auskunftspflicht kann gem. § 35 **zwangsweise** gegenüber den Auskunftspflichtigen durchgesetzt werden. Voraussetzung ist ein eindeutiges Auskunftsverlangen.[4] Streitig ist, ob dies auch gegenüber öffentlich-rechtlichen Versorgungsträgern möglich ist.[5] Die erteilte Auskunft ersetzt eine Zeugenaussage bzw. rechtsgutachtliche Äußerung, die im Falle der Unrichtigkeit zum **Schadensersatz** verpflichten kann.[6] Das Gericht kann gem. § 33 das persönliche Erscheinen eines Beteiligten, von dem es zur Auskunftserteilung durch den Versorgungsträger erforderliche Informationen einholen will, anordnen und im Falle der Weigerung die zwangsweise Vorführung anordnen.[7] Eine solche Aufklärung durch die persönliche Anhörung ist in einigen Fällen (z.B. bei Nichtdurchsetzbarkeit der Mitwirkungspflicht mittels Zwangsgeld) die einzige Möglichkeit, das Verfahren zu fördern.

§ 221 Erörterung, Aussetzung

(1) Das Gericht soll die Angelegenheit mit den Ehegatten in einem Termin erörtern.

(2) Das Gericht hat das Verfahren auszusetzen, wenn ein Rechtsstreit über Bestand oder Höhe eines in den Versorgungsausgleich einzubeziehenden Anrechts anhängig ist.

(3) Besteht Streit über ein Anrecht, ohne dass die Voraussetzungen des Absatzes 2 erfüllt sind, kann das Gericht das Verfahren aussetzen und einem oder beiden Ehegatten eine Frist zur Erhebung der Klage setzen. Wird diese Klage nicht oder nicht rechtzeitig erhoben, kann das Gericht das Vorbringen unberücksichtigt lassen, das mit der Klage hätte geltend gemacht werden können.

I. Inhalt und Bedeutung der Norm

1 Die Bestimmungen über die Erörterung und die Aussetzung des Verfahrens entsprechen den bisherigen Regelungen in § 53b Abs. 1, § 53b FGG bzw. sind an diese angelehnt. Dabei kommt der mündlichen Erörterung, die nach der bisherigen Praxis im We-

---

4 OLG Karlsruhe 23.02.1989 – 16 WF 2/89 = FamRZ 1989, 651.
5 Dafür nach dem bisherigen Recht (§ 53b Abs. 2 Satz 3 FGG, § 11 Abs. 2 Satz 2 VAHRG i.V.m. § 33 FGG) KG 06.01.1998 – 13 WF 9453/97 = FamRZ 1998, 839; Triebs FamRZ 2003, 989; dagegen: Johannsen/Henrich/Brudermüller § 53b FGG Rn. 21.
6 BGH 09.10.1997 – III ZR 4/97 = FamRZ 1998, 89.
7 OLG Karlsruhe 19.04.2004 – 16 WF 72/04 = FamRZ 2005, 1576.

sentlichen auf Fälle der notwendigen Aufklärung des Versicherungsverlaufs und der maßgeblichen Umstände für den Ausschluss des Versorgungsausgleichs beschränkt war, nunmehr stärkere Bedeutung zu. Die Regelung der Aussetzung des Verfahrens ist vereinfacht worden.

II. Erörterungstermin (Abs. 1)

Die mündliche Erörterung ist im Rahmen des Scheidungsverbundverfahrens, in welchem über den Versorgungsausgleich als **Folgesache** zu entscheiden ist, nach § 128 ZPO, der über § 113 Abs. 1 Anwendung findet, notwendig. Sie kann in diesem Fall nur unter den Voraussetzungen des § 128 Abs. 2 ZPO durch ein schriftliches Verfahren ersetzbar sein. Im **isolierten erstinstanzlichen Verfahren** sowie bei **isolierter Anfechtung**[1] der Entscheidung in der Folgesache Versorgungsausgleich gilt dagegen die Sollvorschrift des Abs. 1, die es dem Gericht auch ohne Zustimmung der Beteiligten erlaubt, im schriftlichen Verfahren zu entscheiden, wenn eine weitere Sachaufklärung nicht mehr erforderlich ist.

2

Durch das neue materielle Versorgungsausgleichsrecht sind die **Spielräume für Ermessensentscheidungen des Gerichts** und für **Vereinbarungen der Eheleute** erweitert worden. Das Gericht hat daher in stärkerem Maße als bisher im Rahmen der Erörterung bei entsprechenden Anhaltspunkten auf die Möglichkeiten hinzuweisen, zweckmäßige Vereinbarungen zu schließen. Auch bei Ermessens- oder Billigkeitsentscheidungen, etwa der Durchführung des Ausgleichs trotz geringer Werte nach § 18 Abs. 3 VersAusglG oder einer Härtefallprüfung nach § 27 VersAusglG, ist die Erörterung aller maßgeblichen Gesichtspunkte mit den Beteiligten angezeigt.

3

III. Aussetzung des Verfahrens (Abs. 2 u. Abs. 3)

Durch die **vorgeschriebene Aussetzung** des Verfahrens bei Anhängigkeit eines Rechtsstreits eines Ehegatten mit einem Versorgungsträger über den Bestand oder den Wert eines Anrechts wird sichergestellt, dass es nicht zu voneinander abweichenden Ergebnissen kommt und das FamG auf die Entscheidung des für das jeweilige Anrecht zuständigen Fachgerichts zurückgreifen kann.

4

Soweit **noch kein Rechtsstreit** hinsichtlich des zwischen den Eheleuten streitigen Anrechts **anhängig** ist, eröffnet Abs. 3 dem Gericht die Möglichkeit, einen der Eheleute unter Fristsetzung zur Klärung durch das zuständige Fachgericht aufzufordern und selbst in der Sache zu entscheiden, wenn diese Aufforderung erfolglos bleibt. Dabei kann das Gericht nach Fristablauf den streitigen Vortrag, der mit der unterlassenen Klage hätte geltend gemacht werden können, unberücksichtigt lassen. Wenn die Klage verspätet erhoben worden ist, kann das Gericht aber auch vorerst von einer eigenen Entscheidung absehen und es bei der Aussetzung bis zur fachgerichtlichen Entscheidung belassen.

5

---

1 BGH 15.12.1982 – IVb ZB 544/80 = FamRZ 1983, 267.

6 Die **nach allgemeinen Bestimmungen**, wie z.B. nach § 21 und § 136, **mögliche Aussetzung** des Verfahrens bleibt von der Spezialregelung in Abs. 2 und Abs. 3 unberührt.[2]

§ 222 Durchführung der externen Teilung

(1) Die Wahlrechte nach § 14 Abs. 2 und § 15 Abs. 1 des Versorgungsausgleichsgesetzes sind in den vom Gericht zu setzenden Fristen auszuüben.

(2) Übt die ausgleichsberechtigte Person ihr Wahlrecht nach § 15 Abs. 1 des Versorgungsausgleichsgesetzes aus, so hat sie in der nach Absatz 1 gesetzten Frist zugleich nachzuweisen, dass der ausgewählte Versorgungsträger mit der vorgesehenen Teilung einverstanden ist.

(3) Das Gericht setzt in der Endentscheidung den Betrag fest, den der Versorgungsträger der ausgleichspflichtigen Person an den Versorgungsträger der ausgleichsberechtigten Person zu zahlen hat.

I. Inhalt und Bedeutung der Norm

1 Die Neuregelung des Versorgungsausgleichs sieht den **internen Ausgleich** in Form der Realteilung als Regelausgleichsform vor (§§ 10 ff. VersAusglG). Daneben ist aufgrund einer Vereinbarung zwischen dem Versorgungsträger und dem ausgleichsberechtigten Ehegatten sowie bei Vorliegen besonderer Voraussetzungen ein **externer Ausgleich** vorgesehen bzw. möglich (§§ 14 ff. VersAusglG). Dabei kommt in bestimmten Fällen ein **Wahlrecht** des Versorgungsträgers bzw. des ausgleichsberechtigten Ehegatten in Betracht (§ 14 Abs. 2 und § 15 Abs. 1 VersAusglG). Die Ausübung dieses Wahlrechts wird § 222 verfahrensrechtlich geregelt.

II. Fristsetzung und Ausübung des Wahlrechts

2 Einigen sich der Versorgungsträger und die ausgleichsberechtigte Person nach § 14 Abs. 2 Nr. 1 VersAusglG über eine externe Teilung oder verlangt der Versorgungsträger der ausgleichspflichtigen Person die externe Teilung nach § 14 Abs. 2 Nr. 2 VersAusglG, sind diese Erklärungen innerhalb der gesetzten **Fristen** abzugeben (Abs. 1). Dies gilt auch für die Wahl einer Zielversorgung i.S.d. § 15 Abs. 1 VersAusglG durch die ausgleichsberechtigte Person. Damit kann das Gericht sicherstellen, dass das Verfahren gefördert wird. Die Wahrnehmung der Rechte nach § 14 Abs. 2 Nr. 1 oder Nr. 2 VersAusglG zu einem späteren Zeitpunkt wird damit ausgeschlossen. Unterbleibt die Benennung einer Zielversorgung nach § 15 Abs. 1 VersAusglG, erfolgt der Ausgleich nach § 15 Abs. 3 VersAusglG über die gesetzliche Rentenversicherung. Für die Praxis

---

[2] Zu der Möglichkeit der Aussetzung sowie sonstigen Verfahrensweisen bei ungeklärten Anrechten vgl. OLG Oldenburg 01.04.2003 – 11 UF 8/03 = FamRZ 2003, 1752.

ist davon auszugehen, dass die Versorgungsträger ihr Wahlrecht bzw. eine getroffene Vereinbarung in der Regel bereits unaufgefordert z.B. mit der Auskunftserteilung mitteilen werden.

Die Wahl einer Zielversorgung durch den Ausgleichsberechtigten gem. § 15 Abs. 1 VersAusglG ist nur dann vom Gericht zu berücksichtigen, wenn innerhalb der nach Abs. 1 gesetzten Frist, spätestens aber bis zur Entscheidung die Bereitschaft des gewählten Versorgungsträgers mit der gewünschten Teilung durch Begründung eines Anrechts des Ausgleichsberechtigten oder der Erweiterung dieses Anrechts, soweit ein solches bereits besteht, mitgeteilt und nachgewiesen wird. Zu diesem **Nachweis** gehört die Mitteilung der einschlägigen Daten, so dass das Gericht den Entscheidungstenor hinreichend bestimmt fassen kann, beispielsweise im Hinblick auf die genaue Firmenbezeichnung des Versicherungsunternehmens oder die Tarifbezeichnung und Policennummer eines bereits bestehenden Vorsorgevertrags, der ausgebaut werden soll.

3

Mit der **Festsetzung des zu zahlenden Betrags** nach Abs. 3 wird dem mit der externen Teilung verbundenen Transfer des entsprechenden Vorsorgevermögens Rechnung getragen. Dieser Transfer findet nach § 14 Abs. 2 VersAusglG immer nur dann statt, wenn der Versorgungsträger der ausgleichspflichtigen Person mit dem Abfluss der Finanzierungsmittel einverstanden ist. Der vom Gericht festzusetzende Betrag entspricht bei Kapitalwerten dem Ausgleichswert, bei anderen Bezugsgrößen – wie beispielsweise Rentenbeträgen – dem korrespondierenden Kapitalwert des Ausgleichswerts. Wenn der Versorgungsträger der ausgleichspflichtigen Person nach Rechtskraft der Entscheidung nicht zahlt, kann der Versorgungsträger der Zielversorgung aus der gerichtlichen Entscheidung die Zwangsvollstreckung betreiben.[1]

4

§ 222 gilt ausdrücklich für den Fall der Ausübung des Wahlrechts nach § 14 Abs. 2, § 15 Abs. 1 VersAusglG, so dass der Ausgleich einer Beamtenversorgung über die gesetzliche Rentenversicherung (§ 16 VersAusglG) nicht erfasst wird. Hierbei handelt es sich zwar strukturell um eine externe Teilung, doch hat das Gericht hier wie nach bisher geltendem Recht nur anzuordnen, dass zulasten des Anrechts der ausgleichspflichtigen Person bei der Beamtenversorgung für die ausgleichsberechtigte Person ein Anrecht bei der gesetzlichen Rentenversicherung begründet wird.

5

§ 223 Antragserfordernis für Ausgleichsansprüche nach der Scheidung

Über Ausgleichsansprüche nach der Scheidung nach den §§ 20 bis 26 des Versorgungsausgleichsgesetzes entscheidet das Gericht nur auf Antrag.

Die Vorschrift stellt klar, dass das Gericht bei Ausgleichsansprüchen nach der Scheidung i.S.d. §§ 20 bis 26 VersAusglG nicht von Amts wegen tätig wird, sondern nur auf Antrag. Dies war früher in den §§ 1587f, 1587i, 1587l BGB und § 3a Abs. 1 VAHRG geregelt. Aus § 137 Abs. 2 Satz 2 ergibt sich, dass hingegen kein Antrag erforderlich ist, um den Wertausgleich bei der Scheidung durchzuführen.

1

---

1 BT-Drs. 16/10144, S. 95.

§ 224 Entscheidung über den Versorgungsausgleich

(1) Endentscheidungen, die den Versorgungsausgleich betreffen, werden erst mit Rechtskraft wirksam.

(2) Die Endentscheidung ist zu begründen.

(3) Soweit ein Wertausgleich bei der Scheidung nach § 3 Abs. 3, § 6, § 18 Abs. 1 oder Abs. 2 oder § 27 des Versorgungsausgleichsgesetzes nicht stattfindet, stellt das Gericht dies in der Beschlussformel fest.

(4) Verbleiben nach dem Wertausgleich bei der Scheidung noch Anrechte für Ausgleichsansprüche nach der Scheidung, benennt das Gericht diese Anrechte in der Begründung.

I. Inhalt und Bedeutung der Norm

1 Die Bestimmung regelt den notwendigen Inhalt der gerichtlichen Endentscheidung über den Versorgungsausgleich, und zwar unabhängig davon, ob diese im Verbundverfahren oder im isolierten Verfahren erfolgt, sowie den Zeitpunkt der Wirksamkeit der Entscheidung. Dabei lehnt sie sich an die bisherigen Regelungen in §§ 53b, 53d, 53g an und passt diese an das neue materielle Recht des Versorgungsausgleichs an.

II. Wirksamwerden der Entscheidung (Abs. 1)

2 Abweichend von der allgemeinen Regelung in § 40 Abs. 1, wonach ein Beschluss mit der Bekanntgabe an den Beteiligten, für den er seinem wesentlichen Inhalt nach bestimmt ist, wirksam wird, stellt Abs. 1 für Endentscheidungen über den Versorgungsausgleich auf den Zeitpunkt der Rechtskraft dieser Entscheidung ab. Dies entspricht dem bisherigen § 53g Abs. 1 FGG. Für **Folgesachenentscheidungen** gilt dies mit der Einschränkung, dass die Entscheidung nicht vor Rechtskraft des Scheidungsausspruchs wirksam werden kann (§ 148), da die Durchführung des Versorgungsausgleichs notwendigerweise die Rechtskraft der Ehescheidung voraussetzt.

III. Notwendiger Inhalt der Entscheidung

3 Die Endentscheidung ist abweichend von der allgemeinen Regel in § 38 Abs. 4 in jedem Fall zu **begründen** (Abs. 2). Dies gilt auch für Folgesachenentscheidungen und entspricht der bisherigen Regelung in § 53b Abs. 3 FGG. Das Fehlen der Begründung führt auf Antrag des Beschwerdeführers zur Zurückverweisung des Verfahrens (§ 117 Abs. 2 i.V.m. § 538 Abs. 2 Nr. 1 ZPO).

4 Das Gericht ist verpflichtet, in der Entscheidung **festzustellen, ob und inwieweit der Versorgungsausgleich nicht stattfindet** (Abs. 3). Ein Ausschluss oder Teilausschluss des Wertausgleichs bei der Scheidung kommt nur in den abschließend aufgeführten Fällen in Betracht, nämlich

- bei einer Ehezeit von bis zu zwei Jahren (§ 3 Abs. 3 VersAusglG),
- bei Geringfügigkeit des Ausgleichs (§ 18 VersAusglG),
- bei grober Unbilligkeit (§ 27 VersAusglG),
- bei einer entsprechenden wirksamen Vereinbarung der Eheleute (§§ 6 bis 8 VersAusglG). Eine gerichtliche Genehmigung wie bisher nach § 1587o Abs. 2 Satz 3 BGB, § 53d FGG ist nicht mehr erforderlich. Es ist lediglich eine Inhaltskontrolle bzw. Ausübungskontrolle nach § 138 BGB bzw. § 242 BGB vorgesehen (§ 8 Abs. 1 VersAusglG).

Aus der Feststellungspflicht des Gerichtes folgt, dass eine materielle Prüfung des Gerichts vorauszugehen hat. Die Feststellung erwächst mit den sie tragenden Gründen in Rechtskraft.[1]

Der **Tenor** der Entscheidung könnte in diesem Fall lauten: 5

„Der Versorgungsausgleich findet nicht statt", bzw. bei einem Teilausschluss unter Vorbehalt von Ausgleichsansprüchen nach der Scheidung: „Im Übrigen findet ein Wertausgleich bei der Scheidung nicht statt".

Schließlich ist das Gericht verpflichtet, diejenigen Anrechte in der Begründung der Endentscheidung ausdrücklich zu benennen, deren Ausgleich beim Wertausgleich bei der Scheidung nicht möglich ist. Die Eheleute sollen damit daran erinnert werden, dass noch nicht ausgeglichene Anrechte vorhanden sind und gleichzeitig darauf hingewiesen werden, welche Anrechte dies sind. Hierbei kann es sich bspw. um Anrechte bei ausländischen Versorgungsträgern handeln, da das Gericht insoweit keine Teilung anordnen kann. Denkbar sind aber auch verfallbare betriebliche Anrechte, die nach der Entscheidung des Gerichts über den Wertausgleich bei der Scheidung unverfallbar werden können und dann im Rahmen von Ausgleichsansprüchen nach der Scheidung einem Ausgleich zugänglich sind. 6

§ 225 Zulässigkeit einer Abänderung des Wertausgleichs bei der Scheidung

(1) Eine Abänderung des Wertausgleichs bei der Scheidung ist nur für Anrechte im Sinne des § 32 des Versorgungsausgleichsgesetzes zulässig.

(2) Bei rechtlichen oder tatsächlichen Veränderungen nach dem Ende der Ehezeit, die auf den Ausgleichswert eines Anrechts zurückwirken und zu einer wesentlichen Wertänderung führen, ändert das Gericht auf Antrag die Entscheidung in Bezug auf dieses Anrecht ab.

(3) Die Wertänderung nach Absatz 2 ist wesentlich, wenn sie mindestens 5 Prozent des bisherigen Ausgleichswerts des Anrechts beträgt und bei einem Rentenbetrag als maßgeblicher Bezugsgröße 1 Prozent, in allen anderen Fällen als Kapitalwert 120 Prozent der am Ende der Ehezeit maßgeblichen monat-

---
[1] BT-Drs. 16/10144, S. 96.

lichen Bezugsgröße nach § 18 Abs. 1 des Vierten Buches Sozialgesetzbuch übersteigt.

(4) Eine Abänderung ist auch dann zulässig, wenn durch sie eine für die Versorgung der ausgleichsberechtigten Person maßgebende Wartezeit erfüllt wird.

(5) Die Abänderung muss sich zugunsten eines Ehegatten oder seiner Hinterbliebenen auswirken.

I. Inhalt und Bedeutung der Norm

1 Die Änderung des materiellen Versorgungsausgleichsrechts, die anstelle des Gesamtausgleichs auf der Grundlage der Saldierung sämtlicher Versorgungsanrechte der Eheleute den Einzelausgleich der verschiedenen Anrechte vorsieht, machte auch eine Änderung der verfahrensrechtlichen Regelung zur Abänderung von Entscheidungen über den Versorgungsausgleich erforderlich. Die nach § 10a VAHRG vorgesehene Totalrevision der Entscheidung mit einer erneuten Saldierung der beiderseitigen Anrechte ist ersetzt worden durch eine auf das von der Änderung der tatsächlichen oder rechtlichen Verhältnisse **betroffene Anrecht beschränkte Korrekturmöglichkeit**. Dies findet seine Rechtfertigung darin, dass bei der für den Regelfall vorgesehenen internen Teilung der Anrechte jeder Ehegatte in gleicher Weise an der Wertentwicklung des Anrechts (Dynamik) teilnimmt. Lediglich bei der externen Teilung kann es zu Unterschieden in der Dynamik kommen. Dies ist von den Eheleuten hinzunehmen, da die externe Teilung entweder ihre Zustimmung voraussetzt oder aber nur bei geringfügigen Ausgleichswerten stattfindet.

2 Die **bisherigen weiteren Abänderungsgründe** (§ 10a Abs. 1 Nr. 2 und 3 VAHRG) entfallen. § 19 Abs. 1, Abs. 2 Nr. 1 VersAusglG bestimmt, dass noch verfallbare betriebliche Anrechte schuldrechtlich auszugleichen sind. Die Fallgestaltungen des früheren § 10a Abs. 1 Nr. 3 VAHRG kommen im neuen Ausgleichssystem nicht mehr vor, da alle Anrechte, die teilungsreif sind, im Wertausgleich bei der Scheidung vollständig geteilt werden.

II. Beschränkung der Abänderung auf Versorgungsanrechte in den Regelsicherungssystemen (Abs. 1)

3 Eine **nachträgliche Abänderung** der anlässlich der Scheidung getroffenen Regelung über den Versorgungsausgleich ist beschränkt auf die in § 32 VersAusglG genannten Versorgungsanrechte in

- der gesetzlichen Rentenversicherung einschließlich der Höherversicherung;
- der Beamtenversorgung oder einer anderen Versorgung, die zur Versicherungsfreiheit nach § 5 Abs. 1 SGB VI führt;

§ 225 Zulässigkeit einer Abänderung des Wertausgleichs bei der Scheidung

- einer berufsständischen oder einer anderen Versorgung, die nach § 6 Abs. 1 Nr. 1 oder Nr. 2 SGB VI zu einer Befreiung von der Sozialversicherungspflicht führen kann;
- der Alterssicherung der Landwirte;
- den Versorgungssystemen der Abgeordneten und der Regierungsmitglieder im Bund und in den Ländern.

Für eine Abänderung der anlässlich der Scheidung ausgeglichenen sonstigen Versorgungsanrechte (Vorsorge der 2. und 3. Säule) besteht dagegen kein Bedürfnis. Soweit die Anrechte kapitalgedeckt sind, beruht die Ermittlung des Ausgleichswerts auf der unmittelbaren Bewertung nach § 39 VersAusglG. Nachträgliche Änderungen des Ehezeitanteils, die auf den Ausgleichswert zurückwirken, sind hier nicht vorstellbar.

Handelt es sich um Anwartschaften aus der **betrieblichen Altersversorgung**, die der **zeitratierlichen Bewertungsmethode** folgen (§ 45 Abs. 2 Satz 2 und 3 VersAusglG), so können sich auch hier keine rückwirkenden Änderungen zum Vorteil der ausgleichspflichtigen Person ergeben, weil bei der Wertermittlung der Übertragungswert bzw. die unverfallbare Anwartschaft am Ehezeitende maßgeblich ist. Ändert sich das Zeit-Zeit-Verhältnis, so allenfalls zum Vorteil der ausgleichsberechtigten Person. Der Ausgleich dieses Mehrbetrags sowie der „verfallbaren Einkommensdynamik" erfolgt dann über Ausgleichsansprüche nach der Scheidung, sofern dem nicht § 27 VersAusglG entgegensteht.

4

III. Abänderungsvoraussetzungen (Abs. 2 bis Abs. 5)

Voraussetzung für eine Abänderung ist neben einem **Antrag** (zur Antragsberechtigung vgl. § 226 Abs. 1) eine nachträgliche **wesentliche Änderung des Ausgleichswerts**, die tatsächlich oder rechtlich bedingt ist (Abs. 2). Dazu zählen neben Rechtsänderungen wie neue rentenrechtliche Bestimmungen oder Neuregelungen im Beamtenversorgungsrecht auch tatsächliche Änderungen wie das Ausscheiden aus dem Beamtenverhältnis oder der Eintritt einer vorzeitigen Dienstunfähigkeit. Außerdem muss wie im bislang geltenden Recht ein Bezug zur Ehezeit gegeben sein. Dagegen stellt der Wertunterschied einer extern geteilten Versorgung auf Grund einer von der Dynamik des auszugleichenden Anrechts abweichenden Wertentwicklung keinen Abänderungsgrund dar.

5

Als Maßstab für die **Wesentlichkeit der Wertänderung** gibt das Gesetz eine relative und eine absolute Grenze vor (Abs. 3). Die **relative Wesentlichkeitsgrenze** von 5 % des bisherigen Ausgleichswerts bezieht sich auf das einzelne ausgeglichene Anrecht und nicht wie die bisherige Regelung in § 10a Abs. 2 Satz 2 VAHRG auf den nach Saldierung aller Anrechte ermittelten Ausgleichsbetrag. Außerdem muss die Änderung eine **absolute Wesentlichkeitsgrenze** übersteigen, die 1 % der monatlichen Bezugsgröße nach § 18 SGB IV (Durchschnittsentgelt der gesetzlichen Rentenversicherung im Vorjahr) beträgt und damit der Geringfügigkeitsgrenze nach § 18 Abs. 4 VersAusglG entspricht. Soweit für den Ausgleich auf den Kapitalbetrag des Anrechts abgestellt worden ist, muss die Änderung dieses Ausgleichsbetrags 120 % der vorgenannten Bezugsgröße übersteigen.

6

7 **Unabhängig von der Wesentlichkeitsgrenze** nach Abs. 3 ist eine Abänderung möglich, wenn mit ihr die Wartezeit nach den §§ 50 bis 52 und 243b SGB VI erreicht wird (Abs. 4). Dies entspricht dem bisherigen § 10a Abs. 2 Nr. 2 VAHRG.

8 Schließlich setzt die Abänderung voraus, dass sie sich günstig für einen Ehegatten oder seine Hinterbliebenen auswirkt (Abs. 5). Dies entspricht dem bisherigen § 10 Abs. 2 Nr. 3 VAHRG. Dadurch wird ein Versorgungsträger daran gehindert, einen Abänderungsantrag zu stellen, der sich ausschließlich zu seinen Gunsten auswirkt. Es ist nicht erforderlich, dass sich der Vorteil zugunsten des Ehegatten sofort realisiert.[1]

§ 226 Durchführung einer Abänderung des Wertausgleichs bei der Scheidung

(1) Antragsberechtigt sind die Ehegatten, ihre Hinterbliebenen und die von der Abänderung betroffenen Versorgungsträger.

(2) Der Antrag ist frühestens sechs Monate vor dem Zeitpunkt zulässig, ab dem ein Ehegatte voraussichtlich eine laufende Versorgung aus dem abzuändernden Anrecht bezieht oder dies auf Grund der Abänderung zu erwarten ist.

(3) § 27 des Versorgungsausgleichsgesetzes gilt entsprechend.

(4) Die Abänderung wirkt ab dem ersten Tag des Monats, der auf den Monat der Antragstellung folgt.

(5) Stirbt der Ehegatte, der den Abänderungsantrag gestellt hat, vor Rechtskraft der Endentscheidung, hat das Gericht die übrigen antragsberechtigten Beteiligten darauf hinzuweisen, dass das Verfahren nur fortgesetzt wird, wenn ein antragsberechtigter Beteiligter innerhalb einer Frist von einem Monat dies durch Erklärung gegenüber dem Gericht verlangt. Verlangt kein antragsberechtigter Beteiligter innerhalb der Frist die Fortsetzung des Verfahrens, gilt dieses als in der Hauptsache erledigt. Stirbt der andere Ehegatte, wird das Verfahren gegen dessen Erben fortgesetzt.

I. Inhalt und Bedeutung der Norm

1 Die Vorschrift knüpft an die Bestimmungen über die Zulässigkeit der Abänderung des Versorgungsausgleichs in § 225 an und nennt in Anlehnung an die bisherige Regelung in § 10a VAHRG weitere Abänderungsvoraussetzungen unter Beachtung des neuen materiellen Rechts zum Versorgungsausgleich nach dem VersAusglG.

---

1 OLG Schleswig 18.04.1996 – 15 UF 113/93 = FamRZ 1997, 566.

II. Abänderungsverfahren

Die **Antragsberechtigung** der Ehegatten, deren Hinterbliebenen und der Versorgungsträger (Abs. 1) entspricht § 10a Abs. 4 VAHRG. Für den **Zeitpunkt**, ab dem ein Antrag auf Abänderung zulässig ist, knüpft das Gesetz abweichend von der bisherigen Regelung in § 10a Abs. 5 VAHRG an den unmittelbar bevorstehenden Leistungsbeginn an (Abs. 2). Diese Verschiebung des Antragszeitpunkts erlaubt es, sämtliche bis dahin eintretenden Änderungen in einem Verfahren zu berücksichtigen. Damit ist zugleich gewährleistet, dass ein weiteres Abänderungsverfahren in der Zwischenzeit unterbleibt.

Leistungsbeginn ist entweder der erstmalige Leistungsbezug eines Ehegatten aus dem Anrecht, dessen Ausgleichswert abgeändert werden soll, oder der Zeitpunkt, zu dem die antragstellende Person durch die Abänderung die Erfüllung der entsprechenden Leistungsvoraussetzungen erwarten kann, beispielsweise die Erfüllung der Wartezeit infolge der Erhöhung des Ausgleichsanspruchs und der daraus folgenden Wartezeitgutschrift gem. § 52 SGB VI. Ebenso wie in § 50 Abs. 2 VersAusglG ist der Antrag in Anlehnung an § 120d Abs. 1 SGB VI **sechs Monate vor dem zu erwartenden Leistungsbeginn** zulässig.

Die **Härtefallregelung** in § 27 VersAusglG, wonach ein Versorgungsausgleich nicht stattfindet, soweit er grob unbillig wäre, gilt auch für das Abänderungsverfahren (Abs. 3). Diese Regelung ermöglicht es dem Gericht, die Billigkeit der zu treffenden Abänderungsentscheidung zu prüfen und so **im Einzelfall von einer schematischen Abänderung abzusehen**. Zu berücksichtigen sind dabei wie bisher die wirtschaftlichen Verhältnisse der Ehegatten, insbesondere der nacheheliche Erwerb von Anrechten, die jeweilige Bedürftigkeit und die Gründe für die Veränderung des Ehezeitanteils und damit des Ausgleichswerts. Bei der Härtefallprüfung sind nur solche Umstände zu berücksichtigen, die nachträglich entstanden sind. Deshalb bleiben – wie im bisherigen Recht – die bereits bei der Erstentscheidung vorliegenden, aber nicht geltend gemachten bzw. nicht berücksichtigten Umstände im Abänderungsverfahren außer Betracht.

Die Abänderungsentscheidung wirkt (wie bisher nach § 10a Abs. 7 Satz 1 VAHRG) ab dem ersten Tag des Monats, der auf den Monat der Antragstellung folgt (Abs. 4). Der **Wirkungszeitpunkt** entspricht damit zugleich den in § 34 Abs. 3, § 6 Abs. 3 und § 38 Abs. 2 VersAusglG geregelten Wirkungszeitpunkten für die Anpassungsverfahren nach Rechtskraft.

Der **Tod eines Beteiligten** nach Stellung des Abänderungsantrags führt nicht automatisch zur Erledigung des Verfahrens. Vielmehr hängt dies davon ab, ob ein antragsberechtigter Beteiligter innerhalb der gesetzlichen Monatsfrist die Fortsetzung des Verfahrens verlangt (Abs. 5). Die Verkürzung der Frist von bisher drei Monaten (§ 10a Abs. 10 VAHRG) rechtfertigt sich durch die Benachrichtigungspflicht des Gerichts. Die Frist beginnt für einen Beteiligten daher erst zu laufen, wenn ihm der gerichtliche Hinweis zugeht.

Ein Verweis auf die Regelung in § 31 VersAusglG ist beim Tod eines Beteiligten nicht möglich, weil es im Abänderungsverfahren nicht darauf ankommt, ob die ausgleichspflichtige oder die ausgleichsberechtigte Person stirbt. Maßgeblich ist vielmehr, ob die antragstellende Person oder der Antragsgegner stirbt. In ersterem Fall können Hinterbliebene das Verfahren weiterführen. Stirbt der Antragsgegner, so ist das Verfahren gegen die Erben als Prozessstandschafter fortzusetzen, denn die begehrte Änderung kann sich für die antragstellende Person künftig noch auswirken.

§ 227 Sonstige Abänderungen

(1) Für die Abänderung einer Entscheidung über Ausgleichsansprüche nach der Scheidung nach den §§ 20 bis 26 des Versorgungsausgleichsgesetzes ist § 48 Abs. 1 anzuwenden.

(2) Auf eine Vereinbarung der Ehegatten über den Versorgungsausgleich sind die §§ 225 und 226 entsprechend anzuwenden, wenn die Abänderung nicht ausgeschlossen worden ist.

1 Die Vorschrift regelt in **Abs. 1** die Abänderung von Entscheidungen über Ausgleichsansprüche nach der Scheidung betreffend die schuldrechtliche Ausgleichsrente (§ 20 VersAusglG), deren Abtretung (§ 21 VersAusglG) und die Teilhabe an der Hinterbliebenenversorgung (§§ 25 und 26 VersAusglG). Die Abänderung einer insoweit ergangenen Entscheidung ist nur nach der allgemeinen Regelung in § 48 Abs. 1 möglich. Danach können rechtskräftige Endentscheidungen mit Dauerwirkung wegen nachträglich veränderter Tatsachen- oder Rechtsgrundlagen aufgehoben oder geändert werden.

2 Die Regelung in **Abs. 2** ersetzt den bisherigen § 10a Abs. 9 VAHRG.

§ 228 Zulässigkeit der Beschwerde

In Versorgungsausgleichssachen gilt § 61 nur für die Anfechtung einer Kostenentscheidung.

1 Die Wertgrenze von 600 EUR in § 61 ist für die Beschwerde mit Ausnahme der Anfechtung einer Kosten- oder Auslagenentscheidung nicht anzuwenden. Eine Mindestbeschwer ist in Versorgungsausgleichssachen jedenfalls für Rechtsmittel der Rentenversicherungsträger nicht sachgerecht, da sie im Ergebnis die Interessen der Versichertengemeinschaft wahrnehmen und sich wegen der Ungewissheit des künftigen Versicherungsverlaufs regelmäßig zunächst noch nicht feststellen lässt, ob sich die getroffene Entscheidung zum Nachteil für den Versorgungsträger auswirkt oder nicht. Um eine Gleichbehandlung zu erreichen, soll die Wertgrenze mit der dargestellten Ausnahme für alle Beteiligten in Versorgungsausgleichssachen nicht gelten.[1]

---

1 BT-Drs. 16/6308, S. 254.

§ 229 Rechtsverkehr zwischen den Familiengerichten und den Versorgungsträgern

(1) Die nachfolgenden Bestimmungen sind anzuwenden, soweit das Gericht und der nach § 219 Nr. 2 oder Nr. 3 beteiligte Versorgungsträger an einem zur elektronischen Übermittlung eingesetzten Verfahren (Übermittlungsverfahren) teilnehmen, um die im Versorgungsausgleich erforderlichen Daten auszutauschen. Mit der elektronischen Übermittlung können Dritte beauftragt werden.

(2) Das Übermittlungsverfahren muss

1. bundeseinheitlich sein,
2. Authentizität und Integrität der Daten gewährleisten und
3. bei Nutzung allgemein zugänglicher Netze ein Verschlüsselungsverfahren anwenden, das die Vertraulichkeit der übermittelten Daten sicherstellt.

(3) Das Gericht soll dem Versorgungsträger Auskunftsersuchen nach § 220, der Versorgungsträger soll dem Gericht Auskünfte nach § 220 und Erklärungen nach § 222 Abs. 1 im Übermittlungsverfahren übermitteln. Einer Verordnung nach § 14 Abs. 4 bedarf es insoweit nicht.

(4) Entscheidungen des Gerichts in Versorgungsausgleichssachen sollen dem Versorgungsträger im Übermittlungsverfahren zugestellt werden.

(5) Zum Nachweis der Zustellung einer Entscheidung an den Versorgungsträger genügt die elektronische Übermittlung einer automatisch erzeugten Eingangsbestätigung an das Gericht. Maßgeblich für den Zeitpunkt der Zustellung ist der in dieser Eingangsbestätigung genannte Zeitpunkt.

I. Inhalt und Bedeutung der Norm

Die Vorschrift enthält die Rechtsgrundlagen für den elektronischen Rechtsverkehr zwischen den Familiengerichten und den Versorgungsträgern. Abs. 1 Satz 1 eröffnet für die Familiengerichte und die nach § 219 Nr. 2 und 3 beteiligten Versorgungsträger die Teilnahme an einem elektronischen Übermittlungsverfahren, für das spezielle Regelungen in Abs. 2 bis 5 gelten. Die Teilnahme am Übermittlungsverfahren ist für beide Seiten freiwillig. Eine förmliche Teilnahmeerklärung ist nicht vorgesehen. Die Teilnahme wird bereits durch die faktische Nutzung des Verfahrens begründet. Der Beitritt kann auf beiden Seiten sukzessive erfolgen. Übermittelt werden können in dem Verfahren alle für den Versorgungsausgleich erforderlichen Daten; die Übermittlung ist also nicht nur in der Form eines lesbaren elektronischen Dokuments möglich.[1]   1

Die Regelung in **Abs. 2** ersetzt den bisherigen § 10a Abs. 9 VAHRG.   2

---

[1] Ausführlich zur Erläuterung des elektronischen Übermittlungsverfahrens auch BT-Drs. 16/11903.

§ 230 (weggefallen)

Abschnitt 9
Verfahren in Unterhaltssachen

(§ 231 – § 260)

Unterabschnitt 1
Besondere Verfahrensvorschriften

(§ 231 – § 245)

Vorbemerkung § 231

1   Nach der Neuregelung durch das FamFG stellen sich die **Unterhaltsverfahren** im Überblick wie folgt dar:

Übersicht über die anwendbaren Vorschriften in Unterhaltssachen

Unterhaltssachen § 231 FamFG

Unterhaltssachen nach § 231 Abs. 1 FamFG

Nr. 1	Nr. 2	Nr. 3
für Verwandte	für Eheleute	für Eltern eines nichtehelichen Kindes

= Familienstreitsachen gem. § 112 FamFG

Unterhaltssachen nach § 231 Abs. 2 FamFG

Bestimmung des zum Empfang des Kindergeldes berechtigten Elternteils gem. § 3 Abs. 2 S. 3 BKGG bzw. § 64 Abs. 2 S. 3 EStG

---

1. **§§ 232 – 260 FamFG**
   vorrangige Spezialregelung, insbesondere für örtliche Zuständigkeit, Abänderung von Unterhaltstiteln, Kostenentscheidung, einstweilige Anordnungen.

2. **§ 113 FamFG**
   Vorschriften des allg. Teils - §§ 2 – 37, 40 – 48, 76 – 96 - werden ersetzt durch die entsprechende Anwendung der
   - allg. Vorschriften der Zivilprozessordnung (**§§ 1- 252 ZPO**), wobei § 227 Abs. 3 ausgeschlossen ist;
   - Vorschriften über das Verfahren vor den Landgerichten (**§§ 253 - 494a ZPO**);
   - Mahnverfahren (**§§ 680 ff. ZPO**), Urkunden- und Wechselverfahren (**§§ 592 ff. ZPO**).

   Anwendbare allg. FamFG – Vorschriften:
   §§ 1, 38 - 39 FamFG (Entscheidung durch Beschluss, Rechtsbehelfsbelehrung), **§§ 49 - 75 FamFG** (einstweilige Anordnung; Rechtsmittel, Verfahrenskostenhilfe), **§§ 97 - 110 FamFG** (Verfahren mit Auslandsbezug).

3. Die allg. Verfahrensvorschriften nach ZPO und FamFG unter Ziff. 2 werden teilweise ersetzt durch vorrangige Spezialbestimmungen
   - anwaltliche Vertretung erforderlich (**§ 114 FamFG**),
   - Zurückweisung von Angriffs- und Verteidigungsmitteln (**§ 115 FamFG**),
   - Wirksamwerden von Entscheidungen (**§ 116 Abs. 3 FamFG**),
   - Rechtsmittel (**§ 117 FamFG** ergänzend zu §§ 58 ff. FamFG),
   - Wiederaufnahme des Verfahrens (**§ 118 FamFG**),
   - Arrest (**§ 119 Abs. 2 FamFG**)
   - Vollstreckung und deren vorläufige Einstellung (**§ 120 FamFG**),
   - Streitwert (§ 51 FamGKG),
   - Verbundverfahren (§§ 133 – 150 FamFG).

---

§ 232 – 234, 246 – 248 FamFG

vorrangige Spezialregelung sowie Vorschriften des allgm. Teils des FamFG

§§ 1 – 110 FamFG

§ 231 Unterhaltssachen

(1) Unterhaltssachen sind Verfahren, die

1. die durch Verwandtschaft begründete gesetzliche Unterhaltspflicht,

2. die durch Ehe begründete gesetzliche Unterhaltspflicht,

3. die Ansprüche nach § 1615l oder § 1615m des Bürgerlichen Gesetzbuchs

betreffen.

(2) Unterhaltssachen sind auch Verfahren nach § 3 Abs. 2 Satz 3 des Bundeskindergeldgesetzes und § 64 Abs. 2 Satz 3 des Einkommensteuergesetzes. Die §§ 235 bis 245 sind nicht anzuwenden.

I. Inhalt und Bedeutung der Norm

1 Die Unterhaltssachen werden als **Gesetzesbegriff neu eingeführt** und definiert. Es werden bisher bekannte Unterhaltsverfahren unter dem Begriff zusammengefasst und ein **neuer Regelungsinhalt** hinzugefügt. Gleichzeitig wird eine **Differenzierung hinsichtlich der anwendbaren Verfahrensvorschriften vorgenommen**. Während für die Unterhaltssachen des Abs. 1, die Unterhaltssachen im engeren und bereits bisher bekannten Sinn, die als Familienstreitsachen i.S.d. § 112 Abs. 1 Nr. 1 besonderen Verfahrensregeln nach §§ 113 ff. unterliegen, die zusätzlichen besonderen Verfahrensregeln der §§ 232 bis 245 gelten, werden die in Abs. 2 neu hinzugekommenen Unterhaltssachen allein den Bestimmungen des 1. Buchs des FamFG (§§ 1 bis 110) unterstellt mit Ausnahme der zusätzlich anwendbaren §§ 232 bis 234.

II. Unterhaltssachen im engeren Sinn (Abs. 1)

2 Die in Abs. 1 aufgeführten **Regelungsgegenstände** der durch Verwandtschaft (Nr. 1) und durch Ehe (Nr. 2) begründeten Unterhaltspflicht sowie der Ansprüche nach §§ 1615l, 1615m BGB entsprechen mit den dazugehörigen Verfahren den bisherigen Regelungen in § 621 Abs. 1 Nr. 4, 5, 11 ZPO.

3 **Unterhaltssachen** in diesem Sinne sind Verfahren mit folgendem Inhalt:

- Unterhaltsansprüche von ehelichen und nichtehelichen Kindern gegen ihre Eltern (§§ 1601 ff. BGB),

- Unterhaltsansprüche von Eltern gegenüber Kindern (§§ 1601 ff. BGB),

- Unterhaltsansprüche von Kindern gegenüber Großeltern und umgekehrt (§§ 1601 ff. BGB),

- Unterhaltsansprüche von Eheleuten untereinander (§§ 1360, 1361, 1569 ff. BGB),

- Unterhaltsansprüche eines ein nichteheliches Kind betreuenden Elternteils (§ 1615l BGB),

- Auskunftsansprüche gem. §§ 1605, 1580, 242 BGB,[1]
- Zustimmung zum begrenzten Realsplitting,
- Ausgleich des Nachteils aus dem begrenzten Realsplitting,
- Ersatzanspruch gem. § 1607 Abs. 2 Satz 2, Abs. 3 BGB,
- Anspruch auf Prozesskostenvorschuss.

Zu Unterhaltssachen zählt auch die Geltendmachung von **Nebenansprüchen** wie 4

- die Befreiung von Krankenkosten bzw. auf Zahlung von Krankenhaustagegeld aus der Familienversicherung,[2]
- Anwaltskosten in einer Unterhaltssache als Verzugsschaden,[3]
- Rückgewähr von grundlos gezahltem Unterhalt,
- sonstige Bereicherungs- und Schadensersatzansprüche, die ihre Wurzel in einem Unterhaltsrechtsverhältnis haben[4] wie z.B. der Schadensersatzanspruch wegen Verweigerung der Zustimmung zum begrenzten Realsplitting.

Unterhaltssachen bleiben **weitgehend den Bestimmungen der ZPO unterstellt.** 5
Als Familienstreitsachen nach § 112 Nr. 1 gelten für sie gem. § 113 Abs. 1 anstelle der allgemeinen Bestimmungen des FamFG in §§ 2 bis 37, 40 bis 48 und 76 bis 96 die entsprechenden Regelungen der ZPO. Das bedeutet, dass insbesondere anstelle des Amtsermittlungsgrundsatzes der zivilprozessuale Beibringungsgrundsatz, d.h. die Bestimmung des Streitstoffs durch die Parteien, gilt. Das **FamFG findet nur Anwendung** für

- die Form der Entscheidung, d.h. durch Beschluss statt durch Urteil (§ 38),
- die Erforderlichkeit der Rechtsmittelbelehrung (§ 39),
- das Verfahren der einstweiligen Anordnung (§§ 49 bis 57),
- das Rechtsmittelverfahren hinsichtlich der Endentscheidung, wozu auch die Entscheidung im einstweiligen Anordnungsverfahren zählt (§§ 58 bis 75),
- Verfahren mit Auslandsbezug (§§ 97 bis 110).

Die **Anwendung des FamFG** wird in diesen Verfahren noch **weiter eingeschränkt** 6
durch

- die entsprechende Geltung der Vorschriften der ZPO über den Urkunden- und Wechselprozess sowie über das Mahnverfahren (§ 113 Abs. 2),
- den Anwaltszwang (§ 114),
- die entsprechende Anwendung von Bestimmungen des Berufungsrechts der ZPO auf das Beschwerdeverfahren (§ 117 Abs. 2) sowie der Bestimmungen der ZPO über die Wiederaufnahme des Verfahrens (§ 118),
- die Durchführung der Vollstreckung nach den Bestimmungen der ZPO (§ 120).

---

1 OLG Hamm 05.04.2005 – 2 Sdb (FamS) Zust 5/05 = FamRZ 2005, 1844 für den Auskunftsanspruch des Scheinvaters gegen die Mutter.
2 BGH 09.02.1994 – XII ARZ 1/94 = FamRZ 1994, 626.
3 OLG Dresden 21.04.2006 – 21 ARf 8/06 = FamRZ 2006, 1128.
4 BGH 09.02.1994 – XII ARZ 1/94 = FamRZ 1994, 626.

III. Unterhaltssachen im weiteren Sinn (Abs. 2)

7 Nach Abs. 2 Satz 1 werden als Unterhaltssachen auch Verfahren bezeichnet, bei denen es um die **Bestimmung der für den Bezug des Kindergelds berechtigten Person** nach § 3 Abs. 2 Satz 3 BKGG bzw. § 64 Abs. 2 Satz 3 EStG geht. Dies wird begründet mit dem engen tatsächlichen und rechtlichen Zusammenhang mit Verfahren, die den Unterhalt des Kindes betreffen.[5] Nach § 1612b BGB hat das Kindergeld und damit auch die Frage, wer hierfür bezugsberechtigt ist, unmittelbaren Einfluss auf die Höhe des geschuldeten Unterhalts. Befindet sich das Kind, für das Kindergeld gezahlt werden soll, in dem Haushalt der Eltern, eines Elternteils und dessen Ehegatten, der Pflegeeltern oder Großeltern, so bestimmen die jeweiligen Personen untereinander, wer gegenüber der Familienkasse zum Empfang des Kindergelds berechtigt ist, wobei es nur um die Empfangsberechtigung und nicht um eine etwaige Berechtigung am Kindergeld im Innenverhältnis geht. Können sich die in Betracht kommenden Personen nicht auf die alleinige Empfangsberechtigung einer von ihnen einigen, war bislang das VormG für die Entscheidung funktionell zuständig.

8 Für dieses Verfahren gelten die Besonderheiten, die das Unterhaltsverfahren weitgehend als ZPO-Verfahren ausgestalten (Rn. 2), nicht. Die allgemeinen Bestimmungen des 1. Buchs des FamFG (§§ 1 bis 110) sind anzuwenden. Von den Sonderbestimmungen für die Unterhaltssachen nach §§ 232 bis 260 sind gem. Abs. 2 Satz 2 lediglich §§ 232 bis 234 anwendbar (örtliche Zuständigkeit, Zuständigkeit des Gerichts der Ehesache, Vertretung des Kindes durch einen Beistand). Das Verfahren ist also wie ein **echtes fG-Verfahren** ausgestaltet.

§ 232 Örtliche Zuständigkeit

(1) Ausschließlich zuständig ist

1. für Unterhaltssachen, die die Unterhaltspflicht für ein gemeinschaftliches Kind der Ehegatten betreffen, mit Ausnahme des vereinfachten Verfahrens über den Unterhalt Minderjähriger, oder die die durch die Ehe begründete Unterhaltspflicht betreffen, während der Anhängigkeit einer Ehesache das Gericht, bei dem die Ehesache im ersten Rechtszug anhängig ist oder war,

2. für Unterhaltssachen, die die Unterhaltspflicht für ein minderjähriges Kind oder ein nach § 1603 Abs. 2 Satz 2 des Bürgerlichen Gesetzbuchs gleichgestelltes Kind betreffen, das Gericht, in dessen Bezirk das Kind oder der Elternteil, der auf Seiten des minderjährigen Kindes zu handeln befugt ist, seinen gewöhnlichen Aufenthalt hat; dies gilt nicht, wenn das Kind oder ein Elternteil seinen gewöhnlichen Aufenthalt im Ausland hat.

(2) Eine Zuständigkeit nach Absatz 1 geht der ausschließlichen Zuständigkeit eines anderen Gerichts vor.

---

5 BT-Drs. 16/6308, S. 254.

(3) Sofern eine Zuständigkeit nach Absatz 1 nicht besteht, bestimmt sich die Zuständigkeit nach den Vorschriften der Zivilprozessordnung mit der Maßgabe, dass in den Vorschriften über den allgemeinen Gerichtsstand an die Stelle des Wohnsitzes der gewöhnliche Aufenthalt tritt. Nach Wahl des Antragstellers ist auch zuständig

1. für den Antrag eines Elternteils gegen den anderen Elternteil wegen eines Anspruchs, der die durch Ehe begründete gesetzliche Unterhaltspflicht betrifft, oder wegen eines Anspruchs nach § 1615l des Bürgerlichen Gesetzbuchs das Gericht, bei dem ein Verfahren über den Unterhalt des Kindes im ersten Rechtszug anhängig ist,
2. für den Antrag eines Kindes, durch den beide Eltern auf Erfüllung der Unterhaltspflicht in Anspruch genommen werden, das Gericht, das für den Antrag gegen einen Elternteil zuständig ist,
3. das Gericht, bei dem der Antragsteller seinen gewöhnlichen Aufenthalt hat, wenn der Antragsgegner im Inland keinen Gerichtsstand hat.

Übersicht

I.	Inhalt und Bedeutung der Norm	1
II.	Ausschließliche Zuständigkeit (Abs. 1)	3
III.	Zusammentreffen verschiedener ausschließlicher Zuständigkeiten (Abs. 2)	8
IV.	Zuständigkeit nach allgemeinen Bestimmungen (Abs. 3)	10

I. Inhalt und Bedeutung der Norm

Die bisher in der ZPO über den allgemeinen Gerichtsstand der § 621 Abs. 2 Satz 2, §§ 12 ff. ZPO a.F. und den ausschließlichen Gerichtsstand der § 621 Abs. 2 Satz 1 u. Abs. 3, § 642 ZPO a.F. geregelte örtliche Zuständigkeit in selbstständigen Unterhaltssachen wird neu bestimmt und weicht teilweise von der früheren Regelung ab. Dabei betrifft Abs. 3 der Neuregelung den Regelfall für sämtliche Unterhaltssachen (einschließlich der neu hinzugekommenen Unterhaltssachen nach § 231 Abs. 2), während Abs. 1 Ausnahmen hiervon bestimmt. Neu ist für sämtliche Verfahren das **Abstellen auf den gewöhnlichen Aufenthalt – anstelle des Wohnsitzes –** des jeweils maßgeblichen Beteiligten. **1**

Im **Überblick** ergibt sich folgende Gesamtregelung der örtlichen Zuständigkeit: **2**

Örtliche Zuständigkeit in Unterhaltssachen

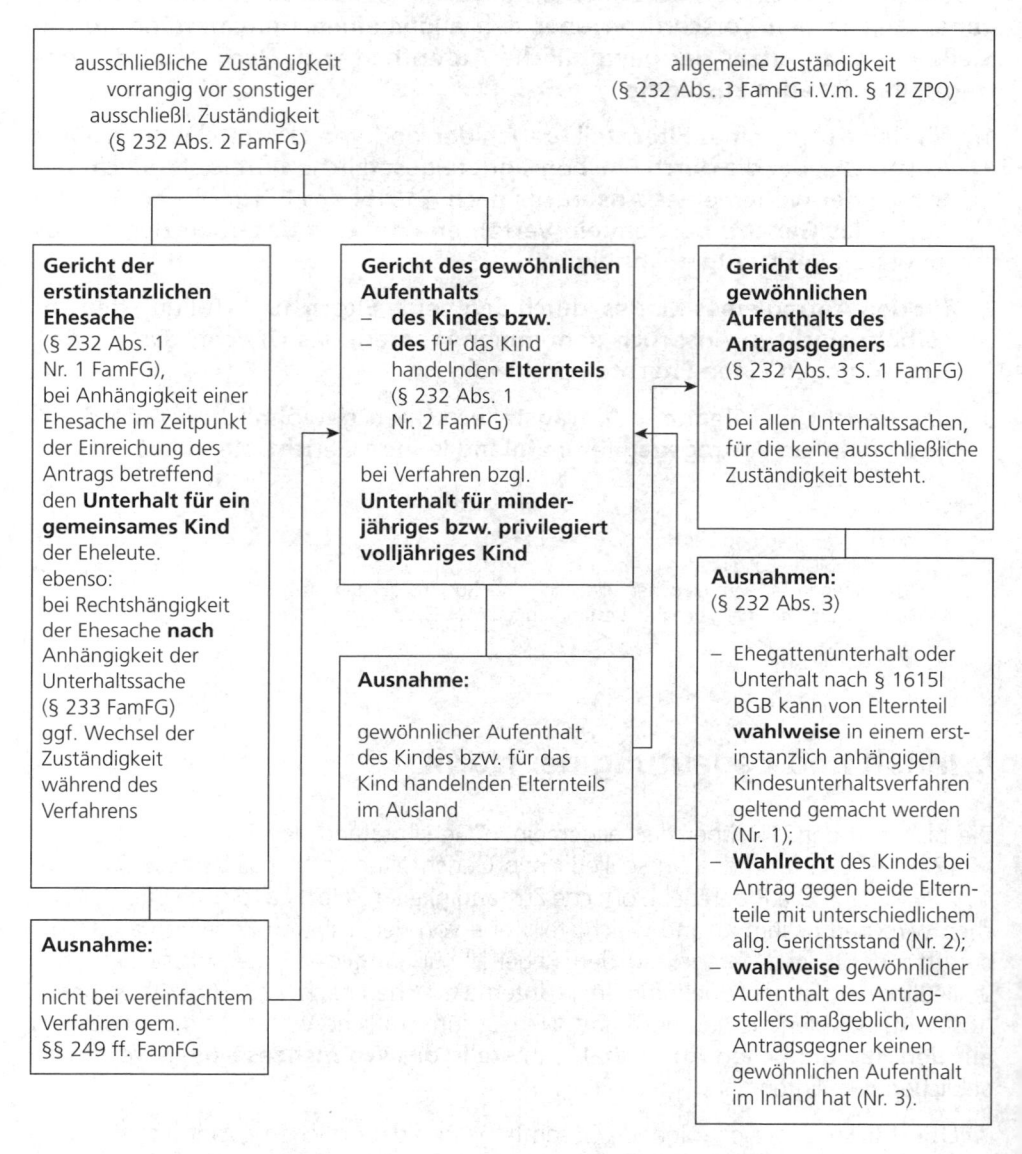

ausschließliche Zuständigkeit vorrangig vor sonstiger ausschließl. Zuständigkeit (§ 232 Abs. 2 FamFG)

allgemeine Zuständigkeit (§ 232 Abs. 3 FamFG i.V.m. § 12 ZPO)

Gericht der erstinstanzlichen Ehesache (§ 232 Abs. 1 Nr. 1 FamFG), bei Anhängigkeit einer Ehesache im Zeitpunkt der Einreichung des Antrags betreffend den **Unterhalt für ein gemeinsames Kind** der Eheleute.
ebenso: bei Rechtshängigkeit der Ehesache **nach** Anhängigkeit der Unterhaltssache (§ 233 FamFG) ggf. Wechsel der Zuständigkeit während des Verfahrens

Gericht des gewöhnlichen Aufenthalts
– **des Kindes bzw.**
– **des** für das Kind handelnden **Elternteils** (§ 232 Abs. 1 Nr. 2 FamFG)

bei Verfahren bzgl. **Unterhalt für minderjähriges bzw. privilegiert volljähriges Kind**

Gericht des gewöhnlichen Aufenthalts des Antragsgegners (§ 232 Abs. 3 S. 1 FamFG)

bei allen Unterhaltssachen, für die keine ausschließliche Zuständigkeit besteht.

Ausnahme:
gewöhnlicher Aufenthalt des Kindes bzw. für das Kind handelnden Elternteils im Ausland

Ausnahmen: (§ 232 Abs. 3)

– Ehegattenunterhalt oder Unterhalt nach § 1615l BGB kann von Elternteil **wahlweise** in einem erstinstanzlich anhängigen Kindesunterhaltsverfahren geltend gemacht werden (Nr. 1);
– **Wahlrecht** des Kindes bei Antrag gegen beide Elternteile mit unterschiedlichem allg. Gerichtsstand (Nr. 2);
– **wahlweise** gewöhnlicher Aufenthalt des Antragstellers maßgeblich, wenn Antragsgegner keinen gewöhnlichen Aufenthalt im Inland hat (Nr. 3).

Ausnahme:
nicht bei vereinfachtem Verfahren gem. §§ 249 ff. FamFG

II. Ausschließliche Zuständigkeit (Abs. 1)

3 Die dem § 621 Abs. 2 Satz 1 ZPO a.F. entsprechende Regelung des Abs. 1 Nr. 1 bestimmt unter dem Gesichtspunkt der **Konzentration der Entscheidungskompetenz** im Falle Anhängigkeit einer Ehesache die ausschließliche örtliche Zuständigkeit **des Gerichts der Ehesache** für isolierte Verfahren betreffend den Unterhalt gemeinsamer Kinder der Eheleute sowie den Ehegattenunterhalt. Letzterer kommt nur als

Trennungsunterhalt in Betracht, da die Geltendmachung des nachehelichen Unterhalts bis zur Rechtskraft der Scheidung nur als Folgesache im Verbundverfahren und nicht im isolierten Verfahren möglich ist. Ist beim Anhängigwerden (Einreichung der Antragsschrift) von Verfahren mit dem angegebenen Regelungsgegenstand ein Scheidungsverfahren oder eine andere Ehesache bereits anhängig, so ist das Gericht für das Unterhaltsverfahren zuständig, bei dem die Ehesache im 1. Rechtszug anhängig ist oder war. Letzteres bezieht sich auf den Fall, dass die Ehesache bereits in einer höheren Instanz anhängig, aber noch nicht abgeschlossen ist. Diese Zuständigkeitskonzentration beim Gericht der Ehesache ist nicht auf Streitigkeiten zwischen Ehegatten beschränkt. Sie gilt vielmehr auch für den gegen einen Ehegatten gerichteten Antrag eines öffentlich-rechtlichen Leistungsträgers, der den Kindesunterhaltsanspruch aus übergegangenem Recht verfolgt.[1]

Der **Begriff des gewöhnlichen Aufenthalts**, der in der Neuregelung an die Stelle des Wohnsitzes getreten ist, ist dem FamFG auch sonst bekannt (z.B. in § 122 für Ehesachen) und wird auch in anderen gesetzlichen Vorschriften verwendet (z.B. Art. 5 Abs. 2, Art. 14 Abs. 1 Nr. 2, Art. 18 Abs. 1 EGBGB, Art. 3 HKiEntÜ). Er knüpft im Gegensatz zu dem Begriff des Wohnsitzes, der wesentlich von dem subjektiven Willen bestimmt ist, sich an einem bestimmten Ort aufhalten zu wollen, an die objektiven Verhältnisse an. Danach ist der gewöhnliche Aufenthalt der Schwerpunkt der sozialen und wirtschaftlichen Beziehungen einer Person, d.h. der Daseinsmittelpunkt.[2] Die Faustregel, nach der ein gewöhnlicher Aufenthalt in der Regel nach einer Aufenthaltsdauer von etwa sechs Monaten begründet ist, gilt nur eingeschränkt. Daneben ist als subjektives Element der Wille, sich an einem bestimmten Ort dauerhaft aufhalten zu wollen, von Bedeutung, so dass auch bei einem gerade erst vollzogenen Aufenthaltswechsel ein gewöhnlicher Aufenthalt begründet sein kann.[3] Eine exakte Abgrenzung zum Begriff des Wohnsitzes ist demnach kaum möglich. Ein wesentlicher Unterschied für die Bestimmung der Zuständigkeit beim Kindesunterhalt ist darin zu sehen, dass ein Kind seinen Wohnsitz von beiden sorgeberechtigten Eltern herleitet (§ 11 BGB), d.h. auch von dem nicht ständig oder überwiegend betreuenden Elternteil, während für den gewöhnlichen Aufenthalt maßgeblich ist, in wessen Obhut sich das Kind befindet.[4]

4

Ausgenommen von der vorstehenden Regelung bleibt wie bisher auch (§ 642 Abs. 2 ZPO a.F.) das **vereinfachte Verfahren** zur Titulierung des Kindesunterhalts nach §§ 249 ff., wobei die bisherige Beschränkung dieser Ausnahme auf die Zeit bis zu einem evtl. Übergang in das streitige Verfahren (§ 642 Abs. 2 Satz 2 ZPO a.F.) nicht in die Neuregelung übernommen worden ist. Ob dies ausdrücklich gewollt war, lässt sich der Gesetzesbegründung nicht entnehmen.[5] Eine Auslegung des Gesetzes in dem bisherigen Sinn lässt sich nicht mit dessen geändertem Wortlaut vereinbaren.

5

Für Unterhaltsverfahren betreffend die **Unterhaltspflicht gegenüber minderjährigen Kindern** und ihnen gem. § 1603 Abs. 2 Satz 2 BGB gleichgestellten **privilegierten volljährigen Kindern**, bei denen die Voraussetzungen des Abs. 1 Nr. 1 nicht ge-

6

---

1 Zöller/Philippi § 621 ZPO Rn. 85 zu derselben Frage nach dem bisherigen § 621 Abs. 2 Satz 1 ZPO.
2 BGH 05.06.2002 – XII ZB 74/00 = FamRZ 2002, 1182.
3 OLG Karlsruhe 12.06.2008 – 2 UF 43/08 = FamRZ 2009, 239.
4 OLG Hamm 22.12.2006 – 2 Sdb (FamS) Zust 14/06 = FamRZ 2008, 1007.
5 BT-Drs. 16/6308, S. 255, wo lediglich von der Beseitigung eines früheren Redaktionsversehens bei der Einführung des § 621 Abs. 2 Satz 1 Nr. 4 ZPO a.F. die Rede ist.

geben sind, sieht Abs. 1 Nr. 2 die ausschließliche örtliche Zuständigkeit des Gerichts vor, in dessen Bezirk das Kind oder der Elternteil, der befugt ist auf Seiten des Kindes zu handeln, seinen gewöhnlichen inländischen Aufenthalt hat. Im Gegensatz zu der bisherigen Regelung des § 642 ZPO a.F. werden die privilegierten volljährigen Kinder mit einbezogen. Weiter wird auf die Befugnis für das Kind zu handeln und nicht wie bisher auf die gesetzliche Vertretungsmacht abgestellt, so dass auch der Fall des von einem Elternteil im eigenen Namen im Wege der **gesetzlichen Prozessstandschaft** (§ 1629 Abs. 3 Satz 1 BGB) geführten Verfahrens erfasst wird. Schließlich ist der gewöhnliche Aufenthalt des Kindes bzw. des handelnden Elternteils und nicht der Wohnsitz maßgeblich, was zu einer Harmonisierung mit der Zuständigkeitsregelung für das Eheverfahren in § 122 führt.

7 Soweit ein gewöhnlicher Aufenthalt des Kindes oder eines Elternteils im Inland als Anknüpfungspunkt fehlt, richtet sich die örtliche Zuständigkeit nach den allgemeinen Bestimmungen, nämlich nach Abs. 3 Satz 1, der auf die §§ 12 ff. verweist mit der Maßgabe, dass anstelle des Wohnsitzes der gewöhnliche Aufenthalt für die Bestimmung des Gerichtsstands maßgeblich ist.

III. Zusammentreffen verschiedener ausschließlicher Zuständigkeiten (Abs. 2)

8 Es besteht ein **Vorrang** der ausschließlichen Zuständigkeit nach den vorstehenden Bestimmungen gegenüber einer ausschließlichen Zuständigkeit nach anderen Bestimmungen, so dass insoweit kein Wahlrecht besteht. Von besonderer Bedeutung ist die Kollision mehrerer ausschließlicher Gerichtsstände in Unterhaltssachen im Fall der Vollstreckungsabwehrklage (jetzt gem. § 120 Abs. 1, § 113 Abs. 5: **Vollstreckungsabwehrantrag**), für die bislang ein Vorrang des nach § 767 Abs. 1, § 802 ZPO ausschließlich zuständigen Gerichts des ersten Rechtszugs angenommen wurde.[6] Gegen das bisherige Argument der Fallkenntnis des erstinstanzlichen Gerichts des Vorverfahrens[7] wendet sich die Gesetzesbegründung und weist darauf hin, dass nach Ablauf einer längeren Zeitspanne oder im Fall eines Richterwechsels die Fallkenntnis nicht mehr von ausschlaggebender Bedeutung sein könne und es in erster Linie auf den Inhalt der Akten des früheren Verfahrens ankomme, die ohne weiteres beigezogen werden könnten.[8]

9 Aus der Neuregelung resultiert eine unterschiedliche Anknüpfung der gerichtlichen Zuständigkeit bei Stellung eines Vollstreckungsabwehrantrags nach § 120 Abs. 1 i.V.m. § 767 ZPO. Für die unter Abs. 1 erfassten Unterhaltssachen verbleibt es bei dem Gerichtsstand des Unterhaltsberechtigten gem. Abs. 1, während in allen sonstigen Fällen gem. § 767 Abs. 1 ZPO die ausschließliche Zuständigkeit des erstinstanzlichen Gerichts des Vorverfahrens maßgeblich ist, die nicht identisch sein muss mit der Zuständigkeit nach Abs. 1.

---

6 BGH 22.08.2001 – XII ARZ 3/01 = FamRZ 2001, 1705.
7 BGH 22.08.2001 – XII ARZ 3/01 = FamRZ 2001, 1705.
8 BT-Drs. 16/6308, S. 255.

IV. Zuständigkeit nach allgemeinen Bestimmungen (Abs. 3)

Besteht keine ausschließliche Zuständigkeit nach Abs. 1, so bestimmt sich die Zuständigkeit nach den **Regelungen der Zivilprozessordnung** (§§ 12 ff. ZPO) mit der Maßgabe, dass anstelle des Wohnsitzes (§ 13 ZPO) der gewöhnliche Aufenthalt für die Bestimmung des allgemeinen Gerichtsstands maßgeblich ist. Danach ist in diesen Fällen in der Regel das **Gericht des gewöhnlichen Aufenthalts des Unterhaltsschuldners** örtlich zuständig.

10

Die Maßgeblichkeit des allgemeinen Gerichtsstandes wird nach Abs. 3 Satz 2 eingeschränkt durch ein **Wahlrecht des Antragstellers** in bestimmten Verfahren.

11

- Bei einem Antrag eines Elternteils wegen eines Anspruchs auf Ehegattenunterhalt oder auf Unterhalt nach § 1615l BGB kann anstelle eines möglicherweise abweichenden allgemeinen Gerichtsstands nach Abs. 3 Satz 1 das Verfahren wahlweise anhängig gemacht werden bei dem **Gericht, bei welchem ein Verfahren über den Unterhalt des gemeinsamen Kindes anhängig** ist. Diese Möglichkeit der Verbindung von Verfahren über Unterhaltsansprüche, die sich der Höhe nach beeinflussen können, soll es ermöglichen, teilweise widersprechende Ergebnisse zu vermeiden, die bei getrennter Verhandlung nicht auszuschließen sind. Die Vorschrift ist inhaltsgleich mit dem bisherigen § 642 Abs. 3 ZPO a.F., die allerdings in Zusammenhang mit der Regelung des § 642 Abs. 1 ZPO a.F. zu sehen war, so dass sie dem Wortlaut nach auf die Verbindung mit Verfahren betreffend den Minderjährigenunterhalt zu beschränken war.[9] Da die jetzige Regelung einen solchen Bezug nicht vornimmt, sondern allein auf die Anhängigkeit eines Kindesunterhaltsverfahrens abstellt, kommt auch eine Verbindung mit Verfahren bezüglich Volljährigenunterhalt in Betracht.

- Für **volljährige Kinder** – ausgenommen die privilegierten Volljährigen, für die nach Abs. 1 Nr. 2 ein ausschließlicher Gerichtsstand gilt – besteht gem. Nr. 2 (anstelle des aufgehobenen § 35a ZPO) ein Wahlrecht, wenn von ihnen beide Eltern in einem Verfahren auf Unterhalt in Anspruch genommen werden und nach dem unterschiedlichen gewöhnlichen Aufenthalt der Eltern mehrere Gerichte nach § 12 ZPO als zuständige Gerichte in Betracht kommen.

- Bei fehlendem gewöhnlichen Aufenthalt des Antragsgegners im Inland besteht ein Wahlrecht des Antragstellers dahingehend, dass er sich auf die Zuständigkeit des für seinen eigenen gewöhnlichen Aufenthalt zuständigen Gerichts berufen kann. Dies entspricht dem Wahlrecht des aufgehobenen § 23a ZPO.

---

[9] OLG Hamm 29.01.2003 – 8 WF 1/03 = FamRZ 2003, 1126, wo eine entsprechende Anwendung auf Verfahren bezüglich des Unterhalts privilegierter volljähriger Kinder bejaht wurde.

§ 233 Abgabe an das Gericht der Ehesache

Wird eine Ehesache rechtshängig, während eine Unterhaltssache nach § 232 Abs. 1 Nr. 1 bei einem anderen Gericht im ersten Rechtszug anhängig ist, ist diese von Amts wegen an das Gericht der Ehesache abzugeben. § 281 Abs. 2 und 3 Satz 1 der Zivilprozessordnung gilt entsprechend.

1 Die Regelung soll nach der Gesetzesbegründung dem bisherigen § 621 Abs. 3 ZPO entsprechen.[1] Dies ist nach dem Wortlaut nicht der Fall, da § 621 Abs. 3 ZPO auf Unterhaltssachen zwischen Ehegatten (d.h. Trennungsunterhalt gem. § 1361 BGB, da nachehelicher Unterhalt vor Rechtskraft der Scheidung ohnehin nur im Verbund geltend gemacht werden kann) und für ein gemeinsames Kind der Ehegatten beschränkt war. Nachdem der ursprüngliche Wortlaut des § 233, darauf § 231 Abs. 1 Nr. 1 Bezug nahm, wegen eines Redaktionsversehens geändert worden ist,[2] ist nunmehr klargestellt, dass es sich bei der Bestimmung um eine Ergänzung der Zuständigkeitsregelung des § 232 Abs. 1 Nr. 1 für den Fall handelt, dass bei bereits anhängiger **Unterhaltssache eines gemeinsamen Kindes gegen einen Elternteil** nachträglich eine Ehesache rechtshängig wird. Es handelt sich also um eine Ergänzung der Zuständigkeitsregelung des § 232 Abs. 1 Nr. 1 für den Fall, dass bei Einleitung des Unterhaltsverfahrens eine Ehesache noch nicht anhängig ist.

2 Die in § 232 bestimmte **Konzentration der Entscheidungskompetenz** im Falle Entscheidungszuständigkeit für eine Ehesache wird erweitert auf den Fall, dass die Ehesache bei Einleitung des Unterhaltsverfahrens noch nicht anhängig ist, sondern erst im Laufe des Unterhaltsverfahrens rechtshängig wird (Zustellung der Antragsschrift). Das Verfahren hinsichtlich des Unterhaltsanspruchs eines gemeinsamen Kindes der Ehegatten, welches nicht minderjährig sein muss, darf erstinstanzlich noch nicht abgeschlossen (Verkündung bzw. Zustellung der Endentscheidung)[2] und muss zumindest anhängig sein (Einreichung des Antrags im Unterhaltsverfahren), da ansonsten der Zweck der Entscheidungskonzentration bei einem Gericht, welches umfassend mit den familienrechtlichen Verhältnissen der Eheleute befasst ist, nicht erreicht werden kann.

3 Andererseits steht der Umstand, dass in der Beschwerdeinstanz über eine das Verfahren nicht abschließende erstinstanzliche Entscheidung zu befinden ist, der Abgabe an das Gericht der Ehesache nicht entgegen.[3] Die Abhilfebefugnis obliegt in diesem Fall allein dem Gericht der Ehesache und nicht mehr dem bisher zuständigen erstinstanzlichen Gericht. Der Abgabebeschluss ist in entsprechender Anwendung des § 281 Abs. 2 ZPO **unanfechtbar** und für das darin bestimmte Gericht **bindend**. Der Unterhaltsrechtsstreit wird bei diesem Gericht mit Eingang der Akten anhängig. Ein zuvor aus einem anderen Grund gem. § 113 Abs. 1 i.V.m. § 281 ZPO an ein Gericht abgegebenes Unterhaltsverfahren kann von diesem erneut abgegeben werden, wenn später die Voraussetzungen des § 233 eintreten.[4]

4 Die bis zur Überleitung entstandenen **Kosten** werden gem. § 281 Abs. 3 Satz 1 ZPO als Teil der Kosten beim Gericht der Ehesache behandelt. Kosten der Ehesache können sie dagegen nur dann werden, wenn sie als Folgesache behandelt werden können,

---

1 BT-Drs. 16/6308, S. 570.
2 BT-Drs. 16/12717, S. 58.
2 BGH 22.05.1985 – IVb ARZ 15/85 = FamRZ 1985, 800.
3 BGH 07.03.2001 – XII ARZ 2/01 = FamRZ 2001, 618.
4 OLG Hamm 10.08.1999 – 2 UF 266/99 = FamRZ 2000, 841.

was nur beim Kindesunterhalt in Betracht kommt (der nacheheliche Unterhalt kann nicht vor Rechtskraft der Scheidung in einem selbstständigen Verfahren geltend gemacht werden) und gem. § 137 Abs. 2 eine entsprechende Umstellung des Antrags erfordert.

§ 234 Vertretung eines Kindes durch einen Beistand

Wird das Kind durch das Jugendamt als Beistand vertreten, ist die Vertretung durch den sorgeberechtigten Elternteil ausgeschlossen.

Die Vorschrift ist inhaltsgleich mit der Vertretungsregelung in Abstammungssachen in § 173 und entspricht weitgehend § 53a ZPO a.F. Auf schriftlichen Antrag eines Elternteils kann das JA Beistand des Kindes zur Geltendmachung von Unterhaltsansprüchen werden (§ 1712 Abs. 1 Nr. 2 BGB). Die Regelung dient dazu, im gerichtlichen Verfahren gegensätzliche Erklärungen des Beistands und des weiterhin sorgeberechtigten Elternteils zu vermeiden, indem dem **Jugendamt Vorrang eingeräumt** wird. Durch diese verfahrensrechtliche Sonderregelung wird die materiellrechtliche Regelung der gesetzlichen Vertretung des Kindes in § 1629 BGB verdrängt, während sie außerhalb des Verfahrens unverändert fortbesteht. 1

Der Vertretungsausschluss des sorgeberechtigten Elternteils gilt auch für Passivverfahren des Kindes (z.B. Herabsetzungsverlangen des Unterhaltspflichtigen). Soweit der Kindesunterhalt nach **§ 1629 Abs. 3 Satz 1 BGB** nur von einem Elternteil im Wege der Prozessstandschaft geltend gemacht werden kann, steht dies der Vertretung des Kindes durch das JA als Beistand – auf Antrag des Elternteils, der die Obhut ausübt – nicht entgegen.[1] Das JA ist von Anfang an alleiniger gesetzlicher Vertreter des Kindes in dem Unterhaltsverfahren. Ein zunächst vom Sorgeberechtigten eingeleitetes Verfahren ist nach Eintritt des JA als Beistand in das Verfahren von diesem allein fortzusetzen, wobei dies gem. § 113 Abs. 1 i.V.m. § 250 ZPO durch einen zuzustellenden Schriftsatz geschieht. 2

§ 235 Verfahrensrechtliche Auskunftspflicht der Beteiligten

(1) Das Gericht kann anordnen, dass der Antragsteller und der Antragsgegner Auskunft über ihre Einkünfte, ihr Vermögen und ihre persönlichen und wirtschaftlichen Verhältnisse erteilen sowie bestimmte Belege vorlegen, soweit dies für die Bemessung des Unterhalts von Bedeutung ist. Das Gericht kann anordnen, dass der Antragsteller und der Antragsgegner schriftlich versichern, dass die Auskunft wahrheitsgemäß und vollständig ist; die Versicherung kann nicht durch einen Vertreter erfolgen. Mit der Anordnung nach Satz 1 oder Satz 2 soll das Gericht eine angemessene Frist setzen. Zugleich hat

---
[1] OLG Stuttgart 09.10.2006 – 17 UF 182/06 = JAmt 2007, 40; Palandt/Diederichsen § 1713 BGB Rn. 4; DIJuF JAmt 2002, 243; JAmt 2004, 80; a.A. Zöller/Vollkomer § 53a ZPO Rn. 2 mit der Begründung, dass es sonst zu einer vom Gesetz nicht gewollten Parteistellung des Kindes im Eheverfahren kommen könne.

es auf die Verpflichtung nach Absatz 3 und auf die nach §§ 236 und 243 Satz 2 Nr. 3 möglichen Folgen hinzuweisen.

(2) Das Gericht hat nach Absatz 1 vorzugehen, wenn ein Beteiligter dies beantragt und der andere Beteiligte vor Beginn des Verfahrens einer nach den Vorschriften des bürgerlichen Rechts bestehenden Auskunftspflicht entgegen einer Aufforderung innerhalb angemessener Frist nicht nachgekommen ist.

(3) Antragsteller und Antragsgegner sind verpflichtet, dem Gericht ohne Aufforderung mitzuteilen, wenn sich während des Verfahrens Umstände, die Gegenstand der Anordnung nach Absatz 1 waren, wesentlich verändert haben.

(4) Die Anordnungen des Gerichts nach dieser Vorschrift sind nicht selbständig anfechtbar und nicht mit Zwangsmitteln durchsetzbar.

Übersicht

I. Inhalt und Bedeutung der Norm	1
II. Anordnungsberechtigung (Abs. 1)	4
III. Anordnungspflicht (Abs. 2)	9
IV. Pflicht zur ungefragten Ergänzung der erteilten Auskunft (Abs. 3)	11
V. Keine selbstständige Beschwerde oder zwangsweise Durchsetzung (Abs. 4)	13

I. Inhalt und Bedeutung der Norm

1   Die Vorschrift regelt die Auskunftspflicht der Verfahrensbeteiligten in Unterhaltssachen gegenüber dem Gericht. Sie ist angelehnt an § 643 Abs. 1 ZPO a.F., der 1998 mit dem KindUG eingeführt worden war, um eine **Möglichkeit der Beschleunigung** des häufig durch Passivität des Unterhaltspflichtigen (in der Position des Antragsgegners/Beklagten) verzögerten Verfahrens zu schaffen. Auch wenn ein hierauf gestütztes Vorgehen des Gerichts den Eindruck einer Amtsermittlung nahelegen könnte, sollte damit keineswegs die Grundlage für eine Bestimmung des Umfangs des Unterhaltsanspruchs von Amts wegen geschaffen werden. Es bleibt dabei, dass ohne schlüssigen Vortrag des Unterhaltsberechtigten eine Auskunftseinholung durch das Gericht nicht zulässig ist, so dass der Beibringungsgrundsatz insoweit nicht beschränkt wird. Die Regelung hat weniger mit der Verfahrensleitung nach § 139 ZPO[1] zu tun als mit der verfahrensrechtlichen Erklärungs- und Wahrheitspflicht des § 138 ZPO. Kommt ein Beteiligter dieser Verpflichtung nicht nach, so kann das Gericht ihn in Unterhaltsverfahren durch die Anordnungen nach § 235 hierzu anhalten und im Fall der Weigerung sein Mitwirken auch durch Auskunftseinholung bei Dritten nach § 236 ersetzen.

2   Erklärtes **Ziel** war und ist die Absicht, die zeitintensive und vom Antragsgegner nicht selten zur Verfahrensverzögerung genutzte Stufenklage (jetzt: Stufenantrag) in Unterhaltssachen weitgehend entbehrlich zu machen. Ob dieses Ziel in der bisherigen Praxis auf der Grundlage des § 643 Abs. 1 ZPO erreicht worden ist, darf ebenso bezweifelt werden wie die Erwartung, dass sich dies mit der neuen Regelung grundlegend ändern wird.[2] Nahe liegend ist, dass die Gerichte dasselbe Ziel eher durch Auflagen an die Be-

---

1 So Borth FamRZ 2007, 1925 (1934).
2 Vgl. auch Fölsch 2009, § 3 Rn. 144; Borth FamRZ 2007, 1925 (1934).

teiligten zu erreichen versuchen (§ 273 Abs. 2 Nr. 1 u. 5 ZPO). Auch hier kann die Grenzziehung zur Amtsermittlung im Einzelfall schwierig sein.

Die Auskunftserteilung durch die Beteiligten hat nunmehr gegenüber der bisherigen Regelung in einigen Punkten **Präzisierung** und **Erweiterung** erfahren. Das betrifft neben der Möglichkeit der Verpflichtung des Gerichts zur Auskunftseinholung (Abs. 2) vor allem die Versicherung des in Anspruch genommenen Beteiligten, dass die von ihm erteilte Auskunft wahrheitsgemäß und vollständig ist (Abs. 1 Satz 2), sowie die Verpflichtung, während des Verfahrens eintretende Veränderungen von Umständen, die Gegenstand der Auskunft gegenüber dem Gericht waren, ungefragt mitzuteilen (Abs. 3). 3

II. Anordnungsberechtigung (Abs. 1)

Antragsteller und Antragsgegner sind auf Anordnung des Gerichts verpflichtet, Auskunft über ihre Einkünfte, ihr Vermögen und ihre persönlichen Verhältnisse zu erteilen sowie hierzu bestimmte Belege vorzulegen. Voraussetzung hierfür ist, dass diese **Auskunftserteilung für die Bemessung** des verfahrensgegenständlichen Unterhaltsanspruchs **von Bedeutung** ist. Dies ist z.B. nicht der Fall, wenn ein Unterhaltsanspruch nach dem eigenen Vortrag des potenziellen Anspruchsberechtigten nicht in Betracht kommt. Das Gleiche gilt, solange der schlüssig vorgetragene Anspruch nicht bestritten ist, sodass auf diese Regelung nicht vorbereitend auf das spätere Hauptsacheverfahren bereits im Prozesskostenhilfeverfahren zurückgegriffen werden kann, wenn der Antragsgegner sich berechtigterweise nicht auf das Vorbringen des Antragstellers einlässt. Der Vortrag des Antragstellers darf also nicht unschlüssig und auch nicht unbestritten sein, wenn das Gericht nach Satz 1 vorgehen will. Gegenüber § 643 Abs. 1 ZPO a.F. wird jetzt klargestellt, dass die Erheblichkeit der Auskunft für den Unterhaltsanspruch sich auch auf das Einkommen und nicht etwa nur auf das Vermögen sowie die persönlichen und wirtschaftlichen Verhältnisse bezieht. 4

Es steht – bei Vorliegen der vorgenannten Voraussetzungen – **im pflichtgemäßen Ermessen des Gerichts**, ob und ggf. in welchem Umfang es von der ihm verfahrensrechtlich eingeräumten Möglichkeit der Auskunftseinholung bei den Beteiligten im konkreten Fall Gebrauch macht. Dies setzt, wie ausgeführt (Rn. 1, 4), schlüssigen Sachvortrag des Antragstellers und erheblichen Sachvortrag des Antragsgegners voraus. Wie bei einem Auskunftsverfahren eines Beteiligten gegen den anderen sind Art und Umfang der Auskunft sowie die vorzulegenden Belege vom Gericht genau zu bezeichnen, damit der betreffende Beteiligte seiner Verpflichtung nachkommen kann. Mangels Vollstreckbarkeit der Anordnung ist ausreichend, wenn der Beteiligte zweifelsfrei erkennen kann, was von ihm verlangt wird. Außerdem besteht für das Gericht die Möglichkeit, seine Anordnung erforderlichenfalls nachträglich zu präzisieren. 5

Die **Belegpflicht** erstreckt sich nicht nur auf das Einkommen, sondern auch auf das Vermögen sowie die persönlichen und wirtschaftlichen Verhältnisse (z.B. die Vorlage einer Geburtsurkunde eines weiteren unterhaltsberechtigten Kindes oder eines Einkommensbelegs des Ehegatten des Unterhaltspflichtigen), wenn dies vom Gericht verlangt wird. Der Umstand, dass der Beteiligte dem anderen Beteiligten bereits Auskunft erteilt hat bzw. die Frist des § 1605 Abs. 2 BGB für eine neue Auskunftspflicht unter 6

Abschnitt 9 Verfahren in Unterhaltssachen

den Beteiligten noch nicht abgelaufen ist, steht der gerichtlichen Auskunftsanordnung nicht entgegen.[3] Umgekehrt macht die Möglichkeit der Auskunftseinholung durch das Gericht die Geltendmachung eines Auskunftsanspruchs durch einen Beteiligten gegen den anderen nicht mutwillig im Sinne der Prozesskostenhilfe (§ 113 Abs. 1 i.V.m. § 114 ZPO).[4]

7   Über die bisherige Regelung hinaus geht die in Satz 2 dem Gericht eingeräumte Möglichkeit, vom Antragsteller oder Antragsgegner eine **schriftliche Versicherung** anzufordern, dass die erteilte Auskunft wahrheitsgemäß und vollständig ist. Damit wird dem Auskunftsverlangen ein besonderes Gewicht verliehen, das wenigstens teilweise die Funktion der zweiten Stufe (eidesstattliche Versicherung) der Stufenklage erfüllt.[5] Die Versicherung muss – wie bei der eidesstattlichen Versicherung – durch den Beteiligten selbst abgegeben werden, während er sich hierzu nicht eines Vertreters und auch nicht des Verfahrensbevollmächtigten bedienen kann.

8   Mit der Anordnung soll dem betreffenden Beteiligten eine **angemessene Frist** zur Erfüllung seiner Auskunftspflicht und ggf. auch zur Abgabe der Versicherung gem. Satz 2 gesetzt werden (Satz 3). Außerdem soll er mit der Anordnung auf **mögliche Folgen einer Weigerung hingewiesen** werden (Satz 4) auf

- die Verpflichtung zur ungefragten Mitteilung von im Laufe des Verfahrens eintretenden Änderungen von Umständen, die Gegenstand der Auskunftsanordnung waren;
- die Möglichkeit der Auskunftseinholung bei Dritten gem. § 236;
- eine mögliche nachteilige Auswirkung auf die Verpflichtung zur Tragung der Verfahrenskosten gem. § 243 Satz 2 Nr. 3.

Zu denken wäre weiter an den Hinweis darauf, dass falsche oder unvollständige Auskünfte einen Verstoß gegen die verfahrensrechtliche Wahrheitspflicht (§ 113 Abs. 1 i.V.m. § 138 Abs. 1 ZPO) darstellen und sowohl unterhaltsrechtliche (Verwirkung des Anspruchs gem. § 1579 Nr. 7 BGB) als auch strafrechtliche Konsequenzen (Prozessbetrug) haben können. Da kein Beteiligter sich durch wahrheitsgemäße Angaben einer Straftat oder der Unehrenhaftigkeit bezichtigen muss, ist – zumindest bei Anhaltspunkten für das Bestehen einer solchen Möglichkeit – auch hierauf hinzuweisen.

III. Anordnungspflicht (Abs. 2)

9   Unter bestimmten Voraussetzungen wird das gerichtliche Ermessen durch eine Pflicht zu einer Anordnung der Auskunftserteilung durch den Antragsgegner und/oder den Antragsteller ersetzt. Diese neu eingeführte Regelung soll einer Verzögerung des Unterhaltsrechtsstreits durch einen vorgeschalteten selbstständigen bzw. im Wege eines entsprechenden Stufenantrags geltend gemachten Auskunftsanspruchs entgegenwirken. Die damit verbundene teilweise Durchbrechung des gem. § 113 Abs. 1 geltenden zivilprozessualen **Beibringungsgrundsatzes** wird begründet mit der oftmals existenziellen Bedeutung von Unterhaltsleistungen für den Berechtigten und des öffentlichen

---
3   OLG Karlsruhe 30.12.2003 – 16 WF 190/03 = OLGR 2004, 305.
4   OLG Naumburg 31.03.1999 – 3 WF 35/99 = FamRZ 2000, 101.
5   BT-Drs. 16/6308, S. 255.

Interesses an einer richtigen Entscheidung im Hinblick auf die mögliche Inanspruchnahme öffentlicher Leistungen im Falle ungenügender Unterhaltszahlung.[6]

Die Verpflichtung des Gerichts zur Einholung der Auskunft besteht nur dann, wenn ein Beteiligter einen entsprechenden **Antrag** stellt, nachdem er **zuvor vergeblich** den anderen Beteiligten **außergerichtlich zur Auskunftserteilung aufgefordert** hat, und zwar wegen einer nach dem BGB bestehenden Auskunftspflicht unter Beachtung einer für den Auskunftspflichtigen angemessenen Frist. Durch diese Anforderungen wird einem möglichen Missbrauch der verfahrensrechtlichen Auskunftseinholung ohne hinreichende Bemühungen um eine außergerichtliche Klärung begegnet.

IV. Pflicht zur ungefragten Ergänzung der erteilten Auskunft (Abs. 3)

Eine ausdrückliche Verpflichtung zur unaufgeforderten Information über Umstände, die für das Unterhaltsrechtsverhältnis wesentlich sind, kannte das Gesetz bislang nicht. Sie wird materiellrechtlich aus **§ 242 BGB** hergeleitet und ist auf Fälle beschränkt, in denen das Schweigen über eine grundlegende Veränderung der Verhältnisse evident unredlich ist, was nicht bereits dann der Fall ist, wenn die Berücksichtigung des verschwiegenen Umstands zu einer Abänderung eines bestehenden Unterhaltstitels führen würde.[7] Eine **erhöhte Mitteilungspflicht** wird von der Rechtsprechung bejaht für den Fall, dass die wesentlichen Änderungen während eines anhängigen Unterhaltsverfahrens eintreten.[8]

Die jetzige verfahrensrechtliche Regelung gilt für den vom Gericht nach Abs. 1 oder Abs. 2 in Anspruch genommenen Beteiligten, und zwar unabhängig davon, ob es sich bei ihm um den Unterhaltsberechtigten oder den Unterhaltspflichtigen handelt. Durch die **inhaltliche Anknüpfung der Offenbarungspflicht an eine ergangene Auskunftsanordnung** wird ihr Umfang von vornherein begrenzt. Es wird also nur ein Ausschnitt der vorstehend aufgezeigten materiellrechtlichen Offenbarungspflicht geregelt. Die Regelung soll der Beschleunigung des Verfahrens dienen.[9]

V. Keine selbstständige Beschwerde oder zwangsweise Durchsetzung (Abs. 4)

Die Anordnung der Auskunftserteilung ist nicht isoliert anfechtbar. Da es sich um eine **Zwischenentscheidung** handelt, wäre dies auch ohne den klarstellenden Hinweis

---

6 BT-Drs. 16/6308, S. 255.
7 Wendl/Staudigl/Dose 2008, § 1 Rn. 696, der auf die unterschiedlichen Anforderungen an den Unterhaltsberechtigten einerseits und an den Unterhaltspflichtigen andererseits hinweist.
8 BGH 19.05.1999 – XII ZR 210/97 = FamRZ 2000, 153 für die Offenbarungspflicht des Unterhaltsberechtigten im laufenden Verfahren.
9 BT-Drs. 16/6308, S. 255.

der Fall.[10] Danach dürfte auch kein Raum mehr sein für eine übergesetzliche Beschwerde, die teilweise für § 643 Abs. 1 ZPO im Ausnahmefall bejaht wurde.[11]

14 Eine ergangene Anordnung kann nicht mit **Zwangsmitteln** gegen den davon betroffenen Beteiligten durchgesetzt werden. Das bedeutet indes nicht, dass der Pflichtverstoß ohne Konsequenzen bleibt. Neben der dann bestehenden Möglichkeit der Auskunftseinholung bei Dritten gem. § 236 können sich nachteilige Auswirkungen auf die Verpflichtung zur Tragung der Verfahrenskosten ergeben (§ 243 Satz 2 Nr. 3). Die Möglichkeit der Einholung der Auskunft bei Dritten stellt ein gewisses Druckmittel dar, wenn der betreffende Beteiligte ein Interesse daran hat, dass z.B. sein Arbeitgeber nicht über die Anhängigkeit eines Unterhaltsverfahrens informiert wird oder mit der Auskunftserteilung belastet wird.

§ 236 Verfahrensrechtliche Auskunftspflicht Dritter

(1) Kommt ein Beteiligter innerhalb der hierfür gesetzten Frist einer Verpflichtung nach § 235 Abs. 1 nicht oder nicht vollständig nach, kann das Gericht, soweit dies für die Bemessung des Unterhalts von Bedeutung ist, über die Höhe der Einkünfte Auskunft und bestimmte Belege anfordern bei

1. **Arbeitgebern,**
2. **Sozialleistungsträgern sowie der Künstlersozialkasse,**
3. **sonstigen Personen oder Stellen, die Leistungen zur Versorgung im Alter und bei verminderter Erwerbsfähigkeit sowie Leistungen zur Entschädigung und zum Nachteilsausgleich zahlen,**
4. **Versicherungsunternehmen oder**
5. **Finanzämtern.**

(2) Das Gericht hat nach Absatz 1 vorzugehen, wenn dessen Voraussetzungen vorliegen und der andere Beteiligte dies beantragt.

(3) Die Anordnung nach Absatz 1 ist den Beteiligten mitzuteilen.

(4) Die in Absatz 1 bezeichneten Personen und Stellen sind verpflichtet, der gerichtlichen Anordnung Folge zu leisten. § 390 der Zivilprozessordnung gilt entsprechend, wenn nicht eine Behörde betroffen ist.

(5) Die Anordnungen des Gerichts nach dieser Vorschrift sind für die Beteiligten nicht selbständig anfechtbar.

---

10 Vgl. → § 58 Rn. 9 f.
11 OLG Celle 31.08.1999 – 15 WF 175/99 = OLGR 1999, 304 = NJWE-FER 2000, 218 für den Fall der Verkennung der Darlegungslast.

§ 236 Verfahrensrechtliche Auskunftspflicht Dritter

Übersicht

I. Inhalt und Bedeutung der Norm	1
II. Anordnungsberechtigung (Abs. 1)	2
III. Anordnungsverpflichtung (Abs. 2)	8
IV. Mitteilung der Anordnung an Beteiligte und ihre Durchsetzung (Abs. 3 und 4)	9
V. Unanfechtbarkeit (Abs. 5)	11

I. Inhalt und Bedeutung der Norm

Die Vorschrift regelt das Einholen der Auskunft bei Dritten anstelle der vergeblich auf Auskunftserteilung in Anspruch genommenen Verfahrensbeteiligten. Sie ist an § 643 Abs. 2 ZPO a.F. angelehnt und gibt dem Gericht die hierzu erforderlichen Befugnisse. Es präzisiert dabei die bisherige Regelung und erweitert sie. Durch die Fassung als selbstständige Norm gegenüber der Auskunftspflicht eines Beteiligten nach § 235 im Gegensatz zur bisherigen Zusammenfassung beider Tatbestände in § 643 ZPO a.F. wird die Besonderheit des Auskunftsanspruchs gegen Dritte hervorgehoben. Wie im Falle des § 235 stellt die Regelung keine Amtsermittlung dar. **1**

II. Anordnungsberechtigung (Abs. 1)

Kommt der vom Gericht nach § 235 Abs. 1 in Anspruch genommene Beteiligte seiner Auskunftspflicht innerhalb der hierfür gesetzten Frist nicht oder nicht vollständig nach, so kann das Gericht an seiner Stelle im Einzelnen bezeichnete Dritte auffordern, die erforderlichen und ihnen möglichen Auskünfte zu erteilen. Da die **Inanspruchnahme anstelle des an sich auskunftspflichtigen Beteiligten** erfolgt, kann die Auskunftspflicht des oder der Dritten insgesamt nicht weiter gehen als die Auskunftspflicht des Beteiligten nach § 235 Abs. 1, wie die Bezugnahme klarstellt. Der weitere Hinweis, dass die Auskunft für die Bemessung des Unterhalts von Bedeutung sein müsse, wäre wegen des Ersatzcharakters der Auskunft und der Bezugnahme auf § 235 Abs. 1 nicht unbedingt erforderlich gewesen und dient somit lediglich der Klarstellung. **2**

Eine wesentliche Einschränkung gegenüber der Auskunft durch den Beteiligten selbst erfolgt dadurch, dass die Auskunft Dritter **auf das Einkommen des Beteiligten beschränkt** ist und sich nicht auf das Vermögen und die persönlichen und wirtschaftlichen Verhältnisse bezieht. **3**

Die in Betracht kommenden auskunftspflichtigen Dritten sind im Gesetz abschließend bezeichnet. Der praktisch wichtigste Fall dürfte wie bisher die Auskunftseinholung beim **Arbeitgeber** des Beteiligten (Nr. 1) sein, wobei sich die Auskunft auf die Höhe des Einkommens beschränkt und sonstige Umstände des Arbeitsverhältnisses, die ebenfalls für den Unterhaltsanspruch von Bedeutung sein könnten (Möglichkeit der Ausweitung, Überstunden und Nebentätigkeit), nicht erfasst werden. **4**

Die Einholung von **Auskünften von Sozialleistungsträgern** einschließlich der Künstlersozialkasse (Nr. 2) kann bei folgenden Stellen erfolgen: **5**

- Sozialämter der Städte und Gemeinden bei Leistungen nach SGB XII,

Abschnitt 9 Verfahren in Unterhaltssachen

- Geschäftsstellen der Bundesagentur für Arbeit bzw. evtl. örtlich bestehender ARGE bei Leistungen nach SGB II, SGB III,
- UVG-Stellen in den Städten und Landkreisen bei Leistungen nach dem UVG,
- Krankenkassen bei Leistungen von Kranken- und Pflegegeld,
- Familienkassen bei Zahlung von Kindergeld,
- Dienststellen der gesetzlichen Unfallversicherung bzw. der Berufsgenossenschaften beim Bezug von Leistungen aufgrund eines Arbeitsunfalls,
- die gem. § 12 BEEG von den Ländern bestimmten Stellen[1] bei Bezug von Elterngeld.

6   Soweit eine **Versorgung wegen Alters oder verminderter Erwerbsfähigkeit** in Betracht kommt, sind die Träger dieser Leistungen zur Auskunft verpflichtet:

- Deutsche Rentenversicherung, Beamtenversorgung, Zusatzversorgungskassen,
- berufsständische Versorgungen, betriebliche Zusatzversorgungen,
- private Versicherungen bei Leistungen von Lebensversicherungen auf Rentenbasis bzw. Berufsunfähigkeitsversicherungen.

7   Die zusätzliche Möglichkeit der Inanspruchnahme der Datenstelle der Rentenversicherungsträger (§ 643 Abs. 2 Nr. 2 ZPO a.F.) ist wegen des offensichtlich fehlenden praktischen Bedürfnisses der gesonderten Feststellung des zuständigen Rentenversicherungsträgers fallengelassen worden. Dagegen ist die bisher auf Verfahren betreffend den Minderjährigenunterhalt beschränkte Auskunftseinholung beim **Finanzamt** auf sämtliche Unterhaltsansprüche ausgeweitet worden (Nr. 5). Der Gesetzgeber begründet diesen Schritt der Durchbrechung des Steuergeheimnisses des § 30 AO mit der geringeren Schutzwürdigkeit eines Steuerpflichtigen, der unterhaltsrechtlich zur Auskunft verpflichtet sei und sich dieser Verpflichtung entziehe.[2] Das öffentliche Interesse daran, dass der Steuerpflichtige alle für die Besteuerung erheblichen Umstände wahrheitsgemäß und umfassend offenbare, damit keine Steuerausfälle einträten, werde nicht stärker beeinträchtigt als bisher. Das Finanzamt ist gem. § 30 Abs. 4 Nr. 2 AO verpflichtet, dem Gericht die Auskunft zu erteilen.

III. Anordnungsverpflichtung (Abs. 2)

8   Grundsätzlich steht die Einholung einer Auskunft von Dritten im pflichtgemäßen **Ermessen des Gerichts**, wie dies auch bei der Auskunftseinholung nach § 235 Abs. 1 der Fall ist, die bei Weigerung des Auskunftspflichtigen durch § 236 Abs. 1 ersetzt, aber ansonsten nicht erweitert werden soll. Deshalb setzt eine **Verpflichtung des Gerichts** zur Einholung der Auskunft einen Antrag des anderen Beteiligten voraus. Da es sich auch nach der Gesetzesbegründung um eine Parallelregelung zu § 235 Abs. 2 handelt, dürfte auch ohne ausdrückliche Wiederholung eine gerichtliche Verpflichtung voraussetzen, dass der andere Beteiligte vor dem Unterhaltsverfahren vergeblich zur

---
1 Überblick auf http://www.bmfsfj.de/bmfsfj/generator/BMFSFJ/Service/themen-lotse,thema=thema-elterngeld.html.
2 BT-Drs. 16/6308, S. 256.

Auskunft aufgefordert hatte. Allerdings dürfte der sich in diesem Punkt unterscheidende Wortlaut beider Bestimmungen ohnehin keine praktischen Auswirkungen haben, da zu erwarten ist, dass das Gericht bei einer erfolglosen Anordnung nach § 235 Abs. 1 – ohne Vorliegen der Voraussetzungen nach Abs. 2 – regelmäßig weiter nach § 236 vorgehen und die Einholung der Auskunft durch Dritte anordnen wird.

IV. Mitteilung der Anordnung an Beteiligte und ihre Durchsetzung (Abs. 3 und 4)

Die **Mitteilung** der getroffenen Anordnung an die Beteiligten (Abs. 3) soll diese über den Stand der Vorbereitung der Sachentscheidung durch Informationsbeschaffung durch das Gericht informieren. Der auskunftspflichtige Beteiligte kann bis zur tatsächlichen Einholung der Auskunft bei Dritten selber die Auskunft erteilen und die Durchsetzung der Anordnung überflüssig machen. **9**

Die in Anspruch genommenen Dritten sind **zur Auskunft** an das Gericht **verpflichtet**. Nach Abs. 4 Satz 2 gilt § 390 ZPO entsprechend, so dass die Auskunftspflicht gegenüber Personen mit **Ordnungsmitteln** wie bei unbegründeter Verweigerung einer Zeugenaussage durchgesetzt werden kann. Da auf die sonstigen Bestimmungen über die Zeugenaussage kein Bezug genommen wird, sind die Bestimmungen über das Recht zur **Zeugnisverweigerung** nicht anwendbar.[3] Die Vorschrift entspricht § 643 Abs. 3 ZPO a.F. mit der Klarstellung, dass Ordnungsmittel gegen Behörden nicht zur Anwendung kommen können. Hier ist im Fall der Weigerung vom Gericht der Weg über die Dienstaufsicht der entsprechenden Behörde zu beschreiten, um an die begehrte Auskunft zu gelangen. **10**

V. Unanfechtbarkeit (Abs. 5)

Wie in § 235 ist die Anordnung der selbstständigen Anfechtung durch die Beteiligten entzogen. Auf die dortigen Ausführungen wird Bezug genommen (→ § 235 Rn. 13). Die Gesetzesbegründung betont, dass der **Ausschluss der Anfechtbarkeit** ausdrücklich nicht für die von dem Auskunftsersuchen betroffenen Dritten gelte, da für diese nicht die Möglichkeit bestehe, die Rechtmäßigkeit einer Anordnung nach Abs. 1 inzident im Rechtsmittelzug überprüfen zu lassen. Es ist indes nicht ersichtlich, mit welchem Rechtsmittel **Dritte** eine gerichtliche Auskunftsanordnung anfechten könnten.[4] Es handelt sich um eine Zwischenentscheidung, die isoliert nur anfechtbar ist, wenn das Gesetz dies vorsieht (§ 58 Rn. 10). Hieran fehlt es vorliegend. § 113 Abs. 1 Satz 2 i.V.m. § 387 ZPO ist nicht einschlägig, da dort die Beschwerde im Zwischenverfahren über das Aussageverweigerungsrecht eines Zeugen eröffnet wird, während es hier um einen möglichen Einwand gegen die Berechtigung der Anordnung nach § 236, d.h. um das Vorliegen der Voraussetzungen hierfür, geht. **11**

---

3 BT-Drs. 16/6308, S. 573; Musielak/Borth § 643 ZPO Rn. 14; Rühl/Greßmann 1998, Rn. 212; ebenso BGH 10.08.2005 – XII ZB 63/05 = FamRZ 2005, 1986 zur Auskunftspflicht des Arbeitgebers über Abfindungszahlung trotz interner Vereinbarung des Stillschweigens; a.A. Zöller/Philippi § 643 ZPO Rn. 11; Fölsch 2009, § 3 Rn. 156.
4 Fölsch 2009, § 3 Rn. 157.

§ 237 Unterhalt bei Feststellung der Vaterschaft

(1) Ein Antrag, durch den ein Mann auf Zahlung von Unterhalt für ein Kind in Anspruch genommen wird, ist, wenn die Vaterschaft des Mannes nach § 1592 Nr. 1 und 2 oder § 1593 des Bürgerlichen Gesetzbuchs nicht besteht, nur zulässig, wenn das Kind minderjährig und ein Verfahren auf Feststellung der Vaterschaft nach § 1600d des Bürgerlichen Gesetzbuchs anhängig ist.

(2) Ausschließlich zuständig ist das Gericht, bei dem das Verfahren auf Feststellung der Vaterschaft im ersten Rechtszug anhängig ist.

(3) Im Fall des Absatzes 1 kann Unterhalt lediglich in Höhe des Mindestunterhalts und gemäß den Altersstufen nach § 1612a Abs. 1 Satz 3 des Bürgerlichen Gesetzbuchs und unter Berücksichtigung der Leistungen nach den § 1612b oder § 1612c des Bürgerlichen Gesetzbuchs beantragt werden. Das Kind kann einen geringeren Unterhalt verlangen. Im Übrigen kann in diesem Verfahren eine Herabsetzung oder Erhöhung des Unterhalts nicht verlangt werden.

(4) Vor Rechtskraft des Beschlusses, der die Vaterschaft feststellt, oder vor Wirksamwerden der Anerkennung der Vaterschaft durch den Mann wird der Ausspruch, der die Verpflichtung zur Leistung des Unterhalts betrifft, nicht wirksam.

I. Inhalt und Bedeutung der Norm

1   Die Vorschrift tritt an die Stelle des § 653 ZPO, wobei die frühere Regelung nur teilweise übernommen und im Übrigen neu gestaltet und ergänzt wird. Wie bisher kann das Kind – unter Durchbrechung des Grundsatzes des § 1600d Abs. 4 BGB – gleichzeitig mit dem Abstammungsverfahren den als Vater in Anspruch genommenen Mann auf Zahlung von Kindesunterhalt in Anspruch nehmen. Dies muss allerdings nicht mehr zwingend in einem einheitlichen Verfahren, sondern kann auch jeweils in **selbstständigen Verfahren** geschehen. Nach § 179 Abs. 1 Satz 2 kann ein Unterhaltsverfahren **mit dem Verfahren auf Feststellung der Vaterschaft verbunden** werden. Es bleibt jedoch im Fall einer solchen Verbindung von unterschiedlichen Verfahrensgegenständen eine Unterhaltssache, auf welche die hierfür geltenden Verfahrensvorschriften anzuwenden sind und nicht etwa diejenigen des Abstammungsverfahrens. Im Fall der Verfahrensverbindung kommt neben dem Beibringungsgrundsatz (für die Unterhaltssache) auch der – gem. § 177 Abs. 1 eingeschränkte – Amtsermittlungsgrundsatz (für die Abstammungssache) zur Anwendung.[1]

II. Unterhaltsverfahren ohne vorherige Feststellung der Vaterschaft

2   Steht die Vaterschaft für ein minderjähriges Kind nicht gem. § 1592 Nr. 1, 2 BGB bzw. § 1593 BGB fest, so kann vor einer rechtskräftigen Feststellung der Vaterschaft gem.

---

1   → § 177 Rn. 3.

§ 1600d BGB Kindesunterhalt nur ausnahmsweise geltend gemacht werden. Auch wenn das Erfordernis der gleichzeitigen Entscheidung über beide Anträge in einem einheitlichen Verfahren wie in dem früheren § 653 Abs. 1 ZPO entfallen ist, so setzt das jetzt mögliche selbstständige Unterhaltsverfahren voraus, dass das **Abstammungsverfahren zur Feststellung der Vaterschaft zumindest anhängig** ist (Abs. 1). Andernfalls ist der Unterhaltsantrag unzulässig.

Da die Entscheidung über den Unterhaltsantrag **nicht vor Rechtskraft der Vaterschaftsfeststellung** in dem Abstammungsverfahren **wirksam** werden kann (Abs. 4), ist sichergestellt, dass bei getrennt geführten Verfahren über Unterhalt und Abstammung eine tatsächliche Inanspruchnahme auf Unterhaltszahlung vor rechtskräftiger Feststellung der Vaterschaft nicht möglich ist. Der Sinn des Unterhaltsverfahrens nach § 237 liegt also ausschließlich darin, eine Titulierung des Unterhaltsanspruchs für den Fall eines positiven Ausgangs des Abstammungsverfahrens so früh wie möglich zu gewährleisten und mit der Einleitung des Verfahrens nicht erst bis zum Abschluss des Abstammungsverfahrens warten zu müssen. 3

Durch die **ausschließliche Zuständigkeit** des Gerichts, bei dem das Abstammungsverfahren in erster Instanz anhängig ist, auch für das Unterhaltsverfahren (Abs. 2) wird gewährleistet, dass eine Verbindung der beiden Verfahren gem. § 179 Abs. 1 Satz 2 möglich ist. 4

Dem Ziel der schnellen Beschaffung eines Unterhaltstitels dient auch die aus § 653 Abs. 1 ZPO a.F. übernommene **Beschränkung** der Höhe des Kindesunterhaltsanspruchs **auf den Mindestbetrag nach § 1612a BGB** (Abs. 3 Satz 1). Damit sollen Streitigkeiten über die Höhe des Unterhalts, welche die Entscheidung verzögern könnten, aus dem Verfahren herausgehalten werden und einem evtl. Abänderungsverfahren nach § 240 vorbehalten bleiben. Da nur das Kind einen geringeren Unterhalt verlangen kann und im Übrigen eine Herabsetzung des Unterhalts ebenso wie eine Erhöhung ausgeschlossen ist (Abs. 3 Sätze 2, 3), sind **Einwendungen des Unterhaltsschuldners** zu seiner fehlenden oder eingeschränkten Leistungsfähigkeit unzulässig.[2] 5

Vorbemerkung § 238

Nach der Neuregelung durch das FamFG stellt sich die **Abänderung gerichtlicher Unterhaltstitel** im Überblick wie folgt dar: 1

---

2 So bisher schon für die Unterhaltsfestsetzung nach § 653 ZPO a.F. OLG Brandenburg 29.09.2004 – 9 UF 119/04 = FamRZ 2005, 1843.

Abschnitt 9 Verfahren in Unterhaltssachen

Überblick über die Abänderung gerichtlicher Entscheidungen

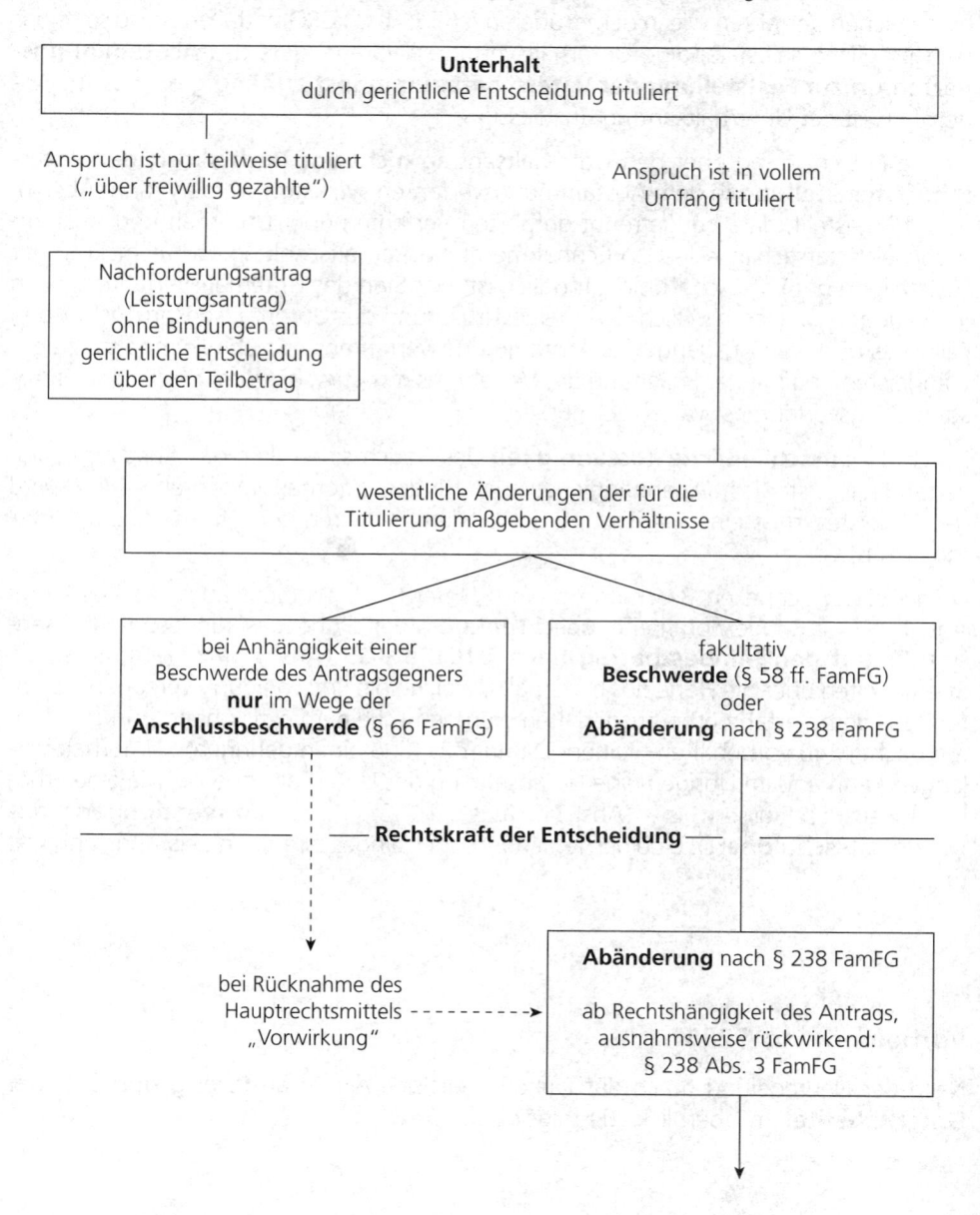

Unterhalt durch gerichtliche Entscheidung tituliert

- Anspruch ist nur teilweise tituliert („über freiwillig gezahlte")
  - Nachforderungsantrag (Leistungsantrag) ohne Bindungen an gerichtliche Entscheidung über den Teilbetrag
- Anspruch ist in vollem Umfang tituliert

wesentliche Änderungen der für die Titulierung maßgebenden Verhältnisse

- bei Anhängigkeit einer Beschwerde des Antragsgegners **nur** im Wege der **Anschlussbeschwerde** (§ 66 FamFG)
- fakultativ **Beschwerde** (§ 58 ff. FamFG) oder **Abänderung** nach § 238 FamFG

—— Rechtskraft der Entscheidung ——

bei Rücknahme des Hauptrechtsmittels „Vorwirkung" ⇢

Abänderung nach § 238 FamFG

ab Rechtshängigkeit des Antrags, ausnahmsweise rückwirkend: § 238 Abs. 3 FamFG

§ 238 Abänderung gerichtlicher Entscheidungen

Zulässigkeitsvoraussetzung (§ 238 Abs. 2 FamFG)

- Abänderungsgründe müssen nach Schluss der letzten mündlichen Verhandlung entstanden sein (Präklusion)
- tatsächliche Änderungen
- rechtliche Änderungen: Gesetzesänderungen, grundlegende Änderungen der Rechtsprechung, die zu einer neuen Rechtslage führen

Begründetheit des Abänderungsantrags (§ 238 Abs. 4 FamFG)

- Korrektur unzutreffender Prognose bei Titulierung, aber keine sonstige Korrektur von Fehlern der früheren Entscheidung
- Berücksichtigung sämtlicher Veränderungen; daher umfassende Darlegungs- und Beweispflicht des Antragstellers, Ausnahme: neuer oder völlig veränderter Unterhaltstatbestand
- Umstände aus der Zeit vor der letzten mündlichen Verhandlung (Alttatsachen) können neben neuen Umständen, die allein die Zulässigkeit des Abänderungsbegehren eröffnen können, berücksichtigt werden, soweit
  - hierüber nicht in der früheren Entscheidung befunden worden ist und
  - die Rechtskraftwirkung der früheren Entscheidung nicht beeinträchtigt wird
- Anpassung unter Wahrung der Grundlagen der früheren Entscheidung, keine freie Neufestsetzung
  Ausnahme: Grundlagen nicht feststellbar

§ 238 Abänderung gerichtlicher Entscheidungen

(1) Enthält eine in der Hauptsache ergangene Endentscheidung des Gerichts eine Verpflichtung zu künftig fällig werdenden wiederkehrenden Leistungen, kann jeder Teil die Abänderung beantragen. Der Antrag ist zulässig, sofern der Antragsteller Tatsachen vorträgt, aus denen sich eine wesentliche Veränderung der der Entscheidung zugrunde liegenden tatsächlichen oder rechtlichen Verhältnisse ergibt.

(2) Der Antrag kann nur auf Gründe gestützt werden, die nach Schluss der Tatsachenverhandlung des vorausgegangenen Verfahrens entstanden sind und deren Geltendmachung durch Einspruch nicht möglich ist oder war.

(3) Die Abänderung ist zulässig für die Zeit ab Rechtshängigkeit des Antrags. Ist der Antrag auf Erhöhung des Unterhalts gerichtet, ist er auch zulässig für

die Zeit, für die nach den Vorschriften des bürgerlichen Rechts Unterhalt für die Vergangenheit verlangt werden kann. Ist der Antrag auf Herabsetzung des Unterhalts gerichtet, ist er auch zulässig für die Zeit ab dem Ersten des auf ein entsprechendes Auskunfts- oder Verzichtsverlangen des Antragstellers folgenden Monats. Für eine mehr als ein Jahr vor Rechtshängigkeit liegende Zeit kann eine Herabsetzung nicht verlangt werden.

(4) Liegt eine wesentliche Veränderung der tatsächlichen oder rechtlichen Verhältnisse vor, ist die Entscheidung unter Wahrung ihrer Grundlagen anzupassen.

Übersicht

I. Inhalt und Bedeutung der Norm	1
II. Zulässigkeit der Abänderung (Abs. 1)	3
III. Tatsachenpräklusion für den Antragsteller (Abs. 2)	9
IV. Zeitgrenze für eine rückwirkende Abänderung (Abs. 3)	12
V. Begründetheit des Abänderungsantrags (Abs. 4)	15
VI. Beweislast	20

I. Inhalt und Bedeutung der Norm

1 Die Abänderung von Unterhaltstiteln ist wegen der in aller Regel gegebenen längeren Dauer der in ihnen festgestellten Unterhaltspflicht von zentraler Bedeutung für das Unterhaltsrecht. Nachdem sie bislang den allgemeinen Regeln über die Abänderung von Urteilen, die auf zukünftig fällig werdende wiederkehrende Leistungen gerichtet waren, in § 323 ZPO unterworfen war, trifft das Gesetz nunmehr eine Spezialregelung für Unterhaltssachen, wobei diese Regelung zur Gewährleistung einer besseren Übersichtlichkeit auf mehrere Bestimmungen, nämlich die §§ 238 bis 240 verteilt worden ist.

2 Einer der wesentlichen Unterschiede zu § 323 ZPO war die **im Entwurf vorgesehene Härteklausel**, welche die Berücksichtigung von sog. Alttatsachen (die schon vor der letzten mündlichen Verhandlung im Vorverfahren entstanden waren) sowohl im Rahmen der Zulässigkeit als auch der Begründetheit des Abänderungsbegehrens aus Billigkeitsgründen zulassen wollte.[1] Diese Ausnahmeregelung ist aufgrund von Bedenken des Bundesrats, denen der Rechtsausschuss in seiner Empfehlung gefolgt ist, fallengelassen worden, da hierin das Risiko einer erheblichen Erhöhung des Streitpotenzials gesehen wurde.[2] Die Härteklausel suggeriere dem Rechtsanwender eine Ausweitung der Ausnahmefälle gegenüber der bisherigen Berücksichtigung von Alttatsachen im Wege der teleologischen Reduktion. Dies könne von den Verfahrensbeteiligten als Einladung verstanden werden, auch hinsichtlich an sich präkludierter Tatsachen eine Argumentation im Sinne einer groben Unbilligkeit vorzutragen. Die abschließende Feststellung der Gesetzesbegründung, der bisherige Rechtszustand – mit den von der Rechtsprechung entwickelten Einschränkungen der Präklusion – habe sich bewährt, begegnet aus der Sicht der Praxis erheblichen Zweifeln. Auf dieser Basis besteht keine Möglich-

---
1 BT-Drs. 16/6308, S. 50, 257.
2 BT-Drs. 16/9733, S. 296.

keit, von der dauerhaften Fortschreibung von Fehlern eines unzureichenden Sachvortrags in dem ursprünglichen Unterhaltsverfahren abzusehen, die bei dem Umfang und der Komplexität des entscheidungserheblichen Sachverhalts auch bei ansonsten sorgfältigem Vortrag auftreten können. Nachdem diese beabsichtigte Ausnahmeregelung aufgegeben wurde, entspricht die Abänderungsregelung, abgesehen von einigen Klarstellungen, im Wesentlichen derjenigen des § 323 ZPO.

II. Zulässigkeit der Abänderung (Abs. 1)

Im Rahmen der Zulässigkeit eines Abänderungsbegehrens hinsichtlich einer in einer **gerichtlichen Endentscheidung titulierten Unterhaltsverpflichtung** ist zunächst zu prüfen, ob das gleiche Ziel in einem anderen Verfahren verfolgt werden kann und evtl. einen Abänderungsantrag ausschließt. Es stellt sich also die Frage der Vorrangigkeit eines anderen Verfahrens und damit der **Abgrenzung des Abänderungsbegehrens gegenüber anderen verfahrensrechtlichen Möglichkeiten** wie folgt:

Leistungs- oder Nachforderungsantrag: Solange der Unterhaltsanspruch nicht in vollem Umfang tituliert ist, kommt für den Unterhaltsgläubiger nur der Leistungsantrag in Form des Nachforderungsantrags in Betracht. Ein solcher Fall ist insbesondere dann gegeben, wenn über einen freiwillig gezahlten Sockelbetrag hinaus lediglich der in einem früheren Verfahren streitig gewesene Spitzenbetrag tituliert worden war.[3] Der Unterhaltsanspruch wird unabhängig von den Feststellungen in einem früheren Verfahren vollständig neu ermittelt, so dass eine Präklusion von Alttatsachen nicht stattfindet. Der Leistungsantrag ist auch dann die richtige Verfahrensart, wenn ein Unterhaltsanspruch in einem früheren gerichtlichen Verfahren abgewiesen worden ist.[4] Dagegen kommt allein der Abänderungsantrag in Betracht, wenn die vorangegangene gerichtliche Entscheidung im Wege der Abänderung den bis dahin titulierten Unterhaltsanspruch aberkannt hat.[5] Ein Leistungsantrag kann in einen Abänderungsantrag **umgedeutet** werden, wobei maßgeblich auf das in der Antragsbegründung bezeichnete Ziel und nicht allein auf den Wortlaut des Antrags abzustellen ist.[6] Dasselbe gilt umgekehrt für die Umdeutung eines Abänderungsantrags in einen Leistungsantrag.[7]

Bereicherungs-/Schadensersatzanspruch: Ohne Rechtsgrund gezahlter Unterhalt kann nach §§ 812 ff. BGB zurückverlangt werden. Soweit der Unterhalt aufgrund eines vollstreckbaren Titels gezahlt wurde, bedarf es hierzu zunächst der Beseitigung des Titels durch einen erfolgreichen Abänderungsantrag. Dieser kann zur Minderung des Kostenrisikos mit einem hilfsweise geltend gemachten Bereicherungsantrag verbunden werden.[8] Bislang war dies die einzige Möglichkeit dem **Einwand der Entreicherung** nach § 818 Abs. 3 BGB zu begegnen. Da mit der Neuregelung in § 231 die verschärfte Haftung nach § 818 Abs. 4 BGB mit Rechtshängigkeit des Abänderungsantrags eintritt, kann dieses Ziel auch mit einem erst später geltend gemachten

---

3 BGH 07.12.1994 – XII ZB 112/94 = FamRZ 1995, 730 zur Auslegung eines nicht eindeutigen Klage- bzw. Berufungsantrags in einem solchen Fall.
4 BGH 03.11.2004 – XII ZR 120/02 = FamRZ 2005, 101.
5 BGH 30.01.1985 – IVb ZR 63/83 = FamRZ 1985, 376.
6 BGH 06.11.1991 – XII ZR 240/90 = FamRZ 1992, 298.
7 BGH 01.06.1983 – IVb ZR 365/81 = FamRZ 1983, 892.
8 BGH 22.04.1998 – XII ZR 221/96 = FamRZ 1998, 951.

Abänderungsantrag erreicht werden. Der Unterhaltsschuldner kann gem. **§ 826 BGB** den Unterhalt zurückverlangen, soweit dieser auf einen durch Vorspiegelung falscher oder Verschweigen richtiger Tatsachen erschlichenen Titel gezahlt wurde. Das gilt auch dann, wenn der Gläubiger den Unterhalt entgegengenommen hat, obwohl ihm bekannt war, dass dieser aufgrund wesentlicher Änderungen in seiner Sphäre nicht bzw. nicht mehr in dieser Höhe geschuldet wurde. Voraussetzung ist in diesem Fall weiter die Verletzung einer Verpflichtung des Gläubigers zur ungefragten Information des Schuldners.[9]

6   **Vollstreckungsabwehrantrag**: Bei der Änderung von Umständen, die nicht die Grundlagen des Unterhaltsanspruchs, sondern rechtsvernichtende bzw. rechtsbeschränkende Einwendungen hiergegen (Verzicht, Erfüllung, Wegfall wegen Zeitablaufs) betreffen, kommt nur der Vollstreckungsabwehrantrag nach § 113 Abs. 1 i.V.m. § 767 ZPO in Betracht, während ein Abänderungsantrag nicht statthaft ist. Anders als bei der Anpassung des Titels an die geänderten wirtschaftlichen Verhältnisse bei dem Abänderungsantrag ist der Vollstreckungsabwehrantrag ausschließlich auf die Beseitigung der Vollstreckbarkeit eines bestehenden Titels gerichtet. Trotz dieser relativ klaren theoretischen Abgrenzung bereitet die Zuordnung von Sachverhalten zu der jeweiligen Verfahrensform im konkreten Fall nicht selten Schwierigkeiten.[10] Wegen den Abgrenzungsschwierigkeiten lässt der BGH eine Umdeutung der sich gegenseitig ausschließenden Anträge zu[11] und regt an, sie im Zweifel als Haupt- und Hilfsantrag zu stellen.[12]

7   Eine wesentliche Veränderung der der vorausgegangenen Entscheidung zugrunde liegenden tatsächlichen und rechtlichen Verhältnisse ist immer gegeben, wenn die Entscheidung auf einer **unzutreffenden Prognose** der zukünftigen Entwicklung der für den Unterhaltsanspruch maßgebenden Verhältnisse beruhte. Das ist regelmäßig der Fall, wenn sich die in der Entscheidung für die Zukunft fortgeschriebenen persönlichen und wirtschaftlichen Verhältnisse geändert haben (Einkommenserhöhungen bzw. -minderungen, Wegfall von Verbindlichkeiten). Eine fehlerhafte Ermittlung der seinerzeit aktuellen Verhältnisse (z.B. aufgrund der Nichtberücksichtigung von Teilen des Einkommens des Unterhaltsschuldners oder einer nicht vorgetragenen weiteren Unterhaltsverpflichtung) und die hierauf beruhende unzutreffende Prognose für die Folgezeit können dagegen eine Abänderung nicht rechtfertigen. Das Gesetz stellt jetzt klar, dass nicht nur die Veränderung der tatsächlichen, sondern auch der rechtlichen Verhältnisse im Rahmen des Abänderungsbegehrens Berücksichtigung finden kann. Für Gesetzesänderungen und grundlegende Änderungen der höchstrichterlichen Rechtsprechung war dies bereits früher anerkannt.[13]

8   Als **Abänderungsgründe** kommen demnach in Betracht:
- Einkommensänderungen, einschließlich der veränderten steuerlichen Veranlagung (zur Bedeutung der Vorhersehbarkeit der Veränderungen vgl. unten Rn. 10);

---

9   BGH 25.11.1987 – IVb ZR 96/86 = FamRZ 1988, 270.
10 BGH 08.06.2005 – XII ZR 294/02 = FamRZ 2005, 1479 zur unterschiedlichen Berücksichtigung des nachträglich eingetretenen Rentenbezugs des Unterhaltsschuldners vor und nach Rechtshängigkeit des Antrags; BGH 30.05.1990 – XII ZR 57/89 = FamRZ 1990, 1095 bei Vorliegen eines Verwirkungstatbestands.
11 BGH 06.11.1991 – XII ZR 240/90 = FamRZ 1992, 298; OLG Bamberg 02.12.1998 – 2 UF 203/98 = FamRZ 1999, 942.
12 BGH 29.11.2000 – XII ZR 165/98 = FamRZ 2001, 282.
13 BGH 28.02.2007 – XII ZR 37/05 = FamRZ 2007, 793.

- Hinzutreten oder Wegfall von Verbindlichkeiten einschließlich weiterer Unterhaltsverpflichtungen;
- Bedarfsänderungen, z.B. beim Kindesunterhalt durch neue Altersstufe oder sonstige Änderung der Tabellenbedarfsbeträge, wobei die Änderung der Unterhaltstabelle die tatsächlich eingetretene Veränderung der Lebenshaltungskosten widerspiegelt;[14]
- Änderungen der Gesetzeslage oder der höchstrichterlichen Rechtsprechung. Dies war zunächst nur auf Entscheidungen des BVerfG beschränkt, wurde dann jedoch auch auf Entscheidungen des BGH bezogen, die zu einer **grundlegenden Änderung der Rechtslage** führten wie bei der wesentlichen Einschränkung der Anrechnungsmethode durch die sog. Surrogatsentscheidung.[15] Von erheblicher aktueller Bedeutung ist auch die Frage der **Präklusion des Einwands aus § 1578 b BGB** gegenüber Titeln, die aus der Zeit vor dem 01.01.2008 stammen. Der BGH hat eine Präklusion für Titel, die vor dem 12.04.2006 (Änderung seiner Rechtsprechung zu § 1573 Abs. 5 BGB a.F.[16]) geschaffen worden sind, verneint.[17] Hieraus kann nicht der Schluss gezogen werden, dass dies für danach geschaffene Titel immer zu bejahen ist.[18] Gegen die Annahme eines solchen Stichtags spricht der Umstand, dass die Änderung der Rechtsprechung vom BGH nicht als solche gekennzeichnet wurde und sich – anders als die Surrogatsrechtsprechung – erst im Laufe eines längeren Zeitraums entwickelt hat, indem sie schließlich auch Fälle der nicht nur vorübergehenden Kindesbetreuung mit einbezog, obwohl diese nach dem Gesetzeswortlaut in der Regel hiervon ausgeschlossen waren.[19]

III. Tatsachenpräklusion für den Antragsteller (Abs. 2)

Das Abänderungsbegehren kann nicht auf sog. **Alttatsachen**, d.h. Tatsachen, die nach dem Schluss der Tatsachenverhandlung des vorausgegangenen Verfahrens entstanden sind, gestützt werden. Andernfalls würde es sich um eine wegen der Durchbrechung der Rechtskraft nicht zulässige Korrektur der früheren gerichtlichen Entscheidung handeln. Durch die bei der Neuregelung erfolgte Formulierung wird gegenüber dem ansonsten inhaltsgleichen § 323 Abs. 2 ZPO deutlich, dass die Präklusion nicht nur die Frage der Zulässigkeit des Antrags, sondern auch dessen Begründetheit betrifft. Wird die für die Zulässigkeit ausreichende Behauptung einer neuen Tatsache nicht bewiesen, so ist der Antrag als unbegründet abzuweisen, selbst wenn die Berücksichtigung von Alttatsachen zu einer wesentlichen Änderung der Grundlage des Unterhaltstitels führen würde.

Die Präklusionswirkung betrifft auch Tatsachen, die der Antragsteller des jetzigen Verfahrens als Antragsgegner in einem früheren Verfahren nicht geltend gemacht hat. Für

---

14 BGH 23.11.1994 – XII ZR 168/93 = FamRZ 1995, 221.
15 BGH 28.02.2007 – XII ZR 37/05 = FamRZ 2007, 793 mit der Verneinung einer Präklusion des Einwands nach § 1573 Abs. 5 BGB a.F. gegenüber einem vor der Surrogatsentscheidung BGH 13.06.2001 – XII ZR 343/99 = FamRZ 2001, 986 errichteten Unterhaltstitel.
16 BGH 12.04.2006 – XII ZR 240/03 = FamRZ 2006, 1006.
17 BGH 30.07.2008 – XII ZR 177/06 = FamRZ 2008, 1911.
18 So aber OLG Dresden 04.07.2008 – 20 WF 574/08 = FamRZ 2008, 2135 sowie OLG Bremen 24.06.2008 – 4 WF 68/08 = NJW 2008, 3074.
19 Vgl. Heumann FF 2008, 484.

die Zeitgrenze maßgeblich ist der **Zeitpunkt des objektiven Vorliegens der Umstände** und nicht der Kenntnis hiervon.[20] Beruht die Unkenntnis auf einer Täuschung des anderen Beteiligten, so kann dieser Umstand bei Fortdauer der Täuschung in einem späteren Abänderungsverfahren geltend gemacht werden.[21] Andererseits reicht die bloße **Vorhersehbarkeit** der künftigen Änderung nicht aus, solange ihr tatsächliches Eintreten noch von anderen Entwicklungen beeinflusst werden kann.[22] Dies gilt insbesondere für die Voraussetzungen für eine Herabsetzung bzw. Befristung nach § 1578b BGB, die z.B. nicht nur von dem Alter der betreuten Kinder, sondern auch von der danach stattfindenden beruflichen Entwicklung des betreuenden Elternteils (Wiedereinstieg in den Beruf bzw. Ausweitung der bisherigen Erwerbstätigkeit, nachhaltige Sicherung) abhängig ist.[23] War die für den Unterhaltsanspruch wesentliche Änderung **zuverlässig vorhersehbar**, da sie z.B. mit bloßem Zeitablauf ohne Beeinflussung durch andere Faktoren eintrat, so kann hierauf eine Abänderung nicht gestützt werden.

11 Eine Verschiebung der Zeitgrenze für die Berücksichtigung des Eintritts von Veränderungen über den Schluss der mündlichen Verhandlung hinaus erfolgt in zwei Fällen:

- **Einspruch gegen eine Versäumnisentscheidung** nach § 113 Abs. 1 i.V.m. § 338 ZPO. Innerhalb der Einspruchsfrist eingetretene Veränderungen können ausschließlich im Wege der Einlegung eines Einspruchs verfolgt werden, während nach Ablauf dieser Frist eingetretene Umstände mit dem Abänderungsantrag geltend gemacht werden können.[24] Der Abänderungsantrag kann also nicht darauf gestützt werden, dass die im Zeitpunkt der Säumnisentscheidung als zugestanden unterstellten Verhältnisse tatsächlich nicht vorgelegen hätten.

- Solange eine **Beschwerde** gem. § 58 gegen die Hauptsacheentscheidung möglich ist, besteht für die innerhalb der Beschwerdefrist auftretenden Veränderungen die Wahlmöglichkeit zwischen der Einlegung des Rechtsmittels oder dem Abänderungsantrag. Diese Wahlmöglichkeit entfällt, wenn der Gegner das Rechtsmittel eingelegt hat. In diesem Fall kann der andere Verfahrensbeteiligte die nachträglich eingetretenen Veränderungen nur noch mit der **Anschlussbeschwerde** gem. § 66 geltend machen.[25]

IV. Zeitgrenze für eine rückwirkende Abänderung (Abs. 3)

12 Als Zeitgrenze für die rückwirkende Abänderung einer durch gerichtliche Endentscheidung titulierten Unterhaltsverpflichtung ist im Ausgangspunkt die Regelung des § 323

---

20 BGH 21.05.1973 – II ZR 22/72 = NJW 1973, 1328 für die gleiche Sachlage bei § 767 Abs. 2 ZPO; OLG Hamm 17.06.2002 – 6 UF 229/01 = FamRZ 2003, 460; MünchKomm/Gottwald § 322 ZPO Rn. 129 ff.
21 BGH 30.05.1990 – XII ZR 57/89 = FamRZ 1990, 1095.
22 BGH 21.02.2001 – XII ZR 276/98 = FamRZ 2001, 1364.
23 BGH 25.10.2006 – XII ZR 190/03 = FamRZ 2007, 200; zu dem Einfluss einer Änderung der höchstrichterlichen Rechtsprechung auf die Berücksichtigung von Umständen, denen vor dieser Änderung in einem früheren Unterhaltsverfahren eine wesentlich andere Bedeutung zukam vgl. BGH 28.02.2007 – XII ZR 37/05 = FamRZ 2007, 793.
24 BGH 21.04.1982 – IVb ZR 696/80 = FamRZ 1982, 793.
25 BGH 06.11.1985 – IVb ZR 74/84 = FamRZ 1986, 43. Zur sog. Vorwirkung im Fall der Unzulässigkeit der Anschlussbeschwerde bei Zurücknahme des Hauptrechtsmittels vgl. Rn. 14.

Abs. 3 ZPO beibehalten worden, die auf die Rechtshängigkeit des Abänderungsbegehrens abstellt. Die Einreichung eines Prozesskostenhilfeantrags zu dem Abänderungsantrag reicht nicht aus, um die Abänderung ab diesem Zeitpunkt zu ermöglichen.[26] Die **Ausnahme** von diesem Grundsatz in Satz 2 entspricht inhaltlich ebenfalls der Regelung in § 323 Abs. 3 Satz 2 ZPO. Es ist lediglich der Verweis auf die Vorschriften zur sog. Stufenmahnung ersetzt worden durch die Bestimmung, dass mit dem Abänderungsantrag eine **Erhöhung des Unterhalts für die Vergangenheit** verlangt werden kann, soweit nach den (jetzt nicht mehr näher bezeichneten) Vorschriften des BGB Unterhalt für die Vergangenheit verlangt werden kann. Dies ist bei einer Aufforderung zur Auskunftserteilung im Sinne einer sog. Stufenmahnung bei sämtlichen Unterhaltsansprüchen der Fall (§ 1360a Abs. 3, § 1361 Abs. 4 Satz 4, § 1585b Abs. 2,[27] § 1613 Abs. 1 BGB). Eine Einschränkung dieser Rückwirkung kann sich bei einer Verwirkung des Anspruchs nach § 242 BGB mangels zeitnaher Geltendmachung ergeben.[28]

13 Die Ausweitung der Möglichkeit einer rückwirkenden Abänderung auf den Fall eines **Herabsetzungsverlangens** ist gegenüber dem früheren Recht neu. Auf diese Weise ist eine Gleichbehandlung von Unterhaltsschuldner und -gläubiger erreicht worden. Dem vorgerichtlichen Auskunftsverlangen des Gläubigers wird nämlich gleichgesetzt das Auskunfts- bzw. Verzichtsverlangen des Schuldners. Ab dem Beginn des auf das Auskunftsbegehren folgenden Monats kann die Herabsetzung der Unterhaltsverpflichtung verfolgt werden, jedoch mit der Einschränkung gegenüber dem Fall des Erhöhungsbegehrens des Gläubigers, dass dies **maximal für die Zeitdauer von einem Jahr vor Rechtshängigkeit des Abänderungsantrags** möglich ist (Satz 4). Das Verzichtsbegehren des Schuldners betrifft dessen Aufforderung an den Gläubiger, mit Rücksicht auf die eingetretenen Veränderungen ganz oder teilweise auf die Rechte aus dem Unterhaltstitel zu verzichten. Diese Begrenzungsregelung ist im Interesse der Rechtssicherheit erfolgt, da es für das Herabsetzungsverlangen keine materiellrechtliche Beschränkung des Unterhaltsanspruchs wie beim Erhöhungsverlangen aufgrund fehlenden Verzugs bzw. Verwirkung gem. § 242 BGB gibt.[29]

14 Die im Gesetzesentwurf vorgesehene Erweiterung der rückwirkenden Abänderung für beide Seiten durch eine Härteklausel für den Fall einer groben Unbilligkeit ist aus den unter Rn. 2 dargelegten Gründen aufgegeben worden. Dagegen lässt die Rechtsprechung eine **weitere Ausnahme** von der Zeitschranke des Abs. 3 bzw. des § 323 Abs.3 ZPO zu für den Fall, dass die mit einer durch Rücknahme des Hauptrechtsmittels unzulässig gewordenen Anschlussbeschwerde/-berufung verfolgte Abänderung erst mit einem späteren selbstständigen Abänderungsantrag geltend gemacht werden kann. Bei einer solchen Sachlage ist die Abänderung rückwirkend ab dem Zeitpunkt der Rechtshängigkeit der früheren Anschlussbeschwerde möglich.[30] Voraussetzung ist jedoch, dass der Abänderungsantrag in einem engen zeitlichen Zusammenhang mit der Erledigung des Hauptrechtsmittels erfolgt (sog. Vorwirkung).[31]

---

[26] BGH 20.01.1982 – IVb ZR 651/80 = FamRZ 1982, 365; OLG Dresden 01.10.1997 – 20 WF 354/97 = FamRZ 1998, 566; Musielak/Borth § 323 ZPO Rn. 42; Thomas/Putzo/Hüßtege § 323 ZPO Rn. 38; a.A. Zöller/Philippi § 117 ZPO Rn. 4; Zöller/Vollkommer § 323 ZPO Rn. 35.
[27] Für den nachehelichen Unterhalt gilt nach der Änderung des § 1585 Abs. 2 BGB durch das UnterhRÄndG (BT-Drs. 16/1830) ebenfalls die sog. Stufenmahnung.
[28] BGH 22.11.2006 – XII ZR 152/04 = FamRZ 2007, 453.
[29] BT-Drs. 16/6308, S. 577.
[30] BGH 06.11.1985 – IVb ZR 74/84 = FamRZ 1986, 43.
[31] BGH 16.03.1988 – IVb ZR 36/87 = FamRZ 1988, 601 spricht von einem Zeitraum von bis zu 6 Monaten.

V. Begründetheit des Abänderungsantrags (Abs. 4)

15 Wie bereits dargelegt (vgl. Rn. 9) ist die **wesentliche Veränderung** der der früheren Entscheidung zugrunde liegenden tatsächlichen und rechtlichen Verhältnisse sowohl im Rahmen der Zulässigkeit des Abänderungsbegehrens als auch bei dessen Begründetheit von Bedeutung. Während bei der Zulässigkeit die Behauptung solcher Umstände ausreicht, muss für dessen Begründetheit deren Vorliegen im Streitfall bewiesen werden. Auch hier wirkt sich eine evtl. Präklusion von Tatsachenvortrag gem. Abs. 2 aus, der dort für die Zulässigkeit des Abänderungsantrags von Bedeutung ist, da die Abänderung auch in der Sache keinen Erfolg aufgrund von präkludierten Tatsachen haben kann.

16 Dieser **Ausschluss der Berücksichtigung von sog. Alttatsachen** gilt selbst dann, wenn die Zulässigkeit der Abänderung aufgrund sonstiger veränderter Umstände gegeben ist.[32] Da dieser Grundsatz auf der vom BGH vertretenen Rechtskrafttheorie beruht, ergeben sich auch bestimmte **Ausnahmen**. So kann der **Abänderungsgegner** zu der von ihm verfolgten Verteidigung des Titels sog. Alttatsachen vortragen, da durch ihre Berücksichtigung im Abänderungsverfahren die Rechtskraft der früheren Entscheidung nicht berührt wird. Etwas anderes gilt nur dann, wenn dieser Umstand bereits Gegenstand des früheren Verfahrens und der gerichtlichen Entscheidung gewesen ist.

17 Aber auch der **Antragsteller** kann in einem aufgrund anderer Tatsachen zulässigen Abänderungsverfahren solche **Alttatsachen** im Rahmen der Begründetheit geltend machen, **deren Berücksichtigung nicht zu einer Durchbrechung der Rechtskraft der früheren Entscheidung führt**. Hat z.B. der jetzige Antragsteller des Abänderungsverfahrens in einem früheren vom Gegner angestrengten Abänderungsverfahren, welches das Ziel der Erhöhung des Unterhaltsanspruchs hatte, den Beschränkungseinwand nach § 1578b BGB nicht erhoben, obwohl dessen Voraussetzungen vorlagen, und ist das Erhöhungsverlangen aus anderen Gründen ohne Erfolg geblieben, so kann er sich auf den Einwand in dem jetzigen Abänderungsverfahren dennoch berufen. Er kann hiermit allein zwar wegen § 238 Abs. 2 nicht die Zulässigkeit des Abänderungsbegehrens erreichen, da er diesen Einwand in dem früheren Abänderungsverfahren im Wege des Abänderungsgegenantrags hätte geltend machen können. Jedoch kann der Antragsteller bei einer aus einem anderen Grund zulässigen Abänderung diese auch auf den „alten" Einwand stützen, da sich die Rechtskraft der Entscheidung in dem früheren Verfahren, bei dem es allein um die Berechtigung des erfolglos gebliebenen Erhöhungsverlangens des Gegners ging, nicht auf die Berechtigung des jetzigen Herabsetzungsverlangens erstreckt.[33] Bei einem nur teilweisen Erfolg des früheren Heraufsetzungsverlangens wäre dies indes nicht mehr der Fall, so dass der Einwand des § 1587b BGB im neuen Abänderungsverfahren keine Berücksichtigung mehr finden könnte.

18 Stellt das Gericht eine wesentliche Veränderung i.S.d. Abs. 1 fest, so hat eine **Anpassung unter Wahrung der Grundlagen der früheren Entscheidung** zu erfolgen,

---

[32] BGH 26.11.1986 – IVb ZR 91/85 = FamRZ 1987, 257 sowie BGH 15.10.1986 – IVb ZR 91/85 = FamRZ 1987, 259 (262).
[33] BGH 17.05.2000 – XII ZR 88/98 = FamRZ 2000, 1499 sowie 01.10.1997 – XII ZR 49/96 – FamRZ 1998, 98 (101).

d.h. keine freie Neufestsetzung des Unterhaltsanspruchs, sondern seine Bestimmung unter Beachtung der Bindungen an die frühere Entscheidung und deren nicht veränderte Grundlagen.

Bei einer **Säumnisentscheidung** im vorangegangenen Verfahren ist von den gem. § 113 Abs. 1 i.V.m. § 331 Abs. 1 Satz 1 ZPO als zugestanden geltenden Verhältnissen auszugehen. Der Abänderungsantrag kann nur Erfolg haben, wenn festgestellt werden kann, dass eine wesentliche Veränderung gegenüber diesen Verhältnissen eingetreten ist. Nicht ausreichend ist der Nachweis, dass die zugestandenen Verhältnisse bei der früheren Entscheidung tatsächlich nicht vorlagen, da dies auf eine dem Einspruch vorbehaltene Korrektur der früheren Entscheidung hinauslaufen würde.[34] Auch bei einer aufgrund eines **Anerkenntnisses** ergangenen Entscheidung ist auf die dem Anerkenntnis zugrunde liegenden tatsächlichen Verhältnisse abzustellen.[35] Lässt sich die Ermittlung des anerkannten Unterhaltsbetrags nicht feststellen, muss der Unterhalt aufgrund der gesetzlichen Vorschriften neu berechnet werden.[36]

19

VI. Beweislast

Der Antragsteller hat im Abänderungsverfahren **sämtliche Umstände**, die für die Bemessung des Unterhaltsanspruchs maßgeblich sind und bei denen sich Änderungen ergeben haben, darzulegen und zu beweisen.[37] Dies gilt auch für Umstände, die bei der Titulierung des Anspruchs von der Gegenseite darzulegen und zu beweisen waren. So trifft den Gläubiger, dessen Anspruch im vorangegangenen Verfahren mit Rücksicht auf die teilweise Leistungsunfähigkeit des Schuldners reduziert worden ist, bei einem späteren Erhöhungsverlangen die Darlegungs- und Beweislast hinsichtlich einer gestiegenen Leistungsfähigkeit des Schuldners.[38]

20

Ausnahmen von diesem Grundsatz gelten dann, wenn sich der Gegner des Abänderungsbegehrens zur Verteidigung seines titulierten Anspruchs auf einen anderen Unterhaltstatbestand (Krankheitsunterhalt statt Betreuungsunterhalt) oder bei gleich bleibender Anspruchsgrundlage auf eine völlig geänderte Situation stützt, die z.B. bei Forderung von Kindesunterhalt mit Eintritt der Volljährigkeit gegeben sein soll, was zweifelhaft erscheint.[39] Die Problematik ist einfacher zu lösen über die sekundäre Darlegungslast bzw. das substanziierte Bestreiten, das von dem nicht darlegungspflichtigen Beteiligten verlangt wird, wenn der andere Beteiligte Umstände aus der Sphäre des Gegners darlegen muss.

21

---

34 OLG Karlsruhe 24.06.1999 – 5 WF 90/99 = FamRZ 2000, 907; a.A. OLG Oldenburg 29.09.1989 – 11 UF 92/89 = FamRZ 1990, 188; zu weiteren Nachweisen zum Streitstand vgl. Zöller/Vollkommer § 323 ZPO Rn. 31.
35 BGH 04.07.2007 – XII ZR 251/04 = FamRZ 2007, 1459 m.w.N. auch zur Gegenmeinung.
36 BGH 04.07.2007 – XII ZR 251/04 = FamRZ 2007, 1459.
37 BGH 15.10.1986 – IVb ZR 91/85 = FamRZ 1987, 259 (262).
38 OLG Hamburg 09.05.1989 – 12 WF 35/89 = FamRZ 1989, 885.
39 Für eine Darlegungs- und Beweislast des Kindes OLG Brandenburg 30.06.2003 – 9 WF 89/03 = FamRZ 2004, 210; OLG Hamm 25.02.2000 – 11 UF 264/99 = FamRZ 2000, 904; a.A. OLG Zweibrücken 15.12.1999 – 5 UF 114/99 = FamRZ 2001, 249; Gerhardt u.a. 2008, Kap. VI Rn. 658; MünchKomm/Gottwald § 323 ZPO Rn. 64.

§ 239 Abänderung von Vergleichen und Urkunden

(1) Enthält ein Vergleich nach § 794 Abs. 1 Nr. 1 der Zivilprozessordnung oder eine vollstreckbare Urkunde eine Verpflichtung zu künftig fällig werdenden wiederkehrenden Leistungen, kann jeder Teil die Abänderung beantragen. Der Antrag ist zulässig, sofern der Antragsteller Tatsachen vorträgt, die die Abänderung rechtfertigen.

(2) Die weiteren Voraussetzungen und der Umfang der Abänderung richten sich nach den Vorschriften des bürgerlichen Rechts.

I. Inhalt und Bedeutung der Norm

1   Die Abänderbarkeit von Unterhaltstiteln in gerichtlichen Vergleichen (§ 794 Abs. 1 Nr. 1 ZPO) sowie vollstreckbaren Urkunden (§ 794 Abs. 1 Nr. 5 ZPO) war bislang in § 323 Abs. 4 ZPO geregelt, wobei die dort vorgesehene entsprechende Anwendung der Abs. 1 bis 3 nach überwiegender Auffassung nicht bzw. nur eingeschränkt galt.[1] Die Neuregelung bringt hier eine Klarstellung, indem sie die Abänderung solcher Titel getrennt von der Abänderung gerichtlicher Entscheidungen regelt. Dadurch wird deutlicher als bisher, dass in verfahrensrechtlicher Hinsicht **unterschiedliche Voraussetzungen gegenüber der Abänderung einer gerichtlichen Entscheidung** gelten. Die Abänderung eines Vergleichs oder einer vollstreckbaren Urkunde unterliegt verfahrensrechtlich weder einer Wesentlichkeits- noch einer Zeitgrenze.

II. Zulässigkeit der Abänderung (Abs. 1)

2   Jeder Beteiligte des Unterhaltsrechtsverhältnisses kann die Abänderung eines gerichtlichen Vergleichs oder einer vollstreckbaren Urkunde beantragen. Zu den **vollstreckbaren Urkunden** i.S.d. § 794 Abs. 1 Nr. 5 ZPO zählen neben den notariellen Urkunden die Jugendamtsurkunden (§ 59 Abs. 1 Satz 1 Nr. 3, § 60 SGB VIII). Für die Zulässigkeit reicht es aus, wenn **Tatsachen** vorgetragen werden, **die eine Abänderung rechtfertigen**. Ob sich dabei eine wesentliche Änderung ergeben kann und diese Tatsachen bereits bei Abschluss des Vergleichs bzw. der Errichtung der Urkunde hätten geltend gemacht werden können, ist ausschließlich eine Frage der Begründetheit des Abänderungsbegehrens. Wegen des Fehlens einer Zeitgrenze gem. § 238 Abs. 3 kann ein rückwirkender Abänderungsantrag nicht im Rahmen der Zulässigkeit beschränkt werden. Eine Einschränkung findet insoweit allein nach den Bestimmungen des materiellen Unterhaltsrechts statt (Verzug bei Erhöhungsverlangen bzw. Vertrauensschutz bei Herabsetzungsverlangen).

3   Trotz der gesonderten Regelung der Abänderung von Vergleichen und vollstreckbaren Urkunden bleibt damit der Streit um die Frage, ob bei **einseitig errichteten Urkunden**, die also nicht auf einer Vereinbarung zwischen Unterhaltsgläubiger und -schuld-

---

[1] BGH 19.12.1989 – IVb ZR 9/89 = NJW 1990, 710 für gerichtliche Vergleiche; BGH 11.04.1990 – XII ZR 42/89 = NJW 1990, 3274 für vollstreckbare Urkunden.

ner beruhen, nur ein Abänderungsbegehren zulässig ist oder daneben auch bei Forderung höheren Unterhalts ein Zusatzleistungsantrag (bisher: Zusatzleistungsklage) in Betracht kommt.[2] Da für das Abänderungsbegehren in diesem Fall keine Bindungswirkungen aus der Urkunde hergeleitet werden können, besteht hinsichtlich der Voraussetzungen praktisch kein Unterschied zur Leistungsklage. Dementsprechend muss hier keine Änderung gegenüber den tatsächlichen Verhältnissen bei Errichtung der Urkunde dargelegt werden. Vielmehr ist ausreichend, wenn vom Antragsteller dargelegt wird, dass der titulierte Unterhalt nach den aktuellen tatsächlichen Verhältnissen zu ändern ist.

Soweit vor der Erstellung einer Jugendamtsurkunde die Höhe des Unterhaltsanspruchs auf der Grundlage der Angaben des Pflichtigen **durch das JA ermittelt** und dies gesondert dokumentiert wird, führt dies nicht zu einer Bindung an diese Grundlage. Erst wenn der Berechtigte bzw. dessen Vertreter diese Ermittlung des Anspruchs ausdrücklich oder konkludent billigt, kann eine Vereinbarung angenommen werden, deren Abänderung nur unter besonderen Voraussetzungen erfolgen kann (vgl. hierzu nachfolgend Rn. 5). **4**

Liegt ein Vergleich oder eine **aufgrund Vereinbarung** zustande gekommene Urkunde vor, so können sich die Beteiligten hiervon nicht frei lösen, sondern sind im Rahmen der Abänderung auf die Grundsätze des Wegfalls der Geschäftsgrundlage (§ 313 BGB) verwiesen. Die Zulässigkeit des Abänderungsbegehrens erfordert die Darlegung des Antragstellers, dass sich die Verhältnisse gegenüber den von den Beteiligten zugrunde gelegten geändert haben. Unerheblich ist dagegen, ob die tatsächlichen Verhältnisse bereits im Zeitpunkt der Vereinbarung den dort zugrunde gelegten nicht entsprachen. Die Zulässigkeit eines Abänderungsantrags kann auch daran scheitern, dass dies nach der Vereinbarung der Beteiligten ausgeschlossen ist bzw. das Vorliegen der von ihnen hierfür bestimmten Voraussetzungen nicht dargelegt worden ist. Hat dagegen der Unterhaltsberechtigte an der Errichtung der Urkunde nicht mitgewirkt und weder eine Titulierung in dieser Höhe verlangt noch der Titulierung durch den Pflichtigen zugestimmt, so ist er materiell-rechtlich nicht daran gebunden und kann deshalb uneingeschränkt Abänderung auf der Grundlage der aktuellen Einkommens- und Vermögensverhältnisse verlangen.[3] **5**

III. Begründetheit des Abänderungsbegehrens (Abs. 2)

Die neue Regelung weist ausdrücklich darauf hin, dass sich die Begründetheit des Abänderungsbegehrens bei den hier betroffenen Unterhaltstiteln ausschließlich nach den Bestimmungen des bürgerlichen Rechts richtet. Nach § 313 Abs. 1 BGB kann bei einer **Störung der Geschäftsgrundlage** eine Anpassung einer getroffenen Vereinbarung verlangt werden, wenn **6**

- sich Umstände, die zur Grundlage des Vertrag geworden sind, nach Vertragsschluss schwerwiegend verändert haben. Voraussetzung ist die **Darlegung der**

---

[2] In BGH 29.10.2003 – XII ZR 115/01 = FamRZ 2004, 24 m.w.N. ist dies offen gelassen worden; vgl. auch BGH 03.12.2008 – XII ZR 182/06 = FamRZ 2009, 968.
[3] BGH 29.10.2003 – XII ZR 115/01 = FamRZ 2004, 24; vgl. auch BGH 03.12.2008 – XII ZR 182/06 = FamRZ 2009, 314.

Geschäftsgrundlage, was bei Fehlen entsprechender Angaben im Wege der Auslegung erfolgen kann. Lässt sich die Grundlage auch bei Ausschöpfung aller Möglichkeiten (Auswertung vorhandener Vertragsentwürfe bzw. vorangegangener Verhandlungen) nicht feststellen, so kommt eine **Neuberechnung** des Unterhalts nach den gesetzlichen Bestimmungen in Betracht,[4] soweit die Parteien den gesetzlichen Unterhalt regeln wollten, was im Zweifel anzunehmen ist.[5] Eine solche Vermutung und damit auch die Möglichkeit einer Neuberechnung sind jedoch ausgeschlossen, wenn die Parteien den Unterhalt völlig losgelöst von gesetzlichen Kriterien bestimmt haben. Neben tatsächlichen Veränderungen kann auch die **Änderung der Rechtslage oder der höchstrichterlichen Rechtsprechung** zu einer Störung der Geschäftsgrundlage führen.[6]

- die Parteien den Vertrag nicht oder mit anderem Inhalt geschlossen hätten, wenn sie diese Veränderung vorausgesehen hätten. Dieser **mutmaßliche Parteiwille** hat Vorrang vor der Billigkeitsabwägung im Rahmen des nachfolgenden Abänderungskriteriums.

- einer Partei ein Festhalten am Vertrag unter Berücksichtigung der Umstände des Einzelfalls und unter Beachtung der vertraglichen oder gesetzlichen Risikoverteilung nicht zugemutet werden kann. Es ist eine **Billigkeitsabwägung** vorzunehmen, ob dem Antragsteller unter Berücksichtigung der von ihm zu tragenden Risiken ein Festhalten an dem Vertrag nach Treu und Glauben zuzumuten ist.[7]

7 **Fehlt die Geschäftsgrundlage von Anfang an**, da wesentliche Vorstellungen der Parteien, die Grundlage des Vertrags geworden sind, sich nachträglich als falsch herausstellen (§ 313 Abs. 2 BGB), so rechtfertigt auch dies unter den vorstehenden Voraussetzungen die Abänderung. Es handelt sich um den Fall des beiderseitigen Irrtums bei Vertragsschluss, während der bloß einseitige Irrtum einer Vertragspartei über die Vertragsgrundlage unbeachtlich ist. Beim beiderseitigen Irrtum stellt sich die Frage, ob die Vertragspartei, für welche die Nichtberücksichtigung der falschen Vertragsgrundlage nachteilig ist, sich hierauf in Kenntnis der wahren Umstände bei Vertragsschluss redlicherweise hätte einlassen müssen.

8 Ähnlich wie bei der Abänderung einer gerichtlichen Entscheidung besteht auch hier bei Vorliegen der Abänderungsvoraussetzungen **keine freie Abänderbarkeit** des Unterhaltstitels. Es besteht vielmehr eine weitere Bindung an die Grundlagen der Vereinbarung, die von der Änderung nicht betroffen sind. Das bedeutet, dass eine dementsprechende Anpassung der Vereinbarung zu erfolgen hat, so dass z.B. ein von der Bedarfsbestimmung nach den gesetzlichen Regelungen abweichender Bedarfsmaßstab beizubehalten ist. Bei einer einseitig errichteten Urkunde kommt allenfalls eine Bindung des hieraus Verpflichteten in Betracht, während für den Berechtigten keine Bindungswirkung besteht.[8]

---

[4] BGH 06.02.2008 – XII ZR 14/06 = FamRZ 2008, 968; 03.05.2001 – XII ZR 62/99 = FamRZ 2001, 1140.
[5] BGH 26.09.1990 – XII ZR 87/89 = FamRZ 1991, 673.
[6] BGH 05.09.2001 – XII ZR 108/00 = FamRZ 2001, 1687.
[7] In BGH 11.04.1990 – XII ZR 42/89 = FamRZ 1990, 989 ist dem Unterhaltsschuldner die Abänderung einer Vereinbarung verwehrt worden, von der dieser mit der Begründung, die tatsächlichen Verhältnisse hätten sich mit seinem wenige Tage später erfolgten Auszug aus der Ehewohnung geändert, Abstand nehmen wollte.
[8] BGH 03.12.2008 – XII ZR 182/06 = FamRZ 2009, 314.

§ 240 Abänderung von Entscheidungen nach den §§ 237 und 253

(1) Enthält eine rechtskräftige Endentscheidung nach § 237 oder § 253 eine Verpflichtung zu künftig fällig werdenden wiederkehrenden Leistungen, kann jeder Teil die Abänderung beantragen, sofern nicht bereits ein Antrag auf Durchführung des streitigen Verfahrens nach § 255 gestellt worden ist.

(2) Wird ein Antrag auf Herabsetzung des Unterhalts nicht innerhalb eines Monats nach Rechtskraft gestellt, so ist die Abänderung nur zulässig für die Zeit ab Rechtshängigkeit des Antrags. Ist innerhalb der Monatsfrist ein Antrag des anderen Beteiligten auf Erhöhung des Unterhalts anhängig geworden, läuft die Frist nicht vor Beendigung dieses Verfahrens ab. Der nach Ablauf der Frist gestellte Antrag auf Herabsetzung ist auch zulässig für die Zeit ab dem Ersten des auf ein entsprechendes Auskunfts- oder Verzichtsverlangen des Antragstellers folgenden Monats. § 238 Abs. 3 Satz 4 gilt entsprechend.

I. Inhalt und Bedeutung der Norm

Die Bestimmung betrifft die Abänderung von Kindesunterhaltstiteln aus dem vereinfachten Verfahren (§ 253) sowie anlässlich der Feststellung der Vaterschaft (§ 237). Sie entspricht weitgehend der bisher im Rahmen des vereinfachten Verfahrens geregelten **Korrekturklage nach § 654 ZPO a.F.**, jedoch mit der Einschränkung, dass ein bereits beantragtes streitiges Verfahren gem. § 255 (§ 651 ZPO a.F.) vorrangig ist. Außerdem sind inhaltliche Unklarheiten[1] der bisherigen Regelung beseitigt worden. Wegen der fehlenden Bindung an den abzuändernden Titel sowie der fehlenden Präklusion des Vorbringens des Antragstellers unterscheidet sich die Abänderung deutlich von den Regelungen nach §§ 238, 239. Von seiner Zielsetzung (Korrekturmöglichkeit im Hinblick auf die Einschränkung von Einwendungen im Vorverfahren) und Ausgestaltung her gleicht das Verfahren eher der originären Titulierung des Unterhalts im gerichtlichen Verfahren.

II. Zulässigkeit der Abänderung (Abs. 1)

Ein **im vereinfachten Verfahren** nach §§ 249 ff. **ergangener Titel** betreffend den Unterhalt eines minderjährigen Kindes ist aufgrund der Beschränkung der Höhe des festsetzbaren Unterhalts sowie der Einwendungen des Schuldners notwendigerweise pauschal. Diese aus der Absicht, eine schnelle Titulierung zu ermöglichen, resultierende Folge kann sowohl vom Unterhaltsgläubiger als auch vom Schuldner beseitigt und durch einen den konkreten Verhältnissen besser entsprechenden Titel ersetzt werden im Wege des streitigen Verfahrens nach § 255 oder der Abänderung nach § 240. Sind die Voraussetzungen für beide Verfahren gegeben, so besteht für die Beteiligten ein Wahlrecht, in welcher Weise sie vorgehen. Hat dagegen einer der Beteiligten von seinem Wahlrecht Gebrauch gemacht und das streitige Verfahren beantragt, so ist dieses Verfahren **vorrangig** und eine Abänderung nach § 240 nicht statthaft. Das strei-

---

1 Vgl. Zöller/Philippi § 654 ZPO Rn. 5.

tige Verfahren seinerseits ist wiederum beschränkt auf den Fall, dass auf zu berücksichtigende Einwendungen des Antragsgegners im vereinfachten Verfahren eine Unterhaltsfestsetzung ganz oder teilweise abgelehnt worden ist.

3 Die vorstehenden Ausführungen gelten in gleicher Weise, wenn der **Mindestunterhalt** eines minderjährigen Kindes gem. § 237 **im Abstammungsverfahren festgesetzt** worden ist.

4 Da eine **Präklusionsregelung fehlt**, können beide Seiten Tatsachen vorbringen unabhängig davon, ob dies schon im vorangegangenen vereinfachten Verfahren bzw. dem Abstammungsverfahren möglich war. Hinsichtlich der **Darlegungs- und Beweislast** gelten dieselben Grundsätze wie bei der erstmaligen Titulierung des Unterhalts. Das berechtigte Kind hat seinen über den Mindestunterhalt hinausgehenden Bedarf darzulegen und zu beweisen, während dies dem Unterhaltsschuldner hinsichtlich seiner fehlenden oder eingeschränkten Leistungsfähigkeit obliegt.[2] Hat das Kind z.B. im vereinfachten Verfahren mehr als den Mindestunterhalt erhalten, muss es bei einem Abänderungsantrag des Unterhaltsschuldners seinen den Mindestunterhalt übersteigenden Bedarf nachweisen. Wegen der mit der Regelung beabsichtigten Korrekturmöglichkeit bedarf es auch **nicht der Darlegung einer nachträglichen Änderung** der für den Unterhaltsanspruch maßgeblichen **Verhältnisse**.

III. Rückwirkung der Abänderung (Abs. 2)

5 Die Abänderung des Unterhaltstitels, d.h. **Erhöhung** des Unterhaltsbetrags, steht dem Gläubiger verfahrensrechtlich immer offen. Eine Grenze ergibt sich allein aus dem materiellen Recht (Verzug). Demgegenüber kann der Schuldner grundsätzlich erst ab Rechtshängigkeit seines Abänderungsantrags eine Herabsetzung verlangen. Ausnahmsweise ist die **Herabsetzung** des Unterhalts rückwirkend zulässig, wenn

- vom Schuldner der Herabsetzungsantrag innerhalb eines Monats nach Rechtskraft des Unterhaltstitels aus dem vereinfachten Verfahren bzw. dem Abstammungsverfahren gestellt wird. Da nach der Gesetzesbegründung inhaltlich keine Änderung gegenüber § 654 Abs. 2 Satz 1 ZPO a.F. vorgesehen war,[3] ist der Zeitpunkt der Stellung des Abänderungsantrags mit dessen Rechtshängigkeit gleichzusetzen. Auf die Monatsfrist zur Antragstellung ist der gem. § 113 Abs. 1 entsprechend geltende § 167 ZPO anwendbar, so dass bei einem innerhalb dieser Frist bei Gericht eingereichten Herabsetzungsantrag des Schuldners die spätere Zustellung außerhalb der Monatsfrist der fristgerechten Zustellung gleichzusetzen ist.[4] Ist dagegen bei Einreichung des Antrags die Monatsfrist bereits abgelaufen, so wird der Zeitpunkt der Rechtshängigkeit nicht gem. § 167 ZPO zurückdatiert auf den Zeitpunkt der Einreichung des Antrags, da es in diesem Fall nicht um die Einhaltung einer Frist geht. Die Einreichung eines PKH-Gesuchs genügt – ebenso wie bei einer Abänderung nach § 238 (→ § 238 Rn. 9) – nicht, um die Zeitgrenze für die Abänderung des Titels auf einen Zeitpunkt vor der Rechtshängigkeit des Abänderungsan-

---

[2] OLG Hamm 28.11.2003 – 11 UF 72/03 = FamRZ 2004, 1588 zu der vergleichbaren Regelung in § 654 ZPO a.F.
[3] BT-Drs. 16/6308, S. 578.
[4] OLG Brandenburg 25.01.2007 – 10 UF 13/06 = FamRZ 2007, 2085 zu § 654 Abs. 2 Satz 1 ZPO a.F.

trags zu verschieben.⁵ Eine Wiedereinsetzung in den vorigen Stand wegen der Fristversäumung gem. § 113 Abs. i.V.m. § 233 ZPO kommt nicht in Betracht, weil die Monatsfrist zur Antragstellung keine gesetzliche Notfrist ist.⁶

- der Gläubiger innerhalb derselben Frist einen Erhöhungsantrag anhängig gemacht hat und der Schuldner bis spätestens zum Ende des Verfahrens einen Herabsetzungsantrag stellt, der dann unabhängig ist von der Aufrechterhaltung des Erhöhungsantrags des Gläubigers.

Eine weitere **Ausnahme**, die den Zeitraum für das rückwirkende Herabsetzungsverlangen des Schuldners erweitert, ist in Anlehnung an § 238 Abs. 3 Satz 3 vorgesehen ab dem auf ein Auskunfts- oder Verzichtsverlangen an den Gläubiger folgenden Monat. 6

In allen Fällen des ausnahmsweise zulässigen **rückwirkenden Herabsetzungsverlangens** ist die Rückwirkung aufgrund der Verweisung auf § 238 Abs. 3 Satz 4 auf den Zeitraum von einem Jahr vor Rechtshängigkeit des Abänderungsantrags beschränkt. Für das Erhöhungsverlangen des Unterhaltsgläubigers bedarf es einer solchen Bestimmung nicht, da die Interessen des Schuldners in diesem Fall hinreichend durch die Beschränkung der rückwirkenden Inanspruchnahme durch die Verzugsbestimmungen sowie die Möglichkeit der Verwirkung gem. § 242 BGB wegen Versäumung der zeitnahen Geltendmachung des Anspruchs gewahrt werden. 7

§ 241 Verschärfte Haftung

Die Rechtshängigkeit eines auf Herabsetzung gerichteten Abänderungsantrags steht bei der Anwendung des § 818 Abs. 4 des Bürgerlichen Gesetzbuchs der Rechtshängigkeit einer Klage auf Rückzahlung der geleisteten Beträge gleich.

Die verfahrensrechtliche Bezug der Vorschrift liegt in dem Zusammenhang mit den Abänderungsvorschriften der §§ 238 bis 240. Ihr eigentlicher Inhalt ist jedoch materiellrechtlicher Natur. Die Erweiterung der verschärften **Haftung entsprechend § 818 Abs. 4 BGB**, d.h. Anwendung der allgemeinen Haftungsvorschriften gem. §§ 291, 292 BGB sowie Ausschluss der Berufung auf den Wegfall der Bereicherung gem. § 818 Abs. 3 BGB, führt zu einer Verbesserung der Rechtsposition des Unterhaltsschuldners, der die Herabsetzung der Unterhaltsverpflichtung betreibt. Nach bisherigem Recht führte nur die gleichzeitige gerichtliche Geltendmachung des Bereicherungsanspruchs zur Haftungsverschärfung ab Rechtshängigkeit. Abgesehen vom hierdurch gegebenen höheren Kostenrisiko erforderte dies bei möglichen weiteren Rückzahlungsansprüchen während des Abänderungsverfahrens eine ständige Anpassung des Bereicherungsantrags. 1

Die auf Erwägungen der Praktikabilität beruhende Neuregelung stellt **keine Benachteiligung des Unterhaltsgläubigers** dar. Dieser konnte bereits nach bisherigem 2

---
⁵ OLG Zweibrücken 12.11.2007 – 5 WF 194/07 = FamRZ 2008, 799 zu § 654 Abs. 2 Satz 1 ZPO a.F.; a.A. Zöller/Philippi § 654 ZPO Rn. 4.
⁶ Baumbach u.a. § 233 ZPO Rn. 89; a.A. Zöller/Philippi § 654 ZPO Rn. 4 zur bisherigen Abänderungsklage nach § 654 ZPO.

Recht nicht der verschärften Haftung entgehen, da der Schuldner diese in jedem Fall durch einen mit dem Abänderungsbegehren verbundenen Leistungsantrag herbeiführen konnte. Auch wenn die Erweiterung des Anwendungsbereichs der verschärften Haftung sich nach dem Wortlaut und der Gesetzessystematik auf die Abänderungsverfahren nach §§ 238 bis 240 bezieht, liegt eine entsprechende Anwendung dieser Bestimmung wegen der gleichen Interessenlage im Fall einer **negativen Feststellungsklage** gegen die durch eAO titulierte Unterhaltspflicht nahe. Hält man dagegen eine entsprechende Anwendung des § 241 wegen des Ausnahmecharakters der Bestimmung nicht für möglich, so muss wie bisher zusätzlich zu der negativen Feststellungsklage **hilfsweise die Bereicherungsklage** anhängig gemacht werden, um eine verschärfte Haftung herbeizuführen.[1] Dieser Weg ist auch immer dann zu beschreiten, wenn der Unterhaltsberechtigte zusätzlich zu dem eAO-Verfahren das Hauptsacheverfahren anhängig gemacht hat und deshalb ein Rechtsschutzinteresse für eine negative Feststellungsklage nicht gegeben ist. Da § 119 Abs. 1 Satz 2 die entsprechende Anwendung des § 945 ZPO nicht auf Unterhaltssachen nach § 112 Nr. 1 erstreckt hat, kommt ein Ausgleich für die erfolgte Zwangsvollstreckung aufgrund einer eAO, deren materieller Anspruch im Hauptsacheverfahren nicht bestätigt worden ist, auch nicht als Schadensersatzanspruch in Betracht.[2]

§ 242 Einstweilige Einstellung der Vollstreckung

Ist ein Abänderungsantrag auf Herabsetzung anhängig oder hierfür ein Antrag auf Bewilligung von Verfahrenskostenhilfe eingereicht, gilt § 769 der Zivilprozessordnung entsprechend. Der Beschluss ist nicht anfechtbar.

I. Inhalt und Bedeutung der Norm

1   Die entsprechende Anwendbarkeit des § 769 ZPO auf ein Abänderungsbegehren nach § 323 BGB war nach **bisherigem Recht** anerkannt, da ein Interesse des Schuldners bestehen kann, vorläufig vor einer weiteren Inanspruchnahme aus dem Unterhaltstitel geschützt zu werden, da andernfalls die Gefahr besteht, dass ihm ein Schaden entsteht, für den er möglicherweise keinen Ausgleich erhält. Diese Rechtslage wird jetzt ausdrücklich in das Gesetz einbezogen, und zwar für sämtliche Herabsetzungsanträge nach §§ 238 bis 240. Außerdem wird der Anwendungsbereich der einstweiligen Vollstreckungsschutzanordnungen auf den Zeitpunkt der Einreichung eines PKH-Antrags vorverlegt.

---

1 BGH 27.10.1999 – XII ZR 239/97 = FamRZ 2000, 751.
2 Die bisherige Streitfrage zur entsprechenden Anwendung von § 945 ZPO (vgl. hierzu BGH a.a.O.) ist damit entschieden.

II. Zulässigkeit und Voraussetzungen einer einstweiligen Anordnung

Eine **einstweilige Vollstreckungsschutzanordnung** hinsichtlich der weiteren Vollstreckung aus einem bestehenden Unterhaltstitel setzt voraus, dass der Abänderungsantrag zur Herabsetzung dieses Titels bereits anhängig ist oder zumindest ein PKH-Antrag für ein solches Verfahren bei dem für die Abänderung zuständigen Gericht eingegangen ist und vom Schuldner Vollstreckungsschutz beantragt wird. In entsprechender Anwendung des § 769 ZPO sind dabei die tatsächlichen Behauptungen, die den Antrag begründen, gem. § 294 ZPO glaubhaft zu machen.

2

Das Gericht hat vor dem Hintergrund der Wahrscheinlichkeit eines Obsiegens des Schuldners mit seinem Abänderungsbegehren die Interessen des Gläubigers an der uneingeschränkten Fortdauer der Unterhaltszahlungen und des Schuldners an der Begrenzung des Risikos, die geleisteten Zahlungen im Falle einer stattgebenden Abänderungsentscheidung nicht zurückzuerhalten, gegeneinander abzuwägen. Bei der Beurteilung der Erfolgsaussicht des Abänderungsbegehrens ist eine Beweisantizipation zulässig **(Folgenbetrachtung)**.[1] Im Zweifel haben die Gläubigerinteressen Vorrang.[2]

3

Das Gericht befindet über die Voraussetzungen der beantragten einstweiligen Anordnung sowie über den Inhalt und Umfang einer etwaigen Schutzmaßnahme nach pflichtgemäßem Ermessen. Es kann die Vollstreckung aus dem Unterhaltstitel bis zur Höhe der beantragten Abänderung einstweilen bis zur Entscheidung in der Hauptsache ganz oder teilweise gegen Sicherheitsleistung des Schuldners oder ohne eine solche Sicherheitsleistung einstellen, die Fortsetzung der Zwangsvollstreckung von der Leistung einer Sicherheit durch den Gläubiger abhängig machen und bereits erfolgte Vollstreckungsmaßnahmen gegen oder ohne Sicherheitsleistung des Schuldners aufheben. Wird die Anordnung nicht befristet, so gilt sie bis zur Rechtskraft der Entscheidung über den Abänderungsantrag. Die Ermessensentscheidung darüber, ob die Schutzmaßnahme mit oder ohne Sicherheitsleistung erfolgt, hängt nicht davon ab, ob der Schuldner glaubhaft macht, dass er zur Sicherheitsleistung nicht in der Lage ist.[3]

4

III. Abänderung und Unanfechtbarkeit der gerichtlichen Entscheidung

Das Gericht kann eine erlassene **Anordnung jederzeit ändern**, wenn sich die Abwägung der Interessen des Gläubigers und des Schuldners bei weiterem Fortschritt des Abänderungsverfahrens anders darstellt. Von der Stellung eines Antrags eines Beteiligten ist eine solche Entscheidung nicht abhängig.

5

---

1 Ausführlich hierzu → § 49 Rn. 7 ff.
2 Zöller/Herget § 719 ZPO Rn. 3 zu der vergleichbaren Situation beim Vollstreckungsschutzantrag bei Einlegung eines Rechtsmittels.
3 OLG Karlsruhe 05.06.1987 – 2 UF 41/87 = FamRZ 1987, 1289.

Abschnitt 9 Verfahren in Unterhaltssachen

6 Eine getroffene einstweilige Anordnung ist nach Satz 2 **unanfechtbar**.[4] Danach kann sie auch nicht zusammen mit einem Rechtsmittel gegen die Hauptsacheentscheidung überprüft werden.[5] Für eine außerordentliche Beschwerde ist ebenfalls kein Raum mehr.[6]

§ 243 Kostenentscheidung

Abweichend von den Vorschriften der Zivilprozessordnung über die Kostenverteilung entscheidet das Gericht in Unterhaltssachen nach billigem Ermessen über die Verteilung der Kosten des Verfahrens auf die Beteiligten. Es hat hierbei insbesondere zu berücksichtigen:

1. **das Verhältnis von Obsiegen und Unterliegen der Beteiligten, einschließlich der Dauer der Unterhaltsverpflichtung,**
2. **den Umstand, dass ein Beteiligter vor Beginn des Verfahrens einer Aufforderung des Gegners zur Erteilung der Auskunft und Vorlage von Belegen über das Einkommen nicht oder nicht vollständig nachgekommen ist, es sei denn, dass eine Verpflichtung hierzu nicht bestand,**
3. **den Umstand, dass ein Beteiligter einer Aufforderung des Gerichts nach § 235 Abs. 1 innerhalb der gesetzten Frist nicht oder nicht vollständig nachgekommen ist, sowie**
4. **ein sofortiges Anerkenntnis nach § 93 der Zivilprozessordnung.**

I. Inhalt und Bedeutung der Norm

1 Die Vorschrift enthält eine von den allgemeinen Bestimmungen über die Verteilung der Verfahrenskosten abweichende **Sonderregelung für Unterhaltssachen**. Hierdurch soll insbesondere dem in aller Regel gegebenen Dauercharakter der Unterhaltsverpflichtung, der mit einer an dem Streitwert orientierten Kostenentscheidung nicht angemessen erfasst wird, Rechnung getragen werden. Bereits bisher bestehende Besonderheiten wie in § 91d ZPO, der aufgehoben worden ist, sind in die Vorschrift übernommen worden, wobei die vorgerichtlich unterlassene oder unvollständige Auskunftserteilung noch stärker als bisher sanktioniert werden kann. Insgesamt soll die Kostenentscheidung in Unterhaltssachen flexibler und weniger formal gehandhabt werden können.[1] Die Bestimmungen der ZPO werden durch die Neuregelung der Kostenentscheidung in Unterhaltssachen nicht vollständig ersetzt, da das FamFG insoweit keine vollständige Regelung enthält. So ist z.B. über § 113 Abs. 1 weiterhin § 91a ZPO anwendbar für den Fall der **Erledigung der Hauptsache**. Bei der danach zu treffenden Billigkeitsentscheidung sind die Kriterien des § 243 zu berücksichtigen.

---

4 Dies entsprach auch ohne ausdrückliche gesetzliche Regelung der bisher überwiegenden Auffassung in Rechtsprechung und Literatur; vgl. OLG Hamm 17.08.2004 – 11 WF 152/04 = FamRZ 2005, 994.
5 → § 58 Rn. 12.
6 Vgl. vor § 58 Rn. 5; anders dagegen noch OLG Hamm 17.08.2004 – 11 WF 152/04 = FamRZ 2005, 994.
1 BT-Drs. 16/6308, S. 259.

Soweit Unterhaltssachen als **Folgesachen** im Verbundverfahren, ggf. auch nach Abtrennung gem. § 140 Abs. 2, verfolgt werden, gilt hinsichtlich der Kostenentscheidung die Spezialregelung des § 150.

II. Kriterien der Kostenentscheidung

Im Gegensatz zur allgemeinen Kostenregelung nach §§ 91 ff. ZPO, die das Gericht zu einer am Erfolg der Rechtsverfolgung orientierten Kostenverteilung verpflichtet, geht die Sonderregelung für Unterhaltssachen von einem **billigen Ermessen** des Gerichts bei der Kostenentscheidung aus. Dabei sind die im Gesetz aufgezählten Kriterien zu beachten, deren Aufzählung indes nicht abschließend ist und die Berücksichtigung weiterer Umstände erlaubt.

Wesentliches Kriterium ist nach wie vor das **Obsiegen und Unterliegen** der Beteiligten (**Nr. 1**) bzw. der Erfolg bzw. Misserfolg des Antragstellers der jeweiligen Instanz. Bei einem nur teilweisen Erfolg können die zu § 92 ZPO entwickelten Grundsätze herangezogen werden. Durch den Zusatz, dass auch die Dauer der Unterhaltsverpflichtung zu berücksichtigen ist, bekommt mit dem in der Regel auf unbestimmte Zeit titulierten Unterhaltsanspruch ein wesentliches Element des Unterhaltsverfahrens zusätzliche Bedeutung.

Bei einer **Bewertung des Verfahrenserfolgs** allein auf der Grundlage des **Streitwerts**, bei dem lediglich die ersten zwölf Monate nach Einreichung des verfahrenseinleitenden Antrags erfasst werden, könnte die Dauerhaftigkeit des laufenden Unterhalts gegenüber den evtl. ebenfalls geltend gemachten Unterhaltsrückständen nicht angemessen erfasst werden. Da hinsichtlich der mutmaßlichen **Dauer der Verpflichtung** – abgesehen von den Fällen der Befristung – keine sichere Grundlage besteht, wird man auf Erfahrungswerte abstellen müssen, wie dies bereits bisher teilweise in der gerichtlichen Praxis getan worden ist. Dabei wird der ab Einreichung des verfahrenseinleitenden Antrags fällige Unterhalt in der Regel nicht mit weniger als zweijähriger Dauer ab dem Zeitpunkt der Rechtskraft der Entscheidung bemessen, so dass auf den Gesamtzeitraum ab dem Monat nach Einreichung des Antrags bei Gericht bis zwei Jahre nach Rechtskraft der Entscheidung zuzüglich des Werts des bis zur Einreichung der Antrags geltend gemachten Unterhaltsrückstände abzustellen sein dürfte.

Bei einer bereits in der gerichtlichen Entscheidung erfolgten Befristung der Unterhaltsverpflichtung bzw. ihrer Herabsetzung zu einem späteren Zeitpunkt gem. **§ 1578b BGB** kann diesem teilweisen Erfolg der Rechtsverfolgung des Unterhaltsschuldners durch eine Kostenentscheidung auf der Grundlage eines mehrjährigen Zeitraums, die das Gesetz jetzt ausdrücklich ermöglicht, Rechnung getragen werden.

Die **verweigerte oder unvollständige vorgerichtliche Auskunftserteilung** unter den am Unterhaltsrechtsverhältnis Beteiligten kann wie bisher schon nach § 93d ZPO, der aufgehoben worden ist, eine Auferlegung von Kosten rechtfertigen **(Nr. 2)**. Voraussetzung ist das Bestehen einer Auskunftsverpflichtung des jeweiligen Beteiligten. Der Umfang der Kostenbelastung des Auskunftspflichtigen liegt im billigen Ermessen des Gerichts, wobei es sich an den durch das weigerliche Verhalten verursachten Kosten orientieren kann. Dieser Aspekt ist auch im Rahmen einer Kostenentscheidung bei

Abschnitt 9 Verfahren in Unterhaltssachen

Rücknahme des Antrags nach § 269 Abs. 3 Satz 2 ZPO, der über § 113 Abs. 1 für Unterhaltsstreitsachen weiterhin gilt, zu berücksichtigen.

8 Die jetzige Neuregelung geht über den bisherigen Rechtszustand noch hinaus, indem sie auch bei einer **Verletzung der verfahrensrechtlichen Auskunftspflicht eines Beteiligten gegenüber dem Gericht** gem. § 235 die Möglichkeit der teilweisen oder vollständigen Kostenauferlegung vorsieht **(Nr. 3)**. Während bei der Verletzung der vorgerichtlichen Auskunftspflicht das auch den allgemeinen Bestimmungen der §§ 91 ff. ZPO als wesentliches Kriterium zugrunde liegende Verursacherprinzip maßgeblich ist, steht hier das Ziel der Sanktion von verfahrenshinderlichem Verhalten eines Beteiligten im Vordergrund. Damit soll der Beteiligte, der aus verfahrenstaktischen Gründen versucht sein könnte, sich nicht nur passiv, sondern verfahrensbehindernd zu verhalten, angehalten werden, sich aktiv am Verfahren zu beteiligen, um eine möglichst zügige Entscheidung des Gerichts zu fördern.

9 Ein **sofortiges Anerkenntnis** nach § 93 ZPO zählt ebenfalls zu den gesetzlich besonders hervorgehobenen Kriterien, die im Rahmen der Kostenentscheidung zu beachten sind **(Nr. 4)**. Hier ist zu unterscheiden zwischen dem Titulierungsinteresse des Unterhaltsgläubigers, das immer gegeben ist, d.h. auch bei bisher freiwilliger Leistung des Schuldners, und der Verursachung der Kosten durch den Unterhaltsschuldner. Diese besteht bei regelmäßiger und pünktlicher Unterhaltszahlung in der Regel nur dann, wenn der Gläubiger den Schuldner vor der gerichtlichen Geltendmachung des Anspruchs vergeblich zu dessen Titulierung aufgefordert hat.[2] Dazu gehört die Übernahme der Titulierungskosten durch den Gläubiger,[3] soweit nicht die Möglichkeit der kostenfreien Titulierung durch eine Jugendamtsurkunde (§§ 59, 60 SGB VIII) besteht. Soweit die freiwillige Leistung nur einen Teilbetrag des geforderten Unterhalts betrifft, ist die Frage der Kostenverursachung bei einem Unterhaltsverfahren zur Titulierung eines höheren Betrags einschließlich des freiwillig gezahlten Sockelbetrags streitig.[4]

10 Da die Aufzählung der Beurteilungskriterien im Rahmen der Ermessensentscheidung des Gerichts nicht abschließend ist („insbesondere"), sind auch sonstige Aspekte, die aus den allgemeinen Bestimmungen über die Kostentragungspflicht nach §§ 91 ff. ZPO bekannt sind, mit heranzuziehen. So z.B. der aus dem Verursacherprinzip abgeleitete Gedanke des **§ 97 Abs. 2 ZPO**, wonach jemand trotz Obsiegens in der Rechtsmittelinstanz die Kosten zu tragen hat, soweit sein Rechtsmittel nur aufgrund von Vorbringen Erfolg hat, das bereits im früheren Rechtszug hätte geltend gemacht werden können.

§ 244 Unzulässiger Einwand der Volljährigkeit

Wenn der Verpflichtete dem Kind nach Vollendung des 18. Lebensjahres Unterhalt zu gewähren hat, kann gegen die Vollstreckung eines in einem Beschluss oder in einem sonstigen Titel nach § 794 der Zivilprozessordnung fest-

---

2 Zöller/Herget § 93 ZPO Rn. 6 („Unterhaltssachen") m.w.N.
3 OLG Düsseldorf 23.06.1993 – 5 WF 85/93 = FamRZ 1994, 117.
4 Für die Möglichkeit eines Teilanerkenntnisses mit der Wirkung des § 93 ZPO OLG Düsseldorf 23.06.1993 – 5 WF 85/93 = FamRZ 1994, 117; a.A. OLG Zweibrücken 04.02.2002 – 2 WF 8/02 = FamRZ 2002, 1130.

gestellten Anspruchs auf Unterhalt nach Maßgabe des § 1612a des Bürgerlichen Gesetzbuchs nicht eingewandt werden, dass die Minderjährigkeit nicht mehr besteht.

Die Vorschrift entspricht dem **bisherigen § 798a ZPO**. Danach kann gegenüber der Vollstreckung aus einem in dynamischer Weise gem. § 1612a BGB titulierten Kindesunterhaltsanspruch nicht der Eintritt der Volljährigkeit eingewendet werden. Der Schuldner kann diesen Umstand, der für sich genommen den Unterhaltsanspruch dem Grunde nach nicht berührt, nur zusammen mit sonstigen Umständen wie z.B. der Mithaftung des anderen Elternteils für den Barunterhalt im Wege der Abänderung nach §§ 238 bis 240 geltend machen.

Aus § 244 kann indes nicht der Umkehrschluss gezogen werden, dass in statischer Weise, d.h. mit einem bezifferten Betrag, der bei Änderungen des Mindestunterhalts als Bezugsgröße nicht automatisch angepasst wird, tituliertem Unterhalt der Einwand der Unzulässigkeit der Zwangsvollstreckung ab Volljährigkeit des berechtigten Kindes entgegengehalten werden kann. Solche nicht befristeten Titel unterlagen schon vor der Änderung des § 798a ZPO durch das KindUG im Jahre 1998, die sich auf die bis dahin bis zur Vollendung des 18. Lebensjahrs begrenzten Regelunterhaltstitel bezog, ausschließlich einer aus sonstigen Gründen zulässigen Abänderung. Hieran hat sich weder mit der Neufassung des § 798a ZPO noch mit § 244 etwas geändert.[1] Dem nicht nach Art. 5 § 3 KindUG abgeänderten Titel auf Regelunterhalt kann dagegen der Einwand der Unzulässigkeit der Zwangsvollstreckung entgegengehalten werden.[2]

§ 245 Bezifferung dynamisierter Unterhaltstitel zur Zwangsvollstreckung im Ausland

(1) Soll ein Unterhaltstitel, der den Unterhalt nach § 1612a des Bürgerlichen Gesetzbuchs als Prozentsatz des Mindestunterhalts festsetzt, im Ausland vollstreckt werden, ist auf Antrag der geschuldete Unterhalt auf dem Titel zu beziffern.

(2) Für die Bezifferung sind die Gerichte, Behörden oder Notare zuständig, denen die Erteilung einer vollstreckbaren Ausfertigung des Titels obliegt.

(3) Auf die Anfechtung der Entscheidung über die Bezifferung sind die Vorschriften über die Anfechtung der Entscheidung über die Erteilung einer Vollstreckungsklausel entsprechend anzuwenden.

Die Vorschrift entspricht inhaltlich dem **bisherigen § 790 ZPO**, der aufgehoben worden ist. Lediglich der nicht mehr aktuelle Begriff des Regelunterhalts ist durch den Begriff des Mindestunterhalts ersetzt. Die Vorschrift soll die Vollstreckungsmöglichkeit von dynamisierten Unterhaltstiteln im Ausland verbessern, da diese ohne eine entsprechende Klarstellung dort möglicherweise mangels hinreichender Bestimmtheit nicht vollstreckbar sind.

---

[1] OLG Hamm 18.07.2007 – 7 WF 140/07 = FamRZ 2008, 291; Friederici jurisPR-FamR 9/2008 Anm. 6; a.A. OLG Hamm 31.05.2005 – 9 WF 67/05 = FamRZ 2006, 1558.
[2] BGH 04.10.2005 – VII ZB 21/05 = FamRZ 2005, 2066.

2 **Zuständig** ist bei einer gerichtlichen Entscheidung der Rechtspfleger (§ 20 Nr. 11 RPflG) und bei vollstreckbaren Urkunden der Notar (§ 797 Abs. 2 ZPO) bzw. das JA (§ 60 Satz 3 Nr. 1 SGB VIII).

3 Dem Schuldner steht für seine Einwendungen gegen die Bezifferung des Unterhaltsbetrags das **Rechtsmittel** der Erinnerung (§ 732 ZPO) beim zuständigen FamG (am Sitz des Notars bzw. JA) zur Verfügung. Der Gläubiger kann gegen eine unzutreffende Bezifferung durch das Gericht die sofortige Beschwerde erheben (§ 567 ZPO, § 11 Abs. 2 RPflG); gegen die Entscheidung des Notars bzw. des JA die Beschwerde zum Landgericht (§ 1 Abs. 2, § 54 BeurkG).

Unterabschnitt 2
Einstweilige Anordnung
(§ 246 – § 248)

§ 246 Besondere Vorschriften für die einstweilige Anordnung

(1) Das Gericht kann durch einstweilige Anordnung abweichend von § 49 auf Antrag die Verpflichtung zur Zahlung von Unterhalt oder zur Zahlung eines Kostenvorschusses für ein gerichtliches Verfahren regeln.

(2) Die Entscheidung ergeht aufgrund mündlicher Verhandlung, wenn dies zur Aufklärung des Sachverhalts oder für eine gütliche Beilegung des Verfahrens geboten erscheint.

I. Inhalt und Bedeutung der Norm

1 Die Neuregelung der einstweiligen Anordnung in Unterhaltssachen ist an die Stelle des aufgehobenen § 644 ZPO getreten. Sie unterscheidet sich hiervon insbesondere durch die Unabhängigkeit von einem Hauptsacheverfahren. Die einstweilige Anordnung in Unterhaltssachen stellt eine Sonderregelung zu den allgemeinen Vorschriften über die einstweilige Anordnung nach §§ 49 ff. dar, die daneben anwendbar sind. Für eine einstweilige Unterhaltsverfügung gem. §§ 935, 940 ZPO, für die in der Vergangenheit – wenn überhaupt – allenfalls noch ein geringer Anwendungsbereich bei Nichtanhängigkeit eines Hauptsacheverfahrens gesehen wurde,[1] besteht danach kein Raum mehr.

---

[1] Vgl. Zöller/Philippi § 644 ZPO Rn. 2.

II. Voraussetzungen und Inhalt der einstweiligen Anordnung

Das Gericht kann auf Antrag die Verpflichtung zur Zahlung von Unterhalt oder eines Kostenvorschusses für ein gerichtliches Verfahren (z.B. nach § 1360a Abs. 4, § 1361 Abs. 4 Satz 4 BGB) regeln. Anders als bisher ist die Anhängigkeit eines Verfahrens mit dem Ziel einer endgültigen Regelung des Gegenstands der einstweiligen Anordnung nicht erforderlich. Hinsichtlich der Möglichkeit der Einleitung eines Hauptsacheverfahrens, das die **Selbstständigkeit des Anordnungsverfahrens** unberührt lässt, verbleibt es bei den **allgemeinen Regelungen in §§ 49 ff.** Das gilt auch für die sonstigen Bestimmungen hinsichtlich der gerichtlichen Zuständigkeit (§ 50), des Verfahrens (§ 51), des Verzichts auf eine Vollstreckungsklausel (§ 53 Abs. 1), der Aufhebung und Änderung der Entscheidung (§ 54), der Aussetzung der Vollstreckung (§ 55) und des Außerkrafttretens (§ 56).

Eine wesentliche Modifizierung der Voraussetzungen einer Unterhaltsanordnung gegenüber den allgemeinen Bestimmungen besteht darin, dass hier ein **dringendes Bedürfnis für ein sofortiges Tätigwerden des Gerichts nicht erforderlich** ist. Als Anordnungsgrund ist es demnach ausreichend, dass ein regelungsloser Zustand besteht. Das bedeutet indes nicht, dass eine bereits bestehende Unterhaltsregelung das Rechtsschutzbedürfnis für eine Unterhaltsanordnung entfallen lässt. Dieses kann vielmehr in Betracht kommen bei einem Abänderungsverlangen des Unterhaltsgläubigers, bei dem sich bis zur Entscheidung über das Abänderungsbegehren ein Regelungsbedürfnis für eine einstweilige Erhöhung des zu zahlenden Betrags ergeben kann.[2] Dagegen besteht kein Regelungsbedürfnis, wenn der Unterhaltsgläubiger im Unterhaltsverfahren erstinstanzlich den beantragten Unterhalt durch vorläufig vollstreckbare Entscheidung zugesprochen erhalten hat.[3]

Der durch einstweilige Anordnung zuerkannte Unterhalt **kann, muss jedoch nicht befristet werden** und kann sowohl auf den Notunterhalt beschränkt als auch in der vollen geforderten Höhe zugesprochen werden.[4] Dies hängt im Einzelfall von der Abwägung der Interessen der Beteiligten ab, und zwar dem Interesse des Gläubigers an der Sicherstellung seines Lebensbedarfs und dem Interesse des Schuldners, vor einer möglicherweise unberechtigten Inanspruchnahme und dem Risiko der mangelnden Durchsetzbarkeit eines etwaigen Rückzahlungsanspruchs geschützt zu werden. Bei dieser Abwägung kommt der im summarischen Verfahren zu beurteilenden Wahrscheinlichkeit der Berechtigung des geltend gemachten Anspruchs entscheidende Bedeutung zu. Zu beachten ist weiter, dass für den Schuldner die Möglichkeit besteht, die Berechtigung des Anspruchs ggf. auch in der zweiten Instanz durch das Hauptsacheverfahren (§ 52 Abs. 2) überprüfen zu lassen.

Die Frage, ob mit „kann" dem Gericht bei der Beurteilung des Regelungsbedürfnisses kein freies **Handlungsermessen** eingeräumt wird,[5] da es sich beim Regelungsbedürfnis um einen unbestimmten Rechtsbegriff handelt, kann dahinstehen, da ihr wegen

---

2 OLG Stuttgart 14.09.1999 – 15 WF 347/99 = FamRZ 2000, 965.
3 Zöller/Philippi § 644 ZPO Rn. 6a.
4 Zöller/Philippi § 620 ZPO Rn. 59; Schwab/Maurer/Borth 2004, Kap. I Rn. 878.
5 OLG Stuttgart 14.09.1999 – 15 WF 347/99 = FamRZ 2000, 965 m.w.N.

Abschnitt 9 Verfahren in Unterhaltssachen

der fehlenden Anfechtbarkeit der Anordnung sowie des relativ weiten Beurteilungsspielraums keine praktische Bedeutung zukommt.

6 Durch den Hinweis in **Abs. 2** auf die Notwendigkeit einer **mündlichen Verhandlung** vor der Entscheidung über den Anordnungsantrag für den Fall, dass dies zur Sachverhaltsaufklärung oder gütlichen Beilegung des Streits geboten erscheint, ergibt sich zunächst kein wesentlicher Unterschied zu den sonstigen einstweiligen Anordnungen, die gem. § 51 Abs. 2 Satz 2 ohne mündliche Verhandlung erlassen werden können, was jedoch wegen der eingeschränkten Aufklärungsmöglichkeit auf Verfahren beschränkt werden sollte, in denen eine einstweilige Regelung so dringend erforderlich ist, dass sie keinen Aufschub duldet. Da der Erlass von Unterhaltsanordnungen im Gegensatz zu sonstigen einstweiligen Anordnungen keine besondere Eilbedürftigkeit voraussetzt (Rn. 3), dürfte hier die vorherige mündliche Verhandlung der Regelfall sein, was auch der bisherigen überwiegenden Praxis zu § 644 ZPO entsprach. In der mündlichen Verhandlung können offen gebliebene Gesichtspunkte geklärt und in Unterhaltssachen nicht selten vorkommende Rechts- und Einschätzungsfragen erörtert werden. Die Verhandlungssituation erleichtert zudem das Zustandekommen von Vereinbarungen. In einfach gelagerten oder besonders eilbedürftigen Fällen kann eine Entscheidung auch ohne mündliche Verhandlung erfolgen. Es kommt dann auch in Betracht, den Notunterhalt in Höhe des Existenzminimums vorweg zu regeln und die Entscheidung über den weitergehenden Antrag erst nach mündlicher Verhandlung zu treffen.

7 Neben dem Regelungsbedürfnis ist der jeweilige Anspruch (Unterhalt, Kostenvorschuss) **glaubhaft zu machen** (§ 51 Abs. 1 Satz 2).[6] Da es sich um ein selbstständiges Verfahren handelt, ist die Entscheidung über den Anordnungsantrag mit einer **Kostenentscheidung** zu versehen (§ 51 Abs. 4, § 243).

§ 247 Einstweilige Anordnung vor Geburt des Kindes

(1) Im Wege der einstweiligen Anordnung kann bereits vor der Geburt des Kindes die Verpflichtung zur Zahlung des für die ersten drei Monate dem Kind zu gewährenden Unterhalts sowie des der Mutter nach § 1615l Abs.1 des Bürgerlichen Gesetzbuchs zustehenden Betrags geregelt werden.

(2) Hinsichtlich des Unterhalts für das Kind kann der Antrag auch durch die Mutter gestellt werden. § 1600d Abs. 2 und 3 des Bürgerlichen Gesetzbuchs gilt entsprechend. In den Fällen des Absatzes 1 kann auch angeordnet werden, dass der Betrag zu einem bestimmten Zeitpunkt vor der Geburt des Kindes zu hinterlegen ist.

I. Inhalt und Bedeutung der Norm

1 Vor der Geburt und vor Feststellung der Vaterschaft gem. § 1600d BGB konnte bislang Unterhalt für das Kind und dessen Mutter nur im Wege einer einstweiligen Verfügung

---

6 → § 51 Rn. 10.

gem. **§ 1615o BGB** geltend gemacht werden. Neben der Unabhängigkeit des Verfügungsverfahrens von der Anhängigkeit eines Hauptsacheverfahrens bestand die Besonderheit einer in diesem Verfahren erwirkten einstweiligen Verfügung in ihrer zeitlichen Beschränkung der Unterhaltsansprüche von Mutter und Kind.

Die Möglichkeit der Verfolgung und des Erlasses einer Unterhaltsanordnung bereits vor der Geburt des Kindes ist durch das FamFG übernommen worden, was insofern folgerichtig ist, als es sich um eine **verfahrensrechtliche Regelung** handelt. Ziel des Gesetzes ist es, im Interesse der Mutter und des Kindes die Zahlung des Unterhalts in der besonderen Situation kurz vor und nach der Geburt des Kindes in einem beschleunigten und möglichst einfach zu betreibenden Verfahren sicherzustellen.[1] Hinsichtlich des Gegenstands und des Umfangs der möglichen Anordnungen ist es bei dem bisherigen Rechtszustand geblieben.

II. Voraussetzungen und Inhalt der einstweiligen Anordnung

Im Gegensatz zu den einstweiligen Unterhaltsanordnungen nach § 246 und § 248, mit denen bei Vorliegen der jeweiligen Voraussetzungen ebenfalls Unterhalt für Mutter und Kind geltend gemacht werden kann, beschränkt sich der Gegenstand der einstweiligen Anordnungen auf die Unterhaltsansprüche des Kindes auf dessen erste drei Lebensmonate (§§ 1601 ff. BGB) und der Mutter auf sechs Wochen vor und acht Wochen nach der Geburt (§ 1615l Abs. 1 BGB). Für diesen Zeitraum kommt eine **Konkurrenz** der verschiedenen verfahrensrechtlichen Möglichkeiten, die einander nicht ausschließen, in Betracht.

Praktisch dürften sich die **Anwendungsbereiche der verschiedenen Anordnungsmöglichkeiten** durch die zeitliche Staffelung der Zulässigkeit der Antragstellung voneinander abheben. Während die Anordnung nach § 247 bereits vor Geburt des Kindes beantragt (und auch erlassen) werden kann, setzt die Anordnung nach § 248 die Anhängigkeit eines Vaterschaftsfeststellungsverfahrens voraus, das vor der Geburt des Kindes nicht möglich ist. Da Unterhalt mangels Regelungsbedürfnisses für die Vergangenheit erst ab Anhängigkeit des Antrags im Wege einer einstweiligen Anordnung zugesprochen werden kann, können hier frühestens ab der Geburt des Kindes Ansprüche verfolgt werden. Ob dem Verfahren nach § 248 ab diesem Zeitpunkt ein Vorrang im Sinne einer lex specialis zukommt,[2] dürfte demnach kaum von praktischer Bedeutung sein. Eine Anordnung nach § 246 setzt schließlich voraus, dass die Vaterschaft für das betreffende Kind bereits rechtskräftig festgestellt bzw. anerkannt worden ist, was in dem von § 247 betroffenen Zeitraum nur für den Fall eines Anerkenntnisses möglich ist. Neben den angesprochenen verschiedenen Unterhaltsanordnungen kommt noch zusammen mit der Feststellung der Vaterschaft die Feststellung der Verpflichtung des Vaters zur Zahlung des Mindestkindesunterhalts gem. § 237 in Betracht, die als Sonderform der Unterhaltsfestsetzung im vereinfachten Verfahren u.U. auch nur vorläufigen Charakter hat.

---
1 BT-Drs. 16/6308, S. 260.
2 So Zöller/Philippi § 641d ZPO Rn. 3 zu dem vergleichbaren Verhältnis von § 641d ZPO zu § 1615o BGB; a.A. Damrau FamRZ 1970, 294.

5   Die Mutter des Kindes ist nunmehr nicht erst ab Geburt des Kindes, sondern bereits vorher berechtigt, den Anordnungsantrag im Namen des Kindes zu stellen (Abs. 2 Satz 1). Damit entfällt die bisher bei vorgeburtlicher Geltendmachung des Kindesunterhalts erforderliche Pflegerbestellung für das Kind.

6   Die bereits in § 1615o BGB vorhandene Verweisung auf die **entsprechende Anwendung der Vaterschaftsvermutung** des § 1600d Abs. 2 BGB wird auch durch die Neuregelung übernommen (Abs. 2 Satz 2) und auf § 1600d Abs. 3 BGB ausgeweitet, wo der Zeitraum der möglichen Empfängniszeit bestimmt wird. Voraussetzung einer Inanspruchnahme des Antragsgegners als Vater des Kindes ist demnach die Glaubhaftmachung, dass der Antragsgegner in der gesetzlichen Empfängniszeit der Antragstellerin beigewohnt hat. Die dadurch begründete Vermutung nach § 1600 Abs. 2 Satz 1 BGB gilt nur dann nicht, wenn trotz der Beiwohnung in der Empfängniszeit schwerwiegende Zweifel an der Vaterschaft bestehen, was insbesondere bei begründeten Anhaltspunkten für Mehrverkehr in der gesetzlichen Empfängniszeit in Betracht kommt. Die für und gegen die Vermutung sprechenden Tatsachen sind von den Beteiligten gem. § 294 ZPO glaubhaft zu machen. Eine Darlegung der Gefährdung der geltend gemachten Ansprüche ist nach dem Regelungszweck (Rn. 2) nicht notwendig.[3]

7   Das Gericht kann mit der einstweiligen Anordnung bestimmen, dass der vom Antragsgegner für Mutter und Kind zu leistende Betrag zu einem bestimmten Zeitpunkt **vor der Geburt des Kindes zu hinterlegen** ist (Abs. 2 Satz 3). Damit wird dem Sicherungsinteresse von Mutter und Kind entsprochen.

§ 248 Einstweilige Anordnung bei Feststellung der Vaterschaft

(1) Ein Antrag auf Erlass einer einstweiligen Anordnung, durch den ein Mann auf Zahlung von Unterhalt für ein Kind oder dessen Mutter in Anspruch genommen wird, ist, wenn die Vaterschaft des Mannes nach § 1592 Nr. 1 und 2 oder § 1593 des Bürgerlichen Gesetzbuchs nicht besteht, nur zulässig, wenn ein Verfahren auf Feststellung der Vaterschaft nach § 1600d des Bürgerlichen Gesetzbuchs anhängig ist.

(2) Im Fall des Absatzes 1 ist das Gericht zuständig, bei dem das Verfahren auf Feststellung der Vaterschaft im ersten Rechtszug anhängig ist; während der Anhängigkeit beim Beschwerdegericht ist dieses zuständig.

(3) § 1600d Abs. 2 und 3 des Bürgerlichen Gesetzbuchs gilt entsprechend.

(4) Das Gericht kann auch anordnen, dass der Mann für den Unterhalt Sicherheit in bestimmter Höhe zu leisten hat.

(5) Die einstweilige Anordnung tritt auch außer Kraft, wenn der Antrag auf Feststellung der Vaterschaft zurückgenommen oder rechtskräftig zurückgewiesen worden ist. In diesem Fall hat derjenige, der die einstweilige Anordnung erwirkt hat, dem Mann den Schaden zu ersetzen, der ihm aus der Vollziehung der einstweiligen Anordnung entstanden ist.

---

3 Palandt/Diederichsen § 1615o BGB Rn. 1.

I. Inhalt und Bedeutung der Norm

Die Bestimmung betrifft den Hauptanwendungsfall der einstweiligen Regelung von Unterhalt für Kind und Mutter **vor Feststellung der Vaterschaft**, während § 247 den Sonderfall einer zeitlich begrenzten Inanspruchnahme des mutmaßlichen Vaters vor Feststellung der Vaterschaft betrifft. Zu der Konkurrenz der beiden Regelungen sowie außerdem zu der allgemeinen einstweiligen Unterhaltsanordnung gem. § 246 → § 247 Rn. 4. Die neue Bestimmung enthält wesentliche Elemente des aufgehobenen § 641d ZPO. Sie geht mit zusätzlichen neuen Regelungen teilweise über diese frühere Regelung hinaus.

II. Voraussetzungen der Unterhaltsanordnung

Zulässigkeitsvoraussetzung für eine einstweilige Anordnung vor rechtskräftiger Feststellung der Vaterschaft ist nach **Abs. 1** die **Anhängigkeit eines Verfahrens zur Feststellung der Vaterschaft** nach § 1600d BGB. Damit wird die Sperrwirkung des § 1600d Abs. 4 BGB durchbrochen, der es ohne ausdrückliche gesetzliche Regelung verbietet, Rechtsfolgen aus einer noch nicht festgestellten, d.h. mutmaßlichen bzw. behaupteten Vaterschaft herzuleiten. Da ein Feststellungsverfahren nach § 1600d Abs. 1 BGB nur zulässig ist, wenn keine Vaterschaft nach § 1592 Nr. 1, 2 BGB oder § 1593 BGB besteht, ist damit gleichzeitig die weitere Zulässigkeitsvoraussetzung nach Abs. 1 gegeben. Anders als nach dem früheren § 641d ZPO ist die Anhängigkeit des Feststellungsverfahrens erforderlich, so dass die Stellung eines PKH-Antrags für ein solches Verfahren nicht mehr ausreicht. Trotz dieser Abhängigkeit des Anordnungsverfahrens vom Abstammungsverfahren bleibt es bei der **verfahrensrechtlichen Selbstständigkeit des Anordnungsverfahrens**. Das bedeutet, dass ein Hauptsacheverfahren weder in Form eines selbstständigen Unterhaltsverfahrens noch in Form eines Antrags gem. § 237 im Vaterschaftsfeststellungsverfahren erforderlich ist.

Zuständig ist das Gericht, bei dem das Abstammungsverfahren anhängig ist, d.h. entweder das erstinstanzliche FamG oder das Beschwerdegericht, soweit der Anordnungsantrag nach Einlegung der Beschwerde gestellt wird. Die Konzentration der Entscheidungszuständigkeit bei einem Gericht entspricht der Verfahrensökonomie.

Die nach Abs. 3 geltende entsprechende Anwendbarkeit des § 1600d Abs. 2, 3 BGB führt zur Anwendung der für das Abstammungsverfahren maßgeblichen **Vaterschaftsvermutung** auf das Anordnungsverfahren. Für dieses ist daher davon auszugehen, dass der Mann, welcher der Mutter des Kindes innerhalb der gesetzlichen Empfängniszeit beigewohnt hat, der Vater des Kindes ist, soweit vom Antragsgegner nicht Tatsachen glaubhaft gemacht werden, die schwerwiegende Zweifel gegen die Richtigkeit der gesetzlichen Vermutung begründen. Ist die Beiwohnung in der gesetzlichen Empfängniszeit streitig, so ist diese von der Antragstellerseite gem. § 294 ZPO glaubhaft zu machen.

Die in Abs. 4 vorgesehene Möglichkeit der **Anordnung der Leistung einer Sicherheit** entspricht dem bisherigen § 641d Abs. 1 Satz 2 ZPO. Sie setzt nicht die Gefahr voraus, dass Unterhaltsansprüche in Zukunft voraussichtlich überhaupt nicht mehr zu verwirklichen sein werden.[1] Die Sicherheitsleistung soll den späteren Schuldner im Allgemeinen vor den Folgen einer Rückstandshaftung bewahren, nicht aber seine Haftung hierfür vorverlagern.[2] Die Notwendigkeit einer Sicherheitsleistung entfällt nicht dadurch, dass das Kind staatliche Leistungen nach dem UVG erhält, die kraft Gesetzes einen Rechtsübergang zur Folge haben.[3]

III. Außerkrafttreten der Anordnung, Schadensersatzpflicht (Abs. 5)

6   Das **Außerkrafttreten** einer Unterhaltsordnung richtet sich zunächst nach den allgemeinen Bestimmungen für einstweilige Anordnungen. Nach § 56 ist dies der Fall beim Wirksamwerden einer anderweitigen Regelung bzw. mit Beendigung eines inhaltsgleichen Hauptsacheverfahrens betreffend die endgültige Regelung des Unterhalts, wobei die Anhängigkeit eines solchen Verfahrens wegen der Selbstständigkeit des Anordnungsverfahrens nicht zwingend ist. Abs. 5 Satz 1 ergänzt diese allgemeine Regelung für das Anordnungsverfahren nach § 248 dahin, dass bei **Rücknahme bzw. rechtskräftiger Zurückweisung des Antrags auf Feststellung der Vaterschaft** des Antragsgegners eine erlassene einstweilige Anordnung außer Kraft tritt. Das entspricht der trotz ihrer Selbstständigkeit bestehenden Abhängigkeit beider Verfahren (Rn. 2).

7   Die **Schadensersatzpflicht** des Antragstellers bei einer Rücknahme bzw. rechtskräftiger Zurückweisung seines Antrags auf Feststellung der Vaterschaft entspricht dem bisherigen § 641g ZPO, der wiederum an die Regelung in § 717 Abs. 2, § 945 ZPO angelehnt war. Der Antragsgegner kann den Ersatz seines durch Zahlung auf die Unterhaltsanordnung sowie durch Sicherheitsleistung entstandenen Schadens verlangen. Sobald der wirkliche Vater des Kindes festgestellt ist, hat der zu Unrecht in Anspruch genommene Mann einen Ersatzanspruch gegen den Vater. Dieser Ausgleichsanspruch ist im Wege des Vorteilsausgleichs beim Schadensersatzanspruch gegen den Antragsteller des Anordnungsverfahrens zu berücksichtigen. Dagegen ergibt sich hieraus mangels eines Haftungsvorrangs keine Verpflichtung des Geschädigten, mit der Geltendmachung des Ersatzanspruchs bis zu Feststellung des wirklichen Vaters zu warten.[4]

---

1 Zöller/Philippi § 641d ZPO Rn. 12.
2 OLG Düsseldorf 15.12.1993 – 3 W 544/93 = FamRZ 1994, 840.
3 OLG Düsseldorf 25.06.1993 – 3 W 243/93 = FamRZ 1994, 111; a.A. OLG Karlsruhe 16.11.1989 – 4 U 253/88 = FamRZ 1990, 422.
4 Zöller/Philippi § 641g ZPO Rn. 1.

Unterabschnitt 3
Vereinfachtes Verfahren über den Unterhalt Minderjähriger

(§ 249 – § 260)

Vorbemerkung § 249

Das vereinfachte Verfahren bietet neben dem Mahnverfahren, das auf die Titulierung fälligen Unterhalts beschränkt ist, die Möglichkeit der schnellen Schaffung eines Vollstreckungstitels zur Sicherung des Unterhalts eines minderjährigen Kindes. Die Besonderheit des Verfahrens ist die Beschränkung hinsichtlich der Höhe des Anspruchs einerseits und der Berücksichtigung von Einwendungen des Unterhaltsschuldners andererseits.

Die in §§ 249 bis 260 vorgenommene Neuregelung des vereinfachten Verfahrens **entspricht mit wenigen Ausnahmen der bisherigen Regelung in §§ 645 ff. ZPO**. Die vereinfachte Titulierung von Minderjährigenunterhalt im Rahmen eines Verfahrens zur Vaterschaftsfeststellung in dem früheren § 653 ZPO ist durch eine modifizierte und erweiterte Regelung außerhalb des vereinfachten Verfahrens in § 237 ersetzt worden.

Die unterschiedlichen Abänderungsmöglichkeiten von Titeln aus dem vereinfachten Verfahren sind teilweise aufgegeben und teilweise in den Bereich des allgemeinen Unterhaltsverfahrensrechts verlagert worden. Aufgegeben worden sind wegen der geringen praktischen Bedeutung und auch zur Straffung des Verfahrens die Abänderungsmöglichkeiten nach §§ 655, 656 ZPO bei Änderungen der zu berücksichtigenden kindbezogenen Leistungen. Es soll dem Unterhaltsschuldner, dessen Unterhaltspflicht durch die in der Regel erfolgende Erhöhung dieser Leistungen reduziert wird, zuzumuten sein, eine Änderung des Titels erst beim Überschreiten der Wesentlichkeitsgrenze für ein Abänderungsverfahren nach den §§ 238 bis 240 verfolgen zu können.

Der Ablauf des vereinfachten Verfahrens stellt sich im Überblick wie folgt dar:

Abschnitt 9 Verfahren in Unterhaltssachen

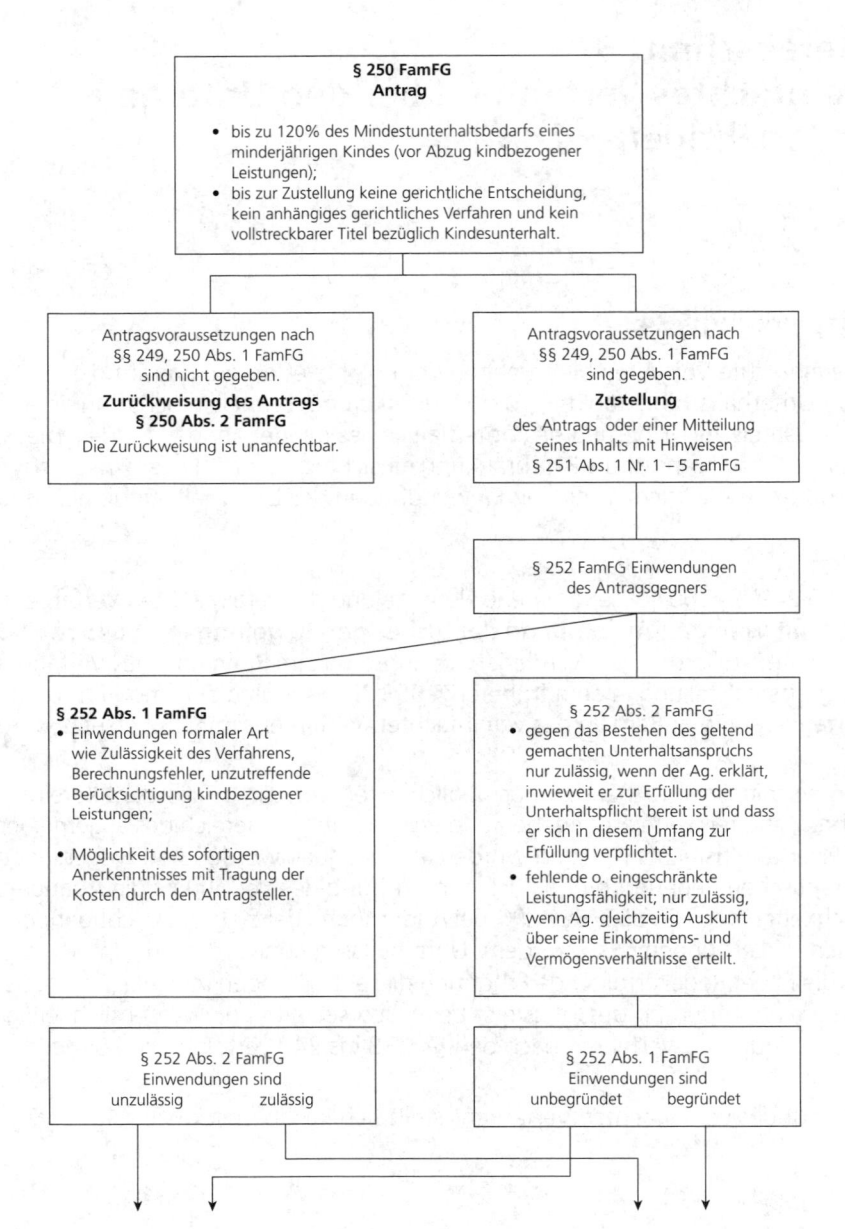

**§ 250 FamFG
Antrag**

- bis zu 120% des Mindestunterhaltsbedarfs eines minderjährigen Kindes (vor Abzug kindbezogener Leistungen);
- bis zur Zustellung keine gerichtliche Entscheidung, kein anhängiges gerichtliches Verfahren und kein vollstreckbarer Titel bezüglich Kindesunterhalt.

Antragsvoraussetzungen nach §§ 249, 250 Abs. 1 FamFG sind nicht gegeben.
Zurückweisung des Antrags § 250 Abs. 2 FamFG
Die Zurückweisung ist unanfechtbar.

Antragsvoraussetzungen nach §§ 249, 250 Abs. 1 FamFG sind gegeben.
Zustellung
des Antrags oder einer Mitteilung seines Inhalts mit Hinweisen § 251 Abs. 1 Nr. 1 – 5 FamFG

---

§ 252 FamFG Einwendungen des Antragsgegners

---

§ 252 Abs. 1 FamFG
- Einwendungen formaler Art wie Zulässigkeit des Verfahrens, Berechnungsfehler, unzutreffende Berücksichtigung kindbezogener Leistungen;
- Möglichkeit des sofortigen Anerkenntnisses mit Tragung der Kosten durch den Antragsteller.

§ 252 Abs. 2 FamFG
- gegen das Bestehen des geltend gemachten Unterhaltsanspruchs nur zulässig, wenn der Ag. erklärt, inwieweit er zur Erfüllung der Unterhaltspflicht bereit ist und dass er sich in diesem Umfang zur Erfüllung verpflichtet.
- fehlende o. eingeschränkte Leistungsfähigkeit; nur zulässig, wenn Ag. gleichzeitig Auskunft über seine Einkommens- und Vermögensverhältnisse erteilt.

---

§ 252 Abs. 2 FamFG
Einwendungen sind
unzulässig   zulässig

§ 252 Abs. 1 FamFG
Einwendungen sind
unbegründet   begründet

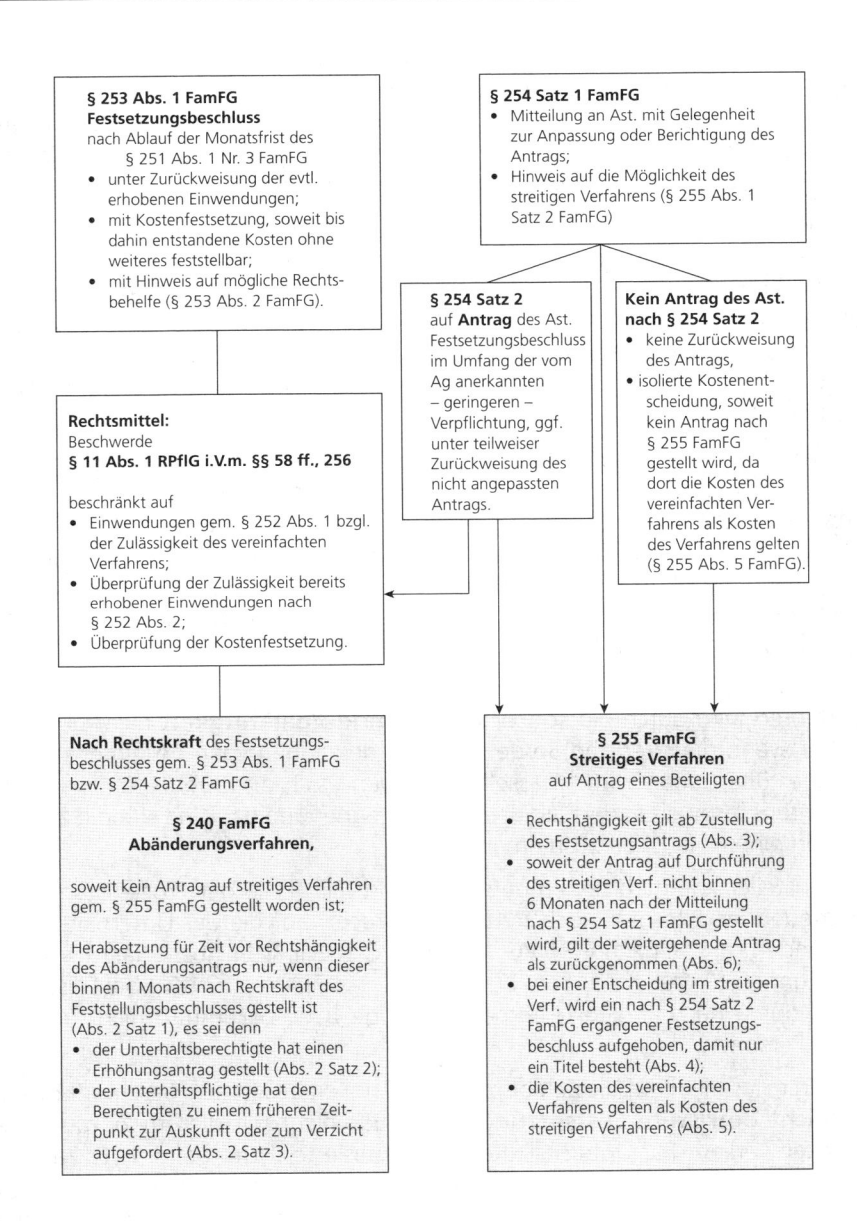

§ 253 Abs. 1 FamFG
Festsetzungsbeschluss
nach Ablauf der Monatsfrist des
§ 251 Abs. 1 Nr. 3 FamFG
- unter Zurückweisung der evtl. erhobenen Einwendungen;
- mit Kostenfestsetzung, soweit bis dahin entstandene Kosten ohne weiteres feststellbar;
- mit Hinweis auf mögliche Rechtsbehelfe (§ 253 Abs. 2 FamFG).

Rechtsmittel:
Beschwerde
§ 11 Abs. 1 RPflG i.V.m. §§ 58 ff., 256

beschränkt auf
- Einwendungen gem. § 252 Abs. 1 bzgl. der Zulässigkeit des vereinfachten Verfahrens;
- Überprüfung der Zulässigkeit bereits erhobener Einwendungen nach § 252 Abs. 2;
- Überprüfung der Kostenfestsetzung.

§ 254 Satz 1 FamFG
- Mitteilung an Ast. mit Gelegenheit zur Anpassung oder Berichtigung des Antrags;
- Hinweis auf die Möglichkeit des streitigen Verfahrens (§ 255 Abs. 1 Satz 2 FamFG)

§ 254 Satz 2
auf **Antrag** des Ast.
Festsetzungsbeschluss im Umfang der vom Ag anerkannten – geringeren – Verpflichtung, ggf. unter teilweiser Zurückweisung des nicht angepassten Antrags.

Kein Antrag des Ast. nach § 254 Satz 2
- keine Zurückweisung des Antrags,
- isolierte Kostenentscheidung, soweit kein Antrag nach § 255 FamFG gestellt wird, da dort die Kosten des vereinfachten Verfahrens als Kosten des Verfahrens gelten (§ 255 Abs. 5 FamFG).

Nach Rechtskraft des Festsetzungsbeschlusses gem. § 253 Abs. 1 FamFG bzw. § 254 Satz 2 FamFG

§ 240 FamFG
Abänderungsverfahren,

soweit kein Antrag auf streitiges Verfahren gem. § 255 FamFG gestellt worden ist;

Herabsetzung für Zeit vor Rechtshängigkeit des Abänderungsantrags nur, wenn dieser binnen 1 Monats nach Rechtskraft des Feststellungsbeschlusses gestellt ist (Abs. 2 Satz 1), es sei denn
- der Unterhaltsberechtigte hat einen Erhöhungsantrag gestellt (Abs. 2 Satz 2);
- der Unterhaltspflichtige hat den Berechtigten zu einem früheren Zeitpunkt zur Auskunft oder zum Verzicht aufgefordert (Abs. 2 Satz 3).

§ 255 FamFG
Streitiges Verfahren
auf Antrag eines Beteiligten

- Rechtshängigkeit gilt ab Zustellung des Festsetzungsantrags (Abs. 3);
- soweit der Antrag auf Durchführung des streitigen Verf. nicht binnen 6 Monaten nach der Mitteilung nach § 254 Satz 1 FamFG gestellt wird, gilt der weitergehende Antrag als zurückgenommen (Abs. 6);
- bei einer Entscheidung im streitigen Verf. wird ein nach § 254 Satz 2 FamFG ergangener Festsetzungsbeschluss aufgehoben, damit nur ein Titel besteht (Abs. 4);
- die Kosten des vereinfachten Verfahrens gelten als Kosten des streitigen Verfahrens (Abs. 5).

§ 249 Statthaftigkeit des vereinfachten Verfahrens

(1) Auf Antrag wird der Unterhalt eines minderjährigen Kindes, das mit dem in Anspruch genommenen Elternteil nicht in einem Haushalt lebt, im vereinfachten Verfahren festgesetzt, soweit der Unterhalt vor Berücksichtigung der Leistungen nach § 1612b oder § 1612c des Bürgerlichen Gesetzbuchs das 1,2fache des Mindestunterhalts nach § 1612a Abs. 1 des Bürgerlichen Gesetzbuchs nicht übersteigt.

(2) Das vereinfachte Verfahren ist nicht statthaft, wenn zum Zeitpunkt, in dem der Antrag oder eine Mitteilung über seinen Inhalt dem Antragsgegner zugestellt wird, über den Unterhaltsanspruch des Kindes entweder ein Gericht entschieden hat, ein gerichtliches Verfahren anhängig ist oder ein zur Zwangsvollstreckung geeigneter Schuldtitel errichtet worden ist.

1 Das vereinfachte Verfahren ist beschränkt auf die Titulierung von Unterhaltsansprüchen minderjähriger Kinder gegen Eltern, die nicht mit ihnen zusammen in einem Haushalt leben. Antragsteller ist vor allem das Kind, dessen **Vertretung** sich nach § 1629 Abs. 1 Satz 3 BGB (durch den allein sorgeberechtigten Elternteil) bzw. bei gemeinsamer Sorge der Eltern nach § 1629 Abs. 2 Satz 2 BGB (durch den Elternteil, in dessen Obhut sich das Kind befindet) oder bei der Einrichtung einer Beistandschaft nach § 1712 Abs. 1 Nr. 2 BGB richtet.

2 Leben die verheirateten Eltern getrennt oder ist zwischen ihnen eine Ehesache anhängig, so kann der Elternteil, in dessen Obhut sich das Kind befindet, den Antrag nur im eigenen Namen stellen, da ein Fall der gesetzlichen **Prozessstandschaft** gem. § 1629 Abs. 3 Satz 1 BGB vorliegt. Die Rechtskraft der Scheidung hat auf den Fortbestand der einmal gegebenen Prozessstandschaft keinen Einfluss.[1] Wird das Kind dagegen während des Verfahrens volljährig, so erlischt die Prozessstandschaft, und das Kind hat über den Fortgang des Verfahrens zu entscheiden und dieses ggf. selbst weiterzuführen.[2]

3 Das Verfahren wird durch die **später eintretende Volljährigkeit** nicht unzulässig,[3] wohl aber wenn die elterliche Sorge während des anhängigen Verfahrens dem Antragsgegner übertragen wird.[4] Dasselbe gilt, wenn sich die Obhutsituation während des Verfahrens insoweit ändert, als der Antragsgegner und das Kind ständig zumindest teilweise in einem Haushalt zusammen leben.[5]

4 Als Antragsteller kommen neben dem Kind und – im Falle der Prozessstandschaft – dem betreuenden Elternteil auch **Dritte** in Betracht, auf die der Unterhaltsanspruch übergegangen ist, z.B. nach § 7 UVG, § 33 Abs. 2 SGB II, § 94 Abs. 1 Satz 1 SGB XII bei Sozialleistungen für das Kind, aber auch nach § 1607 Abs. 2, 3 BGB bei Leistung von Unterhalt durch nachrangige Unterhaltspflichtige bzw. bestimmte nicht unterhaltspflichtige Personen.[6]

5 Der Antrag muss nicht auf die Zeit bis zur Volljährigkeit des Kindes beschränkt werden, da der **nicht befristete Festsetzungsbeschluss** nicht mit diesem Zeitpunkt seine Wirksamkeit verliert. Für Unterhaltstitel in dynamisierter Form gem. § 1612a BGB ergibt sich dies aus § 244, der dem bisherigen § 798a ZPO entspricht. Hieraus kann nicht im Umkehrschluss eine Unwirksamkeit von statischen Titeln ab Volljährigkeit gefolgert werden, da diese Titel ohne eine ausdrückliche Beschränkung wegen der Identität des Unterhalts von minderjährigen und volljährigen Kindern immer über die Volljährigkeit hinaus wirksam bleiben.[7]

---

[1] BGH 15.11.1989 – IVb ZR 3/89 = FamRZ 1990, 283.
[2] OLG Köln 29.09.1999 – 27 UF 189/99 = FamRZ 2000, 678.
[3] BGH 21.12.2005 – XII ZB 258/03 = FamRZ 2006, 402.
[4] OLG Karlsruhe 25.04.2000 – 2 WF 30/00 = FamRZ 2001, 767.
[5] OLG Celle 11.02.2003 – 15 WF 20/03 = FamRZ 2003, 1475.
[6] BGH 21.12.2005 – XII ZB 258/03 = FamRZ 2006, 402 m.w.N. auch zur Gegenmeinung.
[7] OLG Hamm 02.08.2007 – 7 WF 140/07 = FamRZ 2008, 291; Gottwald FamRZ 2001, 766; Stollenwerk FamRZ 2006, 873.

Der Unterhaltsbetrag, der sowohl in statischer als auch in dynamischer Form geltend gemacht und tituliert werden kann, ist der Höhe nach – vor Abzug der bedarfsdeckend zu berücksichtigenden kindbezogenen Leistungen – auf **120 % des Mindestunterhaltsbetrags** nach § 1612a BGB beschränkt. Weitergehender Unterhalt kann nach Rechtskraft des Festsetzungsbeschlusses nach § 253 im Wege der Abänderung gem. § 240 verfolgt werden. Im Übrigen ist der Berechtigte in seiner Entscheidung darüber frei, ob er die Titulierung des Unterhalts im normalen Unterhaltsverfahren oder im vereinfachten Verfahren wählt. Die Möglichkeit eines vereinfachten Verfahrens lässt wegen seiner besonderen Funktion, die dem Mahnverfahren vergleichbar ist, das Rechtsschutzbedürfnis für das normale Unterhaltsverfahren nicht entfallen.[8]

Das vereinfachte Verfahren steht **nur zur erstmaligen Titulierung des Unterhalts** zur Verfügung. Daher lässt Abs. 2 ein vereinfachtes Verfahren neben einem anhängigen normalen Unterhaltsverfahren bzw. zur Abänderung einer bereits ergangenen Sachentscheidung über den Unterhaltsanspruch nicht zu. Hieraus folgt andererseits, dass ein in einem Unterhaltsverfahren anhängiger Auskunftsanspruch oder ein als unzulässig verworfener Leistungsantrag[9] der Verfolgung des Unterhaltsanspruchs im vereinfachten Verfahren ebenso wenig entgegensteht wie ein gem. § 252 als unzulässig zurückgewiesener Antrag im vereinfachten Verfahren. Für das Vorliegen eines entgegenstehenden anhängigen Unterhaltsverfahrens ist **maßgeblicher Zeitpunkt** der der Zustellung des Antrags im vereinfachten Verfahren oder der sonstigen Mitteilung seines Inhalts (z.B. im PKH-Verfahren) an den Antragsgegner.

Da derselbe Zeitpunkt auch für das **Vorliegen eines vollstreckbaren Unterhaltstitels** gilt, wird verhindert, dass der Antragsgegner durch die Errichtung eines Titels über einen niedrigeren Unterhaltsbetrag nachträglich die Zulässigkeit des vereinfachten Verfahrens beeinflussen kann. Hinsichtlich der Berücksichtigung solcher nach Einleitung des Verfahrens errichteter Titel bei der Titulierung im vereinfachten Verfahren → § 254 Rn. 2.

§ 250 Antrag

(1) Der Antrag muss enthalten:

1. die Bezeichnung der Beteiligten, ihrer gesetzlichen Vertreter und der Verfahrensbevollmächtigten;
2. die Bezeichnung des Gerichts, bei dem der Antrag gestellt wird;
3. die Angabe des Geburtsdatums des Kindes;
4. die Angabe, ab welchem Zeitpunkt Unterhalt verlangt wird;
5. für den Fall, dass Unterhalt für die Vergangenheit verlangt wird, die Angabe, wann die Voraussetzungen des § 1613 Abs. 1 oder Abs. 2 Nr. 2 des Bürgerlichen Gesetzbuchs eingetreten sind;

---

[8] OLG Naumburg 29.10.1999 – 3 WF 169/99 = FamRZ 2001, 924, wo außerdem eine Mutwilligkeit im Rahmen der PKH verneint wird.
[9] Nach OLG Naumburg 27.06.2001 – 8 WF 185/00 = FamRZ 2002, 329 soll dies auch bei einer für den Berechtigten positiven Sachentscheidung gelten, der mangels Bestimmtheit die Vollstreckbarkeit fehlt.

6. die Angabe der Höhe des verlangten Unterhalts;
7. die Angaben über Kindergeld und andere zu berücksichtigende Leistungen (§ 1612b oder § 1612c des Bürgerlichen Gesetzbuchs);
8. die Erklärung, dass zwischen dem Kind und dem Antragsgegner ein Eltern-Kind-Verhältnis nach den §§ 1591 bis 1593 des Bürgerlichen Gesetzbuchs besteht;
9. die Erklärung, dass das Kind nicht mit dem Antragsgegner in einem Haushalt lebt;
10. die Angabe der Höhe des Kindeseinkommens;
11. eine Erklärung darüber, ob der Anspruch aus eigenem, aus übergegangenem oder rückabgetretenem Recht geltend gemacht wird;
12. die Erklärung, dass Unterhalt nicht für Zeiträume verlangt wird, für die das Kind Hilfe nach dem Zwölften Buch Sozialgesetzbuch, Sozialgeld nach dem Zweiten Buch Sozialgesetzbuch, Hilfe zur Erziehung oder Eingliederungshilfe nach dem Achten Buch Sozialgesetzbuch, Leistungen nach dem Unterhaltsvorschussgesetz oder Unterhalt nach § 1607 Abs. 2 oder Abs. 3 des Bürgerlichen Gesetzbuchs erhalten hat, oder, soweit Unterhalt aus übergegangenem Recht oder nach § 94 Abs. 4 Satz 2 des Zwölften Buches Sozialgesetzbuch, § 33 Abs. 2 Satz 4 des Zweiten Buches Sozialgesetzbuch oder § 7 Abs. 4 Satz 1 des Unterhaltsvorschussgesetzes verlangt wird, die Erklärung, dass der beantragte Unterhalt die Leistung an oder für das Kind nicht übersteigt;
13. die Erklärung, dass die Festsetzung im vereinfachten Verfahren nicht nach § 249 Abs. 2 ausgeschlossen ist.

(2) Entspricht der Antrag nicht den in Absatz 1 und den in § 249 bezeichneten Voraussetzungen, ist er zurückzuweisen. Vor der Zurückweisung ist der Antragsteller zu hören. Die Zurückweisung ist nicht anfechtbar.

(3) Sind vereinfachte Verfahren anderer Kinder des Antragsgegners bei dem Gericht anhängig, hat es die Verfahren zum Zweck gleichzeitiger Entscheidung zu verbinden.

1 Die Vorschrift entspricht dem bisherigen § 646 ZPO. Beim vereinfachten Verfahren handelt es sich um ein schematisierendes und standardisiertes Verfahren (vgl. Formularzwang nach § 259 Abs. 2), das die **genaue Einhaltung der formellen gesetzlichen Anforderungen**, wie sie insbesondere in Abs. 1 zum Ausdruck kommen, erfordert. Ansonsten sieht Abs. 2 die Zurückweisung des Antrags vor.

2 Die **örtliche Zuständigkeit** des Gerichts, an das der Antrag zu richten ist (Abs. 1 Nr. 2), folgt aus § 232 Abs. 1 Nr. 2. Danach ist der gewöhnliche Aufenthalt des Kindes bzw. des für das Kind handelnden Elternteils maßgeblich. Von der Konzentration der Entscheidungsbefugnis beim Gericht der Ehesache nach § 232 Abs. 1 Nr. 1 ist das vereinfachte Verfahren ausdrücklich ausgenommen.

3 Der Antrag kann bis zum Erlass des Festsetzungsbeschlusses ohne Zustimmung des Antragsgegners **zurückgenommen** werden.[1] Hinsichtlich der Geltendmachung von

---

[1] Zöller/Philippi § 646 ZPO Rn. 1 in Analogie zu der für das Mahnverfahren geltenden Regelung in § 696 ZPO.

Unterhalt für die Vergangenheit gelten die allgemeinen Regelungen über die rückwirkende Inanspruchnahme des Schuldners nach § 1613 Abs. 1 BGB, d.h. frühestens vom 1. des Monats an, in dem der Berechtigte den Pflichtigen zur Geltendmachung von Unterhalt zur Auskunftserteilung aufgefordert hat. **Zinsen** können ab dem Zeitpunkt der Zustellung des Festsetzungsantrags auf den zu diesem Zeitpunkt rückständigen Unterhalt, nicht dagegen für künftig fälligen Unterhalt verlangt werden.[2]

Die Titulierung kann sowohl **in statischer als auch in dynamisierter Form** (§ 1612a Abs. 1 Satz 1 BGB) verlangt werden. Die Berechtigung der Höhe des geforderten Unterhalts muss der Antragsteller nicht nur bei Forderung des Mindestunterhalts (100 %), sondern auch bei einem Betrag bis zum Höchstsatz von 120 % nicht darlegen, da die Darlegungslast im vereinfachten Verfahren auch insoweit auf den Pflichtigen, der sich auf mangelnde Leistungsfähigkeit beruft, verlagert ist.

4

Mit der Erklärung darüber, ob der Anspruch aus eigenem, übergegangenem oder rückabgetretenem Recht geltend gemacht wird (Abs. 1 Nr. 11), soll Klarheit über die **Aktivlegitimation** im Verfahren geschaffen werden. Die nach Abs. 1 Nr. 12 verlangte Erklärung des Antragstellers soll ausschließen, dass der Unterhalt für das Kind für Zeiten tituliert wird, in denen dieses öffentliche Leistungen (nach SGB II, SGB XII, UVG) oder Leistungen Dritter (§ 1607 Abs. 2, 3 BGB), auf welche die Ansprüche übergegangen sind, erhalten hat und diese Leistungen den Unterhaltsanspruch nicht unterschreiten. Wird dagegen die Titulierung des übergegangenen Anspruchs verfolgt, muss von den antragstellenden Dritten klargestellt werden, dass die erbrachten Leistungen für den jeweiligen Monat den beantragten Unterhaltsbetrag nicht unterschreiten. Der Träger öffentlicher Leistungen kann unter der Voraussetzung, dass die Leistungen für das Kind auch zukünftig erbracht werden, den Unterhaltsanspruch im Umfang dieser Leistungen für die Zukunft titulieren lassen.[3]

5

Die **Zurückweisung des Antrags** wegen nicht behebbarer bzw. nach Hinweis an den Antragsteller nicht behobener Mängel ist nicht mit einem Rechtsmittel anfechtbar (Abs. 2 Satz 3). Dies schließt jedoch nicht den Rechtsbehelf der **befristeten Erinnerung** nach § 11 Abs. 2 Satz 1 RPflG aus,[4] über die der Familienrichter nach Nichtabhilfe durch den Rechtspfleger abschließend entscheidet.[5] Eine Ausnahme gilt für den Fall der **teilweisen Zurückweisung** des Antrags und des teilweisen Stattgebens. Zur Vermeidung einer sonst auseinanderfallenden Entscheidungskompetenz (Erinnerung bezüglich Zurückweisung, Beschwerde bezüglich stattgebendem Feststellungsbeschluss) und evtl. widersprüchlicher Entscheidungen ist hier einheitlich das Rechtsmittel der Beschwerde gem. §§ 58 ff., 256 gegeben.[6]

6

---

2 BGH 28.02.2008 – XII ZB 34/05 = FamRZ 2008, 1428.
3 OLG Zweibrücken 18.07.2003 – 6 WF 26/03 = FamRZ 2004, 1796.
4 OLG Zweibrücken 18.07.2003 – 6 WF 26/03 = FamRZ 2004, 1796.
5 BGH 28.05.2008 – XII ZB 104/06 = FamRZ 2008, 1433.
6 BGH 28.05.2008 – XII ZB 34/05 = FamRZ 2008, 1428.

§ 251 Maßnahmen des Gerichts

(1) Erscheint nach dem Vorbringen des Antragstellers das vereinfachte Verfahren zulässig, verfügt das Gericht die Zustellung des Antrags oder einer Mitteilung über seinen Inhalt an den Antragsgegner. Zugleich weist es ihn darauf hin,

1. ab welchem Zeitpunkt und in welcher Höhe der Unterhalt festgesetzt werden kann; hierbei sind zu bezeichnen:
   a) die Zeiträume nach dem Alter des Kindes, für das die Festsetzung des Unterhalts nach dem Mindestunterhalt der ersten, zweiten und dritten Altersstufe in Betracht kommt;
   b) im Fall des § 1612a des Bürgerlichen Gesetzbuchs auch der Prozentsatz des jeweiligen Mindestunterhalts;
   c) die nach § 1612b oder § 1612c des Bürgerlichen Gesetzbuchs zu berücksichtigenden Leistungen;
2. dass das Gericht nicht geprüft hat, ob der verlangte Unterhalt das im Antrag angegebene Kindeseinkommen berücksichtigt;
3. dass über den Unterhalt ein Festsetzungsbeschluss ergehen kann, aus dem der Antragsteller die Zwangsvollstreckung betreiben kann, wenn er nicht innerhalb eines Monats Einwendungen in der vorgeschriebenen Form erhebt;
4. welche Einwendungen nach § 252 Abs. 1 und 2 erhoben werden können, insbesondere, dass der Einwand eingeschränkter oder fehlender Leistungsfähigkeit nur erhoben werden kann, wenn die Auskunft nach § 252 Abs. 2 Satz 3 in Form eines vollständig ausgefüllten Formulars erteilt wird und Belege über die Einkünfte beigefügt werden;
5. dass die Einwendungen, wenn Formulare eingeführt sind, mit einem Formular der beigefügten Art erhoben werden müssen, das auch bei jedem Amtsgericht erhältlich ist.

Ist der Antrag im Ausland zuzustellen, bestimmt das Gericht die Frist nach Satz 2 Nr. 3.

(2) § 167 der Zivilprozessordnung gilt entsprechend.

1 Die Vorschrift entspricht dem bisherigen § 647 ZPO. Die nach Abs. 1 neben der Veranlassung der **Zustellung** des Antrags an den Antragsgegner wesentliche Aufgabe für das Gericht (Rechtspfleger) ist die **Mitteilung an den Antragsgegner**, ab wann und in welcher Höhe – evtl. abweichend vom Antrag – der Unterhalt festgesetzt werden kann. Die übrigen Hinweise, insbesondere die dem Antragsgegner möglichen Einwendungen, erfolgen in der Praxis formularmäßig.

2 Wegen der schwerwiegenden Folgen, die für den Antragsgegner mit einer nicht ordnungsgemäßen Antragserwiderung verbunden sind, ist eine genaue Beachtung der Bestimmungen über die Belehrung durch das Gericht einschließlich der Übersendung des amtlichen Vordrucks erforderlich.[1] Unterbleibt die nach Abs. 1 gebotene Beleh-

---
1 OLG Oldenburg 19.03.2001 – 12 UFH 1/01 = FamRZ 2001, 1078.

rung bzw. lässt sich die genaue Beachtung der Vorschrift nicht feststellen, liegt darin ein schwerwiegender Verfahrensmangel.[2] Soweit ein im Ausland lebender Antragsgegner der deutschen Sprache nicht mächtig ist, dürfte sich das vereinfachte Verfahren wegen der nicht möglichen ausreichenden Belehrung verbieten.[3]

§ 252 Einwendungen des Antragsgegners

(1) Der Antragsgegner kann Einwendungen geltend machen gegen
1. die Zulässigkeit des vereinfachten Verfahrens,
2. den Zeitpunkt, von dem an Unterhalt gezahlt werden soll,
3. die Höhe des Unterhalts, soweit er geltend macht, dass
   a) die nach dem Alter des Kindes zu bestimmenden Zeiträume, für die der Unterhalt nach dem Mindestunterhalt der ersten, zweiten und dritten Altersstufe festgesetzt werden soll, oder der angegebene Mindestunterhalt nicht richtig berechnet sind;
   b) der Unterhalt nicht höher als beantragt festgesetzt werden darf;
   c) Leistungen der in § 1612b oder § 1612c des Bürgerlichen Gesetzbuchs bezeichneten Art nicht oder nicht richtig berücksichtigt worden sind.

Ferner kann er, wenn er sich sofort zur Erfüllung des Unterhaltsanspruchs verpflichtet, hinsichtlich der Verfahrenskosten geltend machen, dass er keinen Anlass zur Stellung des Antrags gegeben hat. Nicht begründete Einwendungen nach Satz 1 Nr. 1 und 3 weist das Gericht mit dem Festsetzungsbeschluss zurück, ebenso eine Einwendung nach Satz 1 Nr. 2, wenn ihm diese nicht begründet erscheint.

(2) Andere Einwendungen kann der Antragsgegner nur erheben, wenn er zugleich erklärt, inwieweit er zur Unterhaltsleistung bereit ist und dass er sich insoweit zur Erfüllung des Unterhaltsanspruchs verpflichtet. Den Einwand der Erfüllung kann der Antragsgegner nur erheben, wenn er zugleich erklärt, inwieweit er geleistet hat und dass er sich verpflichtet, einen darüber hinausgehenden Unterhaltsrückstand zu begleichen. Den Einwand eingeschränkter oder fehlender Leistungsfähigkeit kann der Antragsgegner nur er- heben, wenn er zugleich unter Verwendung des eingeführten Formulars Auskunft über

1. seine Einkünfte,
2. sein Vermögen und
3. seine persönlichen und wirtschaftlichen Verhältnisse im Übrigen

erteilt und über seine Einkünfte Belege vorlegt.

(3) Die Einwendungen sind nur zu berücksichtigen, solange der Festsetzungsbeschluss nicht verfügt ist.

---
[2] OLG Schleswig 03.03.2003 – 10 UF 251/02 = OLGR 2003, 252.
[3] OLG Frankfurt 03.01.2001 – 6 WF 237/00 = JAmt 2001, 244.

Abschnitt 9 Verfahren in Unterhaltssachen

1   Die Vorschrift entspricht dem bisherigen § 648 ZPO. Die dem Antragsgegner möglichen Einwendungen gegen den Festsetzungsantrag unterscheiden sich nach den **eher formalen Einwendungen nach Abs. 1** sowie den Anspruch selbst betreffenden Einwendungen nach Abs. 2. Nach Abs. 1 können die Zulässigkeit des Verfahrens, die Bestimmung des Zeitpunkts des Beginns der Unterhaltsverpflichtung und deren Höhe auf der Grundlage des Alters des Kindes und der Berücksichtigung der kindbezogenen Leistungen sowie die Überschreitung des Antrags durch die Mitteilung des Rechtspflegers nach § 251 Abs. 1 Nr. 1 angegriffen werden. Außerdem kann der Antragsgegner sich gegen die regelmäßig mit der Festsetzung erfolgende Auferlegung der Kosten wenden mit dem Einwand, diese seien nicht durch ihn veranlasst worden. Voraussetzung ist in diesem Fall ein sofortiges Anerkenntnis des Antrags. Nicht zulässig ist der Einwand, die Beteiligten hätten sich außergerichtlich geeinigt.[1]

2   Das Gericht weist die Einwendungen nach Abs. 1 **im Festsetzungsbeschluss** nach § 253 zurück, soweit sie nicht begründet sind bzw. im Falle des Abs. 1 Nr. 2 nicht begründet erscheinen (Abs. 1 Satz 3). Letzteres bedeutet, dass es ausreicht, wenn das Gericht den Einwand des Antragsgegners gegen den Zeitpunkt des Beginns der Unterhaltsverpflichtung (z.B. Nichterhalt der Mahnung) für unwahrscheinlich hält.[2] Sind die Einwendungen dagegen zulässig und nicht unbegründet, so verfährt das Gericht nach § 254.

3   Als andere Einwendungen, die nach Abs. 2 möglich sind, kommen nur Einwendungen des Antragsgegners hinsichtlich des **Nichtbestehens des Unterhaltsanspruchs** mangels Bedürftigkeit des Kindes, wegen Fehlen oder Beschränkung seiner eigenen Leistungsfähigkeit oder aufgrund Erfüllung in Betracht. Die Zulässigkeit solcher Einwendungen setzt jedoch voraus, dass der Antragsgegner gleichzeitig erklärt, in welchem Umfang er bereit ist, Unterhalt (u.U. über den geleisteten hinaus) zu zahlen, und dass er im Falle der Berufung auf seine teilweise oder vollständige Leistungsunfähigkeit Auskunft über seine persönlichen und wirtschaftlichen Verhältnisse erteilt bzw. beim Erfüllungseinwand den Umfang der Erfüllung des Anspruchs darlegt.

4   Ist der Antragsgegner der Auffassung, wegen **fehlender Leistungsfähigkeit** überhaupt keinen Unterhalt zu schulden, so reicht – neben der Auskunftserteilung – eine entsprechende Erklärung, und zwar auch außerhalb des amtlichen Formulars aus[3] bzw. ist auf die Unvollständigkeit des Formulars hinzuweisen und Gelegenheit zur Korrektur zu geben.[4] Werden vom Antragsgegner nicht sämtliche im amtlichen Formular verlangten Angaben hinsichtlich des Einkommens gemacht, so ist sein Einwand unzulässig.[5] Der Rechtspfleger hat nicht die Begründetheit der erhobenen Einwendungen, sondern nur **Prüfung der Zulässigkeit** vorzunehmen. Hält er sie für zulässig, so teilt er dies dem Antragsteller gem. § 254 mit; andernfalls werden sie mit dem Festsetzungsbeschluss nach § 253 zurückgewiesen.

5   Auch nach Ablauf der Monatsfrist nach § 251 Abs. 1 Nr. 3 sind Einwendungen des Antragsgegners zu berücksichtigen, solange der **Festsetzungsbeschluss nicht verfügt**

---

1 OLG Naumburg 15.03.1999 – 3 WF 15/99 = FamRZ 2000, 360.
2 BT-Drs. 13/7338, S. 58 zu der inhaltsgleichen Regelung in § 648 Abs. 1 Satz 3 ZPO.
3 OLG Hamm 08.07.1999 – 8 WF 219/99 = FamRZ 2000, 360; OLG München 30.06.2004 – 16 WF 1157/04 = FamRZ 2005, 381.
4 OLG Karlsruhe 21.06.2006 – 2 WF 77/06 = FamRZ 2006, 1548.
5 OLG Brandenburg 15.04.2003 – 10 UF 77/03 = FamRZ 2004, 273; a.A. Gottwald FamRZ 2004, 274. Vgl. auch → § 257, 258, 259 Rn. 2.

ist (Abs. 3). Diese Regelung findet ihre Ergänzung in § 256 Satz 2, der eine Beschwerde nur zulässt gestützt auf Einwendungen, die der Antragsgegner bis zur Verfügung des Festsetzungsbeschlusses geltend gemacht hatte. Der Festsetzungsbeschluss ist erst dann verfügt, wenn er zur Zustellung an die Beteiligten aus dem inneren Geschäftsbetrieb herausgegeben ist, während seine Unterzeichnung durch den Rechtspfleger noch nicht ausreicht.[6] Lässt sich der genaue Zeitpunkt nicht feststellen, so geht dies zu Lasten des Antragsgegners.[7]

§ 253 Festsetzungsbeschluss

(1) Werden keine oder lediglich nach § 252 Abs. 1 Satz 3 zurückzuweisende oder nach § 252 Abs. 2 unzulässige Einwendungen erhoben, wird der Unterhalt nach Ablauf der in § 251 Abs. 1 Satz 2 Nr. 3 bezeichneten Frist durch Beschluss festgesetzt. In dem Beschluss ist auszusprechen, dass der Antragsgegner den festgesetzten Unterhalt an den Unterhaltsberechtigten zu zahlen hat. In dem Beschluss sind auch die bis dahin entstandenen erstattungsfähigen Kosten des Verfahrens festzusetzen, soweit sie ohne weiteres ermittelt werden können; es genügt, wenn der Antragsteller die zu ihrer Berechnung notwendigen Angaben dem Gericht mitteilt.

(2) In dem Beschluss ist darauf hinzuweisen, welche Einwendungen mit der Beschwerde geltend gemacht werden können und unter welchen Voraussetzungen eine Abänderung verlangt werden kann.

Die Vorschrift entspricht dem bisherigen § 649 ZPO. In der Praxis wird in aller Regel **im schriftlichen Verfahren** über den Erlass des Festsetzungsbeschlusses entschieden. Dies ist gerechtfertigt, da eine inhaltliche Prüfung hinsichtlich des Bestehens des Unterhaltsanspruchs – mit Ausnahme des schematisierten Verfahrens über die eingeschränkt zulässigen Einwendungen – nicht stattfindet. Im Einzelfall kann dennoch eine mündliche Verhandlung vor dem Rechtspfleger geboten sein, wenn z.B. naheliegt, dass Einwendungen erheblich werden könnten, soweit sie vervollständigt würden, und die hierzu erforderlichen Hinweise besser im Rahmen einer mündlichen Erörterung erteilt werden können als im schriftlichen Verfahren. Trotz des schematisierenden Charakters des Verfahrens darf dem Antragsgegner ein Einwand, auf dessen Begründetheit die Gesamtumstände hinweisen, nicht aus rein formalen Gründen genommen werden. Eine andere Beurteilung verletzt den Grundsatz des rechtlichen Gehörs. 1

Da der **Festsetzungsbeschluss** nach Abs. 1 Satz 1 erfordert, dass keine Einwendungen des Antragsgegners zu berücksichtigen sind, hat er inhaltlich dem nach § 250 zulässigen Antrag zu entsprechen. Über die **Kosten des Verfahrens** ist gem. § 243 zu entscheiden. Mit Ausnahme des sofortigen Anerkenntnisses nach § 243 Nr. 4 i.V.m. § 93 ZPO sind sie dem Antragsgegner aufzuerlegen. Ein **sofortiges Anerkenntnis** kommt nur in Betracht, wenn der Antragsgegner vor Antragstellung nicht zur kostenfreien Titulierung des Kindesunterhalts durch eine Jugendamtsurkunde aufgefordert 2

---
[6] OLG Hamm 29.09.2006 – 11 UF 198/06 = FamRZ 2007, 836; a.A. OLG Hamm 12.11.1999 – 5 UF 385/99 = FamRZ 2000, 901, wo auf den Zeitpunkt der Unterzeichnung abgestellt wird.
[7] OLG Hamm 18.10.2004 – 4 UF 217/04 = FamRZ 2006, 44.

worden ist und auch sein sonstiges vorgerichtliches Verhalten nicht zur Antragstellung Veranlassung gegeben hat.

3 Die mit der Entscheidung in der Hauptsache gem. Abs. 1 Satz 3 mögliche **Kostenfestsetzung** (Gerichts- und Anwaltsgebühren sowie Auslagen des Antragstellers) setzt voraus, dass diese Aufwendungen ohne weiteres festgestellt werden können. Ist dies nicht der Fall, weil z.B. Ermittlungen hinsichtlich der Auslagen des Antragstellers erforderlich sind, so ist hierüber im gesonderten Kostenfestsetzungsverfahren zu entscheiden.

4 Das Erfordernis der **Rechtsbehelfsbelehrung** in Abs. 2 ergibt sich bereits aus der allgemeinen Bestimmung des § 39. Hier wird zusätzlich auf die Besonderheiten des Beschwerdeverfahrens gegen Entscheidungen im vereinfachten Verfahren (Beschränkung der Beschwerdegründe) sowie die Abänderungsmöglichkeit (§ 240) außerhalb des Rechtsmittelverfahrens hingewiesen.

5 Die **Vollstreckung** aus dem Beschluss erfolgt gem. § 120 Abs. 1 nach der ZPO. Endentscheidungen sind nach § 120 Abs. 2 mit deren Wirksamwerden vollstreckbar. Einer gesonderten Erwähnung der Vollstreckbarkeit von Beschlüssen über den im vereinfachten Verfahren festgesetzten Unterhalt wie in dem aufgehobenen § 794 Abs. 1 Nr. 2a bedarf es daher nicht mehr.

§ 254 Mitteilungen über Einwendungen

Sind Einwendungen erhoben worden, die nach § 252 Abs. 1 Satz 3 nicht zurückzuweisen oder die nach § 252 Abs. 2 zulässig sind, teilt das Gericht dem Antragsteller dies mit. Es setzt auf seinen Antrag den Unterhalt durch Beschluss fest, soweit sich der Antragsgegner nach § 252 Abs. 2 Satz 1 und 2 zur Zahlung von Unterhalt verpflichtet hat. In der Mitteilung nach Satz 1 ist darauf hinzuweisen.

1 Die Vorschrift entspricht dem bisherigen § 650 ZPO. Sind die **vom Antragsgegner erhobenen Einwendungen** nicht nach § 252 Abs. 1 zurückzuweisen oder nach § 252 Abs. 2 unzulässig, ist der Rechtspfleger verpflichtet, dies dem Antragsteller mitzuteilen. Gleichzeitig teilt er mit, dass der beantragte Unterhalt nicht bzw. nur in der Höhe, in der sich der Antragsgegner evtl. gem. § 252 Abs. 2 Satz 1 u. 2 verpflichtet hat, festgesetzt werden kann. Letzteres setzt einen entsprechenden **Antrag** des Antragstellers unter Anpassung seines ursprünglichen Antrags voraus. Der Rechtspfleger weist weiter darauf hin, dass für beide Beteiligte die Möglichkeit besteht, anstelle oder nach einer **Teilfestsetzung** nach Satz 2 die Durchführung des **streitigen Verfahrens** nach § 255 zu beantragen (§ 255 Abs. 1 Satz 2).[1] Durch die Mitteilung des Rechtspflegers wird die 6-Monatsfrist des § 255 Abs. 6 in Gang gesetzt. Stellt der Antragsteller seinen Antrag nicht um und beantragt keine Teilfestsetzung, so kann eine das Verfahren abschließende Hauptsacheentscheidung nicht mehr ergehen. Zur Kostenentscheidung in diesem Fall vgl. Rn. 3.

---

[1] OLG Naumburg 05.10.2006 – 3 WF 179/06 = FamRZ 2007, 1027.

Tituliert der Antragsgegner nach Einleitung des vereinfachten Verfahrens einen **Teilbetrag** des verlangten Unterhalts, so kann er hierauf keinen wirksamen Einwand gegen die Zulässigkeit des Verfahrens nach § 252 Abs. 1 Nr. 1 stützen (→ § 252 Rn. 8). Jedoch ist der bestehende Unterhaltstitel zur Vermeidung einer teilweisen doppelten Titulierung des Anspruchs zu berücksichtigen. Der Antragsteller kann dem mit einer **Erledigungserklärung** hinsichtlich eines Teils der Hauptsache Rechnung tragen und beantragen, über den bereits titulierten Betrag hinaus nur noch den Restbetrag festzusetzen. Berücksichtigt der Rechtspfleger versehentlich den entsprechend geänderten Antrag nicht, so kommt eine Ergänzung des Beschlusses gem. § 113 Abs. 1 i.V.m. § 321 ZPO in Betracht.[2]

2

Eine **weitere Prüfung der Einwendungen des Antragsgegners** in der Sache (z.B. der Begründetheit seines Einwands der mangelnden Leistungsfähigkeit) **findet nicht im vereinfachten Verfahren statt**. Diese bleibt vielmehr einem evtl. streitigen Verfahren (§ 255) oder einem Abänderungsverfahren (§ 240) vorbehalten. Der Antragsteller allein hat es mit seinem Antrag, der notwendig ist für eine Teilfestsetzung des Unterhalts, in der Hand, ob und wie das vereinfachte Verfahren fortgeführt wird. Der Antragsgegner kann die Berechtigung des im vereinfachten Verfahren geltend gemachten, dort jedoch nicht mehr weiter verfolgten Anspruchs lediglich im Wege des streitigen Verfahrens nach § 255 gerichtlich überprüfen lassen. Auf die Möglichkeit des Übergangs ins streitige Verfahren ist in der Mitteilung nach § 254 hinzuweisen (§ 255 Abs. 1 Satz 2). Die **Kosten** des vereinfachten Verfahrens werden dann gem. § 255 Abs. 5 als Kosten des streitigen Verfahrens behandelt. Findet ein solches Verfahren nicht statt – auch nicht auf Antrag des Antragstellers –, so hat der Rechtspfleger eine isolierte Kostenentscheidung für das vereinfachte Verfahren zu treffen.[3]

3

§ 255 Streitiges Verfahren

(1) Im Fall des § 254 wird auf Antrag einer Partei das streitige Verfahren durchgeführt. Darauf ist in der Mitteilung nach § 254 Satz 1 hinzuweisen.

(2) Beantragt ein Beteiligter die Durchführung des streitigen Verfahrens, ist wie nach Eingang eines Antrags in einer Unterhaltssache weiter zu verfahren. Einwendungen nach § 252 gelten als Erwiderung.

(3) Das Verfahren gilt als mit der Zustellung des Festsetzungsantrags (§ 251 Abs. 1 Satz 1) rechtshängig geworden.

(4) Ist ein Festsetzungsbeschluss nach § 254 Satz 2 vorausgegangen, soll für zukünftige wiederkehrende Leistungen der Unterhalt in einem Gesamtbetrag bestimmt und der Festsetzungsbeschluss insoweit aufgehoben werden.

(5) Die Kosten des vereinfachten Verfahrens werden als Teil der Kosten des streitigen Verfahrens behandelt.

(6) Wird der Antrag auf Durchführung des streitigen Verfahrens nicht vor Ablauf von sechs Monaten nach Zugang der Mitteilung nach § 254 Satz 1 gestellt,

---

2 OLG Zweibrücken 03.03.2000 – 5 WF 5/00 = FamRZ 2000, 1160.
3 Zöller/Philippi § 650 ZPO Rn. 7.

gilt der über den Festsetzungsbeschluss nach § 254 Satz 2 oder die Verpflichtungserklärung des Antragsgegners nach § 252 Abs. 2 Satz 1 und 2 hinausgehende Festsetzungsantrag als zurückgenommen.

1 Die Bestimmung entspricht dem bisherigen § 651 ZPO. Sie regelt die mögliche weitergehende **Überprüfung der Berechtigung** des geltend gemachten Unterhaltsanspruchs außerhalb des vereinfachten Verfahrens für den Fall, dass

- kein Festsetzungsbeschluss nach § 253 ergangen ist **und**
- entweder auf Antrag des Antragstellers ein Festsetzungsbeschluss nach § 254 Satz 2 (d.h. entsprechend der Verpflichtungserklärung des Antragsgegners) ergangen ist
- oder aber kein solcher Antrag gestellt worden und das vereinfachte Verfahren ohne Entscheidung in der Hauptsache zu Ende gegangen ist.

Da der Antrag nur unter den vorstehenden Voraussetzungen gestellt werden kann, ist es dem Antragsgegner nicht möglich, das vereinfachte Verfahren zu blockieren, indem er statt der Erhebung von Einwendungen nach § 252 die Durchführung des streitigen Verfahrens beantragt. Andererseits kann er eine Entscheidung herbeiführen, wenn der Antragsteller nach Mitteilung der Einwendungen nach § 254 Satz 1 das vereinfachte Verfahren nicht weiter betreibt.

2 Bei Vorliegen der genannten Voraussetzungen kann jeder Beteiligte die **Durchführung des streitigen Verfahrens**, d.h. des normalen Unterhaltsverfahrens nach §§ 231 ff., beantragen, bei dem das bisher durchgeführte vereinfachte Verfahren in der Weise berücksichtigt wird, dass Antrag und Antragserwiderung als Klage und Klageerwiderung behandelt werden (Abs. 2). Der Rechtsstreit gilt als mit der Zustellung des Antrags im vereinfachten Verfahren anhängig geworden (Abs. 3). Die verfahrensrechtliche Situation ist mit der vom Übergang des Mahnverfahrens in das Klageverfahren vergleichbar. Der Streitantrag kann in Anlehnung an § 696 Abs. 4 ZPO bis zum Beginn der mündlichen Verhandlung zurückgenommen werden.[1] Der Antrag kann innerhalb der Frist des Abs. 6 erneut gestellt werden.

3 Die Regelung bezüglich der **Kosten** in Abs. 5 entspricht derjenigen in § 281 Abs. 3 Satz 1, § 696 Abs. 1 Satz 5 ZPO. Nach Abs. 6 wird die Antragsrücknahme nach Ablauf von 6 Monaten seit der Mitteilung nach § 254 Satz 1 fingiert, soweit der Antrag über den im Festsetzungsbeschluss nach § 254 Satz 2 zuerkannten oder von dem Antragsgegner in seiner Verpflichtungserklärung gem. § 252 Satz 2 anerkannten Unterhalt hinausgeht.

---

[1] Zöller/Philippi § 651 ZPO Rn. 2.

§ 256 Beschwerde

Mit der Beschwerde können nur die in § 252 Abs. 1 bezeichneten Einwendungen, die Zulässigkeit von Einwendungen nach § 252 Abs. 2 sowie die Unrichtigkeit der Kostenentscheidung oder Kostenfestsetzung, sofern sie nach allgemeinen Grundsätzen anfechtbar sind, geltend gemacht werden. Auf Einwendungen nach § 252 Abs. 2, die nicht erhoben waren, bevor der Festsetzungsbeschluss verfügt war, kann die Beschwerde nicht gestützt werden.

Übersicht
I. Inhalt und Bedeutung der Norm	1
II. Beschwerdeberechtigung	3
III. Beschwerdegründe	5
IV. Beschwerdeverfahren	6

I. Inhalt und Bedeutung der Norm

Die Vorschrift entspricht entgegen der Gesetzesbegründung[1] nur teilweise dem bisherigen § 652 ZPO, nämlich dessen Abs. 2, während die in § 652 Abs. 1 ZPO enthaltene Regelung (Statthaftigkeit der sofortigen Beschwerde) – anders als noch in § 267 des Referentenentwurfs vorgesehen – nicht übernommen ist. Da es sich bei dem Beschluss nach § 250 Abs. 2 (Zurückweisung des Antrags) um eine nicht anfechtbare Entscheidung handelt, findet ein Rechtsmittel nur gegen den Festsetzungsbeschluss nach § 253 statt. Dieser Beschluss stellt eine Endentscheidung dar, gegen die – mangels einer dem bisherigen § 652 Abs. 1 ZPO vergleichbaren Sonderregelung – die **Beschwerde nach § 58 ff.** stattfindet. 1

Der Regelungsgehalt der Vorschrift beschränkt sich daher auf die **Modifizierung** der anzuwendenden allgemeinen Beschwerdevorschriften der §§ 58 ff. hinsichtlich Beschränkung der Beschwerdegründe auf bestimmte Einwendungen. 2

II. Beschwerdeberechtigung

Die Unrichtigkeit der Kostenentscheidung oder der Kostenfestsetzung kann von **beiden Beteiligten** mit der Beschwerde geltend gemacht werden. Außerdem kann die Beschwerde nach § 256 Satz 1 auf Einwendungen nach § 252 gestützt werden. Da solche Einwendungen nur vom **Antragsgegner** erhoben werden können, läge es an sich nahe, eine Beschränkung der Beschwerdebefugnis – ausgenommen bei Anfechtung der Kostenentscheidung bzw. -festsetzung – auf den Antragsgegner anzunehmen. Die Rechtsprechung sieht dagegen im Interesse der Verfahrensökonomie und zur Vermeidung widersprechender Entscheidungen von einer solchen Beschränkung ab. 3

Danach kann sich auch der **Antragsteller** im Rahmen einer Beschwerde nach §§ 58 ff. auf eine unzutreffende Bewertung der Umstände berufen, die das Gericht seinem 4

---
[1] BT-Drs. 16/6308, S. 261.

Festsetzungsbeschluss zu seinen Lasten zugrunde gelegt hat. Andernfalls würde die Beschränkung der Beschwerdemöglichkeit für den Antragsteller dazu führen, dass über die Beanstandung möglicher Mängel im Wege der Erinnerung gem. § 11 RPflG durch den Rechtspfleger bzw. den Familienrichter zu entscheiden wäre, während über denselben Umstand durch das Beschwerdegericht zu befinden wäre, soweit der Antragsgegner hierauf zulässigerweise eine Beschwerde stützen könnte.[2] Diese Ausweitung der Beschwerdebefugnis über den Wortlaut des Satzes 1 hinaus wird auch für solche Fälle bejaht, in denen weder beide Beteiligten die Entscheidung angefochten haben[3] noch die Beschwerde des Antragstellers auf einen Umstand gestützt wird, der einem Einwand nach § 252 entspricht, so z.B. bei einer teilweisen Zurückweisung des Antrags hinsichtlich des Hauptanspruchs (kein Unterhalt für die Vergangenheit) oder hinsichtlich der geltend gemachten Zinsen.[4]

III. Beschwerdegründe

5   Die Gründe, auf welche die Beschwerde gestützt werden kann, sind von der Rechtsprechung (zum inhaltsgleichen bisherigen § 652 ZPO) über den Wortlaut des Gesetzes hinaus dahin ausgeweitet worden, dass der Antragsteller die teilweise **Abweisung des Antrags** anfechten kann (Rn. 4), während ihm bei einer vollständigen Zurückweisung lediglich die Erinnerung nach § 11 Abs. 1 RPflG ohne die Möglichkeit einer Entscheidung des Beschwerdegerichts zur Verfügung steht. Die Einwendungen nach § 252 kann der Antragsgegner zur Begründung seiner Beschwerde nur heranziehen, wenn er sie bereits bis zur Verfügung des Festsetzungsbeschlusses erhoben hatte (Satz 2).[5] Hat er dies unterlassen, ist seine Beschwerde unzulässig. Ist der Einwand dagegen erstinstanzlich rechtzeitig erhoben, so hat die Beschwerde nur Erfolg, wenn der Einwand in erster Instanz unzutreffend beurteilt wurde.

IV. Beschwerdeverfahren

6   Das Beschwerdeverfahren (Form, Frist, Entscheidung) bestimmt sich nach **§§ 58 ff.**, da § 252 lediglich eine Beschränkung der zulässigen Beschwerdegründe enthält, ansonsten aber das Beschwerdeverfahren nicht berührt.

§ 257 Besondere Verfahrensvorschriften

In vereinfachten Verfahren können die Anträge und Erklärungen vor dem Urkundsbeamten der Geschäftsstelle abgegeben werden. Soweit Formulare ein-

---

2 So OLG Zweibrücken 06.03.2007 – 6 WF 29/07 = FamRZ 2008, 289 für die von beiden Beteiligten in unterschiedlicher Weise geltend gemachte unzutreffende Berücksichtigung der kindbezogenen Leistungen bei der Ermittlung des festgesetzten Unterhaltsbetrages.
3 OLG Brandenburg 31.08.2001 – 10 UF 10/00 = FamRZ 2002, 1263.
4 BGH 28.05.2008 – XII ZB 34/05 = FamRZ 2008, 1428.
5 Zum Zeitpunkt der Verfügung des Festsetzungsbeschlusses → § 252 Rn. 5.

geführt sind, werden diese ausgefüllt; der Urkundsbeamte vermerkt unter Angabe des Gerichts und des Datums, dass er den Antrag oder die Erklärung aufgenommen hat.

§ 258 Sonderregelung für maschinelle Bearbeitung

(1) In vereinfachten Verfahren ist eine maschinelle Bearbeitung zulässig. § 690 Abs. 3 der Zivilprozessordnung gilt entsprechend.

(2) Bei maschineller Bearbeitung werden Beschlüsse, Verfügungen und Ausfertigungen mit dem Gerichtssiegel versehen; einer Unterschrift bedarf es nicht.

§ 259 Formulare

(1) Das Bundesministerium der Justiz wird ermächtigt, zur Vereinfachung und Vereinheitlichung der Verfahren durch Rechtsverordnung mit Zustimmung des Bundesrates Formulare für das vereinfachte Verfahren einzuführen. Für Gerichte, die die Verfahren maschinell bearbeiten, und für Gerichte, die die Verfahren nicht maschinell bearbeiten, können unterschiedliche Formulare eingeführt werden.

(2) Soweit nach Absatz 1 Formulare für Anträge und Erklärungen der Beteiligten eingeführt sind, müssen sich die Beteiligten ihrer bedienen.

Soweit nach § 259 Abs. 1 Formularzwang besteht, sind Anträge und sonstige Erklärungen nur unter Benutzung des ausgefüllten Formulars zulässig (§ 259 Abs. 2). Die Erklärungen können **gegenüber dem Urkundsbeamten** des zuständigen FamG (§ 257 Satz 1) oder eines jeden Amtsgerichts (§ 129a Abs. 1 ZPO) abgegeben werden. Die bei einem anderen Amtsgericht abgegebene Erklärung wird erst mit ihrem Eingang bei dem zuständigen Gericht wirksam (§ 129a Abs. 2 ZPO). Die **Urkundspersonen der Jugendämter** können die Anträge auf Einleitung des Verfahrens ebenfalls aufnehmen (§ 59 Abs. 1 Nr. 9 SGB VIII). Alle Urkundspersonen müssen bei der Entgegennahme des Antrags ein vorgeschriebenes Formular benutzen.

1

Die **Zulässigkeit von Einwendungen nach § 252** erfordert, dass das vorgeschriebene Formular vollständig ausgefüllt wird. Das gilt auch für Angaben, die möglicherweise für die Beurteilung des Bestehens des Unterhaltsanspruchs bzw. seiner Höhe nicht maßgeblich sind.[1] Die gegenteilige Auffassung verkennt den formalen und schematisierenden Charakter des Verfahrens, das vom Rechtspfleger gerade keine inhaltliche Prüfung der Berechtigung des Einwands nach § 252 Abs. 2 verlangt. Liegt ein erkennbarer Fehler beim Ausfüllen des Formulars vor, so gebietet es der Grundsatz des

2

---
1 OLG Brandenburg 15.04.2003 – 10 UF 77/03 = FamRZ 2004, 273; a.A. Gottwald FamRZ 2004, 274.

fairen Verfahrens, dass das Gericht hierauf gem. § 139 ZPO hinweist und dem Beteiligten Gelegenheit zur Korrektur bzw. Vervollständigung der Angaben gibt.[2]

3 Erfolgt eine **maschinelle Bearbeitung**, so bedarf entsprechend § 690 Abs. 3 Sätze 1 u. 3 ZPO auch der Antrag nicht der handschriftlichen Unterzeichnung, wenn gewährleistet ist, dass der Antrag nicht ohne den Willen des Antragstellers übermittelt wird. Die eigenhändige Unterschrift unter einem vorgeschriebenen Formular ist auch dann entbehrlich, wenn das nicht unterzeichnete Formular mit einem Anwaltsschriftsatz eingereicht wird.[3] Von der Benutzung der Formulare ausgenommen sind die öffentlichen Sozialleistungsträger (z.B. die Kommune bei Sozialhilfeleistungen oder das Land bei Leistungen nach dem UVG), die das vereinfachte Verfahren aus übergegangenem Recht betreiben (§ 11 VordruckVO).

§ 260 Bestimmung des Amtsgerichts

(1) Die Landesregierungen werden ermächtigt, die vereinfachten Verfahren über den Unterhalt Minderjähriger durch Rechtsverordnung einem Amtsgericht für die Bezirke mehrerer Amtsgerichte zuzuweisen, wenn dies ihrer schnelleren und kostengünstigeren Erledigung dient. Die Landesregierungen können die Ermächtigung durch Rechtsverordnung auf die Landesjustizverwaltungen übertragen.

(2) Bei dem Amtsgericht, das zuständig wäre, wenn die Landesregierung oder die Landesjustizverwaltung das Verfahren nach Absatz 1 nicht einem anderen Amtsgericht zugewiesen hätte, kann das Kind Anträge und Erklärungen mit der gleichen Wirkung einreichen oder anbringen wie bei dem anderen Amtsgericht.

1 Da § 23c GVG nicht gestattet, bestimmte Familiensachen bei einem FamG zu konzentrieren, ist für eine solche aus technischen Gründen angezeigte **Konzentration der Zuständigkeit** eine besondere Regelung erforderlich (Abs. 1). Von dieser Ermächtigung haben Gebrauch gemacht:

1. Baden-Württemberg[1]
2. Thüringen[2]
3. Hamburg[3]
4. Mecklenburg-Vorpommern[4]

---

2 OLG Karlsruhe 21.06.2006 – 2 WF 77/06 = FamRZ 2006, 1548 für den außerhalb des Formulars vom Antragsgegner erhobenen Einwand seiner vollständigen Leistungsunfähigkeit.
3 OLG Hamm 29.04.2005 – 11 UF 73/05 = FamRZ 2006, 211.
1 § 2 Nr. 33 der Verordnung der Landesregierung zur Übertragung von Ermächtigungen im Bereich der Rechtspflege (Subdelegationsverordnung Justiz – SubVOJu) vom 07.09.1998.
2 § 1 Nr. 56 der Thüringer Ermächtigungsübertragungsverordnung Justiz (ThürErmÜVJ) vom 25.10.2004.
3 Nr. 2 der Verordnung zur Weiterübertragung von Verordnungsermächtigungen im Bereich des Prozessrechts (Weiterübertragungsverordnung-Prozessrecht) vom 20.08.2002.
4 § 1 Nr. 46 der Landesverordnung zur Übertragung von Ermächtigungen zum Erlass von Rechtsverordnungen im Bereich der Justiz (Ermächtigungsübertragungslandesverordnung Justiz – ErmÜLVOJu M-V) vom 11.10.2006.

5. Bayern[5]

6. Schleswig-Holstein[6]

Abs. 2 enthält eine Ausnahme von § 129 Abs. 1 Satz 2 ZPO, wonach die **Wirkung einer Prozesshandlung**, die zu Protokoll der Geschäftsstelle eines unzuständigen Amtsgerichts erklärt worden ist, erst dann eintreten kann, wenn das Protokoll beim zuständigen Gericht eingeht.

Abschnitt 10
Verfahren in Güterrechtssachen

(§ 261 – § 265)

Vorbemerkung § 261

Die Verfahren in Güterrechtssachen in §§ 261 bis 265 erfahren keine wesentlichen Änderungen im Vergleich zur bisherigen Rechtslage. Sie bleiben, soweit es die Ansprüche aus dem ehelichen Güterrecht betrifft, Familienstreitsachen mit der Beweislastverteilung nach der ZPO. Mit der Reform des Güterrechts[1] sind allerdings die Beweislastregeln hinsichtlich eines eventuellen negativen Anfangsvermögens noch nicht gelöst.[2]

Der Begriff der **Güterrechtssache** wird durch § 261 neu eingeführt.

---

[5] § 3 Nr. 42 der Verordnung über die Zuständigkeit zum Erlass von Rechtsverordnungen (Delegationsverordnung – DelV) vom 15.06.2004.
[6] § 1 Nr. 35 der Landesverordnung zur Übertragung von Ermächtigungen zum Erlass von Rechtsverordnungen im Bereich der Rechtspflege Justizermächtigungsübertragungsverordnung – JErmÜVO – vom 04.12.1996.
[1] BT-Drs. 16/10798
[2] Hoppenz FamRZ 2008, 1889; Schramm NJW-Spezial 2008, 740.

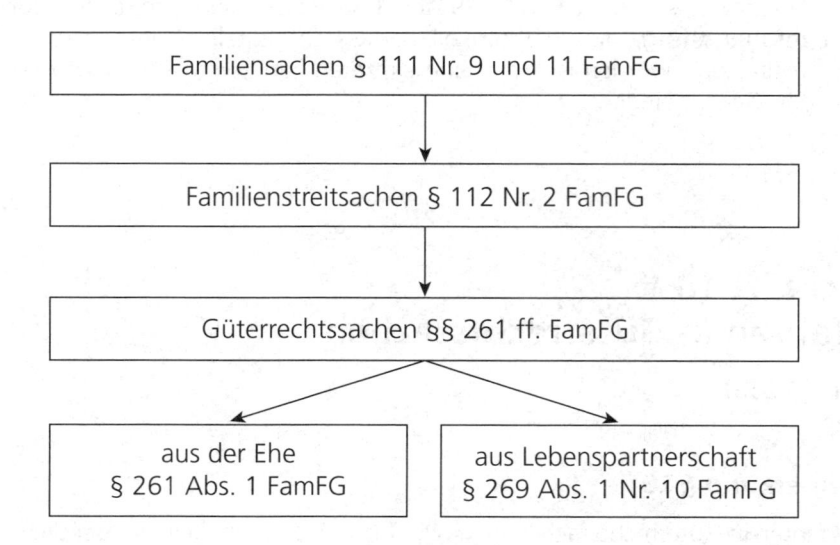

Güterrechtssachen (§§ 261 ff. FamFG)

```
┌─────────────────────────────────────────────┐
│   Familiensachen § 111 Nr. 9 und 11 FamFG   │
└─────────────────────┬───────────────────────┘
                      ▼
┌─────────────────────────────────────────────┐
│   Familienstreitsachen § 112 Nr. 2 FamFG    │
└─────────────────────┬───────────────────────┘
                      ▼
┌─────────────────────────────────────────────┐
│       Güterrechtssachen §§ 261 ff. FamFG    │
└──────────┬──────────────────────┬───────────┘
           ▼                      ▼
   ┌──────────────┐      ┌────────────────────┐
   │ aus der Ehe  │      │ aus Lebenspartner- │
   │              │      │     schaft         │
   │ § 261 Abs. 1 │      │ § 269 Abs. 1 Nr. 10│
   │    FamFG     │      │       FamFG        │
   └──────────────┘      └────────────────────┘
```

§ 261 Güterrechtssachen

(1) Güterrechtssachen sind Verfahren, die Ansprüche aus dem ehelichen Güterrecht betreffen, auch wenn Dritte an dem Verfahren beteiligt sind.

(2) Güterrechtssachen sind auch Verfahren nach § 1365 Abs. 2, § 1369 Abs. 2 und den §§ 1382, 1383, 1426, 1430 und 1452 des Bürgerlichen Gesetzbuchs.

1   **Abs. 1** definiert den neu eingeführten Gesetzesbegriff der **Güterrechtssachen**. Diese umfassen Verfahren, die Ansprüche aus dem ehelichen Güterrecht betreffen, auch wenn Dritte an dem Verfahren beteiligt sind. Die Formulierung entspricht dem bisherigen § 621 Abs. 1 Nr. 8 ZPO. Güterrechtssachen nach Abs. 1 sind **Familienstreitsachen** (§ 112 Nr. 2). Damit gelten grundsätzlich die Vorschriften der ZPO; das Nähere ist in Abschnitt 1 zum zweiten Buch geregelt (§§ 112 ff.).

2   **Abs. 2** betrifft Güterrechtssachen, die **reine fG-Verfahren** sind. Neben den bisher bereits in § 621 Abs. 1 Nr. 9 ZPO a.F. i.V.m. § 621a Abs. 1 Satz 1 ZPO a.F. als fG-Verfahren geregelten Verfahren nach

- § 1382 BGB (Stundung der Zugewinnausgleichsforderung) und
- § 1383 BGB (Übertragung von Vermögensgegenständen)

bezieht das FamFG nun weitere Verfahrensgegenstände in den Begriff der Güterrechtssachen ein, die bisher als Vormundschaftssachen, d.h. als fG-Verfahren, ausgestaltet waren, materiell-rechtlich jedoch dem Güterrecht unterfielen. In diesen Verfahren geht es jeweils um die **Ersetzung der Zustimmung eines Ehegatten zu**

- der Verfügung des anderen Ehegatten über sein Vermögen im Ganzen (§ 1365 Abs. 2 BGB);

- der Verfügung des anderen Ehegatten über ihm gehörende Haushaltsgegenstände (§ 1369 Abs. 2 BGB);
- Verfügungen des anderen Ehegatten über das Gesamtgut im Ganzen (§ 1426 BGB);
- einem Rechtsgeschäft des anderen Ehegatten als Verwalter des Gesamtguts (§ 1430 BGB);
- einem Rechtsgeschäft oder der Führung eines Rechtsstreits durch den anderen Ehegatten bei der Verwaltung des Gesamtguts bzw. zur Besorgung einer persönlichen Angelegenheit des anderen Ehegatten (§ 1452 BGB).

Bei Anträgen nach § 1382 BGB bzw. § 1383 BGB ist neben dem für beide Fälle geltenden § 1382 Abs. 5 BGB, der bei Anhängigkeit eines Ausgleichsanspruchs einen Antrag nur in diesem Verfahren, d.h. als Familienstreitsache, zulässt, § 265 **zu beachten**, der in diesem Fall eine einheitliche Entscheidung durch Beschluss vorschreibt. Nach § 1382 Abs. 6 BGB kann das FamG eine rechtskräftige Entscheidung auf Antrag aufheben oder ändern, wenn sich die Verhältnisse nach der Entscheidung wesentlich geändert haben. Trotz ihres rein verfahrensrechtlichen Charakters, die eine Übernahme ins FamFG nahegelegt hätte, ist diese Bestimmung im BGB belassen worden.   3

Verfahren nach §§ 1411, 1491 Abs. 3, § 1492 Abs. 3 und § 1493 Abs. 2 BGB sind jedoch **keine Güterrechtssachen** im Sinne der Vorschrift, da in diesen Fällen das Wohl des Minderjährigen bzw. Betreuten im Vordergrund steht. Diese Angelegenheiten sind als **Kindschaftssachen** bzw. Betreuungssachen zu definieren, da es um die Reichweite der Befugnisse des Sorgeberechtigten, Vormunds oder Betreuers geht.[1]   4

§ 262 Örtliche Zuständigkeit

(1) Während der Anhängigkeit einer Ehesache ist das Gericht ausschließlich zuständig, bei dem die Ehesache im ersten Rechtszug anhängig ist oder war. Diese Zuständigkeit geht der ausschließlichen Zuständigkeit eines anderen Gerichts vor.

(2) Im Übrigen bestimmt sich die Zuständigkeit nach der Zivilprozessordnung mit der Maßgabe, dass in den Vorschriften über den allgemeinen Gerichtsstand an die Stelle des Wohnsitzes der gewöhnliche Aufenthalt tritt.

Die Vorschrift verwirklicht die **Zuständigkeitskonzentration** bei dem Gericht der Ehesache. Die Zuständigkeitsvorschriften des § 262 gelten sowohl für Güterrechtssachen nach § 261 Abs. 1 als auch für solche nach § 261 Abs. 2.   1

Bisher war nicht zulässig, bspw. eine **objektive Klagehäufung** nach § 260 ZPO anhängig zu machen, indem eine Familiensache und eine Nichtfamiliensache in einem Verfahren zur Entscheidung gestellt werden, also z.B. ein güterrechtlicher Anspruch und ein Anspruch nach § 426 Abs. 1 BGB oder eine Nutzungsentschädigung für die eheliche Wohnung nach §§ 741, 745 BGB. In einem solchen Fall war die Nichtfamiliensache abzutrennen und an das zuständige Gericht zu verweisen oder abzugeben. Glei-   2

---
1 BT-Drs. 16/6308, S. 585.

ches galt für eine Widerklage, die auf einen nichtfamilienrechtlichen Anspruch gestützt wurde.[1] Allenfalls möglich war, dass die Klage zwar auf verschiedene Anspruchsgrundlagen gestützt wurde, aber ein **einheitlicher Sachverhalt** betroffen war. Wegen des **Sachzusammenhangs** hatte das FamG auch über die andere nichtfamilienrechtliche Anspruchsgrundlage zu entscheiden.[2] Diese Unterscheidung ist nun durch die Schaffung des **großen Familiengerichts** entfallen.

3 Die Zuständigkeitsvorschrift betrifft alle Güterrechtssachen des § 261, also nach Abs. 1 und Abs. 2, sodass sich eine Abweichung von der bisherigen Zuständigkeitsregelung des § 45 FGG ergeben kann.

4 **Abs. 1 Satz 1** entspricht für die bisherigen Familiensachen nach § 621 Abs. 1 Nr. 8 und 9 ZPO a.F. der Vorschrift des bisherigen § 621 Abs. 2 Satz 1 ZPO a.F. Zur örtlichen Zuständigkeit einer Ehesache → § 122.

5 **Satz 2** bestimmt, dass die **ausschließliche Zuständigkeit** nach Satz 1 anderen ausschließlichen Gerichtsständen vorgeht. Hierbei ist insbesondere an die **Vollstreckungsgegenklage** zu denken (§ 767 Abs. 1, § 802 ZPO).

6 **Abs. 2** verweist im Übrigen auf die Zuständigkeitsvorschriften der ZPO (§§ 12 ff. ZPO), jedoch mit der Maßgabe, dass in den Vorschriften über den allgemeinen Gerichtsstand an die Stelle des Wohnsitzes der **gewöhnliche Aufenthalt** tritt.[3]

§ 263 Abgabe an das Gericht der Ehesache

Wird eine Ehesache rechtshängig, während eine Güterrechtssache bei einem anderen Gericht im ersten Rechtszug anhängig ist, ist diese von Amts wegen an das Gericht der Ehesache abzugeben. § 281 Abs. 2 und 3 Satz 1 der Zivilprozessordnung gilt entsprechend.

1 Durch die Vorschrift tritt eine **nachträgliche Konzentration** ein, wenn eine Ehesache bereits bei einem Gericht im ersten Rechtszug anhängig ist oder nachträglich die Ehesache bei einem anderen Gericht rechtshängig wird. Unerheblich ist hierbei, ob das Gericht der Ehesache überhaupt zuständig ist. Es verbleibt bei der Konzentrationszuständigkeit, wenn eine frühere Verweisung hinsichtlich des abzugebenden Verfahrens vorliegt.[1] Der Vorrang der örtlichen Zuständigkeit des Gerichts der Ehesache stellt insoweit eine Durchbrechung des Grundsatzes der perpetuatio fori dar und führt zur Überleitung der Güterrechtssache an das Gericht der Ehesache. Sinn und Zweck dieser Regelung ist, auch die Güterrechtssachen mit der Ehesache zusammenzuführen, um eine **gemeinsame Erledigung** mit der Ehesache zu erreichen.

2 Unerheblich ist, ob das überzuleitende Verfahren in den **Verbund** gehört. Mit der Überleitung werden die Verfahren nicht ohne weiteres Folgesache, sondern nur insoweit, als es sich um eine **Folgesache** handelt, also eine Entscheidung für den Fall der Scheidung zu treffen ist und der Antragsteller eine Entscheidung nur für den Fall der

---

1 BGH 08.11.1978 – IV ARZ 73/78 = NJW 1979, 426 = FamRZ 1979, 215 (217); zum Hilfsantrag BGH 08.07.1981 – IVb ARZ 532/81 = NJW 1981, 2417 = FamRZ 1981, 1047.
2 BGH 10.11.1982 – IVb ARZ 44/82 = FamRZ 1983, 155 m. Anm. Walter S. 363.
3 Ausführlich → § 122.
1 OLG Hamm 10.08.1999 – 2 UF 266/99 = FamRZ 2000, 841.

Scheidung begehrt. Ansonsten bleibt das abgegebene Verfahren selbstständige Familiensache beim Gericht der Ehesache.

Satz 2 verweist, wie früher § 621 Abs. 3 Satz 2 ZPO a.F. auf § 281 Abs. 2 und 3 Satz 1 ZPO. Innerhalb desselben Gerichts ist § 281 ZPO unanwendbar, so dass die **Abgabe** insoweit nicht bindet. Die ganz überwiegende Meinung sieht in der Zuständigkeit des FamG nach § 23b GVG eine gesetzliche Geschäftsverteilung innerhalb des Amtsgerichts, an die das Präsidium gebunden ist.[2]   3

Die Abgabe kann **ohne mündliche Verhandlung** erfolgen, jedoch ist den Beteiligten zuvor **rechtliches Gehör** zu gewähren. Die Entscheidung ist unanfechtbar und für das Gericht der Ehesache bindend.   4

Hinsichtlich der bis zur Überleitung **angefallenen Kosten** wird auf § 281 Abs. 3 Satz 1 ZPO verwiesen. Danach gelten die bis dahin angefallenen Kosten als Teil der Kosten des Gerichts der Ehesache. Nicht heranzuziehen ist dagegen § 281 Abs. 3 Satz 2 ZPO, weil das mit der anderen Familiensache zuerst befasste Gericht bei Verfahrenseinleitung nicht unzuständig war.   5

§ 264 Verfahren nach den §§ 1382 und 1383 des Bürgerlichen Gesetzbuchs

(1) In den Verfahren nach den §§ 1382 und 1383 des Bürgerlichen Gesetzbuchs wird die Entscheidung des Gerichts erst mit der Rechtskraft wirksam. Eine Abänderung oder Wiederaufnahme ist ausgeschlossen.

(2) In dem Beschluss, in dem über den Antrag auf Stundung der Ausgleichsforderung entschieden wird, kann das Gericht auf Antrag des Gläubigers auch die Verpflichtung des Schuldners zur Zahlung der Ausgleichsforderung aussprechen.

Abs. 1 stellt besondere Regeln für die Verfahren auf Stundung (§ 1382 BGB) und Übertragung von Vermögensgegenständen (§ 1383 BGB) auf, die jedoch schon bisher in § 53a FGG in gleicher Weise geregelt waren.[1] Abs. 1 Satz 1 entspricht dem bisherigen § 53a Abs. 2 Satz 1 FGG. Abs. 1 Satz 2 schließt in Übereinstimmung mit der **bisherigen Rechtslage** die Abänderung und Wiederaufnahme in diesen Verfahren aus; maßgeblich ist allein die spezielle Regelung des § 1382 Abs. 6 BGB. Abs. 2 entspricht dem bisherigen § 53a Abs. 2 Satz 2 FGG.   1

§ 1382 BGB regelt bei feststehender und **unbestrittener Zugewinnausgleichsforderung** für den Schuldner die Möglichkeit einer **Stundung der Forderung**. Es wäre stets der Rechtspfleger zuständig (siehe § 265), sodass ein selbstständiges weiteres Verfahren erforderlich wäre. Dies widerspräche bei Anhängigkeit der Ehescheidung jedoch dem Grundsatz der **Entscheidungskonzentration**. Deshalb ist in diesen Sachen die Zuständigkeit des Familienrichters gegeben. Der Antrag ist bei Anhängigkeit eines   2

---

2 BGH 03.05.1978 – IV ARZ 26/78 = BGHZ 71, 264 (266 ff.) = NJW 1978, 1531 = FamRZ 1978, 582; OLG Hamm 25.05.1992 – 8 WF 160/92 = NJW-RR 1993, 1349 = FamRZ 1993, 211 f.; a.A. Jauernig FamRZ 1977, 762; ders. FamRZ 1989, 7.
1 Keidel u.a./Weber § 53a FGG, zu § 1382: Rn 3 ff., zu § 1383: Rn. 21 ff.

Rechtsstreits im gleichen Verfahren zu stellen. Die Endentscheidung wird mit der Rechtskraft wirksam.

3 § 1383 BGB räumt dem Gläubiger der Ausgleichsforderung die Möglichkeit ein, statt der Zahlung die **Übertragung bestimmter Vermögensgegenstände** des Schuldners zu verlangen. Auch hier muss der Gläubiger einen bestimmten **Sachantrag** stellen, die Entscheidung ergeht einheitlich (vgl. § 265). Das Gericht kann nur die Pflicht des Schuldners zur Übertragung anordnen, daneben ist die Höhe der Ausgleichsforderung festzustellen. Eine konstitutive Wirkung (Eigentumsübergang) erfolgt hierdurch noch nicht. Es sollte daher eine Verpflichtung zur Abgabe der Einigungserklärung gem. §§ 929, 925 BGB in den Beschluss mit aufgenommen werden.

4 Die Verfahrensanträge aus §§ 1382 und 1383 BGB können miteinander verbunden werden. Das Verfahren gem. § 1383 BGB kann mit einem Verfahren über Ehewohnung und/oder Haushaltssachen zusammenfallen, wenn bspw. die Übertragung der Eigentumswohnung beantragt wird, die gleichzeitig Ehewohnung ist, oder die Übertragung von Haushaltssachen. Ein entsprechendes Verfahren nach §§ 200 ff. hat dann keine Grundlage mehr.

§ 265 Einheitliche Entscheidung

Wird in einem Verfahren über eine güterrechtliche Ausgleichsforderung ein Antrag nach § 1382 Abs. 5 oder § 1383 Abs. 3 des Bürgerlichen Gesetzbuchs gestellt, ergeht die Entscheidung durch einheitlichen Beschluss.

1 Die Vorschrift entspricht dem bisherigen § 621a Abs. 2 Satz 1 ZPO a.F.

2 Bei den Verfahren nach §§ 1382, 1383 BGB ist zu unterscheiden, ob ein **Rechtsstreit zum Zugewinnausgleich** anhängig ist oder nicht. Ist ein Verfahren anhängig, können die Ansprüche nach §§ 1382, 1383 BGB in dem anhängigen Hauptsacheverfahren geltend gemacht werden (§ 1382 Abs. 5, § 1383 Abs. 3 BGB). Die Entscheidung ergeht in diesen Fällen zusammen mit dem Urteil in der Hauptsache. Entsprechendes gilt, wenn der Zugewinn als Folgesache geltend gemacht wird. Ist **kein Rechtsstreit** über die Ausgleichsforderung **anhängig,** sind die Ansprüche im Verbund geltend zu machen, wenn die Scheidungssache anhängig ist. Ohne anhängige Hauptsache sind diese Verfahren selbstständige Familiensachen, für die nach § 14 Nr. 2 RPflG der Rechtspfleger funktionell zuständig ist.

Abschnitt 11
Verfahren in sonstigen Familiensachen
(§ 266 – § 268)

Vorbemerkung § 266

Durch diesen Abschnitt wird die Verwirklichung des **großen Familiengerichts** umgesetzt. Die Einführung des großen Familiengerichts ist vielfach und seit Jahren gefordert worden. Der Gesetzgeber hatte dies bei verschiedenen Gelegenheiten nicht umgesetzt, den Zuständigkeitsbereich der FamG aber dennoch ständig ausgeweitet.[1] Argumentiert wurde, dass zu befürchten sei, dass der Familienrichter überfordert wäre, wenn er über alle vermögensrechtlichen Ansprüche der Ehegatten gegeneinander zu entscheiden hätte. Hinzu komme, dass auch der Vorteil der besonderen Sachkunde des Familienrichters bei der Behandlung anderer familienrechtlicher Streitigkeiten sich nicht auf die Erledigung familienrechtlicher Angelegenheiten auswirken würde. Dies dürfte nicht zutreffen.

Die personalen **Grundkonflikte** aller familiengerichtlichen Verfahren, also auch der hier genannten, wirken sich jeweils gleich aus. Überschneidungen zwischen güterrechtlichen Problemen und vermögensrechtlichen wechselseitigen Ansprüchen sind daher nicht zu vermeiden. Die Verknüpfung der Ansprüche gebietet eine **Zusammenfassung und Konzentration** der Verfahren. Die Reform dürfte deutliche **Effizienzgewinne** bringen, denn tatsächlich zusammenhängende Rechtsstreitigkeiten können nun auch zusammenhängend entschieden werden.[2] Die sich daraus ergebenden Belastungen für die Richterinnen und Richter dürften sich vordringlich in dieser umfassenderen Zuständigkeit darstellen, die insbesondere nun ein breiteres juristisches Fachwissen erfordert. Die Landesregierungen sind daher aufgerufen, für eine bessere personelle und sachliche Ausstattung im Bereich der Richterschaft und auch des nichtrichterlichen Personals zu sorgen. Auf Grund der erhöhten Anforderungen, die durch die Reform bedingt sind, wird eine verpflichtende Fortbildung der Richter gefordert.[3]

---

1 Münchner Anwaltshandbuch/Schnitzler 2007, § 4 Rn. 27.
2 Leutheuser-Schnarrenberger FPR 2009, 42.
3 Leutheuser-Schnarrenberger FPR 2009, 42.

Güterrechtssachen (§§ 261 ff. FamFG)

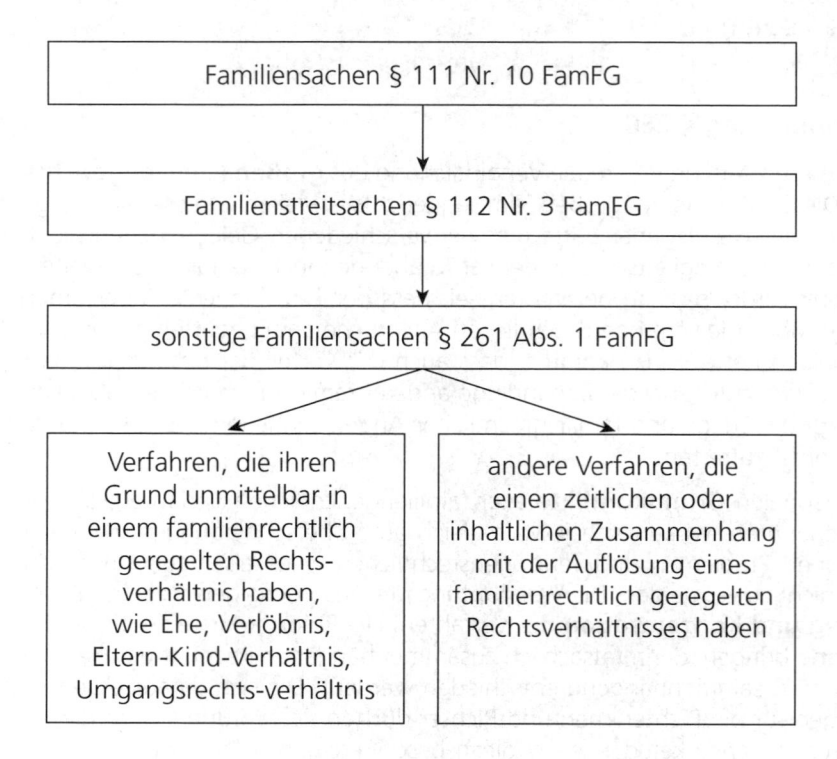

```
┌─────────────────────────────────────────────┐
│   Familiensachen § 111 Nr. 10 FamFG         │
└─────────────────────────────────────────────┘
                     ↓
┌─────────────────────────────────────────────┐
│   Familienstreitsachen § 112 Nr. 3 FamFG    │
└─────────────────────────────────────────────┘
                     ↓
┌─────────────────────────────────────────────┐
│   sonstige Familiensachen § 261 Abs. 1 FamFG│
└─────────────────────────────────────────────┘
           ↙                       ↘
┌────────────────────────┐  ┌────────────────────────┐
│ Verfahren, die ihren   │  │ andere Verfahren, die  │
│ Grund unmittelbar in   │  │ einen zeitlichen oder  │
│ einem familienrechtlich│  │ inhaltlichen Zusammen- │
│ geregelten Rechts-     │  │ hang mit der Auflösung │
│ verhältnis haben,      │  │ eines familienrechtlich│
│ wie Ehe, Verlöbnis,    │  │ geregelten Rechts-     │
│ Eltern-Kind-Verhältnis,│  │ verhältnisses haben    │
│ Umgangsrechts-         │  │                        │
│ verhältnis             │  │                        │
└────────────────────────┘  └────────────────────────┘
```

§ 266 Sonstige Familiensachen

(1) Sonstige Familiensachen sind Verfahren, die

1. Ansprüche zwischen miteinander verlobten oder ehemals verlobten Personen im Zusammenhang mit der Beendigung des Verlöbnisses sowie in den Fällen der §§ 1298 und 1299 des Bürgerlichen Gesetzbuchs zwischen einer solchen und einer dritten Person,
2. aus der Ehe herrührende Ansprüche,
3. Ansprüche zwischen miteinander verheirateten oder ehemals miteinander verheirateten Personen oder zwischen einer solchen und einem Elternteil im Zusammenhang mit Trennung oder Scheidung oder Aufhebung der Ehe,
4. aus dem Eltern-Kind-Verhältnis herrührende Ansprüche oder
5. aus dem Umgangsrecht herrührende Ansprüche

betreffen, sofern nicht die Zuständigkeit der Arbeitsgerichte gegeben ist oder das Verfahren eines der in § 348 Abs. 1 Satz 2 Nr. 2 Buchstabe a bis k der Zivilprozessordnung genannten Sachgebiete, das Wohnungseigentumsrecht oder das Erbrecht betrifft und sofern es sich nicht bereits nach anderen Vorschriften um eine Familiensache handelt.

(2) Sonstige Familiensachen sind auch Verfahren über einen Antrag nach § 1357 Abs. 2 Satz 1 des Bürgerlichen Gesetzbuchs.

I. Inhalt und Bedeutung der Norm

Durch § 266 soll die Verwirklichung des **großen Familiengerichts** erfolgen. Die Zuständigkeit der FamG wird nun auch auf Verfahren erstreckt werden, die bislang vor den Zivilgerichten geführt werden mussten.[1] Dies betrifft zum einen Verfahren nach §§ 1 und 2 GewSchG, soweit sie nicht bereits bislang den FamG zugewiesen waren. Zum anderen werden bestimmte allgemeine Zivilverfahren, die eine besondere Sachnähe zu den Regelungsgegenständen des Familienrechts aufweisen, erfasst. Die zuletzt genannten Verfahren werden unter der Bezeichnung „sonstige Familiensachen" im vorliegenden Abschnitt zusammengefasst.

II. Aufbau und Inhalt der Norm

Es sind **zwei Gruppen** von Verfahren zu unterscheiden:

- Verfahren, die Ansprüche betreffen, die ihren Grund unmittelbar in einem familienrechtlich geregelten Rechtsverhältnis haben, wie dem Verlöbnis, der Ehe, dem Eltern-Kind-Verhältnis oder dem Umgangsrechts-Verhältnis;
- Verfahren, bei denen dies nicht der Fall ist, die aber einen Zusammenhang mit der Auflösung eines familienrechtlich geregelten Rechtsverhältnisses aufweisen, wie etwa dem Verlöbnis oder der Ehe. Der Begriff des Zusammenhangs kann dabei sowohl eine inhaltliche wie eine zeitliche Komponente aufweisen.

Nicht entscheidend ist, ob die Streitigkeit vermögensrechtlicher oder nicht-vermögensrechtlicher Natur ist; insbesondere kann gerade auch die Einbeziehung **nichtvermögensrechtlicher** Auseinandersetzungen, wie etwa Streitigkeiten wegen privater Beleidigungen zwischen Ehegatten oder ein Verfahren wegen Herausgabe von privatem Bildmaterial oder eines Tagebuchs wegen des höchstpersönlichen Charakters der Streitigkeit dem FamG zuzuordnen sein.

Weiter ist auch nicht entscheidend, wer die Beteiligten des konkreten Streitverfahrens sind, vielmehr kommt es auf die **Rechtsnatur des Anspruchs** bei seiner Entstehung an. Soweit er nachträglich, etwa im Wege der Rechtsnachfolge, auf einen Dritten übergegangen ist, ist dies unschädlich und ändert nichts an der grundsätzlichen Einordnung als sonstige Familiensache.

Abs. 1 enthält eine Aufzählung bestimmter bislang zivilgerichtlicher Verfahren, die nunmehr als Familiensachen geregelt sind. Für diese Verfahren wird der Begriff der

---
1 BT-Drs. 16/6308, S. 262.

sonstigen Familiensachen verwendet. Abs. 2 enthält weitere Fälle sonstiger Familiensachen. Sonstige Familiensachen nach Abs. 1 sind **Familienstreitsachen** (vgl. § 112 Nr. 3). In diesen Verfahren sind weitgehend die Vorschriften der ZPO anzuwenden; das Nähere hierzu ist in §§ 113 ff. geregelt.

6 **Nr. 1** umfasst Streitigkeiten zwischen miteinander **verlobten** oder ehemals **verlobten Personen** oder zwischen einer solchen und einer **dritten Person**. Dabei muss in allen Fällen zudem ein Zusammenhang mit der Beendigung des Verlöbnisses bestehen. Dritte Personen sind nur beteiligt, sofern Ansprüche aus §§ 1298 und 1299 BGB geltend gemacht werden. Diesbezügliche Verfahren sind zahlenmäßig zwar eher selten, jedoch empfiehlt sich eine Aufnahme in die Zuständigkeit des FamG aus Gründen der Abrundung des Zuständigkeitskatalogs. Streitigkeiten der genannten Art sind, ähnlich wie bei Ehegatten, in erster Linie durch einen persönlichen Grundkonflikt der beteiligten Personen geprägt. Als Beispiel können etwa Verfahren auf Rückgabe von Geschenken oder sonstigen Zuwendungen genannt werden.[2]

7 Als zu weit gehend erscheint aber die **Einbeziehung dritter Personen** bei einem Verlöbnis. Hierdurch werden Streitigkeiten zwischen bspw. den zukünftigen Schwiegereltern und einem Verlobten (Rückforderung von Schenkungen) zur Familiensache. Andererseits sind in die Vorschrift Ansprüche unter nicht miteinander verheirateten Partnern nicht aufgenommen worden, die allerdings zunehmend von Bedeutung sein können.[3]

8 **Nr. 2** nennt die **aus der Ehe herrührenden Ansprüche**, wobei es nicht darauf ankommt, gegen wen sie sich richten. Hierunter fallen in erster Linie die aus § 1353 BGB herzuleitenden Ansprüche, etwa auf Mitwirkung bei der gemeinsamen steuerlichen Veranlagung, der Auskunft über das Vermögen im Allgemeinen etc. Weiter gehören dazu Ansprüche, die das absolute Recht (§ 823 Abs. 1 BGB) zur ehelichen Lebensgemeinschaft verwirklichen, wie etwa Abwehr- und Unterlassungsansprüche gegen Störungen des räumlich-gegenständlichen Bereichs der Ehe gegenüber dem anderen Ehegatten oder einem Dritten (sog. Ehestörungsverfahren). Auch insoweit geltend gemachte Schadenersatzansprüche fallen darunter.

9 **Nr. 3** erwähnt **Ansprüche zwischen miteinander verheirateten oder ehemals verheirateten Personen** oder zwischen einer solchen und einem Elternteil. In jedem Fall muss ein Zusammenhang mit Trennung, Scheidung oder Aufhebung der Ehe bestehen. Auf diese Weise soll die vermögensrechtliche Auseinandersetzung zwischen den Ehegatten **außerhalb des Güterrechts** (sog. Nebengüterrecht) den FamG zugewiesen werden.[4] Hierzu gehören:

- Auflösung der Ehegatteninnengesellschaft,
- Auseinandersetzung der Miteigentumsgemeinschaft,
- Forderungen aus dem Innenverhältnis des Gesamtschuldnerausgleichs,
- Rückforderung von Zuwendungen,
- Streitigkeiten über Steuererstattungen, Steuernachzahlungen oder gemeinsame Veranlagung bzw. Getrenntveranlagung,

---

2 BT-Drs. 16/6308, S. 262.
3 BGH 09.07.2008 – XII ZR 179/05 = FPR 2008, 519.
4 Borth FamRZ 2007, 1925 (1935).

- Aufteilung von Konten und Sparguthaben, Wertpapierkonten,
- Rückabwicklung von Zuwendungen der Schwiegereltern.

Nr. 4 erwähnt die **aus dem Eltern-Kind-Verhältnis herrührenden Ansprüche**. Neben Verlöbnis und Ehe handelt es sich bei dem Eltern-Kind-Verhältnis um ein weiteres spezifisch familienrechtliches Rechtsverhältnis. Als Ergänzung zur Zuständigkeit für Kindschaftssachen soll das FamG auch für sonstige zivilrechtliche Ansprüche aus dem Eltern-Kind-Verhältnis zuständig sein. Zu nennen sind etwa Streitigkeiten wegen der Verwaltung des Kindesvermögens, auch soweit es sich um Schadenersatzansprüche handelt.[5] Der Anspruch muss im Eltern-Kind-Verhältnis selbst seine Grundlage haben, ein bloßer Zusammenhang hierzu genügt nicht.

10

Nr. 5 nennt **aus dem Umgangsrecht herrührende Ansprüche**. Dass hierzu nicht Verfahren wegen des Umgangsrechts selbst gehören, die als Kindschaftssachen anzusehen sind (§ 151 Nr. 2), ergibt sich bereits daraus, dass Abs. 1 nur die bislang zivilgerichtlichen Streitigkeiten enthält. Zu nennen ist hier die Konstellation eines Schadenersatzanspruchs wegen Nichteinhalten der Umgangsregelung.[6] Für einen derartigen Anspruch ist nach Auffassung des BGH bislang das Zivilgericht zuständig. Aus Gründen des Sachzusammenhangs ist dies geändert worden.

11

In den in **Nr. 1 bis 5** genannten Fällen ist eine sonstige Familiensache und damit die Zuständigkeit des FamG nicht gegeben, sofern die **Arbeitsgerichte** zuständig sind, das Verfahren in eines der in § 348 Abs. 1 Satz 2, Nr. 2 Buchst. a bis k ZPO genannten Sachgebiete fällt, nämlich Streitigkeiten

12

- über Ansprüche aus Veröffentlichungen durch Druckerzeugnisse, Bild- und Tonträger jeder Art, insbesondere in Presse, Rundfunk, Film und Fernsehen,
- aus Bank- und Finanzgeschäften,
- aus Bau- und Architektenverträgen, soweit sie in Zusammenhang mit Bauleistungen stehen,
- aus der Berufstätigkeit der Rechtsanwälte, Patentanwälte, Notare, Steuerberater, Steuerbevollmächtigten, Wirtschaftsprüfer und vereidigten Buchprüfer,
- über Ansprüche aus Heilbehandlungen,
- aus Handelssachen i.S.d. § 96 GVG,
- über Ansprüche aus Fracht-, Speditions- und Lagergeschäften,
- aus Versicherungsvertragsverhältnissen,
- aus den Bereichen des Urheber- und Verlagsrechts oder
- aus den Bereichen der Kommunikations- und Informationstechnologie

die dem Landgericht ohne Rücksicht auf den Streitwert zugewiesen sind.

Keine sonstigen Familiensachen sind Angelegenheiten, die das **Wohnungseigentumsrecht** oder das **Erbrecht** betreffen. Hierbei handelt es sich jeweils um eigene Rechtsgebiete, für deren Bearbeitung spezielle Kenntnisse erforderlich sind. Die FamG sollen daher nicht mit solchen Verfahren befasst werden. Der **Gesichtspunkt der**

13

---

[5] BT-Drs. 16/6308, S. 263.
[6] BT-Drs. 16/6308, S. 263; BGH 19.06.2002 – XII ZR 173/00 = NJW 2002, 2566.

Spezialität setzt sich hier gegenüber den für die Konzentration der Zuständigkeit des FamG maßgeblichen Kriterien durch. Ob dies eine richtige Vorannahme ist, da bspw. das Erbrecht, aber auch Streitigkeiten aus einem Ehegattenarbeitsverhältnis jeweils bei der Fachanwaltsausbildung zum Fachanwalt für Familienrecht Berücksichtigung finden, kann bezweifelt werden.[7] Eine Berücksichtigung dieser speziellen Rechtsgebiete hat jedenfalls in der anwaltlichen Beratung regelmäßig stattzufinden.

14 Eine sonstige Familiensache ist auch dann nicht gegeben, wenn es sich bei dem Verfahren **bereits nach anderen Vorschriften um eine Familiensache handelt**. Diese Regelung stellt das Verhältnis zu den Bestimmungen über die eigentlichen Familiensachen ausdrücklich klar.

15 **Abs. 2** bestimmt, dass auch Verfahren über einen Antrag nach § 1357 Abs. 2 Satz 1 BGB sonstige Familiensachen sind. Die Regelung des § 1357 BGB behandelt eine allgemeine Ehewirkung und ist somit güterstandsunabhängig, weshalb eine Zuordnung dieser Verfahren zu den Güterrechtssachen ausscheidet. Das Verfahren nach § 1357 Abs. 2 Satz 1 BGB gehört **nicht** zur Kategorie der **Familienstreitsachen**.

16 Vermögensrechtliche Streitigkeiten zwischen Partnern einer **nichtehelichen Lebensgemeinschaft** gehören nicht zu den sonstigen Familiensachen. Sie fallen – wie bisher – in die Zuständigkeit der allgemeinen Zivilgerichte.

§ 267 Örtliche Zuständigkeit

(1) Während der Anhängigkeit einer Ehesache ist das Gericht ausschließlich zuständig, bei dem die Ehesache im ersten Rechtszug anhängig ist oder war. Diese Zuständigkeit geht der ausschließlichen Zuständigkeit eines anderen Gerichts vor.

(2) Im Übrigen bestimmt sich die Zuständigkeit nach der Zivilprozessordnung mit der Maßgabe, dass in den Vorschriften über den allgemeinen Gerichtsstand an die Stelle des Wohnsitzes der gewöhnliche Aufenthalt tritt.

1 Die Vorschrift entspricht der für Güterrechtssachen geltenden Regelung des § 262 und verwirklicht damit ebenso die **Zuständigkeitskonzentration** bei dem Gericht der Ehesache. Sie ist auf **alle sonstigen Familiensachen** nach § 266 anzuwenden.

2 **Abs. 1 Satz 1** enthält eine Zuständigkeitskonzentration beim Gericht der Ehesache, wie sie auch in anderen Familiensachen vorgesehen ist. **Satz 2** bestimmt, dass die nach Satz 1 bestehende ausschließliche Zuständigkeit der ausschließlichen Zuständigkeit eines anderen Gerichts vorgeht. **Abs. 2** verweist im Übrigen, soweit eine Zuständigkeit nach Abs. 1 nicht gegeben ist, auf die diesbezüglichen Vorschriften der ZPO mit der Maßgabe, dass in den Vorschriften über den allgemeinen Gerichtsstand an die Stelle des Wohnsitzes **der gewöhnliche Aufenthalt** tritt (hierzu → § 122 Rn. 3 f.).

---

[7] Kritisch ebenfalls Fölsch 2009, § 3 Rn. 186.

§ 268 Abgabe an das Gericht der Ehesache

Wird eine Ehesache rechtshängig, während eine sonstige Familiensache bei einem anderen Gericht im ersten Rechtszug anhängig ist, ist diese von Amts wegen an das Gericht der Ehesache abzugeben. § 281 Abs. 2 und 3 Satz 1 der Zivilprozessordnung gilt entsprechend.

Für alle sonstigen Familiensachen nach § 266 wird mit § 268 eine dem bisherigen § 621 Abs. 3 ZPO a.F. entsprechende Möglichkeit zur Verwirklichung der **Zuständigkeitskonzentration** beim Gericht der Ehesache geschaffen (Näheres → § 123 Rn. 3 ff.). 1

Abschnitt 12
Verfahren in Lebenspartnerschaftssachen
(§ 269 – § 270)

§ 269 Lebenspartnerschaftssachen

(1) Lebenspartnerschaftssachen sind Verfahren, welche zum Gegenstand haben

1. die Aufhebung der Lebenspartnerschaft aufgrund des Lebenspartnerschaftsgesetzes,
2. die Feststellung des Bestehens oder Nichtbestehens einer Lebenspartnerschaft,
3. die elterliche Sorge, das Umgangsrecht oder die Herausgabe in Bezug auf ein gemeinschaftliches Kind,
4. die Annahme als Kind und die Ersetzung der Einwilligung zur Annahme als Kind,
5. Ehewohnungssachen nach § 14 oder §17 des Lebenspartnerschaftsgesetzes,
6. Haushaltssachen nach § 13 oder § 17 des Lebenspartnerschaftsgesetzes,
7. den Versorgungsausgleich der Lebenspartner,
8. die gesetzliche Unterhaltspflicht für ein gemeinschaftliches minderjähriges Kind der Lebenspartner,
9. die durch die Lebenspartnerschaft begründete gesetzliche Unterhaltspflicht,
10. Ansprüche aus dem lebenspartnerschaftlichen Güterrecht, auch wenn Dritte an dem Verfahren beteiligt sind,
11. Entscheidungen nach § 6 des Lebenspartnerschaftsgesetzes in Verbindung mit den § 1365 Abs. 2, § 1369 Abs. 2 und den §§ 1382 und 1383 des Bürgerlichen Gesetzbuchs,

Rakete-Dombek

12. Entscheidungen nach § 7 des Lebenspartnerschaftsgesetzes in Verbindung mit den §§ 1426, 1430 und 1452 des Bürgerlichen Gesetzbuchs.

(2) Sonstige Lebenspartnerschaftssachen sind Verfahren, welche zum Gegenstand haben

1. Ansprüche nach § 1 Abs. 4 Satz 2 des Lebenspartnerschaftsgesetzes in Verbindung mit den §§ 1298 bis 1301 des Bürgerlichen Gesetzbuchs,
2. Ansprüche aus der Lebenspartnerschaft,
3. Ansprüche zwischen Personen, die miteinander eine Lebenspartnerschaft führen oder geführt haben, oder zwischen einer solchen Person und einem Elternteil im Zusammenhang mit der Trennung oder Aufhebung der Lebenspartnerschaft,

sofern nicht die Zuständigkeit der Arbeitsgerichte gegeben ist oder das Verfahren eines der in § 348 Abs. 1 Satz 2 Nr. 2 Buchstabe a bis k der Zivilprozessordnung genannten Sachgebiete, das Wohnungseigentumsrecht oder das Erbrecht betrifft und sofern es sich nicht bereits nach anderen Vorschriften um eine Lebenspartnerschaftssache handelt.

(3) Sonstige Lebenspartnerschaftssachen sind auch Verfahren über einen Antrag nach § 8 Abs. 2 des Lebenspartnerschaftsgesetzes in Verbindung mit § 1357 Abs. 2 Satz 1 des Bürgerlichen Gesetzbuchs.

1 Die Norm folgt inhaltlich der durch das Gesetz zur Beendigung der Diskriminierung gleichgeschlechtlicher Partnerschaften (LPartG) vom 16.02.2001[1] eingeführten Bestimmung des § 661 ZPO a.F., übernimmt in Abs. 1 die **Legaldefinition** der Lebenspartnerschaftssachen, die schon nach § 23a Nr. 6, § 23b Abs. 1 Satz 2 Nr. 15 GVG in die familiengerichtliche Zuständigkeit verwiesen wurden,[2] und definiert in Abs. 2 die „sonstigen Lebenspartnerschaftssachen".

2 **Abs. 1** entspricht inhaltlich der bisherigen Regelung der Lebenspartnerschaftssachen in § 661 Abs. 1 ZPO a.F. unter Berücksichtigung der im FamFG neu geregelten Struktur der Familiensachen und der neu eingeführten Gesetzesbegriffe der Ehewohnungs- und Haushaltssachen sowie der Güterrechtssachen. Die Regelung des bisherigen § 661 Abs. 1 Nr. 3 ZPO wurde nicht übernommen. Verfahren, die die Verpflichtung zur Fürsorge und Unterstützung in der partnerschaftlichen Lebensgemeinschaft (§ 2 LPartG) zum Gegenstand haben, werden künftig als sonstige Lebenspartnerschaftssachen nach Abs. 2 Nr. 2 behandelt, auf welche die Vorschriften der Familienstreitsachen Anwendung finden und die damit nicht dem Amtsermittlungsgrundsatz unterliegen. Die praktische Bedeutung dieser Verfahren ist allerdings gering. Darüber hinaus wird in Abs. 2 und 3 die Schaffung des großen FamG auch für den Bereich der Rechtsverhältnisse, die die Lebenspartnerschaft betreffen, nachvollzogen. Näheres hierzu → §§ 266 bis 268.

3 **Nr. 1** entspricht dem bisherigen § 661 Abs. 1 Nr. 1 ZPO a.F. und regelt, wie § 1564 BGB, die Aufhebung gem. § 15 Abs. 1 LPartG.

---

[1] BGBl 2001 I, S. 266.
[2] Art. 3 § 12 LPartG.

Nr. 2 entspricht dem bisherigen § 661 Abs. 1 Nr. 2 ZPO a.F. und stellt eine Sonderform der Feststellungsklage gem. § 256 Abs. 1 ZPO zur Verfügung, wobei nur die Lebenspartner selbst verfahrensbefugt sind.

Nr. 3 entspricht dem bisherigen § 661 Abs. 1 Nr. 3a bis 3c ZPO a.F. Die Unterhaltspflicht gegenüber einem gemeinschaftlichen Kind ist von § 661 Abs. 1 Nr. 3d ZPO a.F. nach Nr. 8 dieser Vorschrift gerückt.

Nr. 4 wurde erst später in den Gesetzesentwurf aufgenommen.[3] Es handelt sich um eine Änderung in Folge der in § 9 Abs. 6 LPartG geregelten Adoption durch Lebenspartner.[4] Durch das Einfügen der Nr. 4 haben sich die nachfolgenden Nummern jeweils erhöht.

Nr. 5 und 6 entsprechen inhaltlich dem bisherigen § 661 Abs. 1 Nr. 5 ZPO a.F. und regeln die Ehewohnungs- und Haushaltssachen (§§ 200 ff.).

Nr. 7 entspricht dem bisherigen § 661 Abs. 1 Nr. 4a ZPO a.F. und regelt den nach § 20 LPartG vorzunehmenden Versorgungsausgleich (§§ 217 ff.).

Nr. 8 entspricht dem bisherigen § 661 Abs. 1 Nr. 3d ZPO a.F.

Nr. 9 entspricht dem bisherigen § 661 Abs. 1 Nr. 4 ZPO a.F. und regelt auch für die Lebenspartnerschaft die gegenseitige Unterhaltspflicht aus § 5 LPartG, der den Vorschriften der §§ 1360, 1360a BGB ähnelt, sowie aus §§ 12 und 16 LPartG. Hierzu gehören auch die Auskunftsansprüche, die in § 12 Satz 2 LPartG, § 1361 Abs. 4 Satz 3, § 1605 BGB (Trennungsunterhalt) und aus § 16 Abs. 1 Satz 2 LPartG, §§ 1580, 1605 BGB hinsichtlich des nachpartnerschaftlichen Unterhalts ihre Grundlage haben. Unterschiede zu den Unterhaltsverfahren von (geschiedenen) Ehegatten sind nicht ersichtlich (§§ 231 ff.).

Nr. 10 bis 12 entsprechen dem bisherigen § 661 Abs. 1 Nr. 6 und 7 ZPO a.F. Die Güterrechtssachen werden systematisch in gleicher Weise geregelt wie bei der Ehe. Einbezogen werden daher auch Verfahren nach § 7 LPartG (Verfahren über vereinbarte Lebenspartnerschaftsverträge) i.V.m. §§ 1426, 1430 und 1452 BGB.

Abs. 2 regelt die sonstigen Lebenspartnerschaftssachen. Er enthält eine Aufzählung bestimmter zivilgerichtlicher Verfahren, die nunmehr als Lebenspartnerschaftssachen in die Zuständigkeit des FamG fallen sollen. Die in Abs. 2 geregelten Verfahren gehören zur Kategorie der **Familienstreitsachen** nach § 112 Nr. 3 (→ § 112).

Abs. 3 ergänzt die sonstigen Lebenspartnerschaftssachen um das Verfahren nach § 8 Abs. 2 LPartG (enthält die analoge Regelung wie § 1362 BGB – Eigentumsvermutung) i.V.m. § 1357 Abs. 2 Satz 1 BGB hinsichtlich der **Haftung für Geschäfte zur Deckung des Lebensbedarfs**. Dies war bisher nicht in den Katalog des § 661 ZPO a.F. aufgenommen und ist neu hinzugekommen.

---

[3] BT-Drs. 16/9733; BT-Drs 16/5596 – LPartGErgG AdoptR.
[4] BT-Drs. 16/9733, S. 371.

§ 270 Anwendbare Vorschriften

(1) In Lebenspartnerschaftssachen nach § 269 Abs. 1 Nr. 1 sind die für Verfahren auf Scheidung geltenden Vorschriften, in Lebenspartnerschaftssachen nach § 269 Abs. 1 Nr. 2 die für Verfahren auf Feststellung des Bestehens oder Nichtbestehens einer Ehe zwischen den Beteiligten geltenden Vorschriften entsprechend anzuwenden. In den Lebenspartnerschaftssachen nach § 269 Abs. 1 Nr. 3 bis 12 sind die in Familiensachen nach § 111 Nr. 2, 4, 5 und 7 bis 9 jeweils geltenden Vorschriften entsprechend anzuwenden.

(2) In sonstigen Lebenspartnerschaftssachen nach § 269 Abs. 2 und 3 sind die in sonstigen Familiensachen nach § 111 Nr. 10 geltenden Vorschriften entsprechend anzuwenden.

1 Die Vorschrift verweist auf die Bestimmungen für Familiensachen, die in Lebenspartnerschaftssachen entsprechend anwendbar sind. Verfahrensrechtlich werden die Lebenspartnerschaftssachen wie die ihnen jeweils **entsprechenden Familiensachen** im Fall der Ehe behandelt. Die Verweisung bezieht sich auf sämtliche in den entsprechenden Familiensachen anwendbaren Vorschriften, d.h. auch solche aus Buch 1 oder anderen Gesetzen.

2 **Verfahrensrechtlich** werden Lebenspartner daher **wie Eheleute behandelt**.

Schluss- und Übergangsvorschriften

Art. 111 Übergangsvorschrift

(1) Auf Verfahren, die bis zum Inkrafttreten des Gesetzes zur Reform des Verfahrens in Familiensachen und in den Angelegenheiten der freiwilligen Gerichtsbarkeit eingeleitet worden sind oder deren Einleitung bis zum Inkrafttreten des Gesetzes zur Reform des Verfahrens in Familiensachen und in den Angelegenheiten der freiwilligen Gerichtsbarkeit beantragt wurde, sind weiter die vor Inkrafttreten des Gesetzes zur Reform des Verfahrens in Familiensachen und in den Angelegenheiten der freiwilligen Gerichtsbarkeit geltenden Vorschriften anzuwenden. Auf Abänderungs-, Verlängerungs- und Aufhebungsverfahren finden die vor Inkrafttreten des Gesetzes zur Reform des Verfahrens in Familiensachen und in den Angelegenheiten der freiwilligen Gerichtsbarkeit geltenden Vorschriften Anwendung, wenn die Abänderungs-, Verlängerungs- und Aufhebungsverfahren bis zum Inkrafttreten des Gesetzes zur Reform des Verfahrens in Familiensachen und in den Angelegenheiten der freiwilligen Gerichtsbarkeit eingeleitet worden sind oder deren Einleitung bis zum Inkrafttreten des Gesetzes zur Reform des Verfahrens in Familiensachen und in den Angelegenheiten der freiwilligen Gerichtsbarkeit beantragt wurde.

(2) Jedes gerichtliche Verfahren, das mit einer Endentscheidung abgeschlossen wird, ist ein selbständiges Verfahren im Sinne des Absatzes 1 Satz 1.

(3) Abweichend von Absatz 1 Satz 1 sind auf Verfahren in Familiensachen, die am 1. September 2009 ausgesetzt sind oder nach dem 1. September 2009 ausgesetzt werden oder deren Ruhen am 1. September 2009 angeordnet ist oder nach dem 1. September 2009 angeordnet wird, die nach Inkrafttreten des Gesetzes zur Reform des Verfahrens in Familiensachen und in den Angelegenheiten der freiwilligen Gerichtsbarkeit geltenden Vorschriften anzuwenden.

(4) Abweichend von Absatz 1 Satz 1 sind auf Verfahren über den Versorgungsausgleich, die am 1. September 2009 vom Verbund abgetrennt sind oder nach dem 1. September 2009 abgetrennt werden, die nach Inkrafttreten des Gesetzes zur Reform des Verfahrens in Familiensachen und in den Angelegenheiten der freiwilligen Gerichtsbarkeit geltenden Vorschriften anzuwenden. Alle vom Verbund abgetrennten Folgesachen werden im Fall des Satzes 1 als selbständige Familiensachen fortgeführt.

(5) Abweichend von Absatz 1 Satz 1 sind auf Verfahren über den Versorgungsausgleich, in denen am 31. August 2010 im ersten Rechtszug noch keine Endentscheidung erlassen wurde, sowie auf die mit solchen Verfahren im Verbund stehenden Scheidungs- und Folgesachen ab dem 1. September 2010 die nach dem Inkrafttreten des Gesetzes zur Reform des Verfahrens in Familiensachen und in den Angelegenheiten der freiwilligen Gerichtsbarkeit geltenden Vorschriften anzuwenden.

Art. 111 enthält die Übergangsregelungen und gilt für alle Verfahren, die im FGG-Reformgesetz enthalten sind,[1] also nicht nur für das FamFG, sondern für alle Vorschriften, die in den übrigen Artikeln des FGG-Reformgesetzes geregelt sind. Die Abs. 2 bis 5 sind nicht im FGG-Reformgesetz enthalten, sondern durch das Gesetz zur Strukturreform des Versorgungsausgleichs[2] vom 03.04.2009 hinzugefügt worden.

Das **Gesetz zur Änderung des Zugewinnausgleichs- und des Vormundschaftsrechts**[3] enthält lediglich Übergangsvorschriften für die Anwendung des geänderten materiellen Rechts. Das Verfahrensrecht ist allein durch die veränderte Terminierung – Ehewohnungs- und Haushaltssachen – betroffen. Diese sind in das FamFG eingearbeitet; einer zusätzlichen Übergangsvorschrift bedurfte es insoweit nicht.

Nach **Abs. 1 Satz 1** findet das neue Recht auf Verfahren, die vor dem 01.09.2009 eingeleitet oder deren Einleitung beantragt wurde, keine Anwendung. Gerichte und Beteiligte sollen sich auf die neue Rechtslage einstellen können.[4] Für diese Verfahren gelten die Regelungen des alten Rechts, und zwar **durchgängig für alle Instanzen**. Hat also ein Verfahren vor dem Stichtag begonnen, so gilt das alte Recht für sämtliche Instanzen, also auch für die Rechtsmittelverfahren. Die Rechtsmittelvorschriften des neuen Rechts kommen nur zur Anwendung, wenn bereits das erstinstanzliche Verfahren nach dem FamFG geführt wurde.[5]

Als einheitliche Verfahren i.S.d. Art. 111 sind das **einstweilige Anordnungsverfahren** des alten Rechts und das entsprechende **Hauptsacheverfahren** anzusehen. Ist also ein Hauptsacheverfahren nach bisher geltendem Recht eingeleitet worden, richtet

---
1 BT-Drs. 16/6308, S. 359,
2 BGBl. I, S. 700.
3 BT-Drs. 16/10798.
4 BT-Drs. 16/6308, S. 359.
5 BT-Drs. 16/6308, S. 359.

Abschnitt 12 Schluss- und Übergangsvorschriften

sich der einstweilige Rechtsschutz ebenfalls nach dem vor dem 01.09.2009 geltenden Rechtszustand, und zwar auch dann, wenn die einstweilige Anordnung nach dem 01.09.2009 beantragt wurde.[6]

5 **Abs. 1 Satz 2** schreibt die Selbstständigkeit der Abänderungs-, Verlängerungs- und Aufhebungsverfahren fest. Auf sie findet das neue Recht Anwendung, wenn sie nach dem 01.09.2009 eingeleitet werden. Auf den Beginn des ihnen zugrunde liegenden Verfahrens kommt es nicht an.[7]

6 **Abs. 2** bestimmt, dass Verfahren, die mit einer Endentscheidung abgeschlossen werden, als selbstständige Verfahren i.S.d. Abs. 1 anzusehen sind. Als solche selbstständigen Verfahren könnte auch der **Scheidungsverbund** bestehend aus der Ehesache und ihren Folgesachen angesehen werden, die grundsätzlich als rechtlich selbstständig betrachtet werden.[8] Dies führt allerdings nicht dazu, dass auf die vor dem 01.09.2009 eingegangene Ehesache das alte Verfahrensrecht, auf die nach dem 01.09.2009 eingereichten Folgesachen das FamFG anzuwenden ist. Der nach neuem Recht fortgeltende Grundgedanke des Scheidungsverbunds der gleichzeitigen Verhandlung und Entscheidung der wichtigsten Scheidungsfolgen (§ 137) verlangt, ihn als einheitlich i.S.d. Art. 111 zu betrachten. Denn dieser Vorschrift ist zu entnehmen, dass der Gesetzgeber die gleichzeitige Anwendung verschiedener Verfahrensordnungen in Ehesachen gerade nicht gewollt hat. Damit ist in den Fällen, in denen die Ehesachen vor dem 01.09.2009 anhängig gemacht worden sind, zunächst das zu diesem Zeitpunkt geltende Verfahrensrecht auch auf die später eingereichte Folgesache anzuwenden.

7 **Abs. 2** erfasst die gerichtliche Aufsichts- und Genehmigungstätigkeit im Rahmen einer Vormundschaft oder Betreuung. Wird ein Verfahren nach dem 01.09.2009 eingeleitet, z. B. ein Verfahren auf gerichtliche Genehmigung, gilt neues Recht.[9] Unklar bleibt, ob dies auch für das Ausgangsverfahren gilt, ob also die vor dem 01.09.2009 eingerichtete Vormundschaft nach altem Verfahrensrecht zu behandeln ist und nur als nach diesem Stichtag notwendig werdende Genehmigung neuem Recht unterfällt. Der Wortlaut und die Tatsache, dass Abs. 5 nur für das Versorgungsausgleichsverfahren gilt, spricht für diese den Belangen der Praxis widersprechende Zweiteilung. **Abs. 3** regelt Ausnahmen von dem Grundgedanken des Abs. 1: Familiensachen, die am oder nach dem 01.09.2009 ausgesetzt oder zum Ruhen gebracht worden waren, sind nach ihrer **Wiederaufnahme** nach neuem Recht zu behandeln, gleich wann der ursprüngliche verfahrenseinleitende Antrag bei Gericht eingegangen war.

8 Nach **Abs. 4** gilt Entsprechendes für den Fall der **Abtrennung** des Verfahrens zum Versorgungsausgleich. Ist das Verfahren am 01.09.2009 abgetrennt oder erfolgt die Abtrennung später, findet auf das abgetrennte Verfahren das FamFG Anwendung, gleich wann der ursprüngliche Scheidungsantrag eingegangen ist. Sind zusätzlich zum Versorgungsausgleich weitere Folgesachen abgetrennt worden, gelten sie nach Satz 2 als selbstständige Familiensachen mit der Folge, dass auch auf sie das FamFG Anwendung findet.

---

6 BT-Drs. 16/6308, S. 359. Der dort genannte Fall, dass zuerst die einstweilige Anordnung begehrt wird, ist in der Praxis zu vernachlässigen, da die einstweilige Anordnung ohne gleichzeitig anhängig gemachte Hauptsache nach bisherigem Recht unzulässig ist.
7 Fölsch 2009, § 1 Rn. 13.
8 Zöller/Philippi § 623 ZPO Rn. 1.
9 BT-Drs. 16/11093, S. 127 f.

Abs. 5 setzt einen weiteren Schnittpunkt. Auf Verfahren über den **Versorgungsausgleich**, in denen am 01.09.2010, also ein Jahr nach dem Inkrafttreten des FamFG, noch keine Endentscheidung erster Instanz erlassen worden ist, findet das neue Recht unabhängig vom Zeitpunkt der Anhängigkeit Anwendung. Dies gilt nicht nur für die Verfahren zum Versorgungsausgleich, sondern auch für die **Ehesachen** und die übrigen Verbundverfahren, so dass zum 01.09.2010 alle noch anhängigen Ehesachen, in denen über den Versorgungsausgleich zu entscheiden ist, einschließlich der übrigen Folgesachen nach neuem Recht zu behandeln sind.

Art. 112 Inkrafttreten, Außerkrafttreten

(1) Dieses Gesetz tritt, mit Ausnahme von Artikel 110a Abs. 2 und 3, am 1. September 2009 in Kraft; gleichzeitig treten das Gesetz über die Angelegenheiten der freiwilligen Gerichtsbarkeit in der im Bundesgesetzblatt Teil III, Gliederungsnummer 315-1, veröffentlichten bereinigten Fassung, zuletzt geändert durch Artikel 12 des Gesetzes vom 23. Oktober 2008 (BGBl. I S. 2026), und das Gesetz über das gerichtliche Verfahren bei Freiheitsentziehungen in der im Bundesgesetzblatt Teil III, Gliederungsnummer 316-1, veröffentlichten bereinigten Fassung, zuletzt geändert durch Artikel 6 Abs. 6 des Gesetzes vom 19. August 2007 (BGBl. I S. 1970), außer Kraft.

(2) Artikel 110a Abs. 2 und 3 tritt an dem Tag in Kraft, an dem das Gesetz zur Umsetzung des Haager Übereinkommens vom 13. Januar 2000 über den internationalen Schutz von Erwachsenen vom 17. März 2007 (BGBl. I S. 314) nach seinem Artikel 3 in Kraft tritt, wenn dieser Tag auf den 1. September 2009 fällt oder vor diesem Zeitpunkt liegt.

Nach Art. 112 tritt das FGG-Reformgesetz zum 01.09.2009 in Kraft. Nicht erfasst ist Art. 110a des FGG-Reformgesetzes, nämlich die Änderungen aus Anlass des Inkrafttretens des Gesetzes zur Umsetzung des Haager Übereinkommens vom 13.01.2000 über den internationalen Schutz von Erwachsenen, das noch nicht ratifiziert ist.

Zum 01.09.2009 tritt – naturgemäß – das bisher geltende Recht außer Kraft.

Abkürzungsverzeichnis

a.A.	andere Ansicht
a.F.	alte Fassung
Abl	Amtsblatt
ABl EU	Amtsblatt der Europäischen Union
Abs.	Absatz
AdÜbAG	Gesetz zur Ausführung des Haager Übereinkommens vom 29.05.1993 über den Schutz von Kindern und die Zusammenarbeit auf dem Gebiet der internationalen Adoption (Adoptionsübereinkommens-Ausführungsgesetz)
AdVermiG	Gesetz über die Vermittlung der Annahme als Kind und über das Verbot der Vermittlung von Ersatzmüttern (Adoptionsvermittlungsgesetz)
AdWirkG	Gesetz über Wirkungen der Annahme als Kind
AG	Amtsgericht
AktO	Aktenordnung
Alt.	Alternative
AmtAnz	Amtlicher Anzeiger
Anm.	Anmerkung
AO	Abgabenordnung
ArbGG	Arbeitsgerichtsgesetz
Art.	Artikel
AVAG	Gesetz zur Ausführung zwischenstaatlicher Verträge und zur Durchführung von Verordnungen und Abkommen der Europäischen Gemeinschaft auf dem Gebiet der Anerkennung und Vollstreckung in Zivil- und Handelssachen
BAföG	Bundesgesetz über die individuelle Förderung der Ausbildung
BAG	Bundesarbeitsgericht
BAnz	Bundesanzeiger
BayOblG	Bayerisches Oberstes Landesgericht
BayVBl	Bayerische Verwaltungsblätter
BetreuungsG	Betreuungsgesetz
BFH	Bundesfinanzhof
BGB	Bürgerliches Gesetzbuch
BGBl	Bundesgesetzblatt
BGH	Bundesgerichtshof
BGHZ	Entscheidungen des Bundesgerichtshofs in Zivilsachen
bke	Bundeskonferenz für Erziehungsberatung
BMJ	Bundesministerium der Justiz
BNotO	Bundesnotarordnung
BRAGO	Bundesrechtsanwaltsgebührenordnung
BRAO	Bundesrechtsanwaltsordnung
BR-Drs.	Bundesrats-Drucksache
BReg	Bundesregierung
BSG	Bundessozialgericht

Abkürzungsverzeichnis

BT-Drs.	Bundestags-Drucksache
BT-Plenarprot.	Bundestags-Plenarprotokoll
BtPrax	Betreuungsrechtliche Praxis
BT-Rechtsausschuss	Rechtsausschuss des Deutschen Bundestags
Buchst.	Buchstabe
BVerfG	Bundesverfassungsgericht
BVerwG	Bundesverwaltungsgericht
DAVorm	Der Amtsvormund, Monatszeitschrift des Deutschen Instituts für Vormundschaftswesen e.V.
DIJuF	Deutsches Institut für Jugendhilfe und Familienrecht e.V.
DRiZ	Deutsche Richterzeitung
DVO	Durchführungsverordnung
e.V.	eingetragener Verein
eAO	einstweilige Anordnung
EG	Europäische Gemeinschaft
EGBGB	Einführungsgesetz zum Bürgerlichen Gesetzbuch
EGGVG	Einführungsgesetz zum Gerichtsverfassungsgesetz
EGMR	Europäischer Gerichtshof für Menschenrechte
EGStGB	Einführungsgesetz zum Strafgesetzbuch
EGV	Vertrag zur Gründung der Europäischen Gemeinschaft
EGZPO	Einführungsgesetz zur Zivilprozessordnung
EheG	Ehegesetz
Einl	Einleitung
EMRK	Europäische Menschenrechtskonvention
ESÜ	Europäisches Übereinkommen über die Anerkennung und Vollstreckung von Entscheidungen über das Sorgerecht für Kinder und die Wiederherstellung des Sorgerechts vom 20.05.1980 (Europäisches Sorgerechtsübereinkommen)
EU	Europäische Union
EuGVVO	Verordnung über die gerichtliche Zuständigkeit und die Anerkennung und Vollstreckung von Entscheidungen in Zivil- und Handelssachen
EuUÜ	Übereinkommen des Europarats vom 15.05.2003 über den Umgang von und mit Kindern
EWG-Übereinkommen	Übereinkommen der Europäischen Wirtschaftsgemeinschaft
EzFamR	Entscheidungssammlung zum Familienrecht
f.	folgende
FamFG	Gesetz über das Verfahren in Familiensachen und in den Angelegenheiten der freiwilligen Gerichtsbarkeit
FamG	Familiengericht
FamGKG	Gesetz über Gerichtskosten in Familiensachen
FamRÄndG	Gesetz zur Vereinheitlichung und Änderung familienrechtlicher Vorschriften
FamRB	Der Familien-Rechts-Berater. Informationsdienst für die familienrechtliche Praxis
FamRZ	Zeitschrift für das Gesamte Familienrecht
FAO	Fachanwaltsordnung

FEVG	Gesetz über das gerichtliche Verfahren bei Freiheitsentziehungen
FF	Forum Familien- und Erbrecht der Arbeitsgemeinschaft Familienrecht im Deutschen Anwaltsverein
ff.	fortfolgende
fG	freiwillige Gerichtsbarkeit
fG-Familiensachen	Familiensachen der freiwilligen Gerichtsbarkeit
FGG	Gesetz über die Angelegenheiten der freiwilligen Gerichtsbarkeit
FGG-ReformG	Gesetz zur Reform des des Verfahrens in Familiensachen und in den Angelegenheiten der freiwilligen Gerichtsbarkeit
FGO	Finanzgerichtsordnung
FGPrax	Praxis der Freiwillgen Gerichtsbarkeit
fG-Verfahren	Verfahren der freiwilligen Gerichtsbarkeit
Fn.	Fußnote
FPR	Familie, Partnerschaft, Recht. Zeitschrift für die Anwaltspraxis
FuR	Familie und Recht. Zeitschrift für die anwaltliche und gerichtliche Praxis
GBl	Gesetzblatt
GBO	Grundbuchordnung
GbR	Gesellschaft bürgerlichen Rechts
GenDG	Gesetzes über genetische Untersuchungen bei Menschen (Gendiagnostikgesetz)
GewSchG	Gesetz zum zivilrechtlichen Schutz vor Gewalttaten und Nachstellungen
GG	Grundgesetz
ggf.	gegebenenfalls
GKG	Gerichtskostengesetz
GVBl	Gesetz- und Verordnungsblatt
GVG	Gerichtsverfassungsgesetz
GVÜ	EWG-Übereinkommen über die gerichtliche Zuständigkeit und die Vollstreckung gerichtlicher Entscheidungen in Zivil- und Handelssachen
h.M.	herrschende Meinung
Halbs.	Halbsatz
HausratsV	Verordnung über die Behandlung der Ehewohnung und des Hausrats
HGB	Handelsgesetzbuch
HKÜ	Europäisches Übereinkommen über die Anerkennung und Vollstreckung von Entscheidungen über das Sorgerecht für Kinder und die Wiederherstellung des Sorgerechtsverhältnisses
Hk-ZPO	Handkommentar zur Zivilprozessordnung
i.H.v.	in Höhe von
i.V.m.	in Verbindung mit
i.d.R.	in der Regel

Abkürzungsverzeichnis

i.S.d.	im Sinne des
ICD-10	Internationale Klassifikation der Krankheiten 10. Revision
IntFamRVG	Gesetz zur Aus- und Durchführung bestimmter Rechtsinstrumente auf dem Gebiet des internationalen Familienrechts
IPRax	Praxis des Internationalen Privat- und Verfahrensrechts
JA	Jugendamt
JAmt	Das Jugendamt. Zeitschrift für Jugendhilfe und Familienrecht
JGG	Jugendgerichtsgesetz
JR	Juristische Rundschau
JurBüro	Das Juristische Büro
JVEG	Gesetz über die Vergütung von Sachverständigen, Dolmetscherinnen, Dolmetschern, Übersetzerinnen und Übersetzern sowie die Entschädigung von ehrenamtlichen Richterinnen, ehrenamtlichen Richtern, Zeuginnen, Zeugen und Dritten
KG	Kammergericht
KGR Berlin	KG Report Berlin; Schnelldienst zur Zivilrechtsprechung des Kammergerichts Berlin
KICK	Gesetz zur Weiterentwicklung der Kinder- und Jugendhilfe
Kind-Prax	Zeitschrift für die praktische Anwendung und Umsetzung des Kindschaftsrechts
KindRG	Kindschaftsrechtsreformgesetz
KindUG	Gesetz zur Vereinheitlichung des Unterhaltsrechts minderjähriger Kinder (Kindesunterhaltsgesetz)
KostO	Gesetz über die Kosten in Angelegenheiten der freiwilligen Gerichtsbarkeit
KSÜ	Haager Übereinkommen über die Zuständigkeit, das anzuwendende Recht, die Anerkennung, Vollstreckung und Zusammenarbeit auf dem Gebiet der elterlichen Verantwortung und der Maßnahmen zum Schutz von Kindern
KV	Kostenverzeichnis
KV-FamGKG	Kostenverzeichnis des FamGKG (Gesetz über Gerichtskosten in Familiensachen)
LG	Landgericht
LJA	Landesjugendamt
LPartG	Gesetz über die Eingetragene Lebenspartnerschaft
LS	Leitsatz
LwVG	Gesetz über das gerichtliche Verfahren in Landwirtschaftssachen
m. Anm.	mit Anmerkung
m.N.	mit Nachweisen
m.w.N.	mit weiteren Nachweisen
mdl.	mündlich
MDR	Monatsschrift für Deutsches Recht
MiStra	Anordnung über Mitteilungen in Strafsachen
MiZi	Anordnung über die Mitteilungen in Zivilsachen

MSA	Übereinkommen über die Zuständigkeit der Behörden und das anzuwendende Recht auf dem Gebiet des Schutzes von Minderjährigen, Haager Minderjährigenschutzabkommen
MünchKomm	Münchener Kommentar
n.F.	neue Fassung
Nachw.	Nachweis
NamÄndG	Gesetz über die Änderung von Familiennamen und Vornamen
NdsMBl	Niedersächsisches Ministerialblatt
NdsRpfl	Niedersächsische Rechtspflege
NDV	Nachrichtendienst des Deutschen Vereins für öffentliche und private Fürsorge
NJW	Neue Juristische Woschenschrift
NJW-RR	Neue Juristische Wochenschrift Rechtsprechungsreport Zivilrecht
NotZ	Deutsche Notarzeitung
Nr.	Nummer
NVwZ	Neue Zeitschrift für Verwaltungsrecht
o.ä.	oder ähnliches
OLG	Oberlandesgericht
OLGR	OLGReport
OLGZ	Entscheidungsammlung der Oberlandesgerichte in Zivilsachen
PdR	Praxis des Rechnungswesens
PKH	Prozesskostenhilfe
R & P	Recht & Psychiatrie, Fachzeitschrift
RA	Rechtsanwalt
RDLG	Gesetz über außergerichtliche Rechtsdienstleistungen
RelKErzG	Gesetz über die religiöse Kindererziehung
RGBl	Reichsgesetzblatt
RGZ	Entscheidungen des Reichsgerichts in Zivilsachen
Rn.	Randnummer
Rpfleger	Der Deutsche Rechtspfleger
RPflG	Rechtspflegergesetz
Rspr.	Rechtsprechung
RVG	Gesetz über die Vergütung der Rechtsanwältinnen und Rechtsanwälte
RVGreport	RVG(Gesetz über die Vergütung der Rechtsanwältinnen und Rechtsanwälte)report, Fachzeitschrift
StPO	Strafprozessordnung
SchlHA	Schleswig-Holsteinische Anzeigen
SGB I	Sozialgesetzbuch Erstes Buch - Allgemeiner Teil
SGB II	Sozialgesetzbuch Zweites Buch - Grundsicherung für Arbeitsuchende
SGB V	Sozialgesetzbuch Fünftes Buch - Gesetzliche Krankenversicherung
SGB VIII	Sozialgesetzbuch Achtes Buch - Kinder- und Jugendhilfe

Abkürzungsverzeichnis

SGB XII	Sozialgesetzbuch Zwölftes Buch - Sozialhilfe
SGG	Sozialgerichtsgesetz
st.Rspr.	ständige Rechtsprechung
StAG	Staatsangehörigkeitsgesetz
StAZ	Das Standesamt. Zeitschrift für Standesamtswesen, Familienrecht, Staatsangehörigkeitsrecht, Personenstandsrecht, internationales Privatrecht des In- und Auslands
StGB	Strafgesetzbuch
StPO	Strafprozessordnung
str.	strittig
UJ	Unsere Jugend. Die Zeitschrift für Studium und Praxis der Sozialpädagogik
UVG	Unterhaltsvorschussgesetz
VAStrRefG	Gesetz zur Strukturreform des Versorgungsausgleichs
Verf.	Verfahren
VersAusglG	Versorgungsausgleichsgesetz
VerSchG	Verschollenheitsgesetz
Vhdlg.	Verhandlung
Vorb	Vorbemerkung
VormG	Vormundschaftsgericht
VV-RVG	Vergütungsverzeichnisses zum Rechtsanwaltsvergütungsgesetz
VwGO	Verwaltungsgerichtsordnung
WuM	Wohnungswirtschaft & Mietrecht
ZFE	Zeitschrift für Familien- und Erbrecht
ZfF	Zeitschrift für das Fürsorgewesen
ZfJ	Zentralblatt für Jugendrecht
ZKJ	Zeitschrift für Kindschaftsrecht und Jugendhilfe
ZPO	Zivilprozessordnung
ZRP	Zeitschrift für Rechtspolitik

Literatur

Amelang, M., Zielinski, W. (2002). Psychologische Diagnostik und Intervention. 3. Aufl. Springer. Berlin

Balloff, R. (2004). Kinder vor dem Familiengericht. Reinhardt. München

Balloff, R., Koritz, N. (2006). Handreichung für Verfahrenspfleger. Rechtliche und psychologische Schwerpunkte in der Verfahrenspflegschaft. Kohlhammer. Stuttgart

Bassenge, P., Roth, H. (2007). Gesetz über die Angelegenheiten der freiwilligen Gerichtsbarkeit. Rechtspflegergesetz. Kommentar. 11. Aufl. C.F. Müller. Heidelberg

Baumeister, W., Fehmel, H.-W., Griesche, G., Hochgräber, G., Kayser, A., Wick, H. (1992). Familiengerichtsbarkeit. Kommentar zu den materiellrechtlichen und verfahrensrechtlichen Vorschriften. De Gruyter. Berlin, New York

Bergmann, E., Jopt, U., Rexilius, G. (Hrsg.) (2002). Lösungsorientierte Arbeit im Familienrecht. Interventionen bei Trennung und Scheidung. Bundesanzeiger. Köln

Berufsverband Deutscher Psychologinnen und Psychologen e.V. (1994). Richtlinien für die Erstellung Psychologischer Gutachten. 2. Aufl. Deutscher Psychologenverlag. Bonn

Bode, L. (2004). Praxishandbuch Anwalt des Kindes. Das Recht des Verfahrenspflegers. Springer. Berlin, Heidelberg, New York

Brandl-Nebehay, A., Rauscher-Gföhler, B., Kleibel-Arbeithuber, J. (1998). Systemische Familientherapie. Facultas. Wien

Breidenbach, S. (1995). Mediation. Struktur, Chancen und Risiken von Vermittlung im Konflikt. Otto Schmidt. Köln

Bremer, H. (1963). Der Sachverständige. Verlagsgesellschaft Recht und Wirtschaft. Heidelberg

Bumiller, U., Winkler, K. (2006). Freiwillige Gerichtsbarkeit. Gesetz über die Angelegenheiten der freiwilligen Gerichtsbarkeit. 8. Aufl. C.H. Beck. München

Cuvenhaus, H. (2002). Rechtliche Grundlagen einer systemisch ausgerichteten Sachverständigenbeauftragung im familiengerichtlichen Verfahren. In: Bergmann, E., Jopt, U., Rexilius, G. (Hrsg.). Lösungsorientierte Arbeit im Familienrecht. Interventionen bei Trennung und Scheidung. Bundesanzeiger. Köln, S. 225-236

Dettenborn, H. (2007). Kindeswohl und Kindeswille. 2. Aufl. Reinhardt. München

Dettenborn, H., Walter, E. (2002). Familienrechtspsychologie. Reinhardt. München

Diez, H., Krabbe, H., Thomsen, C. S. (2005). Familien-Mediation und Kinder. Grundlagen Methodik Techniken. 2. Aufl. Bundesanzeiger. Köln

Dose, H.-J. (2005). Einstweiliger Rechtsschutz in Familiensachen. Zulässigkeit – Verfahren – Vollstreckung – Kosten. 2. Aufl. Erich Schmidt. Berlin

Ebert, J. (2007). Einstweiliger Rechtsschutz in Familiensachen. 2. Aufl. DeutscherAnwaltVerlag. Bonn

Erman, W., Westermann, H. P. (Hrsg.) (2008). Bürgerliches Gesetzbuch. Kommentar. 12. Aufl. O. Schmidt. Köln

Literatur

Fichtner, J. (2006). Konzeptionen und Erfahrungen zur Intervention bei hoch konflikthaften Trennungs- und Scheidungsprozessen – Exemplarische Praxisprojekte. München (www.dji.de/hochkonflikt)

Fölsch, P. (2009). Das neue FamFG in Familiensachen. DeutscherAnwaltVerlag. Bonn

Gaul, H. F. (2001). Die Vollstreckung in der Freiwilligen Gerichtsbarkeit – ein legislatorisch und wissenschaftlich vernachlässigtes Mittel der Rechtsverwirklichung. In: Festschrift für Akira Ishikawa zum 70. Geburtstag am 27. November 2001. De Gruyter. Berlin, S. 87 ff.

Gerhardt, P., Heintschel-Heinegg, B. von, Klein, M. (2008). Handbuch des Fachanwalts – Familienrecht. 6. Aufl. Luchterhand. Köln

Gießler, H., Soyka, J. (2005). Vorläufiger Rechtsschutz in Ehe-, Familien- und Kindschaftssachen. 4. Aufl. C.H. Beck. München

Grotkopp, J. (2008). Stellungnahme zum FGG-Reformgesetz anlässlich der Anhörung des Rechtsausschusses am 11.02.2008. Berlin (www.bundestag.de)

Grün, K.-J. (2003). Vaterschaftsfeststellung und -anfechtung – für die gerichtliche, anwaltliche und behördliche Praxis. Erich Schmidt. Berlin

Gummersbach, H. (2005). Die Subjektstellung des Kindes. Gieseking. Bielefeld

Haußleiter, O., Schulz, W. (2004). Vermögensauseinandersetzung bei Trennung und Scheidung. 4. Aufl. C.H. Beck. München

Haynes, J. M., Bastine, R., Link, G., Mecke, A. (1993). Scheidung ohne Verlierer. Kösel. München

Heilmann, S. (1998). Das kindliche Zeitempfinden und Verfahrensrecht. Eine Untersuchung unter besonderer Berücksichtigung des Gesetzes über Angelegenheiten der freiwilligen Gerichtsbarkeit (FGG). Luchterhand. Neuwied

Hetherington, E. M., Kelly, J. (2003). Scheidung. Die Perspektiven der Kinder. Beltz. Weinheim, Basel, Berlin

Hk-ZPO *siehe Saenger 2007*

Hoppenz, R. (Hrsg.) (2009). Familiensachen. 9. Auf. C.F. Müller. Heidelberg

Jansen, P. (2006). FGG. Gesetz über die Angelegenheiten der freiwilligen Gerichtsbarkeit. Großkommentar. 3. Aufl. De Gruyter Recht. Berlin

Jayme, E., Haussmann, R. (2009). Internationales Privat- und Verfahrensrecht. Textausgabe. 14. Aufl. C.H. Beck. München

Johannsen, K. H., Henrich D. (Hrsg.) (2003). Eherecht. Trennung, Scheidung, Folgen. 4. Aufl. C.H. Beck. München

Keidel, T., Kuntze, J., Winkler, K. (2003). Freiwillige Gerichtsbarkeit. Kommentar zum Gesetz über die Angelegenheiten der freiwilligen Gerichtsbarkeit. 15. Aufl. C.H. Beck. München

Kropholler, J. (2005). Europäisches Zivilprozessrecht. Kommentar zu EuGVO, Lugano-Übereinkommen und Europäischem Vollstreckungstitel. 8. Aufl. Frankfurt a.M.

Kropholler, J. (2006). Internationales Privatrecht – einschließlich der Grundbegriffe des Internationalen Zivilprozessrechts. 6. Aufl. Mohr Siebeck. Tübingen

Literatur

Kunkel, P.-C. (Hrsg.) (2006). Sozialgesetzbuch VIII Kinder- und Jugendhilfe. Lehr- und Praxiskommentar. 3. Aufl. Nomos. Baden-Baden

Langenfeld, C., Wiesner, R. (2004). Verfassungsrechtlicher Rahmen für die öffentliche Kinder- und Jugendhilfe bei Kindeswohlgefährdungen und seine einfachgesetzliche Ausfüllung. In: DIJuF (Hrsg.), Verantwortlich handeln – Schutz und Hilfe bei Kindeswohlgefährdung. Saarbrücker Memorandum. Bundesanzeiger, S. 45-82

Largo, R. H., Czernin, M. (2003). Glückliche Scheidungskinder. Piper. München

Menne, K., Schilling, H., Weber, M. (Hrsg.). Kinder im Scheidungskonflikt. Beratung von Kindern und Eltern bei Trennung und Scheidung. Juventa. Weinheim

Meysen, T. (2002). Zweimal Jugendamt – das Gegenüber und Miteinander von Leistungsträger und Vormund/Pfleger in einem Amt. In: Hansbauer, P. (Hrsg.). Neue Wege in der Vormundschaft? Diskurse zu Geschichte, Struktur und Perspektiven der Vormundschaft. Votum. Münster, S. 57-75

Münchener Anwaltshandbuch *siehe Schnitzler 2008*

Münchener Kommentar zum Bürgerlichen Gesetzbuch (2000). Band 7: Familienrecht I, §§ 1297-1588, VAHRG, VAÜG, HausratsV. 4. Aufl. C.H. Beck. München (zitiert MünchKomm/Autor)

Münchener Kommentar zum Bürgerlichen Gesetzbuch (2006). Band 10: Einführungsgesetz zum bürgerlichen Gesetzbuche (Art. 1-46), Internationales Privatrecht. 4. Aufl. C.H. Beck. München (zitiert MünchKomm/Autor)

Münchener Kommentar zur Zivilprozessordnung (2008). Band 1: §§ 1-510c. 3. Aufl. C.H. Beck. München

Münder, J., Baltz, J., Kreft, D., Lakies, T., Meysen, T., Proksch, R., Schäfer, K., Schindler, G., Struck, N., Tammen, B., Trenczek, T. (2006). Frankfurter Kommentar zum SGB VIII: Kinder- und Jugendhilfe. 5. Aufl. Juventa. Weinheim

Münder, J., Meysen, T., Trenczek, T. (2009). Frankfurter Kommentar zum SGB VIII: Kinder- und Jugendhilfe. 6. Aufl. Nomos/Juventa. Baden-Baden/Weinhein

Münder, J., Mutke, B., Schone, R. (2000). Kindeswohl zwischen Jugendhilfe und Justiz. Professionelles Handeln in Kindeswohlverfahren. Votum. Münster

Muscheler, K. (2004). Das Recht der Eingetragenen Lebenspartnerschaft. Handbuch für die gerichtliche, anwaltliche und notarielle Praxis. 2. Aufl. Erich Schmidt. Berlin

Musielak, H.-J. (2008). Kommentar zur Zivilprozessordnung – mit Gerichtsverfassungsgesetz. 6. Aufl. C.H. Beck. München

Oberloskamp, H., Balloff, R., Fabian, T. (2001). Gutachtliche Stellungnahmen in der sozialen Arbeit. Eine Anleitung mit Beispielen für die Mitwirkung in Vormundschafts- und Familiengerichtsverfahren. 6. Aufl. Luchterhand. Neuwied

Oberloskamp, H., Borg-Laufs, M., Mutke, B. (2009). Gutachtliche Stellungnahmen in der sozialen Arbeit. 7. Aufl. Luchterhand. Neuwied

Otto, K., Klüsener, W., Killmann, A. (2008). Die FGG-Reform. Das neue Kostenrecht. FamGKG, das Gesetz über Gerichtskosten in Familiensachen sowie alle Änderungen in den Kostengesetzen. Texte, Erläuterungen, Materialien, Arbeitshilfen. Bundesanzeiger. Köln

Literatur

Palandt, O. (2009). Bürgerliches Gesetzbuch. 68. Aufl. C.H. Beck. München

Rexilius, G. (2002). Einige theoretische und methodische Grundlagen für zeitgemäße interdisziplinäre Arbeit im Familienrecht. In: Bergmann, E., Jopt, U., Rexilius, G. (Hrsg.). Lösungsorientierte Arbeit im Familienrecht. Interventionen bei Trennung und Scheidung. Bundesanzeiger. Köln, S. 16-49

Röchling, W. (2001). Handbuch Anwalt des Kindes. Nomos. Baden-Baden

Rosenberg, L., Schwab, D., Gottwald, P. (2004). Zivilprozessrecht. 16. Aufl. C.H. Beck. München

Rühl, B., Greßmann, M. (1998). Kindesunterhaltsgesetz. Eine einführende Darstellung für die Praxis. Gieseking. Bielefeld

Saenger, I. (Hrsg.) (2007). Zivilprozessordnung. Handkommentar. 2. Aufl. Nomos. Baden-Baden (zitiert Hk-ZPO/Autor)

Salgo, L. (1996). Der Anwalt des Kindes. Die Vertretung von Kindern in zivilrechtlichen Kindesschutzverfahren. Eine vergleichende Studie. Suhrkamp. Frankfurt a.M.

Salgo, L., Zenz, G., Fegert, J. M., Bauer, A., Weber, C., Zitelmann, M. (Hrsg.) (2002). Verfahrenspflegschaft für Kinder und Jugendliche. Ein Handbuch für die Praxis. Bundesanzeiger. Köln

Salzgeber, J. (2005). Familienpsychologische Gutachten. Rechtliche Vorgaben und sachverständiges Vorgehen. C.H. Beck. München

Scheuerer-Englisch, H. (1993). Beratung statt Begutachtung. Ein Modell der Zusammenarbeit von Erziehungsberatung und Familiengericht. In: Menne, K., Schilling, H., Weber, M. (Hrsg.). Kinder im Scheidungskonflikt. Beratung von Kindern und Eltern bei Trennung und Scheidung. Juventa. Weinheim, S. 213-237

Schlauß, S. (2005). Das neue Gesetz zum internationalen Familienrecht – das Internationale Familienrechtsverfahrensgesetz (IntFamRVG). Einführung, Erläuterungen, Texte, Materialien. Bundesanzeiger. Köln

Schnitzler, K. (Hrsg.) (2008). Münchener Anwaltshandbuch Familienrecht. 2. Aufl. C.H. Beck. München (zitiert Münchener Anwaltshandbuch/Autor)

Schoch, F., Schmidt-Aßmann, E., Pietzner, R. (Hrsg.) (2008). Verwaltungsgerichtsordnung. Kommentar. Loseblatt, Stand: 03/2008. C.H. Beck. München

Schwab, D. (2004). Handbuch des Scheidungsrechts. 5. Aufl. Vahlen. München

Schwarze, J. (Hrsg.) (2009). EU-Kommentar. 2. Aufl. Nomos. Baden-Baden

Staudinger, J. von (2006). Kommentar zum Bürgerlichen Gesetzbuch mit Einführungsgesetz und Nebengesetzen. Buch 4 Familienrecht. Elterliche Sorge 3 – Umgangsrecht. Sellier – de Gruyter. Berlin

Staudinger, J. von (2007). Kommentar zum Bürgerlichen Gesetzbuch mit Einführungsgesetz und Nebengesetzen. Buch 4 Familienrecht. Elterliche Sorge 1 – Inhaberschaft und Inhalt. Sellier – de Gruyter. Berlin

Stein, F., Jonas, M. (Begr.) (2002). Kommentar zur Zivilprozessordnung. Band 9: §§ 916-1068. EGZPO. 22. Aufl. Mohr Siebeck. Tübingen

Steller, M., Volbert, R. (Hrsg.) (2008). Handbuch der Rechtspsychologie. Hogrefe. Göttingen

Literatur

Stötzel, M. (2005). Wie erlebt das Kind die Verfahrenspflegschaft? Studie zum Qualitätsstand der Institution Verfahrenspflegschaft (gemäß § 50 FGG) unter Berücksichtigung der Perspektive des Kindes. Centaurus. Herbolzheim

Thomas, H., Putzo, H. (2008). Zivilprozessordnung – mit Gerichtsverfassungsgesetz, den Einführungsgesetzen und europarechtlichen Vorschriften. Kommentar. 29. Aufl. C.H. Beck. München

Trenczek, T., Tammen, B., Behlert, W. (2008). Grundzüge des Rechts. Studienbuch für soziale Berufe. Reinhard/UTB. München

Wallerstein, J. S., Lewis, J. M., Blakeslee, S. (2002). Scheidungsfolgen – Die Kinder tragen die Last. Votum. Münster

Weber, M. (2006). Beratung in Zwangskontexten. In: Weber, M., Schilling, H. (Hrsg.). Eskalierte Elternkonflikte. Beratungsarbeit im Interesse des Kindes bei hoch strittigen Trennungen. Juventa. Weinheim, S. 217-226

Weber, M., Schilling, H. (Hrsg.) (2006). Eskalierte Elternkonflikte. Beratungsarbeit im Interesse des Kindes bei hoch strittigen Trennungen. Juventa. Weinheim, München

Wendl, P., Staudigl, S. (Begr.) (2008). Das Unterhaltsrecht in der familienrichterlichen Praxis. Die neuere Rechtsprechung des Bundesgerichtshofs und die Leitlinien der Oberlandesgerichte zum Unterhaltsrecht und zum Verfahren in Unterhaltsprozessen. 7. Aufl. C.H. Beck. München

Westhoff, K., Kluck, M.-L. (1998). Psychologische Gutachten schreiben und beurteilen. 3. Aufl. Springer. Berlin

Westhoff, K., Terlinden-Arzt, P., Klüber, A. (2000). Entscheidungsorientierte psychologische Gutachten für das Familiengericht. Springer. Berlin

Wiesner, R. (Hrsg.) (2006). SGB VIII Kinder- und Jugendhilfe. Kommentar. 3. Aufl. C.H. Beck. München

Zimmermann, W. (2009). Das neue FamFG. Verfahrensrecht, Rechtsmittel, Familiensachen, Betreuung, Unterbringung, Nachlasssachen und Kosten. C.H. Beck. München

Zitelmann, M. (2001). Kindeswohl und Kindeswille im Spannungsfeld von Pädagogik und Recht. Votum. Münster

Zöller, R. (Begr.) (2004). Zivilprozessordnung mit Gerichtsverfassungsgesetz und den Einführungsgesetzen, mit Internationalem Zivilprozessrecht, EG-Verordnungen, Kostenanmerkungen. Kommentar. 24. Aufl. Otto Schmidt. Köln

Stichwörter

Die **fetten** Zahlen verweisen auf Paragraphen oder Teil A zu den Akteuren im familiengerichtlichen Verfahren, die mageren Zahlen auf Randnummern.

Abänderung **240** 3
- Alttatsachen **238** 16 f.
- Änderung der Sach- und Rechtslage **48** 3
- Anerkenntnis **238** 19
- Anpassung **238** 18
- auf Antrag **48** 4
- Ausschluss **184** 4
- Begründetheit **239** 6 ff.
- Begründetheit des Antrags **238** 15 ff.
- Bereicherungsanspruch **238** 5
- Beweislast **238** 20 f., **240** 4
- Entscheidungen mit Dauerwirkung **48** 3
- Erhöhung für Vergangenheit **238** 12
- Gründe in Unterhaltssachen **238** 8
- Härteklausel **238** 2
- Herabsetzung des Unterhalts **240** 5 ff.
- Herabsetzungsverlangen für Vergangenheit **238** 13
- in Kindschaftssachen **166** 2 ff.
- in Versorgungsausgleichssachen **225**, **226**, **227**
- Jugendamtsurkunde **239** 4
- keine Präklusion **240** 4
- Kindeswohlgefährdung **166** 4
- Leistungsantrag **238** 4
- nach vereinfachtem Verfahren **240**
- Nachforderungsantrag **238** 4
- örtliche Zuständigkeit **54** 9 f.
- Präklusion **238** 16 f.
- rückwirkende **54** 6, **238** 12 ff., **240** 5 ff.
- rückwirkende bei Urkunden **239** 2 f.
- Schadensersatzanspruch **238** 5
- Störung der Geschäftsgrundlage **239** 6 ff.
- Tatsachenpräklusion **238** 9 f.
- Titel aus vereinfachten Verfahren **Vor 249** 3
- Übersicht Unterhaltssachen **Vor 238** 1
- Umdeutung **238** 4
- Unterhaltsentscheidungen **238**
- Unterhaltsurkunden **239**
- Unterhaltsvergleich **239**
- unzutreffende Prognose **238** 7
- Vereinbarung **239** 5
- Verfahren bei Wertausgleich **226** 2 ff.
- Versäumnisbeschluss **238** 19
- Vollstreckungsabwehrantrag **238** 6
- Vollstreckungsschutzanordnung **242** 5 f.
- von Amts wegen **48** 4
- Voraussetzungen **225** 5 ff.
- Vorhersehbarkeit **238** 10
- wesentliche Veränderung **238** 15
- Wirkungszeitpunkt **226** 5
- Zeitgrenze **238** 12 ff.
- Zeitpunkt **226** 2
- Zulässigkeit bei Unterhaltsentscheidungen **238** 3 ff.
- Zulässigkeit bei Urkunden **239** 2 f.

Abänderungsverfahren
- während Vollstreckung **93** 7

Abgabe **4**
- an Gericht der Ehesache **50** 6, **202**
- Anhörung **4** 4
- bei mehrfacher Anhängigkeit **123** 3 f.
- in Ehesachen **123**
- in Güterrechtssachen **263**
- in Kindschaftssachen **153**
- in sonstigen Familiensachen **268**
- in Unterbringungssachen **167** 5
- in Unterhaltssachen **233**
- Kosten **233** 4, **263** 5
- nach eAO **50** 11
- rechtliches Gehör **263** 4
- Scheidungsverbund **137** 15
- Übernahme **4** 3
- Unanfechtbarkeit **233** 3
- Verfahren **123** 5
- wichtiger Grund **4** 3

Abhilfe
- bei Beschwerde **68** 2

Ablehnung von Gerichtspersonen **6**
- Befangenheit **6** 8
- im Rechtsmittelverfahren **6** 10
- Verfahren **6** 9

Abstammungsklärung
- Probeentnahme **96a** 2

Abstammungssachen
- Ablauf **Vor 169** 5
- Amtsermittlung **Vor 169** 2 f., **177** 3
- Anerkenntnis **180** 3
- Anfechtungsfrist **171** 12
- Anhörung **175** 5 f.
- Anhörung des JA **176**
- Antragsbefugnis **185** 6
- Antragserfordernis **171** 3
- Antragsinhalt **171** 6 ff.
- Antragsverfahren **Vor 169** 2, **171**
- Anwaltsbeiordnung **78** 13
- Beschluss **182**
- Beschwerdebefugnis **184** 6
- Beschwerdeberechtigung **59** 12
- Beteiligte **172**

Stichwörter

- Definition **169**
- Duldung der Blutentnahme **178** 2 f.
- Duldung der Probeentnahme **178** 4
- einstweilige Anordnung **49** 14
- Entscheidungsmaßstab **174** 4
- Entscheidungsmitteilung an JA **176** 7
- Ergänzungspfleger **172**
- Erledigung **180** 5
- Erörterungstermin **175** 2 ff.
- Feststellungsinteresse **169** 5
- förmliche Beweisaufnahme **177** 4 f.
- Frist nach Tod eines Beteiligten **181** 3
- internationale Zuständigkeit **100**
- JA als Beteiligter **172**
- Kindesanhörung **175** 6
- Klärung ohne Statusverfahren **169** 6 f.
- Kosten **183**
- neues Gutachten **185** 2 ff.
- örtliche Zuständigkeit **170**, **185** 7 f.
- persönliches Erscheinen **175** 4
- Probeentnahme **178**
- Rechtskraft **184** 3 f.
- Restitutionsantrag **185** 4 f.
- Tod eines Beteiligten **181**
- Übersicht **Vor 169** 5
- Vaterschaftsanfechtung **169** 8
- Verfahrensbeistand **174**
- Verfahrensgegenstände **169** 3 ff.
- Verfahrensmehrheit **179**
- Verfahrensverbindung **179**
- Verfahrensziel **171** 7
- Wiederaufnahme **185**
- Wirksamkeit **184** 3 f.
- Wirkung **184** 5
- Zweifel an der Vaterschaft **171** 9

Abtrennung
- bei Beteiligung Dritter **140** 2
- Folgesachen **137** 10
- Kindschaftsfolgesache **140** 6, 14
- Übergangsvorschrift **Art. 111** 8
- Unterhaltsfolgesache **140** 14
- Versorgungsausgleichsfolgesache **140** 4 f.
- von Folgesachen **140**
- wegen unzumutbarer Härte **140** 8 ff.
- Widerspruch **140** 13
- Zulässigkeitsvoraussetzungen **140** 7

Abwesenheitspfleger **9** 3

Adoption
- Annahme als Kind **186** 2
- Aufhebung **188** 6, **198** 6
- Aufhebung des Annahmeverhältnisses **186** 4
- Befreiung vom Eheverbot **186** 5
- Eintritt der Vormundschaft **190**
- Einwilligung **186** 3, **188** 5, **197** 4, **198** 3 ff.
- Geheimnisschutz **196** 1
- Namensänderung **186** 2, **191** 2
- Selbstbeschaffung **195** 2, **199** 3
- Umwandlung **199** 2
- Unanfechtbarkeit **197** 6

Adoptionsachen
- Namensänderung **197** 7

Adoptionsgeheimnis
- Beschränkung der Akteneinsicht **13** 7

Adoptionssachen
- Adoptionswirkungsgesetz **199**
- Anhörung **192**, **199** 2
- Anhörung Nichtbeteiligter **193**
- Auffangzuständigkeit **187** 7
- Befreiung vom Eheverbot **187** 5, **198** 7
- Bekanntgabe **198** 5
- Beschluss **197**, **198**
- Beschwerdeberechtigung **59** 13
- Beteiligte **188**, **192**
- Definition **186**
- Einwilligung **191** 2
- fachliche Äußerung **189**
- internationale Zuständigkeit **101**
- Mitwirkung des JA **194**
- örtliche Zuständigkeit **187**
- persönliche Anhörung **192** 2 f.
- Schutzfunktion **Vor 186** 2
- sofortige Wirksamkeit **198** 4
- Verfahrensbeistand **191**
- Verfahrensverbindung **196**
- Wiederaufnahme **197** 7
- Wirksamwerden **198** 1
- Zuständigkeitskonzentration **187** 6

Adoptionsvermittlungsstelle
- fachliche Äußerung **189**

Adoptionswirkungsgesetz **199**

Akte, elektronische **14**
- Akteneinsicht **13** 10
- Archivierung **14** 6
- Dokumentation **28** 9
- Einführung **14** 5

Akteneinsicht **13**
- bei elektronischer Aktenführung **13** 10
- Berechtigung **13** 5
- Beschränkung **13** 6 f., **37** 5
- Beschränkungen **13** 2
- Dritter **13** 14
- Kopien **13** 8
- Modalitäten **13** 8 f.
- Ort **13** 4, 9
- Rechtsmittel **13** 12 f.
- Umfang **13** 3
- Voraussetzungen **13** 2
- Zuständigkeit **13** 11

Aktgebühren **80** 2

Aktivlegitimation
- in Ehesachen **129** 5

– vereinfachtes Verfahren **250** 5
Alttatsachen **238** 16 f.
– in Unterhaltssachen **238** 9
Amtsermittlung **A** 1
– Abstammungssachen **Vor 169** 2 f.
– Beweiserhebung **26** 3 f.
– eingeschränkte **127** 5, **177** 3
– Feststellungslast **26** 4
– Grundsatz **26**
– in Abstammungssachen **177** 3
– in Ehesachen **127** 3 f.
– in Ehewohnungssachen **207** 1
– in Haushaltssachen **203** 9, **206** 1, **207** 1
– in Unterhaltssachen **A** 4
– Kindeswohlgefährdung **157** 4 f.
– Mitwirkung des JA **A** 47
– objektive Beweislast **26** 4
– Verhältnis zur Mitwirkungspflicht **27** 2
Amtsermittlung, eingeschränkte
– Anhörungsthemen **128** 3
– Härtegründe **127** 7
– in Ehesachen **127**
– Kindesinteressen **127** 8
Amtsermittlungspflicht
– in Unterhaltssachen **235** 1 f.
Amtsgericht
– zuständiges für vereinfachte Verfahren **260**
Amtshilfe
– persönliche Anhörung **167** 15
Amtspfleger
  siehe Amtsvormund
Amtsverfahren **A** 1
– Änderung eAO **54** 3
– Aufhebung eAO **54** 3
– Verfahrenseinleitung **24** 1
– Verfahrenskostenhilfe **76** 4
Amtsverschwiegenheit
– Einschränkung des Freibeweises **29** 5 f.
Amtsvormund
– als Beteiligter **A** 27 f.
– als gesetzlicher Vertreter **A** 29
– Anhörung **A** 28
– Aufsicht **A** 30
– Bestellung **A** 25
– Fallzahlen **A** 26
– persönliches Erscheinen **A** 28
– Weisungsunabhängigkeit **A** 25
Änderung
– einstweilige Anordnung **54**
Änderungsverfahren
– Übergangsvorschrift **Art. 111** 5
Anerkenntnis
– Abänderung **238** 19
– einstweilige Anordnung **51** 5
– in Abstammungssachen **180** 3

Anerkenntnis, sofortiges
– im vereinfachten Verfahren **253** 2
– Kosten **243** 9
Anerkennung ausländischer Entscheidungen **108**
– Adoptionssachen **108** 4
– Anerkennungsfähigkeit **109**
– Anerkennungsfeststellungsverfahren **108** 4 f.
– Anerkennungshindernisse **109**
– automatische **108** 3
– Feststellungsinteresse **108** 6
– Gegenseitigkeit **109**
– in Ehesachen **107**
– in vermögensrechtlichen Angelegenheiten **108** 5
– örtliche Zuständigkeit **108** 7
Anerkennungshindernisse
– keine internationale Zuständigkeit **109**
– ordre public **109**
– Prioritätsprinzip **109**
– Versäumnisentscheidungen **109**
Anfechtungsanträge **48** 8
Angriffsmittel **115** 4
– Zurückweisung **115**
Anhängigkeit
– Abgabe bei mehrfacher **123** 3 f.
– einstweilige Anordnung **51** 6
– Ende **124** 2
– Folgesachen im Scheidungsverbund **137** 5
– in Ehesachen **124** 1
Anhörung
– Amtsvormund **A** 28
– Art und Weise **194** 2
– der Eltern **160**
– des JA **A** 40, **155** 14, **162** 3 ff.
– Ermessen **194** 3
– Geschwister **193** 1 f.
– in Abstammungssachen **175** 5 f.
– in Adoptionssachen **193**, **199** 2
– Jugendamt **205**, **213** 1
– Landesjugendamt **195**
– Nichtbeteiligter **193**
– schriftliche **160** 7
– vor Vergleichsberichtigung **36** 8
– Zeitpunkt **194** 2
Anhörung der Eltern
– in Kindschaftssachen **160**
– Kindeswohlgefährdung **157** 16
Anhörung des Kindes
  siehe Kindesanhörung
Anhörung, einstweilige
– Kindesanhörung **156** 25 f.
– Kosten **51** 18 ff.
Anhörung, persönliche **34**
– Absehen bei Eilbedürftigkeit **160** 9

725

Stichwörter

- Absehen von **160** 8 f.
- Amtshilfe **167** 15
- Anwesenheit der Beteiligten **34** 5
- Anwesenheit übriger Beteiligter **33** 3
- Art und Weise **128** 8 ff.
- Ausnahmen in Ehesachen **128** 12
- Befreiung **34** 6
- bei freiheitsentziehender Unterbringung **167** 14 ff.
- der Ehegatten **128** 3 ff.
- der Eltern **160** 3 ff.
- des Kindes **159**
- durch ersuchten Richter **128** 16
- eingeschränkte Amtsermittlung **128** 3
- Gegenüberstellung der Eheleute **128** 11
- getrennte **128** 8 ff.
- im Beschwerdeverfahren **68** 6 f.
- in Adoptionssachen **192** 2 f.
- Kindeswohlgefährdung **160** 5
- Ordnungsmittel **34** 7
- Ort **34** 4
- Rechtsfolgen **128** 13 f.
- Themen in Ehesachen **128** 3 ff.
- übliche Umgebung **167** 15
- Verpflichtung des Gerichts **34** 2 f.
- Verstoß **128** 14
- Zwangsmittel **128** 17

Anhörungspflicht
- Ausnahmen **128** 12
- bei Pflegepersonen **161** 5

Annahme als Kind
  siehe Adoption

Annahmebeschluss
- Wirksamkeit **197** 5

Anordnung
- Beratung **A** 128
- sofortige Wirksamkeit **216** 1

Anordnung, einstweilige
- Ablaufskizze **Vor 49** 7
- Abstammungssachen **49** 14
- als selbstständiges Verfahren **51** 15 ff.
- Änderung **54**
- anderweitige Regelung **56** 3 ff.
- Anerkenntnis **51** 5
- Anhängigkeit **51** 6
- Anordnungsanspruch **49** 4
- Anordnungsgrund **49** 10 f.
- Antragsbegründung **51** 9
- anwendbare Vorschriften **51** 11
- Aufenthaltsbestimmung **49** 13
- Aufhebung **54**
- Außerkrafttreten **56**, **248** 6
- Befristung in Unterhaltssachen **246** 4
- bei freiheitsentziehender Unterbringung **167** 30 ff.
- Beschwerdewert **76** 12
- Charakteristika **51**
- dringendes Bedürfnis **246** 3
- Dringlichkeit **Vor 49** 1 f.
- Eilbedürftigkeit **Vor 49** 1 f., **167** 32
- Einleitung des Hauptsacheverfahrens **52**
- Einleitung Hauptsacheverfahren **51** 7 f.
- elterliche Sorge **49** 13
- Erledigung **51** 5
- Erledigung durch Tod **131** 11
- Ermessen **49** 23 f., **246** 5
- erneute Entscheidung **54** 7 f.
- erneuter Antrag **51** 5
- Erörterung **156** 21
- flankierende Maßnahmen **49** 31
- Folgenbetrachtung **49** 7 ff.
- freiheitsentziehende Unterbringung **49** 13
- Gebote **49** 30
- Gebührenverbund **51** 19
- gerichtlicher Vergleich **51** 5
- Glaubhaftmachung **246** 7
- Glaubhaftmachung Anordnungsanspruch **51** 10
- Hauptsacheakzessorietät **Vor 49** 6
- Hauptsacheunabhängigkeit **119** 2
- Hinterlegung **247** 7
- Höchstdauer **167** 31
- in Ehewohnungssachen **49** 15, **57** 7
- in Familienstreitsachen **119** 2 f.
- in Gewaltschutzsachen **49** 18, **214**
- in Güterrechtssachen **49** 19, **119** 1, 3
- in Haushaltssachen **49** 15 ff.
- in Kindschaftssachen **49** 12 f.
- in Kindschaftssachen **51** 8
- in sonstigen Familiensachen **49** 20, **119** 1, 3
- in Unterhaltssachen **119** 1, **246**
- Inhalt **49** 26, 28 f.
- Kindesherausgabe **49** 12
- Kindeswohlgefährdung **49** 12, **157** 19
- Kindschaftssachen **156** 22
- Kosten **156** 23
- Kosten in Unterhaltssachen **246** 7
- materiell-akzessorisch **49** 4
- mündliche Verhandlung **51** 12 f., **246** 6
- örtliche Zuständigkeit **50**, **54** 9 f.
- Rechtsbeschwerde **70** 10
- Rechtsfolge **49** 23 f.
- Rechtsmittel **57**
- Regelungsbedürfnis **49** 22
- Risikoabwägung **49** 9
- Schadensersatzpflicht **248** 7
- Schutzanordnung **57** 7
- Selbstständigkeit **246** 2
- Sicherheitsleistung **248** 5, 7
- Sonderregelungen **49** 2
- Sorgerechtsentzug **57** 4
- summarische Prüfung **49** 5 f.

Stichwörter

- Übergangsvorschrift **Art. 111** 4
- Überraschungseffekt **51** 13
- Übersicht **49** 32
- Umgangsrecht **57** 5, **156** 24
- Unanfechtbarkeit **57** 3
- Unterhalt bei Vaterschaftsfeststellung **248**
- Unterhaltssachen **247**
- Verbindung mit Vaterschaftsfeststellung **247** 4
- Verbleibensanordnung **57** 6
- Verbote **49** 30
- Verfahrensgegenstand **51** 4 f.
- Versäumnisbeschluss **51** 14
- Vollstreckbarkeit **53** 5 f.
- Vollstreckung **53**
- Vollstreckungsklausel **53** 4
- vor Geburt des Kindes **247**
- Voraussetzungen in Unterhaltssachen **246** 2 ff.
- Vorläufigkeit **49** 25
- Vorranggebot **155** 6
- Vorwegnahme der Hauptsache **49** 7 f.
- weitere Anhörung **51** 17
- Wohnungsüberlassung **57** 7
- Zuständigkeit **248** 3

Anordnung von Beratung **156** 16
Anordnungsanspruch **49** 4
- Begründung **51** 9
- Glaubhaftmachung **51** 10

Anordnungsgrund **49** 10 f.
Anordnungsinhalt
- in Ehewohnungssachen **209** 1 f.
- in Haushaltssachen **209** 1 f.
- Schutz der Vermieterinteressen **209** 2

Anrechte
- Benennung **224** 6

Anregung des Verfahrens
siehe Verfahrenseinleitung

Anrufung des FamG
- bei Kindeswohlgefährdung **A** 34
- bei Umgangskonflikt **A** 35
- wegen Kindesherausgabe **A** 35

Anschlussbeschwerde **66**, **238** 11
- Abhängigkeit von Hauptbeschwerde **66** 4
- Einlegung **66** 2 f.
- formale Anforderungen **66** 2 f.
- Frist **66** 2 f.
- in Familienstreitsachen **117** 11

Anschlussrechtsbeschwerde **73**
- Begründungsfrist **73** 3
- Einlegung **73** 2 f.

Anschlussrechtsmittel
- Frist **148** 4 f.
- Verzicht **148** 3
- Verzicht im Verbund **144**
- Wirkung des Verzichts **144**

Anspruchsübergang **116** 4
Antrag
- Begründung des Anordnungsanspruchs **51** 9
- Begründungserfordernis **171** 5, 9 ff.
- Bindungswirkung im Beschwerdeverfahren **69** 3
- erneuter **22** 3
- in Ehesachen **124**
- Inhalt in Abstammungssachen **171** 6 ff.
- Schlüssigkeit **127** 9
- Schlüssigkeitsprüfung **51** 9
- vereinfachtes Verfahren **250**

Antrag, verfahrenseinleitender **23**
- Begründungspflicht **23** 6
- Formerfordernisse **23** 7
- in Amtsverfahren **24** 1
- Mindestanforderungen **23** 4 f.

Antragsänderung
- in Ehesachen **113** 8

Antragsbefugnis
- in Abstammungssachen **185** 6
- vereinfachtes Verfahren **249** 4

Antragserfordernis
- in Abstammungssachen **171** 3
- in Ehewohnungssachen **203** 1 ff.
- in Haushaltssachen **203** 1 ff.
- in Versorgungsausgleichssachen **223** 1

Antragsfrist **18** 3
- Aufhebung des Scheidungsausspruchs **147** 9

Antragsinhalt
- Ehewohnungssachen **203** 11
- in Haushaltssachen **203** 6 ff.

Antragsrücknahme **22** 1
- Beschluss zur Wirkung **22** 4
- Erledigung **22** 5
- erneute Antragstellung **22** 3
- Form
- vor Rechtskraft **22** 4

Antragsschrift
- bei Nichtigkeitsantrag **118** 7
- bei Restitutionsantrag **118** 7

Antragsteller
- Beteiligung **7** 4

Antragsverfahren
- Abstammungssachen **Vor 169** 2, **171**
- Änderung eAO **54** 4 ff.
- Aufhebung eAO **54** 4 ff.
- Verfahrenskostenhilfe **76** 4

Anwalt **A** 13 ff.
- Mandatierung durch Minderjährige **60** 3
- Stellung im Verfahren **A** 13

Anwaltsbeiordnung
- Antragserfordernis **78** 6 f.
- anwaltliche Vertretung anderer **78** 10

Stichwörter

- auswärtiger Anwalt **78** 22 ff.
- bei Anwaltszwang **78** 3 f.
- Beweisanwalt **78** 29
- Ehewohnungs- und Haushaltssachen **78** 21
- elterliche Sorge **78** 15
- in Abstammungssachen **78** 13
- Notanwalt **78** 32
- ohne Einverständnis **78** 24
- Sachverständigengutachten **78** 16
- schwierige Sach- und Rechtslage **78** 8, 11
- Sozietät **78** 4
- subjektive Fähigkeiten **78** 12
- Umgangsrechtsverfahren **78** 17 ff.
- ungeklärte Rechtsfragen **78** 14
- Unterbevollmächtigte **78** 30 f.
- Vergleich FamFG-ZPO **Vor 76** 3
- Verkehrsanwalt **78** 26, 28
- Versorgungsausgleichssachen **78** 20
- Wahlrecht **78** 3

Anwaltsgebühren
- Kosten **Vor 80** 6

Anwaltszwang
- ausgenommene Verfahrenshandlungen **A** 17
- Ausnahmen **114** 8 f.
- Behördenprivileg **114** 8
- bei Rücknahme des Scheidungsantrags **141** 6
- Beiordnung **78** 3 f.
- Beschwerde bei Verfahrenskostenhilfe **76** 10
- Bevollmächtigte **10** 9
- der Verwaltungsbehörde **129** 7
- fehlender **A** 14
- Folgesachen **137** 9, **141** 10 f.
- Gehörsrüge **44** 5
- in Familienstreitsachen **114** 1 ff.
- in Unterhaltssachen **A** 16
- Mitwirkung ohne Anwalt **114** 3
- Rechtsbeschwerde **147** 7
- Scheidungssachen **134** 2 f., 5
- Verfahrenskostenhilfe **76** 8
- Verzicht auf Anschlussrechtsmittel **144**
- vor BGH **A** 15

Anwendungsbereich
- FamFG **1**

Arbeitgeber
- Auskunftspflicht **236** 4

Arbeitsgerichtsbarkeit
- Abgrenzung **266** 12

Arbeitskreise, fallübergreifende **A** 2, 132

Archivierung
- elektronische Akten **14** 6

Arrest
- in Familienstreitsachen **119** 4
- Rechtsbeschwerde **70** 10

Aufenthalt, gewöhlicher
- Einwohnermeldeamt **122** 7

Aufenthalt, gewöhnlicher **187** 3, **232** 4
- an mehreren Orten **122** 4
- Änderung vor Rechtshängigkeit **122** 21
- Ausländer **122** 8
- ausschließlicher **122** 15
- Beschäftigte des Auswärtigen Amts **122** 8
- Definition **122** 4 ff.
- des Kindes **88** 3, **122** 6, 16 ff., **152** 4, **187** 4
- fehlender **122** 13, **232** 7
- gegen den Willen **122** 12
- im Flüchtlingslager **122** 12
- im Frauenhaus **122** 10
- im Heim **122** 12
- im Inland **122** 5
- im Internat **122** 17
- im Krankenhaus **122** 12
- in der Psychiatrie **122** 12
- internationale Zuständigkeit **98** 5
- Kenntnis **122** 11
- Kindesentführung **122** 19
- Rangfolge **122** 14
- Soldaten **122** 8
- Student **122** 9
- Unzuständigerklärung **122** 22
- Wechsel während Verfahren **122** 21
- Wille des Betroffenen **122** 8
- Wohnsitz **122** 6
- Zeugenschutz **122** 12

Aufenthaltsbestimmung
- einstweilige Anordnung **49** 13
- Verfahrensbeistand **158** 11

Aufhebung
- auf Antrag **48** 4
- einstweilige Anordnung **54**
- erweiterte **147**
- nach Beschwerde **69** 4
- örtliche Zuständigkeit **54** 9 f.
- rückwirkende **54** 6
- von Amts wegen **48** 4

Aufhebung der Ehe
- Kosten **132**

Aufhebungsanträge
- in Ehesachen **129** 10

Aufhebungsverfahren
- Übergangsvorschrift **Art. 111** 5

Auflagen, gerichtliche
- in Haushaltssachen **206** 2 ff., 6
- Nichterfüllung **206** 5 f.

Aufsicht
- Amtsvormund **A** 30

Aufwendungsersatz
- des Vormunds **168** 2
- Verfahrensbeistand **158** 30 f.

Ausführungsgesetze
- Vorrang **97** 8
Ausgleichswert
- wesentliche Änderung **225** 5 ff.
Ausgleichzahlung
- in Haushaltssachen **203** 10
Auskunftsbefugnis **220** 2 f.
Auskunftserteilung
- in Versorgungsausgleichssachen **220** 4 f.
Auskunftspflicht
- Anordnungsberechtigung **235** 4 f.
- Anordnungsermessen **236** 8
- Anordnungspflicht **235** 9 f.
- Arbeitgeber **236** 4
- Belegpflicht **235** 6 f.
- Dritter **236**
- Durchsetzung **220** 11
- Erläuterung der Auskunft **220** 10
- Finanzamt **236** 7
- Frist **235** 8
- in Unterhaltssachen **235**
- in Versorgungsausgleichssachen **220**
- Kosten bei Verweigerung **243** 7 f.
- Mitteilung an Beteiligte **236** 9
- Ordnungsmittel **236** 10
- Pflichtige **220** 2 f.
- Rentenversicherungsträger **236** 6
- Schadensersatz **220** 11
- schriftliche Versicherung **235** 7
- Sozialleistungsträger **236** 5
- Umfang **220** 8 ff., **236** 2 f.
- Unanfechtbarkeit der Anordnung **236** 11
- ungefragte Ergänzungspflicht **235** 11 f.
- Versorgungträger **236** 6
- Zeugnisverweigerung **236** 10
- Zwangsmittel **235** 14
Auskunftsverweigerung **29** 10
Auslagen
- des Gerichts **80** 3
Auslandszustellung **15** 4, **16** 1
Ausschließung von Gerichtspersonen **6**
- privates Wissen **6** 6
- Verwandtschaft **6** 5
Außerkrafttreten **Art. 112**
- anderweitige Regelung **56** 3 ff.
- Beschluss **56** 10 f.
- einstweilige Anordnung **56**, **248** 6
- Zeitpunkt **56** 6 ff.
Aussetzung
- Beendigung in Scheidungssachen **136** 10 f.
- des Verfahrens **21**
- in Versorgungsausgleichssachen **221** 4 ff.
- Rechtsmittel in Scheidungssachen **136** 9
- Wirkung in Scheidungssachen **136** 8
Aussetzung der Vollstreckung
- einstweilige Anordnung **55**

- Folgenabwägung **55** 3
Aussetzung der Vollziehung
- bei Beschwerde **64** 9 f.
Aussetzung der Wirksamkeit
- im Beschwerdeverfahren **64** 9
Aussetzung des Verfahrens
- Ermessen **21** 2
- Hinwirken auf Einvernehmen **156** 11
- Scheidungssachen **136**
- sofortige Beschwerde **21** 5
- wichtiger Grund **21** 1
- Wirkungen **21** 4
Aussetzungsantrag
- Rechtsmissbräuchlichkeit **136** 5
- Verfahren in Scheidungssachen **136** 6 f.

Bearbeitung, maschinelle
- vereinfachtes Verfahren **259** 3
Bedingung, aufschiebende
- Vollstreckung eAO **55** 4
Bedingungsfeindlichkeit
- Beschwerdeeinlegung **64** 7
Bedürfnis, dringendes
- für eAO **214** 2
Befangenheit **6** 8
- im Rechtsmittelverfahren **6** 10
- Rechtsbeschwerdegrund **72** 5
Befriedungsfunktion
- Eilrechtsschutz **Vor 49** 4
Befristung
- eAO in Unterhaltssachen **246** 4
Begrifflichkeiten
- in Familiensachen **113** 11 ff.
Begründetheit
- Rechtsbeschwerde **74** 8 ff.
Begründung
- Frist **145** 3, 5 ff.
- Frist bei Rechtsbeschwerde **71** 5
- in Versorgungsausgleichssachen **224** 4
Begründungserfordernis
- Ausnahme **38** 8 f.
- Endentscheidung **38** 7
- in Abstammungssachen **171** 5, 9 ff.
- Pflicht **38** 9
Begründungsfrist
- Beginn **145** 6
- bei Beschwerde in Familienstreitsachen **117** 5 f.
- Ende **145** 7
- Folgen des Versäumnisses **145** 9
- Rechtsmittelerweiterung **145** 3 ff.
- Scheidungsverbund **145** 3 ff.
Begründungspflicht
- in Kindschaftssachen **164** 4
- verfahrenseinleitender Antrag **23** 6
Begründungszwang **117** 4

Begutachtung
- Unterbringung zur **167** 19
Behörden
- Beschwerdeberechtigung **59** 19 f., **61** 4
- Beteiligtenfähigkeit **8** 4
- Beteiligung **7** 9
- Verfahrensfähigkeit **9** 8
Behördenprivileg
- Anwaltszwang **114** 8
Beibringungsgrundsatz **117** 4
- Auskunftspflicht **235** 9
Beiordnung
- eines Rechtsanwalts **A** 22
- Gebühren **138** 14
- im Scheidungsverbund **138** 3 ff.
- Prozessvollmacht **138** 9
- Prüfung **138** 5 f.
- Rechtsmittel **138** 10 ff.
- Übernahmepflicht **138** 7
- Umfang **138** 8
- unabweisbares Bedürfnis **138** 4
Beiordnung eines Rechtsanwalts
  siehe Anwaltsbeiordnung
Beistand
- nach Beiordnung **138** 9
Beistand der Beteiligten **A** 19 ff., **12**
- Anwesenheit bei Begutachtung **A** 20
- Legitimation **A** 19
- Rechtsfolgen **12** 3
- Zulassung **12** 2
Bekanntgabe **41**
- als Fristbeginn **16** 1
- als Wirksamkeitsvoraussetzung **40** 2 f.
- an JA **162** 8, **167** 23
- an Kind **164**
- durch Verlesen **41** 5
- Form **15** 3
- freiheitsentziehende Unterbringung **167** 23
- in Adoptionssachen **198** 5
- mit Zustellung **41** 2 f.
- Rechtsbeschwerdeschrift **71** 8
- unter Anwesenden **41** 4
- von Schriftstücken **15** 1 ff.
- Zugangsfiktion **15** 4
Bekanntgabe der Entscheidung
- Beschwerdefrist **63** 6 ff.
Belegpflicht **235** 6
Belehrung
- Folgen fehlender **251** 2
- vereinfachtes Verfahren **251** 1 f.
Benachrichtigungspflicht
- Ausnahmen **22a** 7
- Vormund- und Pflegschaft **22a** 2, 5
Beratung **A** 122 ff., **156** 10
- Anordnung **156** 14 ff.
- Finanzierung **A** 124 f., 130

- Hinweis auf **156** 9, **165** 7
- im Zwangskontext **A** 128, 131
- Initiierung **A** 126, 128
- Kosten bei Nichtteilnahme **150** 7
- psychologische **A** 109
- Scheidungssachen **135**
- sozialpädagogische **A** 109
Beratungsstelle
- im frühen Termin **155** 16
- Konzept **A** 131
- Übergänge bei angeordneter Beratung **156** 16
Beratungsstellen **A** 53, 103
- Angebot in Ehesachen **128** 6
Bereicherungsanspruch
- in Unterhaltssachen **241** 1
- Unterhalt **238** 5
Berichtigung
  siehe Beschlussberichtigung
- Beschluss **82** 5
- Vergleich **36** 7 f.
Bescherde
- Erledigung der Hauptsache **58** 6
Bescherde, sofortige
- Vollstreckung **87** 11
Beschleunigung
- durch Auskunftspflicht **235** 1 f.
- Familienstreitsachen **113** 4
Beschleunigungsgebot **155**
- allgemein **155** 7
- Anwendungsbereich **155** 4
- Frist für Sachverständige **163** 5
- Untätigkeitsbeschwerde **Vor 58** 7
- Vollstreckung **87** 4
Beschluss
- Adoptionssachen **198**
- Angabe Rechtsgrundlage **197** 3 f.
- Außerkrafttreten **56** 10 f.
- Begründung **38** 7
- Berichtigung **82** 5
- Endentscheidung **38**
- Ergänzung **82** 4
- in Adoptionssachen **197**
- Inhalt in Abstammungssachen **182**
- Mindestinhalt bei Endentscheidungen **38** 5
- Mündelzahlungen **168**
- Muster **Vor 38** 2
- nachträgliche Vervollständigung **38** 10
- überschießender Ausspruch **182** 3
- Unanfechtbarkeit **197** 6
- Wirksamkeit **197** 5
- Wirkung in Abstammungssachen **184** 5
Beschlussberichtigung **42**
- Anwendungsbereich **42** 2 ff.
- bei offenkundigem Fehler **42** 2
- formelle Fehler **42** 4

Beschlussergänzung **43**
- Antragsfrist **43** 4
- unterbliebene Kostenentscheidung **43** 3

Beschlussformel **38** 6
- fehlerhafte **42** 4
- freiheitsentziehende Unterbringung **167** 21
- Verlesen **41** 5

Beschränkt Geschäftsfähige
- Verfahrensfähigkeit **9** 4 f.

Beschwer, materielle **61** 7

Beschwerde
- Abhilfe **68** 2
- Anschließung **145** 2
- Anschlussbeschwerde **66**, **117** 11
- Aufhebung **69** 4 ff.
- aufschiebende Wirkung **93** 6
- außerordentliche **Vor 58** 5
- Aussetzung der Vollziehung **64** 9 f.
- Aussetzung der Wirksamkeit **64** 9
- Bedingungsfeindlichkeit **64** 7
- Begründung **65**
- Berechtigte **59**
- Bindungswirkung des Antrags **69** 3
- Einlegung **64**
- Einzelrichter **68** 8 ff.
- Entscheidung **69**
- Entscheidungsbegründung **69** 8 f.
- Erledigung der Hauptsache **62**
- Erledigung nach Anhängigkeit **131** 8 ff.
- Erwiderungsfristen **117** 9
- fehlende Kostenentscheidung **82** 6
- Form der Beschwerdeschrift **64** 4
- Formerleichterung **117** 16
- freiheitsentziehende Unterbringung **167** 33
- Frist **63**
- gegen Auskunftsanordnung **235** 13
- gegen Zurückweisung **115** 9
- gegen Zwischenentscheidungen **58** 8 ff.
- Gründe im vereinfachten Verfahren **256** 5
- Hinweispflicht **117** 15
- in Familienstreitsachen **117** 7 ff.
- in Versorgungsausgleichssachen **228** 1
- Inhalt der Beschwerdeschrift **64** 4
- keine aufschiebende Wirkung **64** 8
- Kosten **76** 26, **84**
- Kosten bei Vaterschaftsanfechtung **183** 4
- Mindestinhalt der Beschwerdeschrift **64** 5
- Muster **64** 7
- neue Tatsachen und Beweismittel **65** 7
- persönliche Anhörung **68** 6 f.
- Rücknahme **67** 5
- Sachverhaltsermittlung **68** 4 ff.
- Statthaftigkeit **58**, **62**
- Übersicht zum Verfahren **Vor 58** 12
- Unterschrift **64** 6
- Verbot der Schlechterstellung **117** 12
- vereinfachtes Verfahren **256**
- Verfahren **68**
- Verfahren im vereinfachten Verfahren **256** 6
- Verzicht **67** 2 ff.
- während Vollstreckung **93** 6
- wegen fehlender Verfahrensfähigkeit **125** 12
- wegen Untätigkeit **Vor 58** 6 ff.
- Zulässigkeitsprüfung **68** 3
- Zulassung **61** 10 ff.
- Zurücknahme **117** 8
- Zurückverweisung **69** 4 ff., **117** 13
- Zuständigkeit für Entgegennahme **64** 3

Beschwerde, sofortige **58** 13 ff.
- Ablehnung von Gerichtspersonen **6** 13
- Ausschluss von Gerichtspersonen **6** 13
- Aussetzung des Verfahrens **21** 5
- Beschwerdegegenstände **58** 13
- Beschwerdewert **76** 11, 13
- gegen Berichtigungsbeschluss **42** 6
- Rechtsbeschwerde **58** 15 ff.
- Verfahren **58** 14
- Verfahrenskostenhilfe **76** 9 ff., 13 ff.
- Zwangsmittel **35** 9, **128** 18

Beschwerdebefugnis
siehe Beschwerdeberechtigung

Beschwerdebegründung **65**
- Fristsetzung **65** 4 ff.
- Pflicht **65** 2 f.

Beschwerdeberechtigung **59**
- Abstammungssachen **59** 12
- Behörden **61** 4
- bei Antragszurückweisung **59** 18
- Beschwer **61** 3
- Eltern **59** 8
- Erledigung der Hauptsache **61** 9
- Feststellungsinteresse **62** 3 ff.
- Geschwister **59** 9
- Gewaltschutzsachen **59** 15
- Großeltern **59** 9
- in Abstammungssachen **184** 6
- in Adoptionssachen **59** 13
- in Haushalts- und Ehewohnungssachen **59** 14
- in Kindschaftssachen **59** 8 ff.
- in Versorgungsausgleichssachen **59** 16 f.
- Jugendamt **A** 48, **59** 19 f., **61** 4, **162** 8, **176** 8, **194** 5, **213** 2
- Kind **164** 2
- Landesjugendamt **195** 3
- maßgeblicher Zeitpunkt **61** 8
- materielle Beschwer **59** 6, **61** 7
- Minderjähriger **60**
- Mindestbeschwer **61** 5
- Pflegeeltern **59** 10
- Rechtsbeeinträchtigung **59** 5 ff.

Stichwörter

- Staatskasse **76** 25
- Teilabweisung **61** 6
- vereinfachtes Verfahren **256** 3 f.
- Verfahrensbeistand **59** 11, **158** 23 f.
- Versorgungsträger **61** 4
- von Behörden **59** 19 f.
- Wegfall **59** 7

Beschwerdefrist **63**
- Beginn **63** 6 ff.
- einstweilige Anordnung **63** 4
- Genehmigung eines Rechtsgeschäft **63** 5
- Monatsfrist **63** 3
- nach Wirksamwerden **40** 5
- Wiedereinsetzung **63** 9
- Zweiwochenfrist **63** 4 f.

Beschwerdegegenstand
- einstweilige Anordnung **58** 7
- Endentscheidung **58** 5
- Kostenentscheidung **58** 5, 9
- sofortige Beschwerde **58** 13
- Zwischenentscheidung **58** 8 ff., 17

Beschwerdeverfahren
- Säumnis **130** 9 ff.

Beschwerdewert
- einstweilige Anordnung **76** 12
- Verfahrenskostenhilfe **76** 11 ff.

Besetzung des Gerichts
- Rechtsbeschwerdegrund **72** 5

Besorgnis der Befangenheit
  siehe Befangenheit

Beteiligte
- Ablehnung der Beteiligung **7** 12
- Amtsvormund **A** 27 f.
- Anhörung **192**
- Antragsteller **7** 4
- Begriff **A** 5, **7** 4 ff.
- Behörden **7** 9
- Beschwerdefrist **63** 7
- Einverständnis bei Vergleichen **156** 19
- Erben **168** 11, **219** 3
- freiheitsentziehende Unterbringung **167** 8 f.
- Generalklausel **A** 10, **7**
- in Abstammungssachen **172**
- in Adoptionssachen **188**, **192**
- in Ehewohnungssachen **204**
- in Gewaltschutzsachen **212**
- in Versorgungsausgleichssachen **219**
- Jugendamt **A** 45 ff., **162** 6 f., **172**, **188** 8 f., **204** 3, **212** 2
- Kannbeteiligung **7** 5, 10
- kraft Hinzuziehung **7** 5
- Landesjugendamt **188** 8 f.
- Mitwirkungspflicht **27**
- Mussbeteiligung **7** 5 ff., 9
- persönliches Erscheinen **33**
- Pflegepersonen **161** 3 f.
- qua gesetzlicher Regelung **7** 7
- Säumnis **130**
- Schutz in Abstammungssachen **Vor 169** 4 f.
- Spezialvorschriften **A** 11
- Tod während Verfahren **181**
- unmittelbar Betroffene **7** 6
- Unterrichtung über Mitteilung **216a** 2
- Verfahrensbeistand **158** 14
- Vernehmung **128** 15
- Versorgungsträger **219** 2
- Zulassung unter Vorbehalt **9** 13

Beteiligtenfähigkeit **8**

Beteiligtenherrschaft
- in Ehesachen **113** 6 f.

Beteiligtenmaxime **117** 4

Beteiligtenstellung
- Beantragung durch JA **162** 7
- Beschwerdeberechtigung **A** 12

Beteiligung
- Verhältnis zur Anhörung **212** 1

Beteilligte
- Mitwirkungspflicht **206** 3

Betretungsverbot **215** 1

Betreuungssachen
- internationale Zuständigkeit **104**

Beurkundungsbefugnis
- des FamG **180** 2

Bevollmächtigte **A** 13 ff., **10**
- Anwaltszwang **10** 9
- Notare **10** 7
- Prüfung von Amts wegen **10** 8
- Rechtsanwälte **10** 4
- Sorgfaltspflichten **11** 3
- Stellung im Vefahren **A** 13
- unentgeltliche Vertretung **10** 5 f.
- Verfahrensvollmacht **11**
- Verhältnis zum Verfahrensbeistand **158** 26 f.

Beweisanregung
- in Ehesachen **127** 10 f.

Beweisantrag
- in Ehesachen **127** 10 f.

Beweisanwalt
- Beiordnung **78** 29

Beweisaufnahme
- Dokumentation **29** 11

Beweisaufnahme, förmliche
  siehe auch Strengbeweis
- in Abstammungssachen **177** 4 f.

Beweiserhebung **29**
- Freibeweis **29** 3 f.
- in Amtsermittlung **26** 3

Beweislast
- Abänderung **238** 20 f.
- Abänderung von Unterhaltstiteln **240** 4
- Unterhaltssachen **238** 20 f.

Beweismittel
- heimliches Beobachten **127** 12
- neue im Beschwerdeverfahren **65** 7
- präsente **31** 4
- Privatgutachten **177** 5
- unzulässige **127** 12

Beweiswürdigung, freie **128** 13
Bewertungsmethode, zeitratierliche **225** 4
Beziehung, sozial-familiäre **174** 3
- Anhörung des JA **176** 3
- substanziierter Vortrag **171** 11

Bezifferung
- dynamisierter Unterhaltstitel **245**

Blutprobeentnahme **96a** 2
- Duldungspflicht **178** 2 ff.
- Durchsetzung **178** 5 ff.

Brüssel IIa-Verordnung **98** 2
- Vorrang in Ehesachen **98** 2
- Vorrang in Folgesachen **98** 2
- Vorrang in Kindschaftssachen **99** 2
- Vorrang in Scheidungssachen **98** 2

Bundesgerichtshof
- Anwaltszwang **A** 15

Datenschutz
- Mitwirkung des JA **A** 39

Dauerpflege **161** 2
- Anhörungspflicht **161** 5

Deutscheneigenschaft **98** 3 f.
Dispositionsbefugnis **A** 1, **22** 1, 6, **56** 5
Dokument, elektronisches **14**
- gerichtliches **14** 4
- Signatur **14** 4
- Übermittlung **14** 3
- Übertragung aus Papierform **14** 2

Dokumentationspflicht **28** 7 ff.
- Anhörung des Kindes **29** 11
- Beweisaufnahme **29** 11

Doppelehe **129** 9
Dringlichkeit **Vor 49** 1 f.
Durchgriffserinnerung **Vor 58** 9

EG-Recht
- Vorrang **97** 4 f.

Ehe
- Ansprüche aus **266** 8
- Aufhebungsgründe **129** 3 f.

Ehegatten
- Tod eines **131**

Ehelichkeitsvermutung **169** 4
Ehen, hinkende **98** 7
Ehesachen
- Abgabe **123**
- Aktivlegitimation **129** 5
- Angabe des Streitwerts **124** 3
- Anhängigkeit **124** 1, **201** 2
- Anhörungsthemen **128** 3 ff.
- Antrag **124**
- anwendbares Recht **113** 5 ff.
- Aufhebungsanträge **129** 10
- ausländisches Recht **121** 3
- Behördenmitwirkung **129** 3, 6
- beschränkt Geschäftsfähige **125** 3 f.
- Beteiligtenherrschaft **113** 6 f.
- Beteiligtenvernehmung **128** 15
- Beweisanregung **127** 10 f.
- Beweisantrag **127** 10 f.
- Definition **121**
- eingeschränkte Amtsermittlung **127**
- elterliche Sorge **128** 4
- Ende der Anhängigkeit **124** 2
- Erledigung durch Tod **131** 4 f.
- Geschäftsunfähige **125** 5 ff.
- Gestaltung der Ehe **121** 3
- Güteverhandlung **113** 10
- Herstellung des ehelichen Lebens **121** 2
- Hinweis auf Beratung **128** 6
- internationale Zuständigkeit **98** 3 ff., **109**
- Klageänderung **113** 8
- Klageverzicht **113** 6
- Konzentrationswirkung **153** 1
- Kosten bei Aufhebung der Ehe **132**
- Kosten bei Erledigung **131** 6 f.
- örtliche Zuständigkeit **122**, **123**
- persönliches Erscheinen **128**
- Präklusion **115**
- Rechtskraft **116** 2
- Rechtsmittel **117**
- Säumnis **130**
- Tod eines Ehegatten **131**
- Übergangsvorschrift **Art. 111** 9
- Umgangsrecht **128** 4 f.
- Verbindung **126** 1 ff.
- Verfahren **127** 9 ff., **129** 9 f.
- Verfahrensfähigkeit **125**
- Wiederaufnahme **131** 14
- Wiedereinsetzung **131** 15
- Zuständigkeit bei Anhängigkeit **152** 3

Eheverbot
- Befreiung **186** 5, **187** 5, **198** 7

Ehewohnungs- und Haushaltssachen
- Anwaltsbeiordnung **78** 21

Ehewohnungssachen
- Amtsermittlung **207** 1
- Anfechtbarkeit der eAO **57** 7
- Anhörung des JA **205**
- Anordnungsinhalt **209** 1 f.
- Antragserfordernis **203** 1 ff.
- Antragsinhalt **203** 11
- Beschwerdeberechtigung **59** 14
- Beteiligte **204**
- Bezeichnung der Kinder **203** 11
- Definition **200** 2

Stichwörter

- Einigungserfordernis **203** 3
- einstweilige Anordnung **49** 15
- Erörterungstermin **207**
- internationale Zuständigkeit **105**
- Konkurrenz **200** 4
- Nutzungsentgelt **203** 5
- örtliche Zuständigkeit **201, 202**
- persönliches Erscheinen **207** 2
- Rechtskraft **209** 3
- sofortige Wirksamkeit **209** 3
- Tod eines Ehegatten **208**
- Überblick zum Verfahren **Vor 200**
- Vermieter als Beteiligter **204** 1
- Vollstreckung **209** 4

Eidesstattliche Versicherung **94**
Eilbedürftigkeit **Vor 49** 1 f.
- freiheitsentziehende Unterbringung **167** 32
- in Gewaltschutzsachen **214** 2

Eilrechtsschutz
- Fehleranfälligkeit **Vor 49** 5
- interimistische Befriedungsfunktion **Vor 49** 4
- Sicherungsfunktion **Vor 49** 3

Einrichtungen
- Beteiligtenfähigkeit **8** 3

Einspruch
- gegen Versäumnisbeschluss **143**

Einstellung, einstweilige
- Vollstreckung **242**

Einvernehmen **36**
- Hindernisse **156** 6
- Hinwirken des Gerichts **36** 4
- Hinwirken durch psychologischen Sachverständigen **A** 89, 94 ff.
- Mitwirken des Verfahrensbeistands **158** 21 f.

Einwendungen
- Mitteilung im vereinfachten Verfahren **254**
- vereinfachtes Verfahren **252**
- Zulässigkeit im vereinfachten Verfahren **259** 2
- Zurückweisung im Feststellungsbeschluss **252** 2

Einwilligung
- in Rücknahme des Scheidungsantrags **141** 5

Einwohnermeldeamt **122** 7
Einzelrichter
- Beschwerdeverfahren **68** 8 ff.
- Rückübertragung **68** 9

Einzelvormundschaft
- Mitwirkung des JA **A** 51

Elektronische Akte
siehe Akte, elektronische

Elterliche Sorge
siehe Sorge, elterliche

Eltern
- Anhörung **160**
- Anhörung nicht sorgeberechtigter **160** 4
- Anwesenheit bei Kindesanhörung **159** 15
- Beschwerdeberechtigung **59** 8

Elternanhörung
siehe Anhörung der Eltern

Eltern-Kind-Verhältnis
- sonstige Familiensachen **266** 10

E-Mail
- formlose Mitteilung **15** 5

Endentscheidung
- Anfechtung **58** 5 ff.
- Definition **38** 3
- durch Beschluss **38**
- Durchführung in Gewaltschutzsachen **215**
- einheitliche im Verbund **142**
- Kosten **82** 1 f.

Endentscheidungen
- Abänderung **48** 3
- Rechtskraft in Ehesachen **116** 2
- Rechtskraft in Familienstreitsachen **116** 3
- richterliche Überprüfung **48** 10
- Wirksamkeit **216** 1

Entscheidung
- Abänderung **166** 2 ff.
- Aussetzung des Verfahrens **21** 5
- einheitliche **265**
- erneute **54** 7 f.
- in Versorgungsausgleichssachen **224**
- mit Dauerwirkung **48** 3
- Mitteilung an das JA **176** 7
- nach Aktenlage **130** 7
- sofortige Wirksamkeit **209** 3
- über Rechtsbeschwerde **74**
- Übergabe an Geschäftsstelle **209** 4
- Überprüfung **166** 5 ff.

Entscheidungsbegründung
- bei Beschwerde **69** 8 f.
- mangelhafte **69** 9
- unvollständige **69** 9

Entscheidungsgründe
- Bekanntgabe **167** 23
- Mitteilung an Kind **164** 3

Entscheidungsgrundlage **37**
Entscheidungsinhalt
- in Gewaltschutzsachen **215** 1
- in Versorgungsausgleichssachen **224** 3

Entscheidungskonzentration **264** 2
Entscheidungsmitteilung
- an das JA **A** 48, **194** 4, **205** 2, **213** 2
- in Gewaltschutzsachen **216a**

Entscheidungsreife **115** 6
Entscheidungsvorschläge
- des JA **A** 46

Erben
- als Beteiligte **168** 11, **219** 3
- Haftung **168** 10

Stichwörter

- in Versorgungsausgleichssachen **226** 7
Erbrecht
- Abgrenzung zu Familiensachen **266** 13
Erfolgsaussichten
- Verfahrenskostenhilfe **76** 3
Ergänzung des Beschlusses
siehe Beschlussergänzung
Ergänzungspfleger
- beschränkt Geschäftsfähiger **125** 4
- für Leibesfrucht **151** 10
- Geschäftsunfähiger **125** 7
- Verhältnis zum JA als Sozialleistungsbehörde **176** 4
- Verhältnis zum Verfahrensbeistand **174** 2
Ergänzungspflicht, ungefragte **235** 11 f.
Erinnerung **Vor 58** 9 f., **128** 18
- vereinfachtes Verfahren **250** 6
Erklärung
- zur Niederschrift des Gerichts **25** 1 ff.
Erlass
- Definition **38** 7
Erledigterkärung
- einstweilige Anordnung **51** 5
Erledigung
- Abstammungssachen **180** 5
- Antragsrücknahme **22** 5
- Auswirkung auf Folgesachen **131** 12 f.
- bei Tod eines Beteiligten **181** 2
- in Haushaltssachen **208**
- Kosten **83** 4, **180** 5
- nach Rechtsmittel **131** 8 ff.
- Tod eines Ehegatten **131** 4 f., 10 ff., **208**
- vereinfachtes Verfahren **254** 2
Erledigung der Hauptsache
- Beschwerdeberechtigung **61** 9
- im Beschwerdeverfahren **58** 6
- Statthaftigkeit der Beschwerde **62**
Ermessen
- Anhörung des JA **194** 3
- Anordnung sofortige Wirksamkeit **198** 4
- Auskunftsanordnung **236** 8
- Aussetzung der Vollziehung **64** 10
- Aussetzung des Verfahrens **21** 2
- bei Präklusion **115** 8
- bei Vollstreckung **93** 8
- Bestellung Sachverständige **163** 8
- Beteiligung von Pflegepersonen **161** 3
- eAO in Unterhaltssachen **246** 5
- einstweilige Anordnung **49** 23 f.
- Gestaltung der Kindesanhörung **159** 15
- in Versorgungsausgleichssachen **221** 3
- Kosten in Unterhaltssachen **243** 3 ff., 10
- Kostenentscheidung **81** 7 f., 12
- mündliche Verhandlung bei eAO **51** 12 f.
- Ordnungsmittel **89** 12 f.
- verhinderte Fristwahrung **17** 6

- Vollstreckung **89** 12 f.
Ermessen, gerichtliches
- Termin **32** 2
Erörterung
- einstweilige Anordnung **156** 21 f.
- Frist **155** 9
- früher Termin **155** 8
- früher Termin bei Kindeswohlgefährdung **157** 15
- im Vermittlungsverfahren **165** 5 f.
- Initiierungsfunktion **157** 11
- Kindeswohlgefährdung **157** 4 ff.
- Klärungsfunktion **157** 10
- Unterstützungsfunktion **157** 11
- Warnfunktion **157** 12
Erörterungstermin
- in Abstammungssachen **175** 2 ff.
- in Ehewohnungssachen **207**
- in Haushaltssachen **207**
- in Versorgungsausgleichssachen **221** 2 f.
Ersatzvornahme
- vertretbare Handlung **35** 7
Ersatzzustellung **17** 7
Erscheinen
- Ausbleiben im Termin **117** 10
Erscheinen, persönliches **33**
- Amtsvormund **A** 28
- Anordnung **33** 2
- der Eltern **157** 18
- Eltern **155** 22
- Folgen bei Ausbleiben **33** 4
- im frühen Termin **155** 22 f.
- in Abstammungssachen **175** 4
- in Ehesachen **128**
- in Ehewohnungssachen **207** 2
- in Haushaltssachen **207** 2
- in Kindschaftssachen **155** 22 f.
- Kinder **155** 23
- Kindeswohlgefährdung **157** 18
- Vorführung **33** 5 f.
Erwiderung
- Fristen **117** 9
Escheinen, persönliches
- Ordnungsgeld **33** 5 f.

Fallzahlen
- Amtsvormund **A** 26
FamFG
- Anwendungsbereich **1**
- Systematik **Vor 1** 1 ff.
Familiengericht
- als Akteur **A** 1 ff.
- fallübergreifende Arbeitskreise **A** 2
- Fortbildung **A** 3, 5

Stichwörter

Familiengericht, großes **A** 5, **111** 1 f., **262** 2, Vor **266** 1 f.
- Mehrbelastung **A** 5
- neue Aufgaben **111** 5 f.

Familiensachen
- Abgrenzung zur Arbeitsgerichtsbarkeit **266** 12
- Begrifflichkeiten **113** 11 ff.
- bisherige Rechtslage **111** 4 ff.
- Definition **111**
- Sprachgebrauch **111** 2
- Übersicht Vor **111** 1

Familiensachen, sonstige
- Abgabe **268**
- Ansprüche aus Ehe **266** 8
- Definition **266**
- einstweilige Anordnung **49** 20, **119** 1, 3
- Eltern-Kind-Verhältnis **266** 10
- Familienstreitsachen **266** 5
- Gruppen **266** 2
- internationale Zuständigkeit **105**
- Nebengüterrecht **266** 9
- nichtvermögensrechtliche Ansprüche **266** 3
- örtliche Zuständigkeit **267**, **268**
- Übersicht Vor **266** 2
- Umgangsrecht **266** 11
- Verlöbnis **266** 6 f.
- Zuständigkeitskonzentration **267** 1 f., **268** 1

Familienstreitsachen
- Anschlussbeschwerde **117** 11
- Anwaltszwang **114** 1 ff.
- anwendbares Recht **113**, **120** 1
- Arrest **119** 4
- Begrifflichkeit **118** 1
- Begründungsfrist bei Beschwerde **117** 5 f.
- Beschleunigung **113** 4
- Beschwerde **117** 7 ff.
- bisherige Rechtslage **112** 5 f., **117** 2 f.
- Definition **112**
- einstweilige Anordnung **119** 2 f.
- Katalog **112** 2 ff.
- Mahnverfahren **113** 3
- Nichtigkeitsantrag **118** 1 f.
- Präklusion **115**
- Rechtsbeschwerde **117** 18
- Rechtskraft **116** 3
- Rechtsmittel **117**
- Restitutionsantrag **118** 1, 3 f.
- sofortige Wirksamkeit **116** 4
- sonstige Familiensachen **266** 5
- Übersicht Vor **111** 1
- Urkundenprozess **113** 3
- Verhältnis zu Familiensachen Vor **1** 4 f.
- Versäumnisbeschluss **117** 7, 10
- Vollstreckung **120**
- Wechselprozess **113** 3

- Wiederaufnahme **118**
- Wiedereinsetzung **117** 17
- Wirksamwerden **120** 2
- Zurückverweisung **117** 13

Familientherapie **A** 111

Familliensachen
- Wirksamkeit **116** 5

Familliensachen, sonstige
- Rechtsnatur des Anspruchs **266** 4

Fehler, offenkundiger **42** 2

Fehleranfälligkeit
- Eilrechtsschutz Vor **49** 5

Festsetzungsbeschluss
- im vereinfachten Verfahren **253**
- vereinfachtes Verfahren **249** 5

Feststellungsantrag
- in Ehesachen **129** 10

Feststellungsbeschluss
- Zurückweisung von Einwendungen **252** 2

Feststellungsinteresse
- Anerkennung ausländischer Entscheidungen **108** 6
- bei Erledigung der Hauptsache **62** 3 ff.
- in Abstammungssachen **169** 5
- Wiederholungsgefahr **62** 5

Feststellungslast
- in Abstammungssachen **171** 13

Finanzamt
- Auskunftpflicht **236** 7

Folgenbetrachtung
- einstweilige Anordnung **49** 7 ff.

Folgesache
- Eigenschaft **137** 9
- Fortführung **141** 1, 14 ff.
- internationale Zuständigkeit **98** 8 f.
- Versorgungsausgleich **149**

Folgesachen
- Abtrennung **137** 10, **140**, **150** 9
- Anwaltszwang **137** 9, **141** 10 f.
- Begriff **137** 12
- eingeschränkte Einbeziehung **139** 6 f.
- Erledigung der Ehesache **131** 12 f.
- Fortführung auf Antrag **141** 10 ff.
- Fortführung von Amts wegen **141** 9, **142** 1
- Kindeswohlgefährdung **141** 9
- Kindschaftssachen **137** 14
- Kosten **150**
- Kosten bei Abtrennung **150** 9
- Kosten bei Fortführung **141** 13
- Kosten bei selbstständiger Fortführung **150** 10
- örtliche Zuständigkeit **137** 8
- Verbindung **126** 3
- Verfahrenskostenhilfe **142** 1
- Versorgungsausgleich **141** 14
- Wiederherstellung des Verbunds **146** 2

Stichwörter

- Wirksamkeit der Entscheidung **148**
- Zugewinnausgleich **141** 15
- Zusammenhang mit Scheidungsabweisung **147** 4 f.
- Zuständigkeit bei Fortführung **141** 13

Förmliche Beweisaufnahme
   siehe Beweisaufnahme, förmliche
Formlose Mitteilungen
   siehe Mitteilungen, formlose
Formularzwang
- in Versorgungsausgleichssachen **220** 4 f.

Fortbildung **A** 5
Forum non conveniens **100** 4
Frauenhaus
- Entscheidungsmitteilung **216a** 1
- gewöhnlicher Aufenthalt **122** 10

Freibeweis **29** 3 f.
- Auskunftserzwingung **29** 12
- Auskunftsverweigerung **29** 10
- Einschränkungen **29** 5 f.
- Geltungsbereich **29** 3
- Zeugnisverweigerung **29** 7 f.

Freiheitsentziehende Unterbringung
   siehe Unterbringung, freiheitsentziehende
Freiwillige Gerichtsbarkeit
- Angelegenheiten der **1** 5 f.

Frist
- Anfang **16** 3
- Auskunftspflicht **235** 8
- Beginn **16** 3
- Beginn mit Bekanntgabe **16** 1
- Begründung der Rechtsbeschwerde **71** 5
- bei Tod in Abstammungssachen **181** 3
- Berechnung **16** 2 ff.
- Beschwerdebegründung **65** 4 ff.
- Einwendungen im vereinfachten Verfahren **252** 5
- Ende **16** 3 f.
- für Antrag **18** 3
- für Einleitung des Hauptsacheverfahrens **52** 7 ff.
- für psychologische Sachverständige **163** 4 f.
- Lauf **16**
- Nichtigkeitsantrag **118** 6, 8
- Notfrist **76** 15 ff., **118** 8
- Rechtsbeschwerde **71** 2
- Restitutionsantrag **118** 6, 8
- unverschuldetes Versäumnis **17** 7 f.
- Vaterschaftsanfechtung **171** 12
- verhinderte Wahrung **17** 6
- vor Einleitung des Hauptsacheverfahrens **52** 4
- Wiedereinsetzung **17**

Fristen
- in Versorgungsausgleichssachen **222** 2

Früher Termin
   siehe Termin, früher
Fürsorgebedürfnis **99** 6
- örtliche Zuständigkeit **152** 5

Gebote
- einstweilige Anordnung **49** 30

Gebühren
- bei Beiordnung **138** 14

Gebührenverbund **51** 19
Gefahr im Verzug
- Verzicht auf mündliche Verhandlung **51** 13

Gegenseitigkeit **109**
Gegenvorstellung **Vor 58** 5
Gehör, rechtliches
- Abgabeentscheidung **263** 4
- Abhilfe bei Verletzung **44**
- Entscheidungsgrundlage **37** 3 ff.
- Überraschungsentscheidungen **28** 4
- Verletzung **44** 3

Gehörsrüge **44**
- Anwaltszwang **44** 5
- Förmlichkeiten **44** 5

Genehmigung
- von Rechtsgeschäften **48** 9

Generalvollmacht **114** 10
Gerichtlich gebilligter Vergleich
   siehe Vergleich, gerichtlich gebilligter
Gerichtshilfe **A** 43
Gerichtskosten **Vor 80** 5
- in fG-Verfahren **81** 5

Geschäftsfähigkeit, beschränkte
- Folgen des Fehlens **125** 11
- Verfahrensfähigkeit **125** 3 f.
- Vormund **125** 4

Geschäftsgrundlage
- Wegfall bei Unterhaltstitel **239** 6 ff.

Geschäftsstelle
- Erklärung zu Protokoll **25** 1 ff.
- Übergabe der Entscheidung **209** 4

Geschäftsunfähigkeit
- gesetzliche Vertretung **125** 5
- Rechtsfolge **125** 11
- Verfahrensfähigkeit **9** 7

Geschwister
- Anhörung **193** 1 f.
- Beschwerdeberechtigung **59** 9

Gewalt, häusliche
- Schutz im Verfahren **128** 8 f.

Gewaltschutzsachen
- Abgrenzung **210** 3
- Anhörung des JA **213** 1
- Beschwerdeberechtigung **59** 15
- Beteiligte **212**
- Definition **210**
- einstweilige Anordnung **49** 18, **214**

737

Stichwörter

- Entscheidungsinhalt **215** 1
- Entscheidungsmitteilung **216a**
- internationale Zuständigkeit **105, 211** 4
- JA als Beteiligter **212** 2
- Nutzung mehrerer Wohnungen **211** 2
- örtliche Zuständigkeit **211**
- Übersicht **Vor 210** 1
- Verfahrensgegenstände **210** 3
- Vollstreckung **216** 2 f.
- Wirksamkeit **216** 1 f.

Glaubhaftmachung **31**
- Anforderungen **31** 2
- Anordnungsanspruch **51** 10
- Beweismittel **31** 3
- der Beiwohnung **247** 6, **248** 4
- eAO in Unterhaltssachen **246** 7
- Form **31** 3
- präsente Beweismittel **31** 4

Güterrechtssachen
- Abgrenzung zu Kindschaftssachen **261** 4
- als Familienstreitsachen **261** 1
- als fG-Verfahren **261** 2
- Anhängigkeit des Ausgleichsanspruchs **261** 3
- Definition **261**
- einheitliche Entscheidung **265**
- einstweilige Anordnung **49** 19, **119** 1, 3
- Entscheidungskonzentration **264** 2
- internationale Zuständigkeit **105**
- örtliche Zuständigkeit **262, 263**
- Stundung **264** 2
- Übersicht **Vor 261** 2
- Verbindung **262** 2
- Verbund **263** 2
- Zuständigkeitskonzentration **262** 1

Güteverhandlung
- in Ehesachen **113** 10

Haftung, verschärfte
- bei Herabsetzungsverlangen **241**

Handlungen, gerichtliche
- Begriff **2** 6

Härtefall
- in Versorgungsausgleichssachen **226** 4

Hauptsache
- Verhandeln zur **141** 4

Hauptsacheakzessorietät **Vor 49** 6

Hauptsacheanhängigkeit
- Zuständigkeit für eAO **50** 7

Hauptsacheverfahren
- Einleitung auf Antrag **52** 6 ff.
- Einleitung bei eAO **51** 7 f.
- Einleitung nach eAO **52**
- Einleitung von Amts wegen **52** 3 ff.
- Rechtsschutzbedürfnis für Einleitung **52** 10
- Übergangsvorschrift **Art. 111** 4

- Verhältnis zur eAO **246** 2
- Wiederholung von Verfahrenshandlungen **51** 16

Haushaltsgegenstände
- Aufforderung zur Bezeichnung **203** 8
- Aufstellung **206** 3
- Bezeichnung **206** 2
- Konkretisierung **203** 9
- Rückschaffung **200** 3
- Verfügungsverbote **49** 17
- Verteilung **49** 16

Haushaltssachen
- Amtsermittlung **203** 9, **207** 1
- Anordnungsinhalt **209** 1 f.
- Antragserfordernis **203** 1 ff.
- Antragsinhalt **203** 6 ff.
- Auflagen an Eheleute **206** 2 ff.
- Ausgleichzahlung **203** 10
- Beschwerdeberechtigung **59** 14
- Definition **200** 3
- eingeschränkte Amtsermittlung **206** 1
- Einigungserfordernis **203** 2
- einstweilige Anordnung **49** 15 ff.
- Erörterungstermin **207**
- internationale Zuständigkeit **105**
- Konkurrenzen **200** 4
- örtliche Zuständigkeit **201, 202**
- persönliches Erscheinen **207** 2
- Regelungsinteresse **203** 2
- Teileinigung **203** 4
- Tod eines Ehegatten **208**
- Überblick zum Verfahren **Vor 200**

Herabsetzungsverlangen
- rückwirkendes **240** 5 ff.
- verschärfte Haftung **241**

Herausgabe
- persönlicher Gegenstände **200** 3

Hilfen, öffentliche
- Kindeswohlgefährdung **157** 7

Hinterlegung
- bei vorgeburtlicher eAO **247** 7

Hinweispflicht
- Formvorschriften **28** 5
- in Familienstreitsachen **117** 15

Hinweispflichten **28** 2 ff.
- rechtzeitiger Vortrag **28** 3
- vollständiger Sachvortrag **28** 2

Hinwirken auf Einvernehmen **36** 4
- Anordnung von Beratung **156** 15 ff.
- Aussetzung des Verfahrens **156** 11
- bei Trennung und Scheidung **156**
- durch das FamG **A** 2 f.
- familiengerichtliches **156** 4 ff.
- Grundsatz **A** 104 ff.
- Kontraindikation **163** 13 ff.
- psychologische Sachverständige **163** 6 ff.

Inkrafttreten **Art. 112**
Interessenschuldner **81** 6
Internationale Zuständigkeit **97** 6
Intersubjektivität **A** 104

Jugendamt
- als Akteur **A** 22
- als Amtsvormund und -pfleger **A** 25 ff.
- als Beistand **A** 31 f., **173**, **176** 4, **234**
- als Beteiligter **A** 45 ff., **162** 6 f., **188** 8 f., **204** 3, **212** 2
- als Ergänzungspfleger **176** 4
- als Sozialleistungsträger **A** 53 f.
- Anhörung **162** 3 ff., **194**
- Anhörung in Abstammungssachen **176**
- Anhörung in Ehewohnungssachen **205**
- Anhörung in Kindschaftssachen **155** 14
- Anrufung des FamG **157** 5
- Beratungsangebot **A** 53
- Beschwerdebefugnis **A** 48, **162** 8, **176** 8, **194** 5, **213** 2
- Beschwerdeberechtigung **59** 19 f., **61** 4
- Bestellung Amtsvormund **A** 25
- Entscheidungsmitteilung **A** 48, **194** 4
- fachliche Äußerung in Adoptionssachen **189**
- in Abstammungssachen **172**
- in Adoptionssachen **194**
- in Gewaltschutzsachen **212** 2, **213** 1
- Kindeswohlgefährdung **A** 54
- Ladung **A** 40 f., **157** 17
- Mitwirkung bei freiheitsentziehender Unterbringung **167** 16
- Mitwirkung im Verfahren **A** 33 ff.
- Mitwirkung in Kindschaftssachen **162**, **166** 7
- Mitwirkungsaufgabe **155** 14
- Organisation **A** 26
- örtliche Zuständigkeit **A** 36, **88** 2, **195** 2
- Rollen **A** 23 f.
- Terminsnachricht **A** 41, **194** 2
- Terminsverlegung **155** 21
- Umgangsbegleitung **A** 53
- Verhältnis zum Verfahrensbeistand **A** 46, **191** 3
- Vollstreckungsunterstützung **88** 5 ff.
- Zuführung zur freiheitsentziehenden Unterbringung **167** 24
- Zusammenarbeit mit FamG **157** 14

Jugendamtsbericht
- mit Bezug zu Ehesachen **127** 4

Jugendamtsurkunde
- Abänderung bei Unterhalt **239** 4

Jugendgerichtsgesetz
- Kindschaftssachen **151** 12

Jugendliche
- Anhörungspflicht **159** 5 f.

- Verfahrensfähigkeit **9** 5
Justizkommunikationsgesetz **14** 2
Justizverwaltungsakt
- bei Akteneinsicht **13** 14

Kind
- als Zeuge **163** 19
- Bekanntgabe der Entscheidung **164**
- Beschwerdebefugnis **164** 2
- gewöhnlicher Aufenthalt **152** 4

Kindergärten
- Entscheidungsmitteilung **216a** 1

Kindergeldbezug
- als Unterhaltssache **231** 7 f.

Kindesanhörung
- Absehen von **159** 9 ff., 13
- altersgerechte Information **159** 12
- Anwesenheit der Eltern **159** 15
- Anwesenheit des Verfahrensbeistands **159** 14
- Beschwerdeverfahren **159** 10
- Dokumentation **29** 11
- Erforderlichkeit **159** 7 f.
- Funktionen **159** 1
- Gestaltung **159** 15
- in Abstammungssachen **175** 6
- in Kindschaftssachen **159**
- Inhalt **159** 12 f.
- Kindeswille **159** 2
- Kindeswohlgefährdung **157** 16
- Nachholung **159** 11
- Pflicht zur **159** 5 f.
- vor einstweiliger Anordnung **156** 25 f.

Kindesentführung
- gewöhnlicher Aufenthalt **122** 19

Kindesherausgabe
- als Kindschaftssache **151** 8
- einstweilige Anordnung **49** 12

Kindeswille **159** 2, 7
- Aufgabe des Verfahrensbeistands **A** 57 ff.

Kindeswohl
- Achtung bei Einvernehmen **156** 8
- bei gerichtlich gebilligtem Vergleich **156** 20

Kindeswohlgefährdung **157**
- Abänderung der Entscheidung **166** 4
- als Folgesache **141** 9
- Amtsermittlung **157** 4 f.
- Anrufung des FamG **A** 34
- Benachrichtigungspflicht **22a** 2, 5
- Beratung im Zwangskontext **A** 129
- einstweilige Anordnung **49** 12, **157** 19
- Erörterung **157** 4 ff.
- früher Termin **155** 12, 17
- Intiierung von Hilfe **157** 11
- Klärung **157** 10
- Ladung des JA **157** 17

Stichwörter

- Leistungen des JA **A** 54
- Mitwirkung des JA **155** 17
- mögliche **157** 6
- Unterstützung von Hilfeprozessen **157** 11
- Warnfunktion **157** 12

Kindschaftsfolgesachen
- Streitwert **141** 13

Kindschaftssachen
- Abgabe **153**
- Abgrenzung zu Güterrechtssachen **261** 4
- Akteure **Vor 151** 2
- Anhörung der Eltern **160**
- Anhörung des JA **155** 14
- Anordnung von Beratung **156** 15 ff.
- Begründungspflicht **164** 4
- Beratung **156** 9 ff.
- Beschwerdeberechtigung **59** 8 ff.
- Definition **151**
- einstweilige Anordnung **49** 12 f., **156** 22, **157** 19
- elterliche Sorge **151** 4 ff.
- Entscheidungbekanntgabe **164**
- Erörterung der Kindeswohlgefährdung **157** 4 ff.
- Erörterung eAO **156** 21
- freiheitsentziehende Unterbringung **167**
- früher Termin **155** 8 ff.
- gerichtlich gebilligter Vergleich **156** 18 ff.
- Hinweise auf Beratung **156** 9
- Hinwirken auf Einvernehmen **A** 104 ff., **156**
- im Scheidungsverbund **137** 7
- internationale Zuständigkeit **99**
- Kind als Zeuge **163** 19
- Kindesanhörung **156** 25 f., **157** 16
- Kindesherausgabe **151** 8
- Kindeswohlgefährdung **157**
- Konkurrenzen **151** 13
- Ladung des JA **157** 17
- Mediation **156** 12 f.
- Mitwirkung der Pflegepersonen **161**
- Mitwirkung des JA **162**, **166** 7
- Mündelzahlungen **168**
- nach JGG **151** 12
- örtliche Zuständigkeit **152**, **153**, **154**, **167** 3 ff.
- persönliches Erscheinen **157** 18
- Pflegschaft **151** 9 f.
- psychologische Sachverständige **163**
- Scheidungsverbund **137** 14
- Streitwert im Scheidungsverbund **137** 14
- Überprüfung der Entscheidung **166** 5 ff.
- Umgangsrecht **151** 7
- Verfahrensbeistand **158**
- Verfahrenslogiken **Vor 151** 1
- Vermittlungsverfahren **165**
- Verweisung **154**
- Vormundschaft **151** 9 f.

Klageschrift
siehe Antragsschrift

Kosten
- Absehen von der Erhebung **81** 13
- Abstammungssachen **183**
- Anrechnung **51** 21
- Anwaltsgebühren **Vor 80** 6, **80** 5
- Anwendungsbereich in fG-Sachen **Vor 80** 1
- Aufhebung der Ehe **132**
- Aufhebung gegeneinander **132** 2, **150** 3
- Aufwendungen der Beteiligten **80** 4
- Auslagen der Betroffenen **167** 36
- Auslagen des Anwalts **80** 5
- Auslagen des Gerichts **80** 3
- bei Erledigung **83** 4, **131** 6 f.
- bei Rücknahme **83** 4
- bei Rücknahme Scheidungsantrag **141** 8
- einstweilige Anordnung **51** 18 ff., **246** 7
- Entschädigung des Gegners **80** 4
- Ermessen **81** 7, **243** 10
- Festsetzung **85**
- fG-Sachen **Vor 80**, **80**, **81**
- Folgesachen **150** 9 f.
- freiheitsentziehende Unterbringung **167** 34 ff.
- Gerichtskosten **Vor 80** 5, **81** 5
- Grundsatz der Kostenpflicht **81**
- im vereinfachten Verfahren **253** 2 f.
- in der Endentscheidung **82** 1 f.
- in Unterhaltssachen **243**
- Interessenschuldner **81** 6
- Kriterien in Unterhaltssachen **243** 3 ff.
- laufender Unterhalt **243** 5 f.
- Notwendigkeit der Vertretung **80** 6
- Ob der Entscheidung **81** 2 ff.
- Obsiegen und Unterliegen **81** 9
- pauschale Verfahrensgebühren **80** 2
- personelle Ausnahmen **81** 14 f.
- Rechtsmittel **84**
- sanktioniertes Verhalten **81** 10 f.
- Scheidungssachen **150**
- Scheinvater **183** 3
- sofortiges Anerkenntnis **243** 9
- Staatskasse **167** 35, 37
- streitiges Verfahren **255** 3
- Umfang **80**
- Vaterschaftsanfechtung **183**
- Vereinbarung über Verteilung **150** 8
- vereinfachtes Verfahren **254** 3, **255** 3
- Verfahrensbeistand **81** 14, **158** 36
- Vergleich **83**
- Verletzung der Mitwirkungspflicht **81** 9
- Vermittlungsverfahren **165** 11
- Verteilung nach Billigkeit **150** 6 f.
- Verwaltungsbehörde **167** 37

- verweigerte Auskunftserteilung **243** 7 f.
- Vollstreckung **87** 12, **92** 5
- wegen Abgabe **263** 5
- weiterer Beteiligter **150** 5
- Zwangsvollstreckung der Kosten **85** 3

Kostenentscheidung
- Anfechtung **58** 9
- bei Tod des Ehegatten **131** 16
- Ermessen **81** 12
- fehlende **82** 4 ff.
- Inhalt **81** 8 ff.
- Rechtsmittel **84**
- unterbliebene **43** 3

Kostenfestsetzung **85**

Kostengrundentscheidung
- Vergleich **83**
- Zeitpunkt **82**

Ladung **32** 7
- des JA **A** 40 f., **157** 17
- Frist **32** 8
- Ordnungsgemäßheit **33** 6
- Vermittlungstermin **165** 4

Landesjugendamt
- als Beteiligter **188** 8 f.
- als zentrale Adoptionsstelle **195** 1
- Anhörung **195**
- Beschwerdebefugnis **195** 3

Lebenspartnerschaftssachen
- anwendbare Vorschriften **270**
- Definition **269**
- internationale Zuständigkeit **103**, **109**
- Unterhalt **269** 10

Lebenspartnerschaftsverträge **269** 11

Leistungsantrag
- Abänderung von Unterhaltsentscheidungen **238** 4

Leistungsfähigkeit
- Einwendung im vereinfachten Verfahren **252** 4

Mahnverfahren **113** 3
Mediation **A** 103, 122 ff.
- Ablauf **A** 118
- Ergebnis **A** 117
- Finanzierung **A** 124 f., 130
- Hinweis auf **156** 12 f.
- Indikationen **A** 120
- Information **A** 118
- Informationspflicht **135** 6 f.
- Initiierung **A** 126, 128
- Interprofessionalität **A** 119
- Kontraindikation **156** 13
- Kosten bei Nichtinanspruchnahme **135** 9
- Methode **A** 112 f.
- methodische Grundlagen **A** 119
- Phasenmodelle **A** 114

- Prozess **A** 115, 117
- Qualifikation **A** 121
- Scheidungsverfahren **135**
- Zahlen **A** 116

Mehrbelastung **A** 5
Mehrfachzuständigkeit **99** 7, **106**
Minderjährigenadoption
- Beteiligte **188** 3

Mindestbeschwer **61** 5
Mitteilung
- freiheitsentziehende Unterbringung **167** 39 ff.

Mitteilung der Entscheidung
siehe Entscheidungsmitteilung

Mitteilungen
- an FamG **22a**

Mitteilungen, formlose **15** 5
Mitteilungen in Zivilsachen **22a** 3
Mitteilungspflicht
- an das LJA **195** 3
- Ausnahmen **22a** 7
- des Standesamts **168a**

Mitteilungspflichten
- freiheitsentziehende Unterbringung **167** 6 f.

Mitwirkung des JA **A** 33
- als Beteiligter **A** 45 ff.
- als Hilfeaufgabe **A** 42 ff.
- Amtsermittlung **A** 47
- Anrufung bei Kindeswohlgefährdung **A** 34
- Aufgaben **A** 37 ff.
- bei der Vollstreckung **A** 49 f.
- bei Einzelvormundschaften **A** 51
- bei Trennung und Scheidung **156** 16
- bei Vereinsvormundschaften **A** 51
- Datenschutz **A** 39
- Form **A** 40
- Gerichtshilfe **A** 43
- in Adoptionssachen **194** 1
- in Kindschaftssachen **166** 7
- Kindeswohlgefährdung **155** 17
- örtliche Zuständigkeit **A** 36
- Trennung und Scheidung **155** 15 f.
- Übertragung auf freie Träger **A** 52
- Verbleibensanordnung **155** 17

Mitwirkungspflicht der Beteiligten **27**, **206** 3
- bei der Prüfung von Ordnungsmitteln **89** 7
- Erzwingbarkeit **27** 3
- in Versorgungsausgleichssachen **220** 6 f.
- Kosten bei Verletzung **81** 9
- Verstoß **27** 4
- Wahrheitspflicht **27** 5

MiZi
siehe Mitteilungen in Zivilsachen

Mobiliarvollstreckung
- Verfahrenskostenhilfe **77** 11

Mündelzahlungen **168**

Stichwörter

Mündliche Verhandlung
  siehe Verhandlung, mündliche
Mundschleimhautabstrich
– in Abstammungssachen **178** 3
Muster
– Beschwerde **64** 7
Mutwilligkeit
– Verfahrenskostenhilfe **76** 5

Nachforderungsantrag
– Abänderung von Unterhaltsentscheidungen **238** 4
Nachlässigkeit, grobe **115** 7
Nachteil, nicht zu ersetzender **120** 4 f.
Näherungsverbot **215** 1
Namensänderung
– bei Adoption **197** 7
Namensgebung
– bei Adoption **186** 2
Nebenentscheidung
– Begriff **58** 9
– Definition **38** 4
Nebengüterrecht **266** 9
Netzwerk **A** 1
Nichtbeteiligung
– Beschwerdefrist **63** 7
Nichtigkeitsantrag **118** 1 f.
– Frist **118** 6, 8
Nichtzulassung
– der Beschwerde **61** 10 ff.
Nichtzulassungsbeschwerde **117** 18
Niederschrift der Geschäftsstelle **140** 16
– Beschwerde **64** 4
Niederschrift des Gerichts
– Erklärungen in Abstammungssachen **180**
Notanwalt
– Beiordnung **78** 32
Notaranwalt **A** 15
Notare
– als Bevollmächtigte **10** 7
Notfrist **118** 8
– sofortige Beschwerde **76** 15 ff.
Notzuständigkeit **152** 6
Nutzungsentgelt **200** 2, **203** 5

Offenbarungspflicht **235** 12
Öffentlichkeit des Verfahrens
– Rechtsbeschwerdegrund **72** 5
Ordnungsgeld **89** 14
– persönliche Anhörung **128** 17
– persönliches Erscheinen **33** 5 f.
– Zwischenentscheidung **33** 7
Ordnungshaft **89** 15 ff.
Ordnungsmittel
– Anhörung **92** 3 f.
– Aufhebung **89** 7
– Auskunftspflicht **236** 10

– Ermessen **89** 3
– Hinweispflicht **89** 9 f.
– in Ehewohnungssachen **96** 5
– in Gewaltschutzsachen **96** 5
– sofortige Beschwerde **128** 18
– Verhältnis zu unmittelbarem Zwang **90** 3 f.
– Verschulden **89** 6 ff.
– Zuwiderhandlung **89** 4 f.
ordre public **109**
Örtliche Zuständigkeit
– Abgabe **4**
– Akteneinsicht **13** 11
– Allgemeine Vorgaben **2**
– gerichtliche Bestimmung **5**
– Kosten bei Verweisung **3** 7
– maßgeblicher Zeitpunkt **2** 3
– perpetuatio fori **2** 4
– Verweisung bei Unzuständigkeit **3**

Passivlegitimation
– Ehegatten **129** 8
perpetuatio fori **2** 4
Personengruppen
– Beteiligtenfähigkeit **8** 3
Persönliche Anhörung
  siehe Anhörung, persönliche
Persönliches Erscheinen
  siehe Erscheinen, persönliches
Pflegeperson
– Anhörung **161** 5
– Beschwerdeberechtigung **59** 10
– Beteiligung **161** 3 f.
– Mitwirkung in Kindschaftssachen **161**
Pflegschaft
– als Kindschaftssache **151** 9 f.
– Benachrichtigungspflicht **22a** 2, 5
– internationale Zuständigkeit **99** 8 f.
Polizeibehörden
– Entscheidungsmitteilung **216a** 1
Postulationsfähigkeit **114** 2
Präklusion **115**
– Abänderung von Unterhaltstiteln **240** 4
– Beschwerde **115** 9
– grobe Nachlässigkeit **115** 7
– in Haushaltssachen **206** 5
– in Unterhaltssachen **238** 9 f.
Prioritätsprinzip
– bei Anerkennung ausländischer Entscheidungen **109**
Privatgutachten
– als Beweismittel **177** 5
Probeentnahme **96a** 2, **178**
– beim Kind **178** 8
– Duldungspflicht **178** 2 f.
– Durchsetzung **178** 5 ff.

Protokollierung
  siehe Dokumentationspflicht
Prozessstandschaft **232** 6
– bei Geltendmachung von Unterhalt **249** 2
– in Unterhaltssachen **234** 2
Prozessvollmacht
– nach Beiordnung **138** 9
Prüfung, summarische **49** 5 f.
Psychologische Sachverständige
  siehe Sachverständige, psychologische
Psychotherapie **A** 110

Räumungsfrist **215** 1
Recht, subjektives **59** 5
Rechtliches Gehör
  siehe Gehör, rechtliches
Rechtsakte der Gemeinschaft
  siehe EG-Recht
Rechtsanwalt
– Beiordnung **A** 22
Rechtsanwälte
– als Bevollmächtigte **10** 4
– Beratungsaufgaben **156** 17
Rechtsbehelfsbelehrung **39**
– fehlerhafte **39** 5
– Muster **39** 4
– notwendiger Inhalt **39** 2 f.
– vereinfachtes Verfahren **253** 4
Rechtsbeschwerde
  siehe auch Sprungrechtsbeschwerde
– absolute Gründe **72** 5
– Anschließung **145** 2
– Anschlussrechtsbeschwerde **73**
– Antrag **71** 6
– Ausschluss **70** 10
– Begründetheit **74** 8 ff.
– Begründungsfrist **71** 5
– bei sofortiger Beschwerde **58** 15 ff.
– Beschränkung der Entscheidungsbegründung **74** 11
– Beschwerdeschrift **71** 3 f.
– Bindung an Zulassung **70** 8
– Entscheidung **74**
– Entscheidung in der Sache **74** 10
– Entscheidungserheblichkeit **70** 4
– erweiterte Aufhebung **147**
– Familienstreitsachen **117** 18
– Fortbildung des Rechts **70** 6
– Frist **71** 2
– gegen Aufhebung Scheidungsabweisung **146** 4
– Gründe **72**
– grundsätzliche Bedeutung **70** 5
– Kosten **84**
– Kostenfestsetzungsentscheidung **58** 17
– Mindestinhalt der Begründung **71** 6 f.
– Prüfungsumfang **74** 3 ff.
– Sicherung einheitlicher Rechtsprechung **70** 7
– Statthaftigkeit **70**
– Statthaftigkeit ohne Zulassung **70** 9
– Übersicht zum Verfahren **Vor 58** 12
– Verfahrenskostenhilfe **76** 24
– Zulässigkeitsprüfung **74** 2
– Zulassung **70** 2 f.
– Zulassungsvoraussetzungen **70** 4 ff.
– Zurückverweisung **74** 10
– Zurückweisung **74a**
Rechtsgeschäft
– Befugnis zur Vornahme **47** 3
– Fähigkeit zur Vornahme **47** 2
– Genehmigung **48** 9
– wirksam bleibende **47**
Rechtshängigkeit
  siehe Anhängigkeit
Rechtshilfe
– persönliche Anhörung **128** 16
Rechtsirrtum **17** 7
Rechtskraft
– als Wirksamkeitsvoraussetzung **40** 4, 6
– bei unzulässigem Rechtsmittel **148** 2
– Ehescheidung **148** 2
– in Abstammungssachen **184** 3 f.
– in Adoptionssachen **198** 3
– in Ehesachen **116** 2
– in Ehewohnungssachen **209** 3
– in Familienstreitsachen **116** 3
– Vaterschaftsfeststellung **237** 3
Rechtskraft, formelle **45**
– Eintritt **45** 2
– Wirkung **45** 3
Rechtskraftzeugnis **46**
– Zuständigkeit für Ausstellung **46** 1
Rechtslage, bisherige
– Familiensachen **111** 4 ff.
– Familienstreitsachen **112** 5 f.
Rechtsmittel
  siehe auch Beschwerde
– Abweisung Scheidungsantrag **146**
– Anschlussrechtsmittel **144**
– Anwendbarkeit der ZPO **Vor 58** 3
– außerordentliche Beschwerde **Vor 58** 5
– Befristung **Vor 58** 1
– bei Akteneinsicht **13** 12 f.
– einstweilige Anordnung **57**
– Erinnerung **Vor 58** 9 f.
– Erweiterung **145** 3, 5 ff.
– Frist **148** 4 f.
– gegen Beiordnung **138** 10 ff.
– gegen Fortführung der Folgesache **141** 15 f.
– gegen Versäumnisbeschluss **143**
– Gegenvorstellung **Vor 58** 5
– in Adoptionssachen **197** 6

Stichwörter

- in Ehesachen **117**
- in Familienstreitsachen **117**
- Kosten **84**
- System **Vor 58**
- Übersicht **Vor 58** 12
- Untätigkeitsbeschwerde **Vor 58** 6 ff.

Rechtsmittelfähigkeit
- Verfahrensbeistand **158** 23 f.

Rechtsmittelfrist
- Einspruch bei Versäumnisbeschluss **143** 2

Rechtsmittelverzicht **148** 3
- Anschlussrechtsmittel im Verbund **144**
- Wirksamkeit **144**

Rechtspfleger
- Festsetzung der Vormundvergütung **168** 3

Rechtsschutzbedürfnis
- einstweilige Anordnung **54** 8

Rechtsverletzung
- als Rechtsbeschwerdegrund **72** 2 f.

Rechtszug
- Verfahrenskostenhilfe **77** 9 f.

Regelung, einvernehmliche
- Funktion der Anwälte **A** 13

Regelungsanordnung
- Anordnungsgrund **49** 11
- Inhalt **49** 29

Regelungsbedürfnis
- einstweilige Anordnung **49** 22

Regelungsinteresse
- Haushaltssachen **203** 2

Rentenversicherungsträger
- Auskunftspflicht **236** 6

Restitutionsantrag **48** 7, **118** 1
- Frist **118** 6, 8, **185** 8
- in Abstammungssachen **185** 4 f.
- in Familienstreitsachen **118** 3 f.
- örtliche Zuständigkeit **185** 7 f.

Richter, ersuchter **128** 16
Rubrum **38** 5 f.
- fehlerhaftes **42** 4

Rückgriff
- wegen Vormundvergütung **168** 6 ff.

Rücknahme
- Antrag **22** 1
- Beschwerde **67** 5
- Einwilligung **141** 5
- Kosten **83** 4, **141** 8
- nach Verhandeln zur Hauptsache **141** 4 f.
- Scheidungsantrag **141**
- vor Zustellung **141** 8
- Wirkungen **141** 7

Rücknahmefiktion **130** 2

Sachentscheidung
- kontradiktorische **130** 11

Sachverhaltsermittlung
- Beschwerdeverfahren **68** 4 ff.

Sachverständige
- freiheitsentziehende Unterbringung **167** 17 f., 20, 28

Sachverständige, psychologische
- als Hilfsorgan des Gerichts **A** 80, 83
- Aufgabenstellung **A** 80, 86 f., 91
- Begutachtungsprozess **A** 88 ff.
- Beschleunigungsgebot **163** 5
- Beweisfragen in Abstammungssachen **A** 77
- Beweisfragen in Adoptionssachen **A** 77
- Beweisfragen in Kindschaftssachen **A** 76
- Diagnostik **A** 92 ff., 98
- Fristsetzung **163** 4 f.
- Gesetzgebungsverfahren **A** 81
- Hinwirken auf Einvernehmen **A** 89, 94 ff.
- Hinwirken auf Einvernehmen **163** 6 ff.
- in Kindschaftssachen **163**
- Inventionskonzepte **163** 14 f.
- kind- und elternorientiertes Vorgehen **A** 89
- Koordination mit Jugendhilfeleistungen **A** 95
- lösungsorientierte Strategien **A** 79
- Methoden **A** 85
- psychodiagnostisches Gutachten **A** 90
- Qualifikation **A** 75
- Rechtsentwicklung **A** 91
- Rolle und Funktion **A** 74 ff.
- Theorien **A** 84
- Vermittlungsauftrag **A** 96 f.
- Vorgehensweisen **163** 2, 17
- Zahlen **A** 78

Sachverständigenbegutachtung
- Anwesenheit des Beistands **A** 20

Sachverständigengutachten
- Anwaltsbeiordnung **78** 16
- erneute Einholung **185** 2

Sachvortrag
- rechtzeitiger **28** 3
- vollständiger **28** 2

Sachvortrag, vollständiger **28** 2
Säumnis
- Beschwerdeführer **130** 9
- Beschwerdegegner **130** 10
- des Antragsgegners **130** 7 f.
- des Antragstellers **130** 4 ff.
- im Beschwerdeverfahren **130** 9 ff.
- in Ehesachen **130**

Säumnisentscheidung
 siehe Versäumnisbeschluss

Schadensersatz
- bei eAO **248** 7
- Verletzung der Auskunftspflicht **220** 11

Schadensersatzanspruch
- Unterhalt **238** 5

Stichwörter

Scheidung
- außergerichtliche Streitbeilegung **135**
- Aussetzung des Verfahrens **136**
- Aussöhnung **136** 3
- Widerruf **134** 7 f.
- Widerruf der Zustimmung **141** 6
- Zerrüttungsvermutung **136** 4
- Zustimmung **134** 5 f.

Scheidung, einverständliche **133** 3 f.

Scheidungsabweisung
- Rechtsbeschwerde **146** 4

Scheidungsantrag **133**
- Abweisung **146**
- beizubringende Unterlagen **133** 10
- bisherige Rechtslage **133** 2
- Erklärung über Folgesachen **133** 7 f.
- Rücknahme **134** 9, **141**
- vorzeitiger **140** 15

Scheidungsausspruch
- Aufhebung **147** 3

Scheidungssachen
- Anwaltszwang **134** 2, 5
- Einbeziehung Beteiligter **139** 3 f.
- Einbeziehung Dritter **139** 5
- Kosten **150**

Scheidungsverbund
  siehe Verbund

Scheinvaterschaft
- Kosten **183** 3

Schlechterstellungsverbot **69** 3, **117** 12

Schlüssigkeit **127** 9

Schlüssigkeitsprüfung
- in eAO-Verfahren **51** 9

Schriftform
- Vergleich **36** 6

Schriftsätze
- vorbereitende **124** 3

Schriftstücke
- Bekanntgabe **15** 1 ff.

Schulen
- Entscheidungsmitteilung **216a** 1

Schutzanordnung
- Anfechtbarkeit der eAO **57** 7

Selbstbeschaffungsadoption **195** 2, **199** 3

Sicherheitsleistung **120** 5
- bei eAO über Unterhalt **248** 5, 7

Sicherungsanordnung
- Anordnungsgrund **49** 11
- Inhalt **49** 27 f.

Signatur, elektronische **14** 4

Sofortige Beschwerde
  siehe Beschwerde, sofortige

Sonstige Familiensachen
  siehe Familiensachen, sonstige

Sorge, elterliche
- einstweilige Anordnung **49** 13

- als Kindschaftssache **151** 4 ff.
- Anwaltsbeiordnung **78** 15
- in Ehesachen **128** 4
- Verfahrensbeistand **158** 9

Sorgerechtsentzug
- Anfechtbarkeit der eAO **57** 4

Sozial-familiäre Beziehung
  siehe Beziehung, sozial-familiäre

Sozialleistungsträger
- Auskunftpflicht **236** 5

Speichelprobe **96a** 2

Spiegelbildgrundsatz **109**

Sprachgebrauch **111** 2

Sprungrechtsbeschwerde **75**
- Statthaftigkeit **75** 2

Staatenlose **98** 6

Standesamt
- Mitteilungspflicht **168a**

Statthaftigkeit
- der Beschwerde **58**
- Rechtsbeschwerde **70**
- vereinfachtes Verfahren **249**

Stellungnahme
- Gelegenheit zur **30** 10

Stichtag
- Übergangsvorschrift **Art. 111** 3

Streitbeilegung, außergerichtliche **A** 108 ff.
- Informationspflicht **135** 6 f.
- Kosten bei Nichtinanspruchnahme **135** 9
- Kosten bei Nichtteilnahme **150** 7
- Scheidung **135**

Streitgenossen
- in Ehesachen **129** 8

Streitwert
- Angabe in Ehesachen **124** 3
- Bewertung des Erfolgs **243** 5
- Kindschaftsfolgesachen **141** 13
- Scheidungsverbund **137** 14

Strengbeweis **30**
- Ermessen **30** 3 f.
- Pflicht zum **30** 5 ff.
- Terminspflicht **32** 3
- Verfahrensvoraussetzungen **30** 9

Stundung
- in Güterrechtssachen **264** 2

summarische Prüfung
  siehe Prüfung, summarische

Tatort
- in Gewaltschutzsachen **211** 3

Tatsachenpräklusion
  siehe Präklusion

Teileinigung
- in Haushaltssachen **203** 4

Teilfestsetzung
- vereinfachtes Verfahren **254** 3

Stichwörter

Teilung, externe **222**
Tenor
- Versorgungsausgleichssachen **224** 5

Termin **32**
- Aufhebung **32** 6
- Ermessen **32** 2
- Folgen des Ausbleibens **117** 10
- Ladung **32** 7 f.
- Ort **32** 4 f.
- Pflicht bei förmlicher Beweisaufnahme **32** 3
- Verlegung **32** 6
- Vertagung **32** 6
- Videokonferenz **32** 9

Termin, früher
- Ausnahmen **155** 11, 13
- Beratungsstelle **155** 16
- Erörterung der Kindeswohlgefährdung **157** 15
- in Kindschaftssachen **155** 8 ff.
- Kindeswohlgefährdung **155** 12, 17
- persönliches Erscheinen **155** 22 f.
- Terminsverlegung **155** 18 ff.
- Trennung und Scheidung **155** 10
- Verbleibensanordnung **155** 17

Terminologie **111** 2
- in Familienstreitsachen **118** 1

Terminsnachricht
- an das JA **A** 41, **194** 2

Terminsverlegung
- früher Termin **155** 18 ff.
- Jugendamt **155** 21

Titel
- Bezifferung dynamisierter **245**

Tod
- eines Ehegatten **131**
- nach Rechtshängigkeit **131** 3
- nach Verkündung **131** 9
- vor Rechtshängigkeit **131** 2

Tod eines Beteiligten
- in Versorgungsausgleichssachen **226** 6

Todeserklärung
- Mitteilungspflicht **22a** 5

Träger der freien Jugendhilfe
- Übertragung der Mitwirkung **A** 52

Trennung
- verbundener Verfahren **20**

Trennung und Scheidung
- Beratung im Zwangskontext **A** 128
- einstweilige Anordnung **156** 22, 24
- Erörterung eAO **156** 21
- früher Termin **155** 10
- Hinwirken auf Einvernehmen **156**
- Mitwirkung des JA **155** 15 f., **156** 16

Trennungs- und Scheidungsberatung
- in Ehesachen **128** 6

Übergangsvorschrift **Art. 111**
- Abtrennung **Art. 111** 8
- Änderungsverfahren **Art. 111** 5
- Aufhebungsverfahren **Art. 111** 5
- Ehesachen **Art. 111** 9
- einstweilige Anordnung **Art. 111** 4
- Hauptsacheverfahren **Art. 111** 4
- Scheidungsverbund **Art. 111** 6
- Stichtag **Art. 111** 3
- Versorgungsausgleichssachen **Art. 111** 9
- Wiederaufnahme **Art. 111** 7

Übernahme **4** 3
- Verweigerung **5** 7

Überprüfung
- in Kindschaftssachen **166** 5 ff.

Überraschungsentscheidungen **28** 4
Überzeugung des Gerichts **37** 2

Umdeutung
- Abänderungsantrag **238** 4

Umfelderkungung durch JA **162** 5
Umgangsbegleitung **A** 53

Umgangsrecht
- als Kindschaftssache **151** 7
- Anfechtbarkeit der eAO **57** 5
- Anrufung des FamG **A** 35
- Anwaltsbeiordnung **78** 17 ff.
- einstweilige Anordnung **156** 22, 24
- in Ehesachen **128** 4 f.
- Schadensersatz **266** 11
- sonstige Familiensachen **266** 11
- Verfahrensbeistand **158** 12

Unabänderbarkeit
- in Adoptionssachen **197** 7

Unabhängigkeit, richterliche **A** 1 f.

Unanfechtbarkeit
- einstweilige Anordnung **57** 3
- in Adoptionssachen **197** 6

Unmittelbarer Zwang
siehe Zwang, unmittelbarer

Untätigkeitsbeschwerde **Vor 58** 6 ff.

Unterbevollmächtigte
- Beiordnung **78** 30 f.
- Kosten **78** 31

Unterbringung, freiheitsentziehende **167**
- als Kindschaftssache **151** 11
- Aufhebung **167** 29
- Aussetzung des Vollzugs **167** 26
- Bekanntgabe **167** 23
- Beschlussformel **167** 21
- Beschwerde **167** 33
- Beteiligte **167** 8 f.
- Dauer **167** 27 ff., 31
- einstweilige Anordnung **49** 13, **167** 30 ff.
- Kosten **167** 34 ff.
- Mitteilung **167** 39 ff.
- Mitteilungspflichten **167** 6 f.

Stichwörter

- Mitwirkung des JA **167** 16
- örtliche Zuständigkeit **167** 3 ff.
- persönliche Anhörung **167** 14 ff.
- Sachverständige **167** 17 f., 20, 28
- Unterbringung zur Begutachtung **167** 19
- Verfahrensbeistand **167** 11 ff.
- Verfahrensfähigkeit **167** 10
- Verlängerung **167** 28
- Vollzug **167** 25
- Vorführung zur Begutachtung **167** 18
- Wirksamkeit **167** 22
- Zuführung **167** 24

Unterbringungssachen
- Abgabe **167** 5
- Definition **167** 2
- Verfahrensbeistand **158** 29

Unterhalt im Verbund
- vorrangiges internationales Recht **97** 7

Unterhaltssachen **237** 5
- Abänderung von Entscheidungen **238**
- Abänderungsgründe **238** 8
- Abgabe **233**
- Amtsermittlung **A** 4
- Amtsermittlungspflicht **235** 1 f.
- Anwaltszwang **A** 16
- anwendbare Vorschriften **231** 5 f.
- Auskunftspflicht **235**
- Auskunftspflicht Dritter **236**
- Beibringungsgrundsatz **235** 9
- Bereicherungsanspruch **241** 1
- Beschwerde **256**
- Beweislast **238** 20 f.
- Bezifferung dynamisierter Titel **245**
- Definition **231**
- eAO bei Vaterschaftsfeststellung **248**
- einstweilige Anordnung **119** 1, **246**, **247**
- Erledigung **254** 2
- gesetzliche Prozessstandschaft **232** 6
- im engeren Sinn **231** 2 ff.
- im weiteren Sinn **231** 7 f.
- internationale Zuständigkeit **105**
- Kindergeldbezug **231** 7 f.
- Kostenentscheidung **243**
- Nebenansprüche **231** 4
- örtliche Zuständigkeit **232**, **233**, **250** 2
- Prozessstandschaft **249** 2
- rückwirkende Geltendmachung **250** 3
- streitiges Verfahren **255**
- Übergang aus vereinfachtem Verfahren **254** 1
- Übersicht **Vor 231** 1
- Übersicht Abänderung **Vor 238** 1
- Vaterschaftsfeststellung **237**
- Vollstreckung **242**, **244**
- Zuständigkeitskonzentration **233** 2

Unterhaltstitel
- Bezifferung dynamisierter **245**
- dynamischer **250** 4
- statischer **250** 4

Unterhaltsurkunden
- Abänderung **239**

Unterlassungsansprüche **266** 8

Unterrichtung
- der Beteiligten **216a** 2

Unterschrift
- Beschwerde **64** 6
- Fehlen **17** 7
- fehlende unter Beschluss **42** 4
- verfahrenseinleitender Antrag **23** 7

Untersuchungsgrundsatz
siehe Amtsermittlung

Unzumutbare
- Härte **140** 11

Unzuständigkeit
- als Rechtsbeschwerdegrund **72** 4

Urkundenprozess **113** 3

Urkundsbeamte
- Rechtskraftzeugnis **46** 1

Urkundsperson
- im FamG **259** 1
- im JA **259** 1

Vaterschaftsanfechtung **169** 8
- Kosten **183**

Vaterschaftsfeststellung
- eAO in Unterhaltssachen **247** 4
- eAO über Unterhalt **248**
- Unterhaltssachen **237**

Vaterschaftsvermutung **247** 6, **248** 4

Verantwortungsgemeinschaft
- FamG und JA **162** 1

Verbindung
- Ehesachen **126** 1 ff.
- Folgesachen **126** 3
- Güterrechtssachen **262** 2
- Unterhalt und Vaterschaftsfeststellung **237**

Verbleibensanordnung
- als Kindschaftssache **151** 8
- Anfechtbarkeit der eAO **57** 6
- früher Termin **155** 17
- Mitwirkung des JA **155** 17

Verbote
- einstweilige Anordnung **49** 30

Verbund **137**
- Abgabe **137** 15
- Abtrennung Folgesachen **140**
- Anhängigkeit der Folgesachen **137** 5
- Anwaltszwang **144**
- Beiordnung eines Rechtsanwalts **138** 3 ff.
- einheitliche Endentscheidung **142**
- Einspruch gegen Versäumnisbeschluss **143**

Stichwörter

- Hinweis **138** 2
- Kindschaftssachen **137** 7, 14
- örtliche Zuständigkeit **218** 2, **232** 3, **263** 2
- Präklusion **115** 10
- Streitwert **137** 1, 14
- Übergangsvorschrift **Art. 111** 6
- Verfahren eigener Art **137** 11
- Versäumnisentscheidung **142** 4
- Versorgungsausgleichssachen **221** 2
- Versorgungsausgleich **137** 13
- Verweisung **137** 15
- Wiederherstellung **146** 2
- Zuständigkeit **152** 3

Vereinbarungen völkerrechtliche
- Vorrang **97** 3

Vereinfachtes Verfahren
  siehe Verfahren, vereinfachtes

Vereinheitlichung
- des Verfahrensrechts **Vor 80** 3

Vereinigungen
- Beteiligtenfähigkeit **8** 3
- Verfahrensfähigkeit **9** 8

Vereinsvormundschaft
- Mitwirkung des JA **A** 51

Verfahren
- Aussetzung **21**

Verfahren, streitiges **255**
- Berechtigung **255** 1
- Durchführung **255** 2
- Kosten **255** 3

Verfahren, vereinfachtes **249** 6
- Abänderung **240**, **Vor 249** 3
- Aktivlegitimation **250** 5
- Antrag **250**
- Antragsberechtigung **249** 4
- Antragszurückweisung **250** 6
- Anwendungsbereich **249** 1 f., 6 ff.
- Belehrung **251** 1 f.
- Beschwerde **256**
- Beschwerdebefugnis **256** 3 f.
- Beschwerdegründe **256** 5
- besondere Verfahrensvorschriften **257**
- eintretende Volljährigkeit **249** 3
- Einwendungen **252**, **254**
- Erinnerung **250** 6
- Erledigung **254** 2
- erstmalige Titulierung **249** 7 f.
- fehlende Leistungsfähigkeit **252** 4
- Festsetzungsbeschluss **249** 5, **253**
- formelle Anforderungen **250**
- Funktion **Vor 249** 1
- Kosten **253** 2 f., **254** 3, **255** 3
- maschinelle Bearbeitung **259** 3
- Maßnahmen des Gerichts **251**
- Mitteilung an Antragsgegner **251** 1
- Mitteilung über Einwendungen **254**

- örtliche Zuständigkeit **232** 5, **250** 2
- Rechtsbehelfsbelehrung **253** 4
- sofortiges Anerkenntnis **253** 2
- Statthaftigkeit **249**
- Teilfestsetzung **254** 3
- Übergang ins streitige Verfahren **254** 1, **255**
- Übersicht **Vor 249** 4
- Vollstreckung **253** 5
- Zulässigkeit der Einwendungen **259** 2
- Zuständigkeitskonzentration **260**
- Zustellung **251** 1

Verfahrensablauf
- im ersten Rechtszug **Vor 23** 3

Verfahrensbeistand **A** 54
- Ablehnung der Bestellung **158** 15
- als Beteiligter **158** 14
- Anfechtbarkeit der Aufhebung **158** 17
- Anfechtbarkeit der Bestellung **158** 15 ff.
- Aufenthalt des Kindes **158** 11
- Aufgaben **158** 18 ff.
- Aufklärung des Kindes **158** 19 f.
- Aufwendungsersatz **158** 30 f.
- Auswahl durch Kind **159** 8
- bei freiheitsentziehender Unterbringung **167** 11 ff.
- bei Kindesanhörung **159** 14, **192** 2
- Beschwerdeberechtigung **59** 11, **158** 23 f.
- Bestellung **158** 4 ff.
- Bestellungspflicht **158** 5 f.
- Bestellungszeitpunkt **158** 13
- bisherige Rechtslage **158** 2 f.
- eigenständige Interessenvertretung **158** 7
- Ende der Bestellung **158** 28 f.
- Erforderlichkeit **174** 2
- freiheitsentziehende Unterbringung **A** 65
- Geeignetheit **158** 4
- Gesetzgebungsverfahren **A** 67 f.
- gesetzliche Vertretung **158** 25
- in Abstammungssachen **174**
- in Adoptionssachen **191**
- in Kindschaftssachen **158**
- Interessenfeststellung **158** 18
- Interessengegensatz als Anlass **158** 8
- Interessenwahrnehmung **158** 18, **191** 2
- Kindeswohl und Kindeswille **A** 57 ff.
- Kosten des Verfahrens **81** 14
- Kostenfreiheit **158** 36
- Mitwirken an Einvernehmen **158** 21 f.
- Pauschale **158** 32 f.
- Rechtsentwicklung **A** 55 ff.
- Regelbeispiele für Bestellung **158** 8 ff.
- Sorgerechtseingriff **158** 9
- Umgangsstreitigkeit **158** 12
- Unterbringungssachen **158** 29
- Unterbringungswechsel **158** 10
- Vergütung **A** 69 ff., **158** 31 ff.

Stichwörter

- Verhältnis zu Verfahrensbevollmächtigten **158** 26 f.
- Verhältnis zum Ergänzungspfleger **174** 2
- Verhältnis zum JA **A** 46
- Verhältnis zum Jugendamt **191** 3

Verfahrensbevollmächtigte
  siehe Bevollmächtigte

Verfahrenseinleitung
- Ablehnung **24** 3 f.
- auf Anregung **24**
- auf Antrag **23**
- Entscheidung des Gerichts **24** 2

Verfahrensfähigkeit **9**
- Abwesenheitspfleger **9** 3
- amtswegige Prüfung **125** 6
- Behörden **9** 8
- beschränkt Geschäftsfähige **9** 4 f., **125** 3 f.
- Beschwerde wegen fehlender **125** 12
- Folgen des Fehlens **125** 11
- freiheitsentziehende Unterbringung **167** 10
- Geschäftsfähige **9** 3
- Geschäftsunfähige **9** 7, **125** 5 ff.
- in Ehesachen **125**
- Jugendliche **9** 5
- Prüfung von Amts wegen **9** 12
- Vereinigungen **9** 8

Verfahrensfehler
- schwerwiegende **69** 5
- Verbund mit Folgesache **137** 11

Verfahrensgebühren, pauschale **80** 2

Verfahrensgegenstand
- Dispositionsbefugnis **22** 1, 6
- einstweilige Anordnung **51** 4 f.

Verfahrensgegenstände
- in Abstammungssachen **169** 3 ff.

Verfahrenshandlung
- ohne Anwaltszwang **A** 17
- Wiederholung im Beschwerdeverfahren **68** 5

Verfahrenskostenhilfe
- Amts- und Antragsverfahren **76** 4
- Anhörung amtswegige Verfahren **77** 7
- Anhörung Antragsverfahren **77** 6
- Antrag für Folgesachen **142** 1
- Anwaltsbeiordnung **Vor 76** 3, **78**
- Anwaltszwang **76** 8
- Begriff **Vor 76** 4
- Beschwerdebefugnis **76** 25
- Beweisanwalt **78** 29
- Bewilligungsverfahren **77**
- einstweilige Anordnung **76** 22
- Erfolgsaussichten **76** 3
- Erstreckung auf Folgesachen **149**
- Fristversäumnis **17** 7
- Kosten des Antragsgegners **77** 2
- Mobiliarvollstreckung **77** 11
- Mutwilligkeit **76** 5
- Notanwalt **78** 32
- Notfrist **76** 15 ff.
- Rechtsbeschwerde **76** 24
- Rechtszug **77** 9 f.
- Reisekosten **78** 27
- sofortige Beschwerde **76** 9 ff., 13 ff.
- Umfang der Bewilligung **77** 9 ff.
- Unterbevollmächtigter **78** 31
- Vergleich mit PKH **Vor 76** 1 ff.
- Verjährung **77** 8
- Verkehrsanwalt **78** 28
- Verweisung auf ZPO **76** 2 ff.
- Vollstreckung **77** 11
- Voraussetzungen **76**
- weitere Beteiligte **77** 1
- Wiedereinsetzung **76** 23

Verfahrensleitung **28**
- Hinweispflichten **28** 2 ff.

Verfahrensmangel
- Rechtsbeschwerdegrund **71** 7
- Überprüfung bei Rechtsbeschwerde **74** 5

Verfahrenspfleger
- empirische Forschung **A** 72
- in Unterbringungssachen **167** 11
- Kosten **A** 66
- nach FGG **A** 55 ff.
- Zahlen **A** 60 ff.

Verfahrenstrennung **20**
- Kindschaftssachen **151** 13
- Verfahren **20** 3

Verfahrensverbindung **20**
- in Abstammungssachen **179**
- in Adoptionssachen **196**
- Kindschaftssachen **151** 13
- Verfahren **20** 3

Verfahrensvollmacht **11**, **114** 10
- des Anwalts **A** 18 f.
- Fortbestand **11** 2
- Umfang **11** 2
- vollmachtlose Vertretung **11** 4
- Wirkung **11** 2

Verfahrensziel
- in Abstammungssachen **171** 7

Verfristung **115** 5

Verfügungsbefugnis
- über Verfahrensgegenstand **36** 3

Vergleich **36**
- Abänderung Unterhaltsvergleich **239**
- Berichtigung **36** 7 f.
- Einverständnis der Beteiligten **156** 19
- Förmlichkeiten **36** 5 ff.
- in eAO-Verfahren **51** 5
- Schriftform **36** 6
- Vereinbarung über Kosten **83** 3
- Verfügungsbefugnis **36** 3

Stichwörter

- Voraussetzungen **36** 3 f.
Vergleich, gerichtlich gebilligter **156** 18 ff.
- Kindeswohl **156** 20
- Ordnungsmittel **89** 11
- Vollstreckung **86** 4 ff.
Vergütung
- des Vormunds **168** 2
- Verfahrensbeistand **A** 69 ff., **158** 31 ff.
Verhandlung, mündliche
- eAO in Unterhaltssachen **246** 6
- erneute Entscheidung **54** 7 f.
- im eAO-Verfahren **51** 12 f.
Verkehrsanwalt
- Beiordnung **78** 26, 28
Verlöbnis
- sonstige Familiensachen **266** 6 f.
Vermieterinteressen **209** 2
Vermittlung
  siehe Mediation
Vermittlungsverfahren **165**
- Ablauf **165** 4 ff.
- Ablehnung **165** 2
- Beschluss **165** 9
- Einleitung **165** 2
- Erfolglosigkeit **165** 9 ff.
- Kosten **165** 11
- Verhältnis zur Vollstreckung **92** 6
- Vermittlungstermin **165** 3 f.
Vermögensgegenstände
- Übertragung **264** 3
Vermögenssorge
- Kindesanhörung **159** 6
Vernehmung
- der Beteiligten **128** 15
Versäumnisbeschluss **130** 9 ff.
- Abänderung **238** 19
- Anerkennungshindernis **109**
- Anwaltszwang **114** 4
- Einspruch **238** 11
- Einspruch im Verbund **143**
- im eAO-Verfahren **51** 14
- im Scheidungsverbund **142** 4
- in Ehesachen **130** 4 ff.
- in Familienstreitsachen **117** 7, 10
Verschulden
- als Vollstreckungsvoraussetzung **89** 6 ff.
- Fristversäumnis **17** 7 f.
- Vermutung fehlenden Verschuldens **17** 8
Versorgungsausgleich
- als Folgesache **149**
Versorgungsausgleichssachen
- Abänderung **225**, **226**, **227**
- als Folgesache **141** 14
- Antragserfordernis **223** 1
- Anwaltsbeiordnung **78** 20
- Auskunftserteilung **220** 4 f.
- Auskunftspflicht **220**
- Aussetzung **221** 4 ff.
- Ausübung des Wahlrechts **222** 3 ff.
- Begründung **224** 4
- Benennung der Anrechte **224** 6
- Berechnung **220** 9
- beschränkte Korrekturmöglichkeit **225** 1
- Beschwerde **228** 1
- Beschwerdeberechtigung **59** 16 f.
- Beteiligte **219**
- Definition **217** 1
- Ehezeitanteile der Anrechte **220** 8
- Entscheidung **224**
- Entscheidungsinhalt **224** 3
- Erben **226** 7
- Erläuterung der Auskunft **220** 10
- Ermessensentscheidungen **221** 3
- Erörterungstermin **221** 2 f.
- externe Teilung **222**
- Festsetzung des Zahlbetrags **222** 4
- Formularzwang **220** 4 f.
- Fristsetzung **222** 2
- im Verbund **221** 2
- internationale Zuständigkeit **102**
- Mitwirkungspflichten **220** 6 f.
- Nachweis **222** 3
- örtliche Zuständigkeit **218**
- Tenor **224** 5
- Tod eines Beteiligten **226** 6
- Übergangsvorschrift **Art. 111** 9
- Übersicht **Vor 217** 1
- Vereinbarungen **221** 3
- Wartezeit **225** 7
- Wirksamwerden **224** 2
Versorgungsträger
- als Beteiligte **219** 2
- Beschwerdeberechtigung **59** 16 f., **61** 4
- Mitwirkungspflichten **220** 6 f.
Verteidigungsmittel **115** 4
- Zurückweisung **115**
Vertreter, gesetzlicher
- Amtsvormund **A** 29
- Geschäftsunfähiger **125** 7
Vertretung, gesetzliche
- Geschäftsunfähiger **125** 5
Vertretung, unentgeltliche **10** 5 f.
Verwaltungsbehörde
- Anwaltszwang **129** 7
- in Ehesachen **129** 6
Verweisung
- in Kindschaftssachen **154**
- Scheidungsverbund **137** 15
Verzicht
- Beschwerde **67** 2 ff.
Videokonferenz **32** 9
Völkergewohnheitsrecht **109**

Stichwörter

Völkerrechtliche Vereinbarungen
  siehe *Vereinbarungen, völkerrechtliche*
Volljährigenadoption
– Beteiligte **188** 3
Volljährigkeit
– Einwand bei Vollstreckung **244**
– vereinfachtes Verfahren **249** 3
Vollmacht
  siehe *Verfahrensvollmacht*
Vollstreckbarerklärungsverfahren **110** 2
Vollstreckbarkeit
– ausländischer Entscheidungen **110**
– vor Zustellung **53** 5 f.
Vollstreckbarkeit, sofortige **116** 3
Vollstreckbarkeit, vorläufige **116** 3
Vollstreckung
– Anhörung **92** 3 f.
– anwendbare Vorschriften **Vor 86** 1, **95** 1 ff.
– Aufhebung **89** 7, **93** 10
– Aussetzung **55**
– Aussetzung bei Beschwerde **64** 9 f.
– Beschluss **86** 3
– Beschränkung **93** 10, **120** 3 ff.
– der Kosten **85** 3
– Ehewohnungssachen **96**
– eidesstattliche Versicherung **94**
– Einleitung **87** 3 f.
– Einstellung **93** 10, **120** 3 ff.
– einstweilige Anordnung **53**
– einstweilige Einstellung **242**
– Einwand der Volljährigkeit **244**
– Ermessen **89** 3, 12 f., **93** 8
– Gefahr im Verzug **91** 6
– Gewaltanwendung **87** 6
– Gewaltschutzsachen **96**
– Herausgabe einer Sache **35** 6 f.
– in Abstammungssachen **96a**
– in Ehewohnungssachen **209** 4
– in Familienstreitsachen **120**
– in Gewaltschutzsachen **214** 3, **216** 2 f.
– in Unterhaltssachen **244**
– Klauselerfordernis **86** 12 f.
– Kosten **87** 12, **92** 5
– Mitwirkung des JA **A** 49 f.
– nicht zu ersetzender Nachteil **120** 4 f.
– Ordnungsgeld **89** 14
– Ordnungshaft **89** 15 ff.
– örtliche Zuständigkeit **88** 3 f.
– Rechtsmittel **93** 9
– Sicherheitsleistung **120** 5
– sofortige Beschwerde **87** 11
– Titel aus vereinfachten Verfahren **253** 5
– Übersicht **Vor 86** 1
– unmittelbarer Zwang **90**
– Unterhalt im Ausland **245**
– Unterstützung Jugendamt **88** 5 ff.

– Verfahrenskostenhilfe **77** 9 ff.
– Verhältnis zum Vermittlungsverfahren **92** 6
– von der Herausgabe von Sachen **95** 10
– von Geldforderungen **95** 8 f.
– von vertretbaren Handlungen **95** 10
– vor Zustellung **214** 3, **216** 2
– wiederholte Besitzeinweisung **96** 2, 6 ff.
– Wirkung einer Beschwerde **93** 6
– Wirkung eines Abänderungsverfahrens **93** 7
– Wohnungsdurchsuchung **91**
– Zustellung **87** 5
– Zuziehung eines Gerichtsvollziehers **96** 3 f.
Vollstreckungsabwehrantrag
– Abänderung von Unterhaltsentscheidungen **238** 6
– örtliche Zuständigkeit **232** 8 f.
Vollstreckungsgegenklage
– örtliche Zuständigkeit **262** 5
Vollstreckungsklausel
– einstweilige Anordnung **53** 4
Vollstreckungsschutzanordnung
– Abänderung **242** 5 f.
– Voraussetzungen **242** 3 f.
– Zulässigkeit **242** 2
Vorbringen, verspätetes **115** 6
Vorführung **33** 5 f.
– zur Begutachtung **167** 18
Vormund
– für beschränkt Geschäftsfähige **125** 4
– Geschäftsunfähiger **125** 7
Vormundschaft
– als Kindschaftssache **151** 9 f.
– Benachrichtigungspflicht **22a** 2, 5
– Bescheinigung bei Adoption **190**
– internationale Zuständigkeit **99** 8 f.
Vorrang
– Ausführungsgesetze **97** 8
Vorranggebot **155**
– Anwendungsbereich **155** 4
– bei Hauptsacheverfahren **155** 5
– in Eilverfahren **155** 6
– Untätigkeitsbeschwerde **Vor 58** 7
– Vollstreckung **87** 4
Vorwegnahme der Hauptsache
– einstweilige Anordnung **49** 7 f.

Wächteramt, staatliches **A** 1
Waffengleichheit **78** 2, 8 f.
Wahlrecht
– in Versorgungsausgleichssachen **222** 3 ff.
– örtliche Zuständigkeit **232** 11
Wahrheitspflicht **27** 5
Wechselprozess **113** 3
Wertausgleich **226**
Wesentlichkeit
– für Abänderung **225** 6 f.

Wiederaufnahme **48** 5 f.
- Ausschluss **197** 7
- in Abstammungssachen **185**
- in Adoptionssachen **197** 7
- in Ehesachen **131** 14
- in Familienstreitsachen **118**
- örtliche Zuständigkeit **185** 7 f.
- Übergangsvorschrift **Art. 111** 7
- während Vollstreckung **93** 5

Wiedereinsetzung **17**
- Ablehnung **19** 4
- Anfechtbarkeit **19** 3
- Antrag **18**
- Antragsfrist **18** 6
- Antragsvoraussetzungen **18** 5
- Beschwerdefrist **63** 9
- Entscheidung über **19**
- formelle Voraussetzungen **17** 4
- Frist **117** 17
- Grundsatz **17** 3
- in Ehesachen **131** 15
- in Familienstreitsachen **117** 17
- materielle Voraussetzungen **17** 5 ff.
- Notfrist bei Versagung der Verfahrenskostenhilfe **76** 23
- Ursächlichkeit des Verschuldens **17** 9
- Versagung **19** 4

Wiedereinsetzung in vorigen Stand
- während Vollstreckung **93** 5

Wirksamkeit
- als Vollstreckungsvoraussetzung **86** 10 f.
- Annahmebeschluss **197** 5
- Aufhebung des Annahmeverhältnisses **198** 6
- des Rechtsmittelverzichts **144**
- Familiensachen **116** 5
- in Abstammungssachen **184** 3 f.
- in Adoptionssachen **197** 5
- in Folgesachen **148**

Wirksamkeit, sofortige **40** 7, **116** 4
- Anordnung **216** 1 f.
- in Adoptionssachen **198** 4
- in Gewaltschutzsachen **216** 1

Wirksamwerden **40**
- Beschwerdefrist **40** 5
- freiheitsentziehende Unterbringung **167** 22
- in Adoptionssachen **198** 1
- in Familienstreitsachen **120** 2
- mit Bekanntgabe **40** 2
- mit Rechtskraft **40** 3 f., 6
- Versorgungsausgleichssachen **224** 2

Wirkung, aufschiebende
- Herstellung der **64** 8

Wohnsitz **122** 6

Wohnungsdurchsuchung **91**
- Beschluss **91** 3 f.
- Duldungspflicht **91** 8
- Einwilligung **91** 5 ff.

Wohnungseigentum
- Abgrenzung zu Familiensachen **266** 13

Wohnungsherausgabe **215** 1

Wohnungsüberlassung
- Anfechtbarkeit der eAO **57** 7

Wohnungsverfügung **215** 1

Wunsch- und Wahlrecht
- Beratungs- und Mediatonsangebot **A** 124

Zerrüttungsvermutung **136** 4

Zeuge
- Kind als **163** 19

Zeugenschutz **122** 12

Zeugnisverweigerung **29** 7 f.
- Auskunftspflicht **236** 10

Zuführung
- freiheitsentziehende Unterbringung **167** 24

Zugangsfiktion **15** 4

Zugewinnausgleich
- Als Folgesache **141** 15

Zulässigkeit
- Prüfung bei Rechtsbeschwerde **74** 2
- Prüfung durch Beschwerdegericht **68** 3

Zulassung
- Beschluss **70** 3
- Bindung an **70** 8
- der Beschwerde **61** 10 ff.
- Rechtsbeschwerde **70** 2 f.
- Voraussetzungen bei Rechtsbeschwerde **70** 4 ff.

Zurücknahme
- der Beschwerde **117** 8

Zurückverweisung
- Absehen von **146** 1
- Abweisung Scheidungsantrag **146**
- in Familienstreitsachen **117** 13
- nach Beschwerde **69** 4
- nach Rechtsbeschwerde **147** 11

Zurückweisung der Rechtsbeschwerdezulassung **74a**
- Zulässigkeit **74a** 2 ff.

Zuständigkeit
- für Entgegennahme einer Beschwerde **64** 3

Zuständigkeit, funktionale
- in Gewaltschutzsachen **210** 1 f.

Zuständigkeit, internationale
- Ausführungsgesetze **97** 8
- Betreuungssachen **104**
- Deutscheneigenschaft **98** 3 f.
- Ehesachen **98** 3 ff.
- Folgesachen **98** 8 f.
- Fürsorgebedürfnis **99** 6
- hinkende Ehen **98** 7
- in Abstammungssachen **100**

- in Adoptionssachen **101**
- in Ehesachen **109**
- in Ehewohnungs- und Haushaltssachen **105**
- in Gewaltschutzsachen **105**, **211** 4
- in Güterrechtssachen **105**
- in Kindschaftssachen **99**
- in Lebenspartnerschaftssachen **103**, **109**
- in sonstigen Familiensachen **105**
- in Unterhaltssachen **105**
- in Versorgungsausgleichssachen **102**
- keine ausschließliche **106**
- Mehrfachzuständigkeit **99** 7 f.
- paralleles Anhängigmachen **106** 4
- Staatenlose **98** 6
- Vormundschaft **99** 8 f.
- vorrangiges Recht **97** 6 f.
- wahlweise **106** 3

Zuständigkeit, örtliche
- Abgabe **50** 6, 11
- Abgabe an Gericht der Ehesache **202**
- Abgabeverfahren **123** 5
- Adoptionssachen **187**
- Anerkennung ausländischer Entscheidungen **108** 7
- Anhängigkeit der Ehesache **152** 3
- Auffangzuständigkeit **187** 7
- ausschließliche **232** 3, 5 ff.
- des JA **A** 36, **195** 2
- Eilzuständigkeit vor Ort **50** 8 ff.
- einstweilige Anordnung **50**, **54** 9 f.
- freiheitsentziehende Unterbringung **167** 3 ff.
- Fürsorgebedürfnis **152** 5
- gewöhnlicher Aufenthalt **122** 4 ff., **232** 4
- Güterrechtssachen **263**
- in Abstammungssachen **170**
- in Ehesachen **122**, **123**
- in Ehewohnungssachen **201**, **202**
- in Gewaltschutzsachen **211**
- in Güterrechtssachen **262**
- in Haushaltssachen **201**, **202**
- in Unterhaltssachen **250** 2
- in vereinfachten Verfahren **250** 2
- in Versorgungsausgleichssachen **218**
- Kindschaftssachen **152**, **153**
- maßgeblicher Zeitpunkt **187** 8
- Nichtigkeitsantrag **118** 5
- Restitutionsantrag **118** 5
- sonstige Familiensachen **267**, **268**
- subsidiäre Notzuständigkeit **152** 6
- Tatort **211** 3

- Übersicht für Unterhaltssachen **232** 2
- Unterhaltssachen **232**, **233**
- Verbund **218** 2, **232** 3
- vereinfachtes Verfahren **232** 5
- Verweisung **154**
- Vollstreckungsabwehrantrag **232** 8 f.
- Wahlrecht **187** 3, **232** 11
- Wiederaufnahmeantrag **185** 7 f.
- Zuständigkeitskonzentration **187** 6, **233** 2

Zuständigkeitskonzentration
- in Güterrechtssachen **262** 1
- in vereinfachten Verfahren **260**
- nachträgliche **263** 1
- sonstige Familiensachen **267** 1 f., **268** 1
- Verbund **232** 3

Zuständigkeitsstreit
- bei Ungewissheit **5** 4 f.
- negativer Kompetenzkonflikt **5** 3
- positiver Kompetenzkonflikt **5** 6
- Verweigerung der Übernahme **5** 7

Zustellung
- bei Vollstreckung **87** 5
- Ersatzzustellung **17** 7
- im Ausland **16** 1
- vereinfachtes Verfahren **251** 1
- Vollstreckbarkeit vor **53** 5 f.
- Vollstreckung vor **214** 3, **216** 2
- zur Bekanntgabe **41** 2 f.

Zuwiderhandlung **89** 4 f.

Zwang, unmittelbarer **90**
- bei Abstammungsklärung **96a** 3
- gegen das Kind **90** 7 ff.
- Verhältnis zu Ordnungsmitteln **90** 3 f.
- zur Probeentnahme **178** 7

Zwangsgeld
- Höhe **35** 5

Zwangsmittel **35**, **89** 1 f.
- Anordnung **35** 4
- Festsetzung **35** 3
- persönliche Anhörung **128** 17
- sofortige Beschwerde **35** 9

Zwischenentscheidung
- Anfechtung **58** 8 ff.
- Begriff **58** 8
- Definition **38** 4
- Fehlerhaftigkeit **58** 10
- Information zu Mediation **135** 8
- sofortige Beschwerde **21** 5
- über Ordnungsgeld **33** 7
- Überprüfung mit Endentscheidung **58** 10 ff.
- Unanfechtbarkeit **58** 11 f.

Familie · Betreuung · Soziales

Meysen · Balloff · Finke · Kindermann · Niepmann · Rakete-Dombek · Stötzel

Das Familienverfahrensrecht – FamFG

Praxiskommentar mit Einführung, Erläuterungen, Arbeitshilfen

ISBN 978-3-89817-644-6

CD-ROM

Bundesanzeiger Verlag